新曲綫 | 用心雕刻每一本……
New Curves

用心字里行间　雕刻名著经典

商务印书馆(成都)有限责任公司出品

第13版

〔美〕戈登·埃德林　埃里克·戈兰蒂　著

徐守森　胡景超　闵瑞芳　译

姜海婷　审校

商务印书馆

Health & Wellness, 13th Edition

Gordon Edlin, Eric Golanty

ISBN 9781284160307

Copyright © 2019 by Jones & Bartlett Learning, LLC, an Ascend Learning Company.

Original English language edition published by Jones & Bartlett Learning, LLC. 25 Mall Road Burlington MA 01803 USA. All rights reserved. No change may be made in the book including without limitation the text solutions and the title of the book without first obtaining the written consent of Jones & Bartlett Learning, LLC. All proposals for such changes must be submitted to Jones & Bartlett Learning, LLC, in English for his written approval. Chinese simplified language edition published by The Commercial Press.

Copyright © 2025 by The Commercial Press.

本书中文简体字版由 Jones & Bartlett Learning, LLC 授权商务印书馆独家出版。未经出版者书面许可，不得以任何方式复制或抄袭本书内容。

Health & Wellness

韩济生院士

韩济生，1928年7月生，神经生理学家，疼痛医学家，中国科学院院士。1953年毕业于上海医学院医学系。现任北京大学神经科学研究所名誉所长、北京大学博雅讲席教授，主要从事针刺镇痛原理及其应用研究，推动中医药现代化与科学化，率先用现代科学方法向世界阐明针灸科学内涵，开创疼痛医学及疼痛管理实践先河。他研制出的"韩氏穴位神经刺激仪（HANS）"，广泛应用于各种慢性痛、海洛因成瘾、自闭症、不孕症等治疗。发表学术论文500余篇，编写《神经科学纲要》《神经科学》等中文专著10部，英文教科书1部。获国家自然科学二等奖和三等奖各一次，国家科技进步三等奖一次；北京医科大学"桃李奖"、何梁何利科技进步奖、北京大学首届蔡元培奖、吴阶平医学奖、世界针灸学会联合会天圣铜人奖、第二届谢赫·扎耶德国际传统医学奖等荣誉。

韩济生院士为本书题字

做自己健康的第一责任人

韩济生

欣闻戈登·埃德林和埃里克·戈兰蒂两位学者合著的经典作品《健康由我》第13版，由徐守森、胡景超、闵瑞芳精心翻译的中文版本即将付梓，并邀我作序，倍感荣幸。尤为值得称道的是，本书自1982年首版以来，历经四十余载，惠及莘莘学子与无数教育工作者，其经久不衰的生命力，恰恰印证了其所传递的健康理念的普适性与时代性。作为一份特殊的"成年礼"，我相信这本与时俱进的健康指南，定能为即将迈入人生新阶段的中国青年学子们提供宝贵的启迪。

本书的核心理念——"健康由我"，与四十多年前初版时两位作者的构想如出一辙，这与近年来在中国日益深入人心的"每个人都是自己健康的第一责任人"的理念高度契合。它强调了个体在健康维护中的主体地位和能动作用，清晰地揭示了个人的行为、生活方式、精神状态和身体活动，在塑造整体健康与幸福水平方面所起的决定性作用。我衷心期盼每一位青年朋友都能从《健康由我》这本书中汲取科学的健康知识，并将其内化为自觉的生活习惯，为自己精彩的人生奠定坚实的健康基础。

回首我的学术生涯，从最初接受周恩来总理的任务，开始探索针刺镇痛的奥秘，到后来创建中国疼痛医学并进行深入研究，我始终坚信科学的价值在于服务人类的健康福祉。我所从事的针刺镇痛原理及其应用研究，正是希望通过现代科学的方法，阐释传统医学的智慧，为解除人类的病痛做出贡献。这种对人类健康的执着追求，与本书关注生命健康的宗旨是共通的。健康的维护，如同攀登科学的高峰，需要我们不断探索、实践和坚持。

本书开篇便强调健康生活方式的基础，这无疑是抓住了健康的根本。《健康由我》以确凿的数据和科学依据，清晰地阐明了合理膳食对维持身体健康的重要性。正如我在既往研究中所发现的，身体的平衡与和谐是抵抗疾病的基础，而均衡的营养正是这种平衡的重要组成部分。对于正处于成长发育关键期的青年学子而言，科学的膳食习惯更是健康成长的基石。

"生命在于运动"，这是一条被无数科学研究所证实的真理，也是我本人长期坚持并从中受益匪浅的生活信条。《健康由我》一书中多次将步行这种简便易行的运动方式置于显著位置，这种运动不仅能有效提升心肺功能、强健骨骼，更能显著缓解精神压力，这与本书前半部分关于心理健康与压力管理的论述相互印证。时至今日，已届鲐背之年的我依然将运动视为每日不可或缺的一部分，每天清晨坚持户外步行

3 000~5 000 步及社区运动器械锻炼，下午则进行 3 公里的室内动感单车骑行。对于朝气蓬勃的青年学子而言，运动也是释放活力、强健体魄、应对未来挑战的重要方式。

事实上，健康的维度不仅在于体魄的强健，更在于心灵的安宁。《健康由我》一书对心理健康也给予了高度重视，深入探讨了压力管理以及多种常见心理障碍。青年时期是充满机遇与挑战的阶段，学会科学地管理压力，保持积极乐观的心态，对于未来的发展至关重要。书中对社交焦虑障碍、惊恐障碍、广泛性焦虑障碍、强迫症和抑郁症等常见心理障碍的介绍，有助于青年学子更好地认识和理解这些心理问题的特征，从而提高对心理健康的重视程度，打破社会对心理疾病的污名化。学会关爱自己的内心世界，是走向成熟的重要一步。

此外，疾病的预防与治疗是守护健康的重要环节。《健康由我》对性传播疾病、免疫系统与器官移植等重要内容进行了介绍。对于青年人而言，了解这些知识，树立正确的健康观念，是对自己负责的表现。同时，健康的维护也离不开对生命规律的尊重，书中关于两性关系与生殖健康的探讨，以及对环境与健康管理的强调，都体现了这种宏观的健康视角。作为自身健康的第一责任人，我们需要对自己的生殖健康负责，并为下一代的健康奠定良好基础；而关注环境保护，更是为自身和后代创造健康的生活环境。

关于衰老与慢性病，书中则探讨了阿尔茨海默病和帕金森病等神经退行性疾病，并再次强调了健康生活方式在预防各类疾病和意外事件中的关键作用。对于青年学子而言，虽然这些疾病看似遥远，但健康的生活习惯的养成，将为未来的健康奠定坚实的基础。此外，面对疾病，科学的医疗决策至关重要。《健康由我》中关于替代疗法与医疗决策的探讨，提醒青年学子培养独立思考的能力，理性地了解各种医疗选择，做出明智的决策。正如医学科学在不断进步，我们对健康的认知也应与时俱进。

最后，本书以理性行为理论为基础，深入探讨了如何有效地改变不良的健康行为，强调积极的心态和自我效能感的提升。通过提供实用易懂的小贴士和健康指南，鼓励大众积极关注自身的健康状况，并采取切实的行动加以改善。

我深感这是一本内容全面、结构清晰、科学性与实用性兼具的健康科普佳作，是送给青年人的一份珍贵的"成年礼"，也是给大众的一份实用的"健康宝典"。它历经时间的考验，依然焕发着蓬勃的生命力，为即将扬帆起航的你们提供了系统而全面的健康指导。愿每一位青年朋友都能以积极的心态拥抱健康，以强健的体魄迎接未来的挑战，在人生的道路上行稳致远！

"健康由我"，这不仅仅是书名，更应成为每一位追求健康生活的人的座右铭，激励我们积极承担起自己健康的第一责任。

是为序。

2025 年 4 月 19 日于北医家属院

志谢：感谢姜海婷博士基于本人口述内容对文稿的整理。

译者序

《健康由我》，原名《健康与幸福》（*Health & Wellness*），是欧美高校"个人健康""健康教育""健康研究"等课程的经典教材。本书自1982年发行第1版以来，经历了40多年的岁月洗礼和教学检验。几十年来，《健康由我》一直是美国大学健康公选课领导者教科书。它是一部关于健康的大百科全书，内容覆盖面极广，跨越了医学、心理学、营养学、运动生理学、社会学，甚至环境科学等学科领域。或许可以这么说，凡是你能想到的与健康有关的话题，在章节目录中都能找到。我们翻译的是近年出版的第13版，在框架体系上是覆盖面更广的版本。

第一编介绍了大健康的定义，尤其强调了身心一体的观念。吃动两平衡，管住嘴、迈开腿等通俗说法可以在第二编"通过饮食和锻炼达成健康生活方式"中找到答案。第三编肯定在很多读者的意料之外，围绕着两性关系中的健康问题展开：首先介绍了性健康，甚至怀孕和分娩的过程；至于节育的主题，估计很多读者从来没有这么系统地接触过；最后探讨了如何预防性传播疾病和艾滋病，这在当今社会显得越来越重要。第四编着重介绍了如何预防身体健康的三大杀手：感染病、癌症和心血管疾病，同时科普了遗传与疾病的关系。第五编着重介绍物质滥用，包括药物滥用、吸烟成瘾和饮酒成瘾三大主题。关于吸烟和饮酒的问题，国人并不陌生；但关于药物滥用，估计会超出很多人的认知。第六编介绍了与健康相关的选择，重点介绍了常规医疗之外的替代疗法。与此同时，因为"永远不知道明天和意外哪个先来"，所以关于预防事故和意外伤害的部分尤其重要。第七编重点讨论影响健康的社会环境（例如家庭暴力、性暴力、虐待儿童、虐待老人），以及影响健康的物理环境（包括空气污染、水污染、土地污染、噪声污染等）。随着中国步入老龄化社会，发达国家老龄化的问题或许可以提供很多前车之鉴，而本编中关于预立遗嘱、临终关怀等话题，也会与越来越多的人息息相关。

正是因为话题如此宏大、主题如此繁杂，所以对运动心理学背景的译者来说，翻译起来难度很大，其中很多内容对我们来说都是新东西，翻译的过程其实也是学习的过程。隐约记得接到任务还是2020年，译稿与读者见面已经是2025年了，说六年磨一剑，一点也不为过。

好在作者戈登·埃德林和埃里克·戈兰蒂都是大学教授，他们既善于发现、整合最新的研究成果，也善于用通俗易懂的语言，把艰深晦涩的专业知识深入浅出地表达出来。除了内容逻辑清晰、文笔优美流畅之外，看得出来，书中很多图表都是两位作者在原文基础上进行了精心的再加工，一表顶千字、一图抵万言！原作者在努力保持内容科学性的同时，也在有意识地增加内容的可读性。

从编排形式上看，本书的每一章开头都有一个学习目标，既对应着大学课堂的教学目标，也体现了教育心理学所说的"先行组织者"，让读者在阅读主体内容之前做到心中有数，大致了解本章的核心概念和内容轮廓。每一章末尾都有一个"本章小结与重点"，提纲挈领地对全章内容进行回顾，盘点重要的学术观点和实践要点。作为译者，我们建议您可以先阅读每章的一头一尾这两个部分，既可以对章节内容有个大致把握，从中寻找自己感兴趣的话题，也可以根据自身需求，确定每个章节的阅读顺序。

与此同时，不同章节中都根据主题穿插了很多幽默的名言警句，再加上健康小贴士、压力管理、健康指南、全球健康、金钱与健康意识等独具匠心的栏目设计，让普通读者在阅读这本大学教材时，不但不会觉得枯燥，反而能够沉浸其中。

本书适合很多群体。第一，对大学生来说，本书原本就是美国大学"个人健康""健康教育""健康研究"等课程的经典教材，无疑可为相关专业大学生提供健康领域的核心概念和框架体系。不仅如此，书中的身心放松技术、饮食运动建议等内容，对大学生甚至中小学生的身心健康也会很有帮助。第二，本书是相关课程教师的好帮手。我们自己在翻译的时候，发现很多内容可以直接拿到大学课堂上来，以至脑海中多次出现这样的画面：如果把内容做成PPT搬到大学课堂，大学生们肯定会频繁举起手机拍照，记录一些珍贵而有趣的数据。第三，对健康领域的专家学者和研究生来说，除了书中的内容之外，每章的参考文献和推荐阅读部分，更是提供了很多潜在的研究生长点。第四，对于普通大众而言，健康是个宏大的概念，正如书中第1章"健康的定义"所提到的：横向来看，健康的整体模型覆盖了情绪健康、智识健康、精神健康、职业健康、社会适应健康、身体健康等6大维度；纵向来看，健康覆盖了从出生到死亡的生命全程，甚至更早的怀孕阶段。作为芸芸众生中的一员，我们都希望自己在生命全程当中、在6大生活领域都健健康康、和和美美，而本书恰恰指引了一条科学的路径。

需要提醒，本书中大量的数据、案例等都来自美国社会，不一定适应中国社会的情况，读者在阅读时还需要具有批判精神，做出独立判断。

值得特别说明的是，由于本书涉及很多医学方面的内容，出版方专门邀请了有医学背景的姜海婷老师进行审校。姜老师是南京医科大学与瑞典卡罗林斯卡学院（Karolinska Institute, KI）社区医学与健康教育学博士、北京大学博士后。姜老师的审读把关让本书增色不少，在此表示衷心的感谢。本书中医相关部分由北京中医药大学毕业、在国内外工作多年的杨俊杰老师审校，在此一并表示感谢。

原作者在序言中感谢了很多人，译著即将出版之际，我们更能理解其中的真诚。感谢北京新曲线出版咨询有限公司副总编辑谢呈秋博士的信任，将这本鸿篇巨著交给我们。感谢新曲线的编辑朱公明和李仙杰先生，他们逐字对照原文，精心打磨译稿。新曲线近年来引进了很多经典著作，诚如本书扉页所言，"用心字里行间，雕刻名著经典"。期待着本书在大家的共同努力下，成为一本新的名著经典。

本书第 2 章的翻译工作由闵瑞芳博士完成，其余章节由我和首都体育学院科技处的胡景超老师翻译，最后由我定稿。翻译是个很辛苦的工作，尤其是译者都有正式工作的情况下，这份工作尤其艰辛。本书也是一部长篇巨著，覆盖了医学、心理学、营养学、运动生理学、环境科学等诸多领域，囿于教育背景以及能力的局限，难免挂一漏万，还请各位读者指正。如有再版机会，我们将努力改进。

徐守森
2025 年 5 月 5 日

简要目录

第一编　赢得身心健康

- 第 1 章　健康的定义　3
- 第 2 章　心身交流保持健康　23
- 第 3 章　压力管理：恢复身心和谐　43
- 第 4 章　心理健康　61

第二编　通过饮食和锻炼达成健康生活方式

- 第 5 章　选择健康膳食　89
- 第 6 章　健康体重的管理　129
- 第 7 章　促进健康的身体活动　153

第三编　建立健康的两性关系

- 第 8 章　性健康和亲密关系　179
- 第 9 章　了解怀孕及为人父母　201
- 第 10 章　节　育　221
- 第 11 章　预防性传播疾病和艾滋病　243

第四编　了解和预防疾病

- 第 12 章　减少感染和增强免疫力：知识助力预防　261
- 第 13 章　癌症：风险和预防　297
- 第 14 章　心血管疾病：风险和预防　319
- 第 15 章　遗传与疾病　343

第五编　药物使用和物质滥用

- 第 16 章　负责任地使用药物和药品　363
- 第 17 章　减少烟草使用　387
- 第 18 章　负责任地饮酒　405

第六编　做出健康的选择

- 第 19 章　为自身医疗保健做决策　425
- 第 20 章　探索替代疗法　437
- 第 21 章　事故与伤害　453

第七编　老化、暴力和环境污染

- 第 22 章　了解老化和死亡　475
- 第 23 章　美国社会中的暴力　495
- 第 24 章　营造健康环境　511

目 录

第一编　赢得身心健康

第 1 章　健康的定义　3
健康的模型　4
　　健康的医学模型　5
　　健康的整体模型　5
健康的维度　6
测量健康　7
生活方式病　8
　　2 型糖尿病是一种生活方式病　10
　　近视　11
美国医疗保健体系　11
《2020 健康美国人计划》　12
大学生的健康问题　14
做出有益健康的生活方式改变　15
　　健康信念模型　16
　　跨理论模型　17
　　理性行为理论/计划行为理论　17
　　健康的生活方式从你开始　17

第 2 章　心身交流保持健康　23
心身交流的机制　24
　　自主神经系统　24
　　激素　25
　　免疫系统　26
心智既可以导致疾病也可以促进健康　27
　　心智会导致疾病　28
　　心智可以促进健康　28
心身疗愈　29
　　安慰剂效应　29
　　反安慰剂效应　30
促进身心和谐与健康的方法　31
　　自生训练　31
　　生物反馈　31

催眠与疗愈　31
催眠可以帮助你　32
冥　想　34
放松反应　35
暗　示　35
虚拟现实疗法　37
抽出时间来让内心平静　38

第 3 章　压力管理：恢复身心和谐　43
压力是如何出现的　44
　　压力的环境成分　45
　　压力的心理成分　45
　　压力的情绪成分　45
　　影响压力体验的因素　45
　　应激的生理成分　46
压力如何导致疾病　48
　　一般适应综合征　48
　　压力降低免疫力　48
　　不健康的行为　49
　　创伤后应激障碍　49
压力管理　51
大学生的压力　52
　　超负荷　53
时间管理　54
　　考试焦虑　55
你能对压力做些什么　56

第 4 章　心理健康　61
基本需要与心理健康　62
思维、情绪与心理健康　63
积极的思维和情绪有利于健康　65
　　同　情　65
　　感　恩　66
　　宽　恕　66

制定应对策略	67
防御机制	67
促进应对	68
愤怒	68
社会支持有助于健康	69
恐惧、恐怖症和焦虑	71
强迫症	73
抑郁	73
自杀	76
成人注意缺陷多动障碍	77
自闭症谱系障碍	77
睡眠与梦	78
大学生与睡眠	79
睡一晚好觉	80
睡眠问题	80
失眠	80
睡眠异态	81
理解你的梦	81

第二编　通过饮食和锻炼达成健康生活方式

第 5 章　选择健康膳食　89

健康饮食的膳食指南	90
食品标签：知道你往体内吃了什么	94
食物的三种功能	98
提供化学成分	98
为生命提供能量	101
饮食的愉悦	102
食物的七种成分	102
蛋白质	103
碳水化合物	104
简单糖	104
复合碳水化合物	106
脂类（脂肪）	108
维生素	108
矿物质	110
盐	111
植物化学物质	111
水	111
膳食补充剂	112
食品添加剂	113
防腐剂	115
着色剂	115
人造甜味剂	115
功能性食品	115
食品安全	118
转基因食品	120
快餐	120
素食	121
食物如何影响大脑	122

第 6 章　健康体重的管理　129

什么是健康体重	133
人体脂肪的调节	134
限制热量的饮食极少起效	136
流行的减肥计划	137
合理的体重管理	138
超重的辅助管理	141
咨询和催眠	141
药物治疗	142
减重术	142
脂肪抽吸术	142
控制体重的流行方法和谬误	142
身体裹敷	143
化学品和补充剂	143
身体意象	144
进食障碍	145
神经性厌食症	145
神经性贪食症	146
暴食障碍	147
一切取决于你自己	147

第 7 章　促进健康的身体活动　153

身体活动的定义	155
促进健康的身体活动	157
身体活动对心理的益处	159
身体活动的组成部分	159
动机	160
心肺适能	160
身体力量	161
耐力	163
柔韧性	163
身体成分	168
大学生的身体活动	168

将身体活动融入你的生活	168
表现增强物质	170
刺激剂	170
增肌剂	170
耐力增强剂	170
运动损伤	171
寒冷和炎热天气下的身体活动	173
冷应激	173
热应激	173

第三编　建立健康的两性关系

第8章　性健康和亲密关系　　179

性：生理维度	181
女性的生殖系统解剖结构	181
生育或月经周期	184
绝经	185
男性的生殖系统解剖结构	185
性：心理维度	186
性别	186
性：取向维度	187
性：行为维度	188
性唤起与性反应	189
性高潮	190
手淫	190
禁欲	191
性困难	191
性：关系维度	193
亲密关系的生命周期	193
发展亲密	193
建立承诺	194
终止	194
亲密关系中的沟通	195
传递明确的讯息	196
有效倾听	196
建设性地表达愤怒	197

第9章　了解怀孕及为人父母　　201

选择是否为人父母	202
受孕	202
怀孕	203
胎儿发育	203

孕期性互动	204
孕期健康习惯	205
营养	205
身体活动和锻炼	206
情绪健康	206
产前保健	207
胎儿发育的风险	207
药物和毒品	207
酒精	208
吸烟	208
如何检测出生缺陷	208
羊膜腔穿刺术	208
绒毛膜绒毛吸取术	208
分娩	208
分娩准备	208
生产	209
医疗干预	210
控制分娩不适的选项	210
引产	210
会阴切开术	211
剖宫产	211
产后过渡	211
哺乳	211
不孕不育	214
辅助生殖技术	214
收养	216

第10章　节育　　221

选择节育方法	222
体外射精	224
冲洗	224
激素避孕药具	224
复方激素避孕药具	224
单纯孕激素避孕药具	226
宫内节育器	227
屏障避孕法	227
避孕膜	227
宫颈帽	228
避孕海绵	229
阴道杀精剂	229
男用避孕套	229
女用避孕套	230

安全期避孕法	230
日历节律法	231
基础体温法	231
宫颈黏液法	231
化学法	232
绝育手术	232
男性绝育手术	232
女性绝育手术	233
节育的责任	234
讨论节育	235
人们为何不使用节育措施	235
紧急避孕	236
人工流产	236
人工流产的心理影响	238
人工流产的法律和道德方面	238

第 11 章　预防性传播疾病和艾滋病　243

性传播疾病是什么	245
性传播疾病的风险因素	245
多个性伴侣	245
安全错觉	245
无体征和无症状	245
未获/完成治疗	246
判断力受损	246
免疫力缺乏	246
人体穿孔	246
价值判断	246
否认	246
常见的性传播疾病	246
滴虫病	246
细菌性阴道病	247
衣原体感染	247
淋病	247
梅毒	248
生殖器疱疹	248
人乳头瘤病毒与肛门生殖器疣	249
乙型肝炎	249
传染性软疣	250
阴虱病	250
疥疮	250
获得性免疫缺陷综合征（艾滋病）	250
降低美国性传播疾病的泛滥	252
预防性传播疾病	253
进行安全性行为	253
性传播疾病的沟通技巧	254

第四编　了解和预防疾病

第 12 章　减少感染和增强免疫力：知识助力预防　261

人体微生物群	263
粪菌移植	264
一个健康的微生物群	265
感染病病原体	265
对抗感染病	267
了解抗生素	268
抗生素耐药性	268
人体如何保护自己	270
常见感染病	270
普通感冒	270
流行性感冒	271
2009 年流感大流行	272
禽流感	273
莱姆病	273
单核细胞增多症	274
消化性溃疡	275
肝炎	275
新发感染病	276
免疫系统如何对抗感染	279
淋巴系统	279
免疫接种	281
新疫苗	281
疫苗接种风险	282
理解变态反应	284
接触性皮炎	284
哮喘	285
食物过敏	286
对"自己"的识别	287
自身免疫病	287
器官移植	288
输血：ABO 和 Rh 因子	289
AIDS 和 HIV	290
HIV 抗体检测	291
预防 HIV 感染	292

预防感染	292

第13章 癌症：风险和预防   297

了解癌症	298
各种癌症的发病率	298
何谓癌症	299
癌症的病因	300
大多数癌症不会遗传	300
癌症易感基因	301
诱发癌症的环境因素	302
电离辐射	303
感染性微生物	304
化学致癌物	304
外源性雌激素会致癌吗	305
关于常见癌症的事实	306
肺癌	306
乳腺癌	306
睾丸癌	308
前列腺癌	308
皮肤癌	309
结直肠癌	311
饮食与癌症风险	312
癌症治疗	312
癌症免疫疗法	313
治疗儿童癌症	314
癌症疫苗	314
应对癌症	314

第14章 心血管疾病：风险和预防   319

心血管疾病	320
心脏和血管	321
心跳	322
调节血液流动	323
心力衰竭	324
心肺复苏	325
动脉粥样硬化	326
冠心病与心肌梗死	329
修复阻塞的冠状动脉	330
中风、高血压和代谢综合征	331
中风	331
高血压	332
代谢综合征	334
生活方式因素与心血管疾病	334
吸烟	334
身体活动	335
饮食	335
大豆制品	335
鱼油	336
盐（钠）	336
反式脂肪	336
阿司匹林	336
酒精	336
心理社会因素	337
咖啡、茶和可可	337
预防心血管疾病	338

第15章 遗传与疾病   343

染色体异常	345
遗传性疾病	346
先天缺陷	348
沙利度胺	349
胎儿酒精综合征	350
预防遗传性疾病	351
遗传咨询	351
基因检测	351
产前检查	352
基因歧视	353
治疗遗传性疾病	354
基因疗法	354
胚胎干细胞	355
基因组编辑	356

第五编　药物使用和物质滥用

第16章 负责任地使用药物和药品   363

什么是药物	364
药物法	365
药物如何起效	365
药物遗传学	365
药品和药物非期望的有害影响	366
药物的有效性	367
美国人的用药	368
制药公司的广告	369
美国食品药品监督管理局	370

药物误用、滥用和成瘾 371
 成　瘾 372
  生理依赖 375
  耐药性 375
  戒断反应 375
  心理依赖 375
 兴奋剂 375
  可卡因 375
  安非他明/苯丙胺类 376
  咖啡因 376
 俱乐部毒品 377
  摇头丸 378
  GHB/"神仙水" 378
  K粉/氯胺酮 378
  罗眠乐 378
 抑制剂 379
  镇静和安眠药物 379
  阿片类物质 379
 大　麻 379
 致幻剂 381
 苯环己哌啶 381
 吸入剂 382
 合成类固醇 382
 减少药物使用 382

第17章　减少烟草使用 387

烟草使用 389
烟草是什么 391
烟草的生理效应 391
尼古丁输送系统 392
 雪　茄 392
 水　烟 393
 比迪烟和丁香烟 393
 电子烟 393
 无烟烟草 394
吸烟与疾病 394
 肺　癌 394
 心脏病 395
 支气管炎和肺气肿 395
 烟草烟雾对非吸烟者的影响 396
 父母吸烟对儿童的影响 397
人们为什么吸烟 397

戒　烟 398
减少烟草的社会危害 399

第18章　负责任地饮酒 405

校园内饮酒 408
酒精如何影响身体 409
 酒精饮品的成分 409
 酒精是如何被吸收、排泄和代谢的 410
 宿　醉 411
酒精对行为的影响 411
 性行为 412
酒精的其他影响 413
 长期影响 414
 胎儿酒精综合征 414
 酒精对健康的益处 414
酒精使用障碍 415
 酗酒的发展阶段 415
 酒精使用障碍与家庭 417
 酗酒者的子女 418
 酒精使用障碍的治疗方案 418
适量饮酒 419

第六编　做出健康的选择

第19章　为自身医疗保健做决策 425

做一个明智的医疗保健消费者 426
选择医疗保健提供者 427
 医疗保健提供者 427
 医师助理 428
 护　士 428
 急救医疗技术人员 428
 理疗师和职业治疗师 428
 运动医学 429
就　医 429
医　院 430
医院急诊室 431
人类行为和特质的医疗化 431
精准医疗 432
美容手术 432
器官移植 433

第20章 探索替代疗法	437
替代疗法的定义	439
替代疗法	439
阿育吠陀	439
顺势疗法	440
美式整脊	441
整骨疗法	441
针灸	442
草药	443
自然疗法	445
保健按摩	446
芳香疗法	447
生物磁疗	448
江湖医术	449
选择一种替代疗法	449

第21章 事故与伤害	453
意外伤害与事故	454
降低事故风险	455
意外伤害分析	456
机动车安全	457
安全带	458
摩托车安全	459
全地形车	460
两轮动力车	460
行人交通安全	461
自行车安全	461
居家和社区安全	462
跌倒/坠落	462
中毒	463
溺水	463
窒息	464
火灾	465
枪支	466
工作安全	467
竞技性运动和娱乐性运动伤害	468
创伤性脑损伤和脑震荡	468
慢性创伤性脑病	469
承担风险与预防事故	470

第七编　老化、暴力和环境污染

第22章 了解老化和死亡	475
美国老龄化的人口	476
人类能活多久	478
老化的理论	479
生物钟调控老化	479
影响老化的环境因素	479
阿尔茨海默病与老年期痴呆	480
帕金森病	482
认知损伤与投票权	483
骨质疏松症	483
年龄相关性视力丧失	485
老年性耳聋	486
压力、端粒和老化	486
思考老化	487
临终决定	487
死亡的阶段	488
预嘱	488
医疗辅助死亡	489
缓和照顾	489
临终关怀医院	490
健康老化取决于健康的生活方式	490

第23章 美国社会中的暴力	495
亲密伴侣暴力	496
家庭暴力的成因	497
虐待儿童	498
虐待儿童的社会因素	499
预防儿童虐待	499
性暴力	500
强奸和性侵犯	500
熟人强奸	501
熟人强奸的后果	501
性侵犯的后果	501
美国大学中的性暴力	502
遭受性侵犯后该怎么办	502
虐待老人	503
枪支暴力	503
仇恨犯罪	504
霸凌	505
美国的暴力	505

第24章 营造健康环境	511
室外空气污染	513
烟　雾	513
改善空气质量	515
二氧化碳、全球变暖和气候变化	516
减少你的碳足迹	517
臭氧层	518
评估空气污染的风险	518
室内空气污染	519
氡	519
重金属污染	519
水污染	521
饮用水	522
土地污染	523
农　药	524
内分泌干扰物	525
有毒的塑料	526
监测环境化学物质	527
电磁和微波辐射	527
移动电话	528
噪声污染	528
人口增长对人类的影响	529

专业术语表　　533

目录　xxiii

健康小贴士

两分钟减压法	6
使用电脑时如何减轻压力	19
复述这句话可能会改善你的健康	27
创建改变行为的专属祷语	34
用意象视觉化减轻压力	37
压力的警示信号	45
担心、担心、担心：如何停止引发应激的想法	48
用想象减轻考试焦虑	56
满足人类基本需要的小贴士	63
应对愤怒和冲突的一些小贴士	70
精疲力竭	81
更健康的饮食：一步一个脚印	95
开动！吃早餐	101
估算你的每日热量需求	101
说走就走	138
正念饮食	140
提醒自己：不要购买毫无价值有时甚至有害的减肥产品	143
将运动融入你的日常活动	157
重量训练的注意事项	162
平衡行走	169
体育运动和娱乐性身体活动中的水合状态	172
预防运动损伤	173
酒精：危险的社交/性润滑剂	189
改善性体验的小贴士	190
性沟通小贴士	191
怀孕与分娩：腹式呼吸练习	212
如果你错过了服用激素避孕药	226
男用避孕套使用常识	255
鼻塞吗	271
HPV疫苗可预防宫颈癌，所以接种疫苗吧	282
清除尘螨可能有助于缓解过敏	285
堕胎不会增加患乳腺癌的风险	306
黑色素瘤的体征	311
不要被癌症"奇迹"疗法愚弄	313
牙龈感染会诱发心脏病	325
通过呼吸练习降低高血压	333
心血管健康：锻炼你的心脏	335
不要过量服用非处方止痛药	368
检查是否对电子游戏、网络、电视和智能手机成瘾	371
吸烟：一场赌博	391
吸烟与牙周病	396
戒烟的益处	398
酒精过量/中毒的体征	406
你是问题饮酒者吗	417
用穴位按压法治疗头痛	442
维生素补充剂并不总是安全的	445
避免发生机动车事故的方法	457
防御性驾驶	458
避免在圣诞节跌倒/坠落	462
儿童与枪支：有时是一对致命组合	466
你可以采取的能降低痴呆症风险的措施	481
美国卫生局局长对预防骨质疏松症的建议	485
如何预防约会强奸	501
预防性侵犯	503
居住地会影响你的健康	514
节能灯中含有汞	521
终于摆脱了塑料袋	523
农药使用注意事项	524
避免食用被农药污染的水果和蔬菜	524
减少电磁场暴露的方法	528
噪声污染：对儿童有害	529

压力管理

身心和谐	4	解决肥胖的潜在情绪诱因	142
生物反馈	32	为什么不感染 HIV 极其重要	252
集中注意力	33	视觉化促进治疗	315
用音乐放松	35	戒掉酒精成瘾行为	417
两个和尚与一条河	53	医疗保健专业精神与宗教信仰	427
写作疗愈	67	放弃驾车是一项艰难的决定	480
如果朋友正在考虑自杀	76		

健康指南

精神性、宗教与健康	7	出生时的人体微生物群	264
健康的社会决定因素	8	安全去除头虱	266
用心智疗愈身体	26	乳腺癌与乳房切除术	307
积极思维有改善健康的力量	36	乳房自检	308
评估生活变化	46	睾丸癌自检	309
大将军与僧人	46	室内日光浴灯和香烟有什么共同之处	311
为了学业成功和终身幸福而自我同情	66	如何解读血液胆固醇和血脂的检测结果	328
爱护你的牙齿和牙龈	105	心震荡	330
有机食品贴标签的规则	113	家庭血压监测仪帮助患者降低高血压	334
食品安全指南	116	基因可能会也可能不会增加患心脏病的风险	338
外出就餐时的健康饮食诀窍	117	存在同性恋基因吗	347
乔叔叔的成功减肥	140	确定你是否有生下基因异常孩子的风险	351
促进健康的经济激励措施	155	用生命拯救生命	352
强身健体	164	成瘾的风险因素	374
运动损伤的急救：大米原则	172	如何处理过期或未用的药物	380
关注你的性健康	180	吸烟：一些令人不太愉快的事实	388
同性婚姻：社会和健康问题	188	戒烟的 5 个阶段	399
居家怀孕测试	204	女性与烟草广告	401
生男生女：父母应该有选择权吗	215	一名学生的酒后驾驶经历	413
避孕方法的比较	222	与你的医生交流	429

心怀希望有助于治疗和康复	432	预防与电脑有关的损伤	467
全身冷冻疗法：缺乏确凿证据	446	大学运动员选择健康	469
儿童安全座椅推荐	459	给你的头脑加点香料	482
烟雾探测器保护你免受火灾伤害	465	运动或可延缓老化	487

全球健康

富有与贫穷国家的慢性病：病因大相径庭	18	全球感染病根除计划	283
日本的过劳死	47	为了心脏健康，何时开始都不算晚	338
抑郁是全球性的	75	乳糖不耐受：一种影响人类演化的突变	346
有好消息也有坏消息	92	基因疗法治愈镰状细胞病	355
地中海饮食	94	让每天都成为"世界无烟日"	392
进食障碍是一个世界性问题	146	酒精滥用是一个全球性问题	416
婴儿死亡率	213	日本的老龄化社会	477
世界各地的节育状况	237	在儿童期和成年期之后，还有老年期	491
全球范围内的HIV/AIDS	251	盖娅：地球能自我调节吗	512
预防在旅行时生病	267	风力发电	518

金钱与健康意识

从让人患病中牟利	10	晚期癌症患者延长生命的费用	314
生命值多少钱	13	冠状动脉搭桥术	331
应对日常生活的"药"	73	治疗囊性纤维化的费用	350
减少食物浪费的方法	99	面向年轻人的酒类营销	410
垃圾食品营销与超重儿童和青少年	132	不健康的生活方式会增加医疗保健费用	431
购者自慎：运动补充剂的生意	171	推销"神奇的"健康果汁	448
网购家用验孕（和其他）医疗产品	205	瓶装水之战	522
HIV/AIDS的全球泛滥能被阻止吗	254	塑料微粒和微纤维污染了海洋	526

前　言

我们特别自豪地推出《健康由我》第 13 版。这意味着自 1982 年第 1 版出版以来，学生和教师们已连续使用本教材 40 多年。在这段时间里，我们（作者们）、图书出版行业和整个世界都发生了许多变化。如今，我们年事渐高；图书有了可供在线阅读的数字版本；而世界的变化更是多到不可胜数。然而，在今日，我们对健康以及如何获得健康的构想仍同 40 多年前一般无二。当我们构思撰写一部可供教师用于讲授健康知识的教科书时，我们选择呈现疾病预防的基本原理和科学证据，以及个体需对促进和维护自身健康自我负责的逻辑基础和科学依据。自我负责（健康由我）这一理念如今被认为是健康教育的基础。你的行为、生活方式、精神状态和身体活动决定了你整体的健康与幸福水平。医学科学在治愈或缓解诸如丙型肝炎、某些囊性纤维化病例以及一些曾无法医治的癌症等严重疾病方面，正在取得非凡的进展。然而，对自己的健康负责在今天甚至更为重要。随着心脏病、肥胖和糖尿病的流行在全球范围内蔓延，随着污染威胁到环境的宜居性、气候变化威胁到整个地球的健康，每个人都必须明白，他们自身的行为和态度如何影响自身的健康或疾病，又如何影响那些与他们共享地球的其他生物。我们在本书之前的版本中阐述的信息和指导原则同样适用于当今的世界。

如何使用本书

我们在本书中设置了许多特色版块，以帮助你学习健康与幸福方面的知识。

书中的每一章都以一系列**学习目标**开篇，它们能帮助你聚焦于这一章中最重要的概念。

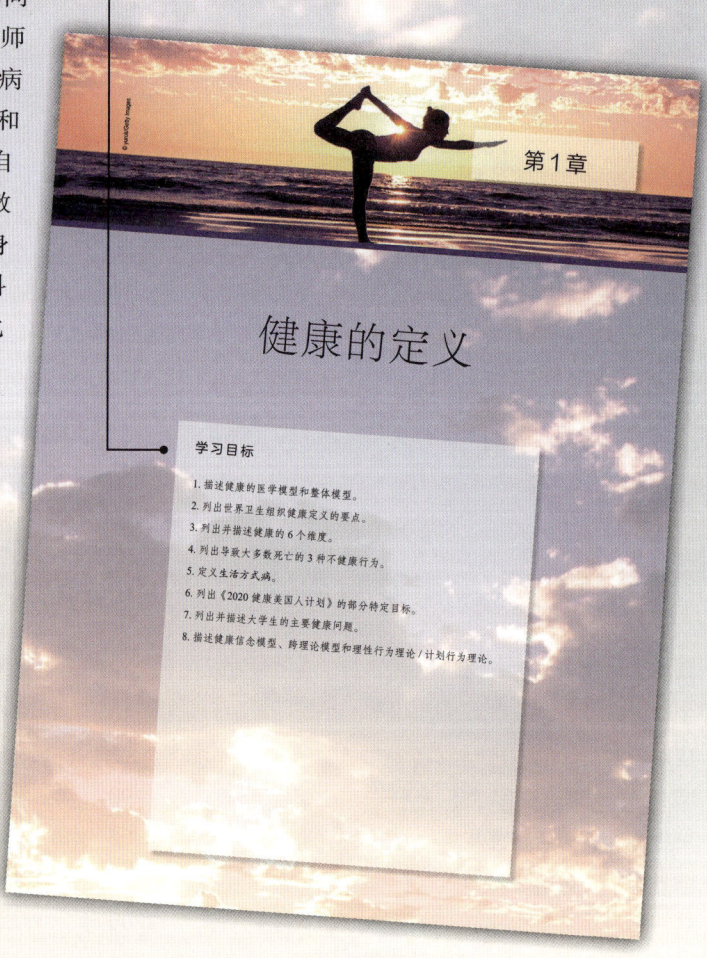

名言警句版块以发人深省（且通常诙谐有趣）的关于健康的引言让每一章妙趣横生。

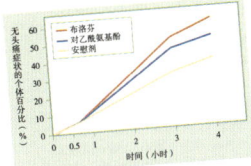

健康小贴士专栏几乎出现在每一章中，它可以让人们立即改变自身的行为。

全球健康专栏探索那些影响不同国家和文化的健康与幸福话题。

xxviii 前言

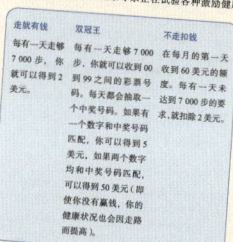
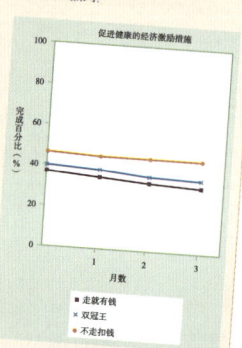

健康指南专栏提供了促进健康生活方式和自我负责的建议、技巧和步骤。

压力管理专栏为你提供了应对压力的实用策略。

金钱与健康意识专栏关注经济力量对个人和社区健康的影响；例如，对毫无价值有时甚至有害的减肥、健身和缓解压力的补充剂和器械的营销，在推销疗效甚微且有时存在危险的药品时直接面向消费者的广告宣传，以及鼓励年轻人开始吸烟的香烟广告。

书中的每一章都以对健康的批判性思考结尾：这部分由一组问题组成，这些问题呈现了有争议或发人深省的情境，并要求你审视自己的观点并探究自身的偏见。

每一章末尾处的材料还包括本章小结与重点（对全章内容的简要回顾）、参考文献和推荐阅读。

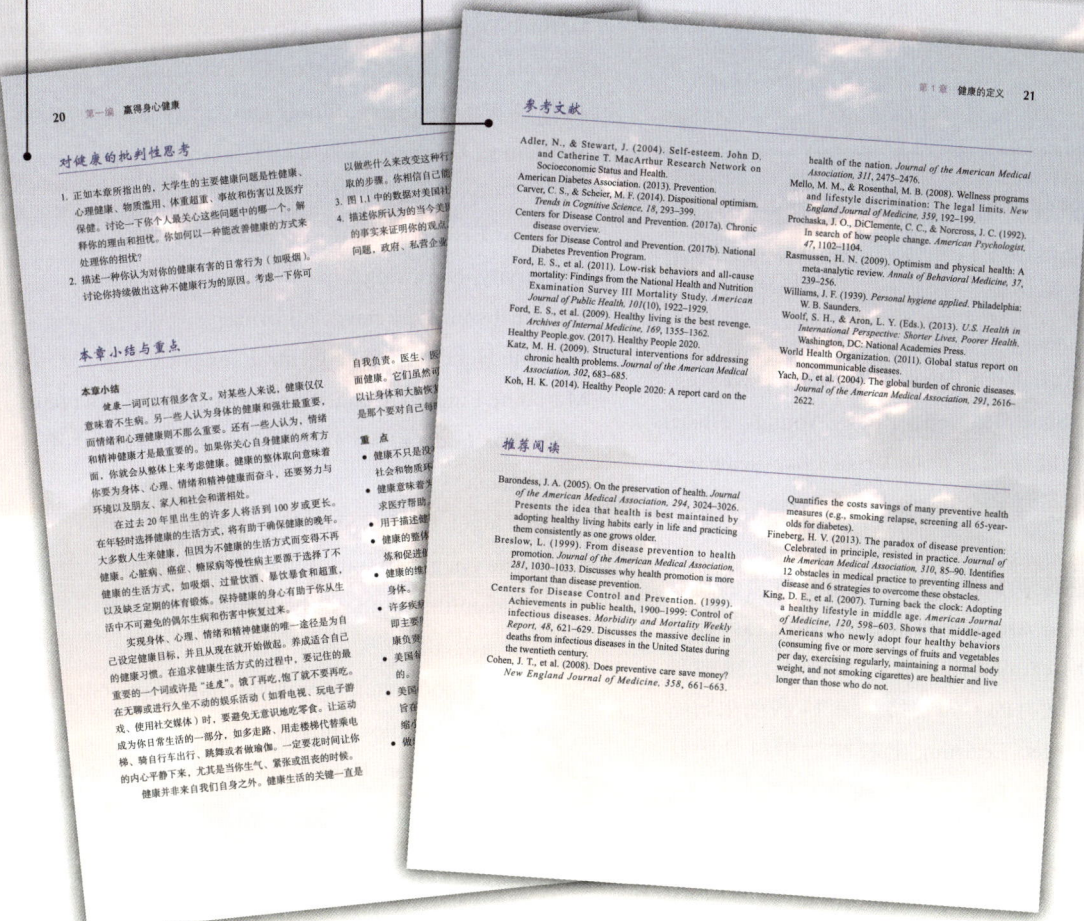

本版更新 / 新增内容

以下是一些本版新增或相较之前版本有所扩展的主题示例：

- 29 个新增和扩展的专栏，包括：
  - 健康小贴士：满足人类基本需要的小贴士
  - 健康指南：室内日光浴灯和香烟有什么共同之处
  - 金钱与健康意识：塑料微粒和微纤维污染了海洋
  - 全球健康：在儿童期和成年期之后，还有老年期
- 新增和更新了强调重要健康知识的插图、照片和表格。如第 18 章的"表 18.6 全球酒精相关的疾病"。
- 对第 8 章"性健康和亲密关系"的内容进行了大规模改动，详述了 LGBTQ 群体。
- 对第 19 章"为自身医疗保健做决策"的内容进行了更新，以讨论美国不断变化的医疗保健政策。
- 更新了各章的参考文献、推荐阅读。

致 谢

在《健康由我》各个版本的成书过程中，有太多人为我们提供了支持和指导。本书从他们的批评、意见、缜密的评论、专业知识以及建设性的建议中受益匪浅。我们无比感激他们参与了这一项目。我们要特别感谢 James Walsh、Esther M. Weekes、Martin Schulz、Shae Bearden、Rocky Young、Bharti Temkin、派拉蒙健康研究所的 Brian Luke Seaward，以及得克萨斯理工大学的 Laura Jones-Swann 和 Scott O. Roberts。

我们还要感谢我们的编辑（无论是过去的还是现在的），特别是 Art Bartlett 和 Julie Bolduc，以及 Jones & Bartlett Learning 出版社的所有人，感谢他们多年来对这本教材的不懈支持。第 13 版的出版有赖于 Jones & Bartlett Learning 出版社健康科学团队成员的努力：Cathy Esperti、Rachael Souza、Nancy Hitchcock、Merideth Tumasz 和 Shannon Sheehan。我们向大家表示衷心的感谢。

审稿人

Lawrence E. Acker, Harris-Stowe State University
Pat Alsader, Planned Parenthood of West Central Illinois
David Anspaugh, Memphis State University
Catherine G. Ansuini, Buffalo State College
Jennifer Austin, Colby-Sawyer College
Judy B. Baker, East Carolina University
Cynthia Bartok, Bastyr University
N. K. Bhagavan, University of Hawaii Medical School
Nancy J. Binkin, Centers for Disease Control and Prevention
David Birch, Indiana University
Barbara Brehm-Curtis, Smith College
Rita Buckley Connolly, St. Joseph's University
Tyrone R. Burkett, The Pennsylvania State University
Donald Calitri, Eastern Kentucky University
Barbara Coombs, San Francisco City College
Linda Chaput, W. H. Freeman Publishers
Dorothy Coltrin, De Anza College
Geoffrey Cooper, Harvard Medical School
Bernice Daugherty, Lander University
Nicholas J. DiCicco, Camden County College
Judy Drolet, Southern Illinois University at Carbondale
William E. Dunscombe, Union County College
Philip Duryea, University of New Mexico
Seymour Eiseman, California State University–Northridge
Carol Ellison, Berkeley, California
Marlene Henry Fletcher, Central Texas College
Marianne Frauenknecht, Western Michigan University
Laura Fox Fudacz, Ivy Tech Community College of Indiana
Nicole Gegel, Illinois State University
Katherine Gieg, Missouri Baptist University
Mai Goldsmith, Southern Illinois University at Edwardsville
Wretha G. Goodpaster, Morehead State University
Catherine M. Headley, Judson College
Allan C. Henderson, California State University–Long Beach
Meg Henning, Keene State
Sherry Hineman, University of California–San Diego

Leo Hollister, Stanford Medical Center

Stanley Inkelis, Harbor General Hospital

John Janowiak, Appalachian State University

William Kane, University of New Mexico

Mark Kittleson, Southern Illinois University at Carbondale

Tim Knickelbein, Normandale Community College

Dr. Jerome Kotecki, Ball State University

Dawn Larsen, Mankato State University

Pat Lefler, Bluegrass Community and Technical College

C. H. "Pete" LeRoy, New Mexico Highlands University

Karen M. Lew, University of Miami

Will Lotter, University of California–Davis

Beverly Saxton Mahoney, The Pennsylvania State University

Mary Martin, University of California–San Francisco

Sharon Mathis, Benedictine College

Patricia L. McDiarmid, Springfield College

Marion Micke, Illinois State University

Dr. Pardess Mitchell, William Rainey Harper College

Peter J. Morano, Central Connecticut State University

Richard P. Morris, Rollins College

Linda J. Mukina Felker, Edinboro University of Pennsylvania

Debra J. C. Murray, University of North Carolina at Chapel Hill

Anne Nadakavukaren, Illinois State University

Ann Neilson, College of Saint Rose

Marion Nestle, New York University

Roberta Ogletree, Southern Illinois University at Carbondale

Larry Olsen, The Pennsylvania State University

Elizabeth O'Neill, Central Connecticut State University

David Phelps, Oregon State University

Richard Plant, South Middlesex Community College

Bruce Ragon, Indiana University

Kerry J. Redican, Virginia Technical University

Dwayne Reed, Buck Institute for Research on Aging

Janet Reis, University of Illinois at Urbana–Champaign

Russell E. Robinson, Shippensburg University

Jennifer L Scheid, Daemen College

Brian Luke Seaward, Paramount Wellness Institute

Terese A. Sheridan, University of Nebraska–Kearney

Sam Singer, University of California–Santa Cruz

Deborah Sloan, Park University

Susan Spreecher, Illinois State University

Chris Stratford, University of Utah

David R. Stronck, California State University–East Bay

John Struthers, Planned Parenthood of Sacramento County

Michael Teague, University of Iowa

Amy Thompson, Mississippi State University

Eric Triffin, Southern Connecticut State University

Tony N. Trunfio, State University of New York–Cortland

George L. Walker, Cumberland University

Aleida Whittaker-Gordon, California State Polytechnic University–Pomona

Bryan Williams, University of Arkansas

Malinda Williams, University of Oklahoma

Carol Wilson, University of Nevada at Las Vegas

Richard Wilson, Western Kentucky University

Doris D. Yates, California State University–East Bay

第一编

赢得身心健康

第1章
健康的定义

第2章
心身交流保持健康

第3章
压力管理：恢复身心和谐

第4章
心理健康

健康小贴士	**金钱与健康意识**	**全球健康**	**压力管理**	**健康指南**
两分钟减压法	从让人患病中牟利	富有与贫穷国家的慢性病：病因大相径庭	身心和谐	精神性、宗教与健康
使用电脑时如何减轻压力	生命值多少钱			健康的社会决定因素

第1章

健康的定义

学习目标

1. 描述健康的医学模型和整体模型。
2. 列出世界卫生组织健康定义的要点。
3. 列出并描述健康的 6 个维度。
4. 列出导致大多数死亡的 3 种不健康行为。
5. 定义生活方式病。
6. 列出《2020 健康美国人计划》的部分特定目标。
7. 列出并描述大学生的主要健康问题。
8. 描述健康信念模型、跨理论模型和理性行为理论／计划行为理论。

大多数人通常认为健康就是没有得病。但一个患有相对无害的遗传性疾病，比如多长了一个脚趾的人，算不算健康？这个人是否不如脚趾数正常的人健康？也许有所不同，但不一定健康水平就差。

没有得病确实是健康的一个重要方面。然而，同样重要的是拥有最佳的幸福感——一种身体、心理、情绪、社会适应和精神均健康的状态。这一观点认为，健康的定义不仅包括不受疾病和残疾的困扰，而且还包括与自己、社会和自然环境和谐相处。当你承担起做下列事情的责任时，你就是在促进自己的健康与幸福：避免有害行为，如不吸烟；防止自己暴露于健康风险之中，如不酒后驾车、少吃垃圾食品；采取健康的行为和做法，如食用有营养的食物、定期锻炼、关注自己的心理健康、支持有助于你所在社区健康和福祉的行动，如限制污染和减少暴力。

在本章中，我们将讨论健康的定义、现代生活方式如何在世界范围内导致大量人口患慢性病，以及养成健康的生活习惯如何帮助人们保持健康。在整本书中，我们将向你展示可最大限度地提高健康水平的方法，包括了解你的身心如何运作，如何防止自己暴露于污染和有毒物质，如何做出关于健康和医疗保健的明智决定，如何对自己的行为负责，以及社会、经济和政治力量如何影响你过上健康生活的能力。在你还年轻的时候学会为自己期望达到的健康和活力水平负责，将有助于确保你终身的健康状态，并在患病时具备应对疾病的能力。

> 人民的健康是他们所有幸福和国家所有力量的真正基础。
> ——本杰明·迪斯雷利

健康的模型

科学家和健康教育家提出了定义健康的两种主要方式：医学模型和整体模型。

身心和谐

当你身心健康时，身体的各个系统会协调运作。但是，如果某个器官无法正常工作的话，其他的器官也可能因此而不能正常工作，你就可能会生病。因此，疾病可被视作对整个人身心和谐的破坏。

在传统的西方科学和医学中，人们从内稳态的角度来考虑身心和谐，即身体的各种过程之间协调的自我调节倾向，这种调节能带来最佳功能和生存状态。许多亚洲哲学都包含身心和谐的理念。这一理念是基于一种被称作气（chi）的宇宙能量，它必须在身心之中和谐地分布，个体才能获得和保持健康。和谐表现为两种分别被称为阴和阳的力量之间的平衡。阴和阳代表了存在于万物（包括我们的身体）的宇宙之气对立和互补的两个方面。阳的力量具有光明、正面、创造性、运动活力以及天的属性等特征。阴的力量则具有黑暗、负面、安静、接纳以及地的属性等特征。

在亚洲哲学和医学中，身和心被认为是不可分割的。阴和阳既适用于心理过程，也适用于生理过程。当一个人的阴阳力量达到平衡时，就会出现一种和谐的状态，这个人就会体验到健康与幸福。然而，如果阴或阳中的某一方的力量在一个人身上占据了主导地位，就会产生一种不和谐的状态，并可能最终导致疾病。

疾病的治疗旨在重建身心的和谐。阴阳力量的平衡必须恢复，这样才能重获健康。

太极拳和气功是中国的两种锻炼身心的方法，许多北美人都采用这些方法来帮助自己保持健康与和谐。这两种运动对那些不适合进行剧烈运动的老年人尤其有用。练习气功可以帮助人降血压，改善血液循环，增强免疫系统功能。

阴阳符号

这个符号代表了自然界和人体内力量的和谐平衡。白点表示一个人阴的成分中总有些许阳，反之亦然。按照亚洲传统的观点，生命和自然的目标是保持阴阳力量的和谐平衡。

健康的医学模型

健康的**医学模型**（medical model）的主要原则是，健康是指没有"5 个 D"中的任何一个——死亡（death）、疾病（disease）、不适（discomfort）、残疾（disability）和不满（dissatisfaction）。换句话说，如果你没有生病、残疾、精神不稳定或其他痛苦，那么你就会被定义为是健康的。医学模型几乎完全依赖于对疾病的生物学解释，即用器官、细胞和其他生物学系统的功能失调（例如肝脏疾病、心脏病或骨质疏松症）来解释疾病。在医学模型中，不健康是由可观察或可测量的症状的存在决定的。在生病的时候，患者康复可通过成功地治疗疾病的根本原因来实现。如果做不到根除疾病，那么目标就是缓解症状。

在医学模型中，某一群体的健康状况可以用**生命统计数据**（vital statistics）来衡量，生命统计数据即有关给定人群的疾病程度［**病患人数**（morbidity）］和死亡人数［**死亡率**（mortality）］数据。生命统计数据包括：

发病率（incidence）：在某一特定时间段内某一疾病的新发病例数，一般以每 10 万人为单位表示。例如，2016 年，美国所有年龄段人群的流感发病率为 12.7/10 万。

患病率（prevalence）：指在某一特定时间内，一个社区、国家或其他群体中有特定健康状况（通常指某种疾病）的人数占总人数的比例。例如，2016 年，在美国成年人中，高血压的患病率约为 29%。

这些统计数据使人们可以对不同的群体进行比较，也可以对同一群体不同时间的情况进行比较。

健康的生活方式有赖于锻炼。

医学模型的优势在于，它能以合理的生物学精度确定许多疾病（或其使人衰弱的症状）的病因，并提供治愈疾病、缓解症状或恢复身体受损部位功能的治疗。任何通过服用抗生素治愈严重感染或接受过挽救生命的外科手术的人都可以证明这一点。医学模型的一个缺陷是，它倾向于不考虑也不处理影响医疗和健康问题的心理与社会因素，它在鼓励健康的生活方式、减少不健康的行为和营造健康的环境方面也不太成功。

例如，超重和肥胖是一种全球性流行病，在大多数情况下是由过度食用低营养食物和身体活动过少造成的。医学模型应对超重和肥胖的方式不是设法改变患者个人的生活习惯和社会环境，而是用药物、手术或两者兼有的方式从生物学层面治疗患者。事实上，通过手术结扎肥胖个体的大部分胃是美国增长最快的外科手术之一。

健康的整体模型

整体模型（wellness model）强调自愈、健康促进和疾病预防，而不是只治疗疾病的症状。世界卫生组织（World Health Organization, WHO）对健康采用了整体性定义，内容如下：**健康**（health）是指"身体、心理和社会适应均处于完好状态，而不仅仅是没有疾病和虚弱"。这个定义如此之广，涵盖如此之多，以至于有些人觉得它毫无意义。然而，它的广泛性是完全正确的。人们的生活，然后是他们的健康，都受到生活中方方面面的影响：环境影响，如气候；有营养的食物、舒适住所、干净空气和纯净饮用水的可获得性；包括家人、伴侣、雇主、同事、朋友和各类伙伴在内的其他人的影响。

世界卫生组织对健康的定义承认，影响个体总体生活质量的身体、心理、情感、社会、精神以及环境因素是相互关联的。心理、身体和环境的所有部分都是相互依存的。英文 health 这个词的古英语词根（hal, 意思是好的或完整的）意味着健康比没有疾病的含义要广。健康意味着：（1）尽可能没有疾病的症状和疼痛；（2）积极主动，能够在适当的时间做你想做和必须做的事情；（3）大多数时候精神状态良好并感觉情绪健康。

杰西·威廉姆斯（Williams, 1939）是现代健康教育的奠基人之一，他对健康的描述与世界卫生组织的定义相呼应：

健康是个体的一种状态,这种状态使个体能够最大限度地享受生活、做最具建设性的工作,并且这种状态对世界最为有益……将健康等同于没有疾病是平庸的标准;将健康视为一种生活质量,则是一个鼓舞人心并使人取得更多成就的标准。

"赢得健康"是一个持续终身的动态过程,它会将我们每天做的所有决定,比如吃什么食物,运动量大小,开车前是否能喝酒、是否系安全带,或者是否吸烟,一一"记录在案"。我们所做的每一个选择,都可能影响我们的健康与幸福。有时候,社会和自然环境会阻碍我们做出健康的选择。例如,一个人可能知道不要天天吃高脂肪的快餐,但是这种食物可能比健康的替代食物更容易获得。健康既包括认识到某些社会影响是不健康的,并找到更健康的替代品,还包括要采取行动,为所有人创造更健康的社会和自然环境。

健康不像获得大学学位那样,是可以在某个特定时间突然获得的东西。相反,健康是一个过程,实际上是一种生活方式,通过这个过程可以不断发展,并促使你的身体、心理和精神的各个方面尽可能多地和谐关联。

举个例子,我们来看看整体模型如何看待头痛。美国大约50%的成年人每年至少要经历一次头痛。

> 只需仔细观察,便可了解许多。
> ——尤吉·贝拉

虽然有时头痛是脑损伤的结果或是另一种疾病的症状,但它更常是由会导致头部和颈部肌肉紧张的情绪压力引起的(紧张性头痛)。这些收缩的肌肉使头部的血压升高,从而引发头痛。

医学模型主张,通过服用对乙酰氨基酚、阿司匹林或其他一些可改变引起头痛的生理机制的药物来缓解症状。与此相反的是,整体模型提倡应先确定紧张感的来源——担心、愤怒或沮丧——然后尝试去减少或消除它。

识别并消除生活中紧张和焦虑的来源是预防头痛最可靠的方法。有些人学会了用"头痛"来回避不愉快的情境,例如学业或工作上的事情。当他们还是孩子的时候,他们可能曾观察到他们的父母通过"头痛"来应对紧张和压力,所以他们也知道了"头痛"可以用来回避引发焦虑的情境。你有没有形成这样的回避机制?

健康的维度

健康的整体模型包含6个维度:情绪、智识、精神、职业、社会适应和身体。

1. **情绪健康**(emotional wellness)要求了解情绪并处理好日常生活中出现的问题。一个情绪健康的人能够保持幽默感、识别各种感受并恰当地表达它们、努力满足情感需求,并对自己的行为负责。
2. **智识健康**(intellectual wellness)涉及对新想法

两分钟减压法

压力太大?
静下心来。
做一个
　　深
　　　深
　　　　的
　　　　　深呼吸。

观照内心

将注意力集中于自己的内心。任凭思绪、想法和感觉在脑海中流过,而不对它们做出反应。你将注意到它们会从你的脑海中消失,并被新的想法和感觉取代。继续慢慢地深呼吸,看着那些给你带来压力的想法消失。

清空大脑

承认你有先入为主的想法和根深蒂固的感知习惯。认识到你可以清空自己大脑中的烦恼思绪,并用那些能创造内在和谐的想法取而代之。

脚踏实地

感受你的身体接触大地的感觉。将脚(如果你是坐着的话就是你的臀部,如果你是躺着的话就是你的整个身体)紧紧地贴在地面上,让你的意识专注于你与地面接触的部位,感受将你与地球母亲连接起来并稳定住你的地心引力。

建立联系

让自己去感受身体和精神与所有生物的联系。提醒自己,你的每一次呼吸都在重建你与大自然的联系。

和新观念的开放心态。如果你的智识健康，那么你就会寻求新的体验与挑战。智识健康的人能够有效地进行口头和书面交流，洞察问题的多个方面，紧跟时事，并表现出良好的生活管理和时间管理能力。

3. **精神健康**（spiritual wellness）是一种与自己和他人和谐相处的状态。它是一种平衡内心需求与外界需求的能力。精神健康的人能够审视个人的价值观和信仰、寻找生命的意义、对是非有清晰的认识、敬畏宇宙中的自然伟力。

4. **职业健康**（occupational wellness）是指能够享受你为谋生而做的事情，同时也为社会作出贡献，无论是去上大学，还是去从事如办公室助理、餐厅服务员、医生、建筑经理或会计等工作。在工作中，它意味着拥有批判性思维、问题解决和善于沟通等技能。职业健康的人能够在工作中体验到成就感，平衡工作与生活的其他方面，在创造和革新中找到满足感，并在工作中主动寻求挑战。

5. **社会适应健康**（social wellness）是指在不伤害他人的情况下有效、舒适地履行社会角色的能力。社会适应健康的人能够与所爱之人建立积极的关系，交朋友，享受与他人相处的乐趣，跟可能与自己不同的人有效地沟通。

6. **身体健康**（physical wellness）是指通过正确饮食、定期锻炼、避免有害生活习惯、做出明智和负责任的健康决定、在有需要时寻求医疗帮助，以及参加有助于预防疾病的活动来保持健康的身体。身体健康的人能够有规律地运动并选择营养均衡的饮食，进行安全、负责任的性行为，在药物使用和医疗保健上做出明智的选择，保持积极、健康的生活方式。

因为健康是动态的、持续的，所以没有任何一个健康维度可以独立运作。当你的健康处于高水平或最佳状态时，所有的维度都成为一体，共同运作。个体所处的环境（包括职场、学校、家庭、社区）与其身体、情绪、智识、职业、精神和社会适应等健康维度相互协调，以达到和谐状态。

测量健康

科学家们使用多种方法衡量健康。有些方法计算一个群体中处于某种特定健康状况的个体人数，如曾心脏病发作的成年人数量，或在出生后 6 个月内死亡的儿童数量（婴儿死亡率）。通常，人们将这些数据与前几年或其他人群中用类似测量方法得到的数据进行比较，以确定特定状况的发生率是在增加还是在减少。例如，美国心脏病死亡的发生率，以其在患有心脏病的成人中所占的百分比来衡量，一百多年来一直在下降。或者，以每 10 万个活产婴儿中的死亡人数计算的美国婴儿死亡率，在 20 个经济最发达国家中是最高的。

另一种衡量健康的方法是伤残调整寿命年（Disability Adjusted Life Year），或简称为 DALY，它是对因健康状况不佳、残疾或早逝而造成的损失寿命年数的估计。DALY 通常用于比较不同人口群体的健康状况，例如爱尔兰国民和南非国民。**疾病负担**

精神性、宗教与健康

许多人相信精神性（spirituality，也译作灵性）在健康和疾病中起着重要的作用，即通过宗教、与大自然的联系或某种比自身更强大的力量来寻找意义、希望、安慰和内心的平静。精神体验往往会产生同情和同理心及内心的宁静，与比自己更强大的力量、权力或一套价值观关联和共融，以及与环境和谐共处。这些感受被认为是健康的基石，因为它们代表了人类体验的内在与外在两方面的平衡。对一些人来说，生活的精神维度体现在参加特定宗教的活动中。对其他人来说，精神维度是非宗教性的，但却是其个人哲学的一部分。许多活动可以帮助人们体验存在的精神领域——祈祷、冥想、瑜伽、音乐和艺术创作、帮助他人等只是一些常见的活动。

不管选择哪条道路，变得更有精神觉知都可以带来更健康的生活。与自己的精神感受相联，有助于你用对自己和他人的理解和同情来应对生活中的起起伏伏。你会变得对爱的最高意义保持开放，也就是接纳和宽容。你开始去爱自己，尽管你有各种问题和困扰。即使关系紧张，你也仍爱你的家人和朋友。你将在生活中越来越多的方面看到美与和谐。偶尔——无论多么短暂——你会体验到完整与快乐地活着这种无比奇妙的感觉。

健康的社会决定因素

生理因素、个体行为、高质量卫生服务的可及性、社会因素以及政策之间的相互关系，共同决定着个体和群体的健康。因为健康受个体生活几乎所有方面的影响，所以评估健康状况不仅需要评估传统医疗保健和公共卫生的各个方面，还需要评估教育、住房、交通、农业、自然环境以及社会和经济力量等社会因素。例如，提高烟草销售税能够减少吸烟，进而改善个体和群体的健康。美国联邦机动车安全标准的实施降低了机动车事故造成的伤亡率。社会因素和环境状况以各种方式影响着健康。例如，数百万美国人生活在臭氧或其他空气污染物含量超出健康标准的地方，这增加了罹患哮喘和其他呼吸系统疾病的风险。

健康的社会和经济决定因素

- 满足日常需求的资源的可获得性，如教育和工作机会、维持生活的工资和健康的食物。
- 社会规范与态度，比如歧视。
- 暴露于犯罪、暴力和社会混乱，如劣质产品的存在。
- 社会支持和社会互动。
- 接触大众媒体与新兴技术，如互联网或智能手机。
- 社会经济状况，如区域性整体贫困。
- 优质学校。
- 交通选择。
- 公共安全。
- 居住隔离。

健康的环境决定因素

- 自然环境，如植物、天气或气候变化。
- 建筑环境，如建筑物或交通。
- 工作场所、学校和娱乐环境。
- 住房、住宅和社区。
- 暴露于有毒物质和其他物理危害。
- 环境障碍，特别是对于残疾人而言。
- 艺术元素，如良好的照明、美丽的树木或长椅。

资料来源：HealthyPeople.gov. (n.d.). Determinants of health.

（burden of disease）是衡量群体健康状况的一项指标，旨在量化理想状态（健康地活到老年）与现实情况（因疾病、伤害、残疾和早逝而导致健康生命缩短）之间的差距。

健康相关生活质量（health-related quality of life，HRQoL）超越了对医疗诊断程度、预期寿命和死亡原因的直接测量，它还纳入了影响个体生活质量的非医疗因素，其中包括**幸福感**（well-being），而幸福感是由积极情绪和生活满意度等特质构成的。因此，健康相关生活质量包括生活的生理、心理、情绪和社会适应等方面。科学家们利用多种工具来衡量健康相关生活质量：身心生活质量、疲劳、疼痛、情绪痛苦、社会活动以及社会角色的自评量表；评估个体感到非常健康、对生活满意或满足的频率的科学调查；个体对其人际关系质量、积极情绪、心理韧性及潜力实现程度的自我评估；个体对自身健康影响其社会参与（包括教育、就业、市民义务、社交和休闲活动）程度的评估，以及个体对功能受限（如视力丧失、行动困难或智力障碍）影响其过上长寿而满意的生活程度的评估。

生活方式病

20世纪早期，感染病——那些由细菌、病毒或其他微生物引起的疾病——是导致死亡的主要原因。这很大程度上是因为当时没有现代的公共卫生手段和药物，比如抗生素。1918年，世界各地有数千万人死于流感，其病因当时未知，而现在已知是一种病毒。

如今，在美国和世界上其他工业化国家或地区，人们死亡的主要原因不再是感染病，而是"生活方式病"（**表1.1**）。这些疾病，如心脏病和癌症，大多是由人们的行为和生活方式引起的。

例如，心脏病主要是由不良饮食、吸烟、缺乏锻炼、压力过大、高血压和血液中胆固醇含量过高引起的。癌症与营养不良、吸烟等不良生活方式以及接触环境中的有害物质有关。不健康的生活方式还是许多肺部疾病（由吸烟引起），以及2型糖尿病和肾病（由超重引起）的根源。在某些情况下，自杀和事故是压力、吸毒或饮酒造成的。

许多生活方式病的一个主要特征是，它们是

表 1.1　1900 年和 2016 年，美国覆盖所有年龄、种族和性别人群的十大死亡原因

1900 年	2016 年
1. 结核病	心脏病
2. 肺炎	癌症
3. 腹泻和肠炎	慢性下呼吸道疾病（如肺气肿/支气管炎）
4. 肝病	事故
5. 心脏病	中风/脑血管疾病
6. 伤害	阿尔茨海默病
7. 中风	糖尿病（多数为 2 型）
8. 支气管炎	流感和肺炎
9. 癌症	肾病
10. 白喉	自杀

1900 年，十大死因中有五个为感染病。2016 年，只有一个是感染病，其他的都是生活方式病。

数据来源：Centers for Disease Control and Prevention, National Center for Health Statistics.

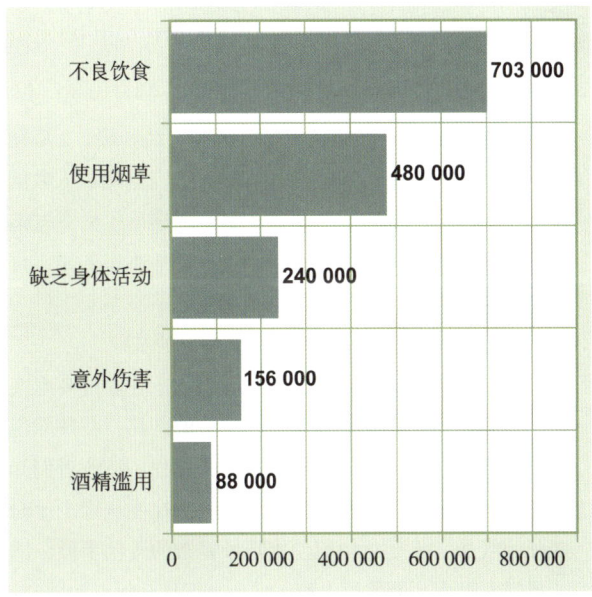

图 1.1　2017 年美国可预防原因导致的死亡人数

在美国 2017 年 270 万的死亡人数中，有近一半是由生活方式因素造成的，如不良饮食、使用烟草、缺乏身体活动、意外伤害（跌倒、机动车事故、中毒和阿片类物质过量）及酒精滥用。

资料来源：Renata, M. et al. (2017). Association Between Dietary Factors and Mortality from Heart Disease, Stroke, and Type 2 Diabetes in the United States. *Journal of the American Medical Association, 317*, 912–924. U.S. Centers for Disease Control, National Center for Health Statistics.

慢性病（chronic disease）。这意味着它们会持续数年乃至一生。慢性病会降低患者的生活质量，通常还会缩短其寿命。慢性病往往也会影响患者的家庭，并且医疗保健体系为之花费巨大。美国每年 2.7 万亿美元的医疗支出中，约有 86% 用于慢性病和精神疾病。大约一半的医疗支出所针对的疾病在很大程度上是可预防的，比如心脏病、多种癌症、高血压和 2 型糖尿病（Centers for Disease Control and Prevention, 2017a）。

当一个人死亡时，死因通常根据功能衰竭并导致该人死亡的器官系统来确定，例如心脏病、肝硬化、肺癌。然而，这可能没有找到死亡的根源。例如，说某人死于肺癌并不能告诉我们他真正的死亡原因是吸烟。当调查死亡的实际原因而不仅仅是死亡证明上报告的内容时，结果显示，美国每年 270 万例死亡中约有一半应归咎于生活方式因素（图 1.1）。

排在减寿行为榜首的是不良饮食。水果、蔬菜、坚果和种子摄入过少以及盐、肉、精制谷物和糖摄入过量，可导致每年超 70 万美国人死亡。仅次于不良饮食的是使用烟草，它造成美国每年超 48 万人死亡。吸烟、抽雪茄、咀嚼烟草和接触二手烟，极大地增加了由各种癌症、心脏病、高血压、中风、支气管炎、慢性阻塞性肺疾病、肺炎、低出生体重和

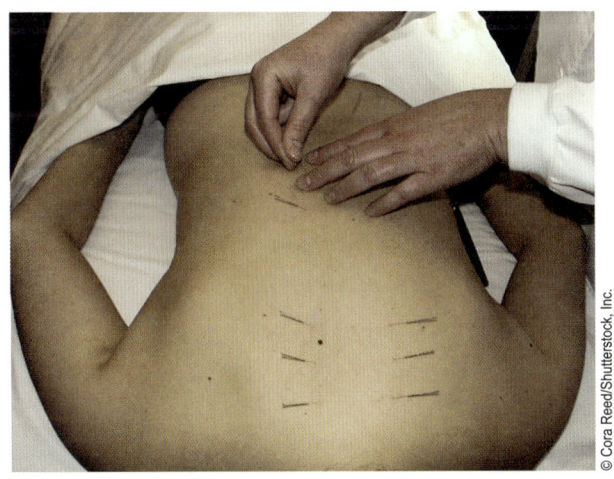

在美国，许多替代疗法，如美式整脊、按摩和针灸，现在都被认为是合法的治疗，并且通常在医疗保险范围内。

火灾烧伤造成的死亡。吸烟会对寿命和健康造成巨大的损害，这正是卫生机构、医生和政府强烈建议人们避免使用烟草的原因所在。

没有身体活动或活动量小导致了约 24 万人死亡，

从让人患病中牟利

在美国,因心脏病、中风、肺癌、结肠癌、2型糖尿病和慢性阻塞性肺疾病而死亡的人数占总死亡人数的近一半。这些疾病在很大程度上是不健康的生活方式造成的:不良饮食、吸烟、超重和不锻炼。不幸的是,许多企业从个体不健康的生活方式中牟利——事实上,一些企业将怂恿不健康的行为作为其业务的基础。

烟草业就是从伤害他人中获得经济利益的典型案例。除烟草业外,没有哪个行业生产的产品,在按照说明书使用的前提下,仍会导致疾病和死亡。从业者们知道,长期吸烟者(烟草业的最佳客户)往往从青少年时期开始吸烟,于是,他们使用巧妙复杂的营销手段,诱导年轻人吸烟并使他们上瘾。烟草业不是任何人的朋友。

虽然不像烟草行业那样明显,一些食品公司也从伤害消费者的行为中牟利。一份典型的快餐(如汉堡、薯条和一杯软饮料或奶昔)含有大约1 000卡路里的热量,约是大多数人1天所需能量的1/2或更多。这些热量大约有1/3~1/2来自饱和脂肪,而饱和脂肪是导致心脏病和血管疾病的主要因素。快餐还含有大量的盐,这也会导致心脏病和血管疾病。这就是为什么经常吃快餐会导致体重问题和相关疾病,如2型糖尿病。

美国一些大型公司就在向消费者提供不健康数量的糖。包装食品(从番茄酱到早餐麦片)、零食、快餐和含糖饮料(如苏打水、能量饮料和运动饮料)中都含有添加糖。仅含糖饮料一项就提供了美国人消费的36%的添加糖,增加了患心脏病和2型糖尿病的风险。而且,与其他添加糖的产品不同,含糖饮料没有任何营养价值,可以很容易用水和低脂牛奶等健康饮料代替它们。通过对含糖饮料征税,以此减少对含有添加糖食品的消费,尤其是年轻人的消费量,同时鼓励食品公司自愿减少产品中添加糖的量。

你无须等待政府和企业采取行动来改善你的健康。从今日起,你就可以开始抵制他人从让人生病来牟利的行为,并开始养成健康的生活习惯。

主要死因是心脏病、高血压、中风和糖尿病。跌倒、机动车事故,以及包括阿片类物质使用过量在内的中毒事件导致的意外伤害,每年造成约15.6万人死亡。酒精滥用导致每年近8.8万人死于酒精中毒、机动车和行人事故以及凶杀。相比之下,每年只有2.5万人因使用毒品而死亡。不安全性行为导致约2万人死于艾滋病和其他疾病。

2型糖尿病是一种生活方式病

糖尿病是一种由于身体的血糖调节系统功能失调,导致血糖含量上升到不健康水平的疾病。糖尿病会导致失明、血管疾病、肾衰竭、心脏损伤和死亡。糖尿病有两种类型。

1型(胰岛素依赖型)糖尿病。胰腺(消化器官)患病,无法生成调节血糖水平的激素——胰岛素。治疗方法包括日常注射胰岛素。

2型(非胰岛素依赖型)糖尿病。血液中过多的脂肪(通常由超重所致)导致身体细胞抵抗胰岛素的作用,称作胰岛素抵抗。这导致血糖水平升高。随着时间的推移,胰腺中产生胰岛素的细胞会受损,产生的胰岛素就会减少。治疗方法包括增加运动量,减少热量的摄入以减轻体重(减脂),可能的话注射胰岛素或服用降低胰岛素抵抗的药物。

20世纪40年代末,部分犹太人从也门移民到以色列。我们可以从这些犹太人身上看出2型糖尿病是一种生活方式病。当时,也门犹太人的2型糖尿病患病率为每1 000人中不到1例。30年后,这群人适应了以色列西方化的生活方式,其每1 000人中有近12例2型糖尿病患者。

生活在美国西南部的皮马族原住民为2型糖尿病是一种生活方式病的说法提供了又一个例证。传统上,这些美国原住民主要以玉米、豆类、野味和蔬菜为食。他们有活力、健壮而精瘦。由于被迫迁移,他们脱离了传统的生活环境。今天许多皮马人已经养成了大多数美国人典型的生活习惯,因此他们中的许多人超重,约40%的人患有2型糖尿病,这一患病率冠绝全球。

目前,美国约有3 000万名成年人被诊断为2型糖尿病,占美国总人口的12%。这使得美国成为发达国家中该病患病率最高的国家。美国有大约9 000万成年人(约占成年人总数的37%)患有一种叫作糖尿病前期的病症。大约70%的糖尿病前期患者将在10年内罹患2型糖尿病。2型糖尿病与超重密切相关：体重每增加20%，患2型糖尿病的可能性就会翻倍。由于超重和肥胖在美国比较普遍，2型糖尿病已成为一个主要的健康问题。

2型糖尿病不仅仅是美国的问题，也是全世界的问题。2000年，全球糖尿病患者约为1.71亿人（占世界总人口的2.5%）。2014年，全球约有4.42亿人患有糖尿病（约占世界总人口的8.5%）。到2025年，糖尿病患者人数预计将超过5.5亿。

研究已明确表明，健康饮食和经常进行适度的活动可以逆转和预防2型糖尿病（Centers for Disease Control and Prevention, 2017b）。这就是为什么鼓励每个人养成健康的饮食习惯并进行适度身体活动的原因。

尽管每个人都要为自己生活方式方面的决定负责，但科学家和健康专家认为，许多生活方式病（包括2型糖尿病）还需要全社会的共同努力来帮助个体做出健康的选择（Katz, 2009）。例如，有关机构可以坚持要求商家在自动售货机中放入健康食品，而不是垃圾食品。楼梯间可以在视觉上设计得更吸引人，并配有音乐或视频来鼓励人们选择步行，而不是乘坐电梯。市政府可以确保建房用地配有人行道和配套的公园。不要将餐饮服务安置在中心位置，而是将它们分散在大型机构的外围，以鼓励步行。

许多健康保险公司和雇主已经开始向员工提供经济激励，以鼓励他们在生活方式上做出更健康的改变。一些公司会让员工在工作时间进行锻炼，并对减肥给予金钱奖励。一些公司还会处罚甚至解雇违反禁烟规定的员工。在2008年的一项民意调查中，91%的美国雇主认为，他们可以通过让员工采取更健康的生活方式来降低医疗支出（Mello & Rosenthal, 2008）。

近 视

视力问题是现代生活方式影响健康的另一个比较突出的例子。在现代社会，许多儿童和多数成年人都通过佩戴框架眼镜或隐形眼镜来矫正近视。当我们的祖先不得不通过采集和狩猎觅食时，敏锐的视力可能是生存所必需的，当然，那时的人们对视力矫正一无所知。在早期发育过程中，儿童的眼睛会逐渐适应从环境中接收到的视觉信息。看远处的物体通常会形成正常的视力或轻微的远视。但是今天，几乎所有的孩子每天都要看几个小时的电视和电子屏幕，还要阅读书籍、杂志和报纸，所有这些都需要用眼睛近距离观看。这些活动往往会导致许多儿童近视。

有研究者测量了某国农村地区年轻人的视力，并将其与该国沿海城市学生的视力进行比较，结果证实了现代生活方式对视力的影响。在农村地区，大多数年轻人的视力都是正常的或轻微远视。相比之下，大多数城市学生都患有近视，他们中的很多人近视度数相当高。因此，如果人们认为1.0是正常视力，那么经常近距离视物的现代生活方式，很可能会影响眼睛的发育并导致近视。在对影响视觉发育的环境和遗传因素有更多的了解之前，我们应该鼓励孩子们多进行户外活动。他们的眼睛在户外更有可能去关注远处的客体。

美国医疗保健体系

在美国，健康的医学模型催生了一个庞大、复杂且昂贵的产业。医疗行业的大部分资源都被用于治疗已经患病的人，用在预防疾病和鼓励对健康自我负责方面的极少。虽然我们所有人支付和使用的其实是一种疾病护理体系，但它被称为健康保健体系。

毫无疑问，美国的医疗保健体系能够提供高质量的疾病护理。然而，与几乎所有其他高收入国家（包括加拿大、澳大利亚、日本、瑞典、法国和英国）的类似保健体系相比，它对居民健康的贡献较少。与这些国家相比，美国成年人的慢性病患病率和早逝率更高，青少年和儿童的早逝率和受伤率更高，患有肥胖、2型糖尿病、心脏病、慢性肺部疾病和关节炎的人所占的百分比也更高（Woolf & Aron, 2013）。美国居民健康水平排名靠后的原因包括：医疗保健体系缺乏可及性，同时其本身也存在缺陷；不健康行为的高发率，如热量摄入过多；高贫困率和其他不利的社会条件；不健康的环境。

无法解释为什么美国人不如其他高收入国家居民健康的一个因素是花在医疗保健上的钱。美国的人均医疗保健支出是其他经济发达国家的两倍（表1.2）。2015年，美国医疗保健的年度总支出约为3.2万亿美元，接近美国总财富的20%。保险公司、医生、营利性医院、制药公司和医疗设备公司都在为这笔巨额财富而激烈竞争（详见专栏"生命值多少钱"）。

我们日常生活中一些简单的行为就可以给我们的健康带来积极的影响。例如，每天吃 5 份水果和蔬菜，阅读食品标签并做出明智的选择，尽可能步行而不是开车。

表1.2　发达国家人均医疗保健支出（2016年）

国　家	人均医疗保健支出（美元）
美国	9 882
瑞士	7 919
挪威	6 647
德国	5 551
加拿大	4 753
澳大利亚	4 708
法国	4 704
日本	4 519
英国	4 192
意大利	3 391
以色列	2 822

数据来源：Organisation for Economic Co-operation and Development (OECD). (2017). *Health at a Glance: OECD Indicators*.

这些经济实体有无数的动机来维持现有的医疗保健体系，却几乎没有任何动机去支持疾病预防和鼓励人们对健康自我负责。想想看，在美国，用药物和手术来治疗 2 型糖尿病，每位患者每年需要花费 1.4 万美元；而通过健康的营养摄入和适度的身体活动来控制这种疾病，则几乎不需任何花费。

认识到美国人为健康付出了许多却收获寥寥，美国国会在 2010 年通过了《平价医疗法案》（ACA），其主要条款于 2013 年生效。《平价医疗法案》的核心特征是为每个人提供医疗保障，无论其收入、年龄和健康状况（既往病史）如何。因为花在预防疾病和支持健康生活方式上的每 1 美元都至少能节省 3 美元的疾病护理费用，所以该法案还要求增加疾病预防服务，如接种疫苗、疾病筛查和个人健康 / 疾病预防，包括戒烟、预防肥胖和 2 型糖尿病。该法案还帮助雇主和社区制订并执行健康计划。

《2020 健康美国人计划》

每隔 10 年，美国政府都会发布国家健康目标，最新发布的目标是《2020 健康美国人计划》（HealthyPeople.gov, 2017）（现已发布《2030 健康美国人计划》——译者注）。《2020 健康美国人计划》的主要目标是：（1）帮助所有年龄段的人活得更长并提高他们的生活质量；（2）消除美国不同群体之间的健康水平差异，包括不同的性别、种族或族裔、受教育水平或收入状况、残疾程度、地理位置或性取向群体之间的差异。

《2020 健康美国人

> 保持健康的唯一方法是吃你不想吃的东西，喝你不喜欢喝的，做你不情愿做的事情。
> ——马克·吐温

生命值多少钱

当美国联邦机构考虑采用旨在促进健康或防止伤亡的新法规时,他们试图弄清楚新法规是否具有成本效益,也就是说,健康收益与为此而付出的代价相比,是否物有所值。

例如,假设在美国的几千个供水系统中,有 2 000 个不得不花费总计 30 亿美元进行现代化改造,以使砷含量能够降低到规定的(安全)水平。让我们同样也假设,花这 30 亿美元每年可以挽救 60 个本会死于砷中毒的人的生命。如果经现代化改造的供水系统可以维持 20 年,即 30 亿美元的成本可以分摊到此后的 20 年中,那么这 30 亿美元将挽救 20 × 60 = 1 200 条生命。这相当于每挽救一条生命花费 250 万美元。

那么这样做是否值得?根据大多数联邦机构使用的"统计生命价值"(value of a statistical life, VSL)计算,答案非常肯定。尽管每个机构都有自己专门的统计生命价值,但青年和中年人的统计生命价值一般在 600 万美元到 900 万美元之间;65 岁以上人群的统计生命价值约为中年人的一半。统计生命价值代表了个人或雇主愿意支付多少钱来大幅减少或消除致命风险。它考量的不是赚钱能力、对一个人为社会所作贡献的估计,或者一个人被家人和朋友所爱的程度。

有人指出,一条生命值 600 万到 900 万美元似乎是很合理的,除非你谈论的是你自己或者你关心的人——此时,生命是无价之宝。

计划》指出,家庭、学校、工作场所、社区、州和全国性组织都必须帮助个体健康地生活。这意味着不仅个人需要根据可靠的健康知识选择健康的生活方式,而且社区也要努力提供优质的教育、住房和交通条件,促进健康的社会和自然环境,以及获得优质医疗服务的机会。例如,如果某一社区没有商店或其他的健康食品来源,那么仅仅告诉该社区的居民每天吃 5 份新鲜水果和蔬菜有益健康是不够的。此外,如果社区不安全或缺少公园和人行道,那么建议人们多走路也非完善之举。

《2020 健康美国人计划》由近 1 200 个具体的健康目标组成,这些目标被分为 42 个主题领域(**图 1.2**),每个主题领域都有自己的特定目标。特定目标的例子如下。

- 癌症(主题领域 5):减少癌症新发病例的数量以及由癌症引起的病痛、失能和死亡。
- 残疾及其继发症(主题领域 9):促进残疾人的健康,预防继发症,消除美国残疾人和非残疾人之间的差距。
- 食品安全(主题领域 14):减少食源性疾病。

《2020 健康美国人计划》中的部分具体健康目标被选入一个子集,叫作**主要健康指标**(leading health indicators, LHIs),用以传达高优先级的健康问题以及解决这些问题可采取的行动。

《2020 健康美国人计划》中的部分特定目标被

1. 获得高质量的医疗服务
2. 青少年健康
3. 关节炎、骨质疏松症和慢性背部疾病
4. 血液疾病和血液安全
5. 癌症
6. 慢性肾脏病
7. 痴呆,包括阿尔茨海默病
8. 糖尿病
9. 残疾及其继发症
10. 儿童早期和中期
11. 教育和基于社区的项目
12. 环境卫生
13. 计划生育和性健康
14. 食品安全
15. 基因组学
16. 全球健康
17. 医疗相关感染
18. 健康传播
19. 与健康相关的生活质量和幸福感
20. 听觉和其他感觉交流障碍
21. 心脏病和中风
22. 艾滋病病毒
23. 免疫接种和感染病
24. 伤害与暴力预防
25. 女同性恋者、男同性恋者、双性恋者和跨性别者的健康
26. 孕产妇、婴儿和儿童健康
27. 医疗产品安全
28. 心理健康和精神障碍
29. 营养与体重状况
30. 职业安全与健康
31. 老年人
32. 口腔健康
33. 身体活动与健身
34. 应急准备
35. 公共卫生基础设施
36. 呼吸系统疾病
37. 性传播疾病
38. 睡眠健康
39. 健康的社会决定因素
40. 物质滥用
41. 烟草使用
42. 视觉和听觉

图 1.2 《2020 健康美国人计划》的主题领域

资料来源:U.S. Department of Health and Human Services Office of Disease Prevention and Health Promotion. *Healthy People 2020*. Washington, DC.

划分为7类，称为**基本健康状况**（Foundation Health Status），反映了美国的主要健康问题（图1.3）。基本健康状况旨在帮助每个人更容易地了解美国人口的整体健康状况，以及改善个人健康、家庭和社区健康所需的最重要的改变。每一类都在某种程度上取决于下列因素：

- 人们掌握的关于自身健康状况和如何改善健康的信息；
- 人们做出的选择（行为因素）；
- 人们在哪里生活、如何生活（环境、经济和社会条件）；
- 人们所接受的医疗保健的类型、数量和质量（获得医疗保健的机会和医疗保健体系的特点）。

《2020健康美国人计划》的总体目标是帮助每个人尽可能地健康。这一战略鼓励个人、家庭、社区、学校和工作场所共同促进每个人的健康。自2010年至2014年，26项主要健康指标中有14项已经有所改善；其中4项已经达到或超过了原计划于2020年实现的目标。这些指标包括改善空气质量、使儿童减少接触二手烟、更多的成年人达到身体活动指南的要求、增加疾病筛查、减少吸烟。主要健康指标没有改善甚至恶化的情况包括：自杀率、青少年抑郁率和儿童肥胖率上升，水果和蔬菜摄入量以及糖尿病控制没有变化（Koh, 2014）。

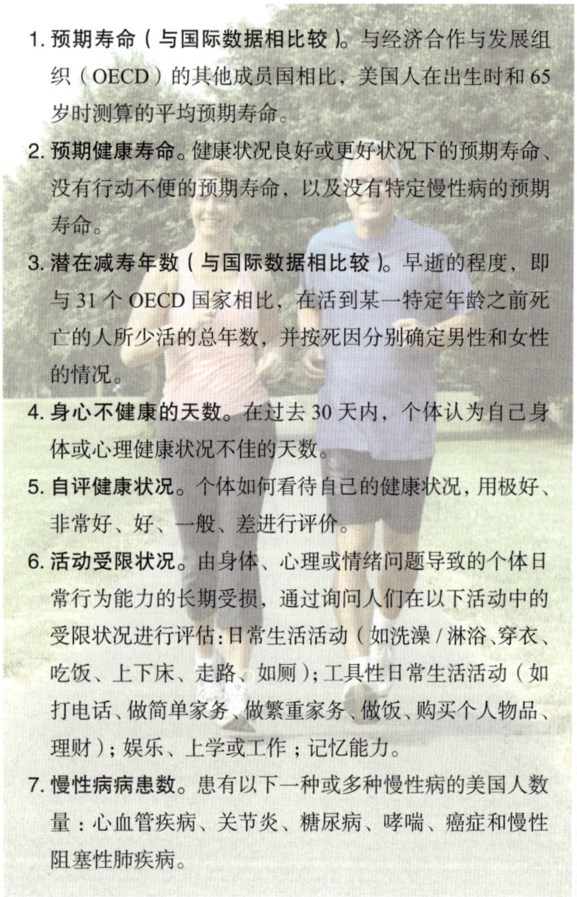

大学生的健康问题

在美国，约有1 600万人在大学和学院就读。其中大约一半是"传统型"学生，即从高中直接进入大学的学生；其他的则是"非传统型"学生，即那些花了几个月或几年的时间工作、服兵役、旅行或养家糊口，而后才上大学的学生。多种健康问题会影响大学生的学业表现（表1.3）。大学生的典型健康问题包括以下内容。

心理健康。学生们面临着各种应激源和压力，这些都可能损害他们的心理健康。学业负担过重、考试和竞争会使学生产生不安全感、焦虑、自卑和抑郁等情绪。传统型学生可能会感到孤独，难以适应成年早期的生活。非传统型学生可能会感到被孤立以及缺乏社会支持。压力会

1. 预期寿命（与国际数据相比较）。与经济合作与发展组织（OECD）的其他成员国相比，美国人在出生时和65岁时测算的平均预期寿命。
2. 预期健康寿命。健康状况良好或更好状况下的预期寿命、没有行动不便的预期寿命，以及没有特定慢性病的预期寿命。
3. 潜在减寿年数（与国际数据相比较）。早逝的程度，即与31个OECD国家相比，在活到某一特定年龄之前死亡的人所少活的总年数，并按死因分别确定男性和女性的情况。
4. 身心不健康的天数。在过去30天内，个体认为自己身体或心理健康状况不佳的天数。
5. 自评健康状况。个体如何看待自己的健康状况，用极好、非常好、好、一般、差进行评价。
6. 活动受限状况。由身体、心理或情绪问题导致的个体日常行为能力的长期受损，通过询问人们在以下活动中的受限状况进行评估：日常生活活动（如洗澡/淋浴、穿衣、吃饭、上下床、走路、如厕）；工具性日常生活活动（如打电话、做简单家务、做繁重家务、做饭、购买个人物品、理财）；娱乐、上学或工作；记忆能力。
7. 慢性病病患数。患有以下一种或多种慢性病的美国人数量：心血管疾病、关节炎、糖尿病、哮喘、癌症和慢性阻塞性肺疾病。

图1.3 《2020健康美国人计划》基本健康状况

资料来源：U.S. Department of Health and Human Services. Office of Disease Prevention and Health Promotion. *Healthy People 2020*. Washington, DC.

表1.3 美国大学生报告的影响学业表现的健康障碍

健康问题	受影响学生的百分比（%）
压力	34
睡眠困难	21
焦虑	24
普通感冒/流感/咽痛	16
抑郁	17
上呼吸道感染	6
饮酒	4
过敏	3

数据来源：American College Health Association. (2017). *American College Health Association-National College Health Assessment II: Reference Group Undergraduates Executive Summary Spring 2017*.

影响睡眠并导致抑郁。

食物和体重。 时间压力和轻松易得的垃圾食品导致许多学生摄入大量的糖（糖果、汽水）和脂肪（快餐），且水果和蔬菜摄入不足。学生们可能会用食物来应对压力和令人不适的情绪。许多学生过分关注自己的身材，欲使之满足社会的审美标准，这导致一些人患上了进食障碍。北美 2/3 的成年人超重，其中有许多大学生。因此，体重控制对许多学生来说是一个问题。

医疗保健。 很大一部分美国大学生获得医疗保健的机会有限，因为他们的大学并不提供全面的医疗服务，他们也没有医疗保险。

物质使用和滥用。 在美国，许多学生会使用烟草、酒精和毒品来应对压力和不愉快，或者只是为了融入社会。酒精滥用与性侵犯和约会强奸、意外怀孕（因为没有正确或根本没有采取避孕措施）以及感染性传播疾病（因未采取安全性行为）有关。

性健康和关系健康。 任何年龄的性活跃学生都有感染性传播疾病、意外怀孕或卷入性侵犯（尤其是熟人或约会强奸）事件的风险。为缓解学业压力、增强自尊、获得同伴的认可或缓解孤独而进行的性活动，会对心理和精神造成损害。已婚学生可能会发现，大学学业需要投入大量时间和精力，让他们的婚姻关系变得紧张。

事故和伤害。 许多学生通勤上学，经常匆忙地往返于学校和家之间，因此有发生车祸的风险。饮酒的学生有发生车祸和其他事故的风险。经常参与体育活动的学生有发生运动损伤的风险。

此外，各种各样的环境和社会因素也会阻碍学生们采取健康的生活方式。例如，有人可能想通过增加身体活动来应对压力或控制体重，并减少患心脏病和癌症的风险。然而，这个人可能住在一个依赖汽车出行的社区，在那里，工作地、学校和生活服务设施相隔数里之远，并且没有人行道和自行车道，附近也没有公园。

做出有益健康的生活方式改变

健康教育的一个主要假设是，几乎每个人都有获得并保持健康的意愿，但许多人养成的思维和行为习惯可能会使他们的健康状况变差而不是变好。因此，健康教育的一个目标就是向人们提供知识和信息，使其能够具备有益健康的态度并发展相关的技能。从逻辑上说，有了这些态度和技能，人们就会选择健康的行为，因为他们自然而然地想做对自己最好的事情。

> 当你发现自己在自掘坟墓时，首先要停止挖掘。
> ——威尔·罗杰斯

都说知识就是力量，但就健康地生活而言，情况并非总是如此。几乎每个人都知道吸烟、酒后驾车和吃垃圾食品有害健康，但许多人还是会做这些事情。仅仅知道应该做什么并不能保证一个人会付诸行动。

人们必须行动起来。健康地生活需要人们做出以正确的知识为基础的行动，包括目标、实现目标的策略（包括克服障碍），以及你是否会成功的预期（称为结果预期）等成分。

目标 目标可以是你想要的东西，也可以是你想预防或避免的东西。目标可以是短期的（"我想睡个好觉"），也可以是长期的（"我想拿到学位"）。目标可以是明确的（"我周五晚上要学习而不是吃喝玩乐"），也可以是模糊的（"我想在学校里表现得更好"）。

目标反映了一个人或一种文化的价值观，即关于"什么重要"的信念。两种影响健康的价值观是重视自己，即**自尊**（self-esteem），以及重视自己所生活的物质和社会环境。当你重视自己的时候，你就更有可能做出健康的行为，并拥有很强的心理幸福感（Adler & Stewart, 2004）。当你重视你所处的物质和社会环境时，你就更有可能为使它们变得干净、有益健康和富有支持性而努力。也就是说，帮助他人实现他们的目标。

行动策略 策略涉及你为实现目标而制定计划的能力，以及你对自己执行计划的能力所持的态度。制定计划涉及调查研究、批判性思维和创造力。你需要寻求他人的知识和经验，并对其加以批判性评估，以确保其权威性和真实性。例如，当使用互联网来获取健康信息时，你必须确定这些信息来源的权威性，并问自己这些发布在网络上的信息有利于谁，是有利于你，还是有利于那些想让你做出对它们有好处的团体，比如广告商和产品的卖家。制定计划的创意方面包括构想出各种可能的途径（头脑风暴），以及评估出它们之中最有可能成功的那些。

除了计划做什么之外，人们还会评估自己是否能够执行实现目标所需的行动。这种信念称为**自我效能感**（self-efficacy）。自我效能感与自信和激励性的内在自我对话有关，比如"我能做到"和"我不会放弃"。

像"只管去做"（Just do it）这样的口号，虽然看似是在促进自我效能感，但实际上会削弱它。因为这些口号忽略了这样一个事实：并非每个目标都是现实的或者可实现的，没有人是无所不能的，无论他多么努力。对不可能完成的事情产生错误的希望，会损害个体的自我效能感和自尊。

能动性（agency）是一种信念，即一个人可以影响自己生活的本质和质量，而不是相信一个人的命运是由不受自己控制的环境决定的。当人们产生了意图以及实现意图的动机，之后按照自己的价值观和目标而行动，并根据最初的目标和策略来评估自己行动的结果时，就表现出了能动性。能动性意味着承认实现目标的障碍始终存在，因此不会因障碍和困难而变得焦虑不安。个体在面对障碍时灵活多变，愿意去改变不奏效的目标和策略，而不是任由气馁导致失败。不断成功地实现目标带来的是自信与活力，而不是不安全感和被动性。它还会增强希望，即人们对自己将在生活中收获美好结果的总体预期。

对成功的预期　人们在追求目标时，会对自己努力的结果抱有预期。**乐观主义**（optimism），即想象自己达到目标的可能性很大，能起到激励作用；而**悲观主义**（pessimism），即想象自己达到目标的可能性很小，则会起到抑制作用。乐观主义与将消极事件视为需要克服的特殊的、暂时的障碍有关，而悲观主义则与将消极事件解释为自我引起的（"是我的错"）、稳定的（"它将永远持续下去"）和普遍的（"它将毁掉一切"）有关。悲观主义的解释风格与更严重的疾病和更短的预期寿命相关（Rasmussen, 2009），因为悲观主义者更有可能（1）焦虑和抑郁；（2）认为健康地生活或生病时得到他人的帮助，不会让事情变得更好；（3）处于慢性压力之下，并经受其负面的生理和免疫后果。

乐观主义还与这样一种倾向有关，即认为自己有能力朝着一个期望的目标前进，或者远离一个不想要的目标。乐观主义与鼓舞人心和充满希望的内在自我对话有关（"我会找到解决这个问题的办法"）。另一方面，与悲观主义相关的自我对话则是焦虑的（"我不知道该做什么""我不确定这是否行得通"）和自我批判性的（"我真无能"）。有研究表明，乐观主义与成功面对健康问题、降低患冠心病和中风的风险有关，这是因为乐观的人会采用健康的生活方式，并拥有更强的应对压力的能力（Carver & Scheier, 2014）。

人们拒绝做出有益健康的生活方式改变的一个原因是，某种不健康的态度或行为在某些方面具有奖赏性，即使它在另一些方面是有害的（例如，用吸烟缓解压力）。要改变某些不健康的行为，个体必须相信改变的好处大于付出的代价，并且自己有能力做出想要的改变。诸如"新年决心"这样的仪式和"只管去做"这样的口号，都为如何改变习惯提供了不切实际的范例。单有愿望和意志力是不够的；还需要调查研究，制定计划和争取社会支持。以下是三种描述不健康行为改变过程的模型。

健康信念模型

健康信念模型（health belief model, HBM）最初是作为一种解释和预测预防性健康行为的系统方法提出的，但为了区分健康行为与疾病和患者角色行为，它已被修订以纳入一般健康动机。对该模型关键方面的描述如下。

- **感知到疾病易感性**。每个人都对自己患上某种会损害健康的疾病的可能性有自己的感知。不同个体对疾病易感性的感知有很大的差异。一些人否认自己有患上某种疾病的可能性，另一些人则认同患病的统计易感性。还有一些人认为他们确实有出现某种不利的健康状况或染上某种特定疾病的危险。
- **感知到疾病严重性**。感知到疾病严重性是指个体对某种疾病会对其生活造成多大影响所抱持的信念。这些影响可以从疾病会导致的变化的角度来考虑——例如，疼痛和不适、工作时间缩短、经济负担、家庭困难、人际关系问题，以及对未来疾病的易感性。在考虑疾病的严重性时，将这些情感和经济上的负担也考虑进去很重要。
- **感知到采取行动的益处**。个体在感知到自己对某疾病的易感性并认识到其严重性之后，下一步便是采取行动预防或应对疾病。个体所选择的行动会受到其关于该行动益处信念的影响，尤其是当这些益处大于预期成本的时候。

- **采取行动的障碍**。即使个体认为采取某一行动的益处很明显，也可能不去采取这一行动。这可能是由于存在各种障碍，包括不方便、费用、不愉快、疼痛或不安等。这些原因可能会导致一个人不去采取其所期望的行动。
- **行动的信号**。个体对疾病易感性和严重性程度的感知提供了行动的力量。益处减去障碍，提供了行动的路径。然而，期望行为的发生可能需要"行动的信号"。这些信号可能是内部的，也可能是外部的。内部信号可能是一种迹象、症状或感觉，它被个体解释为某种需要注意的健康问题，例如某人注意到自己的衣服穿着太紧或上楼很困难。外部信号是来自他人（如医疗保健提供者或家庭成员）的信息或建议，表明你最好参与一些有益健康的行为。外部行动线索的例子包括医生让你进行疾病筛查的提醒邮件，或者你的某个朋友或家人患病了（"这也可能发生在我身上"）。

跨理论模型

健康行为改变最具影响力的模型之一是跨理论模型（transtheoretical model），又称改变过程模型（process of change model）（Prochaska, DiClemente, & Norcross, 1992）。这个模型认为，改变的发生要经过下述几个阶段。

- **前意向阶段**。个体并未考虑在可预见的将来改变某一特定行为。处在这一阶段的许多人都没有意识到或没有充分意识到他们的问题。在这个阶段，信息很重要。
- **意向阶段**。个体开始意识到改变是可取的，但还没有承诺要付诸行动。个体的关注点通常是改变为何困难重重。在这一阶段，有关改变行为的可选方法的信息可能会有帮助。
- **准备阶段**。个体渴望做出改变，并承诺会在不久的将来，通常是在30天内，做出改变。不是去想他为什么不能采取行动，而是把关注点放在如何启动上。个体会为了做出改变制定一个现实可行的计划，包括克服障碍。这一阶段可能包括向朋友和家人宣布要做出的改变、研究如何做出改变、制作日程表，写日记或日志，以此来记录进步和阻碍进步的障碍。
- **行动阶段**。个体开始执行计划。个体停止过去的行为，远离强化该行为的环境，转而采取新的行为并选择支持性的环境。障碍是预料之中的事情，个体会注意到障碍，并采取措施克服这些障碍。这个阶段可能需要6个月或更长时间。
- **维持阶段**。认识到会出现偶尔的失误甚至放弃的诱惑，个体会巩固改变。"做做停停"是预料之中的事情，不应被视为失败。个体可以通过提醒自己将从行为改变中获得的诸多益处，来帮助自己防止故态复萌。
- **终止**。个体不再受旧习的诱惑。

理性行为理论/计划行为理论

理性行为理论/计划行为理论（theory of reasoned action/theory of planned behavior）认为，改变一种不健康行为始于采取一种新行为（如戒烟）的意图。该意图是个体对实施该行为的积极态度（如"不吸烟是好的"）与个体关于其他人对该行为会如何反应的想法（"如果我戒烟，我的女朋友会很高兴"）结合的产物。此外，改变还受个体对其成功实现这一期望的改变有多少控制力的看法的影响（例如，"如果我得到一些帮助，我就能做到"）。

健康的生活方式从你开始

健康由我，首先要从自身做起。医疗保健体系——医生和其他医疗服务提供者、制药公司、医院、诊所、保险公司，某种程度上还有政府——可以在你生病时帮助你。然而，只有你自己才能将保持健康设为生活目标；对你的想法、感受和行为影响你生活的方式负责；关心而不是伤害自己；选择学习并采用促进健康的行为；并为营造和维护一个促进健康的社会作出贡献。

加州大学伯克利分校的科学家进行了一项为期多年的研究，目标之一是确定对健康和长寿有促进作用的行为。他们的研究结果如下：

富有与贫穷国家的慢性病：病因大相径庭

慢性病在全世界范围内都是主要的死亡原因。慢性病除了会导致死亡外，还会降低患者的生活质量，而且这种情况往往会持续多年。4种慢性病——心脏病、癌症、呼吸系统疾病和2型糖尿病，每年导致全世界4 000多万人死亡（World Health Organization, 2017）。到2025年，全世界每年死于这4种慢性病的人数预计将增加到近5 000万人。

在经济发达国家，如日本、美国、澳大利亚和大多数欧洲国家，近50%的慢性病负担与5种风险因素有关：烟草使用、高血压、饮酒、高胆固醇和超重（**表1.4**）。另一方面，在经济最不发达的国家，慢性病导致的死亡则源于不同的风险因素：低体重、不安全性行为（导致艾滋病病毒感染/艾滋病）、不安全的水和落后的卫生设施，以及烹饪产生的室内烟雾。随着贫穷国家经济的发展，慢性病的风险因素也开始变得与发达国家相似。

认识到心脏病、癌症、呼吸系统疾病和2型糖尿病在很大程度上是可以预防的，各种国际卫生组织正在寻找方法来遏制慢性病在发展中国家的上升趋势。这些组织不仅希望给人们提供较高的生活质量，而且还认识到，当一个国家背负着沉重的疾病负担时，经济发展就会减缓或停滞。贫穷国家本来就少的财政资源越多地用于治疗日益增多的慢性病患者，能够用于修建学校、道路、发电厂和其他基础设施的资金就越少。疾病在一定程度上阻碍了经济的发展，也导致了贫困和不满情绪，包括由不满滋生的恐怖主义。

为了减轻发展中国家的慢性病负担，必须鼓励并引导人们学会更健康地生活。此外，各国政府还需要对可能对公共卫生产生不利影响的跨国经济活动进行监管。例如，为了限制吸烟造成的损害，2003年，世界卫生组织通过了共有168个国家签署的《烟草控制框架公约》，其中包括全面禁止所有烟草广告、促销和赞助；取缔烟草制品的非法贸易；禁止向未成年人销售烟草以及未成年人购买烟草；实现农业多样化和促进替代生计；以及提高烟草产品税以抑制消费。需要做出类似的努力来限制糖、脂肪和胆固醇的摄入，从而减少心脏病、高血压、2型糖尿病和超重带来的负担（Yach et al., 2004）。

表1.4　发达国家和发展中国家慢性病风险因素导致的死亡百分比

风险因素	发达国家（14亿人）	发展中国家（24亿人）	最不发达国家（23亿人）
烟草使用	12.2%	4.0%	2.0%
高血压	10.9%	5.0%	2.5%
饮酒	9.2%	6.2%	***
高胆固醇	7.6%	2.1%	1.9%
超重	7.4%	2.7%	***
果蔬摄入不足	3.9%	1.9%	***
缺乏身体活动	3.3%	***	***
体重不足	***	3.1%	14.9%
不安全的水、落后的卫生设施和习惯	***	1.7%	5.5%
不安全性行为	10.2%	***	0.8%
烹饪油烟	***	1.9%	3.9%

发达国家包括美国、日本和澳大利亚。
发展中国家包括中国、巴西和泰国。
最不发达国家包括印度、马里和尼日利亚。
*** 表示死亡百分比极低。
数据来源：D. Yach et al. (2004). The global burden of chronic disease. *Journal of the American Medical Association, 291,* 2616–2622.

- 不吸烟；
- 每晚睡 7~8 小时；
- 保持体重不低于相应身高和体型的推荐值 10%，不高于 30%；
- 定期锻炼；
- 少喝酒或不喝酒；
- 有规律地吃早餐；
- 两餐之间少吃零食。

美国疾病控制与预防中心的科学家分析了近 1.7 万名美国人的数据后确定，某些生活习惯可以降低患慢性病和死亡的风险（Ford et al., 2009; Ford et al., 2011）。这些习惯包括不吸烟，保持体重（体重指数 ≤ 30），每周进行大约 3.5 小时的身体活动（每天 30~45 分钟），以及每天食用至少 5 份水果和蔬菜、全麦面包、少量肉类、少喝或不喝酒、低盐、不吃或少吃垃圾食品。不幸的是，只有不到 6% 的美国人采取了所有这些生活方式；有 10% 的美国人一项都没有做到。遗憾的是，美国人过去 20 年的生活方式越来越不健康。

多种健康研究清楚表明，我们每个人都需要做更多的事情来保持和改善我们的健康。当一个人年轻的时候，考虑健康是他最不感兴趣的事情。我们（本书作者）无疑也在青少年时期甚至在读大学时完全不担心自己的健康。此外，50 年前，买得起多少肉就吃多少肉、吸烟、喝得酩酊大醉，这些都是人们普遍接受的行为。当你 20 岁的时候，基本不会去设想自己 60 或 70 岁时的样子。与 50 年前不同的是，我们现在知道，保持健康，是你年轻时就必须开始做的事。当你老了（大概也更明智了）再改变生活方式，可能为时已晚。

健康好比退休：是你年轻的时候就必须要做打算并关注的事情。例如，每个月只要存一小笔钱，50 年后就会变成一笔巨款，但我们大多数人根本没想过要这样做。这同样适用于健康。现在就在你的健康和生活方式上做一些微小的、积极的改变，这将会在未来给你带来巨大的回报。

使用电脑时如何减轻压力

如果你在电脑前连续坐了超过 30 分钟，记得要站起来，伸展一下颈部、肩膀和背部的肌肉。做至少 5 分钟的伸展运动，以避免头痛、疲劳和肌肉痉挛。研究发现，几乎每个人一坐到电脑前就会耸肩。大约 1/3 的人会开始呼吸变浅。美国压力研究所建议人们在使用电脑时进行缓慢的深呼吸。

对健康的批判性思考

1. 正如本章所指出的,大学生的主要健康问题是性健康、心理健康、物质滥用、体重超重、事故和伤害以及医疗保健。讨论一下你个人最关心这些问题中的哪一个。解释你的理由和担忧。你如何以一种能改善健康的方式来处理你的担忧?
2. 描述一种你认为对你的健康有害的日常行为(如吸烟)。讨论你持续做出这种不健康行为的原因。考虑一下你可以做些什么来改变这种行为,并列出你为实现改变将采取的步骤。你相信自己能改变吗?
3. 图 1.1 中的数据对美国社会有什么意义?
4. 描述你所认为的当今美国的主要健康问题。用尽可能多的事实来证明你的观点。描述你认为为了解决这一健康问题,政府、私营企业、组织和个人应采取的措施。

本章小结与重点

本章小结

健康一词可以有很多含义。对某些人来说,健康仅仅意味着不生病。另一些人认为身体的健康和强壮最重要,而情绪和心理健康则不那么重要。还有一些人认为,情绪和精神健康才是最重要的。如果你关心自身健康的所有方面,你就会从整体上来考虑健康。健康的整体取向意味着你要为身体、心理、情绪和精神健康而奋斗,还要努力与环境以及朋友、家人和社会和谐相处。

在过去 20 年里出生的许多人将活到 100 岁或更长。在年轻时选择健康的生活方式,将有助于确保健康的晚年。大多数人生来健康,但因为不健康的生活方式而变得不再健康。心脏病、癌症、糖尿病等慢性病主要源于选择了不健康的生活方式,如吸烟、过量饮酒、暴饮暴食和超重,以及缺乏定期的体育锻炼。保持健康的身心有助于你从生活中不可避免的偶尔生病和伤害中恢复过来。

实现身体、心理、情绪和精神健康的唯一途径是为自己设定健康目标,并且从现在就开始做起。养成适合自己的健康习惯。在追求健康生活方式的过程中,要记住的最重要的一个词或许是"适度"。饿了再吃,饱了就不要再吃。在无聊或进行久坐不动的娱乐活动(如看电视、玩电子游戏、使用社交媒体)时,要避免无意识地吃零食。让运动成为你日常生活的一部分,如多走路、用走楼梯代替乘电梯、骑自行车出行、跳舞或者做瑜伽。一定要花时间让你的内心平静下来,尤其是当你生气、紧张或沮丧的时候。

健康并非来自我们自身之外。健康生活的关键一直是自我负责。医生、医院、药品和政府的规定并不能让你全面健康。它们虽然可以帮助预防疾病和伤害,并且通常可以让身体和大脑恢复到看似正常的功能状态,但你自己才是那个要对自己每时每刻、日复一日的健康负责任的人。

重点

- 健康不只是没有疾病,还包括与自己、朋友和亲戚以及社会和物质环境和谐相处。
- 健康意味着为预防个人疾病和伤害负责,并知道何时寻求医疗帮助。
- 用于描述健康的两种模型是医学模型和整体模型。
- 健康的整体取向强调预防疾病和伤害,以及对营养、锻炼和促进健康的生活方式其他方面的自我责任。
- 健康的维度包括情绪、智识、精神、职业、社会适应和身体。
- 许多疾病(如糖尿病、心脏病、癌症)都是"生活方式病",即主要归因于不健康的生活习惯。年轻时就对自己的健康负责,是降低晚年患慢性病风险的最好方法。
- 美国每年一半的死亡是不健康的生活方式和行为造成的。
- 美国的《2020 健康美国人计划》是一套国家健康目标,旨在提高生活质量,降低可预防疾病和早逝的发生率,缩小不同群体之间的健康状况差异。
- 做出有益于健康的行为改变需要知识、计划和社会支持。

参考文献

Adler, N., & Stewart, J. (2004). Self-esteem. John D. and Catherine T. MacArthur Research Network on Socioeconomic Status and Health.

American Diabetes Association. (2013). Prevention.

Carver, C. S., & Scheier, M. F. (2014). Dispositional optimism. *Trends in Cognitive Science, 18*, 293–399.

Centers for Disease Control and Prevention. (2017a). Chronic disease overview.

Centers for Disease Control and Prevention. (2017b). National Diabetes Prevention Program.

Ford, E. S., et al. (2011). Low-risk behaviors and all-cause mortality: Findings from the National Health and Nutrition Examination Survey III Mortality Study. *American Journal of Public Health, 101*(10), 1922–1929.

Ford, E. S., et al. (2009). Healthy living is the best revenge. *Archives of Internal Medicine, 169*, 1355–1362.

Healthy People.gov. (2017). Healthy People 2020.

Katz, M. H. (2009). Structural interventions for addressing chronic health problems. *Journal of the American Medical Association, 302*, 683–685.

Koh, H. K. (2014). Healthy People 2020: A report card on the health of the nation. *Journal of the American Medical Association, 311*, 2475–2476.

Mello, M. M., & Rosenthal, M. B. (2008). Wellness programs and lifestyle discrimination: The legal limits. *New England Journal of Medicine, 359*, 192–199.

Prochaska, J. O., DiClemente, C. C., & Norcross, J. C. (1992). In search of how people change. *American Psychologist, 47*, 1102–1104.

Rasmussen, H. N. (2009). Optimism and physical health: A meta-analytic review. *Annals of Behavioral Medicine, 37*, 239–256.

Williams, J. F. (1939). *Personal hygiene applied*. Philadelphia: W. B. Saunders.

Woolf, S. H., & Aron, L. Y. (Eds.). (2013). *U.S. Health in International Perspective: Shorter Lives, Poorer Health*. Washington, DC: National Academies Press.

World Health Organization. (2011). Global status report on noncommunicable diseases.

Yach, D., et al. (2004). The global burden of chronic diseases. *Journal of the American Medical Association, 291*, 2616–2622.

推荐阅读

Barondess, J. A. (2005). On the preservation of health. *Journal of the American Medical Association, 294*, 3024–3026. Presents the idea that health is best maintained by adopting healthy living habits early in life and practicing them consistently as one grows older.

Breslow, L. (1999). From disease prevention to health promotion. *Journal of the American Medical Association, 281*, 1030–1033. Discusses why health promotion is more important than disease prevention.

Centers for Disease Control and Prevention. (1999). Achievements in public health, 1900–1999: Control of infectious diseases. *Morbidity and Mortality Weekly Report, 48*, 621–629. Discusses the massive decline in deaths from infectious diseases in the United States during the twentieth century.

Cohen, J. T., et al. (2008). Does preventive care save money? *New England Journal of Medicine, 358*, 661–663. Quantifies the costs savings of many preventive health measures (e.g., smoking relapse, screening all 65-year-olds for diabetes).

Fineberg, H. V. (2013). The paradox of disease prevention: Celebrated in principle, resisted in practice. *Journal of the American Medical Association, 310*, 85–90. Identifies 12 obstacles in medical practice to preventing illness and disease and 6 strategies to overcome these obstacles.

King, D. E., et al. (2007). Turning back the clock: Adopting a healthy lifestyle in middle age. *American Journal of Medicine, 120*, 598–603. Shows that middle-aged Americans who newly adopt four healthy behaviors (consuming five or more servings of fruits and vegetables per day, exercising regularly, maintaining a normal body weight, and not smoking cigarettes) are healthier and live longer than those who do not.

健康小贴士

复述这句话可能会改善你的健康

创建改变行为的专属祷语

用意象视觉化减轻压力

压力管理

生物反馈

集中注意力

用音乐放松

健康指南

用心智疗愈身体

积极思维有改善健康的力量

第 2 章

心身交流保持健康

学习目标

1. 描述心智和身体通过生物学机制进行交流的 3 种方式。
2. 定义心身疾病。
3. 描述安慰剂效应和反安慰剂效应，并举例说明。
4. 描述信仰、宗教和精神性如何影响健康。
5. 阐释催眠疗法。
6. 描述冥想和意象视觉化。

很多人相信，良好的健康状况主要与健康有营养的饮食以及经常进行体育锻炼有关。虽然二者对健康都至关重要，但影响健康的其他重要因素还包括我们的思维、情绪、信念、态度和价值观。对己对人的积极思维以及快乐和爱等积极情绪，会让人充满活力、乐观和喜悦，而这可以促使人们健康地生活，帮助人们从伤病中康复，并且可以延年益寿（Dockray & Steptoe, 2010）。消极的思维和情绪可能导致抑郁、悲观、健康状况下滑和寿命缩短。

> 衡量生命的不是你呼吸的次数，而是其中的精彩瞬间。
> ——乔治·卡林

很多人一想到健康和康复就会联想到药物治疗和手术。然而，健康和康复也可通过信仰、精神修行等心理过程来实现。即使在美国文化中，人们也已经认识到态度在促进健康和疾病康复方面起着重要的作用。大多数医生都知道，一个人的态度极大地影响着其从疾病中康复的可能性。我们都听说过患者的"求生意志"。

心智之所以会影响人们的健康和幸福，是因为心智和身体共同构成了一个统一的整体。既不存在没有心智的身体，也不存在身体之外的心智。心智和身体通过神经系统、内分泌（激素）系统以及免疫系统相互交流，使得思维、信念和情绪能够引发身体内部的化学和生理变化，反之亦然。

识别心身交流生物学机制方面的研究进展证实，心智能够以强有力的方式影响健康。喜悦、创造力和满足感可以使人进入身心和谐的状态，我们将其体验为身体健康和主观幸福感。害怕、焦虑、压力和抑郁会导致身心不和谐，而这会增加患各种疾病的风险，阻碍康复，带来人生艰难和不愉快之感。

有一些方法可以集中注意力以促进健康，预防疾病，并在生病时促进康复。这其中包括生物反馈、放松、催眠、引导式意象法、自生训练和冥想（**表2.1**）。现代西方医学已开始采用心身技术，并且研究人员也在阐释心身交流背后的生物学机制及其对健康和幸福的影响。本章我们将讨论心智与身体的相互作用，以及它们如何影响健康和幸福。

心身交流的机制

大脑的思维和情绪中枢的神经细胞与脑内及身体的其他神经细胞、产生激素的组织和器官以及遍布全身的免疫细胞紧密相连。通过这一途径，心理活动能够影响身体的许多生理过程，进而影响健康。

表2.1 促进健康、预防疾病和加速康复的心身法

方法	描述
自生训练	重复默念6个自我暗示短句中的1个，以达到深度放松状态
生物反馈	利用从电子设备上得到的身体特定区域活动的反馈信息来改变该活动
引导式意象法	用"引导者"所暗示的心理意象来放松和/或培养一项技能
催眠疗法	通过集中注意力、降低对周围环境的觉知进入到易受暗示的放松状态
意象视觉化	用自我生成的心理意象达到放松状态，并/或培养一项技能
冥想	将觉知集中在自生的内部声音（"真言"或"祷语"）或外部的声音、图像或自己的呼吸上，以减少对外界刺激的注意
放松反应	用于达到放松状态的心理方法
虚拟现实疗法	用电脑生成的情境来模拟一段经历，以治疗心理问题

自主神经系统

心身交流的主要路径是**自主神经系统**（autonomic nervous system, ANS）。自主神经系统是由一组调节心率、血压、呼吸等生理过程以及消化、泌尿和生殖系统功能的神经组成的（**图2.1**）。脑中的自主神经系统中枢主要位于脑干和下丘脑，负责接收有关身体状态和/或环境的信息，并作为回应，激活自主神经系统的神经纤维以维持适当的生理平衡。例如，当你运动的时候，自主神经系统就会刺激心脏起搏细胞来提高心率，从而增加输送到运动肌肉的血流量。

自主神经系统的名称源于这样一个事实，即这个神经系统的运作通常不受意识支配。因此，当你慢跑的时候，你不用考虑心脏应该跳多快或者是否应该出汗来降温。尽管自主神经系统的运作不受意识支配，但它传递给身体的信号会受到思维和情绪的影响。例如，几乎所有的学生都熟悉这样的体验，

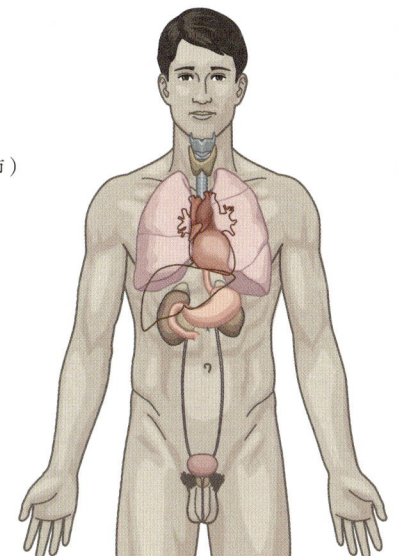

交感神经系统	副交感神经系统
扩大瞳孔	收缩瞳孔
抑制唾液分泌	刺激唾液分泌
扩张支气管（肺）	收缩支气管（肺）
使心跳加速	减缓心跳
刺激肾上腺	抑制肾上腺
抑制消化（胃、胰腺、肝、脾）	刺激消化（胃、胰腺、肝、脾）
扩张膀胱	收缩膀胱

图 2.1 自主神经系统支配的功能
自主神经系统有两个部分或分支，即交感神经系统和副交感神经系统。它们调节一些通常不受意识控制的功能，如呼吸、消化和心率。

在参加重要的考试时会出现神经性胃部不适和手心出汗。意识到可能会考砸（一个想法）会导致焦虑（一种情绪），而焦虑会激活自主神经系统产生症状。恐慌会立刻改变呼吸和心率，压力则会导致血管收缩，引起头痛或高血压。

许多学生的生活节奏都很快，忙碌的生活充满了压力和各种截止日期。除了做学校的功课外，不少学生还做兼职，同时几乎每个人都在努力与家人和朋友维持和谐的关系，这些都需要耗费时间和注意力。此外，现代环境中智能手机、电脑、网络、电视、视频游戏以及其他刺激无处不在，竞相争夺人们的注意力。试图满足生活的所有要求，致使自主神经系统的交感神经产生几乎无休止的生理唤起，导致睡眠障碍、肌肉紧张、胃肠道症状以及心血管疾病风险增加。

每天花 20~30 分钟或更长的时间安静下来，就有可能抵消由自主神经系统介导的唤起。（如果你想让自己必须做到的话，就把它列入日程表。）你可以采用许多旨在降低自主神经系统唤起并创造一种身心和谐感觉的技术中的任何一种（见**表 2.1**）。你也可以在公园或房间里找一个安静的地方，在那里舒适地、默默地回想并感激生活中美好的事物，暂时放下人世间的烦扰，不去想这一天以及你生活中要完成的事情。

激 素

除了自主神经系统，心理还可以通过内分泌（激素）系统影响生理。**激素**（hormones）是由体内特定的器官和组织产生的化学物质。每种激素调节特定的生物功能（**图 2.2**）。激素会将体内外的变化告知身体，为了保持健康，身体必须对这些变化做出反应。

许多激素会对思维和情绪的变化做出反应。例如，如果心理将某个情境解释为有威胁性或令人恐惧，不管危险是真实的还是想象出来的，脑中负责情绪的中枢都会给脑的其他部位和身体发送信号，让它们向血液中释放激素，例如肾上腺素和皮质醇。这些激素经由血液循环到达身体的一些器官和组织，使身体警觉并为应对危险做好准备。

脑中产生的激素会影响脑的其他区域，然而，源于脑的大多数激素会释放到循环系统并流经全身。某些脑激素与特定感受和行为的增加或减少相关联

图 2.2 释放激素的器官

激素由身体内不同的腺体释放。它们的合成和释放受心理和自主神经系统的调节。激素携带的化学信息告知体内的器官如何对刺激做出反应。

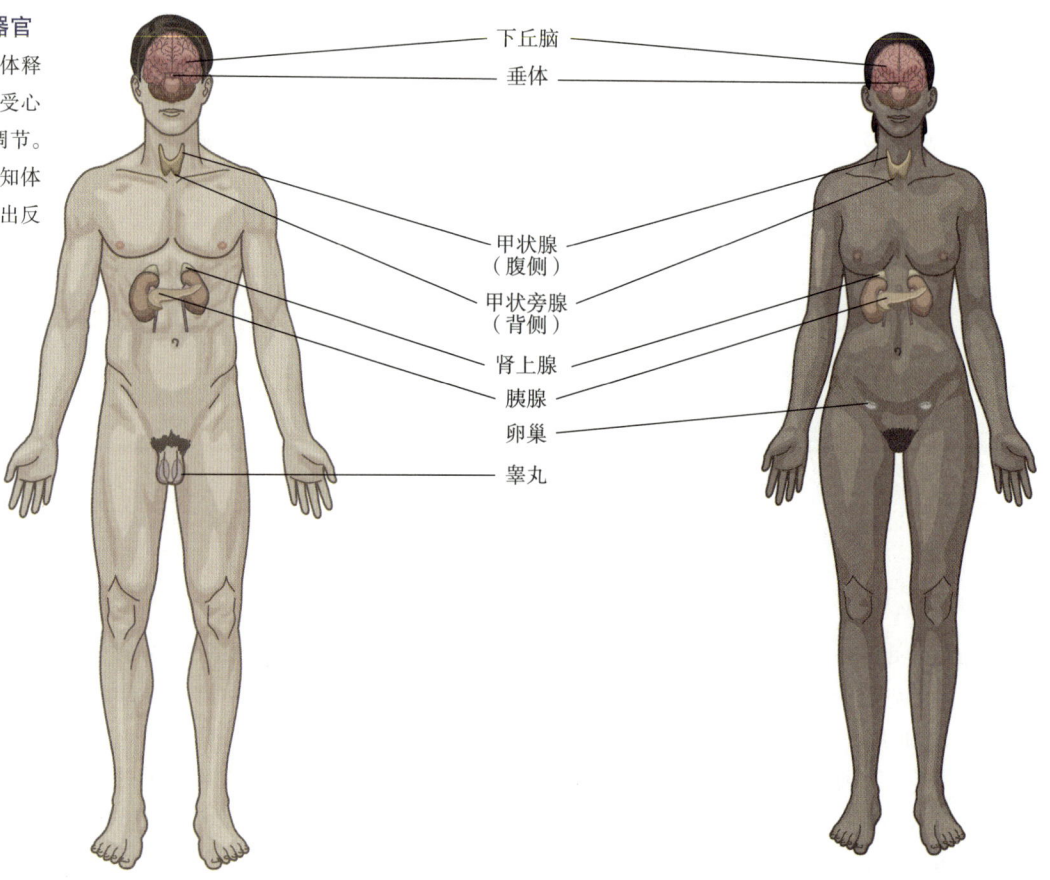

（见表 2.2）。因此，环境、大脑（心智）与激素（化学信使）错综复杂地相互关联，并最终决定我们的健康。

免疫系统

除了自主神经系统和内分泌系统之外，心身也可以通过免疫系统进行交流。免疫系统的功能是对抗感染和清除体内的外来微生物和有毒物质。免疫系统的细胞、组织和器官遍布全身。心理可以通过神经系统和内分泌系统影响免疫系统。交感神经系统的神经与某些免疫组织相连，例如骨髓、淋巴结和脾脏。在应激反应中肾上腺会分泌皮质醇，许多免疫细胞会对皮质醇的出现做出反应。此外，免疫

用心智疗愈身体

你是否曾划伤或烫伤过自己的手？也许你在切菜时不小心被刀划了一下，也许你在端灶台上的锅时忘了它的把柄很烫。对这类闪失的常见反应是对自己的粗心或健忘感到生气，对突如其来的疼痛感到恼怒。我们跺脚转圈，心烦意乱，这样的反应通常会加重伤痛，延缓愈合。对于无须立刻就医的轻伤，更好的应对方法如下。

万一划伤，首先用一块干净的布包住伤口，并轻轻按住以帮助止血。然后，你坐下或者躺下，闭上眼睛，使自己的身心都平静下来，在心中想象受伤的部位，想象它受伤前的样子。然后想象愈合的过程。看着皮肤愈合到一起；感觉疼痛逐渐减轻；注意到出血减少。继续这样做 5 分钟或更长时间，直到你感到平静了下来。如果是烧伤或烫伤，你就在伤处放一个冰袋或者一块冰凉的湿布，然后躺下来想象伤处的皮肤变凉了，看起来和完好的皮肤没什么不同。

受伤后立即让心静下来，可以减轻伤处的炎症和其他有害生理反应。当你向受伤部位发送积极、平静的想法和图像时，愈合过程立即开始。继续想象受伤部位的愈合模样。

表 2.2	激素水平会影响心境、思维、情绪和行为
激素	高水平的影响
皮质醇	血液中皮质醇水平高，会提高应激和警觉水平，降低对疼痛的敏感度，损害记忆加工，并加重抑郁。
多巴胺	血液中多巴胺水平高会增加快乐和动力，减轻悲伤。
催产素	血液中催产素水平高会增加信任和依恋感，减少恐惧。
抗利尿激素	血液中抗利尿激素水平高会增强性唤起，提高注意力，并减轻焦虑。
5-羟色胺	血液中5-羟色胺水平高会增加攻击性和强迫性思维。

系统会释放一类叫作细胞因子的特殊化学物质，这些物质会影响神经系统和内分泌系统。

许多研究已表明，心智可以影响免疫系统的运作。众所周知，压力和消极的情绪状态会削弱免疫系统，而正念冥想和太极等减轻压力的方法可以增强免疫反应（Antoni, 2002）。积极的情绪，如感到平静、安宁、快乐和对生活乐观，能够提高免疫功能（Pressman & Black, 2012）。

心智既可以导致疾病也可以促进健康

思维和情绪可以改变生理过程，这意味着个体有能力影响自己的健康状况，使之下滑或改善。数千年来，人们相信神明或特殊人物（如国王、牧师或萨满）拥有治愈能力，或者认为某种灵丹妙药有治病的魔力，通过驱除身体和/或精神上的恶魔和邪灵来治愈患者。现在的患者相信他们的医生拥有的知识和所开的药方，如同古人相信牧师和草药一样。患者病情的任何改善都可能是治疗功效本身和对治疗者的信心两方面的作用。

古埃及文献记载，尽管古埃及的祭司也开草药方子并施行手术，但他们的治疗依赖于人们对神的疗愈力的信赖。在神庙，祭司会让病人进入恍惚状态，并告诉他们当他们醒来时，他们就痊愈了。这种治疗方法常常奏效。

古希腊人和古罗马人拥有神、（传达神谕的）祭司和用于治疗的庙宇。他们的祭司利用恍惚和类似睡眠的精神状态，向患者容易接受外界影响的心灵传达痊愈的暗示。有时会产生"奇迹般的疗效"。古希腊和古罗马的国王和祭司还通过"按手疗法"来治疗病患。人们之所以能被疗愈，是因为他们相信统治者有神赐的力量。传闻，伊庇鲁斯国王皮洛士仅通过让人触摸他的大脚趾就治愈了病患。

所有的宗教都教导说，神选之人拥有疗愈的力量。《新约》讲述了许多耶稣拥有疗愈力量的例子。

> 你们中间有病了的呢，他就该请教会的长老来，他们可以奉主的名用油抹他，为他祷告。出于信心的祈祷要救那病人，主必叫他起来；他若犯了罪，也必蒙赦免。
> ——《雅各书》5:14~15

> 到了晚上，有人带着许多被鬼附的来到耶稣跟前，他只用一句话，就把鬼都赶出去，并且治好了一切有病的人。
> ——《马太福音》8:16

> 耶稣对她说："女儿，你的信救了你，平平安安地回去吧！你的灾病痊愈了。"
> ——《马可福音》5:34

有将近50%的美国人会用祷告来应对疾病（Wachholtz & Sambamoorthi, 2001）。人们为自己和

> 有信仰未必能成大事，但没有信仰终将一事无成。
> ——塞缪尔·巴特勒

复述这句话可能会改善你的健康

20世纪初，一位名叫埃米尔·库埃（Emile Coué, 1857—1926）的法国药剂师因使用自我暗示治愈了各种病痛而闻名于世。他最著名、曾被数百万人吟诵的自我暗示语是："每一天，在每一方面，我都在变得越来越好。"

试试这个自我暗示语，或者创建一个适合你想改善的特定情况的自我暗示语。只要觉得舒服，就在内心复述这个自我暗示语。要自然而然地复述，不要刻意或带有期望。自我暗示是改善健康和加快康复的强有力手段。

他人的健康祈祷。他们有时一个人独自祈祷,有时一群人一起祈祷。人们祈求上帝、"守护天使"或已故的所爱之人给予他们力量和支持,以应对疾病。研究发现,在健康状态相对良好的人中,宗教信仰/精神信仰与较低的死亡率相关;但在患者中则不存在这种相关(Chida et al., 2009)。这一发现可能反映了宗教归属所提供的社会支持以及因积极情绪(如安全感和信心)而增强的免疫功能与宗教体验有关。研究者还发现,如果让其他人为患者的健康和康复祈祷,不论患者是否知情,都没有任何治疗效果(Robert et al., 2009)。

一方面,很多患者在病得极其严重或者有可能死亡的时候,想让他们的医生了解自己的精神信仰或宗教信仰;另一方面,对于日常的健康问题,大多数患者并不想让自己的医生直接参与到与自己健康相关的精神体验中来。尽管很少有医生认为向患者推荐祷告和宗教活动是妥当的,但大多数医生认为,患者的精神观对于处理健康难题很重要,医生应该向患者询问精神和宗教方面的问题(Sulmasy, 2009)。

心智会导致疾病

心身疾病 心智导致疾病的力量已被一长串**心身疾病**(psychosomatic illnesses)所证实(图2.3)。这些疾病在很大程度上是由精神状态和态度引起的,如持续的焦虑、抑郁和压力,它们都会导致不利于健康的生理变化。这就是为什么这些疾病叫作心身疾病,这一术语源于希腊语(psych指心智;soma指身体)。

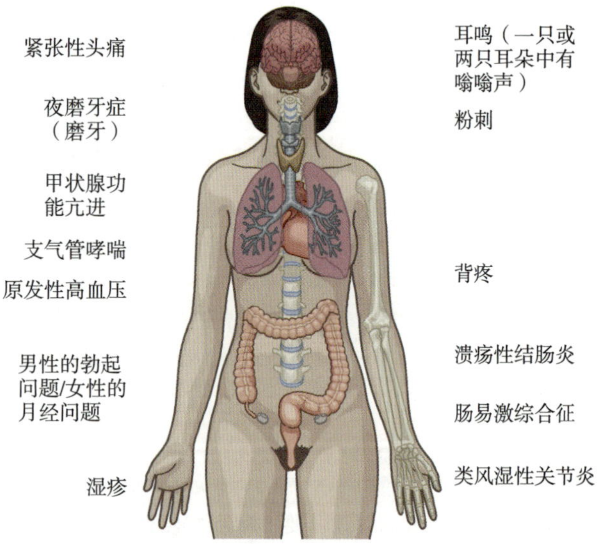

许多人认为,心身意味着想象,即"一切都在头脑中"。事实并非如此。与压力相关的肠易激综合征患者的胃肠道损伤与感染或受伤造成的损伤同样真实存在。心身疾病意味着思维和情绪是引发症状的生理异常的根源。

现代医学往往并不直接治疗心身疾病。医生更喜欢使用抑制症状的药物,却很少着手调整导致疾病的潜在心理状态。采用这样的治疗方式,部分是因为医生所受的训练侧重于疾病的生物学原因,部分是因为他们没有时间探究心身疾病患者的生活方式。此外,患者的健康保险公司也不太可能为医生这样做付费。

躯体症状障碍 躯体症状障碍(somatic symptom disorder)是指身体出现症状,通常(但并非总是)没有可检测到的损伤或疾病基础。心理和社会问题,例如抑郁或者愤怒,可能会引起疼痛(尤其是腰痛)、疲劳、恶心、腹泻和性问题。据估计,在看初级保健医生的患者中,25%~75%有躯体症状。这些症状难以治疗,诊断非常耗时,而且对医疗保健体系来说费用很高昂。一种常见的主诉是身体几个部位长时间疼痛,而这种疼痛却无法用任何医学疾病或受伤来解释。

许多人自己选择的生活,或因经济条件或家庭环境所迫而过的生活,可能会导致心身失调,最终引发疼痛和疾病。患有躯体症状障碍的人并不是在装病。他们的心身不和谐已经到了非常严重的程度。我们可以通过了解心身如何相互作用,并运用能够洞察特定问题的方法来恢复健康。富有同情心的专业帮助和指导也非常有益。

心智可以促进健康

研究表明,积极情绪与有益健康的生理变化相关联,这说明心智具有创造健康的力量。例如,让一组英国公务员在一个平常的工作日里多次给他们的幸福程度打分。与此同时,研究者测量其血压、心率和应激激素(皮质醇)的水平。那些幸福感最高的人,心率和应激激素水平最低(幸福感对血压没有影响)。

图2.3 心身疾病
身体的许多疾病和失调在一定程度上是由思维和情绪引起的。

紧张性头痛
夜磨牙症(磨牙)
甲状腺功能亢进
支气管哮喘
原发性高血压
男性的勃起问题/女性的月经问题
湿疹

耳鸣(一只或两只耳朵中有嗡嗡声)
粉刺
背疼
溃疡性结肠炎
肠易激综合征
类风湿性关节炎

幽默在维持健康方面的作用由来已久。柏拉图倡导将幽默作为减轻心灵负担和促进健康的一种手段。从中世纪的宫廷弄臣到现代的马戏团小丑，笑声一直被用来帮助人们忘记他们的烦恼，恢复身心和谐，促进健康和疗愈。1979年，著名杂志编辑诺曼·卡曾斯描述了他如何治好了自己所患的一种罕见的不治之症（强直性脊柱炎）。他连续几个月看幽默电影，直至把自己"笑"好（Cousins, 1979）。科学研究已证实，幽默可以通过提高有助于预防感染的自然杀伤细胞的活性，对免疫系统产生积极的影响（Bennett & Lengacher, 2009）。幽默可以通过激活影响疼痛反应的内啡肽（大脑中释放的一类激素）提高疼痛阈限。它还可以减轻癌症患者的压力和焦虑，在治疗过程中对药物有辅助作用（Roaldsen et al., 2015）。

享有"咯咯笑大师"之名的印度医生马丹·卡塔里亚博士研发了一套类似于瑜伽姿势的大笑练习（Khatchadourian, 2010）。他建议人们学习在不看笑话或搞笑视频的情况下定期大笑，以此作为一种改善健康的方法。他在世界各地成立了大笑俱乐部，估计有25万会员。或许，如果有更多的人更经常地笑，世界上的许多冲突都将迎刃而解。

心身疗愈

安慰剂效应

另一个心智促进健康的例子是**安慰剂效应**（placebo effect），它是指个体相信惰性药物（称为糖丸或安慰剂）的治疗功效，或者相信某个人、特定话语或物品的治疗力量，使症状缓解或治愈了疾病。虽然安慰剂常被认为是一种蒙骗患者使其感觉好转的假药，但事实上安慰剂能引起可观察的生理变化。康复并不是想象出来的，也不只是"全在头脑之中"。安慰剂之所以起作用，是因为对其疗效的预期会引起体内实实在在的生理变化，从而促进康复。

例如，研究人员用功能性磁共振成像（fMRI）检测志愿者大脑中血流的变化（Wager et al., 2014）。研究人员给志愿者施加无害但偶尔令人疼痛的电击或高温刺激。当志愿者相信手臂上涂了止痛膏时，他们对疼痛程度的评分较低。此外，安慰剂的疼痛缓解作用与疼痛敏感脑区的活动减少有关，也与预期疼痛期间脑内其他区域的活动增加有关。这些发现为安慰剂可改变人们的疼痛体验提供了证据。

安慰剂的疼痛缓解作用可能是因为对缓解疼痛的预期，增加了体内镇痛化学物质的生成或释放，如内啡肽和大麻素（Medoff & Colloca, 2015）。例如，在一组成年患者拔除智齿后，让其中一部分患者服用吗啡，另一部分服用安慰剂来缓解疼痛。大约33%服用安慰剂的人感到疼痛减轻了。随后，给那些服用吗啡或安慰剂后感到疼痛缓解的患者注射一种阻断吗啡和内啡肽作用的化学物质纳洛酮。所有注射了纳洛酮的患者都又感觉到了疼痛。因此，这一研究结果显示，对缓解疼痛的预期可以刺激内啡肽的生成和释放。

安慰剂效应如此常见和强大，以至于美国食品药品监督管理局（Food and Drug Administration, FDA）要求对每一种新药都进行双盲安慰剂对照试验。这就是说，给一组患者使用新药品，给另外一个匹配组（对照组）的患者使用安慰剂，比较他们使用后的反应有何不同。为了使偏差最小，试验药物组和安慰剂组的患者并不知道他们接受的是新药还是安慰剂，也就是说，他们是"全盲"（不知情）的。此外，发放试验药物或安慰剂的科学家们也不知道患者接受的是哪一种，即他们也是"全盲"（不知情）的。只有研究项目的管理人员知道谁接受了什么。新药的疗效取决于它相较于安慰剂的表现。

安慰剂效应存在于许多疾病的治疗过程中，包括溃疡、肠易激综合征、结肠炎、慢性疼痛、头痛、花粉症、哮喘、抑郁、疣以及高血压。在几乎任何疾病或症状的患者中，对安慰剂有反应的患者比例在30%到70%之间。大多数的安慰剂对照药物研究发现，安慰剂对大约一半的患者起作用。这一惊人发现意味着，你只需相信某种东西会让你好转，就有50%的机会被治愈。

就抑郁障碍而言，安慰剂效应可解释高达75%的症状缓解。为了确定安慰剂效应缓解抑郁的机制，研究者在抑郁障碍患者服用抗抑郁药或安慰剂后，用正电子发射断层扫描术（PET）查看其大脑不同区域的活动（Mayberg et al., 2002）。结果显示，服用安慰剂患者的大脑活动模式与服用抗抑郁药的患者几乎没有差别。显然，他们对症状会缓解的预期导致了脑内的生理变化，进而缓解了抑郁症状（Kirsch et al., 2008）。**图2.4** 比较了4种抗抑郁药和安慰剂在减轻轻度到中度抑郁症状方面的效果。请注意，在每

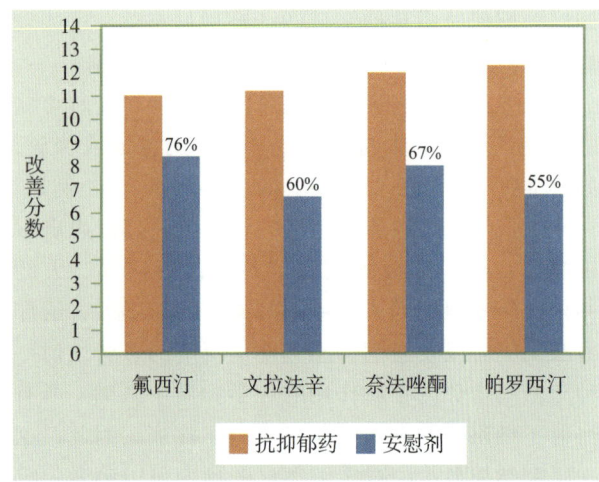

图 2.4 4 种抗抑郁药与安慰剂缓解轻度和中度抑郁症状效果的比较

图中的长条表示用汉密尔顿抑郁量表测得的抑郁症状改善程度。在每种情况下，安慰剂都使抑郁症状有了明显改善。

数据来源：Kirsch, I., et al. (2008). Initial severity and antidepressant benefits: A meta-analysis of data submitted to the Food and Drug Administration. *PLoS Medicine, 5*, e45.

种情况下，安慰剂都几乎与抗抑郁药同样有效。约60%的患者对安慰剂的反应与服用抗抑郁药患者的反应一样。由于抑郁的一个主要特征是感到无望并认为情况无法改善，所以这些研究结果表明，相信自己正在接受药物治疗会引发希望感，从而减轻抑郁症状。抗抑郁药和安慰剂使脑中化学物质产生类似的变化，主要是神经递质 5-羟色胺和去甲肾上腺素的升高。

既然安慰剂在治疗中如此有效，那为什么医生在治疗病患时没有更多地使用安慰剂？原因之一是医生面临的伦理困境：安慰剂可能对某个患者有效，但对另一个患者无效。尽管处方药也可能出现同样的情况，但如果医生开具的是一种经过临床试验和美国食品药品监督管理局批准的药物，会受到法律的保护。然而，如果病人决定起诉，声称治疗不符合公认的医疗标准，那么开具安慰剂的医生将得不到法律保护。

谁知道什么能起到安慰剂的作用呢？也许每天两次、每次吃几颗巧克力豆就可以治愈人们遭受的疼痛和许多其他症状。通常，最安全、最好的缓解痛苦的方法是利用心灵的力量。

反安慰剂效应

一种消极的、有害的安慰剂效应被称为**反安慰剂效应**（nocebo effect；源于拉丁文，意为"我会受伤害"），这也是安慰剂药片不在医疗实践中使用的另一个原因。安慰剂可能有危险，就像药物也可能有危险一样。患者可能会变得对用于镇痛的安慰剂药片上瘾，并在停药时遭受戒断症状。此外，像处方药一样，安慰剂药片也可能产生副作用。在一项实验里，让 40 名志愿参与的哮喘患者吸入一种安慰剂喷雾，并告知他们这种喷雾剂里含有某种过敏原。结果，12 名志愿者出现了严重的哮喘发作，7 名志愿者症状较轻。让哮喘发作的志愿者吸入另一种安慰剂喷雾并告知这种喷雾能缓解症状，其哮喘发作得以平复。

言语也能像安慰剂药片一样产生安慰剂效应。正因如此，你应该始终寻找你信任的、能给出积极建设性的治疗建议并鼓励你参与自我疗愈实践的医务工作者。避开那些总是传达消极和悲观暗示的医务工作者。没有人需要听那些消极的暗示，比如"你可能以后必须一直吃这些药片了"，或者"我怀疑，在这样的事故后你恐怕不能四处走动了"。在医生面

只要你需要，随时抽出时间冥想。

前，许多患者变得非常容易接受暗示，无论是积极的还是消极的，因为他们的注意力高度集中于医生都说了些什么。这种集中注意力的心理状态与冥想或催眠中达到的心理状态类似。在和医疗专家讨论健康问题或诊断性检查的结果时，保持警觉和批判的态度会更有益。当然，这并不容易，尤其是当所传达的信息使人感到痛苦和恐惧时。

有这样一个悲惨但戏剧性的反安慰剂效应的例子，一名患者因为读到一个词而死亡（Hewlett, 1994）。这名患者有慢性淋巴细胞白血病（血癌之一）病史，这种病通常比较容易用药物控制。在确诊后3年多的时间里，这位病人一直健康状况良好，仅需间歇性用药。然而，事实上他从来没有被告知过最初的诊断结果。

有一天，他到医生的诊室做例行检查，碰巧看到了放在医生桌子上的几份病历。在他的病历中他看到了"白血病"这个词。他错过了预约的下一次复诊，并在那之后不久就出现在了医院的急诊室。不到3周，他就在医院里去世了。尸检未能找到死亡原因，而且他的白血病依然处于缓解期。这位患者显然仅仅因为在自己的病历中看到了"白血病"这个词，就以为他已是癌症晚期。心智确实能治好病，心智也确实能要人命。

促进身心和谐与健康的方法

自生训练

自生训练（autogenic training），即利用自我暗示，通过自主神经系统的变化来建立身心之间的平衡。该方法已被证明在减轻焦虑（Miu, Heilman, & Miclea, 2009）和提高慢性病患者的生活质量方面有效（Sutherland, Andersen, & Morris, 2005）。

自生训练需要练习者每天花几分钟专注于6个基本自我暗示短句中的一个，持续一周或更久。经过几个星期或几个月的练习后，个体通常能在数秒内就获得一种深度的放松感，这会带来有益健康的生理变化。这6个基本的自我暗示短句为：

- 我的四肢沉重。
- 我的四肢温暖。
- 我的心跳平稳而规律。
- 我的呼吸自然而顺畅。
- 我的腹部很温暖。
- 我的额头很凉爽。

自我暗示的确切措辞对其效果并不重要。这些字词并不携带特殊的力量。任何暗示语都可以重新表述，以便让练习者感到舒适、可信和可接受。

生物反馈

用心智来改变身体功能的一种经典方法是**生物反馈**（biofeedback）。这种方法利用一种记录装置来促进对生理活动的习得性自我控制（见压力管理专栏"生物反馈"）。将记录装置连接到身体的某个部位（如额头、手臂），该部位的生理活动信息会通过屏幕显示或声音反馈给身体正在发生这些活动的人。利用生理活动的视觉或听觉信息，个体便可以学会以其期望的方式控制生理活动。生物反馈已成功地用于治疗150多种疾病，包括高血压、背痛、惊恐发作、哮喘和头痛（Mayo Clinic, 2016）。生物反馈还可以用来使脑电活动（阿尔法波）产生变化，使人进入放松状态。

催眠与疗愈

催眠（hypnosis；源于希腊语 hypnos，意为睡眠）是一种高度专注和注意力集中的状态。该方法通常涉及让个体达到一种放松的心理状态，在此状态下，由他人给出想象性体验的暗示。这一过程被称作催眠诱导。催眠暗示可以改变知觉、感觉、情绪、思维或行为，通过这种方式，可以将心智聚焦到健康问题上。**催眠疗法**（hypnotherapy）是指用催眠来治病。催眠已被证实在许多情况下有助于恢复健康，包括减轻疼痛、促进分娩、减轻焦虑、控制体重和帮助戒烟。

催眠作为一种医学技术的现代应用始于维也纳医生弗朗兹·安东·麦斯麦，他主要活跃于18世纪后期和19世纪早期。麦斯麦术（mesmerism）这个术语被保留了下来，用来描述麦斯麦在他的病人身上引发的意识恍惚状态（Galdos, 2009）。

麦斯麦把他的疗愈技术称作"动物磁性说"，因为他让患者握住金属棒，据说当患者处于恍惚状态时，金属棒能向其传递疗愈能量。麦斯麦大获成功，以至于引起了维也纳其他医生的敌视。他们迫

生物反馈

丹是一名研究生一年级的学生，经常头痛。他因此去学生健康中心就医。医学检查并没有发现任何脑部病变，如肿瘤、受伤或感染。医生的诊断是：丹的头痛与要在研究生院里取得好成绩的压力和焦虑有关。

丹的治疗包括约见咨询师，讨论怎么管理在研究生学业方面感受到的压力，以及接受专门治疗头痛的生物反馈训练。在生物反馈训练期间，治疗师把3个监测前额额肌活动的小型传感电极贴在丹的头部（图2.5）。当他感受到压力的时候，额肌和某些颈部肌肉会不自主地收缩，阻止血液流向头部，导致头痛。连接3个传感电极的电线的另一端连接生物反馈设备，设备则放在丹面前的桌子上。只要丹的额肌一收缩，生物反馈设备就会发出咔嗒声。额肌越是紧张，咔嗒声的频率就越高。如果额肌处于放松状态，该设备发出的咔嗒声就很少且不规律。

丹的生物反馈治疗师指导他努力减少设备发出咔嗒声的次数，这一技能需要经过几次训练才能获得。矛盾的是，不再努力放松他的额肌（只是努力减少机器发出的声音）却达到了最好的效果。这一治疗方法经证明是成功的。之后，丹很少头痛。在他头痛的时候，他会用放松额肌的方法缓解头痛。

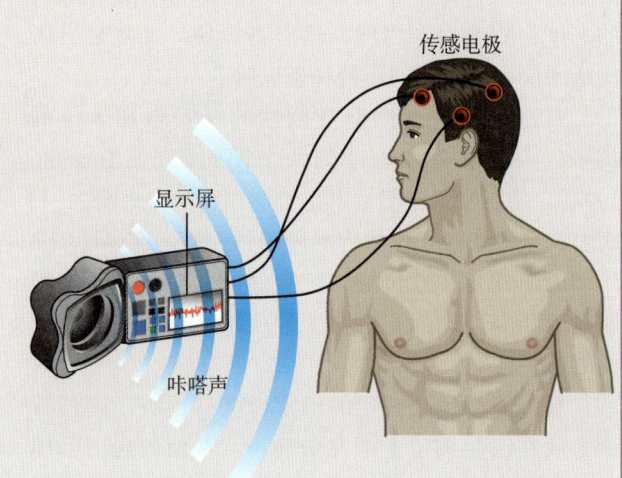

图2.5　生物反馈
生物反馈设备测量头部肌肉的紧张程度。当头部肌肉处于紧张状态时，喇叭里会传出急促的咔嗒声。当头部肌肉处于放松状态时，只会偶尔传出不规律的咔嗒声。

使当局命令麦斯麦停止使用他那非正统的治疗方法。1778年，麦斯麦移居巴黎，在那里他再一次成功吸引了众多的患者。最后，法国当局任命了一个科学小组，其中包括本杰明·富兰克林（时任美国驻法大使），去调查麦斯麦以及他的治疗方法。科学小组得出结论，动物磁性说没有科学基础，麦斯麦是一个骗子。尽管科学小组对麦斯麦成功治疗了很多患者没有任何异议，却依旧得出了这一结论。麦斯麦于1815年在医生和科学家们的否定中默然离世。

尽管不受官方的认可，麦斯麦术（现在被称为催眠术）还是在19世纪的英国、欧洲大陆和美国蓬勃发展了起来。1847年，马萨诸塞州的医生罗宾斯报道了使用催眠疗法治疗进食障碍和帮助人们戒烟的案例。罗宾斯医生对被催眠的患者进行厌恶暗示，并给予他们催眠后暗示。许多相同的程序如今仍然用于治疗这些以及其他障碍。

要使催眠在治疗上取得成功，需满足以下条件：（1）催眠过程的参与者需明确为催眠师和来访者；（2）暗示是催眠过程的关键要素；（3）来访者（患者）同意参与催眠过程，特别是同意接收和接受暗示；（4）催眠师事先向来访者描述这一技术以及它将会如何发挥作用（Montgomery et al., 2013）。催眠的成功与否很大程度上受来访者与催眠师之间关系融洽程度的影响。在融洽的关系中，来访者能暂时脱离现实世界并对暗示做出反应（Bryant et al., 2012）。在治疗过程中，暗示在疗愈中的有效运用，似乎取决于心理放松的程度。目前还不完全清楚参与日常活动有意识思维的心智为什么不那么容易接受暗示，而被催眠、冥想或其他放松技术从内部放松的那个心智则比较容易接受暗示。

催眠可以帮助你

许多人对催眠有误解，许多关于催眠的传言依然存在。人们最大的恐惧或许是当他们被催眠时，会被诱导着去做一些令人尴尬、不道德甚至违法或邪恶的事情。表2.3总结了一些与催眠有关的误解和担忧。

> 我们看到的不是事物本来的样子……而是我们眼中事物的样子。
> ——《塔木德》

集中注意力

一位睿智的老师说过，你可以读成千上万本关于冥想的书，但没有一本比得上亲身实践。那么，我们来做这样的练习：现在请注意你的脚底接触鞋底的感觉。这种感觉是由你脚底的神经引起的，它们向大脑发送信号，告知大脑"你的脚正在接触鞋子"。在你读这页书的时候，这个信息一直在传输，但很可能你没有注意到。因为你的注意力集中在你阅读的内容上或其他想法上，直到你被要求把注意力集中到你的脚底。这表明你可以选择把你的注意力（也称作意识觉知）集中到你想要的地方：你的脚、你身体感觉不舒服的信号、你的待办事项清单，或者你与某个特别的人共度愉快时光的记忆。冥想即觉知你每一刻的心理活动，并按照你的意愿转移你的觉知焦点，比如，转移到呼吸、重复的声音或祷告，或转移到影像上。冥想能让你注意到你的内心正在过度地、也许令人痛苦地忙碌着，引导你把心理活动转移到某些能促进你的稳定感、掌控感、灵活感和适应感的事物上，让你的心智不再为生活的忙碌所左右。

表 2.3　有关催眠过程中会发生什么的传言

传言：在催眠过程中，你会失去对自己大脑的控制，催眠师可以让你做任何他/她想要你做的事情。

事实：虽然电影里是这样描述的，但催眠师无法控制你的思维，也无法让你做违背你的意愿或信仰的事。被催眠了的人可以随时决定脱离催眠状态。从根本上说，所有的催眠都是自我催眠。舞台催眠师会选择那些想被催眠并且想参与表演的观众。人们之所以会在舞台上做很滑稽的事情，是因为他们内心认同这么做是可以的。同样，一个人之所以遵循催眠师的暗示，是因为信任对方并渴望得到帮助。如果你不是自愿地同意合作的话，那么没有人可以控制你的思想。

传言：催眠就像睡着了一样。你进入无意识状态，意识不到周围发生的事情。当你醒来后，你记不得在被催眠的时候周围都发生了什么。

事实：在催眠状态下，你并没有失去意识。大多数被催眠的被试报告称，他们感觉很清醒。催眠就像是集中注意力，在该状态下，你觉知特定的想法，同时屏蔽其他想法。就像深度冥想一样，你一直与现实世界保持联系，可以选择留在冥想状态或"醒来"。

传言：催眠师拥有特殊的精神力量或超自然力量，这解释了为什么催眠师可以控制别人的思想。

事实：催眠师接受过提高自身观察力的训练，掌握施予暗示的技能。你应该避开那些声称拥有特殊力量的人，因为他们怀有不可告人的动机，不值得信赖。永远记住：所有的催眠都是自我催眠。

传言：只有那些"心理脆弱"或智力低下的人才能被催眠。

事实：任何人都可以被催眠，不过人们在这方面的能力有差异，犹如他们在其他方面的能力有差异一样。高于平均智商的人通常比其他人更容易进入催眠状态。考虑下在电影院里发生的事情，人们为银幕上正在发生的事情而大笑、哭泣或被吓坏了。但对他们产生这么大影响的影像实际上只是银幕上的光。大多数电影观众都处于催眠状态，置身于"电影观众"的角色，他们同意让银幕上的画面操纵他们的情感。然而，每个人都依旧能控制自己的思想。如果有人喊"着火了"或者突然间灯亮了，你就会见证电影观众突然被"唤醒"的情形。值得再一次强调的是，所有的催眠都是自我催眠。

传言：催眠在改善健康状况或纠正有害行为方面是无用或无效的。

事实：催眠——在训练有素的医学专家使用它时，人们称之为催眠疗法——对治疗很多症状可能都非常有用。1957年，美国医学会认定催眠疗法是一种有效的治疗技术。许多医生和临床心理学家利用催眠疗法来治疗各种躯体、情绪和行为问题，例如疼痛、惊恐发作、吸烟、酗酒和创伤后应激障碍。

催眠疗法可能是医疗实践的一种很有价值的辅助手段，且有着悠久而成功的历史。这一疗法之所以没有被广泛使用，是因为时间限制，以及人们普遍相信正确的药物可以治愈任何疾病。要使用催眠疗法，医生必须花时间与患者建立融洽的关系，愿意花尽可能多的时间回答所有的问题，并确保患者不介意被催眠。在管理式医疗和健康维护组织（HMO，一种降低医疗成本、提高效率的模式——译者注）的时代，现实不允许医生这样做。在现代医疗实践中，时间就是金钱。

冥 想

冥想（meditation）是一种历史悠久的宗教和精神修炼，涉及专注觉知、引导入定和深度放松。它越来越多地用于促进健康和康复。与一些人的想法相反，冥想不是邪教，也不是宗教活动，更不是放弃对自己思想的控制。它不是没有思绪的"放空"状态，也不是用来逃避现实的方法。冥想是全神贯注地留意你的内心此时此刻正在做的事情而不加评判。如果你在任一给定的时刻审视头脑中正在发生什么，你会发现它不停地从一个想法转到另一个想法，堪称"喋喋不休"："我离家前有没有记得关灯？""我的脚快痛死了，真不该穿这双鞋""真不知道数学会考些什么题目？""周末让孩子去别人家过夜可以吗？"我们的思维经常持续活跃着，不是在担忧就是在思考各种问题，比如情感烦恼、财务问题以及日常生活中的事务和压力。

> 冥想不是你想的那样。
> ——克里希那穆提

让内心宁静有益健康，冥想就是达到这一状态的方法。专注觉知可以通过多种方式来实现，冥想也有多种不同的种类。禅修（zazen）要求盘腿静坐，同时努力清空内心的杂念。超觉冥想（transcendental meditation）教导实践者专注于一个不断在内心重复的特定短语（mantra，即**祷语或真言**）；将注意力集中到一个短语上可以排除其他随机的想法。内观冥想或正念冥想（insight or mindfulness meditation）教导冥想者只观察内心的思想流动而不关注任何特定的想法。可以通过把注意力集中于一个宗教图像（mandala，**曼荼罗**）来进行冥想。祷告也是冥想的一种形式，它将觉知集中在神身上。其实几乎每个人都体验过冥想，尽管他们没有将其称作冥想。

冥想并非必须在宗教场所中进行，也不复杂。

- 在家里或者在外面选择一处安静的地方。
- 找一个舒适的坐姿，同时背部挺直。（不建议躺卧，因为你很可能会睡着。）
- 确保你至少有 10 到 30 分钟的时间不会被打扰。
- 忙碌的人常常发现在睡前冥想最好（私密、安静）。

开始冥想的一个好方法是将注意力集中在呼吸上。从觉知你呼吸的方式开始。它是慢而深，还是快而浅？是用一个鼻孔呼吸还是两个？

当你把觉知集中到呼吸上时，你的思绪很可能会飘到各种纷至沓来的想法上。当你注意到你的思绪在游荡时，只需对自己说，"我的思绪在游荡"，然后把你的觉知重新聚焦到呼吸上。或许你可以数自己的呼吸，从 1 数到 10，来帮助你集中意识（数数类似于念诵祷语）。过了一段时间，你的内心很可

随时随地都可以进行冥想。

创建改变行为的专属祷语

利用祷语的力量来改变表现或行为的某些方面。选择某个你想要改变或改进的行为或活动，然后创建你自己的专属祷语。不要选择复杂的事情，应该选一件你觉得可以实现的小事，越具体越好。如下所示。

运动：我感觉我的身体变得越来越强壮。
　　　我觉得我的身体游过水面的速度更快了。
　　　绕着跑道跑，我变得越来越轻松。
行为：当我感到饱了的时候，我会停止吃东西。
　　　当愤怒的时候，我不说话。
　　　在课堂上和考试的时候，我的头脑会保持清醒。

要创造性地构思自己的咒语。每天花时间让自己安静下来，在内心念诵祷语。你可以持怀疑态度，但祷语仍然会起作用。

用音乐放松

很多人都有经验，而且也得到了研究的证实，听音乐或者演奏乐器可以让人放松（Chanda & Levitin, 2013）。音乐可以像冥想、催眠和祈祷一样，使人心念专注、精神集中。因而，听音乐或者演奏音乐可以减轻压力。在医疗情境中，音乐可以帮助患者减轻焦虑和压力。一项研究发现，音乐可以像镇静药物一样，让准备接受手术的患者平静下来（Bradt et al., 2013）。音乐可以帮助减轻伴随类风湿性关节炎、椎间盘突出或纤维肌痛的慢性疼痛。音乐还可以改善中风、阿尔茨海默病和其他神经系统疾病患者的状况。

对人们有帮助的音乐类型因个人偏好而异。一般来说，相比响亮的音乐，人们更喜欢轻柔的音乐；相较于强劲或复杂的旋律和快节奏，人们更喜欢平缓的旋律和接近心率的适度节奏（每分钟65~75拍）。研究发现，医生和牙医诊室里的"背景音乐"可降低患者的心率和呼吸频率，并减轻焦虑。

用音乐治疗失眠、疼痛、压力、焦虑或其他问题时，请遵循下列指南：

- 选择你喜欢并能让你感到放松的音乐。许多类型的古典音乐、柔和的爵士乐、凯尔特音乐、美洲原住民音乐以及圣歌都比较适合。大多数人偏爱节奏流畅的音乐。
- 选择一个你不会被打扰并且可以放下日常牵挂的时间和地点，做好使自己至少一个小时处于放松状态的计划。
- 你可以低音量收听，或者使用能够减少外界噪声和干扰的耳机来听，这样会让你感觉更舒服。
- 考虑咨询一名音乐治疗师以获得更多的建议和帮助。

能又开始开小差了。当你注意到这一点时，不要因此而感到沮丧或生自己的气（"这不管用！""我真是一个糟糕的冥想者"）。心智的工作就是思考，冥想中思绪的游荡正是这一点的体现。所以，当你的思绪游荡时，发现后重新把觉知聚焦到呼吸上来即可。冥想往往是反复地聚焦和徘徊（失去焦点）的过程。通过一些练习（请记住，熟能生巧），你会更熟练地专注于呼吸，更常体验到这样做所带来的平静状态。你将能够让各种思绪在你脑海中流动而无须过多关注它们。

坚持每天练习冥想可以帮助你缓解倦怠和压力，提升幸福感，降低患各种疾病和感染的风险，应对疼痛，增强与社会和物质环境的和谐感，改善睡眠质量，提高工作绩效，并且越来越清晰地意识到，你的心理过程如何影响你的生活。请注意，每天进行20分钟的冥想训练，只需4天就可以改善认知和工作记忆（Zeidan et al., 2010; Chiesa et al., 2011）。

研究表明，冥想对健康有很多益处：降低血压和心率，减轻压力，增加血流量，减轻疼痛，缓解多种慢性病如哮喘、关节炎和肠易激综合征。

在世界变得越来越快的今天，我们更需学会慢下来。

放松反应

放松反应（relaxation response）是与交感神经系统激活相反的自主生理反应（Benson & Klipper, 2000）。放松反应会减少氧气消耗，降低呼吸频率、心率和血压，缓解肌肉紧张。多种心身法可以产生放松反应，如超觉冥想、渐进式肌肉放松法以及引导式意象法。例如，在哈佛医学院，患者被教导要安静地坐着，默默地重复"one"这个单词。能引发放松反应的方法都具有以下特点：

- 安静的环境；
- 专注心念，如默默地重复一个词或一句短语，或者专注于自己的呼吸；
- 被动、接纳的心理状态；
- 舒适的身体姿势。

每天有规律地进行10到15分钟的放松反应，会提升幸福感，减轻抑郁、焦虑和敌意，这与改善心血管健康、增强免疫功能息息相关（Chang et al., 2010）。

暗　示

每当心念变得专注和放松时，它也会变得更容

> ### 积极思维有改善健康的力量
>
> - 要更加意识到你的心理具有改善健康、加速康复并帮助你在学校和其他活动中表现更好的力量。对自己、对祷告或某种特定治疗方法的信心可以促进康复并有助于预防疾病。
> - 使用适合你的心理意象来减轻考试焦虑,提高体育运动或其他活动的成绩。避免消极的心理意象和思维,比如"我觉得很糟糕""我累得跑不动了"或者"我就知道我做不了那样的事情"。用你的头脑创建积极的意象和思维。你可以通过暗示自己"事情将要改变并变得好起来",来扭转看似"糟糕"的一天。
> - 每天在一个舒适且安静的地方练习心理放松技术。利用这段时间和你的身体"交谈",以促进康复或改变行为。想象你知道对健康有益且具有建设性的过去或将来的场景。随着你越来越善于利用你的心智,你会在生活的各个方面找到运用心理放松的新方法。(请注意我们如何插入了一个积极的暗示。)

易接受暗示。这可能是非常有益的,也可能带来问题,具体取决于大脑接受的是什么样的暗示。那些作为警告而给出的暗示,会影响人们的行为并导致贯穿一生的健康问题。对孩子来说尤其如此,因为他们特别容易受暗示。例如,下面是给孩子们的一些常见警告,它们可能会引发健康问题,因为年幼的孩子相信别人告诉他们的事情。

- 下雪天出门要穿上靴子,不然你会感冒的。
- 如果你老是吃饼干,你会发胖的。
- 如果你不更加努力,生活中你将是一个失败者。
- 如果你爬上那些树,你会掉下来摔伤的。
- 如果晚上出门,你会碰到鬼。

这些暗示中的每一条都预示着一个负面的结果。对于常常处于恍惚、易受暗示状态的儿童心智来说,这些消极暗示会在他们的潜意识中固着下来,甚至多年以后仍可能产生有害影响。

我们在日常生活中接触到的很多事情都可以使我们的心智更容易受暗示。例如,电影和电视用图像和声音使人们的注意力集中。因此,它们可以诱导观众进入恍惚状态,使观众哭泣、大笑,变得生气或沮丧;它们实际上可以通过光和声音操纵我们的情绪。没有人真的死在了电影银幕上,但我们的反应常常好像他们真的死去了。我们在电影或电视上看到的暴力和恐怖镜头,常常会影响我们的生理和情绪状态。在观看了某些恐怖场景后,当某些事物唤起了人们潜意识中对这些场景的记忆并带回了恐惧时,人们可能会在几天、几周甚至几年后真的生病。

广告商知道如何利用观众易受暗示、类似催眠的心理状态。电视节目通常在故事情节达到高潮时插入广告,那时观众仍然处于易受暗示的心理状态。许多人自以为他们不受广告的影响,但市场营销研究的结果表明并非如此。大多数广告商试图说服人们购买通常并不需要的产品。重要的是,要更加意识到你有多么容易受暗示,要保护自己免受明显的和微妙的消极暗示,这些暗示会损害你的健康和内心的安宁。

使用暗示来促进健康和改变不良行为的一个非常有效的方法是**意象视觉化**(image visualization)。许多心身治疗技术都采用了某种形式的意象视觉化。例如,当个体处于由催眠或其他技术引发的心理放松状态时,会重新体验到来自过去(尤其是儿童早期)的恐怖场景。当相关场景和情绪困扰在脑海中浮现时,人们可以重新诠释它们,以改变其对健康和行为的负面影响。心理意象也可以用于减轻疼痛,加速康复,提高运动成绩,改变吸烟、饮酒或饮食行为,并帮助控制强迫性赌博冲动。在我们生活中的某个时刻,我们都曾做过白日梦或曾在头脑中放映过"内部电影",幻想着希望和恐惧。在这样的幻想中,我们使体验视觉化,并产生情感。意象视觉化可以改变体温、血流量、心率、呼吸频率、激素的产生,以及由大脑调节的其他身体过程。

大多数帮助运动员提高身体表现的心理学家都使用意象视觉化。网球、高尔夫、滑雪和滑冰的所谓内心比赛,都是基于意象视觉化。处于低迷期的棒球运动员利用放松和视觉化来"看到"自己打出安打。篮球运动员利用这一技术"看到"他们在罚球时,球干净利落地穿过了篮筐。

意象视觉化还可以提高性反应和性享受。性唤

用意象视觉化减轻压力

意象视觉化就是给自己讲一个故事,并在你的"心灵之眼"中"看到"相关的画面。洛杉矶的一名律师偶尔会利用午休的前几分钟做意象视觉化练习。她关上自己办公室的门,脱下鞋子,背靠着墙坐在地板上,闭上眼睛,做几次深呼吸。然后她开始想象:

她正站在开满金色野花的草地边上,阳光明媚,气温宜人。草地的尽头是一座小山。她想象自己慢慢地沿着他人踩出来的小径,穿过花海走向小山。到达山脚后,她开始沿着一条蜿蜒的小路向山顶走去。一路上,她听到了鸟儿的鸣叫和近旁的溪流声。在山径的两侧,她看到了灌木丛、小树、花儿和一些石头。最后,她到达了山顶。那儿有一片美丽的高大树林。树林中间有一块空地,在空地的一侧,有一根树干横在地上。她坐在树干上,享受着透过大树枝丫洒下的温暖阳光,闭上眼睛休息。几分钟后,到了该回去的时候,她睁开双眼,站起身来,走过那块空地,来到一块巨大、光滑的白色巨石前。她看向巨石的顶部,那里有一条专门写给她的私人信息。她读了信息后开始往草地方向走去,一路上还是那样的鸟叫声和潺潺的溪水声,还是那样温暖的阳光。最后她回到了草地,沿着来时的路穿过那片金色的花海,然后……

她睁开了双眼,继续投入一天剩余的工作。

起源于内心,负面的想法或恐惧可抑制性反应。性器官对头脑中产生的意象尤其敏感。大多数性治疗师会使用放松技术和意象视觉化帮助来访者改善性体验。没有获得渴望的性感觉通常源于因担心性表现而出现的紧张。在你生活的各个方面,请从现在开始更多地利用你的心灵力量来增强健康和提高日常任务的表现。

引导式意象(guided imagery)是暗示的另一种应用,旨在促进健康和幸福,减轻压力。在意象视觉化中,意象是由自己创建的,而在引导式意象放松法中,他人的言语引导你建立意象,进而引发特定的生理反应,比如减轻压力、降低血压或者减轻疼痛。引导式意象体验通常始于引导者让你舒适地坐着或躺着,闭上双眼,做几次深呼吸,花一点时间从日常的"繁忙"中抽身出来。然后,引导者可能会建议你想象自己身处一个宁静的地方,比如在山间小溪旁或在一处偏僻的海滩上。引导者会非常详细地描述相关场景,并提醒你感受那份平和与安宁。在山里你或许被引导去看草丛中的花朵或头顶飞翔的鸟儿,从想象中的潺潺水流声中得到安慰。你可能被引导去想象溪水带走了你的忧虑和紧张。在海滩上,你被引导感受太阳晒到皮肤上的暖意,聆听海浪拍岸的声音。当潮水退回海里,它便带走了你的一些忧虑、紧张或疼痛。几分钟后,你的引导者会暗示你是时候离开你所在的宁静之处了,你被引导回到现实环境中。当你返回时,你的引导者会提醒你,你现在感到多么轻松和美好,并鼓励你在一天中接下来的时间里保持这种感觉。

虚拟现实疗法

许多世纪前人们就已经知道分心是一个非常有效的疼痛治疗方法。这也是为什么冥想、催眠疗法、祷告和其他方法会如此有效,因为这些方法将注意力聚焦在疼痛或其他症状之外的事物上。许多僧侣和各种信仰的虔诚信徒学习把他们的注意力完全集中到祷语、曼荼罗、呼吸或崇高的内心状态上,以至于可以说他们"脱离了身体的束缚"。现代医学研究人员正是利用心理的这一特点,创建了**虚拟现实疗法**(virtual reality therapy, VRT)来医治烧伤、疼痛和恐怖症(例如飞行恐怖症、昆虫恐怖症或恐高症)。虚拟现实疗法涉及将注意力集中到由计算机生成的想象的世界里。该疗法在医疗领域的一个应用是让烧(烫)伤患者置身于虚拟的冰川、冰雪、雪人等寒冷世界的景象中,以分散他们对疼痛的注意。另一个应用是帮助中风患者改善他们的步态和姿势(Park et al., 2013)。在身处令人恐惧的虚拟世界的同时,患者在治疗师的诊室里是安全的,并且知道自己可以随时摘下 VR 眼镜。因为患者在某种程度上知道自己是安全的,他们就可以在虚拟世界中正视恐惧,并学习克服恐惧。

虚拟现实疗法的一个非常重要的用途是治疗创伤后应激障碍。在美国,许多"9·11"恐怖袭击事件的幸存者和曾在伊拉克战争中服役的士兵都患有创伤后应激障碍(Morina et al., 2015)。模拟环境的例子包括虚拟的伊拉克战场、虚拟的飞机和虚拟的"9·11"事件等。接受该疗法的患者可以操控虚拟环境,以减轻他们的恐惧和压力。有人用虚拟现实疗法成功地降低了一般焦虑和唤起反应,这样他们就相对摆脱了创伤后应激障碍。

用于虚拟现实疗法的软件开发成本高昂，提供治疗的硬件设备也是如此。然而，该疗法在帮助人们克服各种恐惧和相应的症状方面有巨大的潜力。

抽出时间来让内心平静

我们大多数人的日常生活都非常忙碌，承载着时间压力和心理压力。大多数年轻人不是在上学，就是在工作，或者两者兼顾。除了上学和工作之外，学生还会参加各种课外活动，做运动，听音乐会，用手机和网络与他人聊天，玩视频游戏，看电影，看电视，等等。从事所有这些活动需要健康的身心。通常，年轻人视健康为理所当然，直到生病才会明白健康的可贵。但是，即便你还年轻，保持健康也需要找时间让自己平静下来，消除内心令人紧张的想法，舒缓身体的紧绷。

有很多方法可以让人平静下来。本章我们已经介绍了一些相关的建议和技巧，但最适合你的方法，还需要你自己去发现。在公园里或你家的院子里，找一个安静的地方，在那里你可以坐下来，回味你生活中美好的事物，暂时忘却生活中的各种烦恼和有待你去完成的事情，只关注你身边的事物，尤其是细微的事物。你可以看看蚂蚁如何搬移比它身体大两倍的食物，仰望夜空中群星的排布，体验初雪的新鲜感和雨的味道，这些都是美好的事物。经常找时间让自己静下来，这对你的身体和心理健康均大有裨益。

对健康的批判性思考

1. 回想你人生中某次生重病（感冒或小伤除外）的那段时间，描述你生的是什么病，康复用了多长时间。先探讨你认为可能致病的所有因素，包括压力、情绪问题、营养不良等。然后再探讨你认为有助于康复的所有因素，包括医疗、祷告、替代药物和其他因素。导致你生病的最重要的因素是什么？在康复过程中，最重要的因素是什么？

2. 去图书馆找一些医学期刊，并查看医药公司的广告。试着找出那些展示了药物与安慰剂有效性对比的文章或广告。根据所给的数据（通常在图表中显示）确定安慰剂的效果如何，然后比较药物与安慰剂的效果。如果安慰剂有效，请解释你认为在这种情况下安慰剂为什么如此有效。对于某些疾病，医生是否应该在开具活性药物之前先开具安慰剂？谈谈你的看法。

3. 宗教信仰或精神信仰在健康中的作用是什么？宗教或精神性在患者与医生的临床接触中重要性如何？

4. 描述你曾有过的任何冥想、催眠、瑜伽、气功、意象视觉化或其他形式的集中注意和放松活动经历。说说你是怎么开始参与这个活动的，以及参加该活动的目的。它是否帮助你解决了某个特定的健康或情绪问题？你会把这一技术推荐给别人吗？

本章小结与重点

本章小结

我们的身体和大脑是紧密相连的。大脑每时每刻都在控制着体内成千上万的化学反应；反之，身体状态也会直接影响思维、感受和情绪。最佳健康状态取决于保持身心和谐。身心和谐才会让你感觉良好，精力充沛，身体强健，并觉察自己和他人的状态。大脑自动调节身体的基本功能，如呼吸、消化、血压和血液流动，以及身体对环境的反应，比如阻止你走到开动的汽车前或让你的手远离火焰。大脑的多数活动都不受意识支配；但我们可以通过各种心理和身体技术训练大脑，使它在伤病康复中发挥更加有效的作用。另一方面，如果你的心智受到干扰、感到焦虑或抑郁，它可能会导致身体器官功能障碍，从而引发疾病。心智影响健康的力量的一个引人注目的例子就是安慰剂效应。如果个体相信某种药片能治愈或者预防疾病，服用这种安慰剂药片通常会有和医生所开的药相同的疗效。信念之所以有助于康复，是因为心智具有改变体内化学反应的力量。

正如我们可以训练身体去做某些事情一样，我们同样可以训练心理来平复焦虑，促进康复。冥想、催眠、意象视觉化等诸多技术可以提高我们对各种想法的觉知，减轻压力和情绪困扰，甚至改变体内的化学反应以促进康复和健康。我们可以将学习并定期练习冥想或其他心理放松技术作为改善健康和应对生活中烦恼的终身工具。

重 点

- 人的心智可以通过思维和情绪引起体内的化学变化，这可能对健康产生积极或消极的影响。
- 当心与身和谐地交流时，个体便处于最佳的健康状态。
- 疾病可被视为内稳态的破坏或心身的和谐互动受阻。
- 心理和身体器官不断地通过自主神经系统进行交流；自主神经系统维持着重要的身体功能，如心率、血糖水平和体温等。
- 心身疾病是由压力、焦虑和情绪困扰引起的躯体症状。
- 躯体症状障碍是由心理社会问题引起的。
- 安慰剂效应在治疗疾病的症状方面常常和药物一样有效。
- 催眠和冥想可以在疾病治疗中发挥积极的作用。
- 信仰、信念和暗示都有疗愈的力量，因为心智可以改变紊乱的身体功能并重新建立体内平衡。
- 保持或改善健康与幸福的关键在于学习和践行心理放松技术。
- 意象视觉化可用于减轻焦虑和压力，矫正行为，提升表现。
- 虚拟现实疗法就是利用电脑软件来治疗恐怖症和剧烈的疼痛。

参考文献

Antoni, M. A. (2012). Stress management, PNI, and disease. In S. E. Segerstrom (Ed.), *The Oxford Handbook of Psychoneuroimmunology* (pp. 385–420). Oxford, UK: Oxford University Press.

Bennett, M. P., & Lengacher, C. (2009). Humor and laughter may influence health IV. Humor and immune function. *Evidenced-Based Complementary and Alternative Medicine, 40*, 159–164.

Benson, H., & Klipper, M. (2000). *The relaxation response*. New York: HarperCollins.

Bradt, J., Dileo, C., & Shim, M. (2013). Music interventions for preoperative anxiety. *Cochrane Database of Systematic Reviews*, Jun 6;6:CD006908. doi: 10.1002/14651858.CD006908.pub2.

Bryant, R. A., et al. (2012). Oxytocin as a moderator of hypnotizability. *Psychoneuroendocrinology, 37*, 162–166.

Chanda, M. L., & Levitin, D. J. (2013). The neurochemistry of music. *Trends in Cognitive Science, 17*, 197–193.

Chang, B. H., et al. (2010). Relaxation response and spirituality: Pathways to improve psychosocial outcomes in cardiac rehabilitation. *Journal of Psychosomatic Research, 69*, 93–100.

Chida, Y., et al. (2009). Religiosity/spirituality and mortality. *Psychotherapy and Psychosomatics, 78*, 81–90.

Chiesa, A., et al. (2011). Does mindfulness training improve cognitive abilities? A review of neuropsychological findings. *Clinical Psychology Review, 31*, 449–464.

Cousins, N. (1979). *Anatomy of an illness*. New York: W. W. Norton.

Dockray, S., & Steptoe, A. (2010). Positive affect and psychobiological processes. *Neuroscience and Biobehavioral Reviews, 35*, 69–75.

Galdos, S. (2009, October 10). The mesmerized mind. *Science News*, 26–29.

Hewlett, C. (1994). Killed by a word. *Lancet, 344*, 695.

Khatchadourian, R. (2010, August 30). The laughing guru. *The New Yorker*, 56–64.

Kirsch, I., et al. (2008). Initial severity and antidepressant benefits: A meta-analysis of data submitted to the Food and Drug Administration. *PLoS Medicine, 5*, e45.

Mayberg, H. S., et al. (2002). The functional neuroanatomy of the placebo effect. *American Journal of Psychiatry, 5*, 728–735.

Medoff, Z. M., & Colloca, L. (2015). Placebo analgesia: Understanding the mechanisms. *Pain Management, 5*, 89–96.

Miu, A. C., Heilman, R. M., & Miclea, M. (2009). Reduced heart rate variability and vagal tone in anxiety: Trait versus state, and the effects of autogenic training. *Autonomic Neuroscience, 145*, 99–103.

Montgomery, G. H., et al. (2013). Hypnosis for cancer care: Over 200 years young. *CA Cancer Journal for Clinicians, 63*, 31–44.

Morina, N., et al. (2015). Can virtual reality exposure therapy gains be generalized to real-life? A meta-analysis of studies applying behavioral assessments. *Behavioral Research and Therapy, 74*, 18–24.

Park, Y. H., et al. (2013). Clinical usefulness of the virtual reality-based postural control training on the gait ability in patients with stroke. *Journal of Exercise and Rehabilitation, 9*, 489–494.

Pressman, S. D., & Black, L. L. (2012). Positive emotions and immunity. In S. E. Segerstrom (Ed.), *The Oxford Handbook of Psychoneuroimmunology* (pp. 92–104). Oxford, UK: Oxford University Press.

Roaldsen, B. L., et al. (2015). Cancer survivors' experiences of humour while navigating through challenging landscapes—a socio-narrative approach. *Scandinavian Journal of Caring Science, 29*, 724–733.

Roberts, L., et al. (2009). Intercessory prayer for the alleviation of ill health. Cochrane Summaries.

Sulmasy, D. P. (2009). Spirituality, religion, and clinical care. *Chest, 135*, 1634–1642.

Sutherland, G., Andersen, M. B., & Morris, T. (2005). Relaxation and health-related quality of life in multiple sclerosis: The example of autogenic training. *Journal of Behavioral Medicine, 28*, 249–256.

Wachholtz, A., & Sambamoorthi, U. (2011). National trends in prayer use as a coping mechanism for health concerns: Changes from 2002 to 2007. *Psychology of Religion and Spirituality, 3*, 67–77.

Wager, T. D., et al. (2004). Placebo-induced changes in fMRI in the anticipation and experience of pain. *Science, 303*, 1162–1167.

Zeidan, F., et al. (2010). Mindfulness meditation improves cognition: Evidence of brief mental training. *Consciousness and Cognition, 2*, 597–605.

推荐阅读

Benson, H. (2011). *Harvard Medical School stress management: Approaches for preventing and reducing stress*. Cambridge, MA: Harvard Medical School. The founder and former director of Harvard's Cardiac Wellness Programs and Institute for Mind Body Medicine teaches how to identify stress warning signs and to better manage stressful situations using a variety of stressrelief techniques.

Chiesa, A., et al. (2011). Does mindfulness training improve cognitive abilities? A systematic review of neuropsychological findings. *Clinical Psychology Review, 31*, 449–464. Discusses recent research showing that mindfulness meditation can enhance cognitive abilities.

Cohen, K. S. (1997). *The way of qigong*. New York: Ballantine. The definitive guide to qigong—what it is, how it works, and what it can do for you.

Farb, N. A., et al. (2012). The mindful brain and emotion regulation in mood disorders. *Canadian Journal of Psychiatry, 57*, 70–77. Shows that mindfulness can help people with mood disorders such as anxiety and depression by reducing automatic negative self-evaluation, increasing tolerance for negative affect and pain, and engendering self-compassion and empathy.

Kabat-Zinn, J. (2011). *Mindfulness for beginners: Reclaiming the present moment—and your life*. Louisville, CO: Sounds True. Teaches how to transform your relationship to the way you think, feel, love, work, and play and thereby awaken to and embody more completely who you really are. Jon Kabat-Zinn, PhD, is executive director at the Center for Mindfulness in Medicine, Health Care and Society at the University of Massachusetts Medical Center and is the founder and former director of the UMMC Stress Reduction Clinic.

Kornfield, J. (2008). *Meditation for beginners*. Louisville, CO: Sounds True. Presents a complete introduction to "Insight" meditation with step-by-step instruction in breathing, posture, attention, working with difficult emotions, and physical discomfort.

Murray, D., & Stoessl, A. J. (2013). Mechanisms and therapeutic implications of the placebo effect in neurological and psychiatric conditions. *Pharmacology and Therapeutics, 140*, 306–318. Reviews the research on the effectiveness of placebos and their physiological mechanisms of action.

Nash, M. R. (2001, June). The truth and hype of hypnosis. *Scientific American*, 37–54. A good introduction to our scientific understanding of hypnosis.

Sagerstrom, S. C. (2012). *The Oxford handbook of psychoneuroimmunology*. Oxford, UK: Oxford University Press. Discusses the latest research in all aspects of the topic.

Scott, R. A. (2010). *Miracle cures: Saints, pilgrims, and the healing powers of belief*. Berkeley: University of California Press. An academic sociologist examines the evidence for miracle cures over the centuries.

Smith, B. L (2011). Hypnosis today. *American Psychological Association Monitor, 42*, 50. An excellent discussion of the current state of hypnotherapy.

Thompson, G. (2005). *The placebo effect and health: Combining science and compassionate care*. Amherst, NY: Prometheus Books. The author provides a comprehensive examination of the placebo effect.

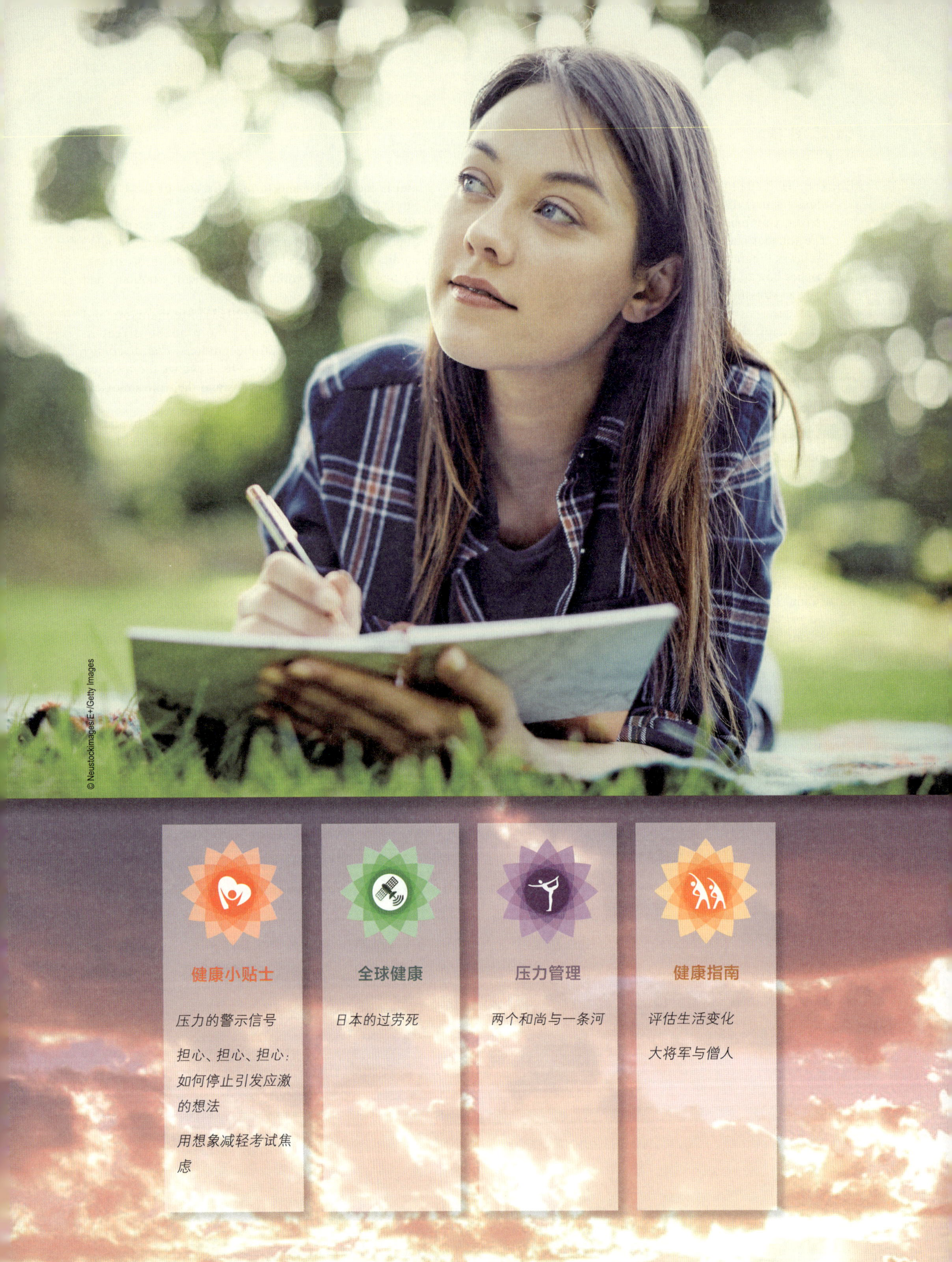

 **健康小贴士**

压力的警示信号

担心、担心、担心：如何停止引发应激的想法

用想象减轻考试焦虑

 **全球健康**

日本的过劳死

 **压力管理**

两个和尚与一条河

 **健康指南**

评估生活变化

大将军与僧人

第 3 章

压力管理：恢复身心和谐

学习目标

1. 定义压力、压力源、积极压力和消极压力。
2. 描述压力的环境、心理和情绪成分。
3. 描述应激的生理成分。
4. 描述压力导致疾病的 4 种方式。
5. 定义问题聚焦的应对和情绪聚焦的应对。
6. 阐述大学生应如何应对超负荷和考试焦虑，并做好时间管理。

健康老师（对班上学生说）：什么事情让你们有压力？
学生1：钱不够花。
学生2：我的人际关系。它就像一门5个学分的课程。
学生3：经济学课的突击测验。
学生4：不，是所有的考试。
学生5：所有这些事情！

> 她宁愿去点亮一千支蜡烛，也不诅咒黑暗。
> ——阿德莱·史蒂文森
> （致埃莉诺·罗斯福的悼词）

大学生对压力以及随之而来的不知所措、焦虑、挫败、愤怒和抑郁等情绪都非常熟悉。除此之外，压力还会导致失眠、疲劳、胃肠不适、头痛、肌肉紧张、对感染病的易感性增加，以及诱发不健康的行为（如吸烟、饮酒）。

压力（stress, 也译作应激）是对个体心身平衡以及自身内部和/或与社会和物理环境之间和谐感的一种破坏。应激体验是令人不快的，所以当我们感觉有压力时，我们会试图重新获得心理和生理的平衡。如果成功了，我们不仅会感觉更好，还会对自己未来应对压力的能力充满信心。然而，如果失败了，并且压力持续存在或变得更加严重，我们可能会感到无助，然后变得乏力、疲惫甚至生病（**表3.1**）。

在这一章中，我们将讨论压力，提出减轻压力的多种方法。

表3.1 可由压力引起或加剧的疾病或障碍

胃肠道功能紊乱	肌肉骨骼疾患
便秘	类风湿性关节炎
腹泻	腰痛
十二指肠溃疡	偏头痛
溃疡性结肠炎	肌肉紧张
呼吸系统疾病	代谢紊乱
哮喘	甲状腺功能亢进
花粉症	甲状腺功能减退
结核病	糖尿病
普通感冒	超重
流感	代谢综合征
皮肤病	心血管疾病
湿疹	冠状动脉疾病
瘙痒	原发性高血压
荨麻疹	充血性心力衰竭
银屑病	月经失调
进食障碍	癌症
抑郁	事故倾向

压力是如何出现的

压力源自环境状况和生活事件与个体对这些事件的心理（认知）、情绪和生理反应之间的相互作用（**图3.1**）。应激研究专家将压力定义为"个体与环境之间的一种关系，这种关系被个体评价为消耗或

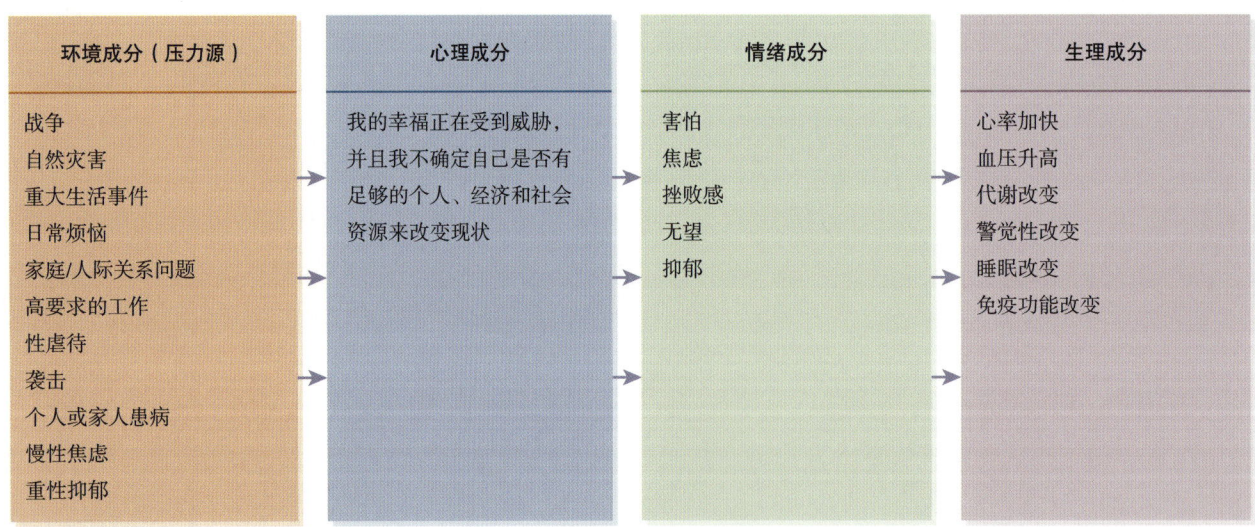

图3.1 压力的构成
压力源自有可能引发应激的环境状况和生活事件与个体对它们的心理（认知）、情绪和生理反应之间的相互作用。

超过其资源并危及其福祉"（Folkman, 1984）。换句话说，压力来自这样一种想法："这种情境让我的幸福处于危险之中，我不确定自己是否有足够的个人、社会、经济或物质资源来面对这一挑战，并最终安然无恙。"

压力的环境成分

压力的环境成分包括引发压力的情境和事件。**压力源**（stressor，也译作应激源）可以是阻碍高效、及时完成日常生活任务的日常烦恼和难题，也可以是家庭问题、与他人不愉快的互动、工作/学校中的问题、重大外部事件（战争、洪水、饥荒），以及阻碍实现理想生活目标的重大生活变化和事件（见健康指南专栏"评估生活变化"）。愉快的经历，比如开始一段新的恋情或从大学毕业，尽管是积极的，但也要付出心力。一般来说，压力情境可以分为以下几种类型：

- **伤害—丧失情境**（harm-and-loss situations）包括所爱之人死亡、财产被盗或受损、身体受伤或残疾、身体受到攻击或丧失自尊。
- **威胁性情境**（threat situations）是指被认为可能带来伤害或丧失，无论实际是否产生这些后果的情境。个体在这种情境中的状态是持续留意并防范潜在危险。
- **挑战性情境**（challenge situations）被视为成长、掌控和获得收益的机会。来自挑战性情境的压力被称为**积极压力**（eustress），与之相对的是伴随着伤害、丧失和威胁的**消极压力**（distress）。

压力的心理成分

压力的心理成分包括：（1）将情境评估为对个体的身体健康或心理幸福感绝对或潜在有害，或者对个体的生存构成威胁；（2）认为自己的个人资源不足以抵御或克服对其福祉的威胁。这种情境可能是真实存在的，比如分手；也可能是想象出来的，比如认为可能会有突击测验。

个体对某一情境压力程度的评估取决于其心理构成。每个人对世界和事件的解释都不尽相同。因此，让某个人感到沮丧和有压力的情境对另一个人来说可能根本不算什么。

压力的警示信号

尽管压力在大学生的生活中无处不在，但当压力开始对身体或心理健康构成威胁时，他们有时很难认识到这一点。如果你有如下的应激信号，那么是时候在生活中做出一些改变了，你或许可以寻求专业人士的帮助来减轻压力。

- 难以入睡
- 难以维持睡眠
- 醒来时很累，休息得不好
- 饮食模式改变
- 渴望甜的/高脂肪的/咸的（"安慰"）食物
- 头痛比平时多
- 脾气暴躁或易激惹
- 反复患感冒和小病
- 肌肉疼痛和/或紧张
- 注意力难以集中、记忆力减退或难以保持条理性
- 抑郁

压力的情绪成分

压力的情绪成分由令人不快的情绪组成，这些情绪源自个体将情境评估为有害或有威胁，并且认为保护自身的资源有限或不确定。这些情绪是焦虑、恐惧、挫败感、愤怒和抑郁。

影响压力体验的因素

多种因素会影响个体体验到的压力水平。这些因素包括可预测性、个人控制感、对结果的信念和社会支持。

可预测性　不知道压力情境何时出现比知道会引发更大的压力。这是因为知道压力事件（比如参加考试）何时发生，可以让人在其来临前的这段时间内放松，并为迎接挑战做好准备；而不知道何时发生会让人时刻保持警惕（比如不得不面对突击测验）。例如，与那些不得不时刻担心失业的人相比，就业状况稳定的人压力较小（Scott-Marshall, 2011）。第二次世界大战期间，伦敦城内每晚都被轰炸，但伦敦郊区却没有。伦敦城内的消化性溃疡患者反倒比郊区的

评估生活变化

压力研究者已经开发出一些方法，用以识别和测量生活经历引发应激的可能性。其中一种方法是近期生活变化问卷（RLCQ）。它包含 74 个生活事件，这些事件是美国人常见的压力源。问卷上的每个生活事件都配有一个生活变化值，代表着应对特定生活事件的挑战所需要的心理和生理调适的相对数量。6 个月内生活变化值累计达到 300 分或一年内累计达到 500 分则表明近期生活压力很大，患病或受伤的风险较高。

少，这大概是因为他们对轰炸有预判。

个人控制感 相信自己可以影响生活进程的人，相比那些认为自己的命运由自己无法控制的因素决定的人，感受到的压力可能更小。关键因素是，相信自己有控制局面的能力，而不是是否真能控制局面。例如，那些工作绩效压力很大、但很少有机会决定如何完成任务的人，比那些对决策有更多控制权的人有更大的压力（Backe et al., 2012）。

对结果的信念 相信事情会改善的人（乐观主义者）比相信事情会变得更糟的人（悲观主义者）压力更小。

社会支持 有一个人可以倾诉，并相信这个人可以提供物质、情绪或智力上的帮助来应对压力源，可以减轻压力（Taylor, 2011）。例如，如果前列腺癌患者有社会支持，那么他们的压力会更小（Lafaye et al., 2014）。此外，那些与外科医生谈论自己对即将进行的手术的恐惧的患者，相比那些接受同样的手术但感觉对此知之甚少且缺乏支持的患者，压力反应要小。

应激的生理成分

应激的生理成分包括身体对真实或想象中被认为有破坏性或威胁性的情境的自动生理反应。对压力的一种生理反应被称为**逃跑—战斗—僵住反应**（flight-fight-freeze response）（图 3.2）。它的目的是使个体能够通过逃离或回避（逃跑）、面对（战斗），或变得不由自主地动弹不得和沉默（僵住，或"装死"），来应对感知到的或实际存在的威胁。逃跑—战斗反应由自主神经系统中的交感神经系统协调，僵住反应则由副交感神经系统负责。逃跑—战斗反应涉及肾上腺（位于腹腔内肾脏上方）释放肾上腺素。这会使心率加快、血压升高（为肌肉提供更多的血液）、让皮肤血管收缩（在受伤时可减少出血）、使瞳孔放大（让更多的光进入瞳孔，从而提高视力）、

大将军与僧人

大将军带领军队到达了邻国的边境。他派侦察兵去各个乡村侦察敌情。过了一段时间，一名侦察兵回来了。他纵身下马，低头跪倒在大将军面前。

"前方情况如何？"大将军厉声问道。

"回禀大将军，"侦察兵回答，"听说您强大的军队登陆了，方圆几千米的人都逃走了。"

大将军傲然而立，大笑起来。侦察兵小心地抬起头，继续说道："除了那个和尚。"

"什么？！？"

"是的，大将军，除了那个和尚。他没有逃走。"

"这个愚蠢的和尚在哪里？"大将军吼道。

侦察兵抬起头来说道："在村子里，大将军，从这里骑马不到 15 分钟就到了。他就在山顶的小屋里。"

此时，大将军被激怒了，他穿上盔甲，拿起宝剑，骑上他那匹高大的白马，沿着海岸边的道路向南疾驰而去。到村子后，他策马上山，很快就到了僧人的小屋前。大将军下马拔剑出鞘，冲进屋里。在那里，一个小个子的光头男子，穿着破旧但干净的长袍，正在垫子上打坐。

大将军用剑尖抵住僧人的喉咙，用他那低沉、最威严的声音说道："你竟敢在我强大的军队面前不逃跑？你知不知道我可以眼都不眨地用剑刺穿你？"

僧人睁开眼睛，看着大将军说："你知不知道，我可以让你用剑刺穿我，而我连眼都不眨一下？"

大将军思索片刻，然后，把剑收回剑鞘，向僧人鞠了一躬，上马离去。

心 脏	**肠**
心率和收缩力增加	蠕动减少和括约肌放松
血 液	**皮 肤**
腹部脏器血管收缩，骨骼肌血管扩张	立毛肌和汗腺收缩
眼 睛	**脾**
虹膜辐射状肌收缩，睫状肌放松	收缩
	大 脑
	网状结构激活

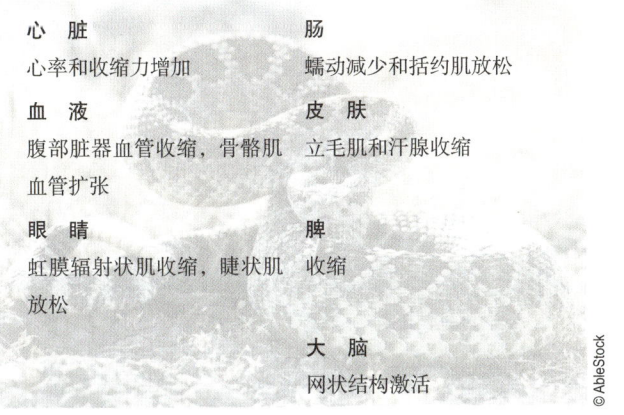

图 3.2 逃跑—战斗—僵住反应

所有人在面对他们认为可怕或有威胁的挑战时都会表现出这种反应。

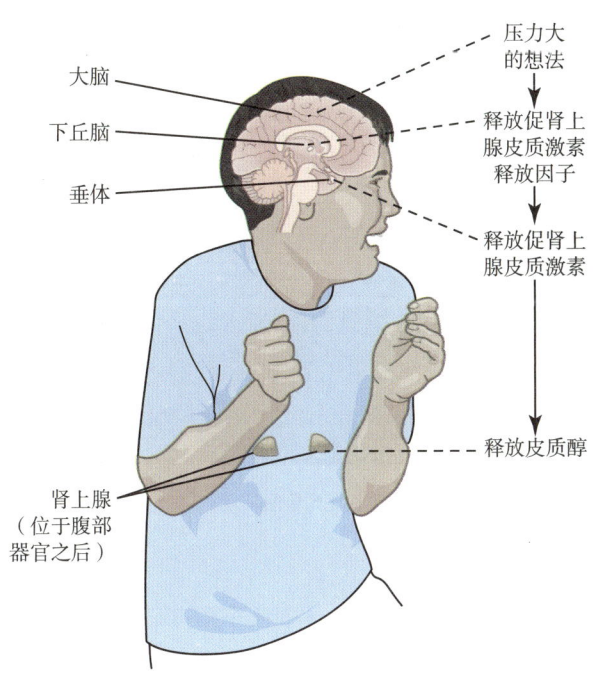

图 3.3 下丘脑—垂体—肾上腺轴

压力大的想法会引发下丘脑释放一种叫作促肾上腺皮质激素释放因子的激素。促肾上腺皮质激素释放因子通过血液流向垂体，刺激促肾上腺皮质激素的释放。促肾上腺皮质激素在血液中循环到肾上腺，刺激皮质醇和其他应激激素的释放。在急性压力下，皮质醇能帮助身体做好战斗、逃跑、愈合伤口和对抗感染的准备。在慢性压力下，皮质醇会使新陈代谢失衡，抑制免疫系统。

增加大脑网状结构的活动（提高警觉、唤起的状态）、从身体储能部位中释放葡萄糖和游离脂肪酸（为肌肉、大脑和其他组织和器官提供能量），并激活某些免疫细胞以便在身体受伤时做好保护身体的准备。僵住反应涉及骨骼肌张力丧失（让捕食者失去兴趣或在受伤时维持流向大脑的血液）、血压下降（减少伤口出血）和喉部收紧（抑制发声）。

压力引发的第二种生理反应是**下丘脑—垂体—肾上腺轴**［hypothalamo-pituitary-adrenal（HPA）axis］的激活（图 3.3）。认为自己处于压力情境的想法会让下丘脑释放一种叫作促肾上腺皮质激素释放因子（CRF）的激素。这种激素会刺激垂体（位于大脑底部）向血液中释放一种叫作促肾上腺皮质激素（ACTH）的激素。促肾上腺皮质激素会在血液中循环，并刺激一对肾上腺向血液中释放另一种叫作皮质醇的激素。在对压力的即时（急性）反应中，这种激素在血液中循环，使身体组织对压力源做出反应，通常是通过为对抗（战斗）或躲避（逃跑）、对抗感染和愈合伤口提供能量。然而，在对压力的长期（慢性）反应中，这种激素会改变新陈代谢，导致超重和 2 型糖尿病；抑制免疫系统，从而增加对感染和癌症的易感性；使骨骼变脆弱；损害记忆力并加重抑郁。

逃跑—战斗—僵住反应和下丘脑—垂体—肾上腺轴的激活是为短期（数分钟到数小时）应对压力

日本的过劳死

压力不仅会增加一个人对感染和疾病的易感性，还可能导致死亡，正如日本相关部门所认识到的那样。在日本，许多人工作时间很长，有时他们被要求承担的工作量超出了他们的能力范围。来自过量工作的压力会使血压升高、免疫系统功能降低，并导致一些人的身体发生变化，甚至会导致猝死。在日本，由于过量工作导致的突然死亡被称为过劳死。过劳死的主要原因是心脏病发作和中风。

1987 年，日本劳动部正式承认过劳死（过量工作）是一种死亡原因。据日本劳动部估计，每年约有 100 人死于过量工作，另有约 60 人因过量工作而自杀。然而，每年由于过量工作而导致的实际死亡人数被认为约有 1 万人。2011 年，法院裁定一名日本汽车厂工人因过量工作而自杀，陪审团判给他的父母 70 万美元的赔偿金。

压力会诱发不健康的行为，比如吸烟。

担心、担心、担心：如何停止引发应激的想法

如果同样的担忧反复出现在你的脑海中，试试这样做：

1. 当你意识到自己有这种想法时，停止这种想法。你对自己说："又有这样的担心了。停！"
2. 用更积极的想法取代这种想法。

这里有一个例子：一个学生意识到，当他看手表想知道考试还剩多少时间时，他脑海中会立刻闪过"时间不够了"这个想法。这一想法反复出现，给他带来了压力，并扰乱了他的注意力。他学习了想法终止技术。下次再发生这种情况时，他就停下来，放下笔、闭上眼睛、深吸一口气，对自己说："又有那种想法了。如果我能集中注意力，我就可以完成考试。"几秒钟后，那种想法消失了，他的头脑清醒了，接着继续完成下面的考试。

情境而设计的。如果个体能换个角度思考，或者采取一些行动来改变当前情境具有极大威胁性这一认知，那么压力引发的神经系统激活和应激激素（也称作压力激素）分泌就会停止，这个人的身心就会恢复平衡。这可以通过尝试改变压力情境、改变对压力情境的解读，或者认为情境可控而不是无法对抗来实现。然而，如果没有任何变化，应激反应持续存在，那么个体就会感到焦虑、抑郁、易激惹、疲劳和筋疲力尽，心理和身体患病的风险就会增加。

1. 警觉阶段：个体承受或抵抗任一种压力源的能力因为需要应对压力源而降低，无论压力源是烧伤、手臂骨折、失去所爱之人、害怕考试不及格还是失业。
2. 抵抗阶段：身体通过产生更多的肾上腺素、升高血压、提高警觉性、抑制免疫系统和使肌肉紧张来适应持续存在的压力源。如果与压力源相互作用的时间很长，那么抵抗力就会大大减弱。
3. 衰竭阶段：当抵抗力耗尽时，个体就会生病。因为身体的抵抗力可能需要数月甚至数年的损耗才会耗尽，因此疾病可能在个体最初接触压力源很久之后才会出现。

压力如何导致疾病

压力会通过以下方式导致疾病：(1)导致身心疲惫、销蚀和受损；(2)降低免疫力；(3)为了应对压力采取某些不健康的行为（图3.4）。一些有过危及生命的创伤性经历（比如车祸或战争）的人可能会患上创伤后应激障碍，即一些令人不快且常常使人虚弱、在创伤性经历之后会持续数月甚至数年的症状（本章后面会讨论到）。

> 沉重的思想会导致躯体疾病；当灵魂受到压迫时，身体也会受到压迫。
> ——马丁·路德

一般适应综合征

对压力源的持续生理反应可引发一种名为**一般适应综合征**（general adaptation syndrome, GAS）的三阶段生理反应（图3.5）。

压力降低免疫力

各种研究表明，压力会损害免疫系统的功能（Dhabhar, 2011）。例如，在考试前承受巨大压力的学生血液中免疫细胞（如自然杀伤细胞、T细胞）含量降低，因此，考试压力成为普通感冒和流感的一个风险因素。压力还会降低人体对疫苗产生免疫反应的能力。此外，压力会损害那些失去工

> 害怕痛苦之人已经在承受他所害怕的痛苦了。
> ——蒙田

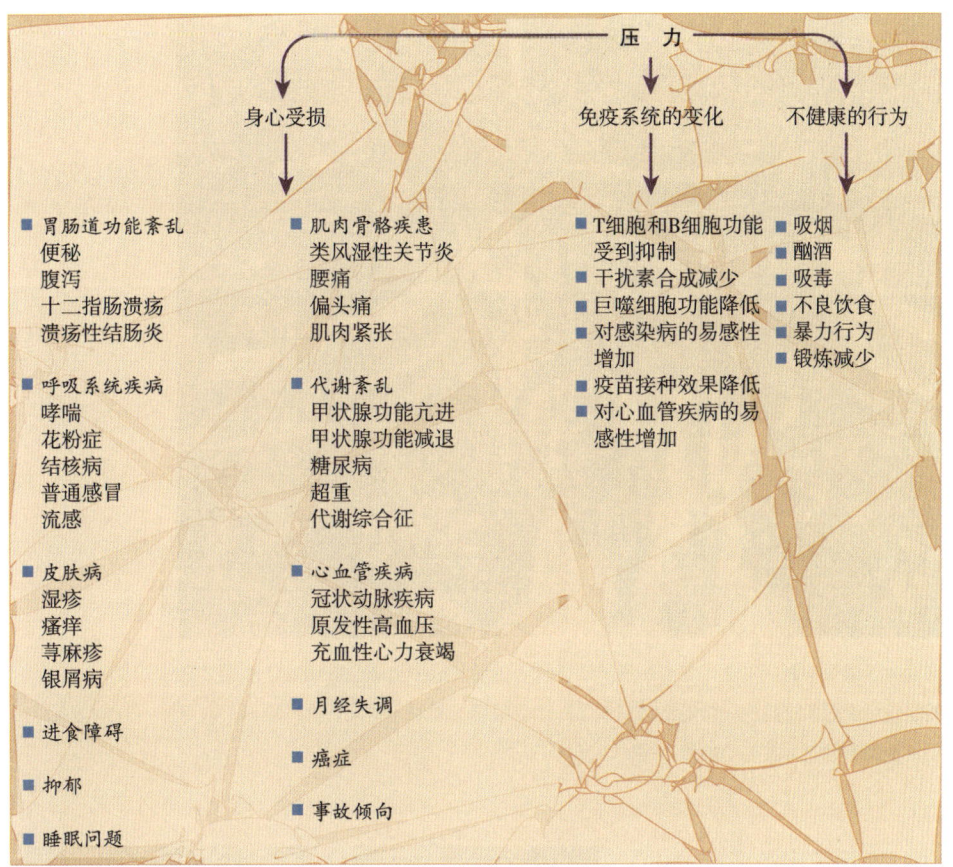

图 3.4 压力与疾病的关系
压力会通过使身心疲惫、销蚀和受损，降低免疫力，以及助长不健康行为等方式导致疾病。

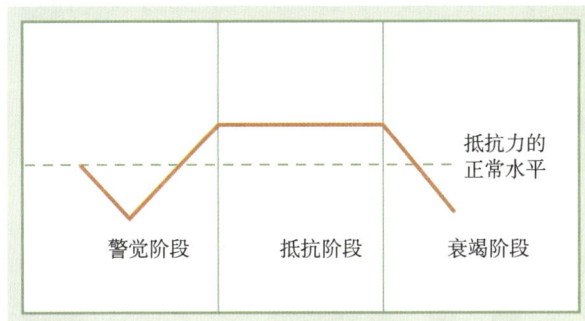

图 3.5 一般适应综合征
在警觉阶段，身体对压力的正常抵抗力因与压力源的第一次相互作用而减弱。在抵抗阶段，身体努力适应持续存在的压力源，抵抗力增强。在衰竭阶段，身体失去了抵抗压力源的能力，变得精疲力竭。

作、最近经历所爱之人离世，或者婚姻不幸福、从未结婚或最近离婚的人的免疫功能。

压力相关的免疫系统受损由应激激素介导，尤其是皮质醇。它们与免疫细胞结合并改变其功能。与免疫系统组织连接的交感神经系统纤维的应激激活也会改变免疫功能。

不健康的行为

压力会助长不健康的行为，从而导致疾病。为了控制压力感，一些人吸烟、暴食、节食、过量工作，或者酗酒和使用毒品。例如，在美国大学生中，过度饮酒常被用来释放压力（Conn et al., 2017）。此外，压力大的人可能不会进行有益健康的活动，比如定期锻炼、合理饮食或者获得充足的睡眠。

创伤后应激障碍

某些形式的应激反应非常严重，以至于会导致一种严重且持久的状况，称为**创伤后应激障碍**（posttraumatic stress disorder, PTSD）。这种状况可能源于目睹或遭遇涉及死亡、重伤，或者对自己或他人身体或心理完整性构成威胁的事件。在这种创伤性情境下，人们会体验到强烈的恐惧、无助或惊骇。美国男性创伤后应激障碍最常见的来源是在战争中经历战斗；对美国女性而言则是强奸和性骚扰。创伤后应激障碍的其他来源包括自然灾害、严重车祸或飞机失事、身体受到攻击、反复的心理虐待或威

纽约证券交易所的交易大厅里每年都会发生多起心脏病猝发事件，这使其成为美国心脏病发作密度最高的区域之一。该交易所在用于股票交易的一排电话旁安装了一个除颤器，并对工作人员进行培训，以便在有人心脏病猝发时能使用除颤器并实施心肺复苏术。

胁生命的疾病。儿童时期经历过创伤性应激的成年人，被证明是心血管疾病、癌症、哮喘和抑郁的高风险人群。这是皮质醇和神经炎症对大脑结构造成损害的结果（Johnson et al., 2013）。据估计，约4%的美国人患有创伤后应激障碍。

创伤后应激障碍的一些诊断标准包括：（1）对创伤性事件的闪回或不受控制地反复想到和梦到该段经历；（2）对象征创伤性事件的线索持续回避；（3）睡眠困难、暴怒、高度警觉而且易受惊吓；（4）对日常活动缺乏兴趣，感到与人隔绝，前途渺茫。

虽然当时"创伤后应激障碍"这一医学名称尚未出现，但人们早就认识到其症状是在战争中经历战斗的结果。越南战争使创伤后应激障碍这个概念开始出现，因为大量返回美国的士兵有临床意义的创伤后应激障碍症状。大约20%从伊拉克和阿富汗战场归来的军人被诊断为创伤后应激障碍。

战争、自然灾害、身体遭受攻击和性侵犯造成的创伤，又是如何导致创伤后应激障碍的，目前尚未完全为人所知。因为并不是每个人都会在接触创伤性情境后患上创伤后应激障碍，所以研究人员怀疑有些人更具易感性。这可能是由于这些人有某些方面的性格因素、先前的压力经历，或者有焦虑或抑郁的病史。创伤后应激障碍的治疗包括心理治疗

花时间放松有助于消除压力。

和稳定心境的药物治疗。对研究结果的分析表明，如果人们患有创伤后应激障碍，那么其子女在以后的生活中有出现各种心理和躯体问题的风险，最大的可能是因为父母行为的影响，以及对应激激素高生物易感性的代际传递（Leen-Feldner et al., 2013）。

压力管理

压力管理的最好方法是摒弃充满压力的生活方式，用能够促进平和、喜悦、身心和谐的信念、态度和行为取而代之。这并不是说你必须隐居或试图消除生活中所有冲突和紧张的来源。人们需要面对挑战才能有创造力，才能在心理和精神上成长。然而，这可能意味着你需要改变一些自我伤害的思维和行为方式。

> 如果你不学会笑对烦恼，在你老了之后就无事可笑了。
> ——威尔·罗杰斯

健康地生活是减轻压力的基础。通过合理地饮食，有规律地拉伸和锻炼，获得充足的睡眠，不吸烟，限制咖啡因、酒精和其他药物的摄入，利用"安静的时间"来冥想、创造和享乐，你能够建立一种心理—身体—精神的力量，它有助于减缓压力的各种不良影响。当非常忙的时候，人们很容易把照顾自己的事往后推（"没有时间，以后再说"）。所以，如果实在没办法，那就像安排课程或其他定期活动那样，为有益健康的活动规划出时间。

除了健康地生活，压力管理还涉及如何来**应对**（coping），即为管理压力情境所付出的努力，无论这些努力是否成功。一般来说，有3种类型的应对过程（Folkman et al., 1986）。

问题聚焦的应对 个体将压力情境评估为可以改变，制定出改善该情境的计划并付诸实施。**问题聚焦的应对**（problem-focused coping）的关键特征是个体相信自己可以把事情变得更好（乐观主义）。即使事实证明改变是不可能的，相信它可以改变也会减轻压力。认为自己不能将一个可改变的情境变得更好（悲观主义）会引起一种无助和无望的感觉，这会导致放弃和抑郁。

以下是一些问题聚焦的应对方法：

- 减少或避免与压力源的接触。对烦人的室友采取坚定且明确的态度，对不合理的要求说"不"，用耳塞屏蔽噪声，换工作，换专业。
- 改变你对压力情境的感知（称为认知重估）。通过把情境看得不那么具有挑战性，你能减少感到不堪重负的可能性。问问自己："我是否在如实地看待这种情境？即使我是，可它真的有那么可怕吗？"
- 设定可实现的目标。胜利可能是运动员的最高目标，但是担心失败则会让人感到不适。解决办法不是放弃体育运动，而是改变优先顺序，或许可以试试强调参与运动的乐趣，而不是关注比赛的结果。
- 关注你的个人优势、价值观和积极的品质。相信自己有能力减轻压力。将以往成功减压的经历归功于自己，而不是认为那只是运气好的结果。这会增强你的信念和信心，让你相信自己可以掌控你遇到的许多情境。记住，压力水平取决于个体对处理挑战性情境的信念。
- 寻求社会支持。向朋友、家人、咨询师、老师以及任何你认为能理解你、能以同情的态度倾听，并在你提出要求时提供合理的反馈和建议的人吐露心声。记住，烦恼一经诉说，便少了一半。
- 放松身体。去散散步、骑骑车、慢跑，或者做做瑜伽、渐进式肌肉放松，又或者打打太极拳——任何能缓解肌肉紧张并让你把注意力从问题上转移开的身体活动都可以。
- 保持幽默感。笑和快乐有益于精神和免疫系统（Hasan & Hasan, 2009）。
- 聚焦感官体验。比如欣赏艺术、听音乐；或出去散散步，可以在花园里穿过小树林，也可以沿着海滩或湖边散步（Westlund, 2015）。

情绪聚焦的应对 压力情境被评估为无法立即改变，个体决定接受现实并与之共处，也许是等待一个采取行动的机会，或者是在坏事中寻找好的方面（"一次学习的经历"）。为了促进接纳，个体可能会在宗教、社交、亲近自然或更多地帮助他人中寻求安慰和慰藉。

以下是一些**情绪聚焦的应对**（emotion-focused coping）方法：

- 放松心情。使用任何一种可以停止生理应激反应的方法，然后产生"放松反应"。这些方法包括冥想、意象视觉化、引导式意象法、写日记和祈祷。要使其中的一种方法对你有效，通常需要练习和坚持。在了解了这些方法之后，选择一种在一周内尽可能天天尝试。当你找到一两种你喜欢的方法后，定期练习，让它们成为你生活的一部分。

- 放手。清空大脑，不再思索问题，哪怕只有几分钟的时间。让自己从压力中解脱出来，"把它留在河边"（参见压力管理专栏"两个和尚与一条河"）。

否认 / 逃避 / 放弃 压力情境被评估为无法改变，个体不是去接受现实，而是选择不去想它（否认），进行逃避现实的活动（贪睡、暴饮暴食、使用毒品和酒精，或者长时间看电视、上网、玩电子游戏），或听天由命、陷入无助模式（放弃）。

一般来说，问题聚焦的应对最适合处理那些可通过个人努力抵制或克服的实际问题和情境。情绪聚焦的应对最适合处理那些无法改变但必须面对的情境，比如所爱之人离世、疾病或自然灾害。否认和逃避往往是无效的应对策略。

大学生的压力

大学生活既充实又紧张。在大学里你有机会学习各种有趣的知识，结识新朋友，为一份有价值的工作 / 职业做准备，成为一个可敬的人和优秀的公民，确定自己的价值观、能力和喜好。但另一方面，大学生活又可能充满压力（**表 3.2**）。学生们每天都面临着完成学业任务的挑战，其中一些任务是新的（这就是为什么它被称为学习），因此会让人对自己和自己的能力产生怀疑。大学生活充满了变化和新鲜事物：新的班级、新的老师、新的同学、新的生活环境。因为大学不是家，大学中的人们也不是家人，所以

表 3.2 大学生压力源示例

学 业	社 交
竞争	孤独
作业（难、缺乏动力）	责任、烦恼（家人 / 朋友 / 女朋友 / 男朋友）
考试和成绩	没有约会
资源（图书馆、电脑）不足	室友（们）/ 同住者（们）的问题
口头报告 / 当众演讲	对性传播疾病和 / 或意外怀孕的担忧
教授 / 教练（不公平、苛刻、联系不上）	**自 身**
选择和注册课程	行为（习惯、脾气）
选择专业 / 职业	外貌（长相缺乏吸引力、妆扮）
时 间	不健康、躯体症状
截止日期	健忘、（东西）放错地方或丢东西
拖延	体重 / 饮食管理
等待预约和排队	物质滥用
没时间锻炼	自信 / 自尊
约会或上课迟到	无聊
环 境	**工 作**
他人的行为（粗鲁、不为他人着想、性别歧视 / 种族歧视）	找工作或面试
不公正：目睹案例或成为受害者	职业 / 工作问题（要求高、令人烦恼）
人山人海 / 庞大社会团体	**日常生活任务**
对暴力 / 恐怖主义的担忧	烦琐的家务（购物、打扫卫生）
天气（下雪、炎热 / 潮湿、暴风雨）	交通和停车问题
噪声	汽车问题（故障、维修）
缺乏隐私	住房（找房 / 租房或迁居）
金 钱	食物（不可口或不健康的饭菜）
不够用	
账单 / 超支	

能够得到的支持可能很少。此外，学生们努力学习非但没有报酬，反而还要付出学费。再者，年纪较小的大学生刚开始独立生活时，他们并不总能做出最明智、最安全、最健康的选择。

健康的生活方式，比如合理饮食、定期锻炼、获得充足的安稳睡眠、每天有安静的时间并定期进行创造性的休闲活动（阅读、社交、艺术、音乐），均是应对大学压力的基础。不幸的是，面对如此多的任务和时间压力，人们很容易推迟上述健康生活选项。

超负荷

大学里的各种压力源，比如参加考试、与恋人经历一段艰难时期或搬到新住所，尽管令人不快，但如果依次出现，通常是可以应对的。然而，在大学里，许多挑战和变化几乎同时出现。例如，在学期结束时，一个学生可能不得不写2篇期末论文、参加5次期末考试、应对重感冒，还要搬到新公寓。然后到下个学期，可能还会有一些新的挑战（家长生病、一门难以理解的课程），以及一些惯常的挑战（期末论文、考试和有问题的社交关系）。

面临太多的挑战和变化会导致**超负荷**（overload），即感到外界对你的时间和精力要求太多。你的生活就是匆匆忙忙地从一个地方赶到另一个地方，去完成所有的任务，但你真正想要的是一周的假期，和朋友们一起放松一下。如果超负荷发展到让人感觉不堪重负，学生可能会退选一两门课程、辍学、抑郁、酗酒或吸毒。

超负荷的核心是缺乏自我控制感。相信自己可以影响生活进程（内控点）的个体，可能比相信自己的命运由自己控制之外的因素所决定（外控点）

学业压力和考试会引发焦虑和紧张情绪。

的个体感受到的压力要小（Au, 2015）。因此，尽管人们爱用身外之事来解释超负荷和被压垮的感觉，但从自己身上找原因会更有效，这是因为你对自己的控制力比你对周围环境的控制力更强。

以下是一些超负荷的解决办法：

1. 提前计划。知道压力情境何时出现比不知道引发的压力要小。例如，大多数时候，你会在学期开始时就知道主要作业的上交时间。为它们做好计划。
2. 列待办事项清单。在每天的开始，或者前一天的晚上，写下你必须做的所有事情，并安排好优先顺序。
3. 明确意图。在你开始每一天之前，花几分钟时间安静下来，明确你的意图。问问自己："我今天想要/需要做什么？""我需要做什么来保持我的心理、身体和精神健康？"不要只考虑完成

 两个和尚与一条河

两个和尚踏上了返回寺院的最后一天的旅程。上午，他们来到一条浅浅的河边，岸边站着一位美丽的少女。

"请问需要我帮助您过河吗？"第一个和尚问道。

"噢，是的，您真是太好了。"少女答道。

于是，第一个和尚把少女背在背上，带着她过了河。他们鞠躬告别，分别向不同的方向走去。

走了一两个小时后，第二个和尚对第一个和说："我不敢相信你居然那样做！我简直无法相信！我们曾发誓不近女色，而你却碰了一个女人。你甚至主动去询问她！我们回寺院后该怎么告诉住持？他会问我们旅途如何，我们不能撒谎。我们要如何应对？"

又过了两个小时，第二个和尚再次爆发了。"你怎么能这样做？她甚至都没主动寻求帮助。你却殷勤地上前询问！住持会非常生气的。"

到下午晚些时候，他们俩快到寺院了，第二个和尚心里充满了焦虑，他说："真不敢相信你居然那样做！你碰了一个女人，甚至把她背在背上。我们要怎么告诉住持？"

第一个和尚停了下来，看着第二个和尚说："听我说，我确实把那个少女背过河了。但我几个小时前就把她留在河边了，而你却背了她一整天。"

任务，还要考虑你的行为对自己和他人的影响。

4. 确定任务的优先级。要事优先。根据任务的紧迫性和重要性对其进行分类（图3.6），并按以下顺序执行：（1）既紧急又重要；（2）不紧急但重要；（3）紧急但不重要；（4）既不紧急又不重要。区分既紧急又重要的任务和紧急但不重要的任务往往颇具难度，因为紧迫是一种心理感受，它会让每件事看起来都很重要。在给待办事项安排优先级之前，花几分钟时间让自己的心理和身体都安静下来。这会让你能够把真正紧急且重要的事情安排在待办事项清单的最前面。

5. 不为小事烦恼。把不重要的任务从你的待办事项清单上删除。不要做、想或担心任何与你最重要的价值观和长期目标不相符的事情。要心无旁骛，集中精力实现目标。

6. 安排好休息时间。花时间做一些你觉得有意义和有趣的活动，或者只是放松一下，哪怕每天只花几分钟的时间。

7. 睡眠。睡眠不足会使任务表现和效率降低50%之多，这会导致完成任务所需的时间变长，进而造成超负荷感。

8. 不要"只管去做"。"只管去做"（Just do it）只是运动鞋厂商打出的广告口号，而不是生活的理念。学生们常常错误地认为，解决超负荷的办法是付出更多的努力（"只管去做"）。因为他们已经精疲力尽了，付出更多的努力也不会奏效，徒使那一长串未完成任务清单损害他们的自信心和自尊心。

时间管理

大学生压力大的一个主要原因是感到有太多的事情要做，却没有足够的时间。因为你无法让时间变多，所以缓解时间压力的方法就是充分利用你所拥有的时间。下面是一些时间管理的小窍门：

- 进行时间审计。从1周内至少选择有代表性的3天（一整周更好），写下你在每天的24小时内做的每件事。将这些内容做成图表（表3.3）。找出可以更有效地利用的时间段，并相应地调整你的活动。

- 高效利用精力。把重要活动安排在一天中你最机敏、注意力最集中的时段。例如，如果你是晨鸟型，那就尽量选上午的课，并在课间学习；把锻炼和社交安排在下午。夜猫子型的人可能需要做相反的安排。

- 抵制多任务处理。尽量一次只做一件事。同时

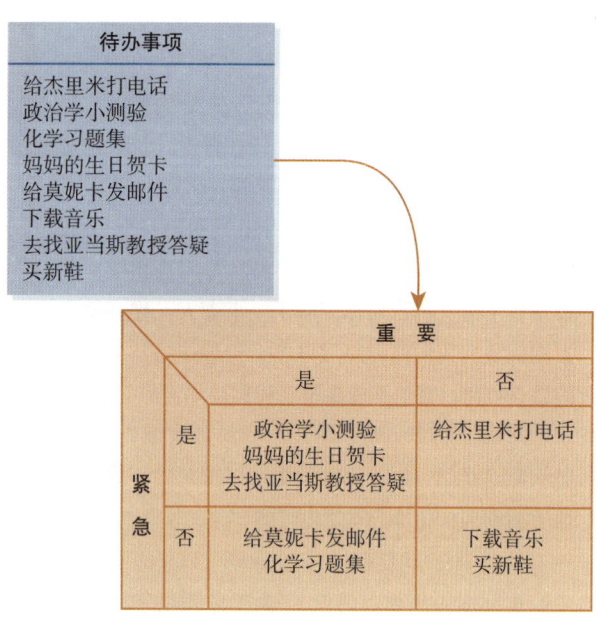

图3.6 确定任务的优先级

将你待办事项清单中的任务按紧迫性和重要性分类，然后按以下顺序执行：（1）既紧急又重要；（2）不紧急但重要；（3）紧急但不重要；（4）既不紧急又不重要。把标记为"紧急但不重要"的任务移到其他类别，因为紧迫是一种心理感受，即使事情本身并不重要，它也会让事情看起来很重要。

表3.3 时间日记	
时间	活动
上午 6:00	醒来
上午 6:15	洗漱、穿衣、吃饭
上午 7:00	去上学
上午 8:00	化学课
上午 9:30	待在图书馆、吃零食
上午 10:30	心理学课
中午 12:00	打小工
下午 5:00	回家

说明：记录你有代表性的3天的活动内容。每天记录两到三次。例如，在中午，记录下你醒来后的活动；下午5点，记录你中午过后的活动；睡觉前，记录下午5点以后的活动。计算每天清醒、睡眠、在校、学习/写作业、工作、与家人一起、与朋友一起、独处、通勤以及做其他活动的平均时间。

处理多个任务，看似是在高效利用时间，但它会制造一种紧迫感，从而引发焦虑并刺激应激激素的分泌，进而导致压力增大、表现下降。

- 控制干扰。不鼓励未经预约的来访；不回复短信或即时消息，也不要接电话（如果事情很重要，对方会再试着联系你）；远离电视、电脑游戏和互联网。
- 克制完美主义倾向。不要浪费时间试图让每件事都完美。每项任务都有一个收益递减点，即当你投入的时间和精力与你能合理期望的回报不成比例之时。
- 理解拖延倾向。拖延往往源于对失败或曝光（人们看到你或你的工作并做出严厉的评判）的恐惧。当你在心中罗列一长串不做某项任务的借口时，问问自己你在害怕什么。做自己最好的朋友并鼓励自己前进。与其过分关注你努力的最终结果，不如去做一件能推动你前进的事情。如果你还没有开始为即将到来的考试而学习，不要去想考试。相反，承诺自己今天会把课本从书包里拿出来，这就够了。明天，承诺自己会打开它。记住："千里之行，始于足下。"

考试焦虑

很少有大学生能在考试时不紧张。在美国社会中，人们将教育上的成功、学位和职业资格证书等同于实现重要的人生目标，尤其是财务方面的目标。因此，在各阶段学生之间的竞争都很激烈。学生们相信，等级和考试分数将决定他们在工作、事业和金钱方面的成功程度。

许多学生因为学业压力和考试焦虑而出现了健康问题。他们可能会头痛、肠胃不适、饮食失调、反复感染，还可能会出现其他应激症状。被考试焦虑影响到健康的学生需要在追求目标的同时，做出个人调整以减轻焦虑。

考试焦虑是一种不安和担忧的感觉，在考试之前就会出现，还常常伴有生理症状，如肠胃不适、坐立不安、睡眠问题、易激怒和"紧张性"进食。除了会导致躯体疾病外，考试焦虑还会让人难以集中注意力，从而增加了遗忘（思维阻塞）和"粗心"犯错的可能性。

考试焦虑是表现焦虑的一种形式。表现焦虑可以发生在人们关心其表现结果的任何活动中。（如果人们不关心结果，那么他们就不会感到紧张。）学生、运动员、音乐家、演员以及参加面试的求职者都对表现焦虑很熟悉。

对自己的表现略感紧张会让你表现得更好。不幸的是，过于紧张会降低任务表现（图 3.7）。就考试而言，略感紧张可以激励你在考试前学习、在考试时集中注意力。考试前太紧张会导致拖延，考试时太紧张则会分散你的注意力。

每当你执行一项任务时（并且你关心其结果），你的目标应该是刚好紧张到足以达到最佳表现的水平，但不要紧张到惊慌失措。只有通过亲身体验才能知道最佳表现的点在哪里。这就是为什么在参加了几十次考试后，学生们变成了专业应试者；这也是为什么在大学的头两年，许多学生非常害怕考试。

考试焦虑是由考生的内心信息或者说自我对话引起的。这些信息集中在想象出来考砸了的"可怕"结果上。一些例子包括：

- **夸大考试的重要性**："如果我这次考得不好，这门课的成绩就会很差。如果我这门课成绩差，我就进不了法学院。如果我进不了法学院，我就将是一个失败者，到时我会羞愧死。"
- **害怕被关注**："如果我考得好，每个人都会注意到我，我会很尴尬。"
- **害怕被抛弃**："如果我考得不好，我的朋友和家人会不喜欢我。"
- **混淆考试成绩与自我价值**："如果我考砸了，那就证明我是个失败者。"

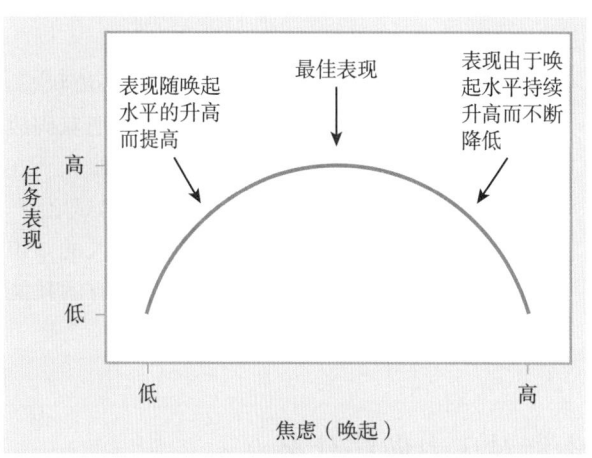

图 3.7　表现受焦虑 / 唤起水平的影响
个体在某项任务上的表现受其对表现的焦虑程度的影响。略感焦虑会带来更好的表现，直到达到最佳表现。过于焦虑则会分散注意力，降低任务表现。

解决考试焦虑的方法 承认你在考试前会紧张，并试着去了解造成你考试焦虑的根源。用日记记录下考试前的感觉和症状。留意那些在你内心的自我对话中出现的画面和负面信息。如果你对自己说，"你不够聪明，考不好"，也许你可以这样回应自己："那只是你的看法，我觉得我能做到。"记住，如果你没有通过好好学习为考试做好充分准备，而你又关心自己的表现，那么对可能考不好感到焦虑就合情合理了。

以下是一些应对考试焦虑的其他建议：

- 客观地评估考试的重要性。提醒自己，考试只是考试，而不是对自我价值的衡量。
- 提醒自己，关注成绩会分散你对学习材料的注意力。
- 作为考前准备的一部分，给自己几段安静的时间，让自己放松下来，想象自己参加考试的样子（参见健康小贴士专栏"用想象减轻考试焦虑"）。在你的脑海中，看见自己自信而自如地应对考试；看到自己在遇到一个难题时，能够从容应对，然后继续下一个你可以自信地回答的问题。
- 在考试开始前把考试用具整理好，以便将注意力集中到考试上。削好铅笔，在答题卡和答题纸上写好名字。提前 5 到 10 分钟到达考场，让自己放松一下。
- 考试前不要慌乱，不要临时抱佛脚。那只会增加焦虑。
- 睡个好觉。考试前一两个小时均衡饮食（吃蛋白质和复合碳水化合物，不要吃含糖/高脂肪的零食）。
- 一旦开始考试，停止担忧。尝试进入心流状态。如果你的思维卡住了，那就放下笔，把双脚放在地上，闭上眼睛，把觉知集中在呼吸上。20 到 30 秒后，当你准备好了，重新回到考试之中。
- 要意识到，应试是一种技能，与一个人的知识多少和理解程度只有部分相关。像所有的技能一样，个体需要在实践中提高应试技能。

你能对压力做些什么

在我们生活的这个快节奏、竞争激烈的世界里，不经历压力及其众多的生理和心理表现和问题几乎是不可能的。当有压力时，我们通常会把它的原因

用想象减轻考试焦虑

下面的练习可以减轻参加考试的压力和焦虑。它可以提升分数，并减轻压力引起的症状。

1. 在你的房子或房间里找一个舒适的地方，并找一个不会被他人打扰的时间。坐在舒适的椅子上，或躺在沙发或地板上。最重要的是让身体舒服。如果音乐能让你放松，那就轻声放一些你最喜欢的音乐。
2. 闭上眼睛，回忆一个让你感到满意的地方和时间。它可能是一个假期，与某人在一起，或独自待在一个美丽的环境中。用你的想象和记忆来重建那个让你感到快乐和健康的场景。请注意，当时在那个场景里，你没有任何忧虑。让自己沉浸在这个场景中。这个过程类似于做白日梦或幻想。当大脑专注于愉快的记忆时，你的身体会自动放松。
3. 当你感到很放松的时候，把注意力重新集中在即将到来的考试上。在脑海中，看到自己在放松和自信地参加考试。因为你的身心处于放松和舒适的状态，你的大脑会自动将这些感觉与参加考试的画面联系起来。想象考场、其他同学以及你自己回答问题的情景；让你的大脑关注尽可能多的细节。
4. 现在把你的思绪投射到未来，投射到考试的当天和具体地点。注意你在考试时是多么放松，你过去经常体验到的焦虑似乎消失了。继续想象，直到你看到自己交卷，并且对自己的表现感到自信和满意。
5. 在任何引发焦虑的考试之前，连续几天做这个练习。你会惊讶地发现，在考试那天，你并不会感到紧张和有压力；而成绩的提高会让你更开心。

归结为麻烦、障碍、时间紧张、总体良好的关系中的不愉快、与讨厌之人的交往，以及其他破坏我们内心和谐感的情境。然而，我们常常没有意识到的是，我们对自身体验的看法和反应，经常给我们带来压力。我们并不能每次都回避或逃离压力情境，通常也不能改变他人，让他们按照我们所希望的方式行事。面对压力时，明智的做法是，留意自己的想法如何导致压力感。对心智运作方式了解的逐步深入，可以帮助你减少内心在压力的阵痛中打转的时间。

对健康的批判性思考

1. 有 3 组人接种了针对一种测试物质（这种物质不会使任何人生病）的疫苗。第 1 组由处于期末考试期间的学生组成；第 2 组由主诉孤独的人组成；第 3 组由配偶患有癌症的人组成。每组又进一步细分为 2 个小组，其中的 1 个小组参加连续 6 周、每周 1 次的支持性小组会议，并接受关于如何减轻其所处情境压力的指导；另 1 个小组则不会得到任何支持和指导。下图显示了对试验疫苗的免疫反应强度的结果。

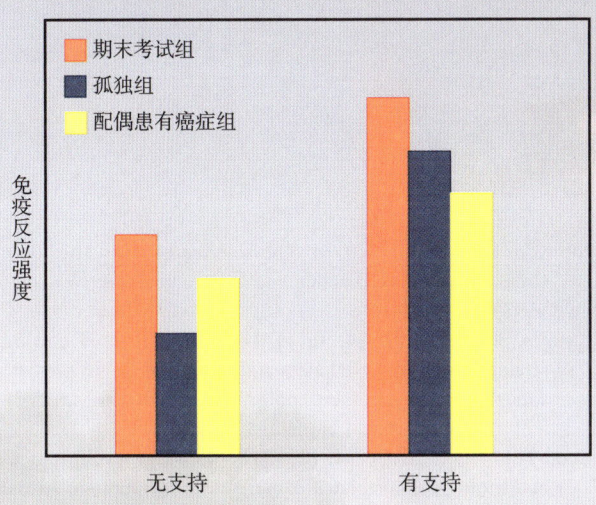

   a. 说明实验结果。
   b. 提出一个假设来解释实验结果。
   c. 关于如何更好地应对生活中的压力，研究结果表明了什么？

2. 《浮士德》作者，德国著名思想家和文学家歌德（1749—1832）曾写道："至要之事，绝不可受制于无足轻重之事。"

   a. 你对歌德这一思想是怎么理解的？
   b. 让最重要的事受制于最不重要的事为什么会造成压力？
   c. 你是否容易受到上述压力的影响？你可以做出哪些改变来减轻这种压力？

3. 对下述情况进行解释：20 世纪 80 年代，研究人员研究了生活在河两岸的两个社区的成年人的健康状况。河的北岸是一个繁荣的郊区，而南岸是一个工业区，那里的支柱企业是一家汽车厂，已经倒闭了。研究表明，在汽车厂倒闭后，生活在河南面社区的儿童因感染和过敏而看医生的次数要比河北面的儿童多很多。此外，河南面社区的成年人比河北面社区的成年人发生了更多的交通事故，并且在冬季患普通感冒和流感的更多。

4. 在近期生活变化问卷中，子女、配偶、兄弟姐妹或父母的离世对应的生活变化值最高。
   a. 提出一个假设来解释这个结果。在你的假设中，要考虑到这些关系的性质以及当某人去世时个体会失去什么。
   b. 鉴于失去所爱之人有着最高的生活变化值，那么经历这种丧失的人应该如何安排生活，以减轻压力、降低患病的风险？
   c. 应对所爱之人离世的最好方法是什么？

5. 你是否有严重的考试焦虑，以至于在考试前或考试后身体或情绪上感到不适？如果有的话，描述你的症状和感受。如果你对几周后的考试感到焦虑，那么在参加考试前至少一周，尝试一下健康小贴士专栏"用想象减轻考试焦虑"中的练习。考试结束后，详细描述你的体验，并指出你在考试中的表现是否比你预期的要好。

本章小结与重点

本章小结

压力是每个人生活中无法分割的一部分。当你遇到新事物，不能正确地完成所要求的任务，在学校考试失败，或者某个项目没有按照你希望的方式进行时，压力就会产生。当你被批评、霸凌、嘲笑或身体遭受虐待时，压力也会产生。一方面，压力在帮助我们学习、成长、变得更有能力和更自信方面起着非常重要的作用。压力是人们学习如何处理生活中遇到的困境的必要条件。另一方面，长期或过度的压力对身心有害。压力可能导致高血压、消化问题、暴饮暴食和肥胖以及性功能障碍。事实上，压力可能在某种程度上与大多数心理和躯体疾病有关。

在没有干扰因素或过度压力的情况下，维持健康的大脑和身体所需的成千上万的化学反应由一种叫作内稳态的过程自动地调节。大脑通过神经系统和内分泌系统向身体的所有器官发送信号，以使其在精确、健康的水平上运行。只有当内稳态由于压力或其他干扰因素而出现偏差时，个体才会出现症状和疾病。保持身心和谐是健康与幸福的另一个关键。影响身心和谐的因素有很多，包括你与朋友和家人的关系，以及对所处环境的认知。你会花时间做园艺、徒步或只是在静谧安宁的地方散散步吗？这些简单的活动可以减轻压力，促进身心和谐，帮助你保持健康。

重 点

- 应激是指身心和谐受到破坏，是由创伤、生命威胁，或者在执行日常任务、实现人生目标或生活中期望的改变过程中遇到的障碍造成的。
- 压力源是引发应激的各种情境和情形。
- 应激的心理成分包括将情境解释为有威胁性，以及将个人资源评估为不足以满足应对压力情境的要求。
- 应激的生理成分是逃跑—战斗—僵住反应和下丘脑—垂体—肾上腺轴的激活，随之而来的是应激激素尤其是皮质醇的分泌。
- 压力会消耗身心（一般适应综合征）、降低免疫力、助长不健康行为，进而导致疾病。
- 创伤后应激障碍是一种严重的心理障碍，是由经历创伤性事件和濒死体验引发的。
- 可以通过远离压力源和/或改变观念和目标来减轻压力，从而减少患应激相关疾病的可能性。
- 可以通过引发平和状态的技巧来减轻压力，比如意象视觉化、冥想、锻炼、瑜伽以及放松。
- 大学生的压力包括超负荷、时间紧张和考试焦虑。

参考文献

Au, E. W. (2015). Locus of control, self-efficacy, and the mediating effect of outcome control: Predicting course-level and global outcomes in an academic context. *Anxiety, Stress, and Coping, 28*, 425–444.

Backé, E. M., et al. (2012). The role of psychosocial stress at work for the development of cardiovascular diseases: A systematic review. *International Archive of Occupational and Environmental Health, 85*, 67–79.

Conn, B. M., et al. (2017). Acculturative stress as a moderator of the effect of drinking motives on alcohol use and problems among young adults. *Addictive Behaviors, 75*, 85–94.

Dhabhar, F. S., & McEwan, B. S. (2007). Bi-directional effects of stress on immune function. In Robert Ader (Ed.), *Psychoneuroimmunology* (4th ed.). Boston: Elsevier Academic Press.

Folkman, S. J. (1984). Personal control and stress and coping processes: A theoretical analysis. *Journal of Personality and Social Psychology, 46*, 839–852.

Folkman, S., et al. (1986). Dynamics of a stressful encounter: Cognitive appraisal, coping, and encounter outcomes. *Journal of Personality and Social Psychology, 50*, 992–1003.

Hasan, H., & Hasan, T. F. (2009). Laugh yourself into a healthier person: A cross-cultural analysis of the effects of varying levels of laughter on health. *International Journal of Medical Science, 28*, 200–211.

Johnson, S. B., et al. (2013). The science of early life toxic stress for pediatric practice and advocacy. *Pediatrics, 131*, 319–327.

Lafaye, A., et al. (2014, July). Dyadic effects of coping strategies on emotional state and quality of life in prostate cancer patients and their spouses. *Psychooncology, 23*(7), 797–803. Epub ahead of print, 3 February.

Leen-Feldner, E. W., et al. (2013). Offspring psychological and biological correlates of parental posttraumatic stress: Review of the literature and research agenda. *Clinical Psychology Reviews, 33*, 1106–1133.

Miller, M. A., & Rahe, R. H. (1997). Life changes scaling for the 1990s. *Journal of Psychosomatic Research, 43*, 279–292.

Scott-Marshall, H. (2011). The health consequences of precarious employment experiences. *Work, 38*, 369–382.

Taylor, S. E. (2011). Affiliation and stress. In S. Folkman (Ed.), *The Oxford handbook of stress, health, and coping* (pp. 86–100). Oxford, UK: Oxford University Press.

Westlund, S. (2015). 'Becoming human again': Exploring connections between nature and recovery from stress and post-traumatic distress. *Work, 50*, 161–174.

推荐阅读

Ader, R. (Ed.). (2007). *Psychoneuroimmunology* (4th ed.). Boston: Elsevier Academic Press. A complete and thorough discussion of all aspects of psychoneuroimmunology.

Baum, A., et al. (2011). The molecular biology of stress. In R. J. Contrada & A. Baum (Eds.), *The handbook of stress science: Biology, psychology, and health* (pp. 87–99). New York: Springer. Describes changes in the basic biology of cells brought about by stress.

Contrada, R. J., & Baum, A. (2011). *The handbook of stress science: Biology, psychology, and health*. New York: Springer. Presents a detailed overview of key topics in stress, including how stress influences physical health, such as its effects on the nervous, endocrine, cardiovascular, and immune systems.

Davis, M. (2008). *The relaxation and stress reduction workbook*. Oakland, CA: New Harbinger. Offers many self-assessment tools and calming techniques to help overcome anxiety and promote physical and emotional well-being.

Folkman, S. (2011). *The Oxford handbook of stress, health, and coping*. Oxford, UK: Oxford University Press. Thorough and most up-to-date information that science has to offer on stress, health, and coping.

Goyal, M., et al. (2014, January). *Meditation programs for psychological stress and well-being*. Rockville, MD: Agency for Healthcare Research and Quality. Report No.: 13(14)-EHC116-EF.

Kabat-Zinn, J. (1990). *Full catastrophe living: Using the wisdom of your body and mind to face stress, pain, and illness*. New York: Delta. In this venerable book, the founder of the Stress Reduction Clinic at the University of Massachusetts Medical Center presents a sound introduction for anyone who has considered meditating but was afraid it would be too difficult or would include religious practices they found foreign.

McEwan, B. S. (2013). The brain on stress: Toward an integrative approach to brain, body, and behavior. *Perspectives on Psychological Science, 8*, 673–675. A renowned stress scientist explains how stress experiences are embedded in the biology of the brain to determine whether events in the social and physical environments will lead to successful adaptation or impaired mental and physical health.

Seaward, B. L. (2013). *Managing stress*. Burlington, MA: Jones & Bartlett Learning. Provides a comprehensive approach to stress management, honoring the integration, balance, and harmony of mind, body, spirit, and emotions.

Segerstrom, S. (2012). *The Oxford handbook of psychoneuroimmunology*. Oxford, UK: Oxford University Press. Perspectives on the state-of-the-art applications of psychological theory to psychoneuroimmunology from experts in the field.

Sherin, J. E., & Nemeroff, C. B. (2011). Post-traumatic stress disorder: The neurobiological impact of psychological trauma. *Dialogues in Clinical Neuroscience, 13*, 263–278.

健康小贴士	金钱与健康意识	全球健康	压力管理	健康指南
满足人类基本需要的小贴士	应对日常生活的"药"	抑郁是全球性的	写作疗愈	为了学业成功和终身幸福而自我同情
应对愤怒和冲突的一些小贴士			如果朋友正在考虑自杀	
精疲力竭				

第 4 章

心理健康

学习目标

1. 列出心理健康的三个组成部分。
2. 定义精神疾病。
3. 描述满足人类基本需要和心理健康的作用。
4. 描述思维、情绪和心理健康之间的关系。
5. 列出并描述应对情绪痛苦的策略。
6. 定义防御机制。
7. 列出并描述4种常见的焦虑障碍。
8. 列出5个抑郁的迹象。
9. 讨论睡眠对健康的重要性。
10. 列出并描述睡眠卫生的7个方面。

许多人认为，良好的健康状况主要与合理营养和身体锻炼有关。营养和锻炼确实对健康很重要，但是，你的心理和情绪健康也会极大地影响你的健康与幸福。相较于长期处于愤怒、恐惧、紧张、抑郁以及与周围环境格格不入的状况，当你的思维、情感和行为保持内在和谐，并且你也能与社会和自然环境和谐相处时，你就更有可能感觉良好，并有着良好的健康状况。

> 原谅者远比被原谅者更能从宽恕中获益。
> ——乌西·马拉塞拉

心理一词指的是大脑产生思维、情感和有意行为的全部功能。**心理健康**（mental health，也译作精神健康）是指"个体能够实现自身潜能，能够应对正常的生活压力，工作卓有成效，并能够为其所在社区作出贡献的一种幸福状态"（World Health Organization, 2014）。就像身体健康一样，世界卫生组织认为，心理健康反映了一个人生活的整体情况，而不仅仅是没有特定的精神疾病。

心理和情绪健康有三个组成部分（Centers for Disease Control and Prevention, 2017）：

1. 心理健康，包括自我接纳、对新经验持开放态度、积极乐观、满怀希望、生活有目标、精神充实、自我导向、有积极的人际关系和自我价值感。
2. 情绪健康，包括喜悦、幸福、快乐、满足和对生活感到满意。
3. 社会适应良好，包括相信人性向善、感受到被社会接纳、对社区有归属感并参与其中，以及相信社会终究会变得更加美好。

精神疾病（mental illness，也译作心理疾病）指的是思维、情绪或有意行为的改变，这些改变会导致心理痛苦、躯体疾病或功能受损。精神疾病可能由下列原因引起：异常的学习经历；童年遭到虐待、遗弃、忽视和拒绝；有过创伤经历，如受到伤害、威胁或置身于战争或自然灾害中。由于心理功能是由大脑执行的，所以，精神疾病与躯体疾病、感染（如梅毒）、由药物或毒素引起的脑生物学改变、脑的生物学变化（如阿尔茨海默病）以及异常遗传性疾病相关联。

根据美国国家心理健康研究所的数据（U.S. National Institute of Mental Health, 2016），美国每年约有18%的成年人被诊断患有某种（与药物无关的）精神疾病；8~15岁儿童的精神疾病的年患病率为13%。精神疾病困扰着全球约5亿成年人（Whiteford, 2015）。

基本需要与心理健康

个体的大部分行为都受试图满足其基本需要动机的驱使。当成功地满足个体的基本需要时，他们就会体验到快乐的情绪，如喜悦、愉快、满意和满足。然而，如果没能满足他们的基本需要，他们就会体验到不快乐的情绪，如挫败、愤怒、悲伤、痛苦和羞愧。不快乐情绪的目的是促使个体做出那些预计能满足一个或多个基本需要的行为。例如，愤怒促使人们抵抗外界对自己或自己在意之人或事的威胁；羞愧和内疚促使人们弥补自己做出的社会不当行为。

尽管人们有同样的基本需要，但人们满足这些需要的方式却不尽相同。每个人都需吃东西，但不是每个人都以同样的方式获取食物，也不是每个人都选择吃同样的食物。同样，人们会参与各种活动、从事各种职业、建立各种人际关系，以及进行各种娱乐活动来满足他们的需要。

婴儿满足自身需要的能力有限。一个婴儿在饥饿或痛苦的时候会哭泣，在想让人抚摸和与人玩耍的时候，会主动微笑或咿咿呀呀地叫。从小时候开始，个体就要学习理解他们需要的本质，并发展出与环境互动的策略来满足他们的需要。

科学家们认为，人类的基本需要有三大类（Gilbert, 2015）（图4.1）：

1. 发现对生存的威胁，并制定用于防御和保障安全的策略。
2. 寻求并获取心理、情绪和精神上的刺激，自尊，以及性和生殖体验。
3. 寻求满足感、愉快的人际关系、善意、安全感和沮丧时的抚慰。

个体的心理和情绪健康，既取决于其基本需要满足的程度，也取决于在这些需要未能得到满足时应对的如何。这一过程涉及我们的思维、信念和态度——它们需恰当地解释和应对内部需要及其环境挑战。心理健康建立在能准确地帮助我们理解环境，以及我们与环境的互动的情绪体验上。心理健康还需要一个在生理层面上健康的脑和神经系统，而不

图 4.1 人类基本需要的类别

资料来源：Gilbert, P. (2015). Affiliative and prosocial motives and emotions in mental health. Dialogues in *Clinical Neuroscience*, 17, 381–389.

满足人类基本需要的小贴士

- 以平静和同情心面对生活情境。
- 对新的想法和经验持开放态度。
- 感激生命中的美好事物。
- 为自己设定可实现的、切合实际的目标。
- 坚持和耐心。
- 不因愤怒、恐惧、厌恶、羞耻和内疚等生存情绪而丧失正常的生活能力。
- 在身处逆境、挫折和失败的时候，对自己友好和宽容。
- 从简单的日常趣事中获得满足感。
- 予人以爱，接受他人本来的样子。
- 建立和维持令人满意的人际关系。
- 尊重和欣赏人们的外貌、思想和精神的多样性。
- 不要试图控制他人的思想、情绪和行为。
- 承担自己的责任，并在出现问题时采取行动。

是一个营养不良、患病或因药物或酒精而失调的脑和神经系统。

心理健康的一个基础是，如实地感知和解释世界。你的心理过程与你所处的社会和自然环境的运作方式越协调，你就越有可能制定出能满足你基本需要的策略。

要保持心理健康，我们不必事事与他人作比较。在生活中，忠实于自己比从众能带来更大的满足感。同样，心理健康并不意味着我们永远不会感到愤怒、焦虑、孤独、抑郁、困惑或不知所措，这些都是正常的人类情绪。此外，心理健康也不意味着我们永远都不需要支持、建议或其他帮助。事实上，内心强大意味着，我们能够承认自己的局限性，寻求帮助、接受帮助，这样，当我们的心理和情绪资源枯竭时，我们就能够恢复和谐。

思维、情绪与心理健康

我们如何看待这个世界，是由名为**认知**（cognition；来自拉丁语 cognito，意思是"我知道"）的心理过程决定的。认知包括下述心理过程：

- 知觉：解释由感官（视觉、嗅觉、听觉、味觉、触觉、运动觉）收集的数据。
- 学习：将新的知觉同之前的知觉整合起来，并将其以价值观、信念、态度和行为模式的形式储存于记忆中。
- 推理：这合理吗？
- 解决问题：制定行动计划。

认知包括信念、态度和价值观。信念是指个体认为是真实的想法和观点。信念可以基于信仰，也可以来自对现实的检验。信念有助于我们理解我们的经历，并指导旨在满足我们的欲望和需要的行为；帮助我们避免苦难、疼痛和死亡；帮助我们与社会和自然环境和谐相处。一般来说，一个人具有以下三个方面的信念：（1）作为独特物理和心理实体的自己；（2）社会和物理/生物环境的运作方式；（3）与社会和物理环境的特定互动的结果。态度是与对某个观点、人、物体或群体所做的积极或消极判断或评价相关的信念。价值观是一类与是非、善恶、道德和不道德的概念有关的信念。价值观代表了被认为源自"自然法则""宇宙"或神明的基本的、普遍的真理。此外，价值观还被认为是长期稳定不变的，并超越特定的情境和个体独特的态度。

信念通常与情绪有关（图 4.2）。**情绪**（emotions）

是大脑活动的模式,它可以自发产生,或是因你正经历的、已经经历的或你相信你可能会经历的事情而产生。情绪会产生一种愉快感或不愉快感,这可以帮助你评估预期的或实际的经历,以及计划好的或实际行为的结果是积极的还是消极的。对情绪的主观体验是一种感受。

除了提供对某一经历的评估外,情绪还为行为提供能量或动机。一般来说,愉快的情绪(如喜悦、兴趣、满足和爱)激发对新奇的、创造性的、有趣的活动的追求,而不愉快的情绪(如愤怒、恐惧、焦虑、厌恶、内疚)可以帮助个体评估行为的后果,以及/或激发个体回避或讨厌其感知到的对幸福感、身体安全或生存的威胁。

在一些科学分类中,愉快的情绪被称为积极情绪,不愉快的情绪则被称为消极情绪。重要的是要认识到,这些分类指的只是感情色彩,并不代表情绪本身是好还是坏。即使是不愉快的情绪——当它们表明某人或某事可能有害,因此应当避免或加以控制时——也是有益的。如此,消极情绪在某种程度上具有自我保护的作用。

看一看下述关于思维、情绪与行为之间关系的例子。吉尔和安德鲁之前约好了一起去听音乐会。安德鲁看了眼手表,发现吉尔已经迟到 30 分钟了。安德鲁心想,"吉尔真无礼",这让他产生了愤怒的情绪。注意,安德鲁并不知道吉尔为什么迟到;他认为吉尔是在拒绝他。10 分钟后,当吉尔出现时,安德鲁已经怒火中烧,拒绝和她说话。

如果安德鲁对吉尔的迟到持有别的看法,他的情绪和行为可能会有所不同。选择从另一种角度来看待同一种情境被称为**认知重建**(cognitive reframing)。例如,通过认知重建,安德鲁可能会意识到,他对吉尔动机的猜想来自他的头脑,而不一定与事实相符。意识到这一点后,他可以把自己的想法变成"我真希望吉尔别因出事迟到"。当他看到她时,他的情绪可能是喜悦和解脱,因为她并未出事,甚至他还可能会去拥抱她。

认知行为疗法(cognitive behavioral therapy, CBT)是一种通过鼓励人们审视和改变导致心理痛苦的思

图 4.2 人类的基本情绪

这张"情绪轮"图片,显示了心理学家罗伯特·普鲁奇克(Plutchik, 1991)将人类情绪划分为 8 种基本类型/基本情绪:愤怒、恐惧、悲伤、厌恶、惊讶、期待、信任和喜悦。每一种基本情绪都由情绪轮上的一个旋翼来表示。每个旋翼的 3 个部分都代表了基本情绪的强度,例如,喜悦加剧为狂喜。普鲁奇克指出,基本情绪具有生物学基础,它们经进化而来,益于人类生存。

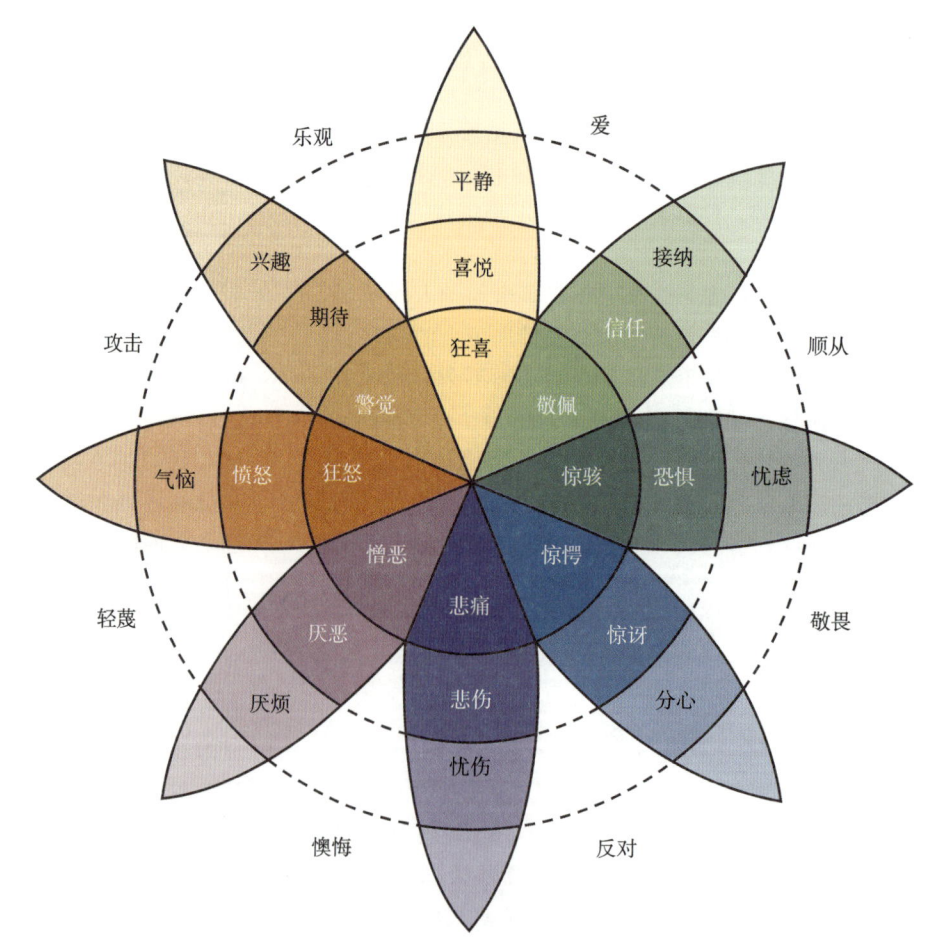

维，从而达到可以帮到他们的方法。该方法基于一个前提，即关于自己和世界的错误信念，会导致令人痛苦的情绪和适应不良的行为。痛苦的情绪和适应不良的行为，都可能引发被临床医生诊断为精神疾病的症状。例如，一个体重正常的人可能会错误地认为自己严重超重。这种想法可能导致其患上某种进食障碍。

适应不良的信念通常是"自动的"。也就是说，它们在特定的情境下会独立于理性或逻辑而出现，有时甚至是无意识的。治疗策略涉及让来访者和治疗师一起识别和挑战适应不良信念的有效性，并以更切合实际的信念取而代之。这可以缓解因其而来的情绪痛苦，并减少相应的问题行为。认知行为疗法可以有效治疗焦虑障碍、睡眠问题、躯体症状障碍、贪食症、愤怒控制问题、一般压力和抑郁。治疗师常将正念训练或自我同情训练与认知行为疗法相结合，以提高治疗效果。在某些情况下，通过互联网或移动设备进行认知行为治疗也能获得成功（Sijbrandij, 2016; Vigerland, 2016）。

积极的思维和情绪有利于健康

许多研究表明，消极的思维、压力和不愉快的情绪（如恐惧、焦虑、愤怒、敌意和抑郁）会损害健康。之所以如此，是因为这些情绪是个体对感知到的威胁的自我保护反应。尽管其目的是保护，但如果长期存在并变得适应不良，反而可能增加患病的风险，因为个体会将注意力集中在真实的（如在战区）或想象的（预期会有突击测试）威胁上，而这会激活生理应激反应和免疫性炎症反应，进而损伤体内的器官。

另一方面，积极的思维和情绪（如喜悦、兴趣、满足和爱）会促进健康（D'raven et al., 2014）。例如，研究人员分析了美国 180 名老年修女早年的个人文字作品，结果发现，其作品中积极情绪内容比例最高的修女寿命最长（图 4.3）（Danner, Snowdon, & Friesen, 2001）。一些研究表明，乐观和满足等积极情绪降低了患心血管疾病的风险（Sin, 2006）。有研究发现，拥有更多的希望和好奇心，通常与更低概率的高血压、糖尿病和呼吸道感染有关（Tugade, 2011）。积极的思维和情绪，比如感恩、宽恕和同情，可以通过促进健康行为和帮助避免不健康行为从而促进健康和康复。

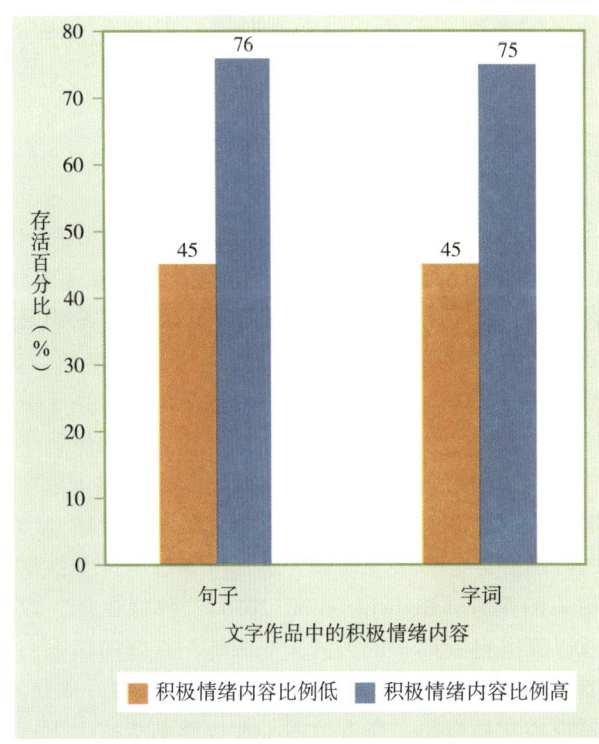

图 4.3　早期作品中积极情绪内容比例低或高的修女活到 80 岁的百分比

资料来源：Danner, D. D., Snowdon, D. A., & Friesen, W. V. (2001). Positive emotions in early life and longevity: Findings from the nun study. *Journal of Personality and Social Psychology, 80,* 804–813.

同　情

那些导致疼痛和痛苦的不受欢迎的经历，也是人生的一部分，其中包括自我伤害和受伤、灾难、创伤、丧失以及背叛。同情是对痛苦的一种反应，在这种反应中，个体对他人的痛苦感同身受，与自己的痛苦共情，并致力于缓解这种痛苦。换句话说，同情就是关心体贴和乐于助人。英语中"同情"（compassion）这个词的拉丁语词根是 compati，意为"共苦"。同情会增加如喜欢和满足等积极感受，减少如愤怒、恐惧和厌恶等由威胁所激活的情绪。许多研究表明，给予同情和接受同情均对健康有益。这是因为同情引发的积极情绪，可有效减少面对压力和感知到的威胁所导致的炎症以及其他生理反应。自我同情（self-compassion）是对自己持一种积极和关怀的态度，它可以通过多种行为来加强（见健康指南专栏"为了学业成功和终身幸福而自我同情"）。作为这种关怀态度的结果，自我同情可以促进自我关怀的态度和行为，进而有助于心理和身体健康（Dunne et al., 2016）。

感恩

感恩是一种感激或感谢的情感，与你意识到自己受到了他人或某事物的帮助、支持或肯定有关。公元前一世纪的古罗马哲学家西塞罗认为，"感恩是所有美德之母"。另一位古罗马哲学家塞涅卡认为，感恩是一种基本的动机驱力，对建立人际关系至关重要。大多数人不太考虑感恩，因为人脑的生物学构造使我们对危险保持警觉，所以我们倾向于更多地关注压力和生活中的困难。感恩是我们对所经历的好运心怀感激甚至敬畏。感恩可通过减少与疾病相关的炎症（Redwine et al., 2016）、降低血压，以及以促进自我照护的方式（如锻炼、良好的睡眠习惯）来增进健康与幸福。感恩与活力、喜悦、愉快、乐观和幸福有关，所有这些心理特质都能减少生理应激反应，包括身体组织损伤性炎症。感恩还可以通过激发慷慨、同情和宽恕来促进健康的社会关系。它还能减少社交焦虑和孤独（Caputo, 2015）。增强感恩能力的一种方法是，每天或是每周中的几天留出数分钟的时间，列出三件你感激的事情，或者在日记中写下几句感激的话。你可以把它作为睡前要做的最后一件事。这样，通常可以在早上就提醒你晚上得写点什么。

宽恕

如果你受到了某人的伤害，心怀不满甚至怨恨，这很正常。不满和怨恨都是愤怒的某种形式，旨在保护你免受未来的伤害。不幸的是，不满和怨恨可能触发生理应激反应，因而成为一种沉重的心理负担，从长远来看，可能是不健康的。消除怨恨的一剂良方是宽恕。这并不意味着忘记曾经发生的事情，或是原谅他人不适当的、伤害性的行为。宽恕与他人无关，只与你自己有关。"不予回击"或"宽恕冒犯者"意味着（尽你所能地）放下伤痛和愤怒，这样，你就不会用自己的思维或情绪伤害自己。换句话说，宽恕是为了让自己内心安宁。研究表明，宽恕可以带来更健康的关系，更好的精神和心理健康；还可以减少焦虑、压力和敌意，降低血压，减轻抑郁症状，增强免疫力，改善心脏健康，以及提高自尊（Mayo Clinic, 2016）。一项针对大学生的研究表明，冥想练习可以帮助激发宽恕之心（Oman et al., 2008）。常用的一种宽恕自测量表是哈特兰宽恕量表（Heartland Forgiveness Scale）。

为了学业成功和终身幸福而自我同情

大学生活可能是人生中最具回报的经历之一，也可能是最具挑战性的经历之一。有一种方法可以帮助大学生最大限度地从大学生活中获益，并为生活中不可避免的起伏做好准备，这种方法便是践行自我同情。

自我同情是一个心理学术语，指的是在失败、受挫和痛苦的时候，喜欢、照顾自己并给予自己支持和善意的过程。有些人是"天生的"自我同情者。他们像照顾所爱的家人或好友一样照顾自己。他们尽全力去健康地生活，并在搞砸事情时原谅自己和他人。还有一些人，他们可能很擅长关心和支持他人，但却不那么擅长如此对待自己。例如，不做明知对自己有益的健康行为或是不完成学校作业；当错误和挫折发生时，他们可能因不能容忍而自我批评（"激活内心的批评者"）。研究表明，自我同情与更高的幸福感有关，与更少的焦虑、抑郁、压力以及更少的对失败的恐惧有关（Gunnell et al., 2017）。研究表明，自我同情训练成功地提高了大学生（Smeets et al., 2014）和运动员（Mosewich et al., 2013）的心理韧性。

心理学家们已经确定了自我同情的三个组成部分：

1. 善待自己，而不是严厉地自责。
2. 接受所有人都会犯错的事实；没有人是完美的。
3. 通过不把挫折归咎于自己的不足来保持情绪平衡。

你可以使用克里斯汀·内夫（Kristin Neff）教授的自我同情量表（Self-Compassion Scale）来确定你的自我同情水平。如果你决定提高自己的自我同情技能，你可以参考内夫教授的在线课程（self-compassion.org）。

写作疗愈

当我们感到有压力和烦恼的时候，经常会为自己的情绪所困，以至于失去了对眼前之事的洞察力。我们只知道自己很痛苦。此时，写下你的想法和感受会有所裨益。

研究表明，写下自己的创伤经历，可以有效减轻压力、提高免疫力、促进健康与幸福。显然，你努力想把痛苦、不愉快的感受排除在意识之外，把心理上的痛苦经历写下来，就可以释放这种压力和焦虑。写下创伤经历，也有助于人们通过厘清缘由，加深理解，然后将之放下。

你不必经历某种创伤，也能从写下自身想法和感受中受益。写作可以帮助你弄清楚为什么你会有某种感受，搞明白你的想法、感知以及对情境的反应是如何影响了你的生活。写作会迫使你诚实地看待自己。此外，写作还可以让你在私下里表达自己，而不必担心别人的反应。

通过定期写日记来"为健康而写作"，这与写普通的日记很相似，只不过你在其中表达的是你的想法和感受，而不是记录日常事件。

- 为你的日记准备一个特殊的笔记本。
- 在安静的地方写作。
- 保持日记的私密性，以使自己能诚实地写作。
- 一口气写完。不用担心语法和拼写问题。
- 表达即可。不用担心写作内容是否有意义。

制定应对策略

应对策略（coping strategies）是指处理因你的需要未得到满足而产生的情绪痛苦的方法。一般来说有三种应对策略。你可以改变：（1）与痛苦源头（情境）的互动；（2）那些对未满足需要之重要性的想法和信念；（3）痛苦的感受，而不改变情境或看待它的方式。

要通过改变你与情境的互动来缓解情绪痛苦，你可以做下面这样一些事情：

- 直面情境（"我对结识新朋友感到紧张，但无论如何我都会去参加派对"）。
- 回避情境（"我很担心他们不喜欢我。我另找时间再去"）。
- 适应情境（"虽然我在社交场合很紧张，但是没关系。紧张又怎样？"）。

要改变你对未满足需要的重要性的想法和信念，你可以：

- 认定自己的处境优于别人（"至少我还能与人见面。可怜的约翰工作太忙了，他连一个人都见不到"）。
- 把你的痛苦看作必要的或暂时的（"事情就是这样"，或"我终究会找到某人来做，我不会再经历这些了"）。
- 关注情境积极的一面，最小化消极的一面（"如果我去，我可能会玩得很开心"）。
- 看轻目标，相信无论结果如何你都会做得很好（"如果他拒绝，那也不是世界末日"）。

通过改变或降低情绪痛苦本身的强度来缓解它，你可以通过替代活动来释放情绪能量：

- 运动有助于缓解挫败和愤怒。
- 冥想有助于缓解悲伤和愤怒。
- 与善于倾听、富有同理心的人交谈，有助于减轻悲伤、羞愧和焦虑。

用酒精或毒品改变自身感受，通常会让事情变得更糟。

防御机制

防御机制（defense mechanisms）是人们用来扭曲对现实的认识和觉知，以避免令人不快的想法、记忆、情绪和情境的心理过程（**表 4.1**）。一种常见的防御机制是**否认**（denial），即不相信事实。例如，有一个吸烟者不相信自己有患肺癌的风险，尽管他明知吸烟会导致癌症。此人之所以否认事实，旨在阻止对事实的觉知，可能是为了回避对死亡的恐惧。

防御机制保护我们远离我们认为有威胁的思维和信念；我们扭曲现实以获得安全感。基于错误基础的需要满足策略，其结果通常会导致需要无法得到满足。这可能会引发失望、抑郁、不再参加或避

表 4.1 常见的防御机制

防御机制	描述	案例
否认	完全拒绝真相或客观现实。	一个每天喝 6 瓶啤酒的大学生,认为自己不存在酗酒问题。
压抑	将痛苦的思维和感受存入无意识。	一个强奸受害者对被性侵毫无记忆。
投射	将自身的思维和感受归于其他人。	一个不喜欢其室友的学生,却认为是室友不喜欢自己。
置换	将对原始目标的情绪转移到其他目标上。	你对父母很生气,却对自己最好的朋友怒吼。
反向形成	相信并体验到与你的真实感受相反的感受。	你对某个你不喜欢的人很友善。
合理化	为你的行为编造一个看似可信却是错误的理由。	认为自己考试挂科,是因为老师教得不好,而不是因为自己学习效率低。
认同	想象某人或某个群体的属性是你自己的。	因为自己最喜欢的球队获胜而有优越感。
分离	将思维和感受划分到觉知的不同部分。	一个成功的谈判专家经常与邻居不和。

免卷入类似的情境,以及物质滥用。

扭曲现实并不总是坏事。有时候,因为感到不堪重负、经历创伤或虐待,扭曲现实还是必要的。这时,否认可能是一种"心理休假"的方式。然而,从心理健康的角度来看,关键是你要知道自己什么时候是在"幻想之旅"中,什么时候不在,不要让某些防御性的思维方式成为习惯,阻碍你对健康和有意义生活的追求。你可以通过学习观察你的心智如何运作来做到这一点。冥想、瑜伽、现代心理治疗以及其他有助于聚焦觉知和调动个体意识的诸多实践,目的就是获得这种自我认知。

促进应对

即使情绪让我们意识到生活中有些事情并不顺利,我们也并非总是知道问题是什么、最好的解决方法是什么,以及如何克服惧怕改变、如何克服长期存在的惰性。人们不应该默默承受痛苦,也不应该相信自己有缺陷或者"疯了",而应该从可信的家庭成员、朋友、老师和心理健康专家(如咨询师、心理治疗师和精神科医生)那里寻求支持和建议。与这些人接触,有助于处于困境的人获得一个看问题的新视角,找到可行的解决方案。

心理治疗师是经过大量专业、系统训练的专业人士,专门帮助人们处理他们的情绪痛苦。无论一个人是有自卑感,还是在恋爱关系中被恋人那令人痛苦的依赖所困扰,或是被恐惧束缚,心理治疗师都可以促进其改变,让一个人的生活变得更好。这种改变不仅来自谈话,还来自帮助痛苦之人采取新的行为和态度。在理智上知道个人问题的根源,甚至知道该如何解决,但面对不愉快的情绪并采取新的行动,仍着实不易("地图不是道路")。

无论采用何种治疗方法,心理治疗的价值在于痛苦的人相信专业人士有能力促进其改变。这种信念产生了一种信任的状态,使痛苦的人能够诚实地面对自己,吐露痛苦的、有损其形象的想法、记忆和情绪,而这一切是不太可能与朋友或亲人分享的。

愤 怒

当我们感到自己受到攻击、责备、伤害或遭受了损失时,愤怒便会产生;当我们想象自己受到了攻击、责备、伤害或遭受了损失时,愤怒便会产生;当我们想象自己可能受到攻击、责备、伤害或遭受损失时,愤怒便会产生;或者当追求一个重要的目标受阻(挫折)时,愤怒便会产生。有时候我们会愤怒,是因为我们觉得某些事情具有威胁性,而事实并非如此。在这种情况下,我们只是因为自己的想法而让自己变得愤怒。

愤怒是一种兴奋性的情绪,可以提供动机能量来保护我们自己或我们关心的事物,或者帮助我们克服阻挡我们实现目标的障碍。我们用愤怒来阻止身体或心理虐待,保护自己免受损失的痛苦。

愤怒往往是情境性的,而**敌意**(hostility)则是一种个人特质。其特征是对他人持续的不信任,愤世嫉俗,一种夹杂着愤怒、厌恶和轻蔑的个人情绪风格,倾向于以明显的攻击、冷嘲热讽或批评来表

家庭争吵会破坏父母和孩子的情绪健康。

达这些感受。研究表明，敌意与心脏病风险的增加有关（Suls, 2013）。

应对愤怒的一个建设性方法是：审视并改变引发愤怒的想法。例如，为了应对挫折，你可以重新评估你无法实现的目标的价值，或者重新考虑你为实现目标而采用的策略。把你的烦恼归咎于别人可能让你感觉好些，但重新评估自己如何落到如此境地，可能往往更有成效。改变自己比改变他人要容易得多。

另一个应对愤怒的策略是宽恕。宽恕别人，并不表示别人的冒犯是可以接受的，甚至也不代表你想和那人重修关系。当你宽恕时，你就释放了内在愤怒的心理负担和生理紧张，你也就为这件事获得心理解脱和随之而来的内心安宁铺平了道路。此外，你也对自己的健康和幸福作出了贡献（Webb, 2013）。

下次你感到愤怒的时候，如果有必要的话，花几秒钟、几分钟或几天的时间"暂停"一下，问问你自己，是什么让你感到愤怒。你是真的受到了伤害或威胁，还是因为你把情境解释成这样，从而致使自己变得愤怒？如果你因为没能完成目标而感到受挫，那么你的目标是否切实可行？你是否对自己期望过高？你是否对别人期望过高？你实现目标的策略可行性如何？还有更好的策略吗？你有没有把你的目标、需求、计划和愿望，清晰地告诉那些你想要或期望从他们身上获得帮助的人？

社会支持有助于健康

社会支持（social support）是指个体从他人那里获得的资源，尤其是那些在他的直接社交网络中与其有情感纽带或社会关系的人，如家人、朋友、同学、同事、团体成员和社区内的专业助人者。社会支持有诸多类型，包括：

- 情感性支持，包括安慰、接纳、爱、信任和亲密。当你感到被关心、接纳和理解时，你就会感到不再那么孤独，你的自尊会提升，你会对管理好自己的生活感到更加自信和乐观。当你提供情感性支持时，你会感受到被信赖，并从帮助他人中获得快乐和满足。
- 工具性支持，包括切实的帮助以及给予物质与经济的支持。有时候，你需要有人带你去看医生、给你送餐，或者借钱给你。
- 信息性支持，包括关于环境中资源的具体信息和知识。缺乏信息会阻碍决策，导致反刍思维，只顾担心自己的处境而不采取行动。
- 评估性支持，包括决策方面的帮助。有时候，你不确定该采取什么行动，所以你会向知识渊博、值得信任的人征求意见和建议。
- 包容性支持，包括促进个体对社区或团体的归属感，以及促进其进行社会接触、参与团体活动。加入团体可以减轻孤独感，提供嬉戏、娱乐和给予帮助及接受帮助的机会。

与咨询师交谈，可以帮助解决情绪问题。

应对愤怒和冲突的一些小贴士

下面是一些应对愤怒的建设性建议。

- 承认你的愤怒。当你觉知到自己的愤怒时，关注它，然后花些时间查明是你的哪些想法导致了它。你受伤了，受挫了，还是害怕了？到底是什么事让你生气？
- 为自己的愤怒承担责任。尽量不要用"都是你的错！"或"如果不是因为你……"或"如果你……就好了"等想法和语言将自己的愤怒归咎于他人，除非你确定就是别人的错。
- 冷静。即使你非常愤怒，也不要在它的影响下立即采取行动。相反，要留出时间来冷静思考愤怒，以及如何最好地表达它。
- 化解愤怒。尽量不要让愤怒随着时间累积。否则，你会变得满腹愤恨，这可能导致你在情感或身体上疏忽自己，或者把愤怒转移到其他人身上，比如孩子或同事身上。
- 不要突然攻击别人。在别人最意想不到的时候，愤怒地攻击他们，这是不公平的，只会招致怨恨或反击，而不会带来和解。
- 具体问题具体分析。当你和对方谈论情感冲突时，确切说出引起愤怒的原因，并且不要离题，不要提及过去的伤痛。在第一个问题解决之前，不要讨论第二个和第三个问题。如果出现其他问题，把它们写下来，以便随后讨论。讨论问题时，要养成随手记笔记的习惯。不要忍不住提起次要的问题，来为自己受伤的感受进行报复，或者以此来逃避解决当前的问题。
- 不要采用不正当的手段。在一场争吵中，不要因为自己快要输掉争论而用你明知会伤人的话攻击对方。
- 解决问题，而不是攻击他人。不要用贬低和指责来中伤他人。使用第一人称来表达不满。如果有人用言语贬低你，不要去报复他，你可以说："哎哟，太伤人了。"这样能促使对方停止攻击，接着继续讨论问题。如果你去回击他，就可能从争论问题转到了互相贬低上，然后就会因为感觉受伤害而产生争吵。
- 尊重别人也就是尊重自己。在解决争端的时候，努力保持尊重的态度。尽量去理解对方的观点。提请对方尊重你和你的感受，即使你们有分歧。
- 别着急，慢慢来。有时候，你能感觉到引起愤怒的问题并未得到解决。认识到这一点，可以再花几个小时或几天的时间重新思考，然后再讨论。因为有时情绪太过强烈，无法清晰地思考。其实，你只是需要时间去思考和解决问题。
- 亲昵行为是可以接受的。在问题解决之前，性行为或任何其他的亲昵行为都是可以接受的，只要它不被认为是问题解决的标志。亲昵行为表明，在亲密关系中，双方可以就事论事，一码归一码。
- 双赢。当双方就某一问题进行讨论并就结果达成一致意见后，如果一方或双方还心存怨恨，那么这场争论就产生了赢家和输家，双方的关系就受到了伤害。怀恨在心是问题没有得到解决的信号。那就重新再讨论一次吧。

大量研究表明，拥有丰富社会支持的人更长寿，生活得更健康（Tay et al., 2011）。社会支持通过以下几种方式促进健康。第一，社会支持鼓励人们健康地生活。当你决定定期锻炼、少吃垃圾食品或戒烟时，来自家人和朋友的鼓励、建议和支持可以帮你坚持你的计划。此外，当你有压力或生病时，社会支持可以帮助你照顾好自己，包括获得健康专家的帮助和遵守医嘱。第二，社会支持可以让你感觉良好。当别人关心你的时候，你会自我感觉良好，会对实现目标更乐观，并且不会那么孤独、焦虑和抑郁。所有这些因素都有助于改善健康状况。第三，社会支持会减少身体的应激反应，增强免疫功能，从而降低患病的风险。

在许多方面，社会支持都是相互的。付出才会有回报。因此，当你愿意提供社会支持时，你就会成为一个配得上得到社会支持的人。在生活中，你有时会从你已建立的社会支持资源处搬走。例如，离家去上大学，或者为了工作而搬家。这时你要努力重建支持网络。建立支持性社交网络的一个行之有效的策略是，参与校园或社区中你感兴趣的活动、团体和组织。例如，参加健身班或兴趣小组，在医院、博物馆、教堂或社区中心做志愿者，或者参与到你所相信的事业中去。团体常想吸纳新成员，你会遇到与你有相似兴趣的人，并和他们一起做事情。最值得做的活动就是去帮助他人。

人们寻求和接受社会支持的意愿各不相同。有些人喜欢独自面对挑战，只有在绝对必要的时候才会寻求帮助；而有些人则更倾向于提供和接受他人的支持。无论是哪种情况，相信在需要的时候可以得到支持，即**感知到社会支持**（perceived social support），能让人感到自己受重视，能使人从容应对生活中的压力，不管支持是否确实能得到。

恐惧、恐怖症和焦虑

每个人都在某个时候体验过恐惧。恐惧是一种强大的情绪，如果情境被解释为"危险的"，它便会出现。恐惧的目的是提醒你采取保护行动——通常是战斗、逃跑或寻求帮助。例如，如果你在森林里徒步旅行，遇到了一条蛇，你会很自然地把这种情境解释为危险的，这就会让你产生恐惧情绪，进而激发某种自我保护的行为，可能是试图逃跑。然而，如果你认识到蛇是无害的，但仍将这一情境解释为危险的，那么它所触发的恐惧情绪就是错误的。由此可见，"解释"这一认知行为在恐惧体验中是多么重要。

恐怖症（phobia）涉及强烈的、非理性的恐惧。phobia一词来自希腊语phobos，意思是"逃跑"。因此，恐怖症会让我们逃避我们所害怕的事物或情境——既在比喻意义上也在现实意义上逃避它们。恐怖症可以是对任何事物的恐惧：蜘蛛、蠕虫、蛇、蜜蜂、玫瑰、某种颜色、飞行、船、黑暗等等。常见的恐怖症有恐高症（害怕高处）、不洁恐怖症（害怕灰尘和病菌）、恐蛇症（害怕蛇）和动物恐怖症（害怕动物）。一种尤其让人丧失能力的恐怖症是场所恐怖症，这是一种对开阔空间的恐惧。场所恐怖症患者通常深受恐惧的困扰，以至于他们甚至不敢外出办事或购物。

恐怖症患者几乎总是知道，这种恐惧是非理性的且不合逻辑。尽管这样，即使只是想到害怕的对象或情境，还是无法控制焦虑。恐怖症通常是在童年时由一件可怕的事件引发，这件事可能被清楚地记得，也可能被储存在无意识之中。例如，一个4岁的小男孩在花园里闻玫瑰花时被蜜蜂蜇了一下，可能在数年后一闻到玫瑰的香味就感到恐惧，或是对蜜蜂过度恐惧。

特定恐怖症，包括场所恐怖症，可以通过各种表象视觉化技术和系统脱敏疗法来治疗，还可以通过催眠疗法来揭示无意识中的敏感事件。因为恐怖症只存在于内心之中，所以治疗必须在内心进行。想象是一个强有力的工具。当你在家中或治疗师的诊室里感到安全放松时，通过想象害怕的事物，内心能逐渐学会对引起恐惧的物体或情境感到舒适。例如，一个患有场所恐怖症的人，可以从躺在家里想象着打开门往外看开始。这样练习几天后，他可以进一步想象走下楼梯，等等，直到他可以想象走到街角，同时还感到安全和自在。在想象了外出行走之后，下一步就是真的打开门走出去。系统脱敏疗法的关键是监测焦虑，只采取感觉安全的步骤。在这个过程中，一个可信赖的咨询师或朋友是必不可少的。

如果说恐惧是对被解释为有威胁的情境的反应，那么**焦虑**（anxiety）则是对被解释为有威胁的想象情境的反应，这种想象的情境通常是还未发生的事情。焦虑的目的是警告你潜在的危险情境，而且它可以有多种形式。例如，如果你担心在徒步旅行中遇到蛇，你就会感到焦虑，尽管这会提高你对这种潜在危险的觉知，但这也可能使徒步旅行变得不愉快，或者使你放弃徒步旅行，即使旅行途中根本不存在遇到蛇的可能性。

焦虑是正常生活的一部分。它帮助我们预测生活中的挑战，并使我们为之做准备。一定程度的焦虑可以提高工作表现，因为它有助于使人们集中注意力，促使其付出努力。然而，有些人的焦虑程度会损害正常的日常功能和健康。这种焦虑往往在生理和心理上比一般的焦虑更为强烈，它似乎与特定的情境不成比例，甚至毫无关系。美国有超过1 900万的成年人患有某种主要类型的焦虑障碍（**表 4.2**）。每年，约有20%的北美大学生被专业人士诊断患有焦虑障碍并接受专业治疗（American College Health Association, 2017）。

社交焦虑障碍（social anxiety disorder）的特征是一种持续的、普遍存在的对被他人观察和评价的恐惧。这种恐惧几乎在所有的社交场合都存在，而且大部分时间都存在。被诊断患有社交焦虑障碍的人，总是担心他们会做或说一些让自己尴尬或丢脸的事情。他们会通过回避大多数社交场合或人际互动来减少这些感受。如果无法避免，他们将会承受巨大的焦虑和压力。社交焦虑障碍患者通常没有什么朋友，他们会辍学，处于工作环境或保住工作均有困难，通过饮酒或吸毒来缓解焦虑，并经常患上其他的心理问题。

在美国，大约6%的人患有社交焦虑障碍。应该强调的是，社交焦虑障碍的诊断不仅仅指在工作或

表 4.2　焦虑障碍的类型

障碍类型	描述
社交焦虑障碍（社交恐怖症）	持续、强烈和长期害怕被他人关注和评判，对自己的行为感到尴尬或丢脸，在日常社交场合（如在正式或非正式的场合中讲话、在他人面前吃喝，或者最严重的情况下，只要出现在别人面前）有着强烈且过度的自我意识。恐惧可能会严重到影响工作、学习和其他日常活动。伴随的躯体症状包括脸红、大量出汗、颤抖、恶心和说话困难。
惊恐障碍	强烈恐惧的突然和反复发作，同时伴有躯体症状，可能包括胸痛、恶心、心悸或心跳加速、呼吸急促、腹部不适、感觉大汗淋漓、虚弱、昏厥、头晕、脸红或寒冷。恐惧的感觉可能会在没有任何预兆的情况下突然袭来，并反复发作。手可能会感到刺痛或麻木。患者可能会有窒息感、不真实感，或者对即将到来的厄运或失去控制产生恐惧。
广泛性焦虑障碍	长期的焦虑、过度的担忧和紧张，即使没有什么诱因。焦虑通常伴随着疲劳、头痛、肌肉紧张、肌肉疼痛、吞咽困难、颤抖、抽搐、易激惹、出汗和潮热。
强迫症	反复出现的、不想要的想法（强迫意念）和/或重复的行为（强迫行为），如洗手、数数、检查或打扫。做这些行为通常是希望防止强迫性想法出现或使其消失。做这些仪式化行为只能提供暂时的缓解，不做则会显著增加焦虑。
创伤后应激障碍	脑海中持续出现关于以前的创伤经历的可怕想法和记忆，创伤经历通常包括遭到严重的身体伤害或威胁；患者在情感上麻木，与曾经亲密的人在一起时尤其为甚。患有创伤后应激障碍的人可能存在睡眠问题、感到疏离或麻木，或很容易受到惊吓。

社交场合的人际交往中感到害羞或紧张，通常还表现为连简单的人际互动也力图回避：无法与权威人物（如老师或老板）交谈，也避免与同事的非正式互动，不接受社交邀请，甚至在小群体中也无法交谈。然而，制药公司的广告会让你相信，几乎任何形式的害羞，都意味着患有社交焦虑障碍，需要服用他们的药物。因此，直接忽视这类广告可能是明智的。

惊恐障碍（panic disorder）涉及突然的、可怕的惊恐发作，通常在没有预兆的情况下发生。惊恐发作往往发生在身体其他方面均健康的年轻人身上，其特征是突然出现的强烈恐惧、心跳加速、呼吸急促、令人麻痹的恐惧、出汗，以及对死亡或失去控制的恐惧。由于这些症状，惊恐障碍以前被称为应激性心脏综合征或通气过度综合征。因为导致惊恐发作的先行事件通常无法确定，所以它与恐怖症（害怕蛇或空中旅行等特定事物）或其他类型的焦虑障碍非常不同。

在美国，惊恐障碍影响了大约 7% 的健康成年人，严重降低了他们的生活质量。惊恐障碍患者经常因出现头晕、肠道不适和心脏病发作的症状而被送进医院急诊室。针对惊恐障碍进行的所有医学诊断检测都是阴性的，但症状仍会反复出现。虽然惊恐障碍的病因目前尚不清楚，但研究表明，大脑中的神经递质紊乱与此有关，这可能是一些惊恐障碍患者可以通过药物治疗获得帮助的原因。

由于惊恐发作的突发性及其强度出乎意料，惊恐障碍患者往往只需知道他们"是病了而不是疯了"就能得到帮助。这一认识为采取其他有效措施开辟了道路，包括识别可能触发惊恐发作的想法和情境（例如，即将到来的考试、家庭问题，或注意到强烈的心跳或浅呼吸，这可能意味着惊恐发作的开始）。

广泛性焦虑障碍（generalized anxiety disorder）的特征是持续的、过度的担忧和焦虑感。这一障碍与恐怖症、惊恐障碍或社交焦虑障碍不同（见表 4.2），它有自己的一套诊断标准：

- 在至少 6 个月的多数日子里，对工作或学校表现等诸多事件和活动表现出过分的焦虑和担心。
- 个体难以控制或应对这种焦虑和担心，并感到它影响了工作表现或日常生活的其他方面。
- 焦虑必须至少伴随以下情况中的三种：坐立不安或感到激动或紧张、容易疲倦、难以集中注意力或头脑一片空白、易激惹、肌肉紧张、睡眠紊乱。
- 这种障碍不能归因于某种物质（如滥用的毒品、药物）的生理效应或其他躯体疾病（如甲状腺功能亢进）。

正常担忧的终点在哪里，过度焦虑的起点又在哪里？这个问题似乎没有明确且简单的答案。例如，许多人对支付账单、保住工作或在学校取得好成绩

应对日常生活的"药"

在一则处方药的美国电视广告中,一位女士正站在厨房里,水槽里堆满了脏盘子,地板上散落着玩具,操作台放着等待处理或烹饪的食物。观众们听到了这个女人内心的声音,她在焦急地抱怨着所有这些她不得不做的事情,抱怨当前的局面多么难以应对。毫无疑问,她压力很大。这则广告告诉观众,对生活挑战的过度反应可能是焦虑障碍的迹象,需要去看医生、寻求药物治疗。广告的结尾,还是同一位女士在同一个厨房里的画面,现在厨房变得干净整洁。她内心的声音不再是抱怨,而是歌唱。这一切都要归功于广告所宣传的药物。

这则广告的制作者采用的策略是,将生活中正常的一面定义为疾病,以此来增加处方药的销量。这一策略也曾用于害羞和失眠(Moloney et al., 2011)。在每种情况下,广告所宣传的药物最初都是因为能治疗某种疾病而获批准。然而,药物的营销推广关注的则是日常生活中不可避免的症状,而这些症状其实不适合用药物治疗,因为药物不能解决导致问题的根源,而且它们的副作用会带来健康风险,某些情况下还可能导致上瘾。

下面是另一个将寻常体验"疾病化"的例子,旨在销售原本用于其他目的的药物。处方药莫达非尼被美国食品药品监督管理局批准用于治疗发作性睡病(一种严重的医学疾病,其特征是在清醒活动期间突然和非自主地入睡),并改善一些夜班工人所患的轮班工作睡眠障碍。然而,在美国食品药品监督管理局要求制造商停止虚假宣传之前,莫达非尼的广告一直声称该药物适用于疲劳、倦意、嗜睡、活力减退或缺乏能量——这些症状符合美国很大一部分比例的大学生和许多心理障碍(如抑郁)患者的特征。那些因为不睡觉而在醒着时昏昏欲睡的人并没有得病,只是在"品尝"自己所做选择的可预见的后果。困倦的人若能关掉电视、电脑和手机,获得更多的睡眠,而不是冒着副作用和可能永久改变大脑生理结构的风险去服用什么药物,那么他们会感觉更好。

永远记住:制药公司是以营利为目标的大型企业。它们只在有利可图时才会关心你的健康。你要对自己的健康负责。你最好忽略掉这些广告,除非制药公司不再用广告忽悠消费者。

等有持续的担忧(广泛性焦虑)。焦虑者可能在睡眠上有问题,或大部分时间都处于紧张状态。一个人是否有精神疾病,另一个人是否精神健康,这取决于他们对金钱、工作或学校问题的焦虑程度吗?这是治疗那些持续担忧之人的心理治疗师面临的困境。

强迫症

强迫症(obsessive-compulsive disorder, OCD)的特征是反复的、持续性的、侵入性的和不必要的想法、冲动或画面(强迫意念),经常伴随的是:无法控制地迫切需要进行某些行为(强迫行为)。患者做出洗手、数数、检查或打扫等仪式化行为,通常是希望以此阻止强迫性想法的出现或使其消失。然而,进行这些仪式化行为只能提供暂时的缓解,而不进行则会显著增加焦虑。在美国,有大约 2% 的人受强迫症影响。强迫症通常开始于青少年期或儿童晚期。它有时伴有抑郁、进食障碍、物质滥用、注意缺陷多动障碍或其他焦虑障碍。强迫症的多种症状也可以共存,甚至可能是神经系统疾病连续谱的一部分,比如图雷特综合征。强迫症可能有着神经生物学基础,而不是由家庭问题或儿童期习得的态度——比如过分强调清洁,或认为某些想法是危险或不可接受的——造成的。强迫症的治疗包括药物治疗和认知行为疗法。

抑 郁

美国大约有 17% 的人在他们的一生中经历过一次**重性抑郁**(major depression)发作。其特征是感到悲伤、空虚、无望,对之前喜欢的活动兴趣降低,以及其他各种各样的症状(**表 4.3**)。如果问他们感觉如何,抑郁者通常会说,"生活很无聊"或者"做这些有什么用?"。抑郁的一个标志就是一种无助/无望的态度。

美国大学健康协会(American College Health Association, 2017)报告称,近一半的大学生在一个学年中的某段时间感到非常抑郁,以至于难以正常学习和生活;大约 17% 的大学生,其抑郁达到须接

表 4.3 常见的抑郁症状		
心理症状	**行为症状**	**躯体症状**
抑郁心境	发作性哭泣	疲倦
易激惹	人际冲突	睡眠减少或过多
焦虑／紧张不安	愤怒情绪发作／爆发	食欲增加或降低
注意力下降	回避诱发焦虑的情境	体重降低或增加
缺少兴趣／动机	社交退缩	疼痛
不能享受美好事物	工作狂	肌肉紧张
性兴趣减退	烟草／酒精／毒品使用或滥用	心悸
对批评／拒绝过度敏感	自我牺牲／受害状	灼烧或刺痛感
犹豫不决	自杀尝试／姿态	
悲观／无望		
无助感		
沉迷于自我		
死亡或自杀的想法		

受治疗的程度。美国大学生的抑郁症状与其他成年人大致相同，但也包括一些学生特有的症状：

- 不再参加之前令其愉快的社交活动；
- 学习成绩下降；
- 无法集中精力做功课，阅读学习材料变得十分困难；
- 与学习或考前集中复习无关的睡眠紊乱（比平时睡得更多或更少）；
- 比平时喝更多的酒。

通常，抑郁的学生意识不到自己有问题。相反，

许多事情都有可能使我们暂时感到抑郁。

父母、朋友、室友或宿舍管理员可能会注意到他们的抑郁症状，并鼓励其寻求帮助。

抑郁可能是个体丧失了其所珍视或依恋的人或事物的正常反应，如失去所爱之人、工作、健康或自尊（例如，当个体没有成功完成他认为重要的任务时）。当个体经历丧失时，感到悲伤、抑郁并为丧失哀悼，这都很正常。悲伤和哀悼是精神治愈丧失之痛的方式，也是开启新的依恋关系的方式。当正常的抑郁与丧失有关时，抑郁的个体可能同时意识到，这种经历是短暂的，并且尽管感到悲痛，但仍感觉未来还有希望。这种抑郁往往在悲痛结束后解除。

与伴随丧失经历而来的正常抑郁不同，有些人会经历长期的抑郁或周期性的深度抑郁发作，这两种情况不是自限性的，可能妨碍人们的生活，甚至危及生命。这些抑郁是对压力、严重的心理创伤、伤害、疾病、大脑某些部位的生物学异常或多种因素组合的反应。在一些人中，抑郁的主要发作期伴随着兴奋的欣快（躁狂）期，这是一种被称为**双相障碍**（bipolar disorder）的疾病。

有些人在冬季容易抑郁，这是因为缺少阳光照射会扰乱大脑中影响心境的神经递质的产生。这种**季节性情感障碍**（seasonal affective disorder, SAD）可以通过一些简单的方法来治疗，比如较多地暴露在比正常室内灯光更强的模拟阳光中，或搬迁到冬

抑郁是全球性的

思老母不由人肝肠痛断，
想老娘不由人珠泪不干。
眼睁睁高堂母难得见，儿的老娘啊！
要相逢除非是梦里团圆。

——京剧《四郎探母》

忧郁和抑郁是没有地理界限的，上面这首描述抑郁躯体特征的中国戏曲唱段，很好地说明了这一点。几乎所有的文化中都有关于抑郁的记载，尽管患病率有所不同。例如，在亚洲，抑郁就没有北美洲和欧洲那么普遍（表4.4）。美国的抑郁患病率甚至因文化群体而异：在非洲裔和西班牙裔美国人中，抑郁的终身患病率约为12%；在欧裔美国人中，则为17%。

除了患病率外，不同文化中的抑郁表现也不尽相同。在一些美洲原住民文化中，抑郁往往表现为社交孤独。一个典型的高加索裔北美人或欧洲人，很可能会表现出抑郁的心理症状，如忧郁、闷闷不乐、对娱乐失去兴趣。然而，在亚洲文化中，抑郁往往表现为躯体不适（如上述中国戏曲中提到的），如疲劳、食欲不振和睡眠问题。

抑郁的求助行为也因文化而异。拉丁美洲男性和中国内地的人们抑郁时往往不寻求帮助，因为他们害怕这样做会给自己带来"脆弱"的污名。在日本和中国香港，抑郁往往表现为一种躯体微恙，人们倾向于咨询医生，以缓解躯体症状。拉丁美洲女性和欧裔美国人更愿意咨询心理健康专业人士。

表4.4　抑郁在世界上某些地区的流行程度

地 区	抑郁疾病负担
东欧	1 350
北非、中东	1 300
拉丁美洲热带	1 200
西欧	1 100
北美（高收入国家）	1 000
拉丁美洲南部	1 000
亚洲东部	900
中欧	900
澳洲	750
东亚	770
撒哈拉以南非洲西部	700
亚太（高收入国家）	600

注："抑郁疾病负担"等于患者人数乘以该疾病的严重程度。

数据来源：Burden of depressive disorders by country, sex, age, and year: Findings from the Global Burden of Disease Study 2010. *PlosMedicine, 10*(11), e100157.

季光照更多的南方地区。

抑郁有时也会伴随重病或伤害而来。在这种情况下，抑郁是多种因素综合作用的结果。比如，对健康的丧失感到悲伤，应对生病的压力，缺乏锻炼和作息不规律，社会活动被扰乱，或者可能经历了改变脑内化学物质的生理变化。药物也可能使人容易抑郁。有些人会经历一种被称为**恶劣心境**（dysthymia）的轻度抑郁。与重性抑郁障碍一样，恶劣心境与睡眠、食欲及集中注意力功能紊乱有关。

重度抑郁症的特征之一是极大程度的消极思维，包括严厉的自责，对自我、世界和未来持消极看法，以及在评估自我和世界时存在多种逻辑错误。其中包括：

- 全或无思维：以两极化的眼光看待事物（例如，全是好的和全是坏的）。
- 以偏概全：将一次挫折，解释为每一个相似情境都永远不会好的证据。
- 消极过滤：只关注消极的一面，过滤掉积极的一面。
- 否定积极的东西：将积极的事件，转变为消极的经验。

主动地对消极思维（通常称之为消极的自我对话）进行觉察，有利于人们采用积极的自我意象，以及对世界做出更现实的评价。相应地，这些又有助于减轻抑郁。认知行为疗法是一种非常成功的治疗方法，可以帮助抑郁者改变他们的消极思维模式。

抑郁的另一个特点是，它会自我强化，从而创造一个抑郁循环。抑郁者的消极思维、社交退缩、对愉快的体验失去兴趣，均会增强他们的无价值感、无助感和无望感。从抑郁中恢复，不仅要打破抑郁循环，还须调整导致抑郁的生活状态。娱乐活动可以转移人们对消极思维的注意力，并削弱抑郁循环。

应对抑郁的一个方法就是：让生活重新开始。这可以通过设定和实现简单的、可在短期内达成的目标来完成。这些目标应该包括恢复基本呼吸节律和其他身心节律的运动，这些运动可改变脑内化学物质，促进愉快（取代不愉快）的心境。许多抑郁者通过定期锻炼得到了解脱。

此外，抑郁者应该多与能提供支持的人交流、互动。与世隔绝，只会增加失落感和无价值感。还有，抑郁者不应与朋友和家人过多谈论生活中的负面话题。

有几种药物可以治疗抑郁（Gartlehner et al., 2016）。医生最常开的药是选择性 5-羟色胺再摄取抑制剂（SSRIs）。其他药物包括三环类抗抑郁药和单胺氧化酶抑制剂。在许多情况下，选择性 5-羟色胺再摄取抑制剂之所以能成功治疗轻度抑郁，原因在于它发挥的也许是安慰剂效应，而不是药物的药理学作用（Fournier et al., 2010）。安慰剂起作用的一个可能原因是，抑郁的一个主要特征是一种无助/无望的态度，在预期药物能带来缓解的情况下，会使这种态度转变得更积极、更乐观。因为所有的药物都有副作用，选择性 5-羟色胺再摄取抑制剂尤其与自杀风险的升高有关，对年轻人来说更是如此，所以服用这类药物时必须始终考虑到伤害的风险。对于中度和重度抑郁，选择性 5-羟色胺再摄取抑制剂的作用似乎大过安慰剂。许多治疗轻度抑郁的药物并不比安慰剂更有效。这表明，从轻度抑郁中恢复过来，心理作用比生理作用大，解脱就在于当下相信，眼前的抑郁疗法是最有效的方法。

由于抑郁具有不活动、退缩、无望等特点，而且还有自我挫败的思维和行为，所以个体通常很难开启自己的自我治疗计划。在此状况下，来自朋友或家人的关心和鼓励，以及治疗师、咨询师或其他助人者的指导，都是非常宝贵的。他人可以帮助抑郁者面对抑郁的成因，主动觉察并尽量减少消极的自我对话，即对自我、世界和未来的消极看法；尽量减少自责式的内在对话；尽量减少评估自我和事件时的逻辑错误。

自　杀

抑郁最令人担忧的一个方面就是存在自杀的风险。除了抑郁之外，自杀风险还与惊恐障碍、社交焦虑障碍、创伤后应激障碍、双相障碍和成人注意缺陷多动障碍有关。在美国，自杀是 10 大最常见的死亡原因之一，每年约有 4.2 万人死于自杀。报道的自杀人数，据说仅占自杀尝试人数的 10%~20%。在 10 个主要的死亡原因中，除自杀外，其他 9 个的死亡率都在过去 20 年里有所下降。50 岁以上的人是自杀人数最多的年龄群体。在 15~24 岁的年轻人中，自杀排在意外事故和他杀之后，位列第三。

自杀是大学生死亡的第二大原因，尽管大学生的自杀率（7.5/10 万）为同龄非大学生（15/10 万）的一半。约 11% 的大学生承认，在过去的 12 个月内曾认真考虑过或试图自杀过（American College Health Association, 2017）。通常情况下，自杀尝试发生在突发严重生活危机的同一天或不久之后。为了避免学生自杀，许多大学提供帮助服务，并告知、提醒学生该服务的存在。大学生特别容易受两个自杀风险因素的影响：社交孤立和低效感。年轻人离开家上大学，但在建立起校园支持性社交网络之前，很可能会感到孤独、没有安全感，感到不值得别人关注，所有这些都有可能导致抑郁。此外，因为没有社交网络，他们在焦虑和抑郁时更难获得支持。在学校，因为学业竞争和总是感到跟不上功课而引发的低效感，会导致学生倍感羞愧、无助和内疚。

如果朋友正在考虑自杀

人们有时会向朋友或亲戚表达自杀的念头。这可能令听者极度痛苦，他们可能以怀疑、惊慌或逃避的方式做出反应。为了努力应对自己不安的感觉，听者可能这样说："振作起来，还有很多美好的东西值得你活下去。""你的状况比我好。"或"你肯定不是认真的！"如此这般的回答以及类似的表述，似乎有否认痛苦之人的感受之嫌。心理学家建议，听者应该直接询问其自杀的想法（"告诉我你为什么想自杀"），向痛苦之人提供非评判的同理心和关怀，坚定而耐心地要求他/她立即寻求专业帮助。

通常，有自杀倾向的人会找借口不去寻求专业帮助，甚至试图用恐吓威胁朋友保持沉默（"如果你告诉别人，我现在就去死"）。但是听者必须坚定，有必要的话，可与学生健康中心或医院急诊室的心理咨询师或精神科医生预约，将其送到那里，或者拨打当地的自杀危机干预热线。

自杀不是疾病，也不是可遗传的障碍。自杀更不是由天气或满月造成的。一般来说，人们之所以考虑自杀，是因为他们对生活感到不知所措和无比的痛苦，对改善现状感到无能为力，对改善生活感到无望。有时人们试图自杀，不是因为他们真的想死，而是因为他们想向他人表达愤怒，或者向他人发出求助信号。在这种情况下，自杀尝试的特征是有限的自毁行为，如服用少于致死剂量的安眠药，或设计在试图自杀时能被及时发现以便得救。

当一个人考虑自杀时，他的生活似乎没有希望。但是在生活中，基本上没有什么问题是不能解决的。生活危机会改善，痛苦的情绪终将过去。时间的确能治愈许多伤痛。度过人生艰难时刻所获得的经验，可以带来信心、洞见和领悟。在获得相关经验和领悟后，人们能更好地处理生活中的问题，也能更好地帮助他人应对挑战。

成人注意缺陷多动障碍

成人注意缺陷多动障碍（adult attention deficit hyperactivity disorder, ADHD）的特征是难以专注于活动、组织和完成任务、管理时间、听从指令，以及/或过于焦躁不安、"忙个不停"，并被认为在行动或说话之前不经思考。美国大约4%的成年人被认为患有注意缺陷多动障碍，有近9%的大学生患有注意缺陷多动障碍（American College Health Association, 2017）。未经治疗的成人注意缺陷多动障碍，常与身心健康状况受损、较低的社会经济地位、较低的专业就业率、更频繁的工作变动、更多的工作困难、更多的夫妻分居和离婚有关。此外，患有注意缺陷多动障碍的成年人开车更容易超速和发生交通事故，驾照也更容易被吊销。不仅如此，他们很可能会因为症状带来的持续不适，以及由此产生的个人和社会问题而深感痛苦。

在许多成年人中，注意缺陷多动障碍从儿童期就存在了，那时他们在学校表现和纪律方面存在问题，并被贴上"成心不好好学"和"智力低下"的标签。这种指责、缺乏理解和同情，往往会损害他们的自尊，引发另一个导致成年后在表现方面出现困难的问题。

注意缺陷多动障碍并不是故意的，很可能是脑内生理异常的结果。与其他成年人相比，注意缺陷多动障碍患者在脑内多巴胺和去甲肾上腺素神经递质系统，以及负责注意力和工作记忆的大脑额叶区域的解剖学或功能上存在差异（Rubia et al., 2014）。

患有注意缺陷多动障碍但未确诊的大学生，通常很难完成学校布置的作业、管理不好时间、很难取得好成绩，甚至难以获得学位。然而，通过药物、指导、咨询和健康地生活，患有此障碍的学生可以学会保持条理性，并基本完成大学中的各项任务（**表4.5**）。一些患有注意缺陷多动障碍的成年人，找到了一些方法和途径，使他们的充沛精力、好奇心和对新奇事物的渴望得到了合理发挥，在诸如医生、记者、律师、销售员等职业上取得了成功。

表4.5　患有注意缺陷多动障碍的学生的成功策略

养成做日常计划和列待办事项清单的习惯。

有条理地使用背包收纳。钢笔和铅笔放在外面的口袋里，笔记本放在一个口袋里，作业放在另一个口袋里，把书放在里面。

找一个笔记本专门记录作业。每天列出所有的作业、测验和考试，并完成时打上对号。

制作一个有两个袋子的家庭作业文件夹。在一个袋子上贴上"待完成作业"的标签，把所有要写的作业放进去。在另一个袋子上贴上"已完成作业"的标签，并把所有已完成的作业放在里面。每天检查文件夹。

设法在课堂上集中注意力。为防止分心，可安排靠近老师坐。听课和学习时使用录音设备。

请别人帮助你。如果朋友和老师知道你患有注意缺陷多动障碍，他们更有可能帮助你保持条理性，并协助你管控任务。

自闭症谱系障碍

自闭症谱系障碍（autism spectrum disorders, ASD，也译作孤独症谱系障碍），又称广泛性发育障碍，以一组沟通技能和社交互动存在不同程度缺陷和受限的、重复的、仪式化的行为模式为特征。患有自闭症谱系障碍的人，似乎只专注于自己而不与他人互动。自闭症（autism，也译作孤独症）这个词来源于希腊语 *autos*（意思是"自我"）和 *ismos*（意思是"存在的状态"）。

全世界大约每75名儿童中就有1名被诊断患有自闭症谱系障碍，其患病率超过了糖尿病、脊柱裂或唐氏综合征。在大多数情况下，孩子在早期就会表现出沟通和社交方面的问题，开始明显落后于同龄人。父母可能会报告说，孩子之前一直正常成长，但是突然发生了变化，开始排斥他人、行为怪异，失去了先前习得的语言和社交技能。

对于所有患有自闭症谱系障碍的儿童来说，不存在单一的最佳治疗方法。家长和医务工作者必须以开放的态度，尝试各种可供选择的疗法。到目前为止，最成功的治疗方案可能是那些安排周密、结构化的特殊技能教学项目。不过，不同项目之间的成功率并不一致。常见的治疗方法包括：

- 行为和沟通疗法。该疗法鼓励孩子积极的行为、阻止其消极的行为，以提高各种技能；对孩子的进步进行追踪和测量。
- 饮食疗法。该疗法不让孩子吃某些类型的食物；让孩子服用维生素或矿物质补充剂。
- 药物治疗。该疗法包括给孩子服用特定的药物，它们可以控制精力过剩，治疗无法集中注意力、抑郁或癫痫，控制严重发脾气、攻击和自残倾向。
- 补充和替代医学治疗。该疗法包括给孩子特殊饮食、螯合（去除体内铅等重金属的治疗方法）、生物制剂（如分泌素）或基于身体的治疗体系（如深压按摩）等方法。

自闭症谱系障碍治疗方法的多样性，既反映了自闭症谱系障碍存在多种表现形式，也反映了该障碍可能存在多种病因。在20世纪的大部分时间里，自闭症一直被认为是不当的教养方式致使儿童社会发展受损。后来的研究推翻了这一假说，并为考虑生物学因素开辟了道路。虽然自闭症谱系障碍并非由单个基因引起，但与母亲怀孕后出现的一系列基因异常有关，可能是由于环境污染物对发育中大脑的毒性影响。例如，异常的免疫功能可能会增加患上自闭症谱系障碍的风险。

睡眠与梦

心理健康离不开睡眠和做梦。所有生物都表现出休息与活动的周期性循环，在人类身上表现为每天的睡眠—觉醒周期。每个人都有一个与其身体、心理和精神健康的最佳程度相对应的睡眠—觉醒周期。大多数成年人的最佳睡眠时长为每晚7~8小时，有些人需要更少的睡眠，而有些人则需要更多的睡眠。睡眠时间的长短并不太重要，重要的是一个人醒来时是否感到神清气爽、精力充沛，能否以最佳状态投入工作和生活。美国有近80%的大学生报告说，他们在一周的大部分日子里，都未能获得在第二天早上感觉精力充沛的充足睡眠（American College Health Association, 2017）。

充足的睡眠会提高注意力和专注度，改善心境和增强动力。另一方面，睡眠不足会降低专注度、记忆力、效率和生活满意度，破坏心情和幽默感，甚至连笑话也无法让你笑起来！睡眠不足会严重影响判断力，是仅次于酒驾的第二大交通事故肇因。睡眠不足与全因死亡率、心血管疾病死亡率、压力易感性、超重和免疫功能紊乱均有关联。

睡眠是一种基本的生物学功能。有两种基本类型的睡眠：**快速眼动睡眠**（rapid eye movement sleep, REM sleep）和非快速眼动（non-REM）睡眠。后者可分为4个阶段。每个阶段都有其特定的脑电波模式和活动。在一个平常的夜晚，你会经历数次非快速眼动睡眠的全部阶段及其与快速眼动睡眠的循环交替。在睡眠接近结束时，快速眼动睡眠阶段的时间越来越长，程度越来越深。在快速眼动睡眠中，眼睛会在闭合的眼睑下面快速移动，脑电波的活动会变得接近于清醒时的水平，呼吸会变得更快、更不规律，心率和血压也会上升到接近清醒时水平。大多数的梦发生在快速眼动睡眠期间，尽管有些梦也可能在非快速眼动睡眠期间发生。当你做梦时，你的手臂和腿部的肌肉会暂时瘫痪，这能防止你将梦付诸行动。随着年龄的增长，快速眼动睡眠的时间会变少。记忆巩固很可能既需要非快速眼动睡眠，也需要快速眼动睡眠。大脑中的睡眠中枢控制睡眠行为，就像大脑中的食欲中枢控制饮食行为一样。当你睡眠不足时，你的大脑会产生一种想睡觉的冲动，如果你睡眠严重不足，这种冲动是无法抵抗的。人类的睡眠由5个阶段组成，每90~120分钟为一个睡眠周期（**图4.4**）。

良好的睡眠需要降低由交感神经系统活动增强（如由咖啡因、睡前吸烟、愤怒、担忧或压力导致）引起的生理和心理唤起。暴露在明亮的光线下，比如电脑屏幕，会将入睡时间拉长。给孩子读睡前故事，是一种经过时间检验的好方法，这可以降低他们交感神经系统的唤起，让他们慢慢进入睡眠状态。对成年人来说，常见的方法包括睡前阅读、祈祷或冥想，洗个热水澡或吃点零食。饮酒虽然可能引起嗜睡，

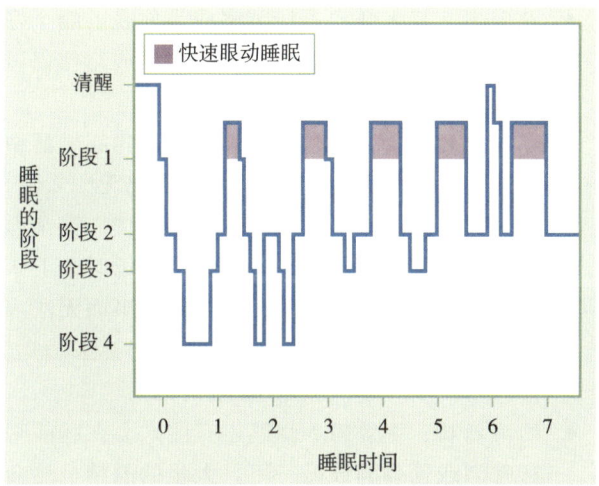

图 4.4 人类的睡眠周期

该图显示了睡眠期间经由脑电图（EEG）测量的大脑活动的变化。

资料来源：U.S. Coast Guard. (2003, January). *Crew endurance management practices: A guide for maritime operations.*

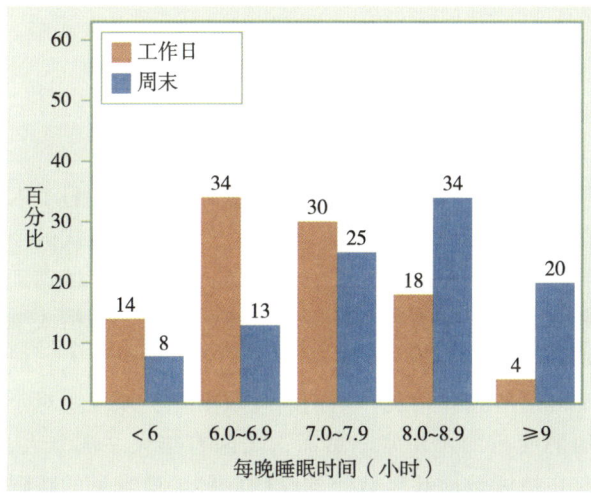

图 4.5 美国成年人在工作日和周末每晚的睡眠时间

注意，许多人在工作日每晚的睡眠时间少于建议的 7~8 小时，而他们在周末用睡得更多来弥补这些少睡的时间。

数据来源：National Sleep Foundation. (2012). Sleep in America 2012 Bedroom poll.

为是有抱负和干劲足的标志。此外，昼夜不停的电视、广播和网络扰乱了人们的睡眠。在 19 世纪末电灯出现之前，人们通常每晚睡约 9 个小时，天一黑就睡觉。睡眠与个体的整体健康状态紧密相关，因此，着力养成健康的睡眠习惯，可以使人身心更加和谐。

大学生与睡眠

熬夜，熬夜，熬夜，熬夜，昏睡。这在大学生中是一种很常见的睡眠模式。从周一至周五，学生们剥夺自己的睡眠时间，以此来完成学业任务、工作、使用电子媒体和社交；在周末，他们用一两次延长的睡眠来偿还自己的"睡眠债"。这种模式很普遍，尽管它看起来很正常，但它是有弊端的。例如，较短的睡眠时间、不规律的入睡/起床作息安排，以及较差的睡眠质量，都与学习成绩不佳有关。因此，颇具讽刺意味的是，少睡觉意在增加产出，结果适得其反（Gruber et al., 2010）。每晚只睡 4~6 个小时，会显著降低注意力、对刺激的反应能力、快速思考能力和多任务处理的能力，并增大了犯错误的概率。

许多大学生都曾有过睡不安稳、睡不踏实的时候。他们上床睡觉，但无法入眠，而是清醒地躺在床上，思虑着他们的待办事项、个人问题、即将到来的考试或演讲，以及几乎所有进入他们脑海的事情。或者他们睡着了，但几个小时后又醒了，继续思考着那些事情，很难再睡着。由于未能睡一晚（或两三晚）好觉，当他们醒来的时候，会变得易激惹、

但实际上会妨碍入睡，干扰获得深度睡眠。

睡眠研究者们认为，要达到在次日神清气爽、精力充沛，每晚需 7~8 小时的睡眠，近半数美国人每晚的睡眠比之少 60~90 分钟（图 4.5）。人们"窃取"自己的睡眠时间，意在为繁忙日程中的其他事务留出时间。睡眠被认为是可牺牲的，不睡觉被认

充足的睡眠和梦，对心理健康来说是必不可少的。

抑郁、疲惫、缺乏动力（甚至不愿做自己喜欢的事情），专注度也会下降。通常情况下，当学业压力减轻、心理压力减退后，恢复精力的正常睡眠就会回来。然而，导致睡不安稳的各种因素有可能变成习惯性的，最终导致慢性失眠（见下面的内容）。

睡一晚好觉

下面是一些获得良好睡眠的建议。

- 建立规律的睡眠时间。每晚在同一时间上床睡觉（前后不超过 1 个小时），睡到自然醒起床，不要用闹钟，这可以让你的自然睡眠—觉醒周期与昼夜交替的周期保持同步。这意味着你要早点上床，留给自己充足的时间睡眠。尽量在周末保持规律的睡眠。那种工作日晚睡、早起，周末睡懒觉，势必打乱你的睡眠—觉醒周期。
- 营造一个（对你来说）合适的睡眠环境。当人们在黑暗、安静、没有干扰、凉爽的环境中睡觉时，会睡得最为香甜。如果你用收音机或电视来助眠，则需要设置好自动关机时间，以便在入睡后使之处于关闭状态。
- 在睡前放松下来。在睡觉前的 30~60 分钟里，停止任何引起心理或身体唤起的活动，比如工作或锻炼、聊天或发短信、玩电子游戏；有意识地去做某种"安静"的活动，向睡眠过渡。过渡活动包括阅读、看"无脑"的电视剧、洗个热水澡、冥想或做爱。
- 让卧室只用来睡觉。让卧室成为你晚上睡个好觉的地方，尽量不要将之用于工作或与伴侣讨论问题。
- 在床上时不要忧心忡忡。如果你因担心生活中的某些事情，在床上躺了 30 分钟仍无法入睡，那就起床去做一些过渡活动，比如读一篇杂志文章、洗洗碗或做做冥想，感到困倦时再上床睡觉。如果你因思虑所有你要做的事而无法入睡，就在纸上写下你的所思所想，然后去睡觉。你可以在第二天早上找到纸上的记录。
- 远离酒精、咖啡因和烟草。有些人会在睡前喝杯啤酒或葡萄酒放松一下。大量的酒精虽然会使人镇静，但也会妨碍正常的睡眠和做梦的模式。因为咖啡因会在体内停留几个小时，所以对其敏感的人在午后就不应再摄入它。尼古丁是一种兴奋剂，所以在睡前也应远离它。
- 定期锻炼。每周锻炼 3~4 次，每次 20~30 分钟，可以促进睡眠。然而，不应在睡前 3 小时内剧烈运动，因为你可能会因过度唤起而无法入睡。

睡眠问题

生活中有着无穷无尽的挑战，所以几乎每个人都会偶尔出现睡眠问题。通常，扰乱睡眠模式的经历包括：生病，时差反应，对即将到来的考试感到紧张，对新事物兴奋，摄入过多的食物、酒精或咖啡因，或失去所爱之人。幸运的是，大多数人一般都能适应这些情况，他们的睡眠节律会恢复（对于他们而言的）正常。然而，美国有很大一部分人，存在持续数周甚至数年的睡眠问题。最常见的睡眠问题包括睡眠不足（失眠）、在白天睡觉（日间嗜睡），以及与睡眠相关的异常活动（异态睡眠）。

失 眠

大多数有长期睡眠问题的人都有**失眠**（insomnia）。他们很难入睡或保持睡眠状态，或者睡几个小时醒来后便无法再次入睡。失眠导致个体在白天感到疲劳、想打盹、难以集中注意力、判断力受损以及对生活失去热情。尽管失眠可能与大脑睡眠中枢的疾病或损伤有关，但引起失眠的原因通常是躯体疾病、慢性疼痛、压力、抑郁、焦虑、强迫性反刍思维、惊恐发作、创伤后应激障碍，以及药物或酒精滥用。

有时,由于失眠,人们在白天很难保持清醒。他们可能会在大多数的时间里感到困倦,在日常活动中很容易打瞌睡,或者可能一有机会就小睡一会儿。由于晚上睡眠不足,约有20%的大学生,如果被允许躺在黑暗、安静的房间里,几乎立刻就能入睡。在白天入睡的极端倾向被称为**发作性睡病**(narcolepsy)。

失眠与多种身体健康问题有关,包括更长的患病时间、高血压、2型糖尿病、慢性呼吸道疾病、关节炎、躯体疼痛和头痛。失眠会增加抑郁、焦虑和物质滥用的风险。因为缺乏睡眠是一种压力,因此会促使产生应激激素,这又往往会使睡眠不足的情况持续下去。此外,应激激素可能是失眠与超重之间存在关联的原因,特别是在儿童群体中(Magee & Hale, 2012)。

失眠患者想努力改善他们的状况,使用的策略包括:早早上床睡觉,即使睡不着也在床上多待一会儿;试着使用小睡的方式;有些人还尝试使用酒精和安眠药。总的来说,这些策略都是失败的。因为它们扰乱了睡眠的生物机制,没能解决失眠的根本问题,即对自己入睡能力的消极预期,以及随之而来由这些想法引起的生理唤起。换句话说,对睡不着觉的担心本身就是一种心理生理学刺激,而这会阻碍入睡。为了克服失眠,人们必须遵循睡眠卫生建议,采用某种形式的放松技术(如冥想、渐进式肌肉放松),觉察并改变自己对入睡的担忧。例如,不要只是担心,而是认识到自己正在担心("又开始担心了"),然后提醒自己,这种担心既不必要("我不会再睡不着觉的"),也适得其反("这些想法对我没有帮助")。对于失眠,改变人们关于睡眠的想法和学习适当的睡眠卫生知识,比药物治疗更有效(Mitchell et al., 2012)。此外,许多处方安眠药(催眠药、抗抑郁药、巴比妥类药物)都存在一定程度的风险(MayoClinic.com, 2017)。

睡眠异态

睡眠异态(parasomnias)存在多种形式,并有可能妨碍安睡。常见的睡眠异态包括:

- 梦魇,引起害怕、恐惧、焦虑或恐慌感的梦。
- 梦游症,也被称为睡行。这种疾病主要发生在儿童身上,通常与焦虑、疲劳或压力有关。个

精疲力竭

疲劳是指感到疲惫、缺乏精力,或表现出倦怠。如果你去跑马拉松,很可能在跑完后会很累,但得到适当的休息后,会恢复体力并快速恢复活力。如果你生病了,可能会感到无精打采和疲倦,直到你病情好转。然而,如果你像许多大学生一样,日复一日地无法得到足够的睡眠,或者生活在持续的压力之下,很可能会时时刻刻感到疲惫和深入骨髓的疲劳。想要再次感到精力充沛,你需要的是:建立良好的睡眠模式,每天花一点时间进行放松,合理饮食,对过分的要求说"不",远离烟草、酒精和其他药物,睡前60分钟不要打电话、刷手机或玩游戏,睡觉时关掉手机。

体会在睡眠过程中进行各种活动,通常是离床并四处走动,但在醒来后却没有任何相关的记忆。其他剧烈的行为,比如手脚乱动和睡惊(一种以大声喊叫为始,伴随着心跳加速、出汗和恐慌感的发作过程),也会影响睡眠。
- 睡眠呼吸暂停,呼吸停止或变得非常浅,持续大约10~20秒,随后恢复,并伴有鼾声。这种暂停每小时可能会出现20~30次甚至更多。
- 不安腿综合征(RLS),特征是强烈活动下肢的冲动,下肢通常被描述为存在蠕动感、蚁行感、刺痛感或灼烧感。活动下肢的冲动和腿部不适的感觉会在静止不动的时候出现,因此让入睡和保持睡眠变得困难。

因为大多数睡眠问题都代表了我们自身内部或我们与周围环境存在某种形式的不和谐,所以恢复和谐是回归我们天生的休息—活动周期的一种方式。这可以通过使用身心健康的常用做法来实现,比如冥想、锻炼和适当的营养。对于极端睡眠障碍,则应寻求专业的帮助。

理解你的梦

我们睡觉时都会做梦,动物也会做梦。虽然有些人否认他们做过梦,但这是因为他们在醒来后无法回想起他们的梦。相反地,有些人能够清楚地回忆起他们每晚做的几个梦(这是一种可以习得的技能)。

梦往往发生在快速眼动睡眠阶段（见图4.4）。快速眼动睡眠约占总睡眠时间的25%，并且在后半夜的睡眠时间中占比最大。

没有人知道我们为什么会做梦。一些研究者认为，快速眼动睡眠状态对大脑发育、日常信息的处理和细胞再生都是必要的。还有一些研究者认为，梦是大脑处理和消除不再有用的信息和记忆的一种方式。不管原因为何，梦都是健康所必需的。实验中被剥夺了做梦机会的参与者（当他们处于快速眼动睡眠时会被实验者叫醒）会做出怪异的行为，并表现出精神病症状。在用至少一晚补上之前缺失的快速眼动睡眠之后，他们便会恢复正常。

几千年来，梦在许多文化中被用来恢复身心健康。阿斯克勒庇俄斯神庙被古希腊人使用了一千多年，人们会去那里做有疗愈功能的梦，并让祭司和女祭司们对他们的梦进行解释。

梦可能有利于健康的证据来自对塞诺人的研究。塞诺人来自马来西亚一个被称为"梦中人"的部落。他们生活在一个不侵略、不好战的集体社会中。这个部落成员的心理和情绪健康水平都相当高，一些人认为，这要归功于他们每天讨论和解释梦的仪式。孩子们和成年人每天早上会聚在一起，各自或成群地向他人讲述自己的梦境。根据塞诺人的习俗，梦中的事件、焦虑和人物都是真实存在的，必须得到承认和处理。这种行为类似于我们寻找梦的意义的习惯，特别是作为心理治疗的一部分。

对健康的批判性思考

1. 拉兹玛塔兹博士的新书,《30天达成超常心理健康》,已经连续10周登上畅销书榜。而他在电视节目《走进本周》亮相之后,书的销量更是一路飙升。演艺人士、企业高管、职业运动员和政治领袖都对他书中的改善方法大加赞赏,认为该方法可以减少不必要的担忧、改善睡眠,还有提升心境、自尊、记忆力和精神敏锐度的作用。

    拉兹玛塔兹博士的方法基于的是他在担任埃斯特心理健康诊所主任10年间的研究。在书中和在媒体露面时,拉兹玛塔兹博士都解释说,个体所患精神疾病的类型和严重程度,是由控制大脑中6种基本神经递质产生的基因活动过度或活动不足导致的。他的方法的关键是确定患者的基因图谱,并将之与6种特定的有机食谱中的一种相匹配。

    a. 上述描述中提到的哪些因素可能会让人认为拉兹玛塔兹博士的方法是可信和有效的?
    b. 当你在做健康决策时,你觉得哪一个因素会影响你?
    c. 在你自己尝试拉兹玛塔兹博士的方法或将其推荐给其他人之前,你还想了解什么额外的信息(如果有的话)?你会如何寻找这类信息?

2. 列出心理健康之人的5个特征。如果你是一位家长,你会如何确保自己的孩子在长大后能具有你所列出的5个特征?此外,讨论个人如何才能对其所在社区人们的心理健康作出贡献。

3. 自从玛吉第一天上班,约翰就不喜欢当她的上司,但玛吉并不知道这一点,而且,因为玛吉是老板的侄女,所以约翰也只能默默忍受。在过去的6个月里,每当玛吉加入约翰的轮班小组时,他就会发现自己很痛苦,以至于都不想去工作了。

    a. 本章描述了几种应对情绪痛苦的方法,包括:(1)改变导致情绪痛苦的情境;(2)改变对痛苦情境的重视程度;(3)减轻痛苦情绪。讨论约翰如何运用每种应对策略来减轻他的情绪痛苦,并描述约翰实施每一种应对策略的后果。
    b. 当你遭遇情绪痛苦时,三种应对策略中你最常用哪一种?你有没有注意到,在有些情境,某种应对策略比其他两种更有效?

4. 许多人把心理和情绪健康等同于快乐。如果他们感到快乐,他们就会认为自己情绪健康。在你看来,情绪健康与快乐的关系是什么?不愉快的情绪,如哀伤、悲痛、羞耻、内疚和愤怒,会如何影响个体对情绪健康的感知?你认为通往心理和情绪健康的道路就是追求快乐吗?如果不是,在你看来,何为通往心理和情绪健康的正确路径?

本章小结与重点

本章小结

与身体健康和躯体疾病相比,心理健康和精神疾病更难识别和定义。躯体疾病的症状通常很明确,可以清楚地测量或观察,比如体温升高、咳嗽、恶心或腹泻。精神疾病的症状往往不那么明确或一致。我们都会不时感到"情绪低落",但这与临床抑郁截然不同。临床抑郁是一种精神疾病。正常的情绪既包含快乐、幸福、愉悦、满足,也包括悲伤、愤怒、敌意和绝望。我们每个人的心境一直都在波动,这是对我们正在经历之事的正常情绪反应。然而,双相障碍患者所体验到的极端心境波动则是无法控制的,并让人无法正常工作和生活,除非得到治疗。训练有素的咨询师和心理健康专家们,可以帮助你识别和应对那些扰乱和妨碍你心理平衡的情绪。心理健康的特征是快乐、乐观、活力和享受生活。

来自家人、朋友、老师和社会团体强有力的社会支持,能有效促进心理健康。与父母和兄弟姐妹生活在一个家庭中,互相关爱、互相表达爱意,也有助于防止严重的负面心境波动。有时,几个笑话就能消除沮丧和绝望。所以说,你没有得到你非常渴望的约会和舞会,那又怎样?在你的生活中,你还会有更多的约会和舞会。如果你付出努力,负性情绪就可以被控制。例如,愤怒是每个人都会体验到的一种情绪。你经常听到这样的表达:"她/他让我很生气!"事实上,仔细想想你就会发现,每个发怒的人都是自己让自己生气。发生了某件事,或某人说了什么话,然后你决定用愤怒来回应。你也可以选择微笑着走开。心理健康始于掌控你的情绪,并决定哪些情绪能让你与自己和周围的人和谐相处。

重点

- 心理健康是指你的心理功能会产生一种乐观、充满活力和幸福的感觉,你的有意行为会带来富有成效的活动(包括健康行为),让你与他人建立令人满意的关系,并使你有能力适应变化和应对逆境。
- 精神疾病指的是思维、情绪或有意行为的改变,这些改变会导致心理痛苦或功能受损。
- 心理和情绪健康取决于个体满足其生存和成长需要,以及应对其需要未得到满足情况的成功程度。
- 人们通过解释他们从环境和身体中感受到的东西来理解他们的需要。随着他们的成熟,人们还会发展出并习得满足他们情绪需要的策略。
- 情绪告诉我们,我们是否对自己的经历、计划和行为结果感到满意,以及满意的程度如何。
- 当需要得不到满足时,就会产生情绪痛苦。人们通过改变与环境的互动模式、改变未满足需要的重要性,或改变令人痛苦的感受来应对情绪痛苦。
- 积极的思维和情绪,包括相信自己的价值(自尊)和能力(自我效能感和能动性),促使人们做出健康的行为,避免不健康的行为。
- 乐观主义与这样的认识有关:将消极事件视为特定的、暂时的障碍,我们努力去克服它;而悲观主义则与这样的认识有关:将消极事件解释为是由自身造成的,而且是稳定的、普遍的。
- 咨询师、心理治疗师和其他人可以帮助个体阐明情绪痛苦的来源,并找到健康的应对方法。
- 社会支持使个体能够在困难时期获得帮助资源。
- 恐怖症是夸大的且通常是不切实际的恐惧。
- 焦虑障碍包括社交焦虑障碍、惊恐障碍、广泛性焦虑障碍和强迫症。
- 抑郁的特征通常是沮丧、内疚、无望、自责、食欲不振、失眠、对性活动失去兴趣、远离朋友、无法集中注意力、自尊下降,以及过于专注于消极思维。
- 在美国,自杀是15~24岁所有种族和性别之人的第三大死因。
- 许多抑郁的迹象出现在有自杀倾向的人身上。许多有自杀倾向的人会在生活看来无望的时候谈论自杀。
- 成人注意缺陷多动障碍是脑部疾病的结果。
- 未解决的愤怒和敌意是心脏病的风险因素。
- 睡眠和梦是人类健康的基础。睡眠有5个阶段。快速眼动睡眠,也就是做梦的阶段,发生在睡眠从较深阶段到较浅阶段的周期之中。
- 许多人利用梦境来帮助他们理解和应对令人痛苦的情境和令人困惑的情绪。

参考文献

American College Health Association. (2017). *American College Health Association National College Health Assessment II: Undergraduate students: Reference group executive summary, spring 2017*. Hanover, MD: Author.

Caputo, A. (2015). The relationship between gratitude and loneliness: The potential benefits of gratitude for promoting social bonds. *Europe's Journal of Psychology, 11*, 323–334.

Centers for Disease Control and Prevention. (2017). Mental health basics.

Danner, D. D., Snowdon, D. A., & Friesen, W. V. (2001). Positive emotions in early life and longevity: Findings from the nun study. *Journal of Personality and Social Psychology, 80*, 804–813.

Dunne, S., et al. (2016, April 26). Self-compassion, physical health, and the mediating role of health-promoting behaviors. *Journal of Health Psychology*. doi:10.1177/1359105316643377.

D'raven, L. T., et al. (2014). Happiness intervention decreases pain and depression, boosts happiness among primary care patients. *Primary Health Care Research and Development, 15*, 1–13.

Fournier, J. S., et al. (2010). Antidepressant drug effects and depression severity. *Journal of the American Medical Association, 303*, 47–53.

Gartlehner, G., et al. (2016). Comparative benefits and harms of antidepressant, psychological, complementary, and exercise treatments for major depression: An evidence report for a clinical practice guideline from the American College of Physicians. *Annals of Internal Medicine, 164*, 331–341.

Gilbert, P. (2015). Affiliative and prosocial motives and emotions in mental health. *Dialogues in Clinical Neuroscience, 17*, 381–389.

Gruber, R., et al. (2010). Sleep and academic success: Mechanisms, empirical evidence, and interventional strategies. *Adolescent Medicine State of the Art Reviews, 21*, 522–541.

Gunnell, K. E., et al. (2017). Don't be so hard on yourself! Changes in self-compassion during the first year of university are associated with changes in well-being. *Personality and Individual Differences, 107*, 43–48.

Magee, L., & Hale, L. (2012). Longitudinal associations between sleep duration and subsequent weight gain: A systematic review. *Sleep Medicine Review, 16*, 231–241.

Mayo Clinic. (2016). Forgiveness: Letting go of grudges and bitterness.

MayoClinic.com. (2017). Prescription sleeping pills: What's right for you?

Mitchell, M. D., et al. (2012). Comparative effectiveness of cognitive behavioral therapy for insomnia: A systematic review. *BMC Family Practice, 13*, 40.

Moloney, M. E., et al. (2011). The medicalization of sleeplessness: A public health concern. *American Journal of Public Health, 101*, 1429–1435.

Mosewich, A. D., et al. (2013). Applying self-compassion in sport: An intervention with women athletes. *Journal of Sport and Exercise Psychology, 35*, 514–524.

Oman, D., et al. (2008). Meditation lowers stress and supports forgiveness among college students. *Journal of American College Health, 56*, 569–578.

Plutchik, R. (1991, July/August). The nature of emotions. *American Scientist*.

Redwine, L. S., et al. (2016). Pilot randomized study of a gratitude journaling intervention on heart rate variability and inflammatory biomarkers in patients with Stage B heart failure. *Psychosomatic Medicine, 78*, 667–676.

Rubia, K., et al. (2014). Brain abnormalities in attentiondeficit hyperactivity disorder: A review. *Reviews in Neurology, 58*, Supplement 1, S3–S16.

Sijbrandij, M., et al. (2016). Effectiveness of Internet-delivered cognitive behavioral therapy for posttraumatic stress disorder: A systematic review and meta-analysis. *Depression and Anxiety, 33*, 783–791.

Sin, N. L. (2016). The protective role of positive well-being in cardiovascular disease: Review of current evidence, mechanisms, and clinical implications. *Current Cardiology Reports, 18*, 106–112.

Smeets, E., et al. (2014). Meeting suffering with kindness: Effects of a brief-self-compassion intervention for female college students. *Journal of Clinical Psychology, 70*, 794–807.

Suls, J. (2013). Anger and the heart: Perspectives on cardiac risk, mechanisms and interventions. *Progress in Cardiovascular Disease, 55*, 538–547.

Tay, L., et al. (2013). Social relations, health behaviors, and health outcomes: A survey and synthesis. Applied Psychology. *Health and Well-Being, 5*, 28–78.

Tugade, M. M. (2011). Affiliation and stress. In S. Folkman (Ed.), The Oxford handbook of stress, health, and coping (pp. 186–199). Oxford, UK: Oxford University Press.

U.S. National Institute of Mental Health. (2017). Statistics.

Vigerland, S. (2016). Internet-delivered cognitive behavior therapy for children and adolescents: A systematic review and meta-analysis. *Clinical Psychology Reviews, 50*, 1–10.

Webb, J. R. (2013). Forgiveness and health: Assessing the mediating effect of health behavior, social support, and interpersonal functioning. *Journal of Psychology, 147*, 391–414.

Whiteford, H. S. (2015). The global burden of mental, neurological and substance use disorders: An analysis from the Global Burden of Disease Study 2010. *PLoS One, 10*(2):e0116820.

World Health Organization. (2014). Mental health: A state of well-being.

推荐阅读

Acocella, J. (2000, May 8). The empty couch—what is lost when psychiatry turns to drugs. *The New Yorker*, 82–118. A thoughtful article addressing the serious problems stemming from excessive use of therapeutic drugs in the treatment of mental disorders.

Belkmayer, R. H., & Agram, G. (2008). Major depressive disorder. *New England Journal of Medicine, 358*, 55–68. Discusses the roles of genetics, neurotransmitter biology, and stress biology on the development of severe clinical depression.

Bourne, E. J. (2015). *The anxiety and phobia workbook.* Oakland, CA: New Harbinger. Presents step-by-step guidelines, questionnaires, and exercises to help sufferers learn skills and make lifestyle changes to help them get relief from the most distressing symptoms.

Cartwright, R. D. (2012). *The twenty-four hour mind: The role of sleep and dreaming in our emotional lives.* New York: Oxford University Press. An internationally renowned sleep scientist discusses decades of research in the scientific study of sleep and sleep disorders and how the human mind works during sleep.

Chrita, A. L., et al. (2015). Current understanding of the neurobiology of major depressive disorder. *Romanian Journal of Morphology and Embryology, 56*(2 Suppl.), 651–658.

Mayo Clinic. (2017). Letting go of grudges and bitterness. Shows how to embrace forgiveness and move forward rather than holding on to anger and resentment.

Ramar, K., & Olson, E. J. (2013). Management of common sleep disorders. *American Family Physician, 88*, 231–237. A thorough discussion of current treatment strategies for managing sleep disorders.

Surman, C., et al. (2014). Fast minds: How to thrive if you have ADHD (or think you might). Berkeley, CA: Berkeley Trade. Helps people with ADHD or some of its characteristics develop personalized strategies to manage their lives.

第二编

通过饮食和锻炼达成健康生活方式

第 5 章
  选择健康膳食

第 6 章
  健康体重的管理

第 7 章
  促进健康的身体活动

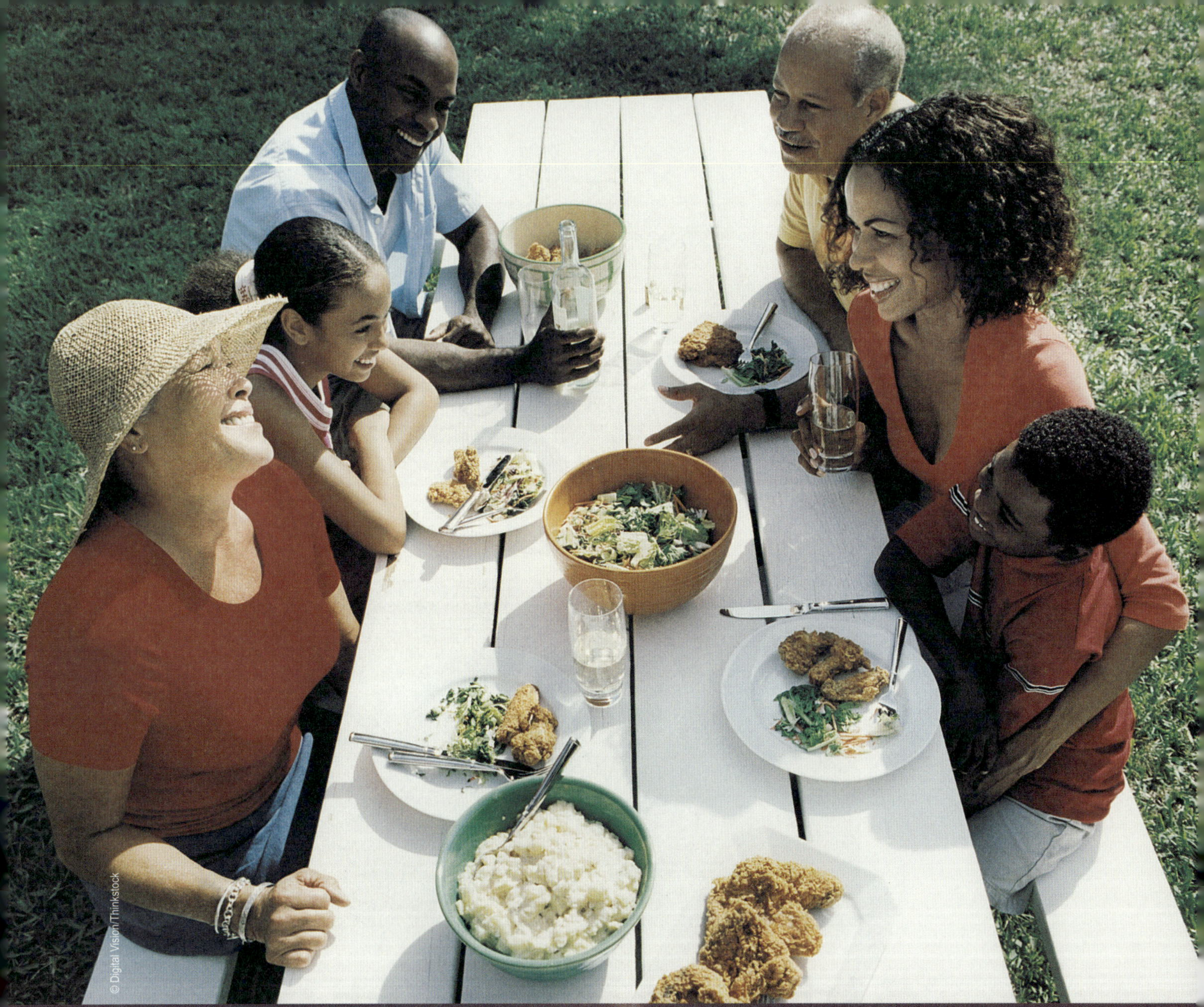

健康小贴士

更健康的饮食：一步一个脚印

开动！吃早餐

估算你的每日热量需求

金钱与健康意识

减少食物浪费的方法

全球健康

有好消息也有坏消息

地中海饮食

健康指南

爱护你的牙齿和牙龈

有机食品贴标签的规则

食品安全指南

外出就餐时的健康饮食诀窍

第5章

选择健康膳食

学习目标

1. 列出几种影响饮食选择的因素。
2. 定义高营养密度食物和高热量密度食物。
3. 描述美国政府和卫生组织提出的膳食指南。
4. 描述加工食品上的配料和营养成分标签。
5. 描述食物的3种功能。
6. 列出生物能量的3种功能。
7. 列出食物的7种成分,并找出含有每种成分的常见食物。
8. 描述素食者的不同类型和秉持素食主义的几个原因。

每个人都知道合理饮食对健康很重要，但是你该怎么做呢？考虑到美国超市平均保有 39 500 件商品，显而易见，健康饮食的关键在于做出明智选择。要做到这一点，你需要知道的是：什么构成了健康的饮食，以及都有哪些社会和经济力量影响你的食物选择。例如，家庭、种族和文化饮食模式，社会因素（朋友们都吃些什么），食物流行趋势，以及时间压力（这限制了精心的食物购买和膳食制作，并使快餐和零食变得有吸引力）。压力也通过促使个体摄入高脂肪和高糖食物以舒缓紧张的神经和情绪（即"安慰食物"），进而影响食物的选择（Roberts et al., 2014）。影响食物选择的其他因素还有健康食物的价格和可得性，以及每年花费在食品营销和广告上的数十亿美元。

健康的生活，需要摄入**高营养密度**（nutrient dense）的食物——最好处于它们的自然状态下。这意味着，与其他食物相比，它们每卡路里能量可以提供更高水平的营养素，如维生素和矿物质。例如，尽管提供的能量大体相当，但一个苹果（约 100 卡路里）比 10 片薯片的营养密度更高，因为它能比薯片提供更多的纤维、维生素 C 和其他几种维生素，并且不添加脂肪和盐。美国农业部（U.S. Department of Agriculture, 2015）认为，"所有蔬菜、水果、全谷物、海鲜、蛋、豆类、无盐坚果和种子、脱脂和低脂乳制品，以及瘦肉和禽肉（在做的过程中很少或不添加固体脂肪、糖、精制淀粉和钠），都是高营养密度食物"。

不幸的是，美国的食物供应中有大量**高热量密度**（calorie dense）而非高营养密度的廉价食物。高热量密度食物，以（通常是添加）糖和饱和脂肪的形式，提供相当多的能量，但却缺乏合理数量的营养素。高热量密度食物包括多种糕点、糖果以及大多数快餐和加工食品。**加工食品**（processed foods）是源自天然食物的工业产品，其中会添加盐、糖、油和脂肪以及其他化学物质（如调味剂、着色剂、甜味剂和增稠剂），以改变其味道、颜色、口感和抗腐败性，并掩盖生产过程中产生的任何不良品质（Martinez Stelle et al., 2015）。过度摄入高热量密度食物会导致一个悖论：许多人既饮食过量又营养不良。它也会增大食用者患上超重、心脏病、高血压、糖尿病、肾病和某些癌症的风险（Murray et al., 2016）。北美约 67% 的食物供应是加工食品，剩下的 33% 是纯天然食物。

健康饮食的膳食指南

许多人都已意识到，他们的饮食模式并不那么健康（**图 5.1**）。他们中的大多数人可能想做出更健康的食物选择，但关于消费者应当吃什么的主张，发言者众又观点相左，让人既受到启发，又倍感困惑。营养学家和医生们试图教育公众健康饮食，但他们的解释往往过于专业化，以至于大多数人难以理解（Buckton et al., 2015）。此外，人们对权威的营养指南的追求，可能会受到那些自封的专家和商业利益集团的裹挟，他们的目标是利润而非健康教育。

科学家们已经确定了构成健康饮食食物的种类、数量和比例（**表 5.1**）。此外，现代的食物生产和分销系统，也有为人类提供各种美味营养食物的潜力。为了帮助消费者制定健康饮食策略，世界卫生组织、美国和加拿大政府，以及各种卫生组织（如美国心脏协会和美国癌症协会），也都纷纷制定了具体的健康营养指

> 一个国家的命运，取决于人民吃什么样的饭。
> ——让·安泰尔姆·布里亚－萨瓦兰

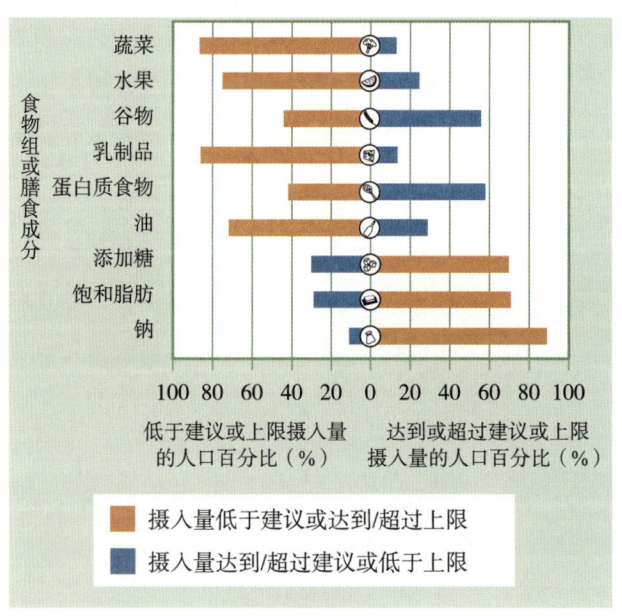

图 5.1 膳食摄入量与建议摄入量的对比

美国 1 岁及以上的人口中，低于、达到或超过各个饮食目标或上限的百分比。"0"线是目标摄入量。橙色线条表示摄入量低于目标或达到/超过上限；蓝色线条表示摄入量达到/超过目标或低于上限。

资料来源：U.S. Department of Agriculture, Dietary Guidelines for Americans, 2015–2020.

表 5.1　健康饮食模式：美国的建议摄入量

饮食模式的卡路里水平[a]	1 600	2 000	2 400
食物组[b]	每组食物的每日推荐量[c]（蔬菜和蛋白质食物亚组为每周推荐量）		
蔬菜	2 杯当量	2.5 杯当量	3 杯当量
深绿色蔬菜（杯当量/周）	1.5	1.5	2
红色和橙色蔬菜（杯当量/周）	4	5.5	6
豆类（杯当量/周）	1	1.5	2
淀粉类蔬菜（杯当量/周）	4	5	6
其他蔬菜（杯当量/周）	3.5	4	5
水　果	1.5 杯当量	2 杯当量	2 杯当量
谷　物	5 盎司当量	6 盎司当量	8 盎司当量
全谷物[d]（盎司当量/日）	3	3	4
精制谷物（盎司当量/日）	2	3	4
乳制品	3 杯当量	3 杯当量	3 杯当量
蛋白质食物	5 盎司当量	5.5 盎司当量	6.5 盎司当量
海鲜（盎司当量/周）	8	8	10
畜肉、禽肉、蛋（盎司当量/周）	23	26	31
坚果、种子、大豆制品（盎司当量/周）	4	5	5
油类	22 克	27 克	31 克
热量限制下的其他食物（卡路里及其占比）[e,f]	130 （8%）	270 （14%）	350 （15%）

[a] 热量为 1 600~3 200 卡路里的饮食模式，旨在满足 9 岁及以上的儿童和成年人的不同营养需求。如果一个 4~8 岁的孩子需要更多的热量，因而遵循 1 600 卡路里或以上的饮食模式，其乳制品推荐量应当是每天 2.5 杯。9 岁及以上的儿童和成年人不应当使用 1 000、1 200 或 1 400 卡路里的饮食模式。

[b] 各组及其亚组中的食物有：
　蔬　菜
- 深绿色蔬菜：所有新鲜、冷冻和罐装的深绿色叶菜和西蓝花，熟的或生的。例如，西蓝花、菠菜、长叶莴苣、羽衣甘蓝、芥兰叶、蔓菁叶和芥菜叶。
- 红色和橙色蔬菜：所有新鲜、冷冻和罐装的红色和橙色蔬菜或蔬菜汁，熟的或生的。例如，番茄、番茄汁、红辣椒、胡萝卜、红薯、冬南瓜和南瓜。
- 豆类：由干豆或罐装豆烹饪而成的所有食物。例如芸豆、白豆、黑豆、兵豆、鹰嘴豆、斑豆、豌豆和毛豆（绿色大豆），不包括四季豆或青豌豆。
- 淀粉类蔬菜：所有新鲜、冷冻和罐装的淀粉类蔬菜。例如，白土豆、玉米、青豌豆、青棉豆、大蕉和木薯。
- 其他蔬菜：所有其他新鲜、冷冻和罐装的蔬菜，熟的或生的。例如，卷心莴苣、四季豆、洋葱、黄瓜、卷心菜、芹菜、绿皮密生西葫芦、蘑菇和青椒。

　水　果
- 所有新鲜、冷冻、罐装和脱水的水果和果汁。例如，橙子和橙汁、苹果和苹果汁、香蕉、葡萄、甜瓜、浆果以及葡萄干。

　谷　物
- 全谷物：所有全谷物制品和用作配料的全谷物。例如，全麦面包、全谷麦片和饼干、麦片粥、藜麦、爆米花和糙米。
- 精制谷物：所有精制谷物制品和用作配料的精制谷物。例如，白面包、精制谷物麦片和饼干、意式面食、精米。应当丰富精制谷物的选择。

　乳制品
- 所有奶，包括无乳糖和低乳糖的乳制品、强化大豆饮料（豆奶）、酸奶、冷冻酸奶、乳制甜点和奶酪。大多数奶应当选择脱脂或低脂的。奶油、酸奶油和奶油干酪，由于钙含量低而不包括在内。

　蛋白质食物
- 所有的海鲜、畜肉、禽肉、蛋、大豆制品、坚果和种子。畜肉和禽肉应当是瘦的或低脂的，坚果应该是无盐的。豆类可以归到本组或者蔬菜组，但应该只被计入其中一组。

[c] 食物组的推荐量以杯当量（c-eq）或盎司当量（oz-eq）为单位（1 杯≈236.60 毫升，1 盎司≈28.35 克——译者注）。油类以克（g）为单位。每个食物组的量化标准为：
- 对于蔬菜和水果，1 杯当量相当于：1 杯生的或熟的蔬菜或水果，1 杯蔬菜汁或果汁，2 杯绿叶蔬菜沙拉，1/2 杯干果或干蔬菜。
- 对于谷物来说，1 盎司当量相当于：1/2 杯熟米饭、意式面食或麦片；1 盎司干意式面食或大米；1 中等切片（1 盎司）面包；1 盎司即食麦片（约 1 杯碎麦片）。
- 对于乳制品来说，1 杯当量相当于：1 杯牛奶、酸奶或强化豆奶；1.5 盎司的天然奶酪（如切达奶酪）或 2 盎司的加工奶酪。
- 对于蛋白质食物来说，1 盎司当量相当于：1 盎司瘦心、禽肉或海鲜；1 个鸡蛋；1/4 杯熟豆子或豆腐；1 汤匙花生酱；1/2 盎司的坚果或种子。

[d] 在儿童饮食模式中，全谷物数量要小于所有成人饮食模式中的至少 3 盎司当量的限制。

[e] 所有的食物都被假定为是高营养密度的、瘦的或低脂的，并且在加工过程中不添加脂肪、糖、精制淀粉和盐。如果所有符合食物组建议的食物选择都是高营养密度的，那么在相应饮食模式的总热量限制下，会有少量的热量剩余（即热量限制下的其他食物）。这些热量的多寡，取决于饮食模式的总热量限制，以及满足营养目标所需的每个食物组的食物数量。1 200~1 600 卡路里饮食模式的营养目标要高于 1 000 卡路里的饮食模式，所以 1 200~1 600 卡路里饮食模式中用于其他食物的热量更少。想要达到饮食模式所限定的热量，人们可以食用添加糖、添加精制淀粉、固体脂肪、酒精或超过推荐量的某食物组中的食物。总体的饮食模式要求不能有超过 10% 的热量来自添加糖，以及不能有超过 10% 的热量来自饱和脂肪。在大多数饮食模式中，可以容纳的量低于这些限制。对于达到法定饮酒年龄且选择饮酒的成年人，女性每天最多喝 1 杯，男性每天最多喝 2 杯（1 杯是指含约 18 毫升即 14 克纯酒精的饮品——译者注），酒计入到"能量限制下的其他食物"中；来自蛋白质、碳水化合物和总脂肪的热量，应当在宏量营养素可接受分布范围内。

[f] 数值取整。

资料来源：U.S. Department of Agriculture, *Dietary Guidelines for Americans*, 2015–2020.

南。这些指南建立在良好营养的最新科学证据之上。在制订过程中，他们考察了特定饮食成分的生物学效应，并比较了不同人群的饮食模式和疾病发病率。例如，相较于以肉类、精米制品和工业产品（如快餐、袋装高脂或含糖零食和糖果等）为基础的常见美国饮食，也被称为标准西方饮食，传统的亚洲饮食和地中海饮食，则以未加工的全谷物（如大米、全麦面粉）、豆类、新鲜蔬菜和水果以及鱼为基础。这种饮食与更低的心脏病、更低的癌症发病率有关，因为它们有助于人们保持健康的体重，并且可以减少炎症和胰岛素抵抗，还可改善血管功能（见全球健康专栏"地中海饮食"）。

每隔 5 年，美国农业部（USDA）都会向美国民众发布一份膳食指南（U.S. Department of Agriculture, 2015），旨在促进健康和预防由营养不良引起的疾病。相关的疾病包括：

- 由高糖、高脂饮食引起的心脏病、多种器官的癌症、2 型糖尿病以及超重；
- 摄入过多加工红肉和烹饪的红肉引发的结肠癌；
- 摄入纤维不足引发的胃肠道疾病；
- 摄入过多盐引发的高血压；
- 摄入过多糖（几乎所有的包装食品中都添加了糖），引发的蛀牙和超重（Popkin & Hawkes, 2016）。

该指南同时还强调身体活动在保持健康体重上的重要性。

为了帮助消费者们记住最重要的饮食建议，美国农业部设计了名为"**我的餐盘**"（MyPlate）的图示（**图 5.2**），由划分成水果、蔬菜、蛋白质和谷物 4 部分的盘子和一个乳制品杯组成。"我的餐盘"旨在鼓励消费者遵循如下指导原则：

- 享受美食，但是避免暴饮暴食。
- 让你的盘子里有近一半是各种颜色的水果和蔬菜。（土豆和炸薯条不计在内。）

图 5.2 我的餐盘
"我的餐盘"可以帮你平衡饮食。
Courtesy of U.S. Department of Agriculture.

有好消息也有坏消息

好消息是，近年来，世界上许多人口的饮食变得更健康了（Imamura et al., 2015）。坏消息是，与此同时，世界上许多人口的饮食变得不那么健康了。这怎么可能呢？

答案是，总的来说，世界上的人们正在消费更多的健康食物和更多的不健康食物。研究人员比较了 1990 年和 2010 年 187 个国家的成年人的饮食模式，将 10 种健康和 7 种不健康的饮食成分纳入考量。在高收入国家中，健康饮食成分的消费量有所增加，而不健康饮食成分的消费量则略有下降。然而，在低收入国家中，健康饮食成分的消费量有所减少，而不健康饮食成分的消费量有所增加。此外，尽管高收入国家的人们对不健康饮食成分的消费量有所减少，但在他们的饮食中，不健康饮食成分的数量仍然高于低收入国家。不健康成分比例高的饮食是心脏病和血管疾病的主要危险因素。而心脏病和血管疾病，又是世界上最常见的两种死亡原因（World Health Organization, 2015）。

健康饮食成分	不健康饮食成分
水果	高钠
蔬菜	高反式脂肪
豆类	加工肉
全谷物	红肉
坚果和种子	含糖饮料
奶	饱和脂肪
纤维	胆固醇
钙	
ω-3 脂肪酸	
多不饱和脂肪酸	
鱼	

- 让你一半的谷物是全谷物。
- 每天饮用一到两份脱脂或低脂（1%）奶。
- 喝水而不是喝含糖饮料。
- 选择含盐/钠量较少的包装食品和冷冻食品（查看产品标签）。
- 在蛋白质来源上，选择鱼、禽肉、豆类和坚果；少吃红肉、熏肉、冷切肉和其他加工肉。

美国农业部还为高血压患者制订了"得舒饮食计划"（Dietary Approaches to Stop Hypertension, DASH；也称作控制高血压饮食）（图 5.3）。

下面的得舒饮食计划，基于每日摄入2 000卡路里的热量。你的食物组每天的份数可以与清单上列出的有所不同，具体取决你的热量需求。本清单可以帮助你设计菜单，并指导食材采购。

食物组	每日份数（除非另有说明）	每份分量	示例与说明	每个食物组对得舒饮食计划的意义
谷物和谷物制品	6~8	1 片面包 1 盎司干麦片 * 1/2 杯熟米饭、意式面食或麦片	全麦面包、英式松饼、皮塔饼、贝尔面包圈、麦片、玉米渣、燕麦粥、薄脆饼干、无盐椒盐脆饼、爆米花	能量和纤维的主要来源
蔬菜	4~5	1 杯生叶菜 1/2 杯熟菜 6 盎司蔬菜汁	番茄、土豆、胡萝卜、青豌豆、南瓜、西蓝花、芜菁叶、羽衣甘蓝、菠菜、洋蓟、四季豆、利马豆、红薯	富含钾、镁和纤维
水果	4~5	4 盎司果汁 1 个中等大小的水果 1/4 杯干果 1/2 杯新鲜、冷冻或罐装水果	杏、香蕉、枣、葡萄、橙子、橙汁、葡萄柚、葡萄柚汁、芒果、甜瓜、桃、菠萝、梅子干、葡萄干、草莓、橘子	钾、镁和纤维的重要来源
无脂或低脂乳制品	2~3	8 盎司牛奶 1 杯酸奶 1.5 盎司奶酪	无脂或低脂（1%）奶、无脂或低脂酪乳、无脂或低脂普通或冷冻酸奶、无脂或低脂奶酪	钙和蛋白质的主要来源
瘦肉、禽肉和鱼	≤6	3 盎司熟肉、禽肉或鱼	只选瘦肉；剔除可见的肥肉；不油炸而是烤、烘焙或煮；剔除禽肉的皮	富含蛋白质和镁
坚果、种子和干豆	每周 4~5 份	1/3 杯或 1.5 盎司坚果 2 汤匙或 1/2 盎司种子 1/2 杯熟干豆	扁桃仁、榛子、混合坚果、花生、核桃、瓜子、芸豆、兵豆	富含能量、镁、钾、蛋白质和纤维
油脂†	2~3	1 茶匙人造黄油 1 汤匙低脂蛋黄酱 2 汤匙低脂沙拉酱 1 茶匙植物油	人造黄油、低脂蛋黄酱、低脂沙拉酱、植物油（如橄榄油、玉米油、芥花油或红花籽油）	得舒饮食27%的热量源自脂肪，包括食物自身的或添加的脂肪
甜食	每周 5 份	1 汤匙食糖 1 汤匙果冻或果酱 1/2 盎司软心豆粒糖 8 盎司柠檬汽水	枫糖、食糖、果冻、果酱、果味明胶、软心豆粒糖、硬糖、水果宾治、果汁冰糕、刨冰	应选择低脂甜食
钠上限	每日 2 300 毫克			

图 5.3　得舒饮食计划

* 等于 0.5~1.25 杯，取决于麦片种类。检查产品的营养成分标签。
† 食物脂肪含量会改变油脂每份的分量：例如，1 汤匙的普通沙拉酱等同于 1 份油脂。
资料来源：U.S. Department of Health and Human Services, National Institutes of Health, National Heart, Lung, and Blood Instutite (2015). What is the DASH Eating Plan?

地中海饮食

健康饮食的关键

地中海饮食（the Mediterranean diet）与更长的寿命、更低的心脏病和癌症风险相关。这是一种以全谷物、新鲜水果和蔬菜、极少量动物脂肪和反式脂肪以及少量红肉为基础的饮食习惯。

什么构成了地中海饮食？

- 三餐以全麦食品为基础：面包、意式面食、蒸粗麦粉、玉米粥、蒸谷麦；
- 丰富的新鲜蔬菜和水果；
- 大量的豆类、坚果和种子；
- 主要脂肪来源为橄榄油；
- 使用大蒜、洋葱和香草调味；
- 适量使用鱼；
- 适量使用乳制品；
- 极少量使用红肉；
- 中低量摄入酒精。

什么让地中海饮食有益健康？

- 低饱和脂肪和低胆固醇；
- 由（橄榄油和坚果中的）不饱和脂肪提供能量；
- 不含反式脂肪（即包装糕点和人造黄油中的人造脂肪）；
- 高纤维；
- 高抗氧化剂；
- 低精制糖和面粉；
- 高植物性维生素和微量元素。

法国的研究人员已经确定，地中海饮食可以降低罹患心脏病和多种癌症的风险。尽管地中海饮食很大比例的热量均源自脂肪，但是其中能够提高高密度脂蛋白（即所谓的"好"胆固醇）的单不饱和脂肪和多不饱和脂肪占绝大多数。同时，其中几乎不含会提高低密度脂蛋白（即所谓的"坏"胆固醇）的动物脂肪（饱和脂肪和胆固醇）和人造反式脂肪。地中海饮食中所富含的抗氧化剂和其他微量元素，可以降低罹患心血管疾病和癌症的风险。

典型的美式正餐是，中间放着厚厚的一片肉，旁边放着煮过头的蔬菜和浸满黄油的土豆。与之形成鲜明对比的是典型的地中海式正餐：非精制面粉做成的意式面食，上面配有各种刚好煮熟的蔬菜（番茄、洋葱、辣椒）、一些豆子（豌豆、蚕豆），并撒有微量的硬奶酪（帕玛森奶酪或罗马诺干酪）。地中海饮食要求的饭后甜点是：用扁桃仁和新鲜水果代替蛋糕、饼干或冰激凌。

要求美国人在一夜之间改变几代人的饮食习惯显然不太现实。然而，在不彻底改变传统饮食模式的情况下，可以采用一些方法，将地中海饮食中一些更健康的方面整合进来：

- 减少食用快餐，它们通常有50%是饱和脂肪和胆固醇。
- 用水果沙拉和坚果，代替蛋糕/冰激凌等饭后甜点。
- 用以谷物和豆类为中心的膳食，代替以肉为中心的膳食。
- 用水果和混合坚果，代替甜甜圈和含糖零食。

祝你有个好胃口！

食品标签：知道你往体内吃了什么

在发达国家中，很少有人自己种植食物，或直接从种植者和加工者那里获得食物。相反，他们的大部分食物都是预先包装好的，其中添加了糖、盐、人造调味料和防腐剂；或是餐馆用食材烹饪而成的，而消费者对食材的质量、数量、纯度和来源知之甚少。因此，消费者很难判断他们所消费食品的营养价值，有时甚至不知是否安全。

为了帮助消费者评估食品的质量和安全性，美国和许多其他国家的政府，要求食品生产商在包装的标签上提供产品的具体信息。在美国，这些信息包括生产商、包装商或经销商的名称和地址，配料标签，营养成分标签，以及任何规定的致敏标签。包装还可以声明，产品是否含麸质，并标注有科学研究支持的任何健康声明。

配料标签（ingredients label）（图 5.4）列出了食品的化学成分，即生产商使用的所有物质，包括其他食物（如谷物、蛋）、天然和人造甜味剂、天然和人造脂肪、水、天然和人造增稠剂、天然和人造调味料、食用着色剂以及防腐剂。配料标签按各物质的重量降序排列；含量最多的物质排在第一位，含量最少的物质则排在最后。

配料标签并未具体说明食品中某种配料的重量

配料：小麦粉、糖、燕麦片、玉米甜味剂、糖蜜、部分氢化红花籽油、盐、泛酸、还原铁、黄色6号、黄色5号、吡啶醇、抗坏血酸（维生素C）、二丁基羟基甲苯（BHT）、核黄素、叶酸。

图 5.4　配料标签
美国政府要求食品生产商，按重量从最多到最少列出其产品中的物质。

或百分比，而只有该配料相对于其他配料的含量。此外，通过分别列出每一种物质，配料标签可能并不能说明产品中糖或脂肪真实的相对含量。例如，某种零食的配料标签可能会分别列出蔗糖、果糖、果葡糖浆和玉米甜味剂，而这些都是糖。如前所述，配料标签还必须包含食物致敏信息。已知，约有 160 种食物会导致敏感个体食物过敏，不过仅 8 种食物就导致了 90% 的食物过敏案例。它们是奶、蛋、鱼、甲壳类贝类、木本坚果、小麦、花生和大豆。如果食品中含有上述食物中的一种或多种，或是含有从这些食物中提取的蛋白质，配料标签就必须在配料表中主要食物过敏原的常见或常用名称之后的括号中标明该成分，或是在配料表下方以"含有"为开头另起一行，标明主要食物过敏原的食物来源名称（例如，"含有小麦、奶、蛋和大豆"）。致敏标识会紧邻配料表之后或其旁边出现，其字体大小不应小于配料表使用的字体。除此之外的过敏原无标识要求。

与配料标签不同，**营养成分标签**（Nutrition Facts label）提供了食品的卡路里含量和特定营养素的定量信息（**图 5.5**）。在美国，每一种营养素的含量和卡路里含量，都以由厂商定义的"一份"为基准，一份可能是包装食品的全部或部分内容物（**图 5.6**）。生产商对一份食物的定义，标注在营养成分标签的顶部，即"每份分量"。

营养成分标签还列出了每种营养素的**每日推荐摄入量百分比**（percent daily value, PDV），即食物中的营养素占每日推荐摄入量（**表 5.2**）的百分比。（营养成分标签上的每日推荐摄入量百分比，所面向的是每日需要摄入 2 000 卡路里食物能量的人群；有更高或更低热量需求的人群，则有更小或更大的每日推荐摄入量百分比。）营养成分标签的底部，是营养素的每日推荐摄入量，按重量（以克或毫克为单位）列出，基于每日 2 000 卡路里热量的饮食。

为了帮助消费者判断食品标签上与健康相关的声明，美国政府要求生产商须遵守某些术语定义（**表 5.3**）。

拥有 20 家或以上分店的餐厅和类似的食品零售机构，必须在餐厅的菜单和菜单板（包括免下车菜单板）上列出标准菜品的热量含量信息。其他的营养素信息，包括总热量、脂肪、饱和脂肪、胆固醇、钠、总碳水化合物、糖、纤维和总蛋白质，须在顾客要求时以书面形式提供。拥有或运营 20 台或以上自动售货机的经营者，必须公开每种食品的热量含量。

尽管并非必须列在产品标签上，但是大多数包装食品上都带有一个**日期标签**（date label），不同的食品上分别标有"销售截止日期""食用截止日期"或"最佳食用截止日期"。大多数消费者将日期标签解释为"在标签所示的日期前食用它，否则你自己和家人将处于健康风险之中"。这种解释是不正确的。日期标签上的日期并非出于健康原因而确定的有效期——婴儿配方奶粉除外；在美国，并没有关于食品标签上的日期标记的国家标准。日期标签上的日期，通常指的是厂商或商店对产品何时处于最佳品质期的评估。在美国的一些州和其他的一些国家，日期标签上的日期具有法律规定的特定含义，但它们极少会提示健康风险。

除了日期标签，袋装食品和罐头食品还可以带有由数字和字母组成的字符串，以及非常具体的日期。它们指的是产品的生产时间。它们使生产商和零售商能够轮换其库存，并在需要召回时锁定它们的产品。

更健康的饮食：一步一个脚印

如果你想改善你的饮食，那就一次做出一个有益健康的改变。以下是一些建议：

- 早餐至少要吃一种全谷物食品和一个水果。
- 每天用一杯真正的果汁或茶（不是有色糖水或能量饮料）代替汽水。
- 每天用一份水果或坚果代替一根糖棒或一把（或两把）薯片。
- 用全麦面包、番茄、瘦肉做成的三明治，代替快餐汉堡、炸鱼主菜、墨西哥玉米卷、比萨或墨西哥卷。

每份分量
每份分量基于人们通常一次吃下的食物的量。在营养成分标签上，列出的所有营养信息基于的都是一份食物。
- 当比较不同食物的热量和营养素时，请先检查每份分量，以便做出准确的比较。

每袋份数
每袋份数显示了整个食品包装袋或容器中的总份数。一袋食物中可能含有不止一份食物。
- 如果一袋食物中含有两份的分量，而你吃了整袋食物，那么你所摄入的热量和营养素的量就是标签上所列出的两倍。

热 量
热量指的是一份食物中由所有来源（脂肪、碳水化合物、蛋白质和酒精）提供的热量或"能量"的总数。为了达到或维持健康的体重，你应该平衡你所摄入的热量和你身体消耗的热量。

> 一般来说：
> 每份100卡路里是中等水平的。
> 每份400卡路里是高等水平的。

来自脂肪的热量
来自脂肪的热量不是指额外的卡路里，而是指在一份食物中，脂肪热量占总热量的百分比。
- "无脂"并不意味着"无热量"。一些低脂食物，可能和同样的全脂食物所含的热量一样多。

每日推荐摄入量%
每日推荐摄入量%（%DV）（类似于中国食品标签上的营养素参考值%——译者注）表示的是一份食物中含有多少营养素。每日推荐摄入量%那一列的总和并不等于100%。相反，每日推荐摄入量%是指一份食物中每种营养素占每日推荐摄入量的百分比。这是针对4岁及以上的美国人推荐的每日关键营养素的摄入量。

> 一般来说：
> 每份食物中的营养素，占每日推荐摄入量的5%或更少是低水平的。
> 每份食物中的营养素，占每日推荐摄入量的20%或更多是高水平的。

营养素
营养成分标签，可以帮助你了解和比较你的饮食中诸多食物的营养素含量。据此，选择那些含有更少你想要较少摄入营养素的食品，选择那些含有更多你想要较多摄入营养素的食品。

> **需要较少摄入的营养素** 以下营养素的每日摄入量，要少于100%的每日推荐摄入量：饱和脂肪、反式脂肪、胆固醇和钠。（注意：反式脂肪没有每日推荐摄入量%，因此以克为单位指导其摄入量。）

> **需要较多摄入的营养素** 在多数日子里，以下营养素的一天摄入量，要多于100%的每日推荐摄入量：膳食纤维、维生素A、维生素C、钙和铁。

营养成分

每份分量 1 袋（272 克）
每袋份数 1 份

每份含量

热量 300 卡路里　　　　　　45%的热量来自脂肪

每日推荐摄入量%*

总脂肪 5克	8%
饱和脂肪 1.5 克	8%
反式脂肪 0 克	
胆固醇 30 毫克	10%
钠 430 毫克	18%
总碳水化合物 55 克	18%
膳食纤维 6 克	24%
糖 23 克	
蛋白质 14 克	
维生素 A	50%
维生素 C	35%
钙	6%
铁	15%

* 每日推荐摄入量百分比基于每日摄入 2 000 卡路里的热量计算而来。根据你的热量需求，你的每日推荐摄入量可能更高或更低：

	热量（卡路里）：	2 000	2 500
总脂肪	小于	65 克	80 克
饱和脂肪	小于	20 克	25 克
胆固醇	小于	300 毫克	300 毫克
钠	小于	2 400 毫克	2 400 毫克
总碳水化合物	小于	300 克	375 克
膳食纤维	小于	25 克	30 克

每日推荐摄入量的脚注
一些每日推荐摄入量百分比，是基于每日摄入2 000卡路里的热量计算而来的。然而，你的每日推荐摄入量可能更高或更低，具体取决于你的热量需求，而这因年龄、性别、身高、体重和身体活动水平而异。
- 如果食品包装上有足够的空间，上面还会注明在每日2 000卡路里和2 500卡路里的热量需求下，一些关键营养素的每日推荐摄入量和目标摄入量。

图 5.5　营养成分标签

转载自 U.S. Food and Drug Administration (2017). How to Understand and Use the Nutrition Facts Label.

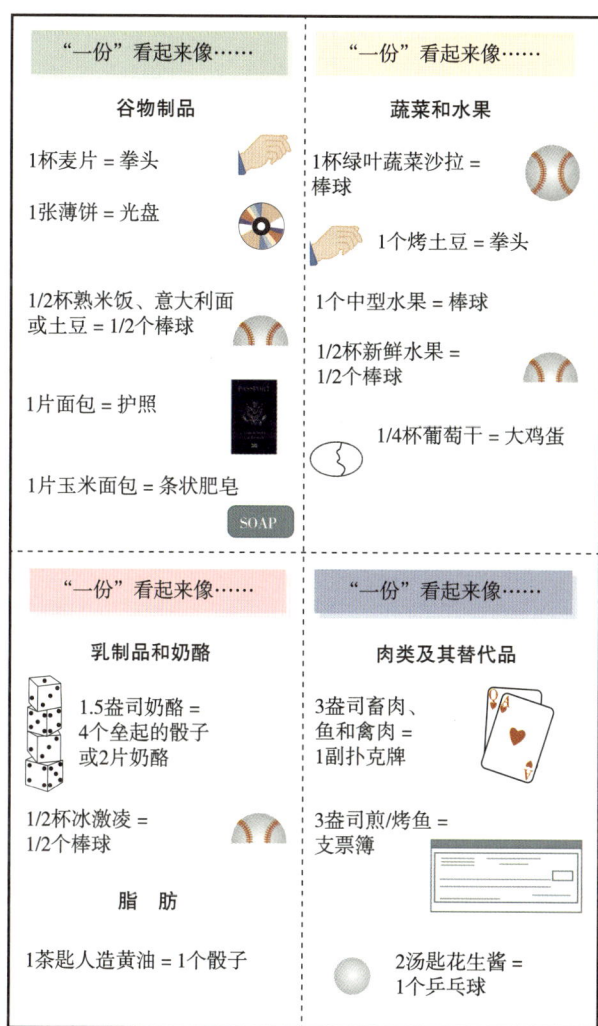

图 5.6 "一份"是多少？

表 5.2 基于每日 2 000 卡路里的热量摄入量计算的成人和 4 岁以上儿童的每日推荐摄入量	
食物成分	每日推荐摄入量
总脂肪	65 克
饱和脂肪	20 克
胆固醇	300 毫克
钠	2 400 毫克
钾	3 500 毫克
总碳水化合物	300 克
膳食纤维	25 克
蛋白质	50 克
维生素 A	5 000 国际单位
维生素 C	60 毫克
钙	1 000 毫克
铁	18 毫克
维生素 D	400 国际单位
维生素 E	30 国际单位
维生素 K	80 微克
维生素 B_1（硫胺素）	1.5 毫克
维生素 B_2（核黄素）	1.7 毫克
维生素 B_3（烟酸）	20 毫克
维生素 B_6（吡哆醇）	2 毫克
维生素 B_9（叶酸）	400 微克
维生素 B_{12}（钴胺素）	6 微克
维生素 B_7（生物素）	300 微克
维生素 B_5（泛酸）	10 毫克
磷	1 000 毫克
碘	150 微克
镁	400 毫克
锌	15 毫克
硒	70 微克
铜	2 毫克
锰	2 毫克
铬	120 微克
钼	75 微克
氯化物	3 400 毫克

资料来源：U.S. Food and Drug Administration Nutrient Recommendations: Dietary Reference Intakes.

因为人们将产品上标记的日期误读为"不再安全"，他们往往倾向于不去购买它们——即使它们过了销售截止日期，仍然是可以安全食用的。生产商和零售商们下架了这些产品，从而浪费了美国 15% 到 20% 的食物供应。在美国，一个典型的 4 口之家每年浪费价值超过 1 500 美元的食物（参见金钱与健康意识专栏"减少食物浪费的方法"）。2017 年，美国主要的食品生产商们宣布，他们将遵循美国农业部的指导方针，即只使用一种日期标签——"最佳食用截止日期"——以表明产品何时具有最好的味道或品质。这并不是一个购买或安全日期。

表 5.3　食品标签上的词语含义

无热量（Calorie free）	每份热量小于 5 卡路里
低热量（Low calorie）	每一给定的参考量的热量不超过 40 卡路里（糖的替代品除外）
清淡（Light）	比较高热量的同种食物的热量少 1/3；不超过较高脂肪的同种食物的脂肪含量的 1/2；或者不超过较高含钠量同种食物的含钠量的 1/2
脱脂（Fat free）	每份脂肪含量小于 0.5 克
低脂（Low fat）	每一给定参考量脂肪含量小于或等于 3 克
减脂或少脂（Reduced or less fat）	每份至少比较高脂肪的同种食物少 25% 的脂肪
瘦肉（Lean）	每份小于 10 克脂肪、4 克饱和脂肪和 95 毫克胆固醇
超瘦肉（Extra lean）	每份小于 5 克脂肪、2 克饱和脂肪和 95 毫克胆固醇
低饱和脂肪（Low in saturated fat）	每份小于等于 1 克饱和脂肪，不超过 15% 的热量源于饱和脂肪酸
无饱和脂肪（Saturated fat free）	每一给定参考量小于 0.5 克饱和脂肪，不超过 0.5 克反式脂肪酸
无胆固醇（Cholesterol free）	每份小于 2 毫克胆固醇，不超过 2 克饱和脂肪
低胆固醇（Low cholesterol）	每份小于等于 20 毫克胆固醇和 2 克饱和脂肪
减胆固醇（Reduced cholesterol）	至少比较高胆固醇的同种食物少 25% 的胆固醇，每份小于等于 2 克饱和脂肪
无钠（不含钠）（Sodium free/no sodium）	每份小于 5 毫克钠，配料中不含氯化钠（食盐）
极低钠（Very low sodium）	每份小于等于 35 毫克钠
低钠（Low sodium）	每份小于等于 140 毫克钠
少钠或少盐（Light in sodium or lightly salted）	至少比常规产品少 50% 的钠
无添加盐（No salt added or unsalted）	在加工过程中未加入盐
减钠或少钠（Reduced or less sodium）	每份至少比含钠量较高的同种食物少 25% 的钠
无糖（Sugar free）	每份小于 0.5 克糖
高纤维（High fiber）	每份大于等于 5 克纤维
纤维的优质来源（Good source of fiber）	每份 2.5 克到 4.9 克
无麸质（Gluten free）	食品并非由小麦、黑麦、大麦或这些谷物的杂交品种加工而成，并且来自添加成分的麸质不超过百万分之二十

食物的三种功能

食物有三种功能：

1. 提供身体所需化学成分。
2. 提供生命所需能量。
3. 使人愉悦。包括充饥，在气味、味道、视觉和口感方面吸引人，与愉快的社交活动相关联。

提供化学成分

你的身体，是由数以亿计的原子和分子以特定的组合和比例排列而成的。现在，构成你身体的大多数原子和分子，甚至在几周前还不是你身体的一部分，这是因为生物在不断地与环境互换化学成分。你所吃的食物，为你的身体提供了替换用的化学成分，身体用它们制造出让你成为你的生物学物质。你的身体可以制造它所需要的大部分化学物质，但它无法制造出其中的 40 种。这些物质被称为**基本营养素**（essential nutrients）（见表 5.4）。未能获得足量的任一基本营养素，都会导致虚弱、健康状况不佳，或诸如甲状腺肿（由缺碘导致）之类的营养缺乏病。在全世界范围内，维生素 A 摄入不足是儿童失明的最常见原因（World Health Organization, 2016）。

研究人员已经确定了与良好健康状况相一致的基本营养素和其他营养素的每日摄入量。许多国

减少食物浪费的方法

计划

制订一个每周菜单。准备一份购物清单，标注上你打算用每种食材做几顿饭，不要超量购买。把你拥有的食物和配料列成一张表，避免购买你已有的食物。只有在食物变质前能用完它们，批量购买才是节省的。

贮存

贮存水果和蔬菜，最大限度地保持其新鲜度。冷冻、腌制或装罐保存多余的水果和蔬菜。为了减慢成熟，要单独贮存香蕉、苹果和西红柿，并把水果和蔬菜贮存在不同的箱子里。吃浆果前要先清洗以防霉菌。

准备

清洗、晾干、剁碎、切块、切片，并将新鲜食材在买来后不久便放入干净的储存容器中，以便在本周晚些时候使用。提前准备和冷冻饭菜。将你知道不会很快去吃的面包、水果切片或肉冷冻起来。

省钱

在购买更多食物之前，先烹饪或吃掉家里已有的东西（汤、炖菜、薯条、酱料、烘焙食品、煎饼或水果奶昔）；（换个方式）消费掉你通常不吃的食物的可食用部分（将不新鲜的面包做成油炸面包丁，炒甜菜叶，将残羹剩菜做汤）。每周安排一个"吃剩饭"之夜。在餐馆吃饭时，只点你能吃完的东西；留意搭配主菜的配菜；把剩饭打包带回家下顿吃。

废物利用

将有营养的、安全的、未碰触的食物，捐赠给食物救济处。用食物废料制作堆肥，而不是扔掉。

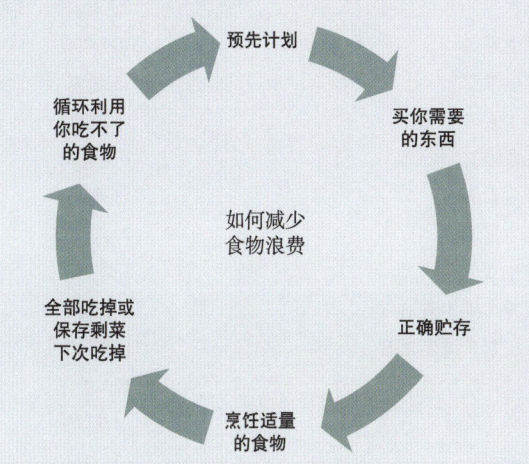

资料来源：U.S. Environmental Protection Agency. (2017). Reducing food waste at home.

家以及世界卫生组织，根据这类研究提出了饮食建议。在美国，这些建议被称为**膳食营养素参考摄入量**（Dietary Reference Intakes, DRIs）。它由美国国家科学院医学研究所的食物与营养委员会发布（U.S. Department of Agriculture, 2017）。膳食营养素参考摄入量，主要面向的是健康状况相对良好的男性和女性、孕妇和哺乳期女性以及儿童（**表 5.5**）。膳食营养素参考摄入量源自如下内容：

- 膳食营养素推荐供给量（RDA）：由研究确定的营养素每日平均摄入水平，足以满足 97%~98% 的健康个体的营养素需求。
- 适宜摄入量（AI）：当科学证据不足以确定某种膳食营养素推荐供给量时，估计出能确保营养充足的该营养素的摄入水平。
- 可耐受最高摄入量（UL）：某种营养素的每日摄入量超过此值，会产生对健康有不良影响的风险。
- 估计平均需要量（EAR）：估计能满足某一群体中 50% 的健康个体所需的某种营养素的摄入量。

表 5.4 基本营养素 *

氨基酸	脂肪	水	维生素	矿物质
异亮氨酸	亚油酸		抗坏血酸（维生素 C）	钙
亮氨酸	亚麻酸		生物素（维生素 B_7）	氯
赖氨酸			钴胺素（维生素 B_{12}）	铬
甲硫氨酸			叶酸（维生素 B_9）	钴
苯丙氨酸			烟酸（维生素 B_3）	铜
苏氨酸			泛酸（维生素 B_5）	碘
色氨酸			吡哆醇（维生素 B_6）	铁
缬氨酸			核黄素（维生素 B_2）	镁
精氨酸†			硫胺素（维生素 B_1）	锰
组氨酸†			维生素 A	钼
			维生素 D	磷
			维生素 E	钾
			维生素 K	硒
				钠
				硫
				锌

* 必须从食物中获取。

† 是儿童生长发育所必需，但对成年人来说不是必需的。

表 5.5 膳食营养素参考摄入量示例

营养素	推荐的每日摄入量	
	21 岁女性 *	21 岁男性 **
碳水化合物	277~400 克	319~461 克
总纤维	25 克	38 克
蛋白质	47 克	60 克
亚油酸	饮食充足时较少摄入	17 克
饱和脂肪酸	摄入营养充足的饮食时尽可能低	
膳食胆固醇	摄入营养充足的饮食时尽可能低	
总水量 ***	2.7 升（约 11 杯）	3.7 升（约 16 杯）
维生素 A	700 微克	900 微克
维生素 C	75 毫克	90 毫克
维生素 D	15 微克	15 微克
维生素 B_6	1 毫克	1 毫克
维生素 E	15 毫克	15 毫克
维生素 K	90 微克	120 微克
维生素 B_{12}	2 微克	2 微克
硫胺（维生素 B_1）	1 毫克	1 毫克
核黄素（维生素 B_2）	1 毫克	1 毫克
叶酸（维生素 B_9）	400 微克	400 微克
烟酸（维生素 B_3）	14 毫克	16 毫克
胆碱	425 毫克	550 毫克
泛酸（维生素 B_5）	5 毫克	5 毫克
生物素（维生素 B_7）	30 微克	30 微克
钙	1 000 毫克	1 000 毫克
氯化物	2.3 克	2.3 克
铬	25 微克	35 微克
铜	900 微克	900 微克
氟化物	3 毫克	4 毫克
碘	150 微克	150 微克
铁	18 毫克	8 毫克
镁	310 毫克	400 毫克
锰	1.8 毫克	1.8 毫克
钼	45 微克	45 微克
磷	700 毫克	700 毫克
钾	4.7 克	4.7 克
硒	55 微克	55 微克
钠	1.5 克	1.5 克
锌	11 毫克	8 毫克

* 女性：身高 = 5 英尺 5 英寸（约为 165 厘米），体重 = 140 磅（约为 63.5 千克），体重指数 = 23.4，估计能量需求 = 2 204 卡路里 / 天。
** 男性：身高 = 5 英尺 9 英寸（约为 175 厘米），体重 = 165 磅（约为 75 千克），体重指数 = 24.5，估计能量需求 = 2 835 卡路里 / 天。
*** 总水量 = 来自食物、饮料和饮用水中的水。
表中未含的营养素：类胡萝卜素、砷、硼、镍、硅、硫酸盐、钒。
资料来源：U.S. Department of Agriculture, National Agricultural Library, Interactive DRI for Health Professionals.

开动！吃早餐

即使你每天只睡几个小时，当你醒来时，距离你上次吃饭也已经过了 5 个、10 个小时乃至更长时间。你的生物"油箱"几乎空空如也。如果你和许多其他的学生一样，你会一起床就准备好面对新的一天，不吃早餐就夺门而出。

诚然，你可能会在行程当中停下脚步，吃些糕点并喝点含糖和咖啡因的咖啡饮料，清醒一下。但这并非最佳选择。两小时后你就会感到饥饿，因为所有的糖都被消耗了；你也会因为低血糖和咖啡因耗尽而昏昏欲睡。

最好是食用数百卡路里的营养食物来为身心加油，以开启新的一天，这样你可以一出门便处于最佳状态。它不必是一顿需坐下来吃且有橙汁、培根、鸡蛋、煎饼和香肠的丰盛早餐，尽管那样当然很好。只花 10 分钟狼吞虎咽，吃掉某种全谷物食物（燕麦片、全麦吐司或百吉饼）、1 个水果或 100% 纯果汁（不含糖的那种），再加一些蛋白质（牛奶或酸奶），也可以为你的身心加油。如果你连 10 分钟时间都没有，可在前一天晚上将一些健康食品打包，第二天出门时拿起就走。如此，你就能获得由全麦食物中复合碳水化合物提供的缓慢释放的能量，再加上来自水果和蛋白质的维生素、矿物质和氨基酸，同样会让你的身体、精神和情绪都处于最佳状态。

对于几乎所有的营养素，膳食营养素参考摄入量都是商业食品营养成分标签上的每日推荐摄入量的基础。

许多美国人摄入的钠（盐）和饱和脂肪会超出膳食营养素参考摄入量，并且摄入的钙、镁、维生素 A、维生素 C、维生素 D、维生素 E、叶酸、钾和纤维，通常都低于膳食营养素参考摄入量（U.S. Department of Agriculture, 2015）。此外，许多孕妇未能摄入足量的铁。

为生命提供能量

食物还为身体提供能量。对于复杂有机体来说，能量的最终来源是阳光，它被绿色植物捕获并转化为化学能储存在其体内。当人类食用植物和草食性动物的组织时，他们便能获得这些储存着的化学能。生物能量在含氧环境中被释放时的利用率是最高的，这是你呼吸的原因之一。在这个过程中，食物原料被转化为二氧化碳、水和其他废物，它们通过呼出的气体、尿液、粪便和汗液排出体外。

生物的能量转换以卡路里为单位进行衡量。**1 卡路里**（calorie）就是将 1 克水从 14.5 ℃ 升高到 15.5 ℃ 所需的热量。减重者所关注的 **1 营养卡路里**（nutritional calorie）是指 1 000 卡路里，或者叫 **1 千卡**（kilocalorie）。在讨论人类营养和健身时，"卡路里"一词通常指的是 1 千卡。本书遵循这一惯例。

营养素可分为 6 类：碳水化合物、脂肪、蛋白质、维生素、矿物质和水。在这些类别中，脂肪和碳水化合物是食物能量的主要形式。每克脂肪可提供 9 卡路里的能量，每克碳水化合物可提供 4 卡路里的能量。尽管每克蛋白质能提供 4 卡路里的能量，但它的主要功能是为身体结构提供原料并执行诸多维持功能。人体内的几乎每个细胞，都能进行一系列的化学转化来从这些营养素分子中提取化学能量。获取能量并获得制造细胞内分子所需材料的生物过程，叫作**新陈代谢**（metabolism）。

估算你的每日热量需求

第一步：你的身高是多少？

　　我的身高是 ____ 英尺 ____ 英寸。（1 英尺 = 30.48 厘米，1 英寸 = 2.54 厘米）

第二步：你有多少体重单位？

　　计算方式如下：

　　女性：前 5 英尺的身高为 100 个体重单位，超过 5 英尺的部分每多 1 英寸增加 5 个体重单位。

　　男性：前 5 英尺的身高为 106 个体重单位，超过 5 英尺的部分每多 1 英寸增加 6 个体重单位。

　　我的总体重单位 = ____

第三步：你的活动因子是多少？

　　久坐不动 = 13

　　活跃 = 15

　　非常活跃 = 17

第四步：你的每日估计热量需求是多少？

　　总体重单位 × 活动因子 = ____

每克酒精能提供大约7卡路里的热量。这意味着一杯标准的鸡尾酒、一瓶啤酒或一杯葡萄酒,含有120~150卡路里的热量。如果每天喝两到三杯酒,而不相应地减少食物热量或者增加运动量,就会导致体重增加。是的,"啤酒肚"的说法毫不夸张。

人体需要用能量来支持以下三个主要过程:(1)**基础代谢**(basal metabolism),即保持人体存活所需的能量;(2)身体活动,即你在没有完全静止时所做的事情;(3)生长和修复。支撑基础代谢的能量需要维持细胞的运作,保持体温在正常范围内,并保障心脏、肺、肾脏和其他内脏器官的机能。支撑基础代谢每日所需的能量总量被称为**基础代谢率**(basal metabolic rate, BMR)。成年女性的基础代谢率大约是每天1 100卡路里,成年男性则是每天1 300卡路里。

除了基础代谢需要能量外,你还要将能量用于身体活动:走路、跑步、工作等等。这些活动所消耗的能量值,取决于其强度和持续时间、体格大小以及环境温度。在炎热的天气里活动比在适宜温度下活动需要更多的能量,在寒冷的天气里保持体温也需要更多的能量。

每当身体制造的细胞量大于用来替换周期性死亡细胞的需求量时,能量就会是必需的。因此,所有的年轻人都需额外的能量用来生长发育。当身体产生新的细胞来修复创伤时,能量也是必需的。

个体的能量需求,因体格大小和身体成分、身体活动、青少年期和成年早期的生长需要、怀孕或哺乳状态、受伤或生病而异。美国成年男性的膳食营养素参考摄入量大约是每天2 800卡路里;对于没有怀孕、没有泌乳的成年美国女性来说,这个数字大约是2 300卡路里。营养学家建议,可将来自全谷物、蔬菜和水果的碳水化合物作为主要的能量来源,它们所提供的热量需占总热量摄入的约50%。脂肪提供的热量不应超过总热量的30%。蛋白质通常不推荐作为能量的来源,而只作为身体组织和器官构造原料的来源。

对减肥感兴趣的人们须知,每日摄入能量的很大一部分,都旨在用来维持生命,是必需的。这就是为什么节食(减少能量摄入)是一个有局限性的、通常不成功的减肥策略。所有成功的减肥策略,都聚焦于通过身体活动达到消耗能量的目的。你可以在不影响基本生命功能的前提下,增加这部分的能量消耗。

饮食的愉悦

每个人都体验过饥饿的感觉和吃东西带来的饱腹感。但是,饥饿并不是吃东西的唯一原因。大多数时候,我们之所以吃饭,是因为"到吃饭时间了",因为我们面前有食物,因为吃东西(尤其是高脂或甜的东西)让人感觉良好,抑或因为吃饭是一种令人愉悦的社交仪式。食物的方便易得性是现代社会所特有的,而一个世纪前,所有街区都没有超市、快餐店或便利店。因此,我们可以出于多种原因食用食物。此外,广告鼓动我们吃更多且更频繁地吃那些不太健康的食品。

食物的七种成分

食物由7种化学物质组成:蛋白质、碳水化合物、脂类(脂肪)、维生素、矿物质、植物化学物质和水。膳食蛋白质、大多数类型的碳水化合物和大多数脂类,在被消化系统分解成更小的化学单位之前,都无法被身体吸收(**图5.7**)。事实上,只有维生素、

天然的、未加工的食物能提供最好的营养。

第 5 章 选择健康膳食 103

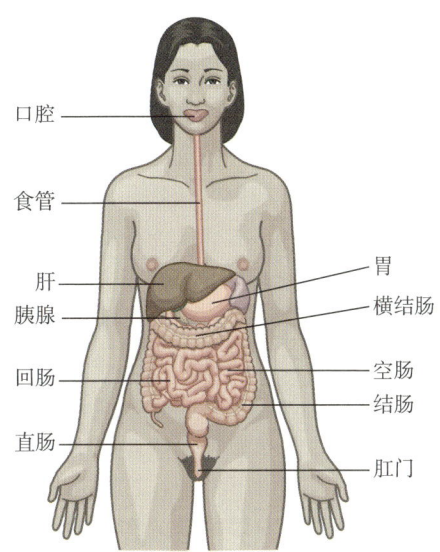

图 5.7　人体的消化系统
口腔中的牙齿和腺体分泌物有助于分解食物，之后食物经由食管输送到胃。胃分解一些食物分子，并把食物输送到消化道的其他部位：十二指肠、空肠、回肠、结肠和直肠。胰腺分泌酶和液体到十二指肠来促进消化。肝脏控制已吸收的营养素向体内的释放。未消化的物质则由肛门排出体外。

矿物质、有限的几种碳水化合物、植物化学物质和水，才能被人体直接吸收。

蛋白质

一个人大约 20% 的身体质量来自**蛋白质**（protein）。人体的许多组织是由蛋白质构成的，并且人体的许多极其重要的功能也是由蛋白质完成的。

蛋白质由被称为**氨基酸**（amino acids）的化学单位组成。氨基酸有 20 种不同的形式，分为**必需氨基酸**（essential amino acids）和**非必需氨基酸**（nonessential amino acids）。成人需要 8 种必需氨基酸，婴儿除这 8 种外还需另外 2 种氨基酸。蛋白质的动物来源包括奶及乳制品、畜肉、鱼、禽肉和蛋；植物来源则包括面包及谷物食品、豆类、坚果和种子。人体在需要时，可将必需氨基酸转化为非必需氨基酸。

不会有大量的氨基酸储存在体内，因此，合理的营养需要每天摄入足够的高质量蛋白质，以满足身体对必需氨基酸的需求。成年女性的蛋白质推荐摄入量为每天 46 克，成年男性约为每天 55 克。一个汉堡含有大约 20 克蛋白质。北美成年人的平均摄入量约是推荐摄入量的两倍；不需要的蛋白质会被身体分解，然后以尿液的形式排出体外，或以脂肪的形式贮存起来。

由于大多数动物蛋白的氨基酸组成是相似的，通常，人们从动物组织（如肉、蛋和乳制品）中能获得足够数量和恰当比例的必需氨基酸。然而，大多数植物蛋白都缺乏一种或多种必需氨基酸。因此，少吃或不吃肉类和乳制品的人，必须通过吃富含某种特定氨基酸的食物来弥补这种氨基酸的摄入不足。例如，小麦、大米和燕麦含有很少的必需氨基酸赖氨酸，却含有大量的必需氨基酸甲硫氨酸和色氨酸。大豆和其他豆类的赖氨酸含量相对较高，而甲硫氨酸和色氨酸的含量较低。因此，由谷物和豆类（如大米和豆类、玉米和豆类、小麦和大豆）组成的膳食，才能提供足够的上述必需氨基酸。**蛋白质互补**（protein complementarity）是一种组合不同蛋白质来源的做法，这样一种来源的氨基酸缺乏，就会被另一种来源所含有的丰富氨基酸所抵消或补充。

肉类、乳制品和蛋，虽然能提供必需氨基酸，但它们可能富含饱和脂肪，因而会导致心脏病、癌症和其他与脂肪相关的健康问题。出于这个原因，营养学家建议，食用脱脂或低脂乳制品，可以在面包上涂抹黄油，但不建议将其用作烹饪原料，留意冰激凌的摄入量。营养学家还建议，在烹饪前从肉类中剔除脂肪、选择低脂肪含量的肉类、食用禽肉（去皮，因为它含有脂肪）和鱼。禽肉和鱼的脂肪比例低于红肉。他们还建议，在以谷物或豆类为基础的菜肴中加入少量肉类，而不是将肉类作为一顿饭的核心。

拉面，是一种由小麦面粉做成的面食，是高脂肪快餐的健康替代品。

研究表明，经常食用红肉和加工肉，与患结直肠癌之间存在较小但显著的联系（Alexander, 2015）。结直肠癌是世界上第三常见的癌症，也是癌症致死的第四大原因。食用鱼或鸡肉，不会增加因结肠癌死亡的风险。红肉包括牛肉、小牛肉、猪肉、羔羊肉、羊肉、马肉和山羊肉。加工肉是指经由腌制、风干、发酵、烟熏或其他方法转化的肉类。这些方法旨在加强风味或延长贮存时间。大多数加工肉含有猪肉或牛肉，有些可能含有其他红肉、禽肉、动物内脏或肉类副产品（如血液）。加工肉的例子，包括热狗（法兰克福肠）、火腿、香肠、咸牛肉、干肉条或牛肉干，以及肉类罐头和以肉类为原料的调味料和酱汁。

科学家们还未探明，他们所观察到的摄入畜肉和加工肉与癌症有联系的原因。但是，他们给出了下列合理的解释：（1）烹饪过的（特别是烧焦的）肉会产生被称为杂环胺的致癌物质，危害结肠；（2）当以红肉和加工肉作为饮食的中心时，它们会取代蔬菜和豆类，从而使植物中含有的各种健康营养素未被摄入；（3）结肠中的细菌会将消化脂肪所必需的物质（胆汁酸）转化为致癌物质；（4）在加工肉中用作防腐剂的硝酸盐和硝酸盐化合物（N-亚硝基化合物），会损害结肠细胞的DNA，从而增加癌症风险（O'Keefe et al., 2016）。除了增加患结直肠癌的风险外，食用畜肉还有其他健康风险。例如，畜肉是海绵状脑病（疯牛病）和其他食源性疾病的载体。畜肉的大量生产也对环境有害。生产1磅肉需要1.5万到2万加仑的水（1磅≈0.45千克；1加仑≈3.79升）。养牛需喂食玉米和大豆，这两种作物的过度种植和生产会使土地退化，并将农药带入食物供应链。牛消化过程中产生的甲烷，对全球变暖有显著影响。

> 蔬菜不是我的肉和土豆。
> ——尤吉·贝拉

专家们经常鼓励运动员摄入多于膳食参考摄入量的蛋白质，目的在于增加耐力，增强体力，修复损伤，并强调在肌肉锻炼前后摄入蛋白质的好处。对于运动员，美国运动医学协会和加拿大营养与饮食学会（2016）建议，在剧烈训练与活动的当天和第二天，每千克体重应摄入1.2～2.0克的高质量蛋白质。这种蛋白质可以来自瘦肉、鱼、禽肉、蛋、蔬菜、谷物、豆类和乳制品。没有必要食用蛋白粉或喝高蛋白液体，食用普通食物就足够了。

碳水化合物

碳水化合物（carbohydrates）是食物能量的主要来源，也被用于制造一些细胞成分，如遗传物质DNA。因为人体可以利用其他物质来制造碳水化合物，所以碳水化合物并不被认为是必需营养素。然而，如果像一些不靠谱的减肥饮食方案所推荐的那样，不摄入足够的碳水化合物，可能就会迫使身体不得不分解肌肉组织，以此来为生命机能提供必要的能量。

大多数动物都爱吃甜食，从而促使自己摄取富含能量的食物，人类也不例外。这就是为什么食品生产商经常在其产品中添加糖分和其他甜味剂（如高果糖玉米糖浆）的原因。事实上，美国和加拿大约70%的包装食品中都含有添加糖（Popkin & Hawkes, 2016）。由于添加糖只提供热量而不提供必需营养素，所以糖通常被描述成只为饮食提供了热量。来自添加糖的多余热量会转化为体脂，这可能导致超重、肥胖、心脏病、糖尿病和龋齿。

美国成年人平均每天摄入80克添加糖。美国心脏协会建议，成年男性每天摄入的添加糖应不超过38克，成年女性和青少年应不超过25克。一瓶350毫升的汽水中含有46克添加糖；一瓶475毫升的甜茶中含有50克。一份瓶装意粉酱中则含有12克。

加工食品的营养成分标签上列出的"糖"，同时包括天然存在于食品中的糖和厂商添加的糖。因此，消费者必须付出更多的努力来确定添加糖的种类和含量。产品的配料标签上列出了所有形式的添加糖，但未标明其含量（**图5.8**）。添加糖的含量则需要搜索列出这些数值的网站。

简单糖

碳水化合物主要有两类：主要存在于水果中的**简单糖**（simple sugars）；主要存在于谷物、水果以及蔬菜的茎、叶和根中的**复合碳水化合物**（complex carbohydrates）。

葡萄糖（glucose）是最常见的简单糖，它存在于所有的动植物之中。葡萄糖在血液中循环，因此也常被称为"血糖"。另一种简单糖是果糖，它存在于水果和蜂蜜之中。**果糖**（fructose）是最甜的糖之一，这意味着你可以吃比其他简单糖更少的果糖就能品尝到同等的甜味。

爱护你的牙齿和牙龈

爱护牙齿和牙龈意味着要养成良好的口腔卫生习惯，以预防蛀牙（龋齿）和牙龈疾病（牙龈炎和牙周炎）。蛀牙和牙龈疾病是由生活在口腔中的各种细菌引起的。这些细菌通过分解食物中所含的糖分产生酸性物质。酸会腐蚀牙釉质，进而导致蛀牙。其他细菌会将糖和唾液中的一些物质转化成一种叫作牙菌斑的胶状物质。这种物质黏附在牙齿和牙龈上，助长了更多的细菌生长和蛀蚀。

如果能够清除口腔中的致病细菌，或从口腔中清除细菌用来产生酸和牙菌斑的糖分和其他物质，抑或保护牙齿不受细菌产物的侵害，那么牙齿和牙龈疾病是可以预防的。

目前还无法清除口腔中的所有致病细菌，也无法使它们变得无害。所以，保持口腔中没有糖分和牙菌斑，是预防牙齿和牙龈问题的最好方法。你可以通过以下步骤来做到这一点：

- 两餐之间不吃糖和含糖分的食物；
- 尽可能以液体而不是固体形式食用甜食；
- 避免食用黏牙或溶解缓慢的甜食；
- 每次餐后刷牙；
- 吃零食或餐后无法刷牙时，用温水漱口；
- 通过牙膏、漱口水和饮用水获得氟化物（以提高对蛀牙的抵抗力）；
- 定期做牙科检查。

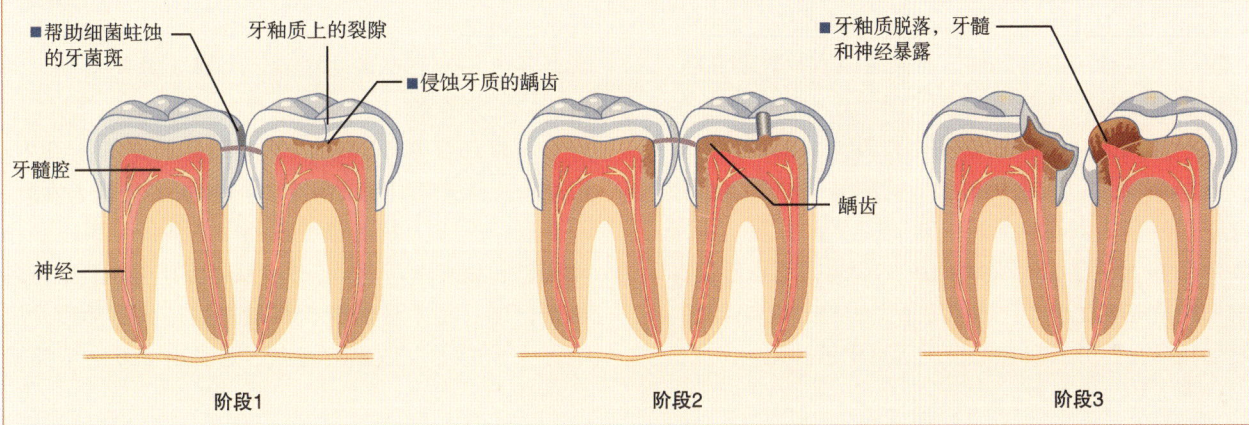

龙舌兰糖浆	枣糖	黑砂糖
巴巴多斯糖	脱水甘蔗汁	棕榈糖
大麦芽	金砂糖	墨西哥粗糖
麦芽糖浆	糊精	糖粉（powered sugar）
甜菜糖	葡萄糖（dextrose）	原糖
红糖	果糖	精炼糖浆
黄油糖浆	浓缩果汁	大米糖浆
甘蔗汁	葡萄糖（glucose）	蔗糖（saccharose）
甘蔗汁晶体	果葡糖浆	高粱糖浆
蔗糖（Cane sugar）	蜂蜜	蔗糖（sucrose）
焦糖	糖霜	砂糖
角豆糖浆	转化糖	甜高粱
幼砂糖	麦芽糖（malt sugar）	糖浆
椰子棕榈糖	麦芽糊精	糖蜜（treacle）
椰糖	麦芽酚	托比那多糖
糖粉（confectioner's sugar）	麦芽糖（maltose）	黄糖
玉米甜味剂	甘露糖	
玉米糖浆	枫糖浆	
玉米糖浆固体	糖蜜（molasses）	

图 5.8 添加到商业食品中的糖的名称

蔗糖（sucrose）是常见的食糖（许多包装食品中添加的"精制"糖），是葡萄糖和果糖的结合体。蔗糖通过分解为葡萄糖和果糖来被消化。因为果糖比蔗糖甜，所以你可以用新鲜水果代替糕点，用蜂蜜代替食糖，从而在不减少甜味的前提下，减少饮食中的糖含量。除了更甜的味道外，从水果和蜂蜜中，你还能获得精制蔗糖中所没有的其他营养素。

乳糖（lactose）是一种主要存在于奶及乳制品中的糖，由葡萄糖和半乳糖两种简单糖组合而成。在几乎所有婴儿的消化系统中，乳糖都会被一种叫作**乳糖酶**（lactase）的蛋白质分解，以释放葡萄糖和半乳糖来为生长发育提供能量。由于一些早期人类没有驯养牛以获取牛奶的经验，所以在现代世界那些继承他们基因图谱的诸多民族中，负责在生命早期制造乳糖酶的基因在年龄较大的儿童和成人中被永久关闭了（University of California, Berkeley, 2007）。当这些个体食用奶、奶油、冰激凌或其他乳制品时，他们会感到肠胃不适、腹泻，偶尔还会出现严重的疾病。这些人可以通过食用含有乳糖酶的产品，如乳糖酶咀嚼片，或食用酸奶、奶酪和其他乳糖已被发酵过程所分解的乳制品来补充他们的饮食。由于乳制品在北美饮食中是钙的主要来源，不吃乳制品的人们，应该食用富含钙的蔬菜（如西蓝花和豌豆）、钙强化食品，并在可能的情况下服用钙补充剂。

复合碳水化合物

复合碳水化合物，主要来自谷物（小麦、大米、玉米、燕麦、大麦），豆类，植物的叶子、茎和根以及一些动物组织。复合碳水化合物主要有两类：可消化的**淀粉**（starch）和不可消化的**纤维**（fiber）。

淀粉，由许多连接在一起的葡萄糖分子组成。这是生物体在需要使用之前，高效储存葡萄糖的一种方式。在植物中，淀粉通常存在于种子、荚或根的颗粒里。例如，小麦粉是通过碾碎小麦籽粒制成的，在制作过程中，将小麦的外皮（麸皮）与中间含有淀粉的部分（胚乳）和内部胚芽分开。烘焙中常用的白面粉的出粉率是70%，也就是说，有70%的原始谷物在碾碎后仍被保存了下来。出粉率为70%的面粉在碾磨过程中，小麦籽粒中的许多营养素都流失了，因此面粉生产商会在面粉中添加若干种维生素和矿物质，来生产"营养强化面粉"。另一方面，"全麦面粉"的出粉率达到了90%~95%，因此不必添加营养素。用全麦面粉做的面包是棕色的，但并不是所有的棕色面包都是全麦面包，因为一些制造商会在白面面团中，添加糖蜜或蜂蜜使其呈现为棕色。

麸质（gluten）是一种天然存在于小麦、黑麦、大麦以及这些谷物的杂交品种中蛋白质的混合物。北美洲数百万人和世界上更多的人食用麸质可能会生病，或是一种由遗传倾向引起的被称为乳糜泻的疾病，或是其他损害小肠黏膜的麸质相关疾病。如果没有健康的肠黏膜，人体就无法吸收所需的营养素，并可能会导致贫血（红细胞数量低于正常值）、生长迟缓、不孕、流产、身材矮小、骨质疏松症（一种骨骼变得脆弱并更有可能断裂的疾病）、糖尿病、自身免疫性甲状腺疾病和肠癌。为了帮助那些有患麸质相关疾病风险的消费者，食品标签或餐厅菜单上的"无麸质"一词意味着，它的麸质含量不到百万分之二十。请记住，"无麸质"对于对麸质不敏感的人来说，并不一定意味着更健康。一种无麸质食品仍然可能缺乏营养素。

淀粉还存在于有使人发胖的坏名声的土豆中。但是，土豆并不比其他淀粉类食物更容易使人发胖，除非它们是在大量的脂肪或油中烹饪的（用以制作炸薯条和薯片）。一个大土豆大约含有100卡路里的热量，比一个中杯的软饮料的热量还少。然而，用中等大小的土豆做成的薯条，却含有300多卡路里的热量。

动物和人类会在肌肉和肝脏组织中产生一种名为**糖原**（glycogen）的淀粉。当需要能量时，糖原会被分解，组成它的葡萄糖分子便会被释放。运动员有时会在比赛前一天，吃大量的碳水化合物来增加糖原的供应，这种做法被称为糖原负荷法。

纤维是第二类主要的复合碳水化合物。纤维有两种：不溶于水的**不溶性纤维**（insoluble fiber）和溶于水的**可溶性纤维**（soluble fiber）。不溶性纤维由**纤维素**（cellulose）和**半纤维素**（hemicellulose）组成，这两种物质为植物体（木头，茎，坚果，种子，谷物的外壳，水果和蔬菜的皮）提供硬度。可溶性纤维由果胶、树胶和植物黏液组成。不溶性纤维和可溶性纤维之间的差异，对健康无显著影响。营养学家建议，人每天需摄入20~35克任何种类的纤维（**表5.6**）。

纤维会增加粪便的体积，因而能预防便秘及相关疾病，比如痔疮和食管裂孔疝，它们可由排便时长时间的腹内压增加而引起。纤维还能促进粪便从

表 5.6　多种食物的纤维含量

食　物	数　量	纤维（克）
全麦面包	1 片	1.6
黑麦面包	1 片	1.0
白面面包	1 片	0.6
糙米（熟的）	1/2 杯	2.4
白米（熟的）	1/2 杯	0.1
意大利面（熟的）	1/2 杯	0.8
芸豆（熟的）	1/2 杯	5.8
利马豆（熟的）	1/2 杯	4.9
土豆（烘烤）	中型	3.8
玉米	1/2 杯	3.9
菠菜	1/2 杯	2.0
莴苣	1/2 杯	0.3
草莓	3/4 杯	2.0
香蕉	中型	2.0
苹果（带皮）	中型	2.6
橙子	小型	1.2

表 5.7　全谷物和精制谷物食品

全谷物食品	精制谷物食品
糙米	玉米面包*
荞麦	墨西哥玉米饼*
干小麦（炒熟研碎的小麦）	蒸粗麦粉*
燕麦片	薄脆饼干*
爆米花	墨西哥面粉薄饼
即食早餐麦片	粗玉米粉
全麦麦片	意式面食*
牛奶什锦早餐	面条*
全谷物大麦	意大利细面条
全谷物玉米粉	通心粉
全黑麦	皮塔饼*
全麦面包	椒盐脆饼
全麦薄脆饼干	即食早餐麦片
全麦意式面食	玉米片
全麦三明治	白面面包
面包卷	白面三明治面包卷
全麦墨西哥薄馅饼	白米
菰米	

不常见全谷物

小米菜（苋菜）

粟

藜麦

高粱

小黑麦

注意：全谷物食品含有完整的谷粒，包括麸皮、胚芽和胚乳。精制谷物食品为了更细腻的口感和更长的货架期而将麸皮和胚芽剔除；在研磨过程中，除去了纤维、铁和多种 B 族维生素。大多数精制谷物都经过了强化处理：某些 B 族维生素（硫胺素、核黄素、烟酸、叶酸）和铁在加工后被添加了回来，但纤维不在其中。有些食品是由全谷物和精制谷物混合制成的。有些谷物产品含有大量麸皮。麸皮含有对健康很重要的纤维。然而，添加了麸皮或只含麸皮的产品（如燕麦麸皮），并不一定是全谷物产品。

*这些产品大多由精制谷物制成。有些则是由全谷物制成的。检查配料表上有无"全谷物"或"全麦"字样来确定它们是否由全谷物制成。有些食品是由全谷物和精制谷物混合制成的。

资料来源：U.S. Department of Agriculture. (2017). What foods are in the grains group?

消化道排出，降低阑尾炎、憩室病（下肠壁隆起形成囊袋）和结直肠癌的风险。高纤维饮食还可能有助于降低心脏病和某些癌症的风险。

由于全谷物食品含有复合碳水化合物、纤维、维生素和其他营养素，因此它们优于由精制谷物制成的加工食品和餐厅食品（**表 5.7**）。此外，食用由精制谷物制成的营养价值较低的食品，意味着未能摄入健康的全谷物食品。

有些食物含有强化或功能纤维（有时被称为"假纤维"），它们不是真正的植物纤维，而是从植物中提取或是由工厂制造的化学物质。生产商们将这些物质添加到他们的食品中，以便通过做出"高纤维"的声明来增加销量。一般来说，功能纤维存在于高度加工的食品中，如白面面包、酸奶、冰激凌、含糖麦片、能量棒，甚至包括果汁和水。尽管功能纤维几乎没有什么营养价值，但它可被计入营养成分标签上列出的总纤维中，并在产品的配料标签上列为菊粉、果胶、聚葡萄糖、甲基纤维素和/或麦芽糊精。配料标签上列出的天然纤维有麦麸、玉米麸和燕麦。

脂类（脂肪）

脂类（lipids），是一类多样化物质，它们共同的化学性质是不易与水混合或不溶于水。其中的一些物质包括作为细胞膜基本成分的**胆固醇**（cholesterol）和**卵磷脂**（lecithin），生殖器官和肾上腺分泌的类固醇激素，维生素 A、D、E 和 K，以及有助于脂肪消化的胆汁酸。尽管人们目前倾向于反对摄入脂肪，但脂类仍是饮食中不可或缺的一部分。脂类能提供热量，为食物提供风味和口感，并在消化过程中提供饱腹感和幸福感。一种名为**亚油酸**（linoleic acid）的脂肪酸存在于如红花籽油、葵花籽油和玉米油等植物油中，为人体所必需，且必须从食物中获取。缺乏亚油酸会造成皮肤损伤。

饮食中摄入的大部分脂肪，是由**脂肪酸**（fatty acids）组成的**甘油三酯**（triglyceride）。根据化学结构的不同，脂肪酸可以进一步分为**饱和脂肪酸**（saturated fatty acid）、**单不饱和脂肪酸**（monounsaturated fatty acid）和**多不饱和脂肪酸**（polyunsaturated fatty acid）。"饱和"指的是脂肪酸中所含氢原子的数量（因而也指其所含能量）。饱和脂肪酸，携带它所能携带的所有氢原子。单不饱和脂肪酸，所携带的氢原子数比它所能携带的要少一个。多不饱和脂肪酸，则少携带两个或两个以上的氢原子。膳食脂肪，根据其所含比例最高的脂肪酸的类型，分为饱和脂肪、单不饱和脂肪和多不饱和脂肪。

饱和脂肪存在于全脂奶及全脂乳制品、蛋黄、肉类、椰子油和棕榈油、巧克力、原味人造奶油以及氢化蔬菜起酥油之中。单不饱和脂肪来源于橄榄油和一些坚果中。多不饱和脂肪，则存在于红花籽、棉籽、玉米、大豆、芝麻油和多脂鱼之中（**图 5.9**）。

富含饱和脂肪的饮食，会增加罹患心脏病、某些癌症和超重的风险。膳食指南建议，成年人每天摄入的饱和脂肪的热量应控制在总热量的 10% 或更少。相反，多不饱和脂肪往往会降低心血管疾病的风险，这就是为什么营养学家建议食用植物油、坚果和鱼。

食品生产商和餐馆，有时会使用由植物油加工而成的化学物质，称为**反式脂肪酸**（trans fatty acids）、反式脂肪或部分氢化植物油（PHVO）。因为反式脂肪是不健康的，所以许多食品生产商和餐馆不再使用。某些反式脂肪是天然食物的组成部分，同时一些生产商会少量使用它们，因此，反式脂肪

图 5.9 不健康的脂肪与健康的脂肪
快餐和包装食品中的反式脂肪和饱和脂肪，不如鱼、坚果和植物油中的多不饱和脂肪健康。

的总量会被列在食品的营养成分标签上。许多国家已经立法禁止部分氢化植物油进入他们的食物供应。美国食品药品监督管理局已经全面禁止了部分氢化植物油进入美国的食物供应。

脂肪替代品（fat substitutes）（如 Simplesse，译作"简而乐代脂品"）是主要添加在包装糕点、零食、酸奶油、酸奶和沙拉酱中的化学物质。它们可以在不提供热量的情况下提供脂肪的口感和质地。脂肪替代品被宣称具有控制体重的好处，这显然是夸大其词了。因为消费者通常可通过摄入更多的碳水化合物来补充热量。

维生素

维生素（vitamins）是促进多种生物过程的物质。它们既不为身体组织的制造提供材料，也不为身体机能的运作提供能量，而是像在流水线上工作

一样，一遍又一遍地执行同样的任务，直到因"磨损殆尽"需要更换。这就是为什么人体所需维生素的量要比蛋白质、碳水化合物和脂肪少得多的原因。人体需要 13 种必需维生素；它们必须从食物中获得（**表 5.8**）。根据其化学性质，维生素可分为**水溶性维生素**（water-soluble vitamins）和**脂溶性维生素**（fat-soluble vitamins）。

维生素 A（及其膳食前体 β - 胡萝卜素）、维生素 C 和维生素 E，被归为**抗氧化剂**（antioxidants）。因为它们具有中和一类叫作自由基的化学物质作用的能力。自由基可以通过化学氧化破坏生物结构。抗氧化维生素存在于各种水果和蔬菜（不含豆类）中，也可从维生素补充剂中获得。摄入含有大量抗氧化维生素食物的人，比摄入量较少的人患癌症、心脏病和白内障的风险更低。然而，在实验室研究中，抗氧化剂维生素 C、维生素 E 和 β - 胡萝卜素，尚未

表 5.8　水溶性维生素和脂溶性维生素

水溶性维生素	为何需要	主要来源	缺乏的后果
抗坏血酸（维生素 C）	参与牙齿和骨骼的形成；参与结缔组织的产生；促进伤口愈合；可能会增强免疫力	柑橘类水果、番茄、辣椒、卷心菜、土豆、甜瓜	坏血病（骨骼、牙齿、牙龈的退化）
生物素（维生素 H）	参与脂肪和氨基酸的合成与分解	酵母、肝脏、奶、大多数蔬菜、香蕉、葡萄柚	皮肤病、疲惫、肌肉疼痛、恶心
钴胺素（维生素 B_{12}）	参与单个碳原子的转移；DNA 合成的必需品	瘦肉、蛋、奶和乳制品（不含于蔬菜）	恶性贫血、神经系统机能失常
叶酸（维生素 B_9）	DNA 和其他分子合成的必需品	绿叶菜、动物内脏、全麦制品	贫血、腹泻和其他肠胃问题
烟酸（维生素 B_3）	参与能量的产生和细胞分子的合成	谷物、肉类、豆类	糙皮症（皮肤病、肠胃功能紊乱和精神障碍）
泛酸（维生素 B_5）	参与能量的产生以及多种生物分子的合成与分解	酵母、畜肉和鱼、几乎所有的蔬菜和水果	呕吐、腹部痛性痉挛、乏力、失眠
吡哆醇（维生素 B_6）	合成与分解氨基酸以及从饱和脂肪中生产不饱和脂肪的必需品	肉类、全谷物、大多数蔬菜	虚弱、易激怒、睡眠和行走障碍、皮肤问题
核黄素（维生素 B_2）	参与能量的产生；对眼睛健康很重要	奶及乳制品、肉类、蛋、蔬菜、谷物	眼睛和皮肤问题
硫胺素（维生素 B_1）	食物分子分解以及能量产生的必需品	肉类、豆类、谷物、部分蔬菜	脚气病（神经损伤、虚弱、心力衰竭）
脂溶性维生素	**为何需要**	**主要来源**	**缺乏或过量的后果**
维生素 A（视黄醇）	眼睛和皮肤保养的必需品；影响骨骼和牙齿的形成	肝脏、肾脏、黄色和绿叶蔬菜、杏	缺乏：夜盲症、眼睛损伤、皮肤干燥 过量：食欲不振、皮肤问题、脚踝和脚部肿胀
维生素 D（钙化醇）	调节钙代谢；对骨骼和牙齿生长很重要	鱼肝油、乳制品、蛋	缺乏：儿童佝偻病（骨骼畸形）、成人骨破坏 过量：口渴、恶心、体重减轻、肾损伤
维生素 E（生育酚）	防止细胞氧化损伤；防止红细胞损毁	麦芽、植物油、蔬菜、蛋黄、坚果	缺乏：贫血，可能导致神经细胞损毁
维生素 K（叶绿醌）	帮助血液凝结	肝脏、植物油、绿叶菜、番茄	缺乏：严重出血

被证明可以预防癌症和白内障，而且大剂量服用还可能有害。这再一次证明，健康的营养在于食用完整的新鲜食物，而不在于大量摄入单一营养素。

叶酸（维生素 B_9）是一种存在于深绿叶蔬菜、豆类和水果中的维生素，有助于预防新生儿脊柱裂和其他神经管缺陷。美国大多数女性和老年人的饮食普遍缺乏叶酸（他们平均每天摄入 200 微克，而建议的摄入量为每天 400 微克）。因此，联邦政府要求生产谷物食品（如面包、早餐麦片、意式面食）的厂商在其产品中添加叶酸。关于强化食品中叶酸的含量是否过低仍存在争议。因此，建议孕妇们向其产前保健提供者咨询服用叶酸补充剂的问题。

有些人缺乏维生素 D——它是皮肤在阳光照射作用下产生的。生活在高纬度地区、皮肤黝黑，或者大部分时间都待在室内的人，最容易缺乏维生素 D。维生素 D 有助于身体吸收和保留钙和磷，从而有利于强化骨骼和牙齿。维生素 D 还有助于保持肌肉力量，对老年人尤为重要。它能使身体对抗感染和某些癌症，并也有可能降低患心脏病的风险。在正午的阳光下暴晒 15 分钟，肤色浅的人就可以获得足够的维生素 D；而肤色深的人则需要更多的阳光照射。大多数食物的天然维生素 D 含量都很低。但是，从维生素 D 强化食品或维生素 D 补充剂中可以获得足够的维生素 D。

矿物质

身体的许多机能都需要一种或多种名为**矿物质**（minerals）的无机元素的参与（**表 5.9**）。例如，钠、钾和氯对维持细胞膜、传导神经冲动和收缩肌肉至关重要；镁、铜和钴可以促进某些生化反应；铁对血红蛋白的携氧功能至关重要；碘是合成甲状腺激素的必需品；钙和磷构成骨骼和牙齿；硒可以降低罹患癌症的风险，也许源于它具有抗氧化作用。

大多数食物中都含有矿物质，尤其是新鲜蔬菜。女性和年轻人容易缺铁，所以他们必须吃富含铁的食物，如蛋、瘦肉、麸皮、全谷物和绿叶蔬菜。大多数女性和老年人摄入的钙太少，而钙存在于乳制品和一些绿叶蔬菜中，如羽衣甘蓝和芜菁叶（**表 5.10**）。由于在饮食中汽水经常取代奶，进而影响到

表 5.9　必需矿物质

矿物质	为何需要	主要来源	缺乏的后果
钙	构成骨骼和牙齿；凝固血液；神经传导	奶、奶酪、深绿色叶菜、干豆类	发育不良，佝偻病，骨质疏松症，抽搐
氯	形成胃液；酸碱平衡	食盐	抽筋、精神淡漠、食欲不振
铬	葡萄糖和能量代谢	脂肪、植物油、肉类	葡萄糖代谢能力受损
钴	维生素 B_{12} 的成分	动物器官和瘦肉	未有人类异常的报告
铜	参与铁代谢的酶的成分	肉类、饮用水	贫血（少见）
碘	甲状腺激素的成分	海鱼和贝类、乳制品、多种蔬菜	甲状腺肿（甲状腺肿大）
铁	血红蛋白以及参与能量代谢的酶的成分	蛋、瘦肉、豆类、全谷物、绿叶菜	缺铁性贫血（虚弱、对感染的抵抗力下降）
镁	激活酶；参与蛋白质合成	全谷物、绿叶菜	生长障碍，行为障碍，虚弱、痉挛
锰	参与脂肪合成的酶的成分	食物中广泛存在	动物：神经系统紊乱、生殖异常
钼	某些酶的成分	豆类、谷物、动物器官	未有人类异常的报告
磷	构成骨骼和牙齿；酸碱平衡	奶、奶酪、畜肉、禽肉、谷物	虚弱、骨质脱矿
钾	酸碱平衡；体内水分平衡；神经功能	肉类、奶、多种水果	肌无力、瘫痪
硒	功能与维生素 E 密切相关	海鲜、肉类、谷物	贫血（少见）
钠	酸碱平衡；体内水分平衡；神经功能	食盐	抽筋、精神淡漠、食欲不振
硫	活性组织化合物、软骨和肌腱的成分	膳食蛋白质中的含硫氨基酸（蛋氨酸和半胱氨酸）	与含硫氨基酸的摄入和缺乏有关
锌	参与消化的酶的成分	食物中广泛存在	生长障碍

表 5.10 多种食物的钙的含量
成人每日建议摄入量为 1 000 毫克。

食物	分量	钙（毫克）
钙加工的豆腐	1/3 杯	581
原味酸奶	8 盎司容器	411
脱脂或低脂奶	1 杯	301
烤芝麻	1 盎司	297
瑞士奶酪	1 盎司	288
切达奶酪	1 盎司	216
莫扎里拉奶酪	1 盎司	194
熟大豆	1/2 杯	131
熟芜菁叶	1/2 杯	116
熟豇豆	1/2 杯	115
全麸麦片	1/2 杯	106
羽衣甘蓝菜叶	1/2 杯	101
罐装沙丁鱼	1 盎司	105
罐装（带骨）鲑鱼	1 盎司	59
汽水	12 盎司	0

钙的摄入，所以营养学家建议，在儿童和青少年的饮食中，应该限制（如果不完全消除的话）汽水的摄入，以强化他们早年和晚年的骨骼。

盐

成年人每天需要在饮食中摄入大约 3 克盐（约一茶匙），否则，久不食盐或食盐过少就会生病甚至死亡。盐对生命如此重要，以至于当身体里没有足够的盐时，你就会渴望获得它。当结晶盐在水中溶解时，它会分解成钠离子和氯离子。盐大约 40% 是钠。人体的每个细胞都需要钠来保障其正常运作。

既然盐如此重要，那么为什么我们还时常听说吃盐太多不利于健康呢？这是因为摄入过多的钠会导致高血压，并且钠是心脏病、中风和肾衰竭的一个主要风险因素。

在美国，40 岁以下的成年人（非裔除外），每日盐的推荐摄入量上限为 5.8 克（约 2 300 毫克钠）；对于所有非裔美国人和 40 岁以上的成年人来说，盐的摄入量上限为 3.8 克（1 500 毫克钠）。美国成年人平均每天摄入近 8 克盐。据估计，如果每天平均减少 3 克盐的摄入量，将挽救数十万美国人的生命，同时能节省每年 100 多亿美元的医疗保健支出。

美国饮食中约 75% 的盐来自加工食品和快餐。一份典型的快餐含有大约 1 000 毫克的钠；有些快餐甚至含约 2 000 毫克的钠。为了提升口感，盐被添加到许多包装食品中，包括番茄酱、芥末酱、辣番茄酱，以及包装和冷冻畜肉、鱼和禽肉。健康专家建议，将加工食品、快餐和餐馆食品的钠含量减少 50%；改进食品标签，以帮助消费者了解食品中的钠含量，了解食品中的钠含量在何种情况下算超标。为了达到在 2025 年将饮食中的盐至少减少 25% 的国际目标，超过 75 个国家制定了减盐战略。这些措施包括：与食品加工业合作，以减少产品中添加的盐；建立食品钠含量标准；告知消费者有关健康的盐摄入量知识；强制要求食品生产厂商在包装正面添加钠含量标签；对高盐食品征税；在公共机构提供健康的盐含量食品（Trieu et al., 2015）。英国在 2003 年就制定了减盐政策，这被认为与之后 10 年间平均血压大幅降低，以及心脏病和中风死亡人数大幅减少有关（He et al., 2014）。

植物化学物质

许多蔬菜和水果都含有**植物化学物质**（phytochemicals），它们本身并不是营养素，但对人类的身体有着积极的影响（**表 5.11**）。植物化学物质可以帮助身体破坏和消除从环境中摄入的毒素或伴随新陈代谢而来的有损组织的副产物，如氧自由基。例如，十字花科蔬菜（如西蓝花、羽衣甘蓝、花椰菜、球芽甘蓝、卷心菜、芥菜）就富含防癌植物化学物质萝卜硫素和异硫氰酸盐。番茄和番茄制品（番茄酱、番茄汁）、粉红葡萄柚、木瓜、桃子和西瓜中均含有一种叫作番茄红素的植物化学物质，它可以防止氧化损伤，降低患癌症和心脏病的风险。叶黄素存在于深色叶菜和色彩鲜艳的蔬菜中，它可以降低心脏病和老年性黄斑变性眼病的风险。绿茶、红茶、洋葱、苹果和葡萄，含有一类叫作类黄酮的植物化学物质，它能预防癌症和心脏病。海枣、无花果和其他干果含有多酚，它是一种强效的抗氧化剂。

水

水是血液和所有细胞的主要成分，也是所有生汽水）和酒精的液体是利尿剂，这意味着，摄入的一些液体会在增多的尿量中流失。

许多人喝瓶装水，是因为相信它比自来水更健康。但并非所有的瓶装水都像其产品名称所暗示的那样来自"天然"水源。一些瓶装水其实就来自于城市自来水管道。你应该看一下产品的标签以确定瓶中水的来源。

膳食补充剂

在美国有超过 60 000 种产品作为**膳食补充剂**（dietary supplements）可供选择。根据定义，膳食补充剂是食物的衍生物，用来提供 40 种必需营养素中的一种或多种，如特定的维生素、矿物质或氨基酸。除了作为食物的补充之外，膳食补充剂还包括各种动植物提取物、酶、氨基酸、草药、激素和核酸（DNA 和 RNA），使用这些物质的目的是改变人体的一个或多个生物系统，以产生特定的生理或心理效果（**表 5.12**）。例如，有人可能会服用含有 ω-3 脂肪酸（鱼油）的胶囊，以试图通过降低血脂来预防心脏病（或下一次心脏病发作）或中风；也有人会喝草药茶来保持精力充沛。与药物不同，美国食品药品监督管理局不允许厂商宣称膳食补充剂可用于治疗、诊断、预防或治愈疾病。这意味着，膳食补充剂不应当声称有医疗效果，比如"降低高胆固醇"或"治疗心脏病"。

当膳食补充剂被用来增加饮食的营养时，它被视为一种食物。当膳食补充剂被用来引发特定的生物学变化时，它被视为一种药物，并被称为**保健食**

表 5.11 水果和蔬菜所含的植物化学物质及其可能功效

食物	植物化学物质	可能功效
蓝莓、草莓、山莓、黑莓、葡萄干等	花青素、鞣花酸	抗氧化剂、预防癌症
辣椒	辣椒素	可能是抗氧化剂、局部镇痛
柑橘类水果 橙子、葡萄柚、柠檬、来檬等	黄烷酮类（橘皮素、川陈皮素、橙皮素）、类胡萝卜素	抗氧化剂
十字花科蔬菜 西蓝花、羽衣甘蓝、花椰菜、球芽甘蓝、卷心菜、芥菜	吲哚、萝卜硫素、异硫氰酸盐、类胡萝卜素	抗氧化剂、抗癌
石蒜科葱属 大蒜、洋葱、青葱、韭菜、香葱、大葱	丙烯硫化物、黄酮类（槲皮素）	抗癌
大豆	大豆素、雌马酚、染料木黄酮、肠内酯和其他植物雌激素	降低乳腺癌、前列腺癌风险；降低心脏病风险

物化学活动发生的介质。

体内的水分，由神经系统、内分泌系统和泌尿系统维持在一个相对稳定的水平。如果体内水分含量较低，人会感到口渴，就会促使人们喝水。体内水分含量较低，也会激活减少尿液产生的激素机制。如果体内水分含量过多，则会激活增加尿量的特定激素机制。增加尿量是利尿剂的作用，利尿剂通常用于降低血压、减少心脏病发作后的体液量，或减轻胀气感。有一句流行的格言，说人每天应该喝 8 杯水。这句话在一定程度上是正确的。普通成年人通过汗液、呼出气体中的水分、尿液和粪便流失大约 8 杯的体内水分。这种水分的流失，在一定程度上可以通过喝水和从其他液体和食物中获取水分来抵消。

人体内的水分，应该通过摄入纯净水、奶、茶或纯果汁来补充。所谓的强化水并不纯净。它们含有几克糖、少量维生素，通常还含有咖啡因。汽水也不能很好地代替水，因为它可能会影响钙代谢和骨量。此外，用喝汽水来代替喝牛奶，会让身体更少摄入用来加强骨骼的钙。含有咖啡因（咖啡、茶、

表 5.12 经科学检验有效的一些膳食补充剂

补充剂	用途
葡糖胺	缓解关节炎症状
紫锥菊	增强免疫力
大蒜	降低心脏病风险
银杏叶提取物	减慢某些痴呆症的进程
ω-3 脂肪酸	预防心脏病和中风
S-腺苷蛋氨酸	缓解轻度和中度抑郁
贯叶连翘	缓解轻度和中度抑郁
锯棕榈	治疗前列腺疾病

品（nutraceutical）。每年约有 1 亿美国人在膳食补充剂上花费共约 320 亿美元。

按照图 5.2 "我的餐盘"（MyPlate）所建议的多样化饮食，大多数人都可获得身体健康所需的充足必需营养素。对于这些人来说，营养膳食补充剂或许就不必要了。不过，有些人可能为了保险起见而想服用它们（Harvard School of Public Health, 2017）。那些怀疑自己饮食营养不足的人，可能会从每天服用复合维生素和矿物质补充剂中获益。例如：

- 经常不吃正餐、吃很多加工食品和快餐的人；
- 为减肥而食用低热量食物的人；
- 由于经济困难而饮食营养不足的人；
- 关注体型的运动员；
- 饮用大量咖啡和/或酒精的人。

其他可能受益于膳食补充剂的人还有：严格素食者，他们可能需要维生素 B_{12}，因为维生素 B_{12} 主要来自动物组织；乳糖不耐受者（难以消化乳制品）；平时叶酸和铁摄入量不足的育龄女性。当服用维生素和矿物质等膳食补充剂时，并非吃得越多越好。在高剂量的情况下，维生素 A、D、K、B_3（烟酸）和 B_6（吡哆醇）可能有毒。

含有酶、其他蛋白质和核酸的补充剂，不能完整地被消化道吸收，而是被分解成更小的组成单位。当一种补充剂是为了在消化道中使用时，如乳糖酶，这是没有什么关系的，因为它们会在被消化前发挥作用。然而，因为酶或核酸并不会被完全吸收到体内，所以食用它们有时就是在浪费钱。

无论一种物质是天然的还是合成的，只要生产商确保产品是纯净的，那它们在化学组成上就没有区别。许多人因摄入了不纯或掺假的补充剂而生病甚至死亡。此外，尽管某些产品贴上了"天然"或"源自植物"的标签，但并不意味着它们就是安全或有效的。"天然"或"植物"产品可能含有大量杂质甚至有毒。

与处方药和非处方药不同，膳食补充剂在上市前不必经过检测，因此消费者无法确认它们是否有杂质，是否无害，是否真的有一定效果。人们发现，一些膳食补充剂的确受到了有毒的植物物质、重金属、细菌或处方药和非法药物的污染（Sax, 2015）。这些污染物是不会列在产品标签上的。

按理说，膳食补充剂生产商应该保证他们产品的安全性，并且将成分准确地列在产品标签上。可是，膳食补充剂并不像处方药那样受到监管。虽然美国食品药品监督管理局要求膳食补充剂生产商报告与补充剂相关的不良事件，但他们极少这样做。据估计，美国每年与膳食补充剂有关的不良事件约有 5 万例，但是只有有限的几百例被报道出来。

食品添加剂

几乎所有的加工食品，都在生产过程添加化学物质，用以改变食品的味道（甜味剂和盐）、质地（增

有机食品贴标签的规则

美国农业部为何种食品可以打上"有机"字样制定了标准。标有"100% 有机"和"有机"的食品，在种植和生产过程中，不得使用污水、电离辐射、人造生长激素、转基因作物以及大多数合成肥料和农药。这一要求适用于新鲜产品和加工食品。作为有机食品出售、标记或展示的食物，必须按照美国农业部的标准生产和加工。它们可能带有"USDA ORGANIC"印章。

贴上何种标签，要基于产品中有机成分所占的百分比而定。标有"100% 有机"的食品，除水和盐外必须只含有机成分。标有"有机"的产品，必须含有至少 95% 的有机成分；其他的成分则必须由国家产品目录上核准的非农业物质组成，并且这些物质不能在市场上以有机形式买到。（上述两种食品可以使用"USDA ORGANIC"印章。——译者注）

含有至少 70% 有机成分的加工产品，可以使用"由有机成分制成"的短语，并在产品标签上列出最多 3 种有机成分或食物类别。例如，由至少 70% 的有机成分且只由有机蔬菜熬制的汤，既可以贴上"此汤由有机豌豆、土豆和胡萝卜熬制而成"的标签，也可以贴上"此汤由有机蔬菜熬制而成"的标签。含有少于 70% 有机成分的加工产品，不能在包装的主要显示区上使用"有机"一词。不过，他们可以在配料标签中标出有机生产的具体成分。

资料来源：USDA National Organic Program.

稠剂）、颜色（从石油或植物中提取的着色剂）、稳定性（防腐剂），以及营养素成分（保健食品和功能性食品）（**表 5.13**）。美国食品药品监督管理局食品安全与应用营养中心（CFSAN）列出了大约 4 000 种可直接添加到食品中的物质。

一些食品添加剂能促进健康。例如，维生素和矿物质被添加到高度加工的白面粉中，以补充其在生产过程中丢失的营养素。许多所谓的功能性食品（见本章的功能性食品部分）含有添加剂，并声称（通常没有科学证据支持）它们有利于健康。

从营养的角度讲，许多食品添加剂都是不必要的，有些甚至可能对健康产生负面影响。例如，糖和盐被添加到许多食物中，提升了口感，从而增加了销量。不幸的是，过度食用糖和盐，无疑会对健康造成严重的后果。美国食品药品监督管理局、欧洲食品安全局和诸多国际机构，都在监督食品中添加的化学物质的安全性。一些化学添加剂，如食品着色剂，在被批准用于食品之前，必须由生产商对其进行安全检测。另一方面，许多食品添加剂在进入食物供应之前，并未经过严格的安全检测；当这些添加剂被用于食品生产，并被怀疑对消费者的健康有不良影响之后，安全问题才浮现出来。此时，可疑的化学物质才会被严格检测，如果发现其有害，食品安全机构则下令不得再将其用于食品生产。那些长期使用、无疑似危害、未经检测的添加剂，食品安全法规将之称为公认安全（GRAS）。一种疑似或潜在有害的化学添加剂，如果在食品中的含量低于某一数值，则可以被认为是公认安全的，这一数值被称为每日允许摄入量（ADI）。

生产商按规定须在配料标签上，按相对比例的顺序，列出所有的食品添加剂。不要认为"天然""有机"或"健康食品"等词汇就意味着食品不含添加剂或额外的糖和盐。确定食品成分的唯一方法是，搞清楚它是如何生产的。

表 5.13　几类常见的食品添加剂

添加剂的类型	功　能	常见来源	标签上常见名称
防腐剂	防止或减缓腐败，减缓颜色、口感和味道的变化	果冻、烘焙食品、熏肉、腌肉、零食、麦片、酱汁	抗坏血酸、柠檬酸、苯甲酸钠、丙酸钙、亚硝酸钠、山梨酸钙、丁基羟基茴香醚、二丁基羟基甲苯
甜味剂	增加甜味	多种加工食品、糖果、烘焙食品、饮料	蔗糖、果葡糖浆、玉米糖浆、阿斯巴甜、安赛蜜、果糖
着色剂	抵消由于光线、空气、温度、水气和储存而造成的颜色损失；提供、纠正和增强自然颜色	糖果、零食、馅饼馅料、奶酪、布丁、软饮料、果酱/果冻	亮蓝和靛蓝、坚牢绿、赤藓红和诱惑红、柠檬黄和日落黄、橙色 B、柑橘红 2 号、胭脂树橙、β-胡萝卜素、葡萄皮红、胭脂虫红、辣椒油树脂、焦糖色、水果和蔬菜汁、藏红花
调味剂	香料，天然和人造味道	冰激凌、布丁、蛋糕粉、沙拉酱、软饮料、糖果、烧烤酱	天然调味剂、人造调味剂、香料
增味剂	只增强已经存在的味道，不另外提供味道	许多加工食品	谷氨酸钠、盐、自溶酵母提取物
脂肪替代品	提供预期的质地和奶油般的"口感"	烘焙食品、调料、冷冻甜点、糖果、蛋糕粉、乳制品	纤维素凝胶、瓜尔胶、卡拉胶、食物淀粉、聚葡萄糖、乳清蛋白
乳化剂	防止分离，减少黏性，均匀混合配料	沙拉酱、花生酱、巧克力、冷冻甜点	大豆卵磷脂、单、双甘油脂肪酸、蛋黄、山梨醇酐单月桂酸酯
稳定剂、增稠剂	产生均匀质地，改善"口感"	冷冻甜点、酱汁、乳制品、蛋糕、果酱、布丁、调料	明胶、果胶、瓜尔胶、卡拉胶、黄原胶、乳清

资料来源：U.S. Food and Drug Administration (2017). Overview of Food Ingredients, Additives & Colors.

防腐剂

世界范围内，每年约有 20% 的食物供应因变质而损失。常用的防腐剂包括丁基羟基茴香醚、二丁基羟基甲苯和亚硝酸钠。如果摄入过量，这些物质中的每一种都可能有毒并对人体有害；然而，从一般存在于食物中的量来看，它们都被认为是安全的。

亚硫酸盐（sulfites）以二氧化硫、亚硫酸钠、亚硫酸氢钠或亚硫酸氢钾、焦亚硫酸钠或焦亚硫酸氢钾的形式，被添加到许多食物中，用以杀死细菌和减缓食物的化学分解。亚硫酸盐通常被添加到葡萄酒、脱水汤粉、蔬菜和干果（苹果、杏、葡萄干、梨和桃子）中。为了使蔬菜看起来更新鲜，它们也被用于餐厅的沙拉自助台。有些人，特别是哮喘患者，可能对亚硫酸盐极为敏感，可能会出现恶心、腹泻、呼吸窘迫和皮疹的症状。由于存在这些问题，因此禁止餐馆使用亚硫酸盐。

着色剂

着色剂会被添加到食物中，以提供统一的颜色，增强食物的视觉吸引力，以及补偿因暴露在光线、空气、极端温度、水汽和储存条件下导致的食物颜色损失。如果没有着色剂，可乐就不会是棕色的，薄荷冰激凌也不会是绿色的。

美国食品药品监督管理局负责确保使用着色剂的食品是可以安全食用的，且只含已获批准的成分，并在包装上做了准确的标记。有些着色剂提取自石油和煤炭（亮蓝和靛蓝、坚牢绿、赤藓红和诱惑红、柠檬黄和日落黄、橙色 B、柑橘红 2 号）；其他的着色剂则提取自蔬菜、矿物质或动物，如从糖中提取的焦糖色。一些源自石油的着色剂，与儿童的多动和行为问题有关（Center for Science in the Public Interest, 2016）。

人造甜味剂

人造甜味剂，是比蔗糖、果糖、葡萄糖和其他天然糖更有效地产生甜味的化学物质。根据化学成分的不同，其甜度是上述天然糖的 200 ~ 10 000 倍。在北美，有 6 种化学物质被批准用作人造甜味剂，它们是阿斯巴甜、糖精、安赛蜜、纽甜、爱德万甜和三氯蔗糖。

尽管人造甜味剂被吹捧为有助于控制体重、管理糖尿病和减缓龋齿发展，但还没有证据表明，它能在任何方面促进健康。由于人造甜味剂被认为是健康的，所以人们可能会选用含有人造甜味剂的垃圾食品来代替天然食品。有些人还可能认为，由于他们食用的是人造甜味剂，他们就可以吃更多的糕点或其他甜食、高脂肪食品，如炸薯条。此外，人造甜味剂可能会改变生理机制，从而导致腹部脂肪沉积增厚和体重增加、超重和肥胖，以及高血压、代谢综合征、糖尿病、抑郁、肾功能障碍、心脏病发作、中风，甚至心血管疾病和总死亡率风险的增加。关于人造甜味剂的安全性，还有很多方面有待进一步的研究（Fowler, 2016）。

功能性食品

将维生素、矿物质、草药或其他物质添加到食物中，并允许厂商就此做出健康声明，这样的食物就被称为**功能性食品**（functional food）。自 1924 年以来，美国人一直在食用功能性食品，当时碘被加入盐中以预防甲状腺肿（一种由碘缺乏引起的甲状腺疾病）。在此之后的许多年里，一些食物（如强化面粉）中添加了额外的维生素和矿物质，但其厂商并未就此做出健康声明。这种情况在 1993 年发生了变化，当时美国食品药品监督管理局裁定，含有大量钙的奶和酸奶，可以贴标签声明这些产品有助于预防骨质疏松症。非乳制品生产商很快也开始在他们的产品（如橙汁、华夫饼、薯片）中添加钙，这样他们也可以做出这一健康声明。

从那时起，食品生产商们就发现，在食品中添加物质并就此做出健康声明，实乃一桩不错的生意，即使这些添加的物质并未被科学证明是有益健康的。因此，在当今的食品货架上开始有了人参汽水（声称可以放松）、车前籽壳麦片（声称可以预防心脏病或癌症）、含植物固醇的人造黄油（声称可以降低胆固醇）、紫锥菊冰激凌（声称可以提高免疫功能）和贯叶连翘汤（声称可以对抗抑郁）。

美国食品药品监督管理局既未对功能性食品做出的健康声明进行监管，也未对其所含添加剂的纯度和数量进行检测。添加到食品中的草药还可能存在潜在危险，因为其含量没有得到很好的控制，而且在某些情况下（如贯叶连翘），草药可能会干扰特定药物的作用。有些人可能错误地认为"越多越好"，

食品安全指南

购买食品时

1. 在选好了所有其他食品后,再去购买畜肉和禽肉产品,并将装有生畜肉和禽肉的袋子与其他食品分开放置,特别是那些无须进一步烹饪就可食用的食品。可考虑在装有生畜肉和禽肉的袋子外面再套上一层塑料袋,并把它们扎紧。
2. 确保畜肉和禽肉产品——无论是生的、预包装的,还是熟食——在购买时是冷藏的。
3. 美国农业部强烈建议,不要购买新鲜的、预先填好烹饪配料的整只家禽。
4. 罐装食品应无凹痕、裂纹,盖子未鼓起。
5. 把食物直接带回家放进冰箱里。如果回家路上的时间超过 1 小时,应将易变质的食品放入加冰的冷藏箱中;在温暖的天气,可将食品和冷藏箱放在车内的乘客区。

在家储存食物时

1. 用家用温度计检查冰箱冷藏室和冷冻室的温度。一般来说,冷藏室应在 4℃或以下运行;冷冻室温度应为 –18℃。大多数食源性细菌在 4℃的低温下生长缓慢,这是一个安全的冷藏室温度。冷冻室温度低于或等于 –18℃时细菌停止生长(U.S. Food and Drug Administration, 2015)。
2. 到家时,应立即将畜肉及禽肉冷冻或冷藏。
3. 为了防止生肉汁滴到冰箱里的其他食物上,可将畜肉和禽肉放在盘子里,或用塑料袋把它们包起来。
4. 处理生畜肉、禽肉或海鲜产品前后都要用肥皂和水洗手 20 秒。
5. 将罐装食品存放在阴凉、干净、干燥的地方,避免过热或过冷对罐装食品造成伤害。
6. 永远不要把食物直接存放在水槽下面,也不要把它们放在地板上或和清洁用品混放在一起。

准备食材时

1. 洗手的重要性再怎么强调都不为过。这种简单的做法,是防止污染或交叉污染最经济但又经常被遗忘的方法。
2. 下列情况下(无论是否戴了手套)用肥皂和水洗手 20 秒:(1)准备做饭前;(2)处理生畜肉、禽肉、海鲜或蛋后;(3)接触动物后;(4)使用洗手间后;(5)换尿布后;(6)擤完鼻涕后。
3. 不要让生畜肉、禽肉或海鲜的汁液接触熟食或可生吃的食物,如水果或沙拉的食材。
4. 当手、操作台、设备、厨具和砧板在使用后,要立即用肥皂和水清洗。操作台、设备、厨具和砧板可以用适当比例(每升水加 4 毫升家用漂白剂)的氯溶液消毒。清洗后,让溶液在砧板上停留一段时间,或按照消毒产品的说明书操作。
5. 把肉放在冰箱冷藏室里解冻,永远不要在操作台上解冻。将用塑料包装或袋子密封的肉放在冷水中解冻也是安全的,每 30 分钟换一次水,直到肉解冻;或在微波炉中解冻,然后立即做熟。
6. 把食物放在冰箱的冷藏室里腌制,永远不要在操作台上腌制食物。
7. 美国农业部建议,如果你选择往整只家禽里填烹饪配料,你必须使用肉类温度计来检查填充的内部温度。将家禽从烤箱中取出前,填料中心的内部温度应达到 74℃。如果你没有肉类温度计,那么就把烹饪配料做熟再放进去。此外,不要把热的填料放进冷冻的家禽中,因为当家禽解冻时内部的填料会被污染。

烹饪时

1. 一定保证食物彻底做熟。只有彻底做熟,才能消灭可能存在的有害细菌;冷冻或在冷水中冲洗食物,不足以消灭细菌。
2. 使用肉类温度计来确定畜肉、禽肉或炖菜是否达到了安全的内部温度(烤肉或煎肉排为 63℃,整只家禽为 82℃,绞碎肉类为 71℃,剩菜为 74℃)。在多个部位检查食物是否达到了安全的温度,以此确保有害细菌如沙门菌和某些大肠杆菌菌株已被消灭。
3. 避免烹饪中断。不要将做到一半的食物放入冰箱冷藏室,然后再在烧烤架或烤箱内做熟。畜肉和禽肉产品,必须在第一次烹饪时就完全做熟,然后才可以冷藏或安全地再加热。
4. 用微波炉加热食物时,要仔细遵照制造商的说明。使用可用于微波炉的容器、盖上微波炉的盖子、旋转并运转足够长的时间,这有助于彻底将食物做熟。

上菜时

1. 上菜或吃饭前,用肥皂和水洗手。
2. 用干净的手和干净的器具,把做熟的食物盛在干净的盘子里。不要把做熟的食物放在盛过生鲜食物的盘子里,除非它已经被洗洁精和热水清洗干净。
3. 保持高温食物的温度高于 60℃、低温食物的温度低于 4℃。

食品安全指南（续）

4. 无论是生的还是熟的食物，都不要在室温下放置超过 2 小时。在 32℃或更热的天气，这个时间应减少到 1 个小时。

处理剩饭剩菜时

1. 处理剩饭剩菜前后都要洗手。使用干净的餐具和台面。
2. 把剩饭剩菜分成小份，并将其放在浅容器里以便快速冷却。从烹饪后算起，加上吃饭时间，确保 2 小时内将剩饭剩菜放入冰箱。
3. 丢掉放置时间过长的剩饭剩菜。
4. 永远不要通过品尝食物来判断它是否安全。
5. 加热剩饭剩菜时，应彻底将其加热至 74℃或直到热气腾腾。汤、酱汁和肉汁要煮沸。
6. 如果怀疑剩饭剩菜有问题，就把它扔掉。

资料来源：Food Safety and Inspection Service, U.S. Department of Agriculture (2008). Kitchen Companion: Your Safe Food Handbook.

外出就餐时的健康饮食诀窍

　　提供全面服务和快餐的餐厅、便利店以及食品杂货店，一般都有多种多样的餐饮可供选择。通常，这些食物的卡路里、饱和脂肪、钠和添加糖的含量要比你在家里烹饪的食物更高。因此，外出就餐时，要仔细考虑如何做出更健康的选择。

- **考虑你的饮料**
  选择水、无糖茶以及其他无添加糖的饮料来补充你的膳食。如果想喝酒，可选择添加糖含量低的那种，并留意其酒精度数。牢记，许多咖啡饮料都可能富含饱和脂肪和添加糖。
- **品尝沙拉**
  用餐从一份蔬菜沙拉开始，这样有助于你更快有饱腹感。请餐厅将调味料放在旁边且只少量使用。
- **分享菜肴**
  与朋友或家人分享菜肴。或者，请服务员在上菜前，将其中的一半提前打包以控制你的食量。
- **定制你的食物**
  点一道配菜或是一道开胃菜分量的菜肴，而不是点常规分量的主菜。餐厅通常会将少量菜品盛在小盘子里，然后给你端上来。
- **打包零食**
  将水果、蔬菜片、低脂奶酪棒或无盐坚果打包，以便在自驾游或长途通勤时食用。当准备好了这些零食时，就没有必要停下来去吃其他食物了。
- **用蔬菜和水果装满你的盘子**
  炒菜、烤串或素食菜单上的菜肴，通常有更多的蔬菜。选择水果作为配菜或饭后甜点。
- **比较热量、脂肪和钠**
  现在，许多菜单都含有营养信息，寻找卡路里、饱和脂肪和钠含量较低的菜肴。如果你在菜单上没有看到这些信息，可咨询一下服务员。
- **不要吃自助餐**
  从菜单上点菜，不要吃那种"随便吃到饱"的自助餐。一般来说，蒸、烤或焙的菜肴，比油炸或用黄油煎的食物含有更少的卡路里。
- **食用全谷物**
  在选择三明治、汉堡或主菜时，请餐厅使用 100% 全麦面包、面包卷和意式面食。
- **退出"光盘俱乐部"**
  你不必吃光盘子里的所有东西，把剩菜打包带回家，在 2 小时内将其冷藏。冰箱里的剩菜，可以在 3~4 天内安全食用。

资料来源：U.S. Department of Agriculture. Tips for Eating Healthy When Eating Out.

并因此同时摄入膳食补充剂和功能性食品,这会带来过量服用维生素、矿物质或植物产品的风险。此外,功能性食品通常比不添加化学物质的同等食品卖得更贵,而且有时贵出不少。

食品安全

美国每年都要暴发数百起由商业牛肉、禽肉、水果和蔬菜受细菌和病毒污染而引起的食物中毒事件。这引起了人们对食物供应安全性的担忧。在美国,每年有 4 800 万例食源性疾病病例,导致 12.8 万人住院,3 000 人死亡。沙门菌、产气荚膜梭菌、空肠弯曲杆菌、诺如病毒、金黄色葡萄球菌和弓形体等 6 种病原体,导致了大多数的食源性感染,每年造成约 1 600 人死亡(表 5.14)。细菌性食物中毒的症状包括头痛、恶心、发烧、腹部绞痛和腹泻。

最有可能被感染性微生物污染的食物有:生畜肉和禽肉、生蛋、未经巴氏杀菌的奶和生贝类。混合了许多单个动物产品的食物(如散装生奶、混装生蛋液或碎牛肉)尤其危险,因为单个动物体内的病原体会对整个混合物造成污染。例如,一个汉堡牛肉饼,可能含有数百头牛的肉;餐厅里的一个煎蛋卷里,可能含有数百只鸡的蛋;一杯生牛奶,可能含有数百头奶牛的奶。

除了动物产品外,生鲜水果和蔬菜也会因处理和加工不当而携带致病微生物。例如,在收获新鲜农产品后用受污染的水清洗。另一个污染源是给农作物施肥用的新鲜粪肥。如果水果果皮上或果肉里有病原体,那么由其制成的未经巴氏杀菌的果汁也会被污染。

2011 年,美国国会通过了《食品安全现代化法案》(FSMA)。该法案赋予美国食品药品监督管理局更大的权力来更加重视预防,而不是一味应对食源性疾病的暴发。该法案规定,食品公司要制定和实施食品安全计划;在食品安全问题出现时,允许美国食品药品监督管理局要求厂商召回食品;允许美国食品药品监督管理局参照在美国生产的食品,对进口食品制定同等的安全体系。但同时值得注意的是,面对近 6 万家食品生产商和加工厂以及数十亿吨的进口食品,美国食品药品监督管理局和美国农业部没有足够的人力进行严格的监管。所以,消费者在购买、储存和准备食品时,遵循食品安全指南就显得尤为重要(参见健康指南专栏"食品安全指南")。

洗手是安全准备食物必不可少的。

保护食物的一种方法是,将食物暴露在伽马辐照(gamma irradiation)下来消灭真菌、细菌和其他微生物。美国政府允许使用辐照来杀虫、延长货架期、控制病原体和寄生虫,以及抑制蔬菜发芽。辐照也被批准用于红肉、禽肉、水果和蔬菜、部分香料、种子、草药和调味料、蛋以及小麦。在批准剂量下,辐照并不能消灭毒素、朊病毒(导致疯牛病的病原体)和多种病毒。辐照也无法防止餐饮服务人员或消费者在之后污染食品,这也是细菌和病毒污染的一个主要来源。

记住,辐照不会使食品具有放射性,因此消费者不会受到辐射的危害。美国政府要求,在辐照食品的标签上标注书面的辐射公开声明。然而,辐照食品标志(图 5.10)的使用是可选的。

一些食物辐照的反对者认为,这种方法并未在所有情况下都被证明是安全的。他们的担心是,辐照可能产生致癌或有毒的副产品,或是有毒的、抗辐射的微生物突变株。此外,维生素会被辐照破坏。

图 5.10 辐照食品标志

辐照食品标志在国际上被用来表示食品已经过辐照处理。

表 5.14　造成食源性疾病的病原体

病原体	存在于	传播途径	症　状
空肠弯曲杆菌	陆地动物和鸟类的肠道、生奶、未经处理的水和污水污泥中。	被污染的水、生奶以及生的或未做熟的畜肉、禽肉或贝类。	发热、头痛和肌肉酸痛，随后是腹泻（有时带血）、腹痛、恶心。症状在摄入食物2~5天后出现，可能持续7~10天。
肉毒梭菌	广泛分布在自然环境中；存在于土壤、水源、植物以及陆地动物和鱼的肠道中。只在无氧和微氧环境中生长。	不合格的罐装食品、浸油大蒜、真空包装和包装严密的食品。	这种细菌会产生致病毒素，影响神经系统。症状通常在摄入食物18~36小时后出现，但有时仅在4小时或多达8天后出现。症状有复视、眼睑下垂、说话和吞咽困难、呼吸困难。如不进行治疗，3~10天内有致命危险。
产气荚膜梭菌	土壤、尘土、污水、动物和人类肠道中。只在无氧和微氧环境中生长。	由于很多的感染暴发源于食物长时间放置在蒸汽保温餐台上或室温下，所以它被称作"自助餐细菌"。细菌会被烹饪所摧毁，但是一些能生成毒素的孢子可能会存活下来。	腹泻和胀气痛。症状可能会在摄入食物8~24小时后出现，通常持续1天，但是较轻的症状可能会持续1~2周。
大肠杆菌 O157:H7	某些哺乳动物的肠道、生奶、未经氯消毒的水中。几种能导致人类患病的大肠杆菌菌株中的一种。	被污染的水、生奶、生的或半熟的碎牛肉、未经巴氏杀菌的苹果汁或苹果酒、生的水果和蔬菜；人际传播。	腹泻或血性腹泻、腹部绞痛、恶心和乏力。症状会在食用食物2~5天后开始出现，持续大约8天。部分人尤其是婴幼儿会患上溶血性尿毒综合征，这会导致急性肾衰竭。成年人则可能患上一种类似的被称为血栓性血小板减少性紫癜的疾病。
单核细胞增生李斯特菌	人类和动物肠道、奶、土壤、叶菜中。在冷藏温度下会缓慢生长。	即食食品如热狗、午餐肉、冷切肉、发酵或风干香肠，以及其他熟畜肉和禽肉，软奶酪和未经巴氏杀菌的奶。	发热、发冷、头痛、背痛，有时会出现胃部不适、腹部疼痛和腹泻。症状可能有最多3周的潜伏期。高危人群（孕妇和新生儿、老年人、免疫功能低下人群）后期可能会患上更严重的疾病。
诺如病毒	人类的肠道中。	人际传播。	恶心、呕吐、腹泻，症状在1~2天内消退。
沙门菌（超过2 300种）	动物肠道和粪便中；蛋中的肠炎沙门菌。	生的或未做熟的蛋、禽肉和畜肉，生奶和乳制品，海鲜；食物处理人员。	胃痛、腹泻、恶心、发冷、发热和头痛。症状通常在摄入食物8~72小时后出现，可能持续1~2天。
志贺菌（超过30种）	人类肠道中；极少在其他动物身上发现。	通过粪口途径进行人际传播；受到粪便污染的食物和水。大多数的暴发源于个人卫生水平差的工作人员制作的食物，尤其是沙拉。	该细菌引发的疾病被称为志贺菌病或细菌性痢疾。症状包括含血和黏液的腹泻、发热、腹部绞痛、发冷和呕吐。它们在摄入细菌12~150小时后出现，可持续数天到2周。
金黄色葡萄球菌	人体上（皮肤、受感染的伤口、丘疹、鼻子和喉咙）	源于不当食物处理的人际传播。在室温下会快速繁殖，并产生致病毒素。	严重恶心、腹部绞痛、呕吐和腹泻。症状在摄入食物的1~6小时后出现，在2~3天内康复，出现重度脱水时康复时间会变长。

资料来源：U.S. Department of Agriculture. (2013a). Foodborne illness: What consumers need to know.

转基因食品

转基因食品（genetically modified foods）被称为遗传修饰生物体（genetically modified organisms, GMOs），指利用现代生物技术方法，将来自其他生物体的一个或多个基因，植入其中的农作物和动物。遗传修饰的其他称谓是基因工程和转基因。

在20世纪80年代遗传修饰生物体发明之前，北美食物供应中的大多数植物和动物，都是由培育者创造的。他们将具有特定性状的个体进行杂交，以期培育出具有这些性状的后代。例如，假设你想要一个美味的大番茄。首先，你要在自然界中找到一种能结出美味番茄的番茄植株。然后，你还要找到另一种可以结出大番茄的番茄植株。你要把这两种植株进行杂交，然后种下作为它们后代的种子。经过多次尝试（可能要经过很多个种植季），你就能得到你最初想要的美味大番茄。

传统的动植物育种，需要将来自同一物种不同个体的基因结合起来。与之相比，遗传修饰生物体可以用来自不同物种的基因进行工程设计。例如，科学家已经将来自一种水仙花和一种特定细菌的基因植入到一种水稻中，使其含有天然水稻所不含的维生素A。这样做可以帮助发展中国家预防儿童失明。

商业化种植的主要转基因作物有耐除草剂和抗虫的大豆、玉米、棉花和芥花。其他商业化种植或正在田间试验的作物包括：对一种病毒有抵抗力的红薯，这种病毒可能会破坏非洲的大部分收成；铁和维生素含量增加的水稻，这可能缓解某些亚洲国家的长期营养不良状况；能够在极端天气下生存的多种植物。有些香蕉能产生人类疫苗来预防乙肝等感染病，有些鱼能更快地成熟，有些果树和坚果树能早几年结果，有些植物能产生具有独特性能的新型塑料，有些酵母能产生燃油。

转基因食品技术，在解决未来一些最大挑战方面具有非常好的前景。但是，与所有新技术一样，转基因技术也存在一些已知和未知的风险。由于担心食用转基因作物及其制品可能对健康和环境产生影响，欧盟和日本已禁止在食品中使用所有的遗传修饰生物体。与之相对，中国、印度、巴西和许多其他国家，已经接受遗传修饰生物体，并将其视为解决粮食短缺和农业低效问题的办法。关于遗传修饰生物体的一些问题和担忧包括：

- 种植耐除草剂的作物对环境构成了重大威胁，也可能对人类有威胁。在美国，为了控制杂草，种植者每年向农作物喷洒数亿磅的除草剂。制造商通常还会在草甘膦中添加其他的有毒化学物质，以使草甘膦更有效、作用更持久。这加剧了土壤和水的污染。草甘膦还会污染农场工人和其他经常接触除草剂的人。

- 将非天然基因植入植物和动物体内，可能会增加遗传修饰生物体引发过敏反应的风险，这是一种符合逻辑但尚未被观察到的危险。十多年来，人们一直在食用转基因玉米和大豆。在美国，目前还没有观察到转基因食品对人们健康的不利影响。

- 遗传修饰生物体的花粉会被风吹到附近的农田并污染其他作物。试图种植有机玉米的农民的玉米曾受到过附近转基因玉米花粉的污染。小型有机农场可能很难避免其作物受到污染。

- 遗传修饰生物体的一些反对者认为，基因工程是"邪恶的""危险的"和"罪恶的"。这些批评者经常把用转基因作物生产的食品，称为"弗兰肯食品"（源于玛丽·雪莱所著的《弗兰肯斯坦》——译者注）。

减少遗传修饰生物体的健康和环境风险的一种方法是，在使用之前对其进行彻底的检测。因为检测和监管能降低一些风险，但不能消除全部风险。所以，购买标有"有机"标签的食品，有助于避开转基因产品。大多数美国人都希望转基因食品能贴上相应的标签。农业公司担心，若给产品贴上转基因标签会吓跑许多消费者，并且辩称，大多数美国人多年来一直在食用转基因食品，并没有发现任何不良影响，所以农业公司大都抵制转基因标签。

快 餐

学　　生：您总是告诉我们不要吃快餐。如果它真那么糟糕，那它为什么这么便宜，这么容易买到，味道还这么好？

健康教师：虽然快餐无处不在、方便、便宜，并且经由化学家的调配而对人类的味觉系统充满诱惑，但这并不意味着它就是健康的。

尽管美国大约 75% 的成年人都会说，快餐"对你来说不太好"或是"对你一点好处都没有"（Gallup Poll, 2013），但美国大约 50% 的成年人会每周至少吃一次快餐；大约 4% 的人每天吃快餐。人们光顾快餐店的原因是：快餐便宜且便利（快餐店无处不在，世界各地有超过 20 万家）；自认为没有时间购物和在家做饭；快餐的好味道和口感；需要快速喂孩子。美国 1/3 的儿童和青少年每天食用快餐（Vikraman et al., 2015）。

与不常吃快餐的消费者相比，那些经常吃快餐的消费者每天多摄入 150~200 卡路里的热量，这可能会导致他们一年内体重增加几千克。此外，快餐中大量的盐、脂肪和糖，会让这些消费者有患上高血压、2 型糖尿病、心脏病和动脉阻塞的风险（Bahadoran et al., 2015）。

尽管快餐很方便，但我们必须谨慎地对其进行选择，因为许多快餐含有大量的饱和脂肪、胆固醇和盐，还有少量的复合碳水化合物，低水平的维生素 A 和维生素 C（表 5.15）。大型快餐公司，通过提供沙拉、烤土豆、烤牛肉和烤鸡等方式，来回应消费者对营养问题的担忧。烤牛肉比汉堡牛肉饼脂肪更少，烤鸡胸肉比炸鸡脂肪更少。但是要小心：鱼作为一种低脂食物，如果裹上面包屑并油炸，可能会有 50% 都是脂肪；沙拉和烤土豆也可能浇有高脂肪的配料。

既然快餐如此流行和普遍，所以有必要了解你所吃快餐的营养含量。你可以通过做下面这些事情来做到这一点（如果你不光顾快餐店，行个方便，将下述信息分享给光顾这类场所的她或他）。

- 选择一顿对你来说很典型的快餐，列出这顿饭的组成部分（例如，汉堡、炸薯条和奶昔）。
- 对于你一顿饭中的每个组成部分，确定其总热量、蛋白质克数、脂肪总克数、饱和脂肪总克数、胆固醇毫克数、盐毫克数和纤维克数。你可以从该快餐店的网站、店内手册获得这些信息。
- 通过用总热量除以总花费的方式，计算这顿饭每一元成本对应的热量。这会告诉你，你的钱花得是否合算。
- 计算这顿饭占你的每日估计热量需求的百分比（用这顿饭的热量除以你的每日热量需求，参见健康小贴士专栏"估算你的每日热量需求"）。

素　食

素食主义（vegetarianism）与人类的历史一样源远流长，并一直被许多名人所提倡，譬如达·芬奇、本杰明·富兰克林、乔治·萧伯纳、莫罕达斯·甘地、阿尔伯特·爱因斯坦、史蒂夫·乔布斯等等。人们

表 5.15　几种常见快餐食品的大致成分

食品	总卡路里	总脂肪（克）	来自脂肪的卡路里	胆固醇（毫克）	钠（毫克）
成人份汉堡（牛肉）	600	29	260	75	1 040
成人份墨西哥卷（牛肉）	410	16	140	30	1 140
炸薯条（中份/加盐）	450	22	200	0	290
火鸡三明治	280	4	30	20	730
炸鸡胸肉	360	21	190	110	1 080
奶酪比萨（6 寸 1 人份）	590	25	220	50	1 350
凯撒沙拉（无调料）	90	5	45	10	180
凯撒沙拉（有调料）	390	21	190	50	820
巧克力奶昔	690	18	160	40	380
加搅奶油的混合咖啡	420	9	180	55	270

资料来源：Fast Food Nutrition. (2014).
每个大型快餐连锁店的食品营养含量均可在其官网上查到（带有快餐营养数据的移动应用程序也可以）。

选择成为素食者有很多原因，包括：

1. 避免杀死动物，无论是自己杀死还是别人杀死。有些人对动物有着强烈的感情，并感到与它们有某种生物学和精神上的亲近感。他们反对出于食用的目的杀死它们。
2. 为更有效地利用世界上的蛋白质供应作出贡献。每生产1千克肉，大约需要10千克通常由玉米或大豆制成的畜牧饲料。显然，10千克玉米或大豆比1千克肉能养活更多的人。由于地球人口还在增加，所以有人感到在道义上有义务避免过度消耗粮食资源，并希望找到更公平分配世界粮食供应的办法。
3. 为了活得更长久、更健康。一项对加利福尼亚州34 000多名基督复临安息日会信徒（大多为素食者）的研究表明，素食饮食模式与更低的超重和肥胖率、更低的糖尿病患病率和发病率、更低的高血压患病率和全因死亡率有关。在某些情况下，素食饮食模式还与更低的癌症风险有关。其他研究表明，吃素食的基督复临安息日会信徒通常服用的药物更少，做手术的次数也更少。研究者给出的解释是：与非素食相比，素食可以预防心脏病和癌症，因为它含有更少的饱和脂肪和胆固醇，更多的纤维、抗氧化维生素，以及更多有益健康的、源自植物的化学物质（Orlich et al., 2014）。
4. 为了促进食物和环境的可持续性。以植物为主的饮食，减少了对饲养牲畜的需求——这是生态系统和整个地球面临的一个主要压力。

素食者（vegetarian）分为以下几类：严格素食者或**纯素食者**（vegan），即饮食者不吃一切动物产品，包括奶、奶酪、蛋和其他乳制品；**奶素食者**（lacto-vegetarian），即饮食者不吃畜肉、禽肉、鱼和蛋，但是吃乳制品；**奶蛋素食者**（lacto-ovo-vegetarian），即饮食者不吃畜肉、禽肉和海鲜，但是吃蛋和乳制品；**蛋素食者**（ovo-vegetarian），即饮食者不吃畜肉、禽肉、海鲜和乳制品，但是吃蛋。合理规划的素食，可以满足身体的营养需求，特别是通过结合不同的蛋白质来源以确保摄入足够的必需氨基酸。纯素食者，可能需要服用维生素 B_{12}（钴胺素）补充剂。

食物如何影响大脑

大脑需要营养物质才能正常运转。例如，饮食中足够的蛋白质，会为制造神经递质乙酰胆碱（来自胆碱），多巴胺、肾上腺素和去甲肾上腺素（来自酪氨酸），γ-氨基丁酸（来自谷氨酰胺），组胺（来自组氨酸）以及5-羟色胺（来自色氨酸）提供营养物质。

在某种程度上，心境、活力感和睡眠模式可能取决于体内合成的神经递质分子的数量，间接地取决于膳食（Hogenelst et al., 2015）。酪氨酸可能有助于缓解抑郁，胆碱可能有助于改善某些姿势和运动障碍。

> 不要在超市的中央过道上买太多东西。不要买含有超过5种配料的包装食品和任何有卡通图案的食品。
> ——玛丽恩·内斯特尔
> 《会吃的人不生病》

此外，一些人可能会对某些食物或某些类别的食物（特别是高脂肪、高糖和高盐的食物），产生强烈的、无法控制的偏好（渴望和强迫性进食）。当渴望这些食物时，这些人会表现出与药物成瘾者相似的大脑活动模式（Carter et al., 2016）。显然，先前吃过渴望食物的经历会激活大脑的奖赏中枢，并将易感个体制约在特定的饮食行为模式中。

有些人的思维、心境和躯体感觉对摄入的脂肪和糖的量很敏感。我们都知道，有些人通过吃一些特定的食物，比如巧克力、高脂肪和含糖的食物（"安慰食物"）等以减轻压力，缓解情绪低落，或者在感到悲伤、孤独或疲劳时寻求安慰。有些人会在吃了几个甜甜圈或一根糖棒后不久，就体验到焦虑、疲劳、虚弱、抑郁并无法集中注意力。这种现象称为**反应性低血糖**（reactive hypoglycemia），通常是胰岛素分泌时血糖急剧下降的结果；这种下降又是身体对血液中含有大量糖分的反应。类似于反应性低血糖的状态，可能是许多人常见饮食模式的根源：早餐吃高糖食物，在两小时后出现反应性低血糖，这就促使人们在上午中间时段去吃一些高糖食物。这个循环在中午、下午中段、晚餐和夜晚重复出现。为了打破这个循环，摄入复合碳水化合物、蛋白质和一些脂肪是有帮助的，因为这能减缓简单糖进入人体的速度。

因为人类的大脑会在胎儿后期和出生后的前3年迅猛发育，所以最佳的大脑发育依赖于来自母亲的关键营养素。例如，用于细胞能量生产的葡萄糖和氧气，用于制造细胞材料的蛋白质和用于制造神经递质的氨基酸，多种维生素以及铁、锌、碘和铜等矿物质。早期发育中的营养素缺乏，会导致个体在儿童后期和成年期出现多种问题，其中包括记忆和认知能力受损、神经处理速度较慢、警惕性增加、运动异常和抑郁易感性（Georgieff et al., 2015）。母亲在怀孕期间挨饿，与其子女患精神分裂症、反社会人格和情感障碍的风险增加有关（McGrath, Browh, & St. Clair, 2011）。

相比之下，胎儿营养充足对其可产生终身的有益影响。胎儿摄入多不饱和脂肪酸，对其到达学龄时的记忆功能有益（Boucher et al., 2011）。

对健康的批判性思考

1. 在佐拉克斯宇宙飞船 XTA-9781 上的每个人都很兴奋，因为他们飞船上的传感器显示，在银河系中，环绕一颗中等大小恒星运转的一颗小行星上存在着生命。为了进入并探索这颗行星，一个由 6 人组成的登陆小组进行了分子重组。他们重组为人类的形态，以便在地球上生存，并与他们遇到的地球人进行交流和互动。

    "当你们降落到地面时，"任务指挥官解释说，"你们在必须进行能量补给前会有 8 个人类时间段的时间。能量包可以在被地球人称作超市的大型固定舱中获得。"

    登陆小组的队员们点了点头。这看起来和他们在母星佐拉克斯上补给能量的情况很类似，因此他们没什么困惑。

    "有一件事需要注意，"指挥官警告说，"地球上有成千上万种能量包，你们必须从中选择合适的几种。"

    "合适的几种？"登陆小组的副组长问道。

    "是的。没有一个能量包是高效的。你们必须进行分类选择。"

    队员们不安地挪动了一下身体。

    "别担心。"指挥官说道。他递给每名队员一本美国农业部出版的《2015—2020 年美国居民膳食指南》，并告诉他们："美国的领导人已经准备好了能量补给指南。你们在选择能量包时可以参考它们。"

    a. 你会如何向佐拉克斯登陆小组解释，为什么美国超市有如此多的食物选择，美国政府还要指导民众如何正确饮食？

    b. 从佐拉克斯人的角度来看，美国的食物供应虽然种类繁多，但在补充能量方面却效率低下。解释为什么美国的食物供应如此多样化，但营养却很低。

    c. 什么因素影响着你的食物选择？

2. 一位激进的营养记者指出，一家羹汤公司最畅销的产品上的食品标签表明，该产品含有 6 克脂肪。由于担心消费者会停止购买该产品，该公司做出了调整，在几周内，食品标签上的内容被更改为该产品含有 3 克脂肪。然而，实际上，公司并未对产品本身做出任何改变。

    a. 为什么标签上只显示该产品含有真实含量一半的脂肪？

    b. 有关食品生产商在食品标签上呈现的内容，你会主张对之施加什么限制？你会在自由企业、货物一经出售概不退换（购者自慎）和公众利益之间划一道怎样的界线？

    c. 你会对食品标签上所显示的内容投入多少注意力？

3. 解释除草剂（用于除草的化学品）是如何进入居住在离除草剂使用地数百千米以外妇女的母乳之中的。你是否会担心食物供应中的农药和添加剂？为什么会或为什么不会？

本章小结与重点

本章小结

几乎每个人都喜欢吃——有的人比其他人更好吃。获取和食用食物，是包括人类在内的所有生物的基本需求。曾经，人们在野外狩猎和采集食物；现在，食物由一个庞大的食品产业供给。这个产业希望你购买并食用它所生产的一切，不管其营养价值如何，也不管其对健康有无益处。政府机构试图通过发布营养指南，以及要求食品生产商在所有食品的包装上明确列出配料和营养价值，以帮助你做出正确选择。但是，从美国和其他国家的超重和肥胖的流行来看，过度食用食物（特别是低营养价值食物）已经成为常态。为了健康，你需要成为一名聪明、审慎的食物购买者，无论是在超市还是在餐厅。许多饮食模式和食物选择都是健康的。你可以决定成为一名严格素食者，也可以选择在素食中添加鱼。你可以吃某些种类的肉，但不吃其他肉。重要的是，要均衡饮食。这意味着，你要摄入你身体所需要的所有基本成分——蛋白质、碳水化合物、脂肪、水、维生素、矿物质和植物化学物质。均衡的饮食，不管食物来源如何，都可以提供身体生长和运转所需的所有化学成分。

健康饮食，并不意味着你必须永远不喝汽水，不吃甜甜圈、汉堡、热狗或某种"垃圾"食品。每个人都有吃得过多的时候；我们大多数人都会在假日吃得多。要想实现健康，你需在大多数时候，吃适量的、高质量的新鲜食物。不要用食物应对负面情绪、无聊或不快乐。避免食用那些使用了大量化学物质和农药培育的食物。尽可能多地购买新鲜的有机水果、蔬菜和肉类。多花些钱买高质量的食物，也可以帮助你吃得更少。当你在超市买食物时，可遵循这条规则：多在市场的边缘买，尽量少在中间的货架上买。农产品、乳制品、肉类和新鲜面包，几乎总是靠墙摆放。中间的过道和货架上，摆放的多是加工食品。尽量少买包装食品、罐装食品、瓶装食品和冷冻食品。如果你做到了，你的身体和大脑都会感谢你。

重　点

- 美国政府和多个卫生组织都制定了膳食指南，帮助人们做出健康的选择，以预防心脏病、癌症和其他疾病。膳食指南建议人们食用全谷物、水果和蔬菜，同时限制肉类、全脂乳制品、盐、高油高糖的零食和糖分的摄入。
- "我的餐盘"强调摄入多不饱和脂肪、水果和蔬菜，而不是精制谷物制品、肉类和糖果。
- 食品配料标签上的成分是按重量降序排列的。
- 营养成分标签提供食品中具体营养素的含量信息。
- 食物有3种功能：为身体提供化学成分、能量，还能使人愉悦。
- 食物由7种成分组成：蛋白质、碳水化合物、脂肪、水、维生素、矿物质和植物化学物质。
- 膳食补充剂是一类不受监管的物质。它们被用来提高饮食的营养充足程度，并作为治疗或预防疾病的药物。
- 加工食品含有多种用以改变其质地、口感、颜色和稳定性的添加剂。可以使用亚硫酸盐作为防腐剂来防止食品变质。
- 一种非化学的食物保存方法是：将食物暴露在伽马辐照下以杀死微生物。
- 人造甜味剂被广泛使用，最常用于无糖饮料中。
- 成为素食者有几种原因，包括对健康、生态和全球性问题兴趣的增加，经济上的考量，不杀生的理念。一个严格素食者或者说纯素食者，不吃所有的动物产品，包括奶、奶酪、蛋和其他乳制品。

参考文献

Alexander, D. D., et al. (2015). Red meat and colorectal cancer: A quantitative update on the state of the epidemiological science. *Journal of the American College of Nutrition, 34*, 521–543.

American College of Sports Medicine/Academy of Nutrition and Dietetics Canada. (2016). Nutrition and Athletic Performance. *Medicine & Science in Sports & Exercise, 48*, 543–568.

Bahadoran, Z., et al. (2015). Fast food pattern and cardiometabolic disorders: A review of current studies. *Health Promotion Perspectives, 5*, 231–240.

Boucher, O., et al. (2011). Neurophysiologic and neurobehavioral evidence of beneficial effects of prenatal omega-3 fatty acid intake on memory function at school age. *American Journal of Clinical Nutrition, 93*, 1025–1037.

Buckton, C. H., et al. (2015). Language is the source of misunderstandings: impact of terminology on public perceptions of health promotion messages. *BMC Public Health, 15*, 579. doi: 10.1186/s12889-015-1884-1.

Carter, A., et al. (2016). The neurobiology of "food addiction" and its implications for obesity treatment and policy. *Annual Review of Nutrition, 36*, 105–128.

Center for Science in the Public Interest. (2016). Seeing red: Time for action on food dyes.

Fast Food Nutrition. (2014).

Fowler, S. P. (2016). Low-calorie sweetener use and energy balance: Results from experimental studies in animals, and large-scale prospective studies in humans. *Physiology and Behavior, 164*, 517–523.

Gallup Poll. (2013). Nutrition and Food.

Georgieff, M. K., et al. (2015). Early life nutrition and neural plasticity. *Developmental Psychology, 27*, 411–423.

Gilsing, A. M., et al. (2015). Vegetarianism, low meat consumption and the risk of colorectal cancer in a population-based cohort study. *Scientific Reports, 5*, 13484. doi: 10.1038/srep13484.

Harvard School of Public Health. (2017). Nutrition source: Vitamins.

He, F. J., et al. (2014). Salt reduction in England from 2003 to 2011: Its relationship to blood pressure, stroke and ischemic heart disease mortality. *BMJ Open, 4*, e004549. doi: 10.1136/bmjopen-2013-004549.

Hogenelst, K., et al. (2015). The effects of tryptophan on everyday interpersonal encounters and social cognitions in individuals with a family history of depression. *International Journal of Neuropsychopharmacology, 18*(8), pii: pyv012. doi: 10.1093/ijnp/pyv012.

Imamura, F., et al. (2015). Dietary quality among men and women in 187 countries in 1990 and 2010: A systematic assessment. *Lancet Global Health, 3*, e132–e142.

Martinez Steele, E., et al. (2015). Ultra-processed foods and added sugars in the US diet: Evidence from a nationally representative cross-sectional study. *British Medical Journal Open, 6*, e009892. doi:10.1136/bmjopen-2015-009892.

McGrath, J., Brown, A., & St. Clair, D. (2011). Prevention and schizophrenia—the role of dietary factors. *Schizophrenia Bulletin, 37*, 272–283.

Murray, C. J. L., et al. (2016). Global burden of stroke and risk factors in 188 countries, during 1990–2013: A systematic analysis for the Global Burden of Disease Study 2013. *Lancet Neurology, 15*, 913–924.

O'Keefe, S. J., et al. (2016). Diet, microorganisms and

their metabolites, and colon cancer. *Nature Reviews of Gastroenterology and Hepatology, 13*, 691–706.

Orlich, M. J., et al. (2014). Vegetarian diets in the Adventist Health Study 2: A review of initial published findings. *American Journal of Clinical Nutrition, 100*, 353S–358S.

Popkin, B. M., & Hawkes, C. (2016). Sweetening of the global diet, particularly beverages: Patterns, trends, and policy responses. *Lancet Diabetes & Endocrinology, 4*, 174–186.

Roberts, C. J., et al. (2014). Increases in weight during chronic stress are partially associated with a switch in food choice towards increased carbohydrate and saturated fat intake. *European Eating Disorders Review, 22*, 77–82.

Sax, J. K. (2015). Dietary supplements are not all safe and not all food: How the low cost of dietary supplements preys on the consumer. *American Journal of Law & Medicine, 41*, 374–394.

Trieu, K., et al. (2015). Salt reduction initiatives around the world: A systematic review of progress towards the global target. *PLoS ONE, 10*, e0130247. doi: 10.1371/journal.pone.0130247.

University of California, Berkeley. (2007). Got lactase?

U.S. Department of Agriculture. (2015). *Dietary Guidelines for Americans 2015–2020.*

U.S. Department of Agriculture. (2017). What foods are in the grains group?

U.S. Department of Agriculture, National Agricultural Library (2017a). DRI Tables and Application Reports.nal.usda.gov/fnic/dri-tables-and-application-reports.

U.S. Department of Agriculture, Food Safety and Inspection Service. (2017b). Kitchen companion. Your safe food handbook.

U.S. Department of Agriculture. (2013a). Foodborne illness: what consumers need to know.

U.S. Department of Agriculture. (2015). *Dietary guidelines for Americans 2015–2020* (8th ed).

U.S. Department of Health and Human Services, National Institutes of Health, National Heart, Lung, and Blood Institute. (2012). What is the DASH eating plan?

U.S. Food and Drug Administration. (2015). Are you storing food safely?

Vikraman S., et al. (2015). Caloric intake from fast food among children and adolescents in the United States, 2011–2012. NCHS Data Brief, no 213. Hyattsville, MD: National Center for Health Statistics.

World Health Organization. (2015). Micronutrient deficiencies: Vitamin A deficiency.

推荐阅读

Alsaffar, A. A. (2016). Sustainable diets: The interaction between food industry-nutrition-health and the environment. *Food Science and Technology, 22*, 102–111. Explores the interactions of the food industry, nutrition, and the environment on achieving a healthy diet, entailing minimal consumption of highly processed and packaged foods and those that have low environmental impacts.

American College of Sports Medicine/Academy of Nutrition and Dietetics Canada. (2016). Nutrition and Athletic Performance. *Medicine & Science in Sports & Exercise, 48*, 543–568.

Brown University Health Promotion. (2014). Being a vegetarian.

Ehrenberg, R. (2016, February). GMOs under scrutiny. *Science News*. A thorough discussion of the history, promise, and pitfalls of GMO foods.

Food Product Dating. Discusses the legal rules regarding date labels on food products.

Freedman, D. H. (2013, August 20). The truth about genetically modified food. *Scientific American*. Proponents of genetically modified crops say the technology is the only way to feed a warming, increasingly populous world. Critics say we tamper with nature at our peril. Who is right?

Harvard Medical School. (2009, October). Becoming a vegetarian. *Harvard Women's Health Watch*. Avoiding meat is only one part of the picture. A healthy vegetarian diet should be chock-full of foods with known benefits. Read this before embarking on a vegetarian diet.

Kelly Dry Law. (2017). Food and drug law access. Provides news and commentary concerning food and drug law and public policy developments administered by the Food and Drug Administration (FDA), the U.S. Department of Agriculture (USDA), the European Commission, Member States in the European Union (EU), and similar authorities throughout the world affecting companies that manufacture, import, market, distribute, or sell foods, dietary supplements, cosmetics, drugs and/or medical devices.

Mayo Clinic. (2017). Organic foods: Are they safer? More nutritious?

National Institutes of Health Office of Dietary Supplements. (2017). Dietary supplements: What you need to know. Provides consumers with a variety of fact sheets with a current overview of individual vitamins, minerals, and other dietary supplements.

Nestle, M. (2007). *Food politics: How the food industry influences nutrition and health.* Berkeley: University of California Press. A noted professor of nutrition analyzes how the food industry, in its search for profits, contributes to ill health.

Nestle, M. (2010). *Safe food: The politics of food safety, updated and expanded.* Berkeley: University of California Press. Shows the many influences on the system that supposedly guarantees the safety of the U.S. food supply.

Nestle, M. (2013). *What to eat.* Berkeley: University of California Press. A noted professor of nutrition shows how to navigate supermarket aisles healthfully by resisting marketers' attempts to influence the purchase of unhealthy foods and using common sense to make healthy choices.

Robbins, J. (2010). *The food revolution: How your diet can help save your life and our world.* San Francisco: Conari Press. Describes how vegetarianism can improve health, help stop global warming, feed the hungry, prevent cruelty to animals, and avoid genetically modified foods.

健康小贴士	**金钱与健康意识**	**全球健康**	**压力管理**	**健康指南**
说走就走	垃圾食品营销与超重儿童和青少年	进食障碍是一个世界性问题	解决肥胖的潜在情绪诱因	乔叔叔的成功减肥
正念饮食				
提醒自己：不要购买毫无价值有时甚至有害的减肥产品				

第 6 章

健康体重的管理

学习目标

1. 描述美国社会超重的程度和原因。
2. 描述体重指数（BMI）对健康的意义。
3. 描述身体的能量获取系统及其影响因素。
4. 解释为什么限制热量的减肥方案会失败。
5. 列出合理的体重管理所具有的特点。
6. 讨论对超重进行医学治疗的优缺点。
7. 描述常见的减肥流行方法和谬误。
8. 定义神经性厌食症、神经性贪食症和暴食障碍。

在美国和全世界，超重已经成为一个重大的健康问题。美国有大约 1.3 亿成年人被认为超重，约占成年人口的 68%（图 6.1）。美国 6~19 岁的儿童和青少年中也有 1/3 超重。据估计，全球大约有 19 亿成年人超重（World Health Organization, 2016）。（"超重"有两种用法，广义指体重超过正常标准，狭义指正常体重与肥胖之间的体重区间。——译者注）

> 没有一种爱比对食物的爱更真挚。
> ——萧伯纳

许多人认为，超重主要是美观问题。虽然感到自己有吸引力很重要，但超重实际上是一个严重的健康问题。超重者易患各种疾病（图 6.2），包括心脏病和 2 型糖尿病。2 型糖尿病会导致失明、肾衰竭和无法愈合的皮肤溃疡，也是美国非创伤性截肢的主要原因。由于体型较大，超重者往往有更多的工伤，以及更高的因关节炎、步态障碍、背痛和身体失稳而残疾的风险。超重也使个体易患代谢综合征。其特征是主要位于腹部周围的高体脂、高血糖和高甘油三酯、高血压，以及胰岛素抵抗。平均而言，超重者比体重健康的同龄人寿命要短数年。每年约有 16 万美国人因超重并发症而早逝。美国每年与超重相关的医疗支出超过 1 500 亿美元。

大约自 1960 年以来，美国超重人口的比例一直在稳步上升（图 6.3）。超重率增加的原因包括：

图 6.2　超重对健康的影响
超重和肥胖的人比正常体重的人，更可能出现某些健康问题。

- 早逝
- 阻塞性睡眠呼吸暂停
- 打鼾
- 冠心病
- 手术风险
- 高血胆固醇
- 2 型糖尿病
- 癌症
- 关节炎
- 中风
- 高血压
- 胆囊疾病
- 多汗
- 肝硬化
- 肾脏疾病
- 腰痛
- 痛风
- 静脉曲张

癌症
■ 男性：结肠、直肠、前列腺
■ 女性：乳腺、子宫、卵巢、胆囊

- 与能量消耗相比，高热量密度食物的过度摄入。在 1971 年到 2010 年间，美国每个男性每日平均摄入的能量从 2 453 卡路里增加到了 2 564 卡路里（每日增加了 111 卡路里）；女性每日摄入的能量则从 1 540 卡路里增加到了 1 803 卡路里（每日增加了 263 卡路里）。但是，通过身体

图 6.1　美国的超重率
超重被定义为体重指数大于等于 25。
数据来源：U.S. Centers for Disease Control and Prevention. (2016). Health, United States, 2015.

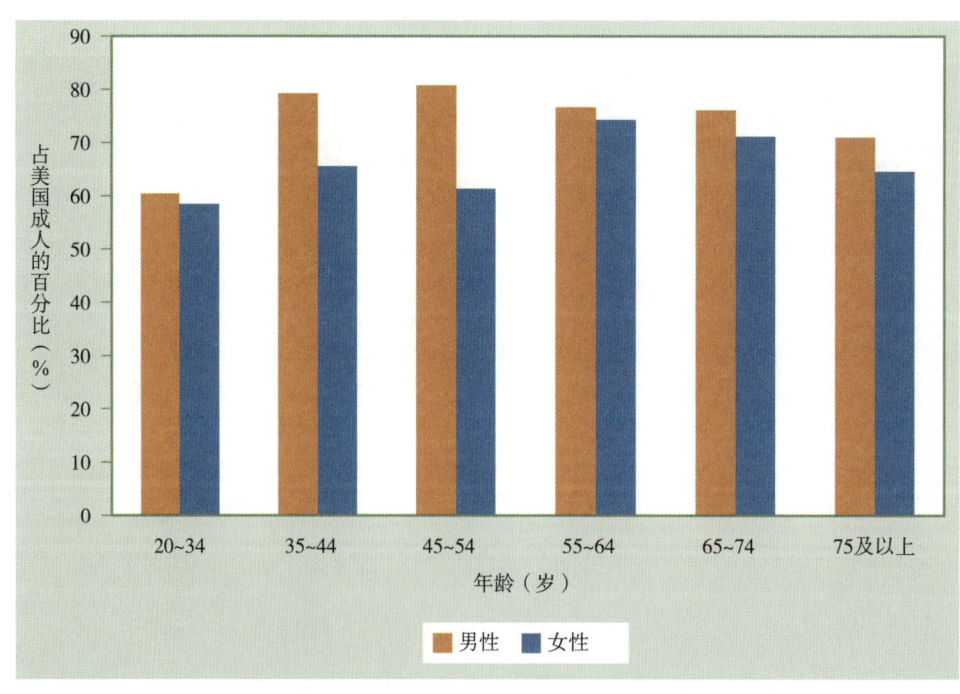

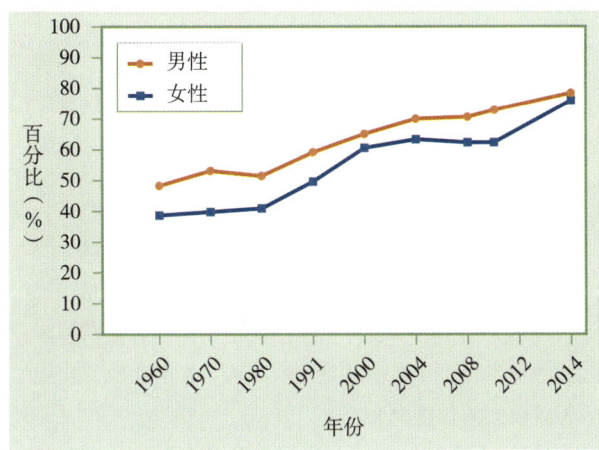

图 6.3 美国的超重情况
按年统计的美国成年人超重（体重指数 ≥ 25）百分比。
数据来源：Ogden, C. D. et al. (2016). Prevalence of overweight, obesity, and extreme obesity among adults aged 20 and over: United States, 1960–1962 through 2013–2014. National Center for Health Statistics, Health E-Stats.

活动消耗的能量，并未与之俱增（Ford & Dietz, 2013）。
- 导致体重增加的廉价美味食品，如高度加工的食品和零食、汽水以及快餐，大量出现且疯狂营销。吃快餐（每周两次以上）与体重增加密切相关（Rosenheck, 2008）。超重率与人均快餐店数量和社区中的快餐店数量成正比（Fleischhacker et al., 2011）。
- 分量的增加。例如，在过去的 25 年里，一瓶普通软饮料的体积从约 300 毫升增加到了约 480 毫升，超大瓶的汽水则有约 1.9 升。同样在这段时间里，一个典型的汉堡薯条套餐或一份墨西哥风味食品，能量含量增加了 150 卡路里。自 20 世纪 70 年代以来，食物分量在家庭、餐厅以及包装食品中均大幅增加（Benton, 2015）。
- 需要体力劳动的工作减少。
- 工作和休闲活动量减少。
- 郊区居住者增加，与此相关的是对汽车出行而不是步行或骑自行车的依赖。一项研究发现：每天在车上多花 1 小时，肥胖的可能性就会增加 6%；每天多走 1 千米，肥胖的可能性就会减少 4.8%（Frank, Andresen, & Schmid, 2004）。
- 学校体育课和课外体育活动减少。
- 看电视、使用电脑或移动设备以及玩电子游戏的时间增加。
- 生活节奏的加快造成人们对预包装食品和快餐的需求。
- 生活压力的增加促使人们摄入高脂肪、高糖的"安慰食物"，这些食物导致的代谢变化会引起体重增加，而体重增加是代谢综合征的症状之一（Burgess et al., 2014）。

在美国大学生中，约 39% 的女生和 32% 的男生认为自己超重了；53% 的大学生正在试图减肥（American College Health Association, 2016a, 2016b）。其中一些学生可能在进入大学时就已经超重，而另外一些学生则是在进入大学后体重才开始增加。大学期间体重增加的原因包括：

- 不在家居住，因此在食物选择上有了更大的独立性（但大学生们选择的食物可能并不总是最健康的）。
- 零碎的作息安排导致他们不吃正餐，尤其是早餐，从而使大学生在饥饿时吃高热量的零食和快餐。
- 由于学习和工作的原因，大学生很少有时间花在体育活动上。
- 大学生暴露在促进食品消费的各种因素之中，例如校园内的汽水和零食自动售货机、随时可以获取的宿舍/餐厅食物，以及学业和社会压力。

从赞美各种"绝对有效"的减肥方法的书籍和杂志文章数量，以及兜售膳食补充剂和运动器材的电视广告数量来看，美国的全民消遣似乎是控制体重。确实，美国大约有 25% 的成年女性和成年男性正在进行所谓的节食（之所以说是所谓的，是因为从长远来看，他们通常会减肥失败）。对体重（更典型的说法是身体肥胖）的担忧，催生了一个价值 640 亿美元的减肥产业。

鉴于人们如此热衷于减肥，那么许多人将体脂视为敌人也就不足为奇了。然而，人类的身体是在食物匮乏的环境中经由漫长的时间进化而来的。因此，能够轻松高效地储存脂肪，是一项富有价值的生理功能。它使我们的祖先在数万年间生存得很好。直到近几十年，在主要工业发达经济体和新兴经济体中，高热量食品才变得如此丰富和容易获取，以至于引发了各种与脂肪相关的健康问题。人们不必

垃圾食品营销与超重儿童和青少年

美国大约 19% 的 6~19 岁的儿童和青少年严重超重,自 1990 年起,基本呈上升趋势(见附图)。虽然有多种社会因素可以解释这一现象,但是向儿童和青少年推销高热量、低营养的"垃圾"食品,是造成这一令人不安的趋势的主要原因(Partridge et al., 2016)。

平均而言,儿童和青少年的饮食中约 30% 的热量来自糖果、咸味零食、快餐和汽水。饮料公司每年花费成百上千万美元,通过电视向年轻人推销其产品(美国儿童和青少年每天收看 10 到 20 个与食品有关的电视广告)。比这多得多的营销资金被用于:将产品植入电视节目作为道具(例如,一个角色在喝特定品牌的汽水),制作与产品相关的玩具、游戏和网站,赞助特别活动,以及获得受欢迎角色的使用授权来销售产品。研究表明,儿童和青少年更喜欢与特定角色或品牌相关的食物,即使提供给他们相同的替代品(Boyland & Halford, 2013)。许多公司代表广告公司和食品生产商进行广泛的研究,以阐明影响儿童和青少年食品选择的心理因素和他们获得自己所渴望食物的策略。

2006 年,18 家食品和快餐公司联合发出了"儿童食品和饮料广告倡议",以减少向 12 岁以下儿童投放垃圾食品广告的数量。然而,2016 年的一份报告(Harris et al., 2016)指出:

- 2014 年,在 12 岁以下儿童看到的广告中,44% 的广告推广了公司承诺不直接向儿童做广告的品牌,包括天然山谷零食棒、家乐氏果酱馅饼和托斯蒂多滋玉米片。学龄前儿童观看这些广告的次数,比年龄较大的儿童少 8%。
- 2010 年至 2014 年,西班牙裔儿童在西班牙语电视台观看的零食广告,从 39% 增加到了 89%。
- 2014 年,非裔美国青少年平均每天观看 3.1 个零食电视广告,而白人青少年每天观看 1.5 个同类广告。多力多滋玉米片、奥利奥饼干和家乐氏果酱馅饼广告显示出了最大的种族差异。

显然,"儿童食品和饮料广告倡议"成员公司的承诺,对于那些想要为孩子提供更好的健康食品选择的父母和健康专家来说,给不了什么安慰。

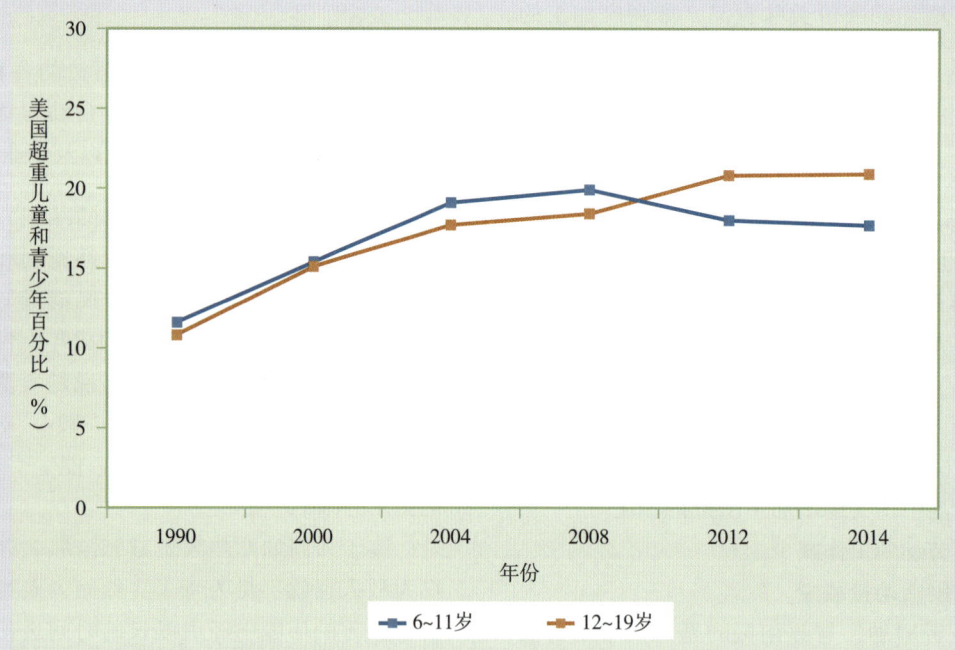

1990~2014 年美国儿童和青少年超重率
超重在这里被定义为体重指数在 BMI 百分位数值表的第 95 百分位数或以上。数据来自美国疾病控制与预防中心的全国健康和营养状况调查。该调查旨在评估美国成人和儿童的健康和营养状况。这项调查的独特之处在于,它结合了访谈与体检。

数据来源:Ogden, C. L., et al. (2016). Trends in obesity prevalence among children and adolescents in the United States, 1988–1994 through 2013–2014. *Journal of the American Medical Association, 315*, 2292–2299.

表6.1 典型快餐提供的热量占每日热量的百分比			
	快餐热量占3种不同每日热量水平的百分比（%）		
快餐	1 600 卡路里/日	2 000 卡路里/日	2 500 卡路里/日
汉堡 炸薯条 奶昔	73	58	47
皇堡 炸薯条 无糖软饮料	66	54	43
两块比萨 无糖软饮料	33	25	20

再花大部分的时间和精力去采集浆果和种子，以及期望狩猎队会带着肉满载而归，甚至也不必开垦荒地，饲养家禽。如今，他们所要做的就是开车去超市或快餐店，在那里，他们能以很低的成本，几乎可以获得每日所需的所有热量（**表 6.1**）。

体重问题不仅仅与食物摄入有关。它是由食物摄入与许多其他因素的相对关系决定的。这些因素包括：久坐不动的生活方式和缺乏身体活动、遗传、高热量食品的广告、缺乏关于适当营养的指导、令人困惑的关于食物如何影响健康和幸福的信息、用体形衡量社会吸引力的习俗，以及忙碌紧张的生活方式。在这样一个复杂的环境中，廉价、高脂肪、高盐、高糖食品的易得性，使它们被以各种各样的原因吃掉，而不仅仅是在饥饿时为生命提供能量。

暴露于某些工业化学物质（称作致胖因子），也可能通过扰乱身体的脂肪储存系统来影响个体对超重（体脂超标）的易感性。例如，致胖因子可以导致身体产生更多的脂肪细胞（Janesick & Blumberg, 2011）。这些细胞不仅储存脂肪，还会制造增加食欲并减少能量消耗的激素。疑似的致胖因子包括双酚A、邻苯二甲酸二（2-乙基己基）酯、己烯雌酚、邻苯二甲酸单（2-乙基己基）酯、全氟辛酸、三丁基锡和三苯基锡。大多数致胖因子是用来制造塑料的化学物质；其他的则是农药、木材防腐剂，以及工业用水系统中的黏泥抑制剂。

与那些忧心超重的人相反，有些人（几乎总是男性）因自认为体重过轻而担忧。尽管他们的体重并非不健康，但他们觉得自己不够有吸引力，缺乏男子气概，因此想要增加一些肌肉。许多想要增重的男性认为，女性更喜欢肌肉比他们发达得多的男性。然而，女性通常更喜欢没有进行增肌训练的普通身材的男性。一个人的肌肉能够变得有多发达，是有生物学限制的。个体可以通过力量训练加上吃健康的食物，来尝试最大限度地激发增肌潜力。单靠含有"超级食物"和补充剂的特殊饮食并不会增加肌肉量，尽管广告如此宣称。那些据说能增加体重（肌肉）的药物要么毫无价值（铬、肌酸、蛋白粉），要么是有危险的（麻黄、合成代谢类固醇）。

什么是健康体重

在大多数情况下，对超重的担忧实际上是对体脂超标的担忧。这是有区别的。例如，一些男性职业运动员的体重远远超出了针对其身高的推荐体重标准。然而，他们体内脂肪的重量可能仅占体重的10%。一个状态良好的运动员的大部分非水体重是肌肉和骨骼的重量。女性健美运动员是所有女性运动员中最瘦的，她们的脂肪重量约占体重的8%到13%。这可能代表了一个健康女性的脂肪下限。

体脂由两部分组成：**必需脂肪**（essential fat）即神经传导等生理功能正常运作所必需的脂肪，以及**储存脂肪**（storage fat）。必需脂肪的重量约占男性体重的5%至10%，占女性体重的8%至15%。这种性别差异是由于女性的臀部、大腿和胸部生理性地堆积了更多的脂肪，这可能是由激素引起的。储存脂肪，也叫贮存脂肪，其重量只占瘦人体重的一小部分，占大多数人体重的5%到25%。**肥胖**（obesity）是一个医学术语，意指储存脂肪的重量超过了体重的30%。

有关最"值得拥有的"或最"理想的"体重或身体成分（体脂率）的社会标准并不相同。例如，在某些文化中，储存脂肪多的女性被认为具有身体吸引力和性吸引力，儿童肥胖被认为是健康的标志。在北美，人们对成人理想身材的看法随时间而变动，而且常常受时尚潮流的左右。在20世纪20年代，理想的女性体形是"管状的"，强调平胸窄臀。在20世纪50年代，理想的身材则是较大体型的，其特征是女性体态丰腴，男性肌肉发达。

如今，理想的女性体形是"沙漏状"的，强调丰满的乳房和臀部以及纤细的腰肢［比如，《体形》

（Shape）杂志的封面模特］；男性的理想身材则是瘦高且肌肉发达的，并有着明显且结实的（6块）腹肌［比如，《肌肉和健身》（Muscle and Fitness）杂志的封面模特］。

健康专家和科学家用**体重指数**（body mass index, BMI）来衡量与健康相关的体重。该指数由个体的体重（千克）除以身高（米）的平方计算而来。在美国，体重过轻的标准为 BMI < 18.50，健康体重为 BMI = 18.50~24.99，超重为 BMI = 25~29.99，肥胖为 BMI ≥ 30。（在我国，体重过轻是 BMI < 18.50，健康体重是 BMI = 18.50~23.99，超重是 BMI = 24~27.99，肥胖是 BMI ≥ 28。——译者注）研究表明，良好的健康状况与 BMI 在 18.50 到 24.99 之间有关（图 6.4）。BMI 大于等于 25 的人，有更高的风险罹患 2 型糖尿病、胆囊疾病、静脉曲张、关节炎、心脏病、中风、高血压和呼吸问题，并且更容易出事故（因为体型较大）。极度超重的人，经常会面临来自他人的羞辱，比如工作歧视和社会接受度较低。他们的自尊水平往往较低。

另一个与健康有关的身体尺寸指数是腰臀比，它是用腰围除以臀围计算出来的。例如，腰围为 72 厘米、臀围为 96 厘米的人，腰臀比为 0.75。腰臀比小于 0.80 的女性和腰臀比小于 0.95 的男性，更不容

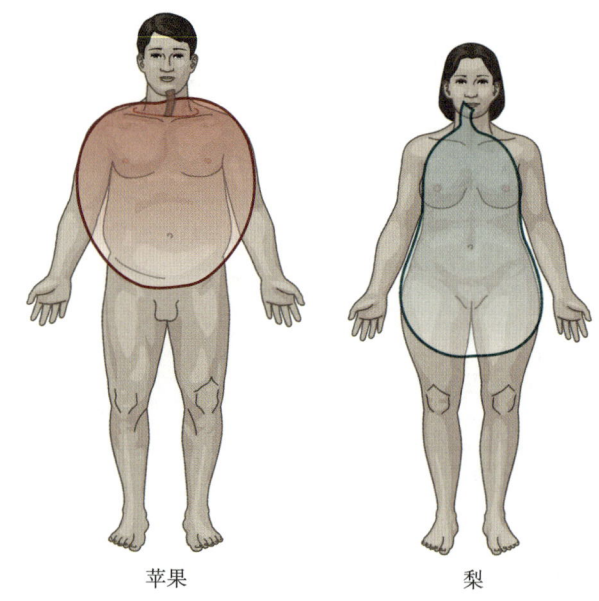

苹果　　　　　梨

图 6.5　苹果还是梨？
苹果形身材的人腰部以上有很多脂肪。梨形身材的身体脂肪则集中在臀部和大腿上。研究表明，梨形身材比苹果形身材更健康。

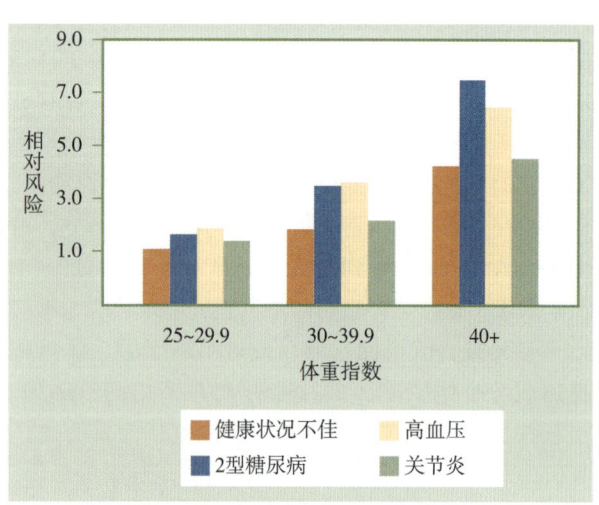

图 6.4　不同体重指数的相对健康风险
随着体重指数的增加，健康状况不佳、2 型糖尿病、高血压和关节炎的风险也随之增加。相对风险是指，每个体重指数区间相对于 18.50 到 24.99 区间的风险，因为后者被认为是健康的。
资料来源：Mokdad, A. H., et al. (2003). Prevalence of obesity, diabetes, and obesity-related health risk factors, 2001. *Journal of the American Medical Association, 289*(1), 76–79.

易出现健康问题。换句话说，梨形身材比苹果形身材更健康，没有啤酒肚更健康（图 6.5）。医生有时只使用腰围作为与超重相关的健康风险指标。腰围大于 102 厘米的男性和腰围大于 89 厘米的女性健康风险更大。

人体脂肪的调节

人体有一个多层面的、复杂的系统来获取和储存生命所需的能量。人体从食物中获取能量：蛋白质或碳水化合物每克含 4 卡路里，酒精每克含 7 卡路里，脂肪每克含 9 卡路里。卡路里通过能量消耗离开人体，它被用于基础代谢、消化、身体活动、生长、损伤修复和体温维持。没有立即使用的来自食物的卡路里要么以糖原的形式储存，即一种存在于肝脏和肌肉中的复合碳水化合物；要么以**甘油三酯**（triglyceride）的形式储存，即一种存在于脂肪组织中的脂肪，而脂肪组织的位置想必你们都再熟悉不过了。脂肪每克含有 9 卡路里的热量，它是最有效的能量储存形式（1 千克脂肪可以为 140 千米的步行提供能量），而且脂肪还有其他生物学上的优势：密度小、结构紧凑、海绵状并且是很好的隔热材料。

人体的能量获取系统有两个主要组成部分：稳态进食系统和享乐（或快乐）进食系统。**稳态进食系统**（homeostatic eating system）位于大脑的下丘脑区域，维持体脂处于相对恒定的水平。当来自最近所吃食物或身体储存脂肪的能量水平下降时，人体会通过特定激素向大脑发出能量缺乏的信号，这会触发饥饿感，从而激发进食行为。当能量（脂肪）水平恢复后，人体就会向大脑发出这一信号，从而使人产生饱胀的感觉（称为饱腹感）。这会减轻饥饿感，人们的注意力也开始转向其他事情。

稳态进食系统维持的体脂水平，由遗传和发展因素决定，并随着时间的推移而相对恒定。该体脂水平有时被称为体重设定点或肥胖设定点。如果个体在短时间内比平时吃得多，体重（脂肪）增加了几千克，例如在游轮上度假。当他回归日常生活时，大脑会自动减少饥饿感和食欲，他就会无意识地吃得更少，使新增体重减下去，直到达到体重设定点。或者，如果一个人在短时间内消耗了比平时更多的能量，并减掉了几千克脂肪，例如生了3周大病。当恢复健康后，他会无意识地吃得更多，而他的体重会在数周内返回设定点。

与对体内营养素和能量水平做出反应的稳态进食系统不同，**享乐进食系统**（hedonic eating system）对独立于饥饿的与食物相关的想法和情绪做出反应。例如，当你走进商场闻到新鲜烘焙的巧克力曲奇的味道后，即使你刚刚已经吃饱了，你也可能忍不住吃一个或多个。或者，即使你并不饿，你也可能会在"饭点"和朋友一起去餐馆，或是与家人一起吃饭。另一方面，你可能很饿，但你很不喜欢朋友点的比萨上的配料，于是你失去了食欲。或者，你邀请新交的女友共进晚餐，却因情绪激动而过度分心，最终没吃多少东西。

享乐进食系统，是一个由位于大脑多个区域的神经细胞构成的网络。这些区域涉及奖赏（当你得到你渴望的东西时感觉良好）和剥夺（当你没得到的时候感觉糟糕和/或渴望）（Yu et al., 2015）。享乐进食，不是由内置的维持能量和营养素水平的生物机制控制的，而是由想要体验某种快乐的心理欲望驱动的。这通常与食用所谓的**美味食物**（palatable foods）有关。这些食物会触发咸、油腻和甜的味觉。

享乐进食是人体"未雨绸缪"的方式。即便你有足够的食物来维持健康且不常挨饿，享乐进食还是会利用各种机会让你增肥，以防你遭遇长时间的食物短缺。然而，当食物丰富且容易获得时（就像大多数经济发达国家和发展中国家的情况一样），享乐进食会导致许多个体超重（体脂超标），使他们容易患上超重引发的疾病，遭受懒惰和贪吃的社会污名，还会导致他们容易自我怀疑。此外，因为享乐进食不受人体能量水平的控制，所以它可以被用作他途，例如避免思考自己所面临的问题，或是通过与朋友和家人愉快地吃相同种类的食物来获取他们的社会接纳（Boggiano et al., 2015）。享乐进食的心理和社会动机的别称包括"情绪性进食""压力诱导性进食""食物成瘾""吃安慰食物""食物疗愈"和"漫吃零食"。只要你身体健康，你的稳态进食系统在正常工作，并且当它发出吃饱的信号时你注意到它，你就不太可能出现体重（肥胖）问题。因为你的稳态进食系统会确保你的卡路里摄入量将与卡路里消耗量几乎一致，这被称为处于**能量平衡**（energy balance）状态。然而，你只要稍稍超过能量平衡，就会随着时间的推移出现体重问题。考虑一下这个例子：

> 马西娅今年26岁，体重正常，体重指数为23。她最近刚换了工作。以前她在一家小型房地产公司担任办公室经理，现在她在一家大型公司担任行政助理。这一变动带来的两个后果是：（1）马西娅现在坐在办公桌前打字和接电话的时间比她以前的工作要多，以前她办公时几乎每项工作都需要四处走动；（2）她现在和同事们一起吃午饭。活动减少和在餐厅吃午餐的结合，使马西娅的每日卡路里摄入量平均超出了消耗量10%。

10%意味着什么？对马西娅来说，那就是每个工作日约160卡路里，或者一个月约3 200卡路里。因为1千克身体脂肪含有7 700卡路里的热量，这足以让马西娅每年增重约5千克。你可以预见到，如果马西娅连续几年都在做这份工作，这可能会对她的腰围造成什么影响。当办公室职员去吃午餐的时候，他们的意图通常是社交和摆脱办公室的压力，并不打算大吃一顿。然而，社交的欲望、食物的香味和超大分量，很容易让人忽视大脑发出的、来自稳态进食系统的饱腹信号，从而过量进食。

当然，马西娅可以通过更加注意午餐时的饮食习惯和每天多走几分钟来防止一年增重5千克。通

> 吃意大利菜的问题在于，五六天之后你又会饿。
> ——亨利·米勒

过少吃一块饼干或少喝半瓶 355 毫升的汽水，她每天可以少摄入 80 卡路里的食物。此外，如果她把车停在离工作地点步行 10 分钟的地方，她就能比平时多消耗 80 卡路里。少摄入 80 卡路里，同时多消耗 80 卡路里，就能阻止每天 160 卡路里的脂肪累积和每年 5 千克的赘肉。然而，如果她不少吃多动，她的身体很可能将这些多余的卡路里储存为脂肪。随着时间的推移，她的身体可能会适应更高的体重，将它作为"新常态"的肥胖设定点。几年后，她可能发现自己的体重指数接近 27，还需要买一个新的衣橱。如果发生了这种情况，并且她决定减掉新增的脂肪，那么她很可能会发现这是一项艰巨的挑战。

这是因为人体不喜欢释放它积累的脂肪，或者如科学家们所说，身体抵御脂肪流失。记住，在数万年的进化过程中，人体发展出了高效储存脂肪的能力，以防你遭遇像古代祖先那样只有很少或没有食物的时期。当然，这种情况几乎从来没有发生在生活于繁荣社会中的人身上，但那些内置的、高效的脂肪储存机制仍然存在。所以，一旦脂肪沉积在脂肪组织当中，人体就会将其保持。人体防止脂肪流失的主要方法是，提高人体使用能量的效率、降低静息代谢率，以及提高肌肉的工作效率。此外，即使一个人减肥成功了，人体也会对失去体重做出好似生命正处于半饥饿危险的反应，进而会增加饥饿感和食欲，以恢复减掉的体重。

一般来说，合理而持续的减肥努力，会在前 6 个月里使体重（脂肪）减少 5% 到 10%，但是在此之后就不会再减了。这就是为什么一开始就鼓励人们不要增重。幸运的是，即使体重（脂肪）只减少 3% 也能显著地改善健康状况，尽管体型的变化并不明显。

限制热量的饮食极少起效

对营养学家来说，diet（饮食）这个词的意思是个体通常吃什么和喝什么。而对几乎所有人来说，diet（节食）这个词意味着，限制热量摄入或吃一些不寻常的食物来减肥，比如说 "I'm on a diet"（我正在节食）。

比平时吃得少就可以减肥，这种想法是合乎逻辑的，因为过量进食通常被认为是体重增加的原因。尽管合乎逻辑，但只有在医学监督下的减肥计划中，或者当人们持续处于接近饥饿的状态时（比如生活在食物长期匮乏的环境中），摄入比平常更少的热量才会起作用。然而，当生活在食物充足的环境中时，人们无法长时间不吃自己想吃的东西，因为半饥饿状态会开启旨在保护身体脂肪和减少能量消耗的生物和心理机制，而且饥肠辘辘和一直想吃自己喜欢的食物（爱而不得）一点不好玩。虽然限制热量的饮食往往起初是相对成功的，并可以让人在最初的几周内减掉几千克，但在节食开始后的几个月内，即使保持住了这种饮食模式，身体也会抗拒体重进一步减轻（图 6.6）。

除了身体抵御体重下降（脂肪流失）的事实外，限制热量的饮食之所以失败还有如下原因：

- 节食者关注的是食物，而不是增加身体活动。增加能量消耗，而不是减少能量摄入，才是成功减肥和长期健康体重管理的关键。

如果你一定要吃零食，那就选择水果和蔬菜这类健康食物。

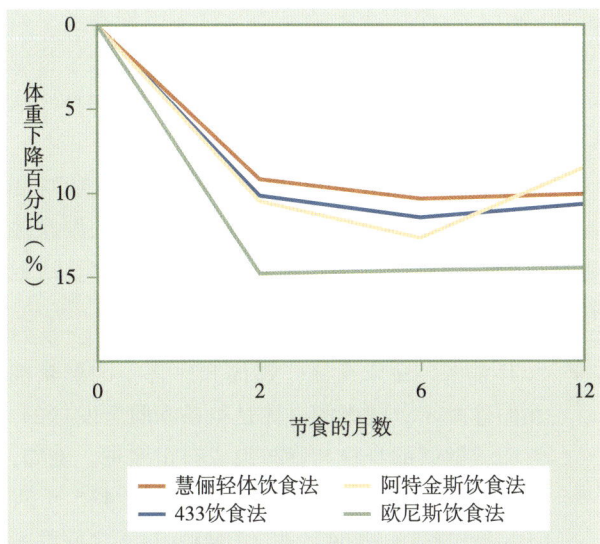

图 6.6 坚持某些流行饮食计划的体重下降量

资料来源：Dansinger, M.I. et al. (2005). Comparison of the Atkins, Ornish, Weight Watchers, and Zone diets for weight loss and heart disease risk reduction. *Journal of the American Medical Association, 293,* 43–53.

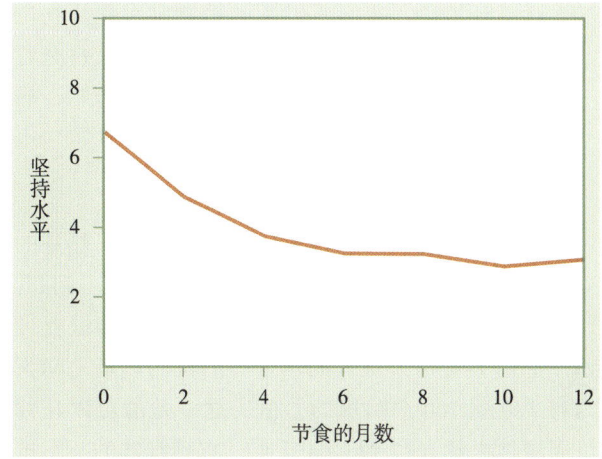

图 6.7 节食者对流行的体重控制饮食法的坚持水平

节食者们的自我报告显示，他们在 12 个月内对体重控制饮食法的坚持水平在逐渐下降。他们对图 6.6 中提到的 4 种饮食法的坚持趋势很相似。

资料来源：Dansinger, M.I et al. (2005). Comparison of the Atkins, Ornish, Weight Watchers, and Zone diets for weight loss and heart disease risk reduction. *Journal of the American Medical Association, 293,* 43–53.

- 因为继续坚持限制热量摄入的计划，并不能带来相应的减肥效果，所以节食者会感到失望和气馁，从而不再遵循饮食计划（图 6.7）。此外，在节食过程中，减轻的体重往往都会恢复。在那些通过限制热量来减肥的人中，大约 50% 的人在停止节食 1 年内体重反弹，而几乎所有人都在 4 年内体重反弹。
- 节食者厌倦老是吃规定的几样食物。对于那些主要推荐一种食物的饮食计划（例如，流质饮食计划、葡萄柚、牛排、木瓜、茅屋奶酪）来说，尤其如此。
- 节食者会因为不能足量吃自己喜欢的食物而变得沮丧。
- 节食者总是很饿。他们变得沉迷于食物，甚至会梦见食物。
- 预包装的特殊减肥食品可能很贵。

流行的减肥计划

流行的减肥计划一般有以下几种类型：

- **低热量**：这些减肥计划通过减少食物的量来限制热量的摄入。例如慧俪轻体饮食法、"营养系统"饮食法、珍妮·克雷格饮食法、优体纤代餐、美蒂芬代餐和"e 节食"（eDiets）在线饮食计划。这些计划的好处是，营养均衡；缺点是，它们最多只能引起适度的体重减轻（节食前体重的 5% 到 10%），而热量的减少会让人感到饥饿，从而导致该计划的终止。
- **低碳水化合物**：这些减肥计划会减少面包、米饭、意式面食、土豆、糖果和零食的摄入量。有的还会减少蔬菜和水果的摄入量，这取决于具体的减肥计划。为了弥补碳水化合物的摄入不足，这些计划推荐高蛋白质和高脂肪的食物。例如阿特金斯饮食法和南部海滩饮食法。这类饮食计划的好处在于，减少了包装食品、快餐和垃圾食品中的精制复合碳水化合物、简单糖和果葡糖浆的摄入。此外，蛋白质和脂肪往往比精制碳水化合物能更有效地降低食欲。低碳水化合物饮食的缺点是脂肪和胆固醇的大量摄入，它们是心血管疾病的风险因素。
- **低脂肪**：这些饮食计划建议摄入大量的复合碳水化合物和少量的脂肪。欧尼斯饮食法就是一个例子。一个最主要的好处就是，这类饮食计划"有益心脏健康"。缺点则是，在我们目前的食品环境中，来自不健康的精制碳水化合物产品的热量是充足并被大量销售的，而来自全谷物、水果、蔬菜和豆类的复合碳水化合物，被认为比垃圾食品和快餐更昂贵、更难获得，也不那么美味。

饮食计划起作用通常是因为它们减少了热量的摄入，而不是因为所摄入食物的种类和比例。例如，几乎任何每天提供大约 1 450 卡路里热量的饮食计划，都代表着每天摄入的热量与消耗的热量之间大约有 300 到 700 卡路里的差值。这一差值可以让你每周减掉大约 0.27 到 0.64 千克，直到身体的减肥抵抗机制发挥作用。

合理的体重管理

如果仅靠限制热量的饮食方式不能产生持久的减肥效果，那么什么能呢？美国国家体重控制登记处的研究结果显示，那些减肥成功并坚持了数年的成年人的做法是：每天进行 1 小时中等强度的身体活动；吃 5 小份高碳水化合物、低脂肪的饭或零食；定期监测自己的体重和运动情况；几乎从不吃快餐（National Weight Control Registry, 2017）。许多研究表明，安全、有效的减肥与以下因素有关：女性每天至少摄入 1 200 卡路里的热量，男性每天至少摄入 1 500 卡路里的热量；摄入脂肪的热量小于总热量的 30%；摄入推荐量的膳食纤维；每周至少进行 150 分钟的运动；参与咨询和/或拥有团体支持（Ramage et al., 2014）。保持减肥效果则与以下因素有关：持续应用减肥知识和技能；持续警惕体重变化；长期的生活方式改变，特别是在热量控制、定期身体活动和专业指导等方面。

在寻求"理想"体型的过程中，明智且成功的减肥者不会采用不寻常的减肥方案，而是去健康地生活，并让他们的身体找到适合自己的体重，这包括如下内容：

- 忘掉苗条，追求健康。媒体和广告中的形象都在向你暗示，健康的身体是苗条和肌肉发达的。然而，健康的身材和脂肪组成有很多种。例如，对于身高 1.60 米的人而言，体重在 47.5 千克（BMI = 18.5）到 64 千克（BMI = 25）之间都是健康的。

- 设定现实的目标。减肥的一个主要障碍是，设定这样的目标：要迅速达到像过去一样年轻、苗条的体型。因为身体抗拒脂肪流失，通过耐心坚持一个合理的计划，大多数人可以减掉约 5% 至 10% 的体重。这虽然可能不足以使他们重回苗条，但会减少患心脏病和其他严重疾病的风险，并让他们感觉更好。每个人都必须认识到，如果没有先天遗传基因，或者美容医生的帮助，要达到吸引力的刻板标准是很难的。合理的体重管理包括，意识到推动人们设立难以实现的目标的社会压力，以及不屈从于广告和时尚潮流。

- 只在饿的时候吃东西，不过量进食。写饮食日记，并注意你身体发出的饥饿和饱腹信号。觉察影响你饮食行为的习惯和习俗：你是否在一天中预定的时间（吃饭时间、课间休息时间、上班路上）吃饭，而不管自己是否饥饿？你会把盘子里的所有东西都吃完吗？你是否经常边吃饭，边工作或学习？注意身体发出的饱腹信号：你能否对自己说，"我现在已经吃饱了"？

- 吃健康的食物。饮食要以全谷物食品、豆类、

尽管大多数人都想对自己的身材感觉良好，但广告往往描绘的是不切实际的形象，这可能会导致不健康的节食和饮食习惯。

说走就走

用计步器、计步手表或智能手机应用程序，统计每天走多少步。每天走 1 万步（约 8 千米），能走 15 000 步更好。

坚果以及新鲜的水果和蔬菜为基础。这将为你的饮食增加营养，并可以限制高热量、低营养的快餐和垃圾食品的摄入。

- 运动。每天至少活动30分钟，60分钟更好，每周4到5次。你不必在健身房锻炼，也不必从事任何让你呼吸困难和流汗的活动（表6.2）。散个步，使用站立式办公桌，都可以。目标就是通过移动你的身体来消耗能量。即使是非运动性活动，比如站立、用脚轻敲地面、从一个房间走到另一个房间、说话、无意识的小动作，也能在一天中消耗大量的能量（图6.8）（Villablanca et al., 2015）。不要相信运动会增加食欲和食物摄入量的传言。事实上，除了那些耗费大量体力的人（如伐木工人、橄榄球运动员），情况正好相反。随着身体活动的增加，食欲和食物摄入量往往会减少（Thackray et al., 2016）。
- 限制无意识地吃零食。当我们极度饥饿、压力大、上网、使用社交媒体或看电视入神时，我们会无意识地吃零食。我们希望袋子里的薯条是无限的。电视广告商鼓励我们无意识地吃零食。他们知道当你在看电视时，你正处于一种自我催眠状态，他们指望你对他们的啤酒、零食、糖果和软饮料形象很敏感。请无视它们。最好专注于你正在吃的食物，而不是无意识地吃零食。
- 少喝酒或不喝酒。每克酒精含有7卡路里的热量（355毫升的啤酒、120毫升的葡萄酒或一小杯蒸馏酒，大约含有100卡路里的热量）。每天喝几杯啤酒，而不相应地减少食物摄入量或增加运动量，可能会很快导致身体脂肪过剩。

表6.2 不去健身房就可以增加身体活动量的方式

尽可能走楼梯。
用计步器统计步数；目标是每天走10 000步（15 000步更好）。
如果可行的话，把车停在距目的地步行10分钟的地方。
乘坐公共交通后步行10分钟到达目的地。
午休时间步行20~30分钟。
和朋友或一群人一起运动/散步。
在工作休息时或睡觉前伸展5分钟。
每周锻炼肌肉（仰卧起坐、俯卧撑）2~3次。

NEAT指的是非运动性活动产热（nonexercise activity thermogenesis）。这是你在日常活动中消耗的能量，比如坐着、打电话、走动和阅读。在日常活动时，有些人比其他人更倾向于移动身体的某些部位。他们坐立不安、扭动身体、轻敲手指和脚趾，还会休息一下去活动和伸展身体。事实证明，这些人在做这些NEAT动作时能消耗几百卡路里的能量，他们很少有体重问题。

NEAT的倾向可能是遗传的，但非NEAT者很容易就能学会它。改变环境是迫使人们移动而不是坐着的一种方法。因此，梅奥诊所的詹姆斯·莱文（James Levine）博士和他的同事们设计了这种NEAT办公桌。它可以与跑步机、健身自行车或普通椅子一起使用，也可以单纯站立使用。它有可以让光线进入的透明面板，使用者可以透过它看到房间的其他部分。以每小时1.6千米的速度使用NEAT办公桌，每小时可以大约消耗100卡路里。莱文博士建议，使用NEAT办公桌时每小时步行15分钟，并且在打电话时也要步行。在一个平均8小时的工作日里，这将消耗超过200卡路里的热量，在没有等量能量摄入的情况下，体重每月将减轻0.45到0.68千克。

图6.8 一个NEAT办公桌

正念饮食

进食应该是一种放松、愉快的活动，但在我们繁忙的日常生活中却很少如此。我们在奔波中进食，或者只有吃点东西垫垫肚子的时间。大多数青少年会在几分钟内吃光一盘食物。正如花时间运动对你的身体很重要一样，花时间吃饭也很重要。你可以通过练习"正念饮食"来打破狼吞虎咽的习惯。

每天进行这种正念饮食练习，直到你觉得自己变得对食物和从中获得的营养有更多的觉知。

首先选择一小块食物，可以是一颗葡萄、一片胡萝卜或一颗干果。安静地坐着，慢慢地把食物放进嘴里。注意它的口感和味道。

开始慢慢咀嚼，并注意你嘴里的反应——你的唾液是如何开始流动的，你的下巴是如何运动的。充分咀嚼食物，然后关注吞咽的过程。

当你吃饭的时候，把你所有的注意力集中在食物和进食的满足感上。吃饭时不要看书或看电视。让吃饭成为一个安静、愉快的活动。不要把问题或争论带到餐桌上。缓慢而安静地吃饭，还会让你在吃饱的时候"听到"胃部传来的信息。留心聆听这种信息，然后停止进食。

正念饮食，可以成为一种控制体重和限制食物过量摄入的强大技巧。

- 觉察进食的诱因。很多人都很容易受到环境因素的影响而吃东西。例如，有些人做不到在经过糖果或软饮料售卖机时不花钱买里面的东西。在一些工作场所，好心的主管和同事会为员工提供糕点和糖果。这些员工可能很难忍住不吃它们，尤其是在他们压力大或疲惫不堪的时候。
- 不要用食物来应对情绪。压力、焦虑、孤独、无聊、疲劳和愤怒，都会促使人们过量进食。许多人会从食物中获得情感安慰。一种可能的解释是，当我们还是孩子的时候，我们学会了把吃（尤其是婴儿时期的吃奶）与得到爱、喜欢和安慰联系起来。另一种可能性是，当我们食用某些食物时，尤其是那些含糖和脂肪的食物，它们会改变大脑中的化学成分，进而让人产生平静的感觉。

1千克体脂的能量是7 700卡路里。如果你想采取1个月能减重1千克的减肥计划，那么请规划好你的日常饮食和身体活动，让你每日的热量摄入量比消耗量少约260卡路里。每天多散散步，或者少喝1瓶软饮料，抑或少吃几块饼干。如果你想每周减重0.5千克，那就要每日的热量摄入量比消耗量少550卡路里，并且每天至少有300卡路里的热量消耗来自运动（表6.3）。不过，卡路里的数量远没有制定一个可以长期坚持的计划重要。以下是一些其他的建议：

- 用日记记录你的减肥活动，并修改减肥计划中无效的部分。
- 对你想要达到健康体重的目标保持信心。不要因不可避免的挫折而泄气。
- 不要盲目地计算卡路里或经常称体重；专注于培养健康的行为和良好的感受。
- 不要理会减肥和健身器械广告。

除了对自己有好处，改变生活方式以保持健康

乔叔叔的成功减肥

乔叔叔在55岁时经历了一次心肌梗死。为了挽救自己的生命，他做了心脏搭桥手术。乔身高170厘米，在他心梗发作时，他的体重为102千克（BMI = 35）。乔并非一直这么胖。他说，他30年来几乎每天下班后都先和朋友在当地的酒馆喝几杯啤酒，吃一根（或两根）波兰熏肠，然后再回家吃晚饭。他就是这样变胖的。

手术后，乔办理了退休并不再去酒馆。他的妻子扔掉了家里所有的垃圾食品，并开始做健康的三餐。就像一个强硬的教官，她每天早上把乔从床上叫起来步行8千米，两人绕着小镇边走边聊天，无论是刮风下雨，还是酷暑严寒，从无间断。几年后，乔的体重减到了现在的70千克（BMI = 24）。他感觉很棒，气色也很好，他的妻子庆幸自己没有成为寡妇。

乔像很多成功健康减肥的人一样。他给了自己很多的时间来养成新的健康习惯，并且努力地坚持这些习惯。他接受了妻子、孩子、朋友和医生的帮助、鼓励和支持。乔不仅感觉更棒，气色更好，他还对自己很满意，因为他完成了一个重要的目标，这让他和妻子有可能一起度过一段漫长而愉快的退休生活。

表 6.3　各种运动的大致能量消耗

轻度运动（每分钟 4 卡路里）

骑自行车（每小时 8 千米）	慢舞	乒乓球
散步（每小时 5 千米）	排球	瑜伽
划艇	垒球	太极拳
高尔夫		

中度运动（每分钟 7 卡路里）

网球	篮球	雪鞋健行
快舞	游泳（每分钟 30 米）	快走（每小时 7 千米）
骑自行车（每小时 14 千米）	滑旱冰	

剧烈运动（每分钟 10 卡路里）

慢跑	爬山	滑雪
爬楼梯	骑自行车（每小时 19 千米）	滑冰
橄榄球	手球和美式壁球	

的体重还对地球有好处。如果所有年龄在 10 到 64 岁之间的美国人，用每天步行或骑自行车 30 分钟来代替短途出行时的开车或坐车，他们不仅能集体减重 136 万吨并消除当下超重的流行，还能将美国每年的二氧化碳排放量减少 6 400 万吨，并节省 246 亿升汽油（Higgins & Higgins, 2005）。

超重的辅助管理

体重管理主要是靠养成健康的生活习惯：吃全谷物食品和新鲜的果蔬、限制快餐和垃圾食品的摄入以及增加活动量。然而，有些人单靠自己无法成功地控制体重，他们可能会从寻求健康专家的帮助中获益。健康专家用来帮助人们减轻和保持体重的方法包括心理咨询、催眠疗法、药物治疗、脂肪抽吸术以及减重术。

咨询和催眠

减肥咨询涉及帮助个体探查他们不健康的饮食和运动行为的原因，并制定更健康的行为方式。催眠已被证明能提升咨询的效果。减肥和体重维持的咨询主要关注以下方面（Wadden et al., 2014）：

- 增强个体对导致体重问题的内在对话的自我觉知。例如，将"我今天过得很糟糕，所以我要吃一些薯条来安慰自己"的想法更改为"我要洗个舒服的澡来安慰自己"。
- 记录饮食和运动情况，以评估当前的行为，并针对个人和环境进行调整。
- 改变引发过量进食和运动不足的环境因素。例如，不要把装满饼干的罐子放在厨房的操作台上，或者当目标是社交而不是填饱肚子时，不和朋友外出吃快餐。
- 学习有关健康营养和身体活动的知识。
- 设定现实的体重管理目标，并采取可行的计划来实现这些目标。
- 教给来访者关于"通过吃东西来应对情感"以及压力状态下会出现进食倾向的知识。
- 为体重管理活动提供社会支持。
- 识别和管理可能与体重问题有关的心理健康问题，如抑郁和焦虑。

心理咨询通常能有效地帮助来访者每周减轻约 0.5 千克的体重，并使其最终减掉占初始体重很大比例的体重，它还能在治疗结束后的几个月内促进减肥效果的维持（Jones, Wilson, & Wadden, 2007）。

药物治疗

有几种药物已被美国食品药品监督管理局批准，用于医学监督下的减肥（Khera et al., 2016）。其中包括改变某些神经递质平衡的药物，帮助胰腺分泌胰岛素的药物，以及一种阻止肠道吸收脂肪的药物（奥利司他）。药物在使用几个月后，可以使人减轻初始体重的5%。继续使用药物可以帮助保持该程度的脂肪流失，但往往不会引起进一步的脂肪流失。减肥药有各种令人不快的副作用，通常会导致使用中止和体重反弹。这就是为什么健康专家认为，药物是生活方式改变（饮食、运动和对饮食习惯有更好的觉知）的辅助手段，而不应完全靠其减肥。

减重术

减重术（bariatric surgery）针对的是以下人群：体重指数超过40的人；体重指数在35到40之间，且有严重的与体重相关的疾病（如心脏病或2型糖尿病）的人；对受监督的饮食和运动计划，或药物治疗没有反应的人。减重术有几种不同的方法。一些方法涉及收缩胃的体积，以使人在吃了少量食物后就有饱腹感。其他的方法则涉及用手术重组胃肠道，这样一餐摄入的食物只有一小部分被身体吸收，并且一些控制饮食和新陈代谢的神经和激素的活动会发生改变。

减重术不是用来塑造特定身材的美容手术。它的目的是减少身体加工的食物量，并改变管理能量平衡的生理机制。平均而言，减重术可以使人长期减轻术前体重的50%至70%，并建立健康得多的新陈代谢，例如大幅降低患2型糖尿病的风险（Schroeder et al., 2016）。减重术的减肥效果可以持续数年。美国每年进行大约18万例减重术。手术的并发症发生率约为17%，死亡风险约为1%（Chang et al., 2014）。

脂肪抽吸术

脂肪抽吸术（liposuction）是一种吸除皮肤下储存的脂肪的外科手术，不建议将其作为减肥和体重管理中适当饮食、运动和咨询的替代品。它是被用来塑身的。事实上，在手术后如果不注意饮食和运动，身体的其他部位可能会出现脂肪，假以时日患者可能还会增重。在美国，整形外科医生、皮肤科医生和其他医生，每年为女性和男性施行20多万次脂肪抽吸手术。脂肪抽吸术，是目前最常见的美容手术。脂肪抽吸术与诸多风险有关。任何考虑抽脂的人都应该仔细研究这一内容。虽然很少见，但脂肪抽吸术是有死亡案例的。

控制体重的流行方法和谬误

"即使在睡觉的时候，也能毫不费力地减肥！""饮食领域的新发现，能让你在一周内就减掉

解决肥胖的潜在情绪诱因

约翰逊夫人约了一位心理学家来讨论她的超重问题。她40岁，身高165厘米，体重82千克，没有严重的健康问题。她已婚，在一家社区医院当护士，丈夫失业，家里有3个十几岁的孩子。她的到手工资很低，家里难以支付各种账单。她主要吃垃圾食品和快餐，也不运动。

因为适当的体重有赖于健康的身心，所以心理学家帮助她查明了导致体重问题的压力和负面情绪。它们涉及工作或家庭压力、抑郁、愤怒、孤独和无聊。

她们还探寻了导致超重的社会因素。获得健康食物的障碍是什么？她的工作需要很多旅行还是要长时间坐着？她们一起探讨了如何将运动融入她的日常生活。

约翰逊夫人开始意识到，她做的是一份高压且收入低的工作，婚姻也不令人满意，而孩子们正处于一个困难的发展阶段。她的生活已经失控了。在心理学家的帮助下，约翰逊夫人采用了健康、均衡的饮食，并在早晨上班前开始步行，后来是慢跑。之后，她在运动计划中增加了举重训练。几个月后，她找到了一份薪水更高且不加班的工作。她和丈夫去见了婚姻咨询师，他们的婚姻也有所改善。大约一年后，约翰逊夫人的体重稳定在了60千克。她坚持自己的饮食计划并继续运动。

许多超重者都有着与约翰逊夫人相似的问题。心理咨询、饮食改变、运动和社会支持，可以帮助大多数愿意付出努力的超重人士改变他们的生活。

多余的体重！"针对长期节食者和其他忧心体脂超标的人的产品和饮食方案的广告如是宣称。某些产品，如"减肥戒指"和减肥皂，显然是毫无价值的，但有些超重的人是如此绝望，以至于会去尝试任何东西。

不幸的是，对消费者来说，那些大量打广告的体重控制方案和产品所做的几乎所有声明，都是言过其实和有误导性的。美国联邦贸易委员会估计，减肥骗局是最常见的诈骗形式，每年会影响近500万美国人。就其本身而言，这些方案和产品从长远来看都不太可能显著减少身体脂肪。

虽然这些产品完全无效，但它们在声誉良好的杂志和报纸、电视以及互联网上做广告，这增加了它们的可信度。试想一下：如果广告中宣传的快速、轻松减肥的产品真的有效，那么肯定每个超重的人都会使用它们，肥胖的流行也将成为历史。下面介绍了一些流行但基本上无效的减肥方案，包括身体裹敷、化学品和补充剂等。

身体裹敷

身体裹敷，是在温泉疗养院或家中，用热亚麻布、毯子、莎纶或塑料布、弹性或橡胶腰带或全身衣物等包裹身体，经常与草药、矿物质、氨基酸和其他物质结合使用。通常，身体裹敷法许诺，能打开毛孔以将脂肪和其他毒素排出身体。专为某一身体部位（如腰部或臀部）设计的裹敷，则会只缩小该部位的尺寸（"定点减肥"）。

身体裹敷确实能减轻体重和缩小身体尺寸。但问题是，这种方法减去的是身体里的水而不是脂肪。失去的身体水分会很快恢复，体重也会很快因此反弹。因为这些产品会导致身体水分流失，所以它们存在致人脱水的潜在危险。一些运动员因为在使用身体裹敷时运动而死亡。

化学品和补充剂

许多含有药物和"天然"物质的产品，在作为减肥药出售。因为这些产品通常与热量限制、饮食行为改变和运动计划一起配合使用，所以对天真的消费者来说，它们似乎是有效的。然而，没有一种产品本身被证明可以安全、永久地减轻体重。美国联邦贸易委员会曾警告消费者注意一些毫无价值的

提醒自己：不要购买毫无价值有时甚至有害的减肥产品

在美国，人们在商店和网上购买的几乎所有膳食减肥补充剂，都不受美国食品药品监督管理局和美国联邦贸易委员会的监管。这意味着消费者不能确定产品制造商关于其产品的有效性、安全性乃至其成分的声明是否正确。在你购买任何减肥产品之前，看看专家们对它有什么看法。使用网络，去一些权威的健康网站上进行搜索。不要做一般的搜索，因为你很可能会被卖东西而不是提供信息的网站所淹没。

减肥骗局，包括人绒毛膜促性腺激素饮食法、某些品牌的皮肤霜等产品。几类流行但通常无效的减肥产品包括：

- 食欲抑制剂/能量促进剂。如果它们真的含有标签上列出的成分（因为它们不受监管，所以不能保证它们含有），那这些产品就含有作为中枢神经系统兴奋剂的化学物质，如麻黄碱（麻黄）、脱氧肾上腺素（苦橙）和咖啡因（瓜拉纳、巴拉圭茶）。摄入足够数量的中枢神经系统兴奋剂，可让人在短期内减掉几千克。然而，这些物质有副作用，特别是麻黄碱，它增加了精神障碍、体温控制问题和胃肠问题的风险。这些产品已经涉及几个死亡案例。不要冒着生命危险去减

对有效的体重管理而言，运动是必不可少的。

肥。一种相关产品，南非植物丽杯角，据说是一种非兴奋性的食欲抑制剂。一般认为，丽杯角能作用于下丘脑产生饱腹感，但目前还没有科学研究发现丽杯角是有效的。含有替拉曲可的产品被作为"代谢促进剂"销售。替拉曲可是一种类甲状腺激素的物质。因为它会导致心脏病发作和中风，美国食品药品监督管理局已经禁止补充剂含有替拉曲可。然而，在美国，含有替拉曲可的产品和其他类甲状腺激素化学物质仍然在网上销售。

- 脂肪燃烧剂/脂肪阻断剂。这些产品声称能氧化（"化学燃烧"）储存在身体中的脂肪，或阻止身体脂肪的产生。它们含有羟基柠檬酸、共轭亚油酸、绿茶、甘草、丙酮酸、维生素B和左旋肉碱等化学物质。所有这些通常都是无效的。壳聚糖是从甲壳纲动物身上的甲壳质中提取出来的，人们普遍认为它可以在消化道中与脂肪结合。但研究表明，它也是无效的。
- 膨胀剂。这些产品包括甲基纤维素、洋车前草和琼脂。它们被认为能在胃肠道中引发饱腹感从而抑制食欲。当与水混合时，它们会膨胀，因此它们作为泻药比作为减肥产品更有效。葡甘露聚糖是从魔芋块茎中提取出的膨胀性水溶膳食纤维，它常被健康食品爱好者吹嘘为一种"天然的"减肥方法。但没有证据表明葡甘露聚糖或任何其他膨胀剂有助于减肥。
- 维生素、矿物质和氨基酸。维生素、矿物质和一些氨基酸（包括精氨酸、鸟氨酸、色氨酸和苯丙氨酸），偶尔被作为减肥产品出售。例如，螺旋藻是一种由蓝藻制成的产品，据说它能有效减肥，因为它含有苯丙氨酸，而苯丙氨酸被认为可以调节人体的食欲。铬（通常在产品标签上被列为吡啶甲酸铬）被认为可以改变碳水化合物的代谢，从而减轻体重。但目前还没有任何研究证实这一假设。维生素、矿物质和氨基酸还没有被证明对减肥有效。在非常高的剂量下，其中一些物质，虽然是"天然的"，但也可能是有害的。

身体意象

身体意象（body image）是个体对自己身体的心理图像。几乎每个人都有自己的身体意象。几乎每个人都会把自己的身体意象，与"理想身体"的标准进行比较，以此来判断自己的身体意象是好还是坏。"理想身体"是通过文化和对个体重要的人如爱人、家人和朋友传达的。个体对自己的身体意象所做的评判叫作身体自尊。有积极身体意象的个体，往往比身体意象不太积极的个体有更高的身体自尊。

许多女性过分关注自己的身体意象，并往往具有较低的身体自尊，因为她们认为自己超重了。书籍、电影、电视和流行杂志（尤其是女性杂志）一致地传递出这样的信息：我们的社会尊重瘦女人并鄙视胖女人。尽管保持适当的体型与良好的健康状况息息相关，但试图达到不切实际的理想身材，会让许多女性认为自己没有吸引力并降低她们的自尊。

躯体变形障碍（body dysmorphic disorder），是个体对身体一个或多个部位想象出来的缺陷的过分关注，它会造成相当大的个人痛苦和社交苦恼以及职业损害。一些男性倾向于关注他们的肌肉（肌肉上瘾症，或者说过度健身症）、身高、生殖器和逐渐稀疏的头发。女性则倾向于关注自己的身体尺寸、臀部、胸部、大腿、五官和体毛（Bjornsson, Didie, & Phillips, 2010）。对想象中的身体缺陷的过度关注，导致他们去寻求医疗手术的帮助，如美容手术、整牙或皮肤美容（如修复皮肤疤痕、注射肉毒杆菌毒

人们摄入数百种不同的草药、补充剂和其他各种药丸来减轻体重。

素）。男性可能会进行极端的健身活动，过量摄入无效的运动补充剂，摄入各种非法药物，并采取异常的饮食模式。女性则有很高的患神经性厌食症的风险（见下一节）。几乎总是努力地去改变自认为的缺陷不会带来身心和谐。认知行为疗法和某些药物，可以帮助人们减少对想象中的缺陷的关注，并帮助他们对自己的身体建立起更现实的态度。

吸引力和健康外貌的标准通常是由寻求销售产品和增加利润的公司所设定的。广告试图让女性相信，她们没有达到理想的身材，而通过购买产品、节食或运动来改变自己的身材可以让她们改善自己和生活。这些信息让很多女性根据自己的外貌来评判自己，也让很多男性主要根据女性的外貌来评判她们。过分关注身体意象和体重会对健康产生不良影响，包括：

- 低身体自尊和低自我价值感导致抑郁；
- 过度节食导致营养不良；
- 营养不良导致钙和铁摄入量不足；
- 患上神经性厌食症或神经性贪食症；
- 过度运动导致肌肉骨骼损伤；
- 与美容手术相关的风险；
- 为减轻体重而吸烟。

进食障碍

进食障碍是一类复杂的心理生理疾病，表现为强迫性的、不寻常的饮食行为。最常见的三种进食障碍是：神经性厌食症，即自愿拒绝进食；神经性贪食症，即暴食后立即通过呕吐、使用泻药或大量运动来清除摄入的食物；暴食障碍，即短时间进食大量食物，但不进行清除。神经性厌食症偶尔也伴随清除行为。美国成年人的进食障碍终身患病率约为5%。大约90%的神经性厌食症或神经性贪食症患者是女性；近一半的暴食障碍患者是男性。进食障碍根植于一些根深蒂固的、在生物学上不准确的、完美主义的核心信念，比如"你多瘦都不够瘦""任何脂肪都是不好的""我太胖了""我吃的任何东西都会立刻变成其他人都能看到的脂肪"。持有这些核心信念会助长强迫性的紊乱饮食和清除行为（例如，过度运动）。在某些情况下，个体对这些信念及其相关行为的坚守程度非常高，以至于他们拒绝接受任何劝说。比如，他们正处于危险之中必须做出改变，或他们会面临严重健康后果甚至死亡。

与普通人群相比，进食障碍在运动员中更为普遍，尤其是那些身体会暴露在观众视野中的运动员（游泳运动员、赛跑运动员、体操运动员、花滑运动员），或那些表现可能受体重影响的运动员（摔跤运动员、游泳运动员、跳水运动员、体操运动员、赛马骑师和赛艇运动员）（Joy et al., 2016）。在运动员中，有关减肥的态度和行为，如过度运动、节食或使用药物减肥，通常被认为是正常甚至是有价值的。不幸的是，与"越瘦越好"有关的活动会消耗身体的力量和能量，从而导致运动表现下降，偶尔还会让他们生病。此外，接受紊乱的饮食行为、过度运动和强迫性地追求完美表现，会吸引容易患上进食障碍的人参加某些运动。热量消耗远高于热量摄入的女运动员有患**女运动员三联征**（female athlete triad）的风险：（1）月经停止（闭经）；（2）饮食紊乱；（3）骨质疏松症导致的骨骼脆弱。运动员还有患健康食品强迫症的风险，即对正确和健康饮食的异常执着。健康食品强迫症与计划、购买和制作"合适的"膳食，以及因不这样做而产生内疚、焦虑和自我惩罚（通过过度运动）有关。健康食品强迫症还与远离疾病的安全感，以及因对饮食计划的完全投入而产生的优越感有关。

神经性厌食症

神经性厌食症（anorexia nervosa）的特点是，持续追求苗条，进而导致体重逐渐减轻和代谢紊乱。大多数患者是年轻女性。厌食症不是由任何已知的致病物质引起的，而是由自我诱发的饥饿引起的。这种饥饿会导致严重的疾病，甚至死亡。

伊丽莎白·巴雷特·布朗宁（1806—1861），英国最著名的诗人之一，被认为患有神经性厌食症。伊丽莎白十几岁的时候，她的父母总是唠叨她要多吃东西来增加体重，但她固执地拒绝吃吐司以外的东西。在她遇到未来的丈夫、诗人罗伯特·布朗宁时，她的体重只有39.5千克。显然，巴雷特家族具有其他有厌食症成员的家族所具有的特征：过度保护、相互过度干涉、无法表达或解决家庭内部冲突。

神经性厌食症患者可能会辩称，自己消瘦的外表是正常的，并坚称体重增加会让他们觉得自己很胖。除了对正常身体意象存在扭曲外，神经性厌食症患者往往还会过度关注食物。他们可能花大量的时间为别人计划和烹制精致的饭菜，而自己却只吃几口就声称吃饱了。他们通常不在别人面前吃东西；当他们这样做的时候，可能会慢吞吞地进食。有些厌食症患者会自我引吐或频繁使用利尿剂或泻药来减轻体重。这些做法可能使体内矿物质严重耗竭，从而导致心律失常甚至心脏停搏。尽管卡路里摄入量很低，但厌食症患者的精力十分充沛。

厌食症患者可能认为自己在生活中是对他人需求的回应者，而不是主动的行动者。患有厌食症的年轻人往往是听话、尽责、乐于助人和优秀的学生。一些心理学家把对减肥的极度关注解释为对无能的潜在恐惧的一种表现。控制饮食和体重成了一种展示总体控制力和能力的方式。

神经性厌食症主要影响的是年轻女性。这表明，它的根源在于我们社会对苗条的过分关注，认为苗条是社会成功的先决条件。厌食症也可能反映出个体试图保持孩子的状态——被别人照顾和喂养，可以固执和倔强，而且没有性别认同和性欲。厌食症也可能是通过控制环境来争取认同感和个人效能感的一种表现，由此产生的固执和拒绝行为，会因他人的关注而得到强化。厌食症患者的家庭变得十分关注症状，以至于回避处理他们之间的矛盾。

以下几个目标描述了神经性厌食症治疗的特征：（1）增加体重；（2）改变个体对食物和饮食的态度；（3）解决潜在的个人和家庭冲突。不幸的是，治疗干预并不总能成功，这一障碍可能会持续数年。神经性厌食症的死亡率为15%到20%。

神经性贪食症

神经性贪食症（bulimia nervosa）的特点是，自愿限制食物的摄入量，随后是一个暴食—清除的循环：极端的过量进食，通常是高热量的垃圾食品，紧接着是自我引吐、使用利尿剂或泻药或者大量运动。就像神经性厌食症一样，贪食症主要发生在对变胖有病态恐惧的年轻女性身上，她们不懈地追求瘦。大多数贪食症患者都是模范个体：好学生、优秀运动员。他们非常善于交际且令人愉快。由于害怕自己的贪食行为被发现，他们经常在私下里进行暴食—清除行为。贪食症患者通常能意识到他们的暴食—清除行为是不正常的。然而，他们无法控制自己。许多患者对自己的问题感到内疚和沮丧，这导致他们倾向于隐藏自己的行为。贪食症会给健康带来严重的风险，很多原因与厌食症相同。

人们提出了几种理论来解释贪食症。一种理论认为，贪食症是一种适应不良的应对焦虑、孤独和愤怒的方式。另一种理论认为，贪食症体现了个体试图达到苗条标准，成为"理想"女性的动机。贪食症患者往往自尊水平较低，自我认同感较弱。

从贪食症中康复包括停止暴食—清除循环和重新控制饮食行为。贪食症患者还必须学会运用更合

进食障碍是一个世界性问题

女性的进食障碍，已成为一个世界性问题。曾经主要在北美和欧洲常见，但现在，这些问题已经蔓延到世界上的其他国家和地区，包括拉丁美洲、俄罗斯、沙特阿拉伯、中国乃至整个亚洲。

专家们认为，进食障碍患病率日益增加的原因是，年轻女性试图模仿她们在美国和欧洲媒体，以及互联网上看到的广告模特和演员。这些媒体所呈现的"理想"女性形象不切实际地瘦。这导致一些女性失去了社交自信和心理自信。她们试图通过紊乱的饮食行为来重获自信。例如，在1995年斐济岛引进电视后，患有进食障碍的青少年女孩的比例从3%上升到了15%。那时，斐济只有一个电视台，它播放来自美国、澳大利亚和英国的节目。尽管这一增长也许是由电视以外的其他因素导致的，但研究人员认为，电视上欧美人物形象的传入，是引发进食障碍患病率急剧上升的最合理解释。

在阿根廷，减肥食品行业和化妆品行业的大规模广告，曾被普遍认为是导致进食障碍流行的原因。那时，各大报纸上发布着减肥食品和抽脂诊所的折扣券。与国际标准不同步的是，阿根廷的服装制造商将女性衣服的尺寸设计得太小了（例如，一件"中号"T恤更适合青春期前的儿童，而不是成年人），这强化了女性必须非常瘦才能获得社会赞许的观念。阿根廷政府和卫生机构发起了一项大规模的媒体宣传运动，教育年轻女性不要相信她们在电视、电影和杂志上看到的关于饮食、体型和整形美容手术的内容。

适的方法来处理不愉快的感受和对亲近关系的不适。他们的自尊必须得到改善。心理咨询通常是有帮助的。

暴食障碍

暴食障碍（binge eating disorder）的特征是，在短时间内不受控制地大量进食，即使患者并不觉得饿。在暴食发作期，个体进食的速度比平时要快得多，而且通常是孤身一人，以避免大量摄入食物的尴尬。暴食发作之后，个体往往有厌恶、抑郁和内疚的感受。

美国大约有2%的成年人（约400万人）患有暴食障碍，其中的大多数人都超重。在轻度肥胖并且试图自己减肥或通过商业减肥计划减肥的人群中，大约10%到15%患有暴食障碍。这种障碍在严重肥胖的人群中甚至更为常见。

许多暴食障碍患者有抑郁和冲动行为（迅速行动而不加思考）的历史。许多暴食障碍患者声称，愤怒、悲伤、无聊或担心会导致他们暴食。暴食障碍患者往往营养不良，因为他们摄入了大量的脂肪和糖，而这些东西几乎不含必需营养素。

大多数暴食障碍患者都曾经试图自我控制，但这种控制无法持续很长时间。暴食障碍患者应该从健康专家那里得到帮助，包括有关如何记录和改变不健康饮食行为的指导，确定导致该问题的社会因素，进行心理咨询和药物治疗。

一切取决于你自己

成功的体重管理，涉及减少热量的摄入（往往通过认识到导致过量进食的社会和心理原因来实现）和增加身体活动水平。广告所大肆宣传的减肥计划，如身体裹敷、减肥药和流行的饮食法，几乎完全不能产生永久性的减脂和减肥效果。

人们体脂超标的主要原因在于，他们的生活方式中没有足够的身体活动来耗尽他们从食物中摄入的热量。你可以从今天开始，有意识地观察自己吃了什么，运动了多少。当有人给你饼干时，请婉拒他。当你可以选择坐电梯或走楼梯时，请尽量走楼梯。这些看似微不足道的努力，只要每天去做并坚持很长一段时间，就能产生效果。

对健康的批判性思考

1. 约尔达娜再也无法忍受自己了,所以她去了学校健康中心的营养咨询项目寻求帮助。

   "我厌恶自己,"她告诉咨询师,"我很胖!很胖!很胖!无论我做什么都不能改变它。我慢跑,不吃冰激凌。我真是糟透了。"

   约尔达娜的体重指数为28.4。"这数值有点高,"咨询师说,"但还未处在危险区域。"

   "把这话告诉我爸,"约尔达娜厉声说,"还有我的男朋友。当他们看我的时候,他们的眼睛就会看向我的肚子,就好像我是———个长在双腿上的肚子!"

   a. 作为男性或女性的一员,关于身材,你体验到了什么期望?
   b. 这些期望是如何传递给你的?是谁(或由什么社会机构)传递给你的?
   c. 这些期望在你的同龄人中是如何强制实施的?如果没有达到这些期望,会有什么社会惩罚?
   d. 人们为了达到这些期望付出了多少努力?这些做法是否极端或不健康?

2. 萨姆:哦,伙计,罗妮不行。她太胖了!

   米克:不,她不胖。她人很好。快给她打电话吧。

   萨姆:我才不呢。

   米克:哥们儿,你真丢人。你不喜欢娜娜是因为她的脸太圆了,不喜欢卡拉是因为她太高了。你不喜欢埃维,是因为……你为什么不喜欢埃维来着?我忘了。

   萨姆:她腿太粗了。

   米克:哥们儿,你这样会注定孤独一生的。

   a. 萨姆真的会注定孤独一生,还是他很聪明地在等待一个符合他理想的完美身材的人?
   b. 在你的同龄人中,有没有人被不符合理想身材的人所吸引?你能解释一下这种差异吗?
   c. 理想身材的社会意义是什么?

3. 在不久的将来,可能会有许多药物在减肥(减脂)方面有一定的效果。这些药物也可能会对健康造成一些危害。

   a. 你认为这类药物应该提供给任何想要它们的人,还是应该仅限那些因体重而存在严重健康问题风险或早逝风险的人?
   b. 抛开潜在的副作用危害不谈,人们依靠药物来维持体重,而不是改变饮食和运动习惯,以及学习如何减轻压力,这是否恰当?

4. 进食障碍如何影响你的生活?

本章小结与重点

本章小结

我们的远古祖先活动量很大,他们不得不花费大部分时间和精力去寻找足够的食物来养活自己和家人。在过去,大多数人都很瘦,这通常是因为他们没有足够的食物。几千年以来,植物和动物被驯化,人们聚集在城镇,食物变得丰富起来。工业革命意味着机器开始做大部分的重体力活。人们有了空闲时间,身体的活动量开始减少。今天,在这个满是电脑、电视、智能手机的世界里,人们无论是在家还是在工作中都过着久坐不动的生活。在美国,几乎没有人步行去上学或工作了。因此,大约68%的美国人超重。超重且不经常运动的人患心脏病、糖尿病和癌症的风险比瘦且经常运动的人要高。就像个人健康的其他方面一样,你是那个要对自己所吃食物的质量和数量以及每天的运动量负责的人。

减肥计划、减肥药和昂贵的减肥建议构成了一个数百亿美元的产业。它们都不具备长期的减肥效果,也不能让人长期保持健康。保持健康的体重只关乎每天摄入的能量与每天消耗的能量。身体能量是以卡路里为单位来衡量的,所有包装食品和加工食品上均标有卡路里含量。身体的能量需求取决于身高、体重、年龄和日常活动的程度。在活动和运动中消耗更多的卡路里,同时摄入更少的卡路里是减肥的可靠方法。年轻时超重的人,通常在一生中都超重。控制体重的时机就在你年轻的时候,因为你可以比年老时更积极地参与运动。想要感受一下当你超重时身体承受的压力,你可以在身前抱着一个10到15千克重的背包,然后整天带着它到处走。你可以选择拥有一个健康的体重。现在是开始健康饮食和锻炼身体的时候了。

重 点

- 大约2/3的美国人超重,他们有患各种疾病的风险,包括心脏病、2型糖尿病、高血压和胆囊疾病。
- 在美国,肥胖的定义是,体重超过特定身高建议体重的

- 20%（男性）和 30%（女性）或体重指数（BMI）≥ 30。
- 腰臀比低于 0.80（女性）或 0.95（男性）时，出现健康问题的可能性较小。
- 身体脂肪是由作用于大脑的神经和激素信号维持的，而大脑控制着饥饿感和饱腹感。许多生理、心理、社会和环境因素会影响大脑，从而影响体重。
- 除了缓解饥饿，人们还会因为其他原因而进食，比如社交、娱乐和减压。
- 成功的体重控制涉及改变饮食和运动习惯。

- 健康的体重相当于体重指数（BMI）在 18.50 到 24.99 之间。有很多方法可以达到健康的体重。节食不是其中之一。
- 心理咨询、手术和药物，可以帮助一些超重者减掉体内脂肪，保持健康的体重。
- 有 3 种主要的无效体重控制方案：身体裹敷、减肥药和节食计划。
- 3 种常见的进食障碍是，神经性厌食症、神经性贪食症和暴食障碍。

参考文献

American College Health Association. (2016a). *American College Health Association-National College Health Assessment II: Canadian Reference Group Data Report Spring 2016*. Hanover, MD: American College Health Association.

American College Health Association. (2016b). *American College Health Association-National College Health Assessment II: Undergraduate Student Reference Group Data Report Spring 2016*. Hanover, MD: American College Health Association.

Benton, D. (2015). Portion size: What we know and what we need to know. *Critical Reviews in Food Science and Nutrition, 55*, 988–1004.

Bjornsson, A. S., Didie, E. R., & Phillips, K. A. (2010). Body dysmorphic disorder. *Dialogues in Clinical Neuroscience, 12*, 221–232.

Boggiano, M. M. (2016). Palatable Eating Motives Scale in a college population: Distribution of scores and scores associated with greater BMI and binge-eating. *Eating Behaviors, 21*, 95–98.

Boggiano, M. M., et al. (2015). Real-time sampling of reasons for hedonic food consumption: Further validation of the Palatable Eating Motives Scale. *Frontiers in Psychology, 6*, 744. doi: 10.3389/fpsyg.2015.00744.

Boyland, E. J., & Halford, J. C. (2013). Television advertising and branding: Effects on eating behavior and food preferences in children. *Appetite, 62*, 236–241.

Burgess, E. E., et al. (2014). Profiling motives behind hedonic eating: Preliminary validation of the Palatable Eating Motives Scale. *Appetite, 72*, 66–72.

Chang, D. H., et al. (2014). The effectiveness and risks of bariatric surgery: An updated systematic review and meta-analysis, 2003–2012. *JAMA Surgery, 149*, 275–287.

Dansinger, M. I., et al. (2005). Comparison of the Atkins, Ornish, Weight Watchers, and Zone diets for weight loss and heart disease risk reduction. *Journal of the American Medical Association, 293*, 43–53.

Fleischhacker, S. E., et al. (2011). A systematic review of fast food access studies. *Obesity Reviews, 12*, e460–471.

Ford, E. S., & Dietz, W. H. (2013). Trends in energy intake among adults in the United States: findings from NHANES1–3. *American Journal of Clinical Nutrition, 97*, 848–853.

Frank, L. D., Andresen, M. A., & Schmid, T. L. (2004). Obesity relationships with community design, physical activity, and time spent in cars. *American Journal of Preventive Medicine, 27*, 87–96.

Harris, J. L., et al. (2016). *Snack FACTS 2015: Evaluating snack food nutrition and marketing to youth*. Storrs, CN: University of Connecticut Rudd Center for Food Policy and Obesity.

Higgins, P. A. T., & Higgins, M. (2005). A healthy reduction in oil consumption and carbon emissions. *Energy Policy, 33*, 1–4.

Janesick, A., & Blumberg, B. (2011). Minireview: PPARg as the target of obesogens. *Journal of Steroid Biochemistry and Molecular Biology, 127*, 4–8.

Jones, L. R., Wilson, C. I., & Wadden, T. A. (2007). Lifestyle modification in the treatment of obesity: An educational challenge and opportunity. *Clinical Pharmacology and Therapeutics, 81*, 776–779.

Joy, E., et al. (2016). 2016 update on eating disorders in athletes: A comprehensive narrative review with a focus on clinical assessment and management. *British Journal of Sports Medicine, 50*, 154–162.

Khera, R., et al. (2016). Association of pharmacological treatments for obesity with weight loss and adverse events. *Journal of the American Medical Association, 315*, 2424–2434.

Mokdad, A. H., et al. (2003). Prevalence of obesity, diabetes, and obesity-related health risk factors, 2001. *Journal of the American Medical Association, 289*(1), 76–79.

National Weight Control Registry. (2017). NWCR facts.

Ochner, C. N., et al. (2015). Treating obesity seriously: When recommendations for lifestyle change confront biological adaptations. *The Lancet Diabetes and Endocrinology, 3*, 232–234.

Partridge, S. R., et al. (2016). Poor quality of external validity reporting limits generalizability of overweight and/or obesity lifestyle prevention interventions in young adults: A systematic review. *Obesity Reviews, 16*, 13–31.

Ramage, S., et al. (2014). Healthy strategies for successful weight loss and weight maintenance: a systematic review. *Applied Physiology, Nutrition, and Metabolism, 39,* 1–20.

Rosenheck, R. (2008). Fast food consumption and increased caloric intake: A systematic review of a trajectory towards weight gain and obesity risk. *Obesity Reviews, 9,* 535–547.

Schroeder, R., et al. (2016). Treatment of adult obesity with bariatric surgery. *American Family Physician, 93,* 31–37.

Thackray, E. E., et al. (2016). Exercise, appetite and weight control: Are there differences between men and women? *Nutrients, 8,* 583.

Villablanca, P. A., et al. (2016). Nonexercise activity thermogenesis in obesity management. *Mayo Clinic Proceedings, 90,* 509–519.

Wadden, T. A., et al. (2014). Behavioral treatment of obesity in patients encountered in primary care settings: A systematic review. *Journal of the American Medical Association, 312,* 1779–1791.

World Health Organization. (2016). Overweight and obesity fact sheet.

Yu, Y.-H., et al. (2015). Metabolic vs. hedonic obesity: A conceptual distinction and its clinical implications. *Obesity Reviews, 16,* 234–247

推荐阅读

Bays, J. C. (2009). *Mindful eating: A guide to rediscovering a healthy and joyful relationship with food.* Boston: Shambhala Publications.

Bray, G. A., & Bouchard, C. (2014). *Handbook of obesity: Clinical applications.* London, UK: Informa Healthcare. Two experts provide up-to-date coverage of the range of subjects that make up the field of obesity research.

Gudzune, K. A., et al. (2015). Efficacy of commercial weightloss programs. *Annals of Internal Medicine, 162,* 501–512. Compares weight loss, adherence, and harms of commercial weight-loss programs versus professional behavioral and medical interventions.

Hoffman, J. (2012). *The weight of the nation: Surprising lessons about diets, food, and fat from the extraordinary series from HBO Documentary Films.* New York: St. Martins Press. Shows how our minds, our bodies, corporate America, farms, and society's overall love of food contribute to the obesity epidemic. Based on an HBO special series.

Ludwig, D. S., & Pollack, H. A. (2009). Obesity and the economy. *Journal of the American Medical Association, 301,* 533–535. Discusses how economic factors affect the prevalence of obesity in the United States.

Mitchison, D., & Hay, P. J. (2014). The epidemiology of eating disorders: Genetic, environmental, and societal factors. *Clinical Epidemiology, 17,* 89–97. Summarizes current research on the sociodemographic, environmental, and genetic correlates of eating disorders in adults.

National Eating Disorders Association. Provides programs and services for individuals and families that have encountered these illnesses.

Ornish, D. (2002). *Eat more, weigh less: Dr. Dean Ornish's Advantage Ten program for losing weight safely while eating abundantly.* New York: Quill. You can eat more and weigh less if you know what to eat.

Power, M. L., & Schulkin, J. (2013). *The evolution of obesity.* Baltimore: Johns Hopkins University Press. Discusses the influences of evolutionary biology, history, physiology, and medical science to explain the current obesity epidemic.

Wing, R. R., & Phelan, S. (2005). Long-term weight loss maintenance. *American Journal of Clinical Nutrition, 82,* 222S–225S. Describes how several thousand people lost 60 pounds or more and kept the weight off for years by engaging in high levels of physical activity (1 hour per day), eating a low-calorie, lowfat diet, eating breakfast regularly, self-monitoring weight, and maintaining a consistent eating pattern across weekdays and weekends.

Yu, Y.-H., et al. (2015). Metabolic vs. hedonic obesity: A conceptual distinction and its clinical implications. *Obesity Reviews, 16,* 234–247.

Zylke, J. D., & Bauchner, H. (2016). The unrelenting challenge of obesity. *Journal of the American Medical Association, 315,* 2277–2278. Points out that the obesity epidemic is 30 years on without any sign of relenting. Suggests that the food supply is a major cause of obesity and that food manufacturers and restaurants must become part of the conversation to turn around the obesity epidemic.

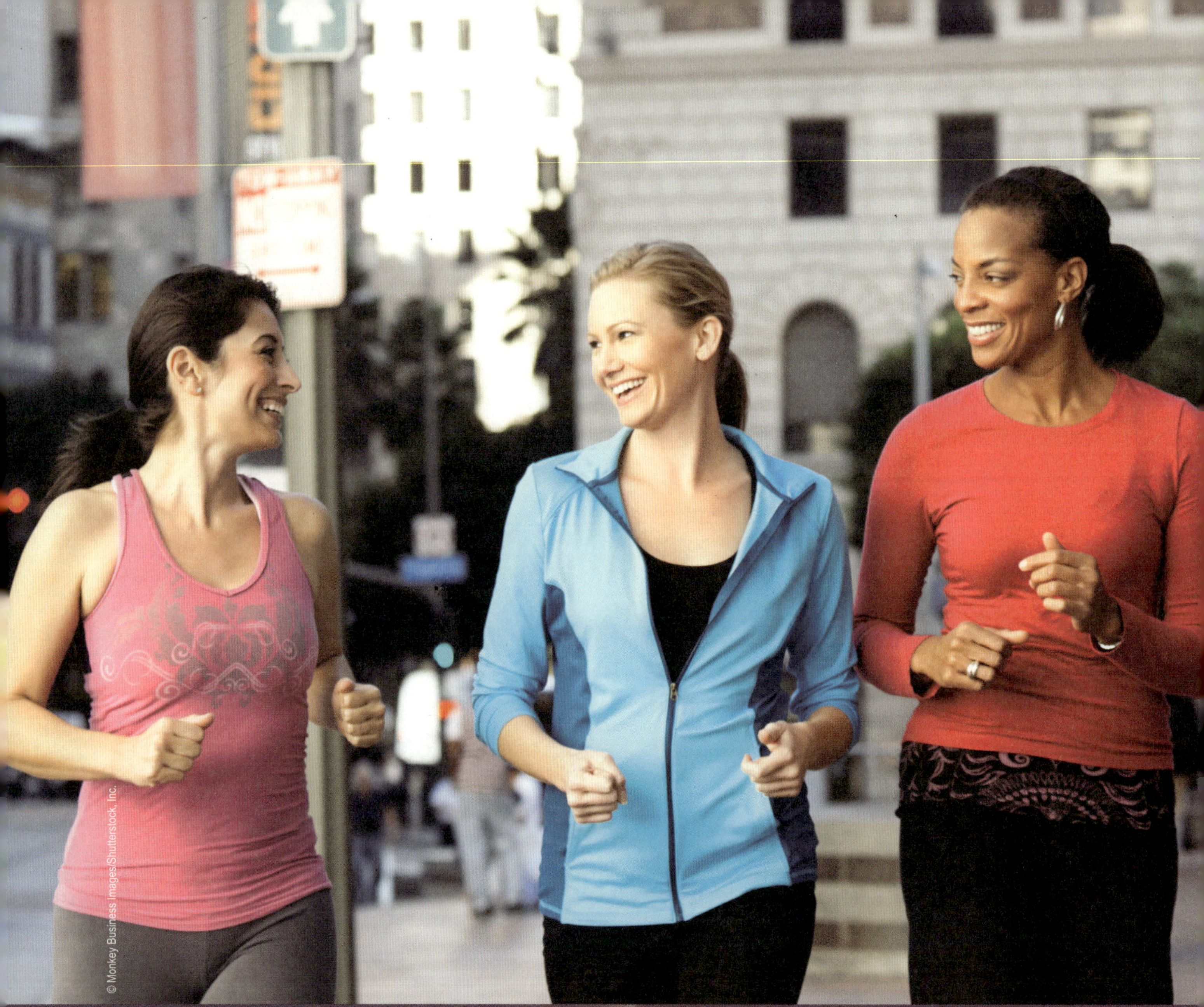

健康小贴士

将运动融入你的日常活动

重量训练的注意事项

平衡行走

体育运动和娱乐性身体活动中的水合状态

预防运动损伤

金钱与健康意识

购者自慎：运动补充剂的生意

健康指南

促进健康的经济激励措施

强身健体

运动损伤的急救：大米原则

第 7 章

促进健康的身体活动

学习目标

1. 列出人们身体活动太少的原因。
2. 描述以下四类身体活动：家务活、与工作相关的活动、闲时活动和基于表现的活动。
3. 解释三种不同的身体活动测量方法：每分钟消耗的卡路里、代谢当量（MET）和身体活动水平（PAL）。
4. 描述有益健康的身体活动水平。
5. 解释身体活动的六个组成部分：动机、心肺适能、身体力量、耐力、柔韧性和身体成分。
6. 描述将身体活动融入生活的指导原则。
7. 讨论表现增强物质的种类。
8. 定义过劳损伤。
9. 讨论在炎热和寒冷天气中的运动。

现代社会依赖大量的机器（以及电脑和控制它们的"智能"软件）来高效地执行诸多工业和经济流程。人们也依靠机器来更轻松地完成日常生活任务。

尽管这些节省劳力的机器把人们从繁重的体力劳动中解放了出来，但将它们融入现代生活却产生了一个无意的后果，那就是过少的身体活动增加了健康风险。久坐不动和身体活动不足会增加心脏病、超重、2型糖尿病、高血压、骨质疏松症、某些类型的癌症和早逝的风险（Centers for Disease Control and Prevention, 2017）。在美国，包括大学生在内的约50%的成年人，因身体活动不足而面临健康风险；全球60%的成年人因这一原因将自己的健康置于危险之中（Ladabaum et al., 2014）。研究表明，当人们每周消耗约1 000卡路里在身体活动上时——可以是任何活动，包括那些与工作有关的活动、完成日常生活任务以及娱乐活动——他们的健康状况最好（Simon, 2015）。

缺乏身体活动的生活方式，是人类历史上的一个新情况。人类在地球上生活了数万年，在其中99%的时间里，为了寻找食物、种植庄稼、饲养家禽和牲畜、寻找和搭建住所、抚养孩子以及保护自己的安全，成年人不得不走路、奔跑、提重物、弯腰、背东西。然而，从大约200年前开始，并在20世纪大大加速的是，人们开始使用机器来完成各种各样的活动（表7.1）。如今，北美的大多数劳动力所从事的工作，其涉及的身体活动要么是坐在办公桌前，要么是站在柜台后面，又或者是在应对他人的需求和要求时偶尔走几步路。

无论做何种工作，绝大多数美国人通勤都是坐在车里。此外，当他们到家后，即使他们有一点家务要做，许多人宁可看电视、玩电子游戏、网上冲浪或使用社交媒体，也不愿意动一动他们的身体（除了去冰箱里拿东西）。研究者认为，生活在现代工业化社会中的人每天完成生活任务所消耗的能量，几乎只有古代人类的一半（Booth, Chakravarthy, & Spangenburg, 2002）。

美国有大约一半的成年人将大部分的清醒时间花费在**久坐行为**（sedentary behavior；源自拉丁语sedere，意思是"坐"）上，比如每天在办公桌前坐8到10个小时（图7.1）。久坐行为的特点是，其能量消耗只略高于维持生命所需的能量，并且其减去基础代谢的净能量消耗甚至要少于每天短暂步行的净能量消耗。无论身体活动量如何，久坐行为都会增加超重、健康状况不佳和死亡的风险（Matthews et al., 2012）。每坐8个小时就进行1个小时中等强度的身体活动（如步行），可以抵消与长时间久坐行为

表7.1	20世纪导致身体活动减少的发明
年份	发明
1900	现代自动扶梯
1901	真空吸尘器
1903	莱特兄弟发明飞机
1906	第一辆马克牌卡车
1908	福特公司开始大规模生产销售T型小轿车
1923	冷冻食品
1925	电视机
1951	第一台商用计算机
1955	第一家麦当劳
1956	美国州际高速公路系统开始建设
1976	苹果家用电脑
1981	第一台IBM个人电脑
1990	万维网/互联网协议和语言创立

数据来源：Transportation Research Board, Institute of Medicine. (2005). *Does the built environment influence physical activity?* Washington, DC: National Academy of Sciences.

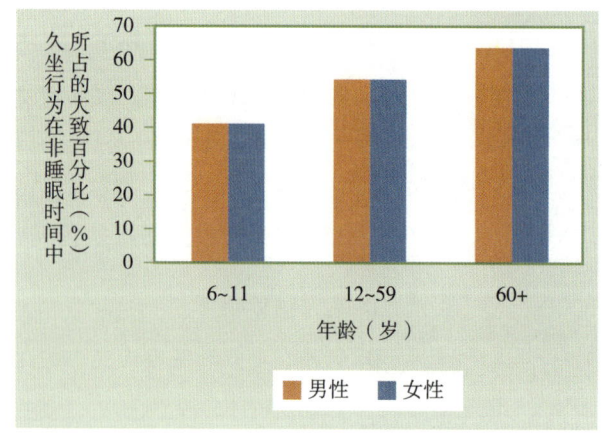

图7.1 各年龄组的美国人将非睡眠时间花费在久坐行为上的百分比

久坐行为包括坐着、躺着、站着或者极少的步行。

资料来源：Matthews, C.E., et al. (2008). Amount of time spent in sedentary behaviors in the United States, 2003–2004. *American Journal of Epidemiology, 167*, 875–881.

相关的大部分健康风险（Ekelund et al., 2016）。

因为认识到身体活动不足对健康有害，许多国家、社区、公共卫生组织、学校、宗教组织以及雇主和健康专家，正在设法鼓励人们多进行身体活动，如下所示：

- 美国政府、欧盟、世界卫生组织和其他政府机构已经把进行身体活动定为国家目标，并正在制定鼓励人们每天花30分钟从事某种身体活动的计划。
- 员工接受公司提供的培训，并在工作时间进行各种类型的身体活动。
- 新住宅开发按规定须配备宜人的公共空间、公园、步道和自行车道，并且要临近公共交通和购物场所，以尽量减少开车。
- 通过以下方法鼓励员工在工作时间步行：把停车场设在离办公楼有一定距离的地方、发给员工计步器或给他们安装健身软件、把电梯调到慢行以鼓励员工走楼梯，以及将楼梯拓宽并铺上地毯、刷上鲜艳的油漆，并配上音乐和落地窗。
- 社区为学龄儿童和成年人指定并维护"安全步行"路线。
- 学院、大学、教堂和其他组织提供鼓励步行和其他类型身体活动的项目。

身体活动的定义

身体活动是你在不静坐或平躺的时候做的任何事情，从点击电脑鼠标到跑马拉松。在美国人和发行为改变的方法。上述虚构项目来自宾夕法尼亚大学佩雷尔曼医学院的研究人员所进行的类似设计的真实实验（Patel et al., 2016）。结果如图所示。从图中的数据来看，哪一种激励方案是最有力的？是你选择的那个吗？你能解释一下这一结果吗？

促进健康的经济激励措施

想象如下场景。你的雇主希望员工通过更积极地锻炼变得更加健康。所以，公司打算花钱让员工每天走7 000步。步数通过一个智能手机应用程序进行统计。每个人的总步数都会传输到该项目的锻炼中心数据库中并进行记录。参与者报名即可获得25美元。他们每月能因参与该项目获得20美元以及来自步行的其他收入，奖励随月工资发放。你的雇主提供了3种激励方案。你会选择哪种？

行为经济学家和健康专家正在试验各种激励健康

走就有钱	双冠王	不走扣钱
每有一天走够7 000步，你就可以得到2美元。	每有一天走够7 000步，你就可以收到00到99之间的彩票号码。每天都会抽取一个中奖号码。如果有一个数字和中奖号码匹配，你可以得到5美元，如果两个数字均和中奖号码匹配，可以得到50美元（即使你没有赢钱，你的健康状况也会因走路而提高）。	在每月的第一天收到60美元的额度。每有一天未达到7 000步的要求，就扣除2美元。

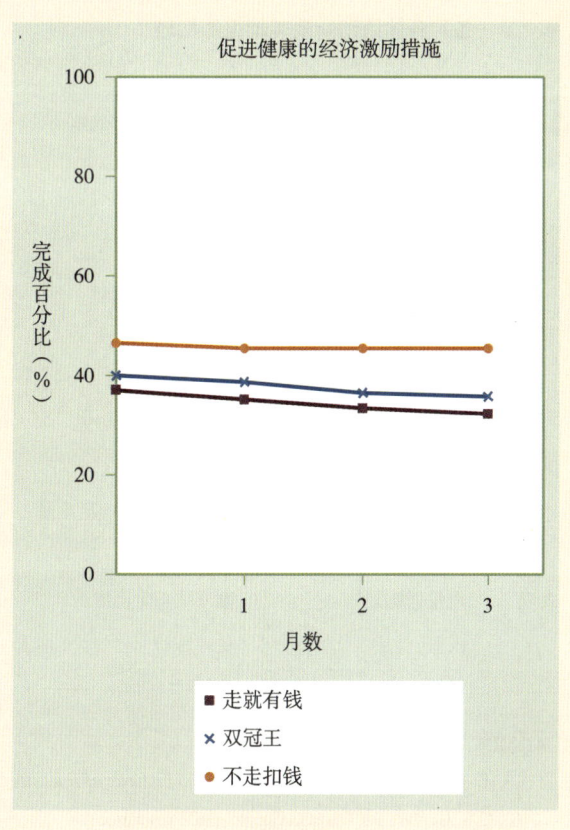

促进健康的经济激励措施

达国家的居民中,身体活动发生在下列场景(**表7.2**):

- 做家务活,比如清洗地板、陪伴和照顾孩子以及做园艺;
- 与工作相关的活动,例如从办公桌走到电梯、在餐馆当服务员或在建筑工地工作;
- 闲时活动,如散步或从事娱乐性运动,如跳舞、跑步、游泳或网球;
- 基于技能的表现活动,例如锻炼身体(或特定的身体区域),以便在特定的活动或运动中表现出色。

身体活动在科学上是根据人体产生运动所消耗的能量值来定义的。当与骨骼相连的肌肉利用源自食物的能量来缩短(向心收缩)或延长(离心收缩)时,就会发生运动。当肌肉缩短或延长时,它们所连接的骨头就会运动,而同时你也会运动(**图7.2**)。

运动所需的能量主要来自碳水化合物和脂肪——偶尔来自蛋白质中的氨基酸,但不会来自维生素和矿物质——人体从食物中获取它们,并可以将之存储到需要使用时。1克碳水化合物和蛋白质含有4

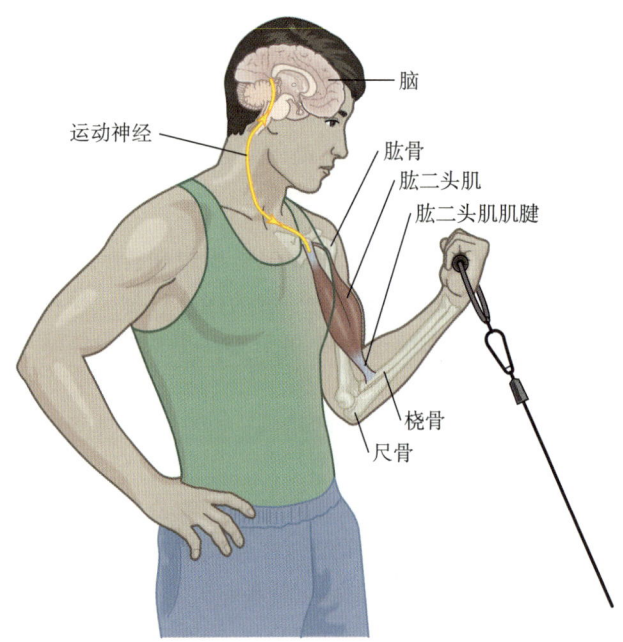

图7.2　人体的运动系统

人体的运动系统由肌肉、骨骼、肌腱(将肌肉连接到骨骼上)和韧带(将骨骼连接在一起)组成。当大脑通过连接特定肌肉的特定神经发出信号时,运动就发生了。如果神经信号指引肌肉缩短,那么它所连接的两块骨骼就会相互靠近。如果神经信号指引肌肉延长,那么它所连接的两块骨骼就会相互远离。

卡路里的能量,1克脂肪则含有9卡路里的能量。无论有无氧气的参与,人体都可以从食物中获取能量。氧气不参与的能量生产被称为**无氧的**(anaerobic);氧气参与的能量生产被称为**有氧的**(aerobic)。与氧气不参与的能量生产相比,氧气参与的能量生产效率要高出近20倍,这是你之所以呼吸的主要原因。

氧化(oxidation)是指代氧气参与的能量生产过程的化学术语。燃烧是氧化过程的另一个名称。当生物材料在火中燃烧时,氧化将产生非常少的有用能量和相当多的热量。当碳水化合物和脂肪在细胞中燃烧时,氧化受到控制,以便获取能量来做有用功,并将作为热量损失的能量降到最低。所以当你听到"燃烧卡路里"这个短语时,它的意思是提取能量来为细胞过程供能,而不是用火来融化脂肪。

神经系统通过向肌肉发出收缩信号来控制运动。有些运动是反射性的,这意味着它们不需要有意识的决定。例如,当你快速地把手从热炉子上移开的时候。自主运动(也称随意运动,例如踢球)则涉及大脑中的决策中枢和运动控制中枢,它们向特定的肌肉发送神经信号,从而产生运动。

表7.2	各种身体活动所消耗能量的比较	
场景	中等强度 (4~7卡路里/分钟, 3~6MET)	高强度 (7+卡路里/分钟, 6+MET)
家务	做园艺	铲雪
	擦地板	推割草机
	抱小孩	与小孩积极玩耍
工作	用电锯锯木头	用手锯锯硬木头
	餐厅服务	救火
	打包箱子	给卡车装货/卸货
闲时	每小时走4.8~6.4千米	慢跑/跑步
	瑜伽	循环式重量训练
	跳舞(多种)	网球(单打)
表现	重量训练	循环式重量训练
	投篮	足球练习
	滑板运动	长跑

注:MET=代谢当量

资料来源:*General Physical Activities Defined by Level of Intensity* (2010). U.S. Centers for Disease Control and Prevention.

网球是各年龄段人群进行锻炼的极好形式。

身体活动以每分钟消耗的卡路里、代谢当量或身体活动水平来衡量,如下所示:

- 每分钟消耗的卡路里。营养或运动卡路里的科学定义是,与将1千克水从15.5℃提高到16.5℃所需热量相当的能量。肌肉不使用热量作为能量来源;能量是通过化学反应从肌肉细胞内的碳水化合物和脂肪中提取出来的,并直接提供给产生运动的组织。1卡路里可以为大约25步的步行提供能量。表7.2列出了各种身体活动所消耗的能量。
- 代谢当量。**代谢当量**(metabolic equivalent, MET)是指身体每分钟消耗的能量相较于静坐或平躺时每分钟消耗能量的倍数。后者被定义为1MET。对于中等体型的人来说,1MET大约是1.2卡路里。中等强度的身体活动使用3到6 MET,高强度的身体活动使用6MET以上(见表7.2)。
- 身体活动水平。**身体活动水平**(physical activity level, PAL)是每日消耗的总能量与基础代谢所消耗能量的比值,后者是维持生命基本功能(即心跳、呼吸、肾功能和脑功能等)所需的能量。如果一个人的PAL值小于1.4,可以认为他是久坐不动的。也就是说,他每天为各种形式的活动所消耗的总能量小于基础代谢所消耗能量的1.4倍。PAL值在1.4到1.7之间表明身体活动处于中等水平。PAL值大于1.7表示身体活动处于高水平(图7.3)。

任何活动都可以按照以下维度(FITT)进行讨论。

- 频率(frequency):活动多久发生一次。
- 强度(intensity):活动所需要的能量。
- 时间(time):活动持续了多久。
- 类型或模式(type or mode):活动的种类。

例如,你可以每周3次(频率),以每分钟消耗4卡路里的速度(强度),走(类型)10分钟(时间)到一间特定的教室。因此,每次步行去上课都要消耗40卡路里的能量,每周大约消耗120卡路里(10分钟×4卡路里/分钟×3次)。

促进健康的身体活动

20世纪50年代,一项关于身体活动与健康关系的开拓性研究发现,在伦敦,与双层巴士的司机相比,患心脏病的售票员人数要少30%。原因是售票员比司机走动更多,他们拿着乘客的票,不停地在巴士各层之间走动。从那时起,数千项研究证实,无论

将运动融入你的日常活动

- 在学校或职场,通过散步或在桌子旁做运动来进行课(工)间休息,而不是吃东西。如果你喜欢社交,那就和朋友边散步边聊天吧。
- 边看电视边锻炼(例如,举哑铃、骑动感单车、使用跑步机或楼梯训练机,或者做伸展运动)。

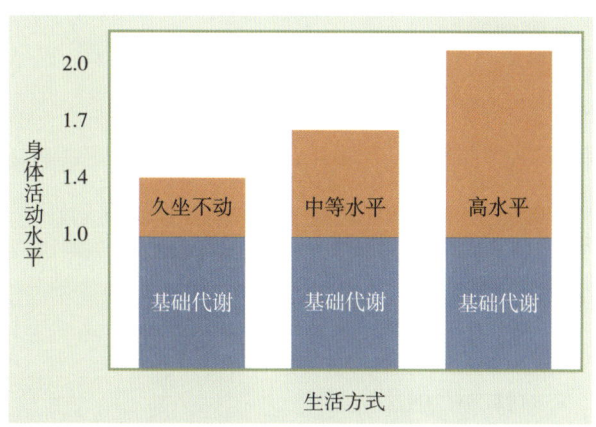

图7.3 身体活动水平

身体活动水平是指每日消耗的总能量与基础代谢所消耗能量的比值,后者是维持生命基本功能所需的能量。

吸烟状况、体重以及其他与健康有关的特征如何，身体活动都对健康有益。

中等水平的日常身体活动，无论是做家务、与工作有关的活动、闲时活动，还是提升表现的活动，都能抵消不活动和久坐的有害影响，并在多个方面促进健康与幸福（表 7.3）。中等水平的身体活动所消耗的能量，是基础代谢所需能量的 1.4~1.7 倍。对大多数人来说，这相当于每天活动的净能量消耗为 120 到 300 卡路里，或每周约 600 到 1 500 卡路里（图 7.4）。

科学研究发现，中等水平的身体活动有益于健康，这与健身俱乐部、健身器材、膳食补充剂、时尚行业以及宣传它们的广告、流行杂志和电视商业信息节目的说辞形成了鲜明的对比。这些商业利益集团想让人们相信，促进健康的身体活动需要花费大量的时间，配备专门的设备和服装，付出艰辛的努力，并流很多的汗，才能获得苗条、健康的身材（对于男性来说则是肌肉高度发达的身材）。但这样的外表比起真人更像是经过电脑美化后的图像。要想获得健康，既不必像奥林匹克运动员那样跑步，也不必看起来像是健身广告里的模特。

要获得中等水平的身体活动，一个有效方法是，在一周的大多数日子里，快步走 30 到 45 分钟（图 7.4）。你步行的速度应该是这样的：心跳和呼吸的频率稍微增加，但不要增加到使你无法在步行时交谈的程度；对大多数人来说，这一速度大约是每小时 4.8 到 6.4 千米。此外，你应该会体验到**相对主观用力程度**（relative perceived exertion）的轻微或适度增加。相对主观用力程度是指你对运动做出反应的觉知（对自己投入精力和肌肉用力程度、呼吸频率以及身体和皮肤温度的感觉）。

虽然与在跑步机上跑步相比，步行似乎平淡无奇，但它对健康非常有益（Kelly et al., 2014）。步行能强化心脏肌肉和骨骼肌，提高呼吸能力，清理思绪使内心平静，减轻压力，消耗卡路里（维持体重），并且基本不会导致受伤。除了一双合适的鞋子，步行并不需要专门的衣服和装备，而且只需要事先做

表 7.3　身体活动对健康的益处

- 将来自身体活动的美好感受和快乐带入生活。
- 提高有效应对压力的能力。
- 增加日常活动中的耐力，并减少疲劳。
- 延长寿命。
- 增强心肌。
- 降低心率。
- 增加流向心脏的血液。
- 维持正常血压，降低高血压。
- 增加血液中高密度脂蛋白（好）胆固醇的水平。
- 降低血液中低密度脂蛋白（坏）胆固醇的水平。
- 降低血液中甘油三酯（脂肪）的水平。
- 增强免疫力，从而降低患普通感冒和其他感染病的风险。
- 改善睡眠。
- 保持健康的体重。
- 改善对食物的选择。
- 增加骨量，降低患骨质疏松症的风险。
- 预防和减轻慢性腰痛。
- 减少对吸烟、饮酒和吸毒的渴求。
- 减轻抑郁。
- 增强自我意识、自尊和创造力。

- 将车停在离目的地步行 10 到 15 分钟的地方。
- 在打电话的同时原地踏步。
- 每次电视播放广告的时候，原地踏步。
- 桌子/椅子俯卧撑：站立；双手放在桌子或椅背上；做 10 个俯卧撑。
- 在手机上设置计时器：伏案工作或学习时，每小时至少起来活动或拉伸 3 到 4 分钟。
- 椅子"着火了"：坐在椅子边上；站起来；坐下然后立即站起来（椅子"着火了"！）；重复做 10 次。
- 在休息和午餐时间散步。不要吃完饭就坐着不动。
- 举行步行会议。在演讲或参加网络研讨会时站着。
- 走楼梯，不坐电梯。
- 走最长的路线去洗手间，即使这意味着你必须去另一层。
- 走最长的路线到零食区或餐厅。
- 在等待复印机、微波炉或传真机等设备完成工作时，做半抬腿，将膝盖和小腿抬高。
- 伏案工作或学习、看电视时，使用阻力带进行力量或拉伸锻炼。
- 无论你何时从桌子前站起来，都原地踏步或慢跑 2 分钟。
- 桌前舞蹈。让你的脚、手臂和肩膀随着你播放列表中喜爱的歌曲舞动。
- 记录锻炼日志，让你专注锻炼。
- 和朋友边散步边聊天，让运动更有趣。
- 听有声读物来让运动更有趣。
- 遛狗。

图 7.4　在你的生活中增添些许活动

资料来源：University of California, Riverside MoveMore.

一点准备，就可以在任何繁忙的日程中进行。你可以把总步行时间分成几个小的部分，这样也能获得相同的健康收益。走楼梯而不是坐电梯；把车停在距目的地步行 10 分钟的地方，然后走过去；一天去遛两次狗（它将永远感激你）；与朋友、家人或配偶边走边聊（既有益于维持关系又有趣）；养成边走边打电话而不是坐着打电话的习惯。

许多人发现，用**计步器**（pedometer）或手机应用程序统计每天的步数，有助于让他们更专注于走路（Bravata et al., 2007）。一个中等体型的人走 1 千米要用大约 1 250 步。健康专家们建议，一个人每天在所有的活动中需要总共走 10 000 步，如果可能的话走 15 000 步；记录步数日记，不仅要记录你走了多少步，还要记录阻止你达到目标步数的所有障碍。

喜欢高强度身体活动（如跑步、游泳、网球单打）的人，应每周至少运动 3 天，每次 20 分钟。高强度活动的 MET 值在 6 以上。它们每分钟消耗 7 卡路里或更多的能量，让你呼吸困难并出汗，而且强度大到让你不能一边运动一边轻松地与他人交谈。

与中等水平的身体活动相比，高水平的身体活动对心脏健康和寿命的益处略高（Bouchard et al., 2015）（**图 7.5**）。然而，它也带来了更高的身体损伤和心理倦怠的风险，二者都可能会减少数周甚至数月的活动。

除了对健康有直接影响外，中等水平和高水平的身体活动都可以为你提供时间和注意力。许多人对学校、职场和家庭的要求感到不堪重负。仅仅在一周的几天时间里每天运动数分钟，就能给你一个放松、反思和畅想的机会。此外，身体活动可以减轻压力、焦虑和抑郁，改善心理功能，并通过诱导大脑的健康变化，促进工作绩效的提高（Sale et al., 2014）。

身体活动对心理的益处

除了许多生理益处外，身体活动还可以促进心理健康。研究表明，中等水平的身体活动可以减轻压力、焦虑和抑郁，改善睡眠和心理功能，并有助于提高工作绩效和学业成绩（Chu et al., 2014）。这些效果被认为与以下因素有关：脑内的代谢水平和血流量增加，氧合作用增强；与警觉性（去甲肾上腺素）、快乐和奖赏（多巴胺）、欣快、幸福感以及疼痛敏感

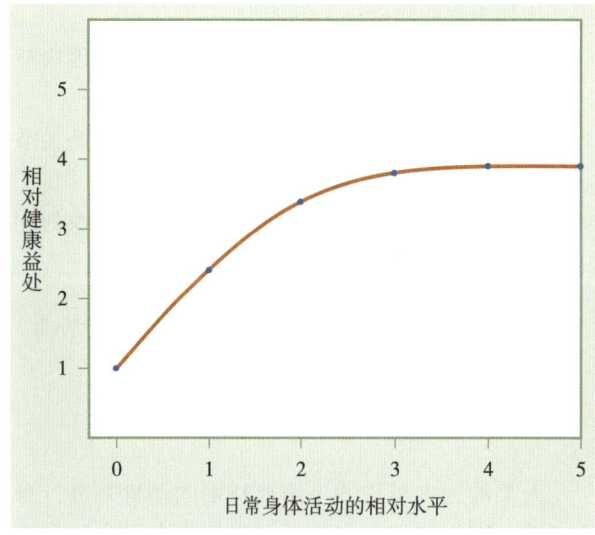

图 7.5　身体活动对健康的相对益处

该图是许多研究的合成图。这些研究证实了身体活动对健康的积极影响。注意，该图不是线性的。从几乎没有身体活动转变为低到中等水平的身体活动带来的好处最大。高水平的身体活动并不能带来与之相匹配的健康益处。健康益处包括心血管疾病、癌症、高血压和 2 型糖尿病的发病率和死亡率降低。每一水平的身体活动（如散步、跑步、骑车）相当于每周活动的净能量消耗在 500 到 1 000 卡路里之间。

资料来源：Bouchard, C., et al. (2015). Less sitting, more physical activity, or higher fitness? *Mayo Clinic Proceedings, 90*, 1533–1540.

性降低（内啡肽、脑啡肽和内源性大麻素）相关的神经递质的变化；影响脑内特定神经元的生长因子的变化（Portugal et al., 2013）。身体活动还可以促进放松的专注体验、有规律的呼吸节奏和自我觉知的提高。这些结果类似于冥想和瑜伽。

身体活动对心理健康的另一个益处源于在大多数日子里，你能从生活中的其他活动和责任中抽身出来，将时间投入到自己喜欢的事情上。

身体活动的组成部分

尽管是你的整个身体在对运动做出反应，但我们还是能识别出身体活动的六个组成部分。

1. **动机**：将注意力和精力集中在运动上的意愿。
2. **心肺适能**：身体在持续、费力的身体活动中，高效获取并利用能量和氧气的能力。
3. **身体力量**：举起或移动物体（包括你的身体，

比如走路或爬楼梯）的能力。
4. 耐力：移动物体（包括你自己）而不会很快疲劳的能力。
5. 柔韧性：在关节的解剖学活动范围内移动关节（两块骨头的连接处）的能力。
6. 身体成分：身体内水、骨骼、脂肪和组织的相对含量。

下面将讨论这六个组成部分和促进它们的活动。

动　机

人类的远古祖先并不需要特别的动机来进行身体活动。因为他们不得不活动身体来获取食物和避免环境中的危险，饥饿和恐惧为身体活动提供了足够的动力。大多数现代人不需要太多的日常活动，就能吃饱并获得安全。事实上，许多职业几乎不需要什么运动。因此，为了获得身体活动对健康的益处，必须有其他动机参与进来，具体包括：

- 有报酬，比如参加雇主赞助的健身班；
- 渴望健康；
- 想要自己"看起来不错"；
- 在进行身体活动时享受社交；
- 完成个人目标，如减肥、爬山、长跑或骑自行车 80 千米。

不管动机如何，重要的是，个体所选择的身体活动应当是令人愉快的或至少不令人反感。做有趣的活动，可以促使人们继续下去。然而，如果你做的事情并不令人愉快，你就不会坚持很长时间。这可能意味着，你需要尝试多种不同类型的活动，以求找到那些可能会成为你生活常规一部分的活动。这还可能意味着要从事不止一项活动来打破单调和无聊。**交叉训练**（cross-training）是指将一项以上的活动纳入你的日常活动计划。例如，每周散步 4 天，做力量训练或骑车 2 天（休息 1 天）。

此外，重要的是要认识到，阻碍个体实现运动目标的障碍经常会出现。不论你的动机和投入水平如何，都可能有数周乃至数月的时间，你难以达到自己想要的身体活动水平：也许是你生病或受伤了；也许是你的日程很紧，除了工作似乎没有时间做其他事；也许是你对以前的活动失去了兴趣。在这种时候，重要的是不要灰心丧气，以致放弃在生活中进行身体活动的想法。要认识到障碍总会出现，但终将过去。当障碍过去后，你可以恢复自己想要的活动，或者用更好的活动来代替它们。

心肺适能

心肺适能（cardiorespiratory fitness）是指身体能够提供足够的能量（碳水化合物、脂肪酸和氧气）来进行持续、费力的身体活动的程度。换句话说，就是一个人"身体强健"的程度。运动生理学家们用人体在身体活动中所能利用的最大氧气量即最大摄氧量（VO_2 max）来定义心肺适能。研究表明，较高的心肺适能水平（由最大摄氧量定义）与较低的死于心血管疾病的风险相关（DeFina et al., 2015）。目前尚不清楚，高水平心肺适能如何降低患心脏病的风险。一种说法是，它可以降低血液中总胆固醇、坏胆固醇和甘油三酯的水平，而这些都是心脏病的诱因。一般来说，心肺适能好的话，静息心率相对也低。

由于现代生活方式不需要人们在完成日常生活任务时进行高强度的身体活动，所以要达到高水平的心肺适能，需要有计划地进行持续的、高强度的、剧烈的活动，即**有氧训练**（aerobic training），也就是很多人所说的健身锻炼（working out）。

有氧训练

英文单词 aerobic（有氧的）中的 aero 源于希腊语，意为"空气"。当涉及身体活动时，

- 有氧意味着需要氧气。
- 有氧运动是任何一种需要身体比日常活动消耗更多氧气的活动。
- 有氧能力是个体能够进行有氧运动的程度。
- 有氧训练是指定期进行有氧运动，以增加身体在给定时间内能够处理的氧气量。有氧训练要求心肺比平时更加努力地工作来为运动中的肌肉提供氧气。通过这种方式，心肺在运动和休息时获取氧气和向身体输送氧气的效率都会提高。

当有氧训练进行了一段时间后，心脏、肺和肌肉由此产生的生理变化被称为**训练效果**（training effect），也就是人们常说的"身体强健"状态。你可

以在运动时使心率增加到理论最大值的 60% 到 80% 之间，以产生训练效果。这一心率叫作**目标心率**（target heart rate）。你可以按以下步骤确定你的目标心率：

- 计算你的理论最大心率，用 220 减去你的年龄。
- 将最大心率乘以 60% 和 80%，确定目标心率的下限和上限，称为目标区间、目标心率区间，或"心率达标区间"。

以一个 20 岁的人为例，他的最大心率为 200（220 – 20）次/分钟，目标区间的下限和上限分别为 120（60%×200）和 160（80%×200）次/分钟（见表 7.4）。

每周运动 3 到 4 天就足以产生训练效果。对于身体已经很好的人来说，每周 2 天就足够了。每周锻炼 1 天对提高心肺适能没什么帮助，反而可能增加受伤的风险。此外，每周锻炼 5 天以上对进一步提高心肺适能几乎没有什么帮助。它确实消耗卡路里，但也使人容易受伤。

一次有氧运动应该从大约 10 分钟的热身活动开始。在此期间，心率逐渐增加（图 7.6）。随着活动强度的增加，个体达到目标区间心率并保持 20 到 30 分钟。随后是冷身。在此期间，心率恢复到运动前

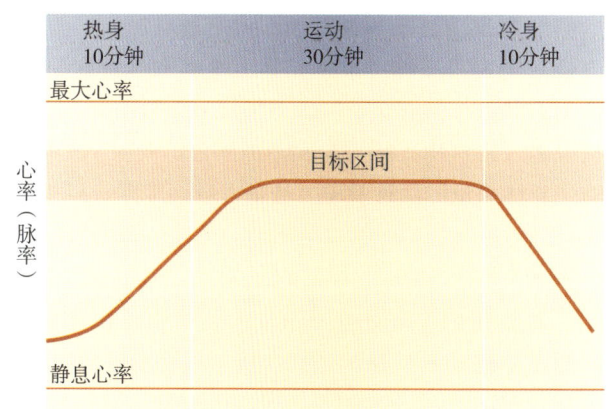

图 7.6　一次典型有氧运动的心率模式
上图为热身、有氧运动和冷身时的心率。

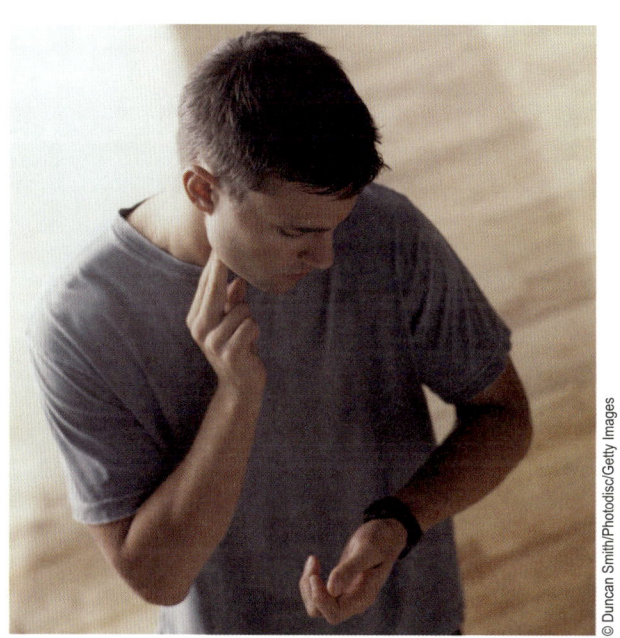

图 7.7　测量你的心率
将食指和中指放在另一只手拇指下方约 3 厘米的手腕处，或者喉咙（喉结）的一侧，用力按压直到你感觉到脉搏，数 15 秒内心脏跳动的次数，再乘以 4 便能得到每分钟的心跳次数（心率）。

表 7.4　基于年龄预估的最大和目标心率
计算心率的方法是，运动后立即测量脉搏 15 秒，再乘以 4。如果心率在你的目标心率区间内，你就可以获得最佳的训练效果。如果低于目标区间，那就增加运动强度。如果超过了最大值，那么在锻炼时要放松，并逐渐增加强度。

年龄（岁）	预估最大心率（次/分钟）	目标心率区间（次/分钟）
20	200	120~160
25	200	117~156
30	194	114~152
35	188	111~148
40	182	108~144
45	176	105~140
50	171	102~136
55	165	99~132
60	159	96~128
65	153	93~124

的水平。你可以通过心率监测器（一个绑在胸部或手腕上的装置）或者通过数手腕动脉或颈动脉的心跳来获得你的心率（图 7.7）。

身体力量

身体力量是单块肌肉或肌肉群移动物体（包括你的身体）的能力。尽管它经常让人联想到肌肉发

达的健美运动员举重的画面，但对健康而言，身体力量只需要很小的（或不需要）体型和举重能力的变化。其目标是有足够的力量完成日常任务（工作、提包裹、爬楼梯、铲雪）和参加体育运动而不受伤。增强身体力量的两种常见方法是力量训练和普拉提。

力量训练

力量训练（strength training，也称作抗阻训练）包括重复移动单块肌肉或肌肉群对抗阻力来增强肌肉和骨骼的力量，这种阻力通常由杠铃、哑铃和健身器械等重物施加，还可以通过推一个固定的物体[**等长训练**（isometric training）]来实现。力量训练的一些好处包括：

- 增强日常活动中的抗疲劳能力；
- 强身健体；
- 预防和修复骨科（肌肉骨骼）损伤；
- 减少身体脂肪；
- 增加基础代谢率；
- 降低血压；
- 降低患心血管疾病的风险；
- 减轻腰痛。

许多人认为，力量训练的目标是大幅增加身体肌肉的块头。这是媒体（以及销售膳食补充剂和运动器械的广告）呈现给大众的一种形象，它将肌肉发达的

重量训练的注意事项

应当

- 尝试大重量推举时，请人在旁帮忙看护。
- 举重时保持背部挺直。
- 使用正确的举重技术。
- 穿抓地力好的鞋子。
- 使用状况良好的设备。
- 遵守安全规则。

不应当

- 呼吸急促或屏住呼吸——在推举的时候呼气。
- 感到疼痛时仍继续；对疼痛部位进行冰敷。
- 感到头晕时仍继续举重。
- 每周锻炼同一组肌肉超过 3 次。
- 为举起更重的重量而采用不正确的技巧。

身体理想化为吸引力的标志。许多男性认为，宽大、肌肉发达的身体定义了男子气概。然而，从健康的角度来看，力量训练的目标是更强壮的肌肉，但不一定是更大块的肌肉。为了健康而进行的力量训练，意味着有力量不受阻碍地参与日常生活活动，并且有能力在一段时间内移动肌肉（耐力）。增大肌肉块头的力量训练是一项非常专业的活动（健美运动）。

对于目标是健康和健身的力量训练，美国运动医学会向健康的成年人提供了如下建议：

- 每周遵循特定的活动计划（锻炼）2 到 3 次。
- 每次锻炼完成 8 到 10 个抗阻动作。
- 锻炼所有主要的肌肉群。
- 每个动作重复 8 到 12 次。
- 使用适当的重量，使训练者能够完成想要的训练次数。
- 运动时正常呼吸。
- 让单块肌肉或肌肉群进行完整幅度的活动。
- 运动前热身，运动后冷身。

虽然健身房和健身俱乐部能提供各种各样的力量训练设备，但人们只需要几个 2.5 或 5 千克的哑铃和一个简单的训练程序，就可以从力量训练中获得可观的健康收益。

在力量训练中，可以逐步增加训练的时间、强度以及所移动物体的重量。肌肉力量是通过每组少次移动重物来建立的，而耐力是通过多次重复移动较轻的重物来建立的。此外，在一个长期的训练计划中，重复次数、组数、重量和其他训练变量都应该有所不同（称为周期化）。为了避免受伤（参见健康小贴士专栏"重量训练的注意事项"），在制订力量训练计划时获得专业帮助，并在力量训练方法方面获得专业指导，是极为重要的。

与大多数有氧运动相比，力量训练只能轻微改善心肺适能。花在锻炼上的时间不足以使心率增加足够长的时间，以产生训练效果。在力量训练中消耗的能量大约是每分钟 4 卡路里，几乎与以舒适的速度散步或游泳时消耗的能量相同。

与力量训练有关的一个常见的传言是，摄入高蛋白食物和专门的维生素补充剂会增加肌肉的重量。这种说法是不正确的。肌肉组织对运动有反应，而不是对食物有反应。在渐进式力量训练方案中，构建新肌肉组织所需的足量蛋白质从均衡的饮食中就能获得。过量的蛋白质和维生素只会被排出体外。

普拉提

普拉提（Pilates）是一种广泛使用的身体调理方法，由约瑟夫·普拉提（Joseph H. Pilates）在20世纪20年代创建。1880年，普拉提出生于德国，小时候体弱，患有哮喘和佝偻病。但是，他决心要变得强壮。第一次世界大战期间，他由于德国国籍而被拘留在英国。在英国期间，他成为一名护士，并开始为活动受限的住院患者设计运动器材。这些器械和配套动作成为他的身体调理和强化方法的基础。1926年，他搬到纽约，开设了自己的第一家普拉提工作室。他开发的健美和健身方案在世界各地被舞蹈家、演员、健身爱好者、运动队、休闲健身中心广泛使用。玛莎·格雷厄姆和乔治·巴兰钦等舞蹈家是第一批采用他的健身技术的人。如今，他所创建的各种动作得到了教练、培训师、理疗师、推拿师和其他相关人士的推荐。

普拉提包括数百种拉伸和强化动作。这些动作是在一个垫子上进行的，垫子上有（也可以没有）普拉提环以及其他用来辅助强化肌肉的装置。许多动作的目的是增强背部、腹部和臀部力量。普拉提认为，这些区域是力量的核心和良好姿势的基础。和瑜伽一样，普拉提强调的是心理、身体和精神的平衡。普拉提提倡，在做每一个动作时高度集中注意力，要做到精确且有觉知，而不是同一动作重复多次。普拉提的各种动作虽然是很多年前创建的，但仍被广泛用于增强力量、提升表现以及全身调理。

耐　力

耐力（endurance）是指移动物体（包括你自己在内）而不会很快感到疲劳的能力。耐力是心肺适能、力量和动机的结合。耐力的心肺适能方面，是指身体获取并利用氧气、碳水化合物和脂肪来为长时间的运动提供能量的能力。耐力的力量方面，是指拥有足够强壮的肌肉，可以在不受伤的情况下进行长时间的活动。耐力的动机方面，是指即使你感到疲劳也要坚持进行某项活动的意愿。

耐力是通过超越先前的身体活动极限来提高的。这样，心、肺、肌肉以及能量供应与利用系统的解剖结构和生理机能，还有你对自身坚持能力的预期，就会逐渐适应长时间活动的挑战。耐力训练一般包括有氧训练和力量训练活动。

柔韧性

柔韧性（flexibility）是指你可以旋转、弯曲和扭转身体的某一部位的程度。旋转、弯曲和扭转发生在骨头相接的地方，这个解剖学结构被称为关节。例如，你的肘部是两根前臂骨与上臂骨相连的关节，使你可以弯曲手臂。想象一下，如果你没有肘关节，手臂运动将会多么困难。

关节由韧带和肌腱连接在一起，韧带和肌腱是弹性结缔组织纤维束。柔韧性是由关节的结缔组织和相关肌肉的柔韧性决定的。每个关节都有一个**活动范围**（range of motion），即关节的解剖结构所允许的旋转、弯曲或扭转的幅度。良好的柔韧性是指能够在整个活动范围内移动关节。良好的柔韧性对健康有以下益处：

- 减少体力劳动的耗力度，比如提起包裹或弯腰捡东西时更轻松。
- 促进良好的平衡，这有助于提高活动能力，降低跌倒的风险。
- 减少由压力引起的身体和精神紧张。
- 降低腰痛的风险。

普拉提可以强化核心肌肉。

- 减少运动相关的酸痛。
- 促进血液流向肌肉。
- 减少运动相关损伤的风险。

关节处的活动可以增加其柔韧性，缺乏活动则会减少柔韧性。这是人们在运动后感到"松快"的原因之一，而久坐不动的人，往往会感到浑身僵硬且难以弯曲。特定关节的柔韧性可以通过特定的拉伸动作来增强（图 7.8）。每个关节的柔韧性都独立于其他关节。也就是说，你的某个关节可以比其他关节更灵活。接下来讨论的活动，如瑜伽和太极拳，有助于同时增加许多关节的柔韧性。

瑜伽

瑜伽（yoga）是数千年前在印度形成的一套运动体系。它的目的是使个体的身心合一。yoga 这个词的意思是结合在一起。在几种不同类型的瑜伽中，最常见的是哈他瑜伽，它利用身体姿势（称为瑜伽体式）、呼吸技巧（调息法）和冥想来把身体、心理和精神带入健康和谐的状态。在瑜伽练习中，人们会注意做每一个姿势对身体、心理和精神的影响（称为内观）。此外，瑜伽的呼吸技巧会提升积极能量感，并使内心消极的自我对话减至最少。美国每年约有 2 100 万成年人练习瑜伽（Cramer et al., 2016）。

你最好从经验丰富的从业者那里学习瑜伽。瑜伽通常是一次练习 30 分钟，一周练习两天或两天以上。每天都可以做一个被称为拜日式的姿势组合，以增加柔韧性，使身心和谐（图 7.9）。瑜伽对身体的主要好处是增强肌肉力量和身体的柔韧性；其强度不足以对心血管产生显著的益处。然而，瑜伽可以有助于减少心血管疾病、高血压和糖尿病的风险因素。它还有助于减轻骨关节炎的症状。

除了增强力量和柔韧性，瑜伽还能提升幸福感、心境、注意力以及精神专注力和抗压能力。它可以减少睡眠问题。瑜伽是一种有益的、低风险的、低成本的辅助疗法，用于缓解压力，治疗焦虑、创伤后应激障碍、抑郁、与压力相关的疾病、物质滥用，还可以帮助罪犯改造（Birdee et al., 2017）。

太极拳

太极拳（taijiquan）起源于中国，以一套武术体系为基础。在打太极拳时，个体专注于自由移动身体的关节和发展内部能量。打太极拳是改善健康和保持身材的理想方法。太极拳有几种主要的流派（以创立它们的家族命名），每种流派内部都存在很大的差异。所有的太极拳都是低冲击性的，能提高平衡和协调能力，增加身体移动能力，减少压力。

你最好从老师那里学习太极拳，因为它很难从书本或视频中学会。一些老师练的是太极拳的实战方面，其中会包括太极拳动作的自卫应用。你并不需要成为实战高手，就能从打太极拳中受益。

强身健体

按照下列指导原则，开展一项增加有氧训练的计划。

1. **频率**：你应该每周锻炼 3 到 5 次。
2. **强度**：你应该在自己的目标心率区间（最大心率的 60% 到 80%）内运动。
3. **时间**：你应该在自己的目标心率区间内每次运动 30 到 60 分钟。
4. **运动类型**：合适的运动是有节奏的、连续的，并且会使用腿部和臀部的大肌肉。这些运动包括走路、慢跑、骑自行车、游泳、越野滑雪和有氧舞蹈。
5. **热身和冷身**：有氧运动前热身和动态拉伸，将身体核心温度提高 0.5℃ 到 1.5℃ 左右是最理想的。有氧

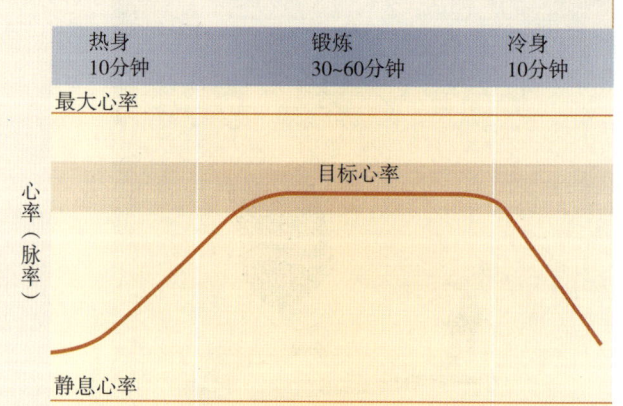

运动后，你应该放慢心率，冷身 10 分钟。静态拉伸的最佳时间是在肌肉发热的时候（也就是在有氧运动后）。

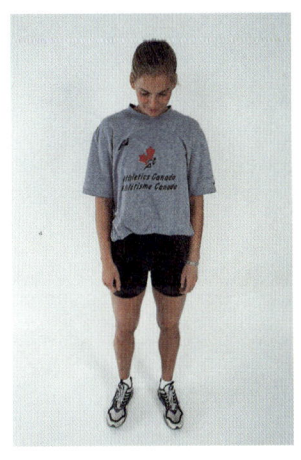 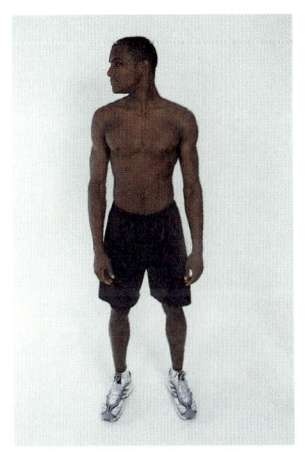 

颈部 把下巴垂到胸前。头尽量向右转，不要移动肩膀；向左重复。把头向左耳倾斜，不要弯曲躯干，也不要耸肩；向右重复。

肩部拉伸 1 用左手握住右肘，将手臂拉过胸部，保持手臂呈 90 度弯曲。双臂交替进行。

肩部拉伸 2 站姿，双臂放在背后，双手紧握，尽可能地向上举。

肱三头肌拉伸 一只手握住另一条手臂的肘部，将手臂拉到头部后面，向下用力，直到手臂后部有拉伸感。保持这个姿势，然后换另一侧手臂重复该动作。

上背部拉伸 手指相扣，放在身前，掌心向外，举过头顶，向上推。

（下页继续）

图 7.8 柔韧性锻炼

最好在肌肉发热的时候做拉伸运动。你应该拉伸到略感不适的程度。但是，如果你感到疼痛，尤其是腰部或膝盖疼痛，请立即停止。所有的拉伸动作保持 15 到 30 秒，休息 30 到 60 秒。然后，重复这个拉伸动作，试着拉伸的幅度更大一些。对于所有的站姿拉伸，双腿分开与髋同宽，膝盖微微弯曲，背部挺直，把身体重量均匀地分散在双脚的前部到后部。

 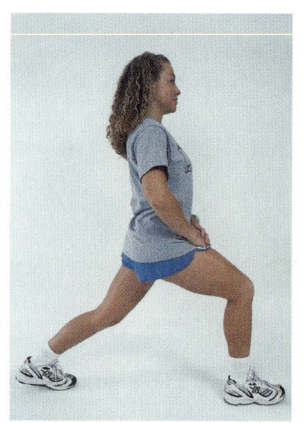

小腿拉伸 站在离墙（也可以是树或一起锻炼的伙伴）大概60到90厘米远的地方，将一只脚靠近墙壁，同时将后腿伸直，脚和脚后跟平放在地面上。双手扶墙，慢慢地向前移动臀部，弯曲前腿膝盖，保持后脚着地。你应该感到小腿肌肉有轻微的拉伸感。换另一条腿重复上述动作。

弓步拉伸 一条腿向前跨一步，弯曲前膝，保持膝盖在脚踝的正上方。另一条腿向后伸展，但不要绷紧膝盖。向前下方移动臀部来拉伸。手臂可以放在身体两侧或膝盖上方，也可以放在地上保持平衡。换另一条腿重复上述动作。

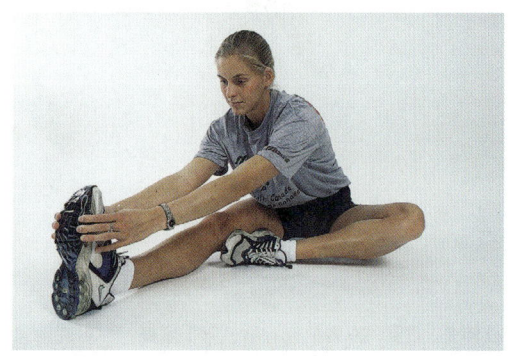 

改良跨栏式拉伸 坐姿，右腿伸直放在身前，左腿蜷缩靠近身体。双手尽可能地去够右脚，不要弓背，背部挺直，能够多远就到多远。换另一条腿重复上述动作。

腰部拉伸 躺在地上，双腿弯曲，双脚抬起，双手抱住两条大腿，将双腿膝盖尽量拉向胸部。保持腰部紧贴地面。

腹股沟拉伸 坐姿，背部挺直（不要低头垂肩；你可以想象把背靠在墙上）弯曲双腿，将脚掌并在一起。在舒适的前提下，努力让脚跟尽可能靠近腹股沟。做被动拉伸时，将膝盖尽可能地压向地面（你可以用手来辅助，但膝盖不要发力抵抗），随后保持膝盖不动。这可能会对膝盖造成负担，所以请小心。现在，保持膝盖不动，然后当你弯腰时呼气，试着让胸部尽可能地靠近地面。

仰卧腿筋拉伸 躺在地上，抬起一条腿，双手抓住膝关节下方，向前拉到伸展状态。这条腿应该尽可能保持伸直。另一条腿弯曲，脚后跟着地，保持腰部紧贴地面。双腿交替进行拉伸动作。

图 7.8　柔韧性锻炼（续）

姿势 1 站直，双脚分开与髋同宽，手掌合拢放在胸前，缓慢而平静地吸气和呼气。

姿势 2 吸气，双臂举过头顶，掌心相对。伸展脊柱，但不要弓背。

姿势 3 呼气，从臀部开始向前弯曲，双臂伸展，头放松地垂在两臂之间。双腿微曲，放松脖子和肩膀。

姿势 4 吸气，双膝弯曲，手掌平放在脚外侧的地面上。左腿向后伸展。下巴向天花板伸展。

姿势 5 如果可以的话，屏住呼吸继续下面的动作（但不要勉强）。右腿向后伸展，与另一条腿并拢。保持身体挺直，用双手和脚趾支撑身体，让脚踝、臀部和肩膀处于一条直线。

姿势 6 呼气，将膝盖、胸部和下巴或前额放低至地面，保持臀部向上、脚趾向下。

姿势 7 吸气，把脚面贴在地面上，伸直双腿，然后伸直手臂，打开胸腔，把下巴向天花板伸展。注意不要弓腰。

姿势 8 呼气，脚趾向下卷曲，双脚站立，臀部抬高，形成一个倒 V 形。双手向后推，通过向上抬臀来伸展脊柱。头自然下垂。

姿势 9 吸气，抬起头，将左腿放在双手之间，保持右腿在后。把下巴抬向天花板。

姿势 10 呼气，将右脚向前，使双腿并拢。从臀部开始向前弯曲，保持双腿微曲，上身放松。如果可以的话，用头触碰膝盖，手掌放在脚边。

姿势 11 吸气，慢慢伸直双臂，举过头顶。如果你腰疼，一定要屈膝。

姿势 12 呼气，双手合十放在身前。闭上眼睛片刻，感受身体的感觉。

图 7.9 拜日式
这个哈他瑜伽练习由 12 个姿势（瑜伽体式）组成，需要按顺序完成。12 个姿势中的每一个均保持 3 秒。网上可以观看许多优质的拜日式视频。

太极拳有助于保持身体强健与身心和谐。

太极拳可以带来立竿见影的好处，但人们需要多年时间才能练就高超的技艺。要警惕那些声称自己有秘诀或捷径的传授者。只有你自己勤奋练习，才能享受到太极拳的全部益处。师傅领进门，修行在个人。

身体成分

身体成分（body composition）是指人体主要成分——水、蛋白质、矿物质（包括骨骼中的钙和磷酸盐）、必需脂肪和储存脂肪——的相对含量。与身体组成有关的两个健康问题是体脂率和骨密度。

体脂率 人体有两种脂肪：执行生命功能的必需脂肪和提供能量的储存脂肪。对于非运动员的年轻成年男性来说，储存脂肪含量的健康范围在总体重的 10% 到 20% 之间。由于性激素生物学上的差异，对于非运动员的年轻成年女性来说，储存脂肪含量的健康范围在总体重的 15% 到 30% 之间。体脂率过高或过低都可能危害健康。

骨密度 从健康的角度来看，理想的骨密度 T 值在 –1 到 +1 之间。低骨密度如骨质疏松症会增加跌倒和骨折的风险。健康的骨密度是通过经常进行负重运动，摄入足够的钙，少喝或不喝含磷酸盐的汽水来达到的。个体成年期的骨密度在很大程度上是由其年轻时决定的。这就是鼓励年轻人锻炼、食用乳制品以及不喝汽水的原因。

大学生的身体活动

美国大学健康协会（American College Health Association, 2016a, 2016b）的数据显示，北美约 60% 的大学生的身体活动量低于推荐量。像许多普通成年人一样，北美的大学生在坐着（听课、在图书馆阅读和学习）的时候，完成了他们大部分的日常任务。许多学生在打工时需要坐在办公桌前或站在柜台后面（经常走动的餐厅服务员除外）。在非学习/非工作的闲暇时间，许多学生看电视、听音乐、玩电子游戏或使用社交媒体和互联网。出行也通常是乘汽车。

大多数大学生都知道，他们应该多进行身体活动，但他们遇到了各种各样的障碍。例如，许多学生认为，促进健康的身体活动应该是高强度的、频繁的、长时间的。他们错误地认为，有益健康的身体活动需要在健身房进行长时间的锻炼，或者几乎每天都跑步——这是许多人实际上无法做到的一项重大时间投入。另外，尽管许多大学生在高中时积极参加体育运动，但他们觉得为了锻炼而运动是无聊的，甚至是令人不愉快的。此外，如果健身设施人满为患或不招人喜欢，抑或校园环境让人觉得不安全，学生们就不太可能出去锻炼。学生们认为，这些障碍是无法克服的，于是就完全放弃了将身体活动融入他们的生活。

如果你积极参加体育运动，或者在一周的大多数日子里，以其他方式每天至少活动半个小时，那就坚持下去。如果没有，那就想办法去做，不一定要从事一项体育运动或高强度锻炼。那种"只管去做"的态度，买新的运动服和鞋子，一周去几次健身房（尤其是在非固定时间）是不必要的，也不太可能保持很长时间。你最好养成几乎每天步行 30 分钟的习惯。记住，中等水平的身体活动就足以促进健康，减轻压力。你的目标是找到你喜欢的、可以列入自己日程安排的活动，让它成为你生活的一部分。

将身体活动融入你的生活

有些人喜欢运动，但另一些人则不然。为了获得身体活动对健康的益处，他们必须找到愉快（而不是令人不快）的方式，将身体活动融入他们的生活。对于那些生活方式是久坐不动的人来说，尤其如此。他们每天所做的任何增加活动量的事情都会带来多

选择锻炼项目时，选一个对你来说既有趣又方便的项目。

重回报。事实上，从久坐不动转变为中等水平的日常身体活动能带来最大的健康收益（图7.5）。

以下是一些将身体活动融入生活的指导原则。

1. 设定具体的目标。目标可以是一般的，也可以是具体的。例如，"我想保持身材"或"我想减肥"是一般的目标；"我想每天走9 000步"或"我想在1周里有4天跑1.5千米"是具体的目标。在你的目标中纳入你想做的自己喜欢的活动，并且让它长期成为你生活的一部分。如果你不确定自己的运动目标，那么可以设定这样一个目标：尝试三种活动，然后比较其优劣，进而制定更具体的目标。
2. 研究。查阅书籍、杂志、网络，或者咨询老师、教练和健康专家，以确定实现目标的方法。一定要评估你所获取资料的权威性。你肯定不想从事一项有伤害性的活动，或设定一个无法达到的目标，最后品尝失败的苦果。因为朋友不是专家，所以咨询他们可能作用有限。
3. 制定计划。在设定了目标并获得了如何实现目标的信息后，制定一个现实可行的计划，以便将身体活动纳入并保持在你的生活中。确保你的活动计划能排进你的时间表；检查以前的时间安排来确定一周中你可以锻炼的时间。此外，选择有趣（或有可能有趣）和令人愉快的活动。这样你才更愿意去做这些活动。写下你的计划，可以和教练、老师或健康专家讨论一下。更好的做法是参加一门课程。这样你就会学到正确的技巧，有一个固定的时间安排，并能享受与他人相处的乐趣。
4. 做个身体检查。如果你已经好几个月不运动了，或者担心自己的身体能力是否能达到你想要的水平，请咨询健康专家。

平衡行走

美国原住民有一个理念，可以帮助我们理解我们在物质世界中的位置。这个理念是"平衡行走"（walking in balance），意味着让你的身体和心理融入自然世界，体会到一种与自然相连的感觉。"平衡行走"表明我们要结合心理和身体的力量，以便在环境中更好地感知自己。

在你下一次锻炼期间，试着这样做：当你穿衣服和热身的时候，提醒自己你正在从问题和烦恼中抽身而出——如果你愿意的话，这就好比是一次远离日常琐事的短暂休假。在锻炼期间（最好是散步或跑步），你的任务是观察锻炼时所处的环境，就像你第一次看到它一样，注意树、鸟、天空中的云等等。通过尽可能多地关注自然世界，试着去感受你是大自然的一部分。

5. 循序渐进。审慎地推进能让你评估自己所做选择的可行性，并把它们融入你的日常生活。尽量不要让你开始新计划时的热情冲昏头脑，让你一上来就过度运动。你肯定不想让身体酸痛或受伤。
6. 跟踪进度。记录活动日志。对于每一个活动日，记录下你花在这个活动上的时间、你在做这个活动时的体验、阻碍你完成当天活动的所有障碍，以及克服每一个障碍所用的策略。
7. 评估。每周问问自己，你的计划能否实现你的目标。如果能，那就继续保持。如果不能，找出障碍并做出调整。例如，改变选择的活动项目、调整花在活动上的时间，甚至更改你的目标。

表现增强物质

"借助化学改善生活"，这句话恰当地描述了一些人的意图，他们使用各种各样的被称为**强化剂**（ergogenic aids）的物质来增强力量和耐力、提高运动成绩，或者增肌"塑形"以对自己的外貌感觉更好。表现增强物质包括用以提升警觉性和"精力"以及"燃烧脂肪"的刺激剂、增肌剂和耐力增强剂。它们以膳食补充剂、草药、非处方药和处方药以及非法药物的形式出现。

许多人错误地认为，因为草药和膳食补充剂被宣传为"天然的"，所以它们是安全的。在服用任何一种草药或膳食补充剂之前，请记住，美国政府并未监管膳食补充剂，因此消费者无法确定产品是否符合其标签上的信息。例如，每一份（剂）的实际含量经常与标签上所示信息不符。此外，尽管制造商承诺遵守制造标准，但它们并非被强制要求这样做。因此，产品可能含有标签上没有列出的杂质和其他化学物质。如果一个人健康饮食、健康运动，那么任何一种强化剂都是不必要的。

刺激剂

通常用作表现增强物质的刺激剂包括安非他明及类似化学物质、麻黄碱（来自麻黄）、辛弗林（来自丽杯角属植物、苦橙）及类似化学物质，还有咖啡因。这些物质能引起欣快感，提高警觉性，对抗疲劳。在某些情况下，它们还能降低食欲。但这些物质也会增加心脏病发作、癫痫发作和精神病发作的风险。由于其有害影响，安非他明在法律上受到管控，而麻黄碱已被禁止在膳食补充剂中销售。

能量饮料通常含有多种据称可以提高警觉性和耐力以及抗疲劳的物质。它们包括咖啡因（以及茶碱等类似咖啡因的物质）、含有咖啡因的草药瓜拉那、牛磺酸、人参、银杏叶、肌酸、肉碱、葡糖醛酸内酯以及大量的糖。研究表明，能量饮料可以增强耐力，但它们不太可能影响肌肉力量、爆发力和神经肌肉表现（Mora-Rodriguez & Parallés, 2014）。

增肌剂

增肌剂包括蛋白质和氨基酸膳食补充剂、雄激素合成代谢类固醇和人生长激素。虽然新的肌肉组织是由蛋白质构成的，但摄入蛋白质或某些氨基酸并不会产生新的肌肉组织。肌肉是在运动刺激下生长的，而非依靠食物。任何饮食均衡的人都能获得足够的蛋白质和氨基酸来满足几乎任何运动的需要；需要大幅增加力量的健美运动员或其他运动员除外。

雄激素合成代谢类固醇（androgenic anabolic steroids）（睾酮及类似物质）被用于增强女性和男性的肌肉力量。只有医生出于医疗原因开具处方，它们才是合法的。雄烯二酮是一种激素原，在体内转化为睾酮。在美国，2005年之前，雄烯二酮和类似物质可以作为膳食补充剂合法购买。然而，在2005年，美国食品药品监督管理局禁止销售雄烯二酮和其他睾酮激素原，因为它们存在危险性。男性使用睾酮的潜在长期后果包括不育、勃起问题、男性乳房发育、心脏病、肝病和癌症。在女性中，类固醇会导致男性型脱发、声音低沉、面部毛发增多、月经异常。使用类固醇的儿童和年轻人有过早进入青春期和过早停止骨骼生长的风险。

人生长激素（human growth hormone, HGH 或 GH）由垂体制造并分泌到血液中。虽然据说它可以通过提升精力和/或增加肌肉量来提高运动成绩，但缺乏任何其具有机能增强效果的科学证据（Baumann, 2012）。人生长激素不能口服，因为它会在消化系统中被分解，但有不良广告声称情况并非如此。

耐力增强剂

耐力增强剂包括 B 族维生素、肌酸和红细胞生

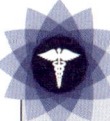

购者自慎：运动补充剂的生意

每个人都听说过，职业运动员、奥林匹克运动员和其他高水平运动员因服用违禁（通常是非法）药物（如类固醇、激素和其他药物）而受到惩罚。显然，在一个赢即一切的世界里，一些优秀的运动员愿意拿自己的职业生涯和健康冒险，以获得竞争优势。

不幸的是，相当多的高中运动员、大学运动员、非运动员和那些只是想"看起来不错"的人，也在服用药物来获得竞争优势。在运动员中，这种优势可能是提高运动成绩，或者也可能是巩固自己作为运动员的身份，抑或是在同龄人中作为一名运动员获得认可。在那些注重身材的人中，这种优势通常是通过塑造形体，从而在社会上赢得朋友、性伙伴和亲密伴侣。

膳食补充剂行业很擅于迎合人们对体育竞技和社交竞争的关注。补充剂的广告养活了各种"健身"杂志以及大量"运动补充剂"或"运动营养品"电子商务网站。这些网站用可疑的"权威"信息吸引潜在消费者，而所有这些都是为了卖给他们产品。例如，一个健身网站告诉访问者睾酮激素原已被禁用，但同时让他们不用担心，因为"我们有许多其他产品也同样有效"。在一个"运动营养品"网站的横幅上展示了一群几乎全裸、身材健美、大学生模样的男女，推销着大量通常毫无价值的产品，声称它们能提高表现、提升精力和减肥（让你看起来就像横幅上的模特一样）。那些展现肌肉发达、身材健美的模特的媒体内容会使得人们认为，自己的身体不如别人（Hausenblas et al., 2012）。

据估计，膳食补充剂行业每年收入 150 亿美元，并且在很大程度上不受监管。在美国，1994 年的一项联邦法律使得膳食补充剂制造商可以不遵守与处方药和非处方药相同的安全性、有效性和纯度测试。美国市场上有超过 5 万种膳食补充剂，美国政府机构无法对每一批特定补充剂的纯度和安全性都进行调查，也无法对每一种补充剂广告中的声明都进行真实性评估。在膳食补充剂领域，口号是"购者自慎"：购买者须自己当心。

成素。

肌酸（creatine）是肌肉组织中肌肉收缩所需的一种天然物质，可以作为营养补充剂购买。一些研究（但不是全部）表明，补充肌酸可能会增强短时爆发性活动的表现，如举重或短跑。它对耐力活动没有帮助。在通常使用的剂量下（每天 3 到 5 克），肌酸似乎是无害的。然而，由于草药和其他营养补充剂是不受监管的，所以人们不能确定任何此类产品的纯度和剂量。

红细胞生成素（erythropoietin）是一种激素，可以增加红细胞的数量，从而提高身体向组织输送氧气的能力。红细胞生成素是一种处方药，适用于那些身体不能产生足够血细胞的人，比如接受癌症治疗的人。运动员非法使用它来提高耐力，尤其是在高海拔地区。这种药物非常危险，会导致心脏病发作和中风。

运动损伤

无论是何种类型的身体活动和体育运动都存在一定的受伤风险，不论是穿新鞋走路时磨起水泡，骑车时拉伤腿部肌肉，还是在排球比赛中挫伤手指。当损伤发生时，人们应采用**大米原则**（RICE，即休息、冰敷、压迫和抬高；参见健康指南专栏"运动损伤的急救：大米原则"）进行急救。当损伤恢复后，人们应该尽力防止该损伤（和其他损伤）再次发生（参见健康小贴士专栏"预防运动损伤"）。

身体活动中大约一半的损伤是由于身体的某个部位或整个身体的运动超出了其生理极限而造成的。这种损伤被称为**过劳损伤**（overuse injuries）。通常，遭受过劳损伤的身体部位是皮肤和肌肉、肌腱、韧带以及关节。它们都是由蛋白质纤维束构成的（**表 7.5**）。如果过度受力，比如提举重物、跑得过远或过快，或者在疲劳时被迫运动，这些纤维可能会被撕裂。重复发生的小损伤日积月累也可能导致更严重的问题。过劳损伤的常见原因是过度运动、技术动作错误和设备不良。

并非所有人的身体在解剖学水平上都能承受同样程度的身体消耗，尤其是马拉松运动员或铁人三项运动员所展现出的高水平表现。

> 很久以前，人们把边咒骂边用木棍击打地面这种行为称为巫术。现在这被叫作高尔夫。
>
> ——威尔·罗杰斯

体育运动和娱乐性身体活动中的水合状态

你的水合状态如何？做个尿液测试吧

颜色等级
1
2
3
4
5
6
7
8

水合状态适当
如果与你的尿液相匹配的颜色为1~3（红线上方），你的水合状态适当并应当继续摄入推荐量的水分。

脱 水
如果与你的尿液相匹配的颜色为4~8（红线下方），那么你处于脱水状态并有抽筋和中暑的风险！

你需要喝更多的水或运动饮料！

健康水合状态
女性：水分占体重的55%；
男性：水分占体重的60%。

脱水
由汗液流失体重的2%~5%的水。

严重脱水
由汗液流失体重的6%~10%的水。

水合状态是指体内的水分含量。在身体活动期间，肌肉会产生热量。人体内的水分会作为汗液流失以保持体温。因为水合状态也会影响体内的钠含量，所以补充适量水分的同时也要注意补钠。

小心过度水合状态。只需饮用足以恢复因出汗而流失的体重的水量就可以了。饮用过多的水会导致危险的甚至危及生命的钠流失。

水合指南

何 时	摄入量	形 式
每日	每消耗1卡路里摄入1毫升	食物和液体中的水；让口渴感作为饮水的依据。
每2~4小时	每千克体重摄入5~10毫升，以保持尿液呈淡黄色	水、运动饮料（低碳水化合物＋钠）；咸味零食或吃饭时喝少量饮料，以帮助身体保留液体。水或甘油导致的过度水合状态会增加尿量，对活动表现并无益处，还可能使钠含量降至危险的低水平。
活动过程中	每小时0.4~0.8升	水、运动饮料（最多含8%的碳水化合物）；在炎热的环境中冷饮有助于补充水分；有味道的饮品能促进饮用。
活动后	每流失1千克体重补充1.25~1.5升液体	水、运动饮料。由于酒精具有利尿作用，所以要限制酒精的摄入。咖啡因如果少于180毫克则可以饮用。

资料来源：American Dietetic Association, Dietitians of Canada, and the American College of Sports Medicine. (2016). Nutrition and athletic performance. *Medicine & Science in Sports and Exercise, 48*, 543–568.

运动损伤的急救：大米原则

大多数运动损伤涉及受损组织渗出液体和其他物质的情况。因此，运动损伤的应急治疗需要通过采用大米原则（休息、冰敷、压迫和抬高）来控制肿胀和内出血。

休息（rest）：休息并尽可能地固定受伤部位，防止进一步的组织损伤和限制内出血。

冰敷（ice）：使用碎冰或冰块（用毛巾裹住以避免冻伤）、冰袋或者装有冰冻豌豆或玉米的袋子，立即冰敷受伤部位。冰敷能减轻肿胀、内出血和疼痛。冰敷30分钟。让受伤部位回暖15分钟，然后再冰敷。

压迫（compression）：用弹性绷带包扎受伤部位，以控制肿胀。注意不要裹得太紧，以免使皮肤变得苍白或失去感觉。

抬高（elevation）：抬高受伤部位，以控制肿胀和内出血。

预防运动损伤

- 增强肌肉力量。
- 保持身体健壮,提高耐力。
- 不要让身体过度劳累。
- 活动前后做拉伸运动,以增强身体柔韧性。
- 了解身体是如何运作的。
- 了解环境中的危险;使用专为体育活动设计的设施。
- 使用最先进的装备,尤其是运动鞋和护具。
- 只有在天气条件安全时才去运动。
- 改善跑姿或技术动作;寻求专家的指导。
- 在重新活动之前,充分恢复损伤。

表 7.5 常见的过劳损伤

拉伤	通常被称为"肌肉拉伤"或"肌腱拉伤"。由肌肉和/或肌腱的过度拉伸、撕裂引起。
肌腱炎	肌腱发炎,由肌肉肌腱单位的长期、轻度拉伤引起。
滑囊炎	关节(囊)周围滑囊的炎症,由关节支持组织反复的轻度拉伤引起。
扭伤	韧带过度拉伸或撕裂。
水疱	皮肤上充满液体的隆起,由皮肤与鞋、衣服或设备的过度摩擦引起。

身体的构造、腿型、肺的容量、骨骼和肌肉的尺寸和力量以及其他解剖学因素都限制了一个人的体能。很少有人具备锦标赛级别表现的生物学禀赋。当你尊重、接受并理解身体的生理极限时,身体活动会变得更有乐趣。

不要让你的肌肉超出其能力范围。享受过度锻炼的痛苦(练到力竭)是很危险的。疼痛是身体发出的信号,表明身体出了问题,而不是表明锻炼者有毅力和勇气。如果你想提高你的表现,请遵照有专业指导的训练计划循序渐进。如果哑铃和其他设备使用不当或年久失修,受伤的可能性会加大。

大多数人进行身体活动是因为他们想要获得乐趣,他们想通过做好某件事而获得成就感,并且希望自己在身体和心理上都感觉更好。在追求这些目标的过程中,没有人希望自己受伤。事实证明,将身体活动中"玩得开心,做得好,感觉好"这些方面最大化,把受伤风险最小化,二者是相辅相成的。

寒冷和炎热天气下的身体活动

你的身体被设计为将自身的工作温度保持在37℃。因为热量总是向低温处传递,所以你的身体在寒冷的环境中会流失热量,在炎热的环境中则会吸收热量。此外,运动中的肌肉会产生热量,这会使体温升高。出汗是身体水分蒸发以消除身体多余热量的过程。

冷应激

过度暴露在寒冷、大风或潮湿的天气中,可能会导致异常低的体温(低体温)。低体温的症状包括颤抖、肌肉无力、麻木、困倦,偶尔会失去意识。在冷应激的情况下,要离开寒冷的环境,寻找避风场所;轻轻地脱掉湿衣服,换上干衣服;可通过浸泡在温水(41~43℃)中和裹上温暖的毯子来让身体重新变暖。不要通过喝酒来暖身,因为酒精会扩张动脉,导致热量流失。要尽快就医。

冻伤是组织冻结,在细胞和血管周围的体液中形成冰晶。冻伤的皮肤可能会变成白色或灰黄色。冻伤初期通常会有疼痛感,但随后疼痛一般会减轻,冻伤部位变得冰凉和麻木。要轻柔地使冻伤部位重新温暖起来,并尽快就医。

请遵循以下建议来预防运动时的冷应激:

- 在寒冷的天气里适当穿着。衣服不要超过三层;确保每层衣服在需要时都可以解开,以便在剧烈运动导致身体过热时散热。
- 戴连指手套而不是分指手套,这样手指可以互相保暖。
- 戴上合适的保暖帽子或头巾。
- 保持双脚温暖干燥。
- 准备好可以立即更换的暖和、干燥的衣服。

热应激

热应激是因出汗和脱水而导致体内水分和矿物质大量流失,以及体内没有足够的水分通过出汗来为身体降温而造成的。热应激的类型包括：

热痉挛：一块或多块肌肉出现疼痛性的持续收缩。停止活动，通过喝水或稀释果汁来补充水和矿物质；按摩和拉伸痉挛的肌肉；在恢复活动之前，休息和让身体降温。

热衰竭：虚弱、恶心、头晕。停止活动；躺下，把腿抬高 30~45 厘米；通过喝水或稀释果汁来补充水和矿物质；用湿布给身体降温，然后去一个凉爽的房间。休息几天再恢复活动。咨询医生。

热射病：体温过高（41℃）、定向障碍、精神状态改变、失去意识。要停止活动，脱掉衣服，用冷水或冰袋给身体降温；通过喝水或稀释果汁来补充水和矿物质；立即就医。

请遵循以下建议来预防运动时的热应激：

- 用几天时间逐渐增加身体活动的水平，以适应在炎热、潮湿的环境中的锻炼。
- 在炎热、潮湿的环境中，要小心过度运动。热应激可能会迅速发生。
- 活动前要喝大量的液体（水、稀释果汁或运动饮料），在长时间的活动期间也要频繁补充大量液体。不要依赖口渴的信号来判断液体流失或体温过高。
- 穿轻便、浅色的透气面料衣服，戴浅色的帽子，涂防晒霜，以减少阳光照射。
- 在一天中最凉爽的时候（早上和晚上）和阴凉处锻炼。

对健康的批判性思考

1. 又是一个在奶奶家度过的圣诞节。嗯，差不多年年如此。在每个人尽情享用了美食，每个孩子都撕开了圣诞礼物之后，苏珊的叔叔罗恩挨着她坐在沙发上，和她聊了起来。

   "我知道你在学校上健康课。"他说。

   "没错。"苏珊回答。

   "那告诉我，"罗恩叔叔继续说，"哪种运动最好？我的新年计划是恢复过去的身材，这次我想把这事做好。1月2日我要去健身房。你有什么运动建议吗？"

   a. 苏珊应该给她叔叔什么建议？要考虑到罗恩叔叔以前尝试过锻炼，但显然没有成功。罗恩叔叔是一名39岁的电信工程师，他在办公室时需要在电脑前工作很长时间。他的工作还需要出差，所以他经常吃快餐。他已婚，有三个年幼的孩子。

2. 运动员使用表现增强药物，即使这些药物是合法的，对社会和体育比赛会有什么影响？

3. 多远？多快？多少钱？诸如此类的问题可能会如何影响一个人对促进健康的（即非竞争性的）身体活动的态度和做法？列出一组新的问题，从非竞争性的角度描述有益健康的身体活动。

本章小结与重点

本章小结

许多人喜欢运动，并经常进行某种形式的运动。但更多的人并非如此，除了从沙发上爬起来走到床上，他们几乎不活动身体。正如著名喜剧演员 W. C. 菲尔兹所打趣的那样："每当我想到锻炼，我就躺下来，直到这种想法消失。"为了吸引人们更多地锻炼，庞大的运动/体育产业制造了各种各样的健身器材，开设了24小时健身房、休闲健身中心，设置了各种比赛，还提供了健身舞蹈（尊巴舞）、瑜伽、太极拳、普拉提等课程。

对许多人来说，生活变得如此忙碌，以至于他们甚至没有时间去考虑锻炼。如果你是他们中的一员，你需要重新考虑哪些是你最重要的事。每天多花30到60分钟步行而不是开车，能使你向更健康的状态迈出一大步（此处为双关语）。所有的锻炼形式都涉及持续的运动，目的是增强柔韧性、力量和耐力。决定锻炼最重要的一点是承诺，就像你为实现其他目标（如大学毕业）付出努力一样，你也需要做出同样坚定的承诺来锻炼身体。

现代社会在日常身体活动的"道路"上设置了许多障碍。人们每天把时间用于工作，写作业，以及使用社交媒体、玩视频游戏、看电影和给朋友发信息——这些时间都可以用来运动。现在就开始想办法锻炼吧。从简单的运动开始，可以是沿着附近的街区步行或慢跑20分钟；遛狗；或者去最近的公园，做你很久以前在健身房学过的动作。锻炼能恢复觉知能力，提高专注力，让你在社交互动中更加自信。慢慢来，关注你的身体。剧烈运动前先放松一下。当你完成锻炼的时候，记住要慢下来，做冷身运动。来吧！尽情享受锻炼的乐趣吧！

重点

- 许多人过着久坐不动的生活，因为机器承担了生活中的大部分体力劳动。久坐不动与多种健康风险有关。因此，政府和社会机构正在设法帮助人们增加生活中的身体活动量。
- 身体活动是任何一种身体的移动，包括做家务活、与工作相关的活动、闲时活动和基于表现的活动。
- 身体活动通过每分钟消耗的卡路里、代谢当量（MET）和身体活动水平（PAL）来衡量。
- 中等水平而非高水平的身体活动对健康来说就足够了。专家建议，在一周的大部分日子里，每天快走30分钟。
- 身体活动有六个组成部分：动机、心肺适能、身体力量、耐力、柔韧性和身体成分。
- 将身体活动融入生活的指导原则包括设定目标、制定和执行计划、跟踪和评估进展。
- 表现增强物质包括刺激剂（如安非他明、咖啡因）、增肌剂（如雄激素合成代谢类固醇）和耐力增强剂（如肌酸）。
- 运动损伤最常见的原因是，身体某一部位或整个身体的运动超出其生理极限，达到了损伤的程度。常见的损伤包括拉伤、肌腱炎、滑囊炎、扭伤和水疱。
- 在炎热或寒冷的天气里锻炼时，需要采取专门的预防措施，以防止受伤和生病。

参考文献

American College Health Association. (2016a). *American College Health Association-National College Health Assessment II: Canadian Reference Group Data Report Spring 2016*. Hanover, MD: American College Health Association.

American College Health Association. (2016b). *American College Health Association-National College Health Assessment II: Undergraduate Student Reference Group Data Report Spring 2016*. Hanover, MD: American College Health Association.

Baumann, G. P. (2012). Growth hormone doping in sports: A critical review of use and detection strategies. *Endocrinological Reviews, 33*, 155–186.

Birdee, G. S., et al. (2017). Cross-sectional analysis of health-related quality of life and elements of yoga practice. *BMC Complementary and Alternative Medicine, 17*, 80. doi: 10.1186/s12906-017-1599-1.

Booth, F. W., Chakravarthy, M. V., & Spangenburg, E. E. (2002). Exercise and gene expression: Physiological regulation of the human genome through physical activity. *Journal of Physiology, 543*, 399–411.

Bouchard, C., et al. (2015). Less sitting, more physical activity, or higher fitness? *Mayo Clinic Proceedings, 90*, 1533–1540.

Bravata, D. M., et al. (2007). Using pedometers to increase physical activity and improve health. *Journal of the American Medical Association, 298*, 2296–2304.

Centers for Disease Control and Prevention. (2017). Benefits of physical activity.

Chu, A. H. Y., et al. (2014). Do workplace physical activity interventions improve mental health outcomes? *Occupational Medicine, 64*, 235–245.

Cramer, H., et al. (2016). Prevalence, patterns, and predictors of yoga use: Results of a U.S. nationally representative survey. *American Journal of Preventive Medicine, 50*, 230–235.

DeFina, L. F., et al. (2015). Physical activity versus cardiorespiratory fitness: Two (partly) distinct components of cardiovascular health? *Progress in Cardiovascular Disease, 57*, 324–329.

Ekelund, U., et al. (2016). Does physical activity attenuate, or even eliminate the detrimental association of sitting time with mortality? *Lancet, 388*, 1302–1310.

Hausenblas, H. A., et al. (2012). Media effects of experimental presentation of the ideal physique on eating disorder symptoms: A meta-analysis of laboratory studies. *Clinical Psychology Reviews, 33*, 168–81.

Kelly, P., et al. (2014). Systematic review and meta-analysis of reduction in all-cause mortality from walking and cycling and shape of dose response relationship. *International Journal of Behavioral Nutrition and Physical Activity, 11*, 132. doi: 10.1186/s12966-014-0132-x.

Matthews, C. E., et al. (2012). Amount of time spent in sedentary behaviors and cause-specific mortality in U.S. adults. *American Journal of Clinical Nutrition, 95*, 437–445.

Mora-Rodriguez, R., & Pallarés, J. G. (2014). Performance outcomes and unwanted side effects associated with energy drinks. *Nutrition Reviews, 72*, 108–120.

Patel, M. S., et al. (2016). Framing financial incentives to increase physical activity among overweight and obese adults. *Annals of Internal Medicine, 164*, 385–394.

Portugal, E. M. M., et al. (2013). Neuroscience of exercise: From neurobiology mechanisms to mental health. *Neuropsychobiology, 68*, 1–14.

Sale, A., et al. (2014). Environment and brain plasticity: towards an endogenous pharmacotherapy. *Physiological Reviews, 94*, 189–234.

Simon, H. B. (2015). Exercise and Health. *American Journal of Medicine, 128*, 1171–1177.

Tremblay, M. S., et al. (2017). Sedentary Behavior Research Network (SBRN)—Terminology Consensus Project process and outcome. *International Journal of Behavioral Nutrition and Physical Activity, 14*, 75.

推荐阅读

Anderson, B. (2015). *Stretching*. New York: Shelter Publications. Easy-to-follow exercises and drawings.

Blake, H., & Hawley, H. (2012). Effects of t'ai chi exercise on physical and psychological health of older people. *Current Aging Science, 5*, 19–27. Discusses recent research on the many health benefits of t'ai chi exercise.

第三编

建立健康的两性关系

第 8 章
  性健康和亲密关系

第 9 章
  了解怀孕及为人父母

第 10 章
  节育

第 11 章
  预防性传播疾病和艾滋病

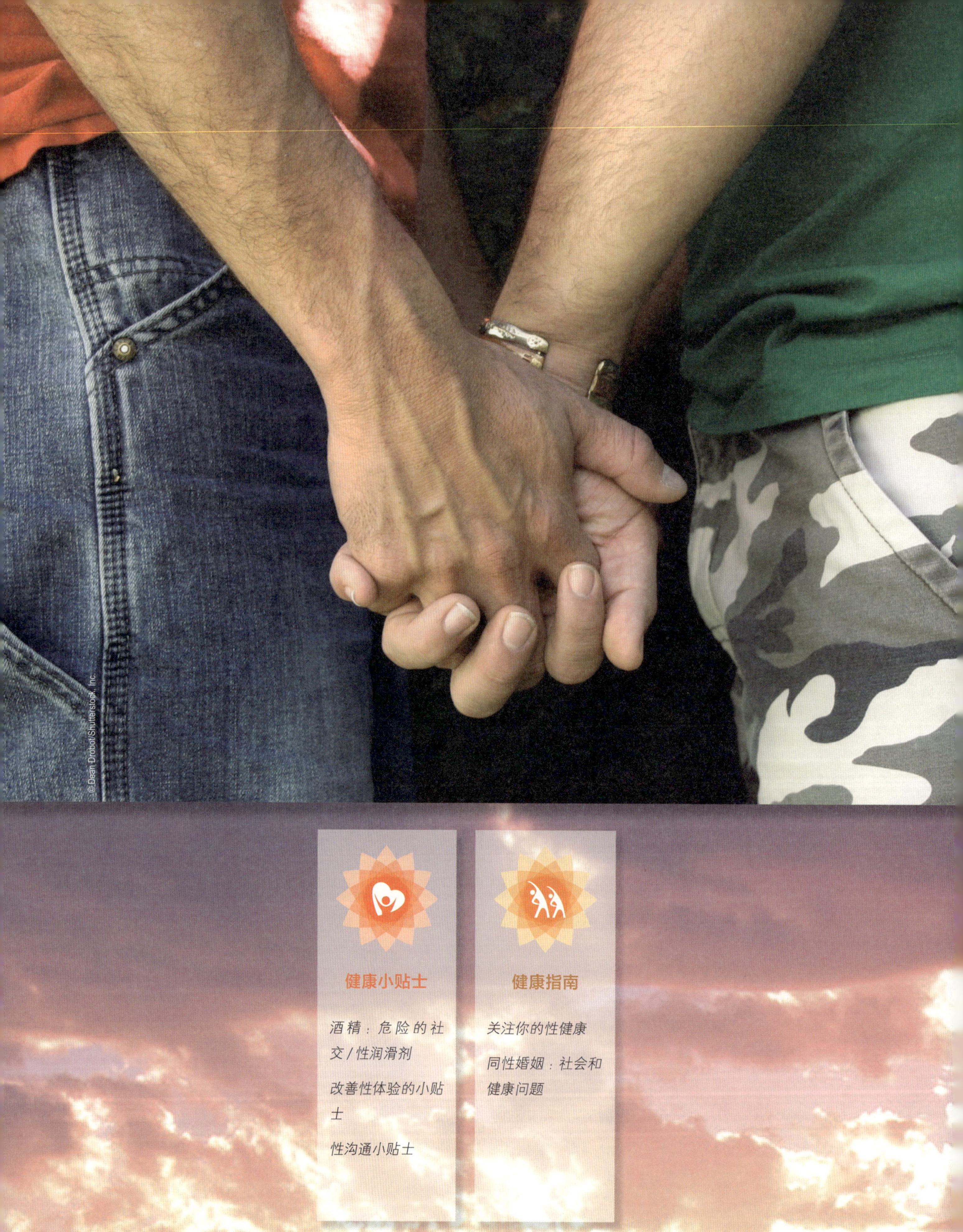

 **健康小贴士**

酒精：危险的社交／性润滑剂

改善性体验的小贴士

性沟通小贴士

 **健康指南**

关注你的性健康

同性婚姻：社会和健康问题

第 8 章

性健康和亲密关系

学习目标

1. 列出并定义人类的性的主要维度。
2. 描述女性和男性的生殖系统解剖结构。
3. 描述月经周期并说出 3 种常见的月经问题。
4. 定义性取向。
5. 列出并描述性反应周期的各个阶段。
6. 描述常见的性困难。
7. 描述亲密关系的发展阶段。
8. 识别和描述良好沟通的基本组成部分。

> 爱，就是把一个人的价值极度夸大到胜过其他任何人。
> ——萧伯纳

性（sexuality）代表着生活的一个真正完整的方面，因为它涉及心、身、灵（整个自我）的同时表达。

世界卫生组织（World Health Organization, 2015）将性健康定义为："与性有关的身体、情感、心理和社会健康的状态；它不仅仅是没有疾病、功能障碍或虚弱。实现性健康需要个体对性行为和性关系采取积极和尊重的态度，并可以在没有胁迫、歧视和暴力的情况下，获得愉快和安全的性体验。为了获得和保持性健康，所有人的性权利都必须得到尊重、保护和实现。"

对于性健康这一定义，我们还可以补充如下内容。

1. 接受性是贯穿人类毕生的自然方面。
2. 了解并理解生理上的性功能和性反应。
3. 拥有维持和促进性关系的技能。
4. 评估自身的性教育程度，并成为自己孩子的性教育者。
5. 对指导自己做出明智性决策的价值观及相应的能力有信心。
6. 了解并接受异于自己的性价值观和性行为。
7. 提高自己建立并维持亲密关系和沟通的能力。

虽然在广告和其他媒体中，性通常被描述为只与生理满足和社会地位有关，但是大多数人都意识到，性所涉及的远不止身体性器官的刺激。性还有如下几个维度。

1. 生理维度：决定个体是女性还是男性、引发性体验以及与生殖有关的身体部位。
2. 心理维度：影响个体的性想法和性行为的价值观、信念、态度和情绪。
3. 取向维度：感到被同性或异性个体吸引的倾向，以及与其建立情感联结的渴望。
4. 行为维度：旨在满足性欲望和性需要而进行的身体和社交活动。
5. 关系维度：与亲密关系连接并结合的性方面。

从个人健康的角度来看，性是一个你有相当大的个人控制力的领域。你可以选择自己发生性行为的时间和对象，以及你想用性的方式表达何种感觉。掌握一些性生理的基础知识，你就可以负责任地安排自己的性生活，从而避免不必要的疾病，并能选择是否生育以及何时生育。

关注你的性健康

女性：定期妇科检查

妇科检查是对女性生殖系统（包括盆腔内外器官和乳房）的医学检查。内部检查（称为盆腔检查）包括检查阴道和宫颈、膀胱、卵巢及输卵管的大小和形状是否有任何异常。尿液检查、缺铁性贫血检查、性传播疾病检查和巴氏检查，也可以作为妇科检查的一部分。巴氏检查（或巴氏涂片检查）是筛查宫颈癌的一种方法。从宫颈处取出少量细胞，然后观察是否有异常。巴氏检查不能筛查性传播疾病。性传播疾病检查必须由个人提出请求才会进行。

性活跃或曾经活跃或已满18岁的女性，应每年进行妇科检查。

男性：睾丸自我检查

因为睾丸癌是15~35岁的男性中最常见的癌症，所以鼓励年轻男性每月检查一次睾丸，看看是否有任何异常的肿块或肿胀——可能的睾丸癌信号。经常自我检查的男性，会逐渐熟悉自己睾丸的正常触感。

睾丸自我检查，应在洗完热水澡后进行。高温会使阴囊松弛，自查更容易发现异常情况。

1. 站在镜子前面。检查阴囊的皮肤是否有肿胀。
2. 用双手检查每一个睾丸。将食指和中指置于睾丸下方，拇指置于上方。用拇指和其他手指轻轻揉动睾丸。一个睾丸比另一个大是正常的。
3. 找到附睾（位于睾丸后方柔软的管状结构，用于收集和传输精液），不要误认为附睾是不正常的肿块。

如果你发现有肿块，请马上联系你的医生。睾丸癌的治愈率很高，尤其是在及时治疗的情况下。

性：生理维度

性的基本功能之一是生物繁殖。男性制造具有生殖能力的精子，并在性交过程中将其置入女性的生殖道中。女性提供有生殖能力的卵子，被称为**卵细胞**（ova），以及一个安全的、充满营养物质的环境（在9个月的孕期里胎儿于此处发育）。

男性和女性的性生理特征，是由受孕时遗传的X和/或Y染色体决定的。携带X染色体的卵子，与携带X染色体的精子结合，产生女性（XX）；与携带Y染色体的精子结合，产生男性（XY）。染色体模式一旦设定，生殖系统解剖结构的发育就会遵循染色体携带的基因的精确指令。一组特定的染色体决定了在胚胎发育到大约第5周时出现的尚未成熟的生殖细胞，最终会制造精子还是卵子。性染色体决定了胎儿最终发育出男性性器官（睾丸、输精管、制造精液的腺体和阴茎），还是女性性器官（卵巢、输卵管、子宫、阴道和女性外生殖器）。

决定性生理特征的遗传物质，也规定了男性或女性类固醇激素的分泌模式，进而影响区分男性和女性的**第二性征**（secondary sex characteristics）：面部和身体毛发的范围和分布，体形和身高，乳房外观（**图** 8.1）以及一些行为倾向。

女性的生殖系统解剖结构

女性的内生殖器官包括位于腹腔两侧的两个**卵巢**（ovaries）、两条**输卵管**（fallopian tubes）、**子宫**（uterus）和**阴道**（vagina）。这些结构共同构成了一个从两侧卵巢到体外的特殊管道（**图** 8.2）。卵巢的大小和形状与扁桃仁类似，功能是制造可受精的卵子和性激素。这些性激素控制着女性体型的发育，维持着女性正常的性生理机能，并有助于调节妊娠过程。卵巢排出的卵子经输卵管拾取和运送（每个月约1个）。两条输卵管均连接到子宫。子宫约为女性拳头般大小，位于骨盆骨和膀胱的正后方（**图** 8.3）。子宫是精子从阴道进入输卵管进行受精的通道的一部分；卵子受精后，子宫会为胎儿生长提供环境。

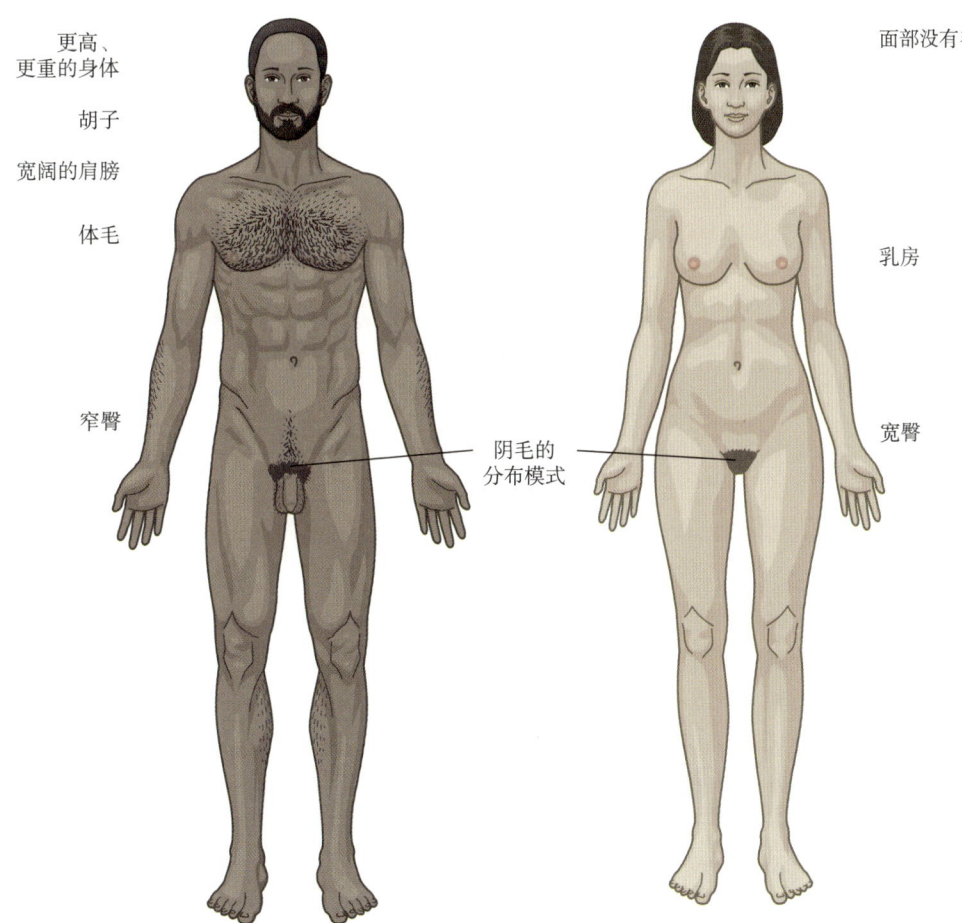

图 8.1 男性和女性的第二性征

图 8.2 女性生殖系统
侧剖面

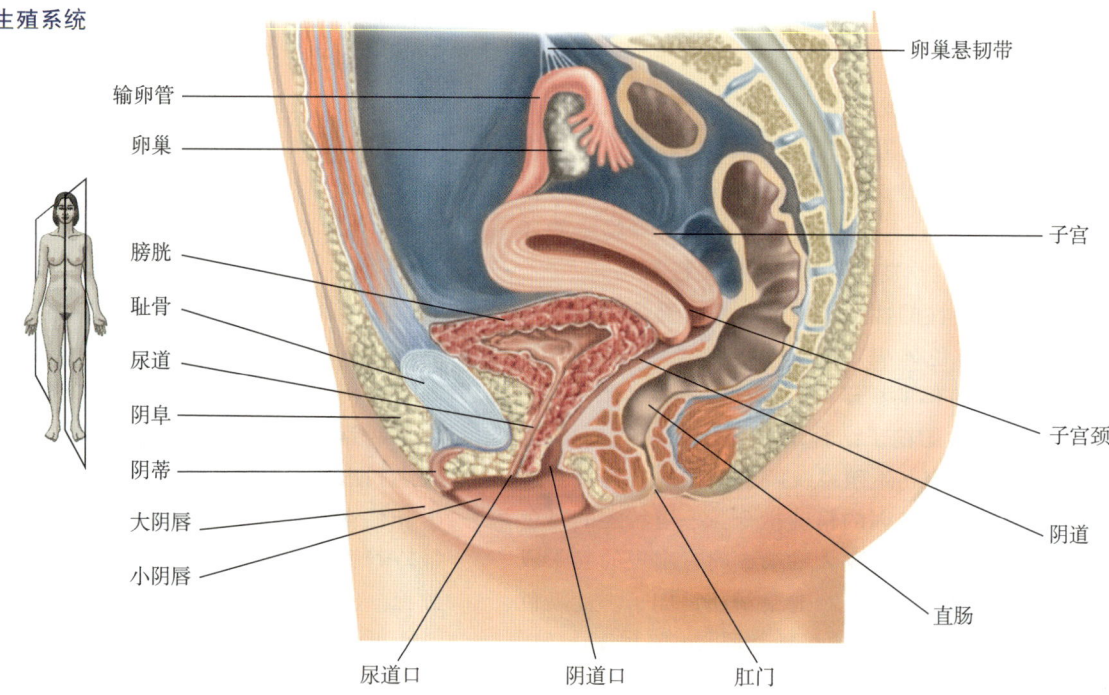

图 8.3 女性生殖系统

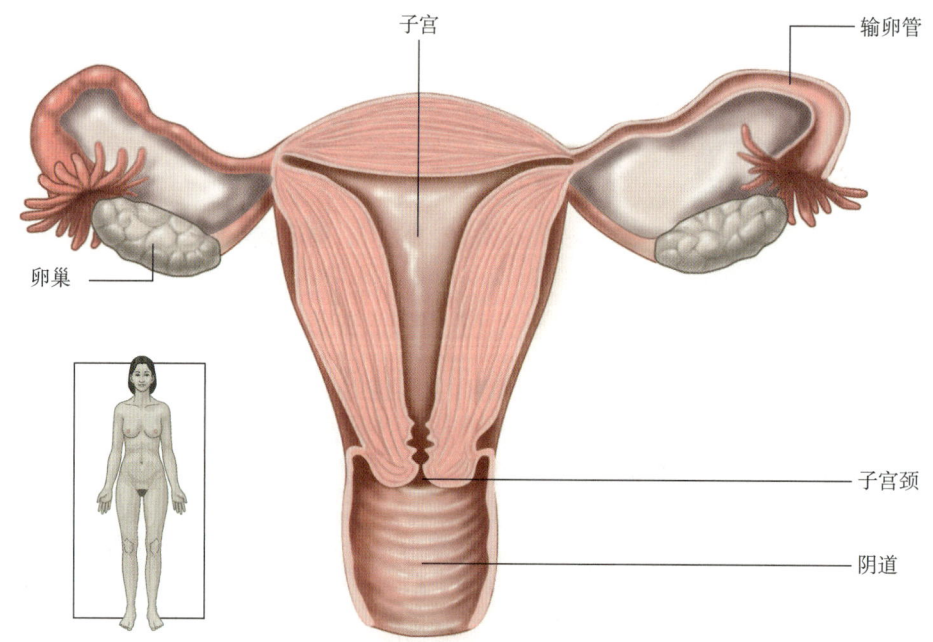

在每个月的月经期间脱落的是子宫内膜。

子宫的下部是**子宫颈**（cervix，简称宫颈）。子宫腔通过一个叫作宫颈口的小开口与阴道相连。子宫颈会分泌黏液，其黏稠度随月经周期的阶段而变化。一些女性学会通过检查宫颈黏液来估计**排卵**（ovulation）（即释放卵细胞）的时间。

阴道是一个中空的管道，从子宫颈通向体外。未经性唤起的阴道长约 7.5 到 12.5 厘米。通常情况下，阴道相当狭窄，但它很容易变宽，以容纳性交期间的阴茎、月经期间的卫生棉条、分娩期间婴儿的通过或盆腔检查。阴道具有一种独特的生理环境，由阴道壁不断产生的分泌物来维持。这些分泌物有助于调节阴道内正常存在的微生物的生长，还有助于清洁阴道。因为阴道有自我清洁功能，所以通常没有必要采取任何特殊的清洁措施，比如冲洗。太频繁地冲洗阴道通常只会破坏阴道天然的化学平衡，增加阴道发炎的风险。这种炎症被称为**外阴阴道炎**（vulvovaginitis）或阴道炎。外阴阴道炎的症状包括疼痛或瘙痒、阴道和外阴发红或肿胀、分泌物异常、排尿时不适或有灼烧感，有时还会有难闻的气味。

外阴阴道炎通常称为"酵母菌感染"。虽然酵母菌（通常是白念珠菌）会引起外阴阴道炎，但其他微生物如阴道毛滴虫、细菌和病毒也会引起外阴阴道炎。甚至阴道喷雾剂、杀精产品和其他化学品的刺激也会引起外阴阴道炎的症状。任何有外阴阴道炎症状的人都应该去看医生，以获得准确的诊断和治疗。

许多因素会增加女性对外阴阴道炎的易感性，包括抗生素的使用、情绪紧张、高碳水化合物饮食、怀孕或避孕药引起的激素变化、化学刺激物、润滑不充分的性交、被尼龙内衣和连裤袜"锁住"的热量和水汽。

外阴（vulva）包括女性所有的外生殖器结构——阴毛、皮肤皱襞、**阴蒂**（clitoris）、尿道口和阴道口（图8.4）。一对较小的内侧皮肤皱襞被称为**小阴唇**（labia minora），一对较大的外侧皮肤皱襞被称为**大阴唇**（labia majora）。阴蒂是高度敏感的性器官，位于阴道口的上方。

尿道（urethra）的开口，也就是尿液的出口，位于阴蒂正下方的阴道区域。尿道只有约4厘米长，且靠近阴道，因此很容易受到刺激和感染，即**尿道炎**（urethritis）。其特征通常为排尿时有灼烧感、尿频，尿液有时会因含血而呈橙红色。偶尔，进入尿道的细菌会经过较短的距离进入膀胱，造成膀胱感染，即**膀胱炎**（cystitis）。膀胱炎的症状与尿道炎相似。尿道炎或膀胱炎的出现，通常被称为**尿路感染**（urinary tract infection, UTI）。

尿路感染最常见的原因是性交引起的刺激，以及从肛门区域进入阴道区域和尿道的细菌（主要是大肠杆菌）。为了预防尿路感染，在（通过手或阴茎进行）性活动期间应注意，不要将肛门处的细菌带入阴道区域。建议女性在性交后立即排尿，穿吸水性强的棉质内裤或棉裆内裤，在排尿后按从前向后的方向擦拭尿道区域。

饮用大量液体来冲刷尿路中的细菌，以及饮用蔓越莓汁来防止细菌黏附在尿路内壁的细胞上，可以降低患尿道炎或膀胱炎的风险。如果发生尿路感染，建议不要饮酒，也不要摄入咖啡因和辛辣调料，因为这些物质可能会刺激已经发炎的尿路。此外，也不要使用阴道喷雾剂和冲洗剂。如果疼痛严重或尿中带血，请咨询医生。尿路感染可以通过药物成功治疗。

乳房（breasts）由嵌在脂肪组织的乳腺和乳管网络组成，受到怀孕、哺乳、避孕药及月经周期不同阶段的影响。女性乳房大小的差异，是由乳房内脂肪组织数量的不同造成的。女性乳房产奶组织的数量差异不大，因此，女性的哺乳能力与其乳房大小无关。

乳房上有许多神经末梢，它们对婴儿哺乳很重要。这些神经也使乳房对触摸变得高度敏感，许多

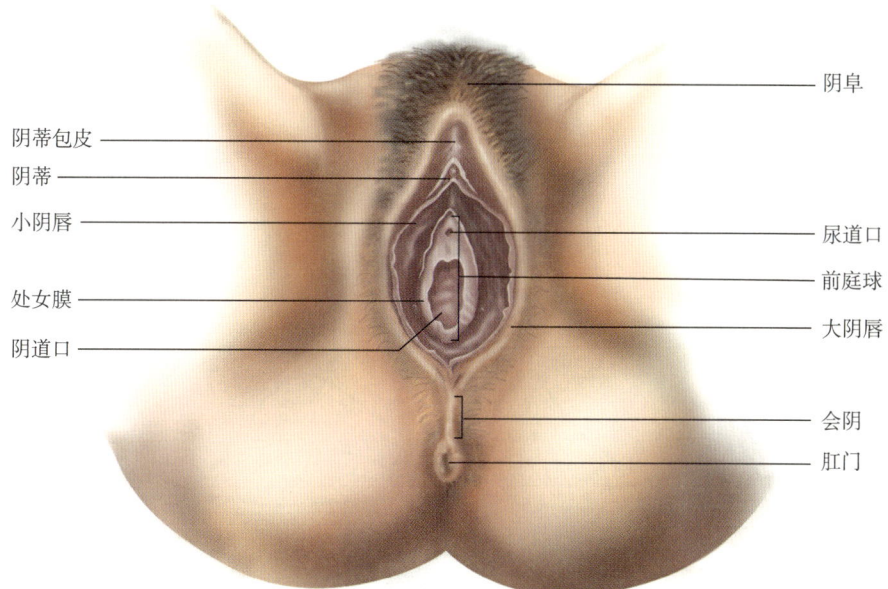

图 8.4 女性外生殖器

女性会从某些形式的触觉刺激中体验到性快感。性唤起、触觉刺激和低温会让乳头中的小肌肉收缩，导致乳头勃起。

生育或月经周期

大约每月1次，女性通常能制造1个可受精的卵子。制造卵子的时期被称为女性的**生育周期**（fertility cycle）（图8.5）。在生育周期女性的身体会经历由激素引起的多种变化，为怀孕做好准备。变化之一是**子宫内膜**（endometrium）增厚，以支撑怀孕的第一阶段。此外，子宫内的特殊血管也会扩张。它们的作用是把母体的营养物质带给胚胎，并在稍后的妊娠期把营养物质传递给胎儿。如果没有受孕，子宫内膜和特殊血管就会脱落，并通过阴道离开身体。这便是**月经**（menstruation）。在3到6天的时间里，女性会排出约15到45毫升的物质。两次月经间隔的时长称为**月经周期**（menstrual cycle）。

月经周期的长度和规律因人而异。大多数女性的月经周期约为28天。最常见的月经周期在24至35天之间，也可能更短或更长。月经周期可能不规律，即不同月经周期月经之间的间隔天数并不一样。不规律的月经周期在女性刚开始来月经以及她们在绝经期停止排卵时很常见。

月经周期由许多激素控制。源自下丘脑的激素会影响垂体分泌以下两种激素：**促卵泡激素**（follicle-stimulating hormone, FSH）和**黄体生成素**（luteinizing hormone, LH）。这两种激素通过女性的血液进行循环，促使卵巢分泌雌激素和孕酮，帮助女性的身体备孕。如果没有受精，子宫内膜所获得的激素支持就会停止，子宫组织会通过月经排出体外。

对一些女性来说，月经可能伴发令人不快的症状。例如，据估计一半女性会体验到腹部疼痛，通常称为"痉挛"。这在医学上称为**痛经**（dysmenorrhea），通常发生在月经第一天前后。尽管痛经有心理、解剖学和激素上的原因，但大多数情况下，痛经的发生是因为被称为前列腺素的天然物质导致子宫肌肉组织强烈收缩。前列腺素是在子宫内膜破裂时形成的。它们的作用可能是促进月经组织从体内排出。在某些情况下，痛经是由诸如子宫内膜异位症、盆

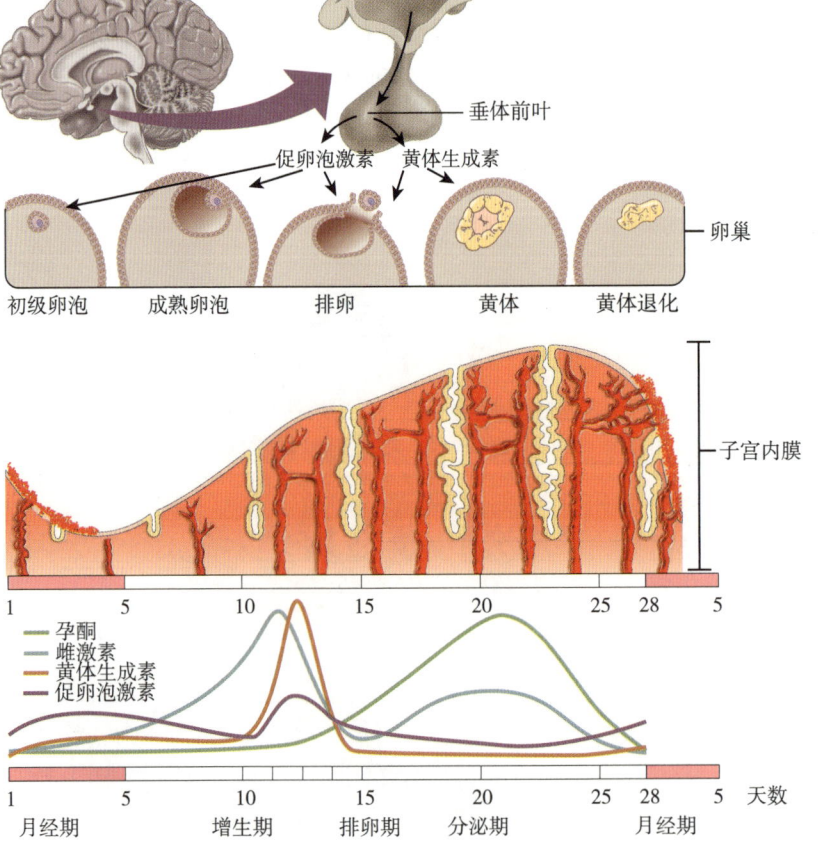

图 8.5　月经周期

月经期（第1~5天）：月经周期的开始，以月经出血的第一天为标志。增生期（第6~14天）：来自下丘脑的激素引起垂体释放促卵泡激素，再经血液循环到达卵巢，刺激雌激素的分泌和卵子的成熟。雌激素刺激子宫内膜和子宫血管的增生。排卵期（第14~15天）：卵子从卵巢排出。分泌期（第16~25天）：来自下丘脑的激素引起垂体释放黄体生成素，经血液循环到达卵巢，刺激黄体产生孕酮。孕酮刺激子宫内膜中产生营养物质的腺体的发育。下一个月经期：如果没有怀孕，激素水平就会下降，子宫内膜会破裂，月经就会紧随而至。

腔炎、子宫肌瘤和盆腔肿瘤等疾病导致的。

在许多情况下，服用非甾体抗炎药（如布洛芬）或不排出卵子，痛经可以得到缓解。这就是服用复合口服避孕药的女性通常可缓解痛经的原因。其他缓解痛经的方法包括：拥有一具灵活的身体、练习冥想或其他心理放松技术，或者服用降低前列腺素水平的药物。

另一个月经问题是随着月经临近和在月经来潮的头一两天，女性在感受和性情上的变化。多达70%的女性报告，她们在生命中的某个时期曾出现某些经前症状：可能包括头痛、背痛、疲劳、肿胀感、乳房触痛、抑郁、易激惹、不寻常的攻击性感受和社交退缩。随着月经开始这些症状几乎都会消失。约5%的女性的经前症状严重到足以导致**经前焦虑症**（premenstrual dysphoric disorder, PMDD），特征是明显的心境波动、抑郁、易激惹和焦虑。

月经前减少咖啡因、糖和盐的摄入量，增加运动量，增加维生素 B_6 的摄入量（每天 50~100 毫克），保证充足的钙摄入量（每天 1 200 毫克）以及服用某些药物，可以缓解经前症状（U.S. National Library of Medicine, 2013）。

还有一个常见的月经问题是**闭经**（amenorrhea）。闭经的定义是规律月经的中断或停止。月经停止最常见的原因是怀孕，但影响规律月经的因素还有很多。其中一些因素是：心理压力、抑郁、婚姻或性问题、疲劳、服用阿片类物质或抗抑郁药、焦虑、内分泌失调、营养不良（如热量极低的饮食）、神经性厌食症，以及极端的身体活动。

绝 经

初潮（menarche）是女性经历的第一次月经来潮。月经初潮的平均年龄在 12~13 岁，但也可能早至 10 岁或晚至 19 岁发生。**绝经**（menopause）是指排卵和月经的逐渐停止。

绝经期是卵巢停止产生卵子以及卵巢产生的激素大量减少的时期。因此，绝经的两个主要生理后果是：（1）女性不能再怀孕；（2）她们的身体可能会因雌激素分泌的减少而发生变化。许多女性约在 50~52 岁经历绝经。然而绝经也可能早至 35 岁，晚至 55 岁发生。绝经的年龄可能受遗传、社会和营养因素的影响，但与女性月经初潮的年龄无关。

绝经意味着女性生殖能力的终结。因此一些人认为，它也必然意味着女性的性兴趣和性能力的终结。虽然这一观点没有生理事实的支持，却会对女性（及其伴侣）的心理和身体造成巨大的影响。接受绝经是正常生活一部分的女性，能够继续保持性活跃。

虽然绝经会带来生理上的变化，其中一些变化还让人暂时感到不适，但重要的是，不要把绝经视为一种疾病（NIH Consensus Panel, 2005）。女性及医务人员将绝经疾病化的倾向，导致雌激素替代疗法（激素替代疗法）流行了 30 多年。这一疗法曾经被视为安全的，但最终被证明会增加个体罹患心脏病和癌症的风险。如今，激素替代疗法只用于出现与绝经有关的特定症状的女性。一些女性发现，非药物的替代品（如大豆蛋白、异黄酮提取物以及天然食物）可以缓解绝经症状（Franco et al., 2016）。

男性的生殖系统解剖结构

男性的生殖系统解剖结构包括：两个**睾丸**（testes），即制造精子和性激素的部位；一系列彼此相连的输精管道，它们源于睾丸，经过骨盆，终止于阴茎的尿道；产生精浆的腺体；**阴茎**（penis）（图 8.6）。

睾丸位于悬挂在男性体外的皮肤囊袋即**阴囊**（scrotum）中。在胚胎期，睾丸在体内发育，但在胎儿即将出生前，它们会下降，落到阴囊中。阴囊内的睾丸温度比体温低一些，这是制造有生殖能力的精子的必要条件。通常情况下阴囊松弛地挂在体壁上，但低温、恐惧、兴奋或性刺激可能会使它更靠近身体。一个睾丸通常比另一个要高一些。

当男性射精时，精子经输精管道被推动，然后从阴茎排出。这是由输精管道的平滑肌和骨盆肌肉的收缩所致。在精子离开身体的过程中，会与**精囊**（seminal vesicles）、**前列腺**（prostate gland）和**尿道球腺**（Cowper's glands）分泌的精浆混合，形成**精液**（semen）。精液是射精时排出的乳白色胶状液体。每次射精约有 3 亿个精子和 3 到 6 毫升的精浆。精浆占精液总量的 95% 或更大比例。

阴茎通常是柔软的，一旦男性变得性兴奋，阴茎内部组织便会充血，阴茎则会变大并勃起。所有男性阴茎的末端天生就有一层覆盖的皮肤皱襞即**包皮**（foreskin）。如今在美国，父母可以在男婴出生后几小时内选择外科手术切除包皮。切除包皮的手术叫作**包皮环切术**（circumcision）。虽然包皮环切

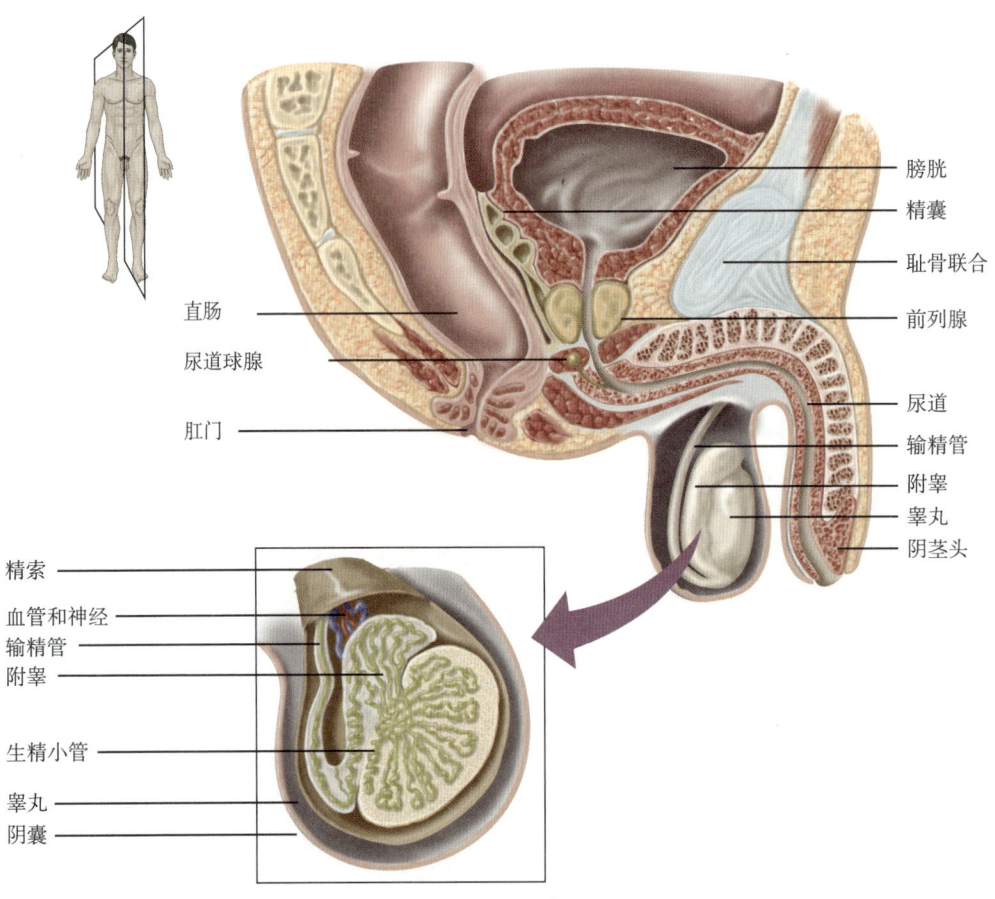

图 8.6 男性的生殖器官

术可能降低阴茎癌以及向性伴侣传播性病的风险，但是美国儿科学会不推荐常规的新生儿包皮环切术（American Academy of Pediatrics, 2012）。切除包皮确实可以消除**包皮垢**（smegma）的积聚。包皮垢是一种在包皮下堆积的白色奶酪状物质。包皮环切术会因暴露阴茎头而导致性唤起增强，以及会导致失去延迟射精能力的观点，都是无稽之谈。对大多数男性来说，包皮环切术对性唤起和性活动均没有影响。

性：心理维度

性的心理维度包括：个体的情绪，最常见的是喜悦、兴奋、愉悦、爱和温情；有意识和无意识的信念，它们指导个体对经验做出解释，并引发旨在满足个体性和关系需要的行为。这些信念包括个体对自身社会和性吸引力、自我价值的评估以及适当的态度和行为。

它们还包括一些信念：有关什么是"自然的"、美丽的和美好的；对性活动而言，什么行为被视为"适当的"；可以在何时何地发生性行为；谁可以合法与谁发生性行为。某些信念为个体所独有，而另一些信念则为群体所共有。有时，一个社会的共同信念会被写入法律，例如禁止卖淫。

信念是通过**社会化**（socialization）获得的。社会化是社会群体向个体传递态度和行为期望的过程。个体经由社会化了解性对他们所在群体成员的意义。社会化的影响因素包括父母、同辈、家庭、学校、职场、宗教和大众媒体。

性　别

性别（gender；该词源自拉丁语 genus，意思是"类型""种类"或"类别"）是指个体将自己归类的倾向，以及社会群体基于个体的生理性别在社会、心理、行为甚至道德上进行归类的倾向。性别是一个复杂的属性，包括有关每一生理性别成员假定基本特征的信念（性别刻板印象），基于生理性别的社会期望（性别角色），以及个体自我感的基本组成部分（性别认同）。

性别刻板印象是关于男性和女性的"自然"或"典型"特征的信念。例如，相信男性有攻击性、有逻辑、独立和不情绪化，以及相信女性是愿意合作的、靠直觉的、依赖的和情绪化的。性别刻板印象通常导致群体对不符合公认刻板印象的个体持负面态度，继而对其羞辱。例如，男孩玩洋娃娃可能会被人嘲笑为像个小姑娘；女孩打橄榄球和爬树可能会被嘲笑为假小子。几乎所有社会群体都有性别刻板印象。

性别角色包括两性受社会赞许的行为期望。例如，社会期望男性从事体力劳动或成为机构领导，而女性则要结婚、照顾配偶和子女的情感和身体需求，即使外出工作赚钱也要料理家务。

性别认同是个体对自己作为男性、女性或无性别人士的心理感受。性别认同很可能主要由产前性类固醇激素，以及其他作用于大脑核心结构的神经因素所决定。后天的教养和社会环境因素也可能起一定的作用。大多数人的性别认同在两岁时形成，而且往往不会改变。尽管某些个体有时会假装另一个性别或无性别，但他们的性别认同并不会改变。

个体的性别认同往往与其生理性别一致，此即顺性别。然而，少数个体的性别认同部分或完全与其生理性别不一致，此即跨性别。后者即使在孩童期也完全和真切地认为，自己"困"在另一种生理性别的身体里。他们经常穿得像异性，玩异性的典型玩具，而且更喜欢异性玩伴。作为青少年和成年人，他们可能拒绝接受自己的生理性别，穿着和行为都像异性一样。成年的跨性别者可能服用激素和/或接受手术，以获得符合其性别认同的身体。跨性别者并非精神疾病患者，但他们可能因置身于不接纳他们和充满敌意的环境而感到焦虑和抑郁（Dhejne et al., 2016）。

有些人把自己的性别称为"Q"，指代英文"Questioning"（存疑）或"Genderqueer"（性别酷儿）。存疑是指不确定自己的性别认同。性别酷儿是指不接受传统性别认同的二元定义（男性或女性），而支持更灵活、非二元的定义。非常规性别、双性别、非二元性别或流动性别，是指其他不仅仅以出生时被赋予的性别或其他传统性别来定义性别认同的术语。

性：取向维度

性取向（sexual orientation）是指个体在性和浪漫关系上被特定性别的成员所吸引的倾向。同性取向者被称为同性恋者；异性取向者被称为异性恋者；对两性皆有倾向者则被称为双性恋者。据估计，5%~10%的成年人是绝对的同性恋者。一些调查发现，大约50%的人有过同性性经历，通常发生在儿童期和青少年期，那时性尝试很普遍。许多人说他们被同性别的人唤起了性欲，但却没有基于这种感受而行动的欲望。

美国文化传统上禁止同性的性关系和亲密关系，并坚持认为它们是错误的、不道德的、非自然的，或者是心理疾病的征兆。美国心理学协会和美国精神病学协会都不认为同性取向是精神疾病。科学研究并未发现任何导致同性取向的遗传、激素或代谢异常。性取向模式形成和发展的潜在神经心理机制尚不清楚。可以肯定的是，性取向基本上不是个体选择的结果。对任何个体来说，它似乎是"天生的"。

总的来说，同性亲密关系与异性亲密关系很相似。一个可能的例外是，同性亲密关系涉及较少的性别刻板行为。一些同性关系较为随意，并不涉及长期承诺；而另一些同性关系则涉及深刻和持久的情感承诺和性排他性。性取向本身并不影响人们对爱和被爱的渴望，也不影响人们对承诺、充满关爱的关系的渴望。

近年来，女同性恋者、男同性恋者、双性恋者、跨性别者和性别酷儿组成了所谓 LGBTQ 群体的社会政治团体。该团体及其支持者倡导 LGBTQ 群体也应享有《独立宣言》和美国宪法赋予所有公民的法律权利和社会接纳。

人们有时会混淆跨性别、异装癖和同性恋。

- 跨性别单纯是指性别认同，以及这种自我感觉是否与自己的性解剖结构一致。
- 异装癖是指在外表上打扮得像异性。社会通常规定了男性和女性应当如何着装、是否应佩戴珠宝以及何种珠宝、身体艺术的类型以及头发的长度。例如，某个性学教师可能穿男士西装、留短发、用男中音说话，并坚持要他人称自己"某某先生"，甚至可能讲述暗示男性典型历史的个人故事。但是这些都不能向学生确保，他们老师的生理性别和/或自我认同为男性。

同性婚姻：社会和健康问题

个体健康的一个重要组成部分依赖于可以在社会无惧地生活，相信所有人的基本权利都能得到保护。然而在许多国家，同性取向者会因为遵循其生理本性生活而面临监禁，甚至合法处决的风险。尽管美国并没有因同性恋者渴望与生理性别相同的人建立亲密关系并进行性活动，就将他们监禁，但在许多其他国家这些人仍然面临着社会排斥、言语辱骂和身体虐待。始终生活在被攻击的恐惧之中会导致严重的健康问题。

由于婚姻是一种基本的社会制度，已婚者因而享有很多法律和社会福利，这有助于他们的健康与幸福（它所提供一系列的好处见方框中的文本）。然而在美国历史上，同性伴侣却被剥夺了合法结婚的权利，他们同样希望获得合法婚姻的好处，希望得到陪伴、亲密、健康的性表达，希望获得家庭生活的安全和快乐。在2015年6月，美国联邦最高法院裁定，在全美范围内（不论何处司法管辖区），同性个体之间的婚姻是合法的，确认了同性伴侣结婚的法律权利。该项判决使美国与其他许多承认同性婚姻合法的国家保持了一致。

对美国的许多人来说，获得婚姻的合法权利和益处并不容易。反对同性婚姻在很大程度上源于同性恋恐惧症和同性恋的有罪化。在美国的许多司法管辖区，同性之间的性活动由于鸡奸法的存在，数十年来都是一种犯罪行为。这些法律还将异性恋个体之间某些主观认定的"非自然"的性行为规定为犯罪行为。鸡奸法在许多州都有效，直到2003年美国联邦最高法院宣布其违宪。除了鸡奸法，在美国历史上与禁止同性婚姻的法律类似的还有反异族通婚法。反异族通婚法禁止白种人与亚洲人、非洲人或美国原住民等非白种人结婚，完全是基于对非白人的歧视和排斥。随着时间的推移，各州认识到并开始拒绝反异族通婚法的根基——种族主义。1967年，美国最高法院在"洛文诉弗吉尼亚州"一案中裁定反异族通婚法违宪，这些法律最终被废除。

同性婚姻的法律地位表明，大多数美国人接受这样的原则，即因为性取向、肤色或宗教信仰而剥夺他人的基本权利是不可接受的。

合法婚姻的好处：
- 有人陪伴，情感上有安全感，生病时有人照料。
- 合法的社会融入。
- 配偶生病时有医院探视权。
- 有资格获得已婚者享有的税收优惠。
- 获得配偶/家庭医疗保险。
- 已故配偶的金钱和财产继承权。

- 同性恋是个体在性上被生理性别相同的成员所吸引，并通常渴望对其产生情感依恋的倾向。同性恋者的性别认同几乎总与其生理性别一致。男同性恋者和女同性恋者都不认为自己是另一性别的成员，他们也不希望如此。

性：行为维度

性的行为维度包括旨在带来性体验的活动。尽管性活动通常涉及生殖器的刺激和反应以及性高潮，但性活动实际上也包括亲情、喜爱、快乐、亲密、性兴趣和欲望等感受，能够发现并创造自己和伴侣的性快感，评估和解释性活动对自己、伴侣及伴侣关系的影响。需要注意的是，与营造性快感或人际亲密无关的欲望也可能激发性活动（**表8.1**）。

一般来说，性活动需要个体对营造性体验感兴趣。北美成年人的性兴趣被期望的强烈且频繁的，实际上人们对性活动的渴望在不同个体和伴侣之间是不同的，而且还会随着时间推移而变化，并受人际和心理因素的影响。各种身体和心理状况也会影响性兴趣。例如，许多女性报告，在分娩后的最初几周内她们的性兴趣曾短暂地丧失。抑郁和躯体疾病也往往与性兴趣的丧失有关。

有性欲未必意味着个体会发生性行为。人类的性行为不是"反射性的"；当个体感到"性兴奋"或有性机会时，性活动未必会自动发生。与此相反，性行为是做了决策后的结果（性胁迫和性侵害除外）。

同意发生性行为涉及对性事发生时社会情境的考量。社会有管理性活动的规则和规范。个体不被允许与任意一个人或在任意的社会情境中发生性关系。即使置身于社会允许性活动发生的情境或关系中，并且有性机会，个体也可以通过评估当时身体和情感的感受、当前情境下自身进行性行为的个人准则，以及当时发生性行为会如何影响自身和关系的预期，来决定"可以""不可以""现在还不可以"

表 8.1　美国大学生报告的性活动理由

理由	示例
繁衍	为了生孩子
好奇与冒险	这会是什么感觉？ 那个人是什么样的人？ 和 ___ 在一起 ___ 会怎样？
性释放	感到"性兴奋" 释放性紧张
爱／亲密	像夫妻一样交流 为了表达爱 为了感受情感上的亲密
其他原因	为了证明自己有女人味／男子气概 为了维护关系 义务 为了控制他人 为了虐待他人 为了赚钱 为了释放压力 为了解闷 为了缓解孤独 为了开心 为了提供／获得慰藉 为了获得成就感 为了证明自己有吸引力 为了证明自己的成人身份 为了获得／维持社会团体的接纳（同辈压力）

或"也许可以"发生性关系。

性唤起与性反应

性唤起的产生并无定式。每个人都有自己的偏好。在人们认为适合发生性行为的情境和环境下，大多数人都会对某些特定方式的触摸产生性反应。几乎所有人身体的某些部位都是高度性敏感的。这些部位是性感区，包括生殖器、乳房、肛门、嘴唇、大腿内侧和口腔。

当个体性唤起时，大脑和神经系统做出反应，从而让身体为性活动做好准备。来自大脑的冲动通过脊神经传递到身体各个部位，导致许多骨骼肌紧绷 [**肌强直**（myotonia）]，血液流动模式改变 [**血管充血**（vasocongestion）]（尤其是骨盆处），心率、血压和呼吸频率增加，总体兴奋水平和性欲提高。

酒精：危险的社交／性润滑剂

你认识多少人认为他们需要喝酒才能玩得开心？可能有很多。许多学生表示：他们会喝酒来消除自己参加聚会或其他社交活动的紧张情绪，或者他们需要喝酒来缓解自己对性活动的紧张或拘束感。靠饮酒缓解焦虑的问题在于，酒精削弱了其他生理过程和抑制反应，而这些通常会保护我们远离危险。所以，如果你需要微醺或喝醉才能过性生活，那么请考虑以下几点：

- 酒精会抑制身体的性反应能力，因而影响勃起、润滑和性高潮。
- 喝醉酒会削弱你感受性愉悦的能力，甚至会让你意识不到自己在做什么。
- 你可能会与一个你原本不会与之有性接触的人发生性关系（喝酒之后感觉他人更有性吸引力）。
- 你为性侵犯创造了条件。
- 很容易意外怀孕。
- 你可能会忘记采取安全的性行为，因而增加感染艾滋病病毒／艾滋病或其他性传播疾病的风险。

男性骨盆处的血流量增加会导致阴茎勃起。阴茎变大的原因是内部的海绵体组织充血。而女性骨盆处血流量的增加会导致阴道润滑以及阴蒂和阴唇肿胀。阴道润滑是由阴道壁分泌的液体引起的。阴蒂和阴唇肿胀则是由其内的海绵组织充血引起的。某些女性因性唤起引起的血流变化也会导致乳房肿胀。

无论何种类型的性刺激，男性和女性的生理反应都是相似的，遵循**性反应周期**（sexual response cycle）模式，包括以下 4 个阶段（图 8.7）。

- 第 1 阶段：兴奋期。该阶段个体会体验到任一来源的性唤起，身体会做出特定的变化反应，包括男性阴茎勃起、女性阴道润滑以及阴蒂和外生殖器肿胀。
- 第 2 阶段：高原期。兴奋期出现的生理变化在该阶段趋于平稳，但性唤起的主观感受往往还会增强。
- 第 3 阶段：高潮期。兴奋期和高原期累积的紧张在该阶段得到释放。

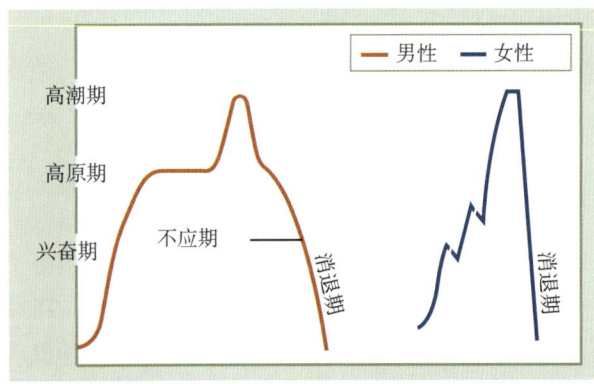

图 8.7　性反应周期

改善性体验的小贴士

- 刺激整个身体来创造快感，而不只是刺激生殖器。
- 改变刺激的方式和强度，允许感觉的起落变化。
- 尽量不要将性等同于工作。
- 预留没有干扰和烦心事的时间，关掉手机，锁上门来确保隐私。
- 在性活动开始之前，将自己切换到开放而有效的性唤起"频道"。令人满意的性爱并非只是涉及身体的机械活动，而是身心能量的一种融合。请消除与性有关的负面能量，如饥饿、疲劳和愤怒，利用深呼吸或其他放松活动将你的能量集中在性上。
- 留意你和伴侣在性活动准备状态上的差异。在性活动开始之前，请尝试通过谈话、轻抚、跳舞、按摩等方式来同步双方的性唤起状态。
- 在性活动开始之前消除有关避孕和性传播疾病的担忧。
- 别着急，慢慢来。
- 用言语或非言语的方式向伴侣表达你的好恶。
- 不要只关注性高潮，请学着通过触摸身体的各个部位来享受诸多的性感觉。
- 任何一方都可以在性交之前或之后，通过手、口或其他刺激手段达到性高潮。
- 性活动不必在一方达到性高潮后就停止。如果双方都同意，做爱可以继续，直到双方都希望停止。
- 在某一特定的性活动期间，伴侣双方可能都不渴望性高潮。用身体表达爱和关心不需要性高潮。

- 第 4 阶段：消退期。该阶段身体恢复生理上未受刺激的状态。消退期可能包括一段不应期，即无法出现性高潮和射精的时期（从几分钟到几天）。

无论是男性还是女性，性反应周期的程度和持续时间都有着相当大的个体差异。在同一个人身上，性反应的特征甚至也会有变化，因为每次性事件并不一样。

性高潮

当性唤起累积到一定程度时，相应的性紧张就会通过**性高潮**（orgasm）释放出来。女性和男性的性高潮反应通常都与骨盆肌肉的节律性收缩、面部和四肢的肌肉紧绷及愉悦感有关。最常见的情况是，男性会在性高潮时射精。不过，男性也可能在没有射精的情况下体验到性高潮，反之亦然。媒体一直在宣传这样一种错误观点：当男性或女性达到性高潮时，钟声响起、地动山摇、灯光闪烁、呻吟阵阵，可性高潮往往是安静的。

性高潮的体验因人和经历的不同而异。所有人都因唤起程度的不同而有所谓的"大高潮"和"小高潮"。有时，如果个体没有体验到足够强的性唤起，或者太累、太紧张，抑或生病，就可能达不到性高潮。

我们的社会以成就为导向，以一定的标准（尤其是性高潮）来衡量性活动是否成功已变得很普遍。例如许多人认为，"成功"是由女性在一次性行为期间性高潮出现的次数所决定的。按照此标准，一个"成功"的男性可以延迟射精，直到他的伴侣至少有一次性高潮，最好是多次；而一个"成功"的女性，可以在每次性行为中都有不止一次的性高潮。不能"制造"适当数量的性高潮的男人和女人，可能会被他们自己和其他人错误地贴上"性无能"的标签。当人们过度关注性事的"成功"或"良好表现"时，他们在心理上就会与性活动脱离。他们不能完全沉浸于性体验之中，而是转移注意力来观察自己的性行为。这被称为**旁观**（spectatoring）。

手　淫

手淫（masturbation）是产生性唤起且通常会达到性高潮的自我刺激。尽管在许多文化中，社会和宗教都认为手淫是不适当、不道德或反常的，但在全世界手淫仍很普遍，甚至其他动物物种也会有手淫。

许多人发现手淫是他们性生活一种有益的性刺激方式。人们手淫的原因很多，与他们同伴侣进行性活动的原因类似：为了体验性快感、缓解身体紧张、产生放松感、助眠，而与伴侣一起手淫则是为了营造亲密感和联结感。人们通常发现，手淫是理解如何在性方面取悦自己的好方法。

长期以来，一直谣传手淫会对个人造成一些有害影响，包括脱发、精神错乱、长粉刺和疣、人际关系不睦以及不孕不育。没有任何证据表明这些说法是正确的。从生理上讲，只要没有对受刺激的器官造成损伤，手淫就是无害的。

禁　欲

尽管某些人可能有性方面的兴趣和欲望，但他们可能不进行性活动。由于宗教原因，某些人会终身禁欲（即一辈子不结婚）。有人也可能在婚前不与人发生性关系，原因包括：他们想避免意外怀孕或性传播感染；感觉在情感上还没有为性或亲密做好准备；对性关系抱有消极态度；由于过往性虐待或性侵犯经历而出现性行为困难；以及/或者希望避免随意性行为导致的不良后果（Napper et al., 2016）。对那些有性经历的人来说，有节制地避免性行为可以为他们提供健康的"暂停时间"。例如，当个体从躯体或情感疾病或者严重丧失（如爱人离世或失恋）中恢复时。

有些人发现禁欲有助于失恋恢复。在没有性互动常伴有的强烈情感状态下，情感创伤愈合得似乎更顺利。

禁欲还有利于个体建立一套新的个人和两性关系体验。通过避免性行为通常伴有的亲密，禁欲是发现人际关系新维度的一种好方法。没有性（或寻找性伴侣）的干扰，个体可以专注于自我发展、事业或学业，把主要精力放在友谊上。新的浪漫关系可以在关系初期没有性压力的情况下建立，因而能容许双方在发生性行为之前建立信任和对彼此的关心。

性困难

许多人期望性行为总令人兴奋和满意，任何不足都令人担忧。然而，生活充满了变数，事业或养育子女的要求或者偶尔的疾病有时会导致个体暂时丧失性兴趣或性能力（**表 8.2**）。这种性方面的变化

性沟通小贴士

尽管性是亲密关系非常重要的内容，但关于性话题的沟通却可能很困难。许多人认为性是私密或"肮脏"的，不适合讨论。有些人除了知道些性俚语之外，对其他性词汇一无所知。他们与亲密伴侣谈及这些词汇时感到不自在。此外，一个常见的爱情神话是，恋爱中的双方凭直觉就能知道彼此的感受和欲望，因此谈论性是不必要的。

有时候，姿势、触摸和眼神都可以传达性信息。但是，这些非言语的线索有可能被忽视或误解。言语沟通则能减少误解和情感受伤的风险。在一段关系的早期就谈论性可以防止消极模式的产生，尤其是能打破"谈论性是不好的"这种默认的假设。

如果你谈论性感到很困难，那么将你的不安告诉伴侣可能有帮助。你可以这样说："我们关系涉及性的方面对我来说很重要，但我谈论这个问题时感到很紧张（或不舒服、害羞等）"或"有件事我想谈谈，但这对我来说很艰难。我想试一试。不过在此之前，我想请你一开始只是倾听，先不要评论。"

然后，你可以分享你个人和家庭涉及性和性谈话的历史。你可以描述你的家庭和同辈群体如何处理关于性的话题，你如何学习性词汇，以及你现在对谈论性的态度。最终，你能舒适地谈论你们关系中具体的性方面。

是正常的，通常会慢慢地恢复。但持续的性困难可能表明，个体有必要去咨询健康专家。

缺乏兴趣　心理治疗师和咨询师把性兴趣缺乏称为性欲低下或性厌恶。注意，它可由以下原因引起。

1. 潜在的性交困难。伴侣一方或双方在进行性活动时身体可能有一些困难：男性可能无法勃起或不能保持勃起，女性可能在性交过程中感到疼痛。这类问题使性活动对一方或双方来说都很痛苦，使他们最终失去性活动的兴趣。

2. 没有表达自己的好恶。一方可能觉得性行为的某些方面令人不满，却没有将此传达给另一方。怨恨和不悦可能会逐渐累积到使个体失去性兴趣的程度。

3. 无聊。就像任何事情都将变得可预测和常规化

表 8.2　导致性困难的因素

因素类型	示例
器质性因素	任何种类的疾病
	内分泌、血管和神经性疾病
	疲劳或心理—内分泌应激
	药品和娱乐性药物（毒品）
价值观、信念和态度	有关性的负面价值观
	性是肮脏的；性是罪恶的
	生殖器（尤其是女性的）是肮脏的
	女性不应当享受性
	男性应当永远对性有兴趣
	男性应当永远拥有性能力
	对性的狭隘定义
	性等于阴茎进入阴道的性交
	目标取向（性等于性高潮）
	表现期望
人格和经历	低自尊
	情绪问题（焦虑、抑郁、悲痛）
	先前遭受过性虐待
	糟糕的身体意象
关系因素	对亲昵行为感到不适
	关系存在问题
	害怕怀孕或性传播疾病
	性取向

一样，如果总以同样的方式在同一时间做爱，也将变得无聊。这与其他活动一样，老话说得很对："变化是生活的调味剂。"

4. 压力、疲劳和抑郁。由工作或其他责任导致的情感耗竭，或者处于"消沉"或"忧郁"等心境下，会影响性欲。
5. 酒精和毒品。频繁饮酒和吸毒会降低性欲。饮酒和吸毒还会让伴侣感到厌烦，因为伴侣不想与醉酒或吸毒的人做爱。一些药品也会降低人们对性行为的兴趣。
6. 怀孕和孩子。在怀孕和养育孩子的过程中，责任的增加和私人时间的减少，会降低夫妻对性活动的兴趣。忙碌的夫妻必须努力安排相处的时间（以便进行性活动和其他活动）。
7. 敌意和愤怒。双方未解决的冲突是性兴趣丧失的常见原因。与让你生气的人亲密相处可能很困难。
8. 外表的改变。一旦关系确定，有些人就开始不再在乎自己的外表，这可能会降低其伴侣的性兴趣。
9. 躯体疾病。躯体疾病会导致一些人认为，他们不应该进行性行为。例如，有心脏病史的男性可能会害怕做爱，因为畏惧心脏病再次发作。

勃起问题　难于勃起或保持勃起的原因包括：骨盆区发生血管疾病、生病或受伤、压力或抑郁；吸烟、饮酒，使用大麻、阿片类物质或其他娱乐性药物（毒品），以及吃药（包括治疗神经系统疾病和高血压的药物）；还有对性表现的恐惧（包括对自己勃起能力的焦虑）、对怀孕或感染性传播疾病的恐惧，或者不愿与特定的伴侣发生性行为。性咨询和/或服用增加阴茎血容量的药物（如伟哥、西力士）是常见的治疗方法。

射精过快　射精过快或"早泄"是指男性一直或反复在自己或性伴侣所期望的射精时刻之前射精。据报道，25% 的美国男性有射精过快的问题。20~40 岁的男性群体该问题最为常见。因为射精是一种反射活动，所以男性通过练习能学会像控制膀胱功能一样自主控制射精。控制射精的关键是觉知预示即将射精的身体感觉，然后根据个体自身的需求，调节性唤起程度。多种咨询技术可以帮助男性学会控制射精。其他方法包括降低对阴茎的刺激（使用避孕套、局部麻醉剂）或者服用选择性 5-羟色胺再摄取抑制剂，它们可以延迟射精（McMahon et al., 2013）。

性交疼痛　女性的性交疼痛可能源于阴道感染、性交前阴道润滑不足（通常是性唤起不足的结果），以及焦虑引起的阴道周围肌肉的痉挛（这会使阴道在被插入时疼痛）。与性交有关的另一个疼痛来源是，女性骨盆或男性阴囊的一种深度的隐痛感。这种疼痛是由性唤起引起的骨盆区充血导致的。性高潮通常能使充血消退，但缺乏性高潮会导致血液滞留，引起不适和疼痛。

性高潮困难　男性和女性在体验性高潮方面都可能发生困难。大多数情况下，这是性唤起不足的结果。原因可能是个体厌恶某个特定伴侣、害怕怀孕或性传播疾病、恐惧情感释放、缺乏信任或对性快感抱有消极态度。

性：关系维度

大多数人发现，性活动与以爱、亲密和情感亲近为特征的人际关系会相互影响。有性关系的人会以特殊的方式相互分享，他们不会与朋友（即使是密友）这样分享自己。他们会赤身相对；彼此爱抚；营造强烈的情绪；在肉体上结合。

亲密是对另一个人有亲近、信任和坦诚的感受。它让我们知道，我们内心深处的自我可以分享给他人，无须害怕受到攻击或情感伤害，我们可以在最深层的意义上被他人理解。

亲密关系会强烈影响个体对活力和幸福的感受。当一段亲密关系进展顺利时，它可以引发强烈的情感满足，这几乎是其他任何体验都无法比拟的。那些处于真诚的支持和关爱关系中的人，往往对生活的和谐和美妙充满信心。另一方面，当一段亲密关系磕磕绊绊时，人们可能会满怀忧郁，除了考虑自己的不幸之外，无法进行任何思考。他们可能会生气、沮丧、焦虑或心烦意乱，有时甚至无法正常工作和学习。

许多人错误地将真正的亲密等同于性交。这种误解源于爱情和关爱都是与亲密有关的感受。但是，亲密只是一种感受，而不是行为。它是两个人之间关系的质量——他们个人生活的共同体验。身处亲密关系中的人可能选择用性来表达他们的亲密感受，也可能不这样做。

亲密关系的生命周期

亲密关系的发展往往经过以下3个阶段：（1）选择伴侣；（2）发展亲密；（3）建立承诺。然而，在亲密关系能够发展之前，伴侣双方都必须在心理上对进入和维护这段关系持开放态度。有些人选择不与人建立亲密关系，原因可能是他们希望把精力投入学业、工作或自我发展上，或者他们觉得亲密关系会让他们分心或带来心理威胁。在某些情况下，过去的生活经历会让一些人害怕情感亲近，这可能会阻碍亲密的建立。其中一些人会反复尝试建立关系。然而如果没有亲密的元素，这些关系很可能会失败。

影响亲密伴侣选择的因素包括：

- 邻近性。人们最可能与离自己较近的人变得亲密。
- 相似性。相似的年龄、宗教信仰、种族、教育、社会背景、态度、价值观和兴趣等因素在两个方面影响亲密关系的可能性。它们既影响邻近性，也反映了社会容许的同辈亲密关系的规范。例如，人们对跨种族亲密关系及年龄差距过大的亲密关系持有偏见。大学为学生们提供了较易找到合适人选的机会，因为它们把年龄、智力、期望和价值观相似的人聚集在了一起。
- 外貌。外貌是从众多合格人选中挑选理想亲密伴侣的线索。那些被评判为"有吸引力"的人，人们往往也觉得他们善良、善解人意和深情（"美即是好"）。与外貌有吸引力的人结为伴侣可以提高个体的社会地位和自尊。

发展亲密

大多数人希望他们的亲密关系能培育出亲近感、积极关注和温情，并熟悉另一方内心深处的想法和感受。彼此这种深刻的了解来自同对方分享自己个性最重要且通常最秘密的方面——自己的目标、抱负、优点、弱点及身体和性的欲望。这类私密信息的分享被称为**自我表露**（self-disclosure）。

当大学生相识之初时，他们通常很少披露自己的私密信息。他们会谈论天气、体育、电视节目、名人或政治。他们也会谈论教授、学生或其他相识之人的八卦。他们彼此会问一些经典的引导性问题：你来自哪里？你是做什么的？你的专业是什么？他们面对这些问题的次数是如此之多，以至于变得擅长于在自己舒心的前提下收放自如地表露自己。当他们开始谈论自己的个人经历、当前的生活问题、

对于所有年龄段的人来说，亲密都是人类的基本需要。

亲密始于一起做有趣的事。

> 女性在随意逛街购买香水时，问得最多的问题是："什么香味会让男人疯狂？"经过多年的深入研究，我们知道了确切的答案——那就是培根的味道。
>
> ——约翰·兰彻斯特

希望和抱负以及恐惧和个人失败时，他们就开始表露重要的信息，这些信息之所以重要，是因为表露这些信息容易让他们受到伤害。大多数人只与他们已经相当信任的人谈论他们最深切的感受。

亲密是通过彼此逐步吐露内心深处的想法建立起来的。心理学家把人的内心比作洋葱——从外到内有很多层。随着人们彼此了解得越来越多，他们穿透对方一层层的内心，认识也越来越深刻，亲密由此建立。另一种观点则把亲密的发展比作剥洋蓟叶。分享自身信息的阻力和障碍，就像洋蓟的叶片；随着亲密的发展，亲密之人会逐渐剥掉这些叶片接触到对方的"心"。

自我表露通过两种方式促进亲密的发展。第一种方式是你往往会受表露的信息的积极或消极影响。如果你做出了积极的判断，你很可能会想继续与那个人互动。因为你相信未来的互动将同样甚至更加积极。同样的逻辑也适用于消极判断。如果你的反应是不愉快，那么你很可能会终止这段关系，或者可能将它保持在更低的亲密水平。

自我表露促进亲密的第二种方式是自我表露这一行为本身。无论表露的信息是什么，它通常都会引起相互的自我表露。通过分享重要的信息，你向对方传达了你信任他的信号，而对方通常会接受你的信任，并变得更愿意表露信息。如此亲密得以循环往复地逐步发展：自我表露导致信任，而信任又带来了自我表露，从而导致更大的信任，如此持续下去。

建立承诺

经过一段时间的自我表露，人们可能会觉得他们的关系已经发展到"我们"的状态。这种状态已经成为一种特殊的友谊、一种爱情关系，或者说一种有婚姻特征的关系。这种"我们"的状态是承诺中的一种，承诺共有3个方面：

- 行动、誓言或许诺。个体做出承诺，因而明确地宣布自己的意图，即使只对伴侣一人宣布。各种信守承诺的社会价值观和规范，以及违背承诺所导致的内疚和自尊的丧失，都是促使个体信守承诺的"推动"因素。如果承诺涉及某种社会仪式（即婚礼、订婚），那么家庭、朋友和国家会成为额外的"推动"因素。
- 一种义务感或情感驱使的状态。这种状态包括一系列的情感，比如爱、安慰、关心，以及缓解分离焦虑和孤独。
- 不愿考虑现有伴侣以外的人。现有关系的回报超过了寻找其他亲密机会的成本。

终 止

宇宙中的一切（甚至宇宙本身！）都有始有终。亲密关系也一样。有时，一段关系只持续几分钟；有时则持续到其中一方去世（即使到那时，这段关系可能仍然"活"在另一方的心中）。有时，一段亲密关系的结构依然存在，但亲近和活力减弱，因而导致一种没有活力的"空壳"关系。有时，一段关系会在其持续的结构中经历生与死的循环。当一段亲密关系结束时，它的部分或全部结构、资源交换（例如，爱、关怀、经济支持）、依恋感和情感联结也会结束。

亲密关系终止的原因很多：伴侣的依恋感和联结感可能缺失或减弱；生活目标、价值观或兴趣可能不再一样；伴侣的一方或双方可能不愿意或不能投入个人资源，比如不能与对方共享更多的时光，或不再承诺保持排他的情感或性关系。伴侣是否继续维持关系，也受他们对其他选择的评估的影响。比如，另一个潜在的伴侣或成为单身。如果没有合适的替代选择，离开一段关系似乎很困难、不明智或不可能。

亲密关系终止的另一个原因是，无论是作为个体还是两人构成的单元，伴侣双方都无法将关系推进到下一个阶段。例如，有些伴侣无法从理想主义的、充满激情的恋人，过渡到现实主义的、和谐友爱的伴侣。在非婚姻亲密关系中，一方可能认为另一方不适合做婚姻伴侣，即使他们之间有着相当多的爱、依恋和喜欢。

另一个与亲密关系终止有关的因素是，缺乏来自伴侣社交网络的支持，有时甚至面临敌意。父母可能不接受儿子或女儿所选择的恋人或婚姻伴侣。跨种族的、与残疾人的以及同性的亲密关系，在我们的社会中仍然受到严重的污名化。

有时候，终止的祸根在亲密关系刚刚开始时就埋下了。例如，人们可能将寻求情感亲近视为处理或逃避个人问题的一种方式；他们可能因为前一段亲密关系的破裂，而感到被拒绝和孤独；他们可能觉得自己照顾不好自己；他们可能害怕离开家或学校。如果伴侣或一段亲密关系，无法解决这种个人问题（通常如此），那么失望、生气或沮丧的伴侣一方可能会寻找其他方式来应对。例如，吸毒或酗酒、出轨，或者在身体或情感上虐待伴侣（或其他家庭成员），这都很可能毁掉这段亲密关系。

当分手真的发生时，人们可能会感到疲惫、倦怠、孤独、悲伤、抑郁、愤怒、怨恨和内疚，无法入睡或进食、旷课或无法工作。他们可能会远离朋友，发现自己难以集中注意力，因为他们不停地在想着伴侣，以及在这段亲密关系中发生了什么。他们可能感到无助（"我将来会怎么样？"）、无望（"我将永远找不到真爱"）或怀疑和愤世嫉俗（"爱情永远不会有结果"）。

某些人则会感到放松、充满希望和宽慰，因为他们眼中糟糕或没有结果的亲密关系已经结束。他们可以自由地追求个人目标，或找寻一个更适合的伴侣。人们有时还感到愉悦和自信。他们会说，分开是最好的结果。他们变得更加活跃和外向。这种积极的态度可能与丧失感和情绪痛苦交替出现。

当个体在情感上（有时是在生理上）被亲密关系终止的痛苦折磨时，他或她可能很难从这段经历中看到任何好处。但是，终止往往标志着崭新的更好的未来的开始。一项对再婚人士的研究表明，许多人通过前一段或几段婚姻更多地了解了自己和亲密关系的本质，并认为他们目前的婚姻要令人满意得多。增进两性关系的指导原则是耐心和经验。

亲密关系中的沟通

沟通是一种创造和分享意义的符号化过程。沟通的核心是个体行为，涉及向另一个人传递讯息，以此表明人际关系存在、分享信息或感受、协调彼此的行为或说服某人做某事。

沟通行为始于心理意象：一种想法、愿望或感受（或它们的某种组合）。如果人类有读心术，人们就能直接相互传递心理意象了。然而没有人能读心。因此，沟通需要将思想转换成能携带信息的符号。这些符号构成了讯息。沟通最常见的符号有以下几种。

- 词语：口语或书面语。
- 视觉形象：绘画、雕塑、照片等。

当沟通失败时，压力和紧张就会出现。

- 姿势或肢体语言：凝视、触摸、微笑、身体接近、手臂交叉、皱眉、转身等。
- 物品：鲜花、礼物、食物等。
- 行为举止：帮忙、亲吻、目光接触、爽约等。

将心理过程编码为组成讯息的符号，只完成了整个沟通行为的一半。另一半则是接收组成讯息的符号，并将它们解码为有意义的心理过程。因此，沟通行为需要两次转换：对于发送者来说，是将心理意象转换为符号；对于接收者来说，则是将符号转换为心理意象。

> 每一天从微笑开始，以微笑结束。
> ——W. C. 菲尔兹

请看贝丝和罗恩在下雨的早晨沟通的例子。贝丝不想让罗恩淋雨，所以她决定用口语作为符号来编码她的思想。贝丝说："罗恩，下雨了。"罗恩听到了贝丝的话，将它解码成当天天气的心理画面，然后拿起了伞。

在这次沟通中，贝丝实现了自己的目标。但是，如果沟通行为中的一个或多个步骤被扭曲、削弱或完全阻断，那么结果可能大相径庭。例如，如果贝丝用罗恩不喜欢的语气说"下雨了"，或者她的话被误解了，那么沟通过程就会被扭曲。

所有的沟通行为都有两种讯息或潜在含义。第一种是**字面讯息**（literal message），即符号本身所传达的讯息，就像"下雨了"这句话。第二种是**元讯息**（metamessage, meta 是希腊语，意为"超越的""附加的"或"卓越的"），它携带着关于沟通的原因、解释讯息的方法以及发送者和接收者之间关系的本质等隐含讯息。

当贝丝对罗恩说"下雨了"时，她不仅传递了一条关于天气的字面讯息，还传递了几条元讯息，包括"我关心你"和"我对我们关系的一个期望是，彼此之间相互帮助"。

在贝丝告诉罗恩正在下雨之后，如果罗恩吻了贝丝并对她说："亲爱的，谢谢你关心我。"那么，他回应的是沟通中的元讯息之一。如果罗恩将元讯息解释为"罗恩，你真像个孩子，还得我替你做决定"——尽管贝丝并未想传递这个讯息——罗恩可能会愤怒地回应"贝丝，我可以照顾好自己！"此类话语。那么贝丝的情感可能会受到伤害，他们也可能发生争吵。理解和回应元讯息有时比处理字面讯息重要得多。

传递明确的讯息

明确的讯息是指讯息中的符号尽可能地接近发送者所要表达的意图。明确的讯息最好通过**第一人称陈述**（I-statements）来传达，这种陈述是以代词"我"起始（或以"我"为主语）的句子。第一人称陈述清楚地表明发送者是思想、情绪、欲望或行为的来源："我认为……""我觉得……""我想要……""我做过（将要做）……"。

第二人称陈述（you-statements）以代词"你"开头（或以"你"为主语）。比如"你总是……""你从不……""你很……"，或者疑问句"你为什么不……？"或"你怎么能……？"这些句子通常令人难堪或有损人格。它们暗示着接收者是不对的。通常情况下，不对的讯息很明确，比如"你不称职"或"你很愚蠢"——几乎任何负面的形容词都适用。对于第二人称陈述中的元讯息，如"我认为你不好"，人们通常会感到被攻击，这可能会导致情感受伤以及反击或退缩。

有效倾听

有效的沟通既需要说也需要听。有效的倾听很重要，因为倾听者不仅接收说话者的讯息，还协助建立沟通的物理和情感环境。倾听者还必须向说话者传达讯息已收到。这被称为**反馈**（feedback）。有效倾听的一些技巧包括：给予说话者充分的关注、眼神接触、只管倾听、保持同理心、开放地接受讯息、给予口头反馈、承认说话者的情绪、赞扬说话者的努力，以及无条件地接纳。

给予说话者充分的关注　不要假装注意。如果你因为疲劳、饥饿、心烦意乱、生气或其他原因，无法集中注意力，那就告诉说话者你的感受，并询问是否可以在休息、吃饭、上厕所之后或其他时间再谈。如果事情不紧急，那么说话者很可能会答应你的要求，因为他或她想要获得你全部的注意力。

眼神接触　尽量采用相似的姿势（即双方都坐着或站着）来营造一种地位平等的感觉。眼神接触能让说话者感到舒服，也能传达出你正在听他或她说话，正在接收完整的讯息。

只管倾听　除非你不明白对方在说什么，否则不要打断对方，直到你收到信号表明说话者已经说完，或者说话者要求回答。你可以用手势、点头、发出声音（比如"嗯""是的""继续""我明白了"）等方式来表示你正在积极地倾听。

保持同理心 既要听说话者的话语，也要努力去"听"说话者的感受。对说话者的想法及其意图和动机保持开放态度。问问你自己："这个人现在是什么感受？"

开放地接收讯息 当对方在说话时，请不要对说话者本人或讯息进行评判。尽量不要纠正说话者，或者说话者在批评你时，试着不要为自己辩护。

给予口头反馈 不要猜测别人的想法。要用自己的话总结你对说话者想法和情绪的理解。如此说话者就能知道其想要表达的讯息是否真的被你接收了。如果真的被你接收了，你就可以做出相应的回复了。如果没有被接收，那么说话者可以再说一遍。如果你有不明白的地方，就请对方讲清楚。你可以这样说："我想，我没有完全理解你所说的关于你母亲的全部内容。你能不能再讲一遍？可以换一种说法吗？"

承认说话者的情绪 "在我看来，你正感到……"如果你不确定，可以加上一句："我说的对吗？"通过承认或提供反馈，你说出了你所认为的说话者的情绪。如果你错了，说话者可以将这一点传达给你。

赞扬说话者的努力 感谢说话者努力投入时间、精力和关心与你沟通，尤其是当沟通很困难的时候。

无条件地接纳 让说话者知道你尊重他或她，即使你对说话者所传达的讯息感到不适。向说话者保证，即使事情可能很困难，但你依然愿意继续谈论，并克服困难的感受。

建设性地表达愤怒

在任何亲密关系中，分歧和冲突都不可避免。处于亲密关系中的人不会相互争吵，因为爱会让他们对所有事情的看法都一致，以及一个人不可能对所爱之人生气——这些观点都是爱情的迷思。通过建设性地表达愤怒，亲密伴侣不仅在努力争取满足自己的需要，而且在努力促进他们关系的成功。

在建设性的争吵中，不应该有"赢家"和"输家"。良性的争吵是个体为了被人倾听和改善关系所做出的努力。当参与其中的人都感到他们有收获的时候，便是最好的争吵。

以下是建设性地表达愤怒的一些建议：

- 尽量不要让愤怒和怨恨随着时间累积。当你意识到它们时，请表达你的感受。
- 就争吵的时间、地点和内容达成一致。不由自主地生气当然是可以接受的，如果这就是你的感受。但是，你最好留出特定的时间来寻找解决问题的办法，而不是在你或伴侣都没有做好争吵的心理或身体准备时就试图解决它。确保让你生气的人在吵架之前就知道问题是什么。
- 具体说明你对什么生气，然后只讨论这个问题。不要提起过去的伤心事。尽量不要讨论第二和第三个话题，尤其是不要将其作为一种报复手段。
- 解决问题而非"解决"对方。不要贬低对方的个人品质。请使用第一人称陈述来表达不满。第一人称陈述说的是你自己的感受。第二人称陈述则经常被认为是人身攻击。与此同时，要对你的伴侣表示感谢。这意味着，我们虽然会被伴侣的行为激怒，但同时也是爱着他们的。
- 尝试以妥协和尊重的态度来解决问题。努力理解对方的观点。
- 知道什么时候该停下来。有时你能感觉到争吵得不到解决。可以先承认这一点，再花数小时或数天的时间来重新考虑，然后再次讨论争吵之事。有时候情绪过于激动，使得我们无法清晰地思考。这也许就是该停止争吵直到恢复冷静的时间了。
- 在问题解决之前进行性行为或其他亲昵行为，不应被视为一种忘记一切的信号。这类行为仅仅表明，争吵成了人们所认为的健康关系的一部分。
- 不要怀恨在心。

对健康的批判性思考

1. 请留出一些时间来反思（并写下）你最早关于性的学习经历。这些经历是公开的、积极的，还是私密的、羞耻的？它们如何塑造你成年后的性态度和性行为？如果有的话，你想改变什么？
2. 请列出于你个人而言允许性活动发生的情境和关系。你列出的与你为子女列出的内容不同吗？请解释原因。
3. 在美国，当男孩出生时，父母面临着是否给他割包皮的决定。支持者有很多理由：宗教、文化、健康或卫生等。反对者则说，这是不必要的手术，会给孩子带来不必要的风险和痛苦。你对于割包皮的看法是什么？你观点的依据是什么？请与意见不同的人交谈，看看你的观点是否会改变或不再那么坚定。
4. 在协商使用避孕套时沟通至关重要，无论是为了避孕还是预防性传播疾病。男性和女性不愿使用避孕套的原因很多，但是你必须提前做好准备，做出深思熟虑且尊重对方的回应，以确保合理使用避孕套。请描述你会如何回应以下说法：

    避孕套太贵了。

    戴着避孕套做爱没有快感。

    出于个人信仰，我不可以使用避孕套。

    我真不敢相信，你认为我有性传播疾病。

    如果你真的爱我，就不会要求我用避孕套。
5. 请列出目前与你有亲密关系的所有人（例如父母、兄弟姐妹、普通朋友、男朋友或女朋友、配偶）。请描述每一段关系对你意味着什么，讨论它们如何促进你的健康和幸福。

本章小结与重点

本章小结

我们在孩提时就意识到自己的生理性别以及两种生理性别的存在，此时我们对性别和性的觉知就出现了。"我属于哪种性别？"然后，我们学会了建立社会层面上的性别认同。甚至在孩提时代，我们就有了性取向，也就是我们被某一性别所吸引的感觉。人们表现出各种各样的性取向，就像人们有着各种各样的智力水平一样。如果每个人都能意识到，性取向就像智力一样是一种复杂的特质，那些针对性取向和性偏好与大多数人不同的人的偏见和暴力也许就会少很多。随着我们生理和性方面的成长和成熟，我们会有独自或与异性或同性个体探索我们的性的迫切需要。

亲密是人类的一种基本需要。婴儿在出生后不久就会与母亲（或替代的照护者）建立联结。随着年龄的增长，我们会与家人和朋友分享私密的想法和感受。某些想法和感受很容易分享，另一些则难以向他人倾诉。第一次与另一个人发生身体上的亲密接触，是令人畏惧的。因为亲密互动的结果会对一个人的性和心理发展产生深远的影响，所以关系应该在以信任和理解为主要目标的情况下逐渐发展。在我们这个快节奏的世界里，花很长的时间来发展一段关系常常被人忽视。如今人们经常把即刻的性满足当作人际互动的主要目标。请学会珍惜你与他人亲密的时刻，请花时间让信任充分发展。

重 点

- 性有以下几个维度：生理、心理、取向、行为和关系维度。
- 个体的性生理特征是由基因组成决定的，基因组成又反过来决定了性器官的性质：男性有睾丸、输精管道、制造精液的腺体和阴茎；女性有卵巢、输卵管、子宫、阴道和外生殖器。
- 个体的性心理根植于与性有关的情绪和信念。
- 性取向是人们感到同性或异性个体吸引自己的倾向，以及与其建立情感联结的渴望。
- 性唤起和性反应包括4个阶段：兴奋期、高原期、高潮期和消退期。
- 性困难包括对性缺乏兴趣、无法勃起或不能维持勃起、对射精缺乏控制、性交疼痛和性高潮困难。
- 亲密关系涉及分享一个人最内在的自我。它的发展会经历3个阶段：选择伴侣，通过自我表露建立亲密，以及承诺。
- 有效的沟通对于发展和维持关系至关重要。

参考文献

American Academy of Pediatrics. (2012). Newborn male circumcision.

Dhejne, C., et al. (2016). Mental health and gender dysphoria: A review of the literature. *International Review of Psychiatry, 28*, 44–57.

Franco, O. H., et al. (2016). Use of plant-based therapies and menopausal symptoms: A systematic review and meta-analysis. *Journal of the American Medical Association, 315*, 2554–2563.

McMahon, C. G., et al. (2013). Standard operating procedures in the disorders of orgasm and ejaculation. *Journal of Sexual Medicine, 10*, 204–229.

Napper, L. E., et al. (2016). Assessing the personal negative impacts of hooking up experienced by college students: Gender differences and mental health. *Journal of Sex Research, 53*, 766–775.

NIH Consensus Panel. (2005). Demedicalization of menopause.

U.S. National Library of Medicine. (2013). Treating PMS symptoms.

World Health Organization. (2015). Defining sexual health.

推荐阅读

The Boston Women's Health Book Collective. (2011). *Our bodies, ourselves: A book by and for women*. New York: Touchstone. This book reflects the vital health concerns of women of diverse ages, ethnic and racial backgrounds, and sexual orientation—a must-read for every woman.

Golanty, E., & Edlin, G. (2011). *Human sexuality: The basics*. Sudbury, MA: Jones & Bartlett Learning. A basic college-level text.

Gottman, J. M. (2004). *The seven principles for making marriage work*. New York: Orion. A renowned couples researcher and professor of marital therapy shows how to maintain healthy intimate relationships.

McCarthy, B. M., & Metz, M. E. (2007). *Men's sexual health: Fitness for satisfying sex*. New York: Routledge. Focuses on an integration of mind and body, helping men and women understand how to pursue sexual and relational health and overcome sexual problems, with the goal of greater acceptance and satisfaction.

Satcher, D., et al. (2015). Sexual health in America. *Journal of the American Medical Association, 314*, 765–766. The former U.S. Surgeon General and colleagues discuss the elements of sexual health in the United States based on wellness and prevention of sexuality-related illness.

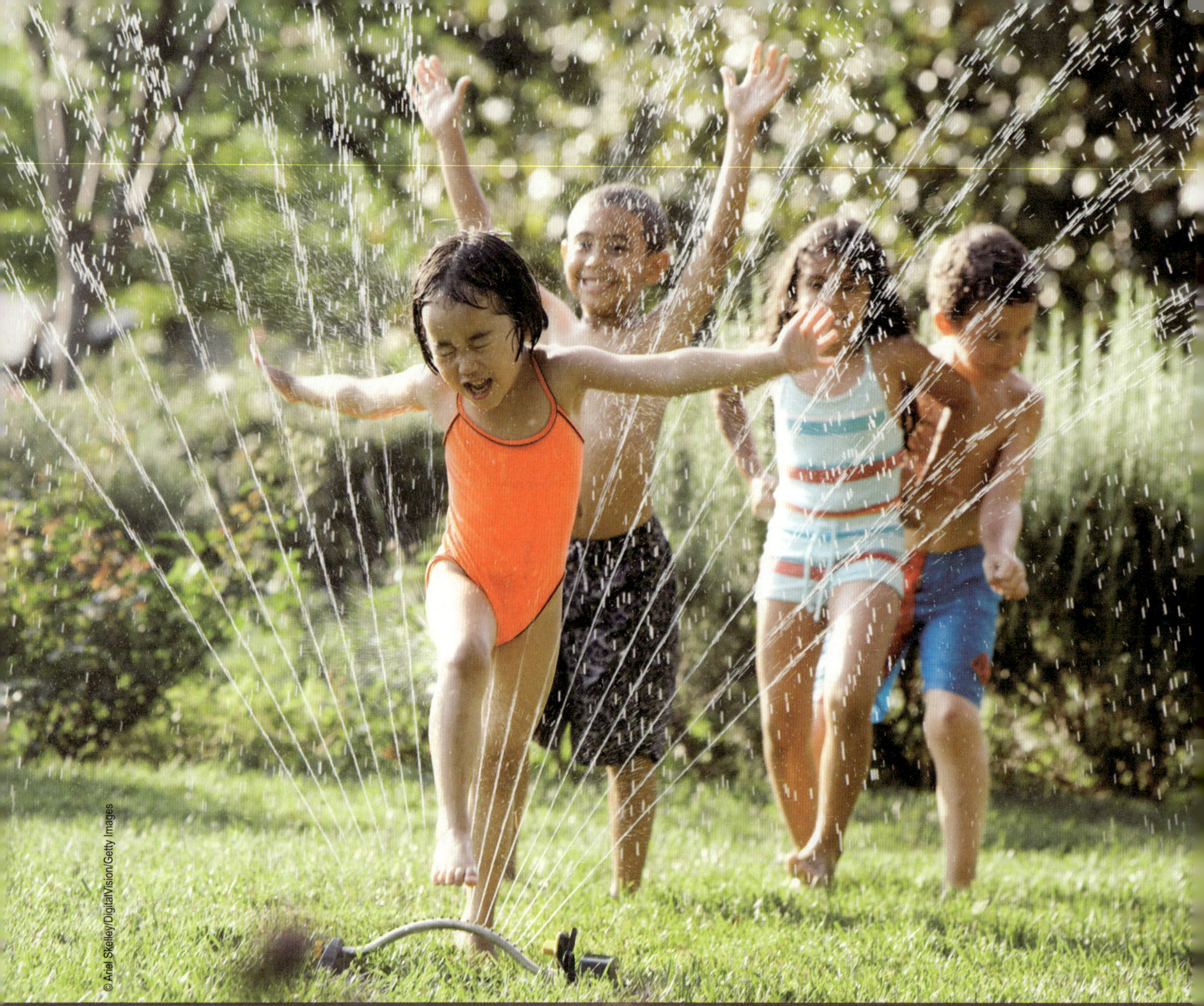

 **健康小贴士**

怀孕与分娩：腹式呼吸练习

 **金钱与健康意识**

网购家用验孕（和其他）医疗产品

 **全球健康**

婴儿死亡率

 **健康指南**

居家怀孕测试

生男生女：父母应该有选择权吗

第 9 章

了解怀孕及为人父母

学习目标

1. 列出并讨论做父母或不做父母的理由。
2. 描述受精和着床的过程。
3. 解释怀孕测试的原理。
4. 描述孕期主要的健康习惯。
5. 描述羊膜腔穿刺术和绒毛膜绒毛吸取术。
6. 描述分娩的三个阶段。
7. 列出母乳喂养的益处。
8. 讨论不孕不育的原因,以及不孕不育者的生育选择。

本章将讲述人生意义最深远的经历之一：生育。一个人自己体内的一个细胞与伴侣体内的一个细胞结合，就能生出一个独一无二的孩子（这个孩子的健康与幸福，高度依赖于他们所提供的物质和情感基础）。许多人一想到此就心怀敬畏。做让孩子和社会都受益的最好的那类父母是一种巨大的责任。

> 你知道我结婚前都做什么事吗？所有我想做的事。
> ——亨利·杨曼

人们想要孩子的原因很多，包括如下几点：

- 为了创造个体可以归属的社会结构（家庭）；
- 为了体现夫妻之间的爱和情感纽带；
- 为了改善婚姻；
- 为了给世界留下一份遗产；
- 为了延续家族的姓氏/传宗接代；
- 迫于社会和家庭催生的压力；
- 为了感到自己很重要、被需要、被爱和自豪；
- 为了感觉自己更有女人味或男子气概；
- 为了给生活增添乐趣、感动、爱和陪伴。

选择是否为人父母

不是每个人都会选择当父母。有些人将生儿育女视为他们职业目标的障碍，或者是他们亲密关系不必要或不想要的"附属品"。有些人可能对他们在心理或经济上养育孩子的能力怀有疑虑。有些人可能知道或怀疑，他们将来的孩子可能会出现遗传病。还有一些人可能认为，他们不想为一个人口已经过剩的世界增添更多的孩子了。

生养孩子需要父母做出巨大的生活调整。父母一方或双方的职业规划以及家庭资源（时间、精力、物理空间和金钱）的分配可能会改变。初为父母的人可能会感到被责任压垮。人们不应当轻率地做出生儿育女的决定。养育子女的日子往往辛苦而紧张。但若非如此，你将永远无法体会与另一个人成长和发展有关的那种责任、艰辛和亲密。

孩子不会自己要求出生。决定是由父母做出的。因此，在做出这一决定之前，夫妻必须尽可能地确定，他们的决定适合他们的人生目标，并且他们有能力照护孩子。

受　孕

对大多数人来说，为人父母都涉及怀孕——在这40周内，胎儿将在母亲的子宫内生长，而母亲的身体也将经历各种变化，以供养发育中的孩子（临床上的孕期/妊娠期通常从末次月经第1天算起，一般约为280天，即40周；而真正怀孕即受精到产子约为266天，即38周——译者注）。所有的怀孕均始于**受精**（fertilization），即父亲的精子与母亲的卵子结合，成为他们孩子的第一个细胞，称为**受精卵**（zygote）。当男性在性交过程中射精时，数以亿计的精子进入女性的阴道。在精子利用长尾的游动下，这些蝌蚪状的细胞穿过子宫进入输卵管，这里通常是受精的部位（图9.1）。仅有一个精子使卵子受精。在受精后，受精卵会移动到子宫。在那里它作为**胚**

图9.1 受精和胚胎的早期发育
在受精过程中，精子与卵子结合。受精后，受精卵顺着输卵管到达子宫。受精卵（囊胚）着床大约在受精后第6天开始。

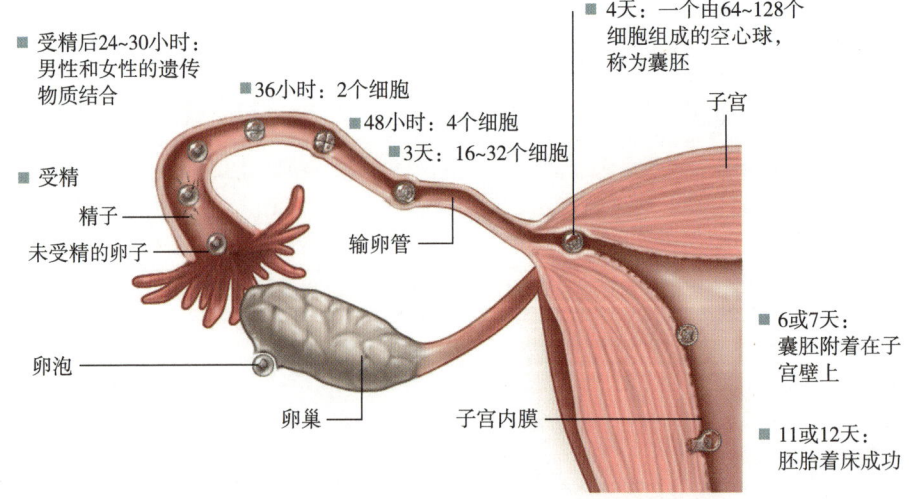

胎（embryo）植入子宫内膜继续发育。

在女性的每个月经周期中，通常有一个——但有时有两个或更多——卵子准备好了受精。卵子一旦在排卵时脱离卵巢，可以存活约 24 小时。

精子是在睾丸中狭窄、高度迂曲的**生精小管**（seminiferous tubules，也称曲细精管）的管状结构中产生的。一个未成熟的精细胞发育为成熟的精子，大约需要 70 天。精子一旦进入阴道，至多可存活 7 天。

子宫颈是从阴道到子宫的通道的入口。在月经周期的大部分时间里，子宫颈内的腺体分泌的液体都是黏稠的。这种黏稠的宫颈黏液是阻拦精子和微生物的屏障。在女性快要排卵时，宫颈黏液变得更液态化，并具有与蛋清相近的黏稠度，此时它变为引导精子向子宫运动的渠道。

在阴道中射精后的数秒钟内，一些精子就开始通过子宫颈和子宫进入输卵管。然而，大多数精子起初会被困在阴道上部凝结的精液中。约 20 分钟后，凝结的精液会液化，精子可进入子宫颈内的微小褶皱中。虚弱或异常的精子不太可能穿过子宫颈。在随后 48 小时内，健康且活跃的精子会不断释放到子宫中。有几百个能够授精的精子接近卵子，但只有一个能成功穿透卵子的外膜。

在受精后的前 3 天里，胚胎细胞大约每天复制一次，并沿着输卵管向子宫移动。大约在受精后的第 4 天，胚胎——现在由 50 到 100 个细胞组成，它们排列成一个充满液体的球体——进入子宫。大约在受精后的第 6 天，胚胎附着在子宫内膜上；不久之后，它会通过侵蚀子宫内膜的方式着床。

怀　孕

胚胎在子宫着床后不久，它就会分泌孕期独有的激素，即**人绒毛膜促性腺激素**（human chorionic gonadotropin, HCG），进入母体的血液中（**图 9.2**）。在人绒毛膜促性腺激素的影响下，母亲的卵巢会受到刺激，增加雌激素和孕酮的分泌。这能防止下一次月经来潮，使怀孕得以继续。雌激素和孕酮水平上升会引起怀孕初期一系列明显的迹象：下一次月经的消失、偶尔的恶心和呕吐（即"晨吐"）、乳房变大且有触痛感、尿频、疲劳和子宫增大。临床和家庭怀孕测试的依据都是分析女性尿液中是否存在人绒毛膜促性腺激素。

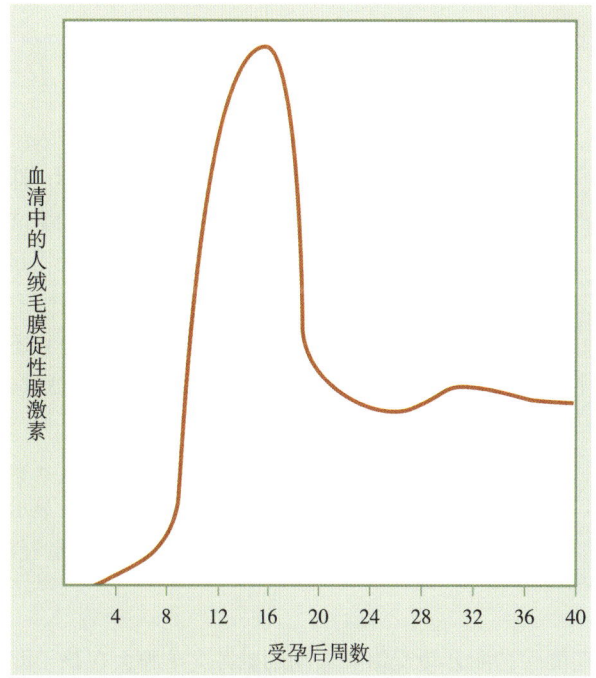

图 9.2　孕期人绒毛膜促性腺激素分泌模式

在极少数情况下，受精卵会在子宫外（通常是在输卵管内）着床，这是由于输卵管畸形、瘢痕或迂曲（常因淋病或衣原体感染等既往感染造成）而导致的通道受阻。受精卵在子宫之外着床的妊娠称为**异位妊娠**（ectopic pregnancy，又称宫外孕）。受精卵在输卵管着床也被称为输卵管妊娠。如果输卵管妊娠一直未被发现，在妊娠 8 周至 12 周期间胚胎会发育得太大，以至于让输卵管无法承受而破裂。这会导致内出血，并引发需要立即医疗干预的危急情况。

胎儿发育

9 个月的孕期通常划分为三个阶段，称为妊娠三期，每个阶段各 3 个月。（妊娠早期为从末次月经的第 1 天至第 12 周末；妊娠中期为第 13 周至第 27 周末；妊娠晚期为第 28 周至分娩。——译者注）在受精后的第 10 周，胎儿几乎所有的身体器官都已成形。在此后的孕期里，胎儿的身体开始生长，许多器官开始发挥功能。胎儿出生时平均重约 3 千克。

胎儿被包裹在充满液体的膜囊——**羊膜**（amnion）中发育和生长。羊膜在受精后第 2 周开始形成。胎儿在**羊水**（amniotic fluid）中发育时，其生长得以免受母亲内部器官的妨碍。当母亲改变身体姿势时，羊水

居家怀孕测试

当女性想知道自己是否怀孕时,她可以向医务人员咨询,或者前往计划生育诊所或公共卫生诊所就诊,抑或自己做怀孕测试。市面上有多种家用验孕棒和验孕试纸,不仅价格低廉,不需要处方即可购买,而且使用起来也相对容易。

几乎所有的怀孕化学测试——无论是在诊所进行还是自测——都分析的是女性血液或尿液中的妊娠激素,即人绒毛膜促性腺激素。

一些品牌的家用验孕产品并不是100%准确。在极少数情况下,它们会在女性并没有怀孕的情况下,显示其已怀孕。当她们寻求产前保健时,很可能会得到"假阳性"的结果。

如果一名女性实际上已经怀孕,居家自测约有20%的概率错误地显示她没有怀孕。在这些"假阴性"结果中,约一半是因为她们在怀孕的极早期进行测试;如果她们在约一周后重新进行测试,结果就会被纠正。然而,约10%的孕妇仍然会得到没有怀孕的错误测试结果。这是居家自测最严重的缺点之一,因为孕妇等待专业护理的时间越长,妊娠并发症和流产的风险就越高。

尽管有出错的可能性,许多医生和计划生育顾问仍然认为,居家怀孕测试是有用的。它使女性能够更积极地做自己的保健工作,并可能有助于"不愿去想这件事"的女性正视怀孕的可能性。

还能保护胎儿免受潜在震动的损害。羊膜会在孩子即将出生之前破裂——有时称为"破水"。

胎儿的生长和发育由妊娠期特有的器官——胎盘支持。**胎盘**(placenta)会分泌维持妊娠所需的许多激素,并将母体的氧气和营养物质输送给胎儿,以及将胎儿产生的废物输送给母体。

孕妇会发生若干生理上的变化(**图 9.3**)。例如,与未怀孕时相比,孕妇的血浆容量增加50%,心跳加快10%,每分钟的输血量增加20%到30%,红细胞数量增加,呼吸变得更深和稍快。孕期最显著的变化之一是子宫的生长。女性未怀孕时子宫长约7到8厘米,重约60到100克;妊娠结束时子宫长约30厘米,重约1 000克。

孕期性互动

女性的性兴趣和性反应在怀孕整个过程中都可能会发生变化,因为许多心理、情感和身体上的变化会影响她对性的态度和性愉悦。一些人在孕期性兴趣会增加,另一些人则会下降。女性孕期性生活减少的一些最常见的原因包括身体不适、感觉身体缺乏吸引力,以及害怕伤到未出生的孩子。

现在普遍认为,在没有风险因素的情况下,分娩之前可以依据需求进行性活动并达到性高潮。除非医务人员反对,否则在孕期内没有任何生理上的理由放弃性行为。

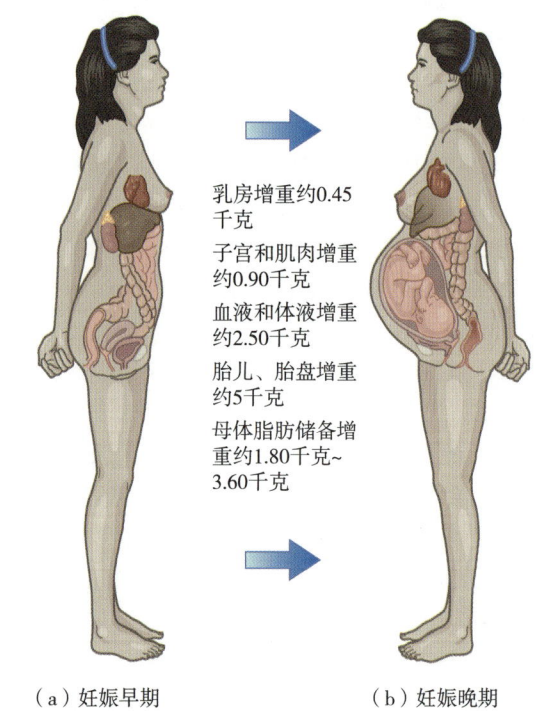

乳房增重约0.45千克
子宫和肌肉增重约0.90千克
血液和体液增重约2.50千克
胎儿、胎盘增重约5千克
母体脂肪储备增重约1.80千克~3.60千克

(a)妊娠早期　　(b)妊娠晚期

图 9.3 女性孕期的身体变化
在怀孕过程中,孕妇的体形会发生巨大的变化。

一些夫妇发现,怀孕是探索新的性爱体位的好时机。侧入位、后入位或女上位通常在这个时候更舒适。即使不希望发生性交行为,孕期也可以尝试其他感官享受和性快感,比如口交、相互手淫、按摩,或者仅仅全身抚摸和拥抱。

网购家用验孕（和其他）医疗产品

网上购物是一个奇迹。在互联网上你可以买到任何东西，甚至包括未获批准的家用验孕棒和验孕试纸。美国食品药品监督管理局批准了一部分家用诊断试剂，并未全部批准；有些检测试剂只准用于医疗诊所，而不允许家用。一些家用验孕棒和验孕试纸的广告承诺居家测试结果可靠。但其实大多数产品在使用之后，都应该再进行一次更复杂的实验室检测来确认结果。

如果你想在网上购买检测试剂，要避免购买那些宣称可以同时检验多种指标——如怀孕、HIV 感染——的产品，或者由单一实验室制作并直销给公众的产品。美国食品药品监督管理局为网购医疗产品提供了以下基本的防范建议：

- 不要被貌似很专业的网站迷惑。任何人都可以聘请网页设计师来创建一个吸引人的网站。
- 避免仅有邮政信箱号码而没有电话号码的网站。
- 避免使用"新疗法"或"灵丹妙药"之类说法的网站。
- 不要购买使用花里胡哨的术语进行宣传的产品。这些语言经常用来欺骗消费者。
- 不要购买声称被政府、医疗行业或科学家密谋打压的产品。
- 留意宣称检测试剂遵守所有监管机构要求的声明。
- 留意标注仅供出口的检测试剂。这通常意味着，这种检测试剂在美国没有得到销售批准。

孕期健康习惯

每个孩子都应该尽可能健康地出生。对于未出生的孩子，让他们身心健康发展的所有遗传潜力都有机会充分表达出来才是公平的，因为怀孕并没有征求他们的意见。很少人会尽其所能小心地保持良好的健康习惯。大多数人生活在与不健康行为相关的可能风险中，并且大概也愿意接受这些行为的后果。但是，当女性怀孕时，无视基本的健康习惯不仅会危害她自己，还会危害她的孩子，甚至对孩子可能造成更大的危害，因为身心尚处于发育中的胎儿极易受到损害，准妈妈必须尽一切努力，养成良好的健康习惯。如果她腹中的孩子会说话，孩子可能会说："妈妈，我一生的健康和幸福，现在都由你来掌控。我知道，你必须注意自己饮食的这 9 个月是一段漫长时光，但你为我们俩做正确的事对我很重要。这不仅让我有机会成为我所能成为的最好的人，而且还能使你保持健康。这样在我出生后，我们才可以一起共享美好的时光。"孕妇为确保自己和胎儿的健康，需要注意的因素包括：适当的营养、专业的产前保健、足够的锻炼，在孕期避免吸烟、饮酒、使用禁忌药物或毒品，以及接受和应对异于未怀孕时的情绪感受和性感受。

营 养

在整个孕期，胎儿的细胞和生理能力都在发展。新细胞的形成和器官的发育要在最佳状态下进行，可能比人生其他任何时期都更需要充足的营养供应。胎儿的所有营养物质都是通过胎盘从母体那里获得的。因此，孕妇会直接影响胎儿的营养状况。她必须意识到，自己不得不"为两个人吃饭"，即她的饮食应包含足以满足她自己和胎儿的营养物质。孕期饮食营养丰富的准妈妈比饮食营养不良的准妈妈更

营养丰富的健康食物在喂养"两个人"时尤为重要。

表 9.1　25~50 岁的未怀孕、怀孕和哺乳期女性的每日膳食营养素参考摄入量

	未怀孕	怀孕	哺乳期
蛋白质（克）	46	71	71
碳水化合物（克）	130	175	210
维生素 A（微克）	700	770	1 300
维生素 D（微克）	5	5	5
维生素 C（毫克）	75	85	120
维生素 B_1（毫克）	1.2	1.1	1.4
维生素 B_2（毫克）	1.1	1.4	1.6
维生素 B_3（毫克）	14	18	17
维生素 B_6（毫克）	1.3	1.9	2.0
叶酸（毫克）	400	600	500
维生素 B_{12}（毫克）	2.4	2.6	2.8
钙（毫克）	1 000	1 000	1 000
磷（毫克）	700	700	700
铁（毫克）	18	27	9
锌（毫克）	8	11	12
碘（毫克）	150	220	290

资料来源：Suitor, C. W., & Meyers, L. D. (2007). *Dietary Reference Intakes Research Synthesis: Workshop summary*. Washington, DC: National Academies Press.

可能生下健康的婴儿。孕妇应增加必需营养素和卡路里的摄入量（表 9.1）。对于一些女性来说，她们最好再额外服用铁和叶酸，以补充通常来说已经很均衡的饮食。

许多孕妇都很关注自己体重的增加。尽管过重永远都不健康，但目前的产科实践允许准妈妈在怀孕末期增重约 12.5~13.5 千克，其中大部分增重都发生在孕期的后 2/3 阶段。大约 3 千克是胎儿的重量。子宫增重约 1 千克，胎盘和羊水各重约 0.5 千克。大约 2~4 千克的液体作为额外的血液和细胞外液添加到母体中，同时母体可能会增加约 2 千克的身体脂肪。

身体活动和锻炼

孕期进行身体活动有很多好处。有些女性在孕期会感到昏昏欲睡。短短数周后，她们的体形就变得不同往日，并且最终要比未怀孕时增重约 20%。她们可能会觉得不舒服、缺乏吸引力和笨拙。通过活动和锻炼，孕妇可以适应身体的这些暂时变化，并将孕期视为人生一段积极且令人满意的时光。身体活动也有助于母亲的身体为分娩（通常很耗体力）做好准备。通过保持身体活动，孕妇可以改善血液循环，从而预防下肢水肿和静脉曲张。这些都是孕期很常见的症状。总的来说，经常做有氧运动或跑步、身体状况良好的女性，分娩时间往往较短，剖宫产的概率较小。孕期的锻炼可以使女性的肌肉更强壮。这样在分娩后，她们的身体能更快地恢复孕前的体形。孕期进行身体活动最大的好处也许是，能保持积极运动的习惯。

孕妇进行身体活动的程度取决于她的需求和能力（表 9.2）。一些女运动员甚至快到分娩那天都还在运动。不经常运动的女性在怀孕早期就开启锻炼计划是明智的。锻炼计划包括保持正确姿势、强化腹部肌肉、改善呼吸和放松能力等。

情绪健康

孕期可能是一段充满各种强烈感受的时期，不

孕期保持身体活动有很多好处。

表 9.2	孕期安全的身体活动	
即使对初学者都是安全的	对经验丰富的锻炼者是安全的	不安全的*
步行	跑步	高山滑雪
游泳	球拍类运动	身体接触类运动
骑自行车	力量训练	水肺潜水
低强度有氧运动		
产前瑜伽		

*避免那些会增加跌倒风险和需要额外负重的运动，怀孕 3 个月后，还要避免涉及仰卧的运动。

资料来源：American College of Obstetricians and Gynecologists. (2015). Exercise during pregnancy.

仅对准妈妈来说如此，对她的伴侣和其他与她关系亲近的人来说亦是如此。热忱、兴奋、期待、对婴儿状况的担忧、对自己是否适合做父/母的不确定感，以及对更多（或更少）的爱恋、关爱和性的渴望等诸多感受都是很自然的。认识到孕期强烈感受的存在是正常的，以耐心和理解来接纳它们是获得有益体验的关键。

在人生任何时候，包括孕期，应对强烈感受的最好方法也许就是，每天花些时间练习冥想和瑜伽或其他放松方法，让身心平静下来。按摩也是有益的，它能满足那些在孕期变得更喜爱感官享受之人的一些欲望。

产前保健

怀孕涉及若干巨大的生物学上的变化。这不仅包括胎儿从一个细胞发育成一个重 3~3.5 千克的新生儿（由数以亿计的细胞组成），而且孕妇的身体也会出现许多解剖学和生理上的变化，以供养胎儿的发育。此外，胎儿与孕妇的联系是由胎盘维持的。胎盘是一个只在女性孕期才发育出的器官，它在婴儿出生后就会从母亲的子宫中娩出。任何快速变化的系统，都容易出现错误和问题，怀孕和胎儿发育也是如此。这就是建议准妈妈接受专业的产前保健的原因。许多研究表明，准妈妈接受的产前保健越多，她们在怀孕和分娩期间出现的问题就越少，婴儿健康出生的可能性也越大。专业的产前保健能帮助准妈妈免受很多孕期特有疾病的威胁，如高血压（先兆子痫）、妊娠糖尿病和感染。这些疾病会同时威胁到孕妇的健康和胎儿的正常发育和分娩。专业的产前保健还有助于解决胎盘功能异常所导致的问题，教给孕妇关于合理营养摄入的知识，并让她知道在孕期任何时候吸烟或饮酒都会对胎儿的发育产生不利影响。对胎儿有害的母体感染，如风疹、梅毒、淋病、弓形体病、疱疹和 HIV 感染可以得到检测和控制。做产前保健的另一个原因是确保孕妇与胎儿的血细胞免疫（Rh 因子）兼容。

胎儿发育的风险

在发育过程中，各种各样的因素都会对胚胎或胎儿产生不利影响，导致通常所谓的**出生缺陷**（birth defects）。美国每年出生的婴儿中约 3%（大概 12 万）患有出生缺陷（Centers for Disease Control and Prevention, 2016a）。出生缺陷会轻微或严重影响胎儿几乎任何身体部位的结构和/或功能。根据出生缺陷的严重程度，一个或多个生命功能会受到严重妨碍，甚至缩短患者的寿命。大约 20% 的婴儿死亡是由出生缺陷导致的。

大多数出生缺陷发生在孕期头 3 个月内。在这段时间，胎儿的组织和器官正在形成。然而，因为组织和器官在整个孕期都在发育，所以胎儿在整个宫内期都易发生出生缺陷。造成出生缺陷的主要原因包括：遗传、母亲年龄超过 34 岁、母亲的健康状况（如接触某些病毒和细菌、糖尿病、肥胖和药物使用）、母亲的生活方式（吸烟、喝酒、吸毒、营养不良），以及怀孕期间接触环境污染物和工业化学品。

药物和毒品

孕妇摄入的任何药物或毒品都可能伤害到胎儿，导致出生缺陷甚至胎儿死亡。所有非法的精神活性药物，如海洛因、甲基苯丙胺和可卡因，都会给发育中的胎儿带来危险，因为它们可能会导致神经系统异常和上瘾。酒精和烟草也是危险的（见下面的论述），处方药和非处方药、许多膳食补充剂亦是如此。为了自己和孩子的健康，女性在孕期应避免使用所有药物，除非是医务工作者认为必要的药物。

酒 精

酒精会通过胎盘进入胎儿体内，使其酒精含量与母体一样。由于胎儿身体很小且解毒系统不成熟，所以酒精从母亲血液中消失之后，还会在胎儿血液中残留很久。因此，饮酒会伤害胎儿，而且随着母亲饮酒数量和频率的增加，胎儿受伤害的风险也会增加。如果孕妇每天喝 6 杯或更多的酒，胎儿就有罹患胎儿酒精综合征（fetal alcohol syndrome, FAS）的风险。该综合征的症状包括生长迟缓、面部畸形，以及包括精神发育迟缓和行为功能障碍在内的中枢神经系统功能障碍。在西方世界，胎儿酒精综合征是导致精神发育迟缓的第 3 大原因，仅次于唐氏综合征和神经系统畸形。这尤其令人沮丧，因为胎儿酒精综合征是完全可以预防的。

吸 烟

孕妇吸烟会增加自然流产，以及出现可导致胎儿或婴儿死亡的并发症的可能性。吸烟会降低血液中的氧气含量，这会阻碍胎儿的生长，进而对胎儿产生不利影响。与不吸烟的孕妇相比，孕期吸烟的孕妇所生的婴儿通常体重更轻，总体健康状况更差。吸烟可能具有致畸性，导致心脏异常和无脑畸形。孕妇吸烟似乎是导致唇裂和腭裂的一个重要因素。

> 小时候，我的父母经常搬家……但我总能找到他们。
> ——鲁德尼·丹泽费尔德

如何检测出生缺陷

如果有理由怀疑胎儿可能存在异常，则可以进行出生缺陷检查。下述情况进行检查可能有益：35 岁以上的孕妇；之前生育过存在出生缺陷的孩子的父母；以及有基因或染色体疾病史并可能想确认未出生的孩子没有出生缺陷的父母。常见的出生缺陷检查包括检测母亲的血液（通过一项简单的血液检查）以寻找胎儿出生缺陷的证据和胎盘功能异常的迹象，以及用超声波检查胎儿是否畸形。如果此类检查显示有问题，则可以进一步做诊断检查，包括羊膜腔穿刺术和绒毛膜绒毛吸取术。

羊膜腔穿刺术

羊膜腔穿刺术（amniocentesis）是一种可靠且准确的检查，可以在妊娠 14 周到 18 周进行。在超声图像的协助下，该手术将空心针头穿透孕妇的腹壁，进入子宫腔吸出羊水样本，以获取在正常发育过程中脱落的胎儿细胞。该手术可以检测数百种胎儿激素异常和生化缺陷。

如果羊水足够，羊膜腔穿刺术可以在怀孕的任一时期进行。如果在妊娠早期检查，通常是为了做基因检测；如果在妊娠中期检查，则是用于检查 Rh 同种免疫；如果在妊娠晚期检查，则是用于评估胎儿肺的成熟度。

绒毛膜绒毛吸取术

绒毛膜绒毛吸取术（chorionic villus sampling, CVS）在妊娠早期用于检测生化紊乱和染色体异常。绒毛膜绒毛是胎膜上的丝状突起，由胎儿细胞组成。该检查利用超声图像，通过在腹部或阴道和子宫颈插入一根细导管进入子宫，然后取出少量绒毛膜绒毛样本进行分析。该手术较之羊膜腔穿刺术的一个优势是，最早在末次月经后的第 8 周就可以进行。

分 娩

对父母来说，孩子出生的那一刻可谓百感交集——可能有着巨大的喜悦、9 个月的等待结束后的解脱，以及宝宝出生所带来的惊喜。所有见证者都可能会关心母亲和婴儿的状况，并对新生命诞生这一奇迹感到敬畏和惊叹。

分娩准备

各种各样的项目和组织会给准父母们提供培训，教他们为分娩和为人父母做准备。这些项目通常是 6 到 8 周的课程，有时称作"自然分娩""拉马泽分娩法"或者直接叫作分娩准备。分娩准备课程可以增进准父母之间的亲密关系，增强他们的信心和自尊。此外，参加分娩准备课程的女性，在分娩时可能较少感到疼痛和不适，需要较少的药物，并发症也更少。参加分娩准备课程的父母，也更可能对分娩和养育孩子持积极态度。参加分娩准备课程的男性往往更愿意与伴侣一同经历分娩过程，并在此期间帮助伴侣。孩子出生后，他们也更可能对养育孩子感兴趣并参与其中。

几乎所有分娩准备课程都会教给准父母有关怀孕和分娩的基本生物学知识。它们还会教授呼吸和放松练习，有些课程会教授如何运用意象和自我肯定。所有这些都是为了让分娩过程变得顺利和舒适。在参加这些课程时，准父母们会遇到其他准父母，还可以彼此分享自己的感受和体验。这些课程还会探讨分娩方式的选择。由于分娩准备课程反映的是授课老师的一家之言（可能有偏见），所以准父母们可以通过咨询其他资源（如书籍、网站和其他父母）以获得关于分娩方式选择的更全面的信息。

研究表明，分娩过程中他人给予的持续的情感支持，可以缩短产妇的分娩时间，让她们有更强的控制感，减少对止痛药的需求，总体上可以减少影响婴儿的并发症。另一方面，如果产妇感到不适、焦虑和害怕，或者因其他人对分娩进程的期望而感受到表现压力，分娩可能会变慢或停止。

生　产

在生产或**分娩**（labor）开始的前几周，胎儿在子宫下降以进入分娩位置，这个过程称为**胎儿下降感**（lightening）。当这种情况发生时，孕妇某些内脏的压力会减轻，她可能会发现呼吸、站立和消化食物变得更容易。在所有的分娩中，大约95%的胎儿头朝下或者说是头位。胎儿头若非朝下，则可能朝上，这称为臀位。几乎在所有情况下，胎儿的腿都会以"胎姿"蜷缩在其腹部。

在孕期很多时间里，孕妇子宫会间歇性地收缩，即一阵阵地收紧。子宫有时收紧得很轻微，以至孕妇觉察不到。在孕期后半段，孕妇有时会觉得腹部变硬或子宫收缩。这些变化是孕妇的身体在为真正的分娩做准备。医务工作者将此称为**布雷希氏宫缩**（Braxton-Hicks contractions）。它与真正分娩的区别是发生的间隔时间不规律，持续时间也很短。

在分娩过程中，可识别的产程通常有三段（图9.4）。在第一产程开始之前，宫颈管已然消失（变平变薄），宫颈口轻微扩张。**第一产程**（first-stage labor）从子宫收缩开始，一直持续到宫颈口完全扩张。第一产程的另一个迹象可能是"见红"，即宫颈黏液栓排出。第一产程是三段产程中最长的，在产妇首次分娩时通常持续10至16个小时，在二胎及后续分娩时通常持续4至8个小时。该产程会一直持续到宫颈口扩张至约10厘米。

第二产程（second-stage labor）从宫颈口完全扩张且胎儿进一步下降到产道（通常是头先下）时开始。该产程持续30分钟到2小时。在此期间，产妇可以利用每次宫缩主动推挤胎儿，直到胎儿娩出。剩下的羊水会涌出。医务人员会清洗婴儿，并迅速检查其生命体征，如呼吸和肤色。脐带在离肚脐几厘米的地方被夹住，婴儿很快就会开始呼吸。

第三产程（third-stage labor）从胎儿娩出一直持续到胎盘或**胞衣**（afterbirth）娩出。伴随着一到两次宫缩，胎盘通常会与子宫壁分离，并在婴儿出生后30分钟内从阴道娩出。

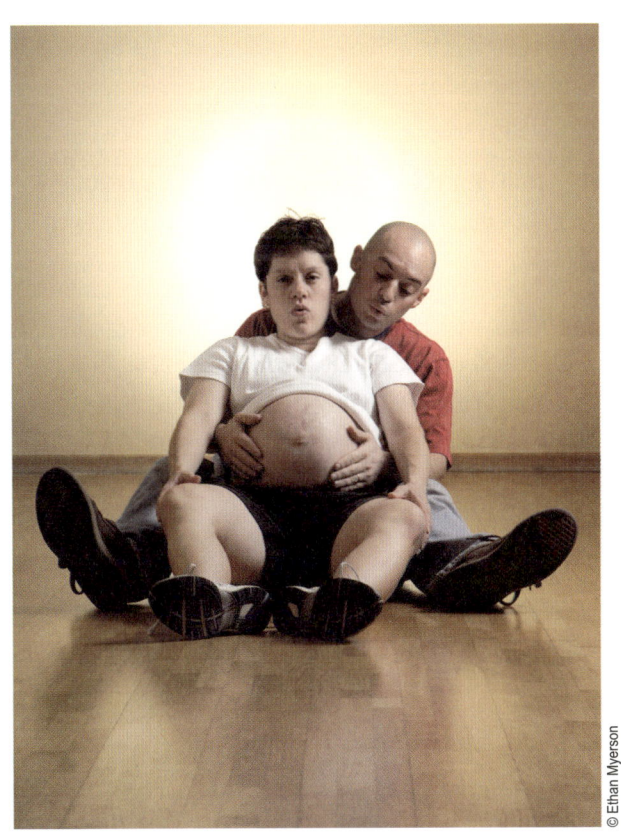

分娩准备课程有助于确保婴儿的健康。

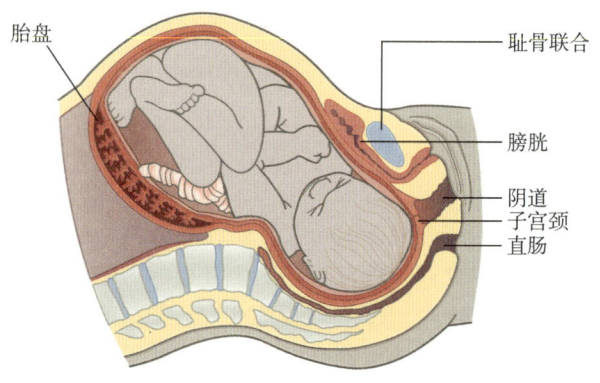

（a）第一产程前期

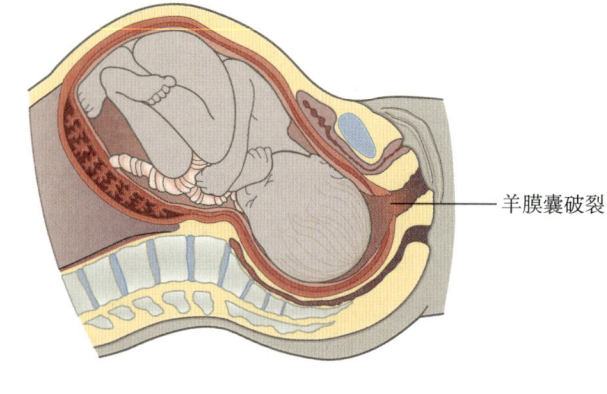

（b）第一产程后期：过渡阶段

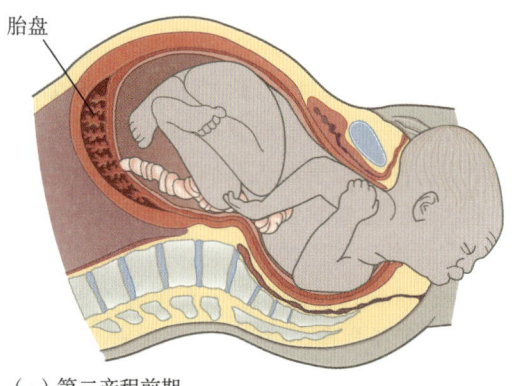

（c）第二产程前期

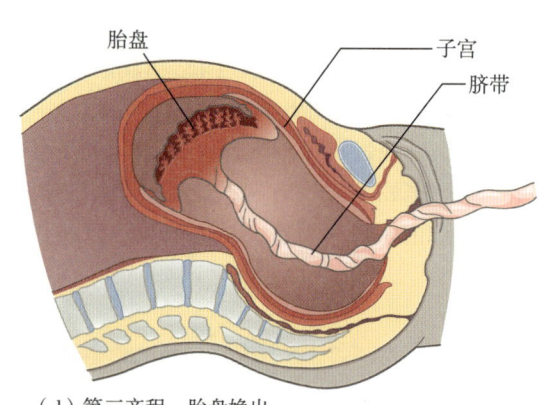

（d）第三产程：胎盘娩出

图 9.4 分娩

产程。（a）第一产程前期：宫颈口正在扩张。（b）第一产程后期（过渡阶段）：宫颈口完全扩张，羊膜囊破裂释放出羊水。（c）第二产程：婴儿出生。（d）第三产程：胎盘（胞衣）娩出。

医疗干预

控制分娩不适的选项

分娩会伴发强烈的不适或疼痛，尤其是在第一产程的后期和第二产程的早期。这种强烈的痛觉，是由子宫肌肉组织的拉伸和拉伤、宫颈管的消失和会阴的拉伸引起的。缓解疼痛的方法包括放松技巧、深呼吸、针灸、催眠、助产士对会阴的按摩和支撑、阻断疼痛意识（痛觉缺失）的药物（镇痛剂），以及阻断疼痛感觉（麻醉）的药物。分娩期间最常用的麻醉方法是局部麻醉，仅仅减轻骨盆区的感觉。这可以让产妇在分娩期间保持意识清醒，能够主动"向下用力"以帮助孩子产出。全身麻醉（完全失去意识）仅用于难产和诸如剖宫产之类的干预措施。

社会和心理支持也有助于减轻分娩的疼痛和不适。认为自己能成功分娩的产妇通常比恐惧分娩的产妇有更轻的不适感，需要更少的止痛药（American Society of Anesthesiologists, 2016）。这也是鼓励孕妇参加分娩准备课程的原因之一。此外，分娩期间有持续情感支持的女性通常也需要更少的止痛药。这种支持可以来自她的丈夫或其他家庭成员、受过训练的分娩助理（称为导乐）、护士或其他产科专业人员。分娩环境与家庭环境相似，产妇认识护理人员，也都有助于更成功的分娩体验。

引 产

引产是指用医学手段刺激子宫收缩以启动分娩。美国如今大约 20% 的分娩会使用引产，比 1990 年翻了一倍。使用引产的主要原因包括延期妊娠（41~42

周）、妊娠毒血症（孕妇血压升高）、胎膜早破和胎儿过大。

最常用的引产方法是给子宫颈注射前列腺素、钳破或刺破胎膜，以及注射催产素。一种有数百年历史的引产方法是由接生员刺激产妇的乳房来让其垂体后叶分泌催产素。其手法模拟了母亲之后哺育婴儿的情景。其他非医学引产方法包括草药混合物、蓖麻油、热水浴、灌肠剂、针灸、穴位按压和性交。

会阴切开术

会阴切开术（episiotomy）是指切开阴道与肛门之间的会阴。这种手术可以在第一产程进行，以扩大阴道开口。不久之前，会阴切开术还是产科的常规手术，因为当时人们认为，这种手术可以减少阴道组织撕裂，有助于产后愈合。然而，现在已经知道，会阴切开术实际上会增加损伤风险，且对产后愈合没有明显的帮助。会阴切开术应该只在医学上有必要时进行，而不应成为常规手术。

剖宫产

如果正常的阴道分娩由于种种原因存在危险或不可能、不可取，也可以通过在腹壁和子宫切出的切口从母亲体内取出胎儿。这种手术称为**剖宫产**（cesarean section/C-section，俗称剖腹产）。在多种健康状况下，医生可能会推荐孕妇做剖宫产，包括胎儿的头相较于母亲的骨盆结构过大、母体疾病、阴道活动性疱疹感染、分娩期间胎儿窘迫、分娩并发症（诸如足先露或臀先露）或者以前进行过剖宫产等。

对于母亲和婴儿来说，剖宫产比简单的阴道分娩更不安全，花费更多。美国如今近30%的分娩是剖宫产，而在1970年只有5%。剖宫产增加的原因包括，父母和/或医生想使分娩过程更轻松，医生和医院不想承担产妇难产的风险以避免昂贵的诉讼。在美国，产科医疗事故判决在所有医疗相关判决中占比最大。而产科责任保险对于初级保健从业者也是最贵的。

产后过渡

孩子出生后，母亲会经历几周的产后过渡，被称为**产褥期**（puerperium）。在此期间，妊娠带来的生理变化会慢慢逆转，阴道和周围的结构会从分娩状态复原。不再需要的子宫组织会在分娩后第一个月左右排干净。这种排出物称为恶露，起初类似于量大的月经，但通常在一两周后会逐渐减少。妊娠期间较高的雌激素和孕酮水平在分娩后会迅速下降，约72小时后几乎归零。

在此期间，产妇及其伴侣开始适应通常而言艰辛的新生活环境。分娩和婴儿照护都令人疲惫不堪。许多女性会出现产后抑郁。这是一种涉及疲劳、抑郁、孤独或恐惧的暂时性心境变化。这些感受通常会在分娩后几周内减弱，但约13%的女性会出现严重的产后抑郁，以至于失去生活能力，需要专业帮助（Ko et al., 2017）。因为产后的心境变化十分普遍，所以一些专家认为，这可能与伴随分娩的激素水平的剧变有关。其他专家虽然不否认激素变化的影响，但也指出分娩更是一种生活转变。这种转变给女性、她的伴侣以及其他家庭成员带来诸多挑战，他们需要不停地进行心理调适。

专家建议，夫妇在女性分娩后几周内应避免性交，以使子宫和阴道恢复孕前状态。在分娩后的第3到4周进行性交，通常来说在身体上是安全的。但是，一切取决于母亲的需求和舒适与否。

哺 乳

乳房的哺乳准备从妊娠的前几周就开始了。此时，乳管数量增多，脂肪也沉积在乳房组织中。这种发育在妊娠早期会引起乳房触痛。除了乳房增大外，乳头还会变大，颜色变深。大约在妊娠中期，乳房开始产生**初乳**（colostrum），即实际母乳的黄色前体。在婴儿出生后的最初几天，初乳是乳房分泌的主要物质。随着新生儿不断吮吸乳汁，初乳会被喝干，继而被母乳取代。初乳含有多种营养物质，尤其富含能保护婴儿免受感染的抗体。母乳含有特定的乳蛋白、抗体、乳糖、脂肪和水。母乳的合成由垂体激素**催乳素**（prolactin）控制。催乳素水平在孕期会急剧上升，只要母亲持续哺乳，其水平就能维持。

母乳通过母亲与婴儿的协同活动从乳房中排出。将乳头放入婴儿的嘴里，会激活婴儿的吮吸反射。当婴儿吮吸时，刺激催产素释放的神经冲动会从乳房传递到母亲的大脑。催产素会通过母亲的血液循环进入乳房，让乳管内层的肌肉细胞收缩，进而将母乳从乳头中排出。催产素也会刺激子宫收缩，所

怀孕与分娩：腹式呼吸练习

拉马泽分娩法课程教导准妈妈（和准爸爸）将呼吸的重点放在腹部或横膈膜上。在数小时的分娩教学和实际分娩期间，这种呼吸技巧被用来缓解分娩的疼痛。现在，这种在分娩压力事件中进行教授和练习的技巧，也应用于其他一些压力情境。

每个呼吸周期都包括以下四个不同的阶段。

阶段一：吸气，通过鼻子或嘴将空气吸入肺部。

阶段二：在肺部呼出空气前非常短暂的停顿。

阶段三：呼气，把空气从肺部经由它进入时的通道排出。

阶段四：在呼气后与下次吸气前之间非常短暂的停顿。

通过非常缓慢和舒适的深呼吸延长呼吸周期时，上述阶段都可以得到增强。尝试这种呼吸技术时，要在这四个阶段出现时加以识别，从而将它们区分并辨认开来。记住，在任何阶段、任何时候都不要屏住呼吸。相反，要学会通过控制呼吸周期每个阶段的节奏来调节呼吸。记住，腹式呼吸和过度通气不一样：这种呼吸方式缓慢、放松，深度以感觉舒适为宜。整个呼吸周期中最令人放松的是阶段三：呼气。在呼气阶段，胸部和腹部得以放松，进而产生全身放松的效果。当你关注自己的呼吸时，请感受你的整个身体在呼气时变得有多放松，特别是你的胸部、肩膀和腹部。

一种能量呼吸练习

该练习共有 3 个阶段，你可以坐着或躺着运用这种技术。

1. 首先，请保持舒适，让你的肩膀放松。如果你选择坐着，尽量将腿伸直。吸气时请想象在你的头顶上有一个圆洞。当空气进入你的肺时，请想象能量以一束光的形式进入你的头顶。吸气时将能量从头顶带到腹部；呼气时让能量经由头顶离开。这个过程重复 5 到 10 次，尝试将你的呼吸与能量流动的想象画面协调起来。当你继续将能量带到腹部时，让这束光扩散到你上半身内部所有的部位。当第一阶段让你感到舒适时，你就准备好进入第二阶段了。

2. 现在，请想象双足的脚心都有一个圆洞，能量可以从中进出。再次把能量想象成一束光。请将注意力完全集中在下肢，当你用腹部吸气时，让能量从脚心向上进入腹部；你呼气时让能量再从你的脚心离开。这个过程重复 5 到 10 次，试着让你的呼吸与能量的流动协调起来。当你继续将能量带到腹部时，让这束光扩散到你下半身内部所有的部位。

3. 一旦你将呼吸与下肢能量流动的画面协调起来后，就可以开始结合来自头顶和脚心的能量运动。用腹部吸气时，请将能量带到你的身体中心。然后，呼气时逆转能量的流动。这个过程重复 10 到 20 次。每次你带动能量穿过身体时，你会感觉到身体的每个区域——每块肌肉，每个器官和细胞——都充满了活力。一开始，可能很难在想象的画面中，协调来自身体两端的能量运动。但通过练习这会变得非常容易。

以母乳喂养有助于使母亲的子宫恢复孕前的大小。

母乳喂养可以持续数月。只要宝宝仍在吮吸，并且乳房定期排出乳汁，促使母乳产生的激素刺激就会持续下去。如果没有吮吸刺激，母乳分泌就会停止。母乳喂养有许多优点，包括：

- 经济和便捷，省去了购买、准备、加热奶瓶和配方奶等方面的工作。
- 可以将母亲的免疫力（预防感染）转给婴儿。母乳本身和哺乳行为都会刺激婴儿自身免疫防御能力的发展。
- 母乳可以促进婴儿消化系统的发育。
- 母乳喂养的婴儿更少出现过敏、腹泻、牙齿问题和腹绞痛（胃痛）。
- 母乳对宝宝来说可谓营养均衡；含有牛奶的配方奶与母乳的营养成分不尽相同，尽管它们营养充足。
- 母乳喂养可以增加母子之间的心理依恋。
- 涉及母乳分泌和释放的激素会使子宫收缩，这有助于子宫恢复正常大小。这种收缩在分娩后的第一周左右可能很强烈，甚至带来疼痛。此后，一些女性会将其描述为愉快、享受或令人性兴奋的。

母乳为婴儿提供必需营养素，并有助于预防感染。

许多女性发现，母乳喂养为她们提供了一段与婴儿一起放松的愉快体验。母乳喂养带来的愉悦感经常会令人性兴奋，可能带来生殖器快感，甚至偶尔会引发性高潮。这些感受和反应是正常且自然的，女性不必因此感到内疚或痛苦。

母乳喂养的诸多好处并不意味着奶瓶喂养不健康。许多健康和适应良好的人都是用奶瓶喂养长大的。一些女性由于身体原因无法进行母乳喂养。有些母亲则因为工作、家庭和其他责任带来的不便，而不采用母乳喂养。令人遗憾的是，许多社区或工作场所，仍然不接受母亲在公共场所或工作地点进行母乳喂养。一些女性不采用母乳喂养则是因为她们担心乳房形状的变化会降低她们的性吸引力。

一些女性采用母乳喂养婴儿数周或数月后，会逐渐代之以奶瓶喂养，直到孩子完全**断奶**（wean），

婴儿死亡率

所有婴儿出生后的第一年都可能有生命危险，特别是当孕妇、婴儿或婴儿母亲生病时没有完善的医疗系统进行干预。全球婴儿死亡率（在1岁生日前的死亡率）是每1 000个活产婴儿中有42人死亡。这意味着全世界每年有710万婴儿死亡。

各国的婴儿死亡率差异巨大（**表9.3**）。摩纳哥的婴儿死亡率最低，每1 000个活产婴儿中有1.80人死亡；阿富汗排名最高，每1 000个活产婴儿中有112.80人死亡。

当母亲和婴儿能够获得良好的医疗保健时，导致婴儿死亡的原因有严重的出生缺陷、早产和低出生体重、车祸、婴儿猝死综合征，以及包括HIV在内的感染。当母亲和婴儿无法获得医疗保健时，导致婴儿死亡的原因有分娩并发症、营养不良、感染（如HIV和疟疾）、公共卫生状况差以及缺少母亲或其他照护者。

全美的婴儿死亡率为每1 000个活产婴儿中有5.80人死亡。加拿大的婴儿死亡率为每1 000个活产婴儿中有4.60人死亡。美国的婴儿死亡率之所以高于其他工业化国家，是因为许多美国人无法获得高质量的医疗保健。美国的婴儿死亡率还存在种族差异。非西班牙裔白人的死亡率为每1 000个活产婴儿中有5.76人；非裔美国人为13.63人；西班牙裔为5.80人；印第安人和阿拉斯加州原住民为4.90人；亚裔/太平洋岛民为8.06人。

为了降低全世界的婴儿死亡率，世界卫生组织希望增加所有母亲获得医疗服务的机会。为了降低美国的婴儿死亡率，美国卫生与公众服务部希望提高母亲获得早期产前保健的比例，降低婴儿猝死综合征的发病率，减少孕妇吸烟、饮酒和使用药物或毒品的比例，减少低体重儿的数量。

表 9.3 2013年不同国家的婴儿死亡率（每1 000个活产婴儿中的死亡人数）*

国　家	死亡率	国　家	死亡率
阿富汗	113	墨西哥	12
索马里	97	巴拿马	10
乍得	87	斯里兰卡	9
乌干达	58	俄罗斯	7
巴基斯坦	54	卡塔尔	6
塞内加尔	50	美国	6
海地	48	古巴	5
加蓬	45	加拿大	5
印度	40	丹麦	4
肯尼亚	38	爱尔兰	4
玻利维亚	36	法国	3
阿塞拜疆	25	瑞典	3
朝鲜	23	日本	2
巴西	18	摩纳哥	2
约旦	15		

资料来源：U.S. Central Intelligence Agency. (2013). Country comparison: Infant mortality rate. *World Fact Book*.

＊数值为四舍五入取整。

即完全停止吃母乳。比乳汁来源更重要的是，婴儿在接受喂养时与母亲的身体接触和关爱。

不孕不育

美国约 1/5 的育龄已婚夫妇**不孕不育**（infertile）。这意味着，他们经过一年尝试仍然不能怀孕。约 40% 的不孕不育是由男方导致的；女方则占 40% 到 50%；约 10% 的不孕不育则病因不明。如果接受专业帮助，约一半的不孕不育夫妇最终可以生育孩子。医学上确诊为不孕不育的夫妇在没有医疗干预的情况下，很大一部分最终生育了孩子。永久性不孕不育被称为**绝育**（sterility）。

两性的不孕不育都可由各种有损于原本正常的生殖系统功能的状况导致。例如，健康状况不佳、吸烟、长期饮酒、滥用大麻和其他药物、暴露于辐射或有毒化学物质、营养不良、焦虑、压力和疲劳，都会降低个体的生育能力。医学治疗或生活方式的改变通常可以使人恢复生育能力。年龄也对生育能力有影响。20 多岁的女性比 40 岁上下的女性更容易怀孕。

> 祖父母和孙辈相处如此融洽的原因是，他们有一个共同的"敌人"。
> ——萨姆·利文森

因为精子和卵子的产生，以及男性和女性生殖道的功能，完全依赖于充足的激素分泌，所以激素问题是两性不孕不育的常见原因。不孕不育的原因可能是下丘脑激素促性腺激素释放因子（gonadotropinreleasing factor, GnRF）或者垂体激素促卵泡激素和黄体生成素分泌不足。不孕不育的原因也可能是源自睾丸的睾酮，或源自卵巢的雌激素和孕酮合成或释放异常。不孕不育通常可以使用天然或人工合成激素（如克罗米芬或普格纳）来提升低水平的激素，进而恢复生育能力。然而，使用这些"生育药物"会增大多胞胎的概率。

不孕不育的原因还可能是男性或女性生殖系统存在解剖学异常或损伤。生殖系统损伤的一个常见原因是，淋病或衣原体感染引起的输卵管结疤及其带来的阻塞，由它们引起的附睾结疤和阻塞则不太常见。这些疾病导致的疤痕组织会阻塞输精管、输卵管，阻碍精子和卵子的通过。生殖道的赘生物和肿瘤也会阻碍精子和卵子的通过。有时，通过手术修复被阻塞或受损的输精管和输卵管，不孕不育者可以恢复生育能力。

授精和精子射入和输送方面的问题也会导致不孕不育。例如，男性可能难以勃起和维持勃起，或难以将精子射入阴道。女性可能会分泌过于黏稠或过多的宫颈黏液，阻碍精子进入子宫。有时夫妇难以怀孕的原因是他们没有在接近排卵的时间性交。

辅助生殖技术

多种医疗干预措施可用于帮助不孕不育夫妇怀孕。例如，倘若阴道内沉积的健康精子数少于 2 000 万个，女性就不太可能受孕。如果男性单次射精的健康精子数太少，则可以将其数次射精的精子合起来，再用注射器注入女性的生殖道。这一过程称为**人工授精**（artificial insemination）。如果男性无法制造人工授精所需的数量足够的健康精子，夫妇还可以使用捐赠的精子，进行人工授精来怀孕。美国每年经人工授精孕育的婴儿达数千名。

另一种治疗不孕不育的方法是**体外受精胚胎移植术**（in vitro fertilization and embryo transfer, IVF-ET；俗称试管婴儿）。当女性输卵管功能失常或是存在其他原因（如避免将遗传病传给孩子）时会使用这种方法。

体外受精胚胎移植术包括以下步骤：

- 医生提取多个（通常 2~12 个）准备好受精的卵子；
- 从男性伴侣或男性捐赠者那里获取健康的精子；
- 在实验室培养皿中使卵子受精，直到至少一个胚胎发育到 4~8 个细胞的阶段；
- 给女性注射激素让其身体为怀孕做好准备；
- 将多个胚胎植入子宫（以增加怀孕的概率；剩余胚胎可冷冻和储存以备将来需要时使用）。

历史上第一个试管婴儿于 1978 年出生在英国。自此全世界已有一百多万名试管婴儿出生。尽管体外受精胚胎移植术应用广泛，但该手术并非没有风险，其失败率高于成功率。体外受精胚胎移植术的成功率（以最终活产为准）介于 20% 到 40% 之间，具体取决于多种因素，如女性年龄、医疗专业人员的手术经验以及植入子宫的胚胎数量（Centers for Disease Control and Prevention, 2016b）。通过体外受精胚胎移植术即使只孕育一个孩子，低体重或有出

生男生女：父母应该有选择权吗

美国的父母可以选择下一胎孩子的性别来实现"家庭平衡"。虽然存在争议，但美国生殖医学学会仍认为性别选择是符合伦理的决定。目前，父母选择孩子性别的技术是体外受精胚胎移植术和精子分离术。

体外受精胚胎移植术：体外受精胚胎移植术可以确保生出选定性别的婴儿。采用医学手段从准妈妈的身体里收集数个卵子，并用父亲的精子使其在实验室的培养皿中受精。从正在发育的胚胎中提取一个细胞，分析其性染色体是 XX（女孩）还是 XY（男孩）。然后将一两个期望性别的胚胎植入母亲的子宫，在此之前母亲已经使用激素为怀孕做好了准备。如果成功怀孕，将会有一个（或两个）期望性别的孩子出生。体外受精胚胎移植术最普遍地用于防止已知有基因缺陷的夫妇生出有遗传缺陷的孩子。除了选择性别，该技术还可以检测胚胎是否有特定的基因缺陷，并且只植入没有异常基因的胚胎。体外受精胚胎移植术对于防止伴性性状（如血友病和某些形式的肌营养不良）遗传给下一代尤其有用。

精子分离术：精子分离术会将携带 X 染色体的精子与携带 Y 染色体的精子分离开来。专业人员会用产生期望性别胚胎的精子对女性进行人工授精。这种技术比体外受精胚胎移植术简单得多，造成的创伤也要小，但是生女孩的成功率只有约 90%，生男孩的成功率则只有 75%。因此，如果使用精子分离术，父母就必须做好接受非期望性别的孩子的准备。

性别选择之所以受谴责，部分是因为在一些国家会利用性别选择打掉女胎，因为男性后代更受欢迎。在印度，移动超声波扫描仪在各个村庄之间轮转，只要支付少量费用，孕妇就可以确定胎儿的性别。如果胎儿是女孩，则通常会被打掉。印度的这种性别选择将正常的男女出生性别比 106:100 扭曲到了 130:100。印度现已禁止使用超声波扫描做性别选择。在美国，没有证据表明，超声波扫描被用于性别选择和打掉非期望性别的胎儿。

性别选择可视为某种形式的性别歧视，即人们认为一种性别不如另一种性别。但是，到目前为止，美国的性别选择主要用于家庭平衡：有一个或多个同一性别孩子的夫妇，想拥有一个另一性别的孩子。

随着更多的基因检测变得可行，性别选择可能延展到性别以外的遗传特质层面。一对夫妇可能想让他们的孩子高大、聪明、肌肉发达或有音乐天赋。新兴生殖技术的反对者们认为，这些技术为"设计婴儿"打开了大门，父母会选择他们期望的孩子拥有的特质。这一概念唤醒了纳粹优生学（选择性培育"优秀"基因）的幽灵，纳粹在 20 世纪 30 年代施行了一系列生育政策，鼓励有某些特质的人生育，其他人如犹太人、吉卜赛人和残疾人则惨遭灭绝。

关于新兴生殖技术以及针对期望特质的基因检测的使用争议，在未来肯定会越来越多。

生缺陷的婴儿的出生概率也约为自然受孕的两倍。

配子输卵管内移植（gamete intrafallopian transfer, GIFT）和合子输卵管内移植（zygote intrafallopian transfer, ZIFT），与体外受精胚胎移植术类似。通过 GIFT，两侧的输卵管会放入相同数量的卵子，并且精液会被直接注入输卵管。通过 ZIFT，卵子会在体外受精，形成的胚胎会被置入输卵管。这两种手术的成功率在 10% 到 20% 之间。

对一些夫妇来说，无法生育孩子的后果是毁灭性的。这些夫妇中的许多人为了怀上并拥有一个健康的孩子，付出了长期的努力。他们可能花费了很多金钱，并消耗了大量的精力。这些夫妇可能会被要求，仔细记录女方的生育周期，并在最可能怀孕的时候进行性交。他们可能会被建议，在激素治疗后的特定时间进行性交。他们还可能多次去生育诊所治疗，接受体外受精胚胎移植术或其他医疗干预。

美国每年试图使用体外受精胚胎移植术来生育孩子的不孕不育夫妇约有 4 万对。然而，对大多数夫妇来说，不断进行的怀孕尝试均以失败告终。35 岁以下女性，通过体外受精胚胎移植术生育健康婴儿的成功率约为 20%；40 岁以上女性的成功率则低于 10%。除了成功率较低外，夫妇们每次做体外受精胚胎移植术都要支付数千美元，而健康保险通常不涵盖这一花费。

收 养

成年人抚养非亲生子女的原因很多。他们的部分动机可能是担忧人口过剩,以及渴望给无家可归的孩子提供爱和安全感。另一个常见的原因是夫妇因为不孕不育而不能生育孩子。夫妻甚至单身人士和同性恋伴侣的一个可选项就是收养。许多被收养的孩子为原本没有孩子的夫妇带来了期望的幸福。

在美国,当夫妇们想收养孩子时,有3种方法可供选择。最常见的是,收养经由本州许可的私立或公立收养机构进行。这些机构通常是非营利性的社会服务组织,大约70%的收养是通过它们进行的。经由机构收养也许是收养年龄较大的儿童或有特殊需要的儿童的最佳选择,不过,这些机构也帮着收养婴儿和来自其他国家的儿童。与收养机构签约可能是一个漫长的过程,通常要好几年。

另一种收养孩子的方法是独立或私人收养。希望收养孩子的人与想放弃自己孩子抚养权的母亲达成协定,通常由律师、医生等作为中间人。美国每个州都有各自的独立收养法律,所以准养父母应该了解其所在州和孩子生母所在州的法律。在所有的独立收养中,亲生父母只有在孩子出生后才能同意孩子被他人收养。

第3种方法是跨国收养。跨国收养正成为越来越受准养父母们欢迎的方法。美国的跨国收养必须满足州政府和联邦政府的规定。不过,跨国收养的等待期并不像通过私立或公立收养机构收养那样漫长。

对健康的批判性思考

1. "嗯……"这所医院的新任医学主任约翰逊医生，一边仔细地查看医院最近的出生统计数据，一边喃喃自语。该医院不同医生的引产使用率有着巨大差异，这引起了他的好奇与担忧：史密斯医生，7%；安德森医生，12%；汤普金斯医生，45%；黑斯廷斯医生，74%。约翰逊医生知道，全美的引产使用率是20%。在这次任命之前，他先前管理的那家医院的使用率是12%。

   跟随自己的直觉，约翰逊医生开始检查医院的电脑记录，以确定过去4个月内医院婴儿出生的日期和时间。他发现，汤普金斯医生在此期间只有一个周末做过接生；而黑斯廷斯医生在此期间没有在周末做过接生，他只在凌晨2点后接生过2次。

   约翰逊医生进一步调查了这些医疗记录，发现黑斯廷斯医生在数个患者的病历中指出，这些孕妇出于个人方便原因而要求引产。尽管约翰逊医生本人不同意出于孕妇方便就引产的做法，但他认为，如果出现了问题，与医院人手不足的晚上和周末相比，工作日分娩对医院来说经济风险较低。

   约翰逊医生应该改变医院引产的做法吗？如果应该，他应该怎么做？如果不应该，为什么？

2. 我们知道，药物、毒品、酒精和烟草对发育中的胎儿有害。设想你正在一家餐馆里当服务员。

   a. 如果一位怀孕的顾客点了一杯酒，你会怎么说或怎么做？

   b. 如果一位怀孕的顾客在吸烟，你会怎么说或怎么做？

3. 请评论这个观点：人类生孩子的历史已有数万年。可是如今，分娩课程、医院产房、麻醉、胎儿监测、会阴切开术、引产、剖宫产、男婴包皮环切术和奶瓶喂养，使整个生育过程都过于医学化了。

本章小结与重点

本章小结

怀孕并将一个新生命带到人间，是最令人敬畏和最有意义的人生经历之一。成为父母会永久地改变人们的生活。虽然许多夫妇计划并努力怀孕，但仍有许多人意外怀孕，并没有做好承担父母角色的准备。不确定自己是否想要孩子或不希望成为父母的人，应该选用诸多可用的避孕方法。人们与未来的伴侣讨论怀孕的风险，应该在一段亲密关系的早期进行。这类讨论可以促进双方的信任和理解。一些想要怀孕生育的夫妇可能会发现，其中一方无法生育。现代生殖技术使许多不孕不育的夫妇生育孩子成为可能。许多婴幼儿和儿童由于一些他们无法控制的原因成为孤儿。渴望接受养育子女挑战的个人或夫妇，他们的收养为孤儿提供了新的生活和希望。

良好的健康习惯在孕期尤为重要。准妈妈要为两个生命负责——她自己和她未出生的孩子。女性在备孕和怀孕期间，应停止吸烟和饮酒，在未咨询医生时不得用药。许多药物以及暴露于环境中的许多化学物质，会导致胎儿大脑和/或身体的发育缺陷。怀孕的夫妇都想要生育健康的孩子。夫妻对如何保持健康的妊娠和分娩过程越了解，结果就越可能皆大欢喜。

重点

- 受孕、怀孕和分娩是重要且意义非凡的人生经历。为人父母的决定要做好心理和身体上的准备，这样每个孩子都能拥有为满足自己的需要做好准备的父母。

- 受精后，胚胎在进入子宫的过程中会发生卵裂。大约在受精后第6天，胚胎开始植入子宫内膜，在接下来的260天左右继续发育。在妊娠40周左右，婴儿就会出生。

- 女性孕期的健康习惯，如摄入丰富的营养、进行产前保健、开展锻炼和身体活动，以及保持情绪健康，都有助于成功妊娠。

- 女性在孕期使用毒品和药物、饮酒和吸烟，都会造成胎儿损伤或出生缺陷。准父母可以利用羊膜腔穿刺术或绒毛膜绒毛吸取术等检查，来确定胎儿是否有出生缺陷。

- 通过参加分娩准备课程，确保在分娩期间为产妇提供情感支持，以及明智地选择医疗干预措施（如会阴切开术和疼痛管理），可以实现最佳分娩。

- 分娩分为三个产程。第一产程始于分娩的开始，一直持续到宫颈口完全扩张。第二产程是婴儿的出生。第三产程是胎盘的娩出。

- 分娩后的时期涉及母乳喂养和恢复性活动。

- 美国约有20%的已婚夫妇不孕不育。其中一些夫妇可以通过医学帮助成功怀孕；也可以通过体外受精胚胎移植术或人工授精的方式怀孕。

- 收养是一些夫妇的替代选择。他们可以通过相关机构以合法的方式收养孩子。

参考文献

American College of Obstetricians and Gynecologists. (2015). Exercise during pregnancy.

American Society of Anesthesiologists. (2016). Practice guidelines for obstetric anesthesia: An updated report by the American Society of Anesthesiologists Task Force on Obstetric Anesthesia and the Society for Obstetric Anesthesia and Perinatology. *Anesthesiology, 124*, 270–300.

Centers for Disease Control and Prevention. (2016a). Birth defects: Data and statistics.

Centers for Disease Control and Prevention. (2016b). *2014 Assisted Reproductive Technology National Summary Report*. Atlanta, GA: U.S. Department of Health and Human Services.

Ko, J. Y., et al. (2017). Trends in postpartum depressive symptoms. *Morbidity and Mortality Weekly Report, 66*, 153–158.

推荐阅读

Boston Women's Health Book Collective. (2011). *Our bodies, ourselves: Pregnancy and birth*. New York: Touchstone. A comprehensive, accessible, up-to-date book for expectant mothers.

Knoepfler, P. (2015). *GMO sapiens: The life-changing science of designer babies*. Singapore: World Scientific Publishing. Discusses cutting-edge biotech discoveries, including bioengineering, genomics, synthetic biology, and stem cells, that have made genetically modified people possible.

Murkoff, H., & Mazel, S. (2011). *What to expect when you're expecting*. New York: Workman Publishing. This popular guide to pregnancy covers every aspect of the prenatal period, from developmental stages to nutrition.

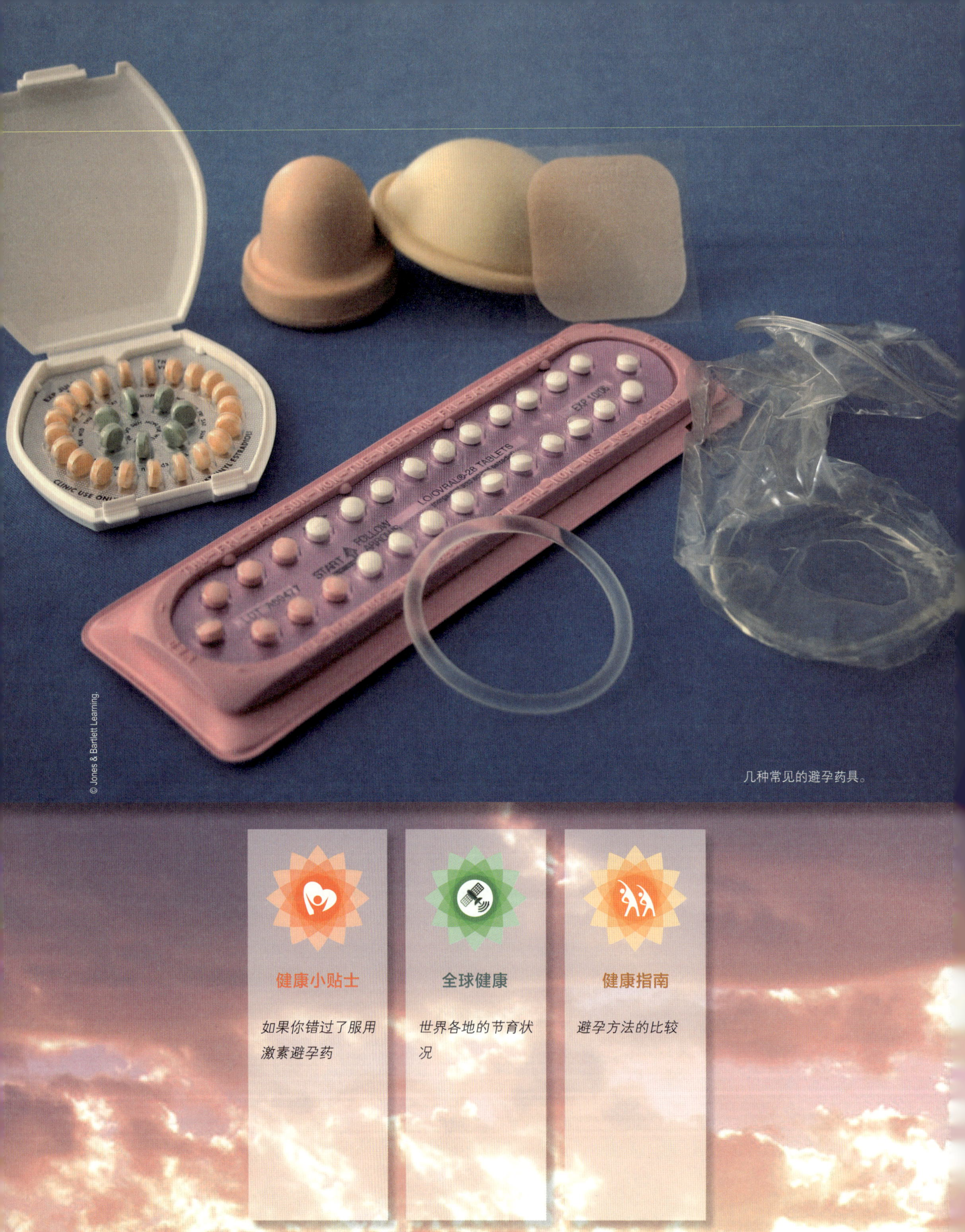

几种常见的避孕药具。

健康小贴士

如果你错过了服用激素避孕药

全球健康

世界各地的节育状况

健康指南

避孕方法的比较

第 10 章

节　育

学习目标

1. 列出采用节育措施的 5 个原因。
2. 陈述若干节育措施的典型使用失败率和最低观察失败率。
3. 列出并描述 4 种复方激素避孕药具。
4. 描述 2 种单纯孕激素避孕药具。
5. 解释宫内节育器如何用于避孕。
6. 列出并描述 5 种屏障避孕法。
7. 描述 4 种安全期避孕法。
8. 解释为什么许多人不采用节育措施。
9. 分别描述针对男性和女性的绝育手术。
10. 找出影响节育决策的因素。
11. 描述药物流产法和手术流产法。

大多数北美女性可以保持近 29 年（15~44 岁）的生育能力。在此期间，那些有着稳定性关系的女性可能会发生很多次性交。然而，平均而言，北美的育龄女性只想要 2 个孩子。这意味着，由于各种原因（表 10.1），大多数性活跃的北美育龄女性不想冒意外怀孕的风险。

幸运的是，人类生殖生物学的知识和现代生物技术已经开创了大量较为安全和可靠的方法来降低意外怀孕的风险（参见健康指南专栏"避孕方法的比较"）。一些节育技术是孕前方法（避孕措施），通过阻止精子和卵子发育或阻止它们结合的方式起作用；其他一些节育技术则是孕后方法，它们会抑制受精卵或胚胎的发育。

美国约有 6 100 万育龄女性（Daniels et al., 2015）。在这一群体中，约 62% 的人使用某种形式的避孕措施（表 10.2）。约 19% 的人性生活不活跃或只是偶尔活跃，5% 的人正在怀孕或刚刚生了孩子，4% 的人想要怀孕，10% 的人无法怀孕或处于性活跃状态但未采取避孕措施。北美大学生经常使用避孕措施（表 10.3）。

当你思考本章讨论的节育主题时，请记住，不进行性交的性行为是最有效的避孕方法。生殖器（阴茎插入阴道）性交并不是给予和接受性快感的唯一方式。触摸、亲吻和爱抚同样可以给伴侣双方都带来强烈的性享受甚至性高潮。

选择节育方法

没有一种节育方法能完美适合所有人。除了完全禁欲外，没有一种方法绝对有效、绝对无副作用、

> 每当我听到人们讨论节育时，我总会想起我是家中第 5 个孩子。
> ——克莱伦斯·丹诺

避孕方法的比较

低 效[1]	优 点	缺 点
体外射精	无健康问题	需要有较强的射精控制力
杀精剂	无健康问题；无须处方	必须在每次性交时使用；容易脏乱
安全期避孕	无健康问题	难以预测"安全"期；可能需要禁欲数日
女用避孕套	无须处方	刺激阴道；必须在性交前使用
中 效[2]	**优 点**	**缺 点**
男用乳胶避孕套	无健康问题；无须处方	可能破裂或撕裂
避孕膜	无健康问题	必须在性交前使用；产品型号须由临床医生确定
宫颈帽	可以保持最多 24 小时	产品型号须由临床医生确定；刺激宫颈
高 效[3]	**优 点**	**缺 点**
复方激素避孕法（避孕药、避孕贴、阴道避孕环、避孕针）	易于使用；独立于性交	副作用；对某些使用者的健康有严重危害
单纯孕激素避孕法（迷你避孕药、单纯孕激素避孕针）	易于使用；独立于性交	副作用
宫内节育器	独立于性交	副作用；不规则出血，月经量过多和痛经；盆腔感染的风险增加
手术绝育（输卵管结扎术、输精管结扎术）	一步到位	一些术后不适

[1] 低效：失败率大于 20%。
[2] 中效：失败率介于 6% 到 19%。
[3] 高效：失败率介于 0% 到 5%。

表 10.1 节育的一些常见原因

原因	解释
增强性快感	对可能怀孕的忧虑会分散个体对性体验的注意力,并干扰感受的流动。此外,性交期间的这种担忧会导致男性勃起和射精困难,以及女性阴道润滑和性高潮困难。
家庭生育计划	安全且可靠的节育方法使得夫妇有机会规划家庭规模和孩子的出生时间。夫妇可以在家庭经济、个人和社会资源以及夫妻关系都做好了养育一个或多个孩子的准备时生孩子。
增加女性的生活选择权	节育使得女性可以选择何时将时间和精力投入到各种生活追求中,包括成为母亲。过去由于节育方法不可靠,女性很难将自己的个人目标与成为母亲整合起来,因为她几乎无法控制孩子出生的时间。
健康方面的考虑	节育有助于夫妇降低将遗传病传递给孩子的风险。节育也对怀孕和分娩时可能出现重大健康风险的女性有利。节育可以防止十来岁的女生怀孕,她们若怀孕会遇到比年长女性更多的与怀孕相关的问题。
世界人口过剩	有些夫妇之所以保持很小的家庭规模,是因为他们想承担一些限制人口增长的责任。有些人担心,人口过剩会给食物、水、生活空间、能源和其他资源造成压力。

表 10.2 美国育龄女性的避孕选择(2011~2013 年)

避孕选择	百分比(%)
避孕药	16.0
女性绝育手术	15.5
避孕套	9.4
宫内节育器	6.4
男性绝育手术	5.1
体外射精	3.0
避孕针(醋酸甲羟孕酮注射液)	2.8
阴道避孕环或避孕贴	1.6
安全期避孕法	0.8
皮下埋植避孕剂	0.8
其他方法	0.4

资料来源:Daniels, K. et al. (2015, November 10). Current contraceptive use and variation by selected characteristics among women aged 15–44: United States, 2011–2013. *National Health Statistics Reports*, Number 86, 1–14.

表 10.3 北美大学生的避孕行为

	男性(%)	女性(%)
在过去 30 天内有过阴道性交	41	49
上次阴道性交时使用了保护措施	49	54
方法		
避孕药	62	58
避孕针	5	7
皮下埋植避孕剂	7	6
避孕贴	2	1
阴道避孕环	3	3
宫内节育器	8	9
男用避孕套	69	61
女用屏障避孕法	0	0
杀精剂	5	3
安全期避孕法	6	8
体外射精	29	33
绝育手术	2	2
过去 12 个月内进行过紧急避孕	9	13
意外怀孕	1	1

资料来源:American College Health Association (2016a). *American College Health Association-National College Health Assessment II, Canadian Reference Group Data Report, Spring 2016.* Hanover, MD: American College Health Association, 2016. American College Health Association (2016b). *American College Health AssociationNational College Health Assessment II, Undergraduate Student Reference Group Data Report Spring 2016.* Hanover, MD: American College Health Association.

绝对安全、经济实惠且绝对可逆。既然没有完美的避孕方法,避免意外怀孕就需要权衡各种方法的优缺点,然后选择男女双方都感到舒适可用,且每次性交时都能正确使用的一种(或多种)方法。即使技术上最完美的避孕方法,如果没有正确地坚持使用,也会导致避孕失败。

节育方法的大多数使用者主要关心两个问题:这种方法的效果如何?是否安全?节育方法的有效性根据其**失败率**(failure rate)来衡量。失败率是指在使用某种特定避孕方法的一年内,女性怀孕的平均百分比。每种方法都有两种失败率:**最低观察**(或"完全")**失败率**(lowest observed failure rate),用来衡量某种方法始终正确使用时的表现;**典型使用失败率**(typical use failure rate),用来衡量某种方法在纳入所有通常与其相关的错误和问题时的表现(表 10.4)。

体外射精

节育的**体外射精法**（withdrawal method）要求男性在射精前将阴茎从阴道中抽出（即性交中断）。理论上，体外射精可以阻止精子沉积在阴道中，进而使卵子无法受精。男性必须有极大的控制力和克制力才能及时抽出阴茎。体外射精存在风险，因为在射精之前阴茎就可能排出少量液体（预射精液），其中可能含有精子、艾滋病病毒或其他性传播细菌或病毒。即使没有精子沉积在阴道中，如果精子在阴道附近射出，并且随后在无意中通过身体接触进入阴道，也可能导致怀孕。

体外射精会减少伴侣们的性快感。当男性必须专注于体外射精，而女性则担心他是否会及时抽出时，双方都不能自由地充分体验性交的快感。

冲 洗

性交后进行**冲洗**（douching，用液体冲洗阴道），是一种几乎完全无效的节育方法。在阴道射精后，成千上万的精子在数秒钟内就会开始通过子宫颈进入子宫。在大量精子进入子宫之前，根本就没有时间冲洗掉阴道里的精子。此外，冲洗的喷力反而可能将精子推入子宫，增加受孕机会，而非阻止。

激素避孕药具

1960 年，美国食品药品监督管理局批准了女性激素避孕药具的使用。自此美国数百万女性和全世界数亿女性选用了这种节育方式，因其具有较高的有效性、可逆性、可容忍的副作用且易于使用和成本低廉。

复方激素避孕药具

复方激素避孕药具（combined hormonal contraceptives）含有两种化学成分与女性天然卵巢激素（雌激素和孕酮）类似的合成激素。这两种激素的避孕机制见**表** 10.5。复合激素避孕药具的形式有药片、皮肤贴片、阴道置入物和注射剂。

复方口服避孕药一盒通常有 21、24 或 28 片。

表 10.4　常见节育方法的失败率

方 法	典型使用失败率（%）	最低观察失败率（%）
不作为（看运气）	85	85
体外射精	22	4
复方口服避孕药	9	0.3
避孕贴	9	0.3
阴道避孕环	9	0.3
激素避孕针	3	0.3
单纯孕激素避孕药	6	0.5
激素皮下埋植剂	0.05	0.05
带铜 T 型宫内节育器	0.8	0.6
激素宫内节育器	0.2	0.2
男用乳胶避孕套	18	2
女用乳胶避孕套	21	5
避孕膜	12	6
避孕海绵		
未曾生育	12	9
曾经生育	24	20
杀精剂	28	18
安全期避孕法	24	3~5
输卵管结扎术	0.5	0.05
输精管结扎术	0.15	0.1

上述数据是指采用某种节育方法一年内女性怀孕的百分比。典型使用失败率意味着，该方法并非总是正确使用。最低观察失败率意味着，该方法几乎总是正确地使用，并在每次性交时都使用。

资料来源：Trussell, J. (2011). Contraceptive failure in the United States. *Contraception, 83*, 397–404.

节育方法安全性的考量必须兼顾特定方法的所有健康风险，如严重疾病、感染的可能性及其后果、死亡风险、将来无法生育的风险、对未出生胎儿的所有影响，以及身体的不良和不健康的变化。

节育方法的安全性评估，还应当评估意外怀孕造成的生理和心理后果。这些后果包括通过人工流产终止妊娠相关的风险，以及与足月妊娠相关的风险。诸如女性的年龄、她的身体健康状况、以前是否生育过以及她多照顾一个孩子的能力等因素，也需要进行评估。当然，使用任何避孕方法最严重的风险都是死亡风险，这极其罕见。

表10.5 口服避孕药的雌激素和孕激素的作用机制	
激素	作用机制
雌激素	1. 通过抑制垂体激素促卵泡激素和黄体生成素的释放来抑制排卵。 2. 抑制受精卵的着床。 3. 加快卵子在输卵管内的移动速度。 4. 加快分泌孕酮的黄体的退化，从而阻止受精卵的正常着床。
孕激素	1. 产生黏稠的宫颈黏液，它会阻止精子从阴道进入子宫。 2. 改变宫颈黏液的特性，使精子受精能力下降。 3. 减慢卵子在输卵管内的移动速度。 4. 抑制着床。 5. 中断排卵的激素调节。

还有一种90天长期服用的避孕药可供使用，其优点是每年有更少的月经周期，更不容易忘记在月经结束后开始服用新的药片。此外，还有一种365天长期服用的避孕药。在21片装的避孕药中，所有药片都含有特定数量的激素。在24片装和28片装的避孕药中，21片药含有激素，剩余药片（称为"提醒药"）是惰性的，或是含有铁以帮助预防缺铁性贫血。1盒药的第1片药要在预定的那一天服用，之后每天服用1片。在服用最后1片活性药约2天后，下一次月经就开始了。

药片应当在每天同样的时间服用，以增加其有效性。使用者最好将服药与睡觉或刷牙等日常活动关联起来，以降低忘记服药的风险。在临近月经中期，即有卵子可以受精时，忘记服药可导致怀孕。

复方口服避孕药如果与贯叶连翘、其他草药或某些其他药物（如抗生素、抗惊厥药、止痛药和消炎药）同时服用，其有效性可能降低。服药者应该就这种情况向健康专家咨询。

服用复方口服避孕药的女性约一半会经历讨厌的和意外的副作用。大多数情况下，这些副作用对健康几乎没有长期风险，通常在服药几个周期后就会消失。常见的不太严重的副作用有：恶心、体重增加、乳房触痛、轻微头痛、两次月经之间零星出血、月经量减少、阴道炎患病率增加、抑郁水平上升，以及性欲减退。其他一些常见的副作用则被许多女性视为有益，包括痤疮减少、痛经减轻甚至消失、经期出血天数减少，以及完全掌控月经周期——这对旅行者和运动员很重要。

研究表明，服用避孕药可能有助于预防某些疾病。与其他女性相比，服用复方口服避孕药的女性患盆腔炎的概率约为前者的1/3，患良性（非癌性）乳腺肿瘤和卵巢囊肿的概率只有前者的1/2，患缺铁性贫血的风险也只有前者的1/2。服用复方口服避孕药的女性几乎能完全预防异位妊娠。数据还表明，复方口服避孕药还能预防类风湿性关节炎、子宫内膜癌和卵巢癌。

没有证据表明，服用复方口服避孕药会损害长期生育能力，即使服用多年也是如此。然而，一些女性在停服避孕药最初的几个月里出现了月经不规律。即便如此，她们仍然可以在停药不久后怀孕。服用避孕药与服药者随后生出的孩子的出生缺陷并没有关联，除非女性在已经怀孕后仍服用避孕药（例如在服药的同时意外怀孕）。在这种情况下，有可能会导致出生缺陷，因为药物中的激素可能损害胚胎和胎儿。

对于一小部分女性来说，复方口服避孕药有导致致命性血栓和心脏病发作的风险。35岁以上的女性和吸烟的女性面临的风险最大。这些女性应当考虑使用避孕药以外的避孕方法。任何服用避孕药的人如果出现严重的腹痛、胸痛、头痛、眼疾（视力模糊、闪光感、暂时性失明）或严重的小腿和大腿疼痛，都应该立即咨询医生或去计划生育机构就诊。服药者患肝病、胆囊疾病、高血压和中风的风险也略高。

复方口服避孕药的替代品是一种含激素的皮肤贴片。使用者将它贴于下腹部、臀部或上半身（非乳房区域）后，会缓慢释放激素。每张贴片都需要连续贴1周，然后在第2周的同一天换1张新的贴片，总共需要贴3周。第4周并不需要使用贴片，这周是月经来潮的时间。一般来说，贴片在有效性、副作用和风险方面都与口服避孕药相似。贴片有时会从皮肤上脱落，避孕效果因此丧失。此外，一些女性会感到皮肤受到刺激，因而停止使用避孕贴。体型较大的女性使用这类产品效果可能较差。

另一种复方激素避孕药具是阴道避孕环。这是一种直径约5厘米的柔性器具，内含类似于复方口服避孕药中的活性成分的激素。女性可以自己将避孕环置入阴道。避孕环置入后会不断地释放激素。每个避孕环可连续使用3周，然后要取出。取出避

如果你错过了服用激素避孕药

错过服用或晚服激素避孕药会增加怀孕的风险。无论何种类型的口服避孕药,如果你错过服用或晚服,你可以:

1. 联系你的医疗保健提供者,询问你该怎么做。你还可以查看药品说明书和药品制造商的网站。
2. 在剩余的服药周期里,使用备用的避孕方法(如避孕膜、避孕海绵或避孕套)。

晚服药的一般规则

- 晚服药 12 小时以上:服用错过的药,并在接下来的一周内使用避孕套。
- 晚服药 12~24 小时:一旦想起就尽快服用错过的药,按原计划服用后续药物。在接下来的一周内使用避孕套。

复方口服避孕药

- 一旦想起就尽快服用错过的药,然后按原计划服用后续药物,即使这意味你在 1 天内要吃 2 片药。
- 如果你错过了第 15 到第 21 片药的任何一片,可以向你的医生或药剂师寻求专业指导。他们可能会要求你继续服药,但是要从一盒新药开始,而不是服用剩下的药。
- 如果你忘记服用 2 片或更多的药片,请联系你的医疗保健提供者寻求指导。根据药片的类型,你可能需要从一盒新药开始或加倍服药一段时间。

单纯孕激素避孕药

- 一旦想起就尽快服用错过的药,然后按既定时间服下一片药,即使这意味着你在 1 天内要吃 2 片药。接下来的 2 天使用备用避孕方法。

避孕贴

- 避孕贴含有 2 天的额外激素。如果持续使用时间超过 9 天,在使用周期的剩余时间内使用备用避孕方法。

避孕环

- 避孕环含有 1 周的额外激素。女性应定期检查避孕环确保它的位置正确,并在需要时取出避孕环。

孕环 7 天(在此期间会出现月经)后再置入一个新的避孕环。避孕环非常有效,其副作用和风险与复方口服避孕药相同。需要额外注意的一点是,避孕环可能会在完整使用 3 周之前排出。如果避孕环离开阴道超过 3 个小时,就必须使用另一种避孕方法(通常采用某种屏蔽避孕法),直到避孕环已复位 7 天。阴道避孕环的其他副作用包括阴道分泌物增多、外阴阴道炎和有刺痛感。

单纯孕激素避孕药具

单纯孕激素避孕药具(progestin-only contraceptives)有药片、植入物和注射剂等形式。单纯孕激素避孕药具的作用机制是抑制排卵并使宫颈黏液增稠,后者使精子更难接触到卵子。它们还会引起子宫内膜的变化,使其损害精子并让着床不太可能发生。其副作用可能包括月经不规律、体重增加、抑郁、疲劳、性欲减退、痤疮或油性皮肤以及头痛。单纯孕激素避孕药是完全可逆的。当女性停止使用该避孕方法时,就能恢复以前的生育力。

迷你避孕药(mini-pill)是一种仅含孕激素的药片,含有 0.35 毫克或更少的孕激素。每天服用 1 片,持续 21 天,然后停止服药 1 周,让月经来潮。

单纯孕激素皮下埋植法(progestin-only implantation methods,如依托孕烯埋植剂)是在皮肤下面插入一根长约 4 厘米的含有激素的塑料棒,并留存 4 年。在此期间,激素会不断渗入到使用者的血液中,然后产生避孕效果。皮下埋植法非常有效,但它常见的副作用(不规则出血、出血时间延长、频繁出血和闭经)导致其使用频繁中断。

单纯孕激素注射法(progestin-only injectable methods,如醋酸甲羟孕酮注射剂)一次向肌肉注射可供 12 周使用的激素。激素以稳定的速度释放。在 12 周结束时,必须补针或采取其他避孕措施。

想停止避孕的女性,只要不补针即可。使用过该避孕方法的大多数女性在最后一次注射后的 12 到 18 个月内都能怀孕。这种方法也可以在分娩后 6 周尚处于哺乳期时使用。但是,美国食品药品监督管理局发出警告:长期使用醋酸甲羟孕酮注射剂,会增加骨质流失的风险。

宫内节育器

宫内节育器（intrauterine device, IUD）是一种含有铜或孕酮的小型器具，由医务工作者将其置入女性子宫（图 10.1）。连接宫内节育器的一根短线挂在阴道里，虽然看不到，但女性可以用手摸到它，每个月应该检查一次它的位置。宫内节育器起作用最可能的机制包括：杀死或削弱精子，以及改变卵子或胚胎通过输卵管移动的时间。

美国使用的宫内节育器是一种有弹性的 T 字形塑料器具。它有两种类型：一种含有激素（孕酮或合成孕激素）；另一种则以细铜线包裹，它会慢慢溶解并释放铜离子。激素和铜都会损伤精子和减缓精子在女性体内的运动，进而提高宫内节育器的有效性。一些宫内节育器使用者会出现月经量变大或痛经。宫内节育器的使用与盆腔炎、子宫穿孔、异位妊娠风险的增加有关。

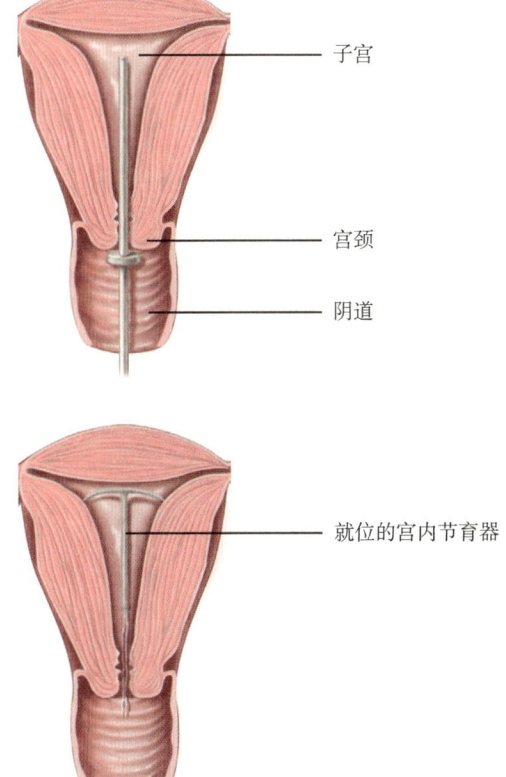

图 10.1　宫内节育器
宫内节育器通过宫颈插入子宫。在插入之前，用所谓子宫探针的仪器来测量宫腔深度。宫内节育器插入后横臂会逐渐展开。一旦上环器被取下，宫内节育器的系线将被剪成恰好通过宫颈口延伸到阴道的长度。

屏障避孕法

屏障避孕法包括所有在物理上阻断女性生殖道内精子运动路径的器具，并且一般会使精子接触到杀死精子的化学物质（杀精剂），通常是壬苯醇醚 -9。多种避孕方法都基于这一原理，包括避孕膜，宫颈帽，避孕海绵，杀精泡沫剂、凝胶剂或霜剂以及避孕套。

避孕膜

避孕膜（diaphragm）是一个圆顶形的乳胶杯，它被置入阴道以覆盖子宫颈（图 10.2）。避孕膜边缘的金属弹簧会将其紧紧地固定在阴道后壁与骨盆前部的耻骨之间。避孕膜在这个位置上可阻止精子从阴道进入子宫，不过它的贴合并不完全，不足以阻止所有的精子进入子宫。其主要作用是使杀精剂靠近宫颈旁就位。避孕膜正确的使用方法要在其边缘和杯面涂上一两汤匙的杀精凝胶剂或霜剂。避孕膜应当在性交后的 6 到 8 小时内保持在原位。与避孕膜一起使用的杀精剂也有助于防止一些会导致生殖器感染的微生物传播。

避孕膜的一个主要优点是其使用没有相关的严重医疗问题。只有很少的女性或其伴侣可能对乳胶或杀精剂过敏，有些人则会出现尿路感染。一些女性可能会对就位的避孕膜感到不适。更换其他品牌或型号更合适的避孕膜通常可以解决这些问题。

避孕膜的另一个优点是可以在性交前 6 小时内置入，所以伴侣们不必为置入避孕膜而中断性快感。然而，如果在性活动开始前几个小时置入了避孕膜，则建议在性交前向阴道再注入一些杀精凝胶剂或霜剂。性交后避孕膜必须继续置于阴道内 6 到 8 小时，但不得超过 24 小时，否则有患中毒性休克综合征的风险。

每名女性都必须（在计划生育专业人士或医生的帮助下）选择大小适合自己的避孕膜。避孕膜的型号要合适，是它只能凭处方购买的原因之一。女性的体型只要发生变化，如体重的增减、怀孕或盆腔手术，都需要检查避孕膜型号是否不再合适，如有必要则需更换新避孕膜。一名女性不应使用另一名女性的避孕膜，因为大小很可能不合适，这会降低避孕膜的有效性。

避孕膜每次使用后，应用中性的肥皂水彻底清洗，然后晾干或用毛巾擦干。香氛爽身粉、凡士林

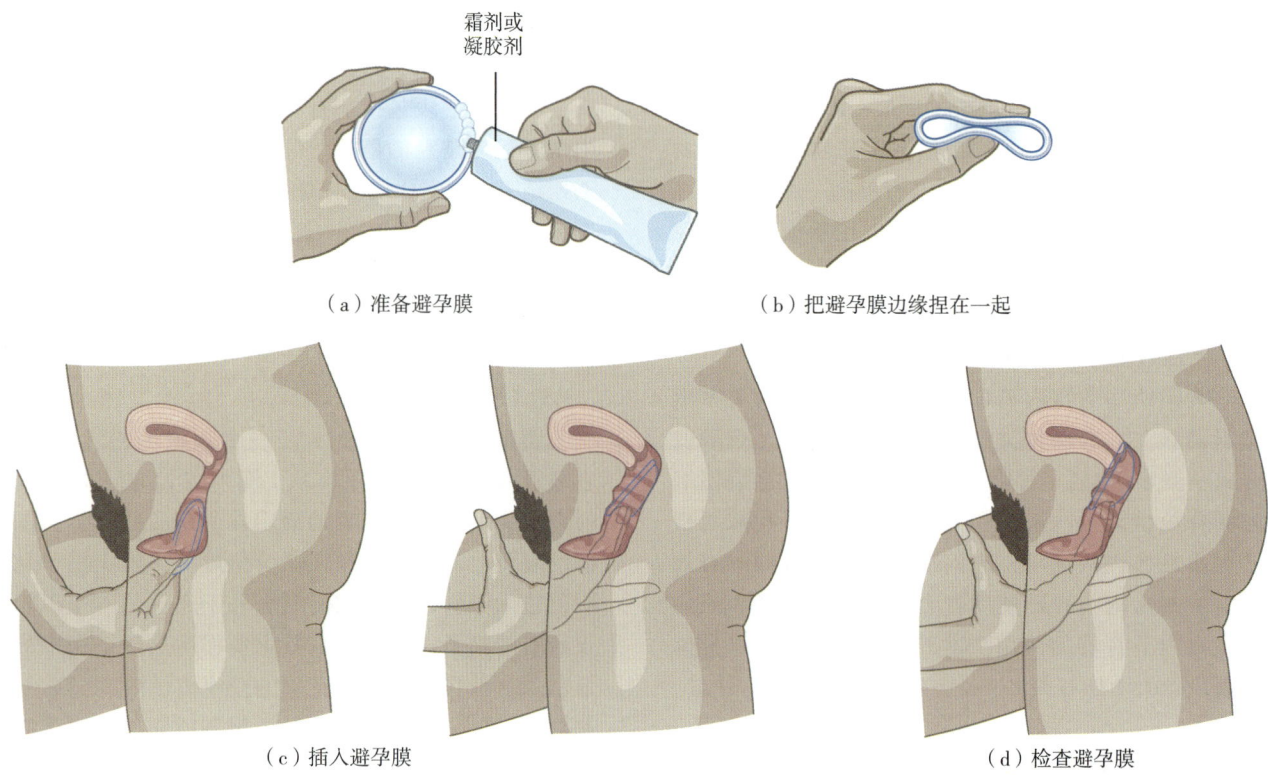

图 10.2　置入避孕膜的步骤

（a）置入避孕膜之前，要在其边缘和杯面涂上杀精霜剂或凝胶剂。（b）用拇指和食指把避孕膜的边缘捏在一起。（c）将避孕膜插入阴道，使其边缘向上，并将其推向腰部。当你松开避孕膜时，它会自然弹开；继续用指尖引导它到达你的宫颈。（d）一定要检查避孕膜是否完全覆盖了宫颈。

或香膏不应与避孕膜一起使用。避孕膜的橡胶有时会变暗，但通常不会影响其效果。

避孕膜的一个缺点是它在性交过程中可能会脱落。极少数情况下男性才会在性交过程中感受到正确置入的避孕膜。无论男女，在性交过程中如果感觉异常或不适，那么避孕膜的置入可能不正确，也可能在性交过程中脱落了，还可能它的大小不合适。避孕膜的另一个缺点是发生中毒性休克综合征的风险增加。建议有中毒性休克综合征病史的女性使用其他避孕方法。

使用者应定期对着光亮检查避孕膜上是否有小孔和薄弱点（橡胶起皱的地方）。若使用和保管得当，一个避孕膜可以持续使用一到两年。

宫颈帽

宫颈帽（cervical cap）是一种杯形的橡胶器具，紧紧覆盖在宫颈上，可防止精子进入子宫（**图 10.3**）。像避孕膜一样，宫颈帽也要涂上杀精剂，以尽可能发挥效果，并在性交后要保持原位 8 小时后才能取出。宫颈帽有多种型号，每个女性都必须选择适合自己的型号。避孕膜与宫颈帽的一个区别是，宫颈帽可

图 10.3　宫颈帽

以在性交前 24 小时内置入。

宫颈帽的主要缺点是：难以置入和取出、性交时偶尔会有不适感、在性交期间可能脱落，还可能刺激宫颈。宫颈帽置于体内的时间不应超过 48 小时。

避孕海绵

避孕海绵（contraceptive sponge）是一种圆顶形的避孕器具，由可压缩的海绵材料制成，需从阴道置入以覆盖宫颈。海绵含有**杀精剂**（spermicide），因此能通过阻断、吸收和杀死精子来避孕。避孕海绵置入后，可在阴道内放置 24 小时。使用后应将其丢弃。避孕海绵的避孕效果不及避孕膜或宫颈帽，但比只使用杀精剂更有效。如果避孕海绵置留阴道的时间超过 24 小时，则会增加罹患中毒性休克综合征的风险。避孕海绵的产品说明上有中毒性休克综合征的信息。购买避孕海绵无须医生处方。

阴道杀精剂

如果单独使用杀精化学药品，如壬苯醇醚 -9 或辛苯聚醇 -9，能起到一定程度的避孕作用。这类化学药品以泡沫剂、霜剂、凝胶剂和栓剂的形式售卖，无须医生处方即可购买。杀精剂应当在即将性交前，以及在一次性活动中的后续性交前置入阴道。虽然商店经常将阴道杀精剂与女性卫生用品摆放在一起，但不要将其与冲洗剂、除臭剂或阴道润滑剂混淆，后者均不是有效的避孕药剂。

所有阴道杀精剂的有效性均取决于射精时宫颈是否浸润数量足够的杀精化学药品。使用者必须在每次即将进行性交前，以及在同一次性接触中每次后续性交之前，将杀精剂置入阴道。

杀精泡沫剂使用时应确保泡沫剂的泡沫丰富，可以在注入涂抹器前摇晃容器 20 次左右来实现。因为无法确认容器剩下的泡沫剂剂量，所以使用者应当额外准备一瓶备用。

阴道杀精剂通常很湿滑，偶尔令人生厌，但可以增加女性阴道的自然润滑，提升性感觉。在少数情况下，人们可能会对某种特定的产品过敏。更换品牌可能会缓解此问题。如果杀精栓剂在性交前没有完全溶解，一些女性则会有轻微疼痛感。杀精剂不会导致出生缺陷。

男用避孕套

男用**避孕套**（condom）或者安全套是一种覆盖在勃起的阴茎上的薄套，它能兜住精液，阻止其进入阴道。大约 99% 的男用避孕套是用乳胶或聚氨酯制造的；其余所谓的皮肤避孕套是用羊肠制造的，并不能有效地预防性传播疾病。

如果避孕套储存在凉爽且干燥之处，有效性能保持 5 年。如果储存在温暖的环境，如随身携带的钱包、所穿裤子的后口袋或汽车储物箱，乳胶将会变质。在使用润滑剂时，避孕套必须与水基润滑剂（如 K-Y 凝胶）同时使用才能有最佳避孕效果，因为油基润滑剂（如凡士林）会破坏乳胶。

避孕套避孕失败的一个主要原因是使用不当。如果避孕套与另一种屏障避孕法（如避孕膜或杀精泡沫剂）一起使用，有效性几乎是 100%。避孕套的另一个优点是，它有助于防止衣原体感染、淋病、疱疹、HIV 感染和其他类型感染的传播。

有些人抱怨避孕套会减少愉悦感，但避孕套并不会完全阻断生殖器的感觉。无论在何种情况下，这种感觉都只是引发性唤起和性愉悦的众多因素之一。对避孕套的消极态度所减少的愉悦感可能远甚于一层薄薄的乳胶。与其考虑避孕套会如何阻断感觉，不如把它视为一种为性爱提供保护，因而使性爱更愉悦的有趣方式，这可能会增强性爱。

使用避孕套时，请思考如何在不中断性爱的情况下使用它。例如，在性活动开始之前，就把避孕套放在触手可及之处，从而避免为拿避孕套而中断身体上的接触。在性交开始前，伴侣双方谁都可以把避孕套戴在勃起的阴茎之上，与此同时伴侣可以

避孕套是一种有效的节育方式，可以预防性传播疾病。伴侣双方都有使用避孕套的责任，这一点很重要。

继续爱抚、调情或玩乐。

女用避孕套

女用避孕套是一个内置于阴道又薄又松的聚氨酯塑料套。它有两个有弹性的环：一个是置于封闭端的内环，用来将女用避孕套置入阴道并固定其位置；另一个是置于阴道外并覆盖外生殖器的外环。**图 10.4** 显示了女用避孕套的置入与就位。由于女用避孕套是由聚氨酯制成的（聚氨酯比乳胶的强度高40%），所以女用避孕套可以与任何类型的润滑剂一起使用，而不影响其完好性（市面上现在也有由乳胶制成的女用避孕套，只可使用水基润滑剂——译者注）。

女用避孕套的两个优点是：一旦置入，其温度就会立即升到体温，从而增强伴侣双方的感觉；它除了避孕外，还可以预防包括 HIV 感染在内的性传播疾病（通过同时覆盖内生殖器和外生殖器）。女用避孕套可以在药店和超市购买，对乳胶或杀精剂过敏的人也可以使用。

女用避孕套的一个缺点是，外环有时可能会被推到阴道内。其他问题包括：难以置入和取出，轻微的刺痛感，令人不适或出现破损（可使用足够的润滑剂来缓解），比男用避孕套更贵。

安全期避孕法

安全期避孕法（fertility awareness methods, 也译作生育意识法或称作自然避孕法、节律法或定期禁欲法）试图确定卵子从卵巢排出并能够受精的时间。一般来说，女性最易受孕的时间是她下一次月经来潮前的 14 天，或者有规律的 28 天周期的月经中期。

安全期避孕法要么估算最可能排卵的日期，要么标示排卵已经发生的日期，从而让伴侣们知道月经周期中不可进行无保护性交的日期，此即"非安全期"。女性不太可能受孕的日子被称为"安全期"。在非安全期里，伴侣们应该使用其他避孕方法，如避孕套、避孕膜或杀精泡沫剂。其他选择包括进行生殖器性交之外的性活动或完全禁欲。

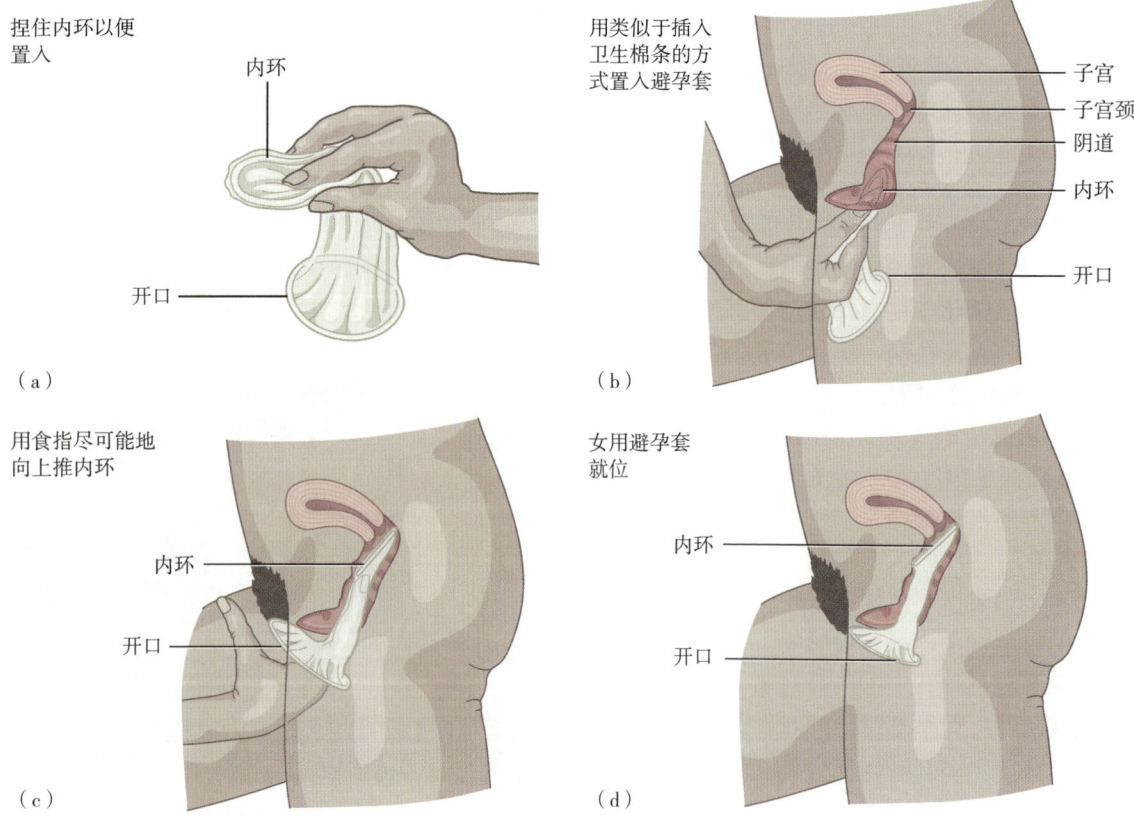

图 10.4　女用避孕套的置入和就位

伴侣使用安全期避孕法应该意识到，即使在安全期内，也仍有可能受精，因为女性的生殖过程会有自然变化波动。因此，安全期事实上只是相对安全。

安全期避孕法的优点是健康风险较少。此外，一些人的宗教信仰使安全期避孕法成为唯一可接受的节育方法。安全期避孕法在常见节育方法中有效性最低。每年每 100 名使用安全期避孕法的女性约有 25 人怀孕。安全期避孕法失败的原因是，人们没有仔细记录日期，他们感到在非安全期禁欲的时间过长，以及认为只能把性爱安排在安全期内会阻碍自发性爱。

日历节律法

日历节律法（calendar rhythm）通过以下假设来估算女性月经周期中最可能受孕的日期或非安全期：

1. 排卵通常发生在下一次来月经前的 14 天（±2 天）。
2. 在 24 小时内卵子能够受精。
3. 沉积在阴道的精子最多能保持 3 天的受精能力。

日历节律法的有效使用需要了解女性的月经周期，并学会正确地计算（图 10.5）。计划生育机构、女性保健诊所、宣传安全期避孕法的书籍和网站，都有助于人们学习该方法。

基础体温法

基础体温（basal body temperature, BBT）是指健康个体在清醒时的最低温度。70% 到 90% 的女性在排卵后基础体温会升高约 0.5℃，原因大概是激素水平发生变化。女性每日记录基础体温，可以确定排卵的日期，并依据它确定排卵与下次月经周期开始之间性交的非安全期和安全期。因为基础体温法并不能预测排卵的时间，所以女性仍然必须使用另一种安全期避孕法（日历节律法、宫颈黏液法），来估算排卵前的安全期和非安全期。

体温测量至少应持续 5 分钟。女性应当在每天同一时间点测量体温，并以图表形式记录（图 10.6）。一旦基础体温连续 3 天上升，女性就可以假定排卵已经发生，在该月经周期的剩余天数里，无保护的性交是相对安全的。

宫颈黏液法

在月经周期的不同阶段，宫颈内的某些对激素

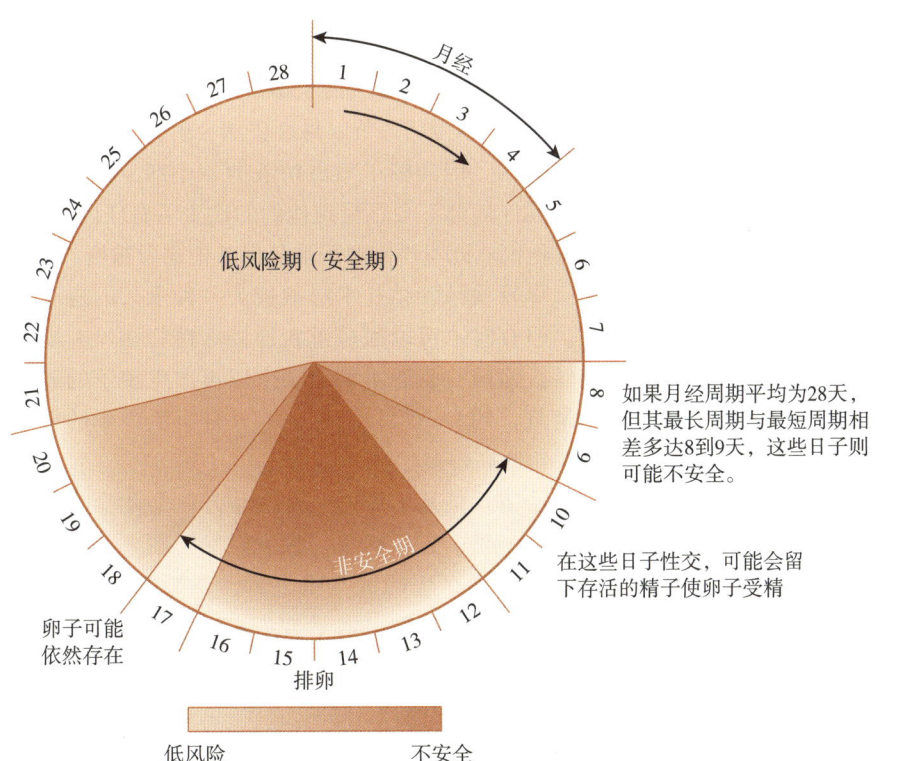

图 10.5 **日历节律法**
日历节律法的依据是避免在精子可以使卵子受精时性交。图中性交的非安全期是第 12 到 16 天。

图 10.6　避孕的基础体温法
女性在排卵后的几天体温会上升大约 0.5℃。一旦基础体温连续 3 天上升，就可以假定排卵已经发生了，在该月经周期的剩余天数里无保护的性交是安全的。使用基础体温法时，女性每天早上都必须在做任何活动之前先记录自己的基础体温。体温测量应至少持续 5 分钟。

敏感的腺体所分泌的黏液数量、颜色和黏稠度上都会发生变化。学会识别宫颈黏液的变化有助于确定排卵发生的时间，并且可以相应地计划性交的安全期和非安全期。

宫颈黏液法要求在月经周期中经常检查宫颈黏液。黏液样本可以通过手指、卫生纸或内裤上的分泌物获得。用手指收集最好，因为这样可以直接确定黏液的数量和黏稠度。

冲洗、阴道感染、精液、杀精泡沫剂和凝胶剂、阴道润滑剂、源于药物和性唤起的阴道润滑都会干扰黏液模式的识别，所以想使用宫颈黏液法的女性，应该寻求有使用经验的人、计划生育诊所或医疗中心的指导。在依靠这种方法避孕前，女性应该记录至少一个月的宫颈黏液情况，以了解自己黏液变化的模式。

症状—体温法（sympto-thermal method）是指同时使用基础体温法和宫颈黏液法。

化学法

用于安全期避孕的化学法有两种。这两种方法都可以相当准确地估算预期的排卵时间。这些产品通常销售给那些希望怀孕的夫妇，让他们知道卵子何时最可能排出以受精。同样的信息也可以用来避免性交，从而减少怀孕的风险。一种方法是，使用居家尿液检测来测量女性尿液中**黄体生成素**（luteinizing hormone, LH）的含量，黄体生成素会在排卵前 2 天左右急剧增加。另一种方法则是，使用一种叫作唾液排卵检测仪的小工具来测试女性排卵前后唾液成分的变化。

绝育手术

绝育是指让人永远无法生育。对于那些确信自己不想要孩子，或者更常见的情况是不想生育更多孩子的人来说，使人绝育但不影响性唤起或性活动的手术可能是最理想的节育方式。事实上，对于 30 岁以上的美国已婚夫妇，"永久性节育"（对男性或女性伴侣施行绝育手术）已成为最常用的节育方法。绝育手术作为一种节育方法之所以流行，是由于它近 100% 的有效性、手术相对的安全性，以及较低的一次性成本。

男性绝育手术

男性绝育手术被称为**输精管结扎术**（vasectomy）。美国每年约有 50 万名男性选择做输精管结扎术。该手术要切断并扎起两条输精管，即把精子从睾丸（精子的产地）输送到阴茎的管道（**图 10.7**）。输精管被切断后，男性射出的精液将不再含精子，因为它们输送的通道被阻断了。由于切口位于产生精液（精浆）的器官的"上游"，所以男性仍然会射精，但精液中不含精子。因为精子只占精液的一小部分，所以男性及其伴侣都不会感受到他们的性生活有任何变化，除了他们从此不再需要采取任何其他避孕措施。

尽管输精管结扎术应被视为一种永久的避孕方式，但有时也可以通过重新连接输精管切口末端来逆转。输精管复通术的成功率以再次生孩子的能力来衡量，约为 50%，不过一些外科医生声称的成功率要比此高得多。

输精管结扎术作为一种避孕方法如此受欢迎的原因之一是，它很简单，很少引发问题。该手术在美国通常在医生的诊室里进行，需要做局部麻醉，耗时 15 到 30 分钟。术后并发症的发病率非常低，大多数男性一周内即可恢复正常活动，包括性活动。做输精管结扎术的男性约 1/2 到 2/3 的人会对精子产生抗体，但没有证据表明精子抗体有害。男性在接

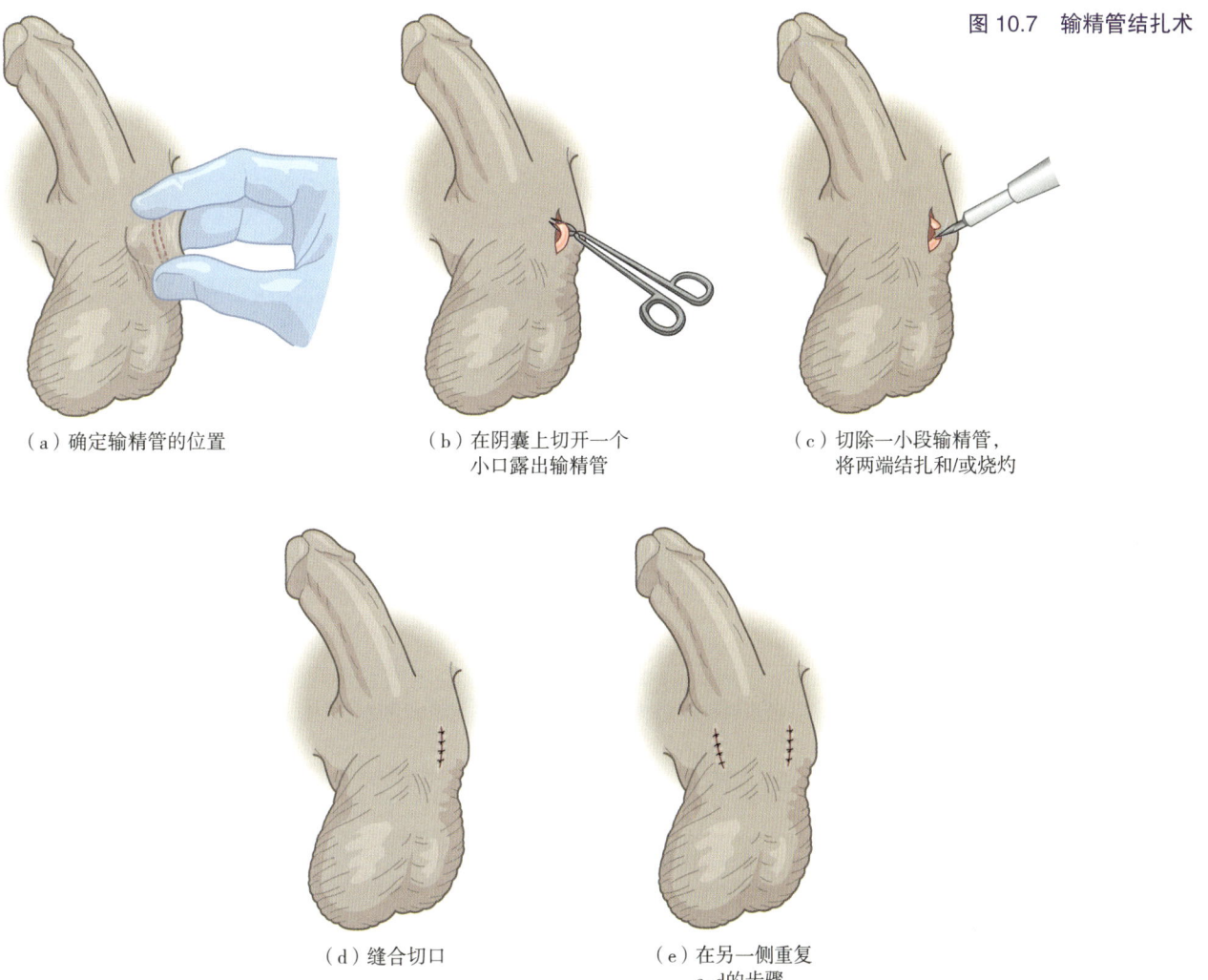

图 10.7 输精管结扎术

(a) 确定输精管的位置

(b) 在阴囊上切开一个小口露出输精管

(c) 切除一小段输精管,将两端结扎和/或烧灼

(d) 缝合切口

(e) 在另一侧重复 a~d 的步骤

受输精管结扎术后,仍可保持数周的生育能力。这是因为在术前输精管仍含有精子。一旦这些精子射出之后男性就会绝育。

女性绝育手术

女性主要的绝育手术是**输卵管结扎术**(tubal ligation),涉及切断并结扎、密封或用夹子、带子或圆环来闭合输卵管,以阻断输卵管(**图 10.8**)。美国大多数输卵管结扎术是在诊所或医生的诊室里施行的,需做局部麻醉。该手术还要给腹腔充气(二氧化碳或一氧化二氮)使其膨胀,以便外科医生可以找到并阻断输卵管。

该手术通常会在阴毛线和/或肚脐处切开一两个约 2.5 厘米的切口,或者在阴道后部做一个切口(阴道切开术)。术后并发症的发病率非常低。所有实际发生的并发症更多地与外科医生的技术水平有关,而非与手术本身的任何固有危险有关。

尽管输卵管结扎术理应是一种永久的避孕方式,但因为被阻断的输卵管可能自发地重新打开,所以会发生意外怀孕。如果结扎的女性后来决定要孩子,则可以通过手术逆转输卵管的阻断,其怀孕的成功率为 50% 到 70%。

另一种女性绝育手术是**子宫切除术**(hysterectomy),即用手术切除子宫。大多数专家并不建议女性仅为了绝育就做子宫切除术。因为与输卵管结扎术相比,子宫切除术的术后并发症的概率要高 10 到 100 倍,手术费用也更昂贵,可能造成更消极的心理影响。

> 倘若人们能像区分蘑菇与毒菌一样辨别爱情真伪,该多好啊!
> ——凯瑟琳·曼斯菲尔德

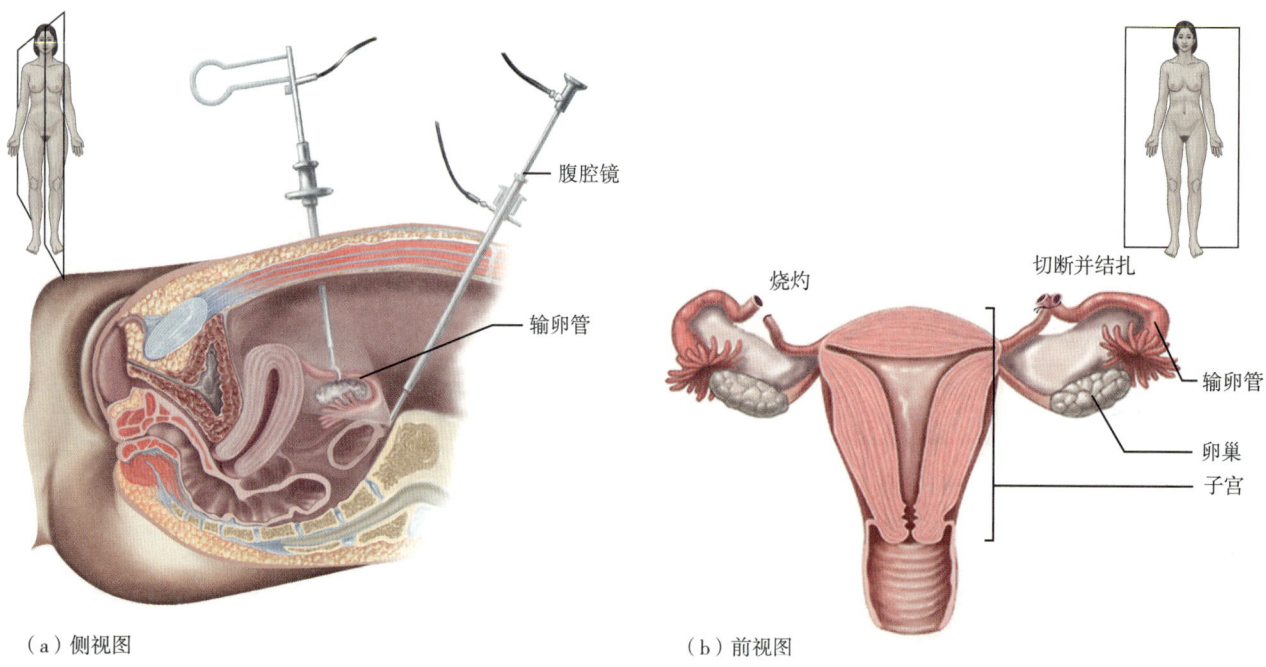

(a)侧视图　　　　　　　　　　　　　　　　（b）前视图

图 10.8　输卵管结扎术
女性通过腹腔镜结扎术进行绝育。(a) 侧视图：使用腹腔镜定位输卵管，并通过另一个切口切断、结扎或烧灼输卵管。(b) 前视图：结扎后的输卵管。

节育的责任

大多数人进行性活动，是因为他们想获得令人愉悦和满足的体验。意外怀孕会给生活带来巨大的困难，故而节育是所有性关系的重要组成部分。仅以"这不可能发生在我身上"来否认怀孕的可能性，纯属赌运气。

节育责任有两方面。第一，必须选择一种节育方法。这要兼顾个体性活动或伴侣性关系的性质、性交的频率、关于孩子的未来计划以及个人价值观和宗教价值观。第二，必须坚持且正确地使用所选择的节育方法。

由于技术和社会原因，有一种趋势是把节育的责任与特定避孕方法所适用的一方关联起来。例如，在 19 世纪晚期体外射精法和避孕套是主要的节育方法，当时人们普遍认为女性对性不感兴趣，男性（在使用节育措施时）被视为应该对节育负责的人。在 20 世纪 60 年代末，避孕药和宫内节育器被誉为"完美的"避孕措施，当时女性开始主张自己的社会和政治权利，节育的责任几乎完全转移给女性。

如今，很大一部分性活跃的人认为，性关系中的伴侣双方应该共同承担节育责任。然而很多节育方法都是供女性使用的，故而在实际操作中许多女性独自承担了节育责任。必须对节育担负全部责任会让人心生不满，这会阻碍许多人希望用性爱来表达的情感。

节育责任可以通过多种方式由双方分担。最重要的是要进行讨论。在一段持续的亲密关系中，讨论节育的机会很多。伴侣们可以一起去节育诊所，了解和讨论不同节育方法的优缺点，尝试各种节育方法，找到最适合他们的方法。他们可以共同承担所选方法消耗的时间和金钱成本，或者他们也可以划分责任。例如，如果一名女性必须花时间去诊所或看医生，那么她的伴侣可以支付去诊所和避孕药具的费用。

伴侣们也可以在使用所选的节育方法时分担责任。他们可以讨论与所选节育方法有关的任何困难或担忧。伴侣甚至可以提醒对方，使用他们所选择的节育方法。男性可以学习避孕膜的使用方法，女性则可以学习如何使用避孕套。他们可以在做爱时使用这些或其他屏障避孕法。此外，伴侣们可以分担置入、移出和清洗女性的避孕膜或宫颈帽的责任。

避孕方法的选择应该由性伴侣双方共同做出决定,应该在发生性行为之前进行讨论。

如果女性使用安全期避孕法,男性则可以帮着确定安全期和非安全期,并在必要时共担禁欲的责任,以此与伴侣分担责任。

分担节育责任的伴侣更可能正确地使用他们所选择的节育方法,这使节育更加有效。对怀孕担忧的缓解让性爱更愉悦。分担节育责任的另一个益处是,它往往能让关系更亲密。对节育的讨论,以及在选择和使用避孕方法时的共同决策,可以带来更好的沟通。

如果你预感可能会性交,那么准备好某种节育方法总是一个好主意。例如,如果你去约会或参加派对,认为有可能发生性行为,那么不论你是男是女都可以随身携带避孕套或杀精剂。

讨论节育

伴侣双方共同承担着节育的责任,因为如果意外怀孕,双方都要负责。仅这一事实,就是讨论节育的最重要原因。虽然在发生性行为之前讨论节育很重要,但许多人对此感到尴尬。谈论避孕意味着即将发生性行为,这可能会迫使个体直面关于进行性行为的内心冲突。许多人赞同下面这个错误说法:美妙的性行为应该顺其自然,无须提前计划。因此,伴侣也就始终不讨论性和节育。初次发生性行为的伴侣可能不会在性事之前讨论节育,因为他们害怕破坏浪漫的气氛。

尽管如此,讨论节育的最好时机仍是性交之前。伴侣一方可以说:"我真的很想和你做爱(性交),但我想确保我们做好了保护。"以此为引可以接着陈述偏好和个人责任,比如"我更倾向于使用避孕套"或"我在吃避孕药",或者问"你喜欢什么避孕方法?"或"我们该如何避孕?"这类问题。

在某些情况下,即使男方担心意外怀孕和性传播疾病,他也可能难于开启这个话题,因为担心造成尴尬或显得自己无知或软弱。然而,许多女性其实很欣赏发起节育讨论的男性。关于节育及其他与性有关的问题的沟通,如性在一段关系中的重要性、个人好恶以及预防性传播疾病,都对健康的性关系至关重要。

人们为何不使用节育措施

美国约15%的性活跃、有生育能力的女性并没有定期使用避孕措施,尽管有意外怀孕的风险(Daniels et al., 2015)。美国每年310万例意外怀孕中一半是因为人们未使用避孕措施。即使人们想避孕,也不使用节育措施的一些主要原因包括:

- 动机较低。对避孕有矛盾情感的人使用节育措施的动机较低。例如,与特定时间点之前肯定不要孩子或根本就不要孩子的夫妇相比，决定"在不久的某个时间点"要孩子的夫妇使用节育措施的动机更低。

- **知识匮乏**。缺乏关于受孕过程及如何有效地使用节育措施的知识，可能会导致对怀孕风险的错误感知。例如，一些人相信以下错误说法：如果女方达到了性高潮，或者她在性交后排尿，抑或她是第一次性交，她就不可能怀孕。有时，人们会认为某种节育方法的效果好于实际情况，或者所选择的节育方法使用不当。例如，有些人错误地认为，女性在月经周期出血的日子里最容易受孕，因此会在错误的时间使用安全期避孕法。有些伴侣弄丢、找不到或用光了他们常用的避孕药具，并且身边没有可用的备用节育方法。
- **对节育的消极态度**。有些人认为节育不道德、麻烦、不浪漫或有害。个体自身的消极态度或感知到的他人（如同龄人或父母）的消极态度，都会阻止其获取避孕药具。人们利用这些作为借口不去看医生或去医院，或者以此回避购买非处方避孕药具。
- **关系问题**。有承诺关系的个体比没有承诺关系的个体能更好地节育。有承诺的性关系往往会减轻与性活动相关的负罪感，因而能改善人们对避孕的态度。有承诺关系的人往往更经常和更有规律地进行性交，这让他们有机会谈论避孕，并熟练地使用避孕方法。性接触不规律的个体，无论是由于相隔太远还是关系出现问题，都可能很难确定节育方案。在新建立的或随意的性关系中，人们一开始往往根本不使用避孕措施或使用效果很差的避孕方法。

紧急避孕

紧急避孕（包括"事后避孕药"）是为了在可能已受精的情况下防止怀孕。需紧急避孕的情况包括发生了无保护性交、未正确使用避孕药具（如忘记服用避孕药或避孕套滑落）或遭遇了性侵犯。紧急避孕不应作为一种主要的避孕方法。

紧急避孕有两种方式，即服用化学药品和置入宫内节育器。服用的化学药品包括口服的左炔诺孕酮，即口服避孕药（在美国作为 Plan B One-Step 或 Next Choice 出售）中的一种合成激素，或口服的醋酸乌利司他（在美国作为处方药 Ella 出售）。17 岁以上的男性和女性无须处方即可在获准销售的药房或诊所购买 Plan B One-Step 和 Next Choice；17 岁以下的人可以凭医生处方购买。这两类化学紧急避孕药都非常有效。

使用宫内节育器进行紧急避孕，要在无保护性交后最多 5 天内置入含铜的 T 型宫内节育器。这种方法比服用化学药品更有效，可以将无保护性交后怀孕的风险减少 99% 以上。

世界卫生组织建议，女性提前备好紧急避孕药，因为该药必须在无保护性交后尽快服用。手头备有紧急避孕药，既不会影响女性使用避孕药具，也不会增加她发生无保护性行为的频率，更不会增加她服用紧急避孕药的频率。

人工流产

人工流产（induced abortion，俗称堕胎）是指有意地提前终止妊娠。它是使用最广泛和最古老的节育方法之一。美国每年约有 610 万人怀孕，其中约 45% 是意外怀孕，而意外怀孕中约一半以人工流产告终（Finer & Zolna, 2016）。

请思考以下关于意外怀孕的统计数据：

- 在所有性活跃的育龄女性中，有 68% 的人持续正确使用避孕措施，她们只占所有意外怀孕的 5%。
- 18% 的女性未持续或错误地使用避孕措施，她们占所有意外怀孕的 41%。
- 14% 的女性根本不使用避孕措施，或者 1 年中停用避孕措施达 1 个月或以上时间，她们占所有意外怀孕的 54%（Sonfield et al., 2014）。

目前，几乎所有发达国家都允许无条件进行人工流产，或是稍有理由便可进行人工流产，例如社会经济原因。欠发达国家更可能限制人工流产（World Health Organization, 2012）。

可供选择的安全且合法的人工流产方法有两种：手术流产和药物流产。**手术流产**（surgical abortion）包括负压吸引术，即使用真空仪器借助负压吸出受精后的子宫内容物。**药物流产**（medication abortion），又称化学流产，是让孕妇服用终止妊娠并迫使子宫内容物排出的药物。这两种方法中手术流产更普遍。负压吸引术需局部麻醉，将子宫颈逐渐扩大并用柔和的吸力清空子宫。手术可在确认怀孕到妊娠12周之间进行。整个手术过程约需10分钟。（本章讨论的人工流产方法所适用的妊娠周数为美国标准，中国则略有不同。——译者注）

妊娠6周到14周的人工流产是通过宫颈扩张及刮宫术来进行的。医生使用麻醉剂扩张宫颈，然后用机器操作的柔和吸力清空子宫。一个刮匙（狭窄的金属环）可以用来清洁子宫壁。

> 宽容并不意味着丧失信仰；相反，它是对他人的压迫或迫害的谴责。
> ——约翰·肯尼迪

妊娠15周后，可以使用宫颈扩张及清宫术。医生将宫颈扩张后，使用医疗器械、吸力和刮宫来清空子宫。妊娠20周后的人工流产非常罕见。

药物流产在妊娠9周或10周之前进行。让孕妇服用氨甲蝶呤或米非司酮（也称为RU486）以阻断其体内自然产生的孕酮的作用，孕酮对成功着床和妊娠至关重要。在怀孕早期阻断孕酮的作用会导致流产。孕妇在服用孕酮阻断剂后，再服用米索前列醇（一种称为前列腺素的激素）诱导子宫收缩，子宫内容物会在数小时或几天内排出。

药物流产在确认怀孕后即可进行，最佳时间窗口是意外怀孕49天内，最迟在末次月经后63天内有效。使用氨甲蝶呤进行药物流产有效率约为90%；使用米非司酮有效率为92%至95%。不应将米非司酮与Plan B（紧急避孕药）混淆。米非司酮用于停止妊娠，Plan B则用于避孕。

药物流产的过程要由训练有素的医务人员在诊所监督一周，之后月经来潮，妊娠结束。氨甲蝶呤和米索前列醇会造成严重的出生缺陷。药物流产导致致命性的中毒性休克的风险非常小。如果药物流产失败，之后通常会进行手术流产。

妊娠12周后，孕妇可以使用另一种形式的药物流产。这一方法涉及将盐水、尿素或前列腺素注入子宫。盐水和尿素会杀死胚胎，前列腺素诱导的子宫收缩则会清空子宫。

大多数人工流产者都是20多岁的未婚女性，约90%的人工流产是在妊娠13周之前进行的（Jatlaoui et al., 2016）。手术流产的主要并发症包括需再次手术的不完全流产和手术过程失血过多。与药物流产相关的并发症包括流产失败（继续妊娠）、不完全流产和出血。妊娠10周之前做人工流产的并发症发生率低于2%（Upadhyay et al., 2015）。人工流产的死亡风险约为0.6例/10万；怀孕和分娩死亡的风险约为8.8例/10万活产（Raymond & Grimes, 2012）。

世界各地的节育状况

世界卫生组织估计，在全世界几乎所有地区，15~49岁的已婚或有伴侣的女性有64%的人使用了某种节育方法（World Health Organization, 2012）。在北美和北欧等高度发达地区，女性使用避孕措施的比例约为70%，而在中非等欠发达地区，该比例约为34%。

未来两年内不想怀孕或者根本不想怀孕的女性，全世界约17%的人未使用任何避孕方法，另有9%的人在使用低效的避孕方法。这意味着，全世界2.15亿名女性对现代避孕方法的需要没有得到满足。这种需要得不到满足的主要原因包括难以获得高质量的医疗服务、获取各种避孕方法的机会少、缺乏怀孕知识、担忧安全或副作用，以及社会、宗教或伴侣反对等文化因素。

因为如此之多的女性未使用现代避孕方法，所以全世界约40%的怀孕是意外怀孕，其中约56%以人工流产告终。此外，在这些人工流产案例中，大约2 000万例是不安全的，即由缺乏必要技能的人操作或在达不到最低医疗标准的环境中进行，或两种情况都存在。由于缺乏高质量的护理，每年约有7万名女性死于不安全的人工流产。

发展中国家的人工流产死亡率最高。例如，非洲每10万名人工流产女性有680人死亡，而发达地区每10万名人工流产女性仅有0.7人死亡。显然，当女性能够获得计划生育服务时，去做人工流产和因人工流产而死的女性人数就很少。

世界卫生组织和世界银行估计，每人每年捐助6到9美元就可以为发展中国家的女性提供基本的计划生育服务和妇幼保健。选择好怀孕的时间（并避免人工流产）可以提高女性的健康和福祉，而这反过来也会提高其所在家庭和社区的健康和福祉。

人工流产的心理影响

尽管人工流产在美国和加拿大合法,并且每年逾100万名北美女性进行人工流产,但自愿终止妊娠仍然是非常艰难的决定。大多数女性对人工流产持矛盾态度,许多男性也是如此。

虽然一些意外怀孕的女性及其男性伴侣在自愿人工流产后会体验到悲伤、悲痛和丧失感,这并不让人感到意外,但有些人还会抑郁和焦虑(Altshuler et al., 2016)。人工流产后消极心理反应增多的风险因素包括:保密的需要、关于流产决定预期能获得的社会支持较低、低自尊、以回避和否认作为应对策略,以及怀孕独有的特征(包括女性想要孩子的程度和对胎儿的承诺)(Kimport et al., 2011)。各种研究表明,女性人工流产后的心理健康状况反映了其流产前的心理健康状况(Major et al., 2009)。一项对近1 000名要求人工流产的美国孕妇的研究表明,已人工流产女性的长期心理健康与要求流产但尚未流产的女性相似(Biggs et al., 2017)。

人工流产的法律和道德方面

人工流产作为一种社会认可的节育方法,其正当性数百年来争论不断。2000多年前,古希腊哲学家亚里士多德和柏拉图就支持人工流产;而现代医学的创始人希波克拉底则禁止人工流产。在中世纪和文艺复兴时期,人工流产很常见,尽管许多宗教领袖出于伦理原因反对这种做法。

在美国宪法生效后的几十年里,孕妇如果在出现胎动感(感觉到胎儿活动)之前进行人工流产是合法的。胎动感通常在妊娠16周左右出现。19世纪20年代,美国康涅狄格州和纽约州颁布了第一批规范人工流产的法规,禁止在胎动感之前进行人工流产。这主要是为了保护女性免受原始和危险的手术(以现代标准来看)的伤害。到美国南北战争结束时,更多的州颁布了限制人工流产的法规。这不仅是为了保护孕妇的健康和生命,还是为了鼓励在美国本土出生的女性生育子女,打击无生殖目的的性行为。到1900年,人工流产在美国所有的司法管辖区都是非法的,而且这一状况一直持续了60多年。

然而,限制人工流产的法规并没能阻止女性进行人工流产。在20世纪的前几十年内,数百万女性进行了非法的人工流产。那些有钱人可以去其他人工流产合法的国家,在配备训练有素的医生的医院里进行人工流产,或者她们也可以让美国医生(冒着被起诉的风险以换取高收入)偷偷给她们进行人工流产。然而,大多数女性不得不让非医务人员给她们进行人工流产。这些人通常使用衣架、勺子、消毒剂或碱液进行手术。许多女性因这些手术而残疾或死亡,即使手术成功,也会造成巨大的心理创伤。到20世纪50年代,据估计美国每年有20万到100万名女性做了非法的人工流产。

到20世纪60年代,人们开始考虑非法人工流产的社会和心理代价。在1973年1月22日,美国联邦最高法院宣布各州不能制定禁止人工流产的法律,理由是这类法律侵犯了女性的隐私权,具体是指女性决定怀孕结果的权利。这一著名的罗诉韦德案的判决宣告:(1)在妊娠早期(妊娠12周之前),人工流产的决定权应该完全交给女性及其医生;(2)在妊娠中期,各州规范人工流产手术的目的只有一个,即保护女性的健康。(2022年6月24日,美国联邦最高法院推翻了罗诉韦德案的判决,结束了近50年来对人工流产权的宪法保护。——译者注)

许多人对人工流产有着矛盾的感受。因为对生命的开始时间并没有普遍接受的科学定义,一些人认为人工流产就是谋杀。一些人工流产的反对者认为,允许人工流产会鼓励不负责任的性行为。有些人认为人工流产对家庭生活构成威胁。即使是人工流产权最坚定的支持者,也希望人工流产永远不会发生,但他们坚决主张,女性必须有控制自己身体的权利。他们认为,如果避孕失败,女性因强奸或乱伦而怀孕,胎儿可能会患有严重的出生缺陷,或者怀孕或分娩会危及孕妇的生命和健康,那么人工流产是必不可少的最后手段。

对健康的批判性思考

1. "哦,别再这样了!"背风制药公司研究部的主管珍妮特·黑利在每周的团队例会上挥着一封打印好的电子邮件气愤地说,"每过5年就有人想到这个'好点子',让我们给男性开发一种高科技避孕药。他们怎么就是不懂!"

   "你知道,这种药是可以做出来的。"公司新来的最聪明的研究员理查德·杜瓦尔说,"当然,激素法不好。但我们在代谢抑制剂、精子活力、精液成分方面仍大有可为……"

   "无意冒犯,理查德,但你也不懂。即使我们有一款适合男性的避孕药,谁又会购买呢?你总不能让一个女人去问,'你今天吃药了吗,亲爱的?'"

   a. 你是否赞同为男性开发一款避孕药是一个不太合理的商业决策?请阐述一下你的论证过程。

2. 一对伴侣在选择避孕方法时,决定根据避孕方法的最低观察失败率/理论失败率来做决定。请解释为什么他们最好利用典型使用失败率/实际失败率来做决定。

本章小结与重点

本章小结

对于那些想性交但不想怀孕或成为父母的个人和伴侣们,可供选择的节育方法繁多。这些方法包括多种激素避孕药具、男用和女用避孕套、安全期避孕法、宫内节育器、杀精剂和绝育法(男性输精管结扎术和女性输卵管结扎术)等等。进行性交但不想要孩子的伴侣应该讨论各种节育方法,并决定由伴侣一方还是双方负责,以确保使用避孕药具。

美国约一半的怀孕可归入意外或无计划怀孕,并且大多数都发生在因年龄、生活环境、经济状况或情绪不成熟而没有为怀孕做好准备的年轻伴侣之中。这些意外怀孕可以在医学帮助下终止。然而,尽管人工流产在美国是合法的,但是仍然极具争议性,在许多州难以施行。人工流产的支持者认为,女性有权选择对她的健康和身体最有利的方法;反对者则认为,胎儿拥有与准妈妈们同等或更重要的权利,所有的人工流产都是不道德的和错误的。美国每年有约600万人确诊怀孕。其中,30%到40%的人在妊娠早期因自然流产而终止妊娠。大约2万到3万人会娩出死胎(胎儿在出生时死亡或在孕晚期死亡)。大多数自然流产的原因是基因缺陷阻碍了正常发育。

重 点

- 有很多种安全、可靠、有效的节育方法。这些方法包括复方激素和单纯孕激素避孕药具、屏障避孕法(避孕套、避孕膜、宫颈帽和杀精剂)、安全期避孕法、宫内节育器和绝育手术。
- 避孕药具的有效性,可以用最低观察失败率和典型使用失败率来衡量。
- 虽然大多数节育方法是为女性身体设计的,但伴侣双方应共同承担节育的责任。沟通与合作是共同承担责任的关键。
- 那些说自己不想生孩子却又不使用节育措施的人,往往动机低、缺乏关于人类生殖和节育方法的知识、对节育持消极态度,或者处于一段阻碍正确使用节育措施的关系之中。
- 人工流产有药物流产和手术流产两种方式。
- 1973年,随着美国联邦最高法院对罗诉韦德案的判决,人工流产在美国合法化。

参考文献

Altshuler, A. L., et al. (2016). Male partners' involvement in abortion care: A mixed-methods systematic review. *Perspectives in Sex and Reproductive Health, 48*, 209–219.

Biggs, M. A., et al. (2017). Women's mental health and wellbeing 5 years after receiving or being denied an abortion: A prospective, longitudinal cohort study. *JAMA Psychiatry, 74*, 169–178.

Daniels, K., et al. (2015, November 10). Current contraceptive use and variation by selected characteristics among women aged 15–44: United States, 2011–2013. *National Health Statistics Reports, 86*, 1–14.

Finer, L. B., & Zolna, M. R. (2016). Declines in unintended pregnancy in the United States, 2008–2011. *New England Journal of Medicine, 374*, 843–852.

Jatlaoui, T. C., et al. (2016). Abortion surveillance–United States, 2013. *Morbidity Mortality Weekly Report, 65*, 1–44.

Kimport, K., et al. (2011). Social sources of women's emotional difficulty after abortion: Lessons from women's abortion narratives. *Perspectives in Sex and Reproductive Health, 43*, 103–109.

Major, B., et al. (2009). Abortion and mental health: Evaluating the evidence. *American Psychologist, 64*, 863–890.

Raymond, E. G., & Grimes, D. A. (2012). The comparative safety of legal induced abortion and childbirth in the United States. *Obstetrics and Gynecology, 119*, 215–219.

Singh, S., Darroch, J. E., & Ashford, L. S. (2014). *Adding it up: The costs and benefits of investing in sexual and reproductive health*. New York: Guttmacher Institute and United Nations Population Fund (UNFPA).

Sonfield, A., Hasstedt, K., & Gold, R. B. (2014). *Moving forward: Family planning in the era of health reform*. New York: Guttmacher Institute.

Trussell, J. (2011). Contraceptive failure in the United States. *Contraception, 83*, 397–404.

Upadhyay, U. D., et al. (2015). Incidence of emergency department visits and complications after abortion. *Obstetrics and Gynecology, 125*, 175–183.

World Health Organization. (2012). Facts on induced abortion worldwide.

推荐阅读

Hatcher, R. A., et al. (2011). *Contraceptive technology* (19th ed.). New York: Thompson Reuters. The most comprehensive discussion of contraception and abortion available, written by world-renowned experts in the field.

United Nations, Department of Economic and Social Affairs, Population Division. (2015). *Trends in contraceptive use worldwide*, 2015 (ST/ESA/SER.A/349). Comprehensive and timely estimates on global trends in family planning, assessing current and future contraceptive demand and setting policy priorities to ensure universal access to sexual and reproductive health and the realization of reproductive rights.

健康小贴士
男用避孕套使用常识

金钱与健康意识
HIV/AIDS 的全球泛滥能被阻止吗

全球健康
全球范围内的 HIV/AIDS

压力管理
为什么不感染 HIV 极其重要

第 11 章

预防性传播疾病和艾滋病

学习目标

1. 描述性传播疾病对社会的影响。
2. 列出感染性传播疾病的风险因素。
3. 识别下列疾病的病原体、症状和治疗方法：滴虫病、衣原体感染、淋病、梅毒、生殖器疱疹、生殖器疣、阴虱病、疥疮和艾滋病。
4. 描述艾滋病病毒感染检测的重要性以及常见的检测程序。
5. 找出安全性行为的几种做法。
6. 描述有效沟通对降低性传播疾病和艾滋病风险的重要性。

> 女人做爱需要一个理由，男人只需一席之地。
> ——比利·克里斯托

全世界约有 30 种不同的感染病可以通过性接触进行人际传播；其中 11 种在北美很常见（表 11.1）。这些感染病被称为**性传播疾病**（sexually transmitted diseases, STDs；简称性病）或性传播感染（sexually transmitted infections, STIs）。世界卫生组织估计，全世界每年约有 3.7 亿人感染某种性传播疾病，而美国感染人数超过了 700 万（图 11.1）。其中约 40% 的感染者还不到 25 岁（U.S. Centers for Disease Control and Prevention, 2016）。

性传播疾病已经折磨了人类数千年。中国古代

表 11.1　常见的性传播疾病

性传播疾病	症　状	疗　法
艾滋病病毒/艾滋病	先出现类似流感的症状，然后出现多种免疫缺陷疾病中的任何一种	新药可能会暂时延缓病毒的繁殖；机会性感染可以在一定程度上得到治疗
衣原体感染	通常在 3 周内出现症状：男性的阴茎出现分泌物且排尿疼痛；女性的阴道可能出现分泌物，但通常无症状	抗生素
生殖器疣	通常在 1 到 3 个月内出现症状：在外生殖器、肛门、宫颈，可能还有口腔里出现柔软且潮湿的增生	鬼臼毒素
淋病	通常在 2 周内出现症状：阴茎、阴道或肛门流出分泌物；排尿、排便或性交时疼痛；盆腔区域出现疼痛和肿胀；生殖器和口腔感染可能无症状	抗生素
乙型肝炎	低热、疲乏、头痛、食欲不振、恶心、尿色深、黄疸	休息，适当营养
生殖器疱疹	通常在 2 周内出现症状：感染部位（生殖器、肛门、宫颈）出现疼痛性水疱；偶尔出现瘙痒、排尿疼痛和发烧	无彻底治愈的方法；阿昔洛韦可以缓解症状
传染性软疣	长在躯干和肛门、生殖器区域皮肤上的光滑、圆形、有光泽、白色的增生	手术
阴虱病	通常在 5 周内出现症状：生殖器区域强烈瘙痒；在阴毛上可能会看到阴虱或白色的小虱卵	γ-六氯化苯
疥疮	由螨虫侵入皮肤而引起的发痒的小皮损	局部杀虫剂
梅毒	通常在 3 周内出现症状：外生殖器、肛门或口腔可见硬下疳（无痛性溃疡）；第二阶段，皮疹（如果没有治疗）；第三阶段包括几种身体器官的疾病	抗生素
滴虫病	有异味的黄绿色阴道分泌物；阴道瘙痒；偶尔在性交时会疼痛	甲硝唑

图 11.1　美国每年性传播疾病的估计病例数
资料来源：U.S. Centers for Disease Control and Prevention.

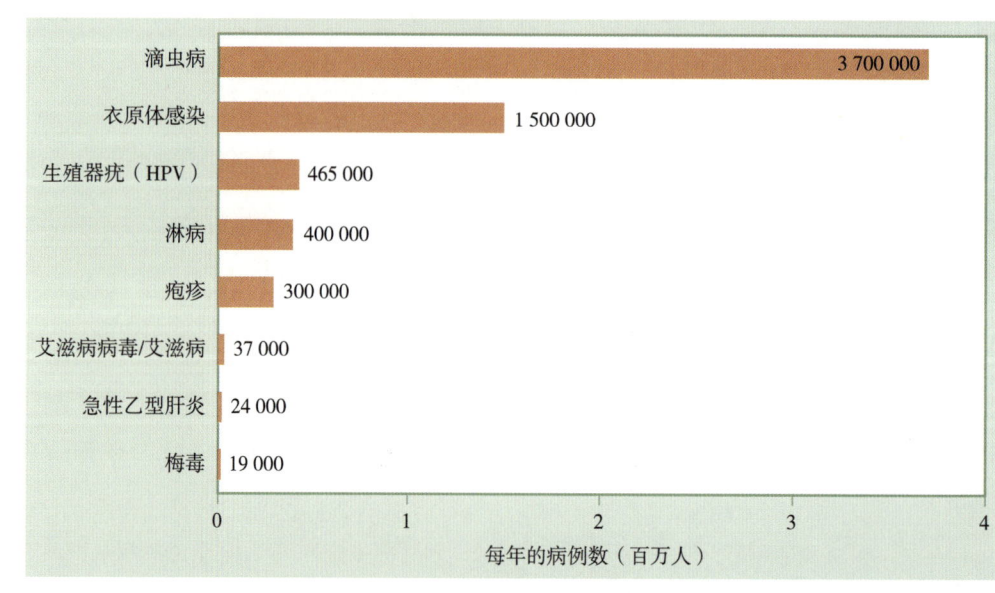

表 11.2	患有性传播疾病的名人
尽管没人能确切知晓，但是历史学家们说，这些名人患有性传播疾病。	

林肯	丢勒	高更	舒伯特
鲍斯韦尔	尤利乌斯·凯撒	克利奥帕特拉七世	莫里哀
歌德	查理大帝	拿破仑	梵高
亨利八世	戈雅	尼采	哥伦布
彼得一世	奥斯卡·王尔德	叶卡捷琳娜二世	

的医学著作记载了一种可能是梅毒的生殖器疾病。古埃及人则描述了一种可能是淋病的生殖器疾病。《旧约》和《塔木德经》都描述了一种被称为"zav"或"zibah"的疾病，症状是疲软状态的阴茎或阴道会分泌当时被称为"issue"的液体。这种病很可能是淋病，"issue"则可能是与淋病有关的分泌物。许多著名的历史人物据说都患有性传播疾病（**表 11.2**）。

性传播疾病带来的人力和社会损失巨大。每年主要的性传播疾病及其并发症给美国带来的直接和间接经济损失总计约 200 亿美元。艾滋病所造成的人类苦难和经济损失也人尽皆知。不太为人所知的是，成千上万的女性在经历严重的性传播疾病相关的盆腔感染后失去生育能力，并因此生活在失望与痛苦之中。感染人乳头瘤病毒（生殖器疣）的女性易患宫颈癌。每年有数百万人感染生殖器疱疹，他们终身都有潜在的传染性。

性传播疾病是什么

性传播疾病是通过性行为传播的感染病。当一种或多种生物病原体出现在人体上一些它们不应该生存的区域，并从人体获取使它们赖以生存和繁殖的营养物质时，感染便发生了。人类的性传播疾病是由病毒、细菌、原虫、蠕虫和昆虫引起的。

性传播疾病的病原体可以通过以下途径进入人体：（1）皮肤破损；（2）身体孔洞（鼻子和嘴、阴茎、阴道、尿道和肛门）处的黏膜；（3）血液，通过注射器或性活动中的微小擦伤（阴茎或阴道、肛门或口腔处）经血液传播。一些性传播疾病的病原体通过附着在体细胞表面的特定部位（即受体）进入体细胞。一旦进入体内，病原体就会开始繁殖，数量也会逐渐增加。

通常情况下性传播疾病不会通过空气和水或接触门把手、马桶圈和其他静物传播。然而，不过就昆虫而言，接触存在该生物体本身、其幼虫或卵的任何表面都可能导致感染。

传播疾病的病原体必须达到一定数量，才能造成感染。这一数量因接受者身体的自我保护能力和多种特定的宿主—寄生因素而异。对于衣原体感染和淋病，大约传播 1 000 个病原体就足以造成感染。男性在一次暴露后，感染的风险约为 60% 到 90%；女性为 20% 到 35%。而梅毒造成感染的必需病原体数量约为 100 个。

性传播疾病的风险因素

以下几种因素会增加感染性传播疾病的风险。了解这些因素有助于你降低感染风险，并帮助你支持所在社区的性传播疾病预防工作。

多个性伴侣

美国约 16% 的未婚成年人 1 年内有 1 个以上的性伴侣（England & Brown, 2016）。而北美约 24% 的大学生 1 年内有 1 个以上的性伴侣（American College Health Association, 2016）。许多处于所谓排他性的性关系之中的人也会在这段关系之外发生性行为，而其"唯一"的性伴侣通常对此并不知情。与知道伴侣与他人发生了性行为的人相比，不知情的人患性传播疾病的比例更高（Drumright, Gorbach, & Holmes, 2004）。

安全错觉

使用激素避孕药具往往会减少避孕套的使用，而避孕套有助于防止性传播疾病的传播。抗生素和抗艾滋病病毒药物的可获得性，使许多人不再那么害怕性传播疾病。他们错误地认为，每一种性传播疾病都有治愈的方法。

无体征和无症状

因为有些性传播疾病只有非常轻微的症状或者根本没有症状，所以感染容易恶化，并可能不知不觉地传染给其他人。一项研究表明，感染衣原体的大学生约 8% 的人对此并不知情。另有 1.5% 感染淋病的大学生不知道自己感染了淋病。感染艾滋病病毒的人，可能在数年内只有轻微的症状或根本没有症状，但是仍然有传染性。

未获/完成治疗

有些人对性传播疾病的体征和症状缺乏足够的了解，因而不知道自己被感染了。那些不习惯寻医或者经济上负担不起医疗保健的人，不太可能因感染而主动去治疗。此外，许多性传播疾病患者并不会遵循治疗方案。如果服用药物没有达到规定的时长，即使症状可能会消失，感染也可能不会完全根除。未完成治疗的人，可能仍有传染性。

判断力受损

饮酒或使用毒品会增加感染性传播疾病的风险。因为饮酒或吸毒后，个体的判断力会受损，所以他们不太可能使用避孕套。此外在酒精和毒品影响状态下的人，更可能与他们不了解的人发生性关系，而他们可能对其性伴侣的性史和吸毒史一无所知。

免疫力缺乏

一些性传播疾病的病原体（如艾滋病病毒和疱疹病毒）能够避开人体的免疫防御，使人们始终处于感染状态并传染给他人。

人体穿孔

人体穿孔，尤其是在外生殖器上穿孔，会增加性病传播的风险。穿孔造成的伤口使病原体得以直接进入血液，而穿孔的外生殖器可能会阻碍避孕套的正确使用。此外，在乳头、舌头和嘴唇上穿孔装饰的人经口交感染性传播疾病的风险可能更高。身体已有穿孔的人应恪守事后护理指示以防感染，且应当在穿孔处痊愈之前避免在该区域进行性接触，这通常需要 3 到 6 个月的时间。

价值判断

与几乎所有其他类型的感染病不同，性传播疾病往往与罪恶、肮脏、谴责、羞耻、内疚和厌恶有关。这些消极的态度会阻碍人们去做体检，使人们在被诊断患有性传播疾病后不愿告知伴侣，以及不与新的性伴侣谈论以前的性接触情况。在 19 世纪欧洲梅毒肆虐时，各国并没有努力阻止梅毒的传播（当时还未发现有效的治疗方法），而是将这种病归咎于邻国居民性格的软弱或道德的沦丧：英国人称梅毒为"法国病"，法国人则称之为"西班牙病"。偏见和迁怒是该病传播的帮凶。

> 如果爱是答案，那么你能换个措辞提问吗？
> ——莉莉·汤姆林

否 认

对于性传播疾病的感染，很多人都觉得"这种事情不会发生在我身上"，或者"他人这么好，怎么会有性病呢"，或者"她不是那种会得性病的人"。因为目前大多数性传播疾病的病原体尚无可供接种的疫苗，所以对于性活跃却没有终身单一伴侣（一夫一妻）性关系的个体，预防性传播疾病的唯一方法是承担起保护自己和伴侣的责任。这意味着：要了解常见性传播疾病的体征和症状，并在发现它们时及时就医；一年内有一个以上性伴侣的性活跃者应该定期（大约每 6 个月）进行一次性传播疾病检查；还要了解并进行安全性行为。

常见的性传播疾病

美国和加拿大最常见的性传播疾病可以根据致病微生物的类型进行分类（**表 11.3**）。性传播疾病的致病微生物有病毒、细菌、原虫和昆虫。

滴虫病

虽然滴虫病通常并不被认为是性传播疾病，但原虫阴道毛滴虫引起的阴道感染却可以在性交过程中传播。虽然其症状往往只在女性身上出现（阴道瘙痒并有奶酪样的腥臭分泌物），但该微生物也能在

表 11.3	常见性传播疾病的病原体
病原体	疾病
细菌	
沙眼衣原体	衣原体感染
淋病奈瑟球菌	淋病
梅毒螺旋体	梅毒
病毒	
单纯疱疹病毒1型和2型	生殖器疱疹
人乳头瘤病毒	肛门生殖器疣
人类免疫缺陷病毒（HIV）	艾滋病
乙型肝炎病毒	肝炎
传染性软疣病毒	传染性软疣
原虫	
阴道毛滴虫	滴虫病（阴道炎）
昆虫	
阴虱（蟹虱）	阴虱病
人疥螨	疥疮

男性的尿道和阴茎包皮里存活。携带该微生物的男性会将其传染给其他性伴侣，甚至会让传染滴虫病给他的伴侣再次感染。

美国每年约有400万例滴虫病新增确诊病例。临床诊断要从阴道收集分泌物，并检测其中是否有毛滴虫。药物可以有效地治疗滴虫病。患病女性的男性伴侣也应接受治疗。

细菌性阴道病

阴道通常含有维持健康阴道环境的多种细菌。然而，某些特定类型的细菌（通常为阴道加德纳菌）如果过度生长，就会导致一种感染病，即**细菌性阴道病**（bacterial vaginosis, BV）。它可以通过性交进行性传播。细菌性阴道病的症状包括可能有"鱼腥味"的阴道分泌物，性交后气味尤其明显。有时细菌性阴道病并没有症状。

衣原体感染

衣原体感染（chlamydia infection）是由微生物沙眼衣原体导致的。它会特异性地感染外生殖器、口腔、肛门、直肠、眼结膜的黏膜上的某些细胞，偶尔还会感染肺部。沙眼衣原体会与人体宿主细胞的表面结合，并诱导宿主细胞吞噬它们。在进入细胞后，这些微生物会抵抗宿主细胞的防御，并最终从宿主细胞"窃取"其自身生存所需的生化物质。沙眼衣原体利用偷来的营养物质繁衍，最终将导致宿主细胞死亡。

在美国和其他西方国家，衣原体感染是报道最多的细菌性性传播疾病。美国每年约有150万人罹患衣原体感染。高达1/3的衣原体感染者同时患有淋病。如果产妇在分娩时正患有衣原体感染，新生儿也很容易被感染。新生儿衣原体感染最常见的并发症是结膜炎（眼部感染）和肺炎。

衣原体感染如此普遍的一个原因是，很大一部分感染者的症状通常很轻微甚至根本没有症状。因此，感染者可能不知不觉地将疾病传染给新的性伴侣。当症状确实出现时，通常包括男性和女性排尿时疼痛，以及阴茎或阴道流出白色分泌物。这些症状通常在感染后7至21天内出现。

衣原体感染可以用抗生素治疗。如果不治疗，沙眼衣原体会不断繁殖并导致两性的生殖器官发炎受损。对男性来说，未经治疗的衣原体感染会导致附睾发炎，特征是阴囊疼痛、肿胀和触痛，有时还伴有低烧。附睾组织的损伤最终可导致男性绝育。对女性来说，衣原体感染会影响宫颈、子宫、输卵管和腹膜。生殖道的衣原体感染通常在进一步发展之前没有任何症状。女性随后可能会经历慢性盆腔痛、阴道分泌物增多、间歇性阴道出血和性交疼痛。输卵管感染会产生瘢痕组织，这会损伤输卵管内膜，并部分或完全阻塞输卵管。这些影响可能会增加异位妊娠的风险或使女性不孕；每年有成千上万的女性不孕病例都源于衣原体感染造成的输卵管损伤。

衣原体感染虽然会诱发宿主的免疫反应，但由于未知的原因，感染者并未获得对下一次衣原体感染的免疫力。这意味着，被治愈的个体下次接触沙眼衣原体后仍会感染。

淋病

淋病（gonorrhea）是由淋病奈瑟球菌（简称"淋球菌"）引起的。淋球菌会特异性地感染人体的黏膜，通常是外生殖器、生殖器官、口腔和喉咙、肛门以及眼睛处的黏膜。淋球菌在马桶圈、门把手、床单、衣服或毛巾上都无法生存。它在成年人间的传播几乎总是通过生殖器、口腔或肛门的性接触发生的；眼部感染则是通过手眼接触造成的（通常是通过自身感染）。美国每年约有 40 万名成年人感染淋病。

暴露于母亲产道中的淋球菌的新生儿眼睛可能感染淋病。美国大多数州要求，在婴儿出生后要立即将抗生素或几滴硝酸银滴入他们的眼睛，以杀死淋病细菌，预防失明。

尽管淋病和衣原体感染的致病细菌不同，但它们的症状非常相似。与衣原体感染一样，许多淋病感染者并不会出现症状，感染也察觉不到。如果感染进一步发展，男性可能会出现附睾炎，女性则可能出现子宫、输卵管和盆腔区域的感染。这种感染可能会导致绝育。当症状出现时，包括两性均有的排尿疼痛，以及阴茎或阴道流出黄色分泌物，偶尔也会出现腹股沟、睾丸或下腹部的疼痛。淋病的最初症状通常出现在暴露后 7 至 10 天内。

淋病可以用抗生素治疗。然而，耐抗生素的新菌株在不断出现。几乎一半的淋病病例同时有衣原体感染。因此，正在做淋病诊断的人，也应该做衣原体检测。

梅 毒

梅毒（syphilis）由细菌梅毒螺旋体引起。这些微生物通过生殖器、口腔和肛门的接触进行人际传播。个体接触感染者的血液同样也会被感染。梅毒还可以由孕妇传染给未出生的胎儿，最早在妊娠 9 周就可能发生。

梅毒的第一个明显体征是出现无痛的开放性溃疡，即**硬下疳**（chancre），在感染后的第 1 周到第 3 个月之间的任何时候都可能出现。如果在此期间感染没有得到治疗，硬下疳会愈合，疾病将进入第二阶段，特征是皮疹、脱发，以及身体大部分区域出现圆形、平顶的增生。如果依旧未加治疗，第二阶段的体征也会消失，感染会进入无症状（潜伏）期，在此期间梅毒螺旋体会扩散至全身器官。在最后的第三阶段，梅毒最终会损害重要的器官，如心脏或大脑，导致严重的症状甚至死亡。在感染梅毒的任一阶段，都可以用抗生素治疗。

生殖器疱疹

生殖器区域的**疱疹**（herpes）感染是由两种单纯疱疹病毒（herpes simplex virus, HSV）中的一种引起的。这两种病毒为：HSV-1，主要与口腔上的口唇疱疹（热病性疱疹）有关；HSV-2，主要与阴茎、阴道或直肠上的损伤有关。美国多达 5 000 万成年人感染了 HSV-1 或 HSV-2；每年多达 30 万成年人感染生殖器疱疹。

HSV-2 感染通常无症状。事实上，90% 感染 HSV-2 的人并不知道自己已被感染。然而，他们有传染性，并可能因无保护的性行为而传播。如果出现症状，在感染病毒后的 2 到 20 天内就很明显。

生殖器疱疹感染的主要症状包括：出现一个或多个水疱，它们最终破裂为持续 2 到 3 周潮湿的疼痛性溃疡；发热；下腹部偶尔疼痛。这些最初的症状最终会消失，但疱疹病毒会在人体的某些神经细胞中保持休眠状态，这使得症状会在最初的感染部位或附近部位周期性复发。压力、焦虑、营养不良、日照和皮肤刺激都可能导致复发。

复发通常很温和，仅持续 1 周左右。复发前兆可能有生殖器区域的刺痛感或瘙痒，或者臀部或腿部疼痛。对一些人来说，这些早期症状可能是疱疹发作中最痛苦和最恼人的部分。有时只有刺痛感和瘙痒，并不会出现肉眼可见的溃疡。有时水疱可能非常小并且几乎看不到，或者它们可能会破裂成开放性溃疡，然后结痂消失。溃疡出现时，疱疹极具传染性。有开放性溃疡的人应当避免在溃疡消失前与他人发生性行为。即使没有出现溃疡，生殖器疱疹也可能通过皮肤上"脱落"的病毒微粒传播，尽管这种可能性很低。

尽管生殖器疱疹感染更多由 HSV-2 引起，口腔疱疹感染更多由 HSV-1 引起，但是 HSV-2 和 HSV-1 都能引起相同症状的生殖器和口腔感染。因此，口

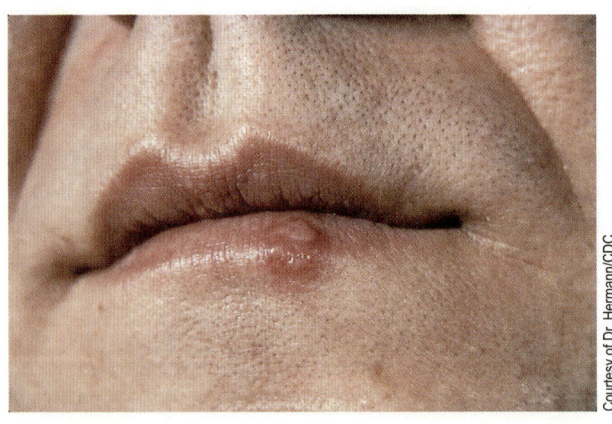

嘴唇上或口腔内的口唇疱疹在单纯疱疹病毒感染者身上很常见。溃疡通常一周左右即可痊愈，但由于病毒感染是永久性的，溃疡仍会复发。

腔疱疹患者通过口交会将疾病传染给伴侣。他们也可以通过手淫将疾病传染给自己。偶尔，溃疡也会出现在身体其他部位上，因为病毒通过破损的皮肤进入该处。

单纯疱疹病毒也会感染眼睛，导致视力受损甚至失明。如果病毒出现在产道中，新生儿也可能被感染，通常会导致新生儿脑损伤和发育异常。美国每年约有 500 个婴儿出生时罹患疱疹，2/3 的未接受治疗的染病婴儿最终死亡。以前感染过生殖器疱疹的孕妇应告诉医生以防止将单纯疱疹病毒传染给婴儿。

疱疹没有治愈的方法，个体会终身携带病毒。阿昔洛韦等药物可以尽量减少初次感染或复发症状的持续时间和严重程度。

人乳头瘤病毒与肛门生殖器疣

人乳头瘤病毒（human papillomaviruses, HPV）是一组病毒，包含 200 多种亚型，其中约 40 种可以经性接触发生人际传播。美国每年约 600 万人感染 HPV。美国目前感染 HPV 的人约有 2 000 万。HPV 十分普遍，几乎所有性活跃的男性和女性都会在人生某一时刻感染 HPV，大多数感染都无症状，且可以自愈。然而，持续性感染 10 种 HPV 亚型中的一种或多种，会导致女性罹患宫颈癌。

男性也易受 HPV 感染。若干 HPV 亚型会感染生殖器区域，包括阴茎或肛门及其周围的皮肤。它们也会感染口腔和喉咙。大多数感染任一 HPV 亚型的男性，从未出现任何症状或健康问题，但每年有数千名男性罹患由 HPV 引起的阴茎、肛门区域或喉咙后部（包括舌根和扁桃体）的癌症。与只跟女性发生性关系的男性相比，跟男性发生性关系的男性感染 HPV 的可能性是前者的 17 倍。

在个体与感染者接触 3 个月内，某些 HPV 亚型在生殖器或肛门或它们的周围可能引起可见的疣（尖锐湿疣）。其他 HPV 亚型虽然会感染阴道、宫颈、阴茎以及口腔和咽喉（与感染者口交所致），但不会引起可见的**肛门生殖器疣**（anogenital warts, 也称生殖器疣、尖锐湿疣）。在手足上引起可见疣的 HPV 亚型，与引起肛门生殖器疣的 HPV 亚型不同。

可见的肛门生殖器疣通常表现为凸起或扁平、单个或多个、或大或小、柔软而潮湿、粉红色或肉色的肿胀，有时呈菜花状。它们可能出现在外阴、阴道或肛门内或其周围、宫颈、阴茎、阴囊、腹股沟或大腿上。这些疣有传染性。肛门生殖器疣可通过自行用药（咪喹莫特乳膏、鬼臼毒素或普达非洛溶液）去除，也可由医疗保健提供者去除。临床应用的治疗方法包括：使用 10% 到 25% 的鬼臼素脂、三氯乙酸或二氯乙酸；物理切除疣体；低温外科手术（冷冻手术）、电烙术（灼烧）或激光照射法。这些治疗可以去除疣体，但并不能消灭细胞中的 HPV，因此疣体在治疗后可能再次出现。如果不治疗，疣体可能消失，但也可能长得更多或更大。

许多生殖器 HPV 感染并不会引起可见的疣。病毒生存在皮肤或黏膜里且通常不会引起任何症状。医务工作者可以通过以下几种方式检测这种不可见的感染：（1）将醋（醋酸）涂抹于疑似感染区域，然后寻找变白的受感染细胞；（2）用放大仪器（阴道镜）观察阴道和宫颈；（3）切除少量组织进行 HPV 的 DNA 检测（活体组织检查）；（4）利用巴氏涂片检查与 HPV 感染有关的宫颈细胞异常。

高危型 HPV 感染是不可见的；它们与宫颈、外阴、阴道、肛门、阴茎或咽喉处的癌症有关。低危型 HPV 感染会引起可见的疣，并可能导致巴氏涂片检测轻微异常，但不会诱发癌症。因为巴氏涂片是一种十分常见的检查，所以宫颈癌已经有所减少。尽管如此，美国每年仍约有 1.2 万名女性罹患宫颈癌；每年约有 4 000 人死于宫颈癌。

感染生殖器区域的 HPV 亚型主要通过生殖器接触传播。因为大多数 HPV 感染没有任何体征和症状，所以大多数感染者并不知道自己被感染，但他们却可以将病毒传播给性伴侣。极少情况下，产妇在阴道分娩期间会将 HPV 传染给婴儿。

2006 年，美国食品药品监督管理局批准了四价 HPV 疫苗，可预防两种会导致约 70% 的宫颈癌的 HPV 亚型，以及两种会导致约 90% 的生殖器疣的 HPV 亚型。该疫苗 6 个月内要注射 3 次。该疫苗可非常有效地帮助尚未感染过 HPV 的年轻女性预防 HPV 感染。事实上，所有年轻人在他们可能即将变得性活跃之前，最好都去接种 HPV 疫苗。防止 HPV 感染的其他方法是，避免与感染者发生皮肤接触，在出现可见的疣时避免性接触，以及男性使用乳胶避孕套。

乙型肝炎

乙型肝炎是由乙型肝炎病毒（hepatitis B virus,

HBV）感染引起的一种肝脏疾病。该病毒是数种肝炎病毒中的一种。其他肝炎病毒往往通过受粪便污染的食物传播，与此相比，乙型肝炎病毒通过性行为和血液传播，这种传播方式类似于艾滋病病毒。乙型肝炎病毒的性传播效率是艾滋病病毒的 100 倍。

> 性爱就像空气……无法得到它时，才无比重要。
> ——佚名

乙型肝炎感染的症状包括低热、疲乏、头痛、食欲不振、恶心、尿色深和黄疸（即眼白和皮肤发黄）。最初的症状类似于流感，往往在感染后的 14 到 100 天出现，随后出现肝病体征（如尿色深、黄疸）。乙型肝炎病毒感染并没有特定的治疗方法。患者康复需要休息、适当的营养和禁食对肝脏有害的物质（如酒精和药物），康复可能需要好几个月。乙型肝炎可能导致长期肝损害，包括肝癌和死亡。

乙型肝炎病毒疫苗有预防作用。所有人，特别是儿童、医务工作者和其他高暴露风险者，最好都去接种该疫苗。

传染性软疣

传染性软疣由感染同名病毒引起。美国每年感染人数不到 10 万人。患者感染的特征是，在躯干和肛门、生殖器区域的皮肤上出现雀斑大小、光滑、圆形、有光泽、白色的增生。这种病基本上没有相关的症状（如疼痛、瘙痒等——译者注）。皮损可能会自行消退，但最好由医疗保健提供者将其去除；否则它们可能会传播给他人或复发。

阴虱病

阴虱（pubic lice, 也称为蟹虱）是一种肉眼几乎不可见的昆虫，主要生活在生殖器—直肠区域的毛干上，偶尔也生活在腋毛、胡子和睫毛上。因此，在头上通常发现不了阴虱。头发是头虱的生态位。

阴虱从皮肤的小血管中吸血为食，它们会用口器刺穿这些血管。有些人对咬伤很敏感，因而可能感到瘙痒。这通常是阴虱侵扰的主要症状。阴虱也是可见的；它们看起来像小雀斑。阴虱的卵包裹在白色的小卵荚中（称为阴虱卵），附着在毛干上。阴虱卵的出现也是阴虱侵扰的信号。

阴虱通过身体（通常是性）接触传播。它们也可以通过接触附着阴虱卵的物体（如毛巾、床单和衣服）传播。用含有专门灭杀阴虱的药剂（如除虫菊素、增效醚和 γ-六氯化苯）的液体或洗发水清洗阴毛，可以消除阴虱。感染者的所有衣服、毛巾和床单，也都应该用专门灭杀阴虱的清洁剂进行清洗。

疥疮

疥疮（scabies）是由极小的（肉眼不可见的）螨虫即人疥螨，对皮肤某些区域的侵扰引起的。螨虫会钻入皮肤，并在那里生存和产卵。螨虫导致的微小皮损通常会引起强烈的瘙痒，这是疥疮感染的主要症状。螨虫会在皮纹间钻出微小的洞，通常让人无法察觉。螨虫侵扰偶尔会导致圆形的小结节。螨虫往往生存在指蹼、手指两侧、腕部、肘部、乳房、腹部、阴茎和臀部，很少生存在面部、颈部、上背部、手掌和脚掌上。

疥疮主要传播途径为皮肤接触，性接触仅为其中一种方式。传播所需要的只是个体间的密切接触。瘙痒和躯体症状通常需要数周才会显现。疥疮可以用杀死螨虫及其卵的局部药物来治疗。

获得性免疫缺陷综合征（艾滋病）

艾滋病（acquired immune deficiency syndrome, AIDS）是由**人类免疫缺陷病毒**（human immunodeficiency virus, HIV）即**艾滋病病毒**引起的。HIV 感染通过破坏免疫系统细胞和削弱人体的免疫系统而引发艾滋病。人体免疫系统的破坏使 HIV 感染者易受多种细菌、病毒和真菌的感染；而免疫系统完好的人很容易抵御这些感染。脑内 HIV 感染会导致心智能力丧失（艾滋病痴呆综合征）。

HIV 主要通过感染者的血液、精液或阴道液传播。个体刚感染 HIV 时，他们的免疫系统仍完好无损，因而会产生大量 HIV 抗体。在 HIV 感染的早期阶段，免疫反应的增强为 HIV 检测提供了依据。几乎所有的 HIV 感染检测衡量的指标都是 HIV 抗体。阳性结果（血清抗体阳性）表明，个体曾暴露于足够数量的 HIV 颗粒，以致引发免疫反应。还有一些检测衡量的是 HIV 本身的 RNA。这类检测用于筛选血液供应和检测感染者的 HIV 水平（称为病毒载量）。

HIV 感染者在最初感染后长达 15 年或 20 年内，可能都不会出现艾滋病症状。在这段漫长的潜伏期

全球范围内的 HIV/AIDS

自20世纪80年代早期 HIV/AIDS 开始在全球大流行,HIV/AIDS 的患病率就急剧上升,以致在2016年全世界有3 670万人感染了 HIV,有3 500万人死于 AIDS。每年约有200万人感染 HIV（2023年,该数字下降为130万——译者注）。大约有1 900万 HIV 感染者,正在使用抗 HIV 药物。（据联合国艾滋病联合规划署2021年发布的数据,2020年,全球患 HIV/AIDS 的人数是3 770万。——译者注）

资料来源：United Nations Programme on HIV and AIDS (UNAIDS), 2016.

内,感染者即使没有症状,也有传染性,可以将艾滋病传播给其他人。艾滋病的初期症状通常类似于单核细胞增多症（如淋巴腺肿大、发热、盗汗），以及由脑内 HIV 感染可能引起的头痛和心智功能受损。随着疾病的发展,患者通常会出现体重减轻、皮肤感染（带状疱疹）或咽喉感染（鹅口疮）、一种或多种机会性感染以及癌症。

因为现代医学无法清除人体内的 HIV,进而治愈艾滋病,所以艾滋病的治疗依赖:(1) 医学上控制由免疫抑制导致的机会性感染;(2) 试图抑制感染者体内的 HIV 感染。治疗 HIV 感染涉及使用不同药物的组合。但不幸的是,这种联合疗法并非治愈良方,也不能有效治疗所有的 HIV 感染者。此外,因为这些药物只能抑制 HIV,并不能消灭 HIV,所以即使是那些联合疗法可以有效治疗的患者,也必须终身服药,以防病毒再次开始繁殖。因为 HIV 会迅速突变,所以在许多情况下都会出现耐药性。最后,使用联合疗法每人每年的花费约为10 000美元。因此,经济状况不佳的人难以承担费用,而他们占世界上3 700多万 HIV 感染者的90%。

因为许多病毒导致的疾病都已被疫苗接种攻克,所以人们很努力地开发 HIV 疫苗,但迄今为止都未成功。控制艾滋病传播唯一有效的方法是阻止 HIV 的人际传播,可以通过使用避孕套、减少与感染者的接触,并避免随意性行为来实现。

降低艾滋病风险

美国艾滋病最早报告的病例是男同性恋者,并且已有成千上万的男性死于艾滋病,故而一些人错误地认为,只有男同性恋者才会得艾滋病。但事实并非如此。任何人都可能得艾滋病。感染艾滋病的男同性恋者如此之多的原因有:

- 对病原体 HIV 不了解,就不可能对此采取预防措施。

- 20世纪70年代末和80年代初,年轻人（包括男同性恋者）的性习俗允许有多个性伴侣,这使得 HIV 迅速传播给庞大人口。
- 肛交是 HIV 感染非常危险的途径,因为直肠微小的撕裂都足以使病毒接触到接受者的血液;阴茎微小的撕裂也为血液传播提供了机会,精液中的血液进一步提高了感染风险。

每年的12月1日是世界艾滋病日。

在确切知道 HIV 会导致艾滋病,并且制定了阻止其传播的策略之后,男同性恋者新增 HIV 感染的发生率急剧下降。感染率的下降表明,教育上的努力和动机可以预防 HIV/AIDS 和其他性传播疾病的传播。虽然艾滋病仍然对男同性恋者形成威胁,但美国新增的艾滋病病例大多数是与他人共用毒品用具（针头和注射器）的注射吸毒者,以及与这些人发生性关系的人。在世界范围内,HIV/AIDS 传播的主要途径是异性间的性交。此外,研究人员发现,做了包皮环切术的成年男性比未做此类手术的成年男性,从女性性伴侣那里感染 HIV/AIDS 的可能性要小得多（Morris et al., 2017）。

HIV 感染的检测

公共卫生管理者并不提倡每个人都做 HIV 感染检测。但那些有一定病毒暴露风险的人无疑应该做检测。这些人包括与其他男性有过无保护性行为的男性,以及以下个体:

- 与已知或怀疑感染了 HIV 的人有过无保护性行为;
- 患有某种性传播疾病;
- 醉酒状态与他人有过无保护性行为;
- 与某个有未知的艾滋病风险行为的人发生过性行为;
- 有多个性伴侣;
- 与他人共用注射毒品的针头或注射器。

在美国,检测始于一次咨询会谈。受检者在与咨询师或医生的会谈开始前,会先得到一份阅读材料。会谈中受检者会被问及为何想做检测,以及自己和性伴侣(们)的行为。这有助于咨询师和受检者确定,受检者是否需要做检测。如果有必要做检测,咨询师或医生将介绍检测和检测流程,提供基本的艾滋病教育,解释保密问题,讨论可能的检测结果的意义,探讨受检者认为的检测结果可能对自己造成的影响,并谈论受检者可能会把检测结果告诉谁。

最常见的 HIV 检测是从受检者手臂上抽取少量血液样本或针刺手指取血样。尿液和口腔液检测不太常见。血液、尿液或口腔液会被送到实验室里分析 HIV 抗体。通常一两周内能出结果。还有一种在 5 到 30 分钟内即可出结果的快速 HIV 检测。检测结果出来后,工作人员会通知受检者回到咨询和测试中心来拿检测信息。无论结果如何,每个受检者的流程都是如此。

我们应当警惕家用 HIV 检测试剂。在互联网上做广告并销售的检测试剂大多数都有缺陷。在标准方法下 HIV 检测呈阳性的样本,用这些检测试剂结果则可能呈阴性。使用这类检测试剂,可能会给个体留下其没有被感染的错误印象。家用采集包则不太容易出错。检测样本可以在家里私下收集,然后送到实验室分析,再由实验室返还检测结果。可靠的家用 HIV 检测试剂仍在研发中。

人们可以在医生和各种卫生机构那里做 HIV 检测。美国有两种 HIV 检测:匿名检测和保密检测。在匿名系统中,个体的身份是自己选择的号码或别名,因此真实身份永远不会被记录在案。在保密系统中,个体的名字是病历的一部分,而病历则是保密的。

在医学界能做 HIV 检测之前,成千上万的人(如网球明星阿瑟·阿什)因为输入了 HIV 污染的血液制品或血液而无意中感染了 HIV。在 20 世纪 80 年代,英国成千上万的**血友病**(hemophilia,一种遗传性血液病)患者,输入了 HIV 污染的凝血因子,许多人自此患上了艾滋病。在法国,当人们得知法国卫生官员在知情的情况下,仍继续让血友病患者接受被污染的血制品时,一场全法国的丑闻就此爆发。目前在用的所有凝血因子制品都是由生物技术公司生产的,并未受病毒污染。此外,如今美国所有捐献的血液都要做 HIV 和其他病毒污染检测。然而,新的 HIV 毒株在不断出现,因而并非所有的毒株都可以检测出来。对于择期手术来说,如果手术需要输血,医生通常会建议患者在术前自己给自己献血。

降低美国性传播疾病的泛滥

对个体和包括美国在内的所有国家来说,性传播疾病都是一个持续存在的重大健康问题。认识到这一点后,美国政府将降低性传播疾病的患病率作为《2020 健康美国人计划》的一个主要目标。

最令人担忧的性传播疾病是 HPV 感染、HIV/AIDS、衣原体感染和淋病,因为它们感染了数百万美国人,并且难以治疗,有些还无法根治。目前的医疗实践要求对那些愿意治疗的人尽量治疗。这些患者会被教导,要告知他们的性伴侣自己的感染情况,并鼓励性伴侣也去治疗。然而,患者很少遵循该建议。因此,每有一个接受治疗的人,就代表着还有更多的人没有接受治疗,他们会继续将疾病传染给其他人。

为什么不感染 HIV 极其重要

我真的很难回想起在被诊断出艾滋病之前,我在洛杉矶、旧金山和纽约过的那种无忧无虑的生活。时间过去太久了,以至我几乎不记得那是什么感觉了。我不希望任何人因为疾病而不得不丧失那种感觉。我每天要吃 37 片药:14 片随早餐服用,9 片维生素和草药随午餐服用(为了抵消和平衡药物的作用),14 片随晚餐服用。当然,服用这么多药物会导致可怕的副作用,如腹泻、易激惹、恶心和疲劳,并且这些症状似乎随时会出现,没有任何规律或理由。不过,我会很认真地服用这些药,因为它们似乎提高了我的生活质量。但这并非没有代价:吞服这些有毒化学物质所带来焦虑和怀疑挥之不去,因为没有人真正确切地知道它们的长期身心影响是什么。我也不希望其他任何人有这种体验。

马克·贝克(Mark W. Baker)
1997 年秋季/冬季

一种似乎更为成功的做法是，让接受治疗的人向认识的性伴侣们分发抗生素，这样他们就可以匿名治疗自己。公共卫生官员希望这样做能降低可治疗的常见性传播疾病的传染率。

如果要实现减少美国性传播疾病的目标，所有性活跃的人都需要进行安全性行为，并采取一切可能的措施避免感染性传播疾病。同样重要的是，感染者要避免将疾病传染给他人。

预防性传播疾病

预防性传播疾病需要社会为性传播疾病的教育和治疗提供广泛而持续的公共卫生项目和服务。同样至关重要的是：感染者应及时寻求治疗，并且要承担不传染给他人的责任；人们也应该进行更安全的性行为，以降低感染风险。

与性传播疾病有关的污名是预防工作的一个巨大障碍。从道德角度来看待性传播疾病，即把它们与肮脏和道德败坏联系起来，使得人们不愿意思考和谈论它们。这还使整个社会想忽视性传播疾病的泛滥。在第一次和第二次世界大战期间，美国社会资助了大规模的淋病和梅毒控制项目，因此这些感染病的发病率大幅下降。而当战后性传播疾病泛滥的威胁似乎减弱之时，道德方面的担忧却阻碍了控制工作的继续，性传播疾病的发病率就此增加。公共卫生官员认识到，持续的努力是控制性传播疾病的唯一途径。

有评判的态度也使谈论性传播疾病十分困难。不得不告诉伴侣你有性传播疾病，甚至只是说你曾感染过，现已完全康复，都会带来负罪感和羞耻感，这会导致人们完全回避讨论这方面的问题。同样，询问伴侣的性病史，可能会被解读为指责伴侣"随便"或不道德。为避免尴尬或冒犯性伴侣，人们很可能回避性传播疾病的话题。如果性活跃个体对谈论性传播疾病（和性的其他方面）秉持开放态度，并学会必要的沟通技巧，就能促进性传播疾病的预防。

进行安全性行为

降低感染性传播疾病风险最可靠的方法就是禁欲。但禁欲并不意味着个体必须放弃性互动。有很多方法可以不发生性交也能给予和获得性快感：爱抚、亲吻、互相按摩，甚至只是睡在一起而不进行性交。

另一种降低风险的方法是了解伴侣的性行为史，包括伴侣可能参与过的所有高风险的性活动。这种信息通常很难在关系的早期获取，因为性行为史的沟通需要双方有一定程度的信任，这需要一些时间来培养。

在你充分了解对方的性行为史之前，性交时使用避孕套和杀精剂来保护自己极其重要。性活跃的女性和男性应当一致同意把使用避孕套和杀精剂作为与新伴侣发生性行为的标准做法，因为避孕药不能预防性传播疾病。性活跃的女性和男性应该在任何有可能发生性行为的时候，随身携带避孕套和杀精剂，一旦发生性行为就使用它们。这需要克服性别角色刻板印象，即承认自己与人发生性行为的女性就是"荡妇"，而承认自己与人发生性行为的男性则是"种马"。女用避孕套是一种置入阴道的聚氨酯塑料套，实践证明它可以防止性传播疾病的传播。

安全性行为的一些阻碍因素包括：

- 否认存在风险。许多人认为，只有"肮脏""乱交"和"道德败坏"的人才会得性传播疾病，只要自己仅与"干净"和"高尚"的人发生性关系，就不可能得性传播疾病。另一种否认的形式是告诉自己："因为我吃得好，又锻炼身体，所以我不可能得性病。"
- 认为大学校园能隔绝性传播疾病。事实上，约一半的大学生在进入大学之前就是性活跃的。因此，大学新生刚进入校园就可能已被感染。此外，美国许多校园同一生活群体和学生组织中的学生，互相之间都会发生性关系。一个感染者可能会导致一系列的感染。
- 对发生性行为有负罪感和不适感。这会阻碍个体规划性行为、随身携带避孕套和杀精剂以及与新伴侣谈论可能存在的风险。
- 屈从于进行性行为的社会和同辈压力。这些压力促使人们在有潜在风险的情况下与他人发生性行为，比如一夜情和几乎从一开始就奔着性行为而去的短暂关系。当个体抵抗与较陌生的人发生性关系的同辈压力时，可以问问自己，"这是正确的关系吗？""这是合适的伴侣吗？""事后我会感觉良好吗？"，这样可以降低被感染的风险。

HIV/AIDS 的全球泛滥能被阻止吗

截至 2018 年，全世界有 3 700 多万人感染了 HIV/AIDS。自从 40 多年前艾滋病在全球开始蔓延以来，已导致 3 000 多万人死亡。艾滋病持续泛滥的一个原因是，引发艾滋病的病毒 HIV 抗住了成百上千的科学家为研制艾滋病疫苗所付出的努力。在疫苗研制成功之前，全世界的人们必须继续使用其他不太有效的工具来预防 HIV/AIDS。根据现有的预防和治疗策略以及人们所付出的努力，联合国估计到 2030 年，HIV 感染和死亡的人数还将大幅增加。

为了避免这一状况发生，联合国的一个部门——联合国艾滋病联合规划署发起了"90-90-90 计划"。该计划的目标是在全世界立即大力加强预防 HIV/AIDS 传播的工作，期望到 2020 年，90% 的 HIV 感染者将会知道自己的感染状况（以便寻求治疗并不去感染他人），90% 确诊感染 HIV 的人将会接受抗 HIV 药物治疗，抗 HIV 药物将会对 90% 的服用者成功起效（UNAIDS, 2017）。这一到 2020 年减少 HIV 患病率的计划，预计最终即使不能完全消除 HIV/AIDS 的泛滥，也将其控制住。（截至 2020 年，84% 的感染者知晓自身感染状况，其中 87% 的人接受了抗 HIV 药物治疗，抗 HIV 药物对 90% 的服用者有效。现已制定"95-95-95 计划"。——译者注）

大约 95% 的 HIV/AIDS 患者生活在发展中国家，那里普遍贫穷，医疗保健体系也不健全。这些国家缺乏增强 HIV 感染筛查力度、给感染者提供抗 HIV 药物以及向患者提供医疗支持的财政资源。为了实现"90-90-90 计划"的目标，这些国家需要接受来自更富裕的国家、非政府组织和个人的投资。2012 年，全世界用于 HIV/AIDS 预防和医疗保健的投入达 190 亿美元，主要花在了抗 HIV 药物上；联合国当时估计需要 240 亿美元。2012 年，美国和加拿大总共为抗 HIV/AIDS 项目贡献了 60 多亿美元。富裕国家为抗 HIV/AIDS 项目捐款，既是出于人道主义，也有经济、安全和健康方面的考量。

世界银行估计，受 HIV/AIDS 打击的贫穷国家的人均经济增长有所下降。这是因为当贫穷国家微薄的财政资源用于应对 HIV/AIDS 时，就没有足够的资金来修建学校、道路、发电厂和其他必要的基础设施。这可能会导致人道主义危机和国家失败，进而消耗世界其他国家的资源，阻碍世界和平与繁荣的实现。

性传播疾病的沟通技巧

在伴侣充分了解对方并谈论他们过去的性经历之前，关系早期就要发生性行为的压力可能会迫使他们否认可能有风险。一个风险较小的策略是推迟性互动，你可以说："我想与你亲近，但我还没有准备好发生性关系，因为我觉得我们还需更多地了解彼此。""还不可以"和"也许可以"在权衡性行为邀请时都是需要考虑的。

即使人们已准备好谈论新关系中性的一面，包括节育和暴露于性传播疾病的可能性，也难于启齿，因为他们害怕遭到拒绝、担心冒犯伴侣，或者害怕破坏氛围。透露自己对谈论这一话题的不适感是缓解性焦虑的一种方法。对话可以从一方说话开始："我想与你谈一件事，尽管我对此感到有点不自在，但我认为这对我们俩都很重要，我们开始吧。"

在上述开场白之后，个体可以说出下述话语来提供信息："我们还不是很了解彼此。我有些担心性病。我想让你了解我在这方面的情况。"然后，该个体应当说出对方想知道的所有信息。在听到披露的信息后，对方更可能做出同样的回应。如果想了解更多的信息，一方可以说："谢谢你告诉我这一切。如果我能多了解一点关于……的信息，我会感到更安心。"无论什么样的信息都可以。

如果对方感到被冒犯或者不愿谈论这个话题，怎么办？或者对方的话不可信怎么办？如果伴侣们不能讨论性传播疾病这类严肃的事情，就应该谨慎地推迟性互动，直到关系进展到更为互信。有可能成为性伴侣的人应该记住，酒精或毒品会影响人们对性行为安全与否的判断。此外，酩酊大醉或吸毒后的恍惚状态会影响避孕套的正确使用，或者导致根本不使用它们！

安全性行为并不意味着不发生性行为，也并不意味着性行为危险，同样也并不意味着性行为不能很有趣。安全的性行为确实意味着性行为是合作性的，意味着伴侣们需要共同做出选择。

男用避孕套使用常识

乳胶避孕套可以有效防止 HIV/AIDS 和其他性传播疾病的病原体的传播。天然避孕套或者皮肤避孕套作为避孕工具具有一定的效果,但是它们的孔隙太多,无法阻断病原体的传播。美国食品药品监督管理局会检测美国和国际的避孕套的橡胶裂缝和其他缺陷、密封性和抗破损性。经检测并获准的欧洲避孕套带有 CE 标志;在英国获准的产品以风筝标志为标识。在世界其他地方,避孕套也带有 ISO 批准标识。

男用避孕套使用方法

- 使用全新的避孕套以减少泄漏或破损的可能。存放在随身携带的钱包、身上衣服的口袋或汽车储物箱里的避孕套,可能会因高温而受损。人们最好把避孕套存放在阴凉且干燥的地方,并且不要使用过期的避孕套。
- 使用者应小心地将避孕套从包装中取出,避免将其损坏(不要用牙齿或指甲打开包装)。如果取出的避孕套上有孔洞或破裂,或者发黏或变脆,请扔掉并换用一个合格的避孕套。
- 在性交开始前,使用者就要将避孕套戴在勃起的阴茎上(见图 a)。在性交过程中停下再戴避孕套会增加怀孕和 HIV 传播的风险,因为男性可能无法控制射精。此外,在性活动一开始就戴上避孕套,能为防止性传播疾病通过皮肤接触传播提供最大的保护。
- 将避孕套展开戴在勃起的阴茎上(剥开包皮),在顶部留下大约 1 厘米以收集精液(见图 b)。一些避孕套有专门为收集精液而设计的顶部(储精囊)。使用者应当将避孕套顶部的空气挤出排净,以防止射精后避孕套破裂。
- 不要使用凡士林或矿物油作为润滑剂,因为它们会损坏乳胶。如果需要润滑剂,请使用水基润滑剂。
- 射精后,在阴茎疲软之前就要抽出。否则,避孕套可能会滑脱。在抽出阴茎时,按住阴茎上的避孕套,以确保它不会滑脱(见图 d)。
- 避孕套使用后,要检查避孕套上是否有孔洞或破裂。如果有的话,应当立即将杀精泡沫剂或凝胶剂注入阴道,并使用可能的紧急避孕措施(如"事后避孕药")。
- 避孕套在使用 1 次后就应丢弃。

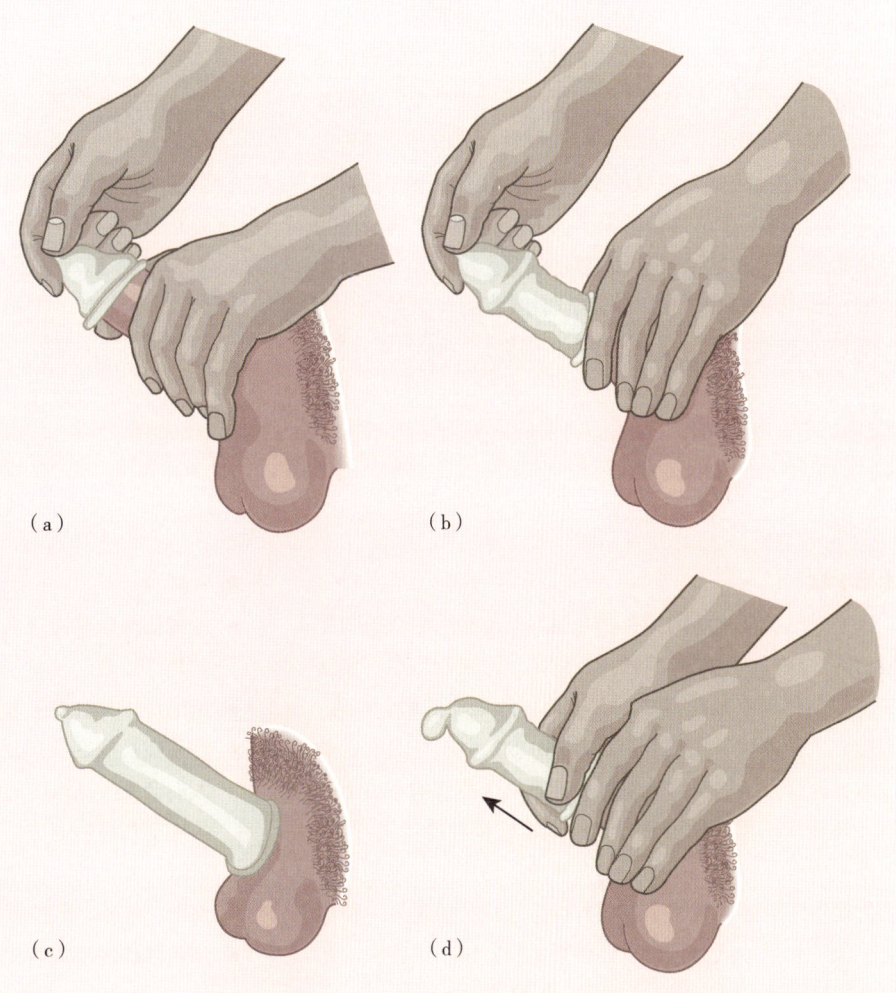

(a) (b) (c) (d)

对健康的批判性思考

1. 研究一致表明，绝大多数大学生对性传播疾病和艾滋病了解很充分，但只有 50% 的性活跃学生（他们的行为使他们有感染性传播疾病和艾滋病的风险）会进行安全性行为。对许多人来说，这种冒险行为似乎不合逻辑，更不用说它的危险性了。然而，我们可以假设，当大学生们没有进行安全性行为时，他们的行为是理性的（从他们的角度来看）。

   a. 看看你的行为和同龄人的态度，你能解释一下为什么一些大学生不保护自己免受性传播疾病和 HIV 的感染吗？

   b. 凭借你对同龄人态度的了解，你会给大学管理部门提什么样的建议，以降低学生感染性传播疾病和 HIV 的风险？

2. 从他们在一起的那一刻起，伊拉娜和杰森明显算得上天作之合。他们的朋友也都这样认为。然而，杰森现在遇到了一个难题。虽然他们同意婚前不发生性交，但随着彼此之间亲密程度的加深，伊拉娜觉得自己有义务告诉杰森，在她还是个放纵的 15 岁少女时，感染过生殖器疱疹。"我不再是当初的那个人了，"她说，"病情已经控制住了。但是你永远无法摆脱它。"

   a. 你认为杰森应该和伊拉娜继续相处吗？

   b. 杰森在做决定时应该考虑哪些因素？

3. 华盛顿县学校董事会每月的例会上，从来没有像就县中学新设健康课程投票那晚一样有如此多的出席者。县里每个人似乎都有自己的看法，并准备向 7 名董事会成员进言。当晚争议的焦点是，修订性传播感染和 HIV 的教学模块，以纳入这些感染实际传播的途径等内容。一些父母反对在健康课程中纳入任何关于性传播疾病和 HIV 的讨论，他们认为这样做只会让学生对性和毒品感到好奇，并鼓励他们尝试。另一些父母，尽管支持讨论这些疾病及其病原体，但反对讨论所有与这些疾病传播有关的行为。他们认为，孩子们应该了解这一问题的生物学知识，而父母则应以此为基础努力劝阻自己的孩子，不要进行不安全的性行为和尝试毒品。还有一些父母认为，确保预防这些疾病的唯一方法就是讨论它们传播所涉及的行为。他们认为，除非涵盖了问题的所有方面，否则孩子们不会认真对待讨论。因此，他们要么可能完全无视这些信息，要么对没有涉及的内容感到好奇，进而使自己处于险境。如果你是学校董事会的成员之一，你将如何投票，你将如何向你选区的家长证明你的投票是正当的？

本章小结与重点

本章小结

引发性传播疾病的微生物与引起其他疾病的微生物类型相同。这些微生物包括病毒、细菌、原虫和昆虫。诊断最多的性传播疾病是滴虫病、衣原体感染、淋病、梅毒、疱疹、生殖器疣、阴虱病和 HIV/AIDS。个体与感染者的性器官进行直接的身体接触便可能感染这些疾病。虽然一些性传播疾病可以用药物治愈，或通过接种疫苗来预防，但控制所有性传播疾病的关键是预防。男用避孕套是预防性传播疾病最好的方法；避免有风险的性接触是另一种预防手段。如果你认为自己有性传播疾病，请尽快就医。在你恢复健康且不再有传染性之前，不要进行性行为。

重 点

- 性传播疾病是通过人际传播的感染病，最常见的传播方式是性接触。
- 美国每年都会发生数以百万计的性传播感染。
- 性传播疾病在美国泛滥的原因如下：人们不了解它们；人们会发生高风险的性行为；某些性传播疾病没有可用的疫苗和根治方法。
- 美国最常见的性传播疾病是滴虫病、衣原体感染、淋病、梅毒、疱疹、生殖器疣、阴虱病和艾滋病。
- 预防性传播疾病需要国家和非政府组织支持公共卫生工作，去向民众科普性传播疾病知识及其预防和治疗方法。它还需要个人践行安全性行为，并在被感染后遵医嘱。
- 预防是关键！

参考文献

American College Health Association. (2016). National College Health Assessment.

Centers for Disease Control and Prevention. (2016). Reported STDs in the United States.

Drumright, L. N., Gorbach, P. M., & Holmes, K. K. (2004). Do people really know their sex partners? Concurrency, knowledge of partner behavior, and sexually transmitted infections within partnerships. *Sexually Transmitted Diseases, 31*, 437–442.

England, P., & Brown, E. (2016, Fall). Who has how many sexual partners? Contexts.

Morris, B. J., et al. (2017). CDC's male circumcision recommendations represent a key public health measure. *Global Health: Science and Practice, 5*, 15–27.

United Nations Programmed on HIV/AIDS (UNAIDS). (2017). 90-90-90: An ambitious treatment target to help end the AIDS epidemic.

United Nations Programme on HIV and AIDS (UNAIDS). (2016). UNAIDS report on the global AIDS epidemic.

推荐阅读

Centers for Disease Control and Prevention. Division of Sexually Transmitted Diseases. Statistics, health information, and treatment guidelines.

Hayden, D. (2003). *Pox: Genius, madness, and the mysteries of syphilis*. New York: Basic Books. A discussion of the impact of syphilis on many of history's famous figures and the culture they created, including Oscar Wilde, Abraham Lincoln, and Hitler.

Holmes, K. K., et al. (2007). *Sexually transmitted diseases*. New York: McGraw-Hill. The most comprehensive medical text in the field.

Malani, P. N. (2017). Visions for an AIDS-free generation. *Journal of the American Medical Association, 316*, 154–155. Discusses the current state of HIV/AIDS progress and suggests strategies to bring about an end to the HIV/AIDS epidemic.

Marr, L. (2007). *Sexually transmitted diseases: A physician tells you what you need to know*. Baltimore: Johns Hopkins Press. Detailed information on all STDs.

第四编

了解和预防疾病

第 12 章
　减少感染和增强免疫力：知识助力预防

第 13 章
　癌症：风险和预防

第 14 章
　心血管疾病：风险和预防

第 15 章
　遗传与疾病

 **健康小贴士**

鼻塞吗

HPV疫苗可预防宫颈癌，所以接种疫苗吧

清除尘螨可能有助于缓解过敏

 **全球健康**

预防在旅行时生病

全球感染病根除计划

 **健康指南**

出生时的人体微生物群

安全去除头虱

第 12 章

减少感染和增强免疫力：知识助力预防

学习目标

1. 定义病原体、传染病、病媒生物、免疫接种、机会性感染、免疫系统、抗体、抗原和自身免疫病。
2. 描述人体微生物群。
3. 列出并解释预防和治疗感染病的方法。
4. 讨论抗生素对细菌性感染的重要性和耐抗生素菌株的影响。
5. 讨论免疫接种如何预防感染。
6. 讨论普通感冒、流感、莱姆病、单核细胞增多症和消化性溃疡的病因、症状和治疗方法。
7. 解释抗体如何对抗感染病。
8. 描述免疫系统的不当反应是如何引起变态反应的。
9. 讨论器官移植、输血和 Rh 因子。
10. 描述艾滋病病毒如何引起艾滋病以及如何预防艾滋病病毒/艾滋病感染。

在过去的几个世纪中，数以亿计的人死于由细菌、病毒、原虫和其他微生物引起的感染病。在过去的 100 年里，公共卫生、个人卫生、营养、疫苗接种和抗微生物药物等方面的改善，大大减少了感染病造成的患病人数和死亡人数。然而，疟疾、结核病、艾滋病病毒/艾滋病以及由细菌和病毒感染引起的腹泻等感染病，每年仍会造成数百万人死亡。这些死亡案例主要发生在贫穷、欠发达的国家，贫穷、营养不良和公共卫生设施不足为感染病滋生创造了条件。在全球范围内，感染病是 10 大最常见的死因之一。

> 人生就是在计划之外发生的事。
> ——汤姆·斯莫瑟斯

即使是最健康的个体也会得感染病。所有人都会偶尔患上普通感冒、流感，或因食源性感染而肠胃不适。通常这些感染是自限性的，我们会在几天或几周内痊愈。然而，一些感染病（如肺炎、结核病或葡萄球菌感染）可能会严重到需要医疗干预来防止残疾甚至死亡。了解感染性微生物如何导致疾病以及免疫系统和现代医学如何对抗感染，对保持健康至关重要。

大多数存在于人体内部或体表的微生物都是无害的。事实上，人体携带的细菌细胞的数量是其自身细胞数量的 10 倍之多，而这数以万亿计细菌中的大多数都在人体的诸多部位中发挥着许多重要的功能。但人体也有一些区域必须保持无菌（**表 12.1**）。如果人体原本无菌的区域被微生物感染，就会导致感染病。任何能感染人体并引起疾病的微生物都被称为**病原体**（pathogen）。

虽然可以通过现代公共卫生设施、个人卫生、疫苗接种以及诸如抗生素等药物来预防和治疗微生物感染，但人们越来越担心过度使用抗微生物化学产品的潜在危害。例如，抗生素在牛、猪和家禽等商业化饲养的动物中的广泛使用，已经催生了不能被抗生素杀死的"超级"致病菌菌株。

滥用抗生素来治疗非细菌性感染（病毒并不会被抗生素杀死），也会促使致病菌产生耐抗生素的菌株，尤其是在医院环境中。此外，抗菌的肥皂、化妆品、牙膏和其他产品的使用日益增多，也在促使细菌产生耐药性，这可能与促进健康的目标背道而驰。免疫系统的发育依赖于生命早期暴露在广泛的环境刺激中，包括接触细菌。例如，当儿童在泥土中玩耍时，他们就会接触到有助于免疫系统发育的

> **表 12.1　人体内的细菌**
>
> 人体的某些区域有着数百万的细菌，其中大多数是有益的；而人体的其他区域则是无菌的（没有细菌的）。
>
> **无菌的身体区域**
> 呼吸道（声带以下）
> 鼻窦和中耳
> 肝脏和胆囊
> 尿道上方的尿路
> 骨骼、关节、肌肉和血液
> 脑脊液（存在于脑和脊柱中）
> 肺周围的膜（称为胸膜）和腹腔周围的膜（称为腹膜）
>
> **有细菌定植的身体区域**
>
> **皮肤**：每平方厘米的皮肤含有数千个细菌和一些真菌。这些微生物是有益的或无害的，除非皮肤受损或个体已经生病。
>
> **鼻咽和口咽**：每毫升体液中可能含有数十亿个细菌，包括致病菌，但致病菌一般只在人体免疫系统较弱时引起疾病。
>
> **食道和胃部**：成千上万的细菌会随食物被摄入人体。大多数人感染了能引起消化性溃疡的细菌（幽门螺杆菌），但没有表现出任何消化性溃疡症状。
>
> **小肠**：细菌浓度较低；乳酸菌种较为常见。
>
> **大肠**：每毫升体液中含有数十亿个细菌；几乎所有的细菌都是厌氧的（即只有在无氧的条件下才能生长的细菌）。所有的粪便都含有数十亿个细菌。
>
> **阴道**：含有数以百万计的细菌，包括乳酸菌、大肠杆菌和其他厌氧菌。

微生物。过度讲究卫生与不讲卫生一样对健康有害。

许多研究表明，与在城市环境中长大的儿童相比，在农场长大的儿童患过敏、花粉症或哮喘的概率要小得多。在农场长大的儿童的免疫系统中也存在有助于防止过敏反应（也叫变态反应）的细胞（Schuijs et al., 2015）。这些观察表明，农场的尘土中含有城市中没有的来自动物的微生物，它们会刺激免疫系统，从而降低在以后的人生中发生过敏反应的风险。这被称为卫生假说。它在大约 30 年前被提出，用来解释为什么在超洁净环境中长大的儿童更容易患哮喘和过敏。对于成年人，它建议不要过度追求清洁，并且不要告诫孩子不去碰任何"脏"的东西，因为这样做会增加过敏风险。儿童接触和品尝周围环境中物品的欲望，对于发展出一个不易产生过敏反应的免疫系统至关重要。

人体微生物群

人体中含有其自身细胞数量 10 到 100 倍之多的微生物。这些微生物中的绝大多数是细菌；属于古细菌、真核生物和病毒的微生物同样存在，但其数量较少。存在于人体中的微生物的全部组成被称为**人体微生物群**（human microbiome）。人体微生物群中的大多数微生物都存在于肠道中，肠道是消化系统的一部分，该系统从口腔延伸到肛门。人体微生物群也存在于鼻腔、阴道和皮肤上。

2007 年，美国国立卫生研究院（它是联邦政府的一部分，资助了美国许多生物学和医学研究）批准了一项长期计划，旨在探索和理解人体微生物群在人类健康和疾病中所起的作用。科学家们首先从来自美国各地农村和城市的数百名志愿者那里提取了数千份完整人体微生物群样本。超过 1 万种不同的细菌从人体的诸多部位中被识别出来（**图** 12.1），它们在每个个体内的数量各不相同。总的来说，人体微生物群中的微生物生产了超过 6 万种不同的蛋白质，这是所有人类细胞生产的蛋白质数量的 300 倍。

人体内极为丰富多样的微生物蛋白质会影响人类的新陈代谢和总体健康状况（Glasner, 2017）。例如，个体体内的微生物群落可能会影响该个体对某些感染病的易感性，会导致如肥胖、糖尿病（1 型和 2 型）、过敏、哮喘、自闭症、一些癌症和慢性胃肠道疾病（如克罗恩病和肠易激综合征）的发病，并会影响该个体对某些药品的反应。母亲的微生物群甚至可能会影响其子女的健康（见健康指南专栏"出生时的人体微生物群"）。

尽管肠道中的数十亿微生物会影响身体的健康可能并不足为奇，但令人惊讶的是，这些微生物也可能影响大脑，并在焦虑、抑郁和其他精神障碍中发挥重要作用。许多种肠道细菌所产生的神经递质在化学构成上与大脑中的神经递质相同（**表** 12.2）。

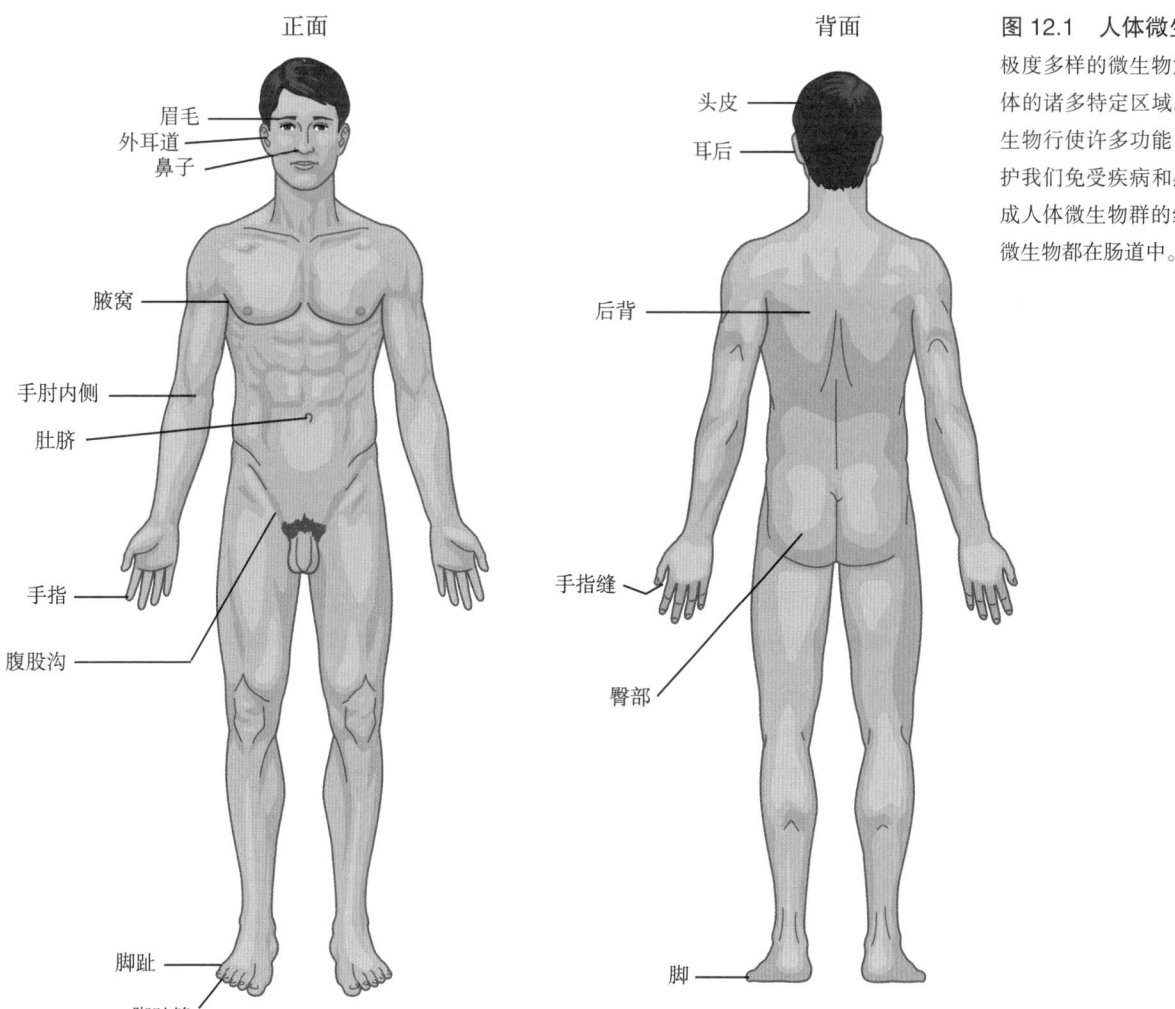

图 12.1 人体微生物群
极度多样的微生物定植于人体的诸多特定区域。这些微生物行使许多功能，可以保护我们免受疾病和感染。构成人体微生物群的绝大多数微生物都在肠道中。

表 12.2　生成神经递质的人类肠道细菌

微生物	神经递质
芽孢杆菌属	多巴胺、去甲肾上腺素
双歧杆菌属	γ-氨基丁酸（GABA）
肠球菌属	5-羟色胺
埃希菌属	去甲肾上腺素、5-羟色胺
乳杆菌属	乙酰胆碱、γ-氨基丁酸
链球菌属	5-羟色胺

细菌产生的神经递质可以通过血液循环进入大脑，就像口服的精神类药品进入大脑的方式一样，它们也可以刺激迷走神经——该神经是连通肠道和大脑的信息通道。在无菌条件下出生因而不具有微生物群的实验室动物，在成年后表现出鲁莽行为、记忆困难和反社会行为（Sanders, 2016）。许多人类研究表明，人体微生物群组成的改变会影响心境和对压力的易感性（Sarkar et al., 2016）。"我发自内里感觉到"（I feel it in my gut）这一表述可能有一天会被科学证明是正确的。由于研究尚未确定服用益生菌膳食补充剂是否可以安全地缓解焦虑、抑郁、失眠或其他令人不安的精神状态，所以目前最好还是保持摄入由健康食物组成的膳食。

粪菌移植

艰难梭菌是一种会导致结肠炎症的细菌。艰难梭菌感染的主要后果是严重腹泻，由此引发的脱水和矿物质流失可能会危及生命。患有其他疾病的人、长期住在护理机构的老年人，或那些需要持续使用抗生素的人（比如在做完手术后），他们感染艰难梭菌的风险更高，通常是由未消毒/未戴手套的医护人员接触到受污染的表面或物品上的艰难梭菌孢子而无意间导致的人际传播。艰难梭菌可以在物体表面存活很长时间。

使用抗生素是针对艰难梭菌感染的标准疗法，但感染通常会一次又一次复发。一个可能的原因是，长期接触抗生素或多次在非无菌环境中接触艰难梭菌孢子，会破坏肠道微生物群中微生物间的平衡，从而使艰难梭菌具有生存优势。由美国食品药品监督管理局批准的一项实验性方法，即**粪菌移植**（fecal microbiota transplantation, FMT），在那些未能通过抗生素治疗痊愈的艰难梭菌感染者身上表现出了良好的预后效果，但这一方法并不能被所有人接受。这种方法需要从仔细筛选出的健康粪便提供者那里获得粪便制剂，并通过口服胶囊、鼻管或结肠镜等方式将之移植到患者的结肠中。在许多患者身上，粪菌移植完全根除了艰难梭菌感染，患者有时不到一天即可痊愈。除了艰难梭菌感染外，粪菌移植在治疗一种被称为克罗恩病的严重肠道自身免疫病方面也前景喜人，该病困扰着多达 70 万美国人（Eakin, 2014）。

迄今为止，大多数关于粪便移植的研究都是在实验室动物身上进行的，这些动物在模拟人类的条件下饲养。例如，按照统一标准饮食饲养的肥胖小

出生时的人体微生物群

在子宫内发育期间，胎儿处于无菌环境中。但这会在分娩时发生改变，因为阴道内天然存在细菌、病毒、真菌和其他微生物。当婴儿进入阴道时，其头部会被阴道分泌物覆盖，数以百万计的微生物会进入婴儿的耳朵、鼻子和口腔中。婴儿的整个消化道都会布满母亲阴道微生物群所特有的微生物。这些微生物将成为婴儿的第一个微生物群，并开始影响其免疫系统的发育。一个健康的阴道微生物群会给婴儿体内带来一个健康的微生物群。然而，如果阴道分泌物中含有艾滋病病毒（HIV）等病原体，婴儿也会获得这些致病微生物。婴儿如果在出生期间感染了 HIV，并在产后未接受抗 HIV 药物治疗，就很可能发展为艾滋病。

剖宫产分娩在无菌条件下进行，所以婴儿初次接触的微生物来自医务人员的手。因此，剖宫产婴儿的微生物群与阴道分娩婴儿的微生物群非常不同。剖宫产婴儿的免疫系统可能与阴道分娩婴儿的不同，一个迹象是他们患哮喘的概率是阴道分娩婴儿的两倍。现在，一些医生认为接触阴道分泌物对婴儿建立健康的微生物群至关重要，因此他们会在分娩后立即用母亲的阴道分泌物处理剖宫产婴儿。用无菌棉签蘸取母亲的阴道分泌物，再用其擦拭婴儿的头部、耳朵、鼻子和嘴唇。通过这种方式，剖宫产婴儿可以获得那些本可通过阴道分娩获得的微生物，以此建立自己的微生物群。微生物群如今被认为对促进免疫系统发育非常重要，而这只是其中的一个例子。

鼠在接受瘦小鼠的粪便移植后体重减轻了。反过来也是如此。当瘦小鼠接受肥胖小鼠的粪便移植后，它们的体重增加了，它们的微生物群也变得与肥胖小鼠相似。这些实验表明，无论饮食或基因组成如何，微生物群都可以在人类的体重管理中发挥重要作用（Marotza & Zarrinparb, 2016）。人类中具有类似效应的证据，来自那些通过胃旁路手术减重的重度肥胖患者的微生物群研究。手术后，肥胖患者的微生物群开始变得与体重正常的健康人的微生物群相似。

一个健康的微生物群

随着越来越多的证据表明人体微生物群在健康和疾病中起着重要作用，一个需要考虑的问题是："个体如何才能获得一个健康的微生物群？"就像健康生活的诸多方面一样，可能的答案是：食用健康的膳食，包括新鲜水果和蔬菜、坚果、种子以及膳食纤维，避免过多的糖、加工食品添加剂以及酒精；限制接触香烟烟雾和其他污染物、农药、抗生素和防腐剂；压力管理；并在服用药物特别是抗生素后恢复微生物群。

感染病病原体

种类繁多的微生物，包括细菌、病毒、原虫、酵母和小蠕虫，都可以感染人体，导致疾病、不适和死亡（图 12.2）。除了病毒之外，所有的微生物都被认为是有生命的，因为它们可以自行生长和繁殖。病毒之所以不被认为是有生命的，是因为它们只有在感染细胞并侵占其细胞机制以制造更多病毒后才能生长和繁殖。由病毒引起的一些常见人类疾病包括普通感冒、流感、脊髓灰质炎、肝炎、水痘、流行性腮腺炎、麻疹、疱疹和艾滋病。引起这些疾病的每一种病毒都是不同的，它们会感染体内特定的组织或器官。

其他感染病，如肺炎、结核病、霍乱、鼠疫、伤寒和淋病，都是由特定的致病菌引起的。通常来说，致病细菌和病毒只有在个体已经处于虚弱状态时才会引起疾病，特别是在个体免疫系统功能不佳的情况下。

如果一种感染病被证实是由一种特定的微生物所引起的，这种微生物就称为该疾病的**病因**（etiology）。例如，结核病通常是由感染一种称为结核分枝杆菌

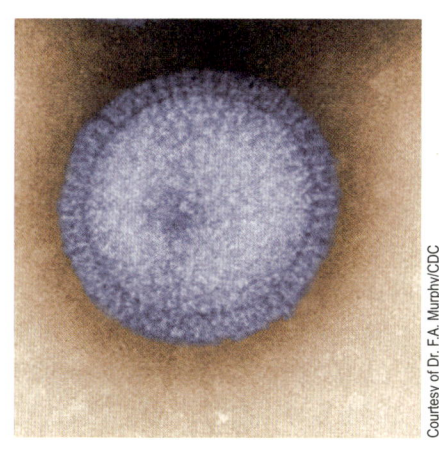

(a)

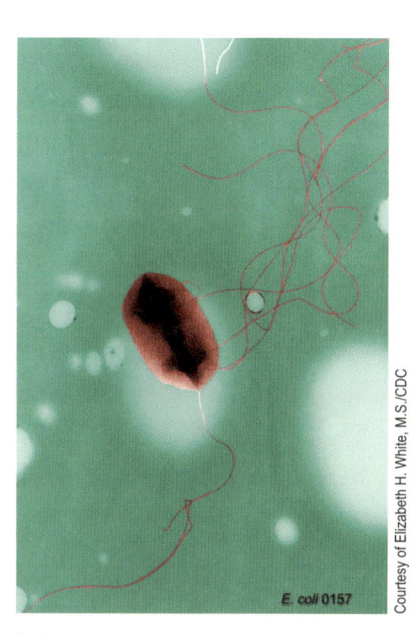

(b)

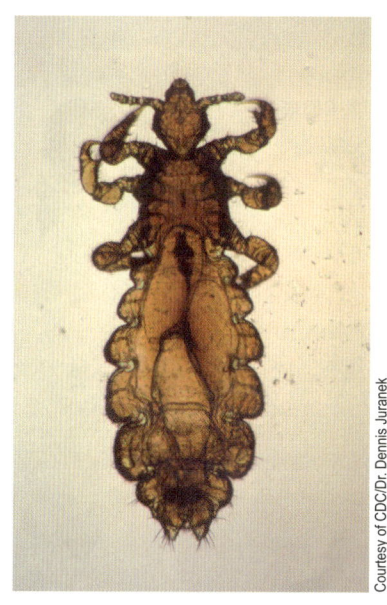

(c)

图 12.2　感染性微生物
电子显微照片：(a) 导致流感的某种流感病毒；(b) 导致食物中毒的沙门氏菌；(c) 头虱。流感病毒和沙门氏菌都很容易在人与人之间传播，并引起广泛流行。

的特殊细菌引起的，传染性单核细胞增多症是由感染爱泼斯坦－巴尔病毒引起的，而贾第虫病（一种小肠感染病）则是由感染蓝氏贾第鞭毛虫这一原虫引起的。

病原体会以各种方式进入人体。如果某种病原微生物（致病微生物）能在人际之间传播，那么由此引发的这种疾病就被称为**传染病**（communicable disease）。普通感冒、麻疹、水痘、艾滋病和淋病都是传染病。

病原微生物也可以从动物尤其是从昆虫身上转移到人身上。在这些情形下，特定动物或昆虫被认为是该致病微生物的**病媒生物**（vector）或携带者。例如，**疟疾**（malaria）通常是由感染一种叫作恶性疟原虫的微小原虫引起的。当一个疟疾患者被蚊子叮咬时，血液（含疟原虫）会被蚊子吸入，该蚊子通过叮咬另一个人的方式将疟原虫注入其体内。因此，蚊子是疟疾的病媒生物。（只有少数几种蚊子携带疟原虫。）

狂犬病是一种神经系统疾病，由受感染的狗、猫、蝙蝠、臭鼬和其他动物体内的狂犬病病毒所引起。被感染的动物是狂犬病的病媒生物，病毒通过患狂犬病动物的唾液传播给人类。

一个人是否患上感染病取决于多种因素，包括其免疫系统的能力、营养状况、压力、患有其他疾病以及环境条件（**图 12.3**）。例如，许多人都暴露在

安全去除头虱

大自然不断地进化出对其环境中的有毒化学物质具有抵抗力的新物种。例如，杀虫剂滴滴涕曾在数十年间适度地控制了携带导致人类疟疾微生物的蚊子数量。但经过多年的接触，许多蚊子种群对滴滴涕产生了抗药性，尤其是在蚊子泛滥的热带地区，疟疾因此仍然是一个严重问题。

头虱也不例外。它们现在已经进化到无法再用以前有效的治疗方法加以控制。小小的头虱（人类头虱）虽不会导致严重的疾病，但却带有相当大的社会污名，会对社交造成巨大破坏，而且使人失去工作和耽误学习时间，从而给社会造成损失。有头虱的儿童在与其他儿童密切接触的玩耍中，会很快把头虱传染给他人。一个家庭中的所有成员都有可能被感染。有时学校必须停课以阻止这种流行病。

幸运的是，现在已有高效治疗头虱感染的方法。患者只需涂抹伊维菌素乳液 10 分钟，就能杀死头虱并防止传染他人。这一新的治疗方法比旧方法更有效，对父母来说也更简单易行。一旦发现自己或他人头上有虱子，请立即使用这种乳液。

可导致肺炎的细菌中。然而，肺炎通常发生在免疫系统较弱的老年人，或因多种原因而易受感染的年轻人身上。由于遗传基因的不同，有些人比其他人更能抵御病原微生物。

结核病不仅仅是由结核分枝杆菌感染所引起的。19 世纪著名的微生物学家罗伯特·科赫（Robert Koch）将结核病称为"贫穷病"，因为它与环境脏乱、过度拥挤、营养不良和公共卫生条件差有关。现如今，许多人的肺部有小的结核性病变，但他们并没有任何疾病症状，因为他们享有良好的营养和生活条件，整体健康状况也良好。然而，在一些城镇地区，人们仍处于脏乱和贫困中，而结核病又重新成为问题。

在全球许多地区，仍有数百万人死于感染病（**表 12.3**）。各种各样的蠕虫（蛔虫、蛲虫、钩虫和绦虫）感染了全世界超过 15 亿人。另外还有 2 亿人因为经水传播的血吸虫病而虚弱不堪。疟疾寄生虫每年仍感染超过 2 亿人，在全球每年造成 50 多万人死亡。在亚洲、非洲和拉丁美洲约有 17 亿儿童感染了

内部因素
- 年龄
- 性别
- 免疫能力
- 既往感染史
- 激素水平
- 患有其他疾病
- 营养状况
- 情绪压力水平
- 遗传

外部因素
- 社区感染状况
- 季节
- 个人与公共卫生
- 药物
- 环境污染或毒素

图 12.3 影响罹患感染病风险的因素
多种内部和外部的因素决定个体是否会因为病毒、细菌或其他病原体的侵入而患病。

预防在旅行时生病

美国疾病控制与预防中心（CDC）会为前往其他国家的旅行者提供世界各地疾病暴发情况和健康风险方面的最新信息。疾病控制与预防中心的警报系统包括四类警告。

风险最低的一类被称为"最新动态"。它仅仅叙述具有新闻价值的疫情发生或健康风险信息，但对采取标准预防措施（如饮用瓶装水和不吃受污染的新鲜果蔬）的旅客而言，几乎不存在健康风险。

下一类是"疫情公告"，这一类信息同样不限制旅行，但会向旅行者通报局部地区的疫情发生情况，并建议旅行者确保他们近期接种了疫苗。

第三类是"旅行健康防范"。这一类信息仍不限制旅行，但它通常会建议旅行者避开特定地区或采取额外的健康防范措施。在一个较广的地理区域内暴发的感染病通常会触发这一类信息提示。

风险最高的信息类别被称为"旅行健康警告"，这一信息建议旅行者除非绝对必要，否则不要前往该地区。度假者应该取消他们的计划。

由病原微生物导致的严重腹泻，这些地区每年有 50 万儿童死于腹泻。许多国家缺乏资源去保证安全供水、公共卫生、安全处理废弃垃圾和充足的医疗保健，这些因素可以控制大多数感染病的蔓延。

对抗感染病

感染病的防治有四种方式：（1）保障公共卫生；（2）使用抗生素和其他药物治疗；（3）疫苗接种；（4）健康的生活方式。要阻止病原微生物的传播，既要

表 12.3	全球每年因感染病导致的死亡人数估计
急性呼吸道感染	320 万例
腹泻病	140 万例
结核病	140 万例
艾滋病病毒 / 艾滋病	110 万例
疟疾	43.9 万例
脑膜炎	31.5 万例
肝炎（甲、乙、丙、丁型）	14.5 万例
百日咳	27.3 万例
利什曼病	14 万例

数据来源：World Health Organization. (2016). Disease burden and mortality estimates.

在感染者身上清除它们，同时也要在环境中加以消灭。因此，减少感染病所带来的负担既是个人的责任，也是社区的责任。个人需要践行良好的卫生习惯，杜绝不安全的性行为，并确保接种最具时效性的疫苗，尤其是面向儿童的接种更应如此。社区有责任确保饮用水安全，食品供应不受污染，垃圾和废弃物不会污染环境，并且人们会得到关于如何避免性传播疾病的教育和咨询。

19 世纪晚期，法国科学家路易·巴斯德（Louis Pasteur）的研究首次开创了对感染病病因的科学理解，他证明微生物可以引起感染和疾病，从而建立了疾病的微生物理论学说。巴斯德发现，可以通过加热或使用抗菌剂来使这些微生物无害化。同许多彻底革新的科学思想一样，巴斯德的理论最初被无

视了。但现如今，巴氏杀菌法，即加热生鲜食物（如牛奶和其他乳制品）使其可安全食用的过程，已经成为一种常规操作。

尽管彼时英国著名的外科医生约瑟夫·李斯特（Joseph Lister）（抗菌漱口水李施德林就是以他的名字命名的）在他的医院里成功贯彻执行了巴斯德的理念，但在美国，采用抗菌（无菌）技术来减少手术后感染和死亡人数的做法推行得颇为缓慢。在医院引进抗菌技术之前，后续的感染常常引起医院里外科手术或分娩生产后的死亡。

公共卫生设施、无菌技术和公共卫生计划直到20世纪初才在美国被有效贯彻实施。自此之后，许多感染病（如结核病、鼠疫、肺炎和白喉等）的发病率才开始急剧下降。许多医学历史学家认为，公共卫生设施是有史以来最重要的医学进步，因为它对预防数百万由受污染的水和食物引起的感染病病例的发生贡献巨大。

在美国，现如今数十种非处方洗涤产品，包括液体、泡沫和凝胶洗手液，条状肥皂以及沐浴露，均含有抗菌成分。根据美国食品药品监督管理局（FDA，2016）的说法，目前还没有确凿的科学证据表明使用这些产品比用普通肥皂和水进行清洗更能预防疾病。此外，这些产品的广泛使用带来了一个问题：产品所含的抗菌化学成分对人类健康有潜在的负面影响。这也是为什么19种此类化学成分，包括广泛使用的三氯生和三氯卡班，在美国被禁止添加在非处方肥皂中。同时，这些抗菌成分的广泛使用增加了微生物对包括抗生素在内的抗菌化学物质产生耐药性的风险。美国食品药品监督管理局建议，关于洗手的最佳做法是每次用普通肥皂和清水洗手大约20秒。

了解抗生素

20世纪40年代末，人们发现了另一种非常有效的、用来对抗由细菌引起的感染病的工具。抗生素**青霉素**（penicillin）——由一种霉菌产生——能够治愈多种细菌性感染。今天，有数以百计的抗生素药物可用来治疗由细菌引起的感染病，同时也有许多其他的药物可用于治疗由病毒、原虫、蠕虫和其他微生物引起的疾病。这些药物要么消灭微生物，要么控制微生物的数量，从而大大降低了感染和患病的风险。

抗生素阻断了感染人体的微生物所必需的生化反应，从而阻止了它们的生长。最有用的抗生素会选择性地干扰细菌的生长而不影响人体细胞的功能。抗生素会同时杀死体内的有害细菌和有益细菌；然而，一旦有害的细菌被清除，有益的细菌就会重新在它们正常分布的区域迅速繁殖。

抗生素不能阻止病毒的增殖，因为病毒并非活细胞。病毒通过感染人体细胞并劫持其功能的方式，来实现自身的生长和增殖。找到一种既能专杀病毒又不会杀死人体细胞的药物是非常困难的，但现在已有许多抗病毒药物可供使用。

抗生素耐药性

当抗生素最开始被发现时，它们被视作"灵丹妙药"，因为它们能够治愈一些最致命的细菌性感染病（如鼠疫、结核病、肺炎、梅毒），以及许多不太严重的疾病。的确，在过去的70年里，抗生素一直是非常有用的药物，但我们正在见证它们的普遍有效性在下降。其中一个主要原因是，许多致病菌获得了新的基因，这使它们对一种或几种最有效的抗生素产生了耐药性。

在青霉素问世的几年内，耐青霉素的细菌开始在细菌性感染患者中出现。细菌还迅速对其他抗生素产生了耐药性，如四环素、红霉素和氯霉素。抗生素耐药性可以在自然条件下通过一小段携带耐抗生素基因的**脱氧核糖核酸**（deoxyribonucleic acid, DNA）在细菌之间的转移而获得传播。一种无害的细菌可以将耐抗生素基因转移到许多包括致病菌在内的其他细菌体内。通过这种方式，那些导致淋病、肺炎、结核病和葡萄球菌感染的细菌对许多先前有效的抗生素产生了耐药性。

例如，结核病是由一种称为结核分枝杆菌的细菌引起的肺部感染。它是全球10大致死原因之一。有许多不同的结核分枝杆菌菌株会引起结核病，其中一株会引起广泛耐药结核病。根据世界卫生组织的数据，在2017年有117个国家在患者体内检测到了这种致命的细菌菌株。广泛耐药结核病对一般用于治疗普通结核病感染的所有抗生素都具有耐药性。目前对广泛耐药结核病患者的唯一治疗方法是使用几种高毒性药物进行为期2年的治疗，但50%至80%的患者会由于这种治疗而死亡。而那些存活下来的人往往会遭受永久性的神经损伤和由药物引起的其他严重症状的折磨。尤其令人担忧的是，广泛耐药结核病感染是通过密切的人际接触传播的，因此患者的所有家庭成员都可能被感染。抗生素利福平和异烟肼在治疗结核病方面曾经非常有效，但现在这些药物有时会无效，因为结核病细菌已经具有了多种抗生素耐药性。除了结核病，许多性传播疾病，如衣原体感染和淋病，现在都对大多数以前有效的抗生素具有了耐药性。

抗生素甲氧西林多年来一直被用作治疗由金黄色葡萄球菌引起的皮肤和软组织感染的有效药物。这种细菌在过去的时间里不断发生突变，直至出现了一种非常致命的菌株——耐甲氧西林金黄色葡萄球菌。这种致命的葡萄球菌感染经常发生在医院的患者身上。2016年，为纽约巨人队效力10年的资深近端锋丹尼尔·费尔斯（Daniel Fells），由于足部感染耐甲氧西林金黄色葡萄球菌而不得不结束橄榄球生涯。他的感染被认为是源于使用了被耐甲氧西林金黄色葡萄球菌污染的医疗设备治疗脚踝受伤。费尔斯接受了10次手术来挽救他的脚和生命。

抗生素耐药性是由以下两个领域的实践操作引起的：农业领域和医疗保健领域。在农业领域，全美所有抗生素化学产品消耗量中约有一半（每年数千吨）被常规地投喂给农场动物，以预防它们受到感染，因为感染会让动物生病，进而体重减轻，导致适销性下降。一些本应被抗生素消灭的细菌具有耐药性，一段时间后，细菌的耐药性会在动物之间传递，甚至可以通过动物粪便将耐药性传递给土壤中的细菌。如果动物的肉或在动物生产设施中使用的水被耐药性细菌污染，耐药性就可能传递给那些感染人类的细菌。

在医疗保健领域，由于医护专业人员广泛使用抗生素，医院——特别是重症监护病房——可能会因医护人员不经意的传播而滋生出耐抗生素的细菌。在社区医生开具的处方中，估计有超过一半的抗生素处方是非必要的，因为这些处方通常是针对普通感冒和流感患者开具的。普通感冒和流感是由病毒引起的，它们不能被抗生素杀死。那么，为什么医生们要在抗生素无效时仍开具处方呢？一个原因是医生做出了错误的诊断或治疗。另一个原因是，患者或是患病儿童的父母要求开具抗生素来治疗一些症状，而医生遵循了他们的要求。无论何种原因，这些抗生素都以非必要的方式进入了环境并导致了抗生素耐药性问题。

几十年来，世界各地的科学家们一直在警告抗生素耐药性增加的问题。自从第一种抗生素青霉素在20世纪40年代问世以来，这些"灵丹妙药"就在许多行业里被滥用了。牛肉、家禽和猪肉行业每年向动物投喂数千吨抗生素，以促进其生长并预防感染。抗生素被添加进肥皂、除臭剂、湿纸巾、喷雾剂等几乎任何用来抵御"细菌"的产品中。人类在环境中遇到的大多数细菌都对健康只有很少影响或没有危害。事实上，皮肤上和消化系统中的大多数细菌都是有益的，并在诸多方面保护着人们。越来越多的国家禁止非必要和随意使用抗生素，并坚决要求让这些必不可少的药物只能用于治疗严重的人类疾病（Margalida et al., 2014）。

在美国，一场关于废止在动物饲料中使用抗生素的斗争已经进行了几十年。2003年，世界卫生组织发布的一份报告称，抗生素的使用正在危害人类健康，且对家畜、家禽几乎没有任何好处。欧盟已经命令成员国彻底停止在猪和家禽饲料中使用抗生素。就连每年购买超过50万吨牛肉的麦当劳也承诺只采购不含抗生素的牛肉。2014年，美国食品药品监督管理局实施了一项自愿计划，鼓励业界逐步停止使用某些抗生素来促进食品生产。这项计划能否真的减少畜牧生产中抗生素的使用还有待观察。许多人认为，在动物饲料中不彻底禁用抗生素，是商业利益凌驾于科学意见和人类健康之上的一个典型例子。

20世纪90年代，美国食品药品监督管理局批准了两种可常规添加到家禽饲料中的药物：拜有利和沙拉沙星。这两种药物属于一类非常有效的抗生素，称作氟喹诺酮类；这类抗生素被用来杀死引起炭疽和食源性感染的细菌。科学家和美国医学会警告说，在动物饲料中使用该类抗生素会导致耐药菌株的出现。经过数年的使用，警告的情况确实发生了，于是美国食品药品监督管理局试图禁止在家畜、家禽饲养中使用这些抗生素。随后，制药公司和美国食品药品监督管理局之间展开了激烈的拉扯，经过数年时间这两种抗生素才从市场中退出。但为时已晚，抗生素耐药性已经产生。氟喹诺酮类药物治疗葡萄球菌感染的效果已经大大降低。

2007年，美国食品药品监督管理局再次屈从于制药公司的压力，批准了一种强力抗生素头孢喹肟用于动物饲料。美国医学会和许多其他卫生组织再次警告说，在动物饲料中添加这种药物将在几年内导致致病菌产生耐药性，进而使这类强效药物的疗效大大削弱。尽管有数不胜数的证据表明滥用抗生素会对动物和人类的健康造成危害，但美国政府仍然没有像其他大多数国家那样限制抗生素的非必要使用（Woolhouse & Ward, 2013）。在美国，制药公司每年出售数千吨抗生素用于人类和畜禽。过去几十年里，美国食品药品监督管理局一次又一次地屈从于行业压力，未能履行其保护美国人健康的首要职责。

人体如何保护自己

将病原微生物隔绝于体外是避免其引起感染病的最佳办法。人体皮肤和黏膜以物理屏障的方式，起到了阻止大多数微生物进入人体的作用。这也是为什么由锐器引起的创伤通常会使身体易受感染（**图 12.4**）。皮肤是弱酸性的，尽管皮肤上覆盖着有益的细菌，但对大多数有害微生物而言这是一个不友好的生存环境。

眼睛、鼻子、喉咙和呼吸道受到黏膜的保护，黏膜会不断产生分泌物，冲刷掉有害的微生物和微粒。黏膜也会分泌能破坏有毒物质的酶。口腔、消化系统和排泄器官也受到保护体内器官的黏膜的保护。

泪液使眼睛表面保持湿润，有助于洗去外来颗粒。耳朵分泌的耵聍保护着精巧的听觉器官。呼吸道的黏膜层具有黏性，用以捕捉空气中的刺激性颗粒和微生物；而吸附颗粒的黏液从支气管的排出，则依靠被称为**纤毛**（cilia）的微小绒毛结构。咳嗽和吐痰是清除呼吸道异物的机制。打喷嚏和擤鼻涕可以清除吸入的刺激性微粒。

在皮肤上出现任何创口时，血液中的细胞和酶都会快速聚合形成血凝块封闭创口，从而防止有害物质和致病微生物的侵入。如果一些细菌在创口封闭前侵入，那么其他作为免疫系统一部分的特殊细胞就会攻击并消灭这些入侵者。

如果微生物或外来颗粒穿透皮肤进入血液，它们很快就会遇到一种称为**白细胞**（leukocytes）的特殊细胞——这种无色的血细胞可以与输送氧气的红细胞区分开来。血液中一般每 700 个细胞中只有 1 个白细胞，但如果发生急性感染，白细胞的数量就会急剧增加。这也是为什么当怀疑患者存在感染时，要去检测血液中白细胞的数量。

一种功能特化的白细胞，称作**巨噬细胞**（macrophages），会聚集在特定的器官中，并在人体内部的防御机制中发挥着至关重要的作用。巨噬细胞能够吞噬和消化入侵人体的外来细胞和颗粒。不同器官内功能特化的巨噬细胞保护肺、胃和其他器官免受外来物质的危害。

常见感染病

感染病根据其病因和后果的不同，不仅会引发特殊的公共卫生问题，还会引起许多人的个人担忧。为了更好地理解如何应对感染病，我们将审视普通感冒和流感、莱姆病、单核细胞增多症、消化性溃疡和肝炎。艾滋病病毒/艾滋病将在本章后面进行讨论。

普通感冒

大多数人，尤其是儿童，每年都会患几次普通感冒，还有可能会得流感。这两种疾病都是由感染呼吸道细胞的病毒所引起的。多达 80% 的普通感冒是由人类鼻病毒（human rhinovirus, HRV）引起的，但许多其他病毒也会感染呼吸道并引起普通感冒。由于人类鼻病毒具有非常多样化的基因，因此几乎不可能研发出有效的疫苗。这也许令人难以置信，但美国人的一生中平均约有 5 年的时间遭受普通感

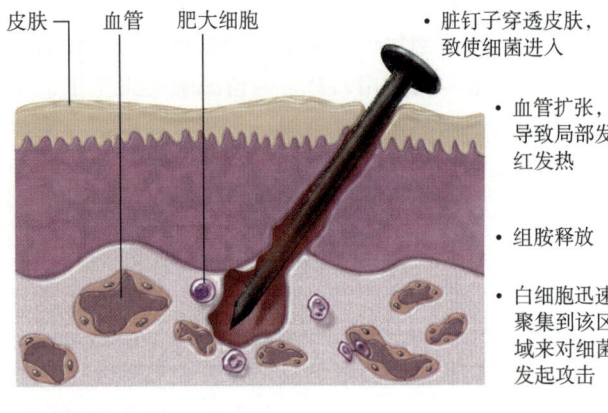

图 12.4 炎症反应
任何未消毒的尖锐物体穿透皮肤通常都会引起炎症反应，这是身体对损伤或感染的正常反应。

冒的困扰。一种病毒引起的普通感冒并不能使一个人免受另一种病毒株引起的普通感冒的影响，这就解释了为什么普通感冒可以紧接着上一次发生，或者一年中发生很多次。

尽管普通感冒的症状可能让人很不舒服，但普通感冒通常不会导致长期的疾病或死亡。每年，美国人花费数十亿美元购买药物来减轻普通感冒症状，如喉咙痛、咳嗽、鼻塞、流鼻涕和疼痛。内科医生们开玩笑说，如果采用休息和药物治疗的方式，普通感冒在一周左右就会痊愈，而如果不采取任何措施，普通感冒也会在7天左右消失。免疫系统需要大约一周的时间来产生特定的蛋白质（抗体）来灭活病毒并让组织得以修复。

尽管人们在科研上投入了大量的努力来寻找一种可以降低患普通感冒风险的药物，但高科技的现代医学还是无法提供任何可以预防普通感冒的药物。虽然许多关于普通感冒研究的"重大发现"都得到了大张旗鼓的宣传，但它们没有一个是有用的。

美国每年的普通感冒病例约达5亿人次。任何患普通感冒的人都会陷入两难境地。因病居家可能意味着失去收入，还可能造成工作严重停摆。例如，如果一名患普通感冒的医生不去出诊上班，那么他名下的所有预约都必须取消或转到其他可能已经预约满员的医生那里。如果一个人在感到不适、打喷嚏和咳嗽的情况下仍然决定去上班，那么其他员工很可能也会被感染并面临同样的问题：是待在家里还是出门去上班？无论如何，每个生病的人都必须判断自身状况的严重程度。带病上班并可能感染他人是否值得？真的病得不能去上班了吗？这从来不是个容易的选择。

流行性感冒

流行性感冒（简称流感）的病原体与引起普通感冒的病毒不是同一种。流感是一种严重得多的疾病。流感的症状包括身体疼痛、高烧、食欲不振和其他并发症。流感病毒通过感染呼吸系统削弱人体功能，可能会使人感染肺炎（一种由细菌/病毒感染引起的呼吸系统疾病）甚至死亡。

流感病毒有许多不同的毒株，而且新毒株在不断出现。由于流感会使人极度虚弱且病情严重，所以针对每年预测可能出现的毒株种类，科学家都会制备对应的疫苗。但问题是，科学家必须去猜测哪种流感毒株会导致下一次疫情，因为制备和配发疫苗需要大约一年的时间。

在某些年份，流感疫苗相当有效，但在另一些年份，它却毫无效果。患有哮喘等呼吸系统疾病的人、有免疫系统缺陷的人以及老年人均是最易感染肺炎的人群，因此建议这些群体每年都要接种流感疫苗帮助其预防感染。

鼻塞吗

当你因普通感冒或过敏而鼻塞时，与其服用减充血药或使用鼻喷剂，不如试着用淡盐水来舒缓充血肿胀的鼻腔。研究表明，这种被称为鼻窦冲洗的方法确实有效（Harvey et al., 2007）。盐水能冲洗掉鼻腔内的黏液、细菌、过敏原和其他杂物，收缩肿胀的鼻腔黏膜，改善通气情况。虽然你可以买到现成的鼻腔冲洗液，但也可以用下述方法轻松自制。

1. 用1升容量的干净玻璃罐装满瓶装纯净水。
2. 加入10~15克腌制盐等粗盐。不要使用精制食盐，因为它含有大量的添加剂。如果你喜欢更淡的溶液，可将盐量减半（这对孩子来说是最好的）。
3. 加入5克小苏打（碳酸氢钠）。
4. 混合均匀，室温保存。每周都要调配新溶液。
5. 将计划使用的溶液量倒入干净的碗中，避免后续操作污染整个罐子里的溶液。可以在微波炉里对溶液稍许加热，但要确保溶液只是温的，而不是烫的。
6. 用盐溶液灌满橡胶洗耳球或冲牙器。站在水槽前（或淋浴时），将液体喷进每个鼻孔中，让溶液朝着后脑勺的方向冲洗，而不是朝着头顶方向冲洗。这样做可以使溶液从鼻腔流入口腔，顺势把盐水吐出来。在此过程中咽下一些溶液也无关紧要。
7. 你可以一天洗两到三次鼻子。几天后，你的鼻塞情况应该会消失，呼吸也会更通畅。
8. 在使用这种鼻腔冲洗操作之前，请咨询健康专家，以确保这对你的症状来说是安全的。

永远不患普通感冒或流感大概是不可能的。然而，某些预防措施可以帮助我们降低患病风险。在普通感冒和流感高发的季节，尽量远离人员密集场所。这些病毒很容易通过咳嗽或打喷嚏者的飞沫传播。在教室、剧院、公交车、地铁或任何人口密集的地方都会增加感染的风险。这些病毒也很容易通过肢体接触传播，例如与刚擦过鼻子或嘴的普通感冒患者握手而接触病毒。所以在普通感冒和流感高发季节勤洗手是个预防感染的好办法。

流感病毒的结构 通过 8 条携带遗传信息的独立片段［核糖核酸（RNA）单链］的重新组合，可以构建出数百种不同的流感病毒株（图 12.5）。病毒表面的两种蛋白质决定了它能附着入侵哪些宿主细胞，以及它对特定宿主的致命性。血凝素（H）蛋白会与宿主细胞上的特定受体结合。通常来讲，特定的 H 蛋白将限制病毒只能感染一种或几种宿主。例如，禽流感病毒能轻易附着在鸟类宿主细胞的受体上，但通常无法有效地附着在人类细胞上。神经氨酸酶（N）蛋白帮助病毒从已受感染的宿主细胞中释放出来，进而感染其他宿主细胞。有 15 种不同亚型的 H 蛋白和 9 种不同亚型的 N 蛋白；这两种蛋白的组合方式构成了某种特定的流感病毒株。例如，在 2017~2018 年的流感季节，人们针对 H1N1 型和 H3N2 型流感病毒株制备了疫苗。

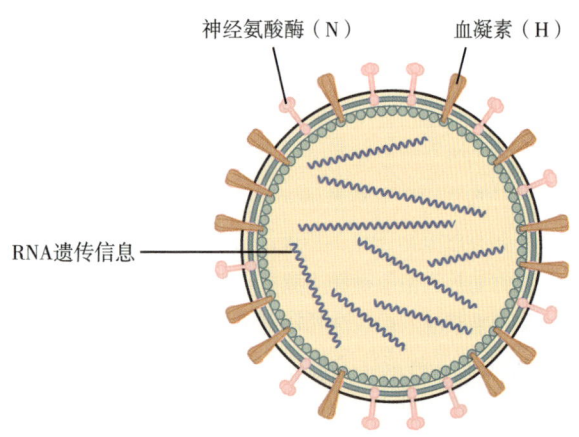

图 12.5 流感病毒示意图
病毒的遗传信息包含在 8 条核糖核酸（RNA）片段中。这些 RNA 片段可以重组和突变，从而产生许多不同的病毒株。每种病毒表面的两种蛋白质决定了它能感染哪种动物宿主。血凝素（H）蛋白能够识别特定的宿主细胞受体，并使病毒感染这些宿主细胞。神经氨酸酶（N）蛋白有助于新病毒从受感染的宿主细胞中释放出来。

界定流感大流行 世界卫生组织将流感大流行分为六个阶段；在最后一个阶段，病毒已传播到世界上至少两个不同地区的许多国家。20 世纪有三次主要的流感大流行：一次是在 1918 年，较小的两次是在 1957 年和 1968 年。1918 年的流感大流行是有记录以来最严重的一次——大约在不到 2 年的时间里估计就有多达 4 000 万人死亡。流感死亡人数超过了第一次世界大战或当前艾滋病病毒 / 艾滋病流行 30 年期间的所有死亡人数。

1918 年 9 月 7 日，正值第一次世界大战期间，在波士顿附近的一个训练营，一名士兵因高烧而病得很重。到了 9 月 16 日，陆军医院又收治了数十例新增的流感病例。截至 9 月 23 日，驻扎在该营地的 4.5 万名士兵中，报告的流感病例就达到了 12 604 例（Taubenberger, 2005）。到 11 月，有 1/3 的美国人被感染。这些数字显示了一种致命的流感病毒株在人群中的传播速度能有多快。

在一项非凡的科学探查工作中，通过从死于流感并埋在北极永久冻土带的人身上复原流感病毒遗传物质，导致 1918 年流感大流行的病毒株得以重建。由此发现 1918 年流行的病毒株是 H1N1 毒株。1957 年流行的病毒株是 H2N2 毒株，1968 年流行的病毒株是 H3N2 毒株。

2009 年流感大流行

2009 年 4 月，墨西哥报告了数百例流感病例。这种感染是由一种通常只感染猪的病毒株所引起的，因此最初它被称为"猪流感"。对病毒的进一步分析显示，它含有来自猪、鸟类和人类流感病毒的遗传物质。该病毒很快被确认是一种类似于 1918 年病毒的 H1N1 毒株。这一情况立即引起了人们对全球流感大流行的担忧。

在一个月内，H1N1 流感确诊病例已从墨西哥蔓延至美国 47 个州和全球近 40 个国家。幸运的是，新的 H1N1 毒株缺乏如 1918 年流感毒株一样的致命毒性。大多数 H1N1 流感病例症状相对较轻，感染者也很快就会康复。此外，新毒株对两种抗病毒药物敏感，即磷酸奥司他韦（商品名达菲）和扎那米韦（商品名瑞乐砂）。这些药物会干扰神经氨酸酶病毒蛋白，进而阻止新病毒从细胞中释放出来，从而减缓感染在体内的扩散。

禽流感

一种在东南亚、欧洲和非洲的鸟类中传播的禽流感病毒是被命名为 H5N1 的流感病毒株。在泰国、越南、新加坡和其他地方，数以百万计的本土家禽被扑杀，以阻止这种致命的禽流感病毒株的传播。然而，由于数以百万计的野生鸟类也携带该病毒，因此病毒不太可能被根除。虽然该病毒主要感染禽类并致其死亡，但仍约有 300 人感染了这种 H5N1 禽流感病毒株，而其中约有一半人因此死亡。

研究认为，几乎所有感染 H5N1 禽流感病毒株的人都是通过接触或食用携带病毒的禽类而感染的。然而，在少数情况下，病毒在人与人之间的传播可能已经发生。由于在世界范围内有大量感染病毒的禽类，所以预计这种病毒最终会突变，并能够在人与人之间高效传播。幸运的是，目前这一情况尚未发生。

莱姆病

1975 年，美国康涅狄格州莱姆镇的一些儿童被诊断出患有类似关节炎的疾病，这是**莱姆病**（Lyme disease）首次被发现。这种疾病很快被确认是一种特征显著的蜱媒病，由致病菌（伯氏疏螺旋体）通过蜱虫叮咬传播而引起；随之这种病以它最初被发现的地方被命名为莱姆病。在美国，1982 年是该病开始疫情监测的第一年，总共报告了 491 例病例。这个数字在 2001 年激增到了 17 029 例。美国疾病控制与预防中心估计，自 2007 年以来，美国每年发生 2.8 万例莱姆病。在美国，至少 96% 的莱姆病病例发生在 14 个州：康涅狄格州、特拉华州、缅因州、马里兰州、马萨诸塞州、明尼苏达州、新罕布什尔州、新泽西州、纽约州、宾夕法尼亚州、罗得岛州、佛蒙特州、弗吉尼亚州和威斯康星州。

在天气温暖的月份里，树林是最容易感染莱姆病的地方，那时蜱虫数量众多，并在鹿和小型哺乳动物上寄生，当寄生在家养宠物身上时就可以随之进入人们的居住场所。几种蜱虫（主要是肩突硬蜱）携带细菌伯氏疏螺旋体。当蜱虫附着在皮肤上并叮咬时，细菌就会被注入血液中。

莱姆病如果未经确诊和治疗，患者将经历以下三个阶段。

第一阶段：这一阶段在蜱虫叮咬后几天开始，将持续约一个月。蜱虫叮咬处会出现红疹，红疹逐渐向叮咬处外的皮肤扩散。患者可能不知道皮疹是由蜱虫叮咬引起的，但对一个有经验的医生来说，皮疹是特征非常显著的症状。患者也可能同时感到疲劳、头痛，并感受到一定程度的关节痛。

第二阶段：如果不加以治疗，在一到两个月后约有 15% 被叮咬的人会出现严重的神经系统症状，如脑膜炎和脑炎。少数人会出现心脏问题，大多数人会感受到关节、肌肉、肌腱和骨头的疼痛。

第三阶段：被蜱虫叮咬后的几周至 2 年内，大约 60% 的人会患上关节炎，其特征是关节疼痛和肿胀，尤其是膝关节部位。

由于莱姆病的症状与许多其他疾病相似，所以它很难被明确诊断，特别是当患者没有报告自己有被蜱虫叮咬的既往史时。抽血化验有助于诊断，但并非完全可靠。莱姆病在各个阶段都需要用抗生素治疗，在出现特征性皮疹后立即治疗最有效。

虽然一些实验室正在努力研发疫苗，但目前还没有疫苗能用来预防莱姆病。

为了避免患上莱姆病，在蜱虫出没的地方，用衣物完全遮盖身体是很重要的，尤其是在户外徒步的时候。应将裤子完全收拢进靴子里。仅靠穿衣得当就可以将因蜱虫叮咬而感染莱姆病的风险至少降低 40%（Vazquez et al., 2008）。建议穿浅色衣服，这样蜱虫就更容易被发现。如果宠物和你一起户外徒步的话，在结束时要仔细检查它们身上有无蜱虫。叮入皮肤的蜱虫可以用镊子小心地拔掉，要确保把蜱虫的头部拔出。

即使经过数轮抗生素治疗，多达 20% 的莱姆病患者仍会持续多年出现疼痛、疲劳和其他症状。人们认为，抗生素和免疫系统都不能完全清除所有的莱姆病细菌。其中一小部分细菌（称为持留菌）处于休眠状态，无法被消灭。最终，当抗生素从体内代谢完毕后，这种细菌就会重新活动、生长，并再次引发疾病症状。更新的治疗方法采用抗生素脉冲式给药方式，以期消灭持留菌。

当小鼠是致病菌的宿主时，新的基因工程技术为从环境中消除莱姆病带来了希望（Specter, 2017）。在实验室中，生成莱姆病细菌抗体的基因被移植到未受感染的小鼠体内。当这些小鼠繁殖时，莱姆病抗体基因会遗传给子代小鼠，并在子代小鼠体内可以消灭任何通过蜱虫叮咬输入的莱姆病细菌。将携带抗体的小鼠释放到自然环境中，在那里它们可以与野生小鼠交配，最终将产生一个对莱姆病免疫的小鼠群体，这使细菌无法寄生从而消灭细菌。

单核细胞增多症

单核细胞增多症（mononucleosis）是一种由 EB 病毒（爱泼斯坦-巴尔病毒）引起的感染病，该病毒在所有人群中普遍存在。它很容易在人与人之间传播，尤其是在人口密集的环境中。它有时被称为"接吻病"，因为这种病毒存在于唾液中，很容易通过口对口接触传播。在美国，大约有一半的儿童在 5 岁时就感染了 EB 病毒，但在大多数儿童中，由于没有症状，感染并未被察觉。一旦某人感染了 EB 病毒，通常会终身携带该病毒，同时没有任何疾病的症状和体征。EB 病毒和其他一些病毒可以在人体内永久存在（**表 12.4**）。

如果一个青少年或年轻人感染了 EB 病毒，他们会表现出症状，但这些症状通常在几周内就会消失，不会有进一步的病症。单核细胞增多症的症状包括淋巴结肿大、喉咙痛、发烧、发冷，尤其表现出精力完全耗尽和活力全部丧失。大约一半的感染者会出现脾脏肿大的情况，还有一小部分人会出现黄疸（皮肤和眼睛发黄）。幸运的是，在健康的年轻人身上，这些症状将在 2 到 4 周内消退。

目前还没有针对单核细胞增多症的特定治疗方法，但有一些措施可以促进康复。最主要的方法就是尽可能多地休息。在发病后的前 2 周，你可能很难下床走动。然而，当你开始感到体力恢复时，继续休息仍然很重要。过早尝试恢复日常活动可能会导致病情复发并延长病程。液体摄入也很重要，尽可能多喝水、果汁、汤或茶。一些人发现，服用能增强免疫系统的草药（紫锥菊和黄芪）可以加速恢复。

在确诊为单核细胞增多症后的一个月或更长时间内要避免剧烈活动，尤其是不要接触竞技性体育运动项目，主要是为了保护脾脏。如果患者脾脏肿大，那么一次受伤可能会使脾脏破裂，进而造成严重的医疗问题，甚至可能需要动手术来切除脾脏。由于单核细胞增多症会影响那些可能参加竞技运动的年轻人，所以对他们来说，重要的是要明白为什么即使他们不再感到难受，也必须继续保持相对不活动的状态。另外，由于 EB 病毒感染会影响肝脏，所以不要饮酒或服用其他可能进一步损害肝脏的药物也很重要。

EB 病毒的潜伏期相当长。儿童可能在感染后 1 至 2 周内出现症状；然而，成人可能在感染后 1 到 2 个月内都不会出现症状。因此，一般很难知道你通过接触谁而感染了病毒。一旦你知道自己得了单核细胞增多症，那么很重要的一点是，不去把它传播给家人和朋友。请不要亲吻任何人，并且避免分享

> 人生有两种失望的方式。一个是得不到你想要的，另一个是得到你想要的。
> ——乔治·萧伯纳

病毒	症状	传播方式	留存于
单纯疱疹病毒 1 型	唇部和口腔内有口唇疱疹	直接接触；当存在皮损时，传染性最强	神经细胞
单纯疱疹病毒 2 型	生殖器上有疼痛性水疱	直接接触；口交会将 1 型或 2 型病毒传播至口腔或生殖器区域	神经细胞
巨细胞病毒	大多数儿童和成人无症状；巨细胞病毒会导致死胎及婴儿先天性智力障碍	体液：血液、尿液、唾液	白细胞
水痘-带状疱疹病毒	儿童水痘；成人带状疱疹	人际传播	神经细胞
EB 病毒	单核细胞增多症	唾液（亲吻）	淋巴结
人类免疫缺陷病毒（HIV）	无艾滋病症状到出现全部艾滋病症状	性行为（同性或异性），输血，吸毒者使用被污染的针头，生产前后的母婴传播	免疫系统中的 T 细胞，其他体细胞

表 12.4　感染后会终身存在于体内的病毒

饮料或食物。当别人在你身边时，尽量不要打喷嚏或咳嗽，并在咳嗽或打喷嚏时拿纸巾捂住嘴和鼻子。即使在单核细胞增多症的所有症状消失后，活跃的病毒成分仍会在唾液中存留数月——在一些研究中显示长达 6 个月之久——因此你仍然需要保持谨慎，以免将 EB 病毒传染给亲密伙伴和爱人。

消化性溃疡

在 20 世纪的大部分时间里，人们认为**胃溃疡**（gastric ulcers）（胃黏膜上的疮口或缺损）或发生在小肠第一段的十二指肠溃疡是由压力、焦虑、吸烟和饮酒引起的。然而，1983 年，澳大利亚的两位医学研究者宣称大多数胃溃疡是由易感人群的胃黏膜受到细菌感染导致的，这在医学界引起了轰动。很多年里该观点都备受质疑，但现在已明确证实，多达 90% 的消化性溃疡是由特定的胃部细菌（幽门螺杆菌）引起的。如果胃里没有这些细菌，消化性溃疡几乎不会发生。

大约 50% 的美国人感染了幽门螺杆菌，而在一些发展中国家，估计感染的发生率为 70% 或更高。大多数人在孩童时期就已经感染，且在感染时没有表现任何症状。然而，一些携带该细菌的人日后会患上消化性溃疡。人们在任何年龄都可能会患上消化性溃疡，男性和女性的患病率相同。除了引起消化性溃疡外，感染幽门螺杆菌还与胃癌的患病风险增高有关。1%~3% 的感染者最终会罹患胃癌。这个比例是未感染者的 6 倍。

最常见的消化性溃疡症状是在位于胸骨下和肚脐之间的上腹部出现绞痛或灼烧样疼痛。胃溃疡疼痛多发生于饭后半小时左右，疼痛时间持续约 1~2 小时；十二指肠溃疡疼痛多发生在空腹时期，进食后疼痛可得到缓解。这两类疼痛都可以通过服用抗酸剂来缓解。其他症状包括恶心、呕吐或食欲减退。有时消化性溃疡会出血。如果出血持续很长时间，可能会导致贫血、虚弱和疲劳。

内科医生可以通过以下检测来判定消化性溃疡是否由幽门螺杆菌感染所致：

- 血液：血液检测可以确认你是否感染了幽门螺杆菌。
- 呼气：呼气试验可以判定你是否感染了幽门螺杆菌。在该试验中，你会饮用一种无害的液体，在不到 1 个小时的时间内，你的呼气样本就可以被用来检测幽门螺杆菌。
- 内窥镜检查：你的医疗保健提供者可能会决定实施内窥镜检查。这是一种用一根装有摄像头的小管子通过口腔插入胃中寻找溃疡的检测方法。在内窥镜检查过程中，可以通过活检获得胃黏膜的少量样本，进而检测幽门螺杆菌。

抗生素可以治疗消化性溃疡；治疗方式是服用 1 到 2 周的抗生素和减少胃酸的药物。这种疗法在清除幽门螺杆菌方面非常有效，这意味着消化性溃疡被治愈的概率超过 90%（Garza-González et al., 2014）。

肝炎

肝炎（hepatitis）是一种严重的肝脏疾病，由过量饮酒、接触农药、服用某些药物和任何一种会感染肝细胞的病毒所引起。最常见的肝脏感染是由甲型肝炎病毒、乙型肝炎病毒和丙型肝炎病毒引起的。每种病毒的感染途径和所致肝脏疾病的严重程度都有所不同。

甲型肝炎 甲型肝炎病毒（简称甲肝病毒）每年导致约 20 万美国人罹患肝脏疾病，但只有不到 100 人会因此死亡。至少有三分之一的美国人在他们生命中的某个时期感染过甲肝病毒，大多数人只有轻微的症状并且完全康复。甲肝病毒感染的主要途径是粪口传播——人们可能会因为饮用被污染的水或者食用由感染者加工的食物而感染。在上完厕所后未洗手并在随后加工处理食物是传播甲肝病毒的主要方式。感染的症状包括黄疸、疲劳、食欲不振、腹痛和间歇性腹泻。症状通常在几周内就会消失，并且不会发展为慢性感染。对于那些对甲肝病毒有高暴露风险的人或前往世界上甲型肝炎流行地区旅行的人来说，目前有一种非常有效的疫苗可供使用。

乙型肝炎 这是一种感染乙型肝炎病毒（简称乙肝病毒）而引起的严重肝脏疾病；它可能会发展成慢性感染而持续存在，并可能最终导致肝功能衰竭、肝癌和死亡。全世界有多达 2.5 亿人被认为患有慢性乙肝病毒感染；每年约有 60 万乙肝病毒感染者死于肝功能衰竭。并非所有的乙肝病毒感染都会出现症状，但一旦出现，就会表现出黄疸、疲劳、腹痛、食欲不振、恶心和呕吐等症状。

乙肝病毒通过血液传播；感染可由输血、使用被注射吸毒者污染的针头、性交（异性恋者或同性恋者）过程中发生些许的血液交换及围产期传播（受感染孕妇将病毒传给胎儿）所引起。由于有了高效的疫苗以及针对高风险群体（如注射吸毒人群及性活跃人群）的防护项目，乙型肝炎的发病率一直在下降。现在，用于输血的血制品通常都要进行乙肝病毒检测，输血已不再是一种感染乙肝的危险途径。

所有儿童均被建议接种乙肝疫苗。此外，所有对乙肝病毒有高暴露风险的人，如医护人员、血液透析患者、性活跃个体和注射吸毒者，都应接种乙肝疫苗。

丙型肝炎　丙型肝炎，由丙型肝炎病毒（简称丙肝病毒）引起，有时被称为无声的流行病，因为直到最近人们对这种感染的了解还相对较少，相关的宣传也不多。然而，丙肝病毒感染目前是造成肝脏移植最常见的病因。据估计，在美国有 400 万人长期患有慢性丙肝病毒感染，其中许多人最终会患上严重的肝脏疾病。全球估计有 7 100 万人感染了丙肝病毒，每年约有 40 万人死于感染引起的并发症。

丙肝病毒直到 1989 年才被明确地鉴别和研究；在此之前，数百万人由于接触被污染的血制品成为感染者，并对此毫不知情。丙肝病毒并不是单一的病毒株，而是由许多不同分型病毒组成。如同流感病毒一样，丙肝病毒可以轻易改变其遗传信息，这也是它难以治疗且至今未能研制出疫苗的原因之一。丙肝病毒仅通过血液和血制品传播；它无法通过偶然接触传播。

感染丙肝病毒的美国人通常在确诊之前的很多年前就被感染了。在症状出现之前，大多数人甚至不知道自己携带了该病毒。一种灵敏的抗体检查可以检测一个人是否感染了丙肝病毒，另一种测试则可以检测血液中的病毒水平。

直到最近，丙肝病毒感染都用两种抗病毒药物进行治疗，这两种药物必须服用近一年时间，并会产生严重的副作用。只有一小部分坚持完成艰苦疗程的人才能被成功治愈。现在，两种新药——索菲布韦和西美瑞韦已被批准用于治疗丙肝病毒感染。这两种药物可治愈 90% 以上的患者，并对几种最常见的丙肝病毒株有效。其副作用很小，治疗需要每天服用 1 片药物，持续 12 周。

2015 年，使用索菲布韦治疗的费用为 8.4 万美元，使用西美瑞韦治疗的费用为 6.6 万美元。显然，除了非常富有的人之外，不是所有人都能承受治疗丙肝病毒的费用。大多数能够获得这些药物的人都在享受联邦医疗保险或医疗补助计划，所以是美国政府承担了这些费用。据估计，生产 12 周治疗所需药物的实际成本不到 200 美元。制药公司辩称，高售价对于补偿研发药物的成本和无效药物造成的资金损失是必要的。最后，这些药物的价格将在 2025 年左右专利到期后变得可以负担。

在今天的美国，丙肝病毒感染的风险非常低，除了那些共用针头的静脉吸毒者以及在治疗患者时意外被针头扎伤的医护人员。血制品供应都会经过丙肝病毒筛查，因此输血是安全的。然而，丙肝病毒感染在其他一些地方仍然具有风险，尤其是通过输血这一途径传播。

丁型肝炎　丁型肝炎病毒是缺陷病毒，不能独立复制，仅在同时感染乙肝病毒时才能被检测到。

戊型肝炎　戊型肝炎病毒与甲肝病毒相似，通过粪口途径经由受污染的食物和水源传播。戊型肝炎与甲型肝炎症状相同，不会导致慢性感染。戊型肝炎主要发生在卫生条件差的不发达国家。旅客应避免饮用非瓶装水、使用冰块或食用可能受到污染的生鲜水果和蔬菜。目前还没有针对戊型肝炎的疫苗可供使用（2012 年，世界首支戊型肝炎疫苗在中国研制成功，并获准上市——译者注）。

虽然病毒是导致肝炎的主要原因，但要记住一位患有非病毒性肝炎的爱尔兰高尔夫球手。原来，在每一个球洞前，他都要先舔干净他的高尔夫球，然后再击球。高尔夫球场大量使用除草剂来控制杂草，当高尔夫球在草地上滚动时，这些化学物质黏着在了高尔夫球上。球上残留的除草剂最终损伤了他的肝脏，导致了肝炎。

新发感染病

新发感染病（emerging infectious diseases）是指在易感人群中新出现或再次出现的感染病，或是突然迅速传播的已知感染病。新发感染病可由已知的、未曾被发现过的或新变异出的病原体感染所引起。

许多因素导致了新发感染病的出现。其中包括全球人口的日益增长及其流动性增加（例如国际航空旅行），卫生状况恶劣的城市人口过密，大规模生产的食品及其国际分销，不卫生的食品制备，人类与病媒生物（如蚊子）产生新的或更多的接触，在与可能携带病原体的动物密切接触的条件下生活，滥用抗生素，贫困，战争以及由于经济发展、土地使用和气候变化造成的破坏性生态变化。

寨卡病毒　寨卡病毒于1947年在非洲乌干达的寨卡森林中被发现。它通过几种蚊子传播给人类，主要是雌性埃及伊蚊。多年来，非洲和亚洲的寨卡病毒感染者要么没有症状，要么只有非常轻微的症状，如轻微的发烧和头痛。然而，在2015年，寨卡病毒传播到了南美洲和中美洲，在孕妇身上导致了非常危险的感染，致使其胎儿在出生时就患有小头畸形，这是一种出生缺陷，其特征是头部较小和大脑发育缺陷。出生缺陷的严重程度差别很大：一些感染寨卡病毒的婴儿在出生时表现正常，而另一些婴儿则有严重的出生缺陷。先天性寨卡综合征是指婴儿和胎儿表现出以下一种或多种状况：严重的小头畸形、脑损伤或脑组织减少、眼睛后部缺陷、关节活动范围受限，或是肌肉强直限制身体运动。

西尼罗病毒　西尼罗病毒广泛分布于世界上大部分国家和地区——非洲、中东、印度、印度尼西亚和欧洲的一些地区。在美国，西尼罗病毒于1999年首次被报道，当时在布朗克斯动物园发现大量的乌鸦死在地面上；随后，该动物园饲养的其他一些鸟类也相继死亡。不久之后，纽约地区的一些人因脑炎症状入院治疗。对血液样本进行分析后发现，病毒的RNA与此前在以色列分离出的一种西尼罗病毒株的RNA相匹配。

叮咬过病鸟或其他受感染动物的蚊子可将西尼罗病毒传播给人类。在人体内潜伏约2周后，西尼罗病毒可能会透过血脑屏障（这种结构限制了许多病原体进入大脑）进而感染神经系统。在少数人身上，一旦病毒感染了大脑和神经系统，就会出现震颤、抽搐、瘫痪、昏迷等症状，甚至死亡。好消息是，大多数被感染西尼罗病毒的蚊子叮咬的人不会出现严重的症状，后续会完全康复且不会有任何后遗症。

除了蚊虫叮咬，人们还可能经由输血和器官移植感染西尼罗病毒。可以对血液进行抗体检测以判断一个人是否感染了西尼罗病毒。然而，由于感染后需要一周或更长的时间才能产生抗体，感染者可能会去献血或捐献器官，此时病毒传播可能不会被发现。

埃博拉病毒　埃博拉病毒是一种致命病毒，以1976年科学家首次发现病毒的地点——苏丹南部和刚果（金）的埃博拉河地区来命名。自从在刚果（金）的一个偏远村庄首次发现这种病毒以来，它已在刚果（金）的村庄以及撒哈拉沙漠以南的其他偏远非洲地区多次出现又消失。每次疫情暴发都局限在一个人们无法轻易流动的小区域内，因而得到遏制。而在2014年，这一切都改变了，当时有一名感染者出现在西非一个人口稠密的地区。许多人被感染，疫情迅速蔓延到了塞拉利昂、几内亚、利比里亚以及马里。

埃博拉病毒是最小的病毒之一。每个病毒颗粒只包含7个基因，这些遗传信息均由一条微小的RNA分子链所携带。这7个基因会产生7种蛋白质，它们使病毒可以附着于人类细胞上、穿透宿主细胞、复制RNA，并产生新的病毒颗粒。埃博拉病毒属于一种叫作出血热病毒的病毒类别，因为它们会导致患者大量出血。埃博拉病毒的致死率差异很大，但平均会造成一半以上感染者死亡。马尔堡病毒、拉沙热病毒、裂谷热病毒是其他几种出血热病毒。在非洲，当人们食用或接触果蝠时，埃博拉病毒首次传播给人类。蝙蝠是埃博拉病毒的储存宿主，但它们并不会受到该病毒的伤害。多年来，对非洲数千种动物进行的测试表明，只有特定种类的蝙蝠才能正常地携带埃博拉病毒而不受其伤害。

在感染埃博拉病毒后，一个人可能在几天内或长达21天的时间里出现症状，在极少数情况下可能会潜伏更长时间。感染症状与大多数病毒感染相似——发烧、头痛和身体疼痛。随后会出现呕吐和腹泻。截至2014年，尚无治疗埃博拉的特效药问世；患者接受支持性治疗，主要是补充流失的体液。肾脏、肝脏衰竭或失血过度会引起死亡。埃博拉患者的所有体液都携带具有传染性的病毒，包括泪液、汗液和精液等。西非医护人员的高死亡率证明，照顾埃博拉患者极其危险。许多被送往配有专门设施的美国医院的受感染医生和护士得到了成功救治并康复。截至2014年底，西非共有超过5 000人死于埃博拉病毒。

一种几乎可以完全预防埃博拉病毒的埃博拉疫苗已被研制生产出来。如果埃博拉疫情暴发，该疫

美国疾病控制与预防中心应对寨卡病毒

如何防范蚊子叮咬

寨卡病毒主要通过被感染的蚊子叮咬传播给人们。传播寨卡病毒的蚊子主要在白天叮咬人群，但它们也会在晚上叮咬。预防寨卡病毒的最好方法是保护自己免受蚊子的叮咬。

使用驱蚊剂

在美国，需要使用在美国环境保护署注册的驱蚊剂，它们应含有以下活性成分之一：避蚊胺、派卡瑞丁、驱蚊酯、柠檬桉叶油或对薄荷烷二醇，或2-十一酮。应该始终按照产品说明书使用。

- 这些驱蚊剂在按照说明书使用时被证实是安全有效的，即使使用者是孕妇或哺乳期女性。
- 按照说明书补喷/补涂驱蚊剂。
- 不要在衣物覆盖的皮肤上使用驱蚊剂。
- 如果你同时使用防晒霜，请先涂抹防晒霜。
- 未在美国环境保护署注册的驱蚊剂（包括一些天然驱蚊剂）的有效性尚不明确。

如果你家里有婴儿或儿童

- 不要对2个月以下的婴儿使用驱蚊剂。
- 不要对3岁以下的儿童使用含有柠檬桉叶油或对薄荷烷二醇的产品。
- 给你的孩子穿上遮盖胳膊和腿的衣服。
- 用蚊帐遮盖婴儿床、婴儿车和婴儿背带。
- 不要在儿童的手、眼睛、嘴和任何有伤口或发炎的皮肤上使用驱蚊剂。

    » 成年人：将驱蚊剂喷在手上，然后涂在孩子的脸上。

处理衣服与装备

- 用二氯苯醚菊酯处理衣服和装备，或购买用二氯苯醚菊酯处理过的衣服和装备。

    » 参阅产品说明书以了解清洗多少次后防护效果会消失或可持续的保护时间。
    » 如果你自己处理衣物，请按照产品说明书使用。
    » 不要将二氯苯醚菊酯直接用在皮肤上。

活性成分
更高比例的活性成分可以提供更长期的保护

| 避蚊胺 |
| 派卡瑞丁（也称KBR 3023、埃卡瑞丁） |
| 驱蚊酯 |
| 柠檬桉叶油或对薄荷烷二醇 |
| 2-十一酮 |

U.S. Department of Health and Human Services
Centers for Disease Control and Prevention

CS265864A　September 15, 2017

资料来源：CDC. How to Protect Against Mosquito Bites: CDC's Response to Zika.

苗将首先用于保护与患者密切接触的医护人员，然后疫情暴发地区的易感个人和群体将接受疫苗接种。埃博拉疫苗应该能够防止未来埃博拉疫情大规模流行或疫情蔓延到世界其他偏远地区。

免疫系统如何对抗感染

这个世界充满了那些如果侵入人体就会导致疾病的感染性病毒、细菌和其他微生物。大多数人之所以在大部分时间里都能保持健康，是因为人体内有一套出色的防御机制，它可以帮助人体将病原微生物阻挡在外，也可以在其侵入人体时消灭它们。我们只是偶尔才会罹患感染病，因为**免疫系统**（immune system）起到了保护身体不受病原微生物和外来物质侵害的作用。

免疫系统需要时间来发育。在婴儿出生时，母体血液中已经存在的抗体会传递给新生儿，从而保护婴儿不受感染病的侵害。**抗体**（antibodies）是识别和灭活病毒、细菌以及引起疾病的有害物质的蛋白质。婴儿们还会从母乳中得到抗体，这有助于在他们出生第一年前后免疫系统趋于成熟期间保护他们。

许多因素会对免疫系统的发育和功能运作产生不利影响。其中最关键的因素可能是营养不良，尤其在生命早期。没有健康的饮食，儿童会因为功能低下的免疫系统无法有效防御而极易受到感染。当婴儿通过产道时，构成母体微生物群的细菌也会转移到婴儿身上，婴儿的免疫能力从而得到增强。营养不良和感染病是世界上许多不发达和贫困国家中儿童死亡的主要原因。影响免疫系统发育或功能的其他因素包括遗传性疾病、病毒感染、压力以及许多药物和化学品（包括酒精和烟草）。

重症联合免疫缺陷（severe combined immune deficiency, SCID）是一种罕见的会使免疫系统无法运作的遗传性疾病。患有 SCID 的婴儿必须避免任何接触细菌的情况。然而，由于细菌无处不在，缺乏防护和未接受治疗的患病儿童通常会在几年内罹患致命的感染病。治疗 SCID 的唯一方法是进行完全的骨髓移植，前提是能找到与之匹配的供者。1971 年，大卫出生时就患有 SCID，并且当时没能找到合适的供者。他立即被安置在一个大型无菌室（气泡室）中，并在无菌条件下成长到 11 岁，他在那时决定离开医院的气泡室。他的家里配备了一个无菌的便携式气泡室。为了在户外行动，他使用了由美国宇航局提供的无菌太空服。尽管采取了这些预防措施，大卫还是患上了一种无法治疗的感染病。他于 1984 年去世，年仅 13 岁。2015 年 1 月，利瓦伊出生时即患有 SCID。和大卫一样，当时没找到合适的骨髓移植供者。但在出生几个月后，利瓦伊注射了含有他遗传的缺陷基因所对应的正常版本的 DNA（Mullin, 2017），这让他战胜了病魔并得以生存下来。经过 50 年大多数失败的尝试后，这是基因治疗的一次重大成功。

淋巴系统

免疫系统含有许多器官和细胞，这些器官和细胞必须协同工作以保护人们免受感染病的侵害。免疫系统的一个重要组成部分是**淋巴系统**（lymphatic system）（图 12.6）。淋巴管中含有的液体称为淋巴液。沿着淋巴管的不同间隔处分布着被称为**淋巴结**

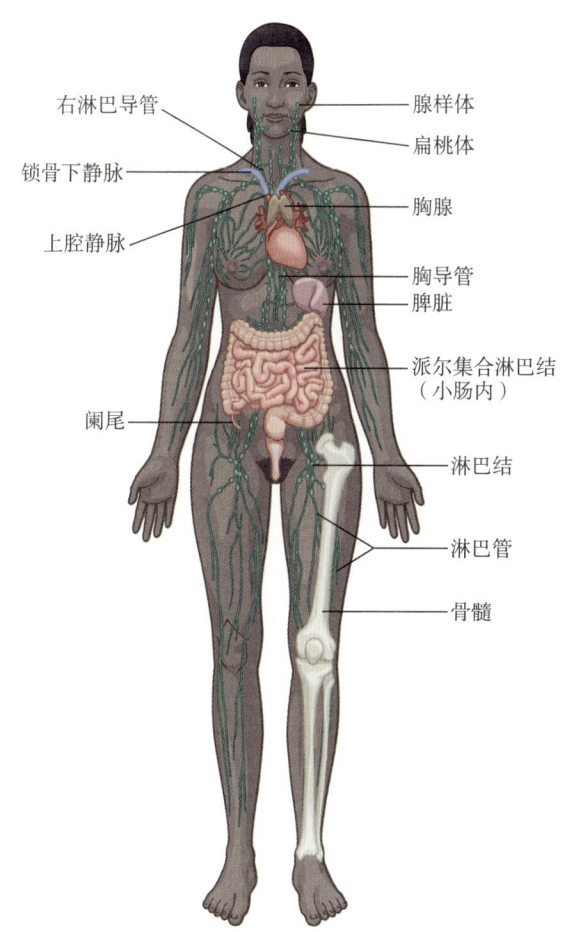

图 12.6　淋巴系统

淋巴系统的骨髓、淋巴结和其他器官如图所示。淋巴系统在保护人体免受感染病侵袭方面起着许多作用。

（lymph nodes）的结节。人们在颈部、腋下、腹股沟或身体其他部位感觉到的"肿胀腺体"是由淋巴结肿大引起的，淋巴结的作用是过滤掉可能引起疾病的病原微生物或异物颗粒。因此，肿胀和疼痛的淋巴结是身体对抗感染的标志。

骨髓、扁桃体、腺样体、脾脏和胸腺都会产生使人体对病原微生物做出免疫反应的细胞。当细菌或病毒感染人体时，免疫系统会产生各种各样的白细胞，它们以不同的方式发挥功能来消灭这些细菌或病毒（**表 12.5**）。

在血液中循环的 **T 细胞**（T cells, 也称为 T 淋巴细胞）会攻击被病原体感染的宿主（靶）细胞，因为 T 细胞可以识别宿主细胞表面的抗原肽 –MHC 复合物的"外来性"。T 细胞的反应被称为**细胞免疫**（cell-mediated immunity），因为 T 细胞可以直接识别并接触被病原体感染的靶细胞，通过诱导靶细胞凋亡使其失活。一旦靶细胞被 T 细胞识别为异常细胞，巨噬细胞和其他免疫系统细胞就会去完成从体内消灭及清除它们的工作。

B 细胞（B cells, 也称为 B 淋巴细胞）构成最终的和最有效的免疫系统防御；B 细胞介导的免疫反应被称为**体液免疫**（humoral immunity）。B 细胞通过产生抗体来发挥作用，这些抗体能识别所有对机体有潜在危害的外源性蛋白质和其他异物。

表 12.5 特化白细胞
所有的白细胞都源于骨髓，并在不同的器官里分化成熟。分化/特化后的白细胞执行免疫系统的不同功能。B 细胞和 T 细胞识别感染性细菌、病毒以及其他病原体和异物上的外源性蛋白质。B 细胞会转化为生产抗体的浆细胞。

白细胞种类	描述	功能	寿命
中性粒细胞	球形；细胞核分叶状，无血红蛋白，胞质颗粒染色后呈粉紫色	细胞防御：吞噬小型微生物	数小时到3天
嗜酸性粒细胞	球形；双叶核，无血红蛋白，胞质颗粒染色后呈橙红色	细胞防御：吞噬大型微生物，如寄生虫；在过敏反应中释放抗炎物质	8到12天
嗜碱性粒细胞	球形；一般为双叶核，无血红蛋白，胞质颗粒大，染色后呈蓝紫色	炎症反应：内含的颗粒会破裂并释放出增强炎症反应的化学物质	10到15天
单核细胞	球形；单核呈肾形，无特殊颗粒，胞质常呈灰蓝色	分化为巨噬细胞，巨噬细胞是吞噬微生物和其他外来物质的大型细胞	数天到数月
B淋巴细胞	球形；圆形单核，无特殊颗粒	免疫系统反应和调节；抗体的产生有时会引起过敏反应	数天到数年
T淋巴细胞	球形；圆形单核，无特殊颗粒	免疫系统反应和调节；细胞免疫反应	数天到数年

所有哺乳动物都有相似的免疫系统并合成相似的抗体；从地球上最早的动物出现开始，免疫系统就随之进化至今。如果没有一个功能良好的免疫系统，人和动物很快就会因环境中无数的病原微生物而死亡。因为所有哺乳动物的免疫系统都非常相似，所以研究人员会利用大鼠、小鼠和其他小动物来研究免疫系统的细胞是如何合成和运作的。

病毒、细菌和其他病原微生物上的外源性蛋白质被称为**抗原**（antigens）（抗体生成物）。B 细胞群在每个人的血液中循环流动，它们可以识别在一生中可能遇到的世界上任何病原微生物表面的外源性蛋白质。

特定的 B 细胞可以识别病毒或细菌上特定的外来抗原，并开始制造更多与自身相像的 B 细胞。最终，这些 B 细胞（在这个阶段被称为浆细胞）会合成大量某种特定抗体，这种抗体可以附着在体内所有特定病原体上。一旦抗体识别了病原体并使其失活，其他的白细胞就可以完成消灭病原体的工作。在感染后大约需要一周时间才能产生大量的针对性抗体，这就是为什么同时需要其他快速反应的免疫系统防御机制。

B 细胞和 T 细胞以复杂的方式相互作用，以产生全面的免疫反应。称为**细胞因子**（cytokines）的小分子会协调 B 细胞和 T 细胞的活动。许多调节免疫系统功能的天然细胞因子，如干扰素和白细胞介素，现在也可以由生物技术公司制造。其中一些产品被用于治疗癌症和其他免疫系统功能受损的疾病。

T 细胞也会根据其特定的功能被分为不同的种类。辅助性 T 细胞促进 B 细胞的增殖，杀伤性 T 细胞破坏癌细胞或被病原微生物感染的细胞，抑制性 T 细胞减缓其他免疫系统细胞的生长。CD4+T 细胞是一类特殊的 T 细胞，是艾滋病诊断和病情发展阶段的重要指标。当血液中的 CD4+T 细胞水平下降时，人体就会极易感染许多不同病原体，从而导致艾滋病所特有的二十余种并发感染病中的某一种。

免疫接种

现代医学的一大成就是**免疫接种**（immunizations，也称疫苗接种）的发展，以此预防许多由细菌以及更重要的是由病毒引起的严重感染病。病毒性疾病包括百日咳、麻疹、流行性腮腺炎、肝炎、天花和脊髓灰质炎。天花已经在全世界范围内被消灭。脊髓灰质炎也已近乎完全被消灭。在美国，由于接种疫苗，其他细菌性和病毒性疾病已显著减少。

疫苗接种通常是指将称为疫苗的医药制品注射进人体（因此常说"打针"）。当你接种**疫苗**（vaccines）时，灭活的病毒或细菌以及其他医药制品被注射到体内。身体的免疫系统通过产生抗体（蛋白质）来做出反应，而抗体可以灭活病原微生物。如果你以后再遭遇这种具有活性的病原微生物，你就会受到"记忆细胞"的保护，这些细胞能迅速产生消灭病原体所需的抗体。

例如，在美国，由于脊髓灰质炎（小儿麻痹症）病毒疫苗的广泛接种，脊髓灰质炎这种致残性疾病基本上已被根除。1954 年，乔纳斯·索尔克（Jonas Salk）利用化学方法灭活病毒，研制出了第一支脊髓灰质炎疫苗。在美国，目前所使用的脊髓灰质炎疫苗源自 1957 年由阿尔伯特·萨宾（Albert Sabin）开发出的一种基因灭活病毒。这两种方法都可以防止灭活病毒引起疾病，并提供长期的免疫力。然而，虽然目前使用了这种基因灭活脊髓灰质炎疫苗，每年仍会出现少数几例脊髓灰质炎病例。

总的来说，疫苗接种是预防多种感染病的安全有效的措施。儿童和成人都被建议接种疫苗，但对儿童和青少年来说接种疫苗尤为重要。常规疫苗之外的其他疫苗只推荐给有特定疾病风险的人。例如，前往霍乱、伤寒或甲型肝炎流行的国家的旅行者应接种针对这些疾病的疫苗。肺部易受感染的人建议接种流感疫苗，如儿童、老年人或哮喘患者等。

新疫苗

2005 年，一种改良的细菌性脑膜炎疫苗在美国获得批准。每年，大约有 3 000 名美国人感染脑膜炎球菌，这种细菌会感染大脑、脊髓液和血液。每年约有 300 人死于这种感染，其他人则严重残疾。在美国，这种名为美那克查（Menactra）的新疫苗被推荐所有年龄在 11~18 岁之间的青少年接种，这是最易感的风险群体。这种疫苗不被批准用于 11 岁以下的儿童。

2006 年，一种针对几种人乳头瘤病毒（HPV）的疫苗获得批准，以保护女性免受宫颈癌的侵袭。HPV 感染是美国最常见的性传播疾病。每年大约有 1 万名美国女性被诊断出患有宫颈癌。由于这些原因，所有年轻人都被建议在开始性行为之前接种 HPV 疫苗（佳达修）。作为一项公众健康措施，一些州和许多学校要求女孩和男孩接种 HPV 疫苗，就像为了保护公众健康要求人们进行结核病疫苗接种和检测一样。然而，并非所有人都接受强制的 HPV 疫苗接种（Colgrove et al., 2010）。一些父母认为接种 HPV 疫苗会助长滥交行为。另一些人则认为，以任何理由强迫人们接种疫苗都是错误的。

2007 年，一种针对带状疱疹的疫苗获批用于 60 岁以上的成年人。水痘-带状疱疹病毒感染儿童会引起水痘。在成人中则会引起带状疱疹，这是一种在躯干上出现剧烈疼痛性疱疹的疾病。然而，该疫苗仅对成人带状疱疹提供部分保护。该疫苗只推荐给可能有较高风险罹患带状疱疹的老年人；许多医生不给他们的患者推荐这种疫苗。

全世界每年有 200 多万 5 岁以下儿童因严重腹泻及其并发症住院，超过 50 万人死亡。这些儿童感染了一种轮状病毒。世界上几乎所有的儿童都在某个时期感染过轮状病毒，他们中的大多数人只有轻微的症状，通常不需要治疗症状就会消失。然而，营养不良或在其他方面不健康的儿童可能会死于轮状病毒感染。目前有两种安全有效的口服疫苗。大多数死于轮状病毒感染的儿童都生活在贫穷的热带国家。轮状病毒疫苗必须冷藏，而最需要疫苗的国家无法负担起将疫苗冷链运输至贫困村落的费用。2017 年，一种无须冷藏的新型轮状病毒疫苗研发成功。如果这种疫苗得到广泛使用，它将对减少全球因轮状病毒感染导致的严重疾病和死亡产生巨大影响。

疫苗接种风险

疫苗接种被普遍认为是有史以来最伟大的公共卫生成就之一，也是全球因感染病导致的疾病和死亡急剧减少的主要原因。通过疫苗接种，天花已从世界上被消灭，脊髓灰质炎也已接近被消灭。自 1912 年以来，美国疾病控制与预防中心一直在记录疫苗使用前后疾病的发病率。除了上述疾病外，在美国，通过接种疫苗，麻疹、白喉、流行性腮腺炎和风疹病例减少了 99%，百日咳病例减少了 97%。

HPV 疫苗可预防宫颈癌，所以接种疫苗吧

人乳头瘤病毒（HPV）感染是美国最常见的性传播疾病，每年新增大约 1 400 万感染病例。美国疾病控制与预防中心（Centers for Disease Control and Prevention, 2017）估计，目前有 7 900 万美国人感染了 HPV，并且几乎所有的美国人都会在生活的某个阶段感染 HPV。大多数 HPV 感染是通过与被感染的伴侣进行阴道性交、肛交或口交而获得的。

HPV 有 200 多种亚型。大多数亚型的病毒引起的感染只有轻微的症状或没有症状，并会在几年内痊愈。然而，约有 70% 的宫颈癌是由感染 16 和 18 型 HPV 导致的，美国每年约有 3 万名女性被诊断出患有这类宫颈癌。约有 90% 的肛门生殖器疣是由感染 6 型和 11 型 HPV 导致的。

目前已有非常有效的 HPV 疫苗可供使用（Markowitz et al., 2016）。卫生部门建议所有 11~26 岁的女性接种该疫苗。同时还建议 26 岁以下有男男性行为的男性和其他 22~26 岁的男性接种疫苗。同样建议以前未接种过疫苗的免疫功能低下者（包括 HIV 感染者）在 26 岁之前接种疫苗。截至 2017 年，在美国 13~17 岁的青少年中，只有大约 50% 的女孩和 30% 的男孩进行了接种。大约 70% 的美国女大学生和 30% 的美国男大学生接种了疫苗（Lanning et al., 2017）。《2020 健康美国人计划》的目标是让 80% 的美国青少年接种该疫苗。

提高接种 HPV 疫苗的年轻人数量需要克服一定的阻碍。例如，青春期前和青春期孩子的家长们可能因为宗教原因反对给孩子接种疫苗，他们相信保持禁欲不发生性行为是预防性传播疾病的唯一途径，或者相信任何种类的疫苗都是不安全的。大多数大学生，特别是男性，希望接种 HPV 疫苗，但他们在这一过程中面临重重阻碍，包括找到可提供疫苗接种的机构以及负担疫苗接种的花费（Brunk, 2016）。

宫颈癌属恶性肿瘤。保护女性免受这种疾病侵害的疫苗被研发问世是人类的福音。父母和潜在的性伴侣有责任确保他们在意的年轻人在年轻时就接种疫苗，以预防宫颈癌和任何其他与 HPV 感染相关的癌症。

疫苗接种并非 100% 没有风险。接种后常会有轻微的反应，通常在几天内消失。粗略地说，大约每 100 万例疫苗接种者中会有 1 例由于接种而导致严重的神经损伤或死亡。这些病例的确令人痛心，但当与挽救数亿人的生命相比较时，疫苗接种要比服用一片阿司匹林更安全。然而，近年来，尽管有确凿的科学证据证明疫苗接种是安全且必要的，但仍有言辞激烈的少数派抨击疫苗接种在总体上是不安全和非必要的（Poland & Jacobson, 2011）。有关特定疫苗及其不良反应的虚假传言包括下述内容：

疫 苗	不良反应
麻疹疫苗	自闭症
百白破疫苗	婴儿猝死综合征
B 型流感嗜血杆菌疫苗	糖尿病
乙肝疫苗	多发性硬化

考虑到儿童疫苗接种的频率和数量，个别案例在接种后不久出现上述情况是不足为奇的。同样，悲痛欲绝的家长们在寻找原因时归咎于疫苗接种，也是可以理解的。

全球感染病根除计划

世界卫生组织在全球范围内确立、指导和资助各种感染病根除计划。1959 年，世界卫生组织启动了在全球范围内根除天花的计划。几个世纪以来，天花一直是人类世界的一大灾害，每年估计造成约 200 万人死亡。1978 年，全球报告了最后一例天花病例；从那时起，世界各地都再也没有报告过天花病例。

根除天花被认为是 20 世纪最伟大的成就之一。从那时起，世界卫生组织开始启动其他根除计划，包括根除脊髓灰质炎。人们曾多次认为脊髓灰质炎的终结即将到来，但每年都有少数病例出现。为了彻底消灭一种疾病，所有受感染地区的人都必须接种疫苗。在世界上的一些地区，政治、宗教和文化信仰使这一目标难以实现。尽管存在这些困难，世界卫生组织仍在继续致力于在全球范围内根除若干感染病（Enserink, 2010）（见附表）。

世界卫生组织感染病根除计划

疾 病	根除状况
天花	经过 20 年的努力，终于在 1978 年被根除。自那时起，世界各地均未报告任何病例。从世界上根除天花被认为是 20 世纪最伟大的成就之一。
牛瘟	一种致牛死亡的病毒性疾病，一旦一头牛被感染，病毒就会在整个牛群中迅速传播。非洲暴发的疫情导致数百万头牛死亡。1990 年，一种无须冷藏的疫苗被研制出来。2010 年，世界各地都没有报告新的牛瘟病例。虽然没有像根除天花那样受到广泛关注，但根除牛瘟病毒仍是一项伟大的成就。
脊髓灰质炎	经过 20 年的努力，脊髓灰质炎的发病率减少了 99%。尽管做出了很多努力，2009 年亚洲和非洲仍然报告了 1 604 例脊髓灰质炎病例。西半球无新增报告病例。
麦地那龙线虫病	这是另一种接近完全根除的人类疾病。1986 年，估计在非洲和亚洲出现了 350 万例病例。2013 年，仅有 148 例病例被记录在案，其中大部分在苏丹。人们因饮用受幼虫污染的水而被感染。根除计划并未使用疫苗或药物，而是努力向高危社区提供干净的水。
淋巴丝虫病	由蚊子携带的一种微小蠕虫，在亚洲、非洲和南美洲感染了超过 1.2 亿人。这种感染会导致四肢严重肿胀（象皮病）。治疗这种疾病的药物是由默克公司和葛兰素史克公司捐赠的。世界卫生组织希望到 2020 年显著减少该病。
麻疹	全世界每年约有 1 000 万例麻疹病例。麻疹疫苗在 2002 年消除了美洲的所有麻疹病例，但近年来大多数国家又发生了新的疫情。世界卫生组织正在为根除该病做出新的努力。
河盲症	这是存在于非洲和南美洲的一个问题。它是由黑蝇传播的蛔虫引起的。全世界约有 1 800 万人受到影响。世界卫生组织正在制订相应的根除规划。
疟疾	2009 年，估计共有 2.25 亿人患有疟疾，主要都在热带国家。目前正在使用新技术开发疟疾疫苗，主要受比尔及梅琳达·盖茨基金会资助。根除疟疾很有希望，但还需要数十年的时间。

资料来源：Enserink, M. (2010). What's next for disease eradication? *Science*, *330*, 1736–1739.

关于疫苗接种的争议源于这样一种说法，即疫苗中的汞基防腐剂（硫柳汞）是导致幼儿自闭症显著增加的原因。这种防腐剂多年来一直被用于防止疫苗变质，特别是在没有冷藏设备的地方。由于家长们的顾虑，1999 年，硫柳汞从美国所有疫苗制剂中被移除。许多研究得出结论，含硫柳汞的疫苗与儿童自闭症之间没有因果关系（U.S. Food and Drug Administration, 2017a）。

尽管科学证据支持疫苗接种有着卓越的安全记录，但那些接种疫苗后出现致残状况的孩子的家长们开始起诉生产疫苗的制药公司。其中一些诉讼取得了成功，制药公司开始停止生产必需的疫苗。为了保护国家的疫苗供应，美国政府在 20 世纪 80 年代末通过了《国家儿童疫苗伤害法案》，其中包括成立一个名为疫苗伤害补偿计划的小组。该小组有权对提供证据证明孩子健康因疫苗接种而受到严重损害的父母给予赔偿。无论如何，疫苗伤害补偿计划的存在为推动制药公司研发新型和改良版疫苗提供了保障。2011 年，美国最高法院裁定，不能以疫苗存在缺陷为由起诉疫苗生产商。这一裁决应有助于维持必需疫苗的供应，并促进新型疫苗的研发。

理解变态反应

变态反应（俗称过敏）是免疫系统对被称为**变应原**（allergens，俗称过敏原）的外来物质的反应，身体把这些变应原当作是有害的，而它们通常是无害的。花粉、霉菌、室内灰尘、兽毛、食物、药物、化学制品和许多其他物质都可能成为变应原。人体通过合成一种特定类别的抗体（免疫球蛋白 E，即 IgE）来应对变应原，这些抗体引发了变态反应（**图 12.7**）。没有人知道为何人体会进化出变态反应，也没有人知道变态反应可能带来何种益处，但如今数百万人都可以证实变态反应带来的痛苦。

变态反应通常伴随着黏液的分泌和**组胺**（histamine）的释放，组胺是一种炎症物质，在皮肤、呼吸道和消化道的细胞中含量丰富。这就是为什么大多数变态反应与皮肤（湿疹、荨麻疹、接触性皮炎）、呼吸道（哮喘、花粉症）和消化道（肿胀、呕吐、腹泻）有关。

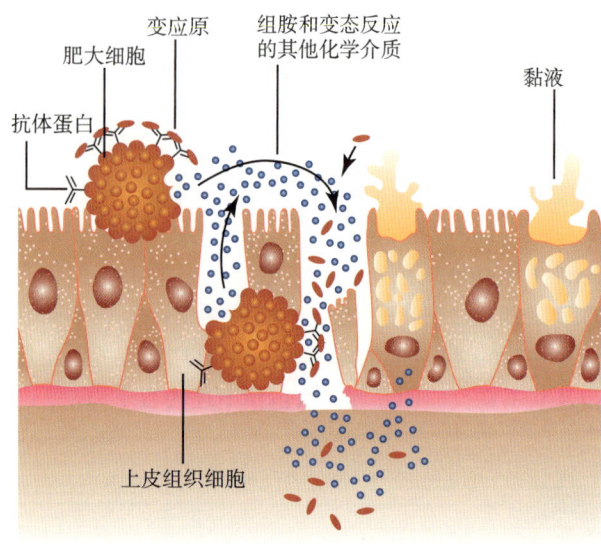

图 12.7　变态反应的化学过程

变应原（来自植物、昆虫或其他有机体的物质）与肥大细胞上的抗体蛋白（IgE）结合。这会触发组胺和其他炎症物质的释放，并引起变态反应的各种特征表现。这些反应主要发生在鼻腔、肺部、皮肤和消化道。

接触性皮炎

接触性皮炎（contact dermatitis）是一种影响数百万人的皮肤炎症，因为我们接触或涂抹在皮肤上的许多东西会引起炎症反应，表现为皮疹、水疱或荨麻疹。在毒葛或毒栎生长的树林中行走，可引起易感者严重的皮疹。剥杧果皮会导致对这种果皮过敏的人出现皮疹，但通常食用果肉不会引起任何反应。

接触性皮炎实际上是由两种不同的机制引起的：变应性接触性皮炎涉及人体免疫系统细胞与接触皮肤的特定蛋白质的反应，会导致皮肤发红、瘙痒和发炎；相反，刺激性接触性皮炎不涉及变态反应，而是由皮肤接触强刺激性物质直接导致的细胞损伤和炎症引起的。尿布皮炎是婴儿身上一种常见的刺激性接触性皮炎。手部也会由于频繁接触硬质表面清洁剂而时常受到刺激性接触性皮炎的影响。化妆品也可能引起刺激性接触性皮炎，尤其是加了香精的肥皂和护肤霜。当变态反应测试呈阴性，而皮肤上的症状持续存在时，该病症将被诊断为刺激性接触性皮炎。

一种越来越常见的变应性接触性皮炎是乳胶过敏。据估计，乳胶过敏在普通人群中的比例在 1% 到

6% 之间，而在如护士这类在医院工作的人群中，这一比例高达 8%。

乳胶是从橡胶树中提取的一种汁液，用于制造轮胎和各种橡胶制品，特别是防护手套。防护手套在整个医疗保健行业和必须避免接触污染的行业中被广泛使用。20 世纪 80 年代，艾滋病和乙型肝炎的广泛流行——它们均由病毒通过血液传播引起——使得乳胶防护手套的使用量空前增加。

从橡胶树中提取的乳白色乳胶液中含有数百种不同的蛋白质；其中超过 50 种已被纯化，并被发现会引起变态反应。（大多数变态反应是由某种蛋白质引起的。）当这些乳胶蛋白与皮肤相互作用时，它们会导致水疱和皮疹。在使用避孕套或其他避孕器具时，抑或在医学检查期间，这些乳胶蛋白会与阴道、直肠或尿道的敏感黏膜相互作用，有时可能会导致**过敏性休克**（anaphylactic shock）和死亡。含有乳胶覆盖物的外科手术器械或手术手套可能会使敏感患者产生严重的反应。

乳胶中的蛋白质与香蕉、杧果、木瓜、樱桃、桃子和鳄梨等水果中的蛋白质相似。与乳胶相关的蛋白质也存在于牛奶、土豆和西红柿中。发现自己对某些食物过敏的人，实际上也可能会对乳胶过敏。内科医生可以对乳胶过敏进行检测，并建议乳胶敏感的人群应该避免食用哪些食物。

清除尘螨可能有助于缓解过敏

尘螨是导致人们过敏的一个主要原因。严格来说，尘螨的粪便才是高致敏性的，而并非尘螨本身。数以百万计的尘螨生活在床上用品、衣物、地毯、窗帘、壁布和带软垫的家具中。它们在床垫、枕头、毯子、棉被和毛绒玩具上数量尤为丰富。

清除尘螨是很困难的。因为它们在物品中藏得很深，而且体型很小，真空吸尘器通常也不能把它们吸走。建议将地毯、毛绒家具、窗帘和其他布料制品从房间中移走。使用防过敏床单和枕套包裹床垫和枕头可能有所帮助。建议经常清洗枕头、被褥和衣服。将被褥和衣服分别用一份液体洗涤剂和三份桉树精油浸泡 30 分钟，然后进行清洗，这样可以去除 95% 的尘螨及其残留物。如果过敏症状严重，可以尝试上述方法。

哮 喘

哮喘（asthma）是一种慢性病，涉及呼吸系统的气道发炎和狭窄，会使患者呼吸困难，有时甚至几乎无法呼吸。气道发炎和变窄是由气道周围肌肉收缩、气道壁细胞肿胀并产生黏液引起的。哮喘通常在吸入呼吸道刺激物后发作，如香烟烟雾或冷空气，或是对某人具有变应原性的物质。在易感人群中，运动和压力也会引发哮喘发作。医生建议哮喘患者避开触发哮喘发作的情境和物质。哮喘患者还可以使用含有减轻哮喘发作症状的药物或预防发作药物的吸入器。非常严重的哮喘发作可能需要紧急医疗干预。哮喘影响所有年龄段的人，但它最常始于儿童期。在美国，有 1 840 万人患有哮喘。

虽然哮喘发作可以由生物学因素和环境因素引起，但也可能由情绪沮丧和压力引起，或因此加重。例如，与丈夫、妻子或父母发生激烈争吵的哮喘患者可能会开始出现呼吸困难。一些哮喘儿童在脱离了充满压力、情绪动荡的家庭情境后，他们的病情往往会显著改善。成年哮喘患者经常会发现，当他们感到沮丧或有着无法应对的压力时，他们的哮喘发作更频繁或更严重。因此，哮喘患者自身的免疫组成使他们对变应原敏感，但他们对情绪和压力的身体反应也是其他人所没有的。

在美国和世界范围内，哮喘的患病率正在上升。科学家们还不确定这种增长的原因，但是已经明确了一些风险因素，包括家族过敏史，低社会经济地位，非白种人，男性，年龄在 5 岁以上，接触烟草烟雾、灰尘或蟑螂，等等。孕期膳食、母乳喂养、添加婴儿辅食的时间和配方奶粉的使用在过敏的发展中所起的作用也被研究过。没有证据表明孕期膳食或母乳喂养等因素会影响罹患哮喘的风险。

解释哮喘病例增加的说法之一是本章前面讨论过的卫生假说。该假说表明，一个极其干净的家庭环境可能无法提供对微生物的必要接触，导致免疫系统无法"学会"在面对病原体时启动防御反应。相反，免疫防御反应的方式会向有助于哮喘发展的方向改变。卫生假说得到了观察结果的支持，即当家庭中某些变应原（细菌脂多糖）的出现率和含量水平较低时，变应性疾病和哮喘更容易发生（U.S. Food and Drug Administration, 2017b）。

尽管哮喘的症状有轻有重，但由哮喘引起的死亡是极少见的，即使近年来有所增加。现在有一系列可供使用的有效药品可以控制哮喘症状，即使是最严重的症状。人们再也不必遭受哮喘的折磨，也不必再背负对无法呼吸的恐惧。在症状出现时吸入短效支气管扩张剂可立即缓解症状。对于持续性哮喘，可以使用短效和长效的吸入型糖皮质激素。通过每天使用，可以有效抑制气喘症状和呼吸困难。吸入型色甘酸钠也可以抑制许多人的症状，而口服糖皮质激素可以预防最严重病例的哮喘发作。哮喘治疗的目标是找到最小剂量的对症药物，让哮喘患者摆脱任何症状。当然，尽可能消除家庭环境中的变应原仍然很重要。

食物过敏

食物过敏（food allergies）（不可与食物不耐受相混淆）是对某种特定食物的变态反应。这种反应可能是局部的（如呕吐、腹泻或腹部绞痛，喉咙疼痛和发紧，呼吸困难），也可能涉及全身（如全身出现的荨麻疹）。尽管食物过敏在儿童中最常见，但在任何年龄段的任何人身上都有可能发生。

当人们进行食物过敏检测时，有六种物质引发了90%的过敏反应——蛋、花生、奶、鱼、大豆和小麦。严重的过敏反应会引起过敏性休克，这是一种能迅速导致死亡的全身反应。过敏性休克可由对食物、蜜蜂叮咬或药物的即时、强烈的过敏反应引起。美国每年约有400人死于过敏性休克。

儿童特别容易对坚果过敏，尤其是花生。（严格地说，花生属于豆类，而非坚果。）儿童在长大后，他们儿童期大部分的过敏反应往往会消失，但对巴西坚果、杏仁、榛子和核桃的过敏却并非如此。由于坚果过敏的反应可能会非常严重，包括过敏性休克，大多数对坚果（包括花生）过敏的人必须非常小心他们所吃的食物，因为许多加工成品中可能含有微量的坚果残留。

花生过敏尤其常见和危险——有些人受其影响的程度如此严重，以至即使是极少量的花生蛋白也会导致过敏性休克和死亡。多年来，对花生过敏的人不得不学会与之共存，并且避免接触花生，这几乎是不可能一直做到的。现如今，由花生过敏引起的健康危害已被普遍认识到，人们可以采取一系列措施来减少潜在的接触。许多航空公司不再提供花生，许多学校的午餐项目也已经停供花生，或者在供餐有花生时张贴警告。

对花生过敏的人来说，在餐馆吃饭总是很冒险的，特别是在泰国、印度尼西亚或越南餐馆。如果锅里放过花生油，即使在再次使用之前清洗过，锅里的残留物也足以引起过敏反应。墨西哥美食莫莱酱在制作中使用了少量花生，这足以使在墨西哥餐馆用餐的一些人发生过敏反应。

一周前被用来剁花生的砧板上仍然残留了花生蛋白和花生油脂，如果你用这块砧板来切菜的话，残留量足以引起过敏反应。果冻罐也存在隐患。如果用蘸过花生酱的勺子或刀来舀出果冻，这瓶罐头可能对严重花生过敏的人造成危害。

购买散装食品有风险，例如，当食材箱里配有铲子时。假设有人用铲子盛过一些混合干果，其中含有花生，那个铲子就被污染了。如果它被用来从其他食材箱里舀出食物，这些食物会被足量的花生蛋白沾染，进而引起过敏反应。如今，大多数商店的食材箱都会各自有一个独立的铲子，铲子是固定的，因此不能移动混用。

大约有20%的人在一生中的某个时候会报告这样或那样的食物过敏，但研究表明，对食物生理性过敏的人实际上要低于该比例。约6%至8%的儿童的食物过敏测试呈阳性，而只有约3%的成年人对此呈阳性。人们报告的过敏反应情况和过敏测试呈现的结果之间的差异可能是受暗示的影响造成的。如果有人读到或被告知许多人对鸡蛋过敏，他或她可能在吃鸡蛋时也开始出现过敏反应。此外，食用某种特定食物后发生的呕吐可能会导致对该食物的厌恶或产生类似过敏的反应。

暗示在导致食物过敏中所起的作用已被实验证实（Jewett et al., 1990）。在这项研究中，报告自己对某种食物过敏的患者接受了一系列的注射，以使他们对引起过敏的食物脱敏。一组通过注射安慰剂（生理盐水）来脱敏，另一组通过注射变应原来脱敏。患者和医生都不知道哪些人注射了生理盐水，哪些人注射了变应原。接受安慰剂注射的18位患者中有7位报告说他们的食物过敏反应通过注射被终止。另一些人则报告说，当他们注射生理盐水安慰剂后，他们的症状恶化了。因此，如这个实验所示，安慰剂效应可以消除食物过敏，也可以使其恶化。我们对食物的心理认知会显著影响身体的反应。

美国食品药品监督管理局要求所有的食品标签都要标注是否含有八种最常见的食物变应原中的任何一种。即使可能只存在微量的变应原，也必须在标签上注明。根据受影响的人数，这八种最常见的食物变应原依次为：奶、蛋、花生、坚果、小麦、大豆、鱼和贝类。超过 90% 的食物过敏者对这八种食物中的一种或多种显示过敏。少数情况下，人们也会对某些水果和蔬菜过敏。

对"自己"的识别

免疫系统能够识别并消灭几乎所有异物，这就是它保护身体免受感染病侵害的方式。为了防止攻击人体自身的细胞，免疫系统将"自己"的人体细胞与外来物质和其他"非己"的细胞（即使那些属于其他人体的细胞）区分开来。

在胎儿发育过程中，随着身体组织的形成，所有能够攻击身体自身细胞的抗体生成细胞都被清除了。目前还不清楚这些特定的抗体生成细胞是如何从数百万个不同的细胞中被筛选出来并清除的，但这种机制对于保护人体器官和组织免受破坏至关重要。

自身免疫病

免疫系统必须准确区分"自己"和"非己"成分，因为任何引起抗体攻击人体自身细胞的差错都可能导致严重的疾病甚至死亡。不幸的是，免疫系统在功能运作上确实会发生错误并导致**自身免疫病**（autoimmune diseases）（**图 12.8**）。万幸的是，一些会导致免疫系统丧失区分"自己"和"非己"能力的遗传病极为罕见。环境因素，如病毒感染、营养问题和其他未知致病因子，也可能导致免疫系统运行出错，并导致自身免疫病。

红斑狼疮（lupus erythematosus）是一种自身免疫病，多发于 18~35 岁的女性。在这种疾病中，由于未知的原因，人体合成的抗体会攻击细胞中的遗传物质（DNA），特别是血管、皮肤和肾脏的细胞。

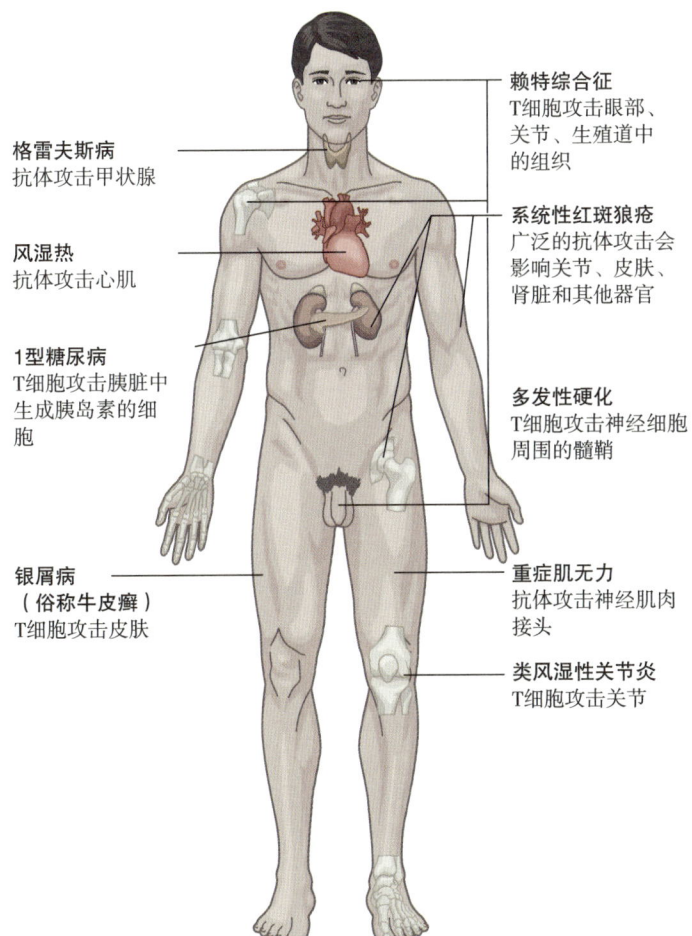

图 12.8　自身免疫病

当人体的免疫系统出现问题，免疫系统细胞误将人体自身细胞识别为"非己"成分并开始攻击它们时，就会引发自身免疫病。

身体的许多器官都受到影响,其症状——皮疹、疼痛和贫血——在患者一生中反复出现,时重时轻,且患者寿命通常会缩短。一般来说,自身免疫病在女性中更为常见。

关节炎(arthritis)是最常见的慢性病之一;大约 1/7 的美国人患有某种形式的关节炎。关节炎及其相关疾病有 100 余种,但共同特征是全身关节疼痛和僵硬(图 12.9)。关节炎的病因千差万别,但许多是自身免疫病的结果,即人体的免疫系统错误地攻击软骨和骨骼。药物可以缓解自身免疫病的许多症状,如疼痛和炎症,但这些疾病本身无法被治愈。

与大多数病因不明的慢性病一样,心理可以在控制关节炎症状或加重病情方面发挥强大的影响。强调灵活性和舒适性的放松和视觉化练习对缓解关节炎相关的疼痛、僵硬和炎症有很大的助益。

一种会影响中枢神经系统的自身免疫病是**多发性硬化**(multiple sclerosis, MS)。近年的研究表明,多发性硬化可能是由病毒感染引起的,这种病毒感染以某种方式导致免疫系统产生攻击**髓鞘**(myelin)的抗体。髓鞘是一种包裹着大脑和脊髓中的神经纤维并使其绝缘的物质。

虽然药物可以帮助减轻自身免疫病的症状,但这些疾病都是由复杂的免疫系统功能失调引起的。由于心理也会影响免疫系统的功能运作,因此许多患有自身免疫病的人通过替代疗法、精神放松技术和调整膳食来缓解症状。

器官移植

除了同卵双胞胎之间,所有个体的体细胞表面都有不同于其他个体的抗原。如果一个人的组织或器官被移植到另一个人身上,受者的免疫系统就会产生针对这些异体细胞抗原的抗体,导致对这些细胞的破坏和对移植器官的排异反应。

个体之间的基因越相似,受者的身体就越有可能接受移植组织。同卵双胞胎在基因上是相同的,

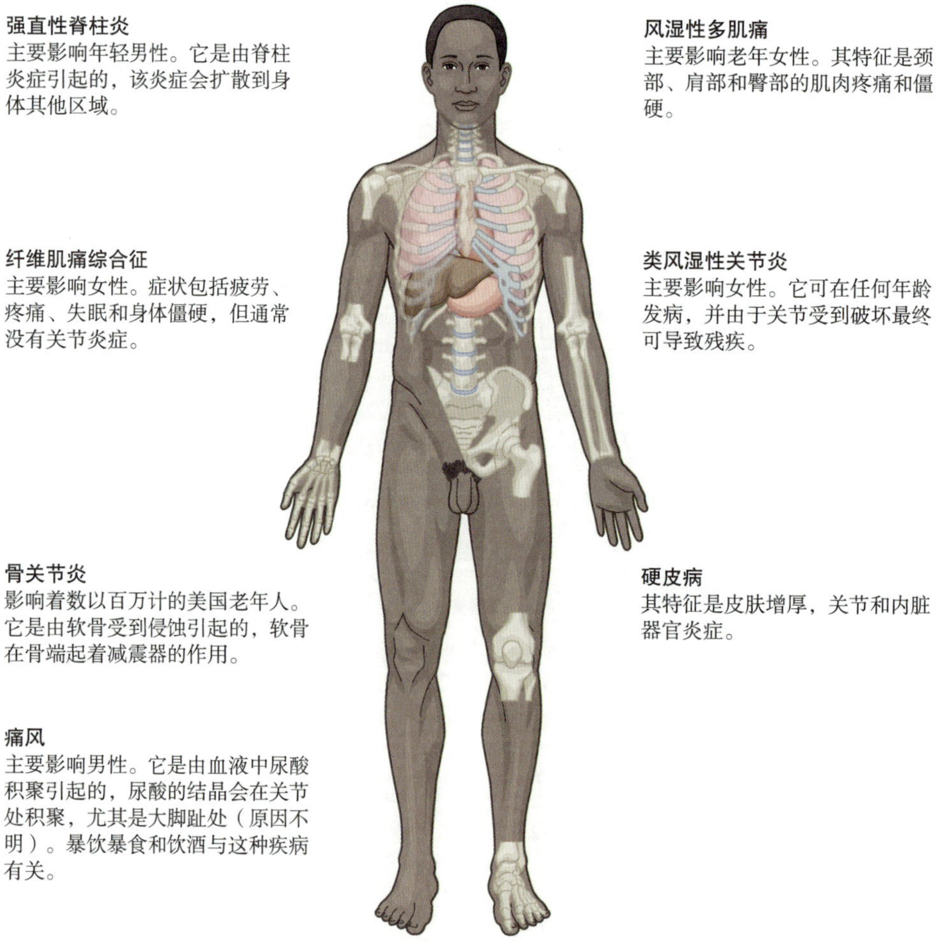

图 12.9 关节炎及其相关疾病的常见形式和症状

强直性脊柱炎
主要影响年轻男性。它是由脊柱炎症引起的,该炎症会扩散到身体其他区域。

纤维肌痛综合征
主要影响女性。症状包括疲劳、疼痛、失眠和身体僵硬,但通常没有关节炎症。

骨关节炎
影响着数以百万计的美国老年人。它是由软骨受到侵蚀引起的,软骨在骨端起着减震器的作用。

痛风
主要影响男性。它是由血液中尿酸积聚引起的,尿酸的结晶会在关节处积聚,尤其是大脚趾处(原因不明)。暴饮暴食和饮酒与这种疾病有关。

风湿性多肌痛
主要影响老年女性。其特征是颈部、肩部和臀部的肌肉疼痛和僵硬。

类风湿性关节炎
主要影响女性。它可在任何年龄发病,并由于关节受到破坏最终可导致残疾。

硬皮病
其特征是皮肤增厚,关节和内脏器官炎症。

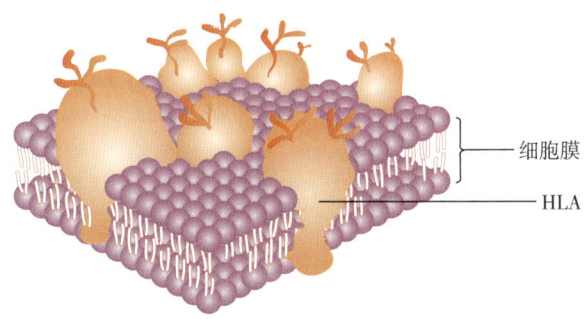

图 12.10 抗原和免疫系统

大量不同的 HLA 嵌入细胞外膜，并突出于细胞外表面。这些抗原可以被人体的免疫细胞和抗体识别。由于每个人的抗原不同，所以从一个人到另一个人的组织移植通常是被机体排斥的。这是因为供者的 HLA 被受者识别为"非己"成分，受者体内的免疫反应会对其进行破坏。

这就是为什么同卵双胞胎之间的组织移植成功率最高。为了尽量减轻对移植器官的排异反应，需要通过免疫学检测来确定供者和受者之间的**组织相容性**（histocompatibility）（细胞表面抗原的相似性）。正如红细胞表面具有特定的强抗原性蛋白群一样，人体其他细胞也具有称作**人类白细胞抗原**（human leukocyte antigens, HLA）的抗原性蛋白，这一抗原对于确定移植器官被机体接受还是排异至关重要（**图 12.10**）。供者和受者的 HLA 越相似，移植组织在新宿主体内被接受并正常运作的可能性就越大。根据已经确定的 HLA 数量进行计算，结果表明存在如此之多的不同 HLA 组合，以至于每个无亲缘关系的个体都具有独特的免疫学特征。

现如今，心脏、肾脏、肝脏和其他器官的移植在许多医院已经成为一种相对常见的外科手术。然而，器官移植是非常昂贵和复杂的手术，并且无法总是成功。等待合适器官的受者人数要远多于在世或已故的供者所能提供的数量。那些生存取决于是否有合适匹配器官的患者，往往要等上数月才能等到器官，而且常常在死亡前都等不到匹配的器官。

最常被移植的器官是肾脏。因为人有两个肾脏，如果 HLA 基因匹配良好，人们有时会将自身的一个健康肾脏捐献给自己的近亲。如果 HLA 与 ABO 血型完全匹配，受者术后一年的生存率为 90%。兄弟姐妹有 1/4 的机会从他们的父母那里遗传相同的 HLA 基因，这就是为什么近亲会首先作为可能的供者接受检查。骨髓移植也是治疗再生障碍性贫血、急性白血病和辐射病的最后手段。

免疫抑制剂（immunosuppressive drugs）（皮质类固醇、环孢素）可在一定程度上控制受者对移植器官的排异反应；然而，使用这些药物治疗会降低机体对感染的抵抗力，有时还会加速其他疾病的发展。长期的免疫抑制剂治疗本身就会增加对癌症的易感性。预防肾脏和心脏疾病比依赖外科移植手术更有意义。

输血：ABO 和 Rh 因子

20 世纪早期，输血常常导致患者死亡。由于受者的免疫系统将供者的血细胞识别为"非己"，因此受者免疫系统的 T 细胞和抗体会攻击供者的血细胞。这些抗体导致血细胞在静脉和动脉中形成凝块，阻碍血液和氧气的输送并导致死亡。

人类红细胞表面最重要的两种抗原是 ABO 和 Rh 阳性/Rh 阴性蛋白。事实上，红细胞上还有许多其他种类的抗原，但这两种是目前为止在触发危及健康的免疫反应方面最为重要的抗原。**表 12.6** 显示了成功输血所必须匹配的供者—受者 ABO 血型的模式。

O 型血的人红细胞上既没有 A 抗原，也没有 B 抗原，他们是**万能供血者**（universal donors）；他们的血细胞无论在何种血型的受者体内都不会激发抗体反应。AB 型血的人红细胞上有 A、B 两种抗原，他们不会合成抗 A 或抗 B 抗体，因为这两种抗原都被识别是"自己"的，产生对应抗体的细胞早就被清除了。AB 型血的人是**万能受血者**（universal recipients），他们可以接受这四种血液中的任何一种。

Rh 阳性抗原和对其产生反应的抗体主要在女性妊娠期间造成问题。如果女性的红细胞不含这种抗原，她就是 Rh 阴性者。如果发育中的胎儿的红细胞含有 Rh 阳性抗原（遗传自父亲），并且胎儿的一些红细胞会进入母体的血液循环，那么母体的免疫系统就会识别这些胎儿细胞是"非己"的，进而可能会刺激抗 Rh 抗体的产生。这通常不会在第一次怀孕时造成任何问题，甚至可能被忽视，直到这名女性再次怀孕。

如果第二个胎儿也是 Rh 阳性，那么母亲血液中的抗 Rh 抗体（在第一次怀孕期间合成）就会攻击发育中的胎儿的红细胞，导致其贫血、脑损伤，甚至死亡。幸运的是，医生可以安全有效地处理这个问题。当第一个孩子出生时，给母亲注射抗 Rh 抗体，这种

表 12.6　由 ABO 血型决定的允许输血情况

血　型	基因型	红细胞上的抗原	不能输入的血型	可以输入的血型
O（万能供血者）	OO	无	A、B、AB	O
A	AA、AO	A	B、AB	A、O
B	BB、BO	B	A、AB	B、O
AB（万能受血者）	AB	A、B	无	A、B、AB、O

抗体会破坏她血液中的 Rh 阳性红细胞，以避免其自身产生抗 Rh 抗体。这样，在以后的怀孕过程中就可以避免对新胎儿的任何伤害。

AIDS 和 HIV

获得性免疫缺陷综合征（acquired immune deficiency syndrome, AIDS），即艾滋病，是一种由**人类免疫缺陷病毒（艾滋病病毒）**（human immunodeficiency virus, HIV）引起的致死性感染。感染 HIV 会逐渐削弱人体的免疫系统，使机体容易罹患多种微生物引起的**机会性感染**（opportunistic infections）。艾滋病患者随着每次感染而日渐虚弱，并最终死亡。HIV 感染后的病程不可预测：有些个体会在数月内就发展为完全型艾滋病并死亡；而有些个体甚至感染 HIV 超过 10 年也没有出现症状（图 12.11）。

长期感染 HIV 的存活者有三种基因使 HIV 水平保持在足够低的程度，从而维持免疫功能并防止发展成艾滋病。

对于大多数 HIV 感染者来说，必须服用强效药物以控制 HIV 感染，并防止发展为艾滋病。这些药物可分为几种不同的类别：核苷类逆转录酶抑制剂、非核苷类逆转录酶抑制剂、蛋白酶抑制剂、融合抑制剂、进入抑制剂，以及 HIV 整合酶和转移抑制剂。通常会联合使用药物以使疗效最大化，同时减少患者体内产生耐药 HIV 毒株的可能性。

许多抗逆转录病毒药物非常有效，可以在很长时间内将血液中可检测到的 HIV 数量减少到几乎为零。然而，当停用药物后，HIV 会从免疫细胞中重新产生，在那里它们不受抗逆转录病毒药物的影响。2015 年，全球估计有 1 700 万 HIV 感染者在接受抗逆转录病毒药物的治疗。每天仍有 6 000 例新增感染病例（Haynes & Burton, 2017）。

经过近 40 年的深入科学研究和数十亿美元的投入，仍然没有能预防 HIV/AIDS 的疫苗问世，也没有任何可以将 HIV 从体内清除并真正治愈该疾病的药物。为了个人健康，性活跃的个体必须在同性或异性性交过程中采取安全性行为。

20 世纪 80 年代初，艾滋病在美国首次被确认是一种不同以往的疾病。这种疾病迅速在世界各地传播。目前世界上超过一半的艾滋病患者生活在非洲，而且大多数人无法获得能够阻碍 HIV 在体内扩散的药物。如果不加以治疗，大多数 HIV 感染者最终会发展成艾滋病。

科学家们将 HIV 的起源追溯到了几千年前就生活在非洲的猴子身上。这些猴子携带一种轻型猿猴免疫缺陷病毒（SIV）。这些猿猴病毒并不会引起疾病，并且在猴子之间代代相传。由于人类食用猴肉，所以在过去几个世纪中肯定多次暴露于 SIV 且没有任何不良影响。然而，在 20 世纪，由猴子和黑猩猩传染给人类的 SIV 变得同时具有传染性和致命性。自 20 世纪 80 年代首次确认 HIV/AIDS 以来，全世界已有超过 3 000 万人死亡。2016 年，全世界大约有 3 670 万人感染了 HIV，其中至少一半是育龄女性。若未同时对母亲和孩子施以抗病毒药物，HIV 通常会由孕妇传播给新生儿。

艾滋病之所以被称为综合征，是因为它是由几种不同感染病中任何一种的出现来定义的。它的特征还包括体内一种称作 CD4+T 细胞的特定免疫细胞水平极低。未受感染的人 CD4+T 细胞水平为每微升 800 至 1 200 个；而在艾滋病患者中，只有 100 个/微升或更少。一旦 HIV 感染了 CD4+T 细胞，它就会复制并释放病毒感染其他细胞。

HIV 是一种非常小的病毒，所含遗传信息很少；然而，它能非常高效地感染细胞（图 12.12）。其高

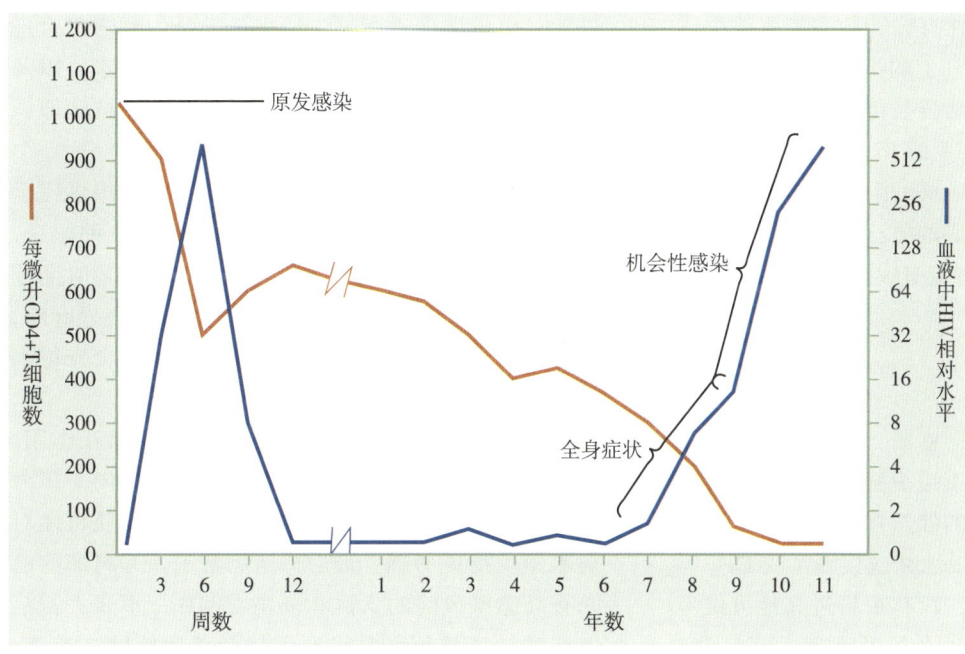

图 12.11 HIV 与免疫系统

感染 HIV 后，血液中的病毒水平会急剧上升，同时人体免疫系统会对病毒发起应有的攻击。在感染后数周乃至几个月的时间内，无法检测到血液中的 HIV 抗体。然而，在此期间，HIV 会在淋巴结内增殖并感染 CD4+T 细胞，使其数量逐渐减少。随着 CD4+T 细胞数量的减少，免疫系统会被削弱，使感染者易患上机会性感染。如果不进行治疗，机会性感染最终会导致严重的疾病乃至死亡。

效的一个原因是，HIV 能够在感染细胞的同时控制被感染细胞的正常生化活动并加以利用。HIV 所控制的宿主细胞成分称为依赖性因子。现已确认了数十种在病毒感染和持续复制中起作用的细胞 HIV 依赖性因子。识别这些 HIV 依赖性因子的重要性在于，其中一些可以作为阻止病毒增殖的抗 HIV 药物的靶点。

抗 HIV 药物还可以防止 HIV 性传播，以及防止该病毒在分娩期间从感染 HIV 的孕妇身上传染给胎儿。让所有国家都能广泛获取这些药物是减少全球 HIV 新增感染病例的主要途径。

接受过包皮环切术的男性在与受感染的女性进行性交时，感染 HIV 的可能性要小得多，同时将病毒传染给女性伴侣的可能性也要小得多。世界卫生组织报告称，男性包皮环切术降低了大约 60% 的感染风险。

HIV 抗体检测

一旦感染个体，HIV 就像所有其他病毒感染一样，会刺激机体合成能够灭活病毒的抗体。检测这些抗体是 **HIV 抗体检测**（HIV antibody test）的基础。实际上，这种检测是对 HIV 感染的一种间接测量；它并不测量机体内实际的 HIV 数量。

这种检测只有在抗体达到可检测水平后才会呈阳性，而在感染后需要几周甚至几个月的时间才能

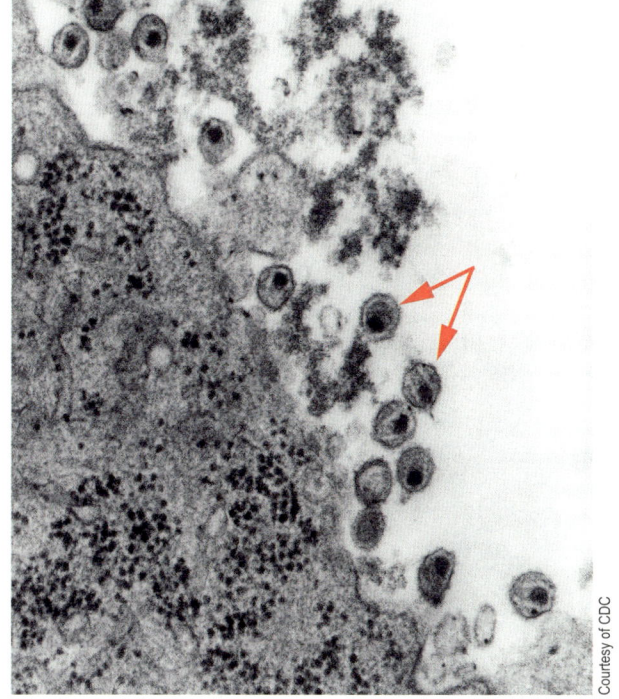

图 12.12 电子显微镜下的 HIV

箭头所指的是 HIV 从被感染的细胞中释放出来。

达到这一水平。在此期间，个体具有高传染性，但会在 HIV 抗体检测中呈阴性结果。因此，即使近期的 HIV 抗体检测呈阴性，也不一定意味着一个人未被感染。

HIV 抗体检测的另一个问题是，假阳性结果会

造成不必要的焦虑。假阳性意味着检测表明该个体血液中含有类似于对 HIV 产生的抗体；事实上，这个人并没有被感染，检测结果是错误的。被抗原与 HIV 相似的其他病毒或细菌感染会导致 HIV 抗体检测呈假阳性。HIV 检测结果呈阳性的患者均应当复检。检测 HIV 感染最准确的方法是**蛋白质印迹法**（Western blot），它能检测特定 HIV 蛋白质的存在。

预防 HIV 感染

与其他病毒如引起普通感冒、流感或肝炎的病毒相比，HIV 的传染性并不是很强。HIV 从不会通过感染者和未感染者之间的偶然接触传播。这里所说的"从不"意味着除了由性交或接触了受 HIV 污染的血液导致的病例之外，没有报告过其他可供考证的 HIV 感染病例。HIV 不会通过唾液、汗液、空气、水或 HIV 感染者使用过的物品传播。

预防感染

感染在某种程度上是不可避免的。不过，我们一直强调的健康生活要素既可以减少罹患感染病的风险，也可以促进康复。最重要的是，要通过合理的营养和适量的运动来保持健康。这些因素，以及充足的休息和睡眠，能够提高免疫系统对抗病原微生物的能力。

针对特定感染病的疫苗接种几乎可以提供完全的保护。与你的家庭医生检查你的免疫接种记录，并补种没有按时接种或你不确定是否在孩童时期接种过的疫苗。许多感染病，如流行性腮腺炎或麻疹，在儿童期通常是轻症，但成年后感染可能会变得很严重。

永远不要忘记，心理会与免疫系统相互作用，也会影响身体抵御感染或被感染击垮的倾向。压力情境和情绪不安会降低身体的防御能力，使机体对病原微生物更易感。最后，运用常识，远离那些已知有高感染风险的人群和环境。例如，不要去霍乱流行的地区旅行。非必要不接触普通感冒、流感、水痘或其他高传染性疾病的患者。只要采取合理的预防措施，许多感染病是可以预防的。通过保持良好的健康，当感染发生时，身体会从大多数感染中快速且完全地恢复。

对健康的批判性思考

1. 请描述一种你在过去几年里得过的感染病（普通感冒除外）。讨论以下内容：（a）你认为自己是如何感染上这种疾病的；（b）它是由何种病原微生物引起的；（c）你有哪些症状；（d）你接受了哪些治疗；（e）你收到了哪些关于未来如何避免感染这种疾病的建议。由于这次的感染经历，你有没有在生活方式上做出改变，以减少罹患感染病的风险？

2. 你最担心哪种感染病：莱姆病、艾滋病、肝炎、结核病、性传播疾病或者其他疾病？请解释你对感染这种疾病的担忧，包括生活中任何可能引起你担忧的情况。请描述你所知道的关于这种特定疾病的一切，以及你的担忧是如何改变你的生活方式或行为的。

3. 尽可能找出所有关于食源性感染病的资料。请描述食物中引起疾病的病原微生物的种类，以及人们可以保护自己不受感染的方法。你对你所吃的食物有什么担忧吗？你能通过改变饮食来减少或消除这些担忧吗？

4. 多种身心锻炼方法对控制过敏、哮喘、关节炎和其他免疫系统疾病的症状是有效的。尽可能多地学习免疫系统是如何运作的。请讨论你认为心理如何影响免疫系统运作，以及它如何影响上述疾病的症状。你是否有过运用心理来改变某种源于免疫系统功能失调的疾病症状的亲身经历？

本章小结与重点

本章小结

人体中含有数以万亿计的微生物，其中大部分是细菌，它们对人体的正常功能和健康至关重要。一个人体内和体表上的不同微生物的全部组成被称为人体微生物群。每个人的微生物群的组成都不一样，它在维持个体的健康和抵抗疾病方面起着至关重要的作用。但是，如果微生物生长在它们本不应存在的身体区域，或者如果外来微生物侵入身体，就可能会导致疾病。病毒、细菌、原虫、真菌、蠕虫和昆虫都能感染人体并引起疾病。一些病原微生物会在人际间传播，并在人群中迅速蔓延，如果感染在全世界范围传播，就会造成流行病或大流行。幸运的是，人体有几道防御病原微生物的防线。免疫系统会产生各种各样的细胞和蛋白质，这些细胞和蛋白质能识别进入人体的外来微生物和外来细胞，并将其摧毁。但是一些微生物进化出了帮助它们避开免疫系统防御攻击的机制。导致艾滋病的人类免疫缺陷病毒（HIV），就是这样一种可以避免被免疫系统消灭的病毒。

免疫接种是指注射一些预先启动免疫系统的物质，使免疫系统在人们遭遇特定的致病性病毒和细菌时能够立即攻击它们。免疫接种是预防流行性腮腺炎、麻疹、脊髓灰质炎、流感、肺炎、宫颈癌、肝炎等严重疾病最为安全和有效的方法。有时候，身体的免疫系统会将实际无害的蛋白质识别为有害的。这会产生变态反应的症状——打喷嚏、咳嗽、头痛、呕吐、腹泻，甚至休克致死。每个人的细胞上都带有一组独特的蛋白质，它们将人与人区分开来。从一个人到另一个人的器官移植或输血取决于组织或血液的供者和受者之间某些关键蛋白的匹配。长期使用药物有助于防止受者的免疫系统对移植器官产生排异反应。

重 点

- 感染病是由无数的病原微生物引起的：病毒、细菌、真菌、原虫和蠕虫。体内某些微生物的生长可引起多种疾病和不适；一些微生物只导致轻微的症状，但另一些则会导致严重的疾病甚至死亡。

- 一些病原微生物很容易从一个人传给另一个人，并导致传染病。

- 一些感染病是由病媒生物引起的，例如昆虫或其他动物，它们将病原微生物传播给未受感染的人。

- 乙型肝炎和丙型肝炎通过血液传播，全世界有数百万人感染。

- 在美国，新发感染病令人担忧：导致脑炎的西尼罗病毒就是其中之一。2016年，一种名为寨卡病毒的蚊媒病毒成了孕妇面临的主要威胁。在怀孕期间感染寨卡病毒通常会导致女性生出脑和头部发育不全的婴儿，这是一种称为小头畸形的出生缺陷。寨卡病毒感染在中美洲和南美洲等温暖的热带地区最为常见，但寨卡病毒也已在佛罗里达州等美国南部各州被检测到。

- 许多致病菌对抗生素产生了耐药性，这使得治疗严重的感染病变得困难。

- 抗生素可以杀死多种微生物，但不能杀死病毒，因为从

- 细胞层面来说，病毒并不能算作活体。
- 感染病的防治有四种方式：公共卫生设施、抗生素、免疫接种和健康的生活方式。
- 免疫接种对于预防严重的感染病至关重要。获批的疫苗都是安全的，但在极少数案例中存在不良反应。
- 皮肤和黏膜会阻止有害异物进入身体。
- 特化的白细胞在体内循环流动，攻击和摧毁入侵的外来微生物。
- 免疫系统产生生成抗体的细胞，抗体是能识别任何外来物质或病原微生物的蛋白质。
- 免疫系统功能失调会导致自身免疫病和变态反应。
- 每个人身上的细胞都携带着一组独特的抗原，使得每个人的组织和器官都是独一无二的。
- 器官移植或输血需要供者和受者在组织相容性方面匹配，即 HLA 或 ABO 抗原的匹配。
- 艾滋病是由 HIV 感染所引起，它会破坏免疫系统中的 CD4+T 细胞。免疫缺陷会导致机会性感染，最终导致死亡。
- HIV 感染的长期存活者拥有使他们能够抵抗 HIV 感染和艾滋病发病的基因。
- 许多药物有助于控制艾滋病患者体内的 HIV 水平。

参考文献

Brunk, D. (2016, April 1). College students report perceived barriers to HPV vaccine. *Family Practice News*.

Centers for Disease Control and Prevention. (2017). Human papillomavirus.

Colgrove, J., et al. (2010). HPV vaccination mandates—lawmaking amid political and scientific controversy. *New England Journal of Medicine, 363*, 785–791.

Eakin, E. (2014, December 1). The excrement experiment. *The New Yorker*, 64–71.

Enserink, M. (2010). What's next for disease eradication? *Science, 330*, 1736–1739.

Garza-González, E., et al. (2014). A review of Helicobacter pylori diagnosis, treatment, and methods to detect eradication. *World Journal of Gastroenterology, 20*, 1438–1449.

Glasner, M. E. (2017). Finding enzymes in the human gut microbiome, *Science, 355*, 577–578.

Harvey, R., et al. (2007). Nasal saline irrigations for the symptoms of chronic rhinosinusitis. *Cochrane Database of Systematic Reviews*.

Haynes, B., & Burton, D. R. (2017). Developing an HIV vaccine. *Science, 355*, 1129–1130.

Jewett, D. L., et al. (1990). A double-blind study of symptom provocation to determine food sensitivity. *New England Journal of Medicine, 323*, 429–433.

Lanning, B., et al. (2017). Improving human papillomavirus vaccination uptake in college students: A socioecological perspective. *American Journal of Health Education, 48*, 116–128.

Margalida, A., et al. (2014). One health approach to use of veterinary pharmaceuticals. *Science, 346*, 1296–1298.

Markowitz, L. E., et al. (2016). Prevalence of HPV after introduction of the vaccination program in the United States. *Pediatrics, 137*, e20151968.

Marotza, C. A., & Zarrinparb, A. (2016). Treating obesity and metabolic syndrome with fecal microbiota transplantation. *Yale Journal of Biology and Medicine, 89*, 383–388.

Mullin, E. (2017). Gene therapy 2.0. *MIT Technology Review, 120*, 49–51.

Poland, G. A., & Jacobson, R. M. (2011). The age-old struggle against the antivaccinationists. *New England Journal of Medicine, 364*, 97–99.

Sanders, L. (2016, April 2). Microbes and the mind. *Science News*, 23–25.

Sarkar, A., et al. (2016). Psychobiotics and the manipulation of bacteria–gut–brain signals. *Trends in Neurosciences, 39*(11), 763–781.

Schuijs, M. J., et al. (2015). Farm dust and endotoxin protect against allergy through A20 interaction in lung epithelial cells. *Science, 349*, 1105–1110.

Specter, M. (2017, January 2). Rewiring the code of life. *The New Yorker*, 34–44.

Taubenberger, J. K. (2005, January). Capturing a killer flu virus. *Scientific American*, 63–71.

U.S. Food and Drug Administration. (2016). Antibacterial soap? You can skip it—use plain soap and water.

U.S. Food and Drug Administration. (2017a). Thimerosal and vaccines.

U.S. Food and Drug Administration. (2017b). Asthma: The hygiene hypothesis.

Vázquez, M., et al. (2008). Effectiveness of personal proactive measures to prevent Lyme disease. *Emerging Infectious Diseases, 14*(2), 210–216.

Woolhouse, M. E. J., & Ward, M. J. (2013). Sources of antimicrobial resistance. *Science, 341*, 1460–1461.

推荐阅读

Bakalar, N. (2003). *Where the germs are: A scientific safari*. New York: Wiley. If you are curious about germs, both healthy and unhealthy, this is a fun book for information.

Blaser, M. J. (2014). *Missing microbes—how the overuse of antibiotics is fueling our modern plagues*. New York: Holt. This book describes the problems the United States now faces in treating bacterial diseases because it failed to regulate the overuse of antibiotics years ago when it was urged to do so by scientists.

Cohen, J. (2010, July/August). Can AIDS be cured? *Technology Review*, 44–51. Explores the possible answers to this question.

Eakin, E. (2014, December 1). The excrement experiment. *The New Yorker*, 64–71. Inside and out our bodies are covered with trillions of microorganisms. They play crucial roles in health and sickness. Some diseases (Crohn's disease) are now being treated with fecal transplants from healthy donors to unhealthy patients.

Eaton, E. S. (2017, June 24). Prescribing a predator. *Science News*, 22–26. Some human pathogenic bacteria are now resistant to as many as 26 different antibiotics. This article describes how researchers are looking for alternatives to destroy antibiotic resistant bacteria that infect us.

Finlay, B. B. (2010, February). The art of bacterial warfare. *Scientific American*, 56–63. Discusses the properties of beneficial and harmful bacteria and how bacterial infections are treated.

Finley, D. B., & Arrieta, M. C. (2016). *Let them eat dirt*. New York: Workman Publishing. This book explains how microorganisms in the human microbiome keep us alive and healthy. It is important for young children to be exposed to many microorganisms in many different environments for their immune systems to develop. Hence, don't worry when toddlers touch dirty objects or put things in their mouths. The microorganisms they ingest actually help their immune systems develop normally. Of course, as every parent knows, there is a limit to what you allow your toddler to put into his or her mouth.

Gaidos, S. (2014, June 14). T-force. *Science News*, 22–25. Describes how scientists are manipulating immune system cells to help the body fight cancer and other diseases.

Groopman, J. (2011, February 7). The peanut puzzle. *The New Yorker*, 26–30. Every year thousands of Americans are rushed to hospitals after being exposed to peanuts in food; dozens die. This article explains what we know and what we do not know about peanut allergy. Scientists still do not know why food allergies are on the rise in children, but new treatments can desensitize many affected children by exposing them to allergy-causing proteins that have been chemically modified.

Kupferschmidt, K. (2017). The science of persuasion. *Science*, 356, 366–373. An important series of scientific articles debunking each of the myths regarding the dangers of vaccination, including studies showing that the schedule of vaccinations for children is safe.

McKenna, M. (2011, April). The enemy within. *Scientific American*, 47–53. Describes how bacteria around the world are rapidly becoming resistant to our most effective antibiotics and what the consequences to health will be.

Mitman, G. (2007). *Breathing space: How allergies shape our lives and landscapes*. New Haven, CT: Yale University Press. An excellent discussion of all aspects of allergies, including their history, treatment, desensitization, and ways to avoid allergens.

Schardt, D. (2016, December). Microbiome. *Nutrition Action*, 9–11. An excellent introduction to the human microbiome in all its many functions and how microorganisms in the body keep us healthy.

Specter, M. (2003, February 3). The vaccine. *The New Yorker*, 54–65. A devastating account of the AIDS epidemic and the efforts scientists are making to find a vaccine to prevent HIV infection.

Specter, M. (2007, December 3). Darwin's surprise. *The New Yorker*, 64–73. Explains how human health and evolution actually depend on viruses and bacteria within us. If you read no other science article, read this one.

Specter, M. (2012, October 22). Germs are us. *The New Yorker*, 32–39. Each of us harbors a unique mix of beneficial and harmful microbes. Healthy people often harbor different populations of microbes than sick people. If scientists can decipher which microbes are beneficial, doctors, in the future, may treat patients with microbial mixtures; this new form of treatment is called probiotics.

Specter, M. (2017, January 2). Rewiring the code of life. *The New Yorker*, 34–44. A truly amazing story about how a scientist plans to eliminate Lyme disease from two islands, Martha's Vineyard and Nantucket, off the coast of Massachusetts. More than a quarter of the inhabitants of these islands have had Lyme disease. He and his team plan to use the latest genetic engineering techniques. His problem: convincing the residents that it's safe.

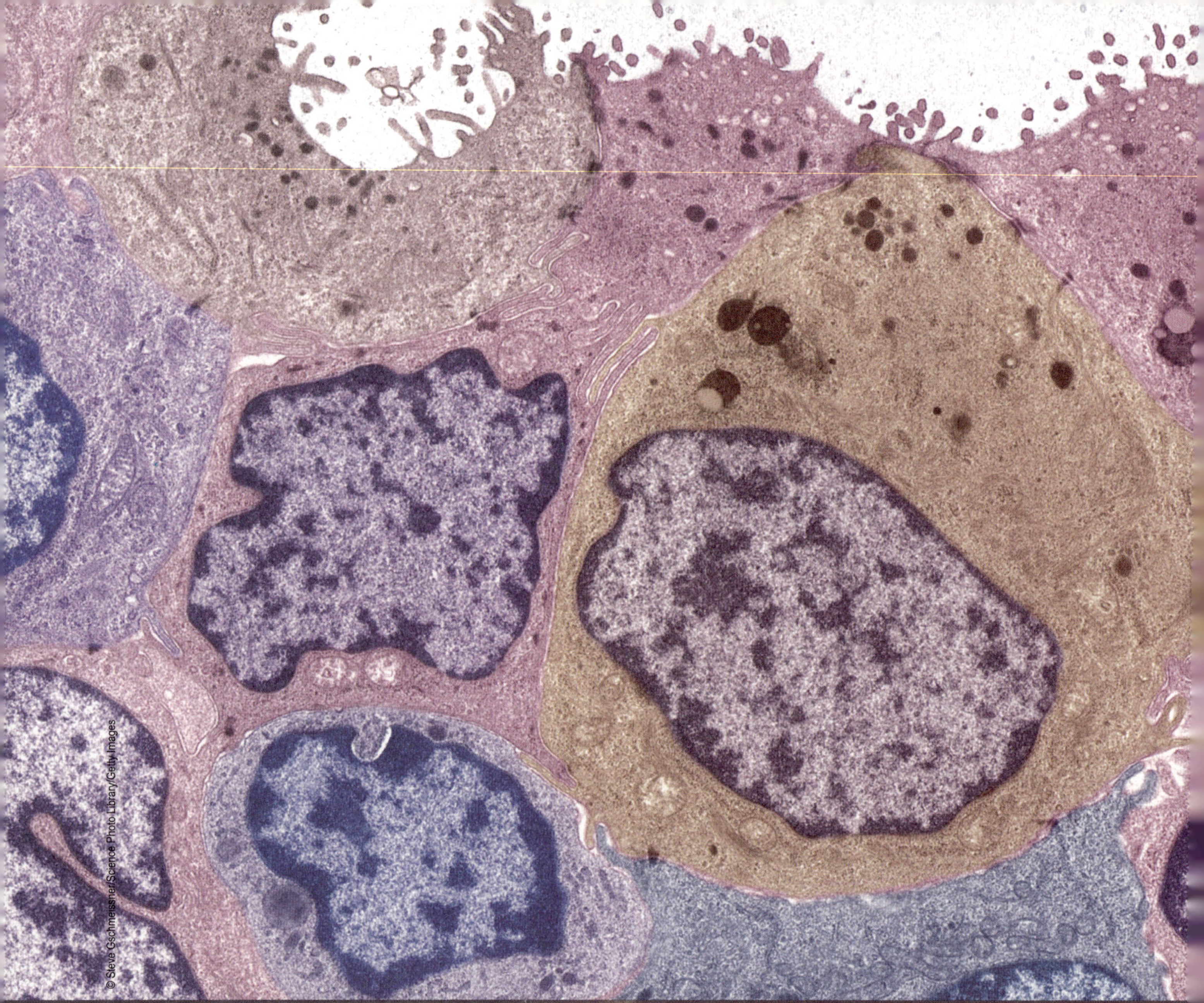

健康小贴士	金钱与健康意识	压力管理	健康指南
堕胎不会增加患乳腺癌的风险	晚期癌症患者延长生命的费用	视觉化促进治疗	乳腺癌与乳房切除术
黑色素瘤的体征			乳房自检
不要被癌症"奇迹"疗法愚弄			睾丸癌自检
			室内日光浴灯和香烟有什么共同之处

第 13 章

癌症：风险和预防

学习目标

1. 找出并描述预防癌症最重要的方法。
2. 简要描述当今美国癌症的发病率。
3. 定义以下术语：癌症、肿瘤、良性肿瘤、恶性肿瘤、转移和外源性雌激素。
4. 解释遗传性疾病和基因疾病的区别。
5. 描述诱发癌症的各种环境因素。
6. 说明预防皮肤癌的方法。
7. 讨论与乳腺癌相关的一些风险因素。
8. 描述如何进行乳房自检。
9. 讨论吸烟如何导致癌症。
10. 讨论饮食与癌症的关系。
11. 简述癌症的4种治疗方法。
12. 描述癌症患者的几种应对机制。
13. 解释接受癌症易感基因检测的利弊。

根据近些年的统计数据，在美国，1/2 的男性和 1/3 的女性会在他们的一生中患上某种癌症。每年有近 60 万美国人死于癌症。尽管这些数据令人沮丧，但关于癌症的消息也不全是坏的。如果人们采取健康的生活方式，很多癌症是可以预防的。避免吸入香烟烟雾或使用任何形式的烟草，是任何人都可以采用的最重要的癌症预防手段，特别是往往无法治愈的肺癌和胰腺癌。

据估计，至少 30% 的癌症的首要致病因素是吸烟。超重和肥胖、身体活动水平低以及营养不良，也会增加患癌症的风险。

> 痛苦自带空白的成分：你无法记起它是何时开始的，又或是何时消失的。
> ——艾米莉·狄金森

包含少量牛肉和大量新鲜水果、蔬菜、纤维的健康饮食，会显著降低患癌症的风险。避免过度暴露于阳光下或日光浴机中的紫外线辐射，对降低日后患皮肤癌的风险至关重要。最后，了解环境中哪些化学物质致癌，可以帮助你避开有害物质。总的来说，如果每个人都能践行现有的癌症预防知识，那么所有癌症中多达 2/3 是可以预防的。

另一个积极的消息是，如果在癌细胞扩散之前的早期阶段就发现癌症，那么大约一半的癌症患者是可以治愈的。癌症被"治愈"是指患者的预期寿命与从未患过癌症的人一样。根据你的年龄和所属风险群体进行癌症筛查是很重要的（**表 13.1**）。你还应该注意身体机能中可能表明癌症正在发生的早期预警信号。

了解癌症

各种癌症的发病率

在美国，各个身体部位每年新发癌症病例数见**图 13.1**。尽管自 2000 年以来，一些癌症的发病率有

表 13.1　癌症检测及预防的推荐筛查项目

检查项目	性别	年龄	检查频率
结肠镜检查[1]	男、女	50 岁及以上	每 10 年
可屈性乙状结肠镜检查[1]	男、女	50 岁及以上	每 5 年
双重对比钡灌肠[1]	男、女	50 岁及以上	每 5 年
粪便潜血检查[1]	男、女	50 岁及以上	每年
粪便免疫化学检查（FIT）	男、女	50 岁及以上	每年
FIT-DNA 检查	男、女	50 岁及以上	每年
直肠指检[2]	男	50 岁及以上	每年
前列腺特异性抗原[2]	男	50 岁及以上	每年
巴氏涂片检查[3]	女	18 岁及以上	女性应在开始性活动时开始巴氏涂片检查，但不晚于 21 岁，并至少 3 年重检一次
乳房自检[4]	女	20 岁及以上	每月
乳房临床检查[4]	女	20~40 岁	每 3 年
		40 岁及以上	每年
乳房 X 光检查[4]	女	40 岁及以上	每 1~2 年

注：根据美国疾病控制与预防中心的报告，乳房自检和临床检查并未被证实能降低乳腺癌的死亡率，因此女性应依靠乳房 X 光检查进行充分的筛查。

资料来源：
[1] Centers for Disease Control and Prevention. (2017). Colorectal cancer screening.
[2] Centers for Disease Control and Prevention. (2017). Prostate cancer.
[3] Centers for Disease Control and Prevention. (2017). Cervical cancer.
[4] Centers for Disease Control and Prevention. (2017). Breast cancer.

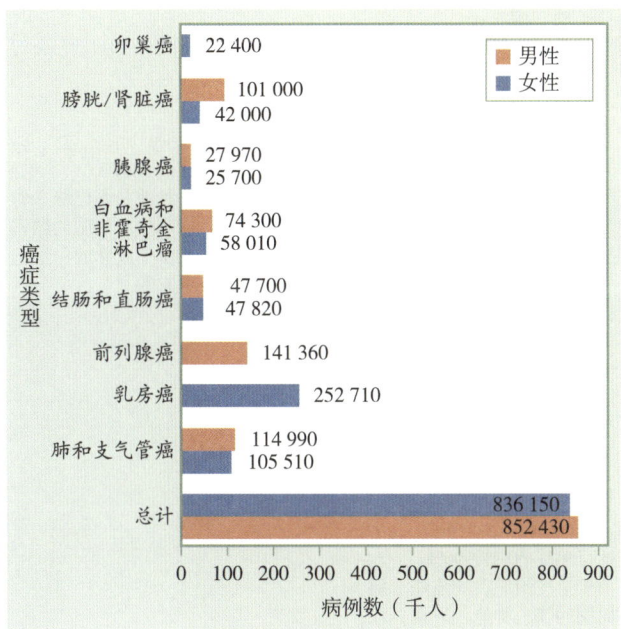

图13.1　2017年美国新增癌症病例估计值

资料来源：American Cancer Society. (2017). *Cancer facts and figures*, 2017.

所下降，但其他癌症，如非霍奇金淋巴瘤和黑色素瘤的发病率却有所上升。因此，总体而言，自20世纪80年代以来，尽管采用了先进的医学筛查方法，但癌症发病率并没有太大变化。癌症发病率没有改变这一事实表明，如果要让癌症发病率显著下降，医学和整个社会就必须把更多的注意力转向预防。

何谓癌症

"癌症"一词来自拉丁语，意思是"螃蟹"。希腊医生希波克拉底将癌症描述为"蟹似的"疾病，因为他观察到癌症会扩散到全身，并最终导致死亡。如今，**癌症**（cancer）通常被定义为体内特定细胞不受控制的增殖。"癌症"一词实际上指的是200多种不同的疾病，但所有这些疾病都涉及某些身体细胞以一种不正常和不受控制的方式增殖。

正常情况下，体内每个细胞的生长和增殖都会受到调控，这种调控决定了组织和器官的大小和功能。如果一个正常的体细胞开始异常生长并过快增殖，这群异常的细胞最终会发育成**肿瘤**（tumor）。肿瘤在被发现或诊断之前，通常已包含数以百万计的异常细胞。

如果肿瘤细胞只局限于原发部位，且增殖速度相对缓慢，则该肿瘤就是良性的。诸如囊肿、疣、痣和息肉等**良性肿瘤**（benign tumors），不会扩散到身体的其他部位。良性肿瘤通常可以切除，一般不会对生命构成威胁。在实际生活中，曾有一名女性患者，通过手术切除了一个重达上百千克的良性肿瘤，得以完全康复。如果所有的异常细胞都被外科手术切除，良性肿瘤则不会再生。

恶性肿瘤（malignant tumors）由快速增殖的细胞组成，这些细胞具有与正常细胞不同的其他异常特性，并会侵入其他的正常组织。尤其是，恶性细胞可能会改变形状和细胞表面特征，从而有助于其快速增殖。许多恶性细胞还有异常的染色体或基因改变，并因此产生异常的蛋白质。恶性细胞的许多特性变化，使专门研究疾病病因的**病理学家**（pathologist）能够确定从肿瘤中提取的细胞是否为恶性的及其恶性程度，这一过程被称为肿瘤的"分期"。

大多数的恶性肿瘤细胞都会发生**转移**（metastasis）。在这个过程中，细胞从原来的肿瘤中分离出来，进入淋巴系统和血液，并被运送到其他器官。恶性细胞一旦扩散到其他器官就会发展成新的肿瘤，其生长速度通常比原来的肿瘤细胞还要快。恶性细胞的转移以及新肿瘤在身体许多器官中的生长，最终会破坏重要的身体功能，这就是恶性肿瘤致死的原因。

在医学上，癌症是根据肿瘤来源的器官或组织

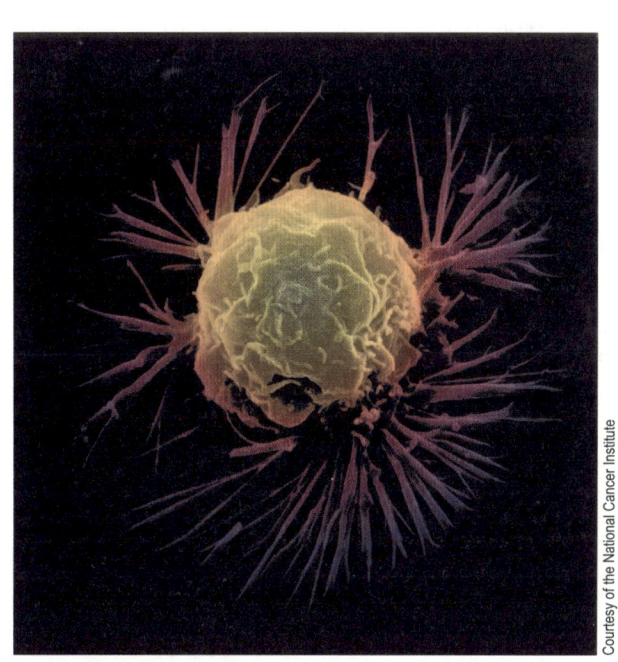

电子显微镜下的乳腺癌细胞。

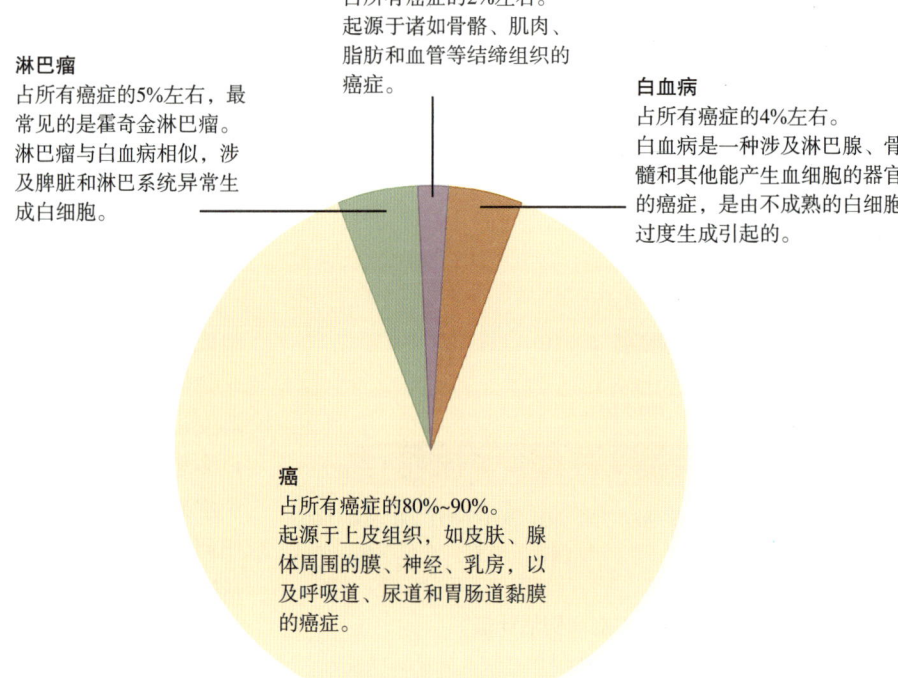

图 13.2　4 种主要癌症类别及大致发生比例

淋巴瘤
占所有癌症的5%左右，最常见的是霍奇金淋巴瘤。淋巴瘤与白血病相似，涉及脾脏和淋巴系统异常生成白细胞。

肉瘤
占所有癌症的2%左右。起源于诸如骨骼、肌肉、脂肪和血管等结缔组织的癌症。

白血病
占所有癌症的4%左右。白血病是一种涉及淋巴腺、骨髓和其他能产生血细胞的器官的癌症，是由不成熟的白细胞过度生成引起的。

癌
占所有癌症的80%~90%。起源于上皮组织，如皮肤、腺体周围的膜、神经、乳房，以及呼吸道、尿道和胃肠道黏膜的癌症。

类型分类的。4 种主要的癌症类别是癌、肉瘤、白血病和淋巴瘤（图 13.2）。这些主要的类别还包含许多的亚类，它们通常描述了癌症来源的器官，如胃腺癌或肺小细胞癌。大约一半的人类癌症源于 4 种器官中的一种：肺、乳房、前列腺或结肠。这就是如此多的研究致力于探索这些特定类型癌症的原因。

癌症不是在某个细胞内突然产生的。在某单一细胞变成癌细胞并增殖成肿瘤前，它所携带的遗传信息（即 DNA）必须发生一些变化。细胞会一步一步地改变其异常的生长特性，每一个基因的改变都会推动细胞沿着异常生长的光谱前进。不是所有的细胞都会出现相同的基因变化，也没有人能预测这些变化将在何时发生。这就解释了为什么有些癌症发展迅速并导致患者几个月内就会死亡，而有些癌症则发展缓慢，最终患者死于癌症以外的原因。

一旦检测到患者体内有肿瘤，就可以通过一种称为**活体组织检查**（biopsy）的方法取出肿瘤细胞，然后由病理学家在显微镜下观察。在Ⅰ期，癌细胞可以与正常细胞区分开。癌细胞仍然是局部的（通常称为原位癌），切除肿瘤通常就可以将患者治愈。在Ⅱ期，癌细胞已经开始转移，可能已经转移到附近的淋巴结。这就是为什么要切除肿瘤附近的淋巴结并进行检查，以确定癌细胞是否已经扩散。在Ⅲ期，

癌细胞已经扩散至全身，肿瘤可能已经开始在其他器官生长。在Ⅳ期，肿瘤会遍布全身且通常会对治疗产生抗性。

按器官和性别划分的癌症死亡人数见**图 13.3**。肺癌现在是男性和女性死亡的主要原因。结直肠癌是男性和女性的第三大死亡原因，据信这与高脂肪饮食、低纤维、超重和肥胖密切相关。

癌症的病因

大多数癌症不会遗传

许多人生活在对癌症的恐惧中，这往往是因为他们的一个或多个近亲死于某种癌症。他们可能认为，癌症是通过基因传递的，或者说至少对癌症的易感性是遗传的。这些观点对绝大多数癌症来说都是不正确的。然而，对癌症的持续恐惧会带来压力，这可能会削弱个体的免疫系统，导致包括癌症在内的一系列疾病。

科学研究表明，90%~95% 的癌症，包括乳腺癌、肺癌、胃癌、结肠癌、皮肤癌和前列腺癌，都不是从父母那里遗传的，当然少数罕见的家族除外，这些家

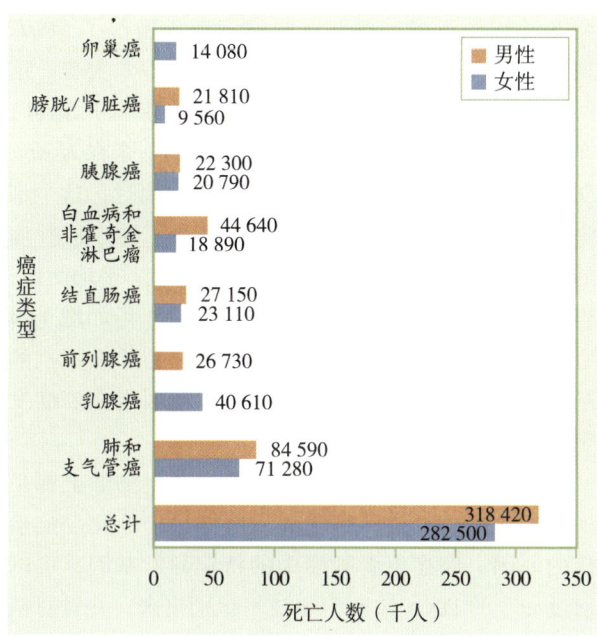

图 13.3　2017 年美国常见癌症致死人数估计值

数据来源：American Cancer Society. (2017). *Cancer Facts and Figures*, 2017.

族成员确实遗传了一个或多个癌症易感基因突变。

对基因的困惑，通常源于对"基因的"（genetic）和"遗传的"（inherited）这两个词的误解。这两者不是同义词。你从受精卵发育而来，你所有的细胞（除了红细胞）中都包含受精卵所具有的染色体和基因的精确副本。人体任何细胞（如皮肤细胞、肺细胞或胃细胞）的染色体中的基因，都可能因化学物质和辐射等环境因素而发生化学变化。这些皮肤细胞、肺细胞或胃细胞的基因改变可能会将它们转化为癌细胞。因此，癌症是一种基因疾病，因为人体内细胞的基因发生了改变；然而，它并不是一种遗传性疾病，因为有缺陷的基因通常不是从父母那里遗传来的。因此，患癌症的父（母）亲不可能将其遗传给自己的孩子。

即使几个近亲死于癌症，并不意味着癌症是"家族遗传"的，也不意味着癌症是一种遗传性疾病。目前，美国每年大约每 4 例死亡案例中就有 1 例死于癌症。如果一个人的祖父母和 8 个叔舅姑姨之类的亲戚都去世了，那么即使完全按随机概率，他们中也可能会有两三个人死于癌症。如果他们都吸烟，那么 10 个近亲中有 3 个以上死于癌症也不足为奇。

表明大多数癌症不具有遗传性的最好证据之一，来自一项对第二次世界大战老兵的研究。二战后，研究者对 1.5 万对同卵或异卵双胞胎兄弟的健康状况进行了多年的追踪调查。在这两种不同的双胞胎中，并未发现癌症发病的差异。也就是说，如果同卵双胞胎中有一个人患了癌症，与他同卵的另一个人患癌症的可能性并不比一般人高。

同卵双胞胎拥有相同的基因（也就是说，他们是由分裂成两个胚胎的同一个受精卵发育而成的自然克隆），因此，他们应该携带相同的致癌基因。同卵双胞胎都患癌症的概率并不明显高于一般人的事实，意味着大多数癌症不是由遗传基因引起的。对大多数人来说，生活方式（如日常饮食、吸烟、饮酒等）在致癌方面所起的作用，要比从父母那里遗传的基因大得多。

癌症易感基因

虽然所有癌症中只有一小部分（估计范围在 5%~10%）受到遗传的强烈影响，但有些家庭确实将癌症易感基因突变遗传给了孩子。**癌症易感基因**（cancer susceptibility gene）不会直接导致癌症；然而，它会使携带这种基因突变的人更容易受那些有致癌风险的环境因素所影响。

在大样本的癌症患者群体中，癌症易感基因突变与癌症发病显示出微弱的统计学关联。然而，它们并不一定会致癌症。一般认为，大多数癌症易感基因突变对绝大多数人几乎没有影响，不过一些基因突变对特定癌症的发病起着重要的作用，其中最明显的是乳腺癌。*BRCA1* 和 *BRCA2* 基因是乳腺癌或卵巢癌的易感基因；*APC*、*MSH2* 和 *MLH1* 则是结直肠癌的易感基因。（这些基因在每个人体内都存在，只有其异常形式/突变才会增加患相关癌症的风险。——译者注）与不携带这些基因异常形式的人相比，携带这些基因异常形式的人患相应癌症的风险更高。

目前，全球各地的研究实验室正在付出极大努力，以评估和了解所有与人类癌症发生有因果关系的基因。截至 2016 年，科学家已发现 29 个对人类癌症的发生起直接作用的致癌基因。这些致癌基因不同于前面描述的数百个癌症易感基因，与癌症易感基因（**表 13.2**）相比，它们相对罕见。

许多增加结直肠癌风险的基因已被确定，它们在细胞中的一些生物学功能也已被理解（**图 13.4**）。如果一个人遗传了 *APC*、*MSH2* 或 *MLH1* 这 3 种基

表 13.2 癌症易感基因 这些基因的异常（突变）是可遗传的。每个异常基因都可能导致特定器官的癌症发生。	
基 因	影响的器官
乳腺癌	
BRCA1	乳房、卵巢
BRCA2	乳房
p53	乳房、脑
结直肠癌	
MSH2	结肠、子宫
MLH1	结肠、子宫
PMS1、PMS2	结肠、其他器官
APC	结肠
黑色素瘤	
MTS1（CDKN2）	皮肤、胰腺
CDK4	皮肤
前列腺癌	
HPC1	前列腺
MSR1	前列腺
AR	前列腺
CYP1	前列腺
SRD5A2	前列腺

突变并积累下来。例如，假设一个人遗传了 MSH2 突变，20 年后，一个结肠细胞获得了 APC 突变。这两种突变使结肠细胞开始以更快的速度自我复制；在某个时刻，这些生长较快的细胞中的一个在 K-ras、DDC 或 p53 基因中获得第三个突变。此时，这个细胞有了 3 种突变并可能发展成结肠癌。在形成肿瘤的过程中，这些细胞也可能发生其他突变。平均而言，当结肠癌细胞被检测时，它们至少有 3 种如图 13.4 所描述的突变。现在你就可以理解，为什么随机的基因改变和暴露于会导致突变的环境因素在癌症发生中起着如此重要的作用。

现在，我们理解了每一种癌症在生物学上都是独特的，这也是许多医院和诊所提供个性化癌症治疗的原因。癌症患者肿瘤中的特定异常基因，可以通过如今的 DNA 快速测序技术识别出来，并针对精确的生物靶点定制治疗方案。对于那些能够负担得起的癌症患者，个性化的癌症治疗可能会有显著效果。对于一种特定的肿瘤，最有效且危害最小的治疗方法可以通过个性化检测来确定。除了更有针对性和更安全的化疗，各种革命性的免疫疗法也正被用于治疗某些癌症的进展期病例。

因中任何一种的异常形式，其患结直肠癌的风险就会增加。然而，只有不到 5% 的结直肠癌患者遗传了这些易感基因突变。

在个体的一生中，结肠黏膜细胞中会不断发生

诱发癌症的环境因素

癌症的成因，或者更准确地说，与癌症发生相

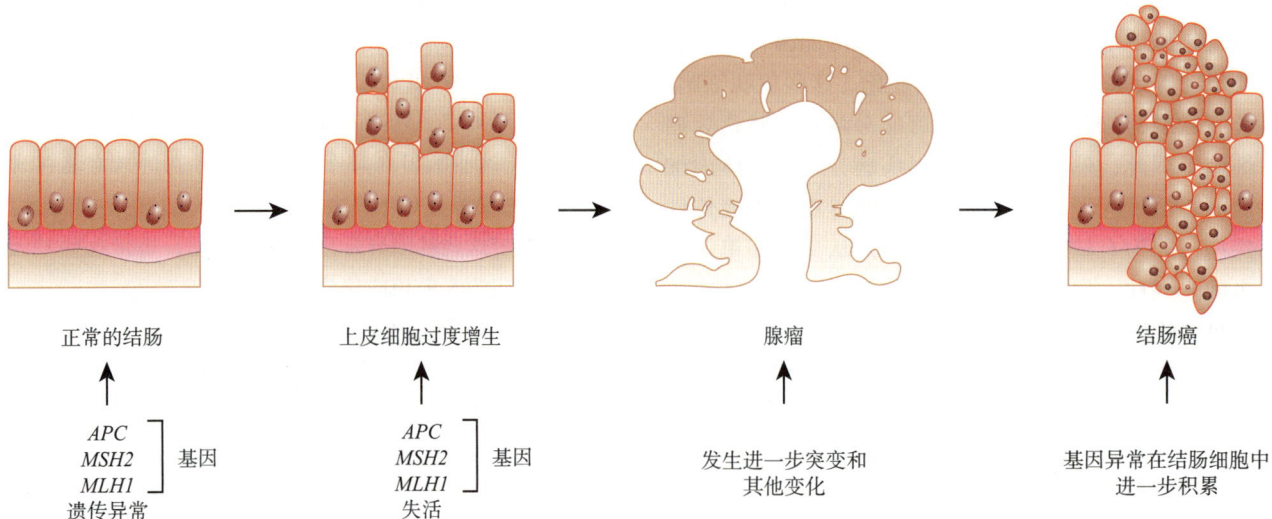

图 13.4　突变基因促进癌细胞的出现

一些基因的改变会增加个体患结直肠癌的风险。APC、MSH2 或 MLH1 基因的异常可以从父母那里遗传而来。在癌症发生之前，结肠细胞的基因可能会在人的一生中发生其他改变。对结直肠癌细胞的检测表明，它们大多都累积了多种基因改变，有的是先天遗传的，有的是后天获得的。

表 13.3 诱发癌症的环境和生活方式风险因素

因素	风险程度	癌症类型
营养	近半数的癌症死亡病例是由营养问题所致，包括： 　　过多的热量 　　过多的脂肪摄入 　　肥胖 　　营养不良，尤其是膳食纤维和维生素 A 缺乏	结肠癌、直肠癌、胃癌、乳腺癌、卵巢癌
烟草与酒精	近 1/3 的癌症死亡病例是由吸烟和过度饮酒所致	肺癌、胰腺癌、口腔癌、喉癌、肝癌、食道癌、膀胱癌
职业	大约 5% 癌症死亡病例是由工作场所中诸如石棉、苯、氯乙烯等化学物质所致	膀胱癌、肺癌、胃癌、白血病、肝癌、骨癌、皮肤癌
辐射	大约 3% 的癌症死亡病例是由电离辐射所致，比如 X 射线和紫外线等	白血病、皮肤癌
其他	其他癌症死亡病例是由遗传、慢性病、吸毒、感染等所致	各种癌症

关的风险因素众多且复杂。通常很难指出癌症的单一成因，但某些环境因素与特定癌症的发生密切相关。例如，吸烟与肺癌、紫外线照射与皮肤癌之间的强相关性。即使在这些例子中，也不是每个大量吸烟或长时间暴露在阳光下的人都会得肺癌或皮肤癌。

流行病学（epidemiology）是研究人类疾病发生的原因和频率的科学分支。许多流行病学研究表明，多达 80%~90% 的癌症是由暴露于已知会增加癌症风险的环境因素造成的（表 13.3）。例如，年轻时吸烟的人在晚年患癌症的风险，是不吸烟的人的 10~20 倍。经常吃高脂肪的快餐可能很方便，但它终究是不健康的，可能会导致某些癌症的发生。因为我们每个人都可以改变我们的饮食、戒烟，并回避环境中的其他致癌风险，所以对大多数人来说，预防癌症是一个现实可行的目标。

有 3 类环境因素，即电离辐射、感染性微生物（病毒和细菌）和致癌化学物质（致癌物），已被证明会增加实验动物和人类患癌症的风险。这些因素通过使体内某种细胞中的基因产生化学变化——**突变**（mutations），并导致其异常增殖，从而增加患癌症的风险。如果细胞内调节生长的基因发生了一个或多个突变，那么它就有可能开始迅速增殖并发展成肿瘤。环境因素会引起突变，也会影响异常细胞生长的速度（图 13.5）。

电离辐射

电离辐射（ionizing radiation）包括 X 射线、紫外线以及能损害细胞和染色体的放射性物质。1945 年广岛和长崎原子弹爆炸后，幸存者的白血病高发率足以说明放射物会增加患癌症的风险。

20 世纪 50 年代，出生在美国犹他州南部的儿童，暴露于附近原子弹试验所产生的放射性沉降物中。在此期间，儿童死于白血病的人数是原子弹试验前和试验后的 2~3 倍。1984 年，美国联邦法院做出了一项具有里程碑意义的法律裁决，裁定美国政

改变细胞内 基因的因素	肿瘤	促进基因异常细胞 生长的因素
电离辐射 感染性微生物（病毒和细菌） 致癌化学物质	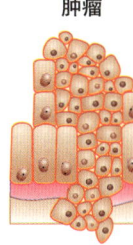	激素 营养不良 免疫系统能力低下 老化 免疫抑制药物

图 13.5 诱发癌症的环境因素

环境因素会改变基因和细胞的生长特性，从而可能导致癌症的发生。

府在这项原子弹试验中存在过失，因为试验向大气中释放了放射性物质。法院裁定，因这些试验而受到辐射的家庭，以及有家人死于辐射的家庭，有权获得赔偿。

1986年，乌克兰切尔诺贝利核反应堆事故也向大气中释放了大量的放射性物质，特别是放射性碘、锶和铯。该事故不仅导致反应堆周围地区受到影响，还使欧洲大部分地区都出现了放射性沉降物。在一些国家，牛奶和农作物受到了严重污染，不得不被销毁。遥远如美国和日本等国家，也检测到了一些放射性物质。

2011年，一场灾难性的地震和海啸对日本福岛的几座核电站造成了重大破坏。在之后的几周内，大量的放射性物质被释放出来，导致数以千计的人从该地区撤离，因为该地区被认为不安全。居住在核电站附近，尤其是那些面临地震或洪水风险的核电站附近，已经成为世界各地面临此情况的人们的健康隐患。

在自然界中，电离辐射最常见的来源是阳光中的紫外线（UV）辐射。由于儿童和年轻人长时间暴露在阳光下，人们一生中受到的紫外线照射高达80%是在20岁之前获得的。

太阳光中的紫外线辐射有两种不同的波长，分别被称为UVA和UVB。直到近些年，人们还认为只有UVB是危险的。但现在看来，这两种形式的紫外线辐射都是有害的。减少暴露在强烈阳光下的时间，以及使用防晒霜保护身体的裸露部位，均可以降低患皮肤癌的风险。

近些年来，越来越多的人担心诊断性医学成像，尤其是计算机断层扫描（CT扫描）会增加患癌症的风险（McCollough et al., 2015）。在过去的10年间，CT扫描的使用量急剧上升，尤其是对无症状的患者，目的是排除其患有任何疾病的可能性。推动CT扫描使用快速增长的一个因素是扫描仪的成本。医院需要进行大量的CT扫描，以支付昂贵的机器费用，这就鼓励了医生要求患者进行CT扫描，即使在以前没有CT扫描也可以轻松诊断的病症。

接受CT扫描的患者所接收到的电离辐射的量，随成像部位的不同而有很大差异。以我们所受的平均本底辐射来表示所接收到的辐射剂量，将有助于我们理解这一剂量。胸部CT扫描需要相当于2年的自然本底辐射；头部CT扫描需要大约8个月的本底辐射（Lin, 2010）。如果一个人因为各种疾病接受了多次CT扫描，那么总的辐射剂量会相当高，这会增加其患癌症的风险。美国每年进行的CT扫描数量估计共有8 000万次，并以每年10%的速度增长（Brenner & Hricak, 2010）。特别令人关注的是，越来越多的儿童在接受CT扫描。儿童的细胞仍在生长和增殖，接受辐射带来的风险比对成人细胞的风险更大。因此，他们在之后的人生中患癌症的风险也会更大。

患者需要意识到不必要的CT和其他X射线扫描对自己和孩子的危害。与你的医生讨论推荐影像学检查的理由，并询问它是否对诊断至关重要。当然，在紧急情况下，成像程序对于了解如何最好地帮助患者是至关重要的。

感染性微生物

1911年，纽约洛克菲勒研究所的科学家佩顿·劳斯发现，通过注射一种从鸡肿瘤中分离出来的病毒，可以在鸡体内引发癌症。从那以后，在小鼠、猫和猴子等动物身上也发现了其他类似的病毒，称之为**肿瘤病毒**（tumor viruses）。

一些病毒与人类癌症风险的增加有关。它们是乙型和丙型肝炎病毒（肝癌）、乳头瘤病毒（生殖器癌和宫颈癌）、人类T细胞白血病/淋巴瘤病毒（白血病和淋巴瘤）、爱泼斯坦-巴尔病毒（鼻癌或咽癌）。HIV（导致艾滋病的病毒）感染与一种称为卡波西肉瘤的特殊癌症的发生有关。在胃中发现的一种可导致消化性溃疡的细菌（幽门螺杆菌），与胃癌、一种淋巴瘤以及可能的胰腺癌的风险增加有关。

化学致癌物

化学致癌物（chemical carcinogen）是指环境中可与细胞相互作用从而引发癌症的物质，其通常是通过化学方法改变细胞中的染色体或基因。基因负责制造细胞正常运作所需的酶和其他蛋白质。被改变的基因通常会产生异常的蛋白质，这种蛋白质可能会改变细胞的生长特性，使其变成癌细胞。

科学家检测了一部分工业和农业化学品，以确定它们的致癌可能性。不幸的是，更多正在被使用的成千上万种化学物质并没有得到充分的检测。在已被检测的数以千计的化学物质中，许多都被发现具有致癌性，如果可能的话，应避免使用它们。致癌物质包括香烟烟雾、杀虫剂、石棉、重金属（铅、汞、

表 13.4 职业性癌症实例

化学/物理因素	癌症类型	一般人群的暴露情况	经常暴露的工人或暴露源实例
砷	肺癌、皮肤癌	罕见	杀虫剂和除草剂喷雾器，制革厂工人，炼油厂工人
石棉	间皮瘤、肺癌	不常见	制动衬片、船坞、隔热材料，拆迁工人
苯	骨髓性白血病	常见	油漆工，蒸馏厂和石化厂工人，染料使用者，家具精加工工人，橡胶工人
柴油机废气	肺癌	常见	铁路和公共汽车修理厂工人，卡车司机，矿工
甲醛	鼻咽癌、鼻癌	罕见	医院和实验室工作者，木制品、纸张、纺织品、服装、金属制品的制作者
染发剂	膀胱癌	不常见	美发师和理发师（关于顾客，目前证据还不足）
电离辐射	骨髓癌及其他	常见	核材料，医药制品和程序
矿物油	皮肤癌	常见	金属加工
无砷农药	肺癌	常见	喷雾器，农业工作者
油漆材料	肺癌	不常见	职业油漆工
多氯联苯	肝癌、皮肤癌	不常见	传热和液压油及润滑剂，油墨，黏合剂，杀虫剂
氡（α粒子）	肺癌	不常见	矿井，地下建筑，房屋
煤烟	皮肤癌	不常见	烟囱清扫工和清洁工，砖瓦匠，绝缘工，消防员，供热机组服务人员
人造矿物纤维	肺癌	不常见	墙体和管道隔热材料，管道包装物

镉）、苯和亚硝胺等。

尽管致癌物质的清单很长，但一些科学家和公共卫生官员认为，从引发癌症的数量来看，烟草是唯一重要物质。虽然这一论点有一定的依据，但对于那些往往因在不知情的情况下接触环境或工作场所中的致癌物质而罹患癌症的人来说，这算不上什么安慰（**表 13.4**）。

某些行业的工人会患上普通人群几乎不可能患的癌症。例如，**间皮瘤**（mesothelioma）是一种罕见的肺癌，只会发生在那些接触石棉纤维的人身上。长期接触重金属铍和镉会增加这些工人患前列腺癌的风险。接触氯乙烯，如聚氯乙烯管和其他产品原料的工人可能患上一种在普通人群中不存在的罕见肝癌。幸运的是，在目前的职业和安全法规下，这类职业性癌症很少发生了。

与烟草和饮食引起的癌症相比，由工业化学品引起的癌症总量很少。而且，由工业化学品引起的癌症是可以预防或避免的。在你接受一份工作之前，明智的做法是，先了解你会长期接触哪些化学物质。

外源性雌激素会致癌吗

雌激素是一种调节女性多种生理功能，包括乳腺组织生长和发育的激素。环境中的许多化学物质在某种程度上模仿了正常雌激素的作用，这些化学物质被称为**外源性雌激素**（xenoestrogens），顾名思义，即人体外的雌激素。

含有外源性雌激素的物质包括农药滴滴涕（在美国被禁用，但在其他一些地方仍被使用）、甲氧滴滴涕、开蓬、氯丹、阿特拉津和硫丹等。多年来，用于变压器的多氯联苯同样也是外源性雌激素。双酚 A 是聚碳酸酯塑料的一种成分，被广泛用于水瓶、婴儿奶瓶、食品罐头容器和许多其他塑料制品，也是一种外源性雌激素。

相当多的证据表明，环境中的外源性雌激素是某些癌症，特别是乳腺癌的致病因素。在 20 世纪六七十年代，以色列是世界上乳腺癌发病率最高的国家之一。1976 年，以色列禁止了所有含氯农药，并规定奶制品中含有任何可检测到的农药残留都属违法。在禁用含氯农药后的几年间，以色列乳腺癌的发病率大幅下降。这些发现支持了这样一种观点，即农药作为外源性雌激素是乳腺癌的主要诱因。

避免接触所有的外源性雌激素是不可能的，因为它们在环境中无处不在。吃西蓝花、卷心菜和豆制品，可能有助于抵消外源性雌激素的影响。该建议来自一项观察，即与白人或非裔美国女性相比，亚洲女性的乳腺癌发病率要低得多。亚洲人的饮食中含有更多此类蔬菜，这些蔬菜可能含有阻碍外源性雌激素生物活性的化学物质。

关于常见癌症的事实

肺　癌

肺癌是全世界最致命的癌症。在美国，肺癌是男性和女性癌症死亡的头号原因，每年约有22.5万人被诊断患为肺癌和支气管癌，约占所有癌症的13%。每年死于肺癌的女性多于死于乳腺癌的女性。吸烟是近90%的肺癌主要致病原因。

肺癌患者生存率不容乐观。在所有肺癌患者中，只有7%的人在确诊后能再活5年。美国每年治疗肺癌的医疗费用约为400亿美元，是所有癌症中花费最多的。

肺癌的患病风险，在不同的族裔和种族之间有很大的差异。非裔美国人和夏威夷原住民的患病风险最高。在吸烟量相同的前提下，美国白人、日裔美国人和拉丁裔美国人患肺癌的可能性，为上述两个群体的一半。造成种族和族裔差异的原因尚不明确，但可能与不同人群遗传的肺癌易感基因差异有关。

随着越来越多的人开始吸烟，其他国家的肺癌发病率也在迅速上升。一些发展中国家的女性，在很小的时候就开始吸烟，有的是为了彰显成熟，有的则是迫于同伴压力。国际社会正在努力减少全世界年轻人，特别是年轻女孩的吸烟行为。这些发展中国家很快将不得不应对肺癌的流行。美国政府和社会齐心协力让人们戒烟，并防止年轻人接触香烟，目的就是扭转肺癌在美国的流行趋势。

乳腺癌

男性和女性都可能会患乳腺癌，但乳腺癌在男性中很罕见。尽管死于肺癌的女性多于死于乳腺癌的女性，但后者的患病人数是前者的两倍以上。

体重增加、缺乏锻炼和饮酒会增加患乳腺癌的风险。研究并不支持饮食中的脂肪量会增加患乳腺癌风险这一观点。在不同程度上，增加女性患乳腺癌风险的其他因素如下：

堕胎不会增加患乳腺癌的风险

2002年，美国国家癌症研究所（National Cancer Institute, NCI）网站宣布，科学家们没有发现堕胎与之后的乳腺癌风险存在联系。一些国会议员对此大呼抗议，随后这一信息从NCI网站上删除。

NCI随后召集了来自各个领域的100多名科学专家来审查这些数据。只有1名成员不同意其他专家一致得出的结论：堕胎与乳腺癌风险不存在联系（Couzin, 2003）。

- 其母亲在60岁前曾患乳腺癌；
- 在14岁之前出现月经初潮；
- 首胎产子在30岁之后；
- 没有生过孩子；
- 在55岁后绝经；
- 良性乳房疾病；
- 在55岁后采取雌激素替代疗法；
- 每天饮酒超过90毫升；
- 遗传了BRCA1、BRCA2和其他易感基因的异常形式；
- 接触外源性雌激素。

关于乳房X光检查的争议　乳房X光检查（mammogram）是用来检测乳房组织是否异常的一种X光成像技术。多年来，专家一直建议所有40岁以上的女性接受乳房X光检查，以帮助发现可能预示乳腺癌的异常生长。然而，对于那些患乳腺癌风险不高的女性是否应该在相对年轻的年龄每年都进行一次乳房X光检查，科学界一直存在争议。2008年，这种争议愈演愈烈，因为美国预防服务工作组发布了新的指导方针，不建议40~50岁的女性进行例行乳房X光检查（Woolf, 2010）。美国癌症协会和许多女性团体强烈反对这一建议，争论主要围绕着"例行"一词。工作组并没有说50岁以下的女性不应该做乳房X光检查；而是建议50岁以下的女性应该与医生协商，以决定乳房X光检查有无必要性。该工作组表示，对所有50岁以下的女性进行例行筛查，并不是一项有益的公共卫生政策。在这次争论中，有一个事实几乎被忽略了，那就是早期发现的大多数乳腺癌，都是女性自己定期进行乳房检查的结果。

乳腺癌与乳房切除术

对任何女性来说，确诊乳腺癌都是毁灭性的消息；而对于那些可能还没有决定生儿育女的年轻女性来说，这尤为困难。虽然乳腺癌的治疗方法提高了治愈的可能性，但患者通常仍需切除部分或全部受影响的乳房。接下来的问题是，如何保护健康的乳房。由于那个健康的乳房最终患癌症的风险显著增加，因此许多年轻女性选择将两个乳房都切除，即使其中一个是健康的。

2012年，美国只有一侧乳房患癌症的45岁以下女性中，有1/3选择将两个乳房都切除。这一数字与早些年（当时的比例为1/10）相比急剧上升。为什么这么多的女性，在只有一侧乳房患上癌症时，选择进行双侧乳房切除术？更令人困惑的是，选择在此情况下切除双侧乳房的女性，有一半生活在美国的5个州——科罗拉多州、艾奥瓦州、密苏里州、内布拉斯加州和南达科他州。目前，仍未有对这一聚集现象的解释。许多女性表示，她们做出这个决定的原因是，可以不必再担心乳腺癌的复发。但这些女性做出的可能并不是最佳决定。

目前，没有证据表明切除健康的乳房对寿命有任何影响。包括美国乳腺外科医师学会和内科医学委员会在内的一些医学组织建议，除非存在某些遗传因素，否则不要切除健康的乳房。BRCA1 和 BRCA2 突变增加了患乳腺癌的风险。若携带其中一个或两个基因突变的女性被诊断患有乳腺癌，那么通常建议她们即使有一个乳房未患乳腺癌，也要进行双侧乳房切除术。但抑制这些基因或用药物抵消其作用的方法，目前已在研究中。被诊断患有乳腺癌的年轻女性在选择切除健康的乳房前，应该仔细评估所有信息。

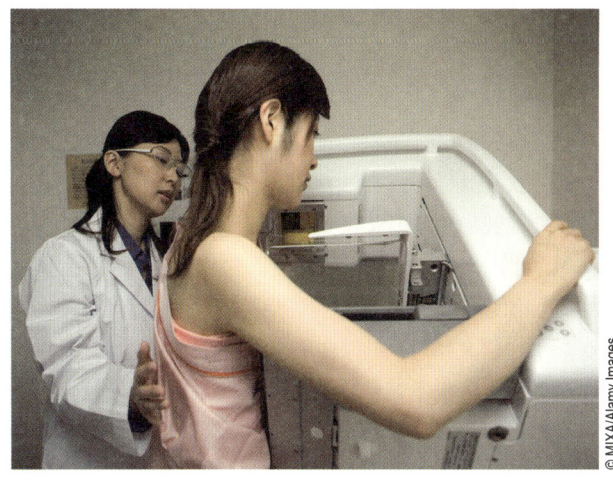

乳房X光检查可以在早期发现乳腺癌，并提高成功治疗的机会。

超过半个世纪的乳房X光检查的使用历史和数十项综合研究表明，例行乳房X光检查的预防效果有限（Welch, 2010）。乳房X光检查发现了许多非癌症的乳房异常。这些假阳性使女性不得不接受额外的医疗手术。这些手术费用昂贵且令人担忧，有时它们甚至是有害的。她们通常会接受不必要的外科活检，导致乳房变形。因此，所有女性，特别是那些患乳腺癌风险较低的女性，在知识渊博的卫生专业人员的帮助下评估自己的担忧和需求，似乎是更谨慎的做法。尽管存在争议，美国癌症协会仍然建议，所有40~50岁的女性每隔1~2年要接受一次乳房X光检查。

生活方式的改变有助于预防乳腺癌 在工业化国家中，女性罹患乳腺癌的终身风险约为10%；乳腺癌仍然是这些国家女性死亡的主要原因之一。在美国，每年约有20万女性被诊断出患有乳腺癌；每年约有4万名女性死于乳腺癌。非裔美国女性的乳腺癌发病率高于美国白人女性；其乳腺癌死亡率也同样高于美国白人女性。对于携带 BRCA1 或 BRCA2 突变的女性来说，她们患乳腺癌的终身风险高达80%~90%，这可比一般人高得多！

健康的生活（例如，保持正常体重），对降低女性患乳腺癌和其他癌症的风险是有效的。其他有助于预防乳腺癌的方法包括保持低脂肪饮食，食用足够数量的新鲜水果和蔬菜，参加体育活动和限制饮酒。

被诊断为乳腺癌的女性，可以通过参加体育活动增加幸存的机会，如每周快走3~5个小时。

治疗乳腺癌 许多年以来，对于被诊断为乳腺癌的女性来说，手术切除一个或两个乳房，同时切除乳房下的组织，即所谓的乳房根治性切除，一直是被推荐的治疗方法。近年来，在大多数早期乳腺癌患者中，一种被称为乳房肿瘤切除术（即只切除肿瘤）的方法，在长期生存率方面被证明与乳房切除术一样有效。然而，如果在腋下淋巴结中发现了癌细胞，这些癌细胞也会被切除，这通常会导致患者经历痛

乳房自检

乳房自检（breast self-examination, BSE）应该每月做一次，这样你就会熟悉乳房的正常外观和感觉。熟悉感会使我们更容易关注到乳房每月的变化。尽早发现与"正常"情况相比所出现的变化，是BSE背后的主导思想。如果你能在早期发现癌症，治疗前景就会好得多。如果你仍有经期，最好在经期结束后2~3天做BSE，这时你的乳房最不容易肿胀或压痛。如果你已绝经，则自己选择一个日子，比如每月的第一天，提醒自己是时候该做BSE了。下面是做BSE的方法：

1. 站在镜子前。检查双乳是否有任何异常情况，如乳头是否有分泌物，皮肤是否起皱、凹陷或起鳞。

接下来的两个步骤，旨在突显乳房形状或轮廓的任何变化。当你这样做的时候，你应该能够感觉到胸部肌肉收紧。

2. 仔细看着镜子，双手合十放在脑后，同时向前按压。
3. 接下来，双手紧压胯部，当你将肩膀和肘部向前拉时，微微地向镜前弯下腰。

有些女性会在淋浴时做下一部分检查，因为当手指滑过涂着肥皂的皮肤时，更容易把注意力集中在皮肤下面的肌理上。

4. 举起你的左臂，用右手的3或4个手指有力、仔细并彻底地检查左乳房。从外侧边缘开始，用手指指腹在乳房周围画小圈，然后慢慢地移动，逐渐向乳头方向移动。确保探索范围覆盖整个乳房。特别注意乳房和腋下之间的区域，包括腋下本身。检查皮肤下是否有异常的肿块。
5. 轻轻挤压乳头，看是否有分泌物排出。不管是否在BSE过程中，如果在一个月内有任何分泌物，你都要去看医生。对你的右乳重复步骤4和步骤5。
6. 在躺姿下重复步骤4和步骤5。身体平躺，将左臂举过头顶，左肩下垫一个枕头或折叠毛巾。这个姿势将使乳房变平，从而更容易检查。使用步骤4和步骤5中描述的方法做画圈运动。在右乳房重复同样的步骤。

苦而复杂的康复过程。一个多世纪以来，人们一直认为，如果淋巴结中存在癌细胞，癌细胞就会扩散到身体的其他部位，患者的存活率就会降低。但是现在，化疗或放疗被认为足以防止癌症的复发。

新的DNA检测，也可以帮助确定每个女性乳腺癌患者的最佳治疗方法。通过确定癌细胞的特定分子标记，就可以实施最有可能成功的化疗方案。然而，一些检测特定乳腺癌基因的DNA检测可能会带来令人沮丧的消息。携带BRCA1和/或BRCA2突变的女性，在很年轻时患乳腺癌或卵巢癌的风险就极高。这些女性有两个糟糕的选择：她们可以经常去做检查，时刻留意癌症的早期体征；或者也可以选择提前切除乳房和卵巢，以增加长期生存的可能性。

研究支持，在乳腺癌治疗期间和治疗后，对特定的临床适应证使用整合疗法（Greenlee et al., 2017）。例如，音乐疗法、冥想、压力管理和瑜伽被推荐用于减少患者的焦虑、压力、抑郁和其他心境障碍，并改善其整体生活质量。指压疗法和针灸被建议用来减少患者因化疗引起的恶心和呕吐。并没有强有力的证据支持，通过摄入膳食补充剂来管理与乳腺癌治疗相关的副作用。

睾丸癌

年轻男性患睾丸癌的比例一直呈上升趋势。但与乳腺癌一样，导致睾丸癌发病率上升的原因尚不明确。这可能与男性接触外源性雌激素有关，但此说法尚未得到证实。睾丸癌仍然罕见，并且如果尽早发现通常是可以治愈的。这就是为什么建议年轻人定期进行睾丸自检的原因。

前列腺癌

前列腺癌主要发生在65岁以上的男性中，尽管在死于其他原因的年轻男性尸检中，也可能会发现异常的前列腺细胞。一般来说，前列腺癌的发展非常缓慢，在许多情况下，可能永远不会危及生命。

前列腺癌的早期诊断可通过两种检查来实现。

睾丸癌自检

睾丸（也称精巢或性腺），位于阴茎后一个叫作阴囊的皮肤袋中。睾丸产生并储存精子，也是体内雄性激素的主要来源。这些激素控制着生殖器官的发育和其他男性特征，比如身体和面部的毛发、低沉的声音和宽阔的肩膀。

睾丸癌很罕见，只占美国男性所有癌症的1%。然而，睾丸癌是15~35岁男性最常见的癌症。睾丸未降的男性（睾丸从未下移至阴囊）比睾丸下降至阴囊的男性患睾丸癌的风险更高。即使做了手术，把睾丸移至阴囊的适当位置后，患睾丸癌的风险也不会降低。睾丸癌的症状包括：

- 任意一侧睾丸有肿块；
- 任意一侧睾丸肿大；
- 阴囊有沉重感；
- 小腹或腹股沟隐隐作痛；
- 阴囊突然积液；
- 睾丸或阴囊疼痛或不适；
- 乳房变大或压痛。

这些症状并不一定是癌症的征兆，也可能是由其他原因引起的。然而，如果其中任何一种症状持续长达2周，就要及时就医。任何疾病都应该尽早诊断和治疗。早期诊断对睾丸癌尤其重要，因为睾丸癌发现和治疗越早，患者完全康复的机会就越大。

大多数睾丸癌是男性自己偶然或在做睾丸自检（testicular self-examination, TSE）时发现的。睾丸光滑、呈椭圆形且颇为结实。经常自我检查的男性会逐渐熟悉睾丸的正常感觉。每个月感觉到有任何异常变化，都应该及时报告给医生。男性每月进行一次睾丸自检可以增加发现肿瘤的机会。睾丸自检应在洗热水澡或淋浴后进行。高温会使阴囊松弛，让人更容易发现任何异常。男性可按照下述建议进行自我检查：

- 站在镜前，检查阴囊皮肤是否肿胀。
- 用双手检查每个睾丸。将食指和中指置于睾丸下方，拇指置于上方。
- 用拇指和其他手指轻揉睾丸。一个睾丸比另一个大是正常的。
- 找到附睾（睾丸后部柔软的管状结构，负责收集和携带精子），不要把附睾误认为是不正常的肿块。
- 如果你发现肿块，马上联系医生。大多数肿块出现在睾丸的两侧，但也有一些出现在前面。记住，睾丸癌大概率是可治愈的，尤其是在及时就医的前提下。

一种是直肠指诊，受过培训的人可以通过这种检查来检测前列腺是否增大或感觉异常。**前列腺特异性抗原（PSA）检测**（prostate-specific antigen test）则是检查血液中与前列腺异常生长相关的蛋白质。高PSA水平可能预示有前列腺癌风险，但这也会发生在许多其他非癌疾病中。只有再进行额外的检测，才能确认血液中高PSA水平的真正意义。

前列腺癌的主要风险因素是年老。该癌症约80%的病例和90%的死亡发生在65岁以上的男性中。据估计，在美国50岁以上的男性中，有2 500万人可能会检测出一些异常的前列腺细胞。然而，绝大多数人从未发展成前列腺癌，因为大多数前列腺癌的发展都极其缓慢。即使发展成前列腺癌，绝大多数人最终也是死于前列腺癌以外的其他原因。因此，第一个问题是，是否值得筛查前列腺癌？第二个问题是，是否应该治疗发展缓慢的前列腺癌？由于PSA检测只是前列腺癌的一个弱预测因子，因此，关于其使用的建议仍存在争议，并在近年来发生了数次变化。PSA检测的主要问题是，它通常会把未患前列腺癌的男性标示为患有前列腺癌，也就是一个假阳性的结果。这导致了昂贵且痛苦的进一步检查，这些检查本身又会造成一定的问题。在21世纪的大部分时间里，PSA检测都不是男性的推荐项目，只是可选项目。2016年，一个专家小组再次将该项目推荐给医生，让医生建议其患者进行PSA检测。与任何被推荐的检查项目一样，患者应该与值得信赖的医疗保健专业人员讨论他们的担忧。

皮肤癌

皮肤（上皮）由多层和多种细胞组成。皮肤上层为扁平的鳞状细胞，底层包含基底细胞。在鳞状细胞和基底细胞中散布着黑色素细胞。这些细胞赋予皮肤特有的色素沉着。黑色素细胞较多的人比浅

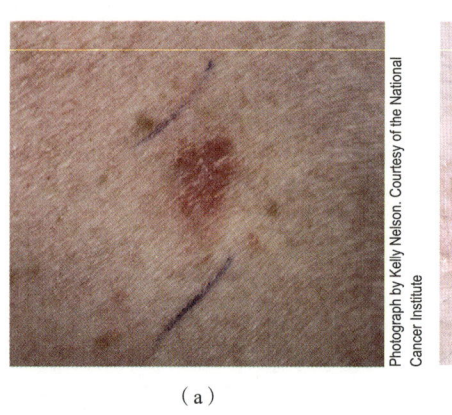 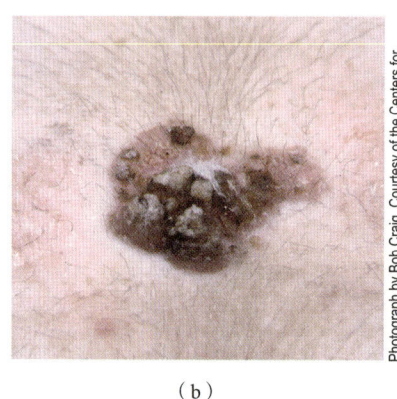 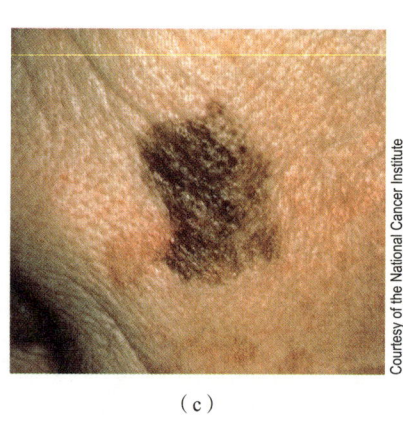

(a) (b) (c)

任何皮肤上的异常生长都应该由健康专家进行检查，以确定它是否为一种皮肤癌。(a) 基底细胞癌；(b) 鳞状细胞癌；(c) 黑色素瘤。

肤色的人更不易患皮肤癌。

暴露在阳光下是造成各种皮肤癌的主要原因。儿童期暴露于阳光下的程度，在很大程度上决定了日后患皮肤癌的风险。有两个因素导致了患皮肤癌的风险：第一，日光浴和人工日光浴；第二，臭氧层的持续损耗导致更多的紫外线辐射到达地球表面。正是阳光中的紫外线辐射导致了皮肤细胞的突变，从而可能导致癌症。为了降低患皮肤癌的风险，你必须减少暴露在阳光下的时间。

阳光包含紫外线辐射，以及我们用眼睛检测到的可见光（紫外线辐射是不可见的）。紫外线辐射是一种高能辐射，它可以穿透皮肤细胞、损伤 DNA，并引发基因改变，最终可能发展为皮肤癌。阳光中最危险的两种紫外线辐射形式是 UVA 和 UVB。阳光由约 95% 的 UVA 和 5% 的 UVB 组成；日光浴灯主要发出 UVA。

3 种皮肤癌分别是**基底细胞癌**（basal cell carcinoma）、**鳞状细胞癌**（squamous cell carcinoma）和**黑色素瘤**（melanoma）。这 3 种皮肤癌分别起源于不同种类的皮肤细胞。在美国，每年约有 100 万例皮肤癌确诊病例；全球每年约有 250 万例皮肤癌确诊病例。基底细胞癌和鳞状细胞癌通常不会危及生命，异常细胞可以通过手术或冷冻等方式去除。黑色素瘤是一种非常危险的皮肤癌，一旦开始扩散就很难治愈。在美国，大约每小时就有 1 个人死于黑色素瘤。如今，黑色素瘤的发病率大约是 20 世纪的 20 倍。这很大程度上是由于人们增加了暴露在阳光和室内日光浴灯下的时间。

黑色素瘤的医学疗法包括：在早期用手术切除癌变；用化疗药物阻止癌细胞生长；使用高能 X 射线或其他类型的辐射来杀死癌细胞或阻止癌细胞生长；利用患者的免疫系统来对抗癌症的免疫疗法。

大多数皮肤癌都是可预防的 在美国，患各种皮肤癌尤其是黑色素瘤的人数正在增加。情况本不该如此，因为皮肤癌是所有癌症中最可预防的癌症之一。大多数皮肤癌的主要成因是过度暴露在阳光以及日光浴灯下。预防皮肤癌的最佳方法是遵守 **WAR** 原则：

- 穿（wear）保护性的衣服。
- 避免（avoid）在上午 10 点到下午 3 点之间晒太阳。
- 定期（regularly）涂抹防晒系数大于 15 的防晒霜，即使是在阴天的户外也不例外。防晒霜应该每隔几个小时重新涂抹一次，如果是游泳或运动的话，涂抹时间间隔应该更短。

防止儿童晒伤和过度日照是特别重要的，因为

室内日光浴灯和香烟有什么共同之处

这个问题的答案是，它们都会导致癌症和早逝。香烟是造成肺癌的主要原因，而日光浴灯则会导致包括黑色素瘤在内的各种皮肤癌。在美国过去的几十年里，随着"美黑色"皮肤成为健康与活力的象征，由日光浴灯产生的紫外线（UVA）诱发的皮肤癌发病率飙升。阳光中导致癌症的主要成分是UVA，它的波长为315~400纳米。阳光中的另一个组成部分是UVB，它的波长更短（280~315纳米），能量比UVA要高。日光浴灯主要发出UVA，它最初被认为对想要晒黑的人来说是安全的。许多研究表明，UVA辐射会导致各种形式的皮肤癌，日光浴灯对健康的危害与香烟一样大。

请考虑如下事实：

- 经常使用日光浴灯的人，一半以上会在40岁之前患基底细胞癌。
- 日光浴灯大大增加了患黑色素瘤的总体风险，黑色素瘤是最致命的一种皮肤癌。
- 美国许多州通过了法律，禁止18岁以下的人前往日光浴美容院或购买日光浴灯。
- 使用日光浴床／灯增加体内的维生素D是极其危险的。
- 美国约有780万女性和190万男性使用日光浴灯。

在美国，尽管室内日光浴设备已被证明有患癌风险，但仍有59%的大学生报告正在使用日光浴灯。总体上，美国有35%的人在某种程度上使用日光浴灯。美国卫生与公众服务部和世界卫生组织都对使用人造日光浴设备发出了警告。尽管有这样的警告，日光浴美容院和日光浴床／灯仍然是价值数十亿美元的产业。日光浴灯与香烟一样，都会导致癌症和死亡。然而，这两个行业都太过强势，我们无法阻止它们销售致命产品。为了预防皮肤癌，不要使用日光浴灯，并且每当你暴露在明亮的阳光下时，记得使用防晒霜或穿防护衣物。

黑色素瘤的体征

为了保护自己免受黑色素瘤的伤害，在检查身体的痣是否有变化时，记住下述的"ABCD"法则。如果你有任何怀疑之处，请立即咨询医生。

- 不对称（asymmetry）——痣的一半看起来和另一半不同。
- 边界不规则（border irregular）——痣的边缘不规则或不清晰。
- 颜色（color）——痣的色素沉积不均匀。
- 直径（diameter）——任何直径超过6毫米或是尺寸增大的痣。

与晚年皮肤癌发病概率相关的是终身的紫外线暴露量。到65岁时，大约每2个美国人中就有1个患有某种皮肤癌。地球上层大气中的臭氧层过滤了大部分的太阳紫外线。近年来，臭氧层变薄明显增加了过度暴露在阳光下的危险。除非更多的人遵守WAR原则，否则皮肤癌的发病率在未来将继续上升。

佩戴能阻挡至少99%紫外线的太阳镜，对保护眼睛很重要。偏光镜片可以阻挡眩光，但不一定能阻挡紫外线，除非标签上有特别说明。在强光下变暗的"变色镜片"可能也无法阻挡紫外线，购买时一定要阅读产品说明。长时间将眼睛暴露在紫外线下会诱发白内障。

结直肠癌

在美国，结直肠癌的死亡率仅次于肺癌、前列腺癌和乳腺癌；它对男性和女性的影响是一样的，每年共导致约5万人死亡。与许多癌症一样，如果能尽早发现，许多结直肠癌病例可以通过手术治愈。

在40岁以下的人群中很少会诊断出结直肠癌，但在50岁以上的人群中其出现频率就开始变高了。结直肠癌的主要筛查方法是进行潜血检查、可屈性乙状结肠镜检查和结肠镜检查。在潜血检查中，分析粪便样本是否含有血液，它可能是结直肠癌的体征。在乙状结肠镜检查中，一个可屈的仪器经过直肠通到结肠的下部，方便医务人员能够直观地检查结肠的内膜。如果发现任何异常组织，建议进行完整的结肠检查（结肠镜检查）。

对结直肠癌的潜血检查是准确的。当粪便潜血检查呈阳性时，通常需要进行额外的检查。因为乙状结肠镜和结肠镜检查是侵入性的，所以它们存在一定的风险。

结肠镜检查的死亡率大约为 1/10 000。然而，50~54 岁人群结直肠癌的死亡率也仅为 1.8/10 000，因此，是否进行结肠镜检查，并不是一个可以简单做出的决定。每个人都需要权衡个人特殊的风险和获益。

已知某些遗传基因（见表 13.2 和图 13.4）会增加个体患结直肠癌的风险。那些来自高危家庭的人可以进行基因检测，看看他们是否遗传了结直肠癌易感基因突变。他们可以通过更频繁地检查结肠而从基因检测信息中获益，但他们也必须愿意接受伴随一生的压力，因为他们知道自己患结直肠癌的风险高于平均水平。

饮食与癌症风险

许多流行病学研究表明，某些癌症的风险受到饮食的强烈影响。例如，饮酒和食用加工的肉类（如培根、香肠、午餐肉和热狗等），会增加患癌症的风险。胃癌在日本很常见，但在美国夏威夷的白人中并不常见。夏威夷的日裔美国人的胃癌发病率几乎与美国白人一样低。过度食用烟熏和腌制食品，可能是导致日本胃癌发病率较高的原因之一。

尽管在科学上还不确定哪些食物会增加癌症的风险，但某些饮食选择可能有助于预防癌症（**表 13.5**），这些推荐饮食中的大多数还有助于增强个体免疫系统。免疫系统是人体抵御外来细胞的主要防御系统。B 族维生素、维生素 C 和叶酸已被证明可以增强免疫系统，因此，它们也可能有助于破坏癌细胞。这些物质可以通过补充剂来补充，也可以很方便地从新鲜的水果和蔬菜中摄取。

我们的祖先需要四处觅食。他们采集和食用种子、根茎、水果和蔬菜，很少吃肉。这样一来，我们今天所吃的那些包含过量的糖、盐、脂肪和肉的食物，可能与我们从祖先那里继承来的身体化学过程不相容。现代饮食中含有大量的加工食品，这可能会导致有毒化学物质的积累，或者某些包含在新鲜水果、蔬菜、坚果和谷物中的必需营养素摄入不足。

癌症治疗

癌症的治疗方法包括手术、**放疗**（radiation therapy）、**化疗**（chemotherapy）和免疫疗法。手术切除全部或尽可能多的肿瘤被认为是治疗癌症的标准方法，特别是当肿瘤很小且癌细胞尚未扩散至全身时。然而，即使只有很少的癌细胞存留，它们也可能长成新的肿瘤，这就是诸如乳房切除术这样的手术除切除肿瘤外，通常还会切除大量的身体组织的原因。

如果有证据表明癌细胞已经扩散，或者有些肿

表 13.5　有助于预防癌症的饮食建议
大约 50% 的癌症被认为源于营养不良。

有助于预防癌症的物质或食物	对癌症风险的作用	建议
纤维	有助于减少结肠癌和直肠癌	从蔬菜、水果和全谷物食物中摄取纤维
十字花科蔬菜（西蓝花、花菜、球芽甘蓝）	其中的植物素可以使致癌化学物质失去毒性	多吃；生食或不全熟最佳
葱属植物（洋葱、大蒜、香葱）	葱属蔬菜中的含硫化学物质有助于预防癌症	多吃
β-胡萝卜素（15 毫克）、维生素 E（400 国际单位）、硒（50 微克）	每天补充这些物质可以减少癌症（主要是胃癌和食道癌）	适度使用补充剂；高剂量的硒是有毒的
叶酸	缺乏这种维生素会增加可能导致癌症的基因损伤	饮食中含量不足时通过补剂补充
绿茶	减少食道癌	美国人主要饮用红茶，试试喝绿茶
香菇	香菇的提取物在实验室中可以减少实验动物的肿瘤，也会降低血液胆固醇	加入饮食中

癌无法通过手术切除，那么就需要使用放疗或化疗，或者同时运用放疗和化疗杀死残留的癌细胞。因为放疗和化疗会同时破坏正常细胞和癌细胞，所以每次治疗的剂量都是有限制的。

有数以百计的抗癌药物可供使用，其中许多药物对治疗特定的癌症非常有效。然而，许多由新兴技术生产的化疗药物非常昂贵。许多癌症药物每年要花费数万美元，而癌症治疗最终可能要花费数十万美元，在没有综合健康保险或政府健康保险的情况下，治疗费用远远超过大多数癌症患者及其家庭所能承受的水平。

癌症患者常常对自己的病情、治疗的痛苦和死亡的威胁感到绝望和沮丧。在这种状态下，一些患者求助于非常规疗法和承诺"奇迹"的疗法（**表13.6**）。许多癌症患者在常规医学无能为力的情况下转向替代疗法，希望能找到治愈的方法。虽然非常规疗法可能会有一定的帮助作用，或者至少能让人更安心，但患者及其家人需要警惕那些在无充分根据的情况下对未证实的疗法和未经许可的药物的有效性做出断言的从业者。

癌症免疫疗法

人体自身的免疫系统会攻击在体内任意部位生长的癌细胞。让免疫系统更好地对抗癌症的方法被称为**免疫疗法**（immunotherapies）。例如，目前可供使用的人乳头瘤病毒（HPV）疫苗，通过诱导免疫系统制造对抗 HPV 的抗体，从而保护女性免受宫颈癌的侵袭。科学家们正在研究一种更具针对性的免疫疗法，诱导免疫系统的 T 细胞识别和攻击患者的特定癌细胞。

2011 年，药物伊匹单抗被批准用于治疗进展期黑色素瘤患者。接受此药物治疗后，大约 20% 的患者的肿瘤消失了，并且其痊愈似乎是永久性的（Piore, 2017）。伊匹单抗是第一个被批准的采用检查点抑制的免疫疗法。一些癌症通过阻断免疫系统实现生长和扩散，检查点抑制药物消除了癌症阻断免疫系统的能力，使有效的抗癌免疫反应得以进行。目前，已经有几种其他的检查点抑制剂药物，更多的这类药物正在研发当中。

其他免疫疗法使用药物来"标记"癌细胞，使免疫系统更容易发现并摧毁它们。另一种被称为 CAR-T 疗法的癌症免疫疗法是从癌症患者的血液中提取 T 细胞，并在实验室或诊所对其进行修饰，以便它们能更好地发现并摧毁癌细胞，然后再将修饰后的细胞放回体内。

在 2017 年，癌症免疫疗法取得了积极的进展，一种检查点抑制剂获得批准。该抑制剂可以治疗特定基因缺陷所导致的多种癌症。这种基因缺陷阻碍了细胞修复被辐射或化学物质损伤的 DNA 的能力。无法修复 DNA 损伤会导致突变的积累，其中一些突变会让正常细胞变成癌细胞。在此之前，获批的药

表 13.6　未经证实的癌症疗法

许多绝望的或用尽所有治疗方式的癌症患者会求助于非常规的疗法。这些疗法的效果并未经过科学证实。

疗法	基本"原理"
代谢疗法	癌症是由身体中的毒素和废物引发的。该疗法通过移除细胞中的毒素为身体解毒。
草药疗法	草药拥有当今科学仍未发现的、自然的、神奇的治疗效果。
大剂量维生素疗法	高剂量的维生素可以杀死癌细胞，并让身体恢复活力。
膳食疗法	特殊膳食（葡萄食疗法、长寿饮食法或在食谱中加入鲨鱼软骨素）会让人体恢复平衡并治愈癌症。
电子设备	电或磁的能量会让生命力和谐并杀死癌细胞。

不要被癌症"奇迹"疗法愚弄

大多数被诊断出癌症的人会变得沮丧或愤怒，尤其是当医生对他们的结果感到悲观或无法提供治愈的希望时。无法用常规疗法治愈的人（以及许多其实可以采用常规疗法治疗的人），常常求助于某种为无法治愈的进展期癌症提供希望的替代疗法。替代疗法的涵盖范围很广，从营养疗法、免疫疗法、光疗法到精神疗法。

大多数的癌症替代疗法都是为了从绝望的患者身上捞钱。如果某件事好得令人难以置信，那么它通常就不是真的。

物仅可用于治疗一种特定的癌症。目前，这种药物则被批准用于治疗由相同的基因缺陷引起的任何癌症。在测试中，该药物对77%的有DNA修复缺陷的12种不同癌症患者有效。每年有多达6万名癌症患者可受益于这种新的癌症疗法（Saey, 2017）。

治疗儿童癌症

在美国，每年大约有2万名21岁以下的人被诊断为癌症。由于儿童癌症治疗领域的进展，他们中约80%的人被治愈，并且在没有癌症体征的情况下顺利进入成年期。治愈多种形式的儿童癌症，被当作抗击癌症的伟大成功故事而称颂。然而，对数千名儿童癌症幸存者的研究显示，这些幸存者中的大多数都伴有严重的慢性健康问题，并且更有可能早逝。他们可能患有其他癌症、心脏病、肌肉骨骼疾病和其他严重疾病。该研究强调，儿童癌症幸存者必须在一生中持续接受医疗关注，以发现和治疗新的健康问题。

对于任何年龄的癌症幸存者来说，健康的生活方式都是至关重要的，它有助于患者减少用于治疗癌症的有毒疗法的破坏性影响。儿童癌症幸存者应尽可能保持健康的饮食。他们应该避免吸烟，并且尽量住在环境（尤其是空气）没有被污染的地方。他们应该经常锻炼，避免体重过度增加。最后，他们应该定期咨询那些擅长儿童癌症幸存者后续健康问题的医生。

癌症疫苗

当人体内出现异常细胞时，在大多数情况下，这些细胞会被人体的免疫系统识别并摧毁。只有当不正常的细胞不能被消除并继续生长和增殖时，才会出现肿瘤。目前，医学研究人员正致力于寻找那些研发癌症疫苗和增强人体免疫系统的方法，以便人们更好地抵御癌症。

一种如果广泛使用便可消除女性宫颈癌的疫苗已被批准使用。这种疫苗是安全的，并且能有效地阻断导致宫颈癌的人乳头瘤病毒感染。对抗可导致肝癌的乙肝病毒和丙肝病毒的疫苗也已出现。

> 愚人的愚昧比恶人的邪恶为祸更广。
> ——苏菲派谚语

应对癌症

癌症的诊断结果，会给患者及其亲友带来严重的问题。患者通常会进入一种难以置信或震惊的状态，而整个家庭也不得不应对新的问题。患者必须面对手术或其他治疗。除此之外，患者通常还必须处理对死亡的恐惧、对疾病的愤怒、收入的损失、生活习惯的改变，以及最重要的——结果的不确定性，这可能会持续数月或数年。这就是为什么应对癌症可能很困难的一些原因。压力和情绪低落会使患者免疫系统的正常功能受到抑制。也有证据表明，敌意情绪、怨恨、深切的个人失落感和绝望感可能是癌症应对中的一些重要因素。

应对由癌症、艾滋病和其他严重疾病带来的情绪困扰，其策略是相似的，它们都依赖积极的思维方式。对威胁生命的疾病的应对能力和任何治疗的

晚期癌症患者延长生命的费用

在很多情况下，癌症是一种无法治愈的慢性病。同时不幸的是，死亡可能就在数月之内发生。近年来，生物技术和制药公司已经研发出治疗各种进展期癌症的方法，这样那些预计很快就会死于不治之症的人可以多活几个月。因为研发一种新药要花费数以百万计的美元，所以这些药物非常昂贵。

例如，2010年，美国食品药品监督管理局批准了一种治疗进展期前列腺癌的新药普列威（其活性成分为西普鲁塞-T）。试验表明，接受普列威治疗的男性比未接受该药物治疗的对照组男性平均多活了4个月。用普列威治疗1名前列腺癌患者的费用是9.3万美元；用药物格列卫（其活性成分为甲磺酸伊马替尼）治疗慢性骨髓白血病，每月要花费4 500美元；而用于治疗进展期结直肠癌的药物阿瓦斯丁（其分子结构名为贝伐珠单抗），每年则要花费10万美元。

许多人对不断上涨的医疗支出感到震惊，但当他们本人或亲人因癌症或其他绝症而病入膏肓时，他们可能从不会考虑延长生命的费用，即便仅仅延长几个月的生命，这是可以理解的。面对死亡在情感上是困难的。然而，财政资源并不是无限的。因此，我们的社会面临着如何为绝症患者提供医疗资金的艰难决定。

视觉化促进治疗

作为堪萨斯州托皮卡市门宁格诊所的生物反馈研究主任，帕特里夏·诺里斯博士记录了几例成功使用心理意象和视觉化来补充传统医疗的案例。诺里斯博士列举了有助于使心理意象和视觉化成为有效的治疗工具（特别是对于癌症）的8个具体特征。

1. **使视觉化个性化**。图像必须是自己生成的。由医生而不是患者生成的图像似乎是无效的。
2. **让意象"自我融洽"**。自我融洽意味着，心理意象必须符合患者的价值观和理想。例如，如果患者是和平主义者，那么斗争性或战斗性的意象将破坏这种治疗效果。
3. **使用积极的意象**。负面的心理意象会强化负面的想法，这不利于治愈。例如，诺里斯指出，将鲨鱼作为一种治愈的意象，并不是一个好主意。
4. **在意象中扮演主动的角色**。患者必须以第一人称视角来感受意象，而不是想象在电影屏幕上观看意象。患者必须有一种感觉，即其所看到的是发生在自己体内的事情，而不是"在其他地方"。
5. **使意象在解剖学上正确、准确**。准确了解哪些身体区域和生理系统处于疾病状态，将决定使用意象的类型。因此，患者需要知道进入的是中枢神经系统还是免疫系统。诺里斯表示，在治疗过程中，患者可以使用多个意象。
6. **持之以恒，自我对话**。持之以恒意味着在生成意象时要有规律。诺里斯建议，每天进行3次15分钟的意象训练，并在一天中进行间歇性的较短的意象训练。当患者感到疼痛时，表示患者的身体正在与其交流。她建议，把痛苦当成朋友。在对话式的自言自语中，她建议，患者要感谢疼痛让自己意识到问题的存在，这样他们才能解决问题。最后，她建议，患者在得到肿瘤许可的前提下"摧毁"一个肿瘤。患者用爱回应，与自己的身体和平相处。
7. **创建蓝图**。蓝图的概念是一种策略。蓝图视觉化就像延时摄影一样，显示一朵花（象征着一个肿瘤）在几秒钟内开花，然后再次闭合并消失。例如，想象建造一栋楼，从在地上挖地基开始，直到竣工日，自己在门前剪彩。
8. **在意象中包含治疗手段**。诺里斯发现，使用心理意象进行化疗和放疗的患者比那些"对抗"这些医疗程序的患者表现更好。她指出，对治疗抱有善意的感觉比抱有矛盾的感觉更有帮助。她建议，人们在心理上"欢迎这种治疗进入身体"。患者可以把治疗手段当作家里的客人来对待。基于对其患者的研究，她给出了以下例子：
   - （a）化疗——一种金色的液体，被健康细胞排队轮流传递给癌细胞，然后癌细胞一一将其喝完。
   - （b）放疗——一股针对癌变肿瘤的银色能量流，要求白细胞移开或保护好自己，并像镜子一样将放疗的能量流反射到癌细胞上，然后看着癌细胞死去。

有效性，都依赖于将注意力集中在促进治愈过程的方法上。冥想和放松技巧对减轻压力很重要。学习如何使用意象视觉化可有助于提高治疗的效果。结合精神放松技巧，大脑可以专注于那些可能有助于免疫系统对抗和摧毁癌细胞的想象和暗示。

赖特先生是20世纪50年代的一位患者，他的案例生动地说明了信念在改变癌症病程方面的力量。当时，一种名为克力生物素的药物被一些人吹捧为可以治愈癌症的"神药"。赖特先生患有终末期淋巴肉瘤，医生说他只有2周的寿命。然而，赖特先生对这种神奇的药物非常有信心，坚持要用它来治疗。在只注射了一次后，医生注意到"肿瘤块像高温火炉上的雪球一样融化了，仅仅几天，它们就只有原来的一半大小了"（Klopfer, 1957）。

赖特先生的症状消失了两个月，直到他在报纸上读到克力生物素在治疗癌症方面毫无价值。之后他旧病复发，再次入院。在孤注一掷的情况下，医生向他保证，注射一剂新的双倍剂量的克力生物素将会治愈他。事实上，赖特先生被注射的是一针生理盐水。他的症状又消失了两个月。然后，新闻头条再次宣称，"全美范围内的测试表明，克力生物素是一种毫无价值的癌症治疗药物"，赖特先生在两天内旧病复发并去世。

应对癌症需要勇气和信念。无论统计数据如何预测或者医生如何判断预后，癌症患者都不应放弃希望。患者必须相信治愈是可能的，并为此而努力。对许多人来说，与癌症做斗争是一种脱胎换骨的经历，赋予了生命新的意义。

对健康的批判性思考

1. 考虑一个关于女大学生的假设案例。她家中的几位女性亲人,包括她的祖母和姑妈,都在65岁前死于乳腺癌。她只有21岁,但非常担心自己患乳腺癌的风险。她决定做乳腺癌易感基因 BRCA1 和 BRCA2 的检测。尽管医生向她解释说,除预防性乳房切除术之外,没有其他好的医疗方法。她的基因检测结果为 BRCA1 基因突变阳性,因此患乳腺癌的风险明显高于其他未携带这种基因突变的女性。从你的角度讨论这个女生现在应该做些什么来保护她的健康。请你尽可能多地收集关于乳腺癌以及这些易感基因作用的事实。
2. 列出所有你能想到的增加患癌症风险的因素。根据你自己的判断,将你列出的因素按风险从高到低进行排序。这些风险因素与你的生活有关吗?如果有关,请描述你将如何改变你的生活方式或行为,以降低患癌症的风险。
3. 本章提出了一系列有助于预防各种癌症的策略。请列出并讨论有助于预防肺癌、皮肤癌、乳腺癌和结直肠癌的方法。
4. 医生和科学家以两种完全不同的方式进行"抗癌战争"。一方面,医学研究试图发现更好的各种癌症的治疗方法。另一方面,流行病学家和其他研究人员则认为,我们需要把科学的重点从寻找治愈方法转移到预防上来,因为我们已经了解了许多致癌的环境因素。减少接触风险因素可以预防多达一半的人类癌症。根据你的判断,哪种观点是正确的?或者你认为这两种观点都同样有效?提出事实和论据来支持你的观点,并把你的结论写成一份报告。

本章小结与重点

本章小结

癌症实际上包括许多不同的疾病。它们有一种共同的特性,即不正常和不受控制的细胞增殖。虽然一些癌症是因为遗传了特定基因的有害变异,但是约80%~90%的癌症是由环境因素引起的,包括吸烟或吸入了被污染的空气,接触过量阳光或核废料等电离辐射,被某些病毒感染或接触农药、重金属、石化产品和某些药物。和其他慢性病一样,保持适当的体重、吃各种新鲜的食物和锻炼身体,将有助于防止癌细胞在体内生长。尽管在各年龄段的人群中都很流行,但通过暴露在阳光下或通过日光浴灯将皮肤晒成"美黑色"的做法,会大大增加患皮肤癌的风险。尽管许多癌症可以用现代药物成功治疗,但癌症复发的风险总是存在的。

乳腺癌是所有年龄段的女性都非常关心的问题。定期的乳房X光检查有助于女性在早期发现乳腺癌,从而提供更多的治疗选择。某些女性群体,尤其是那些有犹太血统的女性,患乳腺癌的风险远远高于平均水平,因为她们可能遗传了易感基因突变。另一方面,西班牙裔女性的患病风险可能低于平均水平。目前的基因测试可以检测许多癌症的易感基因,包括两种乳腺癌基因。预防是避免患癌的最好方法。避免进食可能致癌的食物,例如炭烤肉类、烟熏的肉类和鱼类,以及可能含有农药残留的水果和蔬菜。尽量避免吸入化学烟雾和受污染的空气。不要吸入烟草、户外烧烤架或森林火灾产生的烟雾。

重 点

- 癌症包含许多种不同的疾病。所有的这些疾病都有一个共同的特征,即细胞在体内异常、不受控制地生长。
- 饮食因素和环境因素,如吸烟和阳光,会作用于细胞中的遗传物质,导致其产生化学变化,最终可能引发肿瘤,即一团异常生长的细胞。
- 大约1/3的癌症是由吸烟引起的,尤其是肺癌。
- 导致癌症的主要环境因素是电离辐射、肿瘤病毒、致癌化学物质,可能还有外源性雌激素。
- 如果所有关于癌症预防的知识都能得到实践,那么多达一半的癌症将不会发生。因此,癌症在很大程度上是一种可以预防的疾病。
- 只有5%到10%的癌症是由遗传基因引起的。体细胞中导致癌症的基因变化并不会遗传给孩子,因为这些基因变化并没有发生在精子或卵子中。
- 癌症的治疗手段包括手术、放疗、化疗和免疫疗法。所有这些癌症治疗方法的目标,都是尽可能多地去除或破坏癌细胞。
- 癌症的康复取决于良好的营养、积极的态度、疗愈性心理意象,以及适合特定癌症的治疗方法。健康、活跃的免疫系统也是癌症预防和康复的重要组成部分。

- 乳房和睾丸的自我检查都是早期癌症检测的积极手段。
- 约一半的癌症是由营养缺乏或过剩引起的。
- 过度暴露在阳光下会导致皮肤癌,其发病率在逐年上升。
- 显著减少癌症需要人们在生活方式上做出重大改变,包括更多地关注健康饮食,消除烟草使用,限制酒精摄入,少接触强烈的阳光和化学致癌物。

参考文献

Brenner, D. J., & Hricak, H. (2010). Radiation exposure from medical imaging—time to regulate? *Journal of the American Medical Association, 304,* 208–209.

Couzin, J. (2003). Review rules out abortion cancer link. *Science, 299,* 1498.

Greenlee, H., et al. (2017). Clinical practice guidelines on the evidence-based use of integrative therapies during and after breast cancer treatment. *CA: Cancer Journal for Clinicians, 67*(3), 194–232.

Klopfer, B. (1957). Psychological variables in human cancer. *Journal of Prospective Techniques, 21,* 331–340.

Lin, E. C. (2010). Radiation risk from medical imaging. *Mayo Clinic Proceedings, 85,* 1142–1146.

McCollough, C. H., et al. (2015). Answers to common questions about the use and safety of CT scans. *Mayo Clinic Proceedings, 90,* 1380–1392.

Piore, A. (2017). Immunotherapy pioneer James Allison has unfinished business with cancer. *Technology Review, 120,* 75–85.

Saey, T. H. (2017). Therapy flags DNA typos to rev cancerfighting T cells. *Science News, 191,* 7.

Welch, H. G. (2010). Screening mammography—a long run for a short slide? *Journal of the American Medical Association, 363,* 1276–1278.

Woolf, S. H. (2010). The 2009 breast cancer screening recommendations of the U.S. Preventive Services Task Force. *Journal of the American Medical Association, 303,* 162–163.

推荐阅读

Collins, F. S., & Barker, A. D. (2007, March). Mapping the cancer genome. *Scientific American,* 50–57. Describes the project to map all of the variant human genes that may contribute to the development of cancer.

Esteva, F. J., & Hortobagyi, G. N. (2008, June). Gaining ground on breast cancer. *Scientific American,* 58–65. An update on the new treatments for breast cancer.

Groopman, J. (2012, April 28). The T-cell army. *The New Yorker,* 24–30. A fascinating tale of almost a century of research on the immune system that finally led to the first successful immunotherapy for melanoma, a deadly form of skin cancer.

Marshall, E. (2010). Brawling over mammography. *Science, 327,* 936–938. A good source to understand the controversy over mammography screening.

Mukherjee, S. (2011). *The emperor of all maladies: A biography of cancer.* New York: Scribner. A physician, medical researcher, and renowned author explains the origins or cancer and the gradual development of effective treatments. Dr. Siddhartha Mukherjee writes about cancer with great knowledge and from personal experience.

Piore, A. (2017). Immunotherapy pioneer James Allison has unfinished business with cancer. *Technology Review, 120,* 75–85. A fascinating tale of how new immunotherapies for cancer are being developed.

Rados, C. (2005, March/April). Teen tanning hazards. *FDA Consumer,* 8–9. Explains why using indoor tanning lamps increases skin cancer risks. Young people are the biggest users of indoor tanning lamps.

Schaffer, A. (2011, May/June). The cost of life. *Technology Review,* 82–84. Discusses the issue of administering life-extending, high-cost drugs and procedures to terminally ill people.

Welch, H. G. (2006). *Should I be tested for cancer? Maybe not—and here's why.* Berkeley: University of California Press. Many tests for various cancers exist, but they often are not helpful. This book explains why.

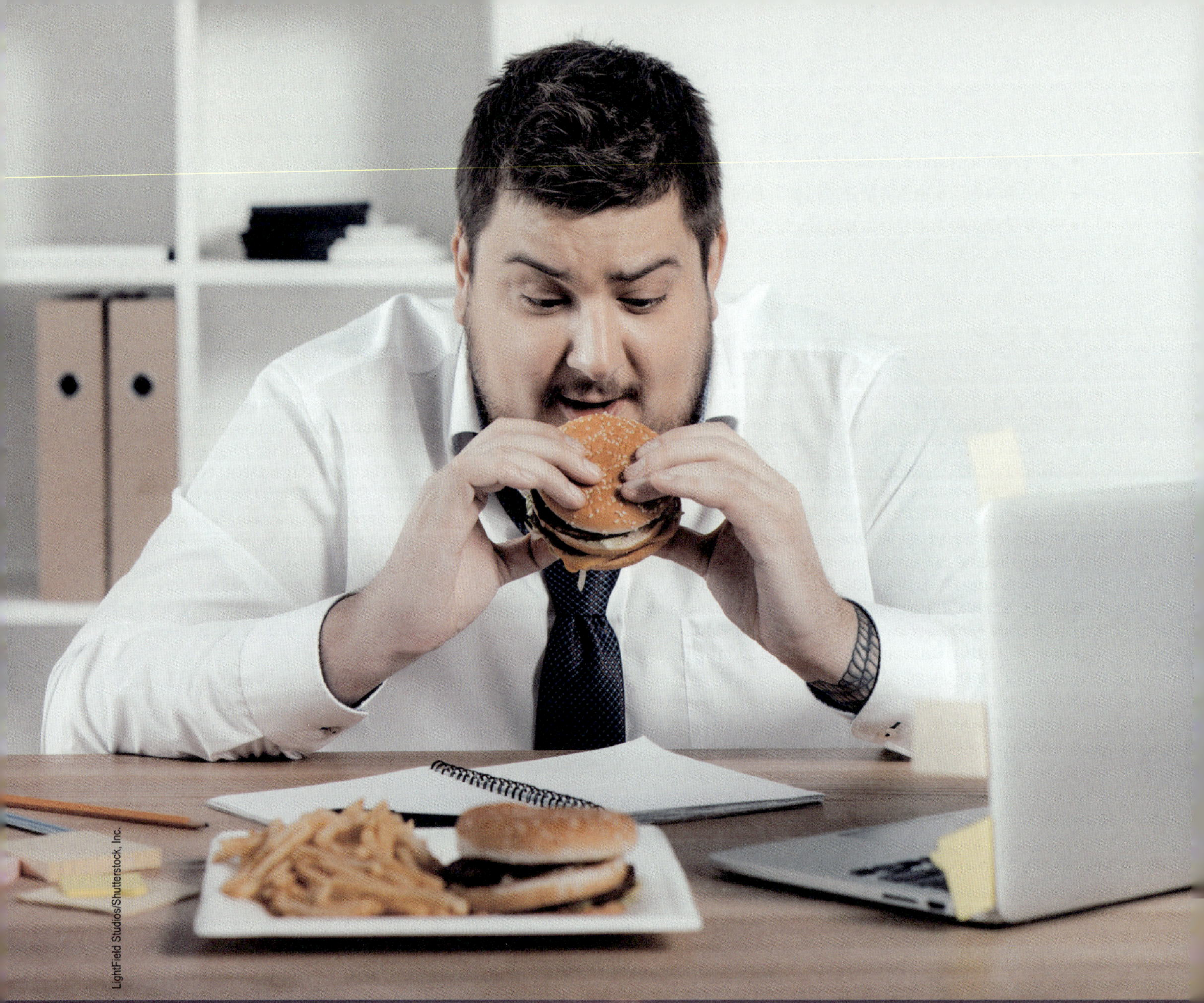

健康小贴士

牙龈感染会诱发心脏病

通过呼吸练习降低高血压

心血管健康：锻炼你的心脏

金钱与健康意识

冠状动脉搭桥术

全球健康

为了心脏健康，何时开始都不算晚

健康指南

如何解读血液胆固醇和血脂的检测结果

心震荡

家庭血压监测仪帮助患者降低高血压

基因可能会也可能不会增加患心脏病的风险

第 14 章

心血管疾病：风险和预防

学习目标

1. 定义心血管疾病并举出 3 个例子。
2. 描述血液如何流经心脏与血管。
3. 描述两种类型的心律失常。
4. 描述体内的血流方向是如何被调节的。
5. 定义**动脉粥样硬化**，并解释使用他汀类药物的治疗方法。
6. 描述冠心病及可用的治疗方法。
7. 定义中风、高血压和代谢综合征。
8. 列出增加心血管疾病风险的 3 种生活方式因素。

> 要有一颗永不变硬的心，
> 一副永不厌烦的脾气，
> 以及一种永不伤人的风格。
> ——查尔斯·狄更斯

正如在诗歌、故事和日常习俗中所表达的那样，心脏长期以来一直是人类爱情的象征。我们的语言也反映了这样一种观念，即爱和情感驻留于心中。"衷心"一词意味着深切的关怀和真诚；"没良心"意味着冷漠和不关心。当爱情关系破裂时，人们会提到自己"心碎了"或者前任"狼心狗肺"。人们会根据一个人内心的本质来描述他——残酷、善良、温暖或冷酷；有些人甚至被形容为"铁石心肠"。当人们提到生活中的痛苦经历时，他们会说"心痛"；而当他们高兴时，他们的心可能会"高兴得怦怦直跳"。

现在，我们知道各种情绪、思想和感受都源自大脑，而不是心脏。心脏的唯一功能是泵血，使之在体内循环。心脏是一个非常高效的泵，它每分钟向体内大约9.6万千米长的血管输送5升左右的血液。在这些血液中大约有25万亿个红细胞，它们将氧气从肺部输送到身体的所有细胞中，并将呼出的二氧化碳作为废物排出体外。每天大约有2 000亿个新的红细胞在骨髓（大型骨骼中心的软质物质）中合成，并释放到血液循环中。心脏每天舒张和收缩（跳动）10万次，泵出大约8 000升血液。健康的心脏和血管是生存所必需的。

心脏的负荷如此重，它能在这么多人身上工作这么长时间真是个奇迹！然而，心脏并不是不可战胜的。它可能会因感染、受伤、先天畸形，以及其主人的损害性行为（如饮食不健康、未进行足够的身体活动、吸烟）而变得虚弱。

美国心脏协会（American Heart Association, AHA）、美国疾病控制与预防中心、美国国立卫生研究院和美国其他政府机构，共同确定了一系列一旦执行就可以极大地改善心脏健康的核心行为（图14.1）。本章旨在讨论这些核心行为以及心血管健康的其他方面。

心血管疾病

心血管疾病（cardiovascular disease, CVD）是指任何损害心脏和血管的疾病（表14.1）。根据世界卫生组织（World Health Organization, 2017）的报告，心血管疾病是全球第一大死亡原因，约占总死亡人数的31%，每年约有1 800万人死于心血管疾病。在美国，心血管疾病也是第一大死亡原因，每年造成80多万人死亡（American Heart Association, 2017b）。一些心血管疾病源于天生的生物畸形（先天性心脏病）、心脏的细菌感染（风湿性心脏病）、心脏周围组织的细菌感染（心包炎），以及受伤；另一些心血管疾病则与其他疾病（如高血压和2型糖尿病）有关。但到目前为止，美国最常见、也最容易预防的心血

- 吃得健康，尤其是水果、蔬菜、豆类、坚果、种子，以及全谷物食品
- 少坐，多动，散步
- 不吸烟
- 维持健康的血压
- 少吃高脂肪和高胆固醇的食品
- 少吃糖
- 少喝酒
- 保持健康的体重
- 抽出时间放松心情
- 放松，玩得开心，多社交

图14.1 促进心脏健康的核心行为

资料来源：
* American Heart Association.
* U.S. Centers for Disease control.
* Harvard Medical School.
* University of Wisconsin.

表14.1 心血管疾病的类别

疾病	描述
脑血管疾病	为脑供血的血管疾病；中风的常见原因
先天性心脏病	出生时就存在的心脏结构畸形
充血性心力衰竭	心肌无力以致无法有效甚至完全无法泵血
冠心病	为心肌供血的血管疾病
深静脉血栓	腿部静脉中的血栓，可能脱落并转移到心脏、肺部和脑
高血压	削弱心脏并且损害血管
外周动脉疾病	为手臂和腿部供血的血管疾病
肺栓塞	血栓凝结在肺部并阻塞血液流向心脏
风湿性心脏病	由链球菌引起的风湿热导致心肌与心脏瓣膜损伤

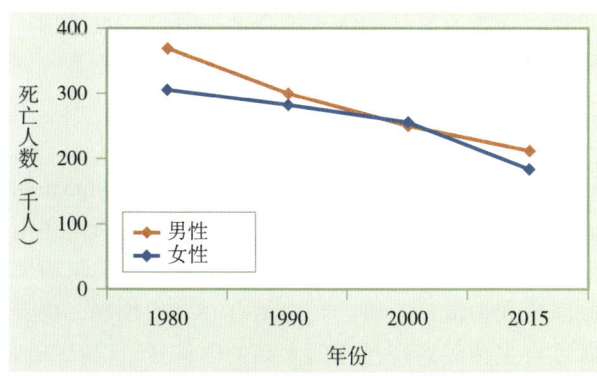

图 14.2　美国心血管疾病死亡人数（1980~2015）

资料来源：Centers for Disease Control and Prevention. (2017). Health, United States, 2016.

管疾病是**冠心病**（coronary heart disease, CHD）。它源于心脏**冠状动脉**（coronary arteries）中的脂肪沉积（称为斑块）阻碍或完全阻断了向心肌细胞运输氧气和营养物，最终导致**心肌梗死**（heart attack, 也译作心脏病发作），简称心梗。**中风**（stroke）或称**脑卒中**（brain attack）是第二大常见的心血管疾病。当血液无法充分到达脑细胞并导致它们死亡时，就会发生中风。

近几十年来，美国人死于心血管疾病的人数一直在稳步减少（图14.2）。出现这种趋势的一个主要原因是，越来越多的人开始意识到，大多数心血管疾病是可以通过健康的生活习惯来预防的，如健康饮食、在每周的大部分时间进行适度的身体活动、不吸烟、保持正常的血压和体重。心血管疾病死亡人数减少的另一个主要原因是，针对其中几种疾病有效的外科、内科和心理疗法近年来不断取得进展并持续发展。

心脏和血管

人类的心血管系统由心脏（泵）和各种血管组成（图14.3）。在体循环中，**动脉**（arteries）把含氧血液从心脏输送到身体的所有器官和组织；在氧气和营养物质被交换为二氧化碳和废物后，**静脉**（veins）将血液送回心脏。**毛细血管**（capillaries）是一种细小的血管，从动脉中分支出去，将血液循环到体内的所有细胞中。血管可能因受伤或疾病而受损，这种损伤可能阻碍携带氧气和营养物质的血液流动。

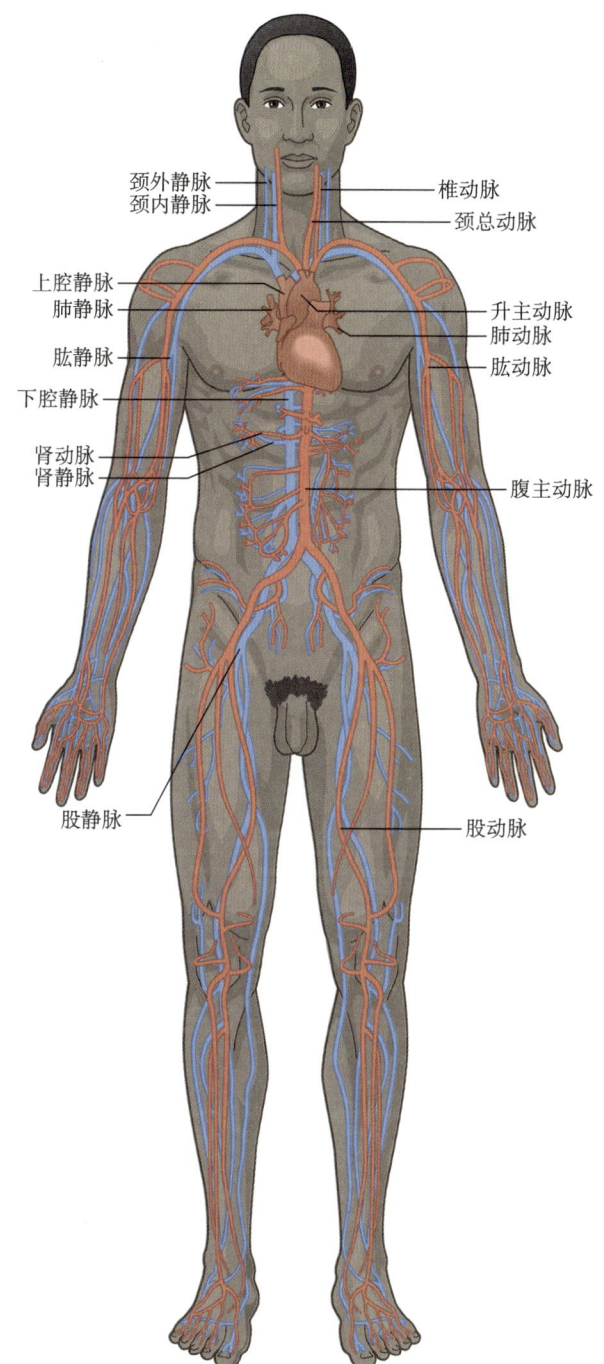

图 14.3　心血管系统

心血管系统包括心脏、动脉和静脉。心脏接收来自肺部的含氧血液，并将其泵入身体的所有组织。

维持全身血液循环的器官是心脏，这是一块高度特化的肌肉，约有成人拳头般大小，负责泵血（图14.4）。心脏的肌肉壁称为**心肌**（myocardium）。当心脏细胞的血液供应被阻断时，它们就会开始死亡，从而导致心梗。

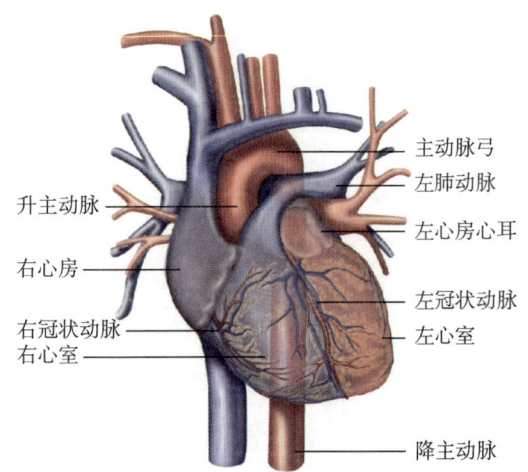

图 14.4 心脏和大动脉

在体循环中，含氧血被泵入动脉（红色），缺氧血通过静脉（蓝色）返回心脏。

心脏由 4 个独立的腔室组成：上面 2 个腔室称为左心房和右心房；下面 2 个腔室是左心室和右心室。缺氧的血液通过右心房回流到心脏，然后流入右心室。血液从这里被泵到肺部，在那里重新充氧，然后通过肺静脉回流到左心房（即肺循环——译者注）。最后，富氧血液从左心室通过被称为**主动脉**（aorta）的大动脉泵入全身组织（在完成物质交换后，变为缺氧血，经由上下腔静脉回流到右心房，完成体循环——译者注）。

心 跳

心脏每分钟收缩 60~100 次，具体次数取决于身体的活动状况或兴奋程度。人体内的全部血液几乎每分钟循环一次。在一个人的一生中（按平均 70 岁计算），心脏将泵出 1.2 亿至 1.6 亿升血液，跳动 25 亿次！

健康心脏的搏动有其特有的速率和模式，或称心律。心率是心脏的下腔（心室）每分钟收缩并将血液泵出心脏的次数。心律是一系列协调的生物事件，这些事件产生的心室收缩强到足以使血液流动。

心电图（electrocardiogram），又称为 ECG 或 EKG，是一种简单、无痛的测试，可以显示心脏搏动的快慢，以及心律是稳定的还是不规则的（**图 14.5**）。心电图通常是筛查心脏病的常规检查的一部分，也被用于检测和评估心脏问题，如心肌梗死、心律失常（即心跳不规则）和心力衰竭。心电图测试的结果也可以提示其他心脏问题。

心率由右心房的一个称为**窦房结**（sinoatrial node）的区域控制。该区域向整个心脏表面发送电信号，让心肌纤维作为一个整体进行收缩，从而使血液顺利地流过心脏。窦房结对心率的控制，也受通过自主神经系统传递的大脑的电信号，以及某些激素（如肾上腺素）对各种情况（如运动、体温升高、兴奋、压力和恐惧）所做出的反应所影响。

生物性异常、受伤或疾病都会导致心跳失去正常的节奏模式。不规则的心跳称为心律失常。心律失常的症状包括心跳过速或过缓、心脏停搏、呼吸短促、胸痛、头昏、眩晕和出汗。心律失常类型见**表 14.2**。

除窦房结外，心跳还会受源于心脏不同区域的神经冲动的影响。如果这些信号干扰了正常的心跳，那么心脏的不同区域就会彼此独立地跳动，其结果是**心房颤动（房颤）**（atrial fibrillation, a-fib），这是一种心脏上腔室快速、无组织的收缩。房颤可能导致血液聚积在心房中，而不是被泵入心脏的两个下腔室，即左右心室。因此，心脏的上下腔室无法协调地工作，从而使全身的血液流动受阻。

房颤通常会随着人们年龄的增长而出现。据估计，美国有近 300 万人经历过某种程度的房颤。通常情况下，房颤发作的时间很短，不会有可觉察的不良影响。然而，在某些情况下，房颤会导致中风。当不规则的心跳减缓心脏中的血液流动，导致形成血凝块时，就可能会发生这种不幸，即随着血液流

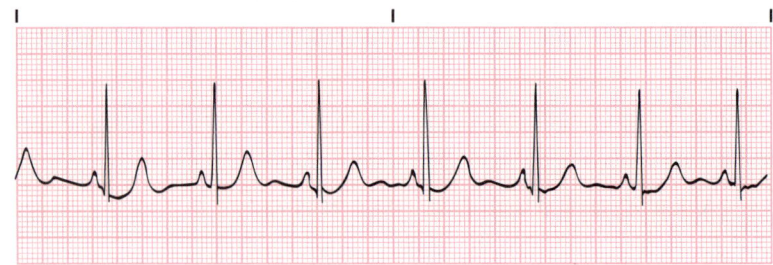

图 14.5 心电图（EKG）

这张心电图描绘的是心脏的正常电活动。图中高耸的尖峰代表了心室的收缩（"脉搏"），它会将血液从心脏送入周围的循环系统。注意这些脉冲是如何有规律地出现的，每次心跳大约需要 21 个小方块。心室尖峰左侧较小的突起代表了心房的收缩。心室尖峰右侧的小突起代表了准备收缩的心室。每个大方块代表 0.2 秒，因此这颗心脏大约每 0.8 秒跳动一次。你能计算出这颗心脏每分钟的心跳次数吗？

表 14.2	心律失常的类型
类 型	描 述
心脏早搏（额外搏动）	胸部颤动或跳过一拍的感觉。这种情况很常见，大多数情况下不需要治疗，尤其是对健康的人来说。心房早搏称为房性早搏（premature atrial contractions, PACs）；心室早搏称为室性早搏（premature ventricular contractions, PVCs）。
心房颤动	由异常的电信号在心脏组织中无组织流动而引起的心房不规则快速收缩，它将导致心房壁颤动（纤维性颤动），使血液不能以正常方式泵出。持续的、未经治疗的房颤，可能引发中风和心力衰竭等严重并发症。
心房扑动	电信号通过心房的传播过于迅速和规律（而非不规则）。其症状和并发症均与心房颤动相似。
阵发性室上性心动过速	开始和结束都很突然的心跳极度加快。原因是心房和心室之间的电信号连接出现了问题。这种情况通常并不危险，多发生在年轻人身上，而且可能在剧烈运动时发生。
室性心动过速	心室快速、有规律的跳动。发生几次室性心动过速通常不会引起问题，但持续几秒钟以上的发作可能会有危险。
心室颤动	紊乱的电信号使心室颤动，而不是正常的泵出血液。当心室不能将血液泵出心脏时，一个人会在几秒钟内失去意识并可能死亡。为防止死亡，必须立即进行除颤治疗，即对心脏进行电击。
心动过缓	心率比正常慢很多。心率过慢可能导致大脑供血不足。

向大脑的血凝块会导致中风。

房颤可以通过各种药物控制，任何有心律不齐（通常表现为心悸）的人都应该去看医生。如果不能用药物控制房颤，可以在患者的胸部植入**起搏器**（pacemaker）。这是一种小型的电子设备，能为心脏提供稳定的电信号。

心室颤动（室颤）（ventricular fibrillation, v-fib）是一种心律失常，是指心室（心脏的下腔室）非常快速且不规则地纤颤，而不是强力收缩，从而导致心脏向身体泵送很少或不泵送血液。如果心跳在几分钟内未恢复，室颤就可能是致命的（心脏骤停）。某些疾病和躯体症状会导致室性心律问题，包括冠心病、躯体应激、某些遗传性疾病，以及由高血压引起的心脏结构变化。美国每年发生在医院外的心脏骤停约 30 万例。

除颤器（defibrillator）是一种通过胸部向心脏传送电击来恢复正常心律的电子设备。为了使心脏病发作的患者存活下来，应在心脏病发作后的短时间（几分钟）内进行除颤。等到患者到达急救室时再进行除颤，通常为时已晚。

由于以上这些原因，人们研发出了自动体外除颤器（automated external defibrillators, AED），并将其放置在许多人群聚集的公共场所中，如购物中心、体育场馆和飞机。个人也可以购买 AED，并将其置于家中，因为大约 80% 的心脏病发作是在家中发生的。

经常出现心律失常（心律不齐）的人或许可以使用植入式心脏复律除颤器（implantable cardioverter defibrillator, ICD）（图 14.6）。它是一种植入胸腔的小元件，通过导线与心脏相连。如果心脏开始不规律地跳动，它就会向心脏发出一个电脉冲来恢复正常的心跳。在美国，每年约有 10 万名心脏病患者接受 ICD 植入治疗，每位患者的费用为 3 万至 5 万美元。除颤器电池的使用寿命为 5 年，因此必须每隔 5 年重复 1 次手术。大多数植入 ICD 的患者并不会出现严重到足以引发电击的心律失常。但是，医生仍然不能确定哪些患者确实需要 ICD，哪些患者可能不需要 ICD。

调节血液流动

为了保持血液在动脉和静脉中以正确的方向均匀流动，心血管系统在心脏腔室和血管中都配有单向瓣膜（图 14.7）。心脏瓣膜会随着每一次心跳打开或关闭，让血液朝一个方向流动。在罕见的情况下，由于发育异常，一个或多个心脏瓣膜在出生时就带有缺陷。随着现代心脏开胸手术技术的发展，有缺陷的心脏瓣膜可以被修复或替换为人工瓣膜，使心

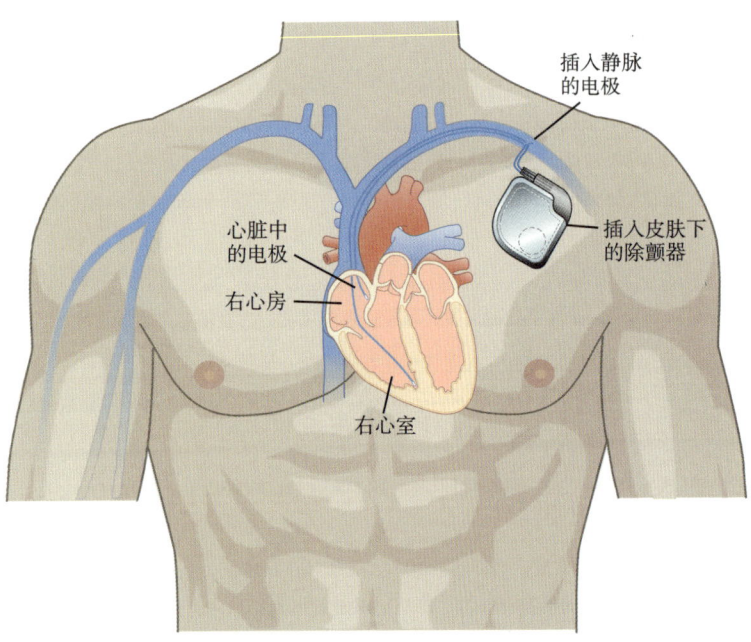

图 14.6　植入式心脏复律除颤器（ICD）示意图

除颤器是一个小型的金属盒子，里面装有电池、由处理器控制的脉冲发生器和尖端带有传感器的导线。传感器检测心率和心律，并通过导线将数据发送到发生器中的处理器。如果心律异常，处理器将引导发生器通过导线发送电脉冲来调节心脏。心脏起搏器有1~3根导线，每根导线都被置于心脏的不同腔室内。单腔起搏器中的导线，通常将脉冲从发生器输送到右心室（心脏右下方的腔室）。双腔起搏器中的导线，将脉冲从发生器输送到右心房（心脏右上方的腔室）和右心室。这些脉冲有助于协调这两个腔室收缩的时间。双心室起搏器中的导线，将脉冲从发生器输送到一个心房与两个心室。这些脉冲有助于协调两个心室之间的电信号。这种类型的起搏器也被称为心脏再同步化治疗（cardiac resynchronization therapy, CRT）装置。

资料来源：U.S. National Heart, Lung, and Blood Institute.

图 14.7　心脏瓣膜

心脏瓣膜使血液朝着一个方向进、出心脏腔室。

脏功能正常化。

风湿性心脏病　儿童期由链球菌引起的咽喉感染也会损害心脏瓣膜。反复感染链球菌会导致**风湿性心脏病**（rheumatic heart disease）（曾称为风湿热）。这是一种严重的心脏瓣膜炎症性疾病。在易感人群中，免疫系统会对细菌的存在反应过度。心脏细胞上的一些蛋白质在结构上与细菌的蛋白质相似，因此，免疫系统会像攻击感染性细菌一样攻击心脏瓣膜细胞。

二尖瓣和主动脉瓣尤其容易受到感染的损害。由此形成的瘢痕组织会阻碍瓣膜的正确打开和关闭。通过听心跳，**心脏病科医师**（cardiologist），即专攻心脏病的医生，可以探测出心脏瓣膜的异常。由于存在潜在的心脏问题，所有的"链球菌性咽喉炎"儿童患者都应使用抗生素治疗，以减少患风湿性心脏病的风险。

静脉曲张　另一种常见但不太严重的侵袭静脉瓣膜的疾病是**静脉曲张**（varicose veins）。该病表现为静脉血管呈蓝色凸起，通常出现在腿部。从腿部回流到心脏的血液必须克服重力流动，而静脉中的单向瓣膜通常会阻止血液向下流动。如果腿部静脉中的瓣膜受损，血液就会积聚并导致静脉扩张，产生可见的静脉曲张。静脉中的瓣膜失效并不会危及生命，通常可以通过手术切除受损区域来修复。

心力衰竭

心力衰竭（heart failure）（有时称为充血性心力衰竭），是一种心脏因心律失常或其他心脏疾病而过于虚弱，即使进行手术和医疗干预仍无法将足量的血液泵至全身的疾病。在这种情况下，个体会感到疲劳、运动能力减弱、呼吸急促，以及出现肿胀（水肿）。心力衰竭的治疗方法是心脏移植。这包括被列入等候名单，并寄希望于能在突然死亡的人中找到合适的供者，比如车祸的遇难者。心力衰竭者必须在进行心脏移植手术的医院附近生活并等待。如果一个人死后，其心脏适合移植，那么供者的心脏将被特殊的医疗小组完整取出，并被紧急送往心脏移植受者所在的医院。心脏移植手术很复杂、很昂贵，而且并不总能成功。尽管如此，美国每年大约有2 000例心脏移植手术。大约50%的心脏移植受者会在术后第一年内经历对新心脏的排异反应。所有受者都必须终身服用免疫抑制药物，以防止移植的心脏被自己身体的防御机制所排斥。

心肺复苏

心肺复苏（cardiopulmonary resuscitation, CPR）是对停止呼吸（如濒临溺亡）、心脏突然停止跳动（心脏骤停），或心肌梗死导致心脏停止跳动的人，实施的一种实操性紧急救助措施。注意，心脏骤停和心肌梗死是不同的。心脏骤停是因为心室没有按节律跳动，心肌梗死是由于心肌坏死。无论是何种情况，心脏都将无法为全身供血。心脏骤停的体征包括心跳停止、血流停止和脉搏停止。当血液停止流向大脑时，人就会失去意识，并停止正常的呼吸。

心肺复苏需要实施者做两件事：（1）人工呼吸；（2）反复、快速、有力地挤压胸部。自动体外除颤器（AED）是一种便携式电子设备，可以对心脏停止跳动的人实施轻微电击。AED越来越多地出现在购物中心、机场、剧院、体育场、公共建筑、商务办公室、商用飞机等公共场所和警车内。

胸部按压迫使血液循环，这对于为重要器官和大脑提供血液中剩余的氧气至关重要。研究表明，参加心肺复苏培训课程的人可以在5分钟内学会如何使用除颤器，并在20分钟内学会心肺复苏术。

美国急诊医师学会（The American Academy of Emergency Physicians, 2015）建议，对成人实施如下的心肺复苏步骤。这些步骤被整理成"心肺复苏的ABC"——开放气道（airway）、进行有效的人工呼吸（breathing）和建立有效的人工循环（circulation），以帮助人们记住实施这些步骤的顺序。

开放气道

步骤1：检查回应能力。轻轻摇晃或拍打患者，看看这个人是否有肢体活动或发出声音。对其大喊："你还好吗？"若没有反应，需拨打急救电话。大声呼救并请人拨打急救电话。如果你是独自一人，你需要自己拨打急救电话并去寻找AED（如果有的话），即使你不得不离开该患者。

步骤2：小心地让患者仰卧。如果患者有脊椎受伤的可能，那么应该由两个人移动该患者以防止其头部与颈部发生扭曲。一旦确认患者的呼吸道通畅，需立刻检查其是否有呼吸。

进行有效的人工呼吸

步骤3：小心地让患者仰卧。使患者的头部向后倾斜，抬起下巴，直至其上下牙齿几乎相触。寻找呼吸的迹象。

步骤4：如果患者没有呼吸，捏住其鼻子，实施两次完整的人工呼吸，每次大约两秒钟，以使患者产生明显的胸部起伏。

建立有效的人工循环（胸部按压）

进行两次完整的人工呼吸后，立即开始胸部按压（然后是按压和人工呼吸之间的循环）。不要浪费时间去寻找患者的脉搏以检查血液循环的迹象。

步骤5：跪在患者身旁，靠近其胸部。把你的手放在患者两乳中间的胸口上。一只手叠放在另一只上面，肘部固定伸直，手掌根用力按压患者胸部。

步骤6：每两次完整的人工呼吸后，用力快速按压30次（按压频率约每分钟100次）；重复这一过程，直到医务人员到来或患者开始呼吸。

即刻实施心肺复苏，可以使心脏骤停患者的存活率翻倍。通过将心肺复苏的实施规则变得更简单、更易学，有望使更多的人能熟练掌握该技术。

牙龈感染会诱发心脏病

我们都知道，清洁牙齿和牙龈可以预防龋齿，但保持口腔清洁可能还有另一个重要的理由。一些研究表明，牙龈感染与心脏病风险之间存在关联。在阻塞动脉的斑块中也检测到了从口腔中发现的细菌。

在美国30岁以上的人群中，约有一半患有牙龈炎，这是一种由口腔细菌引起的轻度牙龈炎症。30岁以上的美国人约有1/3患有牙周炎、急性牙龈炎症和牙龈病，吸烟是导致这些疾病的主要原因。如果你刷牙或使用牙线时牙龈出血，那么请及时去找牙医治疗牙龈疾病。年轻时保持口腔健康，可以预防日后患心脏病。

按照经典迪斯科歌曲《还活着》(Stayin' Alive)的节奏,进行简易的心肺复苏术,你可以使患者的生存机会提高2倍甚至3倍。你还可以在 heart.org/handsonlycpr 上学习挽救生命的两个简单步骤。

动脉粥样硬化

在美国和其他许多国家中,心血管疾病是导致死亡的主要原因,其中,约50%的死亡是由**动脉粥样硬化**(atherosclerosis)导致的。动脉粥样硬化是一种在一条或多条动脉血管内膜上所形成的纤维和脂肪沉积所致的疾病(**图 14.8**),这些沉积物称为**斑块**(plaque)。斑块会随着时间的推移而增多,最终减缓或完全阻塞动脉内的血液流动,从而损害依赖该动脉供血的组织的健康。当动脉粥样硬化出现在为心脏本身供血的一条或多条冠状动脉中,以及为大脑任何部位供血的任何动脉上时,情况最为危急。心脏组织缺血会让受影响的心肌坏死,从而导致心肌梗死。脑组织缺血会导致神经功能丧失(如瘫痪)或中风致死。动脉粥样硬化是**动脉硬化**(arteriosclerosis)(动脉狭窄)的一种,后者是指会导致血流迟缓的动脉壁增厚与硬化。

动脉粥样硬化斑块在动脉中的发展是3个相互关联过程的结果:(1)由过往疾病或血流的冲击力造成的划伤与裂伤,在动脉壁上留下旧伤;(2)胆固醇在动脉壁上——通常是在过往损伤部位——过量沉积;(3)炎症,即免疫系统应对动脉壁损伤和过量胆固醇沉积的过程。

胆固醇是一种蜡状物质,在人体内具有许多重要功能,包括作为细胞膜的必要结构成分、几种不同激素的基本构成要素和胆盐的前体。人体中的胆固醇以某种方式来自食物;约20%来自膳食摄入,约80%主要由肝脏利用膳食中的碳水化合物和脂肪制造。动脉粥样硬化斑块的形成涉及动脉中过量胆固醇的沉积,这就是在健康饮食建议中,包含对摄入高胆固醇、饱和脂肪、反式脂肪和含糖食物进行限制的原因。

肝脏决定了人体中大部分胆固醇的制造,并在需要时通过血液将其输送到组织和器官中。为了促进输送过程,胆固醇和另一种由膳食中的碳水化合物和脂肪制造的脂类(称为甘油三酯)被包装成球形小颗粒,称为**脂蛋白**(lipoproteins),这些小颗粒能在血液中运输。两种脂蛋白颗粒从根本上参与了动脉粥样硬化的发展:**高密度脂蛋白**(high-density lipoproteins, HDL)和**低密度脂蛋白**(low-density lipoproteins, LDL)。它们有不同的功能,在某种程度上是彼此相反的。在血液中,也发现了其他种类的输送胆固醇的颗粒,但它们最终都会转化为低密度脂蛋白颗粒。

低密度脂蛋白颗粒　沉积在阻塞动脉斑块中的胆固醇,主要来自低密度脂蛋白颗粒。低密度脂蛋白颗粒在血液中循环,将胆固醇输送给组织,以构建新细胞或作为其他生物化学物质的组成部分。任何多余的胆固醇都会被肝脏处理,以维持血液中正常的胆固醇水平。肝脏细胞表面的低密度脂蛋白受体

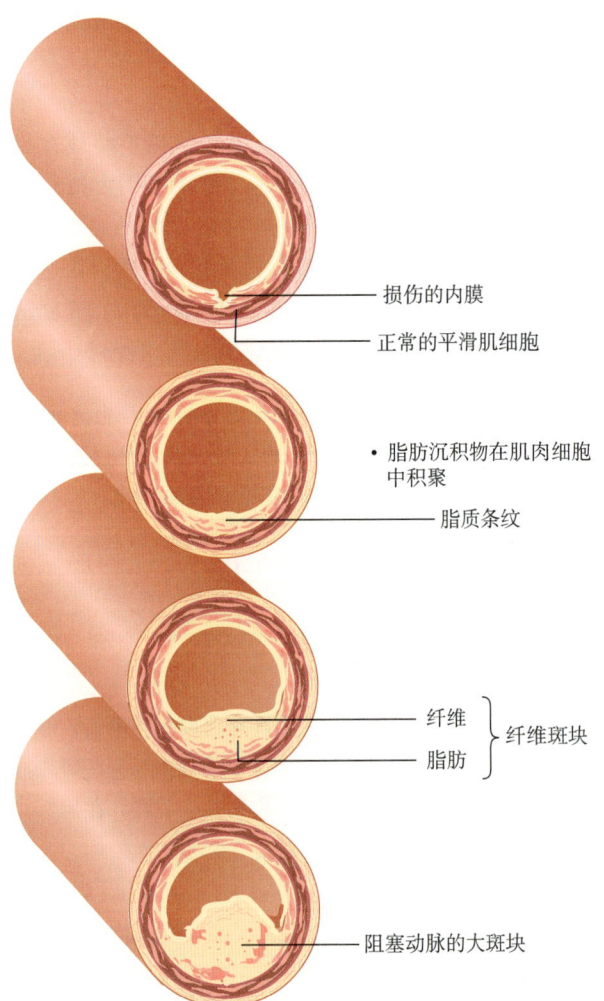

图 14.8　动脉粥样硬化病变(斑块)在动脉内的发展
斑块最终会阻碍血液流动,导致心梗或中风。斑块的形成涉及许多因素,包括胆固醇和脂质水平、免疫系统细胞和炎症。

- 损伤的内膜
- 正常的平滑肌细胞
- 脂肪沉积物在肌肉细胞中积聚
- 脂质条纹
- 纤维 ┐ 纤维斑块
- 脂肪 ┘
- 阻塞动脉的大斑块

会与低密度脂蛋白颗粒结合，并清除这些颗粒以及血液中未被使用的胆固醇。然而，如果低密度脂蛋白颗粒过多，肝脏可能就无法清除所有的颗粒。此时，这些低密度脂蛋白颗粒和相关的胆固醇就会在血液中循环，并可能在动脉壁中沉积。

此外，一些低密度脂蛋白颗粒会附着在动脉壁上。此时，它们会通过一个称为氧化的过程受到化学修饰，这也会导致斑块的形成。随着斑块越来越大，它们可能会从动脉中脱落并阻断血液流动。或者，斑块会破裂并导致血凝块的形成，这也会阻断动脉内的血液流动。这就是低密度脂蛋白被称为"坏胆固醇"的原因，也是降低低密度脂蛋白的药物被用于降低动脉粥样硬化风险的原因之一。

<u>高密度脂蛋白颗粒</u>　高密度脂蛋白颗粒是在肝脏和肠道中产生，并被释放到血液中。当高密度脂蛋白颗粒在体内循环时，它们会吸收胆固醇并将其输送回肝脏进行清除。因此，细胞和动脉中的高密度脂蛋白颗粒，可以从血液和动脉中清除多余的胆固醇，从而减少斑块的积聚。这就是高密度脂蛋白被称为"好胆固醇"的原因。

人体无法处理胆固醇的一个案例是**家族性高脂血症**（familial hyperlipidemia, FH），这是一种遗传性疾病，会导致血液中胆固醇水平显著提高。患有这种疾病的人有两个有缺陷基因，分别遗传自未受这种疾病影响的父亲和母亲。在正常情况下，这两个基因负责在肝细胞上合成低密度脂蛋白受体蛋白，以结合低密度脂蛋白颗粒，并从血液中清除胆固醇。由于他们有基因缺陷，FH 患者不能合成这些必需的低密度脂蛋白受体蛋白。胆固醇不能在肝脏中得到清除和加工，就在血液中积聚到异常高的水平，这就导致了阻塞动脉的斑块形成。患有 FH 的人，通常在很小的时候就会出现心梗。在一些病例中，移植正常肝脏成功地逆转了 FH 的影响。

<u>测量胆固醇水平</u>　医生评估一个人因动脉粥样硬化患心脏和血管疾病风险的一种方法是，在标准的血液检测中测量总胆固醇、LDL 胆固醇、HDL 胆固醇和甘油三酯的水平。这些测量值被报告为毫克每分升（1/10 升）血液（在中国，测量值的单位为毫摩尔每升，mmol/L——译者注）。本章的第一个健康指南专栏"如何解读血液胆固醇和血脂的检测结果"，介绍了胆固醇血液检测结果的解读方法。通常，医生会建议那些血液中高胆固醇、高 LDL 胆固醇和/或低 HDL 胆固醇的人改变生活习惯，以减少这些结果造成的心脏病风险；或是建议他们进行药物治疗，如服用他汀类药物。

测量血液中胆固醇和血脂水平的方式有很多。总胆固醇水平以毫克每分升（mg/dl）血液为单位测量。一般来说，胆固醇水平低于 200mg/dl，表明冠心病的风险相对较低；胆固醇水平为 240mg/dl 或更高，则会使患冠心病的风险翻倍。血液胆固醇值介于 200~239mg/dl，表明患冠心病的风险为中度且会日益增加。然而，总胆固醇水平可能不是预测心血管疾病风险的可靠指标，因为血液中的 HDL 水平也很重要，它可以降低高胆固醇水平带来的风险。

例如，如果你的 HDL 水平也很高，那么 240mg/dl 的胆固醇水平可能不被认为是危险的。一般来说，如果总胆固醇除以 HDL 水平的比率约为 4.5，则风险为平均水平。比率高于 4.5 会增加患心脏病的风险；比率低于 4.5 则会降低患心脏病的风险。用于确定心脏病风险的各种数据相当令人困惑，但解读血液胆固醇和血脂检测结果的健康指南专栏解释了一般规则。

大量的研究表明，血液中的胆固醇水平与冠心病之间有着密切的联系：血液中的胆固醇水平越高，患各种心血管疾病的风险就越大。然而，饮食中的胆固醇含量并不总是预测心脏病的良好指标。例如，

心血管疾病的风险因素包括吸烟、高血压、高胆固醇、久坐不动的生活方式、超重和过度饮酒等。

如何解读血液胆固醇和血脂的检测结果

在评估一个人患心脏和动脉疾病的风险时，需要测量4种不同的"脂肪"分子的水平：胆固醇、高密度脂蛋白（HDL）、甘油三酯和低密度脂蛋白（LDL）。每个值的范围如下所示。

胆固醇
- 低于200mg/dl：安全，除非HDL水平低于35mg/dl。
- 200~239mg/dl：接近临界值。如果一个人有心脏病的其他风险因素，如高血压或HDL水平低于35mg/dl，那么这个人就有危险了，需要采取一些矫正措施。
- 超过240mg/dl：高。这种情况还需要进一步检测；可能需要通过改变饮食或服用药物来降低胆固醇水平。

高密度脂蛋白
- 35mg/dl：低。可能需要进行运动或采取其他措施来提高其水平。女性通常比男性有更高的HDL水平。
- 35~60mg/dl：被认为具有保护作用，尤其是当胆固醇水平低于240mg/dl时。

甘油三酯
- 低于200mg/dl：正常范围。
- 200~400mg/dl：接近临界值。
- 400mg/dl以上：高。建议改变饮食。

低密度脂蛋白

LDL的值不是直接测量的，而是根据以下公式计算得出的：

$$LDL = 总胆固醇 - HDL - (甘油三酯/5)$$

使用该公式计算，LDL值低于130mg/dl被认为是安全的；在160mg/dl以上被认为是高的，可能需要开降脂药。然而，即使这个公式也不能让所有的专家满意。他们中的一些人相信，LDL和HDL的比率才是预测心脏病风险的真正重要的指标。

法国人喜欢吃鸡蛋、肉类和富含脂肪的食物，他们的平均胆固醇水平比美国人要高得多。然而，法国人死于心脏病的比例还不到美国人的一半（有时，这被称为"法国悖论"）。胆固醇代谢的一个最夸张的案例是，一个88岁的男性在15年间每天吃25个鸡蛋，但其血液胆固醇水平完全正常（Kern, 1991）。

其他流行病学研究表明，对于胆固醇达到多高的水平才会构成冠心病风险这个问题，不同群体间差异很大。在美国，血液胆固醇水平为200mg/dl的人死于冠心病的可能性，是同等胆固醇水平的日本人的5倍。南欧人患心脏病的风险也相对较低，即使他们的胆固醇水平高于250mg/dl。动脉粥样硬化主要是现代工业化社会中的一种疾病。新几内亚的部落住民、非洲的昆人（Kung）和格陵兰岛的因纽特人的心血管疾病发病率都很低。墨西哥的塔拉乌马拉原住民（Tarahumara）只要食用的是传统饮食，就几乎不患心脏病或高血压。然而，当研究人员将一组塔拉乌马拉原住民志愿者的饮食改为典型的美国饮食时，他们就开始变胖，血液中的脂肪和胆固醇水平也显著增加（McMurry et al., 1991）。

胆固醇、他汀类药物和炎症　他汀类药物（statins）是一类能显著降低血液胆固醇水平的药物。他汀类药物是世界上最畅销的处方药之一。他汀类药物通过抑制肝细胞中产生胆固醇的一种酶（β-羟基-β-甲基戊二酸单酰辅酶A还原酶）来发挥作用，它可以让人体产生的胆固醇明显减少。他汀类药物的另一个好处是，通过阻止胆固醇生成，它们迫使肝脏增加与LDL胆固醇结合的肝细胞受体生成，这有助于从循环系统中清除多余的胆固醇。胆固醇水平高的（高胆固醇血症）患者在服用他汀类药物治疗后，血液胆固醇水平会明显降低。1987年，首次推出了他汀类药物，它们现在是世界上被开具最多的药物之一；仅在美国，制药公司每年从他汀类药物中的获利就超过了200亿美元。目前，超过4 000万名18岁以上的美国人正在服用他汀类药物，以期减少死于心梗的风险（Beil, 2017）。一旦你被开具了某种他汀类药物来降低血液中的胆固醇和甘油三酯水平，可能就意味着你要终身服用它。然而，服用他汀类药物的益处和风险对不同的患者是不一样的，许多医生在开具他汀类药物时会更加谨慎——尤其是面对年轻人时。

尽管大多数服用他汀类药物的人承受的副作用相对较小且可控，但是也有相当一部分人遭受了严重且永久性的肝脏或肌肉损伤。他汀类药物的另一个显著副作用是导致神经障碍；许多使用者报告，出现了记忆丧失和认知功能下降的症状，这是一种模糊的思维，影响个体专注于某种想法或任务的能力。胆固醇水平会随着年龄的增长而升高，所以大多数使用他汀类药物的人都是老年人。他们可能本来就已经有一些记忆丧失，以及无法清晰、快速地思考等问题。鉴于人们不能确定血液胆固醇水平达到多高会增加心脏病的风险，每个服用他汀类药物的人都需要仔细权衡益处和风险。因为他汀类药物通常需要终身服用，所以一定要谨慎使用，特别是在胆固醇水平不是极高的时候。

除高胆固醇外，动脉中的斑块还会引发炎症，即一种免疫系统对组织损伤的反应。研究表明，当身体出现炎症时，血液中的一种特殊蛋白质，即 **C 反应蛋白**（C-reactive protein, CRP），就会升高。一些研究显示，冠状动脉病情越严重的人，C 反应蛋白水平越高。然而，影响血液循环中 C 反应蛋白水平的因素有很多（例如，吸烟、感染、炎症性疾病），因此，它不是预测心脏病或心梗风险的完美指标。即便如此，他汀类药物会降低血液中 C 反应蛋白的水平，这表明其治疗活性之一是抗炎。

根据美国国家心脏、肺和血液研究所（U.S. National Heart, Lung, and Blood Institute, 2017）的数据，一些生活习惯和生理状况构成了动脉粥样硬化及相关的高心梗和高中风发病率的风险因素。在这些风险因素中，有许多是可以通过采取健康的行为来改变的，其他因素则可以通过坚持有效的医学预防治疗来改变（**表 14.3**）。

冠心病与心肌梗死

尽管心脏在身体器官中的体积相对较小，但它使用了体循环中大约 20% 的含氧血液。这是因为心脏在夜以继日不断地工作，需要相当多的能量和营养。

氧气和营养物质通过从主动脉（人体最大的主要动脉）分支出来的冠状动脉供应给心脏。如果一条或多条冠状动脉被斑块阻塞，心肌细胞就可能无法获得足够的氧气和营养物质来正常工作，这些细胞就可能会死亡。大量细胞的死亡会导致心脏停止工作，即心肌梗死。轻度到中度的心肌梗死可能不会致命，但严重的心肌梗死是致命的。

如果发生心肌梗死，血液中某些蛋白质的水平，如肌酸激酶、肌钙蛋白、肌红蛋白和肌球蛋白，就

表 14.3　动脉粥样硬化的风险因素

风险因素	原因
高 LDL 胆固醇（"坏"胆固醇）	加快斑块生长并加剧斑块炎症
低 HDL 胆固醇（"好"胆固醇）	减缓斑块的清除
高血液甘油三酯	提高血液 LDL 胆固醇水平
高血压	损害血管
吸烟	损害并使血管变窄、提高胆固醇水平、升高血压
糖尿病前期/糖尿病	无法调节身体的血糖水平，导致脂肪代谢受损
超重或肥胖	导致高水平的 LDL（"坏"胆固醇）和甘油三酯
缺乏身体活动	降低 HDL 胆固醇并导致高 LDL 胆固醇、高甘油三酯、高血压、超重和糖尿病
不健康的饮食	富含饱和脂肪、反式脂肪、胆固醇、钠（盐）和糖的食物，会使其他动脉粥样硬化的风险因素恶化
较大的年龄	动脉会随时间推移发生损伤，斑块会随时间推移而增加
遗传因素	某些遗传性疾病会导致高胆固醇或高甘油三酯
高 C 反应蛋白	血管损伤引起身体炎症迹象，是形成斑块的风险因素
睡眠呼吸暂停	患高血压的风险因素
压力	增加身体的炎症
重度饮酒	损伤心肌

资料来源：U.S. National Heart, Lung, and Blood Institute. (2015). Atherosclerosis.

会开始改变。通过测量这些蛋白质的水平，急诊室的医生可以快速确定患者是否发生了心肌梗死，并开始适当的治疗。

如果冠状动脉部分阻塞，心脏细胞得不到足够的氧气，就会导致胸痛，即**心绞痛**（angina pectoris）。硝酸甘油可以扩张血管，因此被用于缓解心绞痛。如果斑块破裂并且冠状动脉被完全阻塞，患者就可能发生致命的心肌梗死。

心震荡

大多数人都知道脑震荡是什么——对头部的重击可能导致意识丧失和心理功能问题，以及数周或数月的头痛。脑震荡在橄榄球等身体接触性运动中很常见。美国国家橄榄球联盟的四分卫特洛伊·艾克曼和史蒂夫·杨，各自遭受一系列脑震荡后被迫退役。

由一记重拳，或者投掷出的棒球、冰球或其他物体对左胸部的打击可能导致心脏震荡，医学上称为心震荡。这样的打击，即使是轻微的，如果恰巧发生在心脏节律性跳动的某个关键时刻，也可能导致瞬间的心脏颤动（不规则的心跳）和猝死。心震荡的病例很少见。美国只报告了约 130 例（Maron et al., 2005），但运动医学专家怀疑，还有更多的病例没有被报告。不幸的是，只有大约 15% 的患者——其中大多数是儿童——幸存下来。心震荡猝死风险最高的运动是棒球、垒球和冰球。

在一些运动中，使用护胸和软球可以减少发生心震荡的风险，特别是对儿童和年轻运动员更是如此。另有一点需要注意，永远不要猛打或猛戳任何人的胸口。

在美国，每年约有 100 万人因疑似心肌梗死而入院。通过检测，最终会排除约 50% 的入院患者。严重的消化不良（胃灼热/烧心）、惊恐和压力，也可能引发类似心肌梗死的胸痛。

修复阻塞的冠状动脉

为了确定冠状动脉是否或在多大程度上被斑块或血凝块阻塞，可以通过一种称为**心导管检查**（cardiac catheterization）的手段，获得冠状动脉血流的精确图像。将一根细管从腿部或手臂的动脉穿入心脏冠状动脉，向其中注入一种造影剂，高速 X 射线胶片将记录这种造影剂在动脉中的流动，以观察任何可能存在的阻塞。在美国，每年对疑似冠状动脉部分阻塞的患者进行的心导管检查高达数百万次。

当医学检查显示一条或多条冠状动脉阻塞时，可以采用几种医疗手段来消除阻塞。两种有效的方法是**冠状动脉搭桥术**（coronary artery bypass graft, CABG）和**经皮腔内冠状动脉成形术**（percutaneous transluminal coronary angioplasty, PTCA）。

冠状动脉搭桥术　冠状动脉搭桥术是一种**心脏开胸手术**（open-heart surgery）。患者被全身麻醉，然后通过手术打开其胸腔露出心脏。进出心脏的血管用管子连接，这样血液就可以绕过心脏通过机械泵流动。接着，从身体的正常部位取出一部分健康的动脉或静脉，其末端连接或移植到被阻塞的冠状动脉上。移植成功后，血液就可以绕过冠状动脉阻塞的部分流动，为富氧血液流向心肌创造了一条新途径。通常，如果冠状动脉都被阻塞，则需进行冠状动脉搭桥手术。在美国，每年大约要进行 25 万例冠状动脉搭桥手术。

尽管冠状动脉搭桥手术能有效恢复心脏的正常血流，但它也存在脑损伤和认知功能丧失的风险。中风是最严重的并发症，在接受心脏搭桥手术的患者中发生率为 1%~6%。许多患者还被发现，会有一些短期和长期记忆的丧失。

经皮腔内冠状动脉成形术　与开胸的冠状动脉搭桥手术相比，经皮腔内冠状动脉成形术（或简称血管成形术）不需要进行手术，并且侵入性要小得多。

在这种治疗方法中，一根细金属丝会沿大腿股动脉穿入，一直延伸到冠状动脉的阻塞部位。然后，将另一根装有一个未充气球囊的细管沿着金属丝推送至动脉斑块区域。球囊充气后，斑块就会被推回到动脉壁上，从而打通动脉。血管成形术的费用约为搭桥手术的一半，但堵塞复发的频率很高，因此患者后期可能需要重复这一治疗过程。

一种替代球囊血管成形术治疗冠状动脉阻塞的方法是支架植入术。这种方法同样包括将导管插入胳膊或腿部的血管，并将其穿入冠状动脉或颈动脉的堵塞处。然后，在此处放入支架来撑开动脉。

因为支架植入术比搭桥手术更简单、便宜和安全，因而被广泛使用。然而，对于搭桥手术与支架植入术对患者长期生存孰优孰劣仍存在争议。最初，植入动脉的支架是由裸露的金属做成的。在许多接受此手术的患者中，放入支架的动脉经常在几个月或几年内再次阻塞，因此患者不得不重复该手术。如今，药物洗脱支架可以缓慢地释放一种药物，有助于防止动脉再次阻塞。某些患者在一条或多条动脉中植入药物洗脱支架后，体内可能会出现危及生命的血栓。一些研究表明，对于部分动脉阻塞的情况，

冠状动脉搭桥术

高科技的外科手术，如冠状动脉搭桥术（CABG，读作"cabbage"）、血管成形术和起搏器植入术，已经彻底改变了冠心病的治疗方法。虽然在一些情况下，这些手术可以预防心肌梗死并挽救生命；但在许多情况下，它们被用来治疗心绞痛（胸痛）等可通过药物控制的心脏疾病。

20世纪50年代，有一种手术会结扎患者的一条胸动脉，希望以此能为患者心脏提供更多的血液，从而缓解因冠状动脉部分堵塞所造成的心绞痛。大约40%的患者在手术后感到疼痛减轻。为了确定心绞痛的缓解究竟是安慰剂效应还是手术的结果，研究者实施了大量的模拟手术。（在20世纪50年代，美国大多数医院并不强制要求患者知情同意。）患者被实施麻醉，其胸腔被打开，但是医生不会采取任何其他措施来修复流向心脏的血液。接受模拟手术的患者，其心绞痛缓解程度与胸动脉被结扎的患者相当（Frank, 1973）。因此，这种手术方式被放弃了。

同样的道理，冠状动脉搭桥手术能缓解心绞痛，可能是因为患者经过了长时间的休息与恢复；生活方式的改变也可能有助于这些人病情的缓解。搭桥手术的成功，在很大程度上也可能是安慰剂效应带来的结果。

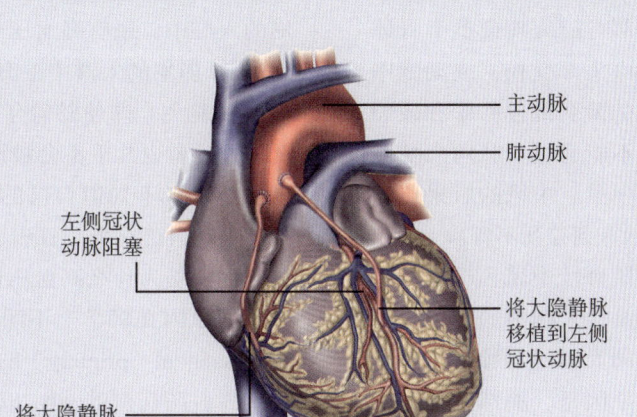

冠状动脉的图示，显示在何处进行移植以解决阻塞。

单独使用药物比通过外科手术植入药物洗脱支架更安全有效。

所有疏通被阻塞的心脏和颈动脉的手术，都有着相似的成功率与长期存活率。究竟为患者推荐哪一种手术，取决于许多因素，包括被阻塞的动脉数量、患者的年龄、其他并发症以及经济状况。此外，外科手术领域近些年的重大技术进步也提高了患者的生存率，并减少了并发症。2016年发表的一项大型研究表明，在可比较的患者组中，搭桥手术在长期存活率上要优于血管成形或支架植入术（Alexander & Smith, 2016）。在很大程度上，由于这一发现，未来几年美国的搭桥手术预计将会增加，2030年将达到每年800万例。除非美国减少受已知的心脏病风险因素影响的人数，否则这一预测很可能是准确的。

一些美国医生质疑，是否所有的冠状动脉搭桥手术以及其他手术真的总是必要的。在加拿大和英国，做这种手术的人要少得多，但其心血管疾病患者的存活时间并不比美国人短。虽然对医院和外科医生来说可能没那么有利可图，但在许多情况下，生活方式的改变和适当的药物在治疗心血管疾病方面，可能与手术一样有效。此外，它们还更安全且成本更低。

在二三十年前，医学上还一直认为，动脉粥样硬化是一种进行性和不可逆的疾病。然而，对部分动脉阻塞患者的临床研究表明，通过改变生活方式可以有效改善动脉阻塞。之前那种根深蒂固的医学观点是不正确的（Ornish et al., 1998）。具有强烈动机且改变生活方式的患者，可以使他们的动脉变得健康并避免手术。然而，大多数动脉阻塞的患者仍然选择进行快速修复手术，尽管对许多人来说，这只是解决他们心血管问题的权宜之计，因为动脉往往在术后几年内会再次阻塞。许多医生仍然觉得，有责任实施搭桥手术或支架植入术，因为他们害怕自己会因没有推荐标准和公认的医疗方案而被起诉。因此，心脏和动脉手术可能会继续在美国社会被过度使用，直到相关观念发生改变。

中风、高血压和代谢综合征

中风

中风也称为脑卒中，是美国第五大死亡原因。与心脏病和癌症一样，中风在许多情况下都是可以预防的。高血压是最大的风险因素，至少 70% 的中风与高血压有关。

中风是一种影响脑供血动脉的心血管疾病。如果脑动脉阻塞或破裂，脑细胞会缺氧并在几分钟内死亡，依赖于这些脑受损区域的身体某些部位的功能会因此受到影响。因此，中风的人可能会丧失说话或视物的能力，胳膊或腿部可能瘫痪或整个身体一侧失去功能。中风可能是由头部受伤，或动脉中被称为**动脉瘤**（aneurysms）的薄弱部位膨胀和破裂造成的。当心跳变弱，心脏不能通过动脉向大脑输送足够的血液时，也会导致中风。中风的后果差别很大，从轻微或不明显的症状直到猝死不等。

中风的两种主要类型是缺血性中风和出血性中风。缺血性中风发生的原因是，大脑中的一条或多条血管被来自脑部动脉或通向大脑的动脉中的血块所堵塞。出血性中风发生的原因是，脑部血管破裂导致脑细胞缺氧。

中风的危险信号包括以下任何一种症状的突然出现。出现以下任何中风症状，都需要立即就医：

- 身体一侧的脸、手臂或腿突然无力或麻木；
- 视力突然模糊或丧失，尤其是一只眼睛出现这种状况时；
- 失语、理解困难或说话困难；
- 突然的、原因不明的严重头痛；
- 不明原因的身体失稳、头晕或突然摔倒，伴有一种其他症状时尤其需要注意。

一些有中风风险的患者可能会受益于一种叫作**颈动脉内膜切除术**（carotid endarterectomy）的外科手术。该手术是在颈部堵塞的动脉中插入支架，以清除脂肪沉积。这些动脉为大脑供血，它们被阻塞时可能会导致中风。可以通过听诊器聆听血流来检测颈动脉是否阻塞，然后再通过超声扫描来确认。这种手术的主要风险是，它可能会引发中风，而这正是它原本要预防的。

预防中风的最好方法是减少风险因素。中风有 5 个可控的风险因素：（1）高血压；（2）心脏病；（3）吸烟；（4）短暂性脑缺血发作；（5）红细胞计数高（这会使血液变稠，加速血块形成）。在很大程度上，这些风险因素可以通过改变生活方式、药物治疗或两者结合来加以控制。不能改变的中风风险因素包括：（1）年龄增加；（2）男性；（3）种族；（4）糖尿病；（5）中风病史；（6）遗传。

高血压

大约 32% 的 18 岁或以上的美国人患有**高血压**（hypertension）。在非裔美国人中，这一比例超过了 45%，位居世界前列。在美国和所有其他工业化国家中，高血压的风险随着年龄的增长而增加。在 30 多岁的人群中，患有高血压的比例大约为 7%；这一比例在 50 多岁的人群中上升到 50%。然而，高血压并非不可避免。即使随着年龄的增长，严格素食者和低盐饮食者也几乎不会被诊断为高血压。大约 1/3 的高血压患者不知道自己的血压高。因此，他们也不会意识到自己有患心脏病、肾病和中风的风险。

这就是为什么高血压被称为"无声杀手"。当高血压的原因在医学上不明时，它被称为**原发性高血压**[essential（primary）hypertension]。原发性高血压占高血压病例的 90% 以上。其他的高血压病例则与某种可识别的问题有关，如肾脏异常、主动脉先天性缺陷或肾上腺肿瘤，这种类型的高血压被称为**继发性高血压**（secondary hypertension）。一般来说，当继发性高血压的病因得到确定并经过治疗后，血压就会恢复正常。

高血压可能是由社会心理因素引起的，而这些因素引起高血压的机制目前尚不清楚。例如，低收入和受教育程度低的人患高血压的风险更高；贫穷或失业可能产生压力，并会导致血压升高。非裔和西班牙裔美国人比白人更可能患高血压。作为少数群体成员的压力，也可能会增加患高血压和心脏病的风险（Dolezsar et al., 2014）。高血压是一种现代社会的疾病。即使在今天，生活在新几内亚或巴西森林里的偏远部落成员也不会患高血压。

血压（blood pressure）是测量心脏推动血液进入循环系统的力量的一种指标，也是心血管系统健康与否的一个非常重要的指标，这正是医生经常测量它的原因。人的血压是用一种仪器来测量的，这种仪器以毫米（mm）为单位，记录血压可以使液体汞柱（Hg）上升的高度。因此，血压是以毫米汞柱（mmHg）为单位来测量和记录的。

心脏每次收缩时，血液都会被泵入动脉并对动脉壁施加压力。事实上，有两种压力会被测量：当心脏收缩，将血液从心脏泵入肺部和身体时，动脉将受到最大的压力，这种血压就是**收缩压**（systole）；在两次收缩之间，随着血液从一个腔室流向另一个腔室，血压会下降，这种血压就是**舒张压**（diastole）。

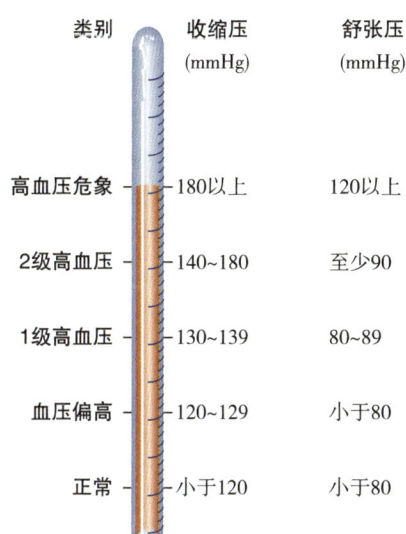

图 14.9　高血压的不同阶段

根据现行指南，正常血压是指低于 120/80mmHg（收缩压/舒张压）。高血压的定义分为 4 个阶段。血压越高，个体患心脏病的风险越大。控制早期高血压的建议包括减肥、运动、戒烟和减轻压力；到了后期，可能不得不服用药物作为一种控制手段。

通过呼吸练习降低高血压

呼吸练习通常是减轻压力和降低血压的最有效方法。从简单到复杂，呼吸练习有很多种形式。下述呼吸练习是一种简单有效的减轻压力和降低血压的方法。

1. 舒适地坐在椅子上；
2. 尽可能完全地用嘴呼气；
3. 闭上嘴，用鼻子缓慢地吸气，从 1 数到 4，使用腹式呼吸法；
4. 屏住呼吸，继续数到 7（或者保持尽可能长的时间）；
5. 用嘴慢慢呼气，数到 8；
6. 重复这个循环 3 次，然后停止并开始正常呼吸。

每天至少练习 2 次。随着时间的推移，当练习变得更容易时，可以适当增加循环的次数。

健康的血压为小于 120/80mmHg（收缩压/舒张压）。收缩压为 120~129mmHg 且舒张压为 80mmHg 以下的人被认为血压偏高（图 14.9）。收缩压为 130~139mmHg 或舒张压为 80~89mmHg 的人会被诊断为 1 级高血压。（在中国，收缩压 140~159mmHg 或舒张压 90~99mmHg 为 1 级高血压，收缩压 160~179mmHg 或舒张压 100~109mmHg 为 2 级高血压，收缩压 ≥ 180mmHg 或舒张压 ≥ 110mmHg 为 3 级高血压。——译者注）

通过改变生活方式可以降低高血压。超重和暴饮暴食是可以改变的主要风险因素；增加体育锻炼也是降低高血压所必需的；减少盐和酒精的摄入也是有益的；确保摄入足够的钾（多吃香蕉）也能降低血压。

动脉壁上微小的感受器会对血压变化做出反应。如果血压升高，这些感受器就会发送神经信号来放松动脉、减缓心跳，从而使血压恢复到正常水平。然而，这些调节机制能被来自大脑的信号所压制。思维和情绪可促使动脉收缩，血压升高。恐惧、紧张、愤怒和焦虑会激活交感神经系统，交感神经系统会向动脉发出信号，导致动脉收缩。如果一个人的生活压力过大或生活中充满了愤怒和挫折，那么动脉可能会持续收缩，血压可能一直维持在高位。

虽然药物是控制高血压最有效的手段，但精神放松技术也是有效的。通过使用生物反馈设备显示血压值，一些人学会了放松精神状态来降低血压。事实上，一些研究表明，多种放松技术均可以有效地降低高血压患者的血压。

高血压是一种严重的心血管疾病，会造成许多人死亡。它会损害心肌，使心脏不能正常工作或完全失能（心力衰竭）；它会导致心肌肥厚，使心脏难以容纳足够的血液来供应人体器官，特别是在运动期间；它还会造成冠状动脉粥样硬化，导致流向心肌的血流减少。高血压会损害血管，造成可能破裂的凸起（动脉瘤）；高血压还可能引发肾脏疾病、大脑疾病（中风和认知能力下降）、眼部和腿部疾病（外周动脉疾病）等。

健康的生活习惯有助于预防高血压或缓解高血压。这些生活习惯包括：遵循得舒饮食（见第 5 章），减少盐的摄入量，增加钾的摄入量，摄入对心脏有益的食物，锻炼身体，保持健康体重，限制饮酒，管理和应对压力。为了更好地养成健康的习惯，最好一次只做出一种有益健康的生活方式改变，即只有当你觉得自己已经成功完成一种改变时，再开始进行下一种改变。

降压药有不同的作用方式。有些会从体内排出

家庭血压监测仪帮助患者降低高血压

高血压是心梗和中风发作的主要可逆风险因素。对于高血压患者而言，收缩压降低 10mmHg 意味着，死于心梗或中风的风险能降低 30%~40%。尽管有降低高血压的有效疗法，但这样做的努力在很大程度上是不成功的。如果高血压患者吸烟、超重或不运动，医生通常会建议这些患者改变生活方式。医生还会开一些药物，这些药能有效地把血压降至相对可接受的水平。然而，只有不到 1/3 高血压患者实现了降低血压的目标。一种新的策略是，为患者提供家用血压计，以便他们经常测量血压。

在控制高血压方面，人们希望更高的患者参与度可以增加成功降低血压的患者数量，从而降低他们患其他心血管疾病的风险。

多余的钠，使血液中的液体量减少，从而有助于降低血压；另一些药物则通过让心跳速度变慢和力度变小的方式来降低血压；还有一些药则可以让血管壁放松。为了降低和控制血压，许多人会服用两种或两种以上的药物。如果你服用的药具有副作用，不要直接停药，而是应该找给你开药的医生谈谈副作用，看看是否可以改变剂量或是开另一种新药。

在世界范围内，高血压造成的死亡数量比其他任何疾病都要多，超过吸烟、肥胖或动脉粥样硬化造成的死亡人数。研究人员猜测，心理压力是原发性高血压的一个重要风险因素，尤其是日常压力，比如在工作、家庭关系和种族歧视中体验到的压力。

代谢综合征

代谢综合征（metabolic syndrome）是一种将糖尿病、心血管疾病和心脏病风险人群共有的许多因素综合在一起的模型，具有以下 3 种或以上风险因素的人被界定为患有代谢综合征。

- 男性腰围超过 102cm，女性腰围超过 89cm；
- 甘油三酯水平为 150mg/dl 或更高；
- 男性 HDL 水平为 40mg/dl 或更低，女性 HDL 水平为 50mg/dl 或更低；
- 空腹血糖水平为 100mg/dl 或更高（高血糖）；
- 高血压（130/85mmHg 或更高）。

一项全美调查表明，在 20~29 岁的参与者中，有 6.7% 的人符合代谢综合征的标准；在 60~69 岁的参与者中，符合率增至 43.5%。由于美国有大量患有代谢综合征的人，他们是糖尿病、心血管疾病和早逝的高危人群，因此，代谢综合征被认为是一个紧迫的公共卫生问题。尽管冠以花哨的"高科技"名称，代谢综合征实际上是不良生活方式的结果，诸如吸烟、暴饮暴食、超重、缺乏锻炼和不良饮食。

生活方式因素与心血管疾病

在美国每年 260 万例死亡中，约 37% 的人死于心血管疾病，主要是冠心病和中风，这两者都是动脉粥样硬化的临床表现。其中，约 50% 的死亡是可以通过采取健康的行为来预防的。这些行为不仅可以丰富生活，而且可以降低可预防的慢性病可能带来的衰弱和痛苦的风险（Patel, 2015）。

研究人员研究了 7 种生活方式因素对近 4.5 万名美国人死于心血管疾病风险的影响（Yang et al., 2012）。健康的生活方式因素是那些先前已确定的对心脏有益的因素，它们包括不吸烟、每周进行超过 150 分钟的运动、不超重、健康饮食、有健康的血液总胆固醇水平，以及保持正常的血压和血糖水平。研究分析表明，参与者群体中只有 25% 的人表现出 5 个或 5 个以上的健康生活方式因素；8% 的人没有任何一个或只有上述一个因素。研究还发现，生活最健康的人较少患心血管疾病且寿命最长（图 14.10）。

吸 烟

烟草烟雾中的化学物质会损害血液细胞、血管和心脏本身，主要是通过氧化过程和随后的炎症过程。心血管组织的损伤会增加动脉粥样硬化的风险，后者又是导致冠心病、胸痛、心梗、心律失常、心力衰竭甚至死亡的主要原因。吸烟还是外周动脉疾病和随之发生的中风，以及在其他器官和肢体中发生血管阻塞的主要风险因素。

无论何时戒烟，都可以逆转烟草对心血管系统造成的诸多有害的生理影响。戒烟几年后，戒烟者患心血管疾病的风险与不吸烟者大致相同。保护心脏的关键是，不吸烟且不在充满烟雾的环境中生活或工作。

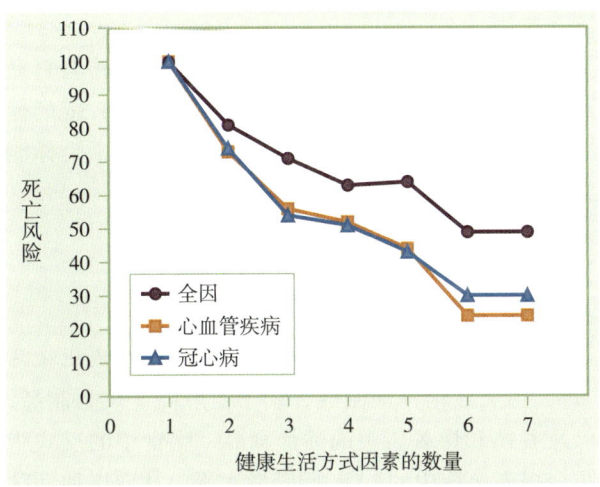

图 14.10　维持健康的生活方式因素与心血管疾病风险的关系

健康地生活，可以降低所有心血管疾病、冠心病和全因死亡的风险。健康的生活方式因素包括不吸烟、每周运动时间超过 150 分钟、不超重、健康饮食、健康的血液总胆固醇水平、正常的血压和血糖水平。

资料来源：Yang et al., 2012.

身体活动

定期活动身体，即使每天只有几分钟，也会让人感觉更好、更有能量、更不焦虑和抑郁，并且更少渴望酒精、香烟和垃圾食品。

此外，每周 150 分钟中等强度的身体活动，无论是休闲运动、与工作相关的活动、家务或"动态通勤"（步行、骑自行车），都可以显著降低患心血管疾病的风险，同时降低心梗、中风、心力衰竭和全因死亡的风险（Lear et al., 2017）。

定期活动身体会强化心脏向肺和全身泵血的能力，有助于维持健康的血压、血糖和血脂水平，增加血液中 HDL 胆固醇（"好胆固醇"）的水平，减少炎症并有助于控制超重和吸烟，这两种生活方式因素都与更高的冠心病风险有关。

饮　食

若饮食中包含很多加工食品、天然糖、高果糖玉米糖，以及含有大量饱和脂肪的肉类，就会对心血管疾病的几个风险因素，包括高 LDL 胆固醇水平、低 HDL 胆固醇水平、高血液总胆固醇和甘油三酯水平、高血压、超重和 2 型糖尿病等产生重大影响

心血管健康：锻炼你的心脏

心脏是一大束肌肉纤维协作成为一个高效的泵。随着每一次收缩和舒张的周期，心脏将含氧血液泵到人体内的各个器官。你永远不必考虑它，它将日复一日、年复一年自动地完成它的工作，直到生命结束。

我们听说过很多关于运动必要性的建议，但没有多少是关于锻炼心脏本身的。当然，当你进行剧烈的体育锻炼（"用力呼吸并排汗"）时，你同时也是在锻炼你的心肌，因为此时你的心率会增加，心肌会更努力地为正在锻炼的身体肌肉提供氧气。然而，可能会出现这样一种情况，即身体在活动，但心脏得不到太多有效的锻炼。对于那些忙于工作、家庭和其他义务，几乎没有时间进行休闲锻炼的人来说，情况尤其如此。此外，随着年岁渐长，许多人会放慢脚步，尽管许多人在退休后有了更多的时间去锻炼。

有充分的证据表明，心血管健康对降低患心血管疾病的风险至关重要。为了让心血管保持健康，个体应当每周锻炼数次，使心率接近所处年龄段的最大值。这可以通过骑自行车、慢跑（在道路上或跑步机上）或快步走来实现。创建锻炼的意象视觉化也可能会对你有所裨益：

> 看着血液离开你的心脏，在你的动脉和静脉中快速流淌。血液快速而有力地冲刷着血管的内壁，足以清除任何可能阻塞它们的碎片和沉积物。

可以把它看作一种对心血管系统的"高压冲洗"，尤其是对心肌、冠状动脉和肺动脉而言。冲吧！接着放慢一点速度，让你的心率恢复正常；然后再冲一次，继续提高心率。

（Rakel, 2017）。减少冠心病风险的饮食，如得舒饮食和地中海饮食，强调每天摄入 4~5 杯水果、蔬菜和 3~6 份全谷物食物，少摄入饱和脂肪和反式脂肪、胆固醇、糖和盐（American Heart Association, 2017c）。当然，其他的饮食因素也可能会提供额外的好处。

大豆制品

大豆在世界各地已经种植了数千年。大豆可以提高肝脏中 LDL 受体的活性，从而帮助清除血液中

的胆固醇（Lehrman et al., 2010）。大豆富含异黄酮，而异黄酮是一种可以阻止 LDL 颗粒氧化，从而防止它们附着在动脉壁上的植物化学物质（Gil-Izquierdo et al., 2012）。

研究显示，每天食用 30~60g 大豆的人，其胆固醇和 LDL 水平会下降约 10%。其他研究表明，大豆对胆固醇水平高于 240mg/dl 的人尤其有效。豆制品有很多种，比如豆奶、豆腐、豆腐干和豆腐汉堡等。

鱼 油

饮食中包含大量鱼类的群体——格陵兰岛因纽特人和日本岛民——患冠心病的比例要低于其他群体。经常吃鱼的美国人也有更健康的心脏。膳食中的鱼所具有的保护作用被归因于鱼油，特别是那些含有 Ω-3 多不饱和脂肪酸的鱼油。在一些研究中，补充鱼油可以降低胆固醇和血压。一项关于 Ω-3 多不饱和油对心血管疾病的治疗和预防作用的研究综述表明，它对患心血管疾病的高危人群，以及经历过心梗或某类心衰（如左心室功能减退）的人群最为有益（Siskovick et al., 2017）。

对坦桑尼亚班图村民的观察，说明了膳食中的鱼类对心血管疾病的有益影响。有一群班图人住在湖边，每天吃大约 500g 的鱼；其他班图人住在附近的山上，饮食以蔬菜为主。吃鱼的班图人血液中 Ω-3 多不饱和油的含量很高，他们的胆固醇和脂蛋白水平也较低（Pauletto et al., 1996）。富含 Ω-3 多不饱和脂肪酸的鱼类有沙丁鱼、鲑鱼和鲭鱼等。不过，所有鱼类体内或多或少都含有一些 Ω-3 多不饱和脂肪酸。

盐（钠）

数十年来，人们一直被敦促将盐的摄入量从平均每天 10g 减少到每天 6g 或更少。许多人发现，减少盐的摄入量很难，因为 80% 的盐来自加工食品，而非烹饪的食品或餐桌上的盐罐。因为盐能增强食物的味道，因而食品生产商不愿意降低其产品的含盐量。建议将盐的摄入量减少到每天 3g 的主要原因是，摄入过多的盐可能增加患高血压的风险（Graudal et al., 2017）。对于血压正常的人来说，减少盐的摄入量对其血压没有影响。然而，对于高血压患者或身体对盐高度敏感的人来说，摄入更少的盐与血压下降有关。

从你的饮食中剔除大部分加工食品，将会自动地把你的盐摄入量减少到目前被推荐的每日 3g 的标准。总的来说，用新鲜食品代替加工食品，是你能为自己做的最健康的事情之一。

反式脂肪

反式脂肪是一种化学物质（称为部分氢化植物油），由天然植物油制成，用于生产商业烘焙制品，以及餐馆和快餐店中的油炸食品。膳食中的反式脂肪会提高血液中的 LDL 胆固醇水平，从而增加动脉粥样硬化，以及由此引发的心血管疾病的风险。从加工食品和餐馆食品中去除反式脂肪，每年可以防止数以千计的人发生心梗和死亡。因此，从 2018 年开始，美国已经在全国范围内限制食品供应中使用反式脂肪。许多公司都遵守了这一限制，并从其产品中去除了反式脂肪。然而，反式脂肪并不能从食品中完全消除，因为它们天然少量地存在于肉类、乳制品以及一些食用油中，并且也可能存在于进口食品中，这就是要查看产品标签的原因之一。

阿司匹林

阿司匹林是一种可以显著降低冠心病和心梗风险的常用药物。它可以降低血栓的风险，还可以对抗炎症。因此，医生通常会给得过心梗或中风的患者开具每天低剂量的阿司匹林（81mg，即一片"小儿阿司匹林"），以防止危及生命的心血管疾病再次发作。这也是为什么一些心脏病专家建议那些心梗发作或中风的人首先拨打急救电话，然后服用有限剂量的阿司匹林。关于服用阿司匹林预防心梗或中风首次发作的医学研究结果喜忧参半。总的来说，阿司匹林可能只适合推荐给那些有明确的心梗发作风险因素的人。阿司匹林的抗凝血作用是危险的，患心脏病风险较低的人不应将自己置于这种风险之中（U. S. Food and Drug Administration, 2016）。

酒 精

许多研究证实，轻度至中度饮酒（女性每天最多 1 杯，男性每天最多 2 杯）与更低的心血管疾病风险相关（Bell et al., 2017）。风险降低的主要原因是

LDL 胆固醇的减少和 HDL 胆固醇的增加，这降低了冠心病致死的风险。

在摄入量适中时，酒精可以减少 LDL 胆固醇和增加 HDL 胆固醇，并缓解炎症。然而，如果经常大量摄入酒精，那么就会与高血压和心肌衰弱有关。适度饮酒与患心血管疾病的风险降低有关，但这并不意味着饮酒——尤其是重度饮酒或酗酒——是健康的。饮酒仍然会带来许多非心血管健康风险。

虽然适度饮酒可能会预防心梗，但许多饮食和生活方式的改变比饮酒对你的心脏更有益。反过来讲，喜欢偶尔饮酒的人也不必为正在损害自己的健康而内疚。

心理社会因素

心血管疾病的出现和发展，都与心理社会因素有关（Smith & Blumenthal, 2011）。例如，许多人通过吸烟或暴饮暴食（尤其是食用高脂肪和高糖的"安慰食物"）来应对压力，这是心血管疾病的两个潜在风险因素。其他可能增加心血管疾病风险的心理因素包括：不愉快的情绪状态，如沮丧、焦虑、愤怒和痛苦；人格因素，如敌意（Chida & Steptoe, 2009; Tindle et al., 2009）；充满压力的社会因素，包括感知到种族歧视（Doelzsar et al., 2014）、低社会经济地位和低社会支持（Steptoe & Kivimaki, 2012）。心理社会因素与心血管疾病之间的生物学关联包括应激激素系统（下丘脑—垂体—肾上腺轴）的长期变化和炎症反应。

急性和慢性压力源都与患心血管疾病的风险有关。急性的心理压力，如灾难性事件（战争、地震）和激烈的体育赛事（足球世界杯），会增加心律失常的风险，减少流向心脏的血液，并可能导致心梗。在 2001 年 9 月 11 日美国世贸中心遭恐怖袭击后，心律失常的病例数量，与恐怖袭击前几周或上一年同期相比，翻了一番。这种关系可能与兴奋性神经活动和肾上腺素分泌的突然激增有关。慢性压力源可能与心血管疾病相关联，如高血压。慢性压力源包括与工作相关的压力、婚姻不幸福、经济压力和重大压力性生活事件（Rosengren et al., 2004）。

> 想象出来的病比真实的病还要糟。
> ——犹太谚语

咖啡、茶和可可

由于咖啡在世界各地被广泛消费，多年来人们一直在广泛研究咖啡与心血管疾病之间可能存在的关联，但迄今为止，还没有引人瞩目的发现。总体证据表明，喝适量的咖啡（每天最多 5 杯）对心血管疾病只有很小的风险或是完全没有风险，甚至可能对某些人有少量的益处。长期大量喝咖啡，可能与高血压风险的轻微上升有关（Ding et al., 2014）。目前，美国心脏协会（American Heart Association, 2017a）指出，适量饮用咖啡（每天 1~2 杯）似乎是无害的。

绿茶和红茶都含有抗氧化的化学物质，有助于阻止血液中的 LDL 颗粒被氧化。草药茶中不含抗氧化剂。研究指出，与不喝绿茶的人相比，经常喝绿茶的人患心血管疾病的概率更低。所有的茶都来自同样的叶子，不同的加工方式产生了白茶、绿茶或红茶。茶中被称为多酚的化学物质具有保护心血管的作用。

可可也与促进心血管健康有关（Vlachojannis et al., 2016）。库纳人（Kuna）是生活在加勒比海人烟稀少的岛屿上的原住民。研究人员观察到，这些岛上居民的高血压发病率非常低，这似乎与他们每天

鼓励孩子吃有益心脏健康的东西很重要。这样，他们就不必在以后的生活中再去改变不良的饮食习惯了。

基因可能会也可能不会增加患心脏病的风险

对人类来说，遗传大约 50 个与心脏病相关基因中的任何一个，都与心脏病和心梗发作的风险增加有关，一个人遗传的风险基因越多，患心脏病的风险就越大。然而，心脏病基因带来的风险有多大，很大程度上受个体生活方式的影响。具体来说，健康的生活方式可以降低心脏病和心梗发作约 50% 的遗传风险。

在一项有着超过 5 万名参与者的研究中，凯拉及其同事（Khera et al., 2016）测量了每个参与者的心脏病风险基因数量，以及有益心脏健康的生活方式因素的数量，包括当前不吸烟、不肥胖（体重指数小于 30）、进行身体活动（每周至少一次）和坚持有益于心脏的饮食。正如所预期的那样，携带心脏病风险基因越多，患心脏病的风险越大。然而，无论参与者遗传了多少心脏病基因，通过坚持一种有益于心脏健康的生活方式，其患心脏病的风险会降低 50%。

随着时间的推移，不健康的习惯会侵蚀一个人的健康。在年轻时，对自己的健康负责并选择健康的生活方式至关重要。你的生命取决于它！

喝几杯相对未经加工的可可有关。离开海岛的库纳人通常不再饮用可可，便会患上高血压。可可中含有一种称为类黄酮的化学物质，似乎能促进血液流动，并降低出现高血压的风险。不幸的是，在美国出售的大多数可可都经过了高度加工，并且为使其更加美味还添加了糖。库纳人饮用的可可未经加工，并且相当苦。

预防心血管疾病

随着引起心血管疾病的风险因素越来越受到重视，人们现在掌握了可以减少心梗和脑卒中发作的知识。人们应该保持正常体重，避免食用含有大量饱和脂肪、反式脂肪和胆固醇的食物。富含新鲜水果和蔬菜的饮食，有助于保护心脏和动脉。了解吸烟的不良后果应该可以鼓励吸烟者戒烟。此外，晚餐时喝绿茶和一杯葡萄酒，可能会对健康有帮助。然而，对心脏来说，没有什么东西比健康的饮食和适量的运动更好了。

为了心脏健康，何时开始都不算晚

1985 年，为了探索心脏病发生的原因和预防措施，年轻人冠状动脉风险因素研究项目组（Coronary Artery Risk Development in Young Adults, CARDIA）招募了大约 5 000 名 18~30 岁的美国年轻人（Spring et al., 2014）。在接下来的 20 年里，研究人员追踪了每个参与者的 5 种生活方式因素：(1) 不超重 / 不肥胖；(2) 低酒精摄入量；(3) 健康饮食；(4) 进行身体活动；(5) 不吸烟。研究人员还测量了各种已知的心脏病风险因素，并进行了两项测试以确定心脏病的任何征兆。在这 20 年的研究中，研究人员没有以任何形式指导参与者改变自己的生活方式；在此期间，任何改变都是参与者的个人选择。

在研究开始时，8% 的参与者拥有以上全部 5 种健康的生活方式，36% 的参与者拥有其中 3 种；到 20 年后研究结束时，25% 的参与者增加了他们的健康生活方式的数量，40% 的参与者减少了他们的健康生活方式的数量，35% 的参与者的生活方式保持不变。每个生活方式因素从不健康转变为健康，都会使参与者患心脏病的风险降低 15%；相应地，每个生活方式因素从健康转变为不健康，都会使参与者患心脏病的风险增加 15%。例如，在研究开始时，参与者大量吸烟和 / 或超重，增加了其 20 年后出现心脏病迹象的风险。从不吸烟、戒烟或不超重与患心脏病风险降低有关。

这些结果表明，无论你目前的生活方式如何，通过改变不健康的生活方式来逆转或改变心血管疾病的进展，任何时候都不算晚。

资料来源：Spring, B. et al. (2014). Healthy Lifestyle Change and Subclinical Atherosclerosis in Young Adults: Coronary Artery Risk Development in Young Adults (CARDIA) Study. *Circulation*.

对健康的批判性思考

1. 作为一个群体，非裔美国人的平均血压比美国白人高。人们提出了各种假设来解释不同种族间血压的差异，包括遗传差异、社会因素、经济因素、饮食和行为差异。假设你是一家医疗慈善机构的顾问，某医学院的一群科学家向该机构申请10万美元经费，用于支持一个试图解释血压种族差异的研究项目。该慈善机构意识到，10万美元不足以支持对这一问题的彻底研究。因此，请你列出你认为科学家应该开展该调查的3个重要因素，以及你选择它们的理由。该慈善机构还要求你提出一项研究计划，以研究你认为最重要的因素。

2. 日本或南欧国家的人死于心脏病的风险，是美国人和北欧人的1/2到1/3，即使他们的平均胆固醇水平相同。胆固醇水平为250mg/dl的丹麦人发生致命心梗的风险，是同等胆固醇水平的意大利人的2~3倍。提出你认为合理的论据来解释这种差异，并以假说的形式组织你的事实和观点。

本章小结与重点

本章小结

心脏是人体内工作最辛苦的器官。日复一日，年复一年，心脏每分钟跳动约60~100次，将血液源源不断地输送到身体的每个器官和细胞，为我们提供维持生命所需的营养和氧气。在体循环中，心脏将新鲜的含氧血液通过动脉输送到身体的各个部位；在肺循环中，通过动脉将缺氧的血液输送到肺部，同时还将细胞内化学反应的副产品二氧化碳输送回肺部，并在每次呼气时将其排出体外。

我们几乎从来不会考虑我们的心脏，直到它不能正常工作。一个健康人的心脏可以完美地工作100多年，但心梗和其他心脏病仍然是美国和世界上许多其他国家的首要死亡原因。许多生活方式和环境因素会削弱或破坏心脏和人体循环系统的功能。对循环系统最具破坏性的因素包括烟草烟雾、高胆固醇和血脂、高血压和肥胖。长期的高压力也是不利于健康的。

你可以通过保持适当的体重、定期锻炼和吃各种新鲜的食物（特别是水果和蔬菜），来帮助确保心脏和循环系统的健康。尽量避免食用加工食品，特别是那些高脂肪、高糖和高盐的食品。保护心脏的最佳时间应当是你还年轻和健康的时候。想一想，你会如何爱护一个你想拥有100年的珍贵财产。如果你可以自由选择住所，那就选择可以呼吸新鲜空气和饮用未被污染的水的地方。有毒的环境不利于健康的生活方式，也不利于心脏的长期健康。

重点

- 心脏是维持动脉和静脉进行血液循环的泵。在体循环中，动脉将氧气和营养物质输送到细胞中，而静脉将二氧化碳输送回心脏；在肺循环中，动脉将缺氧血输送到肺部，静脉将含氧血输送回心脏。
- 心脏或动脉受损被称为心血管疾病，它是美国人的首要死亡原因。
- 无法改变的心脏病的主要风险因素是遗传、性别和年龄。
- 可以改变的心血管病的主要风险因素是吸烟、高胆固醇、高血压、缺乏身体活动和不良饮食习惯。
- 导致心脏病的其他因素包括糖尿病、肥胖和压力等。
- 有很多种手术可以修复堵塞的动脉，包括冠状动脉搭桥术、血管成形术（支架）和动脉内膜切除术。
- 大豆制品、鱼油、可可和绿茶都有助于保持心脏健康。
- 心脏病由现代生活方式引起，是可以预防的。在年轻的时候就改变不良的饮食习惯、坚持不吸烟并且增加锻炼，可以帮助你终身保持心脏、动脉和大脑的健康。

参考文献

Alexander, J. H., & Smith, P. K. (2016). Coronary bypass grafting. *New England Journal of Medicine, 374*, 1954–1964.

American College of Emergency Physicians. (2015). How to Perform CPR.

American Heart Association. (2017a). Caffeine and heart disease.

American Heart Association. (2017b). Heart disease and stroke statistics at a glance.

American Heart Association. (2017c). Diet and lifestyle recommendations.

Beil, L. (2017, May 13). The statin umbrella. *Science News*, 23–26.

Bell, S., et al. (2017). Association between clinically recorded alcohol consumption and initial presentation of 12 cardiovascular diseases: populationbased cohort study using linked health records. *BMJ*, 356:j909. doi: 10.1136/bmj.j909.

Centers for Disease Control and Prevention. (2014). Vital Statistics data available online.

Chida, Y., & Steptoe, A. (2009). The association of anger and hostility with future coronary heart disease: A metaanalytic review of prospective evidence. *Journal of the American College of Cardiology, 53*, 936–946.

Ding, M. (2014). Long-term coffee consumption and risk of cardiovascular disease. *Circulation, 129*, 643–659.

Dolezsar, C. M., et al. (2014). Perceived racial discrimination and hypertension: A comprehensive review. *Health Psychology, 33*, 20–34.

Frank, J. D. (1973). *Persuasion and healing*. Baltimore: Johns Hopkins University Press.

Gil-Izquierdo, J. L. (2012). Soy isoflavones and cardiovascular disease. *Current Pharmaceutical Biotechnology, 13*, 624–631.

Kern, F. (1991). Normal plasma cholesterol in an 88-yearold man who eats 25 eggs per day. *New England Journal of Medicine, 324*, 13.

Khera, A. V., et al. (2016). Genetic risk, adherence to a healthy lifestyle, and coronary disease. *New England Journal of Medicine, 375*, 2349–2358.

Lear, S. A., et al. (2017). The effect of physical activity on mortality and cardiovascular disease in 130,000 people from 17 high-income, middle-income, and low-income countries: the PURE study. *Lancet, 390*, 2643–2654.

Lehrman, R. H., et al. (2010). Subjects with elevated LDL cholesterol and metabolic syndrome benefit from supplementation with soy protein, phytosterols, hops, iso-alpha acids, and Acacia nilotica proanthocyanidins. *Journal of Clinical Lipidology, 4*, 59–68.

Lv, X., et al. (2015). Risk of all-cause mortality and cardiovascular disease associated with secondhand smoke exposure: A systematic review and meta-analysis. *International Journal of Cardiology, 199*, 106–115.

Maron, B. J., et al. (2005). Task Force II: Commotio cordis. *Journal of the American College of Cardiology, 45*, 1371–1373.

McMurry, M. P., et al. (1991). Changes in lipid and lipoprotein levels and body weight in Tarahumara Indians after consumption of an affluent diet. *New England Journal of Medicine, 325*, 1704–1708.

Ornish, D., et al. (1998). Intensive lifestyle changes for reversal of coronary heart disease. *Journal of the American Medical Association, 280*, 2001–2007.

Patel, S. A., et al. (2015). Cardiovascular mortality associated with 5 leading risk factors: National and state preventable fractions estimated from survey data. *Annals of Internal Medicine, 163*, 245–253.

Pauletto, P., et al. (1996). Blood pressure and atherogenic lipoprotein profiles of fish-diet and vegetarian villagers in Tanzania: The Lugalawa study. *Lancet, 348*, 784–788.

Rakel, D. (2017, September 7). The pendulum has swung: The PURE study. *Primary Care*.

Rosengren, A., et al. (2004). Association of psychosocial risk factors with risk of acute myocardial infarction in 11,119 cases and 13,648 controls from 52 countries (the INTERHEART study): Case-control study. *Lancet, 364*, 953–962.

Siskovick, D. S., et al. (2017). Omega-3 polyunsaturated fatty acid (fish oil) supplementation and the prevention of clinical cardiovascular disease. *Circulation, 135*, e867–e884.

Smith, P., & Blumenthal, J. (2011). Psychiatric and behavioral aspects of cardiovascular disease: Epidemiology, mechanisms, and treatment. *Revista española de cardiología, 64*, 924–933. doi: 10.1016/j.rec.2011.06.003.

Spring, B., et al. (2014). Healthy lifestyle change and subclinical atherosclerosis in young adults: Coronary Artery Risk Development in Young Adults (CARDIA) study. *Circulation, 130*, 10–17.

Steptoe, A., & Kivimaki, M. (2012). Stress and cardiovascular disease: An update on current knowledge. *Annual Review of Public Health, 34*, 337–354.

Tindle, H. A., et al. (2009). Optimism, cynical hostility, and incident coronary heart disease and mortality in the Women's Health Initiative. *Circulation, 120*, 656–662.

U.S. Food and Drug Administration. (2016). Use of aspirin for primary prevention of heart attack and stroke.

U.S. National Heart, Lung, and Blood Institute (2017). What are the risk factors for heart disease?

Vlachojannis, J., et al. (2016). The impact of cocoa flavanols on cardiovascular health. *Phytotherapy Research, 10*, 1641–1657.

World Health Organization. (2017). Cardiovascular diseases.

Yang, Q., et al. (2012). Trends in cardiovascular health metrics and associations with all-cause and CVD mortality among U.S. adults. *Journal of the American Medical Association, 307*, 1273–1283.

推荐阅读

Beil, L. (2017, May 13). The statin umbrella. *Science News*, 23–26. For decades statin drugs were regarded as "wonder drugs" for reducing the risk of a heart attack in people with high cholesterol. Now it is not so clear, and the risks may outweigh the benefits for many people with only moderate to low risk of a heart attack. This article explains the turnaround regarding the routine use of statins.

Meadows, M. (2003, November/December). How to keep your heart healthy. *FDA Consumer*, 18–25. Suggestions on how to make dietary and other lifestyle changes that will help keep your heart healthy.

Ornish, D., et al. (1998). Intensive lifestyle changes for reversal of coronary heart disease. *Journal of the American Medical Association, 280*, 2001–2007. A report documenting that the blockages in arteries can be reversed by changes in lifestyle and that the beneficial changes persist for years.

Rubanyi, G. (2017, January). Heart therapy. *Scientific American*, 40–43. Describes how gene therapy technology may soon be able to repair regions of the heart damaged by a heart attack or other heart diseases.

Willett, W. C., & Underwood, A. (2010, February 15). Crimes of the heart. *Newsweek*, 42–43. A renowned health expert explains why prevention of heart disease and heart attacks must be vigorously pursued. If people do not change their dietary and lifestyle choices, medical costs for heart disease will bankrupt the U.S. economy.

金钱与健康意识

治疗囊性纤维化的费用

全球健康

乳糖不耐受：一种影响人类演化的突变

基因疗法治愈镰状细胞病

健康指南

存在同性恋基因吗

确定你是否有生下基因异常孩子的风险

用生命拯救生命

第 15 章

遗传与疾病

学习目标

1. 描述 DNA、基因和染色体的功能。
2. 描述几种由染色体异常引起的遗传性疾病。
3. 列出几种会导致出生缺陷的化学物质和它们的用途。
4. 解释家族性疾病与遗传性疾病的区别。
5. 描述胎儿酒精综合征的症状及其预防。
6. 解释遗传咨询在预防遗传性疾病中的作用。
7. 解释羊膜腔穿刺术。
8. 定义基因歧视,并描述它对人们的影响。
9. 讨论如何利用基因疗法和胚胎干细胞治病。

当你父亲的精子与你母亲的卵子结合时，你的生命便开始了。你从父母双方那里各遗传了大约 2 万个基因。从受精卵开始一直到生命结束，这些基因指导和控制着你身体组织和器官的发育和修复。基因控制着维持你生命的化学物质、你对特定疾病的易感性，并且在很大程度上控制着你的整体健康和预期寿命。

> 天下皆知美之为美，斯恶已；
> 皆知善之为善，斯不善已。
> ——老子《道德经》

基因沿着称为**染色体**（chromosomes）的线状结构排列成一个线性阵列。染色体几乎存在于人体的所有细胞中（唯一的例外是红细胞，它们在进入血液循环之前就失去了染色体）。每个人体内的几乎每个细胞都有 23 对染色体（共 46 条）。男性与女性只在一对染色体上有所不同，这对染色体被称为性染色体。男性有一对 XY 染色体，女性有一对 XX 染色体。受精卵中的原始亲本染色体在发育过程中被复制到胎儿的每个细胞中，皮肤、肝脏、心脏、肺和脑细胞都含有相同的染色体。每个亲本只有一半的染色体会传递至受精卵中，因此每一代人的染色体数目都是相同的。

人体内的细胞和器官之所以不同，是因为不同的基因在不同组织中表达。在整个生命历程中，细胞中基因的有序启动和关闭是身体发育和正常运作的关键。在细胞内，从染色体中的 DNA 到功能蛋白的信息流动，在所有生物体中都是相同的，这印证了它们有共同的细胞演化史（图 15.1）。

人类的每一对染色体都具有特有的形状、大小和带型。经过染料染色后，这些特征可以在光学显微镜下看到。因此，人类 23 对染色体中的每一对都可以被区分和识别。人们可以在显微镜下观察人类染色体，然后拍照，并成对排列成标准的**核型**（karyotype）。

沿着染色体排列的基因所携带的信息包含在一种叫作 **DNA**（deoxyribonucleic acid，脱氧核糖核酸）的化学物质中。每条染色体根据其大小，包含从几百到数千个不等的不同基因，其信息以化学方式编码在 DNA 中。这些基因共同决定了每个人的独特性。（同卵双胞胎拥有相同的基因组，但由于环境对基因表达的影响，他们的特征在一定程度上也有所不同。）因为染色体是成对出现的，所以每个人都会携带每个基因的两个副本；这些基因副本的信息可能是相同的，也可能略有不同。

大多数美国婴儿在出生时是健康的。然而，大约 3%~4% 的新生儿有明显的**先天（出生）缺陷**［congenital（birth）defect］，即在母亲子宫内发育的过程中产生的身体结构或功能方面的异常。先天缺陷是由以下一个或多个因素引起的：

- 染色体异常或染色体数目异常。
- 遗传自父母的一个或多个基因中的化学错误；异常基因会改变身体结构或功能。
- 毒素、药物或其他环境因素对胎儿正常发育的影响。

在本章，我们将讨论常见出生缺陷和遗传性疾病的根源、预防和治疗。

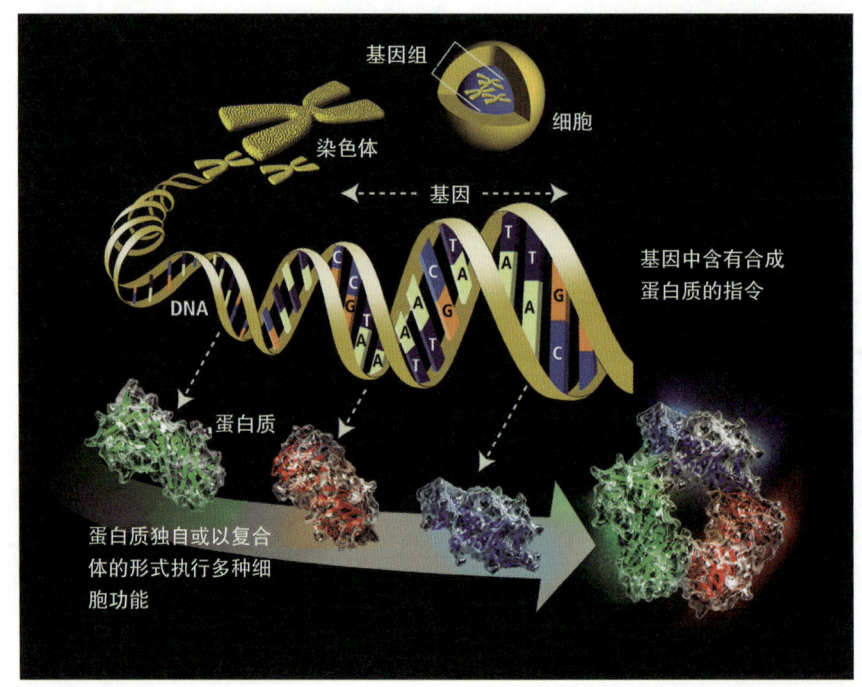

图 15.1 生命分子 DNA

上图显示了人体所有细胞中染色体、DNA、基因与蛋白质之间的关系。染色体包含遗传化学物质 DNA。特定的 DNA 短片段中包含基因，其中大多数携带合成特定蛋白质的信息。每个基因中的信息被转录到 RNA（核糖核酸）分子中，然后被翻译成细胞所需的特定蛋白质。

图片来源：The U.S. Department of Energy Genomic Science program.

表 15.1　染色体异常
一些遗传性疾病与染色体数目增多或减少有关。染色体数目异常（多于或少于正常的 46 条）大多会导致死亡，受影响的胎儿通常会在出生前死亡。然而，21 号染色体、X 染色体和 Y 染色体异常的胎儿可以存活，不过他们通常会有身体和精神上的异常。

遗传性疾病/障碍	染色体缺陷	新生儿发病率	症状
特纳综合征（女性）	少一条 X 染色体	1/1 000	没有卵巢、身材矮小、乳房发育不良
克兰费尔特综合征（男性）	多一条 X 染色体	1/1 000	睾丸小且发育不良、不育、智力障碍
唐氏综合征（男性或女性）	多一条 21 号染色体	1/700	身体异常、智力障碍、心脏缺陷
XXX 综合征（女性）	多一条 X 染色体	1/1 000	无临床异常、身高高于平均水平、可能有智力障碍
XYY 综合征（男性）	多一条 Y 染色体	1/1 000	无临床异常、身高高于平均水平、有"犯罪"倾向（存在争议）

染色体异常

当染色体被分配到精子或卵子时可能会发生错误，导致太少或太多的染色体被传递（其他形式的染色体物理异常也可能发生）。这些染色体异常通常会导致遗传性疾病（表 15.1）。大约 20% 的人类受孕存在某种染色体异常。大多数染色体异常的胎儿会自然流产，使得妊娠终止。

观察从胎儿、儿童或成人身上取下的细胞可以识别出染色体异常，例如在唐氏综合征中多出的 21 号染色体（图 15.2）。

在美国，患有这种严重遗传性出生缺陷的婴儿比例大约为 1/700。然而，这一比例在女性 35 岁左右时开始上升，并在 40 岁后急剧上升。由于唐氏综合征的发病率随产妇年龄的增长而增加，因此所有 35 岁以上的孕妇，都被建议做胎儿基因检测（见产前检查小节），以确定她们腹中的胎儿是否患有唐氏综合征。如果检测结果呈阳性，那么女性在明确知道自己将生育一个患有唐氏综合征的孩子的前提下，可以选择堕胎或继续妊娠。

唐氏综合征患者的所有细胞中都携带一条额外的 21 号染色体，这会导致心脏缺陷、面部特征改变和智力障碍。在现代医疗护理条件下，唐氏综合征患者的预期寿命为 40~50 岁。然而，唐氏综合征患者在儿童期后还需他人照护，这在情感和经济上都会对家庭造成负担。最终，大多数唐氏综合征患者都会被安置在专门的生活环境中，由训练有素的护理人员照护。

21 号染色体是人类最小的染色体之一，包含大约 450 个基因。为了弄清楚究竟是哪些基因导致了

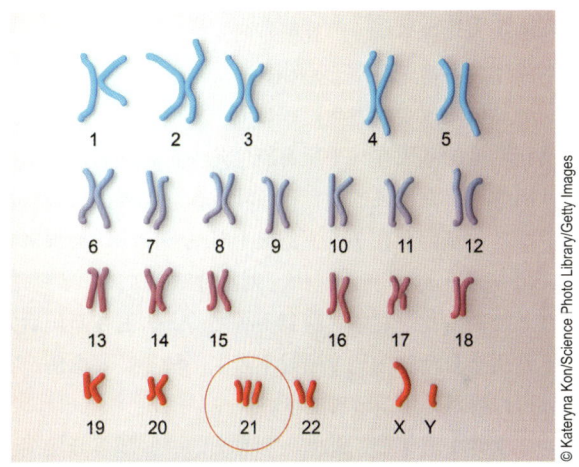

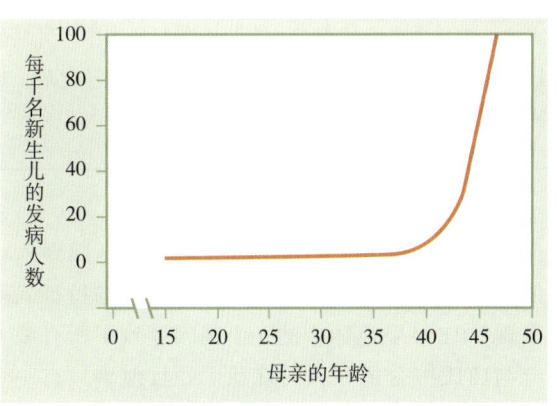

图 15.2　唐氏综合征个体的核型

注意 21 号染色体的 3 个副本。上图显示了母亲年龄与唐氏综合征患儿出生频数之间的关系。从 35 岁起，这种特殊的染色体异常的风险开始上升，并在 40 岁后急剧上升。

资料来源：Hook, E. B.(1984). Chromosomal Abnormality Rates at Amniocentesis and in Live-Born Infants. *Journal of the American Medical Association, 249*, 2034–2038.

乳糖不耐受：一种影响人类演化的突变

乳糖存在于母乳中，是所有母乳喂养的婴儿的主要能量来源。乳糖的消化是通过一种酶来完成的。这种酶叫作乳糖酶，存在于几乎所有新生儿的消化系统中。产生乳糖酶的基因位于2号染色体上，几乎所有婴儿在出生时这个基因都是激活的，这样他们就能消化母乳或牛奶。在非常罕见的情况下，婴儿出生时这个基因没有被激活，这会导致一种被称为乳糖酶缺乏的疾病。这些婴儿不能消化母乳和所有奶制品中的乳糖。如果用母乳或牛奶喂养，这些婴儿就会出现水样腹泻，这种腹泻会导致脱水和营养缺乏，进而危及生命。

更常见的情况是，有些人在长大后才无法消化乳糖，这被称为乳糖不耐受。乳糖不耐受的发生率在世界各地的成年人中差异很大（见附图）。

乳糖不耐受的发生过程如下。如前所述，能让婴儿消化乳糖的基因在几乎所有新生儿中都是开启的，这样他们就可以在母乳的哺育下茁壮成长。世界上大多数儿童的这一基因会在2~5岁的某个时刻关闭。这与大多数文化中的正常断奶时间一致。对这种基因关闭的解释是，在人类的演化过程中，直到不久之前，人们在断奶后并不食用来自动物的奶；通过不产生一种不必要的酶，身体可以为其他用途节省能量。

大约1万年前，北欧人和非洲的一些部落开始饲养奶牛、山羊、绵羊和其他动物，以获取奶水。奶成为他们饮食中重要的组成部分。在这些喝奶的人中，乳糖酶基因发生了突变，使得乳糖酶能够持续生成。之后，这种基因变化代代相传。

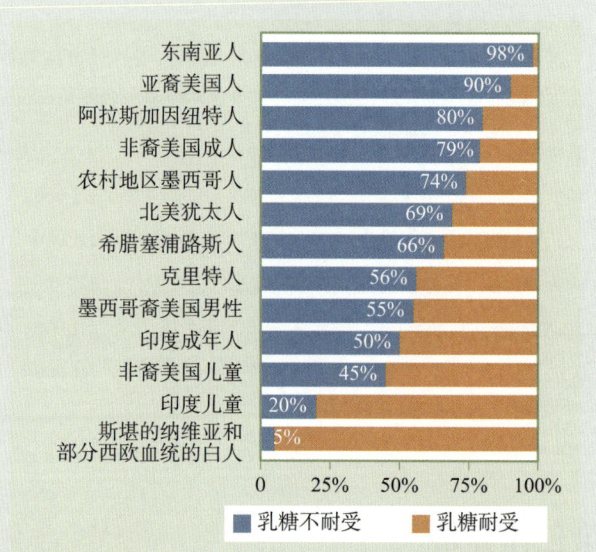

资料来源：Itan, Y., et al. (2010). A worldwide correlation of lactase persistence phenotype and genotypes. *BMC Evolutionary Biology*, 10, 36.

现代遗传学研究表明，有两种突变解释了世界上所有乳糖耐受人群的情况（Enattah et al., 2002; Gibbons, 2006）。所有喝牛奶没有任何不良反应的成年人都有这两种突变中的一种。今天，世界各地人群的乳糖耐受性差异很大，从几乎完全乳糖不耐受（东南亚人）到几乎完全耐受（斯堪的纳维亚人）。在这些突变出现后的数千年里，乳糖耐受基因被带到了世界各地。

直到最近，乳糖不耐受的诊断一直很困难。常用的诊断方法是让患者停止食用奶制品以观察其症状是否消失。然而，现在有一种基因检测，可以用来确定一个有症状的人是否真的缺乏产生乳糖酶的基因。（注意：乳糖不耐受不是真正的牛奶过敏；牛奶过敏是一种对牛奶蛋白的免疫反应。）

唐氏综合征，科学家们每次将少量人类基因导入小鼠体内，以确定哪些基因导致了该疾病的特征。研究发现，21号染色体中的3个基因导致了所有或大部分与唐氏综合征相关的症状，并且似乎只有一个特定的基因可能是这种遗传性疾病的主要原因。

遗传性疾病

遗传性疾病（hereditary/genetic disease，简称遗传病）是由下面一系列事件导致的。某个异常的基因（化学结构被改变的基因）从父母中的一方或双方遗传给孩子。由于遗传了这种有缺陷的基因，孩子体内会产生异常的蛋白质，甚至完全缺失这种蛋白质。例如，在胎儿发育过程中，如果一种重要的肌肉蛋白有缺陷或缺失，肌肉组织就会发育异常。多种形式的肌营养不良都是以这种方式遗传的。如果形成骨骼所需的一种蛋白质有缺陷，就会导致身材矮小或侏儒症。

如果有缺陷的蛋白质是一种酶，人体内必要的化学反应就会受到影响，新陈代谢的某个方面就会出现异常。例如，一种被称为凝血因子Ⅷ的化学物质是正常凝血所必需的，然而在血友病患者体内，

> 生活不在于拥有一手好牌，而在于把烂牌打好。
>
> ——罗伯特·路易斯·史蒂文森

它由于 X 染色体上的基因改变而存在缺陷。苯丙酮尿症也是一种遗传性疾病，是由一种酶的缺陷引起的，这种酶是消化食物中的一种氨基酸即苯丙氨酸所必需的。如果血液中过量的苯丙氨酸没有被分解，它就会积聚在组织中，导致大脑发育异常和智力障碍。

20 世纪 60 年代，美国以苯丙酮尿症检测开启了新生儿筛查。多年来，针对相对常见的遗传性疾病，人们开发出了其他许多可靠的检测方法。然而，筛查非常罕见的遗传性疾病在经济上并不可行。此外，假阳性结果会给父母带来巨大的精神痛苦，他们被告知孩子患有遗传性疾病，而实际上他们的孩子是健康的。更新的检测方法使新生儿筛查更加准确和可靠。美国医学遗传学学会现在宣称，可以为新生儿筛查 50 多种遗传性疾病，包括一些极其罕见的疾病。在美国，新生儿接受遗传性疾病检测的数量因州而异。有些州只筛查 3 种遗传性疾病，有些州则筛查多达 40 种遗传性疾病。

最重要的新生儿筛查之一，是检测 X 染色体上一种名为 *FMR1*（脆性 X 智力低下 1 号基因）的基因是否存在异常。因为男性只携带 1 条从母亲那里遗传来的 X 染色体，所以通常只有男孩才会患脆性 X 染色体综合征。这是普通人群中最常见的一种智力障碍（Hagerman & Hagerman, 2008）。女性携带 2 条 X 染色体，所以她们通常会携带一个正常的 *FMR1* 基因，它能抵消另一条 X 染色体上缺陷基因的大部分影响。由于 *FMR1* 基因会发生许多不同的

存在同性恋基因吗

在现代社会，gay 这个词用来指代男同性恋者。在过去，这个词的原意是"快乐的、精神饱满的"；后来，它开始与性行为联系在一起，比如"浪荡公子"（gay blade）。但这个词是如何与男同性恋者联系在一起的，目前仍不清楚。

1993 年，一个科研团队声称，通过识别"同性恋基因"发现了男同性恋的生物学基础。然而，他们的方法只涉及统计学上的关联，并未真正发现特定的基因。此外，其他研究人员的遗传学研究未能证实这一最初的观察或分析。尽管研究人员推测，同性恋有生物学和基因上的基础，但至今仍没有令人信服的证据支持这一假设。也许最好的证据是，许多男同性恋者报告，他们在很小的时候就意识到自己被其他男性所吸引。但这并不能作为存在同性恋基因的科学证据。

就算未来的研究能发现特定基因对性取向的影响，考虑到它的复杂性，也不太可能用一个基因（甚至几个基因）来解释同性恋。性取向很可能是由数百个基因和众多环境因素决定的。这些因素会影响个体在子宫内和出生后的大脑发育。性取向背后的因素可能至少与影响智力的因素一样复杂。

由于诸多原因，关于同性恋遗传基础的研究极具争议。在过去，甚至是现在，由于"出柜"的可怕后果，大多数男同性恋者都会选择隐藏自己的性取向。在美国，20 世纪 70 年代之前，同性恋在医学上被归为一种疾病。男同性恋者常常被迫接受痛苦的心理或身体治疗，以"治愈"他们的同性恋倾向。直到最近，一些国家还在用休克疗法来"治疗"同性恋。尽管男同性恋者已经融入了当今美国社会的大多数领域，但在美国的许多地区和其他国家，强烈的偏见依然存在。对同性恋者的极端偏见或仇恨被称为同性恋恐惧症。这在美国和世界其他地方仍然是一个问题。

人类学证据表明，同性恋在古今所有人类文化中都存在，而且一般来说，男同性恋者占所有人类群体的 2%~4%。因此，同性恋是一种典型的人类个体差异，就像身高或智力的遗传差异一样。例如，只有极少数的人身高超过 2 米或拥有天才的头脑，但他们并没有被污名化。

近年来，包括美国在内的许多国家都通过了法律，承认同性伴侣结婚合法，并享有异性夫妻拥有的所有合法权益。这不仅是一种社会平等方面的进步（同性夫妻也能享受权利），也是一种对非异性恋取向的承认（它与个体生理的其他方面一样"自然"）。这为更多的宽容开辟了道路。因为某些人的肤色或性取向而憎恨他们，就是在憎恨他们出生时所遗传的生理特性。在不考虑生理因素的情况下就判断行为好／坏或正常／异常是一种目光短浅的做法。

最后，尽管存在社会规范，生物因素仍在很大程度上决定了个体的性取向。

突变，因此它对心智功能的损害也有很大的差异。

镰状细胞病是由存在于所有红细胞中的血红蛋白的缺陷引起的。当血液在肺部循环时，血红蛋白分子会吸收氧气。在镰状细胞病中，有缺陷的血红蛋白会改变红细胞的形状，使其容易堵塞小血管。这会导致人体必需的氧气无法到达组织和器官。2017 年，首例镰状细胞病成功治愈的案例被公布（见全球健康专栏"基因疗法治愈镰状细胞病"）。

家族性疾病 遗传性疾病总是由异常的染色体或基因引起的，它们会以某种方式改变人体结构或化学成分。然而，确定一种疾病或身体异常是否是遗传的，并不是一件简单的事情。除了异常的染色体或基因，感染、致畸物或其他环境因素也能造成许多出生缺陷。

有时一种疾病被认为是"家族性"的，即某个家庭的几个成员患有同一种疾病。与一般人群的平均风险相比，患有某些疾病的父母，其子女患这些疾病的风险更高（**表 15.2**）。过敏、肥胖或酗酒可能是家族性的，但这并不意味着这些疾病总是遗传的或仅仅是由基因导致的。家庭成员不仅共享某些基因，还共享许多环境因素。例如，家庭成员共享相同的水、食物和空气，其中任何一种都可能含有有害物质或有毒物质。当父母饮食不良时，孩子通常也如此。为了理解遗传性疾病和家族性疾病的区别，请考虑下面这两个例子。天主教徒身份具有家族性，共和党人或民主党人身份也是如此，但这些特征显然不是由所继承的任何基因决定的。只有受过医学遗传学训练的医生或科学家才能确定一种生理异常是由遗传基因、环境因素还是两者共同导致的。

先天缺陷

每个新生儿出生后都会立即接受检查，确定其是否有任何可以观察到的身体异常，即先天缺陷。这些缺陷不一定是遗传的，尽管从父母那里遗传来的异常基因可能会起一定作用。大多数先天缺陷是由基因和环境因素复杂的相互作用造成的。先天缺陷的例子有唇裂、腭裂和脊柱裂，它们分别是由口腔和脊柱形成过程中的发育异常造成的（**图 15.3**）。

人们曾见过这样的例子，即唇裂只发生在同卵双胞胎中的一个人身上，所以这种畸形必定同时受环境因素和基因的影响。尽管同卵双胞胎拥有相同的基因，但他们出生时的体重通常不同。这一观察结果也证实了胎儿发育过程中环境因素的重要性。他们在以后的生活中也有着不同的智商分数。这表明，同卵双胞胎即使在产后发育过程中也会受环境因素的不同影响。

表 15.2 当父母一方患某种疾病／障碍时，儿童患同样疾病和障碍的风险会增加

在下列疾病和障碍中，基因可能在一定程度上产生了影响。但造成风险的基因的数量，或基因所起作用的程度，目前基本上是未知的。在以下所有的疾病和障碍中，环境因素也都会产生影响。

	终身风险（%）	
	一般人群	父母一方患病／障碍
酗酒（男性）	10	40
酗酒（女性）	3~5	12~20
阿尔茨海默病	5~10	10~20
结肠癌	6	12~18
2 型糖尿病	3~7	10~15
抑郁障碍、双相障碍	1~3	9~27
阅读障碍	5~10	30~60
银屑病	1~2	25
类风湿性关节炎	1	5
精神分裂症	1	10

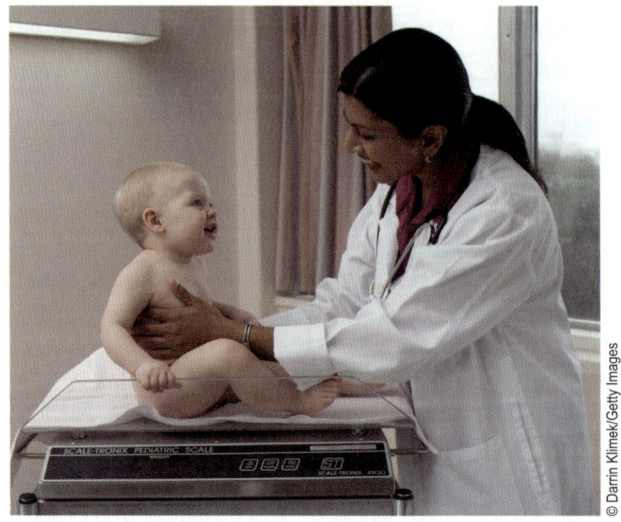

图 15.3

先天缺陷在胎儿发育过程中出现，在出生时被发现。

脊柱裂是一种先天缺陷，每 1 000 名新生儿中就会有 1 名患有这种疾病。脊柱裂是指一个或多个脊椎骨闭合失败，脊髓和神经从裂缝中膨出，形成一个容易受损且充满液体的囊。膨出的脊神经很容易受到会导致瘫痪的损伤，也容易遭受致命的感染。最严重的先天性神经系统缺陷是无脑畸形，即非常严重的大脑发育异常；患病的胎儿要么胎死腹中，要么在出生不久后死亡。手术可以修复脊柱裂造成的部分损伤；然而，对无脑畸形人们无能为力。

在孕妇的饮食中补充维生素 B_{12} 和叶酸可以显著降低脊柱裂和其他出生缺陷的风险。叶酸是预防出生缺陷最有效的物质，并且应该在怀孕前就开始服用。计划怀孕的女性应在怀孕之前和之后服用叶酸（每天 400 微克）。1998 年，美国开始在面粉和谷物里添加叶酸，所以脊柱裂出生缺陷的发生率明显下降。

然而，由于在怀孕前补充叶酸的女性人数在减少，近年来出生缺陷的数量一直在增加。她们也没有摄入足够的添加了叶酸的谷物，这或许是因为"低碳水"饮食的流行。在谷物中添加叶酸以减少出生缺陷的做法也受到了一些人的攻击。他们声称，饮食中过量的叶酸可能对老年人有害。重要的是：如果你是一名女性，并且认为自己可能怀孕，那就服用叶酸补充剂吧。它可以将婴儿出生缺陷的风险降低 70%。

任何会导致胎儿发育缺陷的环境因素都被称为**致畸物**（teratogen，来自希腊语，意思是"产生怪物"）（表 15.3）。许多环境因素，如处方药和非法药物、病毒和细菌感染、酒和烟，在怀孕期间可成为致畸物，导致胎儿发育异常。只要稍加注意，许多致畸物是可以避免的，从而增加产出健康婴儿的可能性。特别重要的是，任何怀孕或打算怀孕的女性都应避免吸烟和饮酒。酒精在穿过胎盘时会被浓缩，所以即使是一两杯酒也会导致胎儿体内酒精浓度过高，从而影响胎儿的发育。

沙利度胺

沙利度胺是一家瑞士制药公司在 1953 年研发的药物。它最初作为一种治疗癫痫的药物接受测试，后来被发现是一种有效的镇定剂和镇静剂。1957 年，沙利度胺在欧洲和世界其他国家作为治疗孕妇晨吐的首选药物上市。这种药物当时被认为非常安全，

表 15.3　致畸物

环境因素（如感染性病毒和其他微生物、化学物质、药物）可成为致畸物导致出生缺陷。除了下面列出的这些因素外，还有许多因素被怀疑会导致胎儿异常发育。

环境因素	影响
异维甲酸（痤疮药物）	自然流产、死产、大脑和心脏畸形
酒精	生长缺陷、智力障碍
抗甲状腺药物	甲状腺缺陷
卡马西平	神经管缺陷
可卡因	死胎、神经系统和生殖器异常
巨细胞病毒、单纯疱疹病毒、水痘-带状疱疹病毒、寨卡病毒	生长异常、智力障碍
己烯雌酚	女性男性化、阴道和宫颈异常、阴道癌风险增加
电离辐射	生长缺陷、智力障碍、器官畸形（取决于剂量）
碳酸锂	心脏和血管缺陷
甲氨蝶呤和阿维 A 酯	严重出生缺陷
非类固醇类抗炎药物	循环系统缺陷
苯妥英	中枢神经系统缺陷
多氯联苯	生长缺陷、色素异常症
胎儿发育过程中营养不良	生长缺陷、智力障碍
风疹病毒	心脏和眼睛异常、智力障碍
四环素（一种抗生素）	牙齿及骨骼异常
沙利度胺	肢体畸形
烟草烟雾	生长缺陷、出生后不久患病和死亡的风险增加
华法林	中枢神经系统缺陷

并且已经在怀孕的动物身上做了测试，结果显示，它并未成为致畸物。

然而，沙利度胺对任何孕妇都是不安全的。沙利度胺会干扰胎儿四肢骨骼的正常发育，还会导致其他发育异常。当人们终于认识到这种药物的致畸作用时，欧洲和世界其他地方在 1956 年至 1961 年之间，已经有成千上万有严重四肢畸形的婴儿出生；另有数万名胎儿死于腹中，但没有人确切知道，究竟有多少孕妇失去了胎儿或生下了畸形儿。这种药物从未获准在美国销售，这主要归功于美国食品药

治疗囊性纤维化的费用

在美国，每年约有3万名婴儿出生时患有囊性纤维化。这种疾病会导致严重的肺部和呼吸问题（Kaiser, 2012）。这种遗传性疾病的发生，是因为患儿遗传了父母双方都有缺陷的基因。现代医学治疗手段可以使出生时患有囊性纤维化的婴儿活到40岁左右。尽管护理和治疗有所改善，但仍没有彻底治愈的方法。

2012年，美国食品药品监督管理局和加拿大、欧盟以及其他一些国家的卫生项目部门，批准了一种名为Kalydeco［化学名为依伐卡托（ivacaftor）］的药物。这种药物可以恢复特定亚型的囊性纤维化患者（每100例患者中约有4例）的肺功能。生产Kalydeco的福泰制药公司每年收取每位患者30万美元的药费（每天服用两次）。大多数适用该药物的囊性纤维化患者为了存活需要数十年如一日服用这些药物。

许多医生、患者及其家人，以及保险机构，包括通过联邦医疗保险和医疗补助计划支付费用的美国政府，都反对该药的高价格。他们指出，研发这种药物的科研经费是由纳税人支付的，而且福泰制药公司从囊性纤维化协会得到了相当大的帮助，因此在研发这种新药上的花费少于通常所需的10亿到20亿美元。如果不按照美国和欧洲各国政府的要求进行价格调整，那么接受这种药物治疗的每位患者将为福泰制药公司带来数百万美元的利润。在以营利为目的的药物研发和销售模式中，福泰制药公司为其产品制定自认为合理的价格，并没有违反任何法律。

使用Kalydeco和其他被批准用于治疗严重疾病——尤其是癌症——的新药，每个疗程或每年的花费几乎都要超过10万美元，这是医疗保健体系面临的一个紧迫问题。有了现代基因技术助力生产更多用于治疗少数患者群体的药物，制药行业和药物研发者将很难抵制攫取经济利益的诱惑。检测和治疗遗传性疾病和其他严重疾病充满了伦理和经济方面的问题，这些问题在未来数年内将变得至关重要。

品监督管理局负责新药申请的医生弗朗西斯·凯尔茜。她担心该药的副作用，因此推迟了批准。后来，在其他国家人们发现了该药的破坏性作用。到1961年，大多数国家已经禁止使用沙利度胺。

然而，人们对沙利度胺和相关药物治疗潜力的兴趣并没有减退。研究仍在继续，并且其命运发生了讽刺性的转折，沙利度胺（商品名为Thalomid）于1998年被美国食品药品监督管理局批准用于治疗与麻风病相关的皮肤损伤。这种药物现在标有一个醒目的警告，建议医生不要将此药用于任何未经批准适用的疾病，或为可能怀孕的女性开这种药物。沙利度胺的教训是，为了保护潜在的胎儿，可能怀孕的女性不应服用任何处方药、非处方药或非法药物。

胎儿酒精综合征

在怀孕期间摄入任何数量的酒精都会增加胎儿酒精谱系障碍的风险。其中，最常见的形式是**胎儿酒精综合征**（fetal alcohol syndrome, FAS）。如果婴儿具有某些典型的异常面部特征、生长发育迟缓和神经发育异常，就可以被诊断为这种疾病。

尽管大多数患胎儿酒精综合征的婴儿是由孕期大量饮酒的女性所生，但研究表明，即使孕妇饮酒不多也会增加胎儿的患病风险。

许多女性认为怀孕期间偶尔饮酒不会造成任何伤害。她们可能是对的，但即使风险很低，这仍然是一种赌博行为。对于习惯喝酒的人来说，9个月是一段很长的时间，即使对于只是偶尔喝酒的人来说也不例外。怀孕前轻度饮酒的女性（大约每天1杯），比重度饮酒的女性（每天3杯或更多）更容易戒酒。尽管酒精饮料的包装上都有警告，但胎儿酒精综合征和其他酒精相关的胎儿发育障碍的发病率仍然相当高——多达1/10的新生儿在母亲体内曾暴露于酒精。

女性在孕期饮酒导致生出残疾儿童的现象，引起了有关个人权利的争论。一个母亲是否有权利按照自己认为合适的方式对待自己的身体，即使这意味着会伤害到胎儿？社会是否有权管制孕妇摄入酒精及其他有害物质？一些人认为，不负责任地使用酒精或药物的孕妇应该在怀孕期间被监禁，这样她对危险物质的使用才能得到控制。有关怀孕、酒精和药物的伦理和法律问题，仍悬而未决。

预防遗传性疾病

遗传咨询

遗传咨询（genetic counseling）是一门医学专业，它可以帮助人们了解遗传性疾病，弄清楚自己或生育的孩子或其他家庭成员患有遗传性疾病的概率，并做出关于检测和治疗的明智决定。人们寻求遗传咨询的原因包括：有遗传病家族史（包括某种遗传病或之前怀孕中出现过出生缺陷），希望了解在某些种族中更常见的疾病（例如，非裔美国人中的镰状细胞病和德系犹太人中的泰-萨克斯病）的基因筛查，以及其他遗传相关的问题。遗传咨询专业人员包括拥有遗传学专业知识的医生——临床遗传医师，以及为有遗传性疾病的人和家庭提供咨询与支持的非医学专业人员——遗传顾问。从医疗保健提供者那里获得推荐是找寻遗传学专业人员的最佳方式。遗传咨询的第一步是对胎儿的遗传风险进行客观计算，在某些情况下这种计算能确定孕妇怀有异常胎儿。虽然遗传顾问会努力做到客观，但咨询过程仍是微妙的，他们可能在不经意间插入自己的个人意见。例如，各携带一个缺陷基因的准父母可能会被告知，他们有 1/4 的概率生下有基因缺陷的孩子；或者他们也可能被告知，他们生下正常孩子的概率是生下异常孩子概率的 3 倍。虽然这两种说法都表达了同样的数学概率，但准父母很可能对这两种说法有完全不同的解读。一种说法强调了消极的结果，另一种则强调了更积极的结果。

给出影响他人人生的建议或意见必然会涉及艰难的道德决策和许多相互冲突的观点。在理想情况下，遗传顾问的个人观点不应该影响夫妇或家庭的决策过程。来访者应该在仔细考虑已向其说明的所有医学事实和风险后，自行做出明智的决定。

基因检测

基因检测（genetic testing）是指为了确认或排除可疑的遗传病，或者帮助确定个体得遗传病或把遗传病传递给下一代的概率，在医学监督下实施的识别染色体、基因或蛋白质变化的程序。目前有超过 1 000 种基因检测可供使用，更多的检测正在开发中。基因检测可能包括：（1）识别单个基因或短 DNA 片段，以识别导致遗传性疾病的变异或突变；（2）分析整

确定你是否有生下基因异常孩子的风险

如果你符合下列任何一种风险类别，建议你做产前检查和遗传咨询：

- 产妇年龄超过 35 岁（唐氏综合征风险）；
- 怀孕期间甲胎蛋白水平过高或过低（神经管缺陷风险）；
- 女方曾怀过染色体异常或有神经管缺陷的胎儿；
- 女方曾有死产或新生儿死亡的经历；
- 女方或男方先前被诊断出有染色体或基因异常；
- 女方曾被诊断出携带缺陷基因；
- 女方和男方被诊断出同时携带相同的缺陷基因；
- 近亲有患遗传病的孩子；
- 女方在怀孕期间接触过致畸物；
- 女方近期感染过风疹病毒或巨细胞病毒。

个染色体或长 DNA 片段，以识别染色体数量或形状的变化；（3）确定蛋白质的数量或活跃水平，它可以指示导致遗传性疾病的 DNA 变化。

基因检测是自愿的。因为检测虽有好处但也有局限性和风险，所以是否进行检测是复杂的个人决定。遗传医师或遗传顾问可以通过提供关于检测利弊的信息，并讨论检测在社会和情感方面的影响来提供帮助。

基因检测最有用的地方是防止导致严重遗传性疾病的基因遗传给下一代。一些可进行基因检测的常见遗传性疾病包括囊性纤维化、镰状细胞贫血、甲型血友病、迪谢内肌营养不良、亨廷顿病、脆性 X 染色体综合征等。担忧自己或家庭成员携带缺陷基因的人应请教遗传咨询专业人士。

有两个例子可以说明围绕着基因检测的复杂争论。亨廷顿病的症状直到中年或更晚才会出现。民谣歌手伍迪·格思里死于亨廷顿病，而他的儿子阿洛·格思里当时并不知道自己是否从父亲那里遗传了这种异常基因。（阿洛遗传该基因的概率为 50%。亨廷顿病的基因检测当时还未开发出来。）阿洛冒了这个风险，在症状通常会出现的年龄之前要了自己的孩子。幸运的是，阿洛没有从他父亲那里遗传这一基因，所以他的孩子也不会得亨廷顿病。

如果父母中的一方死于亨廷顿病，那么其子女

用生命拯救生命

每隔一段时间，一些极其现代的医学和基因技术就会像科学家们设想的那样发挥作用，某种想象中的非凡疗法就会变成现实。莫莉·纳什是一名身患重病的6岁儿童，遗传了范科尼贫血。为了给她提供治疗，医生结合使用了多种医学技术。范科尼贫血是一种严重的血液病，通常会在儿童10岁之前致其死亡，除非成功移植骨髓。想要成功移植，供者的骨髓细胞必须与受者细胞上的人类白细胞抗原类型非常匹配，以防止发生对移植组织的排异反应。

2000年，医生向莫莉·纳什的父母提供了一个从未尝试过的解决方案，以治疗他们女儿的致命疾病：他们可以生一个与莫莉基因非常接近的孩子，这样就有可能成功移植。2000年8月29日，亚当·纳什出生，莫莉接受了脐血造血干细胞移植手术，手术成功了。整件事的过程如下所述。

医生从莫莉母亲的卵巢中取出卵子。然后，他们用莫莉父亲的精子在实验室的玻璃皿中让卵子受精，并让其在体外（实验室的玻璃皿中）生长一段时间。当生长到可以植入莫莉母亲的子宫时，每个胚胎都接受了基因检测；只有拥有精确的HLA基因正确组合的胚胎，才能治愈莫莉。一个HLA基因匹配的胚胎被顺利获取并成功植入。在亚当出生的时候，他的脐带血被保存下来，后来被用于莫莉的脐血造血干细胞移植。莫莉弟弟血液中的细胞与她的细胞非常接近，因此没有产生排异反应。莫莉的新骨髓细胞生长旺盛，她的血液病得以治愈。整个流程的很多环节都要做得恰到好处，才能让手术成功。事实证明，这点确实做到了。

2010年，莫莉接受术后第10年的体检。她当时16岁并且身体健康。她10岁的弟弟亚当也是如此。自从这一医学创举取得成功后，这一疗法已被成功地用于治疗其他患有致命血液病的儿童。如今，所有主要的体外受精胚胎移植诊所，都可以对实验室胚胎进行基因检测。现在大部分的测试，也都是为了确保植入的胚胎没有携带导致严重遗传性疾病的基因。但一些科学家和其他人担心会有这样的一天，即父母可能希望对胚胎进行基因检测，以确定其是否携带赋予才能（如运动或音乐能力）、消除疾病（如癌症或心脏病）易感性或延长寿命的基因。这个名单是无穷无尽的，正如对滥用的推测一样。伟大的扬基队捕手约吉·贝拉曾说过："预测是非常困难的——尤其是预测未来。"

可以去检测是否携带该基因。假设一个孩子在15岁的时候发现其遗传了亨廷顿基因，其症状可能会在中年出现，并导致残疾和早逝。对一个孩子或年轻人来说，应对这一信息可能会是个难以承受的心理负担。有些有亨廷顿病家族史的人选择不去知晓或不接受检测；而其他的一些人则想知道自己的状况。无论结果是阳性还是阴性，上述两种选择都很艰难，可能导致严重的心理压力。（如果一个兄弟姐妹的检测结果是阳性，那么其他人阴性的结果可能会使他们产生沉重的负罪感。）

另一个两难困境涉及乳腺癌易感基因。是否遗传了癌症易感基因 *BRCA1* 和 *BRCA2* 突变中的一个或两个，会对女性患乳腺癌的风险产生很大影响。遗传了这两种易感基因突变，意味着女性一生中有80%~90%的概率患上乳腺癌，并且通常是在她们很年轻的时候。在女性成员乳腺癌发病率较高的家庭中，可以检测年轻女性是否存在这两种易感基因突变。如果发现这两种基因都存在，那么年轻女性将面临两种令人沮丧的选择。她可以忧心忡忡地等待乳腺癌的迹象出现；或者她也可以选择进行预防性乳房切除术——在年轻的时候就切除双乳，以免在以后的生活中患上乳腺癌。

在英国，携带乳腺癌易感基因突变的女性可以选择通过体外受精胚胎移植术来生育。现代技术可以检测胚胎中的单个细胞，以确保它在植入之前不携带 *BRCA1* 和 *BRCA2* 基因突变。通过这种方式，父母可以确保有害的基因不会遗传给孩子。

对严重疾病进行基因检测是医学上的一大进步，但也带来了严重的心理和伦理问题。任何想要进行基因检测的人，都应该在进行这类检测之前咨询遗传顾问。了解你的疾病风险可能会永远地改变你的生活。如果其他人得到了你的基因检测结果，那么这可能会带来保险或就业方面的问题。

产前检查

准父母们可以接受检查，以确定他们是否携带可能遗传给孩子（们）的基因异常。此外，他们

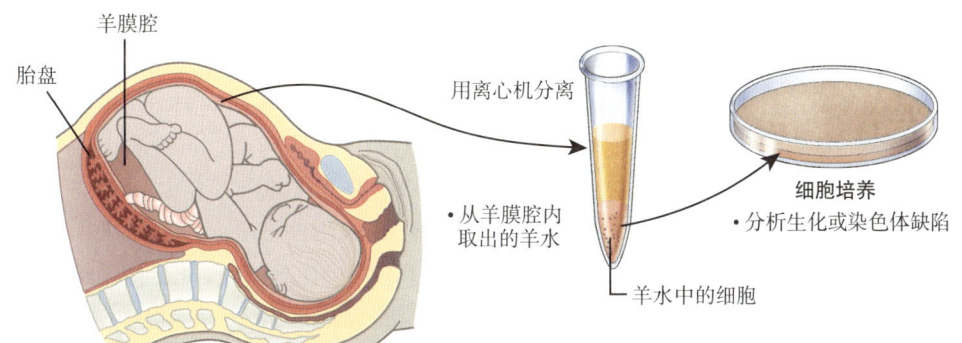

图 15.4 羊膜腔穿刺术

被称为羊膜腔穿刺术的诊断性手术，会从发育中的胎儿周围的液体中获取样本。样本中的液体和胎儿细胞随后会被用来分析生化或染色体缺陷。

也可以让医生检查子宫内的胎儿，以确定其是否受到基因异常的影响。有一种手术是**羊膜腔穿刺术**（amniocentesis）（图 15.4）。在这项手术中，胎儿细胞是通过在妊娠 15 周左右从子宫中抽取羊水样本获得的。尽管羊膜腔穿刺术非常安全，但仍有较小的伤害胎儿或导致流产的风险。作为遗传咨询的一部分，医生应该和准父母讨论这项检查的风险与好处。进行羊膜腔穿刺术可以让准父母们决定是继续妊娠还是选择流产。这个决定通常是准父母在与他们的医生和顾问讨论后做出的。

通过羊膜腔穿刺术获得的胎儿细胞将在实验室中培养，并进行生化和基因异常检测。核型分析中的染色体检查还可以确定胎儿的性别。但在美国只有孕妇明确要求时，检测人员才会提供这一信息。（虽然美国社会中的大多数人不论生男孩还是女孩都会很高兴，但在其他一些国家，生男孩还是被认为更令人满意。事实上，在许多国家，通过羊膜腔穿刺术和核型分析来确定女性胎儿是导致选择性流产的最常见原因。）

另一种称为**绒毛膜绒毛吸取术**（chorionic villus sampling, CVS）的产前检查，最早可以在妊娠 8 周后就进行。这项早期检查可以提供胎儿的健康状况信息，使父母能够更早地做出是否终止妊娠的决定。

一种无创的产前检查形式是**超声波扫描**（ultrasound scanning）。它被用来观察发育中的胎儿（图 15.5）。超声波扫描使用高频声波，这些声波会在胎儿体内不同的组织上以不同的强度反射回来。胎儿反射回来的声波会显示在屏幕上，图像由接受过这项技术培训的医生做出解读。

超声扫描可用于检测多个胎儿，并确定胎盘的位置——如果要进行羊膜腔穿刺术，这很重要。扫描可以测量胎儿头部的大小，从而确定胎龄。异常的大脑发育和神经管缺陷，也可以用超声波扫描诊断出来。

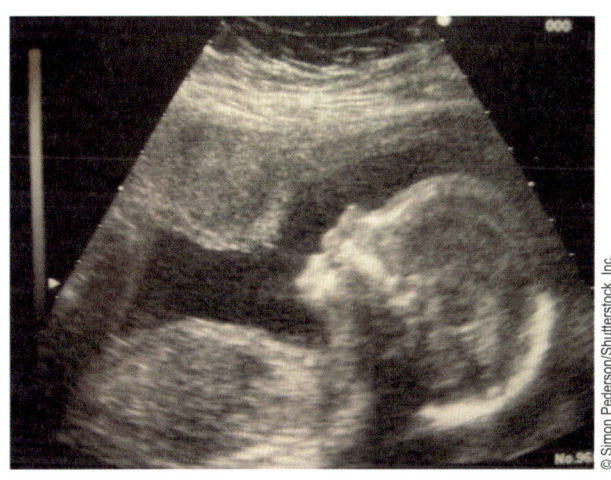

图 15.5 超声波扫描

超声波扫描获得的胎儿图像示例。超声波扫描可以显示胎儿的位置，也可能显示某些身体异常。

基因歧视

基因检测的一个潜在有害后果是，一个人可能因携带容易患上某种疾病的特定基因而受到他人的歧视。我们都知道基于性别或种族的歧视指什么，并且也已经通过了相关的法律来防止在就业、住房、军队和其他公共领域的种族或性别歧视。虽然很少用基因术语来描述，但种族和性别歧视实际上都是基因歧视的一种形式，因为性别和肤色是由父母遗传的基因决定的。

企业和保险公司是对获知一个人可能遗传了何种缺陷基因最感兴趣的组织。很多公司显然不愿意雇用那些工作几年后就有可能出现严重健康问题的人。这样的人对公司来说代价高昂，因为他们浪费了培训支出，减少了工作产出，还消耗了医疗福利。如果需要支付的福利过高，公司的健康保险计划甚

> 只有心灵上的瑕疵才是真的污垢；无情的人才是真正的畸形儿。
> ——威廉·莎士比亚
> 《第十二夜》

至可能被取消。

健康保险公司和人寿保险公司也希望获取个人的基因信息，这样他们就可以选择风险"低"的用户，并拒绝风险"高"的用户。与所有公司一样，保险公司是利润驱动的，它们通常可以从一个人的医疗记录中获得基因检测的信息。因此，每个人在允许他人查阅自己的医疗记录时，都需要非常谨慎。

经过10多年的不懈努力，美国国会于2008年终于通过了《反基因歧视法案》（Genetic Information Nondiscrimination Act, GINA），并经总统签署后正式成为法律。该项法律禁止：

- 雇主根据基因检测获得的信息解雇或不录用某人；
- 保险公司根据基因检测获得的信息拒绝向某人提供健康或人寿保险；
- 公司对携带疾病易感基因突变的人收取更高的保费。

人们希望，这项联邦法律能够让他们在选择接受越来越多的基因检测项目时更有安全感，而不必担心雇主或保险公司的歧视行为。

治疗遗传性疾病

在成千上万种已知的遗传性疾病中，只有极少数能被有效地治疗。苯丙酮尿症就是后者。如果受影响的新生儿在出生时被诊断出来，该病就可以被妥善控制。由于该病是可以治疗的，而且检测方法准确、费用低廉，因此美国对所有新生儿进行苯丙酮尿症检测。所有正常的饮食中都含有氨基酸苯丙氨酸，如果患有苯丙酮尿症的儿童食用了这种氨基酸，它就会在血液中积聚，影响大脑发育并导致智力障碍。患有苯丙酮尿症的人缺乏一种酶，这种酶对于大多数蛋白质（包括牛奶中的蛋白质）中所包含的苯丙氨酸的化学分解至关重要。因此，任何患苯丙酮尿症的婴儿都必须立即开始食用不含苯丙氨酸的饮食。这种饮食至少要持续到青春期，而且通常在青春期后仍需如此。

在美国，新生儿遗传性代谢（化学）障碍的强制性检测因州而异。借助现代技术，从新生儿脚后跟取一滴血就可以对至少40种不同的遗传性代谢障碍进行检测。检测的一个问题是，每检测出一个真正患有遗传性疾病的婴儿，都会有多达60个婴儿得到假阳性结果。这些假阳性结果必须通过进一步的检测加以排除。在此期间，家长们将一直感到忧心忡忡。每一种代谢障碍都会导致一系列的医学问题，有些是可以治疗的，有些则不能。

基因疗法

成千上万种人类疾病是由遗传了某种异常基因引起的。因为基因包含了制造蛋白质的信息，所以遗传一个异常的基因会导致某种蛋白质功能失常，通常表现为某种疾病。镰状细胞贫血患者就是遗传了异常的血红蛋白合成基因。在囊性纤维化中，有缺陷的蛋白质位于细胞膜上，而细胞膜决定着化学物质如何进入和离开细胞。在肌营养不良中，用来构建肌肉的蛋白质存在缺陷。医学科学面临的问题是如何治愈这些遗传性疾病。

在某些情况下可以人工制造功能正常的蛋白质并注射到患者体内，以填补缺失的蛋白质，例如对血友病的治疗。在其他情况下可以用药物来减轻症状的严重性，如减轻囊性纤维化和镰状细胞贫血的症状。然而，由于个体体内所有细胞中的一个基本基因都存在缺陷，因此这类治疗方法并不能永久地治愈患者。这正是**基因疗法**（gene therapy，也称作基因治疗）的目标，它是一种利用基因去治疗或预防疾病的试验性方法。研究人员正在测试几种基因治疗的方法，包括：（1）用一个健康的基因副本替换致病的突变/缺陷基因；（2）"敲除"功能异常的基因或使其失活、沉默；（3）将一种新的、不同的基因引入体内，以帮助对抗疾病。

自2001年人类基因组的完整化学性质被阐明以来（U.S. National Human Genome Research Institute, 2016），科学家对基因的工作原理及修复其功能异常的手段有了越来越深入的了解。越来越多的基因被识别和获取，并被用于各种基因疗法试验，这些试验涉及通过各种技术取代功能异常的基因或使其沉默。人们希望正常的基因一旦进入细胞，就能发挥作用，并产生足够数量的蛋白质，从而永久性地治愈某种遗传性疾病。

基因疗法治愈镰状细胞病

镰状细胞病会在个体遗传了父母双方血红蛋白基因的异常副本时出现。血红蛋白是血液中的大分子，负责将氧气携带到人体内的所有细胞中，而异常基因会产生异常的血红蛋白。异常的血红蛋白往往会堆叠，这会导致携带它们的红细胞变成新月形或镰刀状（该病也因此得名），而不是正常红细胞的双凹圆盘形。新月形的红细胞会堵塞小血管，造成包括疼痛在内的诸多缺氧症状。

镰状细胞病最早出现在疟疾肆虐的热带地区。在演化和自然选择的一个奇怪巧合下，携带一个异常血红蛋白基因有助于保护个体免受导致疟疾的寄生虫感染。那些遗传了一个异常血红蛋白基因副本的人，据说具有镰状细胞特征；但他们并没有镰状细胞病的症状，因为他们的另一个正常血红蛋白基因可以产生足够的正常血红蛋白来让他们保持健康。此外，与那些携带两个异常血红蛋白基因副本的人相比，他们死于疟疾的可能性更小。

多年来，药物和输血一直是镰状细胞病的主要治疗方法。2014 年，一个由法国医生和科学家组成的团队，将一个正常的血红蛋白基因导入一名患有镰状细胞病的男孩的骨髓细胞中。两年后，他产生了足够的正常血红蛋白来维持健康（Ribeil et al., 2017）。人们希望这种基因疗法能够被证明足够成功，从而成为一种标准化的治疗方法。这将意味着基因疗法在治愈严重遗传性疾病方面的巨大成功。仅在美国就有近 90 万人患有镰状细胞病，其中大多数是非裔美国人，他们的祖先在非洲获得了该基因的突变形式。全球每年有多达 27.5 万名婴儿出生时患有镰状细胞病。

基因疗法的逻辑是合理的。然而实践证明，克服技术和生物学方面的障碍特别困难。2000 年，基因疗法似乎取得了第一次重大成功。在法国，一些患有严重遗传性免疫系统疾病的儿童获得了健康的基因，他们的免疫系统开始正常运作。正常的基因通过一种被认为无害的病毒载体导入他们的细胞，科学家们为这一结果欢呼雀跃。然而，到 2002 年底，其中的两名儿童得了白血病，可能是由基因疗法试验中使用的病毒所致。这种基因疗法目前已经停止使用，科学家们正在寻找将基因导入细胞的其他方法。

经过几十年的挫折，最近基因技术在遗传性疾病的治疗中取得了一些重大的成功（Lewis, 2014）。通过将正常基因导入细胞，少数血友病（一种严重的遗传性血液疾病）患者的病情得到了改善。针对遗传性免疫疾病、失明和肺部疾病的基因疗法正在研发中，或已被批准使用。研究人员正在寻找阿尔茨海默病、糖尿病、心力衰竭和癌症的治疗方法。

尽管基因疗法对许多疾病（包括遗传性疾病、某些癌症和某些病毒感染）是一种很有前景的治疗方案，但这项技术仍然存在风险。为确保安全和有效，该技术目前还在不断研究中。基因疗法目前仅在患有没有其他治疗方法的疾病的患者中进行测试。

胚胎干细胞

三四十年前，与体外受精胚胎移植术有关的伦理和社会问题引发了极大的恐慌和公众热议。如今，试管婴儿的好处和风险已被广泛接受。数百万儿童（其中许多已经到了生育年龄）是其母亲通过辅助生殖技术受孕而生育的。然而，在实验室中培育人类胚胎的能力引发了利用实验室中未使用的胚胎来培育**胚胎干细胞**（embryonic stem cells）的研究。这种细胞在治疗一些目前无法治愈的疾病方面有巨大的潜力，比如帕金森病、肌萎缩侧索硬化、脊髓损伤和 1 型糖尿病等。

人类从一个受精卵开始生长，在子宫里经过 9 个月的时间，成为一个发育完全的婴儿。当人类胚胎发育到含有几百个细胞时，它就被称为囊胚（**图 15.6**）。囊胚内部的细胞就是胚胎干细胞，因为当其暴露于使其分化（变得特化）的特定环境因子时，它们有能力发育成特定的组织，如肺、心脏、肝脏、脑等。在实验室中，人们可以从早期胚胎中提取细胞，并使其在实验室培养皿中大量增殖，其中一些细胞会发育成稳定的胚胎干细胞系。这些干细胞系可以储存起来，或让其在特殊条件下生长，在此期间，它们会发育成特定的细胞和组织。干细胞系几乎无限期地保留着发育成特定组织的潜力。当干细胞被注入人体器官时，它们可以替代那些可能被疾病损坏或破坏的组织。

例如，小鼠胚胎干细胞被注射到糖尿病小鼠的胰腺中时，干细胞会在那里发育成能够产生胰岛素的胰腺细胞。对小鼠的研究表明，某些形式的人类

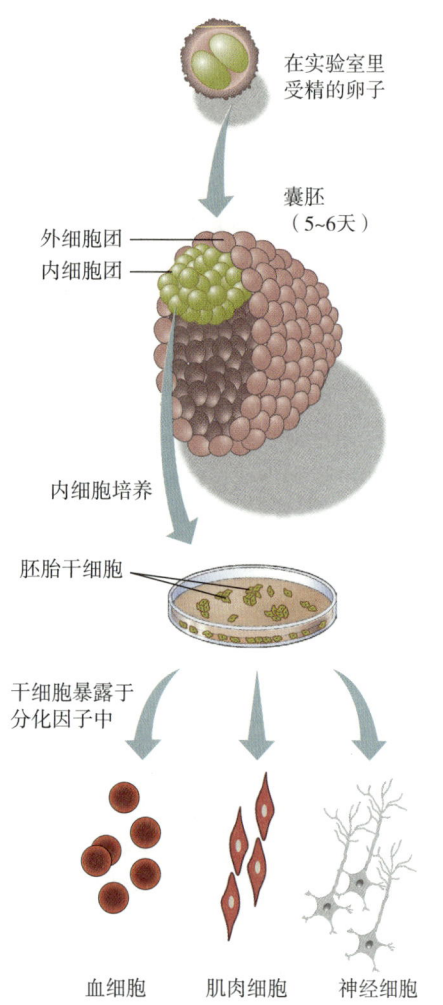

图 15.6　胚胎干细胞的分离

受精卵在实验室里培养，直到有了几百个细胞。其中的一些细胞被分散放入实验室的培养皿中，在那里它们将成长为胚胎干细胞群。这些细胞几乎可以无限生长；当它们暴露于特定的环境中时，它们会分化成具有特定组织和器官特征的细胞。

糖尿病（1型）或许能通过人类胚胎干细胞的使用得到改善。

干细胞研究的一个主要目标是，培育包含个体自身遗传信息的干细胞系（Phimister, 2005）。这可以通过下述方式实现。第一步，从患有严重疾病的患者身上获取细胞。第二步，取出若干细胞核并分别注入自身细胞核已被小心取出的人类卵细胞（去核卵细胞）中。第三步，使每个带有患者细胞核的卵细胞在实验室培养皿中发育成囊胚。最后，提取单个细胞并培育成稳定的胚胎干细胞系。如果这些步骤能够获得成功，那么所获得的个人化干细胞便可以用于治疗患者的疾病，而不必再担心排异反应，因为干细胞中的遗传信息与患者自己细胞中的遗传信息是同样的。

胚胎干细胞研究在美国极具争议。这种研究的支持者强调它在减轻人类痛苦和治疗不治之症方面的巨大潜力。反对者则认为，每一个人类胚胎，无论它通过什么途径产生，都是一个潜在的"人"，并且当受精发生或胚胎出现时"灵魂"就会进入。尽管存在伦理上的担忧和科研上的挫折，但干细胞疗法最终很可能被开发出来，并成功用于治疗严重疾病。

基因组编辑

基因组是指生物体细胞中所有 DNA 的总和。一个人的基因组构成是在卵子受精伊始时建立的，并在一生中保持不变，不过基因组的一小部分可能会因与环境的相互作用而变化。例如，作用于皮肤细胞的阳光（紫外线辐射）可能会改变它们的 DNA，导致其中一些细胞变得更红、更黑，甚至出现癌变。

2015 年，科学家们发现了一种利用**基因组编辑**（genome editing, 也称为基因编辑或基因剪接）来精确、便捷且低成本地改变人类 DNA 组成的方法，称为 CRISPR/Cas-9。这种方法可以改变、添加和移除 DNA 片段，或使其分布到细胞中的不同位置。例如，如果阳光中的紫外线辐射破坏了一个人皮肤细胞中的部分 DNA，那么人们可以通过基因组编辑来剪除受影响的 DNA，并将其替换为未受损的原始副本或以其他方式定制的片段。在科研领域，人们正在探索使用 CRISPR/Cas-9 基因组编辑法治疗各种各样的疾病，包括囊性纤维化、血友病和镰状细胞病等单基因遗传病。该方法还可能有助于治疗和预防更复杂的疾病，如某些类型的心脏病、精神疾病和感染。

当基因组编辑被用来改变卵子和精子中的基因组或胚胎的 DNA 时，就会引发伦理问题。这些改变将会一代又一代地传递给子孙后代。这将有利于所有携带有害基因（如亨廷顿病或血友病基因）的准父母。然而，这项技术也可能被用来增强正常的人类特征，如身高、音乐能力或智力。这就是为什么精子、卵子和胚胎的基因组编辑目前在许多国家属于非法行为。

对健康的批判性思考

1. 一位25岁左右的朋友刚刚得知自己怀孕了。这名女性吸烟,并喜欢在周末参加聚会。根据你在本章所学到的先天缺陷的成因,为了帮助确保她生下一个健康的孩子,列出你建议她在行为、饮食和生活方式等方面做出的所有改变,并论述每项建议的依据。

2. 堕胎是美国社会中最具争议的议题之一。在观点连续谱的一端,有些人认为应该禁止所有的堕胎,不论出于什么理由,即使孕妇的生命受到威胁。而在另一端,有些人则认为每个孕妇都应该有完全的自由在怀孕这件事上去做任何她所选择的事情,因为那是她的身体。评价这两种关于堕胎的观点,并尽可能详细地陈述你自己的看法,并为你的每一个观点提供证据。

3. 科学家有义务将可能预示着严重疾病易感性的研究结果告知相关的人吗?请看下面这个例子。

    一位科学家正在研究死于胰腺癌的患者的DNA。她试图发现所有可能与罹患该病有关的基因。她发现,许多胰腺癌患者的DNA都携带已知会引发其他癌症的突变。其中一种是 *BRCA2* 突变,这是一种公认的女性乳腺癌和卵巢癌的风险因素。这位科学家是否应该将其发现告知胰腺癌患者的亲属,从而让他们去检测 *BRCA2* 基因?尽管大多数癌症易感基因突变会增加患癌风险,但它们并不必然导致癌症。如果你认为应该通知,那么具体应该如何通知?应该为其提供怎样的支持?另一方面,是否不应该告知其亲属?因为不能确定他们一定会患上相关癌症,而且也没有既定的规则或法律规定应该将某人DNA中发现有害突变的信息告知其亲属。

4. 几年前,美国军方要求采集所有军人的血样,以便分析每个人细胞的DNA并将其模式存档,就像美国联邦调查局保存罪犯和其他人的指纹档案一样。军方之所以希望分析每个人的DNA,是为了万一某人在未来的军事冲突中死亡,可以根据遗骸确定其身份。一名士兵违反了直接命令,拒绝提供血样,被下令在军事法庭受审。这名士兵辩称,他无法确定他的DNA信息会被保密,并且不会被用于区别对待或以其他方式损害他的利益。

   a. 你认为军方把每个人的DNA都记录在案合理吗?
   b. DNA信息可能以何种方式损害士兵在服役期或退伍后的利益?
   c. 讨论美国将每个人的DNA档案存入联邦机构,以便在有需要时,执法机构、政府机构或其他组织能够据此确定每个人身份的利与弊。

本章小结与重点

本章小结

每个人的遗传信息都包含在长长的链状DNA分子中。DNA分子被"打包"进46条染色体中,其中一半(23条)来自父亲,一半来自母亲。构建一个人所需的所有信息都包含在大约30亿对由4个碱基(缩写为A、G、C、T)组成的碱基对中。从肤色到运动能力和智力,每个人类特征都包含在这本巨大的"生命之书"中。20世纪90年代,科学家们决定破译一个人DNA中这30亿对元素的确切序列。美国政府资助了这一构想,并启动了人类基因组计划。2003年,整个序列在网上公布,标志着完整测定人类基因组序列的目标正式实现。这个计划耗资27亿美元。在这一惊人成就之后的几年里,科学家们陆续获得了一些病毒、细菌、酵母菌、植物和动物的完整DNA序列。这之所以能够做到,是因为DNA测序的成本随着测序过程变得自动化和计算机化而急剧下降。如今,对一个人所有DNA进行测序的成本只有几千美元。

由于DNA测序的这些进展,我们对遗传性疾病的理解也发生了一场革命。单个基因的缺陷会导致遗传性疾病,如镰状细胞贫血、肌营养不良、囊性纤维化、血友病,以及成千上万种其他疾病。基因缺陷可以从准父母身上发现,新的基因技术和生殖技术有助于防止缺陷基因遗传给孩子。癌症、心脏病、糖尿病和其他慢性病并不是由单个基因引起的,而是由许多基因共同作用,从而增加了个体的患病风险。如果你想知道的话,测序公司可以对你的DNA进行测序,并告知你患上数百种疾病的风险。科学家现在可以通过分析现代人的DNA来重建人类历史和人口迁移的过程。你可能会有兴趣知道,每个人都携带着来自尼安德特人的一些基因。个性化医疗是一门新型医学专业。它基于对患者DNA的分析,并根据其特定基因进行个性化治疗。癌症患者会得到最有可能摧毁他们身上特定肿瘤的药物。个性化医疗意味着，未来的大多数治疗将根据患者的特定基因进行定制。基因革命，可能会产生比刚刚过去的互联网和通信革命更令人惊叹的结果。

重 点

- 每个新生儿都从父母双方分别遗传了 23 条染色体和大约 2 万个基因。遗传了异常染色体或异常基因的孩子可能患上遗传性疾病。
- 遗传信息存在于 DNA 中。
- 在美国，大约每 50 个新生儿中就有 1 个在出生时被观察到患有先天性出生缺陷。孕期胎儿的异常发育可能是由环境因素、遗传的异常基因（来自父母一方或双方）或两者共同作用造成的。
- 超声波扫描、羊膜腔穿刺术和绒毛膜绒毛吸取术是产前诊断方法，可以确定胎儿是否发育正常，或是否存在身体或生物学缺陷。
- 在孕期服用处方药或非法药物、饮酒或感染病毒也会伤害胎儿。如果孕妇使用药物或酒精，特别是在怀孕早期，那么胎儿可能会自然流产，或者新生儿可能会出现发育不良、智力障碍或其他问题。
- 生下基因异常孩子的风险高于平均水平的夫妇，应该在怀孕前和怀孕后接受遗传咨询。
- 现代的基因诊断测试可以检测导致数百种遗传性疾病的基因。然而，这其中只有少数疾病可以被成功治疗。
- 当人们发现自己或他人携带易患疾病和障碍的基因时，可能就会发生基因歧视。在美国，一项联邦法律明文禁止基因歧视。
- 基因疗法是一种很有前景的治疗遗传性疾病的新方法。
- 胚胎干细胞来自实验室培育的早期胚胎。这种细胞有潜力分化成任何需要的组织。它们可能有助于治愈严重的疾病。
- 基因组编辑，也称为基因编辑或基因剪接，可以改变、添加或移除 DNA 片段，或使其分布到细胞内的不同位置。

参考文献

Enattah, N. S., et al. (2002). Identification of a variant associated with adult-type hypolactasia. *Nature Genetics, 30*, 233–237.

Gibbons, A. (2006). There's more than one way to have your milk and drink it, too. *Science, 314*, 1672.

Hagerman, R. J., & Hagerman, P. J. (2008). Testing for fragile X gene mutations throughout the life span. *Journal of the American Medical Association, 300*, 2419–2421.

Hook, E. B. (1984). Chromosomal abnormality rates at amniocentesis and in live-born infants. *Journal of the American Medical Association, 249*, 2034–2038.

Itan, Y., et al. (2010). A worldwide correlation of lactase persistence phenotype and genotypes. *BMC Evolutionary Biology, 10*, 36.

Kaiser, J. (2012). New cystic fibrosis drug offers hope, at a price. *Science, 335*, 645.

Lewis, R. (2014, March). Gene therapy's second act. *Scientific American*, 53–57.

Phimister, E. G. (2005). A tetraploid twist on the embryonic stem cell. *New England Journal of Medicine, 353*, 1046–1054.

Ribeil, J. A., et al. (2017). Gene therapy in a patient with sickle cell disease. *New England Journal of Medicine, 376*(9), 848–855.

U.S. National Human Genome Research Institute. (2016). An overview of the Human Genome Project.

推荐阅读

Brownlee, C. (2005, April 9). Code of many colors. *Science News*, 232–234. Evaluates the never-ending controversy about biology and race.

Couzin-Frankel, J. (2011). What would you do? *Science, 331*, 662–665. This article presents several real-life problems resulting from genetic testing and asks "What would you do?" Read this article to discover the serious consequences of genetic testing that uncovers unanticipated or unwanted truths.

Epstein, D. (2013). *The sports gene—inside the science of exceptional athletic performance*. New York: Current. A sports writer and former track-and-field athlete writes about the contribution of specific genes to athletic ability. All sports now banish the use of drugs to improve performance. But genes may be far more important, especially for sprinters and long-distance runners. We can't ban specific genes in athletes; or can we?

Gawande, A. (2004, December 6). The bell curve. *The New Yorker*, 82–91. A doctor describes the complexities of getting treatment for a common inherited disease, cystic fibrosis.

Hall, M., & Olopode, O. I. (2005). Confronting genetic testing disparities. *Journal of the American Medical Association, 293*, 1783–1785. Explains the many problems associated with genetic testing.

Nuzzo, R. (2008, June 2). Nabbing suspicious SNPs. *Science News*, 20–24. An excellent short article describing how the hundreds of disease susceptibility genes are being discovered.

Omenn, G. S. (2009, Summer). From human genome research to personalized health care. *Issues in Science and Technology*, 51–56. A thoughtful examination of what the new discoveries in genetics will mean to individuals' health and medical care.

Saey, T. H. (2009, April 25). Shared differences. *Science News*, 16–20. A lucid, easy-to-understand article that explains how mistakes in genes encoded in DNA result in susceptibility to physical and mental disorders.

Venter, C. (2007). *A life decoded: My genome, my life*. New York: Viking. The personal story of the man who beat everyone in the race to sequence the human genome.

Young, S. (2014). Genetic surgery. *MIT Technology Review, 117*, 55–59. New techniques for rapidly and accurately changing bits of information in human DNA may soon make it possible to correct serious genetic flaws, restore normal gene function, and cure serious diseases. Scientific reality is poised to catch up with science fiction.

第五编

药物使用和物质滥用

第 16 章
  负责任地使用药物和药品

第 17 章
  减少烟草使用

第 18 章
  负责任地饮酒

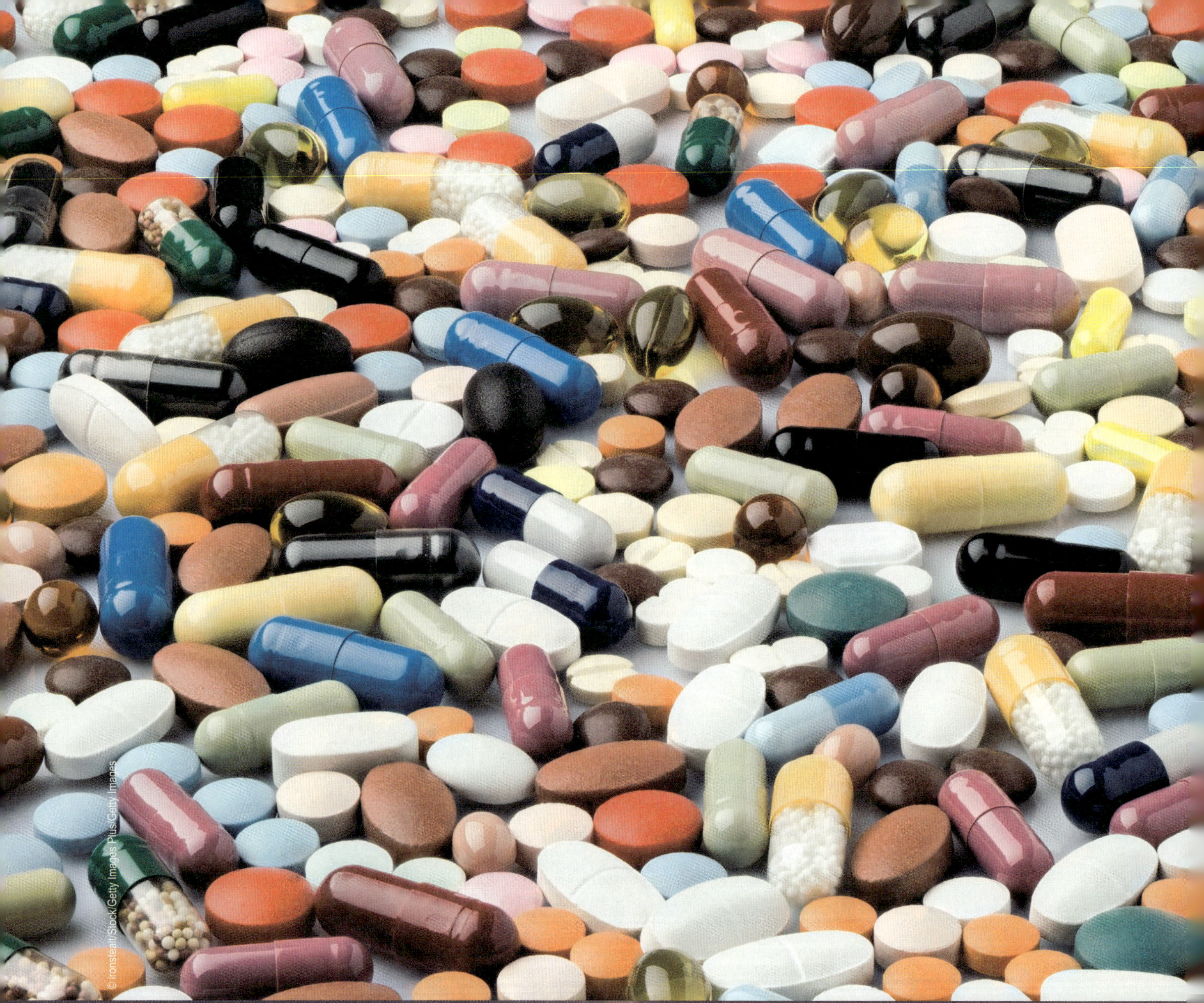

健康小贴士

不要过量服用非处方止痛药

检查是否对电子游戏、网络、电视和智能手机成瘾

健康指南

成瘾的风险因素

如何处理过期或未用的药物

第16章

负责任地使用药物和药品

学习目标

1. 解释药物与药品的区别。
2. 解释药物受体的概念，以及它与药物副作用的关系。
3. 描述双盲药物有效性研究的逻辑。
4. 举例说明，美国社会中合法药物滥用的情况以及药物广告对药物使用的影响。
5. 解释美国食品药品监督管理局的药物审批流程。
6. 定义成瘾、生理依赖、习惯化、耐药性和戒断。
7. 简述兴奋剂、抑制剂、大麻、致幻剂、苯环己哌啶和吸入剂等几类主要精神活性药物的不同影响。
8. 说明使用合成类固醇对健康的危害。

译者注：本章所介绍的药物、相关数据、机构及其处置办法，均限于美国社会。各国对药物及药品的使用有不同规定，不在本章讨论范畴。

千百年来，人们一直通过摄取各种物质来治愈自身、改变意识、促进睡眠、"驱除邪灵"，以及促进部落和家庭的和谐。在大多数时间里，这些物质是通过咀嚼特定植物的叶子，用植物的树皮或根茎煮茶，或用植物和动物材料制作混合药剂的方式来获得的，就像莎士比亚《麦克白》里的3个女巫将"蝾螈之目青蛙趾，蝙蝠之毛犬之齿"调制在一起时所做的那样。直到今天，一些用于治疗或非医疗目的的物质，仍然是从动植物组织或它们的提取物中获得的；而另一些则是通过现代化学和生物技术制造的物质。

无论通过何种方式获得，许多物质在缓解疼痛、预防疾病和促进康复等方面有着巨大的价值。然而，不加选择或不恰当地使用和过度使用物质也是美国社会中的一个主要问题。例如，抗生素的过度使用导致了耐药性细菌的产生，许多抗生素药物对这些细菌已不再有效。在美国，原本作为止痛药的类似鸦片的物质（阿片类物质），近年来被大量滥用，常常到了导致严重疾病甚至死亡的地步。烟草和酒精每年会造成数百万人死亡（**图16.1**）。数以百万计的人因处方药导致的不可预见的不良反应而患病，其中有数以千计的人死亡（U.S. Department of Health and Human Services, 2017）。你可能听说过美国每年耗资400亿美元的"毒品战争"，它涉及使用安非他明、可卡因、海洛因和其他非法物质所引起的社会和法律问题。

> 好事多多益善。
> ——梅·韦斯特

在美国社会中，药物的使用已经变得如此普遍和被人接受，以至于许多人会不假思索地求助于药物来解决他们的身体、精神和情感问题，而没有意识到非药物替代方案的价值，也没有理解药物使用所带来的危险和健康危害。当人们感到焦虑、抑郁、疲惫、不堪压力，或者感到头痛、肠胃不适或慢性疼痛时，他们认为唯一的缓解途径就是服药。尽管许多药物都非常有价值，但是依赖药物来解决生活中的问题，更有可能是在掩盖而不是在解决它们，而且这还可能为药物依赖打开大门。

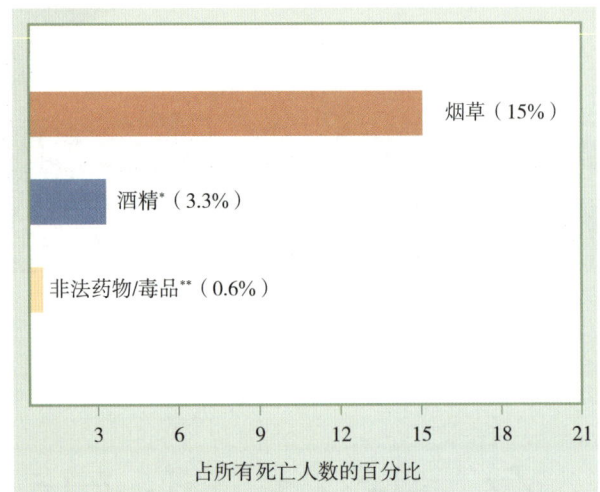

图16.1 美国每年全因死亡人数中可归咎于药物使用的百分比

* 包括与酒精有关的车祸死亡人数。

** 包括与非法药物有关的自杀、他杀、机动车肇事、艾滋病病毒感染、肺炎、暴力、精神疾病和肝炎造成的死亡。

资料来源：Trinidad, J. T., et al. (2016). Using literal text from the death certificate to enhance mortality statistics: Characterizing drug involvement in deaths. Centers for Disease Control and Prevention, National Center for Health Statistics, *National Vital Statistics Reports*, 65(9).

什么是药物

药物（drug）是一种单一化学物质，能改变体内一个或多个生物过程的结构或功能。这种改变可以启动、停止、加速或减缓某一过程，取决于特定的药物及其效果。**药品**（medicine）是用于预防疾病（如疫苗）、治疗疾病（如抗生素）、促进康复（如胃灼热药物）或抑制症状（如止痛药）的某种药物或药物的组合。并不是所有的药物——例如酒精和尼古丁——都是药品。（drug和medicine在中文中没有对应的、区分清晰的词，本章统一用"药物"来突出drug是一种能改变生理过程的物质，用"药品"来突出medicine是一种用于治疗的产品。——译者注）

药物通常是根据它所影响的特定生物学过程来分类的，而不是根据它的化学性质。例如，所有能增加尿量的物质，不论其化学结构如何，都被称为利尿剂；能减轻疼痛的物质就是止痛剂；能引起神经系统兴奋的物质则是兴奋剂。

药物法

美国通过将改变生理机能（药物的定义）的化学物质分为 5 类来对其进行监管。

1. 可能药效非常强的化学物质，只有医生才能批准使用，以限制其可能造成的伤害（即"处方药"）。
2. 药效或危险性没有那么强的化学物质，消费者可以直接从商店或其他销售商那里获得（即"非处方药"或"柜台发售药品"）。
3. 消费者可以直接从商店或其他销售商那里获得的化学物质、植物提取物和维生素，它们被称为膳食补充剂，而不是药物，尽管从生物学角度讲它们确实是药物。
4. 烟草和酒精，没有治疗价值但因各种原因被选择使用的成瘾性药物。
5. 被认为对使用者和社会都非常危险而被定为非法的化学物质（即"非法药物"或"毒品"）。

重要的是要认识到，不管其所属的法律类别如何，没有一种药物是完全安全的。任何可以改变生理机能的物质都可能是有害的。美国联邦政府只对处方药的潜在危害进行筛查。对于前文所列的其他 4 类化学药物，人们有责任了解其危害或益处。

美国每年在"毒品战争"上花费数百亿美元，并且重要的是要明白这笔开支几乎全部用于执法，而不一定是为了保护健康。这并不是说，不应该制定关于药物使用的法律。然而，出于健康方面的考虑，最好不要认为合法的药物就是安全和有益的。实际情况要比这复杂得多。这就是为什么最健康的行动方案是，不论涉及什么药物，都要做一个谨慎的、有见识的消费者。

药物如何起效

许多药物是通过与机体特定细胞表面或内部的**受体**（receptors）相结合起效的。药物与受体的相互作用类似于将钥匙（药物）插入锁（受体）（**图 16.2**）。当药物与细胞受体结合时，它会改变细胞的一个或多个生物过程。通常情况下，药物的化学特性可能类似于某种天然的身体成分，如激素或神经递质。这些天然成分与受体的相互作用是正常功能的一部分。药物会代替天然物质与受体结合，从而

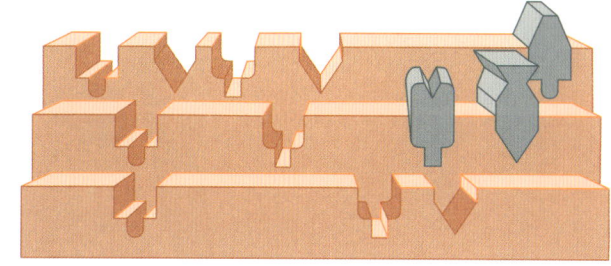

体内天然的分子　　　　　药物

图 16.2　药物与细胞受体位点的结合
许多药物的分子结构与人体正常产生的分子相似。这些药物附着在细胞的受体位点上，从而改变器官和组织的生理功能。

改变生理机能。

例如，许多抗生素的受体位于细菌内部负责合成重要细菌蛋白的结构上。当一种抗生素与细菌中的受体结合时，它会阻止细菌合成蛋白质，导致细菌死亡从而结束感染。许多抗抑郁药物的受体位于利用 5-羟色胺这一神经递质的脑细胞上。当抗抑郁药物与其受体结合时，5-羟色胺进入这些细胞的通道被阻断，抑郁症状就会得到缓解。

药物遗传学

开具药物时的一个主要假设是，每个人的身体都会以相同的方式对药物产生反应。这就是药物有"标准"剂量和预期副作用，且不良反应只发生在少数人身上的原因。然而，医生和科学家们知道，每个人对药物的反应是不同的，有时差异还非常显著。个体对药物的反应程度可能取决于其基因组成。基因的首要产物即蛋白质可以促进几乎人体所有的化学反应。正如基因的差异会产生不同颜色的眼睛一样，基因的差异也会决定身体对某种特定药物的反应，以及将其从体内清除的过程。这就是为什么一个人可能耐受特定剂量的药物并产生积极反应，而另一个人却可能反应微弱、出现不良反应甚至死亡。在某些情况下，科学家现在可以确定，个体的哪些基因可能影响其对特定药物的反应。这就是被称为**药物遗传学**（pharmacogenetics）的学科。

例如，华法林可用来预防可能致命的血凝块的

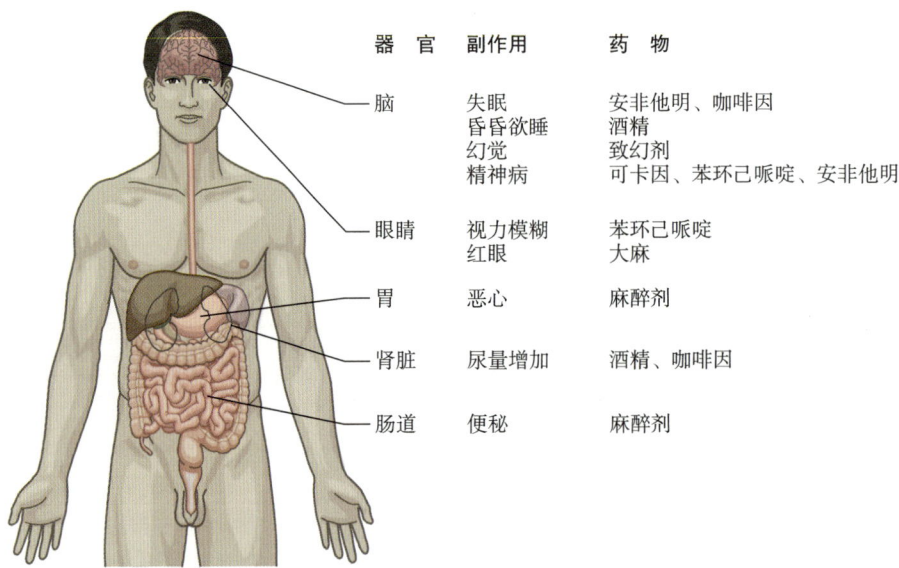

图 16.3 药物滥用的常见副作用
体内几乎每一个器官或系统的功能，都可能在药物的作用下被无意中改变。

器 官	副作用	药 物
脑	失眠 昏昏欲睡 幻觉 精神病	安非他明、咖啡因 酒精 致幻剂 可卡因、苯环己哌啶、安非他明
眼睛	视力模糊 红眼	苯环己哌啶 大麻
胃	恶心	麻醉剂
肾脏	尿量增加	酒精、咖啡因
肠道	便秘	麻醉剂

形成。为了确保其有效性和安全性，人体血液中华法林的含量必须保持在一个狭小的范围内；含量太少可能会致使形成血块，太多则可能导致内出血。目前已经确定，个体在如何利用和排出华法林方面存在着基因相关的差异。现在已经有了基因检测，这样医生便可以根据患者相应的基因资料来匹配合适的华法林剂量。药物遗传学的目标是确定影响药物反应和不良反应的各种基因。希望有一天，人们可以根据患者的特定生物学特性量身定制药物，以最小的风险产生最佳疗效。

药品和药物非期望的有害影响

尽管一种药品被研制可能只为产生一种效果，但它通常会有不止一种作用，因为它会与不同细胞内部或表面的多种受体结合，从而引发**副作用**（side effects）（**图 16.3**）——有可能是轻微的，也有可能是严重的。常见副作用包括变态反应 [**药物过敏**（drug hypersensitivity）]、对发育中的胚胎和胎儿的危害 [**致畸物**（teratogen）]，以及生理依赖。

如果服药者患有某种会因服用这种药物而加重的疾病，那么这种药物也是有害的。不宜服用某种药物的医学原因被称为**禁忌症**（contraindication）。例如，有血管病史是服用避孕药的禁忌症。许多药品只能凭处方才能获得的原因之一就是需要筛查禁忌症。

副作用是**药物不良反应**（adverse drug reactions, ADRs）的例子。药物不良反应是使用者对药品产生的非期望的、不舒服和/或有害的反应。引起这些不良反应的原因有：开药和用药方面的失误；患者的误用或滥用；将药品用于未被医学批准的用途；与累积药物暴露相关的不良影响；戒断反应；以及易感性因素，如遗传、病理和其他生物学差异（Colemen & Pontefract, 2017）。5%~10% 的患者经历过药物不良反应；住院和门诊的患者都可能发生这种情况。在那些可能服用多种药品来治疗多种慢性病（多重用药）的老年患者身上，药物不良反应的发生率更高。

一种很少引起关注的药物不良反应是**反弹效应**（rebound effect）。这是指在突然停药或减少用药剂量后，消失的症状再次出现。停止用药后出现的症状通常比原来的症状还严重。多种药品都被发现具有反弹效应，包括用来控制花粉症（过敏性鼻炎）、湿疹（特应性皮炎）、失眠、焦虑、高血压的抗组胺剂和某些止痛药。当反弹效应导致症状再次出现时，医生和患者会被诱导重新开始服用更高、更有效的剂量。然而，当药物被再次停用时，这会导致更严重的反弹。另一种方法是，逐渐减少药物，让身体能够适应更低的剂量。严重的反弹效应可能会促使患者和医生探索替代的非药物治疗方案。

医务工作者应当了解药品的副作用和禁忌症，但有时这些会被忽视。由于被开具了不适当的药品，或医护人员对药品管理不当，约 1/3 的患者住院时间被延长。药物使用者的明智做法是，谨记所有的药品和药物都有潜在的危害。他们应当尽可能多地了解药物的用途和副作用，并要求其医疗服务提供者解释开具药物（**表 16.1**）的理由。

表 16.1 常用在处方中的拉丁语术语

拉丁语	缩写	意义
ante cibum	ac	饭前
bis in die	bid	每天 2 次
gutta	gt	滴剂 / 滴
hora somni	hs	睡前
oculus dexter	od	右眼
oculus sinister	os	左眼
per os	po	口服
post cibum	pc	饭后
pro re nata	prn	按需
quaque 3 hora	q 3 h	每隔 3 小时
quaque die	qd	每天
quarter in die	qid	每天 4 次
ter in die	tid	每天 3 次
†, †† 或 †††		1、2 或 3 份（剂型，如片剂）

药物的有效性

药物的剂量是指开药或服用的量。某一剂量药物的有效性，受个体的体型、药物分解和清除的速度，以及（有时）最近服用的其他药物和食物的影响（**表 16.2**）。药物的有效性还取决于患者对药物疗效的预期（安慰剂效应），以及患者的心理状态。例如，相比放松状态，许多人在压力或焦虑状态下需要更大剂量的止痛药来缓解疼痛。大多数药物的有效范围（能够产生预期效果的剂量）都很狭窄。剂量太大时，大多数药物都是有毒的，有些甚至是致命的；剂量过低时，可能会导致治疗效果不足。

一种药物或药品的疗效通常是通过**双盲安慰剂对照试验**（double-blind-placebo controlled trial）来科学地确定的。该试验需要给对照组的患者使用与药物的外观和味道相似的安慰剂。开药的人和患者都不知道谁在服用药物，谁在服用安慰剂。只有在试验结束后，才会通过代码揭示哪些患者服用了药物，哪些患者服用了安慰剂。这些药物试验中最值得注意的不是药物显示了治疗效果，而是安慰剂往往和药物一样有效。

1984 年，布洛芬被引入非处方药市场。由于阿司匹林和对乙酰氨基酚（也称扑热息痛）类化合物占据了止痛药市场 90% 以上的份额，为了让医生推荐或开具这种新药，布洛芬的制造商在医学杂志上做了大量广告。一则广告描述道，一种商品名为努普林的布洛芬类药物，在服用 4 小时后缓解头痛的效果比对乙酰氨基酚强约 8%（**图 16.4**）。然而，从整体健康的角度来看，更重要的结果是，近 40% 的头痛患者在服用安慰剂后也得到了同样的缓解。也就是说，每 10 个头痛患者中就有 4 个仅仅因为相信自己吃了止痛药，其症状就得到了缓解。

一种更为显著的安慰剂效应是，秃顶的男性只要相信自己正在使用一种名为落健的毛发刺激药物，就能刺激头发生长。落健的制造商辉瑞公司做了大量的广告宣传，强调与安慰剂相比，落健所具有的有效性。在接受药物治疗的患者中，落健会让 33% 的人长出少量或中量的新头发。然而，不含活性成分的安慰剂，也能让 20% 的人长出少量或中量的新头发。尽

表 16.2 应当避免的药物和食物的相互作用

如果你服用了	那么不要再食用	原因
红霉素或青霉素类抗生素	酸性食物：泡菜、番茄、醋、可乐	这些抗生素会被胃酸破坏
四环素类抗生素	富含钙的食物：牛奶、奶酪、酸奶、比萨、杏仁	钙会阻碍四环素起作用
降压药（为降低血压）	天然甘草（人工甘草则可以）	天然甘草中的一种化学物质会导致盐和水潴留
抗凝血剂（用来稀释血液）	维生素 K：绿叶蔬菜、牛肝、植物油	维生素 K 会促进血液凝结
抗抑郁药（单胺氧化酶抑制剂）	富含酪胺的食物：可乐、巧克力、奶酪、咖啡、葡萄酒、鳄梨	酪胺会使血压升高
利尿剂	味精	味精和利尿剂都会促进人体排水
甲状腺药物	卷心菜、球芽甘蓝、大豆、花椰菜	这些蔬菜中的化学物质会抑制甲状腺激素的分泌

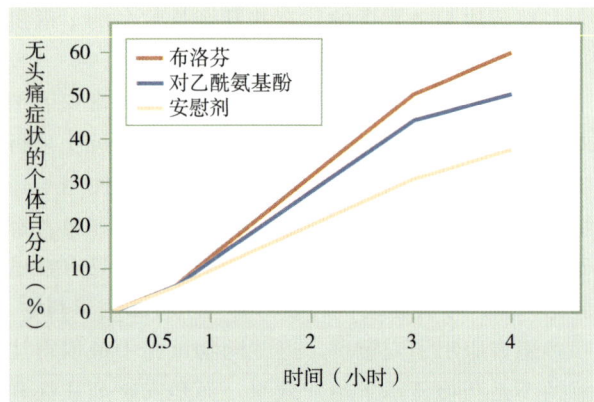

图 16.4 一项对比布洛芬与对乙酰氨基酚缓解头痛效果的研究

值得注意的是，近 40% 的头痛患者仅仅通过服用安慰剂，其症状就得到了缓解。

资料来源：Schachtel, B. P., et al. (1996). Nonprescription ibuprofen and acetaminophen in the treatment of tension-type headache. *Journal of Clinical Pharmacology, 36*, 1120–1125.

管广告忽略了这一事实，但它意味着每 5 个有雄激素性脱发（一种遗传性状）的男性中，就有 1 个仅仅通过相信自己在服药就能刺激新头发的生长。心理如何改变生理机能来实现这一点，目前还不得而知。然而，关键是永远不要低估你的心理力量，它会像药物一样助你治愈损伤和疾病。

在美国能买到的非处方药，比世界上其他任何地方都要多。

美国人的用药

美国人消费了大量的药物。在美国，每年开出的药物处方大约有 45 亿份，花费接近 3 850 亿美元。约 60% 的美国成年人每月都会使用处方药；15% 的人每月使用 5 种或更多的处方药（**表 16.3**）。此外，美国人每年购买的**非处方药**（over-the-counter drugs, OTC）还有大约 10 万种，为此支付近 340 亿美元。数以百万计的人将草药提取物和茶用作药物，还有更多的人服用维生素——并非将它们作为营养补充剂，而是为了预防或治疗疾病。事实上，当美国人生病时，80% 的情况下他们会用非处方药和替代药

不要过量服用非处方止痛药

人们服用止痛药来治疗头痛、背痛、关节炎、关节痛和许多其他疾病。因为对乙酰氨基酚（常见商品名为泰诺）和布洛芬（常见商品名为艾德维尔、美林）等止痛药都是非处方药，所以大多数人会假定它们是安全的，可以服用所需要的任何药量，直到症状得到缓解。然而，这些假设是错误的。对乙酰氨基酚、布洛芬和许多其他非处方药物，如果不按照包装上的说明谨慎服用，就有可能与处方药一样危险。

在美国，对乙酰氨基酚是最常被报告的中毒原因。每天摄入超过 4 000 毫克就会导致肝功能衰竭。事实上，对乙酰氨基酚中毒是美国肝移植最常见的原因。由于对乙酰氨基酚服用过量存在危险，美国食品药品监督管理局要求制造商将每片药的剂量限制在 325 毫克。尽管这对服用者是有益的，但它忽略了一个事实：对乙酰氨基酚不仅以药片形式出售，还会作为液体、栓剂和咀嚼片出售，而且它还是感冒药、抗过敏药和阿片类止痛药的成分。如果一个人同时服用几种含有对乙酰氨基酚的药品，那么就很可能会药物服用过量。

许多人会同时服用对乙酰氨基酚和布洛芬来缓解疼痛，或是服药超过推荐剂量。这两种做法都会增加药物过量的风险。

人们在服用非处方药之前应当仔细阅读其所有成分。此外，患者还应该咨询医疗保健专业人员，以确定何种剂量以及药物组合是安全的。如果你认为自己有过量服用对乙酰氨基酚的症状，比如出汗、恶心、呕吐、腹泻或黄疸，那么你需要立即寻求帮助。通常，对于过量服用药物或中毒，寻求帮助的最快方法是拨打急救电话或前往医院急诊室就诊。

表16.3 美国处方药使用率

类 别	成年人中的百分比（%）
男性（任何处方）	52.0
女性（任何处方）	65.0
65岁以上（任何处方）	90.0
病 症	
高血压	27.0
高血脂	18.0
抑郁	13.0
疼痛	11.0
糖尿病	8.2
胃酸过多	7.8
甲状腺疾病	6.4
焦虑	6.1
癫痫	5.5
哮喘	5.2
凝血	4.0
心律不齐	2.7
肌肉疼痛/僵硬	2.5
鼻塞	2.5

数据来源：Kantor, E. D., et al. (2015). Trends in prescription drug use among adults in the United States from 1999–2012. *Journal of the American Medical Association, 314*, 1818–1830.

品自行治疗。

许多在美国销售的药物都是**精神活性药物**（psychoactive）。也就是说，这些药物会改变思维、感觉和情感。精神活性药物包括镇定剂、安眠药和心境调节剂等。大约有5 200万美国人经常饮酒；另有2 000万人吸烟或咀嚼烟草，以获得尼古丁的刺激作用；超过1/3的美国成年人为了提神每天摄入咖啡因。此外，大约有2 400万美国人经常使用毒品。[1]

老年人群体服用的药物往往最多，因为他们通常患有几种慢性病。对一些老年人来说，每天服用10种或10种以上不同药品的情形并不罕见，这些药物可能是由不同的医生在不同的时间开出的处方。有时，这些药物会相互作用，引发其他问题。这就是为什么对老年人、他们的家人及照护者来说，保

---

[1] 这些数据只适用于18岁以上的美国人。

留所有药品及其剂量的清单，并向医疗服务提供者咨询药物间相互作用可能产生的危害十分重要。

在美国社会中，很多人认为药物是解决生活问题的合法且可取的方法。大约一半的人就诊是出于非医学或精神健康问题，表现为疲劳、嗜睡、肠胃不适、疼痛和失眠。患者通常希望医疗服务提供者能给自己开点药，而医疗服务提供者也常常觉得有义务提供某种药品，即使药品并非解决方法。

保持健康的含义之一就是你要负责任地使用药物。你不必诉诸"用化学品应对"来解决情绪问题。你可以抵抗由药物公司的广告所激发的服用药片的诱惑。寻找处方药或非处方药之外的替代手段，可能是你能采取的最健康的行动。

制药公司的广告

美国制药业是所有行业中最赚钱的行业之一。由于制药公司利润最大的份额来自处方药的销售，因此制药公司投入了大量资源来引导并说服医生开具他们的产品。除了医生和其他医疗保健专业人员，消费者也是制药公司推广产品的目标——以**直面消费者广告**（direct-to-consumer advertising, DTCA）的形式，尤其是在杂志、电视和互联网上做广告。

1997年，美国食品药品监督管理局放松了关于直接向消费者打处方药广告的法规（美国和新西兰是仅有的两个允许这一行为的工业化国家），制药公司很快就发现直面消费者的广告非常有利可图。

直面消费者的广告旨在鼓励消费者从他们的医生那里索求广告中宣传的药物，因为他们相信在广告中看到的药物是好的，而未做广告的、知名度较低的药物是不好的。这就给医生带来了压力，即使有其他同样有效（有时甚至更便宜）的药品可供使用，他们也不得不开具广告中的药物。

自从直面消费者的广告出现以来，美国食品药品监督管理局和医疗组织经常指责制药公司在广告中做出误导性声明。一般来说，直面消费者的广告会夸大或过分强调药物的好处。美国食品药品监督管理局要求制药公司在广告中提供每种药物的所有风险信息。在平面广告中，这通常会出现在一个称为"简要说明"的部分，该部分列出了药物的副作用，并且可能篇幅很长。广播广告则被允许只提供最重要的风险信息，只要它们告知观众或听众如何获取美国食品药品监督管理局批准的完整药品说明信息。

美国食品药品监督管理局

1906年，美国国会通过了《联邦食品和药品法案》。该法案最终推动成立了美国食品药品监督管理局，以确保作为食品或药品出售的产品的安全性。最初的 1906 年的法律在 1938 年经过修订并得到强化，成为《联邦食品、药品和化妆品法案》。在这项法律通过之前，任何人都可以把任何东西装进一个包装或瓶子里，然后作为食品或药品出售。美国食品药品监督管理局监管几乎所有食品（美国农业部监管畜肉和禽肉），所有处方药和非处方药（但不包括膳食补充剂），以及医疗器械、化妆品和动物饲料的安全性。

美国食品药品监督管理局的一个主要职能是批准新的处方药。这一过程通常以下述方式进行。

第 1 步：有人发现或发明了一种化学物质，该物质在实验动物身上显示出成为一种药品的潜力。这个人通常是研究型大学或医学院的科学家。研究的资金支持则来自美国国立卫生研究院或国家科学基金会管理的税收拨款。有时，这类研究是由制药公司的研究人员或学术型科学家做出的，他们从制药公司获得资金支持来进行特定的研究。

第 2 步：根据实验室研究，制药公司认定某种化学物质有望作为人类用药，并向美国食品药品监督管理局申请进行人体测试。这些测试会花费数千万乃至数亿美元，制药公司为此买单。测试或试验有 3 期，每一期都在不同的人群中进行：

Ⅰ期试验：将试验药物用于 50 至 100 名健康的志愿者，通过给予不同剂量的药物来确定其安全性。

Ⅱ期试验：将试验药物用于数百名患者，以确定其有效性。

Ⅲ期试验：将试验药物用于 3 000 至 5 000 名患者，以确定其整体功效。

第 3 步：如果测试药物通过所有上述 3 项试验，制药公司就可以向美国食品药品监督管理局申请批准生产和销售该药物。接着，在华盛顿特区召开一次公开会议，利益相关方在一个科学家小组面前就新药是否符合批准标准（安全性、有效性和必要性）进行举证。在一天或两天的举证结束后，科学小组会向美国食品药品监督管理局提交他们的建议。美国食品药品监督管理局可以决定接受或拒绝该小组的建议。

第 4 步：在一种药物被批准并提供给消费者后，要对其安全性和有效性进行监测（称为上市后评估）。这是因为一种药物一旦被广泛使用，就可能出现未知的问题。药品公司的上市前测试只在几千人身上进行。这足以发现一种新药的明显问题。然而，一些药物仅在一小部分人中引发问题，这些问题要到几万甚至上百万人服用药物后才能显现出来。如果上市后的数据表明一种药物存在危险，那么美国食品药品监督管理局可以要求该药物附带警告标签，或是撤销批准使其不能再销售。

测试新药的标准程序可能需要 2 年或更长时间。然而，在试验期间，如果一种新药显示出对某种危及生命的疾病有治疗前景且没有现存的替代药物，那么美国食品药品监督管理局可以给予制药公司加速的、有条件的批准（"快速审批"），使其能销售这种药物。为了获得快速审批，制药公司必须承诺在获批后继续对药品进行测试，并准备在发现未知问题时退出市场。快速审批药物可以在没有警告标识或特殊限制的情况下销售，患者可能并不知道药物仍处于研究阶段。在 1997 年设立快速审批后，已经有数十种药物因为会引起严重的并发症，甚至在某些情况下会导致死亡而被撤销批准。

2004 年，一种非常受欢迎的名为万络（罗非考昔）的消炎药，因会增加患心脏病和中风的风险而退出市场。在获得批准之前，这种药物经测试表明可以减少关节炎症状，同时与其他止痛药相比，它造成的胃部刺激和损害更小。在最初的测试阶段，根据临床观察和基于生物学基础的推论，有人怀疑服用万络可能会增加心梗和中风的风险。尽管如此，制药公司（默克公司）和美国食品药品监督管理局都没有警告医生和消费者该药有威胁生命的潜在风险。现在，美国国会和食品药品监督管理局要求，所有的测试都必须向审批委员会汇报，而不仅仅是由提供赞助的制药公司所选择的那些测试。因为新药导致的严重健康问题可能要在数百万人使用后才会暴露，所以公民健康研究组织建议消费者参考这一做法：如果有其他更老的有效药物可用，不使用进入市场不到 5 年的新药。

检查是否对电子游戏、网络、电视和智能手机成瘾

你是否：

- 经常在屏幕前停留比原本预期更长的时间（"就多用几分钟"）？
- 因在屏幕前花费太多时间而让学业受影响？
- 在开始做必须做的事情——包括睡觉——之前，会先查看一下社交媒体和电子邮件？
- 被他人抱怨在屏幕前花费了太多时间？
- 在关掉屏幕时感到沮丧、情绪化或紧张，但只要重新回到屏幕前这些感觉就会消失？
- 有时试图限制自己上网的时间，却失败了？

如果你对上述任何一个问题的答案为"是"，那说明你可能已经在屏幕成瘾的路上了。

成瘾这个词几乎总是用于药物的使用。然而，由于脑科学的最新进展，成瘾可以指脑中的一系列奖励、动机和记忆过程，它们是各种成瘾行为的基础。这些行为包括药物使用、不受控制的暴饮暴食、性活动、强迫性赌博、沉迷于电子游戏、无节制的"追剧"，以及过度使用互联网和智能手机。

尽管没有科学证据表明，在屏幕前花费过长时间会带来与吸烟、喝酒或滥用阿片类物质相同的健康风险，但一些研究显示，过度使用屏幕设备与焦虑、抑郁、压力、超重、睡眠不足、社交隔离，以及掩盖抑郁或焦虑等潜在心理健康问题的风险的增加有关（Substance Abuse and Mental Health Services Administration, 2017）。

到目前为止，科学家们尚未确定每日在屏幕前多长时间可被视为危险。然而，你可以通过日记或日志的方式，记录一周内你在屏幕前的活动，以了解屏幕前时间如何影响你的生活。数一数你每天的短信、推文数量和查看各种社交媒体的次数。记录你玩电子游戏、使用互联网和看电视的时间。注意并记录这些情形：你发现自己期待或幻想再次出现在屏幕前，你因为在使用屏幕时受到打扰而情绪失控、大喊大叫或恼怒。如果你认为自己正在对屏幕前的活动成瘾，请到校园健康中心咨询，寻求建议和转介服务。

对于大多数疾病，我们建议患者服用那些已经上市几十年的安全且有效的药物，除非你患有只能用某种新药治疗的严重疾病。

2007年，美国国会通过了一项法律，授予美国食品药品监督管理局更大的新药审批和上市后监督的权力。

药物误用、滥用和成瘾

每年都有大量美国人出于非医疗目的的经常使用药物（U.S. Substance Abuse and Mental Health Services Administration, 2016）：

- 1.38亿美国人（占美国人口的51%）饮酒。
- 5 200万美国人（占美国人口的18%）使用烟草产品，主要是香烟。
- 2 700万美国人（占美国人口的9%）出于非医学原因，使用非法药物（主要是大麻）或滥用精神治疗药品[2]。

大剂量摄入药物或小剂量经常摄入都可能是有害的。美国每年有120多万人因滥用或误用处方药而前往医院急诊室就诊。一般来说，使用任何药物达到对健康产生不利影响或对社会参与能力造成损害的程度都可以定义为**药物滥用**（drug abuse）。药物滥用的特点包括：

- 不能在职场、学校或家庭中履行主要义务（例如，多次缺勤或工作表现不佳；旷课、停学或被开除学籍；忽视子女或家庭）。
- 经常在具有潜在危险性的情境中（如驾驶汽车或操作机器时）使用药物。
- 经常卷入与药物相关的法律问题（如酒驾或毒驾、因与药物相关的治安妨害行为而被逮捕）。
- 即使药物的影响导致或加剧了持续的或反复出现的社会或人际问题（例如，与配偶争吵、肢体冲突），仍继续使用药物。

药物滥用不是指所使用药物的类型或剂量，而是指使用药物的人是否在个人或社会层面受到损害。用某种药物来掩盖焦虑或促进不良行为，持续使用某种药物来对抗压力带来的影响，只在服用某种药

---

[2] 该数据只包括12岁以上的美国人。

物时才能感到快乐，以及不能控制自己对某种药物的使用等，这些都属于药物滥用。

大多数常见的被滥用的药物，都是能影响思维、知觉、感受和心境的精神活性物质。换句话说，它们能改变意识（表16.4）。意识是一个人觉知自己心理过程的状态。我们每个人都有一个"正常"的意识状态，尽管许多人很难描述他们所说的"正常"是什么意思。然而，每个人都知道自己的意识状态何时偏离正常，例如当喝醉时、极度愤怒时、悲伤或沮丧时。高烧会改变意识，甚至能使人产生幻觉。

许多活动通常不被认为会改变意识，但它们带来的意识变化在许多方面可与精神药物相当。长跑运动员可能会体验到一种被称为"跑步者高潮"的意识变化；跳舞可以产生精神上的"高潮"，甚至是意识的狂喜状态。禁食可以引发强烈的意识变化，这就是为什么长时间禁食通常是宗教训练的一部分。许多"刺激"的活动，如乘坐过山车、激流勇进或蹦极，都会改变人的意识。可能就是因此，人们才喜欢这些活动。从这个角度来看，服用精神活性药物只是人们改变意识的众多方式之一。

> 自由只不过是一无所有的代名词。
> ——詹尼斯·乔普林

通过服用精神活性药物来改变意识尤其危险，因为被药物改变的认知、情感和行为过程是一个人和谐适应环境所必需的。诱发愉快情绪的药物会给人一种错觉，使人认为它是有益的。阻断不适情绪（如悲伤、恐惧、疼痛）的药物，会削弱对人们有用的防御能力。此外，经常使用精神活性药物会改变脑的生物状态，使药物使用本身成为一个目标，罔顾任何改变思想和情绪的愿望（图16.5）。

成 瘾

药物滥用的诸多危险之一是**成瘾**（addiction）。这是一种渐进的慢性病，其特征如下：

- **强迫性**：对使用药物的强烈迷恋、渴求或冲动，包括对药物的强迫性思考以及寻找和囤积药物的行为。
- **失控**：无法控制对药物的使用，或由于使用药物而无法控制自己的行为（例如，冲动行为、

图 16.5 成瘾潜力
来自40多个国家的5 700多名18岁以上的人报告了他们使用各种药物的经历。数据显示了受访者对各种药物成瘾的潜力。请注意，合法和非法药物都可能很容易让人成瘾。
数据来源：Morgan, C. J. A. et al. (2013). Harms and benefits associated with psychoactive drugs: findings of an international survey of active drug users. *Journal of Psychopharmacology, 27*, 497–506.

言语或肢体暴力、冲动的性行为）。
- **不顾不良后果继续用药**：即使面临逮捕、失业、家庭破裂和健康问题，也仍不停止用药的行为。
- **正常思维的扭曲**：不承认问题是由使用药物造成的（否认）。

表 16.4　影响中枢神经系统的药物分类

药物分类	常用名或商品名	医疗用途	平均剂量的效果	生理依赖	耐药性
阿片类物质	可待因 达尔丰 杜冷丁 芬太尼 海洛因 美沙酮 吗啡 鸦片 奥施康定 维柯丁 右美沙芬	镇痛（止痛） 止咳	阻滞或减轻疼痛；可能导致嗜睡和欣快；有些使用者会感到恶心或发痒	显著	会
镇静剂	阿米妥 戊巴比妥 苯巴比妥 速可眠 多睡丹 安眠酮 三唑仑	镇静、放松	放松、安眠；降低警觉和肌肉协调性	显著	会
弱镇定剂	氟西泮 甲丁双脲/眠尔通 利眠宁 安定 阿普唑仑	缓解焦虑；缓解肌肉紧张	轻度镇静；增强幸福感；可能引起嗜睡和头晕	显著	不会
强镇定剂（吩噻嗪类）	硫醚嗪 氯丙嗪 氟奋乃静	控制精神病	深度镇静，缓解焦虑；可能引起神志不清、肌肉僵硬、抽搐	无	不会
酒精	啤酒 葡萄酒 蒸馏酒	无	放松；失去自我约束；心境波动；警觉性和协调性下降	显著	会
吸入剂	亚硝酸戊酯 亚硝酸丁酯 一氧化二氮	放松肌肉，麻醉	放松、欣快；引起头晕、头痛、嗜睡	无	?
兴奋剂	苯丙胺 胆固醇药 盐酸甲基苯丙胺 迪西卷 梅太德林 苯甲恶啉 利他林	控制体重；缓解发作性睡病、疲劳和儿童多动症	警觉性提升和心境高涨；疲劳感降低，注意力得到提高；可能引起失眠、焦虑、头痛、发冷、血压升高；长期使用会造成器质性脑损伤	轻微到无	会
可卡因	可卡因 盐酸盐	局部麻醉、镇痛	效应与兴奋剂相似	显著	不会
大麻属	大麻 哈希	缓解青光眼、哮喘、化疗引起的恶心	放松、欣快；改变感知；可能引起神志不清、惊恐、幻觉	轻微到无	不会
致幻剂	LSD PCP（苯环己哌啶） 墨斯卡灵 佩奥特掌 裸盖菇素	无	改变感知，视觉与知觉失真；心境波动	无	会
尼古丁	（在烟草中）	无	改变心率；颤抖；兴奋	有	会

许多药物成瘾的人同时存在心理健康问题,如抑郁、双相障碍、惊恐障碍、广泛性焦虑障碍,以及反社会与依赖性人格。

成瘾是慢性的和渐进的:它往往会随着时间的推移而恶化。那些等待成瘾的家庭成员"好转"的人通常会大失所望。

成瘾的风险因素

基于生物学的风险因素(如遗传、神经、生化)

- 更少有"醉"感
- 更容易形成耐药性;肝酶适应用药量的增加
- 高级脑(皮层)功能缺乏复原力或太脆弱
- 难以屏蔽不需要的或烦人的外部刺激(低刺激阈值)
- 倾向于放大外部或内部刺激(刺激增强)
- 注意缺陷多动障碍和其他学习障碍
- 有生物基础的心境障碍(抑郁和双相障碍)

心理社会和发展性"人格"因素

- 低自尊
- 源于习得性无助和被动性的抑郁
- 冲突
- 压抑和未解决的悲伤与愤怒
- 创伤后应激障碍(如老兵和虐待受害者)

社会和文化环境

- 容易获得药物
- 父母滥用化学药物
- 虐待、忽视型父母;其他不正常的家庭模式
- 支持大量用药和药物滥用的群体规范
- 对同辈规范的误解
- 严重或慢性压力源,如噪声、贫困、种族歧视或职业压力
- "异化"因素:孤立、空虚
- 社会瓦解、性别或代际鸿沟以及角色丧失造成的移民和文化适应困难

这些因素的影响

- 为了"醉"而使用更多药物(缺乏警示滥用的信号)
- 更容易达到成瘾的水平
- 大脑功能容易退化、判断力受损、社交关系恶化
- 感觉不知所措或压力大
- 感觉受到攻击或恐慌;需要逃避情绪
- 失败、低自尊或孤独
- 需要自我治疗以对抗失控或抑郁带来的痛苦;躁狂时无法平静下来,激动时无法入睡

- 需要消除痛苦,易被外部群体吸引
- 需要消除痛苦;用兴奋剂作为抗抑郁药
- 焦虑和内疚
- 慢性抑郁、焦虑或疼痛
- 噩梦或惊恐发作

- 随意、频繁地用药
- 许可;不抵触过度用药
- 无处不在的被抛弃感、不信任感和痛苦感;难以保持依恋关系
- 受强化的、隐藏的滥用行为在无人干预的情况下持续发展
- 相信大多数人使用或喜欢使用药物,并认为这是很"酷"的行为
- 通过化学方法缓解或逃避压力
- 令人痛苦的孤独感、失范感、无归属感,以及无聊、单调或绝望感
- 缺乏缓冲性支持体系而产生的压力

资料来源:Hanson, G. R., Venturelli, P. J., & Fleckenstein, A. (2012). *Drugs and Society*, 11th ed. Burlington, MA: Jones & Bartlett Learning.

生理依赖

成瘾常与**生理依赖**（physical dependence，也称为组织依赖）联系在一起，这是一种对长期接触某种药物的生理适应。第一次或偶尔使用精神活性药物会导致中毒反应，因为这种药物会破坏脑内的生物平衡。随着精神活性药物的不断使用，为了适应药物的持续存在，脑组织发生了实际的物理变化。

合法的和非法的药物都会导致生理依赖。判断一种药物合法与否，更多的是出于社会、政治和经济方面的考虑，而不是出于对药物的毒性或药理学方面的考虑。

药物的法律地位会随着社会习俗和人们的信念而变化。在20世纪20年代和30年代的美国，酒是非法的，但大麻是合法的。在20世纪早期，鸦片、吗啡和可卡因以滋补品和止咳糖浆的形式，公开打广告和出售。可口可乐（由佐治亚州一位药剂师于1886年调制）曾同时作为一种药物和令人愉快的饮料出售。"可乐"中含有可卡因，直到1906年，可卡因才被咖啡因取代。

耐药性

耐药性（tolerance）是指由于人体对药物的适应，通常需要更大的剂量才能产生与之前相同的效果。因此，使用一种药物的时间越长，为达成所需效果而必须使用的药量就越多。因为并不是身体的所有部位都对该药物产生了同等程度的耐药性，所以这种高剂量可能是危险的。例如，海洛因或巴比妥类药物使用者会对药物的心理效应产生耐药性，但控制呼吸的大脑中枢却不会产生耐药性。如果一个人使用高剂量的海洛因或巴比妥来克服对药物心理效应的耐药性，那么其脑中的呼吸中枢就可能会因过量用药而停止工作，导致此人呼吸停止。

戒断反应

生理依赖的后果之一是戒断反应（或戒断综合征），它通常会在使用者的身体适应某种药物并产生依赖后突然停止用药时发生。戒断反应常常令人不适，有时甚至是致命的。例如，对海洛因产生生理依赖的人，在停止使用后可能经历焦虑、疼痛、出汗、肌肉痉挛、可怕的幻觉，以及致命的癫痫发作。事实上，对于那些经历过戒断反应的人来说，对再次体验戒断反应的恐惧，可能比药物本身的作用，更能促使他们继续用药。

对于许多药物来说，**戒断症状**（withdrawal symptoms）与药物的主要作用相反。一般来说，停用中枢神经系统抑制剂，如酒精、阿片类物质、镇定剂和镇静剂，会导致过度兴奋、焦虑、易怒和癫痫易发作等症状。另一方面，戒除兴奋剂，如可卡因、安非他明和咖啡因，会导致嗜睡、抑郁和意识丧失。

心理依赖

除生理依赖外，药物还会造成**习惯化**（habituation）或**心理依赖**（psychological dependence），表现为对药物的强烈渴求。当一个人被对药物的渴望所吞噬，将所有精力都投入到强迫性药物寻求行为时，习惯化就会变得有害。诸如海洛因、酒精和尼古丁等生理成瘾的药物通常会让人产生习惯化。强迫性药物寻求行为的后果是，人际关系、工作和家庭都有可能被破坏。

兴奋剂

兴奋剂（stimulants）是指能增加中枢神经系统活动的物质。这些药物包括可卡因、安非他明（苯丙胺）、类安非他明药物和咖啡因。它们的主要作用是，增加心理唤起和身体能量，并产生一种欣快的状态，这就是为什么它们被称为"嗨药"。兴奋剂还会导致躁动不安、话多和入睡困难。长期使用兴奋剂的人，容易产生生理和心理依赖。

可卡因

可卡因（cocaine）是从原产于安第斯山脉的一种灌木即古柯的叶子中提取的。数千年来，秘鲁、玻利维亚和哥伦比亚的居民一直有嚼古柯叶的习惯，以获得适度的兴奋剂效果来克服疲劳。16世纪西班牙征服印加帝国后，古柯叶被引入欧洲，后来又被引入北美洲。19世纪晚期，科西嘉人安杰洛·马里亚尼因为从古柯叶中提取出一种能"解除身体疲劳、振奋精神并带来幸福感"的物质，而获得教皇颁发的勋章。19世纪80年代，美国亚特兰大的一位药剂师 J. C. 彭伯顿将古柯叶和可乐果的提取物混合，制成了"可口可乐"。他声称，这种饮料不仅能提神醒脑，而且还能"令人心情愉快、精神焕发，并治愈所有神经疾病"。当然，今天的可口可乐已经不再含有可卡因，不过，不含可卡因的古柯叶提取物仍被用来调味。西格蒙德·弗洛伊德曾称赞可卡因，将其用作一种心境提升剂，抑郁的解药，以及治疗吗啡成瘾的手段。然而，目睹一位朋友对可卡因严重而可怕的精神病反应后，弗洛伊德对可卡因的热情明显降低了。

作为一种非法的娱乐性药物，可卡因常见的摄入方式有：用鼻子吸入（"嗅吸法"）白色粉末，直接注射到血液中（艾滋病的一个显著的风险因素），或者吸食加热的精炼可卡因（"自由基"或"快克"）。这些方法中的每一种都能迅速使人产生欣快感、力量感和思路清晰感，并增强身体活力。药物作用的持续时间从几分钟到一小时不等，这取决于剂量和摄入方式。在最初的兴奋过后，使用者往往会经历一种失望（"崩溃"），并强烈渴望更多毒品。

可卡因会使心率加快，血压上升。持续使用会导致食欲和体重下降、营养不良、睡眠紊乱以及思维和心境模式的改变。频繁嗅吸可卡因会使鼻道发炎，对鼻中隔造成永久性损伤。过量使用会导致癫痫或死亡。使用可卡因的孕妇可能生下对可卡因成瘾的婴儿，这些婴儿可能会终身残疾，甚至在婴儿期死亡。

可卡因会让使用者产生耐药性、生理依赖和戒断反应。可卡因导致心理依赖的可能性也极大，可能是所有精神活性药物中最大的。有些人对这种毒品的渴望极其强烈，以至于所有的生活都被吞噬。

安非他明/苯丙胺类

安非他明（amphetamines）是一类能刺激中枢神经系统的化学制品。最常见的安非他明类药物有右旋安非他明、脱氧麻黄碱/甲基苯丙胺、右旋脱氧麻黄碱和安非他明/苯丙胺本身。安非他明的摄入方式通常是口服，但也可以静脉注射和烟吸。口服药物的效果通常会持续几个小时。在美国，称呼安非他明的俚语包括 dexies、footballs、orange、bennies、peaches、meth、crystal、speed 和 ice。

虽然安非他明可用于治疗发作性睡病和注意缺陷多动障碍，但它们主要（非法地）用于产生欣快感、增加活力和自信、提升专注力、增加运动和言语活动、获得身体表现改善感和抑制食欲。这些药物除了被那些希望体验安非他明快感的人使用，还经常被那些与睡眠做斗争的人滥用，比如演艺人员、卡车司机以及为了考试而临时抱佛脚的学生。

过量服用安非他明会导致头痛、易怒、头晕、失眠、惊恐、神志不清和精神错乱。使用者经常会经历"崩溃"——这发生在兴奋剂消耗殆尽的时候。在此期间，他们通常会感到非常沮丧和疲倦，并睡很长时间。

长期服用安非他明可导致耐药性，特别是对欣快感和食欲抑制作用而言。安非他明会引起生理依赖，并造成心理依赖，还会形成一种被称为"溜溜球"的特殊使用模式。这种模式是先使用安非他明作为兴奋剂，然后使用镇静剂助眠，为了正常活动，第二天接着又使用更多的安非他明。长期使用可能导致安非他明精神病，症状包括视听幻觉、妄想和心境波动。

一种特别危险的安非他明类型被称作"冰毒"，即一种烟吸式高纯度甲基苯丙胺盐酸盐。这种吸入式的药物几乎能立即到达人脑，产生持续数小时的兴奋。因为这种药物很容易被吸入体内，所以强迫性使用、耐药性和滥用的可能性也很大。这种安非他明通常是在秘密实验室中制造的，其纯度因实验室的不同而有很大差异，这也增加了滥用的风险。

美国一些大学生在学习、做作业或参加考试时，非法使用安非他明——处方药阿得拉和利他林——来提高其机敏性。阿得拉是安非他明和右旋安非他明的混合物；利他林是一种安非他明衍生物，苯哌啶醋酸甲酯。这些是治疗注意缺陷多动障碍的药物。美国每年为患有注意缺陷多动障碍的儿童和年轻成人开的处方多达数百万张，所以这些药物很容易获得。患者或其兄弟姐妹会将治疗注意缺陷多动障碍的药物卖给其他学生，这些学生往往偶尔服用，而不是长期服用。它们是药品这一点可能会导致使用者错误地认为，它们是无害的。这些药物是强效兴奋剂，有令人不适的副作用，在大剂量使用（如用鼻子吸入）时可能会导致心律不齐、中风和死亡。

咖啡因

咖啡因（caffeine）是一种存在于多种植物中的天然兴奋剂，咖啡、茶、巧克力和软饮料中都包含这种成分（表 16.5）。这些饮料和食物是美国人饮食习惯中不可分割的一部分。它们受人喜爱的部分原因可能在于其具有精神活性。

大多数人都熟悉咖啡因的作用。这些作用包括缓解睡意和疲劳（特别是在执行单调乏味的任务时）、促进思维敏捷性和清晰性，以及提高持续表现的能力（例如，打字速度更快且出错更少）。高剂量的咖啡因会导致紧张、不安、颤抖和失眠，并可能对执行复杂任务产生不利影响。如果剂量非常高（10 克，

大多数美国人喝软饮料比喝水还多。这意味着，他们每天摄入大量的咖啡因和卡路里。

大约 100 杯咖啡），它将导致抽搐，这有可能是致命的。

在过去，咖啡因被用于各种主诉症状，但现在它已经很少用于医疗途径了。然而，它仍然是 1 000 多种非处方药的关键成分。例如，许多"提神剂"和"能量剂"产品其实就是纯咖啡因。止痛药、止咳药和感冒药都含有咖啡因，用以抵消这些药品中的其他成分让人产生的睡意。咖啡因也被用于控制体重和缓解痛经的产品，因为它能增加尿量，导致水分流失。

长期使用咖啡因可能会导致心理依赖，并逐渐形成对其兴奋作用的耐药性。当停止使用咖啡因时，可能会出现轻微的戒断症状，如头痛、易怒、躁动和嗜睡。

表 16.5 美国常见饮料、巧克力和药品中的咖啡因含量

商品	数量	咖啡因含量（毫克）
普通现煮咖啡	8 盎司	133（范围：102~200）
星巴克现煮咖啡（大杯）	16 盎司	320
星巴克香草拿铁（大杯）	16 盎司	150
普通浓缩咖啡	1 盎司	40（范围：30~90）
现泡茶	8 盎司	53（范围：40~120）
斯奈普果茶	16 盎司	42
亚利桑那冰绿茶	16 盎司	15
激浪（碳酸饮料）	12 盎司	54
可口可乐	12 盎司	34
无糖可乐	12 盎司	47
胡椒博士（焦糖碳酸饮料）	12 盎司	42
常规或无糖型七喜	12 盎司	0
芬达，所有口味	12 盎司	0
5 小时能量弹	2 盎司	138
Rockstar 能量弹	2.5 盎司	200
Spike 能量弹	8.4 盎司	300
Rip It 能量饮料，所有种类	8 盎司	100
SoBe 无畏饮料	8 盎司	83
红牛	8.3 盎司	80
Jolt 咖啡因口香糖	1 条	45
好时巧克力棒	1.55 盎司	9
热可可	8 盎司	9（范围：3~13）
NoDoz 抗疲劳药片（最强型）	1 片	200
吾醒灵（Vivarin）	1 片	200
埃克塞德林（增强型）	2 片	130
安诺星（最强型）	2 片	64

注：1 盎司 ≈ 29.57 毫升。
数据来源：Caffeine Informer. (2015). Caffeine database.

俱乐部毒品

俱乐部毒品（club drugs）包括几种在聚会、舞会、节日和狂欢活动中用于增强社交体验和感官刺激的精神活性化学物质。这些毒品包括摇头丸、GHB/"神仙水"、K 粉（氯胺酮）和罗眠乐（氟硝西泮/氟硝安定）等。与大麻、安非他明、致幻剂和阿片类物质相比，俱乐部毒品被认为能带给人一种亲密感和欣快感，很少或不会有成瘾的风险，并且因为是口服，所以它们也不会有因注射而感染艾滋病病毒/艾滋病的风险。尽管有这些表面上的"好处"，俱乐部毒品仍是危险的，特别是当与酒精或其他毒品一起服用的时候。此外，作为俱乐部毒品贩卖的

摇头丸

摇头丸（Ecstasy）的化学成分是 3,4-亚甲基二氧甲基苯丙胺，或称 MDMA。它的一些常用俗称是"快乐丸""劲乐丸""狂喜""忘我""疯药"。摇头丸是一种合成化学物质。也就是说，它并非天然存在于植物中。该物质的化学结构类似于兴奋剂甲基苯丙胺和致幻剂墨斯卡灵，它可以同时产生兴奋和迷幻效果。摇头丸最常见的形式是片剂，通过口服摄入。它也有粉末形式，有时通过鼻子吸入，偶尔通过抽烟吸入，但很少通过注射的方式摄入。

摇头丸会增加脑中神经递质 5-羟色胺的水平，产生持续几分钟到一小时的快感。这种毒品的"奖赏"效果因服用的人、剂量、纯度和环境而异。摇头丸能产生兴奋作用，如增强愉悦感、自信心和活力。它的迷幻效果则包括让人产生平静、接纳和共情的感觉。使用者们声称，他们体验到了亲密感。

使用摇头丸的风险与使用安非他明和可卡因的风险相似：

- 在服药期间或服药后的几周内出现神志不清、抑郁、睡眠问题、药物渴求、严重焦虑和偏执；
- 肌肉紧张、不自觉地咬牙、恶心、视力模糊、眼睛快速转动、眩晕、发冷或出汗；
- 心率加快和血压升高；
- 造成脑中产生 5-羟色胺的神经细胞的长期损伤；
- 长期使用会损伤肝脏。

已有与摇头丸有关的死亡案例报道。这种药物的兴奋作用能让使用者长时间跳舞，再加上狂欢活动或派对上常有的高温和拥挤环境，可能会导致其脱水、中暑和心脏或肾脏衰竭。

GHB/"神仙水"

GHB 的化学成分是 γ-羟基丁酸盐（gamma-hydroxybutyrate）。在美国，它的街头俗称包括 Georgia home boy、liquid ecstasy 和 grievous bodily harm。GHB 以白色粉末或透明、味道苦涩的液体形式被摄入，通常与甜味酒精饮品混合以掩盖苦味。这通常也是 GHB "溜进"一个毫无戒心之人饮料中的方式。该药物在摄入约 30 分钟后开始起作用，可以持续几个小时。

在低剂量（10 毫克/千克体重）时，GHB 会产生轻度镇静、性欲增加、放松和短期失忆等效果。这正是很多使用俱乐部毒品的人所追求的精神状态，它会增加性侵犯（"约会强奸"）的风险。中等剂量（20 毫克/千克体重）时，使用者会变得昏昏欲睡。大剂量（60 毫克/千克体重）时，使用者会昏迷并停止呼吸。有一半以上低剂量 GHB 服用者会出现不省人事、呕吐和大量出汗的症状。

在 60 多人被报道死于 GHB 后，美国政府将该药物列为 I 类管制药物，然而，作为膳食补充剂出售的化学前体物（丁内酯和 1,4-丁二醇）在体内会自然转化为 GHB。

K 粉/氯胺酮

K 粉/氯胺酮（ketamine）是一种麻醉剂。在美国，它的街头俗称包括 K、special K、vitamin K 和 black hole。氯胺酮与摇头丸的混合物被称为"猫翻身"（kitty flipping）；它与摇头丸和大麻的混合物则被称为"EGK"（摇头丸、氯胺酮、大麻）。"什锦干果"则是将氯胺酮与其他药物混合，如甲基苯丙胺、可卡因、伟哥或海洛因。

作为一种娱乐性药物，氯胺酮通常以白色粉末的形式口服摄入，或通过吸入器（称为"烟嘴"）经鼻吸入。它也可以通过注射的方式使用。口服约 30 分钟后见效，效果最多能持续 3 小时。在非常低剂量时，氯胺酮可以产生一种"灵魂出窍"状态和幻觉（称为"K 境"）。高剂量的氯胺酮会导致肌肉僵硬、行为怪异、精神错乱和社交退缩。

罗眠乐

罗眠乐（Rohypnol）是一种强效镇定剂。它能减少焦虑、拘束感和肌肉紧张。在高剂量下，它会导致失去意识。当与酒精或其他镇静药物一起服用时，其后果会更加危险。长期使用则会让人产生依赖和戒断症状。

抑制剂

抑制剂包括大量药物,它们的共同作用有降低唤起水平、减少活动、降低对环境的觉知,以及镇静和增加睡意。抑制剂包括酒精和影响睡眠的药物:镇静剂、安眠药和阿片类物质。一些其他的药物,如抗组胺剂和某些用于治疗高血压或心脏病的药品,也可能起到抑制剂的作用。低剂量的抑制剂会使人进入一种轻微的欣快状态,减少拘束感或引起一种放松的感觉。高剂量时,它们可能会损害心境、言语和运动协调性。

抑制剂是危险的。所有这类药物都可能引发生理和心理依赖、耐药性、令人不适的戒断症状,并且在持续使用或过量使用时会产生毒性。急性过量用药可能导致昏迷、呼吸或心血管系统衰竭,甚至死亡。抑制剂的协同作用会加剧过量致死的潜在危险。也就是说,当两种或两种以上不同的抑制剂被同时使用时,其作用会比两种药物分开使用时的总和大得多。最常见的协同效应发生在人们服用抑制剂如巴比妥类药物或镇定剂时饮酒的情况下。

镇静和安眠药物

镇静剂(sedative)是一类能促进精神平静和减轻焦虑的药物。**安眠药**(hypnotic)则是一种能促进睡眠或引发嗜睡感的药物。由于可能诱发依赖性,几乎所有的镇静剂和安眠药都受到高度管制,只有通过处方才能获得。然而,镇静安眠药是美国使用最广泛的药物之一。

最常见的镇静安眠药是苯二氮平类药物,更通俗的说法是**镇定剂**(tranquilizers)。在医学上,这些药物被用于缓解焦虑、促进放松、诱发睡眠、缓解肌肉痉挛和腰痛、治疗痉挛性失调、减轻酒精和阿片类物质戒断带来的不适。苯二氮平类药物最适合短期(几周)用于辅助心理治疗或药物治疗,长期服用(超过4个月)则会增加药物依赖的风险,也会增加无法再治疗之前可以治疗的问题和症状的风险。

巴比妥也是一种镇静安眠药物,包括巴比妥酸及其衍生物:异戊巴比妥(阿米妥)、戊巴比妥(宁比泰)、苯巴比妥(鲁米那)、司克巴比妥(速可眠)和吐诺尔(50% 异戊巴比妥加 50% 司克巴比妥)。因为巴比妥类药物比苯二氮平类药物更不安全,所以一般不用于需要用镇静安眠药治疗的疾病。

阿片类物质

阿片类物质(opiates)是一组有化学相关性的药物,如吗啡、海洛因、可待因、杜冷丁(哌替啶)、多瑞吉(芬太尼)、奥施康定(氧可酮)、复方羟可酮(阿司匹林和氧可酮)、维柯丁(醋氨酚和氢可酮)。它们可以抑制中枢神经系统,引起生理依赖、习惯化和耐药性,并产生严重的戒断症状。阿片类物质是从罂粟中提取出来的。罂粟的提取物在不同文化中被使用了数千年,用来引发欣快感、缓解疼痛和治疗各种疾病。

医学上,阿片类物质被用于止痛、止咳和治疗腹泻。使用者可以通过口服、注射、鼻吸和烟吸的形式摄入。海洛因在体内会转化为吗啡,吗啡最终通过尿液、唾液、汗水和哺乳期妇女的母乳排出(这意味着哺乳期的婴儿可能会成瘾)。由于吗啡能穿过胎盘,因此发育中的胎儿甚至在出生前就可能成瘾,并在出生后出现戒断症状。

阿片类物质是常被滥用的物质,用于缓解疼痛和产生精神活性效果。阿片类物质产生的心理感受包括温暖、归属感、放松和怡然自得。经常使用阿片类物质可导致对上述心理效应产生耐受性,还会导致便秘、食欲不振、抑郁、性冷淡、瞳孔收缩、月经周期紊乱和嗜睡。超大剂量或长期使用,可能会因呼吸衰竭而死亡。

据信,大约 700 万美国人出于非医疗原因非法使用阿片类处方药。每年,阿片类处方药的滥用导致数千人因意外过量服用而前往急诊室急救,甚至造成死亡。除了严重的医疗后果,对阿片类处方药物的需求还造成了药店抢劫的风行。

阿片类止痛药的滥用是由它们广泛的可获得性造成的。数以百万计的美国人受到慢性疼痛的折磨,并从他们的医生那里得到这些药物。然而,他们中的许多人并没有接受过足够的疼痛管理培训以防止药物滥用。同时,制药公司也在积极地推销这些药物。此外,在美国,阿片类物质很容易通过非法途径获得。任何出于正当原因需要用阿片类物质来治疗疾病的人,都应当与自己的医生讨论该疗法的利与弊。

大 麻

大麻(marijuana)的拉丁学名是 Cannabis sativa,

罂粟，可从中提取吗啡。

它生长在世界各地的温带气候地区。这种植物已有数千年的种植史，作为制作衣服和绳子的大麻纤维的来源；或者作为一种可摄入的物质，用以产生欣快感和放松感、提升心境、改变时空感知、提高感官觉察。吸食大麻还会增加饥饿感，并导致口干舌燥。

大麻中主要的精神活性成分是一种叫 δ-9-四氢大麻酚（THC）的化学物质。这种物质存在于大麻的叶子、芽、种子和树脂中。使用者可以通过烟吸（捣碎的干花和叶子）的方式或食用含有大麻成分的食物来摄入 THC。THC 在化学上与脑中的天然物质内源性大麻素相似，内源性大麻素通过与脑组织中的特定受体结合来调节食欲、痛觉、心境、记忆和其他过程。THC 会与相同的大麻素受体结合。

哈希（hashish）（一种通常用特殊烟管吸食的树脂）是大麻的一种强效衍生物，从大麻的花和叶子上的黏性树脂中提取。甘贾（ganja）是大麻的另一种衍生物，由雌株干燥的花顶部制成。班恩（bhang）（被称为"沟中杂草"）由大麻类植物中 THC 含量较少的部分制成。精育无籽大麻（sinsemilla）（来自西班牙语"无籽"）也是一种强效的大麻，它完全来源于雌株。为了防止形成种子，让更多的能量用于植物生长和精神活性化合物的合成，种植地中所有的雄株都会被移除。

除了使用者期望的精神活性作用，吸食大麻还会引起神志不清、焦虑、惊恐、幻觉和妄想。此外，语言和短期记忆可能会受损，这可能被解读为某人正常精神状态下的滑稽变化。然而，由于感知能力、运动协调能力和反应时间也会受到损害，因此在服用 THC 的情况下，驾驶汽车或操作其他机器都是不安全的。吸食大麻还会加重已有的心理健康问题。

长期吸食大麻可能对健康造成的危害包括：支

如何处理过期或未用的药物

过期药物还可以使用吗?

许多原装的、未开封的固体药物，可以在超过标签有效期大约 5 年内保留 90% 的效力。暴露在高温、潮湿环境和水中会缩短药物的使用寿命。溶液型药物通常不太稳定。目前还没有关于药物降解产物产生毒性的报道。

处置处方药、非处方药和吸入剂

检查产品标签或使用说明。联系当地执法部门或家庭垃圾处理与回收服务部门寻求指导。你也可以在网上搜索"管制物质公共处置点"。

虽然某些药物可以直接冲进水槽或马桶，但美国食品药品监督管理局和环保署倾向于更环保的处置方式。如果你所在的地区没有处置项目，你可以：

- 将处方药或非处方药从包装中取出，然后与不大具有价值的物质（如使用过的咖啡渣、泥土或猫砂）混合，以降低它对儿童和宠物的吸引力，并让那些想通过翻找垃圾来获得药物的人无法辨别。
- 将混合物置于可密封的袋子或其他容器中，以防止泄漏。
- 刮掉处方药标签上的所有标识信息，使其无法辨认。
- 不要把你的药给朋友。对你有效的药对别人可能很危险。

数据来源：The Medical Letter on Drugs and Therapeutics, 57, 164–165. Reprinted in *Journal of the American Medical Association,* 57, 164–165. U.S. Food and Drug Administration (2016). How to Dispose of Unused Medicines.

气管炎（由于大麻烟雾）、心率加快、血压升高，还可能导致免疫系统功能下降。与烟草烟雾类似，大麻烟雾也含有致癌物质。

脑成像技术支持下的大量心理学研究表明，重度吸食大麻与短期记忆和注意力受损、内控能力丧失、学习能力下降存在关联，但这种关联只限于因吸食大麻"晕醉"的时候。长期大量使用大麻与在学校和工作中表现较差、受教育程度较低，以及其他非法药物使用有关。

使用或拥有大麻在许多国家是非法的，加拿大、捷克、西班牙、荷兰、乌拉圭和葡萄牙等国家例外。截至 2017 年，美国已有几个州允许将大麻用于娱乐用途，超过一半的州允许用大麻来治疗和缓解病痛，还有一些州允许种植用于生产大麻烟卷的、无精神活性的大麻。尽管美国的一些州允许种植和使用大麻，但大麻仍被美国联邦政府列为 I 类管制物质，属于最危险的一类药物。

表 16.6　被认为有致幻作用的物质

物质或活性成分	俗　称
D- 麦角酸二乙胺	LSD
三甲氧苯乙胺	墨斯卡灵（佩奥特仙人掌）
2,5- 二甲氧基 -4- 甲基苯丙胺	STP
二甲色胺	DMT
二乙色胺	DET
四氢大麻酚	大麻
苯环己哌啶	PCP
裸盖菇素	蘑菇

致幻剂

致幻剂（hallucinogens）包括从多达上百种植物中提取，以及在实验室化学合成的各种化学物质（**表 16.6**）。尽管致幻剂的化学成分不同，但它们都具有改变感觉、知觉、思维、心境和体验的能力。其作用与精神病人幻觉体验的相似性是它们被称为致幻剂的原因之一。但在许多方面，致幻剂的作用与精神病人的幻觉不同。精神病人的幻觉通常是听觉性的和令人恐惧的，产生幻觉的人相信它们是真实的。而毒品诱发的幻觉则往往是视觉性的且通常令人愉快，使用者能意识到这种体验不寻常，不是自身正常意识状态的一部分。

致幻剂通常通过口服的方式摄入，要么是食用植物本身，要么是摄入含有这种活性化学物质的粉末。正常情况下，致幻剂在摄入 45 到 60 分钟后开始生效。首先是身体上的反应：出汗、恶心、体温升高和瞳孔扩张。这些症状最终会慢慢消退，在摄入后一两个小时内，心理效应就会显现出来。这段"旅行"会持续 1 到 24 小时不等，取决于摄入的物质和剂量。最常用的致幻剂可能是 **LSD**（D- 麦角酸二乙胺），俗称"迷幻药"。

致幻体验的一个共同特征是，整合自我与环境的正常心理机制不再起作用。自我—环境交互的扭曲，使得吸毒者对周围的环境状况极为敏感。因此，无论好坏，吸食任何特定毒品的体验都会受吸毒时所处的环境和吸毒者"心理定势"（期望和态度）的高度影响。

苯环己哌啶

苯环己哌啶（phencyclidine, PCP）也被称为"天使粉""小猪""水晶"和"杀手大麻"，最初是作为一种动物麻醉剂研发出来的。但由于该药物的诸多副作用，它已被法律禁止销售，成为一种非法的娱乐性药物。在 20 世纪 60 年代，苯环己哌啶曾被称为"和平药"——考虑到药物的实际作用，这显然是一个严重的误称。

PCP 的作用是可变的：根据剂量和给药途径的不同，它可以是兴奋剂、抑制剂或致幻剂。

> 疯狂，就是一遍遍地做同一件事，却期待有不同的结果。
> ——阿尔伯特·爱因斯坦

使用者期望的一些效果包括，对外界刺激的高度敏感、心境高涨、放松和全能感。一些非期望的常见效果包括妄想、神志不清、不安、迷失方向、感到人格解体，以及暴力或怪异的行为。高剂量的用药会引起使用者昏迷、呼吸中断和精神错乱。

许多被送进精神科急救室的病人是由于 PCP 中毒。这种药物会损害人的感知能力和肌肉控制力，使用者在药物作用下很容易发生从高处坠落、溺水、在行驶的车辆前行走、撞车等事故。PCP 不会引起耐药性或生理依赖，但因为它从体内排出的过程缓慢，慢性使用者可能会长时间体验到药物带来的影响。

PCP 的影响不可预测且常常令人不适，有时甚至是可怕的和危及生命的。与任何其他精神活性物质相比，PCP 会产生更多非期待的或危险的药物中毒症状。毒贩经常偷偷地将 PCP 与大麻或可卡因混合在一起，或在兜售 PCP 时声称它是 LSD、DMT 或其他毒品。由于 PCP 相对容易制造，因此，它是一种更容易获得且危险的非法娱乐性药物。

吸入剂

吸入剂（inhalants）是各种易蒸发的化学物质的总称，在吸入时会产生各种类似于酒精的抑制效果。像酒精一样，吸入剂是中枢神经系统的抑制剂。一般来说，它们被期望的作用是自我约束的解除，并产生欣快感和兴奋感。非期望的作用包括头晕、健忘、无法集中注意力、神志不清、判断力受损、幻觉和急性精神病。

常用于娱乐性目的的吸入剂包括：

商用化学品，如飞机模型胶水、指甲油、鞋油、油漆稀释剂和汽油，以及丙酮、甲苯、石脑油、己烷和环己烷等物质；

气溶胶，存在于气溶胶喷雾产品中；

麻醉剂，如亚硝酸戊酯、一氧化二氮（"笑气"）、乙醚和氯仿。

这些物质是以雾状存在的，因此会迅速进入人体。这些烟雾通常从塑料袋中被吸入。吸入者往往在几分钟内就能感受到"晕醉"，兴奋感会持续不到 1 个小时。经常使用吸入剂的往往是十一二岁的儿童和没有钱买其他毒品的人。一些成年人会在性活动中使用亚硝酸戊酯（情欲芳香剂），因为他们相信这种药物可以增强性体验。一些医务人员则经常使用一氧化二氮或者说"笑气"，因为它很容易获得。

吸入剂类化学物质，通常不会引起耐药性或戒断反应，也不会引起生理依赖。然而，它们仍然是危险的。除了不受控制的行为（如毒驾）所造成的伤害，这些化学物质还会损害肾脏、肝脏和肺，并扰乱正常的心跳。

美国大约有 200 万 12~17 岁的青少年在使用吸入剂，有些甚至从 7 岁就开始使用。成人可以在孩子身上观察到的吸入剂使用迹象包括：衣服上有油漆污渍、眼睛发红和流泪、呼气时有一股化学品的气味、口腔周围有疮以及言行举止像醉酒。

合成类固醇

合成类固醇是雄性激素睾酮的合成衍生物。这些睾酮衍生物能促进骨骼肌生长，并增加"瘦体重"（lean body mass，体重减脂肪重量——译者注）。最早滥用合成类固醇的是那些想要提高成绩的优秀运动员。

合成类固醇的摄入方式为口服或注射，通常是以周或月为周期，而不是连续使用。使用者经常将几种不同类型的类固醇混合使用，以最大限度地增强效果，同时尽量减少副作用，这一过程被称为"堆砌"。合成类固醇可以增加肌肉的重量、力量，以及提高接受更长时间和更高强度训练的能力。使用合成类固醇的副作用包括肝肿瘤、黄疸、液体潴留、高血压、严重的痤疮和颤抖。男性使用者会出现睾丸萎缩、精子数量减少、不育、秃顶和乳房发育等问题。对女性来说，副作用包括面部须发生长、月经周期改变或停止、阴蒂增大和声音低沉等。

减少药物使用

几乎每个人都曾使用过某种药物。人们通过服用药物来缓解头痛、烧心、紧张、痉挛、疲劳和焦虑。药物被用于安眠或保持清醒，被用于治疗身体问题或情绪问题。如果使用得当，处方药在治疗和预防疾病方面可以发挥至关重要的作用。

一些常见的吸入剂。

然而，美国社会普遍存在用药过度且对药物过度依赖。最健康的方法是尽可能不用药。健康不是靠吃药就能达成。任何药物都不可随便使用，无论是处方药还是非处方药，非法药物更是不可接触。每个人都应该知道，什么时候需要用药物来维持或恢复健康，什么时候使用药物的益处大于风险。

所有药物都具有危险性，非法的娱乐性药物尤其危险。在美国，大多数娱乐性药物的使用都是非法的，一旦被抓获，使用者和销售者都会作为罪犯被起诉。尽管如此，美国社会中仍有许多人，尤其是年轻人，会尝试一种或多种毒品。尝试毒品意味着：被抓获，因嗑药引起意外，甚至可能因服用错误的剂量而死亡。

对健康的批判性思考

1. 附图显示了一种新药的试验结果。有4组患者参与了实验。第1组服用安慰剂；第2组服药20毫克；第3组服药40毫克；第4组服药80毫克。
   a. 这些数据支持药物有效的假设吗？为什么支持或为什么不支持？
   b. 不使用这种药，百分之几的人能康复？可能的解释是什么？
   c. 服用该药后，能康复的患者的最大百分比是多少？
   d. 如果用药80毫克在最多数量的人身上产生了期望的效果，为什么实验者不报告用药100毫克的效果呢？

2. 一天，鲍勃·科兹洛很早就下班回家了。他16岁的儿子杰米一听到爸爸的车停在车道上，就立即处理了他和朋友马克斯一起吸的大麻烟卷。科兹洛在十几岁的时候也尝试过大麻，因此他闻到那股气味后，立刻明白了杰米和马克斯在干什么。
   a. 科兹洛先生应该忽略这个问题还是采取某种行动？如果要采取行动，他应该怎么做？
   b. 他应该告诉马克斯的父母吗？

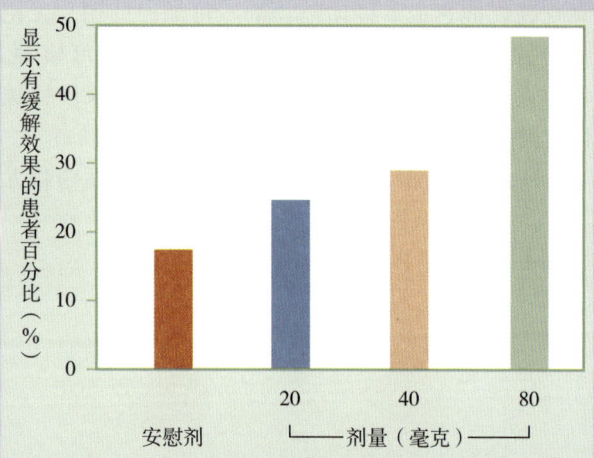

   c. 你对青少年吸食大麻，或包括酒精和烟草在内的其他药物有什么看法？

3. 为什么有些药物是非法的？合法药物与非法药物的区别是什么？如果你有无限的权力和资源，你会怎样解决美国的非法药物问题？

4. 药物使用和滥用在哪些方面影响了你的生活？

本章小结与重点

本章小结

在史前时代，我们的祖先偶然把盛满成熟水果或湿谷物的容器留在了户外，微生物便开始在那里发酵。当他们喝下发酵产生的液体时，其思维和行为发生了变化。他们喜欢这种液体，进而发现了酒精。于是，他们开始系统地寻找可以改变思维、感受和感觉，或治愈各种疾病的叶子、根茎、花或蘑菇。人类历史与药物从此便永远交织在了一起。萨满、巫医和治疗师成为获取新知识的强大力量。

药物是一种能够改变人类（和动物）生理机能的化学物质。这种改变可以是有益的，也可以是有害的；可以是快速的，也可以是缓慢的；可以是长期的，也可以是暂时的；可能使人成瘾，也可能不会使人成瘾。处方药能带来极大的益处，也能造成极大的危害。为了保持健康，请慎重考虑你摄入或吸入的药物。

药物滥用是当今美国社会的一个主要问题。药物滥用实际上是指过度使用药物到了不能正常履行社会功能，并对生活失去控制的程度。药物滥用的例子包括对酒精、海洛因、可卡因、处方止痛药、镇定剂或"兴奋剂和抑制剂"等成瘾或依赖。使用者还可能在生理上对某种药物产生耐药性，这意味着需要更大的剂量才能达到想要的效果。所有药物，无论是合法的还是非法的，都可能有危险的或不良的副作用。在使用任何药物时，一定要注意不良副作用或不良反应。有许多方法可以解决生活中的问题，没必要立即寻求涉及药物的解决办法。

重点

- 在有记载的历史中，人类出于各种原因（包括改变思维和感受、治愈疾病、促进社会交往）一直在使用药物。
- 药物是一种能够改变生理机能的化学物质。大多数药物起作用的方式是通过与细胞内或细胞表面的受体位点结合来改变生物活性。
- 在美国，合法或非法、医疗或非医疗药物的使用都非常普遍。制药行业的大规模广告在鼓励人们使用药物。
- 美国食品药品监督管理局要求新药在获准销售前进行安全性和有效性测试。
- 药物滥用是指药物的过度使用——往往达到了失控的程度。许多被滥用的药物具有精神活性，意味着它们能改变思维、感受和知觉。许多精神活性药物会引起生理依赖，有些则会导致心理依赖。
- 耐药性是指机体对反复使用的药物的适应，因此需要不断增加药物剂量才能产生同样的效果。
- 美国最常用的精神活性药物包括兴奋剂（可卡因、安非他明、咖啡因）、抑制剂（镇静剂、镇定剂、安眠药）、阿片类物质、大麻、致幻剂和摇头丸等。
- 大麻的医疗用途在美国的几个州已经实现合法化，但在联邦法律层面，它仍然是非法的。

参考文献

Caffeine Informer. (2015). Caffeine database.

Colemen, J. J., & Pontefract, S. K. (2017). Adverse drug reactions. *Clinical Medicine, 16*, 481–485.

Hanson, G. R., Venturelli, P. J., & Fleckenstein, A. (2001). *Drugs and society* (6th ed.). Sudbury, MA: Jones and Bartlett Publishers, p. 95.

Hanson, G. R., Venturelli, P. J., & Fleckenstein, A. (2012). *Drugs and society* (11th ed.). Burlington, MA: Jones & Bartlett Learning.

Murphy, S. L. (2012). Deaths: Preliminary data for 2010. *National Vital Statistics Report, 60*(4).

Schachtel, B. P., et al. (1996). Nonprescription ibuprofen and acetaminophen in the treatment of tension-type headache. *Journal of Clinical Pharmacology, 36*, 1120–1125.

U.S. Department of Health and Human Services. (2017). Adverse drug events.

U.S. Substance Abuse and Mental Services Administration. (2016). *Key substance use and mental health indicators in the United States: Results from the 2015 National Survey on Drug Use and Health*. HHS Publication No. SMA 16-4984, NSDUH Series H-51.

推荐阅读

Alter, A. (2017). *The rise of addiction technology and the business of keeping us hooked*. New York: Barnes and Noble. Explains how it is possible to become addicted to electronic technologies such as video games and smartphones in the same ways people become addicted to drugs and gambling, and how technology companies take advantage of screen addiction to make money.

Aviv, R. (2014, May 5). Prescription for disaster. *The New Yorker*, 50–59. A cautionary tale of the dire social and personal consequences associated with the overuse and over prescribing of pain-relief drugs.

Avorn, J. (2005). *Powerful medicines: The benefits, risks, and costs of prescription drugs*. New York: Vintage. Suggests policy reforms to improve the current system of drug development.

Bower, B. (2014, March 22). The addiction paradox. *Science News*, 16–20. Many people take antianxiety drugs in order to function and accomplish daily tasks. If someone taking these has an accident that requires prescription pain medications, they can die from a potent interaction of the drug combination. And, if you are addicted to narcotics, you should tell your physician before taking any antianxiety drug.

Gaidos, S. (2016, July 9). Addiction protection. *Science News*, 22–25. Discusses the possibility of developing a vaccine to prevent opioid abuse. A renowned advocate of alternative medicines explains how we can protect ourselves from taking unnecessary medications and avoid damaging our health by overusing drugs.

Hanson, G., Venturelli, P. J., & Fleckenstein, A. (2014). *Drugs and society* (12th ed.). Burlington, MA: Jones & Bartlett Learning. A useful text.

Koob, G. F., et al. (2014). *Drugs, addiction, and the brain*. San Diego: Academic Press. The director of the National Institute on Alcohol Abuse and Alcoholism and renowned neurobiologist explores the molecular, cellular, and neurocircuitry systems in the brain that are responsible for drug addiction.

Lee, M. A. (2013). *Smoke signals: A social history of marijuana—medical, recreational, and scientific*. A clearheaded survey that stretches from 2700 b.c. to the Obama administration.

Weil, A. (2017). *Mind over meds: Know when drugs are necessary, when alternatives are better, and when to let your body heal on its own*. New York: Little Brown.

健康小贴士

吸烟：一场赌博

吸烟与牙周病

戒烟的益处

全球健康

让每天都成为"世界无烟日"

健康指南

吸烟：一些令人不太愉快的事实

戒烟的5个阶段

女性与烟草广告

第17章

减少烟草使用

学习目标

1. 描述吸烟的危害。
2. 识别和解释烟草的生理效应。
3. 描述使用电子烟、水烟、比迪烟、丁香烟以及无烟烟草的危害。
4. 讨论吸烟对非吸烟者（包括儿童）的影响。
5. 解释为什么有些人会吸烟。
6. 找出戒烟的办法。
7. 描述限制烟草危害社会的各种方式。

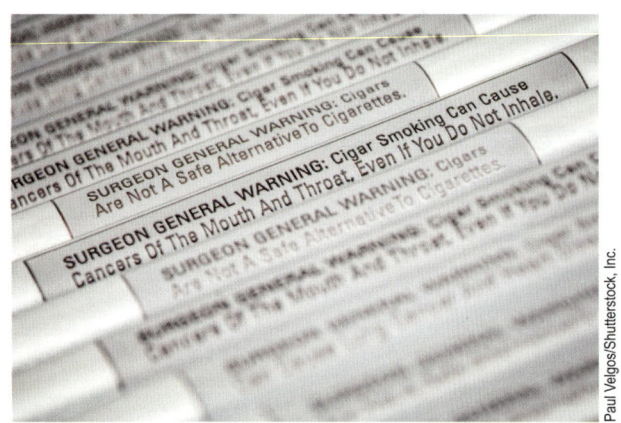

美国卫生局局长警告：抽雪茄会导致口腔癌和咽喉癌，即便吸食时不过肺。美国卫生局局长警告：雪茄不是香烟的安全替代品。

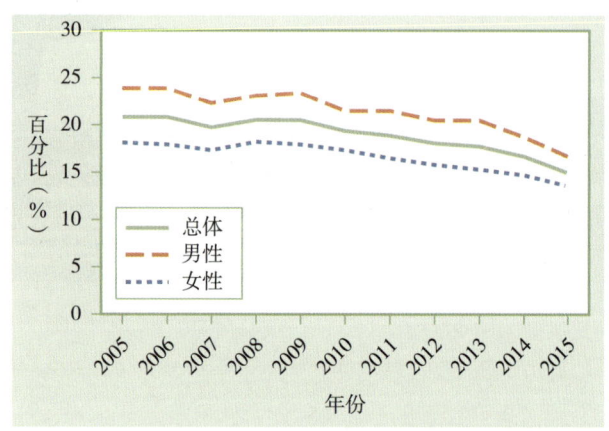

图 17.1　2005~2015 年美国成年人吸烟人数百分比

资料来源：Jamal, A., et al. (2016, November 11). Current Cigarette Smoking Among Adults—United States, 2005–2015. *Morbidity and Mortality Weekly Report, 65*, 1205–1211.

到目前为止，图中的信息和其他有关吸烟危害的警告已经传达给了几乎所有美国人，美国吸烟者的数量也正处于历史最低点（**图 17.1**）。然而，尽管有这些警告，美国仍然有大约 3 600 万 18 岁以上的吸烟者，这让尼古丁成为美国使用人数最多的成瘾药物。

吸烟造成的死亡人数，超过艾滋病、车祸、饮酒、凶杀、吸毒、自杀和火灾等因素的总和。癌症（特别是肺癌、食道癌、口腔癌、胰腺癌、肾癌和膀胱癌）、心血管疾病（冠心病、中风和高血压）、肺病（慢性阻塞性肺疾病和肺炎）、烧伤以及婴儿低出生体重等因素造成的死亡中，很大一部分是由吸烟导致的。每年约有 46 万美国人因吸烟而死（**图 17.2**），这占了美国每年死亡人数的 1/5。其中，约有 1 300 名儿童死于由香烟引起的家庭火灾。全球每年约有 600 万人死于吸烟。吸烟者比不吸烟者平均少活 10 年。使用烟草是美国最可预防的致死原因。

吸烟的经济代价非常惊人。在美国，吸烟每年造成超过 3 000 亿美元的医疗支出和生产力损失。其中，只有 17% 的费用由吸烟者自己以烟草税、直接

> 香烟是唯一一种按其生产用途使用会导致死亡的合法产品。
> ——路易斯·沙利文

吸烟：一些令人不太愉快的事实

阳痿。许多研究证实，吸烟会增加男性无法勃起和/或维持勃起的风险（Biebel et al., 2016）。这种风险与男性一生中的吸烟数量有关。只有戒烟并长时间不再吸烟，其勃起功能才有可能恢复。吸烟通过改变盆腔血管的功能而导致阳痿。

龋齿。吸烟会增加成人患龋齿（蛀牙）的风险（Benedetti et al., 2013）。

"轻型"香烟。标有"低焦油""温和型""轻型"或"超轻型"标签的香烟对健康的危害并不比普通香烟小。这是因为吸食这类香烟的吸烟者，为了维持尼古丁的恒定摄入量，会吸得更深或更多。这使他们长期接触烟叶燃烧产生的许多有害化学物质。

金钱陷阱。假设 1 包香烟需要 8 美元，每天吸 1 包烟的吸烟者每年就需要花费 2 920 美元。假如一个刚入学的大一新生选择戒烟，那么在大约 4 年后毕业时，这名学生将获得 11 680 美元。恭喜你！给自己买一份漂亮的毕业礼物吧。

免疫细胞的基因变化。吸烟会改变血细胞中有助于免疫系统功能的基因的活性。这可能是对吸烟损害免疫功能的观察结果的一种解释（Stampfli & Anderson, 2009）。

损害脑功能。与呼吸无烟空气的儿童相比，长期暴露于烟草烟雾（二手烟）中的儿童在数学、阅读和问题解决能力测试中得分较低（Park et al., 2014）。

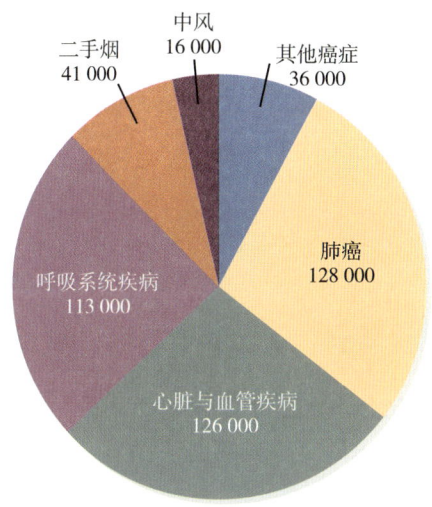

图 17.2 美国每年因吸烟死亡的人数

资料来源：Centers for Disease Control and Prevention. (2016). Tobacco-related mortality.

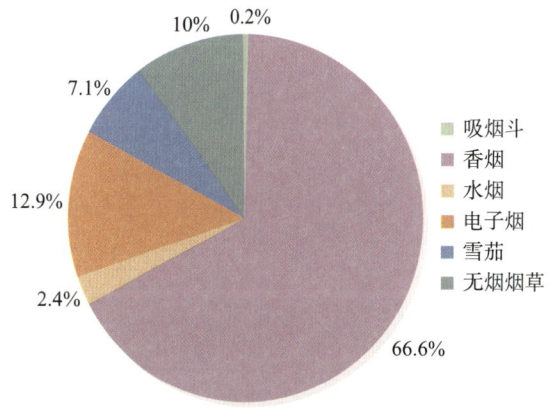

图 17.3 美国成年人使用烟草产品的情况（"每天"或"有时"）

资料来源：Hu, S. S., et al. (2016, July 15). Tobacco product use among adults—United States, 2013–2014. *Morbidity Mortality Weekly Report*, 65, 685–691.

成本和健康保险的形式支付，剩下的吸烟相关费用则由非吸烟者承担。平均每卖出一包香烟，美国社会就要支出大约 4 美元与之相关的医疗费用。

美国的烟草使用

美国有大约 1 670 万男性和 1 360 万女性吸烟。近年来，美国成年人的吸烟率在逐渐下降，这可以归功于如下因素：社会对吸烟的看法越来越负面、烟草税上涨、法律禁止在公共建筑内和工作场所吸烟，以及美国联邦政府在改善公众健康方面加强了力度（限制针对青年的烟草营销）。不幸的是，近年来吸烟率下降的约 30% 被其他烟草制品使用率的增加所抵消，如湿鼻烟、水烟、小雪茄和电子烟（**图 17.3**）。

根据美国大学健康协会进行的全国学生健康调查（American College Health Association, 2016a, 2016b），绝大多数美国和加拿大的大学生不使用尼古丁类产品（**表 17.1**）。18 岁以下美国人的吸烟率曾在 20 世纪 90 年代有过上升，但此后就下降了（**图 17.4**）。

表 17.1 美国和加拿大大学生使用尼古丁类产品的百分比

	香烟				雪茄或小雪茄				水烟				无烟烟草				电子烟				大麻			
	美国		加拿大		美国		加拿大		美国		加拿大		美国		加拿大		美国		加拿大		美国		加拿大	
	男	女	男	女	男	女	男	女	男	女	男	女	男	女	男	女	男	女	男	女	男	女	男	女
从不使用	71	79	69	75	71	89	72	86	74	79	78	84	85	96	90	97	77	88	82	88	57	61	57	59
近 30 天未使用	16	13	17	15	22	10	22	13	21	18	18	13	10	4	8	3	15	10	13	9	20	21	22	24
近 30 天有 1 到 2 天使用过	5	3	4	3	5	1	4	1	3	2	2	2	2	0	1	0	3	1	2	2	7	7	7	7
近 30 天有 3 到 29 天使用过	5	3	6	2	2	0	2	0	2	2	2	0	1	0	0	0	3	1	2	1	12	9	10	8
每天都使用	3	2	4	3	0	0	0	0	0	0	0	0	1	0	0	0	2	1	0	0	4	2	4	2

资料来源：American College Health Association. (2016). *American College Health Association—National College Health Assessment II, Canadian Reference Group Data Report, Spring 2016*. Hanover, MD: American College Health Association; American College Health Association. (2016). *American College Health Association—National College Health Assessment II, Undergraduate Student Reference Group Data Report Spring 2016*. Hanover, MD: American College Health Association.

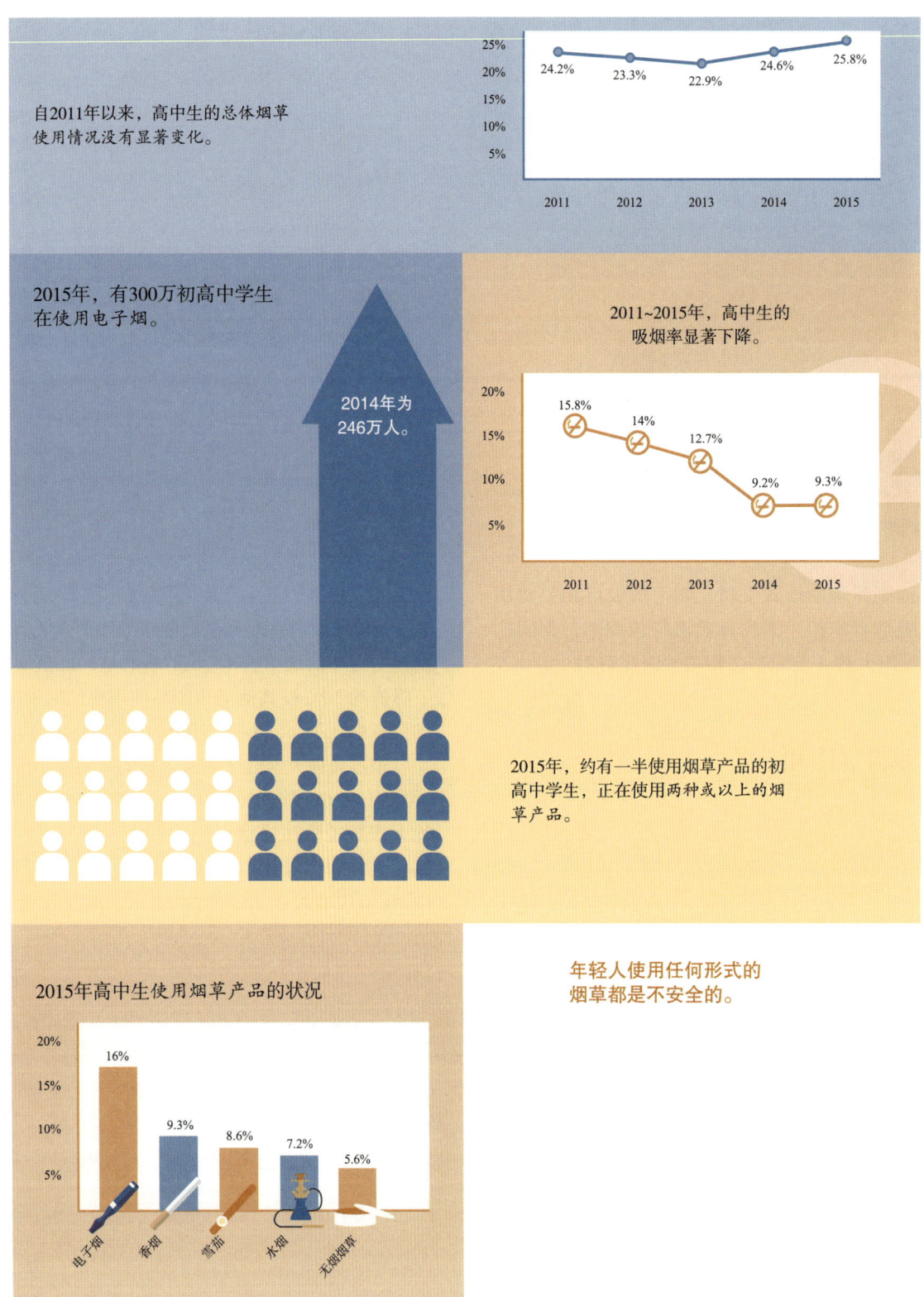

图 17.4 2011~2015 年美国初高中学生的烟草使用情况

资料来源：U.S. Centers for Disease Control and Prevention, Office on Smoking and Health, National Center for Chronic Disease Prevention and Health Promotion。

青少年吸烟是个尤其值得重视的问题，因为青少年期正是开始常态化使用烟草，并对其产生依赖的时期。根据美国疾病控制与预防中心（Centers for Disease Control and Prevention, 2016）的数据，在每天吸烟的成年人中，有90%是在18岁前就开始吸烟的。在美国，每天有近2 100名18岁以下的年轻人尝试抽第一支烟，其中有1 000人会成为每天吸烟的烟民。2009年，美国国会通过了一项法律来保护年轻人的健康。这项法律的内容包括：禁止出售香烟或无烟烟草给18岁以下的人，禁止每包烟中的香烟超过20支，禁止香烟和无烟烟草通过自动售货机和其他任何无人模式销售，禁止提供香烟和无烟烟草产品的免费样品。这项法律还禁止烟草品牌赞助任何体育、音乐或其他社会和文化活动，以及赞助参与这些活动的任何队伍或者个人，或者出售或分发带有烟草品牌或标志的周边物品，如帽子和T恤等。

烟草是什么

用于烟吸、咀嚼或鼻吸的烟草，是烟草叶片的加工产品。这种植物原产于西半球，在亚热带气候条件下生长得最为旺盛。

烟草是在16世纪由从美洲远航归来的西班牙人引入欧洲社会的。西班牙人从美洲原住民那里学到了吸烟，当时原住民使用烟草的方式很接近现代。事实上，"烟草"（tobacco）这个词源于美洲原住民的语言，指的是用来吸食切碎的或卷好的烟叶的烟斗。

在从西班牙殖民地进口的烟草的推动下，吸烟习惯在欧洲迅速蔓延。到19世纪，社会习俗的改变导致吸烟在很大程度上被嚼烟取代，更流行的则是吸鼻烟的习惯。直到19世纪80年代美国发明了卷烟机后，吸烟才成为全世界烟草使用的主要形式。骆驼牌香烟于1913年问世，标志着美国进入了吸烟的现代纪元。巧合的是，美国癌症协会也在同年成立。

加工烟草产品的步骤包括：收割烟叶并用几种干燥方法中的任何一种使其变干。干烟叶被切碎，并与不同种类的烟叶混合成符合商业需求的混合物。通常还会添加调味料和色素，以及促进均匀燃烧的化学物质。最后，这种混合物会被用来制造香烟、烟斗烟丝和嚼烟，或者被包裹在特制的干烟叶中制成雪茄。

烟草中最为人熟知的化学成分是**尼古丁**（nicotine）。但当烟草燃烧时，会释放大约4 000种其他化学物质，并随烟雾飘散。这些化学物质包括丙酮、丙烯醛、一氧化碳、甲醇、氨、二氧化氮、硫化氢、各种微量矿物元素、微量放射性元素、酸类、杀虫剂和其他物质。除了这些化合物外，烟草烟雾还含有无数的微粒。这些微粒会产生被称为**焦油**（tar）的黄褐色残留物，这是一种记录在案的肺癌致癌物。尼古丁是造成烟瘾的原因。据目前所知，除焦油外，烟草中还有43种化学物质也会导致癌症，即属于**致癌物**（carcinogens）。

烟草的生理效应

吸烟的大部分生理效应可归因于尼古丁的药理作用。最显著的效应包括心率加快、肾上腺素分泌增加，以及对大脑的直接刺激作用。这些因素结合在一起，就会产生吸烟者点烟时可能体验到的轻度"快感"。尼古丁还会降低皮肤温度，减少腿部和脚部的血液流动。大多数吸烟初学者经历的恶心或呕吐也是拜其所赐。对尼古丁的上瘾，在很大程度上造成了烟民吸烟习惯的长期维持。

吸烟对心血管的一些有害影响可能是由尼古丁和一氧化碳引起的，人们认为它们会导致心脏和血管疾病。烟草中的许多其他有害化学物质则会诱发癌症和呼吸道疾病。这些化学物质包括3,4-苯并芘、氮杂芳烃、N-亚硝胺和放射性钋。钋是放射性铅分解的产物，铅则是土壤的一种天然成分。土壤中的放射性颗粒沉积在黏性的烟叶茸毛上，并最终成为烟草烟雾的一部分。氡这种放射性气体也存在于烟

吸烟：一场赌博

如果你喜欢赌博的话，那么可以看看这组数据：与不吸烟者相比，吸烟者死于肺癌的风险。

每日吸烟量	风险倍数	
	男性	女性
1~4根	3倍	5倍
5~9根	11倍	12倍
10~14根	17倍	18倍
15~19根	20倍	20倍

总的来说，90%的肺癌是由吸烟引起的。

让每天都成为"世界无烟日"

每年的 5 月 31 日是世界卫生组织（以下简称世卫组织）发起的"世界无烟日"，旨在提醒所有人使用烟草的健康风险和社会代价，并鼓励全球减少并最终终结烟草消费。在 2016 年，全球约有 22% 的人（12 亿人）吸烟（约 6 万亿支）；约有 600 万人的死因与吸烟有关，其中 80% 发生在低收入和中等收入国家。世卫组织及其合作组织的目标是，到 2025 年时将全球吸烟的流行率降至 18% 左右。

2005 年，世界上几乎所有国家都签署了一项名为《烟草控制框架公约》的条约，以打击全球的烟草使用。该条约规定："每个人都应该被告知烟草消费和接触所造成的健康后果、成瘾性质和致命威胁。"该条约呼吁所有国家采取行动，保护人们免受烟草烟雾的侵害，并且不让儿童和非吸烟者暴露于二手烟中。各国为控制烟草消费而采取的一些行动包括全面禁止烟草广告、促销和赞助，以及针对烟草包装和标签的措施，如健康警告。

一些国家完全禁止吸烟的广告和促销，特别是对儿童。美国反对这一立场，理由是这侵犯了宪法赋予的言论自由权利。

一些国家要求健康警告和显示吸烟后果的图片占香烟包装盒面积的三分之一到二分之一。一些国家还禁止在香烟广告中使用轻型、低焦油和温和型等词汇，因为这些词会欺骗消费者，让他们认为带有这类标签的产品并不危险。

在 2016 年的世界无烟日，作为惯例，世卫组织提出了将烟草产品包装标准化的建议，作为减少吸烟的综合方法的一部分。世卫组织所建议的包装要求：为了降低吸引力，不能有太多的图形或颜色（"简单包装"）；不得将烟草包装作为一种广告和宣传的形式；禁止使用暗示烟草产品无害的设计技巧；提高健康警告的可见性。2012 年，澳大利亚成为首个对烟草产品采用简单包装的国家。后续研究表明，简单包装可以减少人们对吸烟的积极看法，并劝阻烟草的使用。该研究为各国政府决定实施香烟简单包装措施提供了支持，该措施是全面预防吸烟工作一部分（Smith et al., 2015）。

除控制广告与促销并坚持要求在包装上标注健康警告外，有些国家还通过对烟草产品征税来减少烟草的使用。10% 的价格上涨可使高收入国家的烟草消费减少约 4%，使低收入国家的烟草消费减少约 8%。一些国家还试图限制香烟的进口。

成人吸烟者比例最高的国家

国　家	男性（%）	女性（%）
1. 印度尼西亚	76.2	3.6
2. 基里巴斯	63.9	40.9
3. 塞拉利昂	60.0	12.0
4. 俄罗斯	59.0	22.8
5. 格鲁吉亚	57.7	5.7
6. 老挝	56.6	9.9
7. 莱索托	55.1	0.4
8. 古巴	52.7	17.8
9. 希腊	52.6	32.7
10. 亚美尼亚	52.3	1.5
11. 阿尔巴尼亚	51.2	7.6
12. 吉尔吉斯斯坦	50.4	3.6
13. 埃及	49.9	0.3
14. 乌克兰	49.9	14.0
15. 巴林	48.8	7.6

资料来源：World Health Organization, Global Health Observatory data, Prevalence of Tobacco Smoking.

草烟雾中，吸烟者和非吸烟者——通过二手烟——都会吸入。这些放射性物质可能会沉积在肺部的小肺泡中，并在那里诱发肺部组织的癌变。

尼古丁输送系统

雪　茄

由于抽雪茄的人一般不让烟雾过肺，因此抽雪茄常常被误以为是无害的。然而，与非吸烟者相比，不过肺的抽雪茄者死于肺癌的风险是其 3 倍，而过肺的抽雪茄者则是其 11 倍。无论是否过肺，抽雪茄的人都有更高的死于唇癌、舌癌、口腔癌、咽喉癌、食道癌、胰腺癌和膀胱癌的风险。因为雪茄比香烟含有更多的烟草，并且它们燃烧的时间更久，所以会释放出更多的二手烟。一般来说，雪茄的二手烟含有许多与香烟烟雾相同的毒物（毒素）和致癌物，但浓度更高。在美国，直到 2000 年，雪茄包装上才被要求必须有健康警告。

水 烟

水烟袋（hookahs）是用来抽调味烟草（如苹果味、薄荷味、樱桃味、巧克力味、椰子味、甘草味、卡布奇诺味和西瓜味等）的水管。抽水烟通常是一种集体活动，水烟嘴在一个小时或更长时间内在人与人之间传递。水烟起源于大约 800 年前的波斯（现在的伊朗）和印度。如今，水烟在世界各地都很流行。

许多人认为，抽水烟比吸香烟、嚼烟或吸鼻烟更安全。然而，水烟吸食者会吸入大量的尼古丁、许多同样存在于香烟烟雾中的化学物质、焦油、金属，以及香料和其他添加剂燃烧所产生的各种化学物质。在一场典型的一小时的水烟吸食活动中，吸食者会吸 200 口烟，而一根香烟平均能吸 20 口。在一次典型的水烟吸食活动中，烟雾吸入量约为 9 万毫升，而吸 1 盒香烟吸入的烟雾量为 500 至 600 毫升。正如二手香烟和雪茄烟雾一样，水烟吸食者周围的非吸烟者，也会吸入这些含有化学物质的烟雾。

水烟中的烟草和香料燃烧所产生的尼古丁，以及数以百计的不同化学物质引起了人们的担忧。尼古丁很容易使人成瘾，并且会直接导致心脏和血管疾病。尼古丁成瘾会增加水烟的使用，从而增加与水烟烟雾中有毒物质的接触。此外，吸食水烟造成的尼古丁成瘾也可能会促使人们使用香烟或嚼烟，进而承受相关的不良健康后果。水烟烟雾中含有与香烟烟雾相同的有害化学物质，这些物质均与肺癌、呼吸系统疾病、心脏病、低出生体重和牙周病等有关。共用水烟管可能会增加传播结核病、疱疹或肝炎等感染性疾病的风险。

比迪烟和丁香烟

比迪烟（bidis）是进口到美国的一种小而细的手卷香烟，主要产自印度和一些东南亚国家。它是一种用天度叶或者说黑木柿叶（亚洲本土植物）包裹的烟草，其一端或两端可能用彩色的绳子固定。比迪烟可以是调味的（如巧克力、樱桃或杧果味），也可以是无调味的。**丁香烟**（kreteks，或 clove cigarettes）从印度尼西亚进口，通常含有烟草、丁香和其他添加剂。比迪烟和丁香烟被错误地认为，比美国商业香烟的危害更小。比迪烟中的尼古丁含量是普通香烟的 3 到 5 倍，使用者面临着尼古丁成瘾的风险。吸比迪烟会增加患口腔癌、肺癌、胃癌、食道癌、冠心病和心梗，以及肺气肿和慢性支气管炎的风险。吸丁香烟会增加可能导致肺功能异常的肺损伤的风险（Duong, 2017）。

电子烟

电子烟（e-cigarettes，e 是电子的简称）是一种通过吸入蒸汽将尼古丁、香料（如水果、薄荷、巧克力）和其他化学物质提供给身体的装置。这就是使用电子烟被称为"吸蒸汽"的原因。一般来说，电子烟由以下部件组成：可充电的电池加热元件，含有尼古丁或其他化学物质的可更换烟弹，加热时将烟弹内的物质转化为可吸入蒸汽的雾化器，以及帮助蒸汽保持湿润的丙二醇。丙二醇广泛用于食品和药品中，可以保持产品湿润。虽然食用这种化学物质是无害的，但是吸入后对肺部有何影响尚不清楚。电子烟通常被制成类似香烟、雪茄和烟斗的形状，对于那些想要掩盖自己在使用电子烟的人来说，还有钢笔和 U 盘等非烟草制品的形状可供选择。

2003 年，一位中国药剂师发明了电子烟的雏形；2007 年左右，它进入美国市场。从那时起，它们的使用和流行率便急剧增加。由于看到了市场机会，传统的烟草巨头现在也开始推销电子烟。

电子烟的供应商坚持认为，电子烟是尼古丁摄入的首选形式，因为它不会释放烟草燃烧时释放的有害化学物质。虽然一些电子烟被当作戒烟辅助工具来销售，但就像美国食品药品监督管理局批准的含有尼古丁的口香糖、贴片和吸入器一样，并没有确凿的科学证据表明，电子烟能促进长期戒烟的成功。即使吸烟者能通过使用电子烟成功戒烟，他们仍然是对尼古丁上瘾的，这可能会增加他们复吸的可能性。还有人担心，数以百万计开始使用电子烟的年轻人会对尼古丁上瘾，并最终成为烟民。此外，电子烟中产生的蒸汽可能最终会损害肺组织。有检验表明，这些蒸汽中含有微量的重金属（已知是致癌的）——它们是从金属线圈的焊料中释放出来的。

只要制造商不声称电子烟具有任何治疗价值，它们就不受美国食品药品监督管理局的管控。在美国的许多州，向未成年人出售电子烟并不受限制。美国食品药品监督管理局宣布已经做好准备，如果研究表明电子烟有危险，它就会发布有关电子烟生产和销售的法规，就像对烟草产品所做的那样。

电子烟在美国青少年和成年人中的使用越来越

多，这十分令人担忧。其中一个担忧的问题是电子烟可能引起急性尼古丁中毒，症状表现为呕吐、心脏加速或剧烈跳动、腹部绞痛、焦躁不安、肌肉抽搐、神志不清、惊厥、呼吸急促或困难、昏迷、眩晕和头痛。尼古丁使用的长期影响包括冠状动脉和外周血管疾病加剧、中风、高血压、伤口愈合缓慢、妊娠问题、消化性溃疡和食管反流的风险。

无烟烟草

无烟烟草有两种主要形式：**嚼烟**（chewing tobacco）和**鼻烟**（snuff）。嚼烟会被加工成3种不同形式：散叶式、块式（干/湿）和捻/绳式。嚼烟可以通过咀嚼使用，也可以含在下唇和牙龈之间。鼻烟由磨成粉末或切得很细的烟叶制成，有干燥型和潮湿型两种。在欧洲许多国家，干鼻烟是通过鼻子吸入的。然而，在美国，人们会把一撮鼻烟放在嘴里，并把它夹在脸颊和牙龈之间，这被称为"蘸鼻烟"。蘸鼻烟很容易令人上瘾，让使用者摄入的尼古丁含量与吸烟时相当。**湿鼻烟**（moist snuff）由晾制和熏制的烟叶制成，先加工成细颗粒，然后加入调味料，最后以湿润的形式包装在圆形、扁平的容器中。湿鼻烟因其加工方法而被认为是最危险的无烟烟草。

用来咀嚼或鼻吸的烟草已经被使用了几个世纪。直到19世纪末，无烟烟草在男性和女性群体中的使用都还很普遍。当时，科学家发现细菌和病毒可以在唾液中存活，并通过空气传播。在许多公共场所，向痰盂和酒吧间的地板吐痰是不可接受的，有时甚至属于非法行为。之后，香烟取代了嚼烟和鼻烟。

20世纪70年代，当吸烟的危害已经明确无疑时，嚼烟再度流行起来。香烟被宣传为致癌物质，而广告商们则宣传无烟烟草是香烟的健康替代品。但是，事实并非如此。无烟烟草和香烟一样会让人产生尼古丁依赖，还会导致口腔癌、唇癌和牙龈癌。

无烟烟草还会引起其他的口腔疾病，如牙龈上的白色硬斑（黏膜白斑病）和牙龈发炎（齿龈炎）。这些病变大部分是良性的，但约有2%~6%会发展为癌症。一些嚼烟使用者的血压会明显升高，这是心脏病的一个主要致病因素。

无烟烟草也与其他健康问题有关。散叶式嚼烟中的增味糖和甜味剂可能会导致蛀牙，嚼烟中的粗糙成分会导致长期接触烟草的牙龈萎缩。烟草使用者经常有口臭（口气），或出现味觉和嗅觉的减退。

使用无烟烟草的社会性后果包括：牙齿、衣服和汽车上可能出现黄色和棕色污渍；烟草可能附着在牙齿、嘴唇、舌头和衣服上；吐烟草汁会让别人反感。

无烟烟草的健康风险日益明显，美国管理部门已采取各种措施来提醒公众重视这一问题。1986年，美国通过了《全面无烟烟草健康教育法案》。该法案禁止在电视和电台播放无烟烟草广告，并要求在所有烟草产品的包装上标明健康危害警告。然而，纸质媒体、赛车比赛和牛仔竞技会上的广告却增加了年轻人对无烟烟草的使用。由于针对青少年男性的密集营销、向大学生运动员免费发放无烟烟草、职业运动员的宣传，以及在比赛期间使用无烟烟草的便利性，男性运动员们面临着最大的风险。

吸烟与疾病

几乎自欧美开始使用烟草起，人们就一直担心吸烟可能带来的有害影响。18、19世纪的医学报告将吸烟列为唇、舌和肺部癌症的原因之一。自此以后，多年来的研究已经确定，吸烟是冠状动脉疾病、肺癌、支气管炎、肺气肿、喉癌、唇癌、口腔癌、膀胱癌、胃癌、十二指肠溃疡和过敏症的风险因素（**图17.5**）。

此外，吸烟者死于癌症、心脏病和呼吸系统疾病的比例高于非吸烟者。事实上，吸烟会使人的预期寿命平均缩短10年。相比那些从未吸烟的人，35~70岁的吸烟者的死亡率要高出很多倍。

肺 癌

肺癌是导致男性和女性死亡人数最多的癌症。美国每年约有22.5万人被诊断为肺癌，约有16万人死于这种疾病。在男性肺癌患者中，近90%是由吸烟引起的；而在女性肺癌患者中，这一比例超过了70%。近年来，美国男性的肺癌发病率和死亡率都有所下降。这反映了几十年来主动吸烟的人数和二手烟接触人数的减少，这两个因素共同导致了约90%的肺癌。相比之下，美国女性的肺癌发病率和死亡率有所上升，尽管近年来增速有所放缓。人们希望，女性肺癌的发病率和死亡率能像男性那样将很快开始下降。

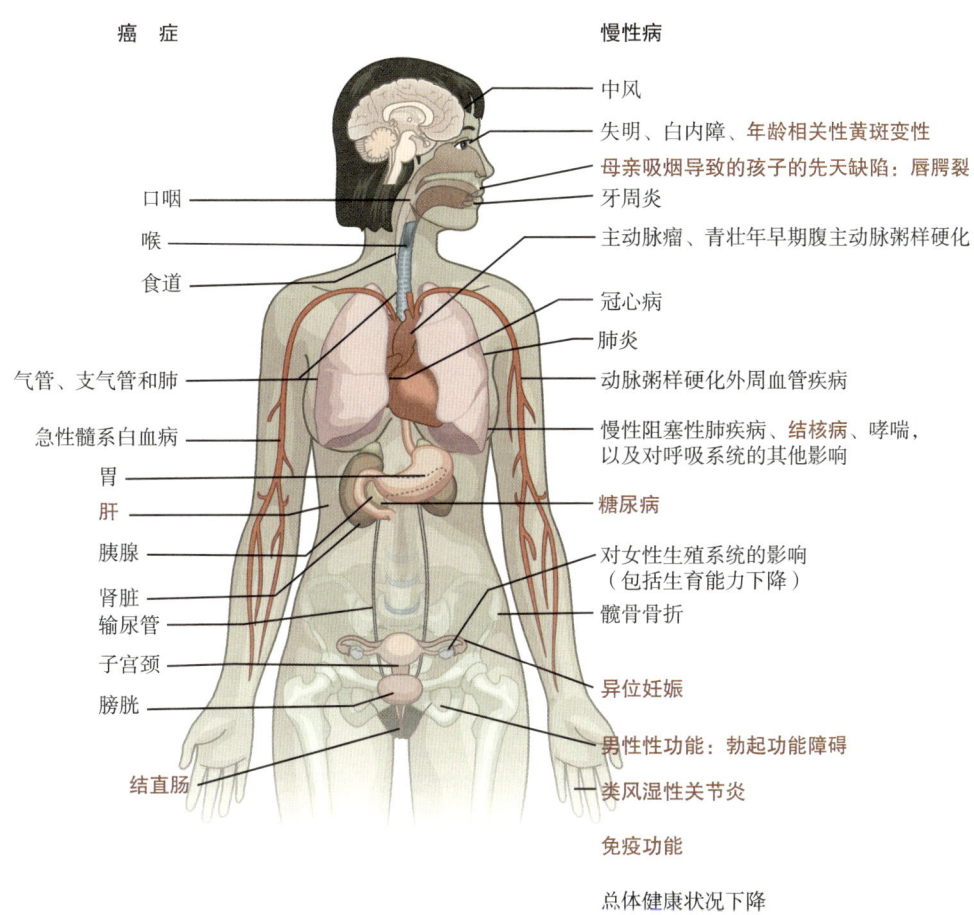

图 17.5 烟草使用对健康的影响

资料来源：U.S. Department of Health and Human Services. (2014). The Health Consequences of Smoking 50 Years of Progress. A Report of the Surgeon General, Executive Summary, 2014. Atlanta, GA: U.S. Department of Health and Human Services, Centers for Disease Control and Prevention, National Center for Chronic Disease Prevention and Health Promotion, Office on Smoking and Health.

注意：上图中被标红的疾病是最新确定的与吸烟存在因果关系的疾病。

肺癌死亡人数的增加是癌症总体死亡率持续上升的主要原因。如果把肺癌死亡率从统计数字中剔除，那么多年来癌症的死亡率一直在稳步下降，这主要归功于在预防工作上付出的努力，以及诊断和治疗手段的改进。这一情形既讽刺又具有悲剧性，因为肺癌是所有癌症中最可预防的一种。人们只需要停止（或从不开始）吸烟即可。

心脏病

吸烟会增加患心脏病的风险。吸烟会增加心肌壁张力，加速肌肉收缩的速度并增加心率。随着心脏负荷的加重，它对氧气和其他营养物质的需求也在增加。吸烟还会降低高密度脂蛋白胆固醇（"好"胆固醇）的含量，从而促使斑块和异常凝血的形成。

支气管炎和肺气肿

支气管炎（bronchitis）和**肺气肿**（emphysema）都是呼吸系统疾病，有时与哮喘一起被归类为**慢性阻塞性肺疾病**（chronic obstructive pulmonary diseases, COPD）。这些疾病都与部分呼吸系统阻塞或受损引起的呼吸困难有关。通常，人们会在同一时间遭受不止一种上述病症。

支气管炎是一种下呼吸道炎症，大部分发生在支气管中。支气管炎的特征是呼吸道内膜细胞分泌过多的黏液，这造成了支气管炎的一些主要症状，如持续咳嗽（"吸烟咳"）和产生大量的痰。有些患者还会出现呼吸短促，尤其是在用力的时候。

显然，支气管腺体分泌过多的黏液是对香烟烟雾刺激的反应。幸运的是，通过戒烟、减少接触受污染的空气，或两者兼施，引发支气管炎症状的病理反应几乎可以完全扭转。然而，许多人"忍受了"持续多年的咳嗽，并不在意身体反馈给他们的信息。

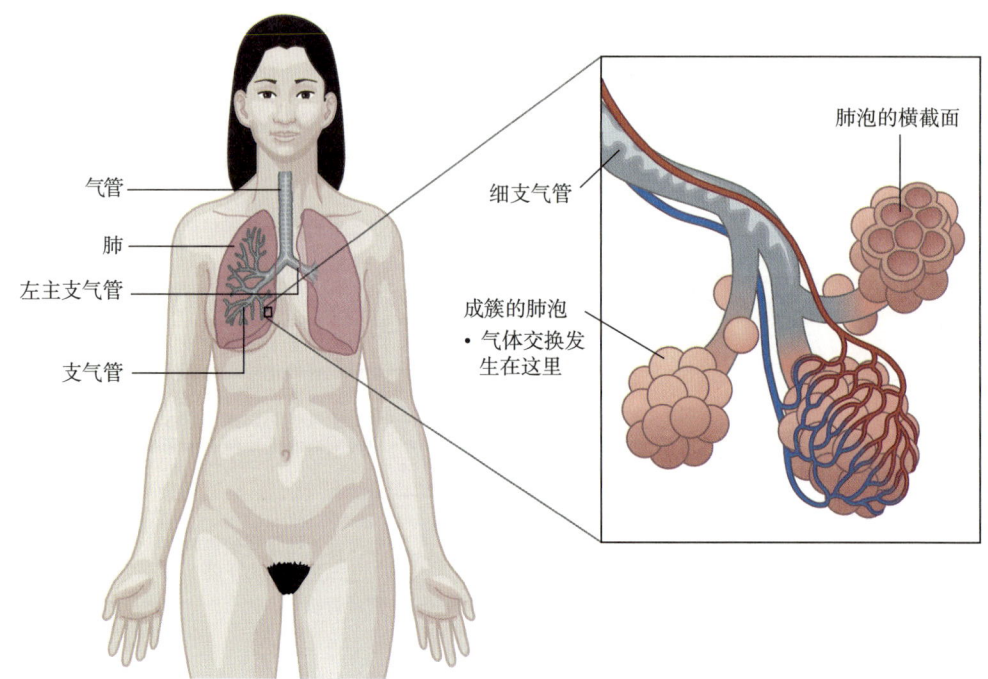

图 17.6 呼吸系统

提供氧气并排出二氧化碳。氧气的进入和二氧化碳的排出，都是通过肺中称为肺泡的微小气囊实现的。呼吸系统的其余部分促进肺泡内的气体交换。

如果任由病情发展，患者患上其他呼吸道疾病的风险就会增加，气管也可能受到不可逆转的损害。

吸烟是导致肺气肿的主要原因。肺气肿是肺部深处称为**肺泡**（alveoli）的微小气囊被破坏的结果（图 17.6）。每个肺中含有数以百万计的肺泡，透过它们的薄膜，呼吸功能——呼吸气体的交换（吸入氧气，呼出二氧化碳）——得以完成。

肺气肿是一种使肺泡壁失去弹性并逐渐被破坏的致残性疾病。由于肺部吸入氧气和排出二氧化碳的能力受损，心脏不得不更加努力地工作，最终导致心脏增大。肺气肿使肺泡陷入一个缓慢的、不可逆的损坏过程。随着病情的发展，患者的呼吸会越来越困难。

烟草烟雾对非吸烟者的影响

暴露在烟草烟雾中的非吸烟者面临着巨大的健康风险。在充满烟草烟雾的环境中工作或生活的人会与吸烟者吸入相同的烟雾中有害物质。事实上，香烟燃烧产生的烟雾约有 2/3 会进入环境中。

环境烟草烟雾，也被称为二手烟，含有与吸烟者吸入的烟草烟雾相同的约 4 000 种化学物质。但由于二手烟是未经过滤的，所以浓度会更高。在美国，因为二手烟，每年约有 7 000 名不吸烟的成年人死于肺癌，约有 3 万人死于心脏病。此外，吸入二手烟加重了儿童哮喘的严重程度，并导致成千上万名 18 个月以下的儿童患支气管炎和肺炎。

非吸烟者在一间弥漫着烟草烟雾的房间内待上 1 小时所吸入的尼古丁、一氧化碳和致癌物质的量，相当于抽 1 根香烟所吸入的量。此外，许多人对烟草烟雾过敏，这会导致他们眼睛发炎、头痛、咳嗽、鼻塞和哮喘。被迫长时间吸入烟草烟雾的非吸烟者，如在封闭的弥漫着烟草烟雾的工作场所工作的人，肺功能受损的程度可能与每天吸 10 支烟的吸烟者相当。

吸烟与牙周病

牙周病（不健康的牙龈和牙齿）会导致牙齿松动，牙龈萎缩、肿胀或出血，并最终导致牙齿脱落。美国大约 4% 的人患有牙周病。直到最近，牙周病还被认为是由糟糕的口腔卫生导致的牙菌斑积聚和由细菌引起的牙龈炎症（齿龈炎）。然而，后续研究表明，多达 50% 的牙周病可能是由吸烟或使用大麻导致的（Shariff et al., 2017）。吸烟和吸食大麻会减少牙龈的供氧量，从而导致牙龈组织发炎和遭到破坏。如果你一直在寻找一个真正好的戒烟理由，那么可能患上破坏性牙周病、牙齿脱落，以及支付成千上万美元的牙科账单，应该会是个不错的缘由。

父母吸烟对儿童的影响

父母吸烟会对孩子造成伤害，从怀孕时开始并贯穿孩子的一生。吸烟是自然流产、新生儿死亡和婴儿猝死综合征的风险因素。接触二手烟的孕妇有产下低出生体重儿的风险。与在无烟环境中长大的儿童相比，暴露于二手烟中的儿童患支气管炎、肺炎和其他呼吸道感染的风险更高，患哮喘和耳部感染的风险也更高。

人们为什么吸烟

为了模仿朋友、父母、名人、电影明星或香烟广告模特，大多数吸烟者从十几岁开始就养成了吸烟的习惯。青少年吸烟还可能是为了获得同龄人的接纳。在那些尝试吸烟的人当中，大约有一半会将这一习惯保持到成年。尽管烟的味道很难闻，初次吸烟时会对烟雾和尼古丁产生不良生理反应，并且知道吸烟会导致癌症和其他危及生命的疾病，有些人仍然会继续吸烟，因为他们特别容易对尼古丁成瘾（DiFranza, 2008）。其他导致形成和维持吸烟习惯的因素包括：

- **兴奋作用**。有些人吸烟时会感到精神振奋。他们说，吸烟能让他们在早晨更加清醒并且充满活力。他们经常报告吸烟提高了他们的思维能力。
- **把玩**。一些人仅仅是因为喜欢把玩香烟和吸烟用具，比如打火机。
- **愉悦放松**。一些吸烟者表示，他们吸烟纯粹是因为喜欢。吸烟能让他们感到愉悦和放松，并且经常被他们用来增强其他快感，比如吸烟后会感觉食物和酒精饮品的味道更好。然而，吸烟实际上会使味蕾变迟钝。
- **减少负面感受（支撑）**。大约40%的吸烟者说，他们吸烟是因为吸烟能暂时帮助他们应对压力、愤怒、恐惧、焦虑或紧张（**图17.7**）。尽管许多吸烟者将吸烟归因于为了缓解心理困扰，但研究表明，情况往往相反：由于尼古丁对大脑的生物效应，吸烟反而会导致心理困扰（Taylor et al., 2014）。患有慢性精神疾病或药物使用障碍的人吸烟的风险最高。
- **渴求**。有些人渴望吸烟。对于这个习惯，他们认为除经常有吸烟的需求外，不存在任何其他的解释，完全没考虑吸烟可能会有缓解紧张的作用。
- **习惯**。有些吸烟者点烟只是习惯使然。他们不再从吸烟中获得生理或心理上的满足，经常在没有意识到自己是否真的想要吸烟的情况下吸烟。

有些人只是偶尔吸烟，声称自己并未上瘾，并且可以随时戒烟。他们通常出于社交原因而吸烟。也就是说，在社交场合与吸烟的朋友共同进行这项活动。偶尔出于社交目的而吸烟对健康的危害尽管可能比每天抽一包烟要小，但也是不容忽视的。一生中每天抽10支烟或更少的当前吸烟者，患吸烟相关癌症（尤其是肺癌）的可能性是从不吸烟者的两倍多（Inoue-Choi et al., 2018）。每天抽10支烟或更少的终身吸烟者，在戒烟后患吸烟相关癌症的风险随戒烟时间长度的增加而降低。因此，即使是吸烟量较少的吸烟者，也需要即刻戒烟以保护自身的长期健康。与香烟烟雾的任何接触都会带来一些风险。此外，社交吸烟者也许更有可能在某些情况下增加

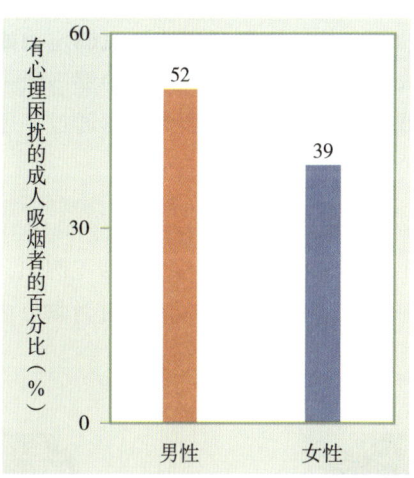

图17.7 吸烟与心理困扰

吸烟真的像许多吸烟者所认为的那样，可以减轻心理困扰吗？情况似乎并非如此。研究人员测量了美国近3.8万名成人吸烟者的心理困扰水平。这些人到那时为止至少抽了100支烟，并且在测量时报告每天或有时吸烟。测量采用的是凯斯勒心理困扰量表。该量表会对过去30天内的悲伤、紧张、不安、无价值感和做任何事都费力的感受进行评分。结果显示，大约1/2的男性吸烟者和1/3的女性吸烟者有相当大的心理困扰。

数据来源：Jamal, A., et. al. (2016) Current Cigarette Smoking Among Adults—United States, 2005–2015. *Morbidity and Mortality Weekly Report, 65*, 1205–1211.

吸烟量，比如充满压力的生活状况，然后变成一个习惯性吸烟者。

戒 烟

马克·吐温曾经打趣道："戒烟很容易，我已经戒过上百次了。"

尽管这个小笑话是想告诉人们戒烟有多难，但它也佐证了一项研究结果，即戒烟是一段过程，而非一个事件。通常，人们会在戒烟念头出现很长一段时间后，才开始考虑付诸行动；有时人们则会经历一次或多次戒烟再复吸的循环，然后才会彻底戒烟。这些尝试和复吸都是戒烟过程的一部分。

吸烟的习惯部分在于生理因素（对尼古丁上瘾），部分在于心理因素（吸烟会改变人的心境并带来愉悦感），还有一部分是社会因素（与其他吸烟者一起吸烟）。因为吸烟涉及吸烟者生活的诸多方面，所以成功戒烟通常需要确认吸烟行为是如何融入一个人的生活之中的，然后才能开始计划和采取替代性的行为来满足相应的生理、心理和社会需求。

成功的戒烟计划都是围绕预先确定的**戒烟日期**（quit date）——吸烟者完全戒烟的那一天——做出的。在戒烟日期之前，吸烟者可以通过下述方式准备戒烟：

- 减少每天吸烟的数量。
- 找出哪些情况下最难戒掉吸烟（例如，每天的第一根烟、饭后的一根烟），并计划好戒烟日期到来后的替代行为。
- 识别吸烟带来的好处并做好没有这些好处的准备，寻找其他活动来满足由吸烟满足的需求（例如，压力管理）。
- 请朋友和家人在戒烟时给予支持。
- 寻求专业的戒烟咨询服务，并从戒烟团体那里获取支持。
- 在戒烟过程的最初几周，做好远离吸烟诱因的规划。例如，不去酒吧、不与吸烟的朋友出去玩、不与同事在休息时间吸烟、不在车里吸烟。
- 考虑结合戒烟咨询和**尼古丁替代疗法**（nicotine replacement therapy）（Appolino & Glantz, 2017）如尼古丁贴片、口香糖或鼻喷剂来减轻尼古丁戒断的影响，也可以使用处方药如威博隽（安非他酮）和畅沛（伐伦克林）来减轻吸烟的冲动。

人们出于各种各样的原因戒烟：为了降低因心脏或肺部疾病而过早死亡的风险，为了再次享受食物未受烟味污染的味道，为了取悦不吸烟的亲人或爱人，为了消除家里和车内无所不在的烟灰和烟味，或者只是为了履行一个简单却重要的承诺——保持健康。通常，生活中其他方面的积极变化有助于戒烟。

一些吸烟者从年纪很小的时候就开始吸烟，那时他们极度渴望获得同龄人的接纳。然而，吸烟对年轻人有着长久的危害。

戒烟的益处

戒烟会立即带来巨大的健康益处：

- 吸烟时心率和血压会异常地高，戒烟后则会开始恢复正常。
- 在不吸烟的几个小时内，血液中的一氧化碳水平就会开始下降。（一氧化碳降低了血液的携氧能力。）
- 在戒烟后的几周内，戒烟者的血液循环就会得到改善，痰会减少并且也不会像往常那样经常咳嗽或喘息。
- 在戒烟后的几个月内，戒烟者便可以期待肺功能的显著改善。
- 在戒烟后的几年内，戒烟者患癌症、心脏病和其他慢性病的风险将低于继续吸烟的人。
- 此外，戒烟者的嗅觉将得到改善，食物的味道尝起来也会更好。

数据来源：National Cancer Institute (2014). Harms of Cigarette Smoking and Health Benefits of Quitting.

例如，许多人在开始冥想、打太极拳、慢跑或做其他身体活动后，失去了吸烟的欲望而不再吸烟。

减少烟草的社会危害

烟草是唯一一种按其生产意图使用后，会导致残疾和死亡的合法消费品。为了填补每天成千上万名成年烟草消费者死亡造成的"缺口"，烟草公司必须吸收新的消费者，通常是将目光投向年轻人。

自 1964 年美国卫生局局长第一次报告吸烟对健康造成的危害以来，医生和卫生组织与烟草行业之间一直在进行一场斗争。这场斗争的焦点是如何影响数以百万计的吸烟者和潜在吸烟者（尤其是青少年）的行为。卫生组织试图说服人们不要吸烟或者要戒烟，烟草行业则鼓励人们去吸烟。

20 世纪 90 年代，美国烟草行业的秘密文件被公开。这些文件显示，烟草公司在烟草的危害和成瘾性方面误导和欺骗了公众 40 多年。此外，据披露，烟草公司瞄准并操纵年轻人，让他们开始吸烟。烟草行业知道，今天的青少年就是明天潜在的习惯性消费者。正如"无烟儿童运动"所指出的那样，烟草行业沉迷于向儿童做广告。

> 一个能立刻执行的好计划，远胜过一个下周才能执行的完美计划。
> ——乔治·巴顿将军

2009 年，美国国会通过了《家庭吸烟预防和烟草控制法》。该法案的部分规定如下：

- 烟草产品制造商必须列出他们在烟草产品中添加的成分和添加剂，这样消费者才能知道他们接触到的是什么。任何有害的化学物品和添加剂都应受到管制。
- 能够吸引年轻人的含有果味、香料和其他调味品的香烟必须受到禁止。薄荷醇是一个例外，美国 25% 的香烟和 75% 的卖给非裔美国人的香烟都含有这种成分。如果发现薄荷醇有害，它也可能被禁止使用。
- 美国食品药品监督管理局有权规范诸如"轻型""温和型"和"低含量"等字眼在宣传材料

戒烟的 5 个阶段

戒烟是一个包括 5 个阶段的过程。一个人对戒烟过程了解得越多，就越有可能成功戒烟，并有信心保持不再吸烟。戒烟的 5 个阶段如下所示。

前意向阶段

处于前意向阶段的吸烟者很少会花时间思考他们的吸烟问题，甚至可能不认为这是一个问题。尽管他们知道吸烟会带来严重的健康风险，但在他们看来，戒烟的负面影响多于正面影响，这导致他们戒烟的动机较弱。

意向阶段

处于意向阶段的吸烟者意识到了戒烟的好处。他们开始认真思考自己的吸烟问题，甚至会考虑戒烟，但他们对真正要去戒烟感到矛盾。他们可能会思考吸烟的消极方面和戒烟的积极方面，但他们也会怀疑戒烟的长期收益是否超过其短期代价。这种矛盾心理是戒烟过程中正常的一部分，可能会持续几个月甚至几年。

准备阶段

处于准备阶段的吸烟者已经做出了戒烟的决定，并正在采取措施准备戒烟。他们看到吸烟的坏处大于好处，会说出"我必须为此做点什么，这是很严重的问题"或者"有些事情必须做出改变。我能做什么？"之类的话。

行动阶段

处于行动阶段的吸烟者会积极尝试戒烟。他们可能会尝试几种不同的方法，相信自己有成功戒烟的内在力量，并倾向于寻求帮助和支持。他们会制订计划应对可能导致"破戒"（也就是说，再次吸烟）的个人和外部压力。他们会用短期的奖励来维持自己的动机。

保持阶段

处于保持阶段的吸烟者已经学会了预测和抵制吸烟的诱惑。他们始终清楚自己所追求的目标是有价值和有意义的，并且对自己有耐心；他们能认识到，摒弃旧的行为模式而采用新的往往需要一段时间。他们并不把"破戒"视为失败，而是看作一种学习经历，并时刻提醒自己已经取得了多大进步。

和包装上的使用，因为它们会错误地暗示这类产品的危害比普通烟草产品小。
- 宣传材料和产品包装上关于烟草危害的警告标签要变得更大、更醒目。

在美国，烟草行业每年花费数十亿美元来推销其产品，吸引新烟民。香烟广告很大程度上依靠把吸烟描绘成一种享受，并把吸烟者描绘成有吸引力的、性感的、苗条的和社会地位高的人。杂志上针对女性和非裔美国人的烟草广告近年来有所增加；无烟烟草的广告也有所增加，它们还错误地暗示，这种形式的烟草摄入是安全的。除了平面广告，烟草公司还通过赞助摇滚音乐会、体育赛事和短途旅行来推销他们的产品。一些烟草公司甚至赞助健康研究和戒烟项目，这不仅仅是为了公关利益，也是为了获得科学信息，安抚监管机构和消费者，从而不损害销售。

> 对正在寻找真理的人，相信他们；对已经找到真理的人，怀疑他们。
> ——安德烈·纪德

烟草公司另一个策略是向零售商提供价格折扣，这可以降低烟草产品的价格，从而使年轻人更容易买到它们。由于提高烟草产品的价格会减少其消费量，美国许多州都增加了对烟草产品的税收。香烟价格每上涨10%，其消费量就会减少4%。烟草公司吸引年轻人的另一个策略是销售糖果味和水果味的香烟，以及无烟烟草。

为了减少烟草对社会的危害，1998年，美国的46个州与7家大型烟草公司了结了各州要求烟草公司补偿与烟草相关医疗支出的诉讼。这项和解协议被称为"总和解协议"（Master Settlement Agreement, MSA），总赔偿金额为2 060亿美元，将在25年内由这几家烟草公司支付给各州。

除支付"总和解协议"款项外，烟草公司还同意在12年内向一家信托基金支付51.5亿美元，以补偿种植烟草的农民，以及其他因"总和解协议"的实施而预见会遭受经济损失的人。各州还与领头的无烟烟草公司（美国烟草公司）签署了一项单独的协议，其中包含许多与"总和解协议"相同的公共卫生条款。

"总和解协议"对烟草行业提出了许多限制和禁令，包括禁止以下事项：

- 在烟草广告中使用卡通形象。
- 在广告、促销或市场营销中以年轻人为目标，包括提供免费样品。
- 大多数户外广告的使用，包括竞技场、体育馆、购物中心和电子游戏厅的广告牌、标志和标语牌。
- 带有烟草品牌标志的服装和商品的分销。
- 付费在电影、电视和戏剧作品中推广烟草产品。
- 在未成年人可能出现的任何地方，分发免费的香烟样品。
- 烟草公司游说反对任何限制青少年接触烟草的法律提案。
- 烟草行业试图限制或压制关于吸烟影响健康的研究。

减少烟草对社会危害的其他方法包括：

- 提高对香烟和其他烟草产品的税收。
- 创造更多无烟的公共场所，包括工作场所、餐厅和酒吧。美国27个州和数百个地方政府，已经基本上禁止在所有公共场所吸烟。
- 为所有想戒烟的人（约70%的现有吸烟者）提供全面的戒烟计划。

为了继续努力减少烟草对社会造成的危害，抵消烟草行业每小时在香烟广告和促销上花费的100万美元，美国疾病控制与预防中心制作了自己的反吸烟广告，名为《烟民警示录》（Tips from Former Smokers, TIPS）。该广告通过展示与吸烟相关的疾病对吸烟者及其亲人造成的伤害来鼓励人们戒烟。广告中展示的许多人都是十几岁就开始吸烟，有些人在40岁之前就被诊断出患有改变一生的疾病；还有一些人则是非吸烟者，他们因为接触二手烟而患上严重疾病。

这支广告投放在电视、广播、纸媒（杂志）、户外（广告牌、公交候车亭）、剧院以及各种网络平台上（通过数字视频、开屏广告、搜索引擎、手机渠道、社交平台和视频网站）。这一反吸烟运动还包括用英语和西班牙语发布的付费广告和公共服务通告，并且专注于将影响力渗透到社会经济地位较低的人群之中，因为他们的吸烟率较高。

自2012年推出以来，这支广告已被证明非常成功（Neff et al., 2016）。2016年，对《烟民警示录》为期9周的第二次广告运动的评估显示：它带来了估计有183万次额外的戒烟尝试；在活动结束后6

女性与烟草广告

80多年来，美国烟草公司的广告通过将香烟与性感、苗条、优雅、有趣、独立、社会和经济上的成功甚至是健康联系起来，诱使女性吸烟。针对女性的烟草广告始于20世纪20年代，用诸如"伸手抓住Lucky而不是糖果"（Lucky是双关语，既有幸运的意思，也是一款香烟的品牌名——译者注）的广告语，在吸烟与苗条之间建立联系。在这支广告发布的第一年，好彩香烟（Lucky Strike）的销量增长了300%。这也反映了美国女性吸烟人数的普遍增长。1923年，女性消费了所有香烟消耗量的5%。到1929年，这一数字增长到了12%；而到了1933年，这一数字上升到了18%。2016年前后，大约有15%的美国女性吸烟。

1965年至1977年，吸烟女性的比例一度攀升，达到34%的峰值，这很大程度上要归咎于维珍妮香烟（Virginia Slims）巧妙的广告宣传。不仅产品的名字和推广模特的身材将吸烟与苗条联系在一起，而且产品的广告语（"宝贝，走到今天不容易"），也迎合了女性对社会和经济平等、从僵化的性别角色刻板印象中解放出来并且获得权力的渴望。这些主题如今也很常见。

为了打消女性对吸烟危害健康的担忧，香烟广告使用了正在锻炼的模特形象，或者湛蓝天空映衬着皑皑雪山的照片。

除广告之外，烟草行业还向女性提供：

- 香烟品牌服装和其他装饰品；
- 台历和产品目录，其上展示了与香烟产品平面广告和包装的主题及颜色相协调的服装、珠宝和配饰；
- 礼物，包括杯子和帽子，上面标有与香烟产品的广告和包装颜色搭配的标签；
- 购买烟草产品时提供火鸡、牛奶、饮料和洗衣粉的折扣；
- 多包装容器里色彩搭配协调的物品；
- 免费的电影票和音乐会门票。

每年约有17.5万名美国女性死于香烟引发的疾病。肺癌已经超过乳腺癌，成为女性癌症死亡的首要原因。如果这还不够有说服力，那么《时尚芭莎》的美容编辑曾经指出，"吸烟者的皮肤比不吸烟者要早10年出现皱纹"。

个月内，有173万名吸烟者打算戒烟，10.4万人保持了6个月不吸烟。这些结果与2012年为期12周的首次广告运动相似。截至2017年，《烟民警示录》广告的总成本约为4 800万美元，相当于每让一名吸烟者戒烟花费480美元，每预防一个人过早死亡花费2 819美元，每挽救一年的生命花费393美元，每获得一年的健康生活花费268美元。最重要的是，这支广告是有效的。

作为对这支广告的补充，美国食品药品监督管理局在2014年推出了一个针对12~17岁青少年的教育节目《真实成本》（Real Costs），并通过电视、广播、互联网、杂志和电影院对其进行了传播。《真实成本》的主题包括吸烟对皮肤的不良影响，烟草烟雾中的诸多有毒化学物质，以及烟草成瘾意味着你失去了对生活的控制，而不是什么个人的独立宣言。对《真实成本》的评估显示，看过广告的人比没有看过广告的人开始吸烟的可能性低30%，这使得在2015年2月至2016年3月期间，美国11~18岁的年轻人开始吸烟的人数减少了约35万（Farrelly et al., 2017）。

对健康的批判性思考

1. 吸烟对每个人都有危害——无论是吸烟者还是非吸烟者。美国政府官员估计，吸烟每年会给美国造成价值约 3 000 亿美元的医疗支出和生产力损失。这些代价将由非吸烟者和吸烟者共同承担。
    a. 非吸烟者应该承担吸烟者带来的医疗支出吗？为什么应该或为什么不应该？
    b. 政府是否应该对香烟征税，以弥补其消耗的全部社会成本（这会减少烟草消费，使烟草种植者破产，并大幅减少烟草公司的利润）？
2. 在过去的 30 年里，香烟被证明对人的健康有害。在美国，无烟烟草曾被认为是香烟的替代品，在 20 世纪 70 年代和 80 年代，它的流行程度有所增加。你受邀回到你的高中去讨论烟草的负面影响。
    a. 找出年轻人不应开始使用烟草产品的两个主要理由。
    b. 回答年轻运动员提出的以下问题："我不吸烟，因为它令人讨厌。我用嚼烟作为代替，我爷爷告诉我它很不错。我会出现什么问题吗？我并不吸入烟草。"
3. 美国超过一半的州和加拿大所有的省和地区完全或在某些情况下禁止在工作场所、公共建筑、餐馆和酒吧内吸烟。这些规则的目的是防止人们在非自愿的情况下，接触烟草烟雾中的有害毒素。
    a. 你对禁止在公共场所吸烟的法律有何看法？
    b. 你认为，禁止在某些公共场所吸烟的法律是否应当扩展至不依赖燃烧烟草的吸烟方式，比如电子烟？

本章小结与重点

本章小结

世界上唯一一类没有药用价值且已知会导致疾病和死亡却合法出售的产品是香烟和其他烟草制品。在美国，公司被授予与个人同样的宪法权利。它们有言论自由，有权利为影响其商业利益的议题和政治候选人捐出任何数量的金钱。当美国政府想要在香烟盒上印更有力的健康警告时，烟草公司就会走上法庭，以言论自由受到侵犯为由进行抵抗。尽管数十年的研究表明，吸烟或吸入二手烟可能导致心脏病和癌症，但烟草公司仍然可以自由地宣传和推广自己的产品。可吸烟危害的是你自己的健康。

在美国，每年约有 46 万人（约为每年总死亡人数的 1/5）死于吸烟，或死于接触环境中的二手烟。作为对比，美国每年约有 3 万人死于车祸。许多美国烟民都想要戒烟，数百万人已经成功戒烟。戒烟并不容易，因为烟草中的精神活性成分尼古丁是科学上已知的最容易使人成瘾的药物之一。烟草烟雾中含有 4 000 多种不同的化学物质，其中一些已知会导致癌症。在出现疾病症状之前，烟草对人体的有害影响已积累多年。你能做出的最重要的健康决定就是不吸烟。

重点

- 没有任何一条公共卫生信息能像每包香烟和每支香烟广告上都有的健康警告（"吸烟有害健康"）那样，传播得如此广泛。
- 尽管有压倒性的证据表明，吸烟与更高的死于癌症、心脏病和呼吸系统疾病的概率有关，但美国大约有 3 600 万成年人仍在吸烟。吸烟还会增加患肺气肿和支气管炎的风险。
- 吸烟每年会导致约 46 万美国人死亡，远远超过艾滋病、车祸和吸毒致死人数的总和。吸烟会增加患心脏病、肺癌、呼吸系统疾病和各种癌症的风险。
- 香烟中的烟草来自加工过的烟草叶子。烟草烟雾中含有超过 4 000 种化学物质，其中包括尼古丁——烟草的许多药物效应包括生理依赖都源于它——以及其他 43 种致癌物质。
- 无烟烟草并非吸烟的健康替代品，它会导致唇癌和口腔癌。抽雪茄也是有害的。
- 儿童会因吸入父母呼出的烟草烟雾而受到伤害。孕妇吸烟会危及胎儿的健康。
- 二手烟中含有吸烟时产生的烟草烟雾中所包含的 4 000 种化学物质和 43 种致癌物。因此，二手烟会影响非吸烟者的健康。
- 人们吸烟是由于对尼古丁的生理依赖，以及吸烟带来的各种心理和社会奖赏。
- 吸烟者可以自己戒烟，也可以在戒烟项目的帮助下戒烟。
- 香烟广告主要针对年轻人，目的是促使他们养成吸烟的习惯。

- 2009年，美国国会通过了《家庭吸烟预防和烟草控制法》，授权食品药品监督管理局监管烟草产品的推广和销售。
- 2012年，美国疾病控制与预防中心发起了一场名为《烟民警示录》的成功禁烟广告运动。

参考文献

American College Health Association. (2016a). *American College Health Association—National College Health Assessment II, Canadian Reference Group Data Report, Spring 2016.* Hanover, MD: American College Health Association.

American College Health Association. (2016b). *American College Health Association—National College Health Assessment II, Undergraduate Student Reference Group Data Report Spring 2016.* Hanover, MD: American College Health Association.

Appolino, D., & Glantz, S. (2017, August 17). Tobacco industry research on nicotine replacement therapy: "If anyone is going to take away our business it should be us." *American Journal of Public Health, 107*, 1636–1642. doi: 10.2105/AJPH.2017.303935.

Biebel, M. G., et al. (2016). Male sexual function and smoking. *Sexual Medicine Reviews, 4*, 366–375.

Benedetti, G., et al. (2013). Tobacco and dental caries: A systematic review. *Acta Odontologica Scandinavica, 71*, 363–371.

Centers for Disease Control and Prevention. (2016). Youth and tobacco use.

DiFranza, J. R. (2008, May). Hooked from the first cigarette. *Scientific American, 298*, 82–87.

Duong, M., et al. (2017). Effects of bidi smoking on all-cause mortality and cardiorespiratory outcomes in men from south Asia: An observational community-based substudy of the Prospective Urban Rural Epidemiology Study (PURE). *Lancet Global Health, 5*, e168–e176.

Farrelly, M. C., et al. (2017). Association between the Real Cost media campaign and smoking initiation among youths—United States, 2014–2016. *Morbidity Mortality Weekly Report, 66*, 47–50.

Inoue-Choi M., et al. (2018). Association between longterm low-intensity cigarette smoking and incidence of smoking-related cancer in the national institutes of health-AARP cohort. *International Journal of Cancer, 142*, 271–280.

Jamal, A., et al. (2016). Current cigarette smoking among adults—United States, 2005–2015. *Morbidity Mortality Weekly Report, 65*, 1205–1211.

Neff, L. J., et al. (2017). Evaluation of the National Tips from Former Smokers Campaign: The 2014 longitudinal cohort. *Preventing Chronic Disease, 13*, E42.

Park, S., et al. (2014). Environmental tobacco smoke exposure and children's intelligence at 8–11 years of age. *Environmental Health Perspectives, 122*, 1123–1128.

Shariff, J. A., et al. (2017). Relationship between frequent recreational cannabis (marijuana and hashish) use and periodontitis in adults in the United States: National Health and Nutrition Examination Survey 2011 to 2012. *Journal of Periodontology, 88*, 273–280.

Smith, C. N., et al. (2015). Plain packaging of cigarettes: Do we have sufficient evidence? *Risk Management and Healthcare Policy, 8*, 21–30.

Stampfli, M. R., & Anderson, G. P. (2009). How cigarette smoke skews immune responses to promote infection, lung disease, and cancer. *Nature Reviews Immunology, 9*, 377–384.

Taylor, G., et al. (2014). Change in mental health status after smoking cessation: A systematic review and meta-analysis. *British Medical Journal, 348*, g1151.

推荐阅读

Appolino, D., & Glantz, S. (2017, August 17). Tobacco industry research on nicotine replacement therapy: "If anyone is going to take away our business it should be us." *American Journal of Public Health, 107*, 1636–1642. doi: 10.2105/AJPH.2017.303935. Researchers cite internal tobacco industry documents to show how tobacco companies developed and marketed nonsmoked nicotine replacements (NRTs) for cigarettes after finding that many smokers used NRTs to supplement smoking rather than to quit.

Benowitz, N. L. (2010). Nicotine addiction. *New England Journal of Medicine, 362*, 2295–2303. A thorough description of how nicotine affects the brain to cause tobacco addiction.

Brandt, A. M. (2009). *The cigarette century.* New York: Basic Books. A thorough history of changing attitudes toward smoking in the United States and the scientific discoveries that exposed the dangers of smoking and the litigations against tobacco companies that followed.

Jacobs, M. (1997). *From the first to the last ash: The history, economics, and hazards of tobacco.* Cambridge: Community Learning Center.

Kessler, D. (2001). *A question of intent: A great American battle with a deadly industry.* New York: Public Affairs. The former director of the FDA describes the agency's battle to regulate the tobacco industry and to document the deadly consequences of smoking.

U.S. Department of Health and Human Services. (2014). *The health consequences of smoking—50 years of progress: A report of the Surgeon General.* Atlanta: U.S. Department of Health and Human Services, Centers for Disease Control and Prevention, National Center for Chronic Disease Prevention and Health Promotion, Office on Smoking and Health.

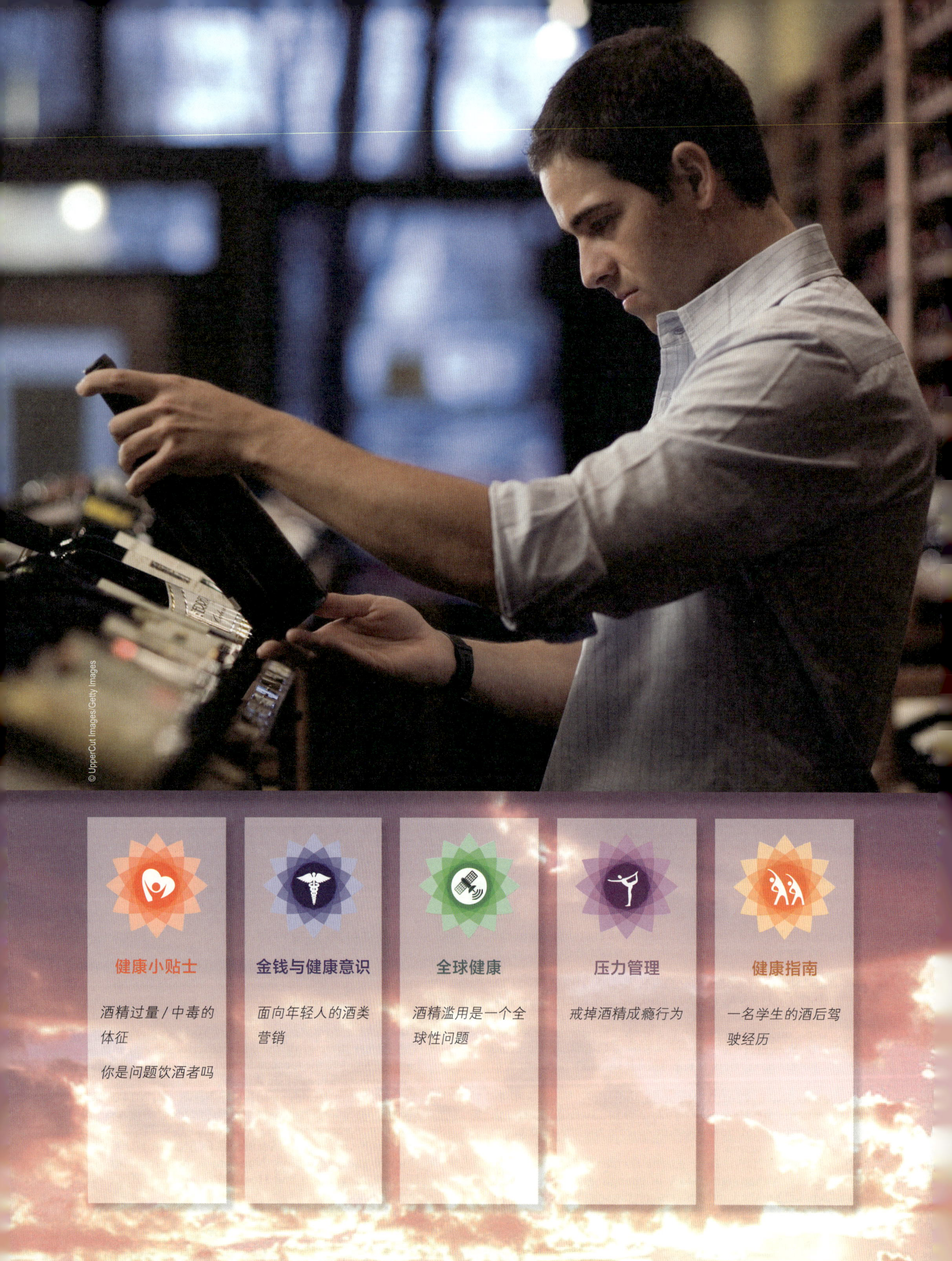

健康小贴士
酒精过量/中毒的体征

你是问题饮酒者吗

金钱与健康意识
面向年轻人的酒类营销

全球健康
酒精滥用是一个全球性问题

压力管理
戒掉酒精成瘾行为

健康指南
一名学生的酒后驾驶经历

第18章

负责任地饮酒

学习目标

1. 讨论大学生饮酒的普遍性、饮酒的类型、饮酒的原因以及对饮酒的态度。
2. 描述酒精对人体的影响。
3. 描述酒精是如何被人体吸收的,这种吸收方式与血液酒精浓度有何联系。
4. 讨论酒精对人类行为的影响,包括性行为。
5. 描述过度饮酒的长期影响。
6. 描述酒精使用障碍。
7. 说明酗酒的发展阶段。
8. 描述酒精如何影响酗酒者的重要他人,酗酒者及其家人能寻求到哪些帮助。

在美国和其他许多国家，酒精使用和滥用是最为严重的健康相关问题之一。根据美国国家酒精滥用与酒精中毒研究所的有关数据（NIAAA，2017），酒精滥用造成美国每年近9万人死亡。这些死亡者的寿命平均缩短了30年，这一死亡人数占20~64岁适龄劳动人口死亡人数的10%。酒精每年造成全球330万人死亡，约占死亡总人数的6%（World Health Organization，2015）。尽管其他物质滥用得到了政府和新闻媒体更多的关注，但它们引起的健康问题其实比酒精少得多（图18.1）。

很久很久以前，很有可能，自从有人注意到喝一些长时间放在土罐里的浆果汁可引发奇特的心理效应起，人类就开始饮酒了。古往今来，饮用谷物发酵液（啤酒），浆果、葡萄或其他水果发酵液（葡萄酒）以及自然发酵后蒸馏而成的饮品（"烈"酒），在很多人类社会中都很常见。酒精被人们用于一些宗教仪式，作为药物服用，用于签署合同、协议或条约的庆祝时刻，还被用来体现人们的热情好客。自"五月花号"在普利茅斯登陆以来，饮酒一直是美国人生活中不可或缺的一部分。即便如此，许多人还是认为喝酒是一种社会恶习，而醉酒则是一种罪孽。1919年，美国政府试图通过《沃尔斯特法案》来禁止美国人饮酒。这是一项禁止销售和消费酒精饮品的宪法修正案（"禁酒令"）。然而，这一控制酒精消费的尝试以失败告终，禁酒令于1933年被另一项宪法修正案废除。

当今，酒精饮料种类繁多。在美国，除了啤酒、葡萄酒和传统的蒸馏酒外，还有各种预调鸡尾酒（通常加糖并含有各种调味品），以及麦芽酒——便宜、量大（每瓶约700~1200毫升），经过增甜处理，别具风味，其酒精含量相当于5瓶标准啤酒。

在美国，大约70%的成年人每年至少喝1杯酒，56%的成年人每月至少喝1杯，只有约20%的人终身不饮酒（SAMSHA，2015）。（根据美国国家酒精滥

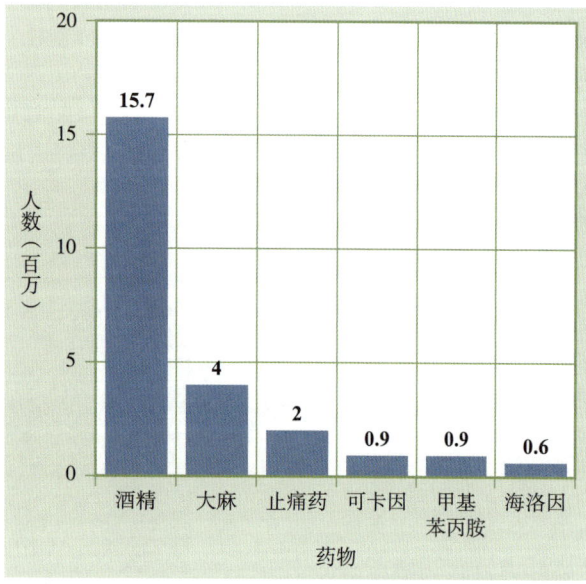

图18.1　美国12岁以上患有物质滥用障碍的人数

资料来源：Center for Behavioral Health Statistics and Quality. (2016). Key substance use and mental health indicators in the United States: Results from the 2015 National Survey on Drug Use and Health (HHS Publication No. SMA 16-4984, NSDUH Series H-51).

 **酒精过量/中毒的体征**

没有人愿意因参加聚会而死，但这却是时常发生的事情。酒精是一种强效的中枢神经系统抑制剂，摄入过量会抑制大脑的呼吸中枢，导致死亡或不可逆的脑损伤。此外，酒精是有毒的，所以摄入过量会把它吐出来。然而，酒精又能抑制人体的呕吐反射，因此，呕吐物可能并未排出体外，而是被吸入肺部，进而导致窒息而死。即使有人因摄入过多的酒精而陷入昏迷，他们肠道中的酒精仍会继续被身体吸收，从而增加死亡的风险。不要以为喝醉的人只要睡上一觉就会没事。请了解酒精中毒的体征：

- 神志不清、昏睡、昏迷或无法被唤醒；
- 呕吐；
- 抽搐；
- 呼吸缓慢（每分钟呼吸次数少于8次）；
- 呼吸不规律（两次呼吸之间间隔10秒或更长时间）；
- 低体温，皮肤颜色发青，面色苍白。

如果你怀疑有人酒精中毒，不要试图用浓咖啡、冷水澡、淋浴或促其走动使其醒酒。这些方法均不管用。请马上拨打急救电话。你可不想面对一场饮酒悲剧！不要担心你的朋友清醒之后会生气或感到尴尬。记住，你这是在关心他，你在做正确的事情。

资料来源：National Institute on Alcohol Abuse and Alcoholism. (2017). College Drinking—Changing the Culture. Facts about alcohol poisoning.

用与酒精中毒研究所的官网信息,在科学研究中,1杯/份酒指的是 0.6 液体盎司的纯酒精,即约 14 克纯酒精。在美国,这基本相当于一罐常规的 355 毫升酒精度数为 5% 的啤酒的酒精含量。——译者注)很大一部分 12~17 岁的美国年轻人经常饮酒(表18.1)。约 9% 的美国人过度饮酒,这让他们面临与酒精相关的健康与社会问题风险。成千上万起的离婚事件、高达 80% 的家庭暴力事件、40% 的犯罪案件,以及在学习和工作中数百万小时的缺勤,都与过度饮酒有关。在美国,每年约有 1.2 亿人承认自己曾酒后驾车,约 100 万人因醉酒驾车被捕,近 1.1 万人死于与酒精有关的车祸,占所有交通事故死亡人数的 31%(Centers for Disease Control and Prevention, 2017)。过度饮酒每年给美国经济造成约 2 800 亿美元的损失,即平均每杯酒损失 2 美元。此外,酒精滥用与许多的医疗问题有关(Molina et al., 2014)(图18.2)。

长期以来,饮酒一直是人们社交活动的一部分,如聚会、晚餐、婚礼、球类比赛和野餐。酒类行业在报纸、杂志、广播和电视上做广告,鼓励人们饮酒。目前,尚未有证据表明酒类产品广告与酒精滥用有直接的联系。然而,公共卫生、医疗和法律专业人士担心,将饮酒与运动能力、物质财富、社会声望和性联系在一起的广告,事实上鼓励和助长了不负

表 18.1 美国 12~17 岁青少年的饮酒情况

	8 年级(%)	10 年级(%)	12 年级(%)
过去一个月内喝过一杯	9.7	21.5	35.3
曾经喝醉过	10.9	28.6	46.7
过去一年内喝醉过	7.7	23.4	37.3
过去一个月内喝醉过	3.1	10.3	20.6

资料来源:Center for Behavioral Health Statistics and Quality. (2016). Key substance use and mental health indicators in the United States: Results from the 2015 National Survey on Drug Use and Health. HHS Publication No. SMA 16-4984, NSDUH Series H-51.

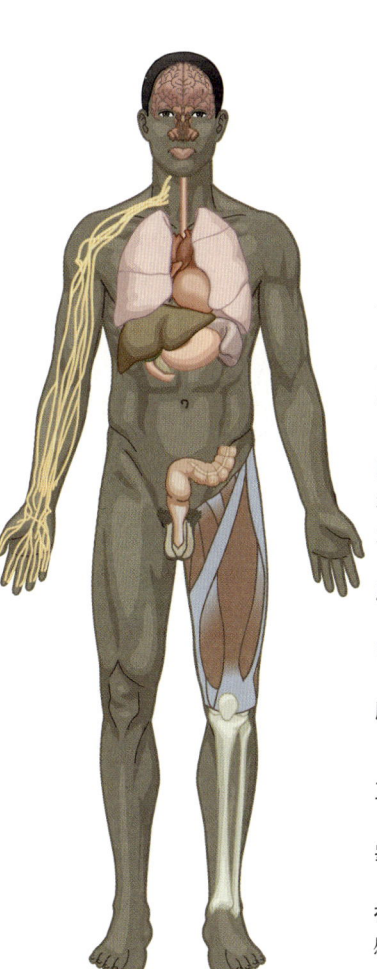

图 18.2 与酒精滥用有关的健康问题

脑 记忆和其他认知功能受损,尤其是与酒精有关的痴呆症。影响维生素 B_1(硫胺素)的吸收,引起韦尼克–柯尔萨科夫综合征,其特征是记忆力和学习能力受损、冷漠和脑白质退化

食道 食道静脉曲张,一种不可逆的病症。当曲张的静脉破裂时,病人可能被自己的血液溺死

肝脏 可逆的急性肝肿大和不可逆的肝硬化

肌肉 酒精性肌病,一种肌肉收缩疼痛的疾病

血液和骨髓 凝血缺陷和贫血

眼睛 烟酒性失明;韦尼克氏眼肌麻痹,一种可逆的眼部肌肉麻痹

咽喉 饮酒的人如果又吸烟,患咽喉癌的风险增加 10 倍

心脏 酒精性心肌病,一种心脏疾病

肺部 抵抗力降低,被认为会增加肺结核、肺炎和肺气肿的发病率

脾脏 脾机能亢进

胃部 胃炎和胃溃疡

胰腺 急性和慢性胰腺炎

直肠 痔疮

睾丸 睾丸萎缩

神经 多发性神经炎,一种以感觉丧失为特征的疾病

责任的饮酒行为。

校园内饮酒

美国每年都有大学生因大量饮酒而死于酒精中毒（见健康小贴士专栏"酒精过量/中毒的体征"）。媒体对这些悲剧事件的报道，使得国民了解到，饮酒和上课一样，都是大学生活的一部分。事实上，美国大学生每年在酒精饮品上的花费，比在课本和软饮料上的花费加起来还要多。

在北美，大约 80% 的大学生偶尔会饮酒（**表 18.2**）。许多大学生的饮酒行为发生在"聚会"（partying，也译作派对）上。在这类社交场合中，人们被期望应该"放纵些"、一醉方休（变得"酩酊大醉"或"醉生梦死"），甚至举止出格（例如，做一些"离谱"的事情；与陌生人发生性关系）。大约 50% 的男大学生和 35% 的女大学生在聚会上的饮酒量达到 5 杯或更多（American College Health Association, 2016a, 2016b）。

> 上帝啊！人们居然会把一个仇敌放进自己的嘴里，让它偷取他们的头脑，在醉生梦死中把我们自己变成了畜生。
> ——莎士比亚《奥赛罗》

参与者将派对视为一种释放学习压力、结识新朋友、证明自己的社交能力和享受乐趣的方式。然而，非参与者通常认为，派对，尤其是其中强调过度饮酒的部分，是愚蠢且危险的（**图 18.3**）。他们指出，过度饮酒会损害一个人的判断力，从而增加发生车祸、意外怀孕、感染性病以及成为性侵犯的行凶者或受害者的风险。

经常饮酒过量的大学生更有可能：

- 旷课；
- 学业落后；
- 做一些让自己后悔的事情；
- 在性行为中不采取保护措施；
- 发生计划外的性行为；
- 与校警起冲突；
- 损坏财物；
- 受伤；
- 危险驾驶；
- 打扰、侮辱和攻击他人或与人争吵；

表 18.2 北美大学生的饮酒情况

	男性 (%) 美国	男性 (%) 加拿大	女性 (%) 美国	女性 (%) 加拿大
过去 30 天的饮酒情况				
从不饮酒	22.7	17.2	20.1	14.4
过去 30 天未饮但之前饮过	15.2	14.2	17.3	15.4
饮酒天数为 1~9 天	45.9	52.0	50.3	57.4
饮酒天数为 10~29 天	15.0	14.5	11.7	12.2
30 天内每天都饮	1.3	1.6	0.6	0.6
上次"聚会"饮酒杯数				
4 杯或更少	45.1	45.2	66.2	55.3
5 杯	11.2	10.6	12.6	12.9
6 杯	9.6	8.2	9.6	10.4
7 杯或更多	34.1	34.7	13.0	21.4
过去 2 周内喝 5 杯或更多酒的次数				
不适用（从不饮酒）	25.8	24.0	21.5	18.1
无	34.0	39.7	46.6	48.4
1~2 次	24.5	27.4	20.7	25.7
3~5 次	12.1	9.0	6.9	6.0
6 次或更多	3.6	2.5	1.8	1.8
过去 1 个月内使用大麻[a]				
不适用（从不使用）	57.0	56.7	60.9	59.3
曾使用过	22.8	20.9	18.4	16.5
饮酒的后果				
做了后来让自己后悔的事	35.0	36.0	34.6	38.9
忘了自己在哪里/做了什么	32.2	28.7	29.3	29.4
发生了无保护的性行为	22.5	23.8	20.4	24.3
造成自己身体损伤	14.9	17.7	13.0	18.6
其他[b]				
在过去的 12 个月里，参加聚会或社交活动时你总会或大多数时候会				
请人代驾	81.7	75.6	89.5	86.7
和同一群朋友在一起	79.5	89.9	90.4	89.9
在饮酒前或期间吃东西	77.2	78.2	82.7	82.8
对自己喝了多少酒心中有数	60.1	60.6	70.7	63.2
其他[c]				

[a] 大麻使用情况作为对照。
[b] <5%：与警察产生纠葛；发生未经同意的性行为；造成他人受伤；产生自杀念头。
[c] <30%：用其他类型的饮料代替；避免玩喝酒游戏；根本不喝酒；喝酒前先限定好一个量；请朋友在你喝到限定量时做出提醒；把量限制到每小时喝 1~2 杯。

译者注：上表中存在几个百分比相加理应等于100%，但实际不等于100%的情况。由于无法下载到原始文献，所以保留英文原书数据。

资料来源：American College Health Association. (2016a). American College Health Association—National College Health Assessment II: Canadian Reference Group Data Report Spring 2016. Hanover, MD: American College Health Association.
American College Health Association. (2016b). American College Health Association—National College Health Assessment II: Undergraduate Student Reference Group Data Report Spring. Hanover, MD: American College Health Association.

> 1 825 人死于与酒精有关的意外伤害，其中包括车祸；
> 60 万人意外受伤；
> 69.6 万人被另一名醉酒的学生袭击；
> 9.7 万人成为性侵犯或约会强奸的受害者；
> 40 万名学生发生了无保护措施的性行为，超过 10 万名学生因醉酒而记不得自己是否同意发生性行为；
> 15 万名学生出现与酒精有关的健康问题；
> 336 万人酒后驾驶；
> 11 万人因在公共场合醉酒、酒驾等与酒精有关的违法行为而被捕。

图 18.3 美国大学生每年因高危饮酒而产生的后果

资料来源：National Institute of Alcohol Abuse and Alcoholism. (2017). Alcohol facts and statistics.

- 因醉酒后不适而需要别人的照顾。

大学生运动员比非运动员更有可能重度饮酒或暴饮（binge drinking）。一项对 1.6 万余名大学生的研究发现，与非运动员相比，校内赛事和俱乐部里的运动员更有可能每次喝 3 杯或更多的酒，校际赛事运动员更有可能每次喝 5~6 杯酒（Marzell et al., 2015）。校内赛事 / 俱乐部里的运动员往往在兄弟会或姐妹会的聚会、校园聚会、校外、酒吧和户外喝更多的酒。然而，也许是由于时间管理更为严格，校际赛事运动员在大学生联谊会和校园聚会上喝得更多。因为运动员们在校园里往往更显眼，所以他们的饮酒行为会影响整个校园的饮酒氛围，以及学生对校园饮酒规范的看法和期望。

过度饮酒者的行为会影响非暴饮和不喝酒的人。所谓的**二手暴饮效应**（secondhand binge effects），包括以下几个方面：

- 学习时被打扰；
- 晚上被吵醒；
- 不得不照顾喝醉的同学；
- 被喝醉的学生侮辱或羞辱；
- 被喝醉的学生推搡、殴打或袭击；
- 沦为性侵犯的受害者。

尽管大多数大学生要么不喝酒，要么只在聚会上喝酒，但是，约有 25% 的人滥用酒精，以至于到了对学业、人际关系和健康产生不利影响的地步。约有 20% 的美国大学生符合酒精滥用和依赖的标准（National Institute on Alcohol Abuse and Alcoholism, 2017）。

总的来说，大学校园对待酒的态度和文化，极大地影响着大学生的饮酒行为。鼓励合法和负责任地饮酒且不鼓励未成年人饮酒、暴饮和酒后反社会行为的校园文化，会促进学生做出负责任的行为（Wechsler & Nelson, 2008）。然而，如果校园里几乎没有学生饮酒的有关规定，而且学生们认为怎么饮酒都没有问题，那么情况就会相反。大量饮酒的大学生倾向于认为，校园内对饮酒的态度是放任的、自由的。最热衷饮酒的学生，通常都是重度饮酒者。

啤酒厂商和酒类经销商在大学校园里尤为活跃，它们每年花费上千万美元在校园做广告，并通过赞助"酒吧之夜"、赠送带有其产品标志的商品，以及承担大学体育赛事部分费用等各种方式来宣传他们的产品。

为了改善学生过度饮酒的状况，许多大学正在努力改变校园的饮酒文化。不负责任的饮酒不被视为任何一个校园组织（例如，俱乐部、运动队、兄弟会和姐妹会）确认成员身份的仪式，不被看作减轻派对或其他社交场合社交焦虑的可接受方式，不被看作应对学业压力的可接受手段，也不被看作长大成人和摆脱父母控制的成年礼。

酒精如何影响身体

酒精饮品的成分

饮品中的酒精是一种叫作**乙醇**（ethyl alcohol/ethanol）的化学物质。酒精还包括许多其他的类型，如甲醇和异丙醇。大多数类型的酒精只少量摄入也是有毒的。即使是乙醇，若大量摄入也是有毒的，不过只要时间足够，人体有办法解除其毒性并清除它们。

商业酒精产品中的乙醇浓度通常会列在产品标签上。啤酒和葡萄酒的酒精浓度一般以占总容积的百分比的形式表示。例如，啤酒的酒精浓度一般在 4% 左右，尽管有些啤酒的酒精浓度会高一些或低一些（所谓的淡啤酒与普通啤酒的酒精浓度几乎相同）。葡萄酒的酒精浓度约为 12%。蒸馏酒或"烈酒"（如苏格兰威士忌、伏特加、波旁威士忌、龙舌兰酒、朗姆酒）的酒精浓度采用**度**（proof）（相当于国内白

图 18.4

一罐 355 毫升的普通啤酒、一杯 260 毫升的普通麦芽酒、一杯葡萄酒和一杯混合酒精饮品中含有的酒量大致相同。所以，不要被酒精饮品的类型所欺骗。

资料来源：National Institute of Alcohol Abuse and Alcoholism, "What is a Standard Drink?".

酒"度数"的 2 倍——译者注）来表示。这一数字是酒精饮品中真实酒精浓度的两倍。因此，80 度的威士忌含有 40% 的酒精，100 度的伏特加含有 50% 的酒精。

大多数标准分量的酒精饮品所含的酒精量大致相同（图 18.4）。例如，一罐 355 毫升的啤酒的酒精浓度为 5%，也就是说其酒精含量为 17.75 毫升。一杯 148 毫升的葡萄酒所含的酒精量与此相当。由 44 毫升 80 度烈酒（即 40% 酒精）制成的混合饮品也只含等量的酒精。所以，一罐啤酒、一杯麦芽酒、一杯葡萄酒与一杯混合酒精饮品所含的酒精量大致相同。因此，认为啤酒的酒精含量比葡萄酒或混合酒精饮品低的观点是错误的。注意，一些麦芽酒和麦芽啤酒（ales）的酒精浓度为 6%~8%；强化葡萄酒，如雪莉酒和波特酒的酒精浓度为 18%；有些蒸馏酒能达到 100 度（50% 的酒精浓度）。

酒精是如何被吸收、排泄和代谢的

酒精被摄入后，很容易通过胃肠道被人体吸收。大约 20% 的酒精会被胃吸收，其余的则被小肠吸收。随后，酒精会通过血液被输送到身体的所有组织和器官。虽然酒精不是一种严格意义上的食物（它不含蛋白质、维生素或矿物质），但它确实含有卡路里——事实上，每克酒精中含有 7 卡路里（几乎是每克糖中卡路里含量的两倍）。常规分量的啤酒、葡萄酒或混合酒精饮品的热量在 100~150 卡路里之间。

有几个因素会影响酒精被人体组织吸收的速度。例如，胃里的食物，尤其是高脂肪的食物或蛋白质，能减缓人体对酒精的吸收。啤酒、葡萄酒和鸡尾酒中的非酒精物质，也会减缓人体对酒精的吸收。香槟、起泡酒、啤酒和加了碳酸的混合酒精饮品中的二氧化碳，则会增加酒精的吸收速度。这就是为什么人们在喝香槟或啤酒时，尤其是空腹时，会更快地感

面向年轻人的酒类营销

饮酒是关乎美国年轻人健康的一个主要问题。数千名初中生和高中生报告，他们每天都会喝醉。20%~25% 的高中生报告，他们在过去两周内曾有过连续喝 5 杯酒的情况。饮酒每年造成超过 5 000 名 21 岁以下的美国人死亡。美国人每年的酒类消费约为 2 800 亿美元，其中未成年人饮酒的消费额约为 400 亿美元。

为了减少青少年饮酒，美国国家科学院下属的医学研究所，以及美国国会的《禁止未成年人饮酒法案》（STOP ACT），均致力于减少青少年接触酒精饮品的机会，减少直接面向他们的酒类广告与营销。

青少年（12~20 岁）每年会通过电视、广播、网络、杂志、流行音乐（品牌名植入）以及电影（产品植入广告），接触数十亿次酒类广告（Center for Alcohol Marketing and Youth, 2015）。约 40% 的电视广告投放在有大量青少年观众的有线电视节目上。美国卫生局局长和许多青少年健康倡导者都明确表示，希望酒类公司不要在年轻观众占比超过 15% 的节目中做广告。

虽然酒类行业同意不在青少年观众占比超过 28.4% 的节目中做广告，但是研究显示，仍有大约 11% 的酒类广告会在青少年观众超过 30% 的节目中播放（Ross et al., 2016）。那些声称自己没有造成未成年人饮酒问题、没有帮助培养新一代酗酒者的公司，正在沿用烟草企业几十年来的做法——只要产品合法且有利可图，它们就否认一切。

到醉意。饮品中的酒精浓度越高，人体的吸收速度越快。

血液中酒精的浓度被称为**血液酒精浓度**（blood alcohol content, BAC），以每分升血液中含有酒精的克数来衡量。估计血液酒精浓度的一个简单方法如下：假设一个体重 70 千克的男性每小时摄入 1 杯约含 15 毫升酒精的饮品（比如 1 罐啤酒、1 杯葡萄酒、1 杯混合酒精饮品中酒精的含量），那么其血液酒精浓度将达到 0.02 克 / 分升。因此，若一个中等身材的男性在聚会第一小时内喝下了 5 罐啤酒，那么他的血液酒精浓度就是 0.10 克 / 分升。这将违反美国大多数州的驾驶法律。这种方法可以快速估计血液酒精浓度，但需根据一个人的身材大小、身体构成（如肌肉或脂肪率）和性别而定。在其他条件相同的情况下，摄入等量的酒精后，体型大的人血液酒精浓度将低于体型小的人，因为酒精在体型大的人的身体组织中被稀释的程度更高。摄入相同数量的酒精饮品后，女性的血液酒精浓度往往高于男性。因为她们的体重一般低于男性，且身体脂肪率较高，而脂肪不像肌肉和其他组织那样容易吸收酒精。她们体内的性激素倾向于增加酒精的吸收而减少酒精的代谢排出，女性往往会从胃部吸收更多的酒精。

酒精从体内清除出去主要有两种方式。约 10% 的酒精通过汗液、尿液或呼吸（因此可以使用呼吸分析仪来检测是否饮酒）直接排出体外。未被排出的那部分酒精（约 90%）主要由肝脏（新陈代谢）分解，最终形成二氧化碳和水。肝脏以大约每小时 15 毫升的速度解酒精之毒，没有什么办法能加快这一过程。各种所谓醒酒的方法，如喝浓咖啡、洗冷水澡或进行剧烈运动，都不会加快肝脏从身体中清除酒精的速度。

宿　醉

有时过量饮酒的后果是**宿醉**（hangover），其症状包括胃部不适、头痛、疲劳、虚弱、颤抖或易怒，可能还会有呕吐。宿醉的频率和严重程度因人而异。酒精引起宿醉的具体原因尚不清楚，但有人提出有以下几种可能：

- 当体内有酒精时，正常的肝功能会因为需要分解酒精而减缓。这种减缓会减少肝脏释放到血液中糖的量，造成短暂的低血糖，从而导致疲劳、易怒和头痛。
- 酒精会抑制快速眼动睡眠，导致疲劳、易怒和注意力不集中。
- **酒类芳香物**（congeners），即酒精饮品中的化学物质或肝脏产生的分解物，可能引起宿醉。
- **乙醛**（acetaldehyde）是肝脏分解酒精时产生的一种有毒物质，可能是导致宿醉症状的原因。

应对宿醉的最好方法是睡眠，并且通过多喝果汁来补充流失的体液（酒精会增加尿量）和血糖，也许还需要服用头痛药。摄入的酒精越多，宿醉症状持续的时间就会越长。

酒精对行为的影响

从药理学上讲，酒精是一种中枢神经系统抑制剂。这意味着，它会削弱大脑某些部位的一些功能。适量的酒精可能影响大脑中控制判断和抑制的部分，这就是为什么许多人会在聚会上喝上一两杯来帮助自己"放松"或变得不再那么害羞，以便更加自如地与他人互动。有些人酒后可能比平时话更多或笑得更多，而有些人则可能变得吵闹、好争论、易怒或情绪低落。

酒精对行为的影响取决于血液酒精浓度（**表 18.3**）。当血液酒精浓度达到 0.02 克 / 分升时，酒精的"放松"作用就会显现出来。当血液酒精浓度达到 0.10 克 / 分升时，酒精作为抑制剂的作用就会变得明显。此时，饮酒者可能感到困倦，运动协调能力也会受到影响，说话可能变得含糊不清，身体姿势不稳的状况也可能变得明显。

酒精对运动技能、判断力和反应时间的影响，使酒后驾驶变得极其危险。即使只喝了一两杯酒，即使在美国法律层面上不属于醉酒状态，一个人的反应时间、感知能力和判断力都会受到影响。美国公路交通事故每年造成近 3.4 万人死亡，其中约有 32% 涉及酒后驾驶。公路交通事故是造成美国人死亡的主要原因之一。据美国大学健康协会报告，在美国和加拿大，约 10% 的大学生有酒后驾驶行为（American College Health Association, 2016a）。

美国每年有超过 1.2 亿起自我报告的酒后驾驶行为。21~24 岁年龄组的男性酒驾的频率最高，其次为 25~34 岁年龄组的男性。相比之下，在相同年龄组中，

表 18.3　酒精对一名（体重为 70 千克）普通男性行为的影响

喝酒的数量	酒精含量（毫升）	BAC*（克/分升）	醒酒所需大致时间	影　响
1 杯啤酒、葡萄酒或混合酒精饮品	15	0.02	1 小时	感到放松或"松弛"
2.5 杯啤酒、葡萄酒或混合酒精饮品	37	0.05	2.5 小时	体验到"快感"、抑制能力降低、自信心提高、判断能力受损
5 杯啤酒、葡萄酒或混合酒精饮品	73	0.10	5 小时	记忆受损、肌肉协调能力下降、口齿不清、兴奋或悲伤
10 杯啤酒、葡萄酒或混合酒精饮品	146	0.20	10 小时	反应变慢、情绪出现古怪变化
15 杯啤酒、葡萄酒或混合酒精饮品	220	0.30	15~16 小时	昏睡、完全丧失协调能力；感觉迟钝
20 杯啤酒、葡萄酒或混合酒精饮品	293	0.40	20 小时	可能进入深度昏迷状态、可能出现呼吸停顿
25~30 杯啤酒、葡萄酒或混合酒精饮品	439~585	0.50	26 小时	对于绝大多数人是致命的量

* BAC，即血液酒精浓度。

女性酒驾的频率只有男性的 1/4。随着步入中年晚期，酒后驾驶的频率会逐步下降。

除了影响驾驶外，饮酒还会导致争吵、打架斗殴、人际关系受损、缺勤、学业失败和丢掉工作等后果。在多种情况下，酒精与愤怒和暴力有关。酒精会削弱自我控制和其他大脑功能，从而导致冲动地对他人或自己爆发愤怒情绪、实施暴力行为，并且浑然不觉潜在的暴力社交状况。对酒精的神经生理依赖，导致人们无法履行对自身和家庭的承诺和责任。大多数凶杀、袭击、抢劫、性侵犯和家庭暴力事件都与酒精有关（NCADD, 2015）。

性行为

酒精对性欲和性行为的影响因人而异，同时也取决于血液酒精浓度。对一些人来说，少量的酒精可以消除对性的不适感，并可能促进性唤起。较高的血液酒精浓度（达到 0.10 克/分升或更高）会给男性带来一些问题，比如难以勃起、不能维持勃起或射精困难；而给女性带来的问题，则是阴道润滑不足和难以达到性高潮。即使在中等的血液酒精浓度下，一些人也会因为醉酒而不能很好地给予或接受性快感。

饮酒还可能导致各种非期望的性行为后果。醉酒时，人们可能忘记如何正确采取节育措施，或者干脆放弃了这些做法，从而导致意外怀孕。不使用避孕套或与陌生人发生性行为，均会增加感染性传播疾病和艾滋病的风险。酒精会降低一个人的判断力，导致非预期的性行为。

尽管具体的估计值各不相同，但大学生报告的性侵案件中，涉及饮酒（行凶者、受害者或双方都饮酒）的案件比例高达 40%（Abbey et al., 2014）。

在聚会上醉酒可能引发让你第二天甚至很长一段时间都会感到后悔的行为和感受。

一名学生的酒后驾驶经历

去年夏天的一个清晨,我因酒后驾驶(driving under the influence of alcohol, DUI)而被捕。

要回忆起到底发生了什么并不容易——我透过迷雾看这件事,就好像它是发生在别人身上似的。

被逮捕的过程是最模糊的。我纯粹在肾上腺素和恐惧的影响下奔跑。有一段时间,我甚至觉得自己没有了呼吸。

很难确切地解释这种情绪。

很难解释无比渴望清醒是什么感觉。

很难解释对自己的生活完全失控(即使只是很短一段时间)的感觉。

很难解释戴上手铐的感觉。

很难解释坐在拘留室里咬自己的嘴唇以免睡着是什么感觉。

但有一件事是肯定的,当那些闪烁的警灯出现在我的后视镜里时,让我在酒后启动车辆的所有合理化解释都消失了。诸如"没多远,很快就到""我只是送一个朋友回家",或者"这会儿路上没人"之类的话都毫无意义。

在监狱里,采集指纹、拍照和填写所需表格的时间,让我感觉度日如年,似乎每一步都让我觉得比上一步更加丢人。

一个简单的、极其糟糕的错误判断,影响了我生活的那么多方面,直到现在我都难以释怀。

这一事件的后果,将以各种方式在未来3年里影响着我——而3年是我之前所计划过的最遥远的未来。

这些"冲击波"包括3年的缓刑、汽车保险费用的大幅增加、90天的"驾驶执照限制"(持证人只能开车去少数几个地方,且需服从特定指导——译者注)(用来代替2天拘留的协议),以及600美元的罚款,等等。

许多后果是无法量化的。比如说被通知家长、几天糟糕的感受,还有一种证明了自己是个傻瓜的挥之不去的感觉。

尽管如此,我仍为一些事情感到庆幸。

在这个感到庆幸的清单中,第一条就是我没有开车撞死任何人。

在挣扎着接受了自己被逮捕的事实之后,我很难想象若真出了人命该会怎样——那将是无法弥补的。

感到庆幸的另一条是,我发现了我生命中一些非常支持我的人。他们并没有说发生的事情没什么大不了,而是告诉我会好起来的。我向我的父母和朋友寻求帮助,他们都没有拒绝——我很感激。

这篇专栏文章是否能防止有人酒后驾驶还不确定。如果我在被捕前读过这样的文章,我就会想出100个理由,认为它永远不适用于我——但我错了。

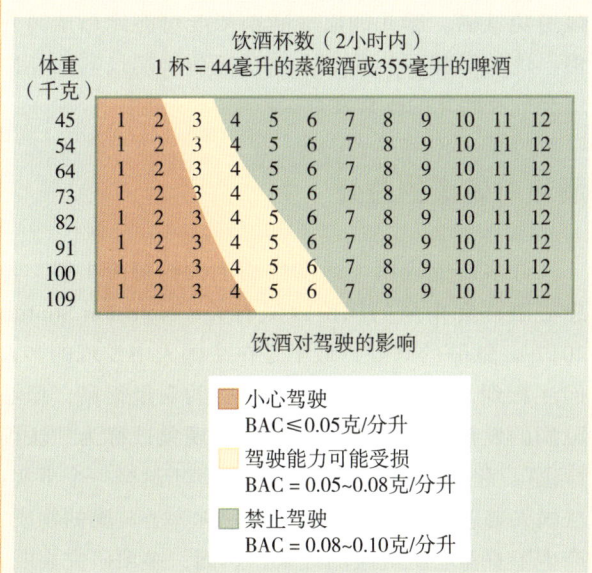

饮酒对驾驶的影响

- 小心驾驶 BAC ≤ 0.05克/分升
- 驾驶能力可能受损 BAC = 0.05~0.08克/分升
- 禁止驾驶 BAC = 0.08~0.10克/分升

(在中国,BAC ≥ 0.02克/分升且 < 0.08克/分升,为饮酒驾驶,属于行政违法行为;BAC ≥ 0.08克/分升,为醉酒驾驶,属于刑事犯罪行为。——译者注)

资料来源:*The California Aggie* (April 10, 1990). University of California, Davis. Reprinted with permission. Chart adapted from The California Highway Patrol Blood Alcohol Concentration Chart.

酒精的其他影响

除了损害大脑,酒精还会损害人体其他器官的功能。酒精会刺激胃肠道的器官(食道、胃、肠、胰腺和肝脏等),导致肠胃不适或疼痛、恶心、呕吐或腹泻。酒精还会导致动脉扩张,导致眼部充血。胳膊、腿部和皮肤的动脉扩张会导致血压和体温下降,这就解释了为什么有的人喝酒时会脸红。有时,让人们喝点酒"暖和起来"只会产生相反的生理效果。

酒精不应与其他中枢神经系统抑制剂同时服用,如镇定剂、镇静剂和抗组胺药(该成分在感冒药中很常见)。在许多情况下,酒精和其他药物的抑制作

表 18.4　不应与酒精混用的药物	
服用下述药物时不得饮酒。	
药　物	危险的相互作用
含氯雷他定（克敏能/开瑞坦）、苯海拉明（苯那君/可他敏）、氯苯那敏（扑尔敏/泰诺过敏 plus）或右美沙芬（惠菲宁）的治疗过敏/感冒/流感和咳嗽的药物	嗜睡、可能用药过量
含劳拉西泮（阿替凡）、阿普唑仑（赞安诺）、帕罗西汀（赛乐特）、苯妥英（狄兰汀）、氯硝西泮（克诺平）或苯巴比妥的治疗焦虑/癫痫的药物	嗜睡、呼吸问题、用药过量
含布洛芬（艾德维尔、美林）、阿司匹林、对乙酰氨基酚（泰诺）、羟考酮（泰勒宁），或氢考酮（维柯丁）的一般止痛药/关节炎止痛药	消化性溃疡、胃出血、肝损伤
用于治疗睡眠问题的药物，如唑吡坦（安必恩）、右旋佐匹克隆（舒乐安定）或苯海拉明	嗜睡、呼吸障碍、用药过量
注：括号内为该药物的常见商品名。	

用会相互影响，使得两种药物的联合作用大于它们单独使用时效果的简单叠加。当使用其他镇静剂时，即使看起来适量的酒精也会对大脑功能和呼吸产生危险的抑制作用（**表 18.4**）。

长期影响

长期重度饮酒会影响免疫、内分泌和生殖功能，并导致神经系统出现问题，包括痴呆、昏厥、癫痫、幻觉和外周神经病变。与酗酒有关的各种癌症包括唇癌、舌癌、口腔癌、咽癌、喉癌、食道癌、胃癌、结肠癌、直肠癌、肺癌、胰腺癌和肝癌。长期重度饮酒，还会增加患慢性胃炎、肝炎、高血压、肝硬化和冠心病的风险。

长期酗酒的男性还有可能变得"女性化"，症状包括乳房增大和体毛模式变得像女性。长期酗酒的女性可能会月经紊乱、丧失第二性征和不孕。酗酒的女性比不酗酒的女性更可能患妇科疾病，并且更常做手术。

胎儿酒精综合征

酒精对任何人都有害，无论男女老少，甚至胎儿也会被酒精伤害。孕妇喝酒可能导致胎儿出现多种出生缺陷和智力障碍，这种情况被称为**胎儿酒精综合征**（fetal alcohol syndrome）。胎儿酒精综合征，是新生儿出生缺陷和智力障碍的第三大原因。酒精对胎儿的有害影响，通常发生在怀孕的最初几周。此时是胎儿的大部分神经系统正在形成的时期，因此，如果女性正在备孕或怀疑自己已经怀孕，就应该避免饮酒。胎儿的血液酒精浓度可能比母亲高几倍。这就解释了为什么女性在怀孕早期仅喝几杯酒也会危及胎儿的正常发育。

酒精对健康的益处

许多研究表明，适度饮酒（大约每天 1 杯）与患心脏病和中风的风险降低有关（Nutrition Source, 2017）。饮酒的好处，最早是在法国人中发现的。人们注意到，尽管他们饮食中脂肪的含量很高，但心脏病的发病率却很低。这种反常现象被称为"法国悖论"。起初，对法国悖论的解释基于这样一个事实：法国人普遍好喝红酒，而红酒中称为类黄酮的物质，产生了有益心脏健康的效果。然而，多项研究表明，饮酒对健康的效果并不限于酒的类型，这些效果是由乙醇引起的。适量饮酒有益心脏健康，是因为它会提高血液中高密度脂蛋白（HDL，即"好胆固醇"）的水平。饮酒也可能降低患血栓、胆结石和 2 型糖尿病的风险。重度饮酒（每天喝 4 杯或以上）没有任何好处，尽管适度饮酒有可能产生促进健康的生理效应。研究者还指出，晚餐时喝 1 杯酒可以缓解忙碌一天的压力，并且，与朋友的社交互动（不管是否喝酒）也有助于健康。

酒精使用障碍

大多数人都能保持适度饮酒，即男性每天不超过 2 杯（每周喝 14 杯或更少），女性每天不超过 1 杯（每周喝 7 杯或更少）。美国有大约 27% 的 18 岁及以上的人暴饮，即男性在 2 小时内喝下 5 杯或更多，女性在 2 小时内喝下 4 杯或更多。暴饮通常会将血液酒精浓度提高到 0.08 克/分升或更高，这是美国大多数州驾驶车辆的合法上限。美国大约 7% 的人属于重度饮酒，即男性任何一天饮酒超过 4 杯或每周超过 14 杯；女性任何一天饮酒超过 3 杯或每周超过 7 杯。大约 6% 的 18 岁及以上的美国人（980 万男性和 530 万女性）患有**酒精使用障碍**（alcohol use disorder, AUD），这是一种失去控制、对社会和个人都有害的饮酒模式（图 18.5）。

酒精使用障碍的特征，包括与酒精有关的损害或痛苦和/或对酒精的神经生理依赖（成瘾）。根据受到的损害和神经生理依赖的程度，酒精使用障碍可分为轻度、中度和重度。

酒精使用障碍最严重时，称为**酗酒或酒精中毒**（alcoholism）。酗酒的特征是对酒精的强烈渴求、强迫性的饮酒行为、对控制自身饮酒的无能为力，以及对酒精的生理依赖。酗酒者在被剥夺酒精时可能出现戒断反应，其症状包括焦虑和应激，以及以幻觉和不受控制的颤抖为特征的**震颤性谵妄**（delirium tremens, DTs）。

酒精使用障碍会导致许多负面后果。它会削弱饮酒者在工作和学习中的表现、破坏其家庭关系和友谊。而饮酒者酒驾则可能导致经济问题、法律问题、身体受伤甚至死亡。由于酒精会提供卡路里，因此过度饮酒者很少会感到饥饿，从而可能患上维生素缺乏症，导致精神错乱、丧失肌肉协调能力。

导致问题性饮酒、酒精使用障碍的原因十分复杂，也汇聚了大量的科学研究。在现代心理学和医学出现之前，酒精滥用被认为是不道德和不信教者的行为。现在有些人仍然持有这种观点，但许多医疗保健专业人士将酒精滥用解释为一种基于生物学的行为障碍，或一种涉及基因与生理系统改变的医学疾病。例如，有些人可能比别人更容易滥用酒精，因为他们的身体分解或排泄酒精的方式与众不同，或者他们的大脑对酒精的反应方式与众不同。一些专家拒绝将酒精滥用视为一种疾病，因为这样可能会弱化个人和社会对这一问题的责任意识。其他人则认为，将酒精滥用称为一种"疾病"，有利于促进治疗，因为它能消除污名、减轻负罪感，并提供了一种有监督且可能有科学基础的治疗方案。

> 我甚至连加拿大在哪条街都不知道。
> ——阿尔·卡彭

酗酒的发展阶段

大量的研究表明，酗酒的发展可分为 4 个阶段。第 1 阶段，是对酒精的心理依赖。大多数人将饮酒作为其他体验的补充，比如用红酒来佐餐，或者在看球类比赛时喝啤酒。因为酒精可以减轻焦虑并促使人"感觉良好"，所以一些人变得十分沉迷于营造这种由酒精引发的精神状态。随着时间的推移，酒精的摄入量不断增加，此时，饮酒已不再是其他体验的补充，而是为了酒精引发的药物体验本身。随着酒精的经常性摄入，大脑会适应酒精的频繁（甚

缺乏控制
- 饮酒的量或时间超出预期。
- 即使个人想要控制也总处于饮酒失控状态。
- 为获取和使用酒精，以及从酒精的影响中恢复，付出了相当大的代价和努力。
- 渴求或强烈地想要饮酒。

社会功能受损
- 因饮酒而未能有效履行在工作、学校或家庭中的义务。
- 置饮酒导致的社会或人际交往问题而不顾，继续饮酒。
- 因饮酒而放弃或减少重要的社会、职业或娱乐活动。

冒险使用
- 在酒精对躯体有害的情况下仍持续饮酒。
- 明知饮酒会导致严重的躯体或心理问题，但仍持续饮酒。

生理变化
- 耐受性是指，需要喝越来越多的酒才会醉，和/或喝同等数量的酒不再那么易醉。
- 戒断症状，即戒酒引起的令人不悦的生理反应。

图 18.5　酒精使用障碍的表现

酒精使用障碍的程度，取决于一段时间内出现症状的数量。轻度酒精使用障碍是在近 12 个月内有 2~3 种症状。中度酒精使用障碍是在近 12 个月内有 4~5 种症状。重度酒精使用障碍是在近 12 个月内有 6 种或更多的症状。

资料来源：NIAAA. (2016). Alcohol Use Disorder: A Comparison Between DSM-IV and DSM-5.

酒精滥用是一个全球性问题

世界卫生组织估计，世界上近 62% 的青少年和成年人（约 40 亿人），从未或极少摄入酒精（World Health Organization, 2015）。剩下 38% 的人喝啤酒、葡萄酒、蒸馏酒和自酿酒，每人每年平均摄入 6.2 升纯酒精。这一数值相当于 220 个北美标准杯中的酒精含量。不同国家的酒精消费量差别很大（表 18.5）。一般来说，高收入国家的人均酒精消费量高于低收入国家。在全球范围内，大约有 16% 的 15 岁或以上的饮酒者偶尔重度饮酒。

酒精滥用导致全球每年约 330 万人死亡（占全球总死亡人数的 5.9%），超过了艾滋病、结核病、环境卫生问题和高胆固醇造成的死亡人数。喝酒造成的问题包括醉酒、神经生理依赖（酗酒）以及数十种伤害和疾病。后者包括食道癌、肝癌、肝硬化、癫痫发作，以及机动车事故、袭击、家庭暴力、凶杀和自杀等（表 18.6）。全球约有 5% 的疾病与饮酒有关。已确定，酒精摄入参与诱发 200 多种健康问题。

认识到酒精相关问题源于个体使用酒精饮品与文化、经济、物质环境、政治和社会力量之间复杂的相互作用，2010 年 193 个国家就一项世界卫生组织全球战略达成共识，以制定减少酒精有害使用的国家规则和建议（WHO, 2010）。这些战略包括，采取各种措施来控制酒精饮品的供应和 / 或影响对酒精饮品的需求、改变危险的饮酒模式，以及实施公共医疗卫生服务以治疗问题饮酒者。例如，各国通过征收高额酒类税、限制酒类广告，以及通过直接禁止、配给和国家垄断来限制供应，以限制各种酒品的使用；推销酒精含量低或不含酒精的饮料，并管制酒类销售点的密度、营业时间和天数、饮酒地点和最低饮酒年龄；开展健康促进运动和学校教育。此外，各国还制定了严格的酒后驾驶法律，以减少与酒精有关的车祸、受伤和死亡。例如，在大多数欧洲国家，血液酒精浓度的法定上限为 0.05 克 / 分升。在某些国家，这一数字接近零；在美国则是 0.08 克 / 分升。还有些国家，如果血液酒精浓度检测不合格，会导致驾照被立即吊销。

表 18.6 全球酒精相关的疾病

疾病	占所有酒精相关疾病的百分比（%）	
	男性	女性
神经精神疾病	26.1	18.8
心血管疾病	10.6	33.6
胃肠道疾病	12.5	17.6
故意伤害	12.1	3.2
癌症	8.2	10.2
感染病	6.7	7.2
新生儿疾病	0.2	0.5

世界上大约有 5% 的疾病与酒精有关。上表显示了某些疾病占所有酒精相关疾病的百分比。注意，个体可能因饮酒而遭受不止一种疾病或伤害。神经精神疾病包括酒精使用障碍、癫痫、戒断诱发的癫痫、抑郁和焦虑障碍。心血管疾病包括心脏病、中风、高血压和房颤（少量饮酒对心脏的有益效果，会被大量饮酒所抵消）。胃肠道疾病包括肝硬化、急性和慢性胰腺炎。故意伤害包括自杀和暴力（其风险与酒精摄入量成正比）。癌症包括口腔癌、鼻咽癌、其他咽部和口咽部癌、喉癌、食道癌、结肠和直肠癌、肝癌、胰腺癌和女性乳腺癌。患病风险与饮酒量成正比，即使每天只喝 1 杯，也会增加女性患乳腺癌和其他癌症的风险。感染病包括由免疫系统衰弱而引起的肺炎和结核病。新生儿疾病包括胎儿酒精综合征和早产并发症。

资料来源：World Health Organization. (2014). Global status report on alcohol and health, 2014.

表 18.5 部分国家的酒类消费模式

国家	当前饮酒者（%）		纯酒精消费量（升 / 每年）		酒的类型（%）			酒精使用障碍（%）	
	男性	女性	男性	女性	B*	W*	S*	男性	女性
阿根廷	70	48.3	19.5	10.9	41	48	5	9.0	2.5
白俄罗斯	91	71	30.9	12.8	17	5	47	29.8	5.5
加拿大	80.3	74.9	18.8	7.4	51	22	27	10.2	3.6
法国	94.5	93.3	18.4	7.7	19	56	23	8.8	2.5
伊朗和科威特					几乎为零				
肯尼亚	43.9	16.3	14.6	10.1	20	15	22	1.8	1.4
日本	76.4	61.9	13.7	6.7	19	4	52	4.6	1.0
新西兰	84.8	74.5	18.6	8.5	83	34	15	4.5	1.9
南非	56.3	26.3	32.8	16.0	48	18	17	10.0	4.2
瑞典	75.1	63.3	17.1	8.8	37	47	15	12.6	5.3
泰国	45.4	14.9	30.3	5.2	27	0	13	9.1	3.4
美国	75.2	63	18.1	7.8	50	17	33	10.7	4.2

* B = 啤酒；W = 葡萄酒；S = 烈酒

资料来源：World Health Organization. (2014). Global status report on alcohol and health, country profiles.

至持续性的）出现，以至于需要不断增加酒精摄入量才能产生预期的、渴望的效果。这就是**耐受性**（tolerance）。如果继续这样下去，从饮酒中获得的最初的心理奖励，最终就会被短暂的不饮酒所带来的不愉快体验所掩盖。这种不愉快的心理和生理状态**被称为戒断或戒断反应**（withdrawal）。该过程最后会导致对酒精的强烈渴求，并创造出旨在满足这一渴求的生活方式。

第 2 阶段，个体对酒精的耐受性增加，并且更进一步沉迷于饮酒。例如，当被邀请参加聚会时，他们询问的可能是提供何种酒精饮品，而不是参加聚会的都有谁。在这一阶段，问题饮酒者可能经常偷偷喝酒，并否认自己过度饮酒。**断片**（blackouts）也可能发生。"断片"指的是其他人观察到饮酒者的行为在某段时间内正常或异常，但饮酒者却对饮酒期间发生的事情没有任何的记忆。

第 3 阶段的特征是，饮酒者对酒精的摄入量失去控制。某人可能并不是每天都饮酒，但是一旦开始，他就无法控制自己的饮酒量。在这一阶段，问题饮酒者可能会对饮酒行为进行合理化解释，并且相信多喝是有理由的。此人可能在一段时间内仍能履行一些责任（如家务、工作或学习），并可能采取承诺戒酒等一系列的策略来防止家庭排斥。通常，那些酗酒的人为了证明自己没有饮酒问题，会采取一系列超常规措施，看上去很成功，但最终又会开始大量饮酒。此时，他们通常会将饮酒问题归咎于酒的种类或喝酒的场合。结果，这些人可能会换一种不同类型的酒，或者换一个场合继续饮酒。

在第 4 阶段，酗酒者会对这种物质产生依赖，饮酒行为几乎吞噬了他们生活的方方面面。朋友和家人也只能听之任之，可能会对酗酒者感到愤怒或干脆无视。在这一阶段，酗酒者会不时缺勤或旷课。酒精滥用影响身体健康的后果也会加剧，可能需要看医生甚至住院治疗。当身体对酒精成瘾时，需要持续饮酒才能防止出现戒断症状。连续几天饮酒（饮酒狂欢期）的情况可能会发生。在美国，绝大多数酗酒者并未流落街头，而是和家庭及社区一道，与自己的酒瘾问题做斗争。

酒精使用障碍与家庭

酒精使用障碍会给家庭带来极大的压力，导致不饮酒的家人遭受精神和情感上的痛苦，有时还会造成经济困难。美国有 7 600 万人（约占总人口的 23%）曾在家中接触到过严重的酒精使用障碍问题，其中包括 1 100 万 18 岁以下的儿童。

问题饮酒者的近亲会经历各种各样的情绪，从

你是问题饮酒者吗

CAGE 问卷是酒精问题的诊断工具。
C = 某人担心（Concern）自己有问题
A = 别人认为问题很明显（Apparent）
G = 后果严重（Grave）
E = 依赖性或耐受性的证据（Evidence）

回答这些问题：
1. 你有没有想过应该减少（Cut down）饮酒量？
2. 你有没有因为别人批评你喝酒而感到烦恼（Annoyed）？
3. 你有没有为自己的饮酒行为感到内疚（Guilty）？
4. 你有没有在大清早喝"醒神酒"（Eye opener）来消除宿醉？

只要对上述问题的回答中有"是"，就表明可能存在酒精滥用问题。

戒掉酒精成瘾行为

鲜为人知的是，匿名戒酒会（Alcoholics Anonymous, AA）项目的灵感正是来自心理学家卡尔·荣格。他有一个名叫罗兰的患者，整日苦于无法改变自己的酗酒行为。荣格向其建议，他康复的唯一希望，就是主动创造一段精神体验来改掉这种上瘾习惯。于是，罗兰照做了。在克服酒瘾后，他先后将这段经历分享给了埃德温和比尔。正是后者随后与他人共同创立了匿名戒酒会。

在回复比尔的一封信中，荣格写道："他对酒精的渴望，本质上是一种低层次的灵性渴求，用中世纪的话说就是：与神合一。你可以看到，酒精在拉丁语中写作 spiritus，我们用同样的词汇，既表示最崇高的宗教体验，也指代最堕落的毒药。因此，治愈之道在于：以灵制酒，也就是通常所说的'心病还需心药医'。"

问题饮酒者暂时停止饮酒时的喜悦和解脱感，到其复饮时的沮丧和挫败感。问题饮酒者的家人们会感受到愤怒、羞耻、内疚、怜悯和持续的焦虑。有些家人试图通过承担饮酒者问题的责任来应对；另一些人可能被当作替罪羊，因饮酒者的问题而受到指责。有些家人可能会无奈地沉默，还有些人则试图以幽默化解。这些行为都是对心理痛苦的防御。

就像问题饮酒者本人一样，其家庭成员也可能否认问题、试图将问题合理化，或者将自己从朋友和亲戚中孤立出来。在某些情况下，这些家人真的会觉得自己应该对饮酒者的问题负责。这样的支持或保护，会使问题饮酒者觉得自己无须对其饮酒问题负责，这是酗酒者家庭所经历的悖论之一。在试图保护酗酒者的过程中，家庭成员可能无意中助长了他们的酗酒问题。家人们可能只是想保护酗酒者，使其免于承担过度饮酒的严重社会后果。例如，他们想方设法为酗酒者缺勤或旷课寻找借口。

酗酒者家人匿名会（Al-Anon）是一个帮助酗酒者的配偶、家人和朋友的组织。酗酒者家人青年会（Alateen）是一个类似的组织，帮助的对象主要是酗酒者的孩子。这两个组织旨在帮助酗酒者家庭成员了解酗酒如何影响了他们的生活，帮助他们探索如何处理导致饮酒问题的家庭关系。家庭疗法（无论酗酒者是否参与）可能有助于人们找到解决家人酗酒问题的方法，并使他们重获家庭生活中的和谐。

酗酒者的子女

在父母一方或双方都有酗酒问题家庭中长大的儿童，可能会经历忽视、情感剥夺、虐待、家庭环境不稳定，有时还会遭受暴力。因此，他们形成的思维、情感和行为模式，可能对其成年后的个人生活和人际关系产生影响。酗酒者的子女，有很高的风险继续成为酗酒者。

许多酗酒者的子女从小就学会在潜意识中屏蔽自身处境的真相，包括父母酗酒的事实以及由此产生的情感痛苦。这种倾向或防御机制被称为**否认**（denial）。否认的后果可能超出父母酗酒这一问题本身，使之变成一种普遍的生活应对模式。许多酗酒者的子女成年之后，认识世界真实面貌和体验情感满足的能力会受到限制。

许多酗酒者的子女都有一种负面的自我意象，并有苛责自己的倾向。作为孩子，他们会认为自己是父母行为无常，有时甚至是暴力行为的原因。确实，通过将自己的酗酒问题归咎于孩子，很多父母有时强化了孩子们的这种观念，那些孩子不仅开始相信自己是"坏的"，而且往往认为自己对其他人的情绪负有责任。因此，他们变得如此关注他人，以至于没有了自己的生活。这种特征被称为**依赖共生关系**（codependency，也译作拖累症）。

在一个有酗酒者的家庭长大的另一个后果是，这些人倾向于试图控制局势和他人。因为家庭生活是不稳定和痛苦的，所以许多酗酒者的子女开始相信，他们的人际关系环境随时都可能带来痛苦的、暴力的或者有破坏性的情感。因此，酗酒者的子女往往会持续地焦虑，并对危险信号高度警觉。为了尽量减少威胁（如批评、遗弃或虐待），酗酒者的子女倾向于顺从和随和，总是设法取悦他人。由于认为他人不值得信任，但又必须让自己的世界变得安全，所以他们也努力只靠自己、完全控制自己的生活。

否认、消极的自我意象、替他人负责的倾向、控制自己和环境的需要等特征，曾帮助酗酒者的子女在其家庭中熬过童年。不幸的是，成年后，同样的这些"生存"策略，反而限制了他们获得成长、发展独特个性以及体验健康人际关系的机会。幸运的是，通过自我意识的觉醒以及专业人士的帮助，这些自我限制的信念和行为是可以改变的。

酒精使用障碍的治疗方案

问题饮酒者和酗酒者的情况确实很严重，但并非毫无希望。如果一个人有强烈的戒酒意愿，并且能够正视自己饮酒的动机，那么他是有可能康复的。

有时，戒酒的动机是以一种威胁的形式出现的，包括与饮酒有关的法律问题或疾病、家庭生活的严重破裂或失业。戒酒的动机也可以来自个人决心，饮酒者想停止这种自我毁灭行为，摆脱无助、无望和迷茫。

匿名戒酒会是一个世界性的非营利自助组织，已经帮助许多人重新回到健康、享受生活的轨道。匿名戒酒会的项目基于完全清醒、匿名和逐步康复的计划。匿名戒酒会的环境是放松、关怀和开放的。成员们彼此分享自己的经验、优势和希望，目的是帮助新老成员识别并更多了解自己的饮酒问题。会上，成员们会分享保持清醒的实用技巧，也会交换电话号码，以便再次面临以前曾导致其饮酒的压力情景时，可联系某个成员求助。

匿名戒酒会强调，清醒是一种精神状态。这意味着若想戒除饮酒问题，不可避免地要对其价值观、态度和生活方式做出某些改变。匿名戒酒会项目可帮助有饮酒问题的人诚实地检视自己的感受，认识到自己的局限，敢于为过去的错误承担责任。对有饮酒问题的人来说，保持清醒是一个持续的过程。这需要他们找到满足情感、精神和社交需要的新途径。

除了匿名戒酒会之外，有饮酒问题的人还可以从个人和团体心理治疗中获得帮助。许多治疗师都接受过专业训练，以帮助问题饮酒者及其家庭恢复健康。此外，某些药物也可能有帮助。双硫仑（戒酒硫）会在饮酒时引起身体和心理上的不适感；纳曲酮可以帮助酗酒者减少对酒精的渴求；阿坎酸可以减轻酗酒者的戒断症状。

适量饮酒

每个人都可以选择饮酒或是戒酒。每个人也都有责任决定饮酒的场合和量。如果你要喝酒，那么请牢记以下几点：

- 确保饮酒可以改善你的社交互动，而不是伤害或破坏它。
- 慢慢喝，并且避免将酒精与其他药物一起使用。
- 确保饮酒可以增强你的总体幸福感，而不会产生让自己或他人厌恶的酒后行为。
- 如果你打算饮酒，那么一定要事先决定不开车，并指定一个不喝酒的人开车。

除了对自己的饮酒习惯负责外，你还可以帮助他人理性饮酒。请尊重别人选择不喝酒的意愿，不要在聚会上强迫他人饮酒。如果你要开派对，除酒之外，一定要提供酒的替代饮品。你也可以为那些因在聚会上喝酒而不应开车回家的人提供睡觉的地方。你要记得，不要只喝酒不吃东西，在你的聚会上要提供足够的食物。

没有证据表明，为了健康和幸福有必要完全禁酒。但是另一方面，有大量的证据表明，过度饮酒会损害个人健康、破坏家庭关系，导致交通事故死亡和自杀，还会造成新生儿的出生缺陷。我们相信，在年轻时养成负责任的饮酒习惯，并在一生中保持适度饮酒的习惯，可以显著提高你的健康和幸福水平。

对健康的批判性思考

1. 大约一个月后，大家慢慢感觉到，当初邀请克里斯来做室友显然是个明智的决定。凭借着 3.9+ 的平均绩点，从历史到化学，每门功课克里斯都能给室友们带来大量的帮助。他考上法学院几乎是板上钉钉的事。室友们期待的是，克里斯何时才会上《危险边缘》这个智力竞赛节目。

   期中考试临近，室友们注意到，克里斯每天都会带回来一打啤酒，晚饭前喝6罐，剩下的6罐在晚上的学习过程中也会消耗殆尽。尽管克里斯没有因摄入这么多酒精而出现什么状况，但室友们还是很担心。

   a. 室友们担心的可能是什么？如果你是克里斯的室友，你会担心吗？
   b. 考虑到克里斯在学业上的成功，而且事实上他也没有表现出任何损伤的迹象，你认为克里斯有没有饮酒问题？
   c. 你认为克里斯的室友应该试着改变他的饮酒行为，还是事不关己，高高挂起？

2. "我并没有那么喜欢喝酒。醒来后发现自己吐得全身都是，却记不得自己曾经吐过，这种经历一点也不好玩。有好几次，我都不知道自己是怎么回家的，我只希望开车的人不要像我一样也喝得酩酊大醉。尽管如此，我仍然需要酒。经过一周的紧张学习，没有什么比喝酒更能减压的了。我需要喝酒，这样我才能在派对上放松。没人想和'尿货'跳舞，更别说和他做爱了。"

   你对这个人的态度有什么看法？你赞同他的理念吗？请解释你的理由。

3. 每年夏天，州立大学都会邀请潜在新生的家长参加"家长日"，这是一个参观校园并与教师、学生和管理人员交谈的机会。去年夏天，该校最年轻的教师梅雷迪思博士志愿为家长们做了一次关于古生物学的"试听讲座"，并在教职工餐厅的午餐会上，与他们进行了交流。

   一位有可能入学的女学生的父亲和梅雷迪思博士聊起了女儿未来在大学宿舍的生活，以及参加游泳队时可能会有的经历。

   "我女儿以前从来没有离开过家，"这位父亲说道，"我想确定她在学校会一切安好。"

   梅雷迪思博士沉默了一会儿，因为他知道，在新学年的头一两个月里，学生宿舍以大量非法饮酒而闻名，而且游泳教练会在游泳比赛后和队员们一起喝啤酒。

   a. 这位父亲有必要担心吗？
   b. 梅雷迪思博士应该告诉这位父亲大学里饮酒的事吗？
   c. 为了避免再遇到有类似担忧的家长，梅雷迪思博士发誓再也不会在家长日帮忙了。梅雷迪思博士还能做些什么，来避免这种不愉快的经历？记住，梅雷迪思博士是这所大学的新人，并没有终身教职。
   d. 在你的校园里，关于学生饮酒的校园风气是什么？

4. 一所大学需要为它的橄榄球场配备一个电子记分牌，而一家啤酒公司愿意出这笔钱，条件是换取记分牌和比赛节目的独家广告权。该校校长反对这项交易，认为这会助长校园饮酒的不正之风。然而，体育主管和校友会主席却支持这项交易，认为拥有一个新的电子记分牌很重要。此外，"啤酒与大学过去一直有联系，未来也会联系在一起，这没什么大不了的。"他们说道。

   a. 你赞成还是反对这项交易？
   b. 你是否同意校长关于广告助长饮酒的观点？
   c. 你是否同意体育主管和校友会主席的观点，即啤酒与大学从过去到现在再到未来都会联系在一起？

本章小结与重点

本章小结

在世界上的许多文化和国家中，别人奉上一杯酒是好客和友谊的象征。少量饮酒可以减少人际交往中的紧张感，并有助于缓解在陌生社交场合对得体行事的焦虑和不安。饮用少量的葡萄酒是基督教宗教仪式的一部分。用香槟来庆祝婚礼、生日、纪念日和其他节日，也是司空见惯的。然而，大量饮酒，有可能使人喋喋不休、吵闹并做出侵犯行为，最终导致醉酒甚至失去意识。许多饮酒者没有能力控制自己的饮酒行为，并最终患上酒精使用障碍——在酒精饮品唾手可得的任何地方，它都是一个主要的健康问题。

酒精滥用的危害性体现在诸多方面，譬如高发的家庭暴力、大学生约会强奸、儿童虐待和忽视，以及形形色色的暴力行为。酒后驾驶对当事者本人、其他司机和行人都是危险的。所有交通事故死亡中，有三分之一涉及酒后驾驶。即使体内只有少量的酒精，也会影响判断力和驾驶技能。出于各种原因，许多人选择远离酒精。如果你选择饮酒，那么请给自己设定限度。饮酒期间，不要参与可能伤害自己或他人的活动。"最后一杯"，也许是你所能收到的最危险的邀请。

重点

- 在美国，酒精滥用是一个严重的物质滥用问题。几乎三分之一的公路交通事故死亡都是由饮酒造成的。此外，饮酒还造成了大量的社会、家庭和健康问题。
- 酒精饮品中含有乙醇，乙醇是酵母作用于谷物、浆果和水果汁液中的糖（发酵）而产生的。啤酒和葡萄酒是发酵的直接产品；而像威士忌、伏特加、朗姆酒和白兰地这样的"烈"酒，则是通过蒸馏发酵液体制成的。大多数情况下，一份标准的酒精饮品含有15毫升左右的乙醇。
- 社会规范对饮酒行为的影响显著体现在大学生特有的饮酒模式中。校园饮酒行为会增加学业问题、意外怀孕以及包括性侵犯在内的暴力风险。
- 酒精在摄入几分钟内进入血液。酒精的生理和行为效应取决于血液酒精浓度。当血液酒精浓度为0.02克/分升时，会产生"放松"的效果；当它达到0.08克/分升时，会严重损害人体的运动协调和判断能力。在美国大多数州，血液酒精浓度达0.08克/分升或以上时驾驶机动车是违法的。（在中国，血液酒精浓度达到0.02克/分升时驾驶机动车即构成违法行为。——译者注）
- 长期频繁饮酒可能导致酒精使用障碍，包括对药物（酒精）的神经生理依赖和耐受性（酗酒）。酒精使用障碍的发展分为几个阶段，从无法控制饮酒开始，逐渐发展到完全的神经生理依赖。
- 酗酒者可能遇到严重的健康问题，他们的个人生活、家庭关系和友谊可能都会受到干扰。数百万在父母一方或双方是酗酒者的家庭中长大的孩子，成年后遭受了源自童年经历的个人问题。
- 诸如匿名戒酒会以及个人或团体心理治疗，可以帮助人们从问题性饮酒和酗酒中恢复。通过对自己的饮酒行为负责，可以有效预防酒精滥用。

参考文献

Abbey, A., et al. (2014). Review of survey and experimental research that examines the relationship between alcohol consumption and men's sexual aggression perpetration. *Trauma Violence Abuse, 15*, 265–282.

American College Health Association. (2016a). *American College Health Association—National College Health Assessment II: Canadian Reference Group Data Report, Spring 2016*. Hanover, MD: American College Health Association.

American College Health Association. (2016b). *American College Health Association—National College Health Assessment II: Undergraduate Student Reference Group Data Report, Spring 2016*. Hanover, MD: American College Health Association.

Center for Alcohol Marketing and Youth. (2015). Reducing youth exposure to alcohol advertising on cable TV.

Centers for Disease Control and Prevention. (2017). Impaired driving: Get the facts.

Marzell, M., et al. (2015). Examining drinking patterns and high-risk drinking environments among college athletes at different competition levels. *Journal of Drug Education, 45*, 5–16.

Molina, P. E., et al. (2014). Alcohol abuse: Critical pathophysiological processes and contribution to disease burden. *Physiology (Bethesda), 29*, 203–215.

National Council on Alcohol and Drug Dependence (NCADD). (2015). Alcohol, drugs, and crime.

National Institute of Alcohol Abuse and Alcoholism (NIAAA). (2017). Alcohol facts and statistics.

National Institute on Alcohol Abuse and Alcoholism. (2017). A snapshot of annual high-risk college drinking consequences.

National Institute on Alcohol Abuse and Alcoholism. (2017). *College drinking*.

Nutrition Source. (2017). Alcohol: Balancing risks and benefits.

Ross, C. S., et al. (2016). Alcohol advertising compliance on cable television, October–December (Q4)2015. Center on Alcohol Marketing to Youth.

Substance Abuse and Mental Health Services Administration (SAMSHA). (2015). National Survey on Drug Use and Health (NSDUH).

Wechsler, H., & Nelson, T. F. (2008, July). What we have learned from the Harvard School of Public Health College Alcohol Study. *Journal of Studies on Alcohol and Drugs, 69*, 481–490.

World Health Organization. (2014). *Global status report on alcohol and health*, 2014.

World Health Organization. (2015). Fact sheet on alcohol.

推荐阅读

Brown, S., & Lewis, V. (2002). *The alcoholic family in recovery: A developmental model.* New York: Guilford. Explains how families deal with abstinence and establish a more stable, yet flexible, family system.

Grant, B. F., et al. (2015). Epidemiology of *DSM-5* Alcohol Use Disorder: Results from the National Epidemiologic Survey on Alcohol and Related Conditions III. *JAMA Psychiatry, 72*, 757–766.

Hart, A. B., & Kranzler, H. R. (2015). Alcohol dependence genetics: Lessons learned from genome-wide association studies (GWAS) and post-GWAS analyses. *Alcoholism, Clinical and Experimental Research, 39*, 1312–1327.

Harvard University Nutrition Source. (2017). Moderate drinking can be healthy—but not for everyone. You must weigh the benefits and risks.

Koob, G. F. (2013). Theoretical frameworks and mechanistic aspects of alcohol addiction: Alcohol addiction as a reward deficit disorder. *Current Topics in Behavioral Neuroscience, 13*, 3–30. An eminent neuroscientist discusses the biology of alcohol addiction.

National Institute on Alcohol Abuse and Alcoholism. (2015). *Women and alcohol.*

Nelson, T. F., et al. (2013). Efficacy and the strength of evidence of U.S. alcohol control policies. *American Journal of Preventive Medicine, 45*, 19–28. Ten U.S. alcohol policy experts identified and rated the efficacy of alcohol control policies for reducing binge drinking and alcohol-impaired driving among both the general population and youth and the strength of evidence informing the efficacy of each policy.

Porter, W. (2015). *Alcohol explained.* Santa Cruz, CA: Create Space. Explains how alcohol affects human beings on a chemical, physiological, and psychological level, from those first drinks right up to chronic alcoholism.

Vallee, B. L. (1998, June). Alcohol in the Western world. *Scientific American*, 80–85. A distinguished scientist examines the history of the role of alcohol in Western civilization.

第六编

做出健康的选择

第 19 章
　　为自身医疗保健做决策

第 20 章
　　探索替代疗法

第 21 章
　　事故与伤害

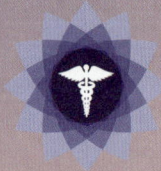
金钱与健康意识

不健康的生活方式会增加医疗保健费用

压力管理

医疗保健专业精神与宗教信仰

健康指南

与你的医生交流

心怀希望有助于治疗和康复

第 19 章

为自身医疗保健做决策

学习目标

1. 描述做一个明智的医疗保健消费者需要知道什么。
2. 讨论不同类型的医疗保健提供者的作用。
3. 列出五种常见的美容手术。
4. 比较器官移植对捐献者和接受者各自的利与弊。

编者注：因与中国普通读者无关，本章删除了与美国医疗保险系统和美国医疗保健费用高昂有关的内容。如果您对这部分内容感兴趣，可发邮件至：linsy_ncc@126.com，我们将向您提供电子版文件。

每个人都会在某些时刻需要医疗保健——接种疫苗、体检、为诊断做检查或患病后接受治疗。有时，人们会因为严重的疾病、受伤或手术而需要住院。

现代医学的科技含量很高。医疗保健服务的消费者（就医者）必须有能力评估医生的诊断检查、治疗、推荐药物或手术的风险和益处，以影响并做出对其自身健康有益的决定。了解自己作为患者的权利，知道如何向健康专业人员表达你的担忧和需求，将有助于保持健康并在生病时帮助你康复。

现代医疗保健，特别是住院治疗和药品，可能会非常昂贵——贵到绝大多数人不能独自负担。世界上大多数国家都有帮助人们支付医疗服务费用的系统。例如，在加拿大、英国、日本和其他发达国家，中央政府通过征税，几乎是所有医疗费用的单一支付方。在美国，大约39%的医疗费用是由联邦和州政府用税收资金支付的（Kaiser Family Foundation, 2017）；其余部分则是由人们自己支付以及通过雇主为员工购买的保险来支付。在2010年之前，美国大约有4 000万人负担不起医疗费用，也无法获得政府或私人渠道的资助。然而，就在那一年，美国国会通过了《平价医疗法案》，目的是确保所有美国人都能得到高质量的医疗保健。

高质量的医疗保健和医疗服务费用是人们最关注的问题。虽然美国各州政府和联邦政府都在试图确保所有公民都有某种形式的医疗保险，并可以在需要时获得医疗保健服务，但仍有数千万人没有医疗保险。

> 上帝治病，医生收费。
> ——本杰明·富兰克林

做一个明智的医疗保健消费者

做出关于自身健康的明智决定，是自我保健和自我负责的一部分。作为医疗保健消费者，我们需要就我们购买的健康产品、选择的健康服务以及收到的信息做出至关重要的决定。

以下是一些可以帮助你避免医疗欺诈和不必要的医疗程序的行为：

- 扩展知识面，知道如何做出有利于健康的决定；
- 寻找可靠的信息源；
- 对新闻媒体或广告中出现的健康主张持怀疑态度；
- 避开无证执业者；
- 谨慎地选择执业医生，问清楚有关费用、诊断、治疗和替代疗法的问题，并征求其他人的补充意见；
- 向政府监管机构报告医疗保健欺诈与不当行为。

成为一个明智的医疗保健消费者，需要从三个基本原则开始：（1）与你的医疗保健提供者合作；（2）共同做出医疗保健决策；（3）熟练掌握获得医疗保健的技巧。

沟通在医患关系中极其重要。美国医学会的政策是"患者有权从医生那里获得信息，并讨论适宜的替代治疗方案的益处、风险和成本"。许多医生都希望充分告知患者他们的医疗状况和选择，尽管有些医生并非如此。有些医生可能觉得，根据自己的宗教信仰或道德价值观，他们有足够的理由不对患者完全公开可选择的（医疗）方案（Combs et al., 2011）。或者，有些医生可能为了提高自己或雇主的利润，或是避免因医疗事故而被起诉，建议患者进行不必要的检查和医疗程序。基于所有上述原因，你应该选择一个能让你完全信赖的医疗保健提供者。

作为自身医疗保健的参与者，你最好对一些健康上的小问题进行自我管理。一旦出现需要寻求专业帮助的健康问题，你应当观察和记录病征，以便你和你的医疗保健提供者能够更好地处理问题。在去找你的医疗保健提供者咨询时，一定要做好准备，你们共处的时间是有限的。准备一份你想问的问题清单、你的症状清单以及任何能治疗你的症状的药物或其他治疗方法的清单。在就医期间，请陈述你的担忧与顾虑、描述你的症状，并询问有关处方药、诊断和治疗建议的问题。当被问及性行为、吸烟和饮酒行为、处方药或毒品使用情况，以及其他你可能不好意思回答的问题时，请保持坦率和诚实。要想恢复健康，对医疗保健提供者保持诚实是至关重要的。

成为一个明智的医疗保健消费者的第二个原则是共同决策。在与你的医疗保健提供者合作的过程中，你应当积极参与每一个医疗决策。你拥有此项权利，除非你在急诊室里——此时不需要你的知情同意。共同做出医疗保健决策的方法有很多：（1）让你的医生知道你想要什么；（2）自己做一些调研；（3）询问为何建议做某一项检查或治疗；（4）询问替代方案；（5）考虑将观察等待作为立即治疗的替代方案；（6）陈述你的医疗保健偏好；（7）承担治

医疗保健专业精神与宗教信仰

医生有无差别地为所有患者提供医疗服务的职业义务。药剂师有无差别地为患者配药的职业义务。这些原则可能看起来理所当然，但并非任何时候都能得到遵守。一些医生会拒绝实施堕胎手术，或是拒绝将患者转诊给另一个愿意实施堕胎手术的医生，声称这违反了他们的"良心"。一些药剂师会拒绝按处方为强奸受害者配紧急避孕药，有时甚至会为了不让她去另一家药店买药而拒绝归还处方。

美国目前至少有45个州有"良心法"，允许医疗保健专业人员拒绝提供任何违背其良心的服务。除了拒绝实施堕胎外，可能被拒绝提供的医疗保健服务清单还包括：

- 拒绝向患者提供可以使用紧急避孕药的建议，或拒绝为这类药品开具处方，即使面对的是强奸受害者。
- 拒绝为不孕夫妇提供选择新的生殖技术的建议。
- 拒绝患者要求暂停或停止使用痛苦或无效的治疗方式的请求。
- 拒绝给孩子接种水痘疫苗（甚至不告诉其父母有该疫苗），因为该疫苗是用流产胎儿的组织研制出的。
- 药剂师拒绝为任何避孕药处方配药。
- 拒绝为患者提供关于临终选择的建议，或是拒绝遵守他们的医疗要求。

曾几何时，医疗保健专业精神意味着，在任何情况下都要尽最大努力去减轻患者的痛苦，帮助陷入困境的人。美国是否进入了一个个人自主比减轻痛苦更重要、"良心"凌驾于职业道德之上的时代？作家C. S. 刘易斯写道："在所有的暴政中，为了受害者的利益而在施行的暴政可能是最具压迫性的。因此，在匪徒强盗统治和'全权的道德纠错者'统治之间，前者可能更好。匪徒的残忍有时会偃旗息鼓，他的贪欲有时可能被填满。而那些为了我们的'益处'而逼迫我们的人，他们对我们的逼迫是没有止境的，因为他们认为其所作所为是基于他们的良心。"（Charo, 2005）

疗过程的责任。

熟练掌握获得医疗保健的技巧是第三个原则。通过与医疗保健提供者的沟通和合作，你可以熟练地购买医疗保健服务。有很多方法可以在不影响质量的情况下，降低医疗保健的费用：（1）学习自我保健和自我负责；（2）向初级医疗保健提供者寻求医疗保健；（3）减少不必要的医疗检查；（4）仅在必要时使用药物；（5）只在必要时才寻求专科医生的帮助；（6）只在确实存在紧急情况时使用急救服务；（7）仅在初级保健医生建议时才使用医院资源。

选择医疗保健提供者

如今的医疗保健体系异常复杂。对大多数人来说，"去看医生"是最显而易见的选择。但医生只是医疗系统的一个组成部分，这个系统还包括护士、医师助理、理疗师、护理人员和众多技术专家——这些人负责采集血液和拍摄X光片、进行侵入性诊断检查、换药、为骨折部位打石膏、协助康复以及履行许多其他职能。除了医生和各种医学技术人员之外，还有其他的医疗保健提供者——他们会使用替代疗法，有时与常规的西方医学相结合。这些人包括整脊师、自然疗法医师、按摩治疗师、针灸师、草药医生等。根据自己的特定问题来决定需要什么样的医疗保健提供者，是成为明智的医疗保健消费者的第一步。

在美国，所有的医生都接受了现代（西方）医学的训练，并依此行医。现代医学的治疗或药物的有效性是根据现代科学原则、实验和临床试验来确定的。传统医学（大部分是东方的）则基于人类数千年来的观察以及不同于现代科学的关于宇宙和人体生物学的理论。在中国、印度和其他亚洲国家施行的传统医学的基础是草药以及人体生理机能与自然元素的平衡。现在，大多数亚洲国家结合使用西方医学和传统医学。目前，美国也有一些医生将替代医学的元素融入自己的医疗实践中。人们会基于多种不同的原因选择医疗保健提供者，包括过去的经验、知识、文化偏好、支付能力和个人信仰等。

医疗保健提供者

在美国，提供医疗保健的任务是由大量的人员完成的。他们接受的专业培训有很大的不同（见**表**

19.1）。当然，医生是医疗建议和护理的主要提供者，但如果没有其他人的帮助，他们的任务也不可能完成。接下来将介绍一些重要的医疗保健提供者。

医师助理

医师助理（有处方权但通常在医生指导下工作——译者注）在患者护理的许多方面接受了培训，他们在医生的监督下独立工作。医师助理监督医生健康小组的其他成员，并执行复杂的诊断和治疗程序。在繁忙的诊室里，大多数患者与医师助理打交道的时间比与医生交流的时间还要多。医师助理可以比医生有更多的时间和患者在一起，而且通常可以回答患者提出的关于药物或手术的大部分问题。

护 士

注册护士所接受的培训职能包括促进健康、向患者提供预防疾病的建议，并协助照顾患者。医院注册护士会经常与患者接触，监测他们的病情、管理药物，并记录病情和问题。注册护士会在治疗、手术和检查中协助医生。护士可以有专科领域，如外科、癌症、妇产科或急诊室护理等。其他的专科领域还包括家庭保健护士、职业健康护士和公共卫生护士。

执业护士是经过额外培训、具备更多技能的注册护士，能够为患者提供许多初级医疗保健服务。他们能采集患者的病史和为他们进行体检。他们还能为患者提供咨询，并在把患者转给医生之前进行初步诊断。

急救医疗技术人员

急救医疗服务由急救医疗技术人员（emergency medical technicians, EMT）和急救医士（paramedic）在家中或事故现场提供。急救医疗技术人员在医院工作，也与警察部门和消防部门协同工作。急救医士接受了更高级的培训，能够为急需救治的患者或受伤者实施各种急救程序。训练有素的急救医士能辨认出心肌梗死患者，并开始实施心肺复苏。急救医疗技术人员和急救医士都接受了安全移动重伤者的培训，并能够与医院的医生沟通，以确定急救治疗的最佳方案。

表 19.1　部分医学专科

在获得医学博士学位后，医生可以进行专科深造。这需要几年的额外培训。医学专科委员会通过考试来认证某一专科的医生。下面介绍了一些医学专科。

专科	关注重点
过敏反应与免疫科	过敏性疾病的预防、诊断和治疗
麻醉科	在手术或诊断过程中给药以防止疼痛或诱导麻醉（失去知觉）
心脏病科	心脏及血管疾病的诊断和治疗，包括心肌梗死、高血压、中风等疾病
皮肤科	皮肤病的诊断和治疗
内分泌科	治疗因身体内分泌（激素）系统异常而引起的医疗问题
家庭医生	为患者及其家属提供全科医疗服务
老年病科/老年科	关注老年人的问题
住院医师	只负责住院患者的医生
内科	人体内器官疾病的诊断及非手术治疗
神经科	脑、脊髓和神经疾病的诊断及非手术治疗
妇产科	孕妇护理以及女性生殖系统疾病的治疗
肿瘤科	各种类型癌症的诊断和治疗
眼科	眼睛的医疗及手术护理，包括验光配镜
骨科	骨骼和肌肉异常的诊断和治疗，特别是由体育活动引起的损伤
病理科	器官、组织、体液、排泄物的检查与诊断
儿科	对儿童（通常是指青春期之前）的医疗保健
预防医学	通过免疫接种、良好的医疗保健和关注环境因素来预防疾病
精神科	精神和情绪问题的治疗
公共卫生科	预防医学的附属专业，致力于促进社区居民的综合健康
放射科	使用放射技术诊断和治疗疾病
泌尿科	男性生殖系统和泌尿系统的治疗以及女性泌尿系统的治疗

理疗师和职业治疗师

理疗师的受训职能包括让患者身体恢复功能、提高活动能力和缓解伤痛或疾病。他们试图保持、

与你的医生交流

- 你应当选择一个你信任的医生,并且对他的医术有十足的信心。花点时间找一个能满足你的医疗需求的初级保健医生,他/她应该是一个你可以坦诚地向其表达自身健康担忧的人。
- 你与你的医生之间清晰、坦诚的沟通至关重要。你应当理解你的健康问题的性质,以及被要求进行的任何检查的原因。你应当自由地询问不同的治疗选择。你有权以你所能理解的语言,获得与你的健康问题有关的所有信息。
- 你应当有足够的信息与你的医生分享你可能遇到的任何情感问题,或是你生活中的任何压力。这些信息可能对做出准确的诊断和给出治疗建议很重要。如果你对与医生的交流感到不安,那就说明治疗的艺术未得到践行。
- 在就医之前,试着通过冥想或视觉化练习来放松身心。这会帮助你在与医生讨论你的问题时保持平静。
- 时刻谨记,在医疗咨询中你的思想是多么容易受影响。在治疗过程中,医生关于你的病情所说的话,可能和治疗本身一样重要。如果医生是积极的和令人鼓舞的,那么治愈的可能性就会增加。
- 你在与医疗保健提供者沟通时,最困难但也最重要的是讨论那些让你感到尴尬或害羞的问题。例如,有关药物滥用的问题、性和人际关系问题或虐待、不受控制的进食,以及过多的压力、焦虑、抑郁和其他心理健康问题。记住,医疗保健提供者对你披露的信息是会保密的,你对其不隐瞒重要信息是你作为一个好患者理应做到的事。即使你的初级保健医生不能治疗你的问题,你也很可能被转介给另一个有能力治疗的健康专业人员。务必遵循专业人员的建议以获得帮助。你的问题越早得到处理,你就越有可能得到积极的结果,也越可能感觉更好。

恢复和提高患者的整体健康。理疗师通常会在医院或医疗诊所工作,为医生转诊的患者提供服务。理疗师帮助患者恢复活动能力和力量,并训练他们做运动,以便进一步加快康复。

职业治疗师帮助职场中的人(即使他们有一些残疾或伤病)完成其日常任务。他们可以帮助那些长时间在电脑或收银台前工作的人避免身心压力和重复性运动损伤。他们是训练有素的顾问,经常会与理疗师一起帮助工作者从疾病或受伤中恢复过来。

运动医学

运动医学涉及许多不同类型的医疗保健提供者和专家的协调努力。由于运动或锻炼损伤可能源于生理、心理或环境原因,因此体育损伤的预防、治疗和康复需要各种专家。外科医生、训练员、教练、理疗师、心理学家和其他医疗保健提供者都会参与其中。

运动医学起源于古希腊和古罗马,在那里运动训练和比赛是日常生活的一部分。现代运动医学可以追溯至1928年。当时,奥委会组织了第一届运动医学大会。如今的运动医学专业包括心脏病学,矫形外科,生物力学,创伤学,以及营养、药物和心理咨询。

大多数运动损伤(如擦伤、水疱和局部压痛)通常都较为轻微,不需要医疗护理也可痊愈。但是,如果它们不能痊愈或是出现了以下任何症状,那么你可能需要咨询运动医学专家。

- 相对虚弱:身体的一侧感觉比另一侧更无力。
- 肌肉痉挛:肌肉痉挛引起的突然的剧烈疼痛。
- 麻木:身体某些部位失去感觉,也可能以刺痛或扎痛的感觉出现。
- 运动范围减小:身体某些部位的活动范围不能达到正常水平。
- 扭伤:其症状的严重程度不同,但均包括疼痛、肿胀以及肌肉或韧带撕裂。

就 医

大多数就医的人只是有些小恙,可能是去做例行检查或慢性病的随访,或者只是需要某种形式的安慰。一般来说,患者分为三类:(1)认为自己生了病且确实身患疾病的人;(2)认为自己身体很好但实际上患病的人;(3)实际上没有病,但想要确认自己没病以寻求安慰的"疑病者"。最后一类人可能占家庭医生接诊的所有就医者中的一半。

表19.2 在美国，最常见的20个就医原因

1/8的人就医时没有任何病痛或症状。

排名	原因
1	复诊/病情进展就医，未另作说明
2	一般医学检查
3	术后复查
4	咳嗽
5	开药，其他及未明确说明的类型
6	高血压
7	常规产前检查
8	针对其他及未明确说明的检查结果
9	寻求咨询，未另作说明
10	糖尿病
11	膝盖症状
12	背部症状
13	胃部和腹部的疼痛、绞痛和痉挛
14	妇科检查
15	婴儿体检
16	肩部症状
17	腰部症状
18	各类手术
19	咽喉相关症状
20	其他所有原因

资料来源：Centers for Disease Control and Prevention. (2013). *National ambulatory medical care survey: 2013 summary tables.*

虽然一些医生鼓励人们每年进行体检，但大多数研究表明，基本健康的人没必要经常体检。就医的频率取决于你的个人需要，但很多人会因为可能不需要医疗照护的轻微病痛和疾病而就医（**表19.2**）。通常，人们向医生要求的不仅仅是药物。

患者对医疗保健的满意度，通常取决于在医生诊室里发生了什么。医疗保健的质量在很大程度上取决于医生与患者之间的交流。对潜在健康问题的焦虑、就医前长时间的等待、看上去永无止尽的检查，都可能增加患者的压力。如果你清楚地了解你在就医期间想要达到什么目的，你就可以增加就医成功的机会。

诊断与治疗是分开的，也是不同的。在任何疾病中，都涉及两个重大选择：第一，承认你生了病并找出病因，这是**诊断**（diagnosis）的过程；第二，根据诊断来决定什么是最好的治疗方法。

例如，假设你的胸部有轻微的疼痛，诊断检查表明你的冠状动脉有部分阻塞。一名医生可能建议你改变饮食、增加锻炼，并服用一种能控制疼痛的药物；另一名医生可能坚持要立即实施手术来改善这种情况。只有通过获得尽可能多的信息，你才能做出一个让自己感觉正确的决定。

医 院

在你生命的某个时刻，你可能需要使用医疗设施，无论是分娩中心、急诊室、计划进行手术的医院，还是随着你、你的父母或朋友变老后所需要的养老院。想要做出关于医疗设施的明智决定，必须要了解可用的设施类型以及它们是否满足你的需求。

大多数美国人都将在他们一生中的某个时刻住进医院。对许多人来说，在医院的经历是令人困惑和恐惧的。为了应对这一不愉快的现实，人们应该了解住院患者的权利。

在入院时，患者必须签署一份同意书，将有关其健康护理的所有决定授权给医院和医生。在绝大多数情况下，在实施任何侵入性医疗程序之前——无论是诊断还是治疗——医生都要获得患者的知情同意。但是，医生提供给患者的信息数量以及患者对拟定治疗方法的理解程度，通常取决于影响患者与医生之间沟通的诸多因素。美国医院协会发布了《患者护理合作关系》，以描述住院患者最常遇到的情况和问题。在美国住院的人可以向医院要一份该资料。

对患者来说，最令人沮丧和焦虑的情形是不理

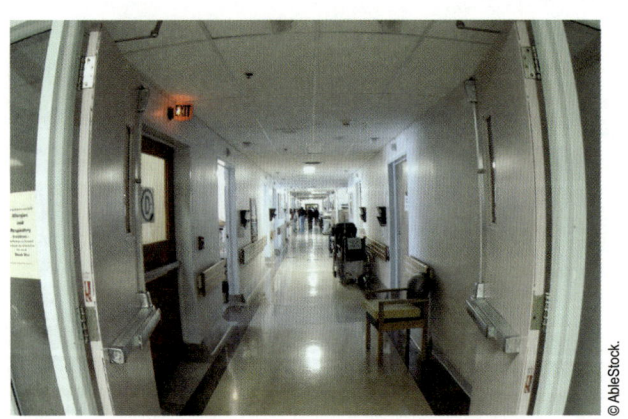

对许多人来说，医院是一个缺乏人情味和令人困惑的地方。与医疗保健提供者建立良好的沟通，并了解你作为消费者的权利，有助于对抗这些感受。

解将会发生什么。而更糟糕的是，在接受不熟悉和不舒服的医疗程序时，患者不理解究竟发生了什么。除了发生需要立即采取行动的危及生命的紧急情况外，你有权充分了解所有的医疗程序及其使用理由。作为患者，你有责任决定你想做什么。一旦你做出了这个决定，你就应当理解如何与医疗保健团队充分合作，以获得最大的利益。

医院急诊室

如果你或你身边的人认为，你正在遭遇医疗紧急情况，如心梗、中风或严重哮喘发作，那么此时应立即寻求紧急服务（拨打911；在中国可以拨打120——译者注）以寻求建议，或要求紧急医疗急救人员（急救医疗技术员）乘坐救护车或其他急救车辆赶来救援。如果你需要被送到某医院急诊室，那么该医疗机构必须依法接收你并诊断病情，必要时还需启动治疗，无论你是否有能力支付费用。如果你没有医疗保险，你可能会被转移到公立医院接受进一步的护理。

人类行为和特质的医疗化

医疗化（medicalization）是指将一般不被视为疾病或医学问题的健康状况、行为或特质纳入医疗考虑的范畴。一旦被医疗化，这些健康状况就会被认为需要某种治疗，如心理治疗、药物治疗或手术。一旦某种健康状况被医疗化，医疗保险公司就可以向医生付款。

第一个被医疗化的重要人类行为是同性恋（Conrad, 2007）。多年来，同性恋在美国和其他国家被污名化为一种"疾病"，需要用药物、心理疗法和其他方法来治疗。20世纪70年代，同性恋在美国被正式去医疗化，现在已被视为一种正常的人类特质差异，就像智力和运动能力存在差异一样。但其他人类行为、健康状况和特质的医疗化近年来在显著增加。

几个世纪以来，人们一直认为吸烟和饮酒即使达到对健康和个人造成不良后果的地步，也只是出于个人的选择。尽管许多人仍然持这一观点，但近几十年来，吸烟和过量饮酒都已被医疗化。吸烟者和重度饮酒者现在都被鼓励针对这些不健康的行为寻求治疗。

制药公司很快就察觉到了将一些人类的健康状况和特质医疗化的潜在利润。多年来，人生长激素一直供不应求，然而由于生物技术的发展，现在它可以无限量供应。处于身高分布低端的儿童如今会被诊断为"特发性身材矮小"，并有资格接受常年注射生长激素的治疗，只要他们的父母能够负担注射的费用。因此，事实上完全正常的儿童会因身材矮小的医疗化而被污名化。这些孩子受到的心理伤害可能会远远大于他们可能从治疗中获得的收益（最多是增高几厘米）。

制药公司从勃起问题和脱发等"男性衰老问题"的医疗化中获得了巨大的利润。通过直接面向消费者的广告，这些问题及其药物解决方案每天都会呈现给电视观众。除美国外，所有国家都禁止直接向消费者投放处方药广告。

教室中活跃的、不专心的儿童经常被诊断为患有注意缺陷多动障碍（ADHD），并接受兴奋剂类药物的治疗，它能帮助其中的许多人安静下来。家长和老师都喜欢更安静的家庭和课堂环境。ADHD的诊断已经扩展到了更年长的人群中，他们被说成是有"成人ADHD"。这扩大了药物治疗的潜在范围。

不健康的生活方式会增加医疗保健费用

尽管诸多因素导致了美国高昂的医疗保健费用，但有些因素所需的费用比其他因素大得多。如果让你列出一个清单，你可能把医生的工资、住院费用、药品价格、诊断检查的过度使用、账单欺诈等列入其中。但是，你也应该把不健康的生活方式引起的疾病列入其中。美国疾病控制与预防中心发现，美国75%的医疗支出用于治疗"可预防的"慢性病，如2型糖尿病和肥胖。

通过纳税的方式，美国公民每年花费1 900亿美元治疗肥胖，2 450亿美元治疗糖尿病，另外还花费数千亿美元治疗其他由不健康的生活方式和行为引起的心血管疾病和癌症。

> **心怀希望有助于治疗和康复**
>
> 在面临癌症、糖尿病、痴呆迹象或意外致残等严重的健康问题时，人们往往会愤怒、绝望、抑郁，甚至产生自杀的想法。面对严重的健康问题，既需要勇气，也需要医生和其他医疗保健专业人员的有力干预。患者需要积极参与治疗的所有方面，以增加康复的机会。为了有效地协助康复，个体需要调整好精神状态，对康复抱有积极乐观的态度。
>
> 患者对治疗成功的希望，对任何疾病的治疗都有很大帮助（Harris & DeAngelis, 2008）。我们都认识这样一些人，他们从癌症中完全康复，或在一次严重的事故后恢复正常活动。那些有强烈动机从看似会终结职业生涯的伤病中恢复的运动员们，往往能重返赛场。在希望和积极心态的帮助下，人的身心具有非凡的治愈能力。起初，希望或许带有伪装的成分，但随着一个接一个的进步出现，希望和治愈都会变成现实。那些不放弃的人通常都能好起来。

肥胖对大部分美国人来说是一个严重的健康问题。通常来说，肥胖源于饮食过量和缺乏身体活动。肥胖的原因源于生活方式的个人选择、造成久坐不动的社会环境以及食品供应的超级工业化。后者为人们提供了增加超重和肥胖风险的消费品。因为改变生活方式、社会环境和经济状况是困难的，所以肥胖就被医疗化了。制药研究人员正在竞相寻找可以防止增重或促进减重的药物。减重手术越来越多地被推荐为治疗肥胖的方法。这种手术会切除一部分胃以防止个人饮食过量。

即便如此，个体仍然可以自由地为自己的健康承担责任。他们可以不接受某些行为或健康状况的医疗化。我们敦促所有的读者对自己的健康负起责任，并采取促进健康和幸福的行为和态度。

精准医疗

目前的许多医疗保健都基于这样一个前提，即每个有一系列特定症状或诊断的患者都应该得到相同的治疗。也就是说，这种治疗经过严格测试，已被证明在许多人身上都有效。**精准医疗**（precision medicine，也称为个性化医疗）则有所不同。精准医疗基于这样一个前提，即个体的健康和疾病可以根据该个体的独特特征（尤其是其基因构成）来管理。精准医疗对治疗某些癌症特别有帮助。精准医疗之所以成为可能，是因为已经有成千上万种特定的突变（基因的改变）被发现与特定的疾病有因果关系。因此，医生可以检测患者的DNA是否有致病的突变，然后根据具体情况（尤其是癌症）提供药物。例如，现在有一种药物可以控制一种极为特殊类型的囊性纤维化的症状，这种严重的遗传性疾病会降低肺部功能。然而，只有大约4%的囊性纤维化患者所患的特定类型，对此药物有反应，该药物对其他96%的患者无效。精准医疗意味着每名囊性纤维化患者都必须接受测试，以确定其是否携带能对药物起反应的特定基因突变。

1988年，一种名为赫赛汀的药物被批准用于治疗乳腺癌。然而，它被发现只对不到1/3的女性乳腺癌患者有效。最终，赫赛汀被确认仅对HER2基因引起的乳腺癌有效。治疗乳腺癌的医生可以使用精准医疗技术来确定患者的肿瘤是否携带HER2基因，以及患者是否会对赫赛汀产生积极的治疗反应。

结直肠癌是由诸多不同的突变引起的。一种名为维克替比（帕尼单抗）的药物可以有效地治疗七种结直肠癌，其他结直肠癌患者必须使用不同的药物。抗癌药物可瑞达（派姆单抗）是为携带特定基因异常的人开发的，这种基因异常会阻碍细胞修复DNA损伤（Garber, 2017）。当几乎任何人体组织中出现癌症时，都可以通过基因检测来识别患者是否携带这种基因异常（患者携带率大约为1%），并根据测试结果决定是否开具抗肿瘤药物派姆单抗的处方。

美容手术

那些能负担得起费用的人通过**美容手术**（cosmetic surgery）来改变外表。在2015年，美国实施了约1 200万例外科和微创美容手术（**表19.3**）。除了美容手术外，美国还实施了大约520万例重建整形手术。91%的美容手术的接受者为女性，其余为男性。注射肉毒杆菌来去除皱纹和抬头纹是最受男性和女性欢迎的非外科美容手术。

像凯泽这样的大型健康维护组织和其他医疗保险机构，如今可以为其成员提供收费的美容手术，

表 19.3　2012 年美国最常见的美容手术

手术	数量
微创手术	
A 型肉毒杆菌毒素治疗	670 万
软组织填充	240 万
化学剥脱术	130 万
激光脱毛	110 万
微晶磨皮术	80 万
美容外科手术	
隆胸术	28 万
隆鼻术	21.8 万
眼睑手术	20.3 万
抽脂手术	22.2 万
腹部除皱术	12.8 万

资料来源：American Society of Plastic Surgeons. (2016). 2015 Plastic surgery statistics report.

通常比私人医生收取的费用要低。美容手术被视为一种可以为其他医疗服务提供资金的盈利方式。皮肤科医生和整形外科医生承担了大部分的美容手术，但现在许多医生也为其患者注射肉毒杆菌毒素和胶原蛋白。随着人口持续老龄化，预计美容手术的热潮将进一步升温。

大多数美容手术都是安全的，尤其是由获得资格认证的医生执行的手术。然而，发生感染、结疤和不良结果等并发症也是有可能的。抽脂手术是较为流行的手术之一。它被用来去除身体各部位的皮下脂肪，以使身体塑造出更具吸引力的体形。抽脂手术会导致多种并发症，其中一些可能是严重甚至致命的。因此，在决定进行该手术前，不能草率行事，必须充分考虑可能出现的不良后果。

器官移植

如今绝大多数的人类主要器官都可以移植，包括肾、肝脏、心脏、肺、胰腺以及眼睛和皮肤组织。器官可以从逝者（突然离世，通常是因事故意外死亡的人）或活体捐献者那里移植。美国每年大约有 3.4 万人接受器官移植，然而大约有 12.5 万人在寻求器官移植。

> 我也曾拥有雄心壮志，但我让布法罗的一个医生摘除了它。
> ——弗兰兹·卡夫卡

美国有超过 7.1 万人曾给别人捐献过器官——通常是给自己的家庭成员。肾脏捐献是最常见的，因为每个人都有两个肾脏，捐献一个肾可能不会对捐献者造成严重影响——只要剩下的肾脏能够继续正常工作。然而，未知的风险因素总是存在的。举例来说，假如肾脏捐献者是一个 20 或 30 来岁的年轻人，这名捐献者可能会在以后的生活中因感染或受伤而失去余下的那个肾脏，从而不得不也进入肾脏移植的等待名单中。由于这种可能性，一些医院移植中心更倾向于从老年人那里移植器官，但这也意味着捐献者会在移植过程中面临额外的风险，尤其是在健康状况不佳的情况下。

没有任何联邦指导方针或州法律规定谁可以捐献或是接受器官。每个医院或器官移植中心都有自己的规则。活体器官移植的批评者们认为，由于缺乏官方的指导方针或标准，个体事实上不能给予知情同意。例如，没有任何关于活体捐献者随后的健康或医疗问题的数据被保留下来。一些医院记录显示，15%~67% 的活体肝脏捐献者在移植后出现感染或其他并发症，但没有相关法律要求保存有关活体捐献者命运的记录。一些活体捐献者认为，他们在捐献前得到的信息不充分，捐献后也没有得到足够的医疗护理。

由于没有足够的遗体器官捐献者来满足迅速增长的器官衰竭者的需求，活体捐献者将继续发挥重要作用。70 岁的父亲或母亲可能很乐意捐献一个肾脏给自己的孩子。但是，正在考虑捐献器官来拯救老年人的年轻人应当仔细考虑移植手术对双方的风险和好处。每一个潜在的活体捐献者都面临着独一无二的情况，这只能通过相关各方的讨论来解决，包括医生、捐献者配偶及其他家人以及可能受到该决定影响的任何人。

对健康的批判性思考

1. 来自阿肯色州的国会议员约翰·索基托伊姆一直在努力制定一项解决联邦医疗保险财务危机的法案。他提议对所有并非出于医学需要（如乳房切除术后进行的乳房重建术），而仅仅是为了提升外貌的美容手术征收10%的税。他认为，能负担得起美容手术的人，也能为那些更为不幸的人的基本医疗需求提供支持。你是否赞成这项税？说出你的理由。
2. 你曾经因疾病或受伤而住过院吗？描述导致你住院的问题，并讨论你在医院所经历的治疗和检查。医院里最积极、最治愈的事情是什么？在你的住院经历中，最令人痛苦和最不健康的事情是什么？根据你的经历，为医院提出几点改善医疗服务的建议。
3. 乔·温达姆因肝功能衰竭住进了医院。尽管只有32岁，但就像他父亲那样，他在这一生的大部分时间里都是个重度饮酒者。几年前，他还感染了丙型肝炎，这进一步加剧了他的肝病。他已经失业一年多了，并且没有任何健康保险。他唯一的希望就是肝脏移植。如果没有新的肝脏，他可能会在几个月后死去。你认为，乔应该因为年轻而被给予肝脏移植的优先权吗？谁应该支付这几十万美元的住院和医药账单？由于没有足够的肝脏可供所有需要肝脏的患者使用，肝脏移植的优先级应该如何确定？

本章小结与重点

本章小结

美国人均医疗支出是世界上任何其他发达国家的两倍。大多数其他发达国家都能确保为其全体公民提供全面的医疗保健。在美国，没有医疗保险的人唯一的选择就是去医院急诊室，法律要求急诊医生必须诊断和治疗任何人，无论他们是否有能力支付费用。然而，一旦患者从急诊室出院，就无法获得后续治疗，可能不得不反复回到急诊室。为所有公民和广大非公民人口提供负担得起的全面医疗保健，美国还有很长的路要走。

每个人都会在生命中的某些时刻需要医疗保健。就医前准备好要问的问题，并且确保自己了解需要做什么才能康复。此外要记住，诊断只是医患互动的一个方面，治疗方案的选择不同于诊断。例如，医生可能建议你做韧带撕裂手术，但你也可以选择理疗和静养。警惕不必要的检查和手术。磁共振成像设备非常昂贵，因此医院和医生需要经常使用它们来覆盖成本。永远记住，预防往往是最好的良药。免疫接种可以预防许多感染病；意外事故可以通过不冒不必要的风险和留意你所做的事情来预防；超重和肥胖可以通过不吃精加工食品、高糖甜品和苏打水并提高活动量来预防。每天进行高强度运动有助于预防许多慢性病。

重点

- 每个人都在自己人生中的某些时刻需要医疗保健。知道该向医生问什么，以及对医生和医疗保健体系有什么期望，是至关重要的。
- 医生的责任是查明病因并监督疾病的治疗。患者的责任则是与医疗保健提供者合作，共同做出医疗保健决策，并熟练掌握获得医疗保健的技巧。
- 除了医生之外，还有各类医疗专家。他们中的一些人会与患者的初级保健医生一起工作，另一些人则通常通过医生转诊独立开展工作。
- 住院通常是一种令人不安的经历。患者应当知晓自己的权利，并提出一些能缓解忧虑和减少错误的问题。
- 医疗保健提供者包括医生、护士、理疗师、职业治疗师、医师助理和运动损伤专家。
- 吸烟、饮酒和过度进食等人类行为的医疗化，将由此导致的健康问题的责任从个人转移给了医生。身材矮小这一人类正常特征也已被医疗化。
- 数百万美国人每年花费数十亿美元通过各种外科和非外科美容手术来改善外貌。
- 来自活体捐献者的器官移植变得越来越频繁，这给捐献者和接受者都带来了问题。

参考文献

Blumberg, A., & Davidson, A. (2009). Accidents of history created the U.S. health system. National Public Radio.

Centers for Disease Control and Prevention. (2013). *National ambulatory medical care survey: 2013 summary tables*.

Charo, R. A. (2005). The celestial fire of conscience—refusing to deliver medical care. *New England Journal of Medicine, 352*, 2471–2472.

Combs, M. P., et al. (2011). Conscientious refusals to refer: Findings from a national physician survey. *Journal of Medical Ethics, 37*, 397–401.

Conrad, P. (2007). *The medicalization of society: On the transformation of human conditions into treatable disorders*. Baltimore: Johns Hopkins University Press.

Garber, K. (2017). In a major shift, cancer drugs go "tissueagonistic." *Science, 356*, 1111–1112.

Harris, J. C., & DeAngelis, C. D. (2008). The power of hope. *Journal of the American Medical Association, 300*, 2919–2920.

推荐阅读

Annas, G. J. (2004). *The rights of patients: The authoritative ACLU guide to the rights of patients*. Carbondale: Southern Illinois University Press. The country's foremost expert on medical ethics describes tragic cases and the need for patients to exercise their rights as patients.

Begley, S. (2011, July). The best medicine. *Scientific American*, 50–55. With so many drugs available, some cheap and some costly, how do doctors know what to prescribe? This article explains how research can determine what is the best medicine.

Begley, S. (2011, August 22 & 29). The one word that can save your life. *Newsweek*, 30–35. Discusses why many widely used diagnostic tests and procedures are not only unnecessary in most cases, but also dangerous.

Callahan, D. (2009). *Taming the beloved beast? How medical technology costs are destroying our healthcare system*. Princeton, NJ: Princeton University Press. More and more medical technology will lead to unsustainable cost increases and destroy the healthcare system.

Gawande, A. (2017). *Being mortal*. New York: Picador. A surgeon and professor at Harvard Medical School examines the frequently deleterious and inhumane consequences of reliance on a medical approach to end-of-life issues. Chosen "Best Book of the Year" by *The Washington Post, The New York Times Book Review, NPR, and Chicago Tribune*.

Gawande. A. (2017, January 23). Tell me where it hurts. *The New Yorker*, 36–45. Renowned physician and professor at Harvard Medical School and spokesperson for healthcare reform discusses how America's medical system and health insurance need to change.

Groopman, J. (2003, August 11). Sick with worry. *The New Yorker*, 28–34. An article that describes the large number of patients who have nothing wrong but who demand treatment.

Groopman, J. (2007, January 29). What's the trouble? *The New Yorker*, 36–41. An article describing how difficult it is sometimes for a doctor to arrive at the correct medical diagnosis.

Merck Manual Consumer Edition (2018). A very helpful guide to understanding diseases and drugs.

Mukherjee, S. (2015). *The laws of medicine: Field notes from an uncertain science*. New York: TED Books. A physician and distinguished author of several highly acclaimed science books explains why the practice of medicine is still both an art and a science. Successfully treating many of today's health problems requires intuition as well as modern medical technology.

Sapolsky, R. (2005, December). Sick of poverty. *Scientific American*, 93–99. An article showing that poverty affects not only quality of life but length of life also.

Starr, P. (2011). *Remedy and reaction: The peculiar American struggle over healthcare reform*. New Haven, CT: Yale University Press. This book is a history of how and why ideological issues have affected the past century of rancorous debate on health insurance in the United States.

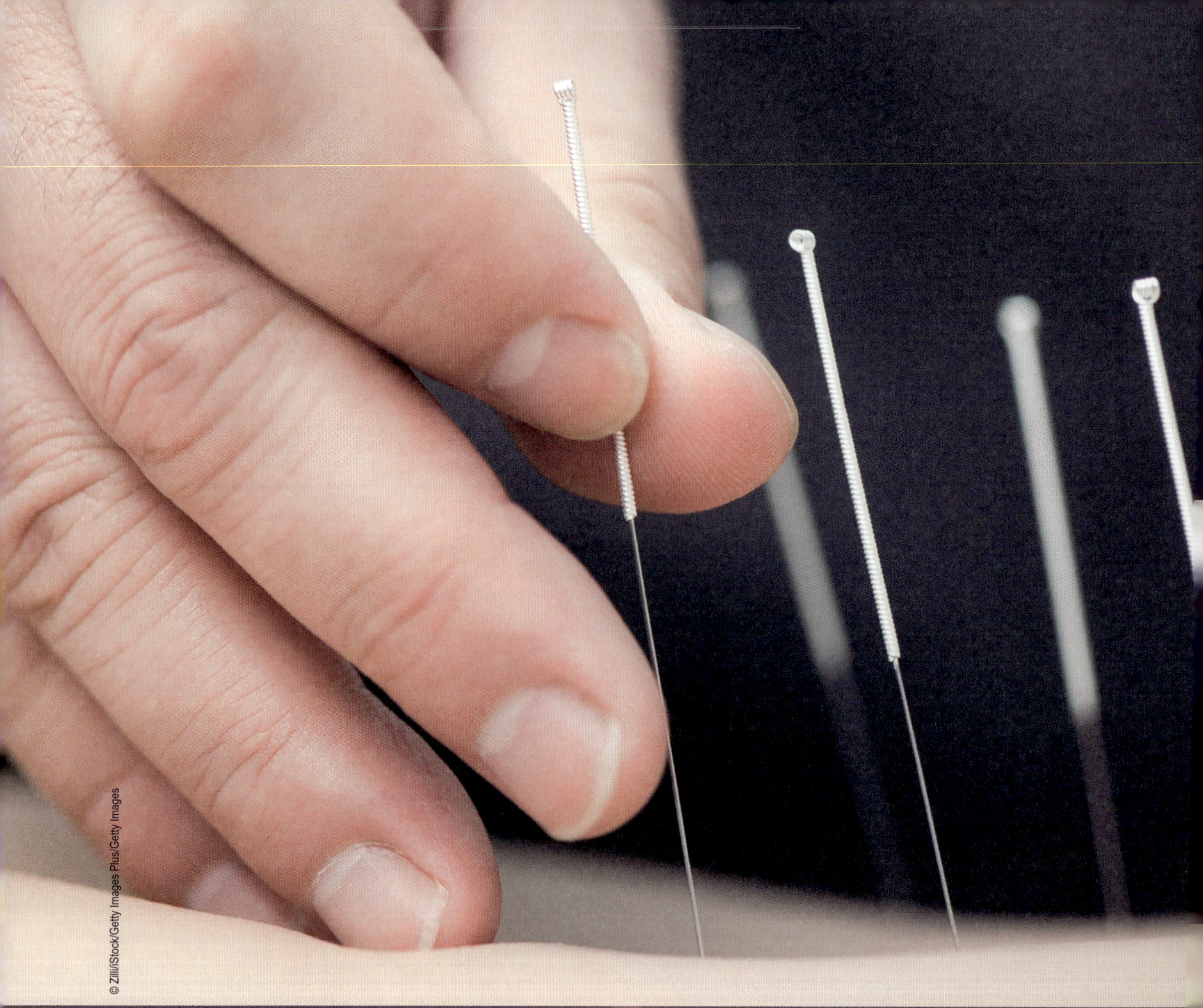

健康小贴士

用穴位按压法治疗头痛

维生素补充剂并不总是安全的

金钱与健康意识

推销"神奇的"健康果汁

健康指南

全身冷冻疗法：缺乏确凿证据

第 20 章

探索替代疗法

学习目标

1. 描述现代医疗保健与替代疗法的主要区别。
2. 说明替代疗法的四种类别。
3. 讨论针灸、美式整脊疗法、草药疗法和顺势疗法的治疗理念和方法。
4. 讨论某些人选择用替代疗法来补充或代替现代医学的原因。
5. 列出草药疗法可能具有危险性的原因。
6. 解释生物磁疗为何可能有助于治疗特定的健康问题。
7. 说说你如何保护自己免受医疗欺诈的侵害。

在美国，尽管大多数人在生病时都会选择去看医生，但也有许多人因为各种各样的原因去寻求现代医学的替代方法。其中一个重要的原因是文化。在依赖草药和部落治疗师来治疗疾病的文化中长大的人，即使移居到另一个国家，也经常会沿用他们自己的疗法。

> 你无法教一个人任何东西，你只能帮助他自己去发现。
> ——伽利略

一些人选择使用**替代疗法**（alternative medicine）是因为西方的科学医学未能减轻他们的痛苦或治愈他们的疾病。例如，没有进一步治疗方法的癌症终末期患者往往会求助于某些替代疗法。这些疗法提供了延长生命的希望——无论希望是多么渺茫。患有关节炎、慢性疲劳综合征、抑郁或持续性过敏等慢性病的患者，如果没有从医学治疗中得到满意的效果，往往也会求助于替代疗法来寻求缓解。

一些调查表明，在有严重健康问题的患者中，有1/3~1/2的人除了接受常规治疗外，还会使用某种形式的替代疗法。人们最常使用的替代疗法包括草药疗法、按摩、大剂量维生素疗法、能量疗法和顺势疗法等。美国的一些医生已经开始考虑他们的患者对替代疗法的需求和偏好。如果某种替代疗法与常规治疗结合使用，那么它就被称为**补充疗法**（complementary medicine），以表明两种疗法相互补充。例如，腰痛患者可能会被开具止痛和放松肌肉的药物，同时被转诊给整脊师或按摩治疗师。少数医生会为各种症状推荐顺势疗法，并开具处方药。

有时，补充疗法和替代疗法这两个术语被互换使用。由于许多新注册的医生在医疗实践中会纳入一些替代疗法，所以这些医生所采用的疗法被称为**整合疗法**（integrative medicine）。实施整合疗法的医生可以为患者提供关于草药、维生素、顺势疗法和许多其他替代疗法的建议。如今，美国许多最负盛名的医学院都有整合医学系，提供补充疗法和替代疗法的课程。

患者一定要与医生讨论他们正在使用的任何替代疗法，因为某些草药或疗法可能会干扰常规疗法或处方药的效果。例如，有些草药是危险的，因为它们含有有毒物质；还有一些草药可能干扰处方药的作用，从而降低其效力。此外，许多替代疗法尚未在临床试验中接受科学检验，或未被证明其安全有效。最后，一些替代疗法的从业者没有受过良好的培训，许多从业人员是没有执照的。任何考虑使用替代疗法来解决严重健康问题的人都应当获得尽可能多的信息，并与合格的医疗从业者讨论这个问题。

由于认识到替代疗法的使用者越来越多，美国国会于1992年设立了替代医学办公室（Office of Alternative Medicine, OAM）。OAM的任务是资助试图测试各种替代疗法（如针灸、按摩、催眠、生物反馈、瑜伽、长寿饮食等）的有效性和疗效的研究。1998年，美国国立卫生研究院将小型组织OAM变成了一个成熟的研究机构，如今被称为美国国家补充与整合医学中心（National Center for Complementary and Integrative Health, NCCIH）。现在，超过2/3的美国医学院提供补充和整合医学方面的教育和培训。美国有大量成年人使用某种形式的替代疗法（图20.1）。

NCCIH的目标是测试各种具有合理科学基础，且可能对患者未被满足的需求有帮助的非常规疗法。为此，NCCIH资助了各种大型临床试验，包括用硫酸软骨素和氨基葡萄糖来治疗骨关节炎，用维生素E和硒来预防前列腺癌，以及用银杏叶来减缓痴呆和健忘等。

即使科学研究"证明"某些替代疗法没有价值，公众也不一定能关注到这些结果。例如，顺势疗法的基本原理（后面会讨论）使其无法被科学检验，而且

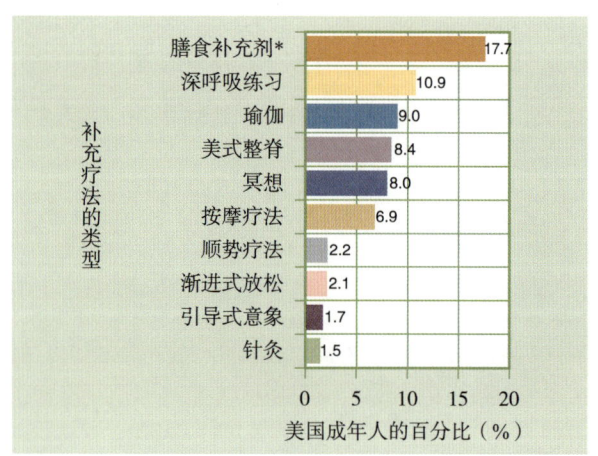

图20.1　10种最常用的健康补充疗法

美国使用不同健康补充疗法的成年人百分比。个体可以使用多种疗法。

*指非维生素、非矿物质膳食补充剂。

资料来源：Clarke, T.C. et al. (2015, February 10). National Health Statistics Reports, 79.

它提供的大多数药物不含活性成分。然而，顺势疗法在世界各地越来越多地被使用，数百万计的人声称见证了顺势疗法在许多疾病中的治疗价值。

替代疗法的定义

根据治疗或干预的方法，替代疗法可分为四类：（1）精神、超自然或心理疗法，包括祈祷、冥想、催眠疗法和信仰治疗；（2）营养疗法，包括改变饮食、禁食和使用补充剂；（3）使用草药或来源于自然的其他物质的疗法，如顺势疗法、草药或免疫系统增强剂；（4）物理疗法（也称理疗），如美式整脊、针灸、按摩和瑜伽。表20.1列出了替代疗法的部分清单。

一些替代疗法（如针灸和草药）已经被使用了几千年。如果人们没有从中受益，它们不可能沿用至今。另一些替代疗法（如顺势疗法和美式整脊）则是最近才出现的，它们出现的部分原因是对18和19世纪异常残酷的常规医学实践的回应。

在21世纪之前，各种刺激物都被用来清除身体中未知的病因。放血、水蛭吸血、灌肠和催吐剂（呕吐诱导剂）等都常常被医生用来治疗他们并不真正了解的疾病。这些治疗通常会让患者变得虚弱，经常会干扰疾病的自然痊愈过程。

如今，慢性病和慢性疼痛的患者仍在寻求那些既能缓解症状又几乎无害的疗法。对患者来说，关键问题是知晓哪些替代疗法可能有用，哪些是安全的。为了帮助你了解如何选择，本章介绍了一些使用较为广泛的替代疗法。

替代疗法

阿育吠陀

阿育吠陀是世界上最古老的医疗体系之一，已经在印度被实践了4 000多年。就像其他的亚洲医疗实践一样，**阿育吠陀医学**（Ayurvedic medicine）体现了一种对健康的整体主义取向；它教导人们健康来自身、心、灵的平衡，人与环境的平衡，以及人与宇宙关系的平衡。阿育吠陀这个词来自梵语，由两个词组合而成：阿育（ayur），意为"生命"；吠陀（veda），意为"知识"。因此，健康就是关于生命的知识。阿育吠陀过去主要由佛教徒或印度教徒实践，但它在西方国家变得越来越受欢迎。

阿育吠陀医学的原理是，自然和人是由五种元素或属性（土、水、火、气和空间）组成的，每种元素都由物质和能量组成。正是这些基本元素的相互作用产生了宇宙和人类，而后者是前者的缩影或映像。每个元素都与特定的属性相关联。例如，土元素致密而坚硬。人类身体中的固体结构，如骨骼，便来源于土元素。气元素寒冷且易变。在人体内，这种元素支配着呼吸和消化道的运动。人的思想、欲望和做事情的意志也在气元素的控制之下。水元素流动且柔和，调节血液、分泌物和脑脊液。火元素温热而轻盈，调节体温和消化的各个方面。空间元素在阿育吠陀中扮演着独特的角色，因为它使我们能够感知声音，并调节影响人体的振动。这五种元素在每个人体内（乃至宇宙中）的和谐会带来健康，任何一种元素的不和谐都会导致疾病。

人体与环境的相互作用被进一步定义为督夏，它调节人体组织的机能及代谢废物的排出。当督夏保持平衡时，人会体验到各个层面包括身体、情感和精神的健康。从整体的角度来看，这些人不仅没有疾病，而且处于最佳健康状态。他们有充沛的精力，在做任何事情时都聪慧且能干。他们与他人和环境关系融洽，情绪稳定而快乐。在精神层面，他们与宇宙和谐共鸣。任何一种督夏的失衡都会导致精神、情感或躯体疾病。阿育吠陀医学的目标是，将每个

表20.1　替代疗法的部分列表	
身体和营养	**心理和精神**
针灸	阿育吠陀
亚历山大疗法	生物反馈
阿育吠陀	基督教科学派
费登奎斯疗法	相互咨询/倾听疗法
草药	引导式意象
运动机能学（触疗健康法）	催眠
长寿饮食法	冥想
按摩	前世疗法
无茄属植物饮食	原始呐喊疗法
气功	渐进式放松
足底反射疗法	心灵疗愈
指压按摩疗法	磁疗法
太极拳	心理剧
瑜伽	重生疗法

人的督夏都恢复到适合其自身的平衡状态。

阿育吠陀医师通过一种被称为脉诊（一种高度成熟的检查脉搏的技巧）的技术来诊断患者的疾病。此外，通过检查舌头、尿液和身体的各个方面，如指甲、皮肤和嘴唇的状况，该疗法也可以发现病兆。一旦确定了失衡的性质，医师就会提供各种疗法。与现代医学一样，营养和锻炼是最主要的建议。然而，阿育吠陀医学不是按照脂肪、蛋白质、维生素、矿物质或食物种类来界定营养的。阿育吠陀分出了六种"味道"：咸、甜、酸、辣、苦和涩。这些味道不仅是舌头上的感觉，还对身体有着影响。每种味道都对应一种生理功能，如排泄、黏膜状况、压力大小等。调整饮食是为了恢复味道的平衡。也会推荐诸如瑜伽和太极等锻炼方式；如今，慢跑也可能包含其中。阿育吠陀从业者使用的其他技术还包括按摩、冥想和草药疗法。阿育吠陀医学的悠久历史以及越来越多接受其理念的人，证明了它的成功。

> 言辞是人类使用的最有效的药物。
> ——拉迪亚德·吉卜林

使用阿育吠陀药物的人在购买时需要谨慎。在美国，大多数阿育吠陀药物都是在未受监管的情况下在东南亚生产，并在美国的亚洲杂货店销售的。在波士顿地区售卖的大约 1/5 的产品都被发现含有可能有害剂量的铅、汞和砷等重金属（Saper et al., 2008）。当前，消费者无法知晓哪些产品是安全的，哪些产品含有重金属。

顺势疗法

在所有的替代疗法中，在美国和世界各地使用最为广泛的是**顺势疗法**（homeopathy）。美国的许多医生都会在其行医过程中使用某种形式的顺势疗法。执业护士、牙医、自然疗法医生、整脊师、针灸师和兽医们也会使用顺势疗法。每年有 200 万到 300 万美国人接受顺势疗法，并在顺势疗法制剂上的花费超过 2 亿美元。在欧洲国家，顺势疗法被医生们广泛使用；在印度，顺势疗法从业者超过 10 万人。

顺势疗法只有大约 200 年的历史，是由德国药理学家兼医生塞缪尔·哈内曼创立的。顺势疗法这个词来源于两个希腊语单词：omoios，意思是"相似"；pathos，意思是"感觉"。顺势疗法主要是一种自我治愈的体系，仅以极少的药物或疗法作为辅助。哈内曼相信，某种能引起与疾病症状相似的症状的小剂量物质（某种药物），能在某种程度上刺激身体的自然防御功能并促进痊愈。根据哈内曼的说法，顺势疗法基于四个原则：

1. 让个体产生与疾病相同症状的物质将治愈该个体（相似原则）。
2. 通过将其给予健康被试并观察其症状来对物质进行测试（验证原则）。
3. 小剂量比大剂量更有效（增强原则或无穷小原则）。
4. 必须释放被治疗者的生命力，使其体内重建和谐（内稳态）。

例如，从一种有毒植物中提取的颠茄，在被一个健康的人摄入时，会引起脸红和类似流感的症状。因此，顺势疗法医生可能会使用稀释的颠茄来治疗流感或高烧。颠茄的推荐剂量可能会被列为 30x，这是指原提取物被稀释的次数。实际应用中，这意味着将一滴原始提取物加入到 9 滴水（或酒精）中，然后再将一滴该溶液加入到 9 滴水中，并以此类推，直到这样的 10 倍稀释达到 30 次。从统计角度讲，最终稀释出的溶液不太可能含有任何颠茄分子。这就是如今顺势疗法被常规医学和西方科学视为虚假疗法的主要原因。尽管如此，200 年的经验以及患者和医生的观察表明，它确实帮助了许多患有多种疾病的患者。

顺势疗法在 1830 年左右开始被广泛应用，当时正是常规医学在治疗霍乱、斑疹伤寒和猩红热等感染病大流行方面极为无效的时期。在此期间，顺势疗法的医生在治愈患者方面明显比常规疗法的医生更成功。这或许是因为这些疗法确实有效，或是人们认为它们有效，也可能兼而有之。到了 1890 年，全美至少有 15% 的常规医生使用过顺势疗法，开办了 22 所顺势疗法医学院，并有 100 多家顺势疗法医院在运营。

在 19 世纪，美国医学协会提出将顺势疗法从业者纳入其组织。然而，顺势疗法从业者选择留在主流医学之外。于是，美国医学协会开始骚扰和威胁那些实施任何形式的顺势疗法的医生。1914 年，美国医学协会成为唯一有权为医生颁发行医执照的组织。结果，顺势疗法医学在美国销声匿迹了 50 多年。在 20 世纪 70 年代，随着替代疗法的普遍复兴，顺势疗法再次成为许多患者的选择。它可能作为单独的治疗方法使用，也可以作为常规医疗的辅助手段。

顺势疗法从业者使用他们的药物来唤起症状，以便人体能够识别它们，并从内部启动痊愈过程。顺势疗法被用于治疗急性（感染、受伤）和慢性（关节炎、过敏、高血压）疾病。它通常不治疗结构性疾病，或那些由长期器质性损伤引起的疾病，如肝硬化、糖尿病、慢性阻塞性肺疾病、遗传性疾病、神经系统疾病或癌症。

顺势疗法的药物来源于植物、动物、微生物和矿物质。植物类药物的例子包括草药、香料、食物、芳香剂以及蘑菇和地衣的提取物。矿物类药物包括金属溶液（铜、金、锡、锌）、稀酸溶液以及矿石和岩石的提取物。从动物中提取的药物包括从昆虫、蜘蛛和甲壳类动物中提取的毒液、激素提取物和从病变组织中提取的物质。

美式整脊

美式整脊（chiropractic）疗法于1900年左右由丹尼尔·戴维·帕尔默在美国创立。他没有接受过任何科学或医学方面的培训，但他一生都相信自己有治愈他人的"使命"。在50岁时，帕尔默通过整脊治愈了哈维·利拉德的耳聋。利拉德因在矿井里弯腰劳作失聪了17年。帕尔默发现了一节错位的脊椎骨并矫正了它，这让哈维多年来第一次挺直了身子，同时也恢复了听觉。在通过脊柱推拿完成几次其他治疗后，帕尔默得出了这样的结论：几乎所有的疾病都是由脊椎骨半脱位（错位）引起的。

帕尔默发明了"美式整脊"（chiropractic）这个词（源自希腊语，cheir 意思是"手"，praktikos 意思是"实用的"；这两个词通常被解释为"用手完成的"）。两年后，他在艾奥瓦州的达文波特开办了帕尔默美式整脊学校。1906年，帕尔默和他的儿子巴特利特·乔舒亚（又称B. J. 帕尔默）因无证行医被捕。帕尔默被审判、定罪和监禁，但他的儿子从未接受审判。

B. J. 帕尔默接管了美式整脊业务，并将其发展成了价值数百万美元的产业。B. J. 帕尔默是商业化美式整脊的天才，也是第一个提出邮购文凭这一构想的人。B. J. 帕尔默的美式整脊理念在他对脊椎的描述中得到了总结："脊柱的主要功能是支撑头部、支撑肋骨，以及支撑整脊师。"在B. J. 帕尔默接管业务后不久，美式整脊分成了两个不同的流派，并延续至今。其中一派是"正道派"，他们坚持最初的观点，即几乎所有的疾病都是由脊椎骨的半脱位引起的。另一派由约翰·霍华德创立，他认为疾病还涉及其他因素。这一派被称为"混合派"，秉持这一理念的从业者在整脊治疗中会结合使用营养疗法、放松疗法、运动疗法以及其他技术。

尽管整脊师治疗的疾病范围很广，但90%寻求美式整脊治疗的患者是因为背痛、颈痛或头痛。当脊柱完全对齐时，能量会自由地流动到人体的所有组织和器官中，这正是健康的基础。根据美式整脊的理论，脊椎骨**半脱位**（subluxation）是导致疾病的主要原因。脊椎骨半脱位可能由遗传性疾病、跌倒/坠落、受伤、不良睡眠习惯、不良姿势、肥胖、压力或职业危害等引起。

诸多研究表明，美式整脊对慢性、致残的腰痛有短期和长期的益处。其他研究得出的结论是，美式整脊在治疗背痛和肌肉骨骼疾病方面比常规医学疗法更便宜、更有效。然而，关于美式整脊能有效地降低血压或缓解过敏或溃疡的说法，还没有得到证实。

整骨疗法

整骨疗法（osteopathy）就像美式整脊一样，本质上是通过对脊柱和身体的其他结构部分进行推拿来治疗的。整骨疗法医师也被称为整骨医生，接受的训练与普通医生一样严格。整骨疗法医师通常拥有与医生同样的开具处方和做手术的医疗权限。然而，大多数整骨疗法从业者主要依靠理疗和锻炼来治疗患者的健康问题。

1828年生于弗吉尼亚州的安德鲁·泰勒·斯蒂

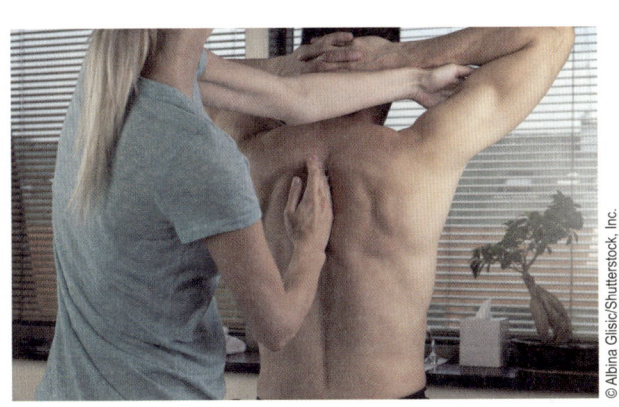

美式整脊可以帮助许多患有背痛和其他肌肉骨骼疾病的患者。

尔在美国创立了整骨疗法。安德鲁的父亲既是牧师也是医生，他是看着父亲治疗病人长大的。他最终发展出了自己的治疗方法，这种方法在很大程度上依赖于推拿。如今，美国有数以百计的整骨疗法医院和数以千计的整骨医生。

针　灸

针灸（acupuncture）是中医不可或缺的一个组成部分，其使用至少可以追溯到 5 000 年前。关于针灸的知识积累传承了几千年，并被记录在公元前 2 世纪或公元前 3 世纪成书的《黄帝内经》中。尽管针灸在中国和其他亚洲国家已经被使用了数千年，但直到 20 世纪 70 年代尼克松总统访问中国后，针灸才在西方流行起来。当时，正在报道尼克松访华之旅的《纽约时报》记者詹姆斯·雷斯顿突发疾病，接受了紧急阑尾切除手术。他后来写了一篇描述他接受针刺麻醉的文章，美国医生从此开始前往中国，学习更多有关针灸的知识。

针灸的基本原理是基于气的存在，气是重要的生命源泉，它在人体内循环，并通过被称为**经络**（meridians）的通道运行。人体内有 12 条主要的经脉，连接着所有主要器官，此外还有一些较小的络脉网络。经络在体表的许多位置相交，这些交点就是穴位，通过"针刺"穴位可以调节气的平衡，并治愈疾病或缓解疼痛。根据中医的理论，患病或功能失常的器官会在相应的经络上出现症状或征兆，如疼痛、体温变化、对触摸敏感，或是皮肤纹理或颜色的变化。因此，针灸师必须首先通过确定受影响的经络来诊断病因，然后才能治疗正确的穴位。

在针灸治疗中，极细的金属针会被刺入皮下的特定穴位（图 20.2）。传统中医认为，人体 14 条经络上分布着约 365 个穴位。通常使用的针不超过十几根。这些针会在穴位上留置大约半小时。在此期间，可能会捻转针体，或连接到低压发生器上，以增强平衡气的效果。有时还会通过一种叫艾灸的方法对穴位进行加热。将一小片草药艾蒿（通常称为艾草），要么在针柄上点燃，要么放置在穴位上。

2010 年，一个科学小组——科克伦系统评价小组（Cochrane Review Groups）——得出结论，传统针灸可以有效地缓解术后牙痛，并控制手术、化疗或怀孕引起的恶心。通过针灸可能获得治疗效果的其他健康问题还包括毒瘾和烟瘾、腰痛、中风康复、痛经、网球肘、头痛和腕管综合征。尽管尚无研究证实针灸对下述疾病的有效性，但针灸也被用于治疗神经系统疾病（梅尼埃病、三叉神经痛）、肠胃

> ### 用穴位按压法治疗头痛
>
> 许多人都经历过因颈部和头部肌肉紧张所引起的头痛。肌肉紧张通常会改变脑部的血液供应，从而导致头痛。按压两个不同位置的穴位或许能缓解头痛。其中一个穴位位于头骨底部下方，后脑勺正中线的左右两侧。
>
> 用手指托住后脑勺，用两个拇指用力按压头骨底部正中线的两侧。两个拇指应相距 3 厘米左右，并偏离头骨的中心线。每次用力按压最多 1 分钟，或直到你感到拇指累了。重复按压 2~3 次，按压时深呼吸，留意疼痛感是否有所减轻或消失。
>
> 另外两个缓解头痛的穴位位于每只手的手背上，拇指和食指之间的虎口。用一只手的拇指和食指（或中指）用力按压另一只手的穴位。该穴位可能很敏感，所以要控制按压力度，不要让自己感到不适。在另一只手上重复上述操作。每次最多按压这些穴位 1 分钟，然后重复几次，留意头痛是否有所缓解。

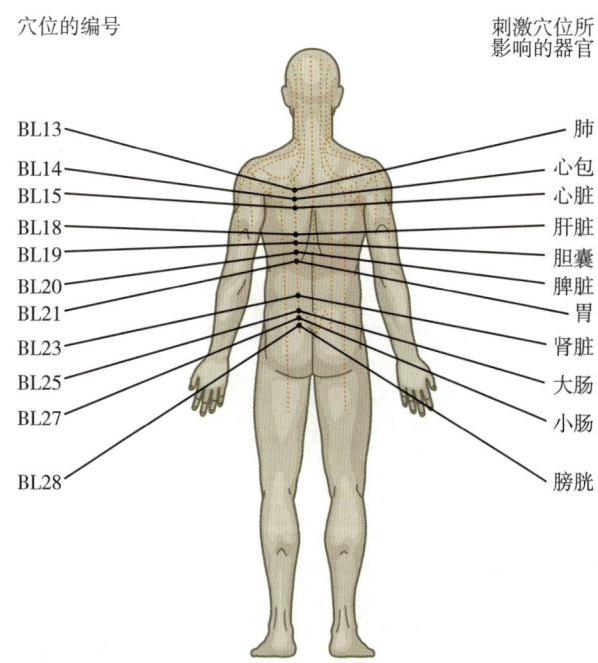

图 20.2　可能影响人体内部器官功能的穴位

疾病（消化性溃疡、结肠炎、腹泻）、呼吸系统疾病（哮喘、鼻炎、窦炎、支气管炎）以及关节炎。针灸可有效减轻骨性膝关节炎造成的疼痛（Hinman et al., 2014）。这种疾病是由软骨退化引起的，超过2 000万美国人饱受其苦。

与仅进行常规护理、药物治疗和伪针灸相比，针灸对治疗偏头痛和慢性紧张性头痛也很有效（Linde et al., 2016）。然而，许多研究表明，真正的针灸在减少偏头痛的频率方面并不比伪（"假"）针灸要好。针灸也表现出一种强大的安慰剂作用。这突显了替代疗法科学研究中的一个问题。实验设计通常是不同的，实验条件也因不同的研究环境而异。因此，寻求缓解某一健康问题的患者通常是根据他人的建议或自己对替代疗法有效性的信念来采取行动的。

草 药

数千年来，草药一直被用来治疗所有能被想到的疾病。古代中国、希腊和罗马社会都编纂了大量的药典，描述了草药的用途与制备方法。尼古拉斯·卡尔佩珀在17世纪出版的一本草药汇编被印刷了无数次，其中列出了3 000多种草药。

草药（herbal medicines）来源于植物，可以制备为药丸、茶、提取物、酊剂、药膏和其他形式。18世纪80年代，一位英国医生指出，他的一名患者通过喝用干毛地黄粉制成的茶治愈了水肿。这位名叫威廉·威特林的医生将水肿和心脏病联系了起来。随后，有研究者确定了有助于心脏功能的有效化学成分是毛地黄叶中的洋地黄毒苷。

制作草药的植物以及其他植物一直是现代药物（如麻黄碱、洋地黄、阿托品、利血平、奎宁，以及最近用来治疗乳腺癌的他莫西芬和用来治疗疟疾的青蒿素）提取和纯化的来源。一付草药通常由多种药材组成，所以很难知道是何种成分在症状的缓解或痊愈中起作用。直到现代化学的出现，植物材料才能被分解成单独的化学成分，用以测试药用性能。许多草药被用于治疗各种疾病和健康问题（**表20.2**）。

草药与处方药一样，也可能有潜在的副作用和危害。有些植物同时含有有毒的化学物质和有益的成分，这两种化学物质的浓度会因不同植株和季节而异。因此，一批草药可能是安全且有效的，另一批则可能是有毒的或无效的，甚至是既无效又有毒的。未经严格检验（这是处方药所必需的），无法确

表20.2 用于治疗常见疾病的草药

草药	用途
芦荟	用于烧伤、皮肤过敏
黑升麻	缓解痛经、经前期综合征、更年期症状
洋甘菊	促进消化
紫锥菊	刺激免疫系统
小白菊	退烧，缓解偏头痛
毛地黄	控制心律、心绞痛
大蒜	促进消化，预防高血压
生姜	缓解晕动病，止咳
银杏叶	扩张血管，改善痴呆
人参	减轻压力
山楂	降低血压，扩张血管
水飞蓟	保护受损肝脏，防止毒素进入肝脏
薄荷	治疗消化不良
圣约翰草	缓解抑郁
锯棕榈	治疗前列腺肥大，改善排尿，抗炎
番泻叶	强效泻药
茶树油	用于皮肤和阴道感染、痤疮
缬草根	温和镇静剂
柳树皮	缓解头痛

保草药的安全性和有效性。表20.3列出了与一些常用草药相关的问题、副作用和风险。

圣约翰草（在中国称为贯叶金丝桃或贯叶连翘）是一种有助于减轻抑郁的草药。临床研究表明，圣约翰草提取物在治疗中度及重度抑郁方面与处方抗抑郁药物帕罗西汀一样有效（Schmidt & Butterweek, 2015）。然而，该草药的一个主要问题是，它会降低避孕药的药效，导致服用该草药的抑郁女性意外怀孕。该草药还会降低其他处方抗抑郁药、抗艾滋病药物、抗凝血剂和多达50%的处方药的有效性（Chen et al., 2012）。使用这种草药有如此大的风险，因此只有在熟悉其多种影响的医生建议下方可使用。

卡瓦酒（kava kava），简称卡瓦或阿瓦，是一种草药饮料，被密克罗尼西亚、斐济和夏威夷等太平洋岛屿的原住民使用了数千年。在这些人群中，卡瓦酒主要是在举办仪式的场合饮用，但在社交场合也会被广泛饮用，用以放松身心和缓解压力。近年来，卡瓦酒在欧洲、加拿大和美国的使用已经发展成一个重要产业。卡瓦被制成饮料、茶以及药丸形式的

表 20.3 与一些草药有关的风险和副作用

紫锥花
过敏反应，包括皮疹、哮喘加重和过敏性休克（一种危及生命的过敏反应），尤其是使用者本就已经对菊科相关植物（豚草、菊花、万寿菊和雏菊）过敏。

麻黄
中风、心梗和猝死；心血管疾病、肾病、睡眠障碍和糖尿病的恶化；恶心、焦虑、头痛、精神错乱、肾结石、震颤、口干、心律不齐、心脏损伤、高血压、烦躁不安、胃部不适和尿频。

大蒜
呼吸和身体有异味、胃灼热（烧心）、胃部不适和过敏反应；凝血功能降低（在外科及牙科手术期间或术后可能造成问题）。

银杏叶
头痛、恶心、胃肠道不适、腹泻、头晕或过敏反应；凝血功能降低（在外科及牙科手术期间或术后可能造成问题）。

人参
头痛、睡眠及胃肠道问题、过敏反应、低血糖（更有可能发生在糖尿病患者中）。

绿茶
含有咖啡因，会引起失眠、焦虑、易怒、胃部不适、恶心、腹泻或尿频；含有少量维生素 K，会降低抗凝血药物（如华法林）的药效。

卡瓦
困倦（应避免驾驶和操作重型机械）、肝损伤（有时会导致致命的肝功能衰竭）、异常肌肉痉挛或肌肉不自主运动；可能与多种药物相互作用，包括治疗帕金森病的药物。

圣约翰草（贯叶金丝桃）
增加对阳光的敏感性；焦虑、口干、头晕、胃肠道症状、疲劳、头痛和性功能问题；可能会增加或降低其他药物的效果，如抗抑郁药、激素避孕药、地高辛、华法林、茚地那韦以及器官移植中使用的一些药物。

缬草
头痛、头晕、胃部不适、服用后次日早晨感到疲劳。

资料来源：National Center for Complementary and Integrative Health. (2015). *Herbs at a glance.*

草药在患有各种疾病的美国人中变得越来越受欢迎。

粉末补充剂出售。2002 年，许多卡瓦使用者（主要是在欧洲）遭受了严重的肝损伤，其中一些人不幸死亡。此后不久，卡瓦在大多数欧洲国家和加拿大被禁止使用。在美国，销售和使用卡瓦仍然是合法的，但美国食品药品监督管理局不建议使用。制备和使用卡瓦的传统方法是从卡瓦灌木的根皮中挤压出汁液，很可能是安全的。然而，在西方，提取物和药丸的制备来源不仅包括植物的根部，还包括树皮。树皮上似乎含有树根中不存在的有毒化学物质。无论如何，饮用卡瓦酒或服用卡瓦补充剂都是有健康风险的，应当尽量避免。

麻黄（ephedra）是一种强效药，提取自中药麻黄。它被广泛地添加到膳食补充剂中，作为一种兴奋剂来帮助人们减肥，并被运动员用来提高成绩。麻黄含有兴奋剂麻黄碱，正是这一成分产生了人们期望的功效，以及不良和危险的副作用，包括血压升高、心率加快、精神症状和胃肠道问题。它对心脏的影响是引发心悸，在敏感人群中可能导致心梗或中风。在 1997 年到 2001 年之间，美国军队共记录了 30 名因使用麻黄产品的军人死亡案例。近年来，几名知名职业运动员的死亡也与麻黄补充剂有关。除了死亡之外，还有成千上万使用麻黄产品的人报告了副作用。

2004 年 4 月，美国食品药品监督管理局禁止销售含有麻黄碱的草药和膳食补充剂。麻黄碱仅在减肥补充剂中被禁止使用，但仍被用于美国食品药品监督管理局批准的各种药物以及在美国以外销售的减肥产品中。许多作为麻黄销售的补充剂在去除麻黄碱后仍然是合法的。

禁止使用含麻黄碱的补充剂，是美国食品药品监督管理局依据 1994 年国会通过的《膳食补充剂健康与教育法案》中的规定，第一次发布的补充剂使用禁令。该法案赋予美国食品药品监督管理局权力，只要有令人信服的证据，表明一种补充剂有潜在的健康危险，就可禁止该补充剂使用。维生素和草药补充剂在美国是一个价值数十亿美元的产业。这些产品的供应商反对任何可能影响销售的法案。例如，

维生素补充剂并不总是安全的

美国人每年花费数十亿美元购买维生素、矿物质和其他膳食补充剂，以预防或治疗科学上已知的所有疾病，或是达到人们所能想象的最佳健康状态。由于美国的膳食补充剂行业不受美国食品药品监督管理局的监管，只受美国公平贸易委员会的最低限度监管，因此它可以向那些难以抗拒以较低风险和适中成本改善健康这一理念的人出售任何产品。不幸的是，消费者们无法获得某种膳食补充剂是安全、纯净或有效的保证。

维生素被认为是良好健康的必需品，事实也的确如此。某些维生素摄入不足会导致营养缺乏病。对美国人饮食模式的调查显示，许多人的饮食中缺乏一种或多种维生素（通常是维生素A、D和一些B族维生素）。在这种情况下，他们被鼓励食用更健康的食物。虽然他们的意图可能是好的，但许多人错误地认为：（1）瓶装维生素等同于食物中的维生素；（2）如果多摄入一点维生素是好的，那就多多益善。他们并没有考虑到，如果没有管理监督，某些瓶子里的东西甚至可能不是制造商在其广告乃至产品标签上所声称的那种成分。此外，一些维生素在大剂量下是有毒的，如维生素A、D、E、K、B_3、B_6。声称维生素D可以帮助减轻抑郁、降低心脏病风险、减轻疲劳和缓解肌肉无力的说法，只有极少的科学证据。然而，这种维生素的神秘感会使那些血液检测显示其维生素D水平正常的人仍坚持服用维生素D补充剂。服用过多的维生素D会导致恶心、呕吐、食欲不振，并扰乱骨骼健康所需的钙磷平衡。只有当检测证据表明需要通过补充化学提纯产品来改善维生素缺乏症时，才能服用维生素补充剂。没必要通过服用不必要的膳食补充剂来制造健康问题。

银杏叶是最畅销的草药之一，它被用作记忆增强剂，并被用来帮助老年人抵抗衰老。然而，如果你同时也在服用一种用来治疗心脏病的血液稀释剂药物，那么服用银杏叶提取物可能是相当危险的。

对于人们服用的大多数膳食和草药补充剂，目前尚无科学研究确定其风险与益处。制造商们在销售产品之前，无须测试其安全性和有效性。大多数维生素和矿物质补充剂，在人们适量服用的前提下都是安全的，许多美国人服用它们来补充日常饮食中可能缺乏的某些必需营养成分。然而，草药有很大的风险。草药含有类似药物功效的化学物质，但大多数草药中的活性化学物质的实际含量不为人知或者标签上的标注可能不实。任何计划使用草药的人都应该向专业的医疗保健提供者咨询使用该草药的风险和益处。服用草药造成的任何不良反应，都应当向卫生部门报告。

许多草药现在都被添加到食品中，以增加其市场吸引力和销量。草药被加入到苏打水、果汁饮料、谷类食品和许多其他种类的食物中。请记住，食物是用来享受美味和保持健康的，而草药是用来治疗病痛或疾病的。不要混淆食物和草药的功能，不建议"仅仅因为可能让自己感觉更好"而在食物中添加草药。

自然疗法

自然疗法（naturopathy）是19世纪晚期出现的一种美国特有的疗法。这个术语是由约翰·谢尔博士于1895年提出的。自然疗法作为一种治疗体系和生活方式的理念，则是由本尼迪克特·卢斯特在1902年提出的。在20世纪初，美国有20多所自然疗法医学院培养自然疗法医生，但随着常规医学的兴起，自然疗法几乎从美国的医学界消失了。然而，它在20世纪70年代与其他替代疗法一起开始复兴。

自然疗法强调疾病的预防和个体应该养成健康的生活方式。自然疗法利用了所有可用的替代疗法以及常规疗法的一些方面。然而，它排斥手术和药物的使用。如果自然疗法有一个统一的概念，那就是人体具有治愈自身的"能量"或"智慧"。从这个意义上说，它在理念上类似于阿育吠陀和中医。

自然疗法的八大基本原则如下：

1. 人体具有天生的自愈能力。
2. 自然疗法从业者的职责是找到并治疗疾病的根源，而不仅仅是症状。
3. 自然疗法从业者首先是一名老师，他必须教会患者如何预防疾病和恢复健康。
4. 自然疗法从业者必须使用"无害"的疗法。不建议手术和药物治疗。
5. 重点在于预防疾病。要详细考察患者的生活方式，向其提出减少健康风险和促进健康的建议。

全身冷冻疗法：缺乏确凿证据

运动员们！听好了！冰冻你的身体是缓解比赛、训练和个人锻炼后肌肉酸痛的好方法吗？冷冻疗法——坐在浴缸或小屋里，用液氮处理过的冷空气（零下118 ℃）吹向你的身体——风靡当下。全身冷冻疗法被认为起源于20世纪70年代的日本，起初用于治疗多发性硬化和类风湿性关节炎患者的严重关节疼痛，也曾用于治疗痴呆症。然而，没有任何科学研究证明冷冻疗法对任何症状有任何疗效（Costello et al., 2015）。2016年，美国食品药品监督管理局发布警告称，全身冷冻疗法没有正当的医疗用途，并可能造成冻伤、烧伤和眼部损伤等伤害（更不用说让人感觉不适了）。

用冰块或冰袋治疗伤痛或酸痛是一种历史悠久且有用的做法，能限制组织损伤并促进愈合。与冷冻治疗舱不同，冰袋只将皮肤温度降低约7 ℃，足以减缓流向受伤组织的血液流动以及引起炎症和疼痛的生物反应。无论冷冻疗法（一个疗程可能花费300美元）的广告商和供应商们如何宣传，还有一些体育明星承认自己使用过冷冻疗法这一事实，都不足以证明它有医学上的依据。

---

6. 良好的营养是自然疗法的一个根本目标。如果饮食不健康，身体就容易生病。
7. 治疗必须包含整个人，而不是只针对身体的某个器官或部位。为了促进健康，必须评估一个人的身体、心理、情感和精神状态，并做出必要的改变。
8. 自然疗法的终极目标是实现最佳健康状态，而不仅仅是没有疾病。

自然疗法的这些原则基本上就是现代整体医学的原则。未来医学的重点应当是通过告知患者良好的营养对健康的益处，帮助他们减少吸烟、饮酒或使用娱乐性药物（毒品）等对健康有害的行为，从而预防疾病。此外，人们必须找到减少压力、焦虑和情绪波动的方法，才能享有最佳健康状态。在现代世界中，即使对一个积极乐观的个体来说，完成这些任务也是困难的。

自然疗法医生接受的培训与能够授予医学博士学位的常规医学院的培训一样全面。从六所提供自然疗法学位的医学院毕业的自然疗法医生，具备诊断和治疗各种疾病的能力。将自然疗法医生与常规医生区分开来的是他们所使用的治疗方法。尽管很多拥有医学博士学位的医生也会采用自然疗法，但他们会开具药物和建议手术治疗。由于自然疗法避免手术和药物的使用，因此自然疗法医生不会治疗需要紧急救治的急性疾病或健康问题。人们通常是为了预防疾病和促进整体的最佳健康状态，而向自然疗法医生咨询关于生活方式的问题。

保健按摩

保健按摩（therapeutic massage）是一种用触摸来治疗的手动操作疗法。早在大约1.5万年前的洞穴壁画就描绘了受伤的人正在接受看起来像是按摩的治疗。在古代中国、希腊和罗马的文献中都有使用按摩来治疗的记载。几个世纪以来，一直有被认为有神力的人（如牧师、萨满和圣人）通过"按手礼"奇迹般地治愈患者的案例报告。尽管保健按摩作为一种替代疗法是有效的，但一些人仍然认为按摩只是性刺激的幌子。然而，由训练有素且持有执照的专业人员实施的保健按摩，是一种对很多健康问题都非常有效的疗法。

身体触摸对婴幼儿的正常发育以及整体健康都至关重要。美国人往往比其他文化中的人更少互相触摸。观察人们在咖啡馆或其他公共场所相互触摸次数的心理学家报告说，美国人平均相互触摸的频率几乎比世界上任何其他文化中的人都要低。在类似的情境中，巴黎人每小时互相触摸100多次，而波多黎各人则几乎达到200次！文化人类学家报告说，对婴幼儿有更多亲密身体接触的文化中，成人暴力（如家庭暴力和性虐待）的发生率较低。

保健按摩最直接的效果是改善血液循环。随着皮肤的拉伸和肌肉的揉捏，返回心脏的血流量会增加，释放到血液中的毒素也就更容易被排出。血液循环的增强还会为组织和大脑提供更多的氧气。按摩有利于消化和排泄，还会加速伤口愈合。按摩还可以减轻由劳损或受伤引起的肌肉疼痛，它可能会刺激在体内合成的止痛化学物质如内啡肽和脑啡肽等的释放。

在某些特定健康问题和疾病中，不应当进行保健按摩，因为这有可能对组织或器官造成进一步的损伤。这类健康问题和疾病包括：

- 新近发生的骨折或严重扭伤；
- 脊柱椎间盘突出；
- 血压过高；
- 发生出血的身体部位；
- 皮肤或关节上有任何急性炎症；
- 血液健康问题，如静脉炎和血栓；
- 严重的静脉曲张；
- 特定类型的癌症。

保健按摩包含五种针对人的皮肤和肌肉的基本手法操作。第一种是用整个手或拇指进行的大范围的滑动轻抚。这可以温暖皮肤并让紧张的肌肉得到放松。第二种是揉捏动作，将肌肉抓住并提起。这可以缓解酸痛并改善血液循环。关节和厚实肌肉的周围可以用摩擦手法。双手反复做圆周运动有助于松解粘连。双手还可以做砍或拍的动作来刺激皮肤和肌肉。这种动作可以在肌肉痉挛或紧张时使用。最后，可以将手指或放平的手按压肌肉并"振动"几秒钟。这种振动会刺激该区域的神经和血液循环。

美国大多数州的按摩师都必须通过执照考试。但许多自称按摩师的人并未获得执照，或仅受过少量培训。确保按摩师持有执照，并向从该按摩师处受益的人了解情况，是保证你获得良好的按摩体验的好方法。即使你没有需要保健按摩的健康问题，做个按摩也能让人放松身心、精神焕发。

以下是一些特殊形式的按摩方法。

瑞典式按摩：在身体表面使用长推、肌肉揉捏和摩擦技术，也会运用关节的主动和被动运动。

指压和穴位按摩：这两种技术都通过按压身体的特定部位来治疗疼痛并改善身体功能。在指压术中，可以用手指、肘部或脚来按压；在穴位按压中则使用手指。

夏威夷式按摩：一种古老的夏威夷医术，是一种用来恢复身心和谐的精神性按摩。

罗尔夫按摩：由艾达·罗尔夫发明，通过对深层肌筋膜组织进行深度按摩（通常很痛）来调整身体。罗尔夫按摩也被称为结构整合疗法。

罗森按摩：使用温和的抚触和言语交流来缓解因过往创伤事件而积压在肌肉组织中的压抑情绪。

触发点按摩：用手指按压疼痛或发炎的肌肉"触发点"来打破痉挛和疼痛的循环。

芳香疗法

芳香疗法（aromatherapy）是一种历史悠久的替代疗法。该疗法通过使用植物精油（其中许多具有芳香气味），使精油中所含的化学物质被人体吸收，并发挥类似药物的作用。从这个意义上说，芳香疗法类似于草药或常规药物疗法。自20世纪80年代以来，芳香疗法在寻求替代疗法的美国人中越来越受欢迎，现在已经是一个年产值超过3亿美元的产业。

古代的牧师和治疗师使用精油和香水来治病和预防疾病。可追溯到约公元前1500年的古埃及《埃伯斯纸莎草书》中描述了800多种植物和草药，其中许多是芳香精油。植物精油和香水在现代医学中的使用以及芳香疗法一词，均源于一位法国化学家。他在20世纪30年代开始研究植物精油的治愈功效。起因是他在家族的香水厂里烧伤了手，随后他把自己烧伤的手浸入一桶薰衣草油中缓解疼痛，结果发现伤口愈合得很快并且没有留下疤痕，从此他便对此产生了兴趣。

一些最受欢迎的芳香疗法精油的来源如下：

- 桉树和薄荷的叶子；
- 橙子、柠檬的果实和花朵；
- 薰衣草和玫瑰的花朵；
- 樟脑木和檀香木等木材；
- 肉桂皮、柠檬草、茴香和迷迭香；
- 干香料如丁香，鲜蒜头。

由植物提取物制成的精油是高度浓缩的，含有数百种可以作为药物的化学物质。因此，治疗中只使用微量的精油，而且实施芳香疗法的人需要充分了解不同提取物中存在的化学物质及其对人体的影响。芳香治疗师在治疗患者时会给他们开具精油，这些精油可以直接吸入，也可以在按摩过程中涂抹在皮肤上，或者添加到热水浴中——在这种情况下，精油既会被皮肤吸收，也会通过呼吸吸入。芳香疗法被用于治疗感染、疼痛、关节炎、皮肤病、头痛、消化不良和其他健康问题。

尽管芳香疗法已经沿用了数千年，但没有科学

推销"神奇的"健康果汁

近年来,美国出现了一个价值数十亿美元的推销各种异域果汁的产业(主要是在互联网上)。其支持者声称,这些果汁可以治愈几乎任何疾病,并且能延长寿命和提升精力。这些果汁主要提取自石榴、山竹、枸杞和诺丽果等植物的果实。大多数美国人可能都熟悉石榴,但其他植物原产于亚洲,在美国市场上很少见。这些植物的果实含有抗氧化剂(许多水果和蔬菜也含有),它们被广告宣传为能够治疗癌症、糖尿病、心脏病、黄斑变性、阿尔茨海默病和其他严重疾病。

当前异域果汁的流行始于2003年POM饮料的大规模营销。这是石榴和葡萄的混合果汁,一瓶含量约470毫升的果汁售价为5美元。石榴中含有可作为抗氧化剂的植物化学物质,蔓越莓、蓝莓和草莓中也含有大量的此类植物化学物质。营销人员建议人们每天至少喝约235毫升的石榴汁。这意味着,一个月花在购买这种石榴汁上的费用将超过75美元。

几个世纪以来,亚洲人一直在使用山竹的果实和树皮来治疗胃部和皮肤问题。在美国,精明的市场营销者通过建立金字塔式的售货员直销体系和各种网站来大肆宣传山竹汁(通常会混合其他9种果汁)的益处。他们声称,山竹汁的健康功效包括增强免疫系统、提升身体机能、改善呼吸系统,以及促进骨骼和软骨的健康。(这种说法并不违反美国的任何法律,因为它们并未提及特定的疾病。)

另一种流行的热带水果是诺丽果。它生长在包括夏威夷在内的大多数太平洋岛屿上。成熟后,诺丽果会迅速变软,并流出一种气味和味道都令人恶心的液体。诺丽果的支持者们宣称,它几乎可以治愈任何疾病。每瓶约950毫升的诺丽果汁的售价为40到50美元。支持者建议人们,无论有什么健康困扰,都可以每天喝30~90毫升。迄今为止的科学研究并不支持诺丽果网站所宣称的任何健康功效。

在蓬勃发展的功能性健康果汁产业中,最近的新品是枸杞汁。它提取自生长在中国西部山区的小浆果。几个世纪以来,枸杞的提取物一直被用作中草药来治疗各种健康问题,包括视力低下和咳嗽。与诺丽果汁令人恶心的口味和气味不同,枸杞汁美味可口,有着令人愉悦的酸甜混合口味,就像柠檬水一样好喝。但一瓶野生枸杞汁的价格为40到50美元,这是一种富人饮料。对于所有这些"抗氧化"果汁来说,最乐观的说法就是它们可能对健康无害。这些果汁并不像许多支持者所声称的那样能治愈癌症或延长寿命,但它们能让一些公司和销售员赚得盆满钵满。

证据表明它可以治愈任何疾病。使用芳香疗法(或其他替代疗法)的患者必须告知医生自己使用了何种精油、草药或补充剂,以避免药物与药物,或药物与草药之间的相互作用引发严重的并发症。

生物磁疗

生物磁疗(biomagnetic therapy, 也称为磁疗)是指使用静磁场或由电流产生的脉冲磁场来治疗各种疾病,尤其是疼痛。生物磁疗已经被使用了数千年(主要是在非西方国家),用来治疗疼痛、炎症,缓解压力,促进骨折愈合和治疗其他健康问题。古希腊人发现了天然磁石(一种天然磁化物质),认为它具有治疗功效。

地球存在磁场。由于所有的生命都是在地球的磁场中演化出来的,因此有人提出可以通过生物磁疗来改善受损细胞的功能。证明生物磁疗有效的大多数证据都来自个人证言,而这并不能构成科学证据。一般来说,很难设计随机的、有安慰剂作为对照的研究来证明使用磁体治疗特定疾病的效果。不过,目前已经完成了一些实证研究,利用高能、脉冲磁场来治疗重度抑郁,并取得了一些成效。此外,使用电流和磁场也加速了骨骼的愈合。一些人声称,通过使用小型发电装置减轻了疼痛。

然而,尽管有许多说法,但使用静磁场磁体来治疗各种健康问题并没有得到科学研究的证实。人们把磁体放在床下以减轻疼痛和压力,或治疗其他健康问题;把磁体置于鞋子里以缓解疼痛;佩戴磁性手镯以改善多种健康问题。磁化水则是一个蓬勃发展的产业。美国人每年在各种形式的生物磁疗上花费超过3亿美元。然而,能证明生物磁疗有效的科学研究少之又少,而且通常是否定的,包括将磁体置于鞋中来治疗足跟疼痛,或是用磁体缓解运动后的肌肉紧张和疼痛(Pittler et al., 2007)。

使用磁体可能会通过安慰剂效应产生效果。一个人所坚信的任何东西都能通过心理力量来改变身体远端部位的化学和生理状态，从而产生疗效。生物磁疗，尤其是使用静磁场的磁疗，是无害的。人们会购买多种类型的保健用品，以求缓解疼痛和其他问题。把钱花在生物磁疗上是否值得，这是个人选择的问题。

江湖医术

江湖医术（quackery）指的是售卖毫无用处的药剂、器械或其他物品，却声称可以治疗或治愈购买者的任何疾病。销售假冒医疗产品的人（江湖郎中）可能真的相信其产品的价值，因此他们并不是在欺诈——欺诈意味着明知其产品毫无价值却仍进行销售。在法律上，很难区分江湖医术和欺诈行为。

江湖医术由来已久，早在 18 世纪和 19 世纪，巡回艺人就在美国各地的城镇售卖各种各样的秘方和药剂。其中一些药剂实际上含有"让人感觉良好"的物质，如鸦片和可卡因。1906 年通过的《纯净食品和药品法案》对美国的江湖医术造成了沉重打击。该法案规定，销售毫无价值的药品是非法的。但多年以来，毫无用处的健康产品销量却一直在增长。1990 年，美国食品药品监督管理局估计，前一年有 3 800 万美国人购买过欺诈性健康产品。该管理局列出的最普遍的欺诈性产品如下：

- 欺诈性关节炎产品；
- 假冒癌症诊所；
- 虚假的艾滋病疗法；
- 阴茎增大药丸和器械；
- 快速减肥方案；
- 欺诈性助性产品；
- 无用的生发疗法；
- 错误的营养计划；
- 无用的肌肉刺激器；
- 念珠菌过敏疗法。

为什么人们会购买无用且/或危险的健康产品？为什么人们很容易被江湖医术愚弄？也许是因为他们更相信魔法而不是科学（Offit, 2014）。如果你想保护你的健康和钱包，你应当核实任何由没有执照的医疗保健提供者提供的产品或疗法。

选择一种替代疗法

许多人对现代医学以及为他们治疗的医生所提供的治疗感到满意。然而，也有不少美国人在寻求替代疗法来补充常规疗法。还有一些人选择完全依赖替代疗法。对许多患慢性病的人来说，替代疗法可以带来缓解和疗愈。

患者在接受手术或服用可能有害的药物之前，从侵入性最小的治疗方式开始，通常是明智的。美国社会正在逐渐认识到，通过常规疗法和替代疗法都能获得康复。而且，正如我们一再指出的那样，患者对特定疗法、医生、针灸师或整脊师的信赖，可能是其康复的原因。

> 愚蠢无药可医。
> ——日本谚语

对健康的批判性思考

1. 假设你出了车祸,颈部受到挥鞭样损伤。事故已经发生数月,你的医生说你的脖子已经痊愈,她找不到任何问题。然而,你仍然感到疼痛,并且头部转动困难。现在,你会考虑用哪种(些)替代疗法来缓解你的症状?讨论你选择这种(些)替代疗法背后的原因。如果你真的经历过这样的事故,请描述你所经历的治疗过程。

2. 治疗性触摸是一种护士广泛使用的技术,用于减轻患者的痛苦并促进包括癌症在内的各种疾病的治疗。这种疗法的支持者声称,护士可以通过感知和操纵在患者身体上方感觉到的"人类能量场"来缓解症状和治疗疾病。最近,对这种疗法的一项科学研究发现,在受控制的实验室条件下(护士看不到屏幕另一边的情况,只能通过自己的手感知实验者是否存在),护士们的判断正确率并不显著高于随机水平(即50%的正确率)。科学家们得出的结论是,使用这种疗法的护士无法检测到人类的能量场,这是一种虚假疗法,就算进一步专业地使用这种疗法也是不合理的。

   a. 你同意科学家们的结论吗?
   b. 思考该实验不能有效测试这种疗法的原因,并详细解释你的批评意见。
   c. 你能设计出一个你认为能更好地证明或反驳这种疗法对患者有益的实验吗?

3. 对针灸的研究一直表明,在中国对中国患者使用针灸比在美国对美国患者使用针灸更有效。除了对个别患者更有效外,在中国有更多疾病对针灸有反应。

   a. 尽可能列出你能想到的可以解释这些观察结果的原因(例如,美国针灸师不像中国针灸师那么熟练)。
   b. 讨论你的列表上的每一项原因,并描述它如何解释观察到的差异。
   c. 请选择一个你找出的原因,并设计一个科学实验来证明你的假设是否正确。

本章小结与重点

本章小结

大多数美国人熟悉的医疗护理模式是一种以科学为基础的西方医学。它旨在揭示导致疾病的生物化学、微生物学、生理学、神经或行为原因。一旦确诊,患者就会通过手术、药物、心理或行为改变来寻求治疗。然而,替代疗法也在世界各地包括美国被广泛使用。数百种替代疗法被分为几类:精神和心理干预、营养疗法、草药、物理和运动疗法。在西医的替代疗法中,使用相对广泛的是按摩、针灸、阿育吠陀和草药,它们已经在亚洲和拉丁美洲沿用了数千年。其中一些替代疗法已经通过科学方法进行了检验,并被证明对某些健康问题有效。

美国人每年花费数十亿美元购买维生素和草药补充剂、能量药,以及改善外表或提升性体验的物质。美国人购买的许多替代健康产品几乎没有或根本没有制造商们所宣称的那些好处。一些产品,可能含有农药、重金属或其他有毒化学物质。处方药和非处方药都受到美国一个联邦机构(美国食品药品监督管理局)的监管。然而,维生素补充剂、草药补充剂以及在营养补充剂商店销售的所有产品却不受其监管。在你使用任何非常规产品或器械来让自己感觉更好、更强壮或更快乐之前,请仔细调查该产品是否安全有效。未经独立核实,不要轻信制造商的任何宣传。每年都有数以百万计的美国人成为江湖医术的受害者。

重 点

- 替代疗法包括数百种治疗疾病的方法,它们不同于医生们提供的现代医疗护理。
- 替代疗法的主要类别包括精神和心理疗法、营养疗法、草药疗法以及物理疗法。
- 顺势疗法使用极度稀释的药物溶液,旨在模仿患者的病症,帮助身体从疾病中自愈。
- 美式整脊和整骨疗法通过对脊柱和关节进行推拿来治疗肌肉骨骼疾病和其他疾病。
- 阿育吠陀和芳香疗法都是古老的疗法。
- 针灸疗法是将极细的针头刺入身体的特定穴位,以恢复组织和器官的功能平衡。
- 草药疗法是使用药丸、粉末、茶和酊剂等形式的草药混合物来辅助治疗的过程。一些广泛使用的草药是无效的。
- 一些草药含有毒性化学物质,有些则会与处方药相互作用,使它们的效果增强或减弱。
- 几乎没有科学证据表明生物磁疗在疾病治疗方面有效,

- 但许多人使用它来缓解疼痛，或治疗其他健康问题。
- 美国人每年在欺诈性医疗产品和疗法上花费数亿美元。许多人都是江湖医术的受害者。
- 替代疗法的消费者需要警惕欺诈性宣传，以及那些推广安全性未知、价值可疑的疗法的无良之徒。

参考文献

Chen, X. W., et al. (2012). Herb–drug interactions and mechanistic and clinical considerations. *Current Drug Metabolism, 13*, 640–651.

Cochrane Review Group (2010). *Acupuncture: Ancient tradition meets modern science. Cochrane Database of Systematic Reviews.*

Costello, J. T., et al. (2015). Whole-body cryotherapy (extreme cold air exposure) for preventing and treating muscle soreness after exercise in adults. *Cochrane Database of Systematic Reviews.* doi: 10.1002/14651858.CD010789.pub2.

Hinman, R. S., et al. (2014). Acupuncture for chronic knee pain: a randomized clinical trial. *Journal of the American Medical Association, 312*, 1313–1322.

Linde, K., et al. (2016, April 19). Acupuncture for the prevention of tension-type headache. *Cochrane Database Systematic Reviews.* doi: 10.1002/14651858.CD007587.pub2.

Offit, P. A. (2014). *Do you believe in magic? The sense and nonsense of alternative medicine.* New York: Harper.

Pittler, M. A., et al. (2009). Static magnets for reducing pain: Systematic review and meta-analysis of randomized trials. *Canadian Medical Association Journal, 177*, 736–742.

Saper, R. B., et al. (2008). Lead, mercury, and arsenic in U.S. and Indian-manufactured Ayurvedic medicines sold via the Internet. *Journal of the American Medical Association, 300*, 915–923.

Schmidt, M., & Butterweck, V. (2015). The mechanisms of action of St. John's wort: An update. *Wiener Medizinische Wochenschrift, 165*, 229–235. doi: 10.1007/s10354-015-0372-7.

推荐阅读

Bausell, R. B. (2009). *Snake oil science: The truth about complementary and alternative medicine.* New York: Oxford University Press. The author gently debunks most alternative medicines but also believes that most of them do work because of the placebo effect.

Kotsirilos, V., Vitetta, L., & Sali, A. (2011). *A guide to evidence-based integrative and complementary medicine.* London, U.K.: Churchill Livingstone. Discusses proven, research-based, nonpharmacologic treatments for common medical practice complaints including mind–body medicine, stress management techniques, dietary guidelines, exercise and sleep advice, acupuncture, nutritional medicine, and herbal medicine, and also includes advice for managing lifestyle and behavioral factors and complementary medicines that may impact the treatment of disease.

Micozzi, M. (2010). *Fundamentals of complementary and alternative medicine.* Philadelphia: Saunders. Provides a complete overview of CAM, including homeopathy, massage and manual therapies, chiropractic, herbal medicine, aromatherapy, naturopathic medicine, and nutrition and hydration.

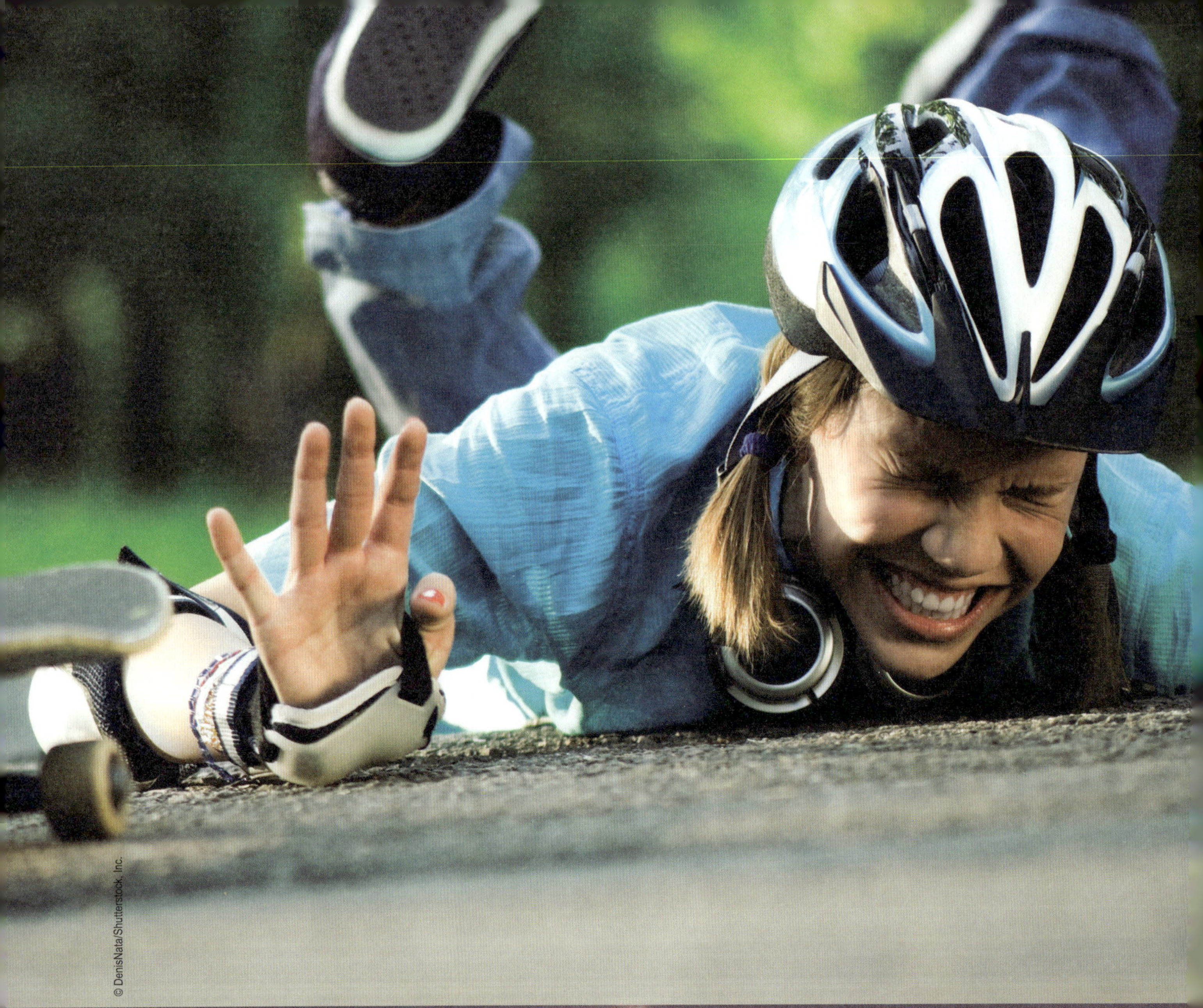

健康小贴士

避免发生机动车事故的方法

防御性驾驶

避免在圣诞节跌倒/坠落

儿童与枪支：有时是一对致命组合

健康指南

儿童安全座椅推荐

烟雾探测器保护你免受火灾伤害

预防与电脑有关的损伤

大学运动员选择健康

第 21 章

事故与伤害

学习目标

1. 定义安全、事故和意外伤害。
2. 描述预防意外伤害的各种策略。
3. 使用流行病学三角模型来识别意外伤害的风险因素。
4. 描述哈顿矩阵,并解释开发它的原因。
5. 讨论预防机动车碰撞事故、摩托车事故、自行车事故和行人交通事故的各种方法。
6. 描述改善居家和工作安全状况的各种策略。
7. 列出男孩和女孩受伤风险最高的主要运动项目。
8. 描述脑震荡的症状和体征。

美国每年都会有数百万人的健康与幸福因伤害而受影响。各种意外伤害和事故对健康和生命的威胁，远比大多数人意识到的要严重得多。自1950年以来，安全警示和增强公众意识的措施显著减少了因意外伤害死亡的人数（图21.1）。在美国，意外伤害是1~34岁人群的首要死因，也是全年龄组人群的第四大死因。

> 避开某物的最佳方式，是让它自然而然地避开你。
> ——苏菲派谚语

许多人认为，事故是人们无法控制的偶然事件。尽管有些事故确实是由厄运和偶然事件造成的，但大量的事故和由之而来的伤害源于社会和经济状况（不安全的道路和机动车、不安全的住所和工作场所等），以及个人因素（如判断失当、注意力涣散、做事鲁莽、情绪失控和由酒精或毒品导致的精神状态失衡）。只要环境条件变得更安全、个人变得更谨慎，事故造成的意外伤害的数量就可以减少。

意外伤害与事故

什么是**安全**（safety）？安全这个词会在广泛的语境中使用，对不同个体有着不同的含义。对于安全，几乎没有专家或安全机构能就一个通用的定义达成共识。"镇子的这片区域在深夜安全吗？""他骑摩托车不太安全""自从我女儿拿到驾照后，我一直担心她的安全""那架旧梯子用起来安全吗？"——如你所见，"安全"一词可以在多种情境下使用。

将所有这些不同的场景联系起来的一个共同因素是**事故**（accident）一词。根据美国国家安全委员会的定义，事故"是指一系列造成意外伤害、死亡或财产损失的事件。事故指的是这一系列事件，而不是其结果"。

美国每年都有1/4的人会因事故而遭受某种需要医学治疗的严重伤害。伤害是一个严重的问题，但如果真的发生了严重的事故，许多人缺乏必要的知识和技能来帮助自己。伤害是导致年轻人残疾的首要原因，并且它导致的儿童死亡比所有感染病加起来还要多。

意外伤害（unintentional injury）是指事故的结果及其对健康的影响。在美国，意外伤害造成的死亡主要源于机动车事故、家庭事故（跌倒/坠落、火灾、中毒）、工作场所事故、枪支事故和其他原因（表21.1）。致死人数最多的是机动车事故、跌倒/坠落和中毒（包括药物过量和药物毒性）。然而，最有可

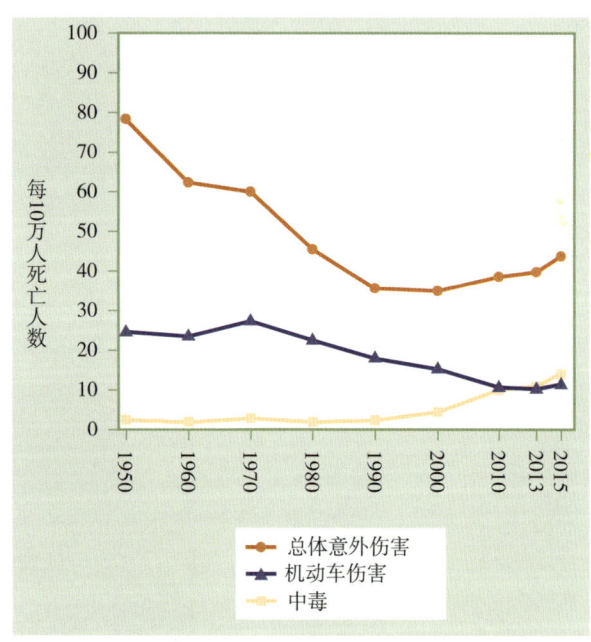

图21.1 1950~2015年，美国每10万人中由意外伤害、机动车相关事故和药物中毒造成的死亡人数

由于家庭、机动车和工作场所安全措施的改善，意外伤害的死亡率有所下降。由于机动车安全水平的改善和酒后驾车人数的减少，机动车相关的死亡人数有所下降。自2000年以来，中毒事件的增加主要是由于过量服用海洛因和处方止痛药。

数据来源：National Center for Health Statistics. (2016). *Age-adjusted death rates for selected causes of death, by sex, race, and Hispanic origin: United States, selected years 1950–2015.*

表 21.1 2014年美国意外伤害死亡的主要原因
尽管死亡原因被归于某个单一类别，但导致一起事故的因素有很多。

死亡原因	死亡人数
中毒	42 032
机动车事故	33 736
跌倒/坠落	31 959
溺水	3 406
暴露于烟雾和火焰	2 701
其他所有	22 094
意外伤害死亡数总计	**135 928**

资料来源：U.S. National Center for Health Statistics. (2016). *Deaths: Final Data for 2014. National Vital Statistics Reports,* Volume 65, Number 4.

能在这些事故中死亡的年龄组有很大的不同。青少年和青壮年最有可能死于机动车事故，中年人最有可能死于中毒（药物过量或药物毒性），老年人最有可能死于跌倒/坠落（图21.2）。

意外伤害是美国人的第四大死亡原因，仅次于心脏病、癌症和慢性下呼吸道疾病。意外伤害死亡的五大原因包括：机动车事故，跌倒/坠落，固体、液体和药物中毒，火灾和烧伤，溺水。这些风险自1970年以来就没有变过。在20世纪的大部分时间里，由于加强了安全和卫生工作，事故造成的死亡率稳步下降。然而在美国，过去数年中意外伤害造成的总死亡人数有所增加，这应当是一个警告——需要在安全方面更加努力。

意外伤害造成死亡的原因随年龄而变化。随着人们年龄的增长，饮食不良、久坐不动的生活方式、关节炎、活动能力受限、贫困、慢性病或缺乏初级医疗服务等，都可能导致伤害或意外死亡。与年轻人相比，75岁以上的人在几乎所有的事故中都面临更高的死亡风险，包括车祸、跌倒/坠落、窒息、火灾以及暴露在异常炎热或寒冷的自然环境中。

降低事故风险

在考虑事故及其预防和后果时，公共卫生专业人员关注两方面：一是**事故缓解**（accident mitigation），即减轻意外事件造成的损害的方法；二是**事故预防**（accident prevention），即杜绝意外伤害发生的方法。事故缓解和事故预防可以从两个层面来看：（1）个体或私人层面；（2）环境或社区层面。

意外伤害涉及许多因素：知识、态度、信念和行为，经济和社会条件，任务执行者的能力水平，环境条件，以及酒精和其他药物的使用。减少这些风险因素将减轻伤害，但应当将更多的注意力指向预防策略。这些风险因素每年给社会造成的直接医

排名	年龄组（岁）										全年龄组
	<1	1~4	5~9	10~14	15~24	25~34	35~44	45~54	55~64	65+	
1	意外窒息 1 023	意外溺水 425	意外车祸 384	意外车祸 455	意外车祸 7 037	意外中毒 14 631	意外中毒 13 278	意外中毒 13 439	意外中毒 9 438	意外跌倒/坠落 29 668	意外中毒 58 335
2	未归类凶杀 132	意外车祸 334	意外溺水 147	窒息自杀 247	意外中毒 4 997	意外车祸 7 010	意外车祸 5 075	意外车祸 5 536	意外车祸 5 397	意外车祸 7 429	意外车祸 38 748
3	意外车祸 88	意外窒息 118	意外火灾/烧伤 78	枪支自杀 160	枪支凶杀 4 553	枪支自杀 4 510	枪支自杀 3 099	枪支自杀 3 873	枪支自杀 4 067	枪支自杀 5 756	意外跌倒/坠落 34 673
4	其他已归类凶杀 63	未归类凶杀 114	枪支凶杀 68	意外溺水 103	枪支自杀 2 683	枪支凶杀 3 298	枪支凶杀 2 555	窒息自杀 2 112	意外跌倒/坠落 2 679	未归类意外 5 021	枪支自杀 22 938
5	性质不明窒息 60	意外火灾/烧伤 107	意外窒息 35	枪支凶杀 95	窒息自杀 2 100	窒息自杀 2 643	窒息自杀 2 199	毒药自杀 1 736	毒药自杀 1 538	意外窒息 3 631	枪支凶杀 14 415
6	未归类、性质不明 38	行人意外及其他 82	其他陆路交通意外 24	其他陆路交通意外 64	意外溺水 530	性质不明中毒 855	毒药自杀 1 144	毒药自杀 1 420	窒息自杀 1 474	意外中毒 2 458	窒息自杀 11 642
7	意外溺水 38	枪支凶杀 64	行人意外及其他 18	意外火灾/烧伤 52	毒药自杀 426	毒药自杀 767	性质不明中毒 788	意外跌倒/坠落 1 238	窒息自杀 792	不良反应 2 028	毒药自杀 6 698
8	窒息凶杀 19	其他已归类凶杀 64	枪支意外 16	意外窒息 39	砍/刺凶杀 340	意外溺水 463	意外跌倒/坠落 515	性质不明中毒 929	枪支凶杀 738	意外火灾/烧伤 1 150	意外窒息 6 610
9	不良反应 18	枪支意外 34	意外碰撞 15	意外中毒 28	性质不明中毒 289	砍/刺凶杀 420	意外溺水 396	意外溺水 478	性质不明中毒 707	毒药自杀 1 070	未归类意外 6 507
10	自然/环境意外 18	意外中毒 34	其他交通意外 14	枪支意外 23	意外跌倒/坠落 199	意外跌倒/坠落 326	砍/刺凶杀 350	意外窒息 419	未归类意外 625	窒息自杀 859	性质不明中毒 3 827

数据来源：National Center for Health Statistics (NCHS), National Vital Statistics System.
出品方：National Center for Injury Prevention and Control, CDC using WISQARS™.

图21.2　2016年，美国不同年龄组因伤害死亡的十大原因
意外伤害由彩色格子标记。

资料来源：U.S. Centers for Disease Control and Prevention. (2018).

疗保健和生产力损失高达数十亿美元（Centers for Disease Control, 2017）。

态度和信念可能是意外伤害涉及的最重要因素。个人对安全措施的态度会极大地影响其受伤的可能性。你可能认为安全措施是浪费时间，因为你觉得自己无法掌控局面（该来的终将会来），或者你可能有一种鲁莽的态度（你喜欢冒险）。

缺乏知识和技能，也会导致意外伤害。在特殊情况下，尤其是在执行新的流程或任务时，缺乏适当的知识或技能可能会导致意外伤害。例如，不阅读说明书就操作一种新的电动工具、第一次骑摩托车，或使用一种新的厨房用具。

社会经济因素也对意外伤害有影响。有些人可能缺乏必要的资金去更换不安全或陈旧的设备，有些人甚至可能缺乏必要的资金来获得安全方面的正规培训。在美国，安全培训通常在当地的国家安全委员会办公室举办，其主题包括妥善存放家庭清洁用品、安全地使用工具，以及给保姆的安全提示。当地卫生部门也会提供关于安全问题的教育研习会。

态度和信念以及社会环境会提高或降低意外伤害发生的可能性。例如，酒精和药物使用无疑会影响意外伤害发生的频率。处方药，尤其是那些具有镇静作用的药物，会增加在操作机动车、摩托车或电动工具时发生事故的可能性。

个体执行任务或行动的能力，会影响意外伤害发生的概率。某个体可能是一个因年纪过小而无法胜任某项任务的孩子；而在另一端，一个老年人可能因不够强壮或稳定而无法执行一项简单的任务，譬如锯一块木头。

环境可能是意外伤害中最不可预测的风险因素。环境因素包括街道的适当维护、安全的电力传输和污水处理，以及规范电器和工具危险的法律。洪水、飓风、地震或龙卷风等自然灾害也属于环境风险。自然灾害造成的破坏可能在我们人生中的某一时刻影响到我们。2005年，美国墨西哥湾沿岸地区遭到卡特里娜飓风的严重破坏，新奥尔良市被洪水淹没。2008年，缅甸的一场强热带风暴造成数万人死亡。2011年，日本有成千上万人死于强震引发的海啸。自然灾害可能在任何时候、任何地方侵袭任何人。

> 将欲歙之，必固张之；
> 将欲弱之，必固强之；
> 将欲废之，必固兴之；
> 将欲取之，必固与之。
> ——老子《道德经》

压力和疲劳是导致意外伤害发生率升高的主要原因。压力可能会干扰你的注意力，即使你只是在执行很简单的任务；压力也可能在你从事某项活动时，分散你的注意力。疲劳会让你的警觉性降低，或是让你的反应时间变长；疲劳会影响你的协调性，在最糟糕的情况下，会让你睡着。在疲劳或有压力的情况下尝试完成困难的任务是不明智的。

意外伤害分析

关于意外伤害的科学研究试图揭示伤害发生的原因、涉及的因素，以及哪个群体或哪个年龄组的风险最大。对意外伤害的分析，为我们提供了实施有效教育、预防或执行策略所必需的数据。

伤害流行病学（injury epidemiology），可用于调查造成意外伤害的风险因素，与疾病的流行病学模型类似。伤害的发生涉及3类因素：（1）宿主（受伤害的人）；（2）媒介，即将能量传递至宿主的无生命物（如机动车）或有生命物（如攻击者）；（3）环境（包括自然环境和社会环境）（图21.3）。

大多数意外伤害涉及诸多因素及其相互作用。例如，在刮风或下雨天，用链锯砍伐树木可能会增加发生事故的风险；而选择一个干燥、无风的日子，可能会降低风险。

哈顿矩阵是用于意外伤害分析的科学模型之一。该模型由小威廉·哈顿（William Haddon Jr.）于20世纪60年代提出，最初用于调查机动车事故的风险因素，以制订和实施预防或降低车祸发生率的计划。

根据一些估算，"每行驶3千米左右，驾驶员平均要进行400次观察，做出40个决定，并犯下一个错误。每800千米左右，这些错误中有一个险些导致碰撞；每10万千米左右，这些错误中的一个会导致车祸"（Gladwell, 2001）。哈顿矩阵用3个阶段分析事故。

- 阶段1：事前阶段。包括可能决定事故是否会发生的因素；知识或技能的缺乏以及饮酒，是最重要的因素。
- 阶段2：事件阶段。即宿主与媒介接触的过程。许多预防措施，如使用头盔、安全带或护目镜，与这一阶段有关。
- 阶段3：事后阶段。包括在伤害发生后提供的紧急处理。预防性信号装置、烟雾和一氧化碳探主要交通方式。然而，尽管机动车有种种优势，但车祸导致的伤害是一个主要的死亡原因。美国每年大约有 3.3 万人死于车祸，约有 250 万人因车祸受伤致残。

美国国家公路交通安全管理局估计，41% 的致命车祸以及 7% 的所有交通事故（包括致命的和非致命的）与酒精有关。美国大约每 10 人中就有 3 人会在他们一生中的某个时刻，卷入一起与酒精有关的交通事故。在白天，有 18% 的致命车祸与酒精有关；而到了晚上，这一数据就飙升至 61%。美国每年有 100 多万名司机因在酒精或毒品影响下驾车而被逮捕。另一个需要注意的重要统计数据是，在行人被汽车撞死的致命事故中，司机、行人或两者皆喝醉的情况几乎占了一半。请铭记警告：开车不喝酒，喝酒不开车。不要乘坐任何喝了酒的司机驾驶的机动车。此外，喝了酒之后，不要在交通繁忙的道路上行走。

许多涉及年轻人的事故发生在天黑后、聚会后和饮酒后。血液和大脑中的酒精会损害司机的判断力、协调性和反应时间。酒精的影响因人而异，且差别很大，因此即使少量的酒精也可能会影响驾驶能力并导致事故。

16~17 岁的青少年遭遇的车祸比其他所有组别都多——无论是根据年龄还是驾驶里程分组。因此，美国大多数州建立了分级驾照制度，以期减少最年轻司机的事故数量。美国至少有 43 个州采用一种 3 阶段驾照制度为青少年司机发放驾照。该制度包括驾驶员教育课程、陪驾课程、夜间驾驶限制以及禁止搭载青少年乘客。分级驾照制度的成效因州而异，

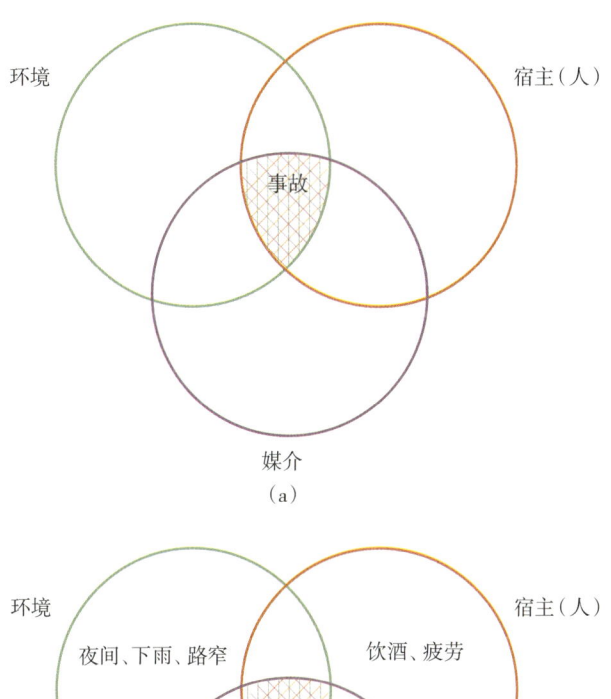

图 21.3　意外伤害的流行病学模型

该模型显示，(a) 环境、宿主（人）和媒介（机动车）相互作用，为事故创造了条件。(b) 部分显示了增加伤害发生可能性的因素。

测器或火灾报警器等，将加快伤者获得救助的速度。对伤者或患者的紧急运送和护理，会在这一阶段进行。

所有减少意外伤害的方法都包括：(1) 教育和预防策略；(2) 更严格的法律法规（例如强制要求佩戴安全带和头盔的规定）；(3) 更好的产品设计和自动保护装置（例如安全气囊、汽车儿童锁、药瓶上的儿童安全瓶盖）。

机动车安全

机动车出行是北美和世界上大部分地区人们的

避免发生机动车事故的方法

在每次开车时都下决心做到以下几点：

- 不要在睡眠不足时开车。
- 系好安全带。
- 绝不酒驾、毒驾。
- 开车时不要使用手机或任何屏幕设备。
- 不要超速或野蛮驾驶。

记住：机动车事故伤害每 13 秒发生 1 次；每 12 分钟造成 1 次死亡。

防御性驾驶

防御性驾驶，不仅意味着要为你自己和你的行为负责，还意味着要关注"另一个人"。美国国家安全委员会提供了如下指导方针，以帮助你降低在道路上的风险。

- 在确保每名乘客（包括儿童与宠物）都受到保护前不要上路。安全带每年拯救了成千上万人的生命！
- 记住，行驶速度过快或过慢都会增加撞车的可能性。
- 不要欺骗自己。如果你打算喝酒，那就指定一个不喝酒的人为你开车。酒精造成了几乎一半的致命机动车事故。
- 保持警惕！如果你注意到一辆车压线行驶、摇摆前行、转弯幅度过大、突然停车或是对交通信号反应缓慢，那说明该车的司机可能出了问题。
- 遇到失常的司机时，你可以通过减速、让行、将车驶向路肩，或是在最近的路口右转来躲避。如果对面的汽车似乎要驶入你的车道，请靠边停车，鸣笛并闪灯。
- 当看到一名司机有可疑的驾驶行为时，请立即通知警方。
- 遵守交规。不要争夺"路权"，或在并道时与另一辆车竞速。尊重其他的司机。
- 开车时要小心、清醒且负责。

安全专家们仍在研究该制度的哪些方面在减少新手驾驶员事故风险方面最有效。已有人提议，制定对21岁以下的人血液酒精浓度零容忍的法律。

饮酒以外的许多因素也会导致机动车事故伤亡，其中包括路况和超速。这两个因素之间的相互作用尤为危险。在所有严重的机动车事故中，无论在乡村还是城市，超速行驶都是最常见的因素。机动车本身的缺陷，如轮胎、刹车、前照灯或转向系统出现故障，也会增加机动车发生事故的风险。

即使你专注于道路和周边环境，驾车也可能是一项困难任务。但是，开车时使用手机会分散注意力，并对司机和路上的每个人都构成威胁。时速100千米的车辆能在3.7秒内穿越一个足球场的长度，这比阅读一条短信，然后敲击一下键盘回复的时间还要短。

开车时使用移动设备比在车里与人交谈或听收音机更加分散注意力。驾车时通过手机与某人谈生意或争吵会增加事故风险。近80%的机动车事故与驾驶时分心有关。美国国家安全委员会建议："最佳做法是，在开车时不使用包括手机在内的电子设备。在路上驾驶时，司机应专注于安全驾驶和防御性驾驶，而不是接打电话、发送传真，使用电脑，或其他分散注意力的产品。"

安全带

安全带是车祸中防止致命伤害的最佳保护措施。据估计，自1980年以来，安全带使司机和前排乘客遭受致命伤害的风险降低了近50%。它已经挽救了成千上万人的生命。

安全带的使用率达到了历史新高。2013年，全美安全带平均使用率为88%；12个州的平均使用率超过90%；使用率最高的是夏威夷，97%的司机使用安全带。尽管安全带的使用率在提高，但在夜间死于车祸的青少年中，有超过2/3的人没有使用安全带。近年来，美国施行的一项名为"系好安全带，否则吃罚单"的全国性项目，帮助提高了全美的安全带使用率。司机和乘客均使用安全带的价值是无可争议的，每个人在乘坐汽车或卡车时，都应当系好安全带。

安全气囊可以提供额外的保护，但除了在正面碰撞时起作用外，它们本身并不太有效，应始终将其与安全带一起使用。政府法规的出台、安全带和儿童安全座椅的使用，以及安全气囊的安装都帮助减少了机动车事故的伤亡人数。

美国人沉迷于速度。研究表明，越来越多的美国人开车比以往任何时候都要快。许多美国人认为，开快车是一项基本权利，无论标示的限速是多少。汽车制造商会生产大型、快速、重型的汽车，它们的车速可以轻松超过每小时160千米。许多司机通过开快车获得"快感"。赛车手对许多美国人来说是英雄，数百万计的人参与到改装车竞速"运动"中。开快车夺走了许多年轻司机以及无辜乘客和其他司机的生命。

除了醉酒和超速，分心驾驶也是车祸的主要原因之一。分散司机注意力的行为包括吃三明治或汉堡（72%）、接吻（29%）、发手机短信（28%）和脱

儿童安全座椅推荐

机动车事故是3~14岁儿童死亡的首要原因。乘车时使用安全座椅,可将婴儿受致命伤害的风险降低71%,将学步儿的风险降低54%。

汽车安全座椅应根据儿童的年龄和体型选择。它应当与车辆相匹配,并且儿童每次乘车时都要使用。每个汽车安全座椅都附有制造商关于儿童高度和体重限制的介绍,以及使用汽车安全带或LATCH接口安装安全座椅的说明。

为了最大限度地提高安全性,儿童在超过制造商规定的高度和体重限制前,应尽可能乘坐安全座椅。每个孩子至少在12岁之前乘车时,都应该坐在汽车后排的安全座椅上。

出生到12个月

1岁以下的孩子应当一直坐在后向式安全座椅上。后向式安全座椅有不同的类型。婴儿专用的座椅只能后向使用。可调向座椅和三合一座椅在后向使用时,通常能承受更高的身高和体重,这使你能够让孩子在更长的时间内使用后向式安全座椅。

1~3岁

这个阶段的孩子应当尽可能多地坐在后向式安全座椅上,直到达到汽车安全座椅制造商允许的身高或体重上限。一旦体型超过后向式安全座椅的上限,这个孩子就可以坐配有安全带的前向式安全座椅了。

4~7岁

这个阶段的孩子应该坐在配有安全带的前向式儿童安全座椅上,直到达到制造商规定的身高或体重上限。一旦孩子体型超过这个上限,就应当让其坐上增高座椅,但仍应当坐在汽车后排。

8~12岁

让这个阶段的孩子坐在增高座椅上,直到其体型足够大,汽车安全带可以正确地贴合为止。正确地贴合是指胯带必须紧贴儿童的大腿上部而不是腹部;肩带应紧贴在其肩膀和胸部,而不是穿过颈部或脸部。为了安全,青春期前的儿童仍应当坐在后座上。

- 后向式儿童安全座椅是最适合小孩的座位。它装有安全带,可以在发生碰撞时包裹住小孩并与其一同移动,以减轻孩子脆弱的颈部和脊髓受到的压力。
- 前向式儿童安全座椅装有安全带和固定拉带,可以在发生碰撞时限制孩子向前移动。
- 儿童增高座椅可以让汽车安全带贴合在儿童身体较强壮的合适部位。
- 汽车安全带应当一端从大腿上部越过,另一端紧贴在肩膀和胸部上,以便在发生碰撞时安全地限制住孩子的移动。它不应该搭在腹部或跨过颈部。

资料来源:The U.S. National Highway Traffic Safety Administration (March, 2014).

衣服(23%)。虽然尚不清楚这些行为中,有多少会导致事故,但有充分的记录表明,开车时打电话导致了许多事故、伤害和死亡。在美国,每年大约有28%的车祸(160万起)是直接由用手机通话或发短信引起的(Ship, 2010)。随着手机使用量的大幅度增加,分心驾驶已经成为美国各地新法律的焦点。到目前为止,已有31个州通过了开车时限制使用手机的法律。

虽然有免提装置,但使用移动设备本身仍然会极大地分散驾驶员的注意。如果一段谈话很重要或充满浓烈的情绪,那么它会分散更多的注意力。因此,发生事故的可能性也会更大。驾驶时安全地使用移动设备需要先安全地驶离车道然后停车。

摩托车安全

摩托车吸引了很多人,原因各不相同:购买、维修和使用成本低;露天骑行会带来兴奋感;能与其他摩托车骑手建立联系。然而,其风险也更高,包括在车祸中提供的人身保护比汽车要少,对于其他司机而言能见度更低。美国每年大约有5 000人死于摩托车事故。摩托车骑手可以通过参加正规的驾驶培训、佩戴头盔,以及穿上适当的防护服来确保安全驾驶。只有不到10%的摩托车骑手接受过正规培训。佩戴摩托车头盔可以将事故造成致命伤害的风险降低约37%。防护性衣物,如长袖和长裤、夹克和靴子,可以降低事故发生时出现擦伤的概率,

头盔和防护性衣物对摩托车安全驾驶至关重要。

也可以保护骑手免受恶劣天气的影响。

1966年，美国国会要求，所有州的摩托车骑手和乘客都应佩戴头盔。如果哪些州不执行这一命令，它们将失去联邦高速公路基金。尽管有些州在执行联邦摩托车头盔令方面进度缓慢，但到了1975年，大多数州都通过了摩托车骑手头盔法案。不过，执行状况不尽相同，有的州严格执行，有的州则完全没有执行。只有3个州，艾奥瓦州、伊利诺伊州和新罕布什尔州，没有任何头盔法。

骑摩托车显然比乘坐汽车要危险得多。在美国，尽管摩托车只占注册机动车的3%，但在2009年，13%的致命事故与摩托车有关。骑摩托车很有趣，但即使骑手受过训练、佩戴头盔且穿防护服，仍是一项非常危险的活动。

全地形车

在美国，另一种广受欢迎的车辆，尤其是在16岁及以下的人群中，是全地形车（在中国俗称沙滩车——译者注）。它们可以由任何人在非公路区域驾驶，驶往几乎任何其性能可以到达的地方。除了会对公园土地、海滩、徒步旅行小径和通常只能步行进入的原始地区造成严重的环境破坏以外，它们还会导致许多伤亡。2014年，美国医院急诊室报告，有10多万名全地形车年轻驾驶员受伤。这一人数与前几年的数据大致相同。不过，全地形车驾驶员死亡人数是324名，这与前几年相比显著减少。尽管驾驶全地形车的青少年死亡人数有所减少，但减少全地形车事故的努力仍在继续。

美国一些州试图通过立法管理全地形车的使用，但收效甚微。孩子们会在得到允许或未经允许的情况下驾驶父母的车辆，并在没有警察巡查的公共地域上行驶。

两轮动力车

在美国，**两轮动力车**（powered two-wheelers, PTWs）有各种类型，包括电动滑板车和轻便摩托车等。它们装有小型汽油发动机或电动发动机，其制造标准规定时速不得超过50千米。但是，经过改装其时速可以达到80千米。两轮动力车可以行驶于公路和越野地带，既可用于基本交通也可用于娱乐活动。两轮动力车越来越受欢迎，因为它们的购买价格和维护成本低，使用方便、有趣，能避开拥挤的交通，并且碳排放相对较少。

尽管没有传统摩托车的体积和动力，但两轮动力车仍伴有很高的伤害风险。根据法国科学技术研究所（Clabaux et al., 2017）的数据，两轮动力车的事故发生率是普通汽车事故的4到5倍。据估计，在美国所有交通事故死亡案例中，约有15%与两轮动力车有关，即每年约有2 500人因此死亡。受到致命伤害的两轮动力车驾驶员中，有一半的人年龄小于25岁。

大多数严重和致命的两轮动力车伤害来自与机动车的碰撞。汽车转向时，两轮动力车处于最危险的境地。紧急制动可能导致驾驶员在碰撞前摔下车，也有可能在碰撞后被甩下车。穿戴防护性衣物可以预防驾驶员受一些轻微伤害，佩戴头盔可预防驾驶员头部严重受伤。安全专家们一致认为，驾驶两轮动力车时佩戴头盔应当是强制性的。超速和钻车缝驾驶会增加两轮动力车驾驶员受伤的风险。在夜间打开前灯，穿荧光／反光的衣物，注意危险的路面状况和／或道路上的小物体，均可使碰撞风险最小化。

车辆故障也可能导致两轮动力车事故，如车把松动、车轮摇晃、刹车失灵等。这些危险的故障导致成千上万辆两轮动力车被召回。由于紧急制动可能导致两轮动力车失控，制造商们正在考虑为两轮动力车配备摩托车上的防抱死制动系统或联动制动系统。

在美国，与传统摩托车相比，许多城市和地区针对两轮动力车的法律相对较少，包括驾驶年龄、头盔的使用、交通规则、醉酒驾驶，以及驾驶执照与车辆执照等方面。各个社区越来越认识到，要保障两轮动力车驾驶安全，就需要更全面的驾照核发制度，包括更高的准驾年龄，更广泛的驾驶员培训和考试，更低的功率重量比，最高限速，以及高质量制造执法。

行人交通安全

在美国，每年约有 7 万名行人在机动车事故中受伤，并有约 4 500 人死亡。大约 80% 的行人伤亡涉及试图穿越或进入街道的 5~9 岁的儿童。针对年幼儿童实施预防策略并对其进行交通安全教育可以减少事故。许多年纪小的孩子不知道交通信号或标志是什么意思，也不能判断车辆的距离和速度，这使他们在试图穿过繁忙的十字路口时处于险境。成年人的密切监护有助于预防儿童意外事故；教育儿童保育工作者则是另一种预防策略。

由于视力、听力和行动能力下降，老年人在马路上行走时面临的伤害风险尤其高。有些行人受伤事故的发生是由于行人突然窜入繁忙的街道，或由于视野被停放的车辆遮挡而无法看到迎面而来的车。许多行人受伤事故发生在跑步者和散步者身上。色彩鲜艳的衣服，尤其是反光的衣服，不论白天还是夜间都可以为行人提供保护。此外，喝酒会损害行人的判断力，正如它会损害机动车驾驶员的判断力一样。

十字路口是否标有人行横道，似乎对 65 岁及以上的行人死亡率没有影响。重要的因素似乎是十字路口是否有停车让行标志或信号灯。在过马路时，行人始终应该走到有停车让行标志或信号灯的十字路口处；即使街区中间标有人行横道，过马路也是危险的。

其他预防策略也可以帮助减少行人伤亡的数量。交通繁忙区域的地下通道和天桥、标识清晰的人行横道和行人护栏都能为行人提供保护。在行人通行的高峰时段（例如上下学或教堂礼拜前后），采取交通限行也是有益的。

自行车安全

随着越来越多的人将自行车用于锻炼、娱乐以及上学或工作通勤，人们对自行车安全的担忧也在增加。几乎没有人会每次骑自行车都佩戴防护头盔，尽管降低头部严重损伤和自行车致死风险的最重要因素就是使用设计良好且安全有效的头盔。如果发生事故，佩戴头盔可以将头部和大脑损伤的概率减少 60% 以上。美国没有任何一个州的法律要求骑自行车的成年人佩戴头盔。只有 21 个州和哥伦比亚特区要求骑自行车的未成年人佩戴头盔。2015 年，美国有近 50 万人骑自行车时受伤严重需要治疗；大约 1 000 名骑自行车的人在事故中受伤死亡。

骑自行车的人需要遵守与机动车驾驶员相同的交通规则。但许多骑自行车的人对这些规则缺乏了解，没有使用适当的手势或是逆向骑行，从而导致受伤和死亡。此外，骑自行车不熟练也会增加发生事故的风险。购买新自行车的人在骑车前应当熟悉它的所有部件。许多年纪较小的骑车者不了解交通规则，或是个头太小，以至于不能越过其他车辆看到路况。

骑自行车的人需要穿明亮和反光的衣服，而自行车本身则应适当地配备反光镜和车灯。一个最近出现的危险现象是，有人在骑车时戴着耳机。无法

头盔和反光衣物的使用对安全骑行至关重要。

听到往来车辆的声音、机动车喇叭声或他人警告的喊声均可能导致事故。修建更多的自行车道、地下通道、天桥和护栏,并普及防御性骑行技能,可减少骑行者的伤亡事故。

居家和社区安全

尽管居家事故死亡人数正在逐渐下降,但仍是伤亡的一个主要原因。居家事故对小孩和老年人均有特别的影响。随着老年人口的持续增长,居家和社区事故也将增加。居家事故的主要类别包括跌倒/坠落、中毒、火灾、窒息和溺水(图21.4)。

在美国,居家致残性伤害的发生率高于所有机动车和工作场所事故之和。每年发生于家中的各种致残性伤害超过3 000万起,约9万人死于跌倒/坠落、中毒、火灾和其他居家事故。居家和社区事故每年造成的损失超过300亿美元。显然,采取预防措施减少居家和社区事故应当是公共卫生的高度优先事项,尤其是对于有年幼儿童和高龄老人的家庭。

跌倒/坠落

所有年龄段的人都会跌倒/坠落,但大多数致命伤害发生在老年人身上。跌倒/坠落是导致居家和社区意外伤害死亡的主要原因。孩子们经常因为剧烈活动而跌倒/坠落,但通常受到的伤害都很轻微,且会很快痊愈。然而,孩子们也会从楼梯上、树上、打开的窗户和卡车后面掉下来。他们在攀爬、跳跃或奔跑时都可能发生跌倒/坠落。负责照看孩子玩耍的人必须警惕孩子跌倒/坠落的危险。

对老年人来说,跌倒/坠落是一个特别严重的问题。在美国,每年有27%的65岁以上的人和30%的75岁以上的人跌倒/坠落并受伤(Bergen et al., 2016)。在这些跌倒/坠落者中,有2/3的人会在第一次跌倒/坠落后的6个月内再次跌倒/坠落。约40%的养老院入住是由于跌倒/坠落造成的伤害。难怪许多老年人都害怕跌倒/坠落。跌倒/坠落可能导致老年人住院,甚至永久地丧失独立生活能力。

老年人需要采取具体的行动来避免跌倒/坠落。经常活动身体很重要。日常进行力量和柔韧性训练也很有帮助。注意平衡并使用拐杖或其他助行工具

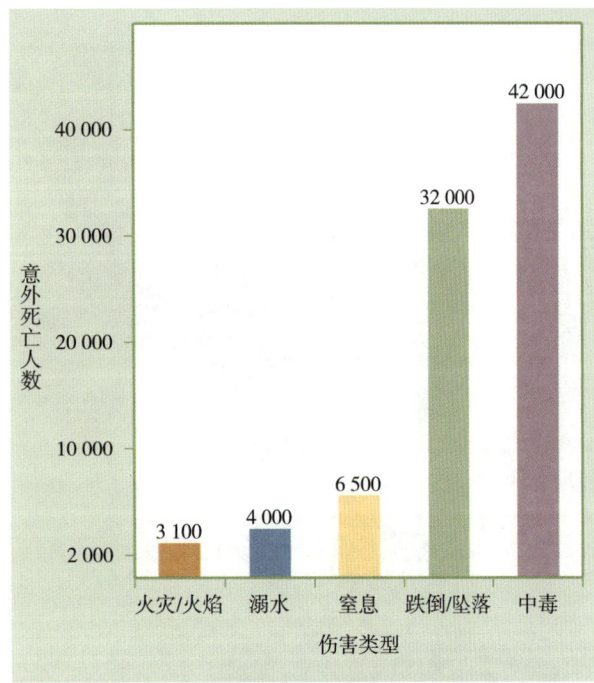

图21.4 2014年美国居家和社区意外伤害死亡的大致人数
资料来源:U.S. National Center for Health Statistics. (2017). Deaths: Final Data for 2017. National Vital Statistics Reports, Volume 65, Number 4. U. S. Centers for Disease Control and Prevention (2015). Ten Leading Causes of Death and Injury.

避免在圣诞节跌倒/坠落

美国每年都有数千人在装饰圣诞树时摔伤。人们在节假日要格外小心,在装饰圣诞树时要记住如下提示:

- 确保你使用的梯子是牢固的。如果将梯子靠在墙上,要遵守4比1法则:如果你要爬2米的高度,梯子的底部应该距墙0.5米;如果要爬4米的高度,梯子底部应距墙1米。
- 不要在梯子上向后或横向倾斜。将双脚放在每一级梯子的中心。
- 圣诞树顶部的装饰物或彩灯不得超重。
- 不要在圣诞树上或附近放置蜡烛。圣诞树就是一根等待被点燃的火柴。
- 确保圣诞树上的彩灯状况良好,不会产生火花,也不会使电线发热。在将灯系在圣诞树上之前进行测试。

享受假日,避免事故。

可能有助于避免跌倒/坠落。在房屋周围和社区内活动时要缓慢而小心。如果对一个区域不熟悉，行走不稳的老年人应当请人扶住手臂，以寻求额外的支撑。

家中的某些特定区域是跌倒/坠落的危险区域。厨房、浴室和洗衣房都很危险，因为它们的地板通常是湿的。楼梯也是危险的。上下楼梯时人可能会被绊倒，尤其是当人们分心或是楼梯处光照不佳时。撞在家具上或被桌子腿、椅子腿或松动的地毯绊倒，也是人们跌倒/坠落的常见原因。许多老年人是被在屋内撒欢的宠物绊倒的。

如果有人十分粗心或是梯子不牢固或不稳，那么爬梯子就是在自寻危险。人们在进行任何有可能坠落的活动时，都要采取额外的安全措施，比如让别人扶住你正在爬的梯子。

中　毒

毒物（poison）是指能导致疾病、伤害或死亡的任何化学物质。毒物通过口服（药品、药物、蘑菇、贝类、化学物质）、吸入（一氧化碳、硫化氢）、注射（蜂刺、蛇咬）或皮肤接触（毒藤、可灼伤皮肤的溶液）等方式进入人体。受细菌污染的食物所产生的毒素在医学上不被认为是毒物，它们引起的病症和死亡被认定为疾病所致。农药等化学毒物会干扰体内重要的生物反应，并引发多种症状，甚至死亡。有些毒物只会引起暂时的症状，一旦被清除，人体就会恢复正常。然而，有些毒物会造成永久且不可逆的损害。

许多人工栽培和野生的植物，包括树木和灌木，都含有有毒的化合物。食用陌生植物的果实、种子、根或叶子，可能会产生轻微或严重的中毒症状。许多常见的室内植物也是有毒的，甚至一品红也有毒。采集并食用野生菌可能是危险的，除非你知道什么品种可以食用。

小孩子，尤其是当他们刚学会爬或走时，尤其容易发生中毒事故。小孩子都是好奇、好动且爱冒险的，他们会很自然地把东西放入嘴里，包括那些不能吃的东西，如脱落的油漆碎片、泥土、大理石——几乎任何小型物体。当孩子们饥饿、口渴或只是感到好奇时，他们就可能把最接近手边的东西（药品、日用品、农药）吃进嘴里。1~5岁的儿童意外中毒的人数最多。

药品、溶剂、油漆和其他产品制造商所采取的预防措施显著减少了儿童意外中毒的人数。儿童防护盖、防盗盖和内部密封等设计有助于防止儿童摄入有害物质。父母和其他儿童照护者的预防措施，对于进一步降低风险至关重要。所有家庭用品和药品都应当放置在儿童接触不到的地方。危险物质应当保存在上锁的橱柜中。不得在无人看管的状态下，将年幼儿童留在存放危险家庭用品的区域，如浴室、厨房和车库等。

因意外过量服用处方药或非处方药而导致的疾病或死亡也被认定为中毒。这类中毒事件包括不小心服用了药物、不小心服用了过量药物、错误给药或用药，或在医疗和外科手术中使用药物时发生事故。例如，对乙酰氨基酚是用于治疗疼痛、头痛、感冒和其他症状的使用最广泛的药物之一。它也是世界范围内中毒的一个常见原因，主要由急性肝毒性引发。许多人因摄入过量的对乙酰氨基酚而患上中毒性肝病，因为他们误解了剂量说明，或是没有认识到他们所服用的药品中，不止一种药含有对乙酰氨基酚。

近年来，美国药物过量致死人数在显著增加（**图21.5**）。在很大程度上，药物过量致死人数增加是由于阿片类处方止痛药的滥用，如氢可酮（如维柯丁）、羟考酮（如奥施康定）、羟吗啡酮（如奥帕那）、吗啡、海洛因以及合成阿片类物质（如芬太尼）。2017年，据估计美国有超过200万人因使用阿片类物质止痛而对其成瘾。此外，多达10万名婴儿在出生时因其母亲在怀孕期间滥用阿片类物质而对其成瘾，并因此遭受戒断反应（新生儿戒断综合征）。美国每年因处方阿片类物质滥用而导致的损失高达数十亿美元，包括医疗保健费用、生产力损失、成瘾治疗和刑事司法参与的成本。

气体和蒸汽中毒主要是由一氧化碳引起的。一氧化碳产生于燃料在怠速机动车、壁炉、炉灶和使用天然气或液态丙烷的器具中的不完全燃烧。降低一氧化碳排放量的工程和制造工艺上的改进大大降低了一氧化碳意外致死率。

溺　水

大约一半的溺水事件发生在每年的6~8月。许多人正是在这一时间段进行夏季水上活动。在大面积水域、河流和溪流中进行娱乐活动可能会有意外

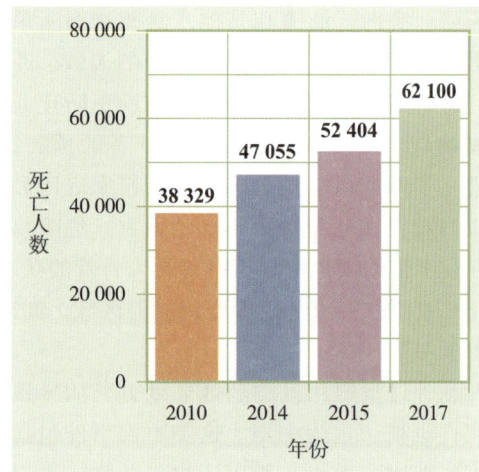

图 21.5　2010~2017 年美国药物过量死亡人数

大约 90% 的药物过量死亡是由于阿片类止痛药的滥用。研究人员发现，阿片类物质使用过量致死案例的增加最常发生在拥有高中或以下学历的非西班牙裔中年白人中。这一群体存在阿片类物质滥用重大风险的原因被认为是其经济和社会福祉的长期持续恶化，这导致身体疼痛、身心健康状况不佳的人增多（Case, & Deaton, 2017）。

资料来源：Hedegaard, H. et al. (2017, February). Drug overdose deaths in the United States, 1999–2015. National Center for Health Statistics Data Brief No. 273.

Katz, J. (2017, June 5). Drug deaths in America are rising faster than ever. *New York Times*.

许多船只事故都与在水上娱乐时饮酒有关。

溺水的风险。

当一个人在水下吸入水而不是空气时，其喉部就会发生自动肌肉收缩，称为**喉痉挛**（laryngospasm）。这种肌肉反射会关闭身体的主气道，以防止水进入肺部。只要这个人还在水下，痉挛就会持续，并会在几分钟内导致窒息死亡。一旦喉痉挛松弛下来，水就会进入肺部。只有大约 10% 的人能在水下不呼吸长达 6 分钟后存活，并且这是建立在立即接受人工呼吸的前提下。如果呼吸停止长达 10 分钟，则极少有人能恢复过来。

人们普遍认为，进食后不久游泳会导致胃痉挛，从而增加溺水风险，但科学证据并不支持这一观点。然而，进食后血液确实会转移到胃部以帮助消化，从而可能减少供给肌肉的氧气，进而导致肌肉痉挛。这一系列变化对健康的人来说不是问题，但如果一个人健康状况不佳、超重或患有心脏病，溺水的风险可能就会增加。

了解自己的游泳能力，并避免在危险水域游泳，可降低意外溺水的风险。在你进行水上运动时，使用个人漂浮装置（通常称为救生衣）也可以降低溺水的风险。

酒精和其他药物可能是 15 岁及以上人群溺水的最大诱因。个体判断力受损还可能导致他人死亡，例如，在醉酒后驾驶有乘客的船只，或照管在水中或水旁玩耍的儿童时喝酒。

窒　息

因物体卡在气道中而窒息身亡的情况比人们预期的要常见。在美国，每年有超过 1 000 人死于食物或异物卡在喉咙里所导致的呼吸停止。未经充分咀嚼就吞咽的食物是哽噎和气道堵塞的常见原因。鱼肉或鸡肉里的小骨头也可能被无意中吞下并卡在气道中。有时，假牙、补牙材料或牙冠会变得松动，并被意外吞下，这也可能导致窒息。醉酒也会增加吞咽出问题的风险。

当气道被完全阻塞时，窒息者无法说话、呼吸或咳嗽。窒息者通常会掐住自己的喉咙。如果物体不能被迅速取出，窒息者可能会失去意识，并可能因缺氧而迅速死亡。

老年人，特别是那些患有阿尔茨海默病、帕金森病或肺炎的人，尤其容易因食物而窒息。这种进食困难的一个主要原因是衰老或药物副作用造成的唾液分泌不足。硬糖或需要用力咀嚼的食物（如热狗、大块的肉）或苹果等大型水果，也有造成窒息的危险。为了降低老年人因食物窒息的风险，日本的食品工业研发了易于吞咽的食物，它们看起来与普通食物相似，但经过特殊加工后很容易在口腔中溶解。

机械性窒息是另一种意外伤害，最常发生在4岁以下的儿童身上。婴幼儿可能会进入狭小的空间，并可能被困住或卡住，导致窒息。随着婴儿变得更加活跃和好奇，其被困住并窒息的风险会增加。从电器、窗帘或百叶窗上悬下的长线应当远离好奇的婴儿或学步儿。大量的床上用品都曾经导致幼儿窒息，特别是毛茸茸的被子或婴儿豆袋垫。豆袋垫等家用品还曾因存在窒息风险而被召回。

任何卡在喉咙里阻塞气道的物体都会使呼吸停止，并在几分钟内造成昏迷和死亡。不要干预那些能够说话、咳嗽或呼吸的窒息者，但如果一个仍有意识的人不能说话、咳嗽和呼吸，请立即执行以下程序：

- 站在那个人的身后，用双臂搂住其腹部，一手握拳，拇指顶住患者肚脐上方、剑突下方。另一只手抓住握拳手，用力快速向内并向上按压。重复数次。这被称为海姆立克急救法。

如果物体被挤出，即使患者看起来很正常，也请立即将其送到医院。如果吞下的物体是鸡骨或鱼骨，并且可能没有完全排出来，这一点尤其重要。此外，如果骨头被吞下，它可能在通过消化系统时造成严重的损伤。

火 灾

2002年和2003年，分别发生在美国芝加哥和罗德岛夜总会的两起灾难性火灾，将全美的注意力集中在了火灾可能造成的伤亡上。这两个夜总会中的火势迅速蔓延，但其出口要么被锁上了，要么被挡住了。数百人被困在建筑物内，因烧伤或窒息而死亡；还有数百人被严重烧伤或受伤。

美国每年约发生36万起住宅火灾。这些火灾共造成了约1.3万人受伤、2 500人死亡，以及70亿美元的损失。家庭火灾可能由多种因素引起：壁炉、柴火炉、煤油取暖器或电取暖器、电器放置不当、房屋或电器的电路故障、厨房中的油脂起火（或宽松的衣袖在明火上晃来晃去）、易燃材料储存不当，或家中有粗心的吸烟者。

烟雾探测器保护你免受火灾伤害

火灾中的大多数伤亡是由于受害者吸入了烟雾和有毒气体，它们会先于火焰到达。人能否存活下来，取决于是否有一个早期预警系统，让人们有时间立即撤离着火的房屋。最好的预警系统是烟雾探测器，它可以将人们死于火灾的风险降低一半。美国消费品安全委员会就烟雾探测器提出了以下建议：

- 许多地区要求人们在家中安装烟雾探测器，所以去买一个吧——至少一个。它们很便宜，在大多数五金店和超市都可以买到。查询你所在地的法规，它们可能要求你购买特定类别的烟雾探测器。
- 阅读烟雾探测器的说明书，以获得有关其安装位置的建议。你应当为房子的每一层至少买一个，最好是在每间卧室外面放一个。
- 制造商知道其产品如何使用效果最佳，并会告诉你如何保养它们。请遵循产品说明书。探测器可以挽救生命，但前提是你能正确地安装和保养它们。
- 切勿断开火灾探测器。如果它因为烤炉的热量或浴室的蒸汽而在错误的时间报警，请把它移到另一个位置。
- 每年更换电池（每年1月1日是很容易记住的更换日期），或当你听到提示音时更换电池。定期按下测试按钮，以确保电池正常工作。
- 保持探测器清洁。灰尘、油脂或其他物质会干扰它的有效运行。你可能需要用吸尘器清理探测器上的进气孔。

在美国，自 20 世纪 50 年代以来，火灾或烧伤导致的死亡率有了显著下降。烟雾探测器、便携式梯子和灭火器都帮助减少了死亡人数。此外，许多小学生每年都要接受当地消防部门的安全培训。预防和教育，再次成为消除火灾和烧伤造成的意外伤害的最佳策略。每个家庭都应该有一条计划的逃生路线，在家里的关键位置放置烟雾探测器。每个人都应该知道如何操作灭火器，并确切地知道它放在哪里。如果房子是两层的，那么应当将便携式梯子放置在很容易取到的地方。

阻燃剂 阻燃剂是一种添加到衣服、窗帘、家具、床上用品和其他织物中的化学物质，可以在发生火灾时帮助阻止火焰蔓延。大多数的阻燃化学成分是有毒的——当在实验动物身上测试时，它们通常是致癌的；它们还会污染土地和水并破坏环境。添加到织物和家具中的阻燃化学物质的量相当大——高达织物总重量的 5%。20 世纪 70 年代，两种添加在儿童睡衣里多年的阻燃剂（称为溴化三羟甲基氨基甲烷和氯化三羟甲基氨基甲烷）最终被禁止使用。这两种化学物质是致癌的，并会从睡衣和其他含有阻燃化学物质的床上用品中进入人体。这些物质仍会被添加到家具中使用的泡沫塑料和纤维织物中。它们对健康和环境的风险要远远超过家庭火灾在家具上蔓延的风险。如今，在美国大多数家庭都装有烟雾探测器的情况下，尤其如此。此外，美国所有州、哥伦比亚特区和加拿大都要求，所有香烟都需具备防火性能。

枪 支

许多美国人将拥有枪支视为一项宪法赋予的权利；另一些人则认为这是一种特权，枪支所有权应该受到限制和管理。关于枪支的一个事实是无可争议的——在美国，它们每年会导致成千上万人伤亡。

与枪支相关的死亡可分为 3 类：意外、故意和未明确。研究表明，有机会接触枪支会增加与枪支有关的伤害或死亡风险。如果家里有一支或多支枪，那么持有者应当接受使用这些枪支的培训，并采取一切可能的保障措施，防止故意或意外的伤害和死亡。所有的枪支都应当锁起来。枪支绝不应当在装弹状态下放置。弹药应当与枪支分开锁在另一个地方。

人们通常认为无火药枪如气弹枪（BB 枪）和彩弹枪是无害的。这些枪由压缩空气提供动力，在美

> 离别时刻已到，我们分道扬镳。我去赴死，你们活着。哪条路更好，只有神知道。
> ——苏格拉底

儿童与枪支：有时是一对致命组合

在美国，车祸是导致 18 岁以下儿童意外死亡的首要原因。该年龄组的第二大死亡原因是意外或故意枪击。在世界上所有高收入国家中，14 岁以下儿童枪击致死事件，有 91% 发生在美国。

美国每周大约有 50 名儿童死于枪伤（见下表）。再加上这个年龄组每年受到的近 5 800 起非致命枪支伤害，很明显，枪支对美国儿童构成了严重的健康威胁。

2012~2014 年美国不同年龄组儿童枪支相关死亡人数

年龄组	总数	凶杀	自杀	意外
0~12 岁	403	229	150	24
13~17 岁	2 080	1 068	543	469

在美国，死于枪击的绝大多数年幼儿童是在家中被杀害的，往往是因为无意中玩上膛的枪，或是被卷入成人的家庭暴力和杀人事件中。青少年在家里或街头被枪杀的可能性一样大。持枪自杀几乎总是发生在家里。大多数孩子是被手枪杀害的。

保护儿童免于枪支死亡

在美国，家长可以采取下述措施来保护孩子免于枪支死亡（University of Michigan Mott Children's Hospital, 2017）：

- 家中有枪支的父母应当将子弹退膛并将枪支上锁储存，并将弹药锁在另一个地方。
- 在孩子去朋友家之前，父母应当询问其朋友的父母，家里是否有枪支，以及枪支是如何保管的。可以将这一问题作为拜访前你常讨论事项（比如过敏情况、零食、防晒霜等等）的一部分。
- 青少年的父母应当安全保管枪支，以降低孩子尝试枪支自杀的风险，即使他们的孩子接受过枪支安全教育。

资料来源：Fowler, K. A. (2017). Childhood firearm injuries in the United States. *Pediatrics, 140*. doi: 10.1542/peds.2017–2298.

预防与电脑有关的损伤

任何每周在电脑屏幕前待 30 到 40 个小时的人都有患某种形式的重复运动障碍的风险。大多数损伤发生在颈部和肩膀，肘部和腕部是第二脆弱的区域。这些损伤是由观看屏幕和操作键盘的重复动作造成的。

每天在电脑前待数个小时的人应当采取预防措施来降低受伤的风险。使用人体工学座椅，让显示器和键盘处于令人舒适的位置和高度，都很重要。经常停下来休息一下，也很有帮助。近年的一项研究表明，前臂支撑板可以显著减少颈部和肩膀的损伤。电脑使用者应采取所有可用的措施来降低患肌肉骨骼疾病的风险。

表 21.2 重复运动障碍

下列损伤会影响肌肉、肌腱和神经。

神经根型颈椎病：
常抬头看电脑屏幕或常用肩颈部夹住电话的人有患病风险。

旋前圆肌综合征：
机械师、棒球投手和理发师有患病风险。

腕管综合征：
打字员、程序员和陶工有患病风险。

胸廓出口综合征：
小提琴手和其他音乐家有患病风险。

肘管综合征：
卡车司机或其他手臂长时间保持固定弯曲姿势的人有患病风险。

远端尺神经病变：
肉类包装工、装配线工人和机器操作员有患病风险。

国通常作为礼物送给儿童，并被视为"玩具"。然而，它们远非无害。美国每年有大约 2 万人因无火药枪造成的伤害而被送入医院急诊室治疗，大多数伤者是 5~14 岁的儿童。许多无火药枪的威力相当于一把点 22 口径的步枪。当使用这些枪支近距离射击他人时，它们是可以杀人的，在美国每年都会发生数起这样的死亡事件。父母们不要让孩子持有和使用无火药步枪或手枪。

工作安全

在过去的一个世纪里，发生于工作场所的意外伤害死亡人数减少了 90%。据美国劳工统计局（Bureau of Labor Statistics, 2017）报告，2015 年，美国发生了近 300 万起需要医疗护理的工伤和约 4 800 起工伤死亡事故。职业伤害最常发生在制造业。农业有着最高的皮肤疾病发病率，这可能要归因于农业从业者与危险化学品的密切接触。常见的职业疾病包括皮肤疾病、因吸入有毒物质导致的呼吸系统疾病、与反复损伤相关的疾病、中毒，以及与粉尘相关的肺部疾病。真实发病率可能高于报告的发病率，因为许多工作者在生病或受伤后没有就医。

腕管综合征是一组称为**重复运动障碍**（repetitive motion disorders，也称作重复损伤）的损伤中的一种。该障碍由身体某个部位受压引起，起因是长期的重复运动（**表 21.2**）。腕管综合征的症状是，手、手指或手腕感到灼热、麻木、刺痛或僵硬。牙医、牙科保健师、超市收银员、裁缝、音乐家、工厂工人、电脑键盘操作者和外科医生都存在患腕管综合征的风险。人们正在研究更好的产品设计、操作者和工具之间正确的位置关系，以及限制花在同一任务上的时长等，能否作为解决累积性创伤障碍发病率上升的有效方案。

病态建筑综合征（sick building syndrome）包括在现代办公楼上班的人所报告的各种症状。近年来的调查发现，建筑物内或其附近的污染物或通风系统不良，与病态建筑综合征存在相关性。这些症状的大部分证据来自工作者们的自我报告或是医生的记录。其症状包括哮喘、肺部感染、头晕、恶心、

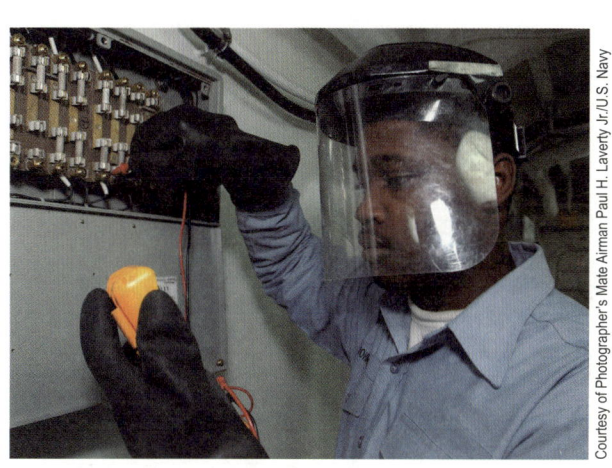

工人工作时应当一直佩戴合适的安全装备。

喉咙和眼部发炎、疲劳、咳嗽以及呼吸急促。病态建筑综合征的主要室外诱因是污染物，如灰尘、空气中的化学物质、汽车尾气和农药。室内诱因包括被细菌、霉菌和其他微生物污染的空调，以及建筑施工材料释放的化学物质（如胶合板中的甲醛）。几乎没有或完全没有自然通风的建筑，如摩天大楼、仓库和旧工厂，特别容易引发病态建筑综合征。

竞技性运动和娱乐性运动伤害

数以百万计的美国年轻人参与某种体育运动或身体活动，要么是参加校队或有组织的联赛，要么是参加临时组局的比赛，或仅仅是为了娱乐。参加体育运动既有趣又有益健康。然而，美国每年有近400万儿童、青少年和年轻成人因竞技性运动或娱乐性运动伤害而进入医院急诊室。到急诊室就诊的所有5~24岁的患者中，大约1/4是因为竞技性运动或娱乐性运动伤害。

男孩中最常见的体育运动伤害源自篮球、橄榄球或自行车。在女孩中，篮球、足球和自行车造成的伤害最多。这些排序并不表明哪项运动最危险，因为参与每项运动的人数尚不清楚。5~14岁的儿童最容易受伤，随着儿童年龄的增长，受伤的概率会下降。男孩因运动伤害而去急诊室的可能性是女孩的两倍，但随着越来越多的女孩参与体育运动，她们的就诊次数也在增加。教练和家长有义务确保儿童始终佩戴防护装备，并且在任何比赛中都不能有鲁莽行为。告诉孩子们在运动或玩耍时要小心是没用的（尽管所有的父母都这么做）。教练、父母和志愿者都应当采取合理的预防措施，以防止受伤，尤其是对于年幼的孩子。

在过去的几年里，被称为"极限"运动的活动变得非常流行。极限运动包括轮滑、单板滑雪、山地自行车、攀岩、踢拳、滑板和超耐力赛。所有这些活动，无论多么有趣和令人愉快，都会增加运动者的受伤风险。每个从事极限运动的人都需要权衡风险与享受。

创伤性脑损伤和脑震荡

创伤性脑损伤（traumatic brain injury, TBI），是指头部受到撞击、打击或震动（包括摇晃婴儿）引起思维或记忆受损、运动能力或感觉（如视力或听力）改变、人格改变，以及情绪问题（如抑郁）。美国每年有近300万起创伤性脑损伤事件发生。

跌倒/坠落是创伤性脑损伤最常见的原因，约占所有创伤性脑损伤相关的就医人数的一半。跌倒/坠落造成的创伤性脑损伤通常发生在老年人中。他们可能会在家中被杂物绊倒，或是由于药品副作用影响平衡站不稳而摔倒。年轻人在玩耍或骑自行车时也经常会发生跌倒/坠落。被物体击中或撞到某物体是创伤性脑损伤的第二大原因。创伤性脑损伤可能在以下情况下发生：在比赛中与其他球员碰撞、被球或球棒击中，或是在老房子里撞到低矮的门梁。机动车碰撞事故是创伤性脑损伤相关伤害的第三大原因。

创伤性脑损伤的严重程度从"轻微"（即精神状态或意识的短暂变化）到"严重"（即受伤后较长时间的无意识或记忆丧失）不等。大约一半的创伤性脑损伤不会导致意识丧失，也无须医疗干预（DeKosky et al., 2010）。大约同等数量的人遭受了更严重的创伤性脑损伤。他们确实失去了意识并存在认知缺陷，如记忆丧失或行为改变。只有一小部分人遭受了让他们失能的永久性脑损伤。

脑震荡（concussion），是一种医学上特指的创伤性脑损伤，由导致头部和大脑快速来回移动的头部或身体上的撞击、打击或震动引起。这种突然的位移可能导致大脑在颅骨内弹跳或扭转，引发大脑内的化学变化，有时还会拉伸和损伤脑细胞。脑震荡可能导致思维、情绪、感觉、语言、记忆、沟通

足球是一项非常受儿童欢迎的运动。教给孩子们适当的技巧可以防止他们受伤。

大学运动员选择健康

大多数大学生（和他们的家人）希望大学教育能够提供有助于他们获得一份满意的工作和健康未来的知识和技能。学生们都不想带着会导致认知、情绪和健康缺陷的脑损伤从大学毕业。不幸的是，许多活跃在校际体育比赛中的大学生面临着创伤性脑损伤的风险，这类损伤源于跌倒/坠落或碰撞引起的撞击、打击或震动，这些情况会导致头部和大脑突然来回移动。

2014年，来自美国主要大学的运动员们成立了全国大学运动员协会，以保护自身的健康、学业进步和福祉免受脑部和其他部位损伤的威胁。这一协会的目标包括尽可能地降低大学运动员的脑损伤风险，以及避免运动员们不得不自行支付与运动相关的医疗费用。他们还希望禁止大学撤销受伤球员的奖学金，并在所有体育项目中建立和执行统一的安全指南，以防止重伤和可避免的死亡（National College Players Association, 2017）。出于对运动员长期健康的关心，许多大学制定了最小化头部损伤的规则。例如，在橄榄球赛季开始之前、进行期间和结束之后，限制每周进行实战扑搂和/或全速阻挡掩护训练的次数。此外，为避免教练施加压力，让疑似脑损伤的球员在医学上完全恢复前重返赛场，医务人员由学生健康服务部门雇用并支付薪酬，而不是体育部门。许多学校公开了他们诊断和管理创伤性脑损伤的条款。这些条款符合美国神经病学学会和美国运动医学会制定的指导方针。尽管最初关注的是橄榄球运动中的安全问题，但关于大学运动员脑震荡和其他头部创伤发生率的数据表明，其他容易造成脑震荡的运动也应该受到关注（见附表）。

按运动项目分列的大学生运动员脑震荡率

运动项目	每1000次运动暴露后的脑震荡次数
男子摔跤	0.89
女子冰球	0.78
男子橄榄球	0.74
女子足球	0.54
女子篮球	0.53
女子长曲棍球	0.45
男子篮球	0.38
女子排球	0.37
男子长曲棍球	0.30
男子足球	0.26
女子垒球	0.26
男子棒球	0.09

数据来源：Hootman, J.M. et al. (2007). Epidemiology of collegiate injuries from 15 sports. *Journal of Athletic Training, 42*, 311–319.

和人格的变化，以及抑郁和早发性痴呆。虽然许多脑震荡并不会危及生命，但它带来的影响可能会很严重（**表21.3**）。

脑震荡是人们最常经历的损伤类型之一，特别是在参加激烈的体育活动时。在5~14岁的儿童中，体育运动和自行车事故造成的脑震荡最多。

慢性创伤性脑病

头部受到反复撞击/击打，如在接触性运动（如橄榄球、足球、冰球、拳击）中发生的那样，即使没有造成脑震荡，也会对大脑造成长期损伤，称为**慢性创伤性脑病**（chronic traumatic encephalopathy, CTE）。慢性创伤性脑病涉及大脑中神经细胞受损，导致近期记忆和思维过程衰退、抑郁、冲动、攻击性、愤怒、易怒、自杀行为，并最终发展为痴呆症。其最初的体征和症状，通常要在脑损伤发生多年之后才出现。许多退役的职业橄榄球运动员都患有慢性创

表21.3　脑震荡的体征和症状

- 无法记起撞击或跌倒/坠落之前或之后的事件。
- 看上去茫然或神志不清。
- 忘记指令，对任务或位置感到困惑，或者不清楚比赛、得分或对手的情况。
- 动作笨拙。
- 回答问题缓慢。
- 失去意识（即使很短暂）。
- 表现出心境、行为或人格的变化。
- 头痛或头内有"压力"。
- 恶心或呕吐。
- 平衡有问题或头晕，或复视或视力模糊。
- 厌恶光和噪声。
- 感到迟钝、记忆模糊、迷糊或昏昏沉沉。
- 感到困惑，或存在注意或记忆问题。
- 就是"感觉不对劲"，或是"情绪低落"。

资料来源：U.S. Centers for Disease Control and Prevention. (2015). Concussion Signs and Symptoms.

伤性脑病。美国国家橄榄球联盟和其他体育组织如今都强调需要减少体育运动中的头部损伤。2010年，美国国家橄榄球联盟在每支球队的更衣室里都张贴了一张海报，警示球员脑震荡可能产生的长期后果。2013年，该联盟同意成立一个基金会，为大约1.8万名退役球员支付与脑震荡相关的健康问题花费。

足球运动员也会遭受脑震荡。它可能由跌倒、头对头的碰撞、被踢出的球击中等引起，或者更通常由重复的"头球"（为了得分或传球用头部拦截足球）引起。虽然单次头球可能不会引起任何可观察到的问题，如脑震荡，但头球造成的脑损伤可能会随着时间的推移而不断积累。在职业足球运动员的整个职业生涯内，他们可能会在练习和比赛中有成千上万次头球。对职业足球运动员的研究表明，有些人确实表现出脑损伤、认知功能受损或二者兼有的迹象。由于人们越来越担心头球会造成长期脑损伤，有人建议，任何时候都不应当允许14岁以下的儿童用头部拦截足球。

设计良好的防护头盔可以在许多运动中减少发生严重脑损伤的可能性。尽管橄榄球和冰球运动员的脑损伤最广为人知，但脑损伤在滑雪者中更为常见（Cuismano & Kwok, 2010）。在美国，每年有超过10万名冬季运动爱好者遭受创伤性脑损伤；如果佩戴了防护头盔，许多严重的脑损伤和死亡本可以避免。

如今有一种橄榄球头盔，它配置的传感器可以测量运动员头部所受撞击力的大小、位置和方向。这些数据被无线传输到场外的计算机或移动设备，用以分析和评估运动员遭受脑震荡的可能性。这种头盔并不便宜（约1 000美元），但一些全美大学体育协会下属的大学已为它们的球员订购了这种头盔。

承担风险与预防事故

生活中的风险不可避免。事故和意外伤害是我们所承担风险的后果。一旦孩子学会爬行，他们就开始承担与探索和了解环境相关的风险。在人生的每个阶段，我们都要承担与学习，以及拓展自身能力和经验边界相关的风险。当我们过马路、追赶公交车或是在树枝上荡秋千时，我们要承担风险。当我们去徒步旅行、攀岩或参加体育运动时，我们也要承担相应的风险。

你需要问自己的重要问题是："为了按自己想要的方式生活，何种风险是必要的和可接受的？"这个问题的答案也将在某种程度上决定你遭受意外伤害的风险。人们对冒险行为的需求差异极大。有些人靠高风险行为，如登山、赛车和跳伞等获得生命的绽放。然而，即使是过着更为平静生活的人，也可能因为破坏性行为或不健康的心理态度而面临意外伤害的风险。无论你的个人观念是什么，你随时都可以做出安全生活的承诺。

尽管意外伤害通常不是一件可笑的事，但是一个事故统计数据听起来很有意思，周六和周日是一周中最容易发生事故和伤害的两天。

对健康的批判性思考

1. 运用图 21.3 所示的意外伤害的流行病学模型,简要解释最近发生在你、朋友或家人身上的伤害。
   a. 伤害所涉及的宿主因素有哪些?
   b. 伤害所涉及的环境因素(自然和社会)有哪些?
   c. 伤害所涉及的媒介因素有哪些?
      哪个(些)因素本可以被修正,从而防止伤害的发生?
2. 近一半的机动车致死事故与喝酒有关。你的校园和社区正在做些什么来防止人们(无论是年轻人还是老年人)醉酒驾驶?请考虑以下问题:
   a. 有相关的教育项目吗?如果有,它们是什么,它们的目标受众是谁?
   b. 你会如何设计一个教育项目来防止你的同龄人酒后驾车?
   c. 是否有提高人们对酒后驾驶危险性认识的节日特别教育项目(例如高中毕业舞会)?
   d. 在减少酒后驾车事故和死亡人数方面,校园内外的当地执法部门扮演着怎样的角色?
3. 美国联邦、州和地方政府均已制定并通过了相关法律和法规,强制执行某些对个人和/或社区产生影响的安全行为。这些法律要求使用安全带、让儿童乘坐安全座椅,以及在骑摩托车或自行车时佩戴头盔。有些人认为,政府(任何层级)不应当强制执行有关个人安全和伤害预防的法律;另一些人则认为,政府有权为了公共利益而要求其公民采取某些安全行为。你的观点是什么?政府是否应当有权规范个人的安全行为?请解释为什么。

本章小结与重点

本章小结

一个人在一生中可能会发生很多次事故。大多数事故是轻微的:割伤、烧伤、瘀伤或骨折等。有些事故更加严重,会导致重大伤害,这些伤害通常需要很长时间康复。有些事故则是致命的。儿童和老年人特别容易发生事故。在某些活动中,事故发生的可能性较高。驾车就是经常发生事故的活动最明显的例子,骑自行车或摩托车则是另一个例子。牛仔竞技骑手和职业橄榄球运动员,在明知会受伤(即使这次不受伤,在将来的某个时候也极有可能受伤)的情况下参与这些活动。由于汽车、摩托车和自行车事故频繁发生,并且造成的伤害往往很严重,社会投入了大量的精力和资金来减少事故并减轻这些活动的伤害。安全带和安全气囊能减轻车祸造成的伤害;头盔和特殊衣物能减轻自行车和摩托车事故造成的伤害。美国联邦政府的一个机构负责监督和执行旨在减少工作场所事故的法规。工人可能会被要求穿戴特殊的帽子、口罩、手套或衣物,以减轻事故造成的伤害。公司被要求对工人进行安全操作教育,并为他们提供一个安全的工作环境。可悲的是,安全操作规章并不总是被遵守。2014 年,一家煤矿的所有者因经营不安全的煤矿而被控谋杀。在该煤矿的一系列地下爆炸事故中,有十几名矿工丧生。煤炭行业因违反安全规定总共欠美国政府 7 000 多万美元的未缴罚款。

事故频繁发生并不意味着它们不可避免。你的整体生活方式以及你在执行危险任务时的谨慎程度,可增加或降低你个人发生事故的风险。例如,如果你喜欢参加体育运动,接触性运动要比非接触性运动更危险。问问自己愿意承担何种风险。当别人激你时,你愿意从悬崖上跳进水里吗?当你去远足或爬山时,你是否会冒不必要的风险?即使简单的任务,如爬梯子、在结冰的人行道上拎着食品杂货,或用台锯锯木头等,也会增加发生事故的风险。乘坐商务飞机到达遥远的城市是你能做的最安全的事情之一,为了玩乐而跳伞则不是。你不能也不应当生活在对事故的恐惧中。尝试新的事物总会伴随着风险。然而,你应当决定自己愿意承担多少风险,并从事一些让自己感到舒适的活动。当你第一次做一些事情,或做一些你知道比较危险的事情时,提醒自己注意安全。

重 点

- 在美国,意外伤害和死亡每年会造成数十亿美元的损失,包括医疗费用和误工造成的损失。意外伤害和死亡是可以避免的!
- 许多因素会导致意外伤害:知识缺陷、错误的态度、信念和行为,经济和社会因素,能力限制,环境条件,以及酒精和其他药物的使用。
- 哈顿矩阵是为评估机动车事故风险因素而开发的,现在被用于制定预防项目。

- 伤害预防的多维度方法包括教育、预防策略、更严格的法律法规和更好的产品设计。
- 每 12 分钟，美国就有 1 人死于机动车事故。
- 近一半的致命机动车事故与饮酒有关。
- 摩托车、全地形车和自行车的安全规则和装备是预防事故的关键。请穿反光衣物并遵守安全规定。
- 居家安全包括避免跌倒/坠落、中毒、溺水、窒息和火灾。
- 工伤事故数量在稳步下降，然而它们仍然会耗费雇主和雇员的大量时间和金钱。背部伤害最为常见，其次是腿部、手臂和躯干。恰当的安全工作程序可以避免大多数的工伤。
- 每年有数百万计的年轻人因与竞技性运动或娱乐性运动相关的伤害而进入急诊室。受伤率最高的运动是篮球、自行车、橄榄球和足球。
- 脑震荡是一种严重的头部伤害，可能会也可能不会导致意识丧失。在所有头部受伤风险高的运动中，都应当佩戴头部保护装备。
- 事故和伤害是我们所承担的许多风险的后果。虽然我们所做的大部分事情都有一定程度的风险，但我们可以通过增加安全知识并在体育活动中采取安全预防措施来降低这种风险。

参考文献

Bergen, G., et al. (2016). Falls and fall injuries among adults aged ≥ 65 years—United States, 2014. *Morbidity and Mortality Weekly Report, 65*, 994–998.

Bureau of Labor Statistics. (2017). Injuries, Illnesses, and Fatalities.

Case, A., & Deaton, A. (2017). Mortality and morbidity in the 21st century. Brookings Institution.

Centers for Disease Control and Prevention. (2017). *Injury prevention and control*.

Clabaux, N., et al (2017). Powered two-wheeler riders' risk of crashes associated with filtering on urban roads. *Traffic Injury Prevention, 18*, 182–287.

Cuismano, M. D., & Kwok, J. (2010). Skiers, snowboarders, and safety helmets. *Journal of the American Medical Association, 303*, 661–662.

Dekosky, S. T., Ikonomovic, M. D., & Gandy, S. (2010). Traumatic brain injury: Football, warfare, and longterm effects. *New England Journal of Medicine, 363*, 1293–1296.

Gladwell, M. (2001, June 11). Wrong turn. *The New Yorker*, 50–61.

Hootman, J. M., et al. (2007). Epidemiology of collegiate injuries from 15 sports. *Journal of Athletic Training, 42*, 311–319.

National Center for Health Statistics. (2015). *10 leading causes of injury deaths by age group, highlighted unintentional injury deaths, United States – 2012*.

National Center for Health Statistics. (2016). *Age-adjusted death rates for selected causes of death, by sex, race, and Hispanic origin: United States, selected years 1950–2011*.

National College Players Association. (2017). *Mission and goals*.

National Safety Council. (2017). *Injury facts 2017*. Itasca, IL: Author.

Ship, A. N. (2010). The most primary of care: Talking about driving and distraction. *New England Journal of Medicine, 362*, 2145–2147.

University of Michigan Mott Children's Hospital. (2017). Gun safety for children and youth.

推荐阅读

Dekosky, S. T., et al. (2010). Traumatic brain injury: Football, warfare, and long-term effects. *New England Journal of Medicine, 363*, 1293–1296. Describes in medical terms what happens to the brain following a blow to the head.

Gladwell, M. (2001, June 11). Wrong turn. *The New Yorker*, 50–61. An interesting look at why automobile safety measures may not be working as originally expected.

National Safety Council. (2017). Injury facts. Itasca, IL: Author. Presents the most current occupational, motor vehicle, home, community, state, and international injury statistics on deaths, nonfatal injuries, and their costs.

Levin, H., et al. (2014). *Understanding traumatic brain injury: Current research and future directions*. New York: Oxford. Medical experts explain the incidence and management of the neuropsychiatric aspects of traumatic brain injury.

Spellman, F. R., & Bieber, R. M. (2011). *Physical hazard control: Preventing injuries in the workplace*. Washington, DC: Government Institutes. Focuses on controlling physical hazards at work to prevent injury, illness, and death including layout and building design, safeguarding of machinery, confined space entry, noise, radiation, ergonomics, electricity, thermal stressors, hand tools, woodworking, welding, machining, mobile equipment, materials handling, and workplace violence.

第七编

老化、暴力和环境污染

第 22 章
　了解老化和死亡

第 23 章
　美国社会中的暴力

第 24 章
　营造健康环境

健康小贴士

你可以采取的能降低痴呆症风险的措施

美国卫生局局长对预防骨质疏松症的建议

全球健康

日本的老龄化社会

在儿童期和成年期之后,还有老年期

压力管理

放弃驾车是一项艰难的决定

健康指南

给你的头脑加点香料

运动或可延缓老化

第22章

了解老化和死亡

学习目标

1. 描述随着年龄增长而发生的一些生物学变化。
2. 定义老化、最大寿命、中位死亡年龄、预期寿命和老年学。
3. 讨论美国人口老龄化引起的一些健康和社会问题。
4. 简要解释关于老化过程的两个主要理论。
5. 描述阿尔茨海默病和帕金森病的一些症状。
6. 描述你在年轻时可以采取哪些措施来降低晚年患痴呆症的风险。
7. 描述导致视觉和听觉丧失的一些原因。
8. 描述几种能降低骨质疏松症风险的方法。
9. 讨论屈布勒-罗斯所阐述的死亡的几个阶段。
10. 解释构成预嘱的两份文件的作用。
11. 简要定义医疗辅助死亡、临终关怀医院和缓和照顾等术语。
12. 指出你在年轻时可以采取哪些措施来确保一个健康的晚年。

宇宙中的万事万物——植物、动物、山脉、行星和恒星——都会随着时间的推移而变化，最终死亡（植物和动物）、解体或消失（行星和恒星）。地球的资源正在被耗尽，环境也正在改变，从这个意义上说，它正在老化。为太阳提供能量的核反应最终会减缓，太阳预计将在大约 50 亿年后爆炸。

> 我不想通过我的作品达到不朽，我想通过不死来达到。
> ——伍迪·艾伦

许多人把老化与疾病、残疾、孤独和活动减少等联系在一起。然而，这种对老化的负面看法是夸大的。如今，许多老年人在精神、性和身体机能上都很活跃，并且一直到 80 甚至 90 多岁时仍在继续工作。

在美国，对老化的负面看法在电影、电视尤其是在广告中仍然很突出。理想中的美国人被描绘成年轻、活跃、有吸引力且没有皱纹。广告劝诫人们使用面霜、身体乳、染发剂、特殊的草药或维生素，或求助于肉毒杆菌和其他美容手术来延缓明显的老化迹象。

正常的老化过程不是由疾病引起的，所以老化是无法治愈的。老化显而易见的影响来自身体器官、骨骼和组织长期磨损导致的变化和运行效率的下降——肌肉变弱、免疫系统功能下降，以及由激素支持的性欲的减弱。即使是最健康的身体也会发生缓慢的磨损。然而，通过在年轻时养成健康的习惯并了解老化过程，大多数人可以保持活力和健康直到生命的尽头。

美国人的预期寿命达到了历史最高水平。在 2015 年，白人男性平均预期寿命为 76.6 岁，白人女性为 81.3 岁。非裔美国人的预期寿命为：男性 72.2 岁，女性 78.5 岁。从 1950 年到 2009 年，美国人的平均预期寿命增加了约 10 年。然而，要达到或超过平均预期寿命，在年轻时采取健康的行为和生活方式是至关重要的。

美国老龄化的人口

老化（aging）指的是一种在性成熟后出现并一直持续到死亡的身体机能的正常变化。在理想化的情况下，每个个体都能存活到接近该物种的**最大寿命**（maximum life span），人类的最大寿命约为 120 岁（图 22.1）。有可靠记录的最年长的人是 1997 年

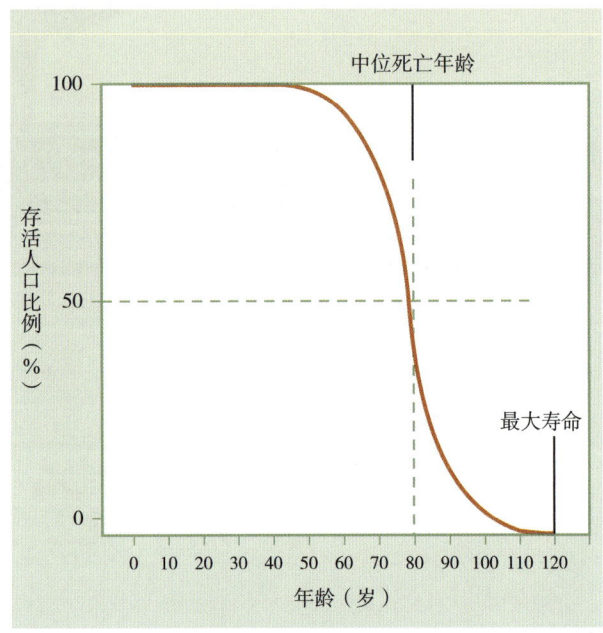

图 22.1 在一个理想的老化人口群体中，存活人口与年龄的函数关系

8 月 4 日在法国阿尔勒去世的让娜·卡尔芒。她去世时享年 122 岁 164 天。她还有一个活到 97 岁的哥哥和其他同样长寿的亲戚，这表明她的基因构成对她的长寿起到了一定的作用。**中位死亡年龄**（median age at death）的定义是某一人口群体中累计有一半成员死亡时所对应的年龄。保险公司利用基于实际人口的数据来确定支付遗属抚恤金所需的保险费。**预期寿命**（life expectancy）是某一人口群体中成员的平均预期存活时间。自 1900 年以来，美国人出生时的平均预期寿命增加了 30 年。（预期寿命与平均预期寿命是同义词。另外，若无特指，它们一般指的是出生时的平均预期寿命。——译者注）

基因并不是导致老化的主要原因。尽管基因在老化过程中起着重要的作用，但研究表明，个体所遗传的基因只能解释远不到一半的个体间寿命差异。支持这一观点的证据来自以下观察：拥有相同基因的同卵双胞胎通常会在不同的年龄死亡。

这似乎是违反直觉的，但平均预期寿命无法通过治愈主要致死疾病如心脏病和癌症而显著提高。上述疾病中的一种甚至两种都被完全消除也只会使 50 岁后的平均预期寿命增加几年（图 22.2）。尽管治愈重大疾病对那些因这些疾病而过早死亡的人有不可估量的益处，但消除这些疾病对整个美国人口

日本的老龄化社会

日本儿童人口的比例持续下降了30多年,在2014年降至12.8%的历史最低水平。相比之下,美国儿童占总人口的比例约为19.5%。在31个主要的工业化国家中,日本14岁以下儿童人数最少,老年人比例最高。目前,日本65岁及以上的人口约占总人口的22%;到2040年,老年人的数量预计将是儿童数量的4倍。

日本是当今世界上最大的经济体之一,但到2050年,预计日本将失去70%的劳动力。一份政府报告预测,日本目前约1.27亿的总人口将在50年内减少1/3,在一个世纪内减少2/3。随着人口迅速老龄化和数量萎缩,日本在未来几年将面临严峻的经济和社会问题。为了照顾老年人口,政府正在资助护理机器人的发展。

虽然日本处于老龄化和人口萎缩的最前线,但其他主要工业化国家预计也会有不同程度的类似问题。一种解决办法是增加来自欠发达国家的年轻劳动者移民,但这也会造成其他社会和经济问题。

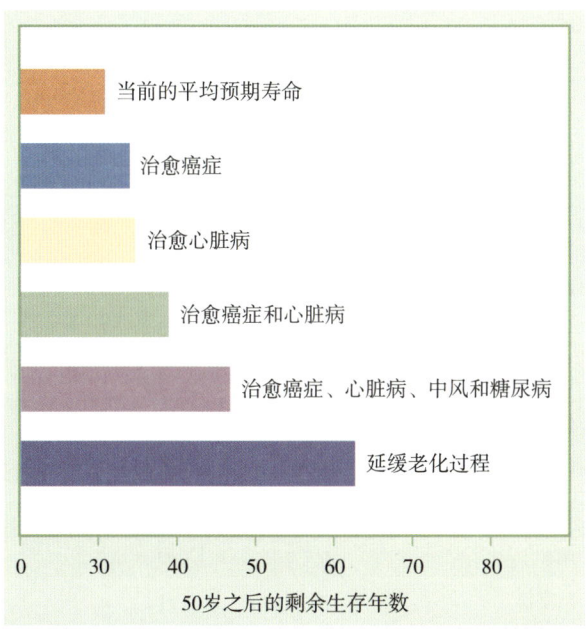

图 22.2 50 岁后的平均预期寿命将因治愈重大疾病或延缓老化过程而增加的年数
消除癌症和心脏病等死亡原因只会使美国人口的平均预期寿命增加几年。然而,如果能找到延缓老化的方法,那么50岁之后的平均预期寿命将延长多达60年。

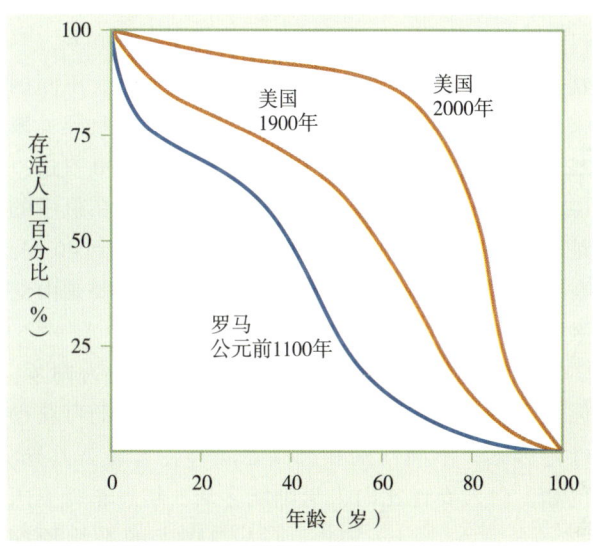

图 22.3 不同人口群体的大致生存曲线
美国人口曲线开始接近理想曲线。

的平均预期寿命只有很小的影响。然而,延缓老化过程可以产生巨大的影响,让大多数人在50岁之后还能活将近60年。这就是为什么科学家们希望通过研究老化的机制来找到延缓老化过程的方法。

由于疾病、事故和其他因素,实际的人口并不会按照理想的情况存活,而是在历史进程中遵循各不相同的路径(**图 22.3**)。美国人中位死亡年龄在20世纪有了显著的增长。正因为如此,美国老年人的数量也正在迅速增加。

2015 年,美国人口为 3.2 亿;到 2050 年,这一数字预计将增至 4.38 亿。到 2030 年,1/5 的美国人将达到 65 岁或以上。这一人口结构上的重大改变预计会给社会的各个领域带来压力,包括医疗保健、社会保障、教育、养老和投票模式等。

美国人口的日益老龄化已经引起了社会、医疗和经济问题。第一点也是最重要的一点,即联邦政府在未来维持社会保障支出的能力。美国政府估计,按照目前的速度,社会保障体系将在30至40年内耗尽资金。为了避免这种情况,国会已经开始讨论如何改革社会保障制度,使未来的退休人员仍能获得福利。尽管许多老年人精力充沛、身体健康,但大量 65 岁以上的老年人患有慢性病或残疾，需要持续的医疗护理，有些人还需要昂贵的长期护理。大约 80% 的美国老年人至少患有一种严重的慢性病；大约 20% 的人患有 5 种或更多的慢性病。老年人的医疗保健费用正在迅速增加，在不久的将来将成为更大的负担，这就是为什么美国政府迫切需要进行医疗保健制度改革。

人类能活多久

老年学（gerontology，研究老化原因和机制的科学）的一些专家认为，许多国家的人口正在接近目前的最大中位死亡年龄，估计约为 85~90 岁，尽管如前所述，一些例外的个体寿命会更长。不同国家政府对民众预期寿命的估计显示出的差异（**表22.1**），或许能为最大中位死亡年龄为 85~90 岁这一说法提供一点证据。摩纳哥位居榜首。排在最后的是非洲的一些国家，这些国家的预期寿命不到 40 岁。在一些非洲国家，预期寿命的迅速下降主要是由艾滋病、饥荒和战争导致的死亡引起的。

所有美国人在出生时的平均预期寿命约为 78 岁，但由于生物、社会经济、教育和医疗保健的可获得性等因素，不同性别和种族之间存在着显著差异。例如，白人女性比白人男性能多活 5 年。非裔美国人与白人的平均预期寿命相差大约 4 年。研究表明，社会经济因素是最强力的预测因素。一个人的社会经济地

> 我们越老，值得等待的东西似乎就越少。
> ——威尔·罗杰斯

表22.1　不同国家和地区民众出生时的平均预期寿命

排名靠前的国家和地区人口的平均预期寿命正在接近人类的最大值。相比之下，排名处于最后的国家和地区（以及其他一些主要位于非洲的国家和地区）的人口平均预期寿命要短 30 到 35 年。这一统计数据显示，人们从出生开始就在健康和存活概率方面存在巨大的不平等。在有数据可查的 224 个国家和地区中，美国的平均预期寿命排在第 42 位。

国家和地区	出生时的平均预期寿命
摩纳哥	89.57
日本	85.0
新加坡	85.0
以色列	82.4
韩国	82.4
意大利	82.2
加拿大	81.9
法国	81.8
英国	80.7
美国	79.8
科威特	78.0
墨西哥	75.9
伊朗	71.4
俄罗斯	70.8
印度	68.5
肯尼亚	64.0
南非	63.1
阿富汗	51.3
乍得	50.2

资料来源：U.S. Central Intelligence Agency (2017). Country Comparisons: Life expectancy at birth. *World Fact Book*.

位越低，其健康问题就越严重，预期寿命也越短。

对年龄在 85~100 岁的人（他们被称为"最年长的老年人"）的研究，呈现出一种略微不同的老化图景。对最年长的斯堪的纳维亚老年人的统计研究表明，在没有疾病的情况下，老化死亡（因年龄过大而死亡）的发生时间可能会迟至 110 岁。然而，无论在没有疾病的情况下大多数人的最大预期寿命是 85 岁、100 岁还是 110 岁，没有人能活到玛士撒拉（《圣经》中的一位族长，据说活了 969 岁）的岁数。

很多人到"正常"退休年龄之后仍然在享受工作。

老化的理论

生物钟调控老化

关于老化的理论可分为两大类。一类理论把老化归因于每种动物特有的生物和遗传机制,认为这决定了它们的最大寿命和老化速度。另一类理论则关注影响老化的环境因素,如营养、疾病易感性和运动。"生物钟"决定最大寿命的证据来自对不同哺乳动物每克体重每天所消耗的能量的测量。这种每天的能量消耗被称为**特定代谢率**(specific metabolic rate),它与不同物种的最大寿命显著相关(图 22.4)。特定代谢率最高的哺乳动物寿命最短,人类则有最慢的特定代谢率和最长的寿命。

寿命还与不同物种个体的心跳次数有关。据估计,在心脏衰竭之前,任何一种哺乳动物的心跳总数都被限制在 15 亿次左右。在这个模型中,寿命是由心率决定的。例如,鼩鼱只能活几年,它们的心脏每分钟跳动数千次。另一个极端例子是大象,它们的心脏每 3 秒钟跳动一次,能够存活超过 60 年。目前还不清楚一个人的静息心率是否可以作为寿命的预测指标,因为许多其他的环境和生活方式因素也必须被考虑在内。

生物钟控制老化的进一步证据来自对实验室中细胞生长的研究。通过建立一定的实验室条件,来自不同动物不同组织的细胞可以在固定的实验室条

共享的活动在任何年龄下都有益健康。

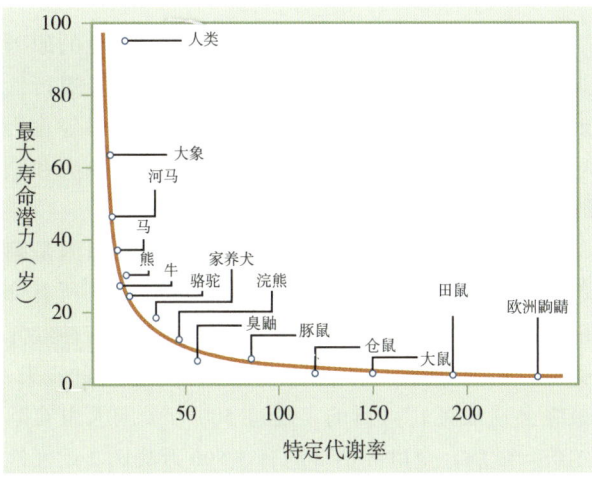

图 22.4 特定代谢率与最大寿命潜力之间的相关性
特定代谢率是按照每克体重每天的能量消耗来计算的。该图显示了各种哺乳动物的寿命。这种相关性表明,人类的最大寿命是人体生物学的函数,根本上则是人类基因的函数。

件下生长。这些实验有着出人意料的结果:实验室培养基中的细胞生长和分裂的世代数是固定的,到了一定限度就会死亡。细胞生长的世代数与提取该细胞的动物的最大寿命有关。小鼠细胞只分裂几次,而人类细胞则会在死亡前分裂很多次。从这些实验中不可避免地得出的结论是,每种动物的细胞中都有一个由基因控制的时钟,它决定了细胞在接收到终止信号前可以生长和分裂的次数。

癌细胞的一个显著特征是,让它在培养正常细胞的实验室条件下生长时它不会死亡。只要提供新鲜的营养物质,癌细胞就会无限地生长和分裂下去,50 多年前从人类肿瘤中提取的细胞仍在实验室中继续生长。因此,无论是在人体还是实验室中,癌细胞已经失去了调控正常生长和老化的能力。

在蠕虫和苍蝇等研究动物的特定基因中发现的突变,使个体的寿命增长了大约一倍。更重要的是,这些长寿的蠕虫和苍蝇即使过了对照组种群死亡的年龄,也仍然保有健康和活力。因此,当我们对基因如何影响老化有了更多的了解时,人类最终或许也能活得更久、更健康和更有活力。

影响老化的环境因素

尽管遗传因素会影响老化,但环境因素发挥了

放弃驾车是一项艰难的决定

老年人必须做出的最艰难选择之一是决定何时放弃驾车。开车是行为独立的标志,能够随心所欲地出行往往依靠开车。不得不停止开车意味着将变得更加依赖他人。

即使一个人大体上健康,随着年龄变老驾驶技能也会下降。美国退休人员协会列出了以下可能意味着应该停止开车的一些标志:

- 我在十字路口或左转时会感到紧张吗?
- 我是否很难通过观测远方路况来预测危险?
- 我是否没能注意到红灯或交通标志?
- 是否经常感到会有其他汽车突然出现?
- 我在开车时通常会感到紧张吗?
- 转换车道时,我是否对注意前后可能的危险感到困难?
- 当我直视前方时,我是否很难看清路的两边?
- 在过去的 6 个月里,我开车时是否有过"差点出事"的经历?

> 我不相信变老。我只相信永远要让一个人面向阳光。
> ——弗吉尼亚·沃尔芙

更大的作用。我们活得越久,接触到的会损伤细胞 DNA 的辐射和化学物质就越多,久而久之就会导致体内关键细胞的死亡。例如,大多数细胞都含有修复其 DNA 损伤的酶,然而随着年龄的增长,这些细胞修复酶的丧失会导致广泛的细胞死亡。这被称为老化的"错误突变"学说。细胞中染色体的累积损伤可能导致了癌症和老化。

暴露于辐射和化学物质的另一个影响是细胞中会产生一种活性很强的分子,称为自由基。这些物质通常会被细胞灭活,但随着我们年龄的增长,我们的细胞可能更难应对自由基的破坏性影响。自由基还会增加对线粒体的损伤,线粒体是所有细胞中为细胞生长和运转提供能量的复杂结构。没有足够的能量,细胞就会变得虚弱,甚至可能死亡。如果太多的细胞死亡,器官的功能就会变得更低效,个体也会老化得更快。老化的线粒体异常学说得到了动物研究的支持。通过基因工程对小鼠进行改造,使其细胞中的线粒体能够快速累积突变,这些突变会对线粒体的基本功能产生不利影响。结果发现,具有这些突变的小鼠会过早老化并早逝。

随着年龄的增长,免疫系统功能的效率也会降低,因此我们更容易受感染和疾病的影响。总的来说,老化是一个复杂的过程,是遗传因素和环境因素共同作用的结果。

阿尔茨海默病与老年期痴呆

在没有疾病的情况下,正常的心理功能可以维持到 100 岁甚至更老。然而,许多老年人都丧失了一些正常的认知功能。描述老年人认知功能受损或丧失的医学术语是**老年期痴呆**(senile dementia)。

老年期痴呆的症状包括:

- 记忆衰退,并且会随着时间的推移加剧
- 感到迷糊
- 丧失解决问题的技能
- 受妄想和激越行为的折磨
- 在熟悉的环境中迷路
- 对日常活动失去兴趣

许多健康问题都会导致痴呆。一个常见的原因是逐渐损坏大脑认知功能的小型中风。神经退行性疾病如帕金森病、亨廷顿病和阿尔茨海默病等也会导致痴呆。此外,导致艾滋病、梅毒、结核病和脑膜炎的病毒或细菌感染也会引起痴呆症状。

在老年群体中,引起痴呆症的最常见原因是**阿尔茨海默病**(Alzheimer's disease, AD),占到所有痴呆症病例的一半以上。阿尔茨海默病由大脑神经元受损引起,会导致认知功能、记忆和行动能力的丧失,最终会造成死亡。目前,超过 500 万美国人患有阿尔茨海默病,全世界估计约有 3 500 万病例。迟发性阿尔茨海默病通常在 65 岁以后被确诊,但其发病率会随年龄的增长而迅速增加(**图 22.5**)。据估计,到 21 世纪中叶,将有 1 400 万美国人患有阿尔茨海默病,全球患病人数将超过 1.06 亿。

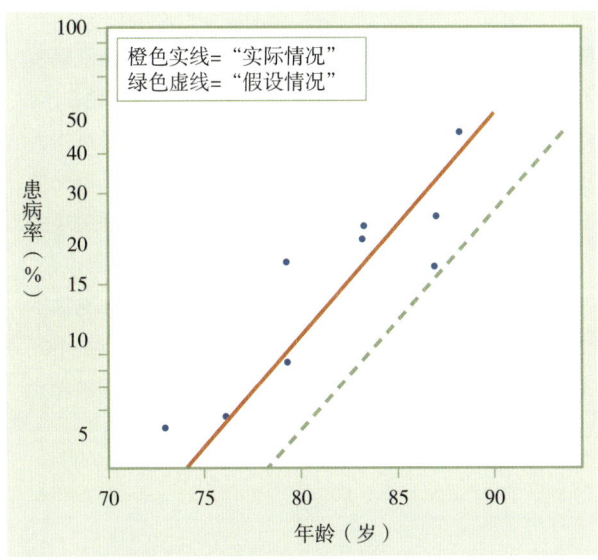

图 22.5　延缓阿尔茨海默病发病的益处

阿尔茨海默病随年龄呈线性增长趋势（橙线）。如果通过药物或其他干预手段将阿尔茨海默病的发病延后 5 年，如图中所示那样从 73 岁延后到 78 岁，那么阿尔茨海默病的患病率将下降一半（绿色虚线）。这一假定的痴呆症患者人数的减少将给家庭和社会带来巨大益处，并将大幅降低医疗开支。

资料来源：Courtesy Robert Katzman, University of California, San Diego.

你可以采取的能降低痴呆症风险的措施

一般来说，那些能促进健康的行动同时也能降低晚年患阿尔茨海默病和其他形式的痴呆症的风险。一些研究支持以下降低风险的策略：

体育锻炼　适度的锻炼，如每周散步数次。
Ω-3 脂肪酸　多摄入这种在鱼类中包含的脂肪酸。
智力活动　保持脑力活跃，即使是做填字游戏或玩有挑战性的游戏，如国际象棋。
健康饮食　饮食要健康；保持正常体重。
血压　努力保持正常血压：120/80 毫米汞柱。

阿尔茨海默病是以德国内科医生阿洛伊斯·阿尔茨海默（Alois Alzheimer）的名字命名的。1907 年，阿尔茨海默描述了他在显微镜下从死于老年期痴呆的患者身上取得的组织中观察到的异常大脑结构。阿尔茨海默在尸检中所揭示的东西直到今天仍然是这种疾病的诊断标准：（1）在大脑的特定区域存在着缠结的神经纤维束，称为 **tau 蛋白缠结**（tau tangles）；（2）在大脑的特定区域和血管中存在一种由**淀粉样蛋白**（amyloid protein）构成的斑块。目前仍不清楚这些病变是如何通过影响大脑，进而导致认知功能丧失的。

阿尔茨海默病有两种类型：家族性阿尔茨海默病和散发性阿尔茨海默病。家族性阿尔茨海默病又称为早发性阿尔茨海默病，是一种罕见的、会在个体 50 岁前发病的疾病类型。这种疾病类型拥有很强的遗传基础，经常以家族的形式出现，许多家庭成员很早就患上了阿尔兹海默病。

在哥伦比亚发现了一个庞大而独特的家族，数十名家庭成员都在 50 岁之前就患上了阿尔茨海默病。在这一群体中，从父母任何一方遗传到一个异常显性基因就足以引起早发性阿尔茨海默病。通过研究这一基因和其他导致家族性阿尔茨海默病的基因，科学家们希望理解是什么原因导致了迟发性（散发性）阿尔茨海默病——近 99% 的阿尔茨海默病病例都是这一类型。现在知道的是，一种叫作 APOE 的基因会显著增加普通人患阿尔茨海默病的风险。遗传到该基因的一个副本会使患散发性阿尔茨海默病的风险增加 4 倍；遗传该基因的两个副本，即从父母双方分别遗传一个，将会增加 10 倍的患病风险。现在已经有基因检测技术可以检测这种基因，这样个体就可以查明自己在晚年患阿尔茨海默病的风险是否高于平均水平。然而，发现自己携带着一个 APOE 基因会给受测者带来严重的影响，因此任何人在计划进行此种检测前都必须先接受遗传咨询。

散发性阿尔茨海默病可能是由目前尚未确定的环境因素所引起的。散发性阿尔茨海默病的首要风险因素是年龄。在确诊后，阿尔茨海默病的病程进展可能迅速也可能缓慢，确诊后的平均存活时间为 3~10 年。

一些药物已经被批准用于治疗由阿尔茨海默病引起的记忆和认知受损。其中 3 种药物被称为胆碱酯酶抑制剂：多奈哌齐（安理申）、利凡斯的明（艾斯能）和加兰他敏（利忆灵）。另一种被批准的药物是二甲金刚胺（美金刚），它可以阻断一种特定的神经递质与细胞的结合。但是临床试验显示，这些药物对中度痴呆症患者的症状的作用非常有限，只有少数患者能从中受益。正如一位内科医生所观察到

给你的头脑加点香料

在印度等国家，咖喱都是人们饮食的重要组成部分。给咖喱带来香气、风味和颜色的香料成分是姜黄。最近，科学家们发现姜黄中有一种叫作姜黄素的化学物质可能对预防和治疗阿尔茨海默病有效。

在美国宾夕法尼亚州，65 岁及以上人群的阿尔茨海默病患病率为 17.5‰；而在每日摄取咖喱菜肴的印度南部，患病率只有 4.7‰（Barry, 2007）。

在实验室中，向含有淀粉样蛋白块的细胞（提取自阿尔茨海默病患者死后的大脑）添加姜黄素，可以消除细胞中的这些有害蛋白。因此，证据表明姜黄素确实有治疗阿尔茨海默病的药用潜力。但姜黄素的问题在于，这一化学成分通过食物或药片摄入后并不能轻易进入大脑。研究表明，可以将姜黄素附着在纳米颗粒上以促使其进入大脑。有记忆受损症状且脑内含有淀粉样斑块的小鼠，在进行这种实验性治疗后情况得到了一定的改善。

但是不建议服用姜黄素补充剂，因为膳食补充剂不受监管或未经过纯度测试。多吃些咖喱菜品可能是个好主意。最好使用黄咖喱粉，因为黄咖喱粉比红咖喱粉含有更多的姜黄。

的：（吃药后）"你可以在一分钟内说出的水果名字从 10 种变成了 11 种。但这真的值得每月花 120 美元吗？"尽管如此，许多热切期望通过某种措施减缓疾病摧残的家属、护理人员和医生都愿意为此支付费用。随着阿尔茨海默病病程进展以及患者行为变得更加激越，有时也会给患者开具抗精神病药物。

直到最近，阿尔茨海默病还只能在患者去世后通过检查其大脑中是否存在淀粉样斑块来确诊。如今有一种脑部扫描检查（Amyvid 扫描）可以用来确认疑似阿尔茨海默病患者大脑中淀粉样斑块的数量。然而，该检查只推荐给那些已经表现出记忆和认知功能受损的患者。由于阿尔茨海默病的确诊对患者及其家属有着深远的影响，因此一个功能健全的人在接受这样的脑部扫描之前应该进行一番深思熟虑。联邦医疗保险并不会支付 Amyvid 检查的费用。即使如此，当今美国大多数大城市的医院都会提供这项检查。

流行病学研究表明，受教育程度高的人（大学毕业生）比受教育程度低或未受教育的人患阿尔茨海默病的可能性要小得多。一项对死于 76~100 岁的天主教修女的研究证实了教育的重要性。所有这些天主教修女都受过大学教育，她们的阿尔茨海默病患病率比普通人群要低得多。而在少数确定患此病的人中，通过研究她们去世后的大脑可以发现，中风是引发阿尔茨海默病临床症状的主要诱因。

这不是简单地说教育水平有助于预防阿尔茨海默病，关键在于终身使用大脑。不断学习新事物，探索新的领域——甚至只做做填字游戏，也可能有所帮助。现在很明确的一点是，脑细胞会在人的一生中不断生长并建立新的连接，脑的生长和健康都有赖于心理方面的刺激。正如运动对各年龄段的人保持身体健康必不可少一样，锻炼大脑对保持心智功能也是必要的（Marx, 2005）。

帕金森病

帕金森病（Parkinson's disease, PD）是导致老年人神经退行性疾病的第二大常见原因（仅次于阿尔茨海默病）。约有 100 万美国人患有帕金森病，每年约有 6 万新增确诊病例。像其他主要的神经系统疾病如阿尔茨海默病或肌萎缩侧索硬化一样，帕金森病也是一种慢性病，尽管一些治疗措施可以缓解症状，但是病情仍会不断恶化。1817 年英国医生詹姆斯·帕金森（James Parkinson）首次描述了帕金森病，其症状被描述为"震颤性麻痹"。

帕金森病的四个典型症状是：

- **震颤**：帕金森病患者的震颤涉及拇指和食指有节奏的反复运动，看起来像是在手指间搓动药丸（"搓丸样"动作）。虽然这种震颤通常是在手部被观察到，但也可能发生在足部或下颌。
- **肌强直**：所有身体运动遵循的一个基本原则是，所有肌肉都会有相对应的互为拮抗关系的肌群。当一组肌肉收缩而另一组肌肉放松时，运动就产生了。收紧或放松肌肉的信号源于脑，并会自动传递到肌肉中，使我们做出我们想要的动作。在帕金森病患者中，来自脑的信号并不协调一致，肌肉紧张和放松之间丧失了那种精妙的平衡。帕金森病患者的肌肉会持续紧张并收缩，让患者感到僵硬和疼痛。
- **运动徐缓**：这可能是帕金森病最令人痛苦的症状。运动徐缓是指随意运动的减慢和丧失。在前一刻，患有帕金森病的人还在正常地移动（例如正在过马路）；但是下一刻，这个患者就像被冻住了一样无法移动，可能就这样停在了人行横道的中间。如洗衣服或穿衣服这样的日常活动可能都需要患者花费几个小时，因为他们不能迅速或持续地执行常规的动作。
- **姿势步态障碍**：由于帕金森病患者的动作平衡和协调能力受损，他们很容易向前或向后倾斜，并且很容易跌倒。随着病情的发展，行走对于他们来说会变得越来越困难，如果没有人搀扶，他们很可能会在半途僵住并摔倒。

治疗帕金森病最有效的药物是左旋多巴（L-3,4-二羟基苯丙氨酸）。左旋多巴在20世纪60年代被发现，它能延缓上述帕金森病症状的发作，并可以让患者在一段时间内或多或少地正常活动。并不是所有的帕金森病患者都能通过左旋多巴获得相同的治疗效果，也不是所有的帕金森病症状都能得到同等程度的改善。如今，左旋多巴通常与另一种药物卡比多巴（洛得新）联用，这能减少所需的左旋多巴剂量，并提高其有效性。虽然左旋多巴与其他药物的联合治疗在一段时间内有效，但最终随着病情进展，药物的有效性会减弱。帕金森病患者的希冀在于新的药物也许可以阻止大脑中多巴胺神经元的流失，或通过移植健康组织来直接替代神经元。

与其他神经退行性疾病一样，帕金森病的病因既有遗传因素，也有环境因素。一些基因与罕见的遗传性（家族性）帕金森病有关，许多其他基因则与散发性（非遗传性）帕金森病有关。所有与神经退行性疾病（阿尔茨海默病、帕金森病、肌萎缩侧索硬化）相关的基因所产生的蛋白质都可能随着年龄的增长而改变形状，这可能是由于时间或环境因素的影响，也可能是两者的共同作用（Prusiner, 2012）。当这些异常的蛋白质在大脑中积累时，它们也会让大脑中正常的其他蛋白质发生变化。这些异常的蛋白质会逐渐积累并形成斑块——诊断神经退行性疾病的标准。这些斑块现在可以通过脑部扫描检查来可视化。

然而，环境因素，如接触会影响线粒体——细胞中产生能量的细胞器——功能的农药或其他化学物质，也会导致帕金森病。对小鼠的研究表明，用一种特定的化学物质阻断线粒体功能会导致小鼠出现类似帕金森病的症状。这些初步结果应当能进一步警示人们关于接触农药潜在的严重和长期危险。

在美国，帕金森病、阿尔茨海默病和其他形式的痴呆症影响着数以百万计的老年人。这些神经退行性疾病侵蚀着无数老年人的生活质量，给他们的家庭带来了巨额的医疗账单，使护理者的资源和生活不堪重负。药物可以提供一些缓解作用，也许还可以减缓疾病的发展，但最终所有的神经退行性疾病都是致命的。

认知损伤与投票权

目前，美国大约有330万名65岁及以上的阿尔茨海默病患者。到2050年，这一数字预计将增加到1350万。其他神经退行性疾病也会带来认知损伤，取决于疾病的发展阶段。其他健康问题，如中风、创伤性脑损伤甚至肥胖也会导致认知损伤。

在美国，医生在特定情形下需要上报认知损伤的诊断。神经认知疾病的诊断会影响患者生活的许多方面。一个直接且令人沮丧的后果是被诊断者的驾驶执照将被吊销。对于大多数认知损伤患者来说，不能开车意味着严重丧失自由和活动减少。

被诊断为认知损伤的另一个后果是投票行为的改变。美国的许多州现在允许在实际投票日前提前数周通过邮件进行投票。数以百万计的美国人利用着这种便捷方式。然而，因神经退行性疾病而出现认知损伤的人，可能不再有能力做出明智的选择。他们的选票可能会由家庭成员或护理人员填写，这些人会填写自己的而非患者的选择，然后要求患者在选票上签名，有时甚至会替患者签名。在这种情况下，根本无法知道是谁通过邮寄选票选择了候选人。许多选举的票数相差无几，可能正需要这相差的几百或几千张选票来决定结果。为了保护选举的合法性，可能有必要不再允许那些患有神经退行性疾病的人享有投票权——就像取消他们的驾驶权一样。

骨质疏松症

骨骼为人体提供了一种运动的方式，为重要的器官提供了保护，并储存了随时可用的钙和磷。直到最近人们才认识到，骨骼是一种精妙平衡的可再生组织——其调控的精准程度就像血细胞的破坏和合成一样。最常见的代谢性骨骼病是**骨质疏松症**（osteoporosis），它是由许多环境因素引起的，如不良饮食、吸烟、使用皮质类固醇、过量饮酒和缺乏锻炼。个体间的遗传差异也可能是某些个体得骨质疏松症的重要因素。

骨质疏松症的发生是由于骨骼的分解速度超过了骨骼的再生速度。许多因素导致了这一点。在老年女性中，绝经后雌激素的减少会导致骨质流失。无论是老年男性还是女性，老化都会导致骨质流失并增加骨折的风险，该风险取决于他们骨量减少的程度（**图 22.6**）。一般来说，低雌激素水平引起的女性骨质流失明显大于正常老化过程引起的骨质流失。

老年女性患骨质疏松症的风险可以通过**激素替代疗法**（hormone replacement therapy, HRT）来降低。对许多女性来说，激素替代疗法是有益的，因为它降低了晚年患骨质疏松症的风险。然而，一些研究表明，激素替代疗法会轻微增加患心梗、中风和乳腺癌的风险，这促使许多绝经后的女性放弃了激素替代疗法。另一方面，其他研究表明，极低剂量的雌激素可能有助于预防骨质疏松症，并能有效避免标准激素替代疗法所带来的风险。绝经后的女性补充雌激素还可以将阿尔茨海默病的患病风险降低近一半。因此，使用激素替代疗法或低剂量雌激素，可能对一些绝经后的女性是有利的。做出一个明智的决定很困难，但与自己的医疗保健提供者讨论所有可行的选择是重要的。

避免骨质疏松症的最好方法是，在年轻的时候

定期锻炼对降低骨质疏松症的风险很重要。

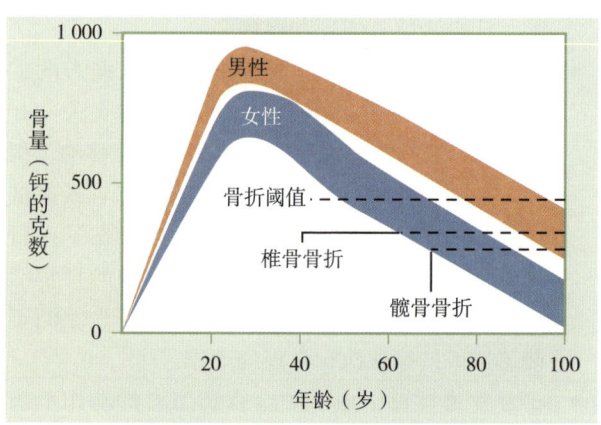

图 22.6　男性和女性在老化过程中骨量的变化
当患者的骨量低于理论阈值时，骨质疏松症就可能导致骨折，此时即使轻微的扭伤也可能导致骨折。

通过锻炼和摄入含有足够的钙和维生素 D 的健康饮食，来尽可能多地积累骨量。只有 10% 的美国儿童摄入了足够的钙或维生素 D，或者进行了足够的运动来预防晚年的骨质疏松症。即使是儿童也可能被诊断为骨量过低，而这种情况只会随着时间的推移而变得更糟。成年后，人们仍然需要钙和维生素 D 来维持骨量。钙的推荐摄入量是每天至少一克，但营养调查显示，有一半美国人的钙摄入没有达到这个推荐量。维生素 D 是必不可少的，因为它有助于钙的吸收和骨骼的形成。牛奶被认为是最好的健骨食品。它含有大量的钙，并添加了维生素 D 以促进钙的吸收。（在中国，只有少部分牛奶添加了维生素 D。——译者注）

骨质疏松症有两种不同的治疗方法。要么通过延缓骨骼的分解，要么通过加速新骨的合成。原则上，这两种方法都可以用药物治疗来实现，但在实践中只能采用其中的一种，二者无法兼行。一类能延缓骨分解（也称为骨吸收）的药物是双膦酸盐。这类药物已经被证实是有效的，它可以让绝经后的女性骨量每年增加约 1%。而刺激新骨形成的药物则是甲状旁腺素的一个片段。这种药物能使骨量在一年内增加 10%，但它有一些缺点，那就是必须每天服用且有产生副作用的风险。此外，恢复的骨量也会在治疗停止后重新流失。1995 年，首个通过美国食品药品监督管理局认证的用于治疗骨质疏松症的双膦酸盐问世，即阿仑膦酸钠（福善美）。在那之后，另有 3 种不同的双膦酸盐类药物被批准用于治疗骨质疏松症。总体上这些药物已经被证明是安全有效的，

美国卫生局局长对预防骨质疏松症的建议

- 确保每天摄入的钙和维生素 D 符合推荐量。牛奶、绿叶蔬菜、豆制品和奶酪中都含有大量的钙。维生素 D 是通过阳光照射皮肤合成的。这些成分摄入量不足的人应该服用补充剂。
- 50 岁以下的成年人每天平均需要大约 1 克钙和 200 国际单位的维生素 D。一杯强化奶可以提供 302 毫克的钙和 50 国际单位的维生素 D。
- 成年人应该保持健康的体重并每天至少锻炼 30 分钟。同时也推荐进行负重和平衡练习。
- 不要吸烟。
- 采取措施来减少在家中以及在玩耍或工作时摔倒的风险。

数以百万计的女性曾使用它们来预防和治疗骨质疏松症。然而，它们可能会导致一种罕见的、在没有任何压力或损伤情况下产生的大腿骨骨折。由于这种风险，建议女性在使用双膦酸盐时要加倍谨慎。一些医生建议，如果绝经后的女性已经服用了多年的双膦酸盐，那么需要根据该患者患骨质疏松症的具体风险程度来决定何时停止使用双膦酸盐（Shane, 2010）。

2004 年，美国卫生局局长发布了一份报告，揭示了即将到来的骨质疏松症公共健康危机。目前，有 1 000 万 50 岁以上的美国人患有骨质疏松症，还有更多的人面临患病风险。该报告估计，到 2020 年，50 岁以上的美国人中将有一半人面临由骨质疏松症导致的致命骨折的风险。目前，骨质疏松症每年导致 100 多万 50 岁以上的人骨折。最常见的骨折类型有：

- 髋骨骨折——每年 30 万人
- 椎骨骨折——每年 25 万人
- 手腕骨折——每年 25 万人
- 其他部位骨折——每年 30 万人

约有 20% 的髋骨骨折老年患者死于骨折并发症，另外 20% 的人最后住进了疗养院。

对于年轻、有活力的群体来说，让他们在年轻的时候就产生增加骨量的想法是很困难的。然而，包含绿叶蔬菜和牛奶（而不是苏打饮料）的健康饮食和大量的运动，将会对你在以后的生活中保持身体的强壮和活跃大有助益。美国卫生局局长发布这份报告，是为了提醒全美人民调整自己的生活方式，以确保一生中都能有足够的骨量。

年龄相关性视力丧失

老年人的另一个主要健康问题是由**年龄相关性黄斑变性**（age-related macular degeneration, ARMD）导致的视力丧失。视网膜的中央部分由一种称为黄斑的结构组成，该结构中含有一些特化的细胞，使眼睛能够看到精细的细节（见**图 22.7**）。由于目前尚不明确的原因，在一些人中，这些细胞随着年龄的增长而开始死亡。年龄相关性黄斑变性会在数年间缓慢地恶化，并最终导致患者无法继续开车、阅读正常的印刷品、看电视、识别远处的人脸或执行涉及小物件的任务。黄斑变性并不会影响外周视觉，所以不会导致完全失明，患者仍然可以在许多方面保持活跃。

大约有 200 万 50 岁以上的美国人因年龄相关性黄斑变性而导致视力丧失。约 2% 的 65~74 岁人群和约 14% 的 75 岁以上人群受此病影响。由于美国人口预计将在未来几年内迅速老龄化，患有黄斑变性的老年人口的数量预计将显著增加。

黄斑变性有两种形式：干性年龄相关性黄斑变性最为常见，约占所有患者的 90%；另一种是由黄斑内血管增生引起的，称为湿性年龄相关性黄斑变性。湿性病变是最严重的一种病变形式，因为视力

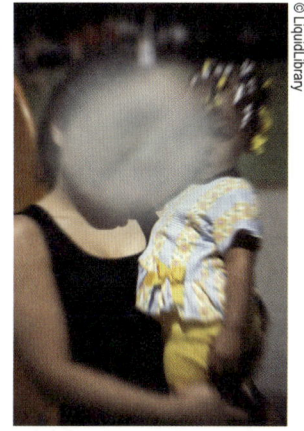

由黄斑变性导致的视力丧失。患者看到的类似右图，他们通常不会完全失明。

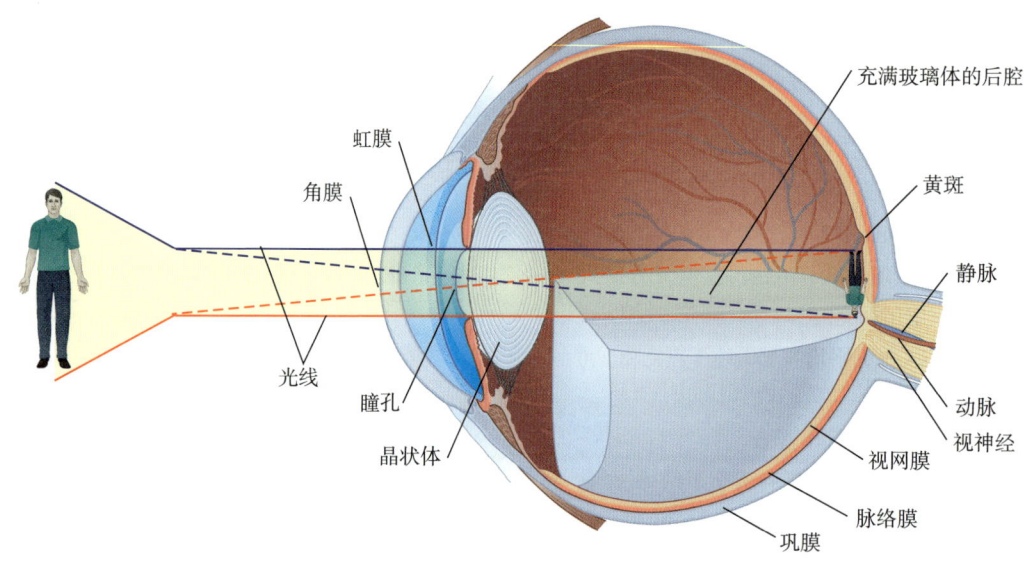

图 22.7　人眼关键结构示意图

随着人们年龄的增长，晶状体和黄斑可能会发生影响视力的变化。由于构成晶状体的蛋白质发生变化，晶状体可能会变得混浊（形成白内障）。在白内障手术中，用人工晶状体代替混浊的晶状体可以恢复患者的正常视力。如果黄斑中的细胞开始死亡，就会出现一种更加严重的病症，称为年龄相关性黄斑变性。一旦年龄相关性黄斑变性开始出现，它就会随着时间的推移逐渐恶化。目前没有任何治疗或预防年龄相关性黄斑变性的方法。一些老年人会罹患此病，而另一些老年人则不会。虽然年龄相关性黄斑变性患者的视力会越来越差，但他们通常不会完全失明。

丧失会迅速恶化。有时候干性病变也会转变为湿性病变。湿性病变可以通过激光手术治疗，这种治疗可能可以减缓视力丧失的进程。一种名为雷珠单抗（诺适得）的药物也被批准用于治疗湿性年龄相关性黄斑变性。然而，这种药物必须每月注射一次，每剂花费大约 2 000 美元，并且注射治疗必须一直持续下去。

对于干性年龄相关性黄斑变性，目前尚无批准的治疗方法。然而，对许多人来说，视力丧失的过程是相当缓慢的，以至于他们经常会在确诊多年后才达到法律意义上的失明。每日服用由维生素 C、维生素 E、β- 胡萝卜素、氧化锌和氧化铜组成的抗氧化剂，可以显著延缓干性年龄相关性黄斑变性的恶化（van Leeuwen et al., 2005）。与未每日服用抗氧化剂的对照组患者相比，在患者的黄斑损伤最为轻微时服用抗氧化剂，可以大大减缓疾病的发展，并使其视力保持更长的时间。

老年性耳聋

老年性耳聋（age-related hearing loss）是指随着年龄的增长而出现的妨碍正常交流的听力丧失。耳聋是美国老年人中第三大常见的慢性病，仅次于高血压和关节炎。大约有 400 万 65 岁以上的美国人患有耳聋，使其交流困难。随着内耳中敏感细胞的死亡或功能下降，一些与年龄相关的听力丧失是不可避免的。然而，大多数耳聋是由于暴露在噪声中，这被称为噪声性耳聋。即使仅有一次暴露在极大的噪声之中，比如爆炸或扩音器发出的巨响，也可能造成永久性的耳聋。终身暴露于大的噪声中，如在城市交通中开车、使用电动工具、听音量很大的音乐以及在嘈杂的工厂工作，也可能导致渐进但却永久的耳聋。

在年轻时及时保护听力对于在年老后保持尽可能多的听力至关重要。远离鞭炮引起的爆响或采取预防措施来保护你的听力。在操作任何有噪声的设备时，一定要戴上能减少环境噪声的耳塞或耳罩。即使吸尘器和吹风机也可能超过安全噪声水平。听力是宝贵的，任何时候都要保护好它。

压力、端粒和老化

端粒（telomeres）是人体每个细胞染色体末端

运动或可延缓老化

长期以来，老年人一直被建议进行体育锻炼，以便保持身体健康，防止体重增加，并增强平衡能力以防止跌倒。除了保持身体活力之外，锻炼实际上还可能对保持染色体的结构完整性有益。染色体末端的结构（称为端粒）负责防止临近末端的基因在每次染色体复制时丢失。

端粒会随着年龄的增长而逐渐损耗，如果端粒结构变得太短，细胞就会死亡。如果太多的细胞死亡，器官就会衰竭，人就有可能死亡。科学家们检测了经常运动的老年人和久坐不动的老年人体内细胞的端粒长度。与完全不运动的老年人相比，运动最为积极的老年人端粒要长得多（Ludlow et al., 2013）。这项研究的结论是，运动可以通过防止染色体结构破坏和由此引发的机体细胞死亡来延缓老化。

的 DNA 小片段。它们的作用是保护染色体的末端，从而在细胞分裂过程中保持 DNA 的功能完整性。在生命的早期端粒是很长的。随着时间的推移和细胞的不断分裂，端粒会逐渐缩短，直至不能很好地、甚至完全无法保护染色体，至此细胞就会功能失调（变得老化）或死亡。因此，端粒可能在老化过程中起着至关重要的作用。事实上，一些涉及过早老化的遗传性疾病与端粒的生物功能障碍有关。

对普通人的健康更为重要的是，有研究显示，心理健康受损对端粒长度有不利影响，并可能加速脑部和身体疾病。例如，长期压力（Revesz et al., 2016）和抑郁（Verhoeven et al., 2017）与端粒缩短有关。从这些结果中我们可以看到，不健康的心理状态会加速老化并伴发疾病。端粒长度可以通过临床检测来测量。

思考老化

当你年轻时，你通常不会去想关于老化的事情。你看着你的父母和祖父母，无法真正想象出人到 60 岁或 80 岁会是什么感觉。无论一个人在过"健康"生活方面做得有多成功，老化仍是每个人都会经历的过程。诚然，你年轻时为自己的身体、情感、心理和精神健康所做的努力将会在你年老的时候帮助你保持健康。但这并非必然。意外总会发生。人生就像一段旅程，生命中没有什么事情是尽在意料之中的。最重要的是要有韧性、理解力和强大的精神力来应对变化。

坦然接受变化是"成功"老化的关键。当你变老时，你的体力可能会减弱，但希望你不再需要去举起重物。你会更多地"走路"，而不是"奔跑"（双关语，也可分别理解为"散步"和"奔波"）。有时间在家做饭，能够享受新鲜的食物是每天的乐趣。你会有时间阅读、思考和冥想。你将有更多的时间用于艺术、园艺、阅读、锻炼和社交。观看满月从海面升起这样的小事都可以变得无比特别。你将更能察觉大自然和人类所具有的灵性的一面。

健康和老化是毕生的进程，而不是一个可以通过集中精力来设定和实现的结果。在任何年龄，你都可以采取措施来改善你当下和未来生活中的健康状况。

临终决定

除了少数例外，媒体通常把老化描绘成一段被疾病，活力减退，以及身体、性和心理功能衰退所困扰的生命时期。这些对老化的负面看法是用来推销产品的，而不是对大多数美国老年人经历的如实描述。

在人类所有恐惧的事物之中，对大多数人来说，没有什么是比死亡更可怕的。年轻时，我们很少会想到临

> 我不害怕死亡，只是当它到来的时候，我不想在场。
> ——伍迪·艾伦

终和死亡。相反，我们忙于生活、学习和日常活动。我们无法想象有朝一日我们将会死去。随着年龄的增长，看到父母、亲戚和朋友相继离世，我们会越来越意识到自己终有一死。我们可能会开始仔细思考自己最终的死亡。

对老化和死亡的恐惧可能会导致焦虑和压力，进而可能加速老化进程。老化让人们联想到很多令人恐惧的事物，包括癌症、贫困、受害、残疾、记忆衰退和性机能不全。这些恐惧大多是没有事实根据的，但它们确实降低了生活质量。日历年龄往往与身体年龄不一致。有些人即使日历年龄老了，行

为和感受依旧年轻。

死亡会在毫无预兆的情况下以意外事故或突发心梗的形式降临。然而，对大多数人来说，直到很老时关于死亡的思考才会占据他们的日常生活。七八十岁的人已经意识到了死亡的必然性，并可能会相应地调整自己的生活和各项事宜。

史蒂夫·乔布斯，苹果电脑和皮克斯动画工作室的首席执行官，在2004年被诊断出患有晚期胰腺癌，并于2011年去世，享年56岁。乔布斯曾在斯坦福大学的毕业典礼上发表过一番精彩深刻的演讲，讲述了这段经历给他带来的影响。

> 牢记自己即将死去是我一生中遇到的最重要的工具，它能帮我做出重大的人生抉择。因为几乎所有的事情——所有的外部期望、骄傲、对难堪或失败的恐惧——在死亡面前都会变得无足轻重，只有真正重要的东西会存留下来。牢记自己终将死去，是我所知道的避免陷入"我会失去什么"这一思维陷阱的最佳方法。（Jobs, 2005）

大多数人更愿意在过完充实和令人满意的一生后，在睡梦中平静地死去。有些人可能幸运地就这样死去，但有些人可能不得不忍受多年的巨大痛苦和折磨。除了想知道自己将如何死去，人们通常还想知道自己死后会发生什么。基督教为人们提供了一个叫"天堂"的地方，在那里一个人的"灵魂"可以在上帝的恩典中永存。佛教则信奉轮回，经过一系列的死亡和重生，一个人可以"成佛"——一种永恒的开悟状态。

在美国社会里，死亡是不被公开讨论的，尽管这种情况正在改变。临终的人常常被隔绝在医院里，医生们接手了护理工作，他们可能会实施患者不想要的或不需要的治疗。在医院或疗养院中发生的那些枯燥的、缺乏人性化的死亡增加了许多人对死亡和死亡过程的恐惧。

死亡的阶段

人们对死亡和死亡过程持有不同的态度。在与许多曾面临死亡的人交谈后，伊丽莎白·屈布勒-罗斯（Kübler-Ross, 1975）确定了死亡过程的五个不同阶段。并不是所有人都会经历全部的五个阶段，但大多数人都会经历其中的某些阶段。这些阶段分别是：否认和隔离，愤怒，讨价还价，抑郁，接受。

屈布勒-罗斯的成果获得了广泛的认可，尤其是在咨询师和临终患者的照顾者中，但它也受到了批评。主要的反对意见是，这些研究不是在科学方法下进行的，而只是基于个人的观察和解释。另一个批评是，由于屈布勒-罗斯提出的死亡阶段理论已经被人们广泛宣传和接受，一些临终的患者可能会觉得自己必须按她所描述的这几个阶段来经历死亡。

人们越来越认识到，死亡，就像生活一样，是一件个体的私事。人们可以像诗人迪伦·托马斯所建议的那样，"怒斥，怒斥那光明的消逝"。或者也可以接受这样的观点，"对老化有了更好的理解，就会更容易接受生命必将终结这一事实"（Campion, 1998）。

预 嘱

2005年，被广泛报道的特丽·夏沃案件在美国引起了全国性争议。1990年2月25日，特丽·夏沃因进食障碍并发症诱发了心梗。心梗中断了流向大脑的血液。尽管医疗干预使她活了下来，但她却遭受了广泛的永久性脑损伤，其存活状态在医学上被描述为"持续性植物人状态"，即一种不能检测到大脑认知功能继续存在的状态。

特丽·夏沃靠一根供给营养和水的进食管存活了15年。她的丈夫迈克尔·夏沃坚持说，他的妻子不希望以这种方式维持生命，并希望移除进食管。特丽·夏沃的父母则坚决反对这种做法，并坚持要用一切手段让女儿活下去。特丽·夏沃之争最终牵扯到了佛罗里达州州长和立法机关、美国国会、最高法院和美国总统乔治·布什（Bloche, 2005）。最终，法院同意移除她的进食管，特丽·夏沃于2005年3月31日去世（Annas, 2005）。

特丽·夏沃一案使无数美国人认识到订立**预嘱**（advance directives）的重要性，如此一来，万一他们有朝一日无法自己做决定，家人和卫生保健人员便能确切地了解他们在医疗保健方面的意愿。预嘱对老年人特别重要，但年轻人也应该使用。特丽·夏沃心梗发作时仅有26岁。

在美国，预嘱通常由两个不同的文件组成。**生前预嘱**（living will）会明确陈述万一你变得无法交流，你期望或拒绝接受的具体治疗手段。生前预嘱应当表明你对人工通气、心肺复苏术、管饲和不复苏（do-not-resuscitate, DNR）指令以及其他治疗手段的意愿。生前预嘱应当在有见证人的情况下由本人签字,并将副本交给私人医生和家人或其他你信任的人。

生前预嘱应当尽可能详细,但是也可能无法完全涵盖紧急医疗情况下的所有状况。如果你不幸心梗发作,而有人拨打了急救电话,不管你在生前预嘱上写了什么,法律都要求医护人员必须做心肺复苏。只有当你被送到医院之后,医生和医院工作人员才会开始尊重生前预嘱上的条款。

另一个重要的文件是**医疗授权委托书**(healthcare power of attorney),在这个文件中,你可以指定配偶、家人或密友在你不能做出决策时作为负责人替你做出健康决策。你所指定的人必须年满18岁,并且不能是你的某个医疗保健提供者。生前预嘱和医疗授权委托书这两份文件共同构成了你的预嘱。

美国各州在预嘱的形式和用语方面差别很大。你可以在许多网站上获得有助于理解和完成预嘱表格的信息。

每个人都应该订立预嘱,以避免出现像特丽·夏沃那样的悲剧。向你的医生和家人提交预嘱并不意味着你放弃了自己做出健康决策的权利。只有在你丧失行动能力和无法沟通的情况下,预嘱才会被执行。

医疗辅助死亡

医疗辅助死亡(medical aid in dying)是一种生命末期的医疗实践,当一个精神正常、身患绝症且只剩不到6个月寿命的成年人遭受的痛苦变得无法忍受时,她或他可以向医生寻求药物,通过自我给药的形式来获得平静的死亡。

1997年,俄勒冈州通过了《尊严死亡法案》,该州的医疗辅助死亡因此被合法化。法案通过后的第一年,23人拿到了致命药物的处方,其中有15人真的使用了这些药物并死亡。1999年,医生们给另外33名患者开具了致命药物,但有些人还没来得及用药就去世了。2016年,俄勒冈州大约200名不同的医生开具了204份医疗辅助死亡处方,其中133人使用了这些药物并死亡。在俄勒冈州的《尊严死亡法案》生效实施的20年里,只有不到1 000人要求开具致命药物的处方,并且即使在这些人中,许多人仍然选择死于他们所患的疾病。从上述数据中可以明确看出,到目前为止,俄勒冈州的绝症患者们并不急于结束自己的生命。

在实践医疗辅助死亡时,第一条要求是精神健全的绝症患者必须在多个场合表达自己想要解脱的意愿。然后,这名患者需要去咨询另外一位医生。最后,如果这两名医生都认为患者精神健全(未患有临床意义上的抑郁障碍),并且患有无法治愈且极其痛苦的疾病,那么其中一名医生就会给患者提供结束生命所需的药物。

尽管美国公众对医疗辅助死亡的支持日益高涨,但包括医生和神职人员在内的许多人仍然强烈反对它的施行。截至2014年,俄勒冈州、华盛顿州、佛蒙特州、加利福尼亚州和蒙大拿州是美国仅有的允许提供医疗辅助死亡的州。美国的34个州仍然有明确的法律将任何形式的协助自杀定为犯罪。

人们普遍同意,临终关怀需要大幅度的改善。研究表明,在美国每年死亡的200多万人中,近一半的住院患者在死亡前几天遭受了严重的疼痛。在养老院中,只有大约1/3的患者能够获得足够的疼痛缓解治疗。美国的两家国家级医疗机构建议,每一位护理临终患者的医生都应该做出以下六大承诺:

1. 你将得到最好的治疗,目标是防止病情恶化,改善功能和生存率,并保证舒适。
2. 你得到的护理将是持续的、全面的和相互协调的。
3. 让你和你的家人为患病过程中可能发生的一切情况做好准备。
4. 你的意愿会得到征求和尊重,只要有可能就会照办。
5. 我们将帮助你考虑你的个人及财务资源,并尊重你使用这些资源的选择。
6. 我们会尽我们所能让你和你的家人有机会过好每一天。

公众对临终治疗、法律选择和相关问题的讨论在美国已经活跃了近30年,但争议仍远未得到解决。1990年,美国最高法院做出了裁定,即对那些在医学上已经无力回天的临终患者停止治疗或停止生命支持是合法的。

缓和照顾

缓和照顾(palliative care)是一个新兴的医学分支,主要关注临终患者的非治愈性治疗。世界卫生组织对缓和照顾的定义如下：

- 肯定生命，同时认为死亡是生命进程中正常的一部分；
- 既不加速也不延缓死亡；
- 减轻疼痛和其他痛苦的症状；
- 把心理和精神层面的关注整合到对患者的照护中；
- 提供一个支持系统，帮助患者在生命的最后时刻尽可能积极地生活；
- 提供一个支持系统，帮助家庭应对患者的疾病和死亡。

当一个人选择缓和照顾时，治疗的重点会从延长生命转移到提高存活时的生存质量、保持患者的尊严和减轻痛苦。通常，一组医疗专业人员在与患者及其家属协商后，将决定采取缓和照顾是否合适。

许多医疗辅助死亡的反对者都很乐于接受缓和照顾这一概念，认为这更符合行医的道德规范。

临终关怀医院

临终关怀医院（hospice）一词最初用于指称中世纪时期致力于照顾穷人、老人和患者的基督教医院。这种救济院还为宗教朝圣的人提供庇护所。提供物质必需品、医疗照顾和精神安慰是早期宗教救济院的主要目的。美国有 6 000 多所临终关怀医院为绝症患者提供综合护理。临终关怀（也称安宁疗护）的目标是满足那些只剩下几周或几个月生命的患者的全部健康需求——无论是生理的、心理的还是精神的。医生会为他们提供药物以减轻疼痛，但不会去尝试冒险性的治疗。家人和朋友可以在一个舒适的环境中自由地探望患者，无论是在患者的家里还是在临终关怀机构。

临终关怀的理念是，死亡是生命的一部分，不应该用现代医疗"武器库"中的每种"武器"来抵抗。临终关怀的目的是控制疼痛并让患者感到舒适，但工作人员也接受过谈论与死亡有关的情感和精神问题的培训。临终关怀机构还会提供咨询和社会服务，并鼓励关系紧密的家人参与到患者的日常活动中。

1982 年，美国国会通过了《临终关怀医保福利法案》（*Medicare Hospice Benefit Act*）。这项法律确保了联邦医疗保险将为任何预期寿命不超过 6 个月的绝症患者支付临终关怀费用。2008 年，大多数临

牢固的家庭关系对年轻人和老年人都很有益。

终关怀医院都加入了联邦医疗保险计划。总的来说，现在大约有 1/3 的美国人在临终关怀服务下去世，要么是在家里，要么是在临终关怀机构中。

健康老化取决于健康的生活方式

随着美国和其他国家人口平均预期寿命的大幅度上升，寻找改善老年人健康的方法已经成为一个重大的挑战。一般来说，年龄的增长与残疾和功能损伤的增加有关，如丧失行动能力、视力或听力。老年学的目标之一是找到能够延缓残疾或能将其影响最小化的方法，从而使生活质量延续到或者接近延续到生命的终点。

如今，压倒性的科学证据表明，老年人的残疾和所需的长期医疗护理，大多数都是由在中年时就已经出现的主要慢性病造成的。晚年健康最重要的预测因素是较低的血压水平、较低的血糖水平、不肥胖和年轻时不吸烟。这些因素在预测心血管疾病、癌症和糖尿病等疾病方面也很重要。因此，这些证据表明，如果一个人想要身心健康地享受"夕阳红"，那么在年轻的时候就养成健康的习惯是很重要的。

如今已经活到 55 岁的人平均预期还能再活 25 年；那些已经活到 75 岁的人预期还能再活 10~12 年。这些老年人中许多都是相对健康的，他们在去世前残疾的时间将会很短。一般来说，活到最大年龄且没有残疾的人都是那些有良好营养、身体和精神都很活跃，并且没有过度吸烟或饮酒的人。

营养在健康老化中的作用越来越受到重视。增

在儿童期和成年期之后，还有老年期

我们都很熟悉儿童期和成年期，但你很少听说"老年期"（oldhood）。儿童期是一个人的身体、情感和社会性出现巨大发展的时期，围绕这些发展，会有期望、指引、纪律、教师、领路人和法律。大多数文化中都有一个儿童期结束和成年期开始的标志，比如满18岁或结婚。与儿童期不同，成年期需要满足工作/事业、婚姻、为人父母和其他责任的要求，并要承受随之而来的压力和负担。老年期也有开始的标志，比如65岁或退休，它通常被视为能力和机会减少的时期。然而，就像一生中的任何其他年龄段一样，如果一个人自身健康并有着经济和社会支持，老年期也可以为新的人生体验、工作、创造和快乐提供各种各样的机会。老年期的责任和压力较小，有更多的时间来锻炼、睡眠和尽情发挥自身的智慧，甚至还能投身于那些搁置已久的让自己激情澎湃的事物。老年期可能是人生的最后一段时期，但它不一定是最没有回报的。

加新鲜水果和蔬菜的摄入被认为可以延缓老化过程，那些含有抗氧化成分的食品被认为是特别有效的抗老化食品。这些食物包括鳄梨、浆果、花椰菜、卷心菜、胡萝卜、柑橘、葡萄、洋葱、西红柿和菠菜等。咖啡和茶中也含有大量的抗氧化剂。但是根据抗氧化剂抗老化理论信奉者的说法，通过补充剂来确保你能够获得足够的抗氧化维生素和矿物质仍然是必须的。

生命的每个年龄阶段都提供了成长和满足的机会。尽管我们无法预知何时会面临严重的疾病或死亡，但我们可以掌控自己度过每一天的方式以及从中获得的满足感。我们年轻时选择的生活方式将极大地影响我们以后的健康。例如，年轻时吸烟会增加日后患癌症和心脏病的概率。过度饮酒和冒不必要的风险会造成导致死亡或永久残疾的事故。虽然每个人的寿命都部分地取决于基因，但营养、锻炼和生活方式等环境因素对我们能活多久以及活得多好也是至关重要的。

对健康的批判性思考

1. 2017年，普林斯顿大学的研究者安格斯·迪顿和安妮·凯斯报告称，1997~2014年，50~54岁的白人男性和女性的死亡率每年增长0.5%。这与美国100多年来一直在稳步下降的总体死亡率相反，也与许多其他工业化国家相对稳定或正在下降的死亡率趋势相反。迪顿和凯斯确定，这一死亡率的增加与更多的自杀、处方药滥用和酒精滥用致死有关。想象一下，假如你是他们研究小组的一员，被要求查明这些死因背后的原因，你会考虑哪些生活方式、社会和环境因素？

2. 列出生活中所有你认为可能影响你70岁时健康程度的健康相关因素（例如，你吸烟、你明显超重）。在考虑了你所列的清单之后，请问问自己，为了确保能享受一个健康的晚年，是否有一些行为或生活方式因素是值得改变的。或者你可能觉得现在就为老年担心是不值得的，重要的应该是享受当下的生活。讨论这两种不同的观点，并尝试建立一套适合自己的关于老化的人生理念。

3. 想象一下，你的祖母和外祖母都患有阿尔茨海默病，你的父母因此都非常担心自己未来的精神健康，即使他们都只有50多岁。在了解到一种特定的基因会增加患阿尔茨海默病的风险并且医生可以检测这种基因之后，你的父母一直在讨论进行这种检测是否明智。他们还问你是否愿意接受阿尔茨海默病的基因测试。你会给他们什么建议？你愿意接受阿尔茨海默病易感基因测试吗？请详细讨论你向他们提出这些建议的理由，以及你将为自己做出的决定。

本章小结与重点

本章小结

年轻的时候，我们很少会想到衰老或死亡。老了的时候，我们却经常会想，自己年轻的时候本可以做些什么，这样现在就能更加健康了。但人生的每个阶段都有着各自的不同认知、需求、忧虑和目标。17岁时，你的主要目标可能是吸引你爱慕的人的注意；77岁时，你的目标可能是没有疼痛地过一天。如今许多年轻人能够活到80岁、90岁，甚至更老。在很大程度上，你未来的健康、活动能力和思维敏捷程度取决于你年轻时对健康和生活方式的重视程度。健康长寿取决于你遗传的基因和你践行的生活方式。你会把钱存入退休账户来确保晚年时的经济保障，出于同样的原因，你也应该考虑在年轻时将一些健康习惯进行"储值"。投资健康晚年的一些方法包括：保持健康的体重和饮食、不吸烟和经常锻炼。你不妨想象一下，自己到了80岁还能打几场网球、打18洞高尔夫球，甚至还可以跑一场马拉松。就像伟大的扬基队捕手约吉·贝拉曾经说过的那样："做出预测是非常困难的……尤其是对未来的预测。"死亡就是这样。我们永远无法知道自己到底能活多少天，多少年。因此，与其害怕死亡，不如尽情投入并享受每天的生活。人生可以被视作一次旅行。有些日子是缓慢、平静和平安无事的，另一些是动荡、慌乱和暴风骤雨的，还有一些则是美妙和收获满满的。接受每一天的生活和每天发生的一切。只有一件事是肯定的——所有的事物都会随着时间而改变，包括你的爱、绝望、失败和成功。对死亡轻描淡写很难，但伍迪·艾伦几乎做到了。他曾打趣道："我不害怕死亡，只是当它到来的时候，我不想在场。"

重点

- 老化和死亡是生命的自然阶段。无论日历年龄有多大，人们都应该在生命的各个阶段努力保持身体、情感、心理和精神的活跃。
- 人类的最大寿命约为120岁。许多国家人口的预期寿命是80岁以上，这意味着这些国家最近一年出生的人口平均将活到80岁以上。
- 美国人口的平均年龄正在迅速增长，这增加了医疗支出，也给社会保障体系带来了难题。
- 老化一部分是由基因决定的，另一部分则是由导致细胞损伤的环境因素决定的。
- 老年人认知能力丧失被统称为老年期痴呆；导致心智衰退的主要原因是阿尔茨海默病。
- 帕金森病是一种影响运动的神经退行性疾病。
- 老年人骨质流失会导致骨质疏松症。
- 老年人视力丧失的主要原因是黄斑变性。
- 预嘱包括一份生前预嘱和一份医疗授权委托书。
- 缓和照顾是一种治疗方法，它不能治愈疾病，但可以减轻临终患者的痛苦并缓解其家人的痛苦。
- 临终关怀为生命只剩最后几周或几个月的绝症患者提供医疗、情感和精神支持。
- 成功的老化取决于保持健康的体重、摄入营养均衡的饮食、做适量的运动和保持思维活跃。

参考文献

Annas, G. J. (2005). "Culture of life" politics at the bedside—the case of Terri Schiavo. *New England Journal of Medicine, 352*, 1710–1715.

Barry, P. (2007, September 15). Curry powder. *Science News*, 167–168.

Bloche, M. G. (2005). Managing conflict at the end of life. *New England Journal of Medicine, 352*, 2371–2373.

Campion, E. W. (1998). Aging better. *New England Journal of Medicine, 338*, 1064–1066.

Jobs, S. (2005). Graduation address at Stanford University, June 12.

Kübler-Ross, E. (1975). *Death: The final stage of growth*. Englewood Cliffs, NJ: Prentice Hall.

Ludlow, A. T., et al. (2013). Do telomeres adapt to physiological stress? Exploring the effect of exercise on telomere length and telomere-related proteins. *Biomed Research International*, 2013(2013), 601368. doi:10.1155/2013/601368.

Marx, J. (2005). Preventing Alzheimer's: A lifelong commitment? *Science, 309*, 864–867.

Phillips, D. P., Ruth, T. E., & Wagner, L. M. (1993, November 6). Psychology and survival. *Lancet, 342*, 142–145.

Prusiner, S. B. (2012). A unifying role for prions in neurodegenerative diseases. *Science, 336*, 1511–1512.

Revesz, D., et al. (2016). Baseline biopsychosocial determinants of telomere length and 6-year attrition rate. *Psychoneuroendocrinology, 67*, 153–162.

van Leeuwen, R., et al. (2005). Dietary intake of antioxidants and risk of age-related macular degeneration. *Journal of the American Medical Association, 294*, 3101–3107.

Verhoeven, J. E., et al. (2015). The association of early and recent psychosocial life stress with leukocyte telomere length. *Psychosomatic Medicine, 77*, 882–891.

推荐阅读

Critser, G. (2010). *Eternity soup: Inside the quest to end aging*. New York: Harmony Books. If you are one of those people who wonders what it might be like to live forever (or at least longer than you can imagine), this book can give you some idea of what scientists are pursuing.

Fins, J. J. (2006). *A palliative ethic of care: Clinical wisdom at life's end*. Sudbury, MA: Jones and Bartlett. An excellent discussion of palliative care and end-of-life decisions.

Gawande, A. (2007, April 30). The way we age now. *The New Yorker*, 48–57. An intimate portrait of how one elderly person copes with aging.

Kinsley, M. (2014, April 26). Have you lost your mind? *The New Yorker*, 24–31. Between 1946 and 1964, about 79 million babies were born in the United States. This group is known as the baby boomers. In 2015, the first of this group will turn 70 and the ranks of the elderly will swell rapidly in subsequent years. Many of the baby boomers will develop Alzheimer's disease or other forms of dementia. How will society cope with their care?

Kirkwood, T. (2010, September). Why we can't live forever. *Scientific American*, 42–49. Understanding the aging processes may help us live longer and healthier lives, but not dying is not going to happen.

Nuland, S. B. (2007). *The art of aging: A doctor's prescription for well-being*. New York: Random House. A famous physician, now in his 70s, offers advice on how to age successfully.

Sanders, L. (2011, March 12). Memories can't wait. *Science News*, 24–28. A good discussion of the causes of Alzheimer's and approaches being taken to detect changes early in the disease and to treat patients before dementia becomes noticeable.

Stix, G. (2010, June). Alzheimer's: Forestalling the darkness. *Scientific American*, 51–57. As populations age and the prevalence of Alzheimer's increases, scientists are looking for ways to forestall or prevent dementia. This article explains how the research is being conducted.

健康小贴士

如何预防约会强奸

预防性侵犯

第 23 章

美国社会中的暴力

学习目标

1. 描述不同种类的人际暴力。
2. 说明暴力影响健康的几种方式。
3. 列出可能导致创伤后应激障碍的暴力和虐待类型。
4. 描述虐待儿童的不同方式。
5. 定义性侵犯、暴力强奸和熟人强奸。
6. 讨论暴力强奸和熟人强奸背后的原因。
7. 界定什么是**虐待老人**及其产生原因。
8. 列举并描述不同种类的仇恨犯罪。
9. 讨论枪支增加年轻人杀人和自杀风险的一些原因。

愤怒、攻击性、敌意和暴力是所有动物——包括人类——天生的本能。它们的主要生物学作用是，帮助个体获取食物、配偶、领地和其他资源，并抵御自己和后代（在某些物种中，还包括家庭和社群）遇到的危险。尽管人类很聪明，但他们似乎无法控制植根于生物本能的愤怒和暴力行为。与其他动物相比，现代人类拥有更先进的攻击、征服和杀戮的手段和武器。有时，这些行为是出于需要，但更多的时候是出于贪婪。此外，人们有时杀死他人和自己，并不是为了自卫或获得物质财富，而是因为头脑中想象出的某些思想、信仰、偏见、侮辱和伤痛。现代社会的目标（至今尚未实现）是，开发各种能够预防和控制人类的攻击行为和暴力的方法。

> 真相是战争的第一个受害者。
> ——埃斯库罗斯

暴力（violence）是一种旨在伤害、损害或摧毁某人或某物的肢体行为或言语。人类在理解未来有可能受伤和死亡方面是十分独特的，因此，他们会为了许多原因而战斗，其中包括被威胁剥夺自由。人们也有许多无形的恐惧，比如害怕饥饿、贫穷、被攻击、不被需要或不被爱。所有这些恐惧都可能引发暴力行为。

有些人将暴力作为一种手段，来获取控制他人的权力。最简单的例子，权力就是一种能满足个人需要和欲望的能力。权力及其伴随的暴力以各种方式体现在社会中，如强奸、家庭暴力、虐待儿童、虐待老人、杀人、自杀、恐怖袭击、帮派争斗和国家间的战争。

美国每年约有 1.7 万人死于凶杀，并有 200 多万人在暴力袭击中受伤。凶杀，是美国 15~24 岁年龄组的第二大死因；而自杀，则是这一年龄组的第三大死因。社会暴力的后果，是破碎的家庭、受虐待的妇女、受虐待的儿童，以及无数不必要的伤害和死亡。

治疗暴力给人的精神和身体带来的伤害，是昂贵和困难的，并且常常是不成功的。与其他严重疾病一样，解决人类暴力行为的唯一办法是预防。尽管有些人认为，暴力在人类社会中是不可避免的，但也有很多人并不这样认为，他们选择过一种非暴力的生活，并致力于消除暴力行为。

亲密伴侣暴力

亲密伴侣暴力（intimate partner violence, IPV），是指由现任或前任亲密伴侣或配偶造成的身体、性或心理伤害。女性最可能成为亲密伴侣暴力的受害者，但是异性恋和同性恋关系中的男性，也可能成为受害者。直到最近，公众仍然普遍认为，亲密伴侣暴力是罕见的。然而，亲密伴侣暴力和其他形式的家庭暴力，现在已被认为是重要的公众健康问题。亲密伴侣暴力，被认为是最严重的、可预防的公众健康问题之一。超过 3 200 万美国人在一生中的某个时刻受到这一问题的困扰。

健康专家确认了以下几类亲密伴侣暴力。

- **身体暴力**：故意对他人使用可能导致伤害、残疾或死亡的身体暴力。身体暴力包括抓、推、踢、打、拉、咬、勒和使用武器。
- **性暴力**：（1）以暴力手段强迫他人进行违背其本人意愿的性行为；（2）对无法理解性行为或不能表达自身否定意愿的人所进行的任何性行为，例如，某人可能因喝醉或受到恐吓，而无法阻止针对自己的性行为；（3）虐待性性接触。
- **威胁实施身体或性暴力**：使用语言、姿态或武器，来表达想要造成身体伤害或死亡的意图。
- **心理或情绪暴力**：使用行动、威胁或强制手段，使受害人感到羞辱、尴尬、恐惧或被贬低；不让受害者接触朋友、获得金钱或食物。
- **跟踪**（stalking）：使受害者对自身可能遭受身体或性暴力感到高度恐惧的行为。

研究亲密伴侣暴力是困难的，因为家庭成员甚至受虐待的个人往往都不会公开讨论亲密伴侣暴力。据估计，在美国向当局报告的家庭暴力案件不到真实案件数的一半，但女性遭受身体攻击和性攻击的程度令人震惊（**表 23.1**）。每年因亲密伴侣暴力进入急诊室接受治疗的女性，比因抢劫、强奸和交通事故接受治疗的女性总人数还要多。怀孕期间受到殴打，是导致出生缺陷和婴儿死亡的一个主要原因。

为了减少亲密伴侣暴力的发生率，美国联邦政府宣布，每年 10 月为全美反家庭暴力月。在这段时间里，政府会做出额外的努力，以提高公众对家庭暴力的认识，并教育人们如何预防家庭暴力。

遭受伴侣或熟人殴打或强奸的人，不仅会有医疗问题，还可能遭受焦虑、抑郁、慢性盆腔疼痛、

表 23.1 美国遭受亲密伴侣暴力女性的估计人数

暴力行为	数量
既遂和未遂强奸	1 740 万
性胁迫	1 600 万
不情愿的性接触	1 970 万
不情愿的非接触性性经历*	3 710 万
身体暴力	3 910 万
亲密伴侣的心理侵害	5 690 万

* 包括暴露性敏感部位，被要求观看或拍摄性照片或电影，以及 / 或在公共场所被以受害者感到不安全的方式骚扰。

资料来源：Smith, S., et al. (2017). *The National Intimate Partner and Sexual Violence Survey: 2010–2012 Summary Report*. Atlanta, GA: National Center for Injury Prevention and Control, Centers for Disease Control and Prevention.

肠胃不适、物质滥用、肥胖或头痛等。被侵害的人还可能出现创伤后应激障碍（PTSD）及其变体的症状，如受虐待者综合征或强奸创伤综合征。

PTSD 的症状包括：

- 通过反复出现的侵入性图像、想法、梦和"闪回"，重新体验创伤事件——产生一种重新体验创伤的感觉，包括重新体验令人不安的情绪。
- 对象征创伤经历的事物反应强烈。例如，在从强奸中恢复的过程中，受害者可能非常害怕类似于袭击现场的地方。
- 有些人想到强奸时可能会恶心，有些人可能在性关系方面出现困难。
- 无法回忆起创伤（否认），或能够"让思维转移到其他地方"，以避免与创伤记忆有关的痛苦（分离）。受害者可能会感到与自己或他人疏离或疏远。
- 把调节他人行为和控制环境作为保持事态稳定和可控的一种方式。受害者可能会变得顺从，以避免真实或想象中的虐待。
- 持续的唤起症状，如难以入睡或不能保持睡眠状态，变得急躁、不安、易怒，有时会不理智地发怒。受害者可能难以集中注意力，对周围环境高度警惕，并有夸张的吃惊反应。

殴打、强奸和性虐待还会对受害者的健康产生长期的影响。例如，受过创伤的人更容易被刺激物唤起，使他们很难在正常的疼痛、感觉与疾病的信号之间做出区分，导致他们更有可能频繁地向医生等医疗专业人员寻求帮助。此外，情绪不安和戒备会导致肌肉紧张和骨骼错位，产生疼痛。慢性焦虑会导致肠胃不适。受害者可能会通过喝酒、摄入尼古丁和其他药物来阻断受虐待的记忆，减轻与侵犯或虐待相伴的不舒服的情绪和身体感觉。

受害者从亲密伴侣暴力的创伤中恢复，需要他人的耐心和支持。要鼓励受害者向专门帮助亲密伴侣暴力受害者的专业人士寻求心理咨询，并加入其他被侵犯者的互助团体。他人的支持可以加速受害者伤痛的愈合和恢复，并帮助受害者恢复被暴力击碎的信任感。如果受害者需要逃离施虐者，互助小组可以为其提供住处；如果受害者害怕独处，互助小组可以为其提供陪伴。

家庭暴力的成因

家庭暴力并没有单一的成因，但导致暴力的因素包括以下几点：

- 家庭中存在严重的冲突和较大的压力；
- 男性在家庭中处于主导地位，并认为女性和儿童是自己的财产；
- 存在允许家庭暴力的社会文化；
- 电视和其他媒体中的暴力行为展示；
- 成长在有暴力行为的家庭中；
- 滥用酒精和毒品；
- 指责受害者（"他们自找的"）；
- 否认身体暴力或性虐待的存在。

能够向一个善解人意的人倾诉，对受害者是很有帮助的。

表 23.2　受父母暴力影响的儿童的症状

目睹父母暴力的儿童会出现各种各样的症状。

行为症状

好斗	好发脾气	不成熟	行为不良

情绪症状

焦虑和抑郁	低自尊	愤怒	孤僻

认知症状

在校表现不佳	语言能力差

躯体症状

进食障碍	运动技能低下	睡眠问题	生长发育不良
心身障碍			

男性伴侣滥用酒精或毒品，失业或间歇性就业，受教育程度低于高中，女性最容易因家庭暴力而受到严重伤害。

预防家庭暴力的方法包括，为受虐待的女性提供庇护所、安全屋和其他保护性环境；减少导致家庭暴力的社会和经济因素（失业、贫困和种族歧视）；追究施虐者的责任；培训执法人员和医疗人员，使其能够识别和干预家庭暴力案件；教育每个人以非暴力的方式解决冲突；减少电视、电影和流行音乐中的暴力内容。在识别、治疗和帮助家庭暴力受害者（大多数是寻求庇护所和支持的女性）方面，医生也正在接受更多的培训。

家庭暴力不仅影响处于虐待关系中的成年人，也会伤害生活在这种虐待环境中的儿童（**表 23.2**）。父母或伴侣之间如何解决冲突，对家中儿童的长期健康至关重要。成长于存在身体或性虐待的环境中的儿童，更有可能在成年后陷入虐待关系。

虐待儿童

虐待儿童（child abuse）是指在身体、精神或性方面对儿童的虐待或忽视。近年来，当美国诸多神职人员被曝光曾性虐待和猥亵受其照顾或参与教会活动的青少年后，虐待儿童引起了社会的广泛关注。数以百计的性虐待受害者打破多年的沉默，讲述了自己年轻时被神职人员性虐待的经历。许多人描述了童年的创伤经历如何严重破坏了他们的生活。此外，一些日托机构的工作人员也被指控虐待儿童。虽然有时候这些指控被证明是毫无根据的。小孩子有丰富的想象力，很容易被调查者误导，以为他们所描述的事情是真的。然而，已经被证实的儿童虐待案件表明，虐待儿童问题同亲密伴侣暴力问题一样严重。

美国每年发生超过 300 万起记录在案的虐待儿童案件。（还有更多的案件发生但未被报告。）在这些案件中，约 17% 是身体虐待，8% 是性虐待，75% 是忽视。美国每天约有 5 名儿童死于忽视和身体虐待。美国疾病控制与预防中心报告称，美国 1 岁以下的婴儿中，约有 2% 会遭受忽视或虐待——通常发生在出生后的最初几周。这些案件中，有很大一部分与父母一方或双方滥用毒品有关。

虐待儿童会影响儿童的身体（例如，骨折、烧伤甚至死亡）和情感（例如，他们可能会变得暴虐、有自杀倾向或孤僻）。这些影响既有短期的，也有长期的，但对所有受害者都将是毁灭性的。当受虐待的儿童成长到 10 岁以上，并变得更加独立时，他 / 她可能对现状感到绝望，并可能离家出走。很多孩子离家出走的后果是糟糕的：青少年卖淫、非法使用毒品和酒精、青少年犯罪率上升、辍学率上升。虐待儿童造成了高昂的社会代价，并直接或间接地影响到每一个人。

摇晃婴儿综合征（shaken-baby syndrome, SBS）是一种特别令人不安的虐待儿童的形式。婴儿受到成年人的猛烈摇晃，目的是惩罚他们或阻止其哭泣。每年受摇晃婴儿综合征影响的婴儿多达 1 400 名。医生和受过培训的人员通过剧烈摇晃可能引起的一系列症状，可以识别患此病的婴儿。任何对婴儿的猛烈摇晃，都是一种犯罪行为。

虐待儿童涉及多种形式的粗暴对待，所有这些都会导致严重的伤害。

身体虐待　当故意对儿童使用任何形式的武力，导致其受伤时，儿童就是在遭受身体虐待。用体罚的方式来管教或控制儿童或青少年，并使其受到严重身心伤害的暴力行为，也属于虐待儿童。通常，某些家长会因为一些与孩子行为无关的其他问题，而在孩子身上发泄愤怒；孩子在不知情的情况下成为家长泄愤的受害者，且知道这种惩罚是不公平的。年龄越小的孩子越有可能因身体暴力而受到严重伤害。为了使婴儿停止哭泣，或出于其他任何原因而反复摇晃他们，可能导致其死亡。

精神虐待 精神虐待会导致严重的情感痛苦，并可能导致疾病和暴力行为，最终可能造成自杀或杀人。反复对一个人尖叫怒骂，并且嘲笑这个人毫无价值、愚蠢或有缺陷，会对其心理和社会性发展造成永久性的伤害。

性虐待 文化禁忌和刑法都禁止成年人与儿童之间的性接触。虽然很难准确地确定儿童性虐待在美国的普遍程度，但一些调查发现，在美国，多达15%的女性和6%的男性在儿童时期曾遭受过性虐待。因为这不是一个大多数人愿意讨论的话题，所以儿童性虐待的发生率可能会比报道的要高。儿童性虐待，可能导致其在以后的生活中出现抑郁、焦虑和一般功能障碍。

忽视 这可能是儿童虐待最常见的形式。忽视包括没有给孩子提供足够的营养、合适的衣服和处方药，或者没有监管孩子的卫生状况。被忽视的儿童，长期被放任自流，没有成年人的监护。许多被忽视的儿童会出现自毁行为。

虐待儿童的社会因素

由于许多虐待儿童的案件没有被报告，因此很难获得可靠的数据。此外，施虐者和受虐者通常不会直率地提供信息。因此，许多关于虐待儿童的信息，都是不正确的或带有误导性。

男性虐待儿童的比例往往高于女性。然而，还没有发现任何独特的因素，能够区分男性和女性儿童虐待者。男孩比女孩更容易受到虐待，并且父母认为男孩比女孩更应该被严厉对待。对于自己受到的虐待，男孩甚至会比女孩更加自责。

2/3的受虐儿童年龄在5到17岁。青春期前的孩子更容易受到虐待，因为他们既缺乏抵抗虐待的体力，也缺乏对正常行为和异常行为的认识。婴儿受到虐待的频率低于年龄较大的儿童，但其死亡风险高于年龄较大的儿童，尤其是在受到摇晃时。当孩子年满15岁之后，他们更有可能被同龄人而不是被家人虐待。

有身体或精神残疾（如失明、失聪、智力障碍或脑瘫）的儿童，比其他儿童更容易受到虐待。身体残疾造成的脆弱性和照顾残疾儿童所产生的压力，都有可能引发虐待。喜怒无常、冲动、好斗、抑郁或多动的儿童，也有更高的被虐待风险。儿童的这些行为会给父母造成压力，可能促成了虐待发生。

缺乏照顾儿童的知识和技能，可能会让父母更容易虐待儿童。这可能是由于照顾孩子给父母带来挫折和压力：照顾孩子要满足孩子的各种需要，孩子又不能与父母好好配合。当男性作为婴儿的主要照护者时，他们通常几乎或完全没有接受过有关儿童照护的培训。

同样的情况也适用于未成年母亲和受教育水平低的母亲，例如高中辍学生。她们也缺乏妥善照顾儿童所需的知识和技能。这种缺乏使她们处于一种更有可能产生虐待行为的压力状态。这些母亲觉得没有人可以求助，甚至不知道该从哪里获得帮助。在气急败坏的情况下，她们可能会虐待自己的孩子。

当一家人生活在一个不安全的社区中时，家庭成员可能会因为害怕而不敢出去寻求帮助来解决他们的问题。这种恐惧会导致他们与社会更深的隔绝，并可能加剧家庭中的冲突和虐待。虐待儿童的其他原因包括社会隔离、缺少朋友、社区不安全或交通不便。

预防儿童虐待

预防儿童虐待的项目，可以帮助父母减轻压力。压力正是虐待儿童的一个风险因素。这些项目强调教育父母，让他们知道如何照顾孩子，以及如何避免虐待儿童。针对未成年母亲、年轻的父母、以前从未负责照顾过孩子的父亲、有工作的母亲、单身父/母、继父或继母，以及负责照顾孩子的兄弟姐妹，该项目都有不同的减压计划。压力管理项目的实施，在失业率高的社区尤为重要。

冲突解决项目，也可以帮助预防儿童虐待。如果人们能够在不使用武力的情况下处理冲突，那么虐待儿童的风险就会降低。愤怒调解项目和冲突解决项目，均已被证明有助于降低儿童虐待率。人们建议，对所有涉及儿童虐待的个人进行生活和社会技能培训，并强烈建议对所有年龄的男性和女性进行育儿技能培训。这种培训还能教给他们学会如何获得帮助。

性暴力

性暴力（sexual violence）是指任何违背个人意愿的性行为。性暴力包括既遂的、非自愿的性行为（即强奸），未遂的、非自愿的性行为，虐待性性接触（即不想要的触碰），以及非接触性性虐待（例如，性暴力威胁、露阴癖、口头性骚扰）。所有类型的性暴力，都涉及不同意、无法同意或无法拒绝这种行为的受害者。

强奸和性侵犯

强奸（rape）一词来源于拉丁语 rapere，意思是用武力抓住或夺取。最初，这个词的意思是洗劫和摧毁敌人的村庄、城镇或城市，并将其居民房作奴隶。在英语中，被"raped"意味着被击败的观念在今天仍然存在，被用来描述对一个城镇或城市的非人道毁灭（例如，某个城市在战争中被"raped"），或在某次努力中被击败（"我在考试中被'raped'了"）。

更常见的是，用**强奸**（rape）这个词指代未经受害者同意的性行为，一般是指阴茎插入受害者身体的某个孔口。在实施强奸的过程中，受害者还可能被殴打，生命受到威胁，甚至被杀害。强迫性插入和与性无关的暴力的结合，就是**性侵犯**（sexual assault）。性侵犯不是为了性的满足，而是为了满足控制、伤害、羞辱和非人化对待受害者的欲望。

在北美，强奸和性侵犯是犯罪行为。尽管不同的司法管辖区对强奸有着不同的定义，但强奸通常被定义为，在使用强力或威胁使用强力的情况下，未经同意插入他人身体的孔口，包括嘴巴、直肠或阴道。插入一般指插入阴茎，尽管有时也可能包括物体或其他身体部位，如手指。未经同意，指受害者由于精神发育、身体残疾、受药物影响（如酒精或毒品）或昏迷，而不能给予法律上的同意。强奸的类型如下所示。

- 约会或熟人强奸：受害者和行凶者互相认识。
- 婚内强奸：受害者与行凶者属于婚姻关系。
- 陌生人强奸：陌生人强迫的性接触。
- 轮奸：两名或两名以上的行凶者实施的强奸。
- 法定强奸罪：与法定未成年人发生性行为而构成强奸罪。

根据美国司法部（Planty et al., 2016）的数据，美国每年大约有 30 万名成年女性和 9 万名成年男性被强奸。由于强奸在很大程度上是一种漏报严重的犯罪，这些数据被认为只代表了实际发生的强奸事件的 40%。美国超过一半的女性强奸案（54%）发生在受害者 18 岁之前；22% 的强奸案发生在受害者 14 岁之前。在男性当中，75% 的强奸案发生在受害者 18 岁之前，其中 48% 发生在受害者 14 岁之前。

因为绝大多数性暴行的作案者为男性，所以有人推测性别角色态度和期望促成了许多强奸案的发生。例如，认为具有男子气概就是具有侵略性的观点，鼓励一些男性使用性暴力来控制他人。这导致了类似"女人喜欢强势的男人"和"女人喜欢被强奸"这样的说法。此外，一些男性认为，性征服证明了自己的男子气概。由于相信男性的角色就是去支配，一些男性想要什么就去占有什么，罔顾他们的行为会如何伤害到别人。此外，一些男性会因为性侵犯行为而得到男性同伴的支持。认为男性要在性爱中起主导作用的期望，会造成误解和挫败感。女性对性挑逗的拒绝可能会被误解为应继续尝试的信号，直到女性最终停止或躲开，这会使男性感到懊恼，并引发因愤怒而产生的攻击行为。这就导致了诸如"她说不的时候，我并不相信她"这样的表达。

对女性进行性侵犯的男性，可以被描述为愤怒驱动型或权力驱动型。愤怒驱动的侵犯（约 20% 的强奸）通常是由对女性的强烈仇恨引起的。犯罪者往往是用刀或其他武器威胁受害者的陌生人。事实上，对于受害者来说，遭袭击期间最大的恐惧是死亡。权力驱动的性侵犯（约 80% 的强奸），犯罪者是受害者认识的人，他想要控制而不是伤害受害者。以下是一些关于性暴力的常被误解的事实：

- 性暴力的目的通常是试图控制、伤害或压制受害者，它不是由性吸引、激情或性剥夺所驱动的。
- 大多数性暴力事件都没有告知朋友、家人或当局。
- 大多数性暴力事件发生在受害者周围的环境中，是有预谋和计划的。
- 在大多数性暴力事件中，犯罪者认识受害者。
- 任何社会经济、教育水平和种族背景的人，都有可能犯下性暴力罪行。
- 受害者并不会暗地里想要被性侵犯。

熟人强奸

熟人强奸（acquaintance rape）或约会强奸，是指受害者认识的人用语言或身体力量强迫受害者发生性行为。在美国，大约80%的强奸案是由受害者认识的人犯下的。大约一半的强奸发生在约会、聚会或其他社交场合；超10%的女性在其一生中曾遭受过强奸或强奸未遂。在被强奸的男性中，超过一半的人认识施暴者。熟人强奸和陌生人性侵犯的法律惩罚是一样的。

高中和大学年龄段的女性，最容易遭到熟人强奸。美国每年报告的暴力强奸案超过10万起。这个数字可能会偏低，因为很多强奸案的受害者都没有报案。

对男女两性性关系的文化观点，在熟人强奸中起着重要的作用。许多受害的年轻女性的遭遇符合强奸的法律定义，但她们可能并不知道，发生在自己身上的就是性侵犯。受害者可能认为，性侵犯只能由陌生人实施，或者她们可能会责怪自己。强奸犯可能没有意识到，受害者的拒绝真的意味着拒绝。侵略性强的男性会错误地认为，当女人说"不"时，男人应该坚持下去。很大一部分男性的行为符合性侵犯的法律定义，但他们却认为自己并未实施性侵犯。

熟人强奸的后果

熟人强奸的受害者往往会遭受严重的、长期的心理影响。与被陌生人强奸的受害者相比，被熟人强奸的受害者更倾向于将所发生的事情归咎于自身。在此后的关系当中，他们往往很难信任别人。熟人强奸的受害者可能需要更长的时间才能康复，特别是当强奸涉及身体暴力时。与其他强奸受害者相比，熟人强奸受害者较少去寻求危机服务、告诉别人、报警或寻求咨询。家人和朋友对熟人强奸受害者的支持，可能不如对陌生人强奸受害者的支持。事实上，如果受害者将情况告诉朋友或家人，他们可能会淡化性侵犯的严重程度，或因此指责受害者。

如果一个女人因为喝了太多的酒或被下药而失去了意识，那她就不能同意任何形式的性行为。与无意识或半意识状态下的女性发生性关系，被定性为强奸行为。某些物质被称为"约会强奸药"。对被下药的受害者实施强奸的人如果被定罪，将被判处长期监禁。

如何预防约会强奸

警惕按照典型的性别刻板印象运作的关系，即占主导地位的男性与顺从、被动的女性。在日常活动中的支配倾向可能会延伸到性活动中。

当约会对象试图以任何方式控制你的行为或向你施压时，要小心。

沟通要明确。不要以一种可能被理解为"可能"或"是"的方式说"不"。

避免同时用语言和非言语行为传递模棱两可的信息。说"不"但却允许性爱抚，会造成混乱和模棱两可。

初次与陌生人见面时结伴而行，可能会更安全。

避免前往无法获得帮助的偏远或孤立的地方。

避免在约会时喝醉。

性侵犯的后果

性侵犯会给受害者及其家庭和社区造成许多有害的和长期的影响。例如，被强奸可能会使受害者怀孕，染上性传播疾病，包括艾滋病病毒/艾滋病。另一个常见的后果是，一种被人侵犯的感觉。此外，性侵受害者可能会经历数月甚至数年的慢性盆腔疼痛、胃肠功能紊乱、偏头痛和其他经常性头痛、背痛和面部疼痛等疾病。受害者还可能容易滥用酒精和其他药物——主要是为了屏蔽与性侵有关的记忆和焦虑。**表23.3**列出了性侵犯受害者报告的多种感受。

性侵犯的受害者面临着即刻的和长期的心理阴影，称为**强奸创伤综合征**（rape trauma syndrome）。在性侵发生后的几天到几周内，受害者可能表现出以下3种反应之一：(1)频繁哭泣，表现出激动、歇斯底里和焦虑；(2)表现得冷静，情绪稳定，好像什么事都没有发生；(3)震惊和怀疑，丧失判断力，困惑，无法完成平常的活动。

受害者从性侵犯事件中恢复，需要他人的耐心和支持。要鼓励性侵犯幸存者向强奸康复或创伤专业人士寻求心理咨询。此外，加入一个由其他被侵犯者组成的互助小组，有助于释放与被侵犯有关的羞耻感和恐惧感。来自家人、朋友、亲密伴侣和社区人员的支持和理解，也很重要。

表 23.3　性侵犯受害者报告的感受

恐惧	尴尬	羞耻	内疚	焦虑
• 害怕死亡 • 害怕强奸犯	• 不好意思讨论细节 • 对自己的身体感到尴尬	• 自尊、自我价值和自我尊严被破坏 • 羞于体检 • 为不得不通过性行为来保命感到羞耻	• 感到羞耻，感到自己挑起了强奸 • 对侵犯事件感到自责	• 颤抖 • 噩梦 • 难以入睡或一直睡觉 • 不断提醒自己"本应该或本不应该"做什么

愚蠢	脆弱	担心	愤怒	失控
• 感到参与冒险行为很愚蠢 • 感到太信任别人很愚蠢	• 对人产生普遍的恐惧 • 偏执感 • 对环境高度警觉	• 强奸犯会得到精神病治疗吗？ • 如果告发强奸，罪犯会怎么样？	• 对侵犯者 • 对自己 • 对所有男性和女性，特别是长得像侵犯者的人	• 小的决定似乎都非常艰巨 • 对自我或行为的不确定感

美国大学中的性暴力

根据美国大学健康协会（American College Health Association, 2016）的数据，美国每年大约有 3% 的女性大学生和 1% 的男性大学生在违背自己意愿的情况下，遭到性侵犯或性侵未遂。大学校园里大约 90% 的性侵犯，都是由受害者认识的人实施的。大多数熟人强奸都发生在人们参加聚会，或在宿舍一起学习的时候。在大一和大二刚开始的几周里，大学生最容易遭到熟人强奸。真正的"约会强奸"，往往发生在一段约会关系开始时。

大学生中的熟人强奸，有时被解释为当事人之间沟通不畅的结果。这一理论认为，男性的社会化经历让其持有这样的信念：女性最初抗拒性挑逗，是为了保持"道德"的声誉，因此，她们在性方面更愿意被征服。如果一个女人说"不要"，那么男人就应该像她说"要"一样继续。此外，一些男人认为，如果一个女人被贴上"轻佻"或"放荡"的标签，那么她就是在要求性交。男人认为某些线索表明女人对性行为感兴趣，如穿着暴露的衣服、同意去他的房间，或是在约会期间赞美他。

大多数大学生强奸案都与喝酒有关，要么是施暴者饮酒，要么是受害者饮酒，或双方均饮酒。喝酒会降低受害者口头或身体上抵抗强奸犯的能力。

大学中的熟人强奸受害者承受着与其他强奸受害者相同的心理伤害。此外，大学中的熟人强奸受害者可能会因为害怕在校园里面对施暴者而退学。

许多受害者、施暴者和校园社区中的其他人，通常不会把受害者的约会对象或亲密伴侣的强迫性行为解读为刑事性侵犯。他们相信强奸只可能由陌生人犯下这一谬论。因此，他们认为，熟人强迫的性行为不是强奸。

遭受性侵犯后该怎么办

遭受性侵犯的人应当采取以下措施：

- 不要淋浴、泡澡、冲洗、更换或毁坏衣物，或清理发生性侵犯的区域（如果在室内的话），因为这些行为会破坏重要的证据。
- 去最近的医院急诊室就诊。
- 报警。
- 寻求专业咨询。

每个人对性侵犯的反应是不同的，每个受害者的痛苦和需求自然也都是独一无二的。所有性侵犯的受害者都应该向他们信任的人寻求咨询。

预防性侵犯

- 每次出门时,都记得带上手机和几十块紧急交通费用;告诉别人你要去哪里。
- 相信你的感觉。当你觉得自己处于危险之中时,请立即到安全的地方去。当你被他人拦路时,要吹哨子或大喊"着火了",不要喊"救命"或"强奸",因为人们更有可能对一般紧急情况而非侵犯行为做出反应。
- 留意你周围的环境,知道自己要去哪里。
- 待在光线充足的地方。天黑后请搭乘班车。晚上不要独自行走,避免选择人迹罕至的道路。
- 自己开车的话,上车后,不要磨蹭,立刻驾车离开。
- 不要在聚会、音乐会、比赛或其他社交场合结束后,与刚认识或不太熟悉的人离开。
- 总是与他人结伴而行。
- 第一次约会或相亲时带上朋友。坚持在公共场所和对方见面,比如电影院、体育场或餐馆。
- 不要将你的照片和个人信息在校园社区内公开发布,避免自己成为目标。
- 考虑好你想和对方走多近,清楚地说明你的边界。
- 如果有人强行对你进行挑逗,请坚决地说"不"并反抗。不要试图保护那个人的感受,不要微笑,用"强奸"这个词来表达真实的情况。请立刻离开或者大声尖叫,如果你认为这样做是安全的。如果你必须撒谎,那就撒谎吧。比如谎称你有疱疹、淋病或其他传染性疾病。
- 防范约会强奸药物。只喝自己倒的和自己准备的饮品(不论是含酒精的还是不含酒精的)。
  — 离开时,不要把你的饮品留在桌子或吧台上。
  — 喝饮品间隙,始终用手盖住瓶子的瓶口或玻璃杯的杯口部位。
  — 不要用大的、开放性的容器喝东西,例如宾治酒碗。
  — 不要与他人交换饮品。
  — 不要喝看起来或尝起来"有异样"的东西。
  — 留意朋友身上是否出现被人下药的迹象,并及时给予帮助。

虐待老人

虐待老人(elder abuse)的定义是,对60岁或以上的成年人进行身体、性或情感上的虐待或经济上的剥削。虐待或忽视可能来自配偶、子女、亲戚、专业护理人员或朋友。在美国,每年有100多万老年人遭受虐待。

在家庭环境中,照顾者会使用各种虐待方法来控制他们所照顾的老年人。这些方法包括对老人大喊大叫(最常见的虐待形式)、身体约束、强制喂食或喂药、拳打脚踢,或是威胁要送其去养老院。

然而,虐待并不都是单向的。残疾或不能行动的老年人也会使用虐待的方法来控制他们的照顾者。老人也会大喊大叫、噘嘴甩脸子、拒绝食物和药物、哭泣或变得情绪化、扔东西或威胁要报警。与其他形式的虐待一样,虐待老人的关系中,双方行为的原因都是多种多样的。喝酒在许多情况下都是诱因,情绪疾病也是原因之一,一方或双方的精神障碍也会起到一定的作用。

尽管公众对虐待老人的问题越来越关注,但在很大程度上,虐待老人仍然是一个被掩盖的问题。许多虐待老人的行为仍被隐瞒或未被记录在案的原因是,许多老年人担心家庭的隐私,害怕曝光和尴尬。受害者可能还会因为养育出一个现在会虐待自己的子女而感到羞耻。如果子女在偷父母的钱,年长的父母可能担心一旦举报,子女就会被送进监狱。而且,尽管受到虐待,老年人可能觉得,这种情况仍比被送进养老院要好。随着越来越多的人活到80岁以上,并且痴呆症患者数量增加,虐待老人可能会在未来成为一个更严重的问题。

枪支暴力

枪支暴力(firearm violence)是指使用枪支实施的非军事的暴力行为,可能带有或不带有犯罪意图。枪支暴力犯罪,包括故意杀人(除非被认定为正当防卫),以及使用致命武器进行袭击。非犯罪性枪支暴力,包括意外或非故意的伤害或致死。美国在同类国家中,枪支暴力发生率最高(**表23.4**)。与其他高收入国家(如加拿大、瑞士、英国和日本)相比,美国的枪支相关死亡率高出10倍,枪支凶杀死亡率高出 25 倍，枪支自杀死亡率高出 8 倍，枪支意外死亡率高出 6 倍（Grinshteyn & Hemenway, 2016）。美国每年约有 3.5 万人死于枪伤，其中略多于一半的人为自杀。

为了应对近年来发生在学校、电影院、夜总会和音乐会上的大规模屠杀，许多美国人（包括持枪者和非持枪者）认为，枪支暴力在美国是一个非常严重的问题，并支持加强枪支管制法（Igielnik & Brown, 2017）。例如，近 90% 的持枪者和非持枪者支持禁止精神疾病患者购买枪支；80% 的人赞成禁止处于禁飞名单上的人购买枪支；超过 50% 的人支持建立一个联邦数据库来追踪枪支销售状况。此外，许多人都同意，枪支暴力发生率高的一个主要原因是人们很容易获得枪支。对枪支使用的研究表明，对潜在的购枪者进行更多的审查，以及在枪支上使用更多的安全防护措施（如指纹识别），将会减少枪支暴力。

在美国，枪支暴力造成了约 20 亿美元的医疗费用和约 1 000 亿美元的其他损失。家中有枪会增加 170% 的他杀风险和 460% 的自杀风险（Wintemute, 2008）。枪支管制法最不严格的州，与枪支有关的死亡率最高；枪支管制法最严格的州，与枪支相关的死亡率最低（Fleeger et al., 2013）。

枪支是美国 10~24 岁年轻人的第二大死因。一项全美调查发现，每 12 名学生中就有 1 人承认在过去 1 个月内曾携带枪支，或者是出于自卫目的，或者是为了攻击。家里有枪的人的自杀风险，是没枪的人的 5 倍。调查还显示，绝大多数青少年自杀都是用枪完成的。

仇恨犯罪

仇恨犯罪（hate crime）是指基于仇恨或偏见，而对个人、团体或某个场所实施的非法行为。因为基督教堂、犹太教堂或清真寺代表了某种特定信仰的礼拜场所，而轰炸它们，就是一种仇恨犯罪。因为同性恋者的性取向而攻击他/她，也是一种仇恨犯罪。因为一个人的性别或国籍而攻击他/她，同样是一种仇恨犯罪。一般来说，任何完全或部分由受害者的种族、宗教、民族、性别、性取向、残疾或年龄引起的暴力行为，都是仇恨犯罪。

1990 年，美国国会认识到，这类犯罪的频率和严重性日益增加，要求联邦调查局统计国内仇恨犯罪的数量和种类。仇恨犯罪首先是作为一种特定犯罪被起诉，此外还作为仇恨犯罪处理。如果某人被判定为仇恨犯罪，那么他还会受到额外的惩罚。枪杀他人是一种杀人罪，而仅仅因为他人是非裔美国人、犹太人或拉丁裔等就枪杀他人，则既是杀人罪又是仇恨犯罪。

> 战争，不过是我们日常行为的一种壮观表现。
> ——克里希那穆提

言论自由和仇恨犯罪之间是有区别的。言论自由，无论言论多么具有冒犯性，都受到美国宪法的保护。带有偏见的观点和言语攻击，不能作为仇恨犯罪被起诉。

然而，如果某人因为仇恨或偏见而主张犯罪，如煽动暴乱、破坏财产或实际伤害他人，那么这个人就犯了罪。不幸的是，仇恨犯罪是一个世界性的现象。纳粹的战争罪行就是仇恨犯罪。卢旺达的种族灭绝也是一种仇恨犯罪。以任何形式伪装的仇恨都是破坏性的，无论是对于仇恨者还是被仇恨者。

表 23.4　一些发达国家的枪支暴力发生率

国家	每 100 人拥有的枪支数量	每 10 万人中的凶杀死亡人数
美国	88.8	10.2
瑞士	45.7	3.84
芬兰	45.3	3.64
加拿大	30.8	2.44
奥地利	30.4	2.94
挪威	31.3	1.78
德国	30.3	1.10
新西兰	22.6	2.66
意大利	11.9	1.28
爱尔兰	8.6	1.03
英国	6.2	0.25
荷兰	3.9	0.46
日本	0.6	0.06

资料来源：Bangalore, S. & Messerli, F.H. (2013). Gun ownership and firearm-related deaths. *The American Journal of Medicine*, 126, 873–876, with permission from Elsevier.

霸 凌

霸凌（bullying），是一种在学龄儿童之间不受欢迎的攻击行为，它涉及真实的或感知到的权力不平衡。随着时间的推移，这种行为会重复发生，或者有重复发生的可能性。霸凌行为包括威胁他人、散布谣言、对他人进行身体或言语攻击，以及故意将他人排除在群体之外。霸凌行为主要有3种类型：言语霸凌、社交霸凌和身体攻击。网络霸凌，是通过技术手段进行的言语或社交攻击。有些类型的霸凌是非法的，如骚扰、欺辱和殴打。美国疾病控制与预防中心（Centers for Disease Control and Prevention, 2014）报告称，在调查中，美国6~12年级的学生中有28%的人遭遇过霸凌，9~12年级的学生中有20%的人遭遇过霸凌；约30%的年轻人承认自己曾霸凌过他人。

许多学生每天遭受奚落、骚扰或霸凌，出现心理和生理问题，许多人可能会被迫离开学校。由于意识到对某些学生的骚扰和霸凌可能会导致暴力行为，包括自杀和谋杀，许多学区已经制定了在学校和校车内"禁止霸凌"的政策。这些政策鼓励学生向老师和家长报告霸凌事件，包括任何形式的言语或身体虐待。然而，大多数霸凌事件发生在学校管辖范围之外。例如，现在大多数的霸凌行为，都是通过给受害者的手机发短信，或是在社交网站上发表贬损性的评论来完成的。

在网络上进行的霸凌称为网络霸凌。在社交媒体网站上发表贬损他人的言论，可能会被许多使用该网站的人看到。通过发许多帖子对受害者进行网络霸凌，会给被骚扰的人造成巨大的压力和情感伤害。一些网络霸凌案例中，学生最终选择自杀，而不是继续忍受进一步的羞辱。2011年，夏威夷大学的一项研究得出结论称，该校多达1/10的学生曾遭受网络霸凌。

泰勒·克莱门蒂是一名18岁的小提琴手，2011年被新泽西州的罗格斯大学录取。在他不知情的情况下，他的室友为了记录克莱门蒂和另一名男学生之间的性接触，在他们共用的宿舍里藏了一台摄像机。在录下宿舍里的性行为后，室友把视频传到了网络平台上。不久之后，克莱门蒂从乔治·华盛顿大桥跳下身亡。网络霸凌不是一种无害的学生欺凌形式，它可以像枪击一样致命。在校园霸凌导致的自杀事件被广泛报道后，马萨诸塞州和新泽西州颁布了法律，保护学生免受任何形式的霸凌。

尽管法律可能有助于减少霸凌，但它们不太可能完全阻止它，就像枪支法不能完全消除凶杀和自杀一样。我们每个人都需要扪心自问，如果自己被霸凌者折磨和骚扰，我们会有什么感觉。无论是作为个人还是整个社会，我们在任何地方遇到霸凌，都需要加以制止。我们需要对霸凌行为感到愤怒，就像我们对儿童性虐待行为感到愤怒一样。

美国的暴力

几乎从任何标准或统计数据来看，美国都是一个暴力的国家。美国的杀人、自杀、强奸和其他形式的人际暴力发生率高于其他任何发达国家。从诞生伊始，美国就有暴力的历史。来自欧洲的移民在新大陆建立了殖民地，并最终杀害或者征服了北美的所有土著民族。这个国家还曾因为奴隶制和其他问题，而陷入可怕的内战。美国人比其他发达国家的公民拥有更多的枪支。

自1970年以来，美国监狱关押的人数增加了6倍（Bureau of Justice Statistics, 2012）。这意味着，大约每100名美国公民中就有1人生活在监狱中。美国人口约占世界人口的5%，但全世界25%的监狱人口都在美国。美国的拘留中心，每年拘留的人数大约有1 000万人次。

误判，尤其是被误判犯有强奸和谋杀等暴力罪行的囚犯数量，让美国在犯罪和暴力方面的惨状雪上加霜。法医DNA技术的进步，使数以百计的案件得以重审，证明无辜的人被送进了监狱——有时甚至还被判了死刑。截至2017年7月，总部位于纽约的法律组织"昭雪计划"已释放了大约351名无辜囚犯，其中有20名是死刑犯。该组织成立于1992年，旨在调查美国的各种冤案。大多数冤案的受害者是少数族裔男性。这些定罪被推翻，主要是基于对DNA证据的分析，这些DNA证据是从犯罪现场找到，并与其他证据一起被保存下来的。一些获释的囚犯，已经在死囚牢房里被关了20年。还有一些人，在他们的案件被重审并推翻之前，已经服刑30多年。超过一半的无辜囚犯是美国黑人。令人惊讶的是，将近40%的被定罪者认罪了——尽管他们知道自己是无辜的。许多人为了避免死刑而认罪。尽管在过去20年里，数百名囚犯的判决被推翻，但还有成千上万人仍将留在监狱里，因为在很多案件中，证据（特别是DNA证据）已经丢失或被销毁。在美国，让人人享有正义的工作仍任重道远。

对个人及其家庭或社会来说，逮捕、判决和入狱显然不是一种好的状况。每年，美国的监狱系统都会把成千上万的犯人单独监禁起来，或者是为了保护其他犯人的安全，或者是因为他们不遵守监狱的规定。一些囚犯可能会被单独监禁数年，与他人几乎没有任何接触。对圈养灵长类动物的实验表明，出生后不久就与母亲分离的小猴子会变得孤僻并患上精神疾病。经历多年单独监禁的战俘或人质，在获释后接受检查时，显示出大脑异常。一位医生指出，"如果没有持续的社会互动，人类的大脑可能会像遭受过创伤一样受损"（Gawande, 2009）。

暴力及其后果对个人和社会危害极大。英国和其他一些欧洲国家早就认识到，单独监禁会对囚犯的心理造成破坏，并发明了其他方法来控制囚犯的暴力行为。暴力的言语与暴力行为一样，对他人的心理有破坏作用。致力于非暴力的生活，可能是你能采取的促进终身健康的最明智的事。

对健康的批判性思考

1. 想象一下，你正在学校里就这个问题进行辩论："应该允许所有年满21岁的美国人拥有手枪、步枪、半自动武器或自动武器吗？"

    请讨论你是否认为枪支的拥有和供应助长了美国的暴力和犯罪。

2. 你和珍妮弗是15年的好朋友（从你们一起上高中时开始）。珍妮弗最近刚离婚，有一个5岁的儿子蒂米。在你看来，蒂米是一个"很难管教"的孩子。多年来，你和珍妮弗分享了许多想法和感受。有一天下班后，你顺便去看看珍妮弗怎么样了。你注意到，蒂米一瘸一拐的，腿上有几处瘀伤。当你谈到蒂米跛行的问题时，珍妮弗严厉地看着那个男孩说："你从树上掉下来了。对吗，蒂米？"男孩咕哝着说"是的"，然后一瘸一拐地离开了房间。珍妮弗看起来很紧张，不想多说话。你很快就离开了，但你闻到她身上有酒味。

    你认为，这可能是一起虐待儿童的案件吗？如果是，你认为你应该怎么做？在讨论中，你应该首先表明自己的身份是男性还是女性。你认为珍妮弗的男性或女性朋友在这种情况下会有不同的表现吗？

3. 去养老院做志愿者，问问老人，对老年生活他们最喜欢和最不喜欢的是什么；观察和判断那里有多少人是精神不健全的，并估计其不健全程度。把你的发现和观察结果写成报告，描述志愿者工作如何改变了你对老年人的看法。

4. 无论基于何种统计标准，美国都是世界上所有发达国家中暴力问题最严重的国家，并且与其他国家的差距还很大。从人均数据来看，美国的强奸、殴打女性、他杀或自杀问题，比其他任何发达国家都要多。请讨论你认为美国社会为什么如此暴力，以及人们可以做些什么来改变美国社会的暴力本质。

本章小结与重点

本章小结

事实不容粉饰。无论以何种标准衡量，美国社会都是世界上所有发达国家中最暴力的。按人均计算，美国报告的强奸、杀人和自杀事件，比其他人口较多的发达国家都要多。美国的监狱人口比例也比其他任何国家都要高。令人作呕的猥亵和强奸儿童的新闻报道屡见不鲜。由于几个著名运动员被正式指控犯有家庭暴力罪，家庭暴力受到了公众更多的关注。约会强奸已经变得如此普遍，以至于大多数大学和学校都制定了计划和政策来阻止校园内外的强奸行为。青少年在学校里随机枪击学生的事件也屡见报道。心怀不满的伴侣和配偶使用间谍软件跟踪他们所"爱"之人的一举一动，监听谈话。警察打着"维护和平"的幌子，一次又一次地在一个又一个城市过度使用暴力。美国社会到底出了什么可怕的问题，竟能接受和容忍如此多的暴力行为？

每个人都必须为自己找到这个问题的答案。是什么使一个人变得如此暴力，以至于殴打、强奸或射杀另一个人？问问自己，你是否有愤怒、吸毒、饮酒或任何可能导致暴力行为的问题。暴力行为的减少，需要从每个人、每一天、每一件事做起。人类的暴行有着漫长的历史。对于那些生活在"要么杀人要么被杀"的环境中的人，它可能曾有助于他们幸存下来，但失控的暴力只会毒害现代社会。过一种不必诉诸暴力的生活。如果大多数美国人成为非暴力的倡导者，社会就会改变。这可能意味着，战争不再是解决分歧的一种方式。这种生活有那么糟糕吗？

重点

- 家庭暴力包括亲密伴侣暴力和儿童虐待。暴力指使用武力和权力。
- 儿童虐待包括身体虐待、情感虐待、性虐待和忽视。
- 被侵犯的人可能会出现焦虑、抑郁、药物滥用、头痛和其他医疗问题。这些都是创伤后应激障碍的症状。性虐待受害者的许多长期后果都与创伤后应激障碍有关。
- 熟人强奸或约会强奸，即受害者认识的人使用武力或权力，强迫受害者与之发生性行为。高中和大学年龄段的女性最容易被熟人强奸。
- 儿童虐待是一种广泛存在的家庭暴力形式，无论社会、经济、种族、族裔、地区和教育背景如何。
- 教育是预防所有形式的暴力的关键，包括枪支暴力、亲密伴侣暴力、熟人强奸和虐待儿童。
- 美国的人均强奸、杀人和自杀发生率以及监狱人口比例远超其他所有发达国家。
- 学校里的暴力和持枪行为反映了美国社会的现状，并且引发了恐惧。
- 暴力并非人类行为的必要组成部分，世界上许多社会都是非暴力的。

参考文献

American College Health Association. (2016). *National College Health Assessment Spring 2016 Reference Group Data Report*.

Bangalore, M. D., & Messerli, F. H. (2013). Gun ownership and firearm-related deaths. *American Journal of Medicine, 126*, 873–876.

Black, M. C., et al. (2011). *The National Intimate Partner and Sexual Violence Survey (NISVS): 2010 summary report*. Atlanta, GA: National Center for Injury Prevention and Control, Centers for Disease Control and Prevention.

Bureau of Justice Statistics. (2012). *Jail inmates at midyear 2011*.

Centers for Disease Control and Prevention. (2014). *Facts about bullying*.

Fleegler, E. W., et al. (2013). Firearm legislation and firearm-related fatalities in the United States. *JAMA Internal Medicine, 173*, 732–740.

Gawande, A. (2009, March 30). Hellhole. *The New Yorker*, 36–45.

Grinshteyn, E., & Hemenway, D. (2016). Violent death rates: The U.S. compared with other high-income OECD countries, 2010. *American Journal of Medicine, 129*, 266–273.

Igielnik, R., & Brown, A. (2017). Key takeaways on Americans' view of guns and gun ownership. Pew Research Center Report.

Planty, M., et al. (2016). *Female victims of sexual violence, 1994–2010*. Bureau of Justice Statistics.

Wintemute, G. J. (2008). Guns, fear, the Constitution, and public health. *New England Journal of Medicine, 358*, 1421–1424.

推荐阅读

Finkelhor, D. (2014). *Childhood victimization: Violence, crime, and abuse in the lives of young people*. New York: Oxford University Press. A comprehensive analysis encompassing the prevention, treatment, and study of juvenile victims, unifying conventional subdivisions like child molestation, child abuse, bullying, and exposure to community violence.

Graffunder, C. M., et al. (2011). Through a public health lens: Preventing violence against women: An update from the Centers for Disease Control and Prevention. *Journal of Women's Health, 1*, 5–16. Explains how four core public health principles—emphasizing primary prevention, advancing the science of prevention, translating science into effective programs, and building on the efforts of others—can help prevent violence against women.

Kaye, D. H. (2010). *The double helix and the law of evidence*. Cambridge, MA: Harvard University Press. DNA testing has proved definitive in both convicting and exonerating persons accused of serious crimes. This book explains clearly how forensic DNA evidence is used and misused in criminal cases.

Maltz, W. (2012). *The sexual healing journey: A guide for survivors of sexual abuse* (3rd ed.). New York: Morrow. A comprehensive guide that helps survivors of sexual abuse heal from the past, improve relationships, and discover the joys of sexual intimacy.

Muscari, M. (2002). *Not my kid: 21 steps to raising a nonviolent child*. Scranton, PA: Ridge Row Press/University of Scranton. Discusses how media violence influences children and how parents can reduce their children's exposure to violent media.

Pinker, S. (2012). *The better angels of our nature: Why violence has declined*. New York: Penguin. Harvard psychology professor argues that despite the ceaseless news about war, crime, and terrorism, violence has actually been in decline over long stretches of history.

Rosen, M. (2016, May 14). Misfires in the gun control debate. A balanced discussion of why it has been impossible to regulate gun use and reduce gun violence in the United States. *Science News*.

U.S. Department of Health and Human Services. (2014). What is child abuse and neglect? Recognizing the signs and symptoms. Outlines the legal definition of child abuse and neglect, the different types of abuse and neglect, the signs and symptoms of abuse and neglect, and the impact of trauma.

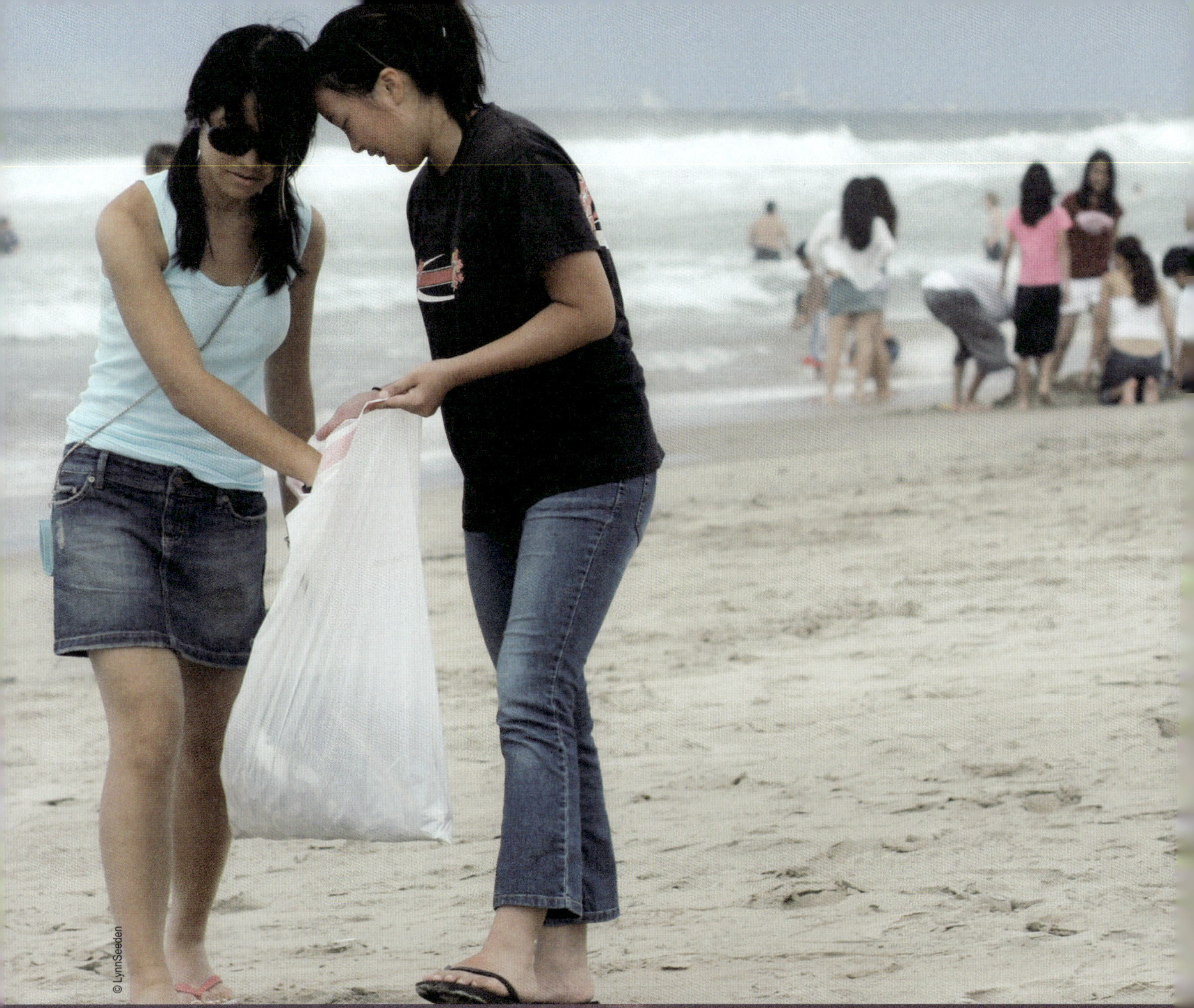

健康小贴士

居住地会影响你的健康

节能灯中含有汞

终于摆脱了塑料袋

农药使用注意事项

避免食用被农药污染的水果和蔬菜

减少电磁场暴露的方法

噪声污染：对儿童有害

金钱与健康意识

瓶装水之战

塑料微粒和微纤维污染了海洋

全球健康

盖娅：地球能自我调节吗

风力发电

第 24 章

营造健康环境

学习目标

1. 讨论环境与健康的关系。
2. 描述包括雾霾和臭氧层空洞在内的空气污染对健康的影响。
3. 解释温室效应,并预测全球变暖可能带来的后果。
4. 描述铅对儿童健康和智力的影响。
5. 描述污染美国水体的物质。
6. 讨论土地污染对粮食生产和健康的巨大影响。
7. 描述农药污染源及其对健康的影响。
8. 说明内分泌干扰物对人们的影响。
9. 找出与噪声污染及电磁辐射有关的潜在健康问题。
10. 讨论人口增长如何影响全球健康和环境问题。

环境（environment）是指所有影响我们的外部物理因素。为了生存，包括人类在内的所有动物，都需要一定数量的高质量的空气、水、食物和住所。如果人们被剥夺了任何一种必需的环境条件，或者环境被有毒物质所污染，那么人们的健康就会受到不利影响。在有雾霾、灰尘，或烟雾弥漫的空气中呼吸困难，任何有过这样体验的人都能意识到空气污染对健康的影响；任何因食用受污染的食物或水而患病的人，都知道卫生和未受污染的食物对保持健康的重要性。

为了达到最佳的健康状态，我们必须生活在高质量的环境中。不幸的是，由于污染、退化、自然资源枯竭和物种灭绝，环境质量的许多方面正在恶化。环境污染的影响是长期的，而且往往是不可逆的。很多国家及其人民已经开始认识到，空气、水和土地持续的污染危害人们的健康，后果严重。为了减少现有的污染，并防止未来的环境破坏，我们可能需要在个人生活方式和工业技术方面做出巨大的改变。

环境问题并不局限于美国，甚至也不局限于工业化国家，环境问题是全球性的。全球性的问题包括：

- 大气中二氧化碳和其他污染物的增加导致的全球变暖。全球变暖将会改变气候模式，使海平面升高并淹没原有的海岸线，危及世界粮食供应，增加感染性疾病的发生频率和分布范围，并造成极端天气。
- 森林砍伐、荒漠化和水土流失造成的土地退化。土地退化削弱了人们种植粮食和保护淡水供应的能力。
- 人口过剩、世界部分地区缺乏现代卫生设施，以及灌溉方法过时等造成的淡水短缺。
- 工业、汽车和卡车燃烧化石燃料造成的空气污染。污染物会污染空气，导致呼吸系统疾病，引发能破坏森林和湖泊的酸雨，还会破坏大气中的臭氧，从而增加癌症和其他生物损伤的风险。
- 接触有毒工业和农业化学品。这会导致癌症，以及人类、动物、微生物和植物正常生物功能的破坏。
- 全球变暖、热带雨林破坏、过度狩猎和捕捞、人类活动导致的动植物栖息地破坏，以及将外来物种引入新环境导致的物种灭绝。
- 工业污染和事故引起的核能、化学和生物问题。

环境对健康的危害源于许多不同的原因。通过制定和执行环境法律法规，美国在减少环境污染及其对健康的负面影响方面取得了一定进展。联合国和世界卫生组织开展研究并赞助一些项目，以保护环境和改善人们的健康。然而，仅仅靠政府和其他组织无法解决环境问题。每个人都必须努力减少或消除空气、水和土地污染，并采取措施来创造健康的环境。人类活动，几乎是所有环境污染和随之而来的健康问题的根源。

盖娅：地球能自我调节吗

地球上的生命，必须生存在一个非常严格的气候和化学条件范围内。在全球范围内，空气、土地、水的温度和化学成分，以及其他我们认为理所当然的自然过程，都必须相对恒定，生命才能生存。自200多年前工业革命开始以来，人类活动一直在改变着地球的化学平衡，而地球是否能"容忍"这些改变还有待观察。

1979年，詹姆斯·拉伍洛克，一名英国化学家和工程师，出版了一本名为《盖娅：地球生命的新视野》的书籍，提出生命（尤其是人类）与地球上维持这些生命的所有物理和化学过程之间，存在着一种特殊的、相互依存的关系。拉伍洛克认为，在某种意义上地球是"有生命的"，于是他选择用希腊神话中大地女神盖娅的名字来表达"有生命的星球"这一观念。拉伍洛克将盖娅描述为"一个涉及地球生物圈、大气、海洋和土壤的复杂实体，其整体构成了一个反馈和控制系统，旨在为地球上的生命寻求最佳物理和化学环境"（Lovelock, 1979）。

地球是一个自我调节系统，这个观点可能是正确的。然而，几乎没有迹象表明，人类会很快改变他们对地球的虐待。所以，在某种程度上，盖娅假说将会得到检验，而全世界都将看到结果。地球要么能适应人类活动的影响，要么不能。如果不能，预测人类将会灭绝也不是没有道理。灭绝几乎是地球上所有存在过的物种的命运，即使是生存了大约1.65亿年的恐龙最终也灭绝了。

室外空气污染

纯净的空气,是人类健康生活所必需的。我们每个人每天呼吸大约 16 千克的空气——一年内则要呼吸接近 6 吨空气。新鲜干净的空气,由 21% 的氧气、78% 的氮气和其他 7 种微量气体组成。空气中对人类生命至关重要的是氧气。如果空气中的氧气含量低于 16%,人体和大脑的功能就会开始受到损害。如果呼吸停止几分钟,人就会失去意识,除非呼吸迅速恢复,否则就会死亡。

自 18 世纪工业革命开始以来,煤、石油和天然气等化石燃料的燃烧为运输和工业提供动力,其所产生的二氧化碳、氮和硫的氧化物、煤烟和小颗粒等逐渐污染了空气,其中的一些物质会导致人类的健康问题。现代社会使用的各种化学物质也会污染空气(例如,氯氟烃、二噁英)。因此,过去 200 多年技术进步的副产品,是我们呼吸的空气和地球大气的污染。

烟 雾

每个人都听说过**烟雾**(smog),这个词最早在英国使用,描述煤炭燃烧释放到空气中的含硫化学物质与雾中的水蒸气的一种危险结合。烟雾会导致人们呼吸困难、咳嗽,患上支气管炎和哮喘,甚至会导致肺病或心脏病患者死亡。在美国大多数城市,烟雾与雾无关,而是汽车、炼油厂、发电厂和其他工业来源排放到空气中的各种化学物质和粒子在阳光作用下产生的。这就是为什么它被称为**光化学烟雾**(photochemical smog)。光化学烟雾由地面臭氧、一氧化碳、二氧化硫、氮氧化物、微粒和挥发性有机化合物组成(**表 24.1**)。

地面臭氧 臭氧(O_3)由 3 个氧原子组成,而我们呼吸的氧气(O_2)由 2 个氧原子组成。虽然上层大气中的臭氧能保护地球上的生命免受太阳紫外线辐射的伤害,但在地面上,大量臭氧却是一个主要的健康危害。地面臭氧不是通过污染性车辆或工业生产直接排放到空气中的,而是两种污染物,即挥发性有机化合物和氮氧化物(一氧化氮和二氧化氮)在阳光作用下生成的。

臭氧会损害肺组织,降低肺功能,并使肺对其他刺激物更加敏感。健康的人在运动时,即使只在相对少量的臭氧中停留几个小时,也会引发呼吸道炎症。肺功能下降通常还伴有胸痛、咳嗽、打喷嚏和肺充血。对呼吸系统受损的人(如哮喘患者),臭氧的影响通常更为严重。

一氧化碳 一氧化碳(CO)是含碳燃料不完全燃烧时产生的一种无色、无味的有毒气体。美国 3/4 的一氧化碳排放来自交通运输,主要是机动车尾气。其他主要的一氧化碳来源有烧木材的火炉、焚化炉和工业生产。

表 24.1 主要的空气污染物及其对健康的影响

这些空气污染物会影响呼吸,损伤肺部,引起各种各样的健康问题。这些空气污染物的主要来源是工业排放、汽车和卡车尾气,以及工业和家庭中煤炭和石油的燃烧。

污染物	对健康的影响及症状
一氧化碳气体	含量低时会导致头晕、头痛和疲劳,含量高时会导致昏迷和死亡。对哮喘和心脏病患者尤其危险。
二氧化碳	造成全球变暖的主要原因之一。自 1970 年以来,二氧化碳的年排放量每年增长 1%~2%。
氮氧化物气体	产生有臭味的褐色烟雾,会刺激眼睛、鼻子和肺部。
二氧化硫气体	二氧化硫气体是有毒的,会刺激眼睛、鼻子、喉咙和肺部。它会杀死植物,并腐蚀金属。
微粒物质(灰尘和烟雾中直径小于 10 微米的微粒)	引起喉咙疼痛和永久性的肺损伤。一些工业烟尘微粒可能致癌。
臭氧	在平流层中,臭氧能保护我们免受紫外线的伤害。在地面上它可以由氮氧化物和有机化合物生成,会导致眼部疼痛、咳嗽和呼吸困难。
挥发性有机化合物	形成烟雾的化学物质,如苯、甲苯、二氯甲烷和三氯乙烷。所有挥发性有机化合物都可能给人类造成严重的健康问题。

居住地会影响你的健康

在一个空气被工业和机动车燃烧废物污染的地区生活，不仅令人不快，还会对生命构成威胁。全球每年有650万人因不得不呼吸工业和机动车污染产生的有毒空气而过早死亡（Landrigan et al., 2017）。

根据美国肺脏协会的年度报告《2017年空气状况》，美国约39%的人口，即大约1.25亿人居住在臭氧污染、颗粒物污染，或是两者同时常年处于不健康水平的地区中。这些高污染地区大多在西部的一些州，造成污染的原因包括气候因素（高气压逆温）、对汽车运输的依赖，以及野火或烧木材的壁炉产生的烟尘。在美国中部和东部地区，高浓度空气污染是由于燃煤发电厂、炼油厂和柴油动力运输的工业排放。应该指出的是，美国有几个地区的空气质量非常好，包括佛蒙特州的伯灵顿—南伯灵顿地区、佛罗里达州的开普科勒尔—迈尔斯堡—那不勒斯地区、纽约州的埃尔迈拉—科宁地区、夏威夷州的檀香山、佛罗里达州的棕榈湾—墨尔本—泰特斯维尔地区，以及北卡罗来纳州的威尔明顿。

自1970年通过《清洁空气法案》以来，整个美国的空气质量都得到了显著提高。大家一起采取以下措施来保持这种现状：

- 捍卫《清洁空气法案》，不让那些目前保护所有美国人生命和健康的关键条款被削弱或废除。
- 减少发电厂的碳排放，以便减少臭氧和颗粒物污染，并降低全球变暖的速度。
- 保持州和联邦的清洁车辆排放标准，以限制臭氧和微粒污染。
- 减少新建的和正在运行的石油和天然气生产设施的排放，以限制甲烷和挥发性有机化合物的污染。
- 改善空气污染监测网络，在尚未采取措施的社区（占总体的65%）测量空气质量。
- 少开车，高效使用能源，并且不要烧木材或垃圾。

当一氧化碳进入人体血液时，它会减少可输送到人体器官和组织中的氧气量。接触高含量的一氧化碳，会导致视觉感知、手部灵巧性、学习能力和复杂任务表现受损。如果空气中含有80ppm（parts per million，即百万分之一）的一氧化碳，那么提供给身体的氧气就会减少15%。在繁忙的高速公路交通环境中，一氧化碳含量可达400ppm。因此，在大城市里，许多遭受交通堵塞的通勤者，回家时感到头痛就不足为奇了。汽车维修工和停车场服务员长期暴露在高浓度的一氧化碳中，可能会因此出现健康问题。一氧化碳对心脏病患者的健康威胁最为严重。

二氧化硫 汽车、卡车、发电厂、工业和家庭供暖系统在燃烧汽油、柴油、煤或石油等含硫燃料时会产生二氧化硫（SO_2）。活火山也会产生二氧化硫。二氧化硫可以与水蒸气混合形成硫酸，这是一种腐蚀性很强的物质，可以腐蚀石头、金属，并破坏生物组织。暴露于二氧化硫中，会使人呼吸困难，并加重现有的呼吸系统疾病和心血管疾病。空气中的二氧化硫可以与水结合形成酸雨。酸雨破坏了世界上许多地方的水域生态系统和森林。

氮氧化物 氮氧化物的主要来源是交通工具、发电厂和工业锅炉。氮氧化物主要由一氧化氮（NO）和二氧化氮（NO_2）组成。在光化学烟雾中，一氧化氮会转化为二氧化氮，后者是一种褐色的高活性气体，会刺激肺部并引发支气管炎、肺炎和其他呼吸道感染。氮氧化物还会促使地面臭氧和酸雨的产生，它们可能会改变陆地和水域生态系统。

颗粒物 颗粒物（PM）是一种微型颗粒，主要来源于柴油和煤炭的燃烧。这些颗粒被释放到空气中后，

许多大城市上空被污染的、有雾霾的空气会导致人们患上呼吸道疾病和其他疾病。

会造成与光化学烟雾相关的雾霾，并在这个过程中破坏土壤和建筑物。吸入颗粒物会伤害呼吸系统，影响呼吸，还会加重现有的呼吸系统和心血管疾病。

许多不同来源、各种类型的微粒，不断地被排放到空气中。现在有充分的证据表明，人们每天吸入的许多微粒都对健康有害，它们会损害肺功能并缩短预期寿命。世界卫生组织估计，全世界80%的城市居民居住在不符合世界卫生组织空气质量标准的环境中。吸入这种高度污染的空气，特别是含有高水平颗粒物的空气，每年会导致300多万人早逝。美国环保局会监测和测量空气中两种不同大小的颗粒物，其大小分别为2.5微米（PM2.5）和10微米（PM10）。这些颗粒非常小，作为对比，一粒细沙的直径约为90微米。

PM2.5的成分包括汽油和柴油发动机的排放物、金属、有机化合物以及其他物质。PM10的成分包括灰尘、花粉、霉菌和其他物质。只在这两个尺寸范围对微粒进行测量是为了方便，实际上空气受到各种大小微粒的污染，从看不见的纳米微粒，到来自沙尘暴和森林火灾的大微粒。城市和工业化区域的颗粒物污染比农村地区更严重。

微粒的大小与它们可能引起的健康问题直接相关。直径小于10微米的微粒造成的健康问题最大，因为它们可以深入肺部，其中一部分还会进入血液，散布到身体的其他部位。大量的科学研究已经将微粒污染与各种健康问题联系了起来——在空气污染严重的时候，这种联系尤为明显。与颗粒物污染相关的健康问题包括心脏病或肺病患者的死亡、心梗、心律不齐、哮喘发作、肺功能下降、咳嗽或呼吸困难。患有心脏或肺部疾病的人、儿童和老年人最有可能因暴露于微粒污染而受到影响。空气污染是全球第十三大死亡原因。

在为了健康考虑改变生活方式时，我们通常会想到戒烟、戒酒、改善饮食和减肥，但是很少考虑所呼吸空气的质量。当你打算去一个地方上学或找工作时，请查看你选择居住的地区的空气质量。虽然健康的年轻人可能呼吸污染空气数年也看不出明显的影响，但最终他们可能会出现哮喘、肺活量降低、心脏病或其他健康问题。

挥发性有机化合物 挥发性有机化合物，是以气体形式存在于空气中的化学物质。大约50%的挥发性有机化合物来自工业和商业生产过程（如炼油、印刷、油漆和干洗），另外40%来自机动车尾气，还有5%来自发电，其余部分来自其他来源。在阳光照射下，一些挥发性有机化合物（被称为"臭氧前体"）很容易与其他空气污染物结合，形成地面臭氧。

除了造成光化学烟雾外，一些挥发性有机化合物还对人体健康有害，已被列为有害空气污染物。挥发性有机化合物会刺激人们的眼睛、鼻子和喉咙，导致头痛、协调障碍、恶心，损害肝脏、肾脏和中枢神经系统；有一些这类化合物被怀疑或已明确会致癌。挥发性有机化合物是否影响健康，取决于它们本身的毒性，以及人体接触它们的程度和时间。

儿童与空气污染 比起那些在空气污染程度较轻的地区长大的儿童，生活在空气污染严重的地区（如洛杉矶和墨西哥城）的儿童肺功能会低10%到15%。在生命早期接触被污染的空气，会损害呼吸道，并增加成年后患呼吸道疾病的风险。与成年人相比，儿童更容易出现与污染相关的肺部损伤，因为他们吸入的空气比成年人更多，他们的呼吸频率更高，尤其是在剧烈运动期间。此外，他们花在户外的时间比其他任何人群都要多。儿童和青少年的肺处于稳定发育的阶段，肺活量的峰值出现在20~25岁，在接下来的10年间保持稳定，然后随着年龄增长逐渐下降。肺部还在发育时，吸入被污染的空气会降低以后的肺功能，并导致哮喘、慢性阻塞性肺疾病和心血管疾病。

改善空气质量

自从美国国会在1970年通过《清洁空气法案》，并成立环保局以来，美国人一直支持大幅减少空气污染。2016年，美国大约向大气排放了7 800万吨空气污染物。这些排放主要导致了臭氧和微粒的形成、酸的沉积和能见度的下降。这一污染程度代表着自1980年以来，美国主要空气污染物（一氧化碳、铅、氮氧化物、挥发性有机化合物、PM10和PM2.5，以及二氧化硫）的总排放量减少了67%。这种减少，还是在美国国内生产总值增长了133%、汽车行驶里程增长了92%、能源消耗增长了27%，并且人口增长了38%的情况下做到的。大约60%的空气污染是由汽车、卡车、公共汽车、飞机和轮船的排放造成的。如今，世界上大约有10多亿辆私家车，到2030年，这一数字预计将达到20亿。汽车制造商将会对此欢欣鼓舞，然而如果运输技术没有重大变革，这对空气污染的影响可能会是毁灭性的。

一辆使用催化转化器来减少排放的现代美国汽车，每燃烧1升的汽油，仍然会产生大约2.3千克的二氧化碳。这是全球变暖的一个重要因素。在平均10年的使用寿命中，每辆美国汽车会向大气排放约50吨二氧化碳。

美国抗击空气污染的一项重大胜利，是消除了汽油中的铅。从1984年开始，逐步停止使用含铅汽油的政策显著降低了美国人血液中的含铅量。消除汽油中的铅的斗争，持续了10多年才获得成功，这表明，仅仅改变造成空气污染的一个因素，就需要漫长的时间和消耗巨大的精力。近几年来，美国正在努力研发污染更少的燃料和车辆。

20世纪70年代，美国国会通过了《清洁空气法案》和《清洁水法案》，并成立了环保局来执行这些法律和其他环境法的规定。当国会和总统政府支持环境保护时，环保局往往会与工业企业发生冲突。工业企业通常反对为了创造清洁的环境，而改变其产品的设计和制造手段，理由是，这样做的高额成本会削弱美国经济。工业界通常会试图通过寻找科学研究中的缺陷来为自己的反抗助力。

证明空气中的颗粒物危害健康的证据，是不容置疑的。但工业企业认为，造成健康问题的原因是其他空气污染物而不是颗粒物。经过十多年的激烈辩论和法律纠纷，人们才最终证明，汽油中的铅正在损害儿童的大脑。多年的努力和研究致力于表明，氯氟烃正在破坏保护地球表面免受有害紫外线辐射的臭氧层。最终，含铅汽油和氯氟烃都被禁止使用。这两个例子表明，改善空气质量是可以通过长期努力实现的。

2003年8月影响美国中西部和东北部大部分地区的大停电，为发电厂造成空气污染提供了一个引人注目的例子。当这一区域所有发电厂关闭一天后，在宾夕法尼亚州采集的空气样本显示，二氧化硫含量减少了90%，臭氧含量减少了50%；能见度增加了40千米。突然间，空气不再灰蒙蒙了。寻找更清洁的发电方式，是另一个亟待解决的问题。

二氧化碳、全球变暖和气候变化

与氧气（O_2）和氮气（N_2）一样，二氧化碳（CO_2）也是地球大气的天然组成部分。植物利用二氧化碳来生长。在这个过程中，它们会释放出动物呼吸需要的氧气。空气中的二氧化碳也会被海洋吸收，在海洋中形成含碳酸盐的岩石，供珊瑚和其他海洋生物使用。

在人类开始大量燃烧煤炭、石油和木材来为工业革命提供燃料之前，大气中的二氧化碳水平相当稳定，约为290ppm。到1920年，大气中的二氧化碳含量上升到约300ppm，到1950年进一步上升到约315ppm。2018年初，大气中的二氧化碳浓度达到了前所未有的水平，约为408ppm。近年来，大气中二氧化碳含量大约每年增加2ppm（U.S. National Oceanic and Atmospheric Administration, 2018）。

1861年，一位英国科学家指出，二氧化碳是一种很好的红外（热）辐射吸收剂。当阳光照射在地球表面时，阳光中的一部分能量会以红外（热）辐射的形式辐射回太空。二氧化碳会吸收红外（热）辐射，从而把热量留在大气中。因为这个过程类似于花园温室的工作方式，所以这种现象被称为**温室效应**（greenhouse effect）（图24.1）。

到了20世纪90年代，地球气温上升已经是一

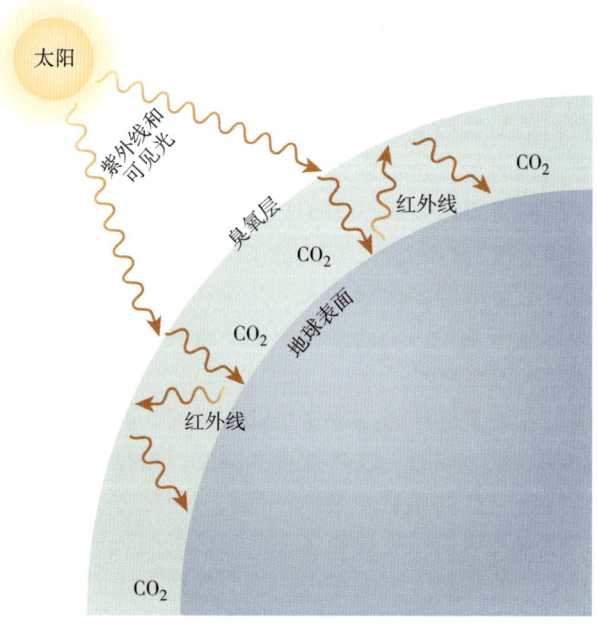

图24.1 温室效应

地球大气中的二氧化碳（CO_2），就像温室里的玻璃屋顶。在白天，太阳的热量通过地球的大气层，使地球表面变暖。在夜晚，热量会被辐射出大气，但有一部分热量会被大气中的二氧化碳和其他"温室气体"所捕获。随着时间推移，温室气体捕获的热量会提高大气温度，导致全球气候变暖。

个显而易见的事实（图 24.2），并且这不是由全球气候的自然波动造成的。现在几乎所有的气候科学家都认为，全球气温升高的主要原因，是人类活动所产生的二氧化碳在大气中含量的增加（Intergovernmental Panel on Climate Change, 2017）。大气中甲烷气体的含量也在增加。甲烷造成全球变暖的效果是二氧化碳的 25 倍。然而，由于大气中的甲烷含量比二氧化碳要少得多，因此，它对全球变暖的影响仍然很小。随着这两种气体在地球大气中的含量持续增加，全球变暖也将继续加剧。即使排放速度降低，如果人类继续向大气中排放二氧化碳、甲烷和其他温室气体，预计在 21 世纪的某个时候，地球的气温将上升 2.8~5.6℃。这个数字听起来似乎不是很大，但从气候角度来说，它将是一个巨大的变化。预测全球变暖带来的一些后果包括：

- 北极、南极和山顶上的冰层融化，将导致海平面上升，这足以淹没世界各地的沿海和低洼地区。全球气温升高 3℃将使海平面升高 0.3 米~0.9 米。超过 6 亿人生活在沿海地区，许多人将被迫迁移，这可能导致大规模的难民问题。在过去的一个世纪里，海平面上升了 0.04 米~0.1 米，北冰洋和冻土地带，在冬天将不再完全被冰所覆盖；已经有几乎和特拉华州一样大的巨型冰块从南极冰架上断裂，并在南部大洋中融化。
- 地球气候将发生巨大变化。一些热带地区将变成沙漠，而一些温带地区将变得更加湿热。世界上的一些地区降雨量会增加，而另一些地方降雨量会减少。冬天可能会变得更温暖，降雪量会减少，而夏天可能会变得更热、更潮湿。全球气候变化肯定会以各种方式影响世界各地的粮食生产。许多陆生和水生动植物的自然栖息地，现在就已经发生了变化。
- 许多疾病，特别是虫媒疾病，将蔓延到新的地区。以前从未出现在南美洲的登革热，如今在当地很流行，并已经向北蔓延到了得克萨斯州。疟疾将广泛蔓延到较为温暖的地区，特别是那些受热带风暴、气旋和飓风的影响而降雨量大增的地区。气候多变性的加剧，已经导致了汉坦病毒肺综合征和西尼罗病毒感染的出现。夏季气温和湿度的增加，将威胁到那些无法在有空调的建筑物中躲避的人。
- 飓风、气旋、干旱、暴风雪和野火等气象灾害的数量和强度，将在全球范围内增加。自 1992 年以来，创纪录的风暴袭击了世界上的许多国家，造成了各种气候变化，包括美国多个地区出现创纪录的降雨、干旱、飓风和龙卷风现象。

数十年来，美国一直是世界上最大的二氧化碳排放国。随着中国、印度、巴西和俄罗斯经济的增长，全球变暖和气候变化预计将在可预见的未来继续加剧。

> 让我们陷入困境的，不是那些我们不知道的东西，而是我们误以为自己知道的东西。
>
> ——马克·吐温

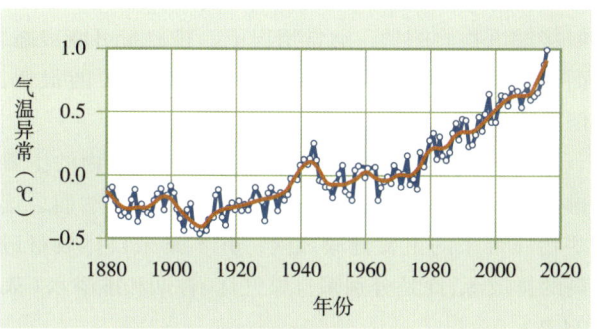

图 24.2　全球气温变化（1880~2016）

在过去的 50 年里，地球变暖了。自 19 世纪 80 年代开始记录以来，全球气温已经上升了 0.85℃，这主要是由于燃烧化石燃料造成的碳排放增加。上图显示了全球地表气温相对于 1951~1980 年期间的综合平均气温（显示为"零度"线）的年度变化情况（蓝线）和 5 年（橙线）平均变化情况。注意，全球平均气温在 1920 年前后开始上升。在有历史记录的 136 年里最热的 17 个年份中，除了 1998 年外，其他 16 个年份都在 2001 年以后。如图所示，2016 年是有记录以来最热的一年。

资料来源：Courtesy of NASA. Global Climate Change: Vital Signs of the Planet.

减少你的碳足迹

对全球变暖及其对人类健康的影响的焦虑，促使人们寻找减少个人二氧化碳排放的一些方法。你的"碳足迹"，是衡量你的生活方式如何增加二氧化碳排放和促进全球变暖的一个指标。很明显，某些生活方式的改变，有助于遏制全球变暖进一步加剧。例如，尽量少开车，多步行或骑自行车；如果你准备买新车，那就买燃油效率高的；用节能灯和 LED

风力发电

我的朋友，答案在风中飘扬。

——鲍勃·迪伦

全世界每年消耗约 20 万亿度电。这些能源大部分来自燃煤和燃油发电厂，它们会向大气排放大量的污染物。这些发电厂是造成全球变暖的主要因素，也会给不得不呼吸污染空气的人带来健康问题。

斯坦福大学的研究者在世界各地研究了 8 000 个地方的持续风速。他们从研究中得出结论，风力发电足以满足全球的电力需求。据估计，仅美国就可以利用风力涡轮机生产全世界总发电量的 14%。

研究者指出，如果全球社会愿意承担这一挑战，到 2030~2050 年，风能和其他可再生能源将可以完全取代化石燃料。转向风能和其他可再生能源，每年可以挽救大约 300 万人的生命，还可以阻止全球变暖，减少空气和水污染。

灯取代白炽灯，尽可能减少用电。

其他的生活方式改变就不那么显而易见了。改变你的饮食和购买食物的地点，可以减少你的碳足迹。例如，人类活动产生的全部二氧化碳排放中，约有 15% 来自货物运输。因此，全球化经济是全球变暖的一个主要因素。购买你的居住地周边生产的商品——尤其是食品——可以减少你的碳足迹。饮食的改变也有一定影响。食品工业和农业产业排放约占温室气体排放量的 1/3。食用肉类和乳制品是导致全球变暖的重要原因。牛的消化系统会向大气中排放成吨的甲烷气体。（为了减少碳足迹，你准备少吃或不吃芝士汉堡了吗？）减少你的碳足迹，也许能让你为解决全球变暖问题做出微小的贡献。至少，它可以帮助你改变饮食和生活方式，让你更加健康。

臭氧层

臭氧层（ozone layer）由臭氧分子（O_3，3 个氧原子连接在一起）组成，是地球大气最外部的一层气体。臭氧层吸收了大部分来自太阳辐射的危险紫外线，防止我们过度暴露于紫外线辐射下，这种辐射会增加患皮肤癌和白内障的风险。臭氧层中的臭氧和光化学烟雾中产生的地面臭氧，是同一种化学物质。然而，大气上层的臭氧会保护生命，在地面上它却是一种有毒的刺激物。

在 20 世纪，一种称为**氯氟烃**（chlorofluorocarbons, CFCs）的化学物质，被广泛用作制冷剂和罐装推进剂。这些氯氟烃制剂逸散到大气中，并最终上升到臭氧层，破坏臭氧分子。20 世纪 70 年代，人们发现，南极上空的臭氧层正在变薄，到了南极的春季（8 月~10 月），则会出现一个**臭氧空洞**（ozone hole）。此时，该区域的臭氧层会完全消失。臭氧空洞在 2006 年达到最大尺寸，其面积大约是美国国土的 3 倍。臭氧空洞偶尔会扩散到亚洲和北欧人口稠密的地区。这些地区的紫外线辐射强度正在增加，使人们面临更高的患皮肤癌和白内障的风险。

当人们意识到臭氧层变薄的严重性时，31 个工业化国家在 1987 年同意逐步停止使用氯氟烃。尽管氯氟烃的使用量现在已经大幅下降，但大气中现有的大量氯氟烃将继续存在几十年。

评估空气污染的风险

在评估有毒空气污染物的健康危害时，必须分别考虑排放量和暴露量这两个重要因素。**排放量**（emission）是指一种物质从汽车或其他空气污染源释放到大气中的量。**暴露量**（exposure）指的是人们接触该物质的量。通常情况下，排放量可能很高，而暴露量很低。另一种情况是，排放量可能很低，但暴露量很高。

一氧化碳、苯和三氯甲烷等空气污染物的主要排放源分别是汽车、工业和污水处理厂。然而，这些物质带来的主要健康风险，并不是来自排放量最高的排放源，而是分别来自煤气灶、香烟和淋浴水（**表 24.2**）。

要控制空气中所有的污染物是不可能的，因此确定最大的排放源和暴露源很重要。例如，苯是许多工业生产过程中使用的一种重要化学物质，但是，它会导致接触者患上白血病。在释放到空气中的所有苯中，50% 来自汽车。然而，尽管与汽车相比，香烟只释放出微量的苯，但至少有一半的人接触到的苯来自吸烟（**图 24.3**）。即使是不吸烟的人，他们接触到的苯大部分仍然来自二手烟，而不是汽车尾气。最严重的室内空气污染物是香烟烟雾。

表 24.2	污染物的主要排放源和暴露源	
污染物	主要排放源*	主要暴露源
苯	工厂、机动车	吸烟
四氯乙烯	干洗店	干洗后的衣物
三氯甲烷	污水处理厂	淋浴
对二氯苯	化工厂	空气清新剂
微粒	工厂、机动车、家庭取暖	在家吸烟
一氧化碳	机动车	驾车、煤气灶
二氧化氮	工厂、机动车	煤气灶

*许多有害空气污染物的健康风险与其主要的排放源并无显著相关性（如图 24.3 所示）。

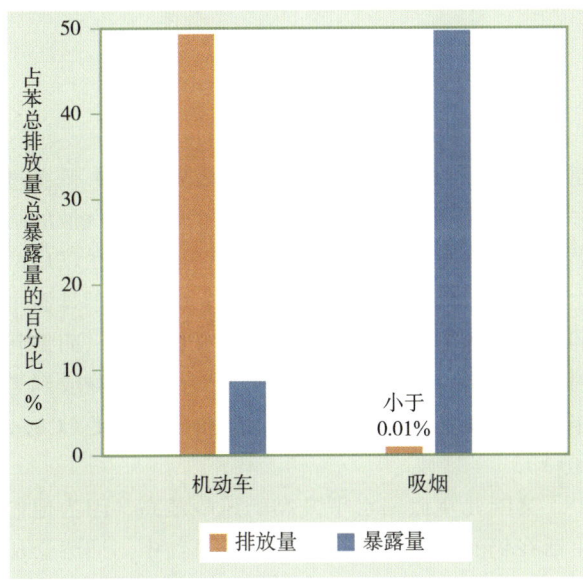

图 24.3 苯排放
机动车向空气中排放的苯最多，约占总排放量的 50%。然而，人们吸入的苯大多来自吸烟。

室内空气污染

直到近些年，在美国和其他工业化国家中，室内空气污染的主要来源，是积聚在封闭空间中的香烟烟雾。人们在酒吧、餐馆、办公室、飞机、火车车厢里吸烟（实际上他们会在所有的地方吸烟）。于是，许多室内环境变得对健康有害，无论是对于吸烟者还是非吸烟者（见**表 24.3**）。在过去的几十年里，酒吧、餐馆、办公室、飞机、火车车厢、旅馆房间、出租车和许多公共聚集场所都开始禁止吸烟。保护室内空气质量，是卫生组织和卫生当局取得的一项重大胜利。

在世界上的其他地方，特别是在贫困国家中，室内空气污染每年仍然会导致 200 多万人患病和死亡。全球 70 多亿人口中，约 1/10 生活在极端贫困中。为了做饭，他们在狭窄封闭的生活空间中用有机物质来生火。用于做饭（和取暖）的火堆所产生的烟雾会产生严重的室内空气污染，最终导致居民生病和死亡。这种污染给儿童和女性带来的致病风险最高，因为她们待在室内的时间更长。

联合国及其各成员国试图通过开发简单炉灶和无污染燃料，替代世界各地有毒烹饪用火，来解决这一全球性健康问题。

氡

造成室内空气污染的另一种物质是**氡**（radon），一种无色无味的放射性气体。氡是含铀矿的地区在地下自然产生的。例如，在新泽西州，一些房屋建在含铀矿的岩石上，其室内空气氡含量超过安全值的 100 倍。有些房屋可能是用含有放射性矿物的砖或建筑材料建造的。这些材料的衰变产物之一就是氡。氡会在很多年里慢慢释放到室内。

长期接触氡会增加患肺癌的风险。多年接触氡的铀矿工人，患肺癌的风险比一般人要高得多。吸烟似乎与氡有协同作用。接触氡的吸烟者患肺癌的概率，比只接触香烟烟雾或只接触氡的人要高得多。美国环保局估计，在室内接触氡，每年会导致多达 3 万人死于肺癌。人们可以检测家中是否存在氡，并且在发现之后可以想办法减少它的含量。

重金属污染

铅 铅是一种重金属。它对数百万美国人——尤其是儿童——的健康构成了严重的威胁。铅会污染空气、土壤、水和仍然使用含铅油漆的房屋。**铅中毒**（plumbism）的早期症状是食欲不振、虚弱和贫血（**表 24.4**）。铅中毒还会导致大脑损伤，并导致儿童出现许多学习困难。

儿童体内铅含量过高，不仅会导致其出现学习和行为问题，还与其日后犯罪和被捕的可能性有关（Wright et al., 2008）。对血铅水平在 4~37 微克每分升的儿童的研究表明，儿童血铅水平越高，以后被

表 24.3 一氧化碳中毒的症状

血液中一氧化碳含量（%）	症状
0~2	无症状。
2~5	大多数人无症状，但更加灵敏的测试显示算术能力和其他认知能力会轻微受损。2%~5% 的血液一氧化碳含量常见于轻度或中度吸烟者。
5~10	剧烈运动时，会出现轻微呼吸困难。5%~10% 的血液一氧化碳含量常见于每天吸一包或多包香烟的吸烟者。
10~20	轻度头痛，中等强度运动时呼吸困难。这一水平的血液一氧化碳含量有时出现在从其他来源接触到额外一氧化碳的吸烟者身上。
20~30	搏动性头痛、易怒、判断力受损、记忆缺陷、快速疲劳。
30~40	剧烈头痛、虚弱、恶心、视觉模糊、意识模糊。
40~50	意识模糊、幻觉、运动失调、呼吸急促、昏迷。
50~60	深度昏迷，可能伴随抽搐。
60 以上	通常会导致死亡。

表 24.4 铅对人体的影响

血铅水平（微克/分升）	可观测到的影响
10	酶抑制作用、学习障碍
10~40	红细胞异常
40~50	贫血、不育（男性）
50~60	中枢神经系统受影响、认知障碍
60~100	永久性脑损伤、死亡

逮捕的概率和犯罪的暴力程度也越高。这些罪行，是上述儿童在 19~24 岁时犯下的。只要子女被诊断为有学习、行为或认知障碍，父母都应该带孩子去测量血液中的铅含量。

在过去的 50 年里，美国疾病控制和预防中心一再降低人体血铅含量的可接受水平。1960 年的可接受水平为 60 微克每分升，1970 年这一数字降低到 40，然后降低到 20，现在血铅含量的可接受水平降到了 10 微克每分升。降到这个水平就安全了吗？并非如此。儿童在智商测试中的表现，与他们的血铅含量成反比。任何水平的血铅含量，都有可能产生一些负面影响（Lanphear et al., 2005）。

好消息是，美国只有大约 1% 的 5 岁以下儿童的血铅含量超过了目前可接受的上限——10 微克每分升。在 1980 年，大约 90% 的美国儿童血铅含量超过 10 微克每分升。在美国，儿童血铅水平在过去 35 年里急剧下降，几乎完全是消除含铅汽油的结果。儿童体内即使血铅含量很低，也可能在以后的生活中导致健康问题。在个体年轻时沉积于骨骼中的铅，会随着其年龄增长和骨骼开始分解，而重新回到血液中。最近的研究表明，少量的铅释放到老年人的血液中，就可能导致心血管疾病和心梗（Chen, 2013）。

贫困儿童血铅水平升高的风险最高，因为他们生活在仍然使用含铅油漆的旧建筑物中。油漆会从墙上剥落，导致房屋灰尘中包含着铅。此外，非常小的孩子可能喜欢吃油漆碎屑，这会进一步提高他们血液中的铅含量。

不幸的是，铅中毒造成的神经损伤，不能通过解毒来逆转。防止铅污染造成儿童学习障碍的最佳方法，就是净化环境。

铅对很多行业都很重要——尤其是电池行业，所以进一步减少铅的排放量，清理铅污染的所有源头，将仍然是一场硬仗。尽管美国社会在减少环境铅污染方面取得了进步，但数百万儿童的神经发育仍然面临铅中毒的风险。

水银／汞 1953 年，日本水俣湾附近的几个村庄中暴发了甲基汞中毒。自那次暴发以来，汞中毒开始被称为"水俣病"。任何形式的高浓度汞——尤其是甲基汞——都会导致各种严重的神经症状，包括失明、失聪、昏迷和死亡。低水平汞中毒的症状包括脱发和慢性疲劳。1970年，加拿大的圣克莱尔湖中发现了高水平的甲基汞，这是因为那里的一家化工厂一直在向湖中排放废物。于是，美国食品药品监督管理局也开始对湖泊和河流进行汞污染检测。基于这些发现，美国许多州都对钓鱼运动实施了限制，因为从受污染的河流和湖泊中捕捞上来的鱼中也发现了高水平的甲基汞。

甲基汞是一种存在于淡水、陆地和海洋中的全球性环境污染物。淡水和海洋中的鱼被甲基汞污染的现象现在很常见。因为胎儿发育对汞化合物损害尤其敏感，所以美国环保局和食品药品监督管理局共同发布了指导方针，限制孕妇、备孕的女性和哺乳期女性的鱼类摄入：

- 不要吃鲨鱼、剑鱼、鲭鱼、方头鱼、马林鱼或大眼金枪鱼。
- 每周食用商品鱼的量限制在340克（约两餐）。
- 汞含量最低的鱼类包括罐装轻金枪鱼、鲑鱼（野生）、鳕鱼和鲶鱼。（长鳍金枪鱼的汞含量比轻金枪鱼高。）

在美国，燃煤发电厂造成了全部汞污染中的40%。汞和其他重金属从工厂的烟囱释放到空气中，并被气流被带到世界各地。雨水将空气中的汞冲刷到湖泊、河流和海洋中。在那里，汞会被细菌转化为有害的甲基汞。2011年，美国环保局规定，作为一个整体，全美国的燃煤发电厂必须在2018年之前将汞污染总量减少90%。尽管业界和国会中反对这项规定的人推迟了它全面实施的时间，但能源行业正在迅速放弃将煤炭作为能源，因为更清洁的能源（天然气和可再生能源）更加便宜，这让升级改造旧的或是建造新的燃煤发电厂变得不太明智。在所有的燃煤发电厂停运之前，住在附近的人（尤其是儿童）都有神经损伤的风险。

水污染

空气之外，水是人体最基本的需求。没有空气，我们只能生存几分钟；没有水，我们可能只能生存几天。人体大约60%是由水组成的，水对人体各器官执行每一项功能都很重要。

农业、城市和工业会消耗大量的水。例如，生产1升汽油需要5升水；酿造1桶啤酒要消耗近4000升水；制造1吨报纸大约需要19万升水；产出1吨钢铁需要9.5万升水。一个4口之家每天要使用大约1500多升水。

人们曾经认为，从玉米和大豆等粮食作物中提取乙醇和其他液体燃料，将有助于减少石油燃料的使用，及其带来的所有问题。然而，这一假设最初忽视了种植玉米和大豆需要大量的水。因此，利用粮食作物生产燃料是不可持续的。此外，利用粮食作物生产燃料，还减少了可用的粮食数量，从而推高了粮食价格，使许多人买不起玉米和大豆产品。它们是许多人的主食，特别是在贫穷国家中。

水通过蒸发和降雨在环境中不断循环。然而，随着越来越多的水受到农药、化学品、石油泄漏和污水的污染，适合人类使用和农业生产的水变得越来越少。特别令人担忧的是，为我们解决大部分用水需求的河流、湖泊和地下水受到化学污染。在世界各地，安全、充足的水供应已经达到极限。据估计，全球约有12亿人缺乏安全、无污染的饮用水。

在北美地区，通过安装卫生设施和采取水处理方法，霍乱、伤寒和痢疾等水传播疾病几乎已被消除。在许多社区中，提供给家庭的水是通过沉淀、过滤或氯化来净化的。在水中添加氯能够杀死危险的细菌，然而它可能造成其他的健康危害。氯与水中其他化学物质相互作用，会产生有毒物质，如三氯甲

节能灯中含有汞

节能灯的耗电量约为标准白炽灯的1/4，使用寿命则是白炽灯的10倍。

节能灯中含有汞，一种危险的神经毒素。因此，它们是一种潜在的健康危害。20亿只节能灯含有约10吨的汞（Appell, 2007）。如果在美国销售的所有灯泡都是节能灯，汞含量总计将达到200吨。显然，要避免严重的污染灾害，我们就不能以通常的方式来处理节能灯。做好垃圾分类，由专门机构回收。

如果你不慎打破了一只节能灯，请立刻打开窗户以帮助汞蒸汽消散。用手套和胶带收集玻璃碎片和粉状残渣。用真空吸尘器清扫这片区域。尽可能用双层垃圾袋包裹住所有的垃圾，并放入有害垃圾桶处理。

烷和氯胺,它们都是致癌物。洗涤剂、除草剂、杀虫剂、化肥和其他化学品的广泛使用,也加剧了水污染。

饮用水

20世纪70年代初,美国环保局发现,许多城镇的供水都遭到了致病微生物和有毒化学物质污染。因此,美国国会通过了1974年《安全饮用水法案》。该法案涵盖了5.8万个社区供水系统和16万个私人供水系统。该法案要求这些供水系统必须符合联邦饮用水安全标准。但是,通过这样的法律是一回事,执行法律则是另一回事。

1996年,美国国会更新了1974年《安全饮用水法案》。根据新的法案,当饮用水中发现任何污染物时,必须通知消费者,而不仅仅是当饮用水不符合联邦污染和安全标准时才通知他们。美国的社区供水系统必须检测80种污染物。每年,大约7%的社区供水系统报告中,至少有一种污染物的含量超过了联邦安全标准,这可能就是总有那么多人购买和饮用瓶装水的原因。

在饮用水中发现的最危险和最普遍的化学物质,是砷。这种化学物质在世界各地的土壤和水源中都自然存在,是一种众所周知的毒素。低剂量的砷会增加患癌症的风险;井水中有可能出现高剂量的砷,如果被人饮用,会导致皮疹、呕吐、腹泻、疼痛乃至死亡。全球至少有5 000万人因饮用砷污染的水而面临砷中毒的危险。

美国人通常理所当然地认为,他们(似乎)可以源源不断地获得安全和清洁的日常生活用水(**表24.5**)。世界上大多数人,就没有那么幸运了。世界上有超过10亿人无法获得安全和清洁的水。即使有这样的水,许多人往往还必须到离家很远的地方去用桶取水。如果河流或水井干涸,他们可能会因为无法找到水源而在几天内死去。

在全世界范围内(包括美国),水资源正变得越来越稀缺。美国西部和南部的大量地下蓄水层正在枯竭。1个美国人平均每天使用380升甚至更多的水,比世界上任何其他地方的人都要多。据估计,按维持生存的最低标准,一个人每天需要38~57升水用于饮用、烹饪和洗涤。像印度新德里这样的大城市,由于地下管道漏水和破裂,大约1/3的水在到达使用者手中之前就已流失。美国西部的许多城市,由

表 24.5　水的利用

美国的人均耗水量

厕所	45升/天
淋浴	95升/天
泡澡	136升/天
个人水龙头冲洗	11升/天
漏水	38升/天
垃圾处理	19升/天
洗衣机	95升/次
洗碗机	38升/次

节约用水的方法

- 检查并修理漏水的水龙头和厕所。
- 安装低冲水量的马桶(6升)。
- 安装低流量莲蓬头(9.5升/分钟)。
- 不要过度浇灌草坪和花园。
- 洗车时不要让水管一直流水。

瓶装水之战

美国消费者每年要购买约300亿升的瓶装水。瓶装水是饮料行业中增长最快的一个板块。美国两家最大的分销商——百事可乐的阿夸菲纳和可口可乐的达萨尼——的瓶装水,通常是经过再处理的自来水。而美国的自来水相当安全和纯净。尽管如此,每年仍有成百上千万美国人,在瓶装水上花费数百亿美元。

瓶装水有许多问题。首先,瓶装水可能不像人们想象的那么纯净和安全。有些公司实际上不进行任何净化措施,就将自来水装瓶。其次,美国每年约有500亿个塑料水瓶(约45万吨塑料)被丢弃,其中只有很少比例会被回收,其余的塑料垃圾充斥着街道和空地,污染着海洋和水道,或是直接被扔进了垃圾填埋场。据估计,每年使用的塑料水瓶需要耗费150万桶石油来生产,随后还要消耗能源将这些瓶子运往市场。

也许是时候停止对瓶装水的狂热了。买一个可重复使用的瓶子,装上自来水,随身携带。享受它吧。

于老化的水管漏水，也损失了差不多数量的水。未来几年，用于饮用、农业、制造业和其他需求的水，将变得更加难以获得。

土地污染

直到不久以前，美国人才开始关注全美各地垃圾填埋场中垃圾和固体废物的处理。然而现在，社区不再有那么多空间来倾倒他们的垃圾。在美国，每年大约有800万辆轿车和卡车、1 000亿个易拉罐、玻璃瓶和塑料瓶，以及超过2亿吨的垃圾被丢弃。美国人均产生的垃圾，超过其他工业化国家的两倍。

许多旧的、废弃的固体废物处理场对健康是有威胁的，因为那里可能存在具有腐蚀性、易燃性或含有有毒化学品的有害物质（**表24.6**）。1980年，美国国会通过了《超级基金法案》。该法案要求清理最危险的废物处理场。到2017年，有394个超级基金废物处理场被清理干净，还剩下1 342个仍有待处理；超过1 000个有毒废物处理场正等待着人们的关

终于摆脱了塑料袋

2007年，旧金山成为美国第一个禁止使用聚乙烯（塑料）购物袋的城市。从那以后，数十个城市和州都开始效仿旧金山的做法。孟加拉国、卢旺达和意大利等国已经禁止使用塑料袋，或是对使用塑料袋收费。澳大利亚、墨西哥、英格兰、加拿大、威尔士、中国和泰国的一些城市也加入了其中。

全世界每年使用和丢弃的塑料袋超过1万亿个。塑料袋可以说是有史以来，对环境破坏最大的发明。塑料袋会堵塞下水道，杀死各种鱼类和海鸟（海鸟会衔起海洋表面的塑料碎片喂食小鸟，当小鸟的胃里充满塑料时，它们就会死去）。塑料袋和其他塑料垃圾会破坏珊瑚礁。被丢弃的塑料袋会聚集水，为蚊子的滋生和疾病的传播提供温床。在中国，塑料袋被称为"白色污染"。文明社会可能终于受够了塑料袋，越来越多的城市和国家开始禁止使用塑料袋。2017年，肯尼亚通过了一项法律，对任何使用、销售或制造一次性塑料袋的人处以4万美元的罚款和数年的监禁。为挽救我们的地球，可以用棉布袋、麻袋或剑麻袋等代替塑料袋。

减少使用，重复使用，回收再用。

注。据估计，1 100万名美国人生活在距这些超级基金废物处理场不足1.6千米的地方，他们的健康因可能接触有毒物质而面临着一定的威胁。

美国人消费多，丢弃也多。每年有数以百万计的汽车、轮胎、家用电器、电脑、电视、油漆和溶剂、建筑材料和其他大大小小的物品，被扔进了垃圾填埋场或有毒废物处理场。如果我们继续污染我们居住的土地，我们的生活环境和我们的健康都将受到不利影响。许多废物其实只需稍加努力就可以

表24.6 危险废物泄漏到环境中会引起许多健康问题
在美国，每年有数百万吨下列物质被丢弃。

物　质	来　源	对健康的影响
汞	氯碱工厂淤泥、电气设备、荧光灯	震颤、智力障碍、牙齿脱落、肾损伤、神经损伤
砷	煤炭燃烧和金属冶炼厂产生的三氧化二砷	腹泻、呕吐、瘫痪、皮肤癌
镉	电镀工厂废物、油漆桶、镍镉电池	肺部疾病
氰化物	电镀工厂废物	中毒、干扰细胞能量代谢
农药	固体垃圾和废弃溶液	皮疹、呼吸道和胃肠道症状、神经失调、出血等多种问题

回收利用。许多社区都有瓶子、易拉罐、塑料和纸张的回收项目。许多组织都有回收计划，回收旧电脑、手机、电池、打印机使用的溶剂和其他含有有毒物质的机器。在你消费和丢弃时，请想想环境吧。

农药

土壤、水、食物和人越来越多地受到用来控制杂草、昆虫和植物疾病的化学物质的污染。任何能够杀死"有害"植物或动物的化学物质，都被称为**农药**（pesticide）。破坏特定生物体的特定化学物质有**杀虫剂**（insecticides，杀死昆虫）、**杀菌剂**（fungicides，杀死霉菌和真菌）、**除草剂**（herbicides，杀死杂草）和**灭鼠剂**（rodenticides，杀死各种鼠类）。农药对农业来说很重要，农业界多年来一直声称，在美国种植作物的产量和质量，取决于能否使用化学药品来消灭农作物害虫。虽然农药可能有助于农业生产（这一点受到了有机农业从业者的质疑），但农药在环境中的广泛散播，给人和动物带来了不利于健康的问题。

许多农药非常危险，以至于被负责监管农药使用的联邦机构、美国环保局禁用。使用最广泛的杀虫剂之一滴滴涕（DDT）被发现具有致癌性。然而，大量的DDT在使用了数十年，毒性被释放到环境中后，才被美国环保局禁用。

七氯、开蓬、狄氏剂、灭蚁灵和毒杀芬等农药也已被禁用，这些化学药品在美国业已停售多年。美国环保局面临的两难境地是，既要平衡农业和其他行业对化学品的合法使用，又要保障公众和环境的健康。

农药阿特拉津尤其令人担忧。每年大约有3.5万吨的阿特拉津被农民用来去除杂草，大部分被用于玉米、棉花、甘蔗和高粱等作物。它也被用在一些高尔夫球场上。研究表明，这种农药会通过径流进入湖泊和溪流。在受阿特拉津污染的水域中，鱼类和两栖动物会表现出性畸形、不育和性器官发育异常。大规模的研究表明，美国各地的新生儿出生缺陷在4月至6月会增加约10%。大部分阿特拉津正是在此时被释放到环境中（Raloff, 2010）。由于该农药被广泛使用，现在美国各地的饮用水中都发现了大量的阿特拉津。

由于人们越来越担心阿特拉津可能对人类健康和环境产生不良影响，所以这种农药在欧盟已被禁

农药使用注意事项

- 在购买农药产品之前，请阅读使用说明书，以及所有的健康和安全警告。在兑水稀释时，不要让农药的浓度超过标签建议的量。若你不能恰当地使用某种农药（比如没有合适的设备），切勿购买。如果你对产品所提供的健康和安全信息不理解，或感到不完全放心，那么请在购买该产品之前获取更多的信息。此外，考虑你是否有足够的储存空间存放农药。大瓶装的农药可能更便宜，但你能安全地储存它吗？
- 使用毒性最小的农药来控制害虫。尽量在有效的害虫控制与人、宠物和其他非目标生物的安全之间取得平衡。尽量减少皮肤和呼吸道与农药的接触。使用农药时请戴橡胶手套。在选择手套时，既要考虑农药配方中使用的溶剂，也要考虑农药本身渗透皮肤的可能性。你可能需要使用防毒面具来防止吸入农药喷雾或粉尘。
- 仅将农药用于其预定的用途。
- 不要把看似用完的农药容器放在儿童拿得到的地方。曾有儿童因饮用了实际上含有残留农药的"空"容器中的液体而中毒。
- 使用农药时不要吸烟、进食或饮水。

避免食用被农药污染的水果和蔬菜

下表中列出了农药残留最严重和相对无农药残留的水果和蔬菜。

农药残留最多	农药残留最少
桃子	洋葱
苹果	牛油果
甜椒	甜玉米
芹菜	菠萝
油桃	杧果
草莓	芦笋
樱桃	豌豆
梨	猕猴桃
葡萄	香蕉
菠菜	卷心菜
生菜	西兰花
土豆	木瓜

在美国,主要粮食作物经常会被喷洒大量农药。

止使用,但它在世界其他地区仍被广泛使用。2014年,阿特拉津仍是美国第二大广泛使用的除草剂,排在第一的是农达(草甘膦)。

大部分积聚在儿童体内的农药都来自他们摄入的食物。好消息是,让儿童改吃有机食品,可以在几天内降低他们体内农药的浓度。研究者测量了儿童尿液样本中各种常用农药的含量,在改吃有机水果、蔬菜和谷物数天后,儿童尿液样本中就不再能检测到农药了。改吃不含农药的食物,可以大大减少人体吸收潜在有害化学物质的数量。

一般来说,农药对人和其他动物的健康影响是微小的。在大多数情况下,农药不会导致突然的、严重的疾病或死亡,除非接触量非常高。不同农药的致死剂量有很大的差异,取决于其所含的具体化学物质和个体的易感性。

作为一个社会,我们仍未做好完全放弃使用农药的准备。然而,作为个人,我们应该尽可能地限制农药的使用,以保护自己和环境。为了实现这一目标,许多人现在开始在不使用农药的前提下自己种植蔬菜。另一些人则在售卖不使用杀虫剂和除草剂的有机水果和蔬菜的商店购物。

内分泌干扰物

内分泌干扰物(endocrine disruptors),是环境中存在的一些进入人体后会干扰一种或多种激素作用的化学物质(通常是农药)。一些内分泌干扰物会模仿激素的作用,导致正常调节的生物过程受到过度刺激。另一些内分泌干扰物则会阻碍正常激素的活动,从而减弱或完全抑制生物过程。由于激素在体内的含量非常少,因此少量的内分泌干扰物就能影响激素的作用。环境中的内分泌干扰物包括滴滴涕、农利灵、硫丹、毒杀芬、狄氏剂和二溴氯丙烷等农药,以及多氯联苯、二噁英和酚类(其中一些来自肥皂和洗涤剂)等工业化学品和副产品。其他潜在的内分泌干扰物包括重金属、塑料、化妆品、纺织品、油漆、润滑油,以及污水处理后的排放水。后者可能含有各种天然的和合成的内分泌干扰物,包括来自动物和人类排泄物的天然激素。

美国环保局开展了一项内分泌干扰物筛查计划,关注环境化学物质对雌激素、雄激素和甲状腺激素的可能影响。雌激素主要由卵巢产生,少量由肾上腺产生,负责女性的性发育。雄激素,包括睾酮,负责男性的性征。甲状腺激素控制着许多生物过程,如生长、繁殖、发育和新陈代谢。

数以百计的研究表明,包括大型哺乳动物、鸟类和鱼类在内的动物组织中,都存在着高剂量的内分泌干扰化学物质。例如,化学成分与滴滴涕相似的农药三氯杀螨醇,大量出现在美国佛罗里达州的一个湖中,因为一家化学公司曾在这个湖边生产,并排放废物。三氯杀螨醇类化合物会模仿雌激素的作用,导致短吻鳄生殖和性发育异常。

越来越多的证据表明,内分泌失调会发生在人类身上。例如,长期接触有机磷农药硫丹,会推迟男孩的青春期开始时间。这种农药在世界各地被广泛地用于南瓜、甜瓜、草莓和其他作物。美国每年使用的硫丹超过450吨。由于它会给农场工人和野生动物带来无法接受的健康风险,并且会在环境中持续存在,因此美国环保局正在采取行动,以停止硫丹杀虫剂的使用。

在制造商可以在美国销售某种农药之前,美国环保局必须对该农药进行彻底的评估,以确保它符合联邦安全标准,以此来保护人类的健康和环境。只有当公司的农药产品符合科学和法规要求时,美国环保局才会授予它们分销、售卖和使用农药的"注册证"或许可证。

在评估农药注册申请时,美国环保局会评估与该产品的使用有关的各种潜在的人类健康影响和环境影响。注册申请人必须提供必要的科学数据,以便当局对每种农药的特性、成分、潜在不利影响和环境归宿等问题进行评估。

有毒的塑料

塑料制品对现代生活的每个方面都至关重要。随便想象一个物品，它很有可能就是由某种塑料制成的，例如餐具、工具、包装品、玩具、瓶子、架子、管道等。

塑料是从石油中提炼出来的。有些塑料是由一种或几种化学物质聚合成的长链构成的。在某些情况下，作为最终成品的塑料对健康没有危害，但其中的一个或多个单独的成分却是有害的。因此，参与塑料制造的人可能会因接触生产中所使用的一种或多种化学成分，而受到有害影响。此外，塑料产品能降解，并将其有毒化学成分释放到环境中，这一过程叫作浸出。当塑料被加热，暴露在微波辐射下，或与液体、脂肪、油和洗涤剂接触时，就会发生浸出。会浸出有毒化学物质的塑料类型包括聚碳酸酯、聚氯乙烯和苯乙烯。其他塑料也可能是有害的，但对其安全性的研究至今仍未展开。近年来，塑料生产中使用的下列两种化学物质，被发现与动物和人类的一些发育缺陷和各种健康问题有关。

邻苯二甲酸酯（phthalates）被用于制造塑料地板、医疗器械、化妆品和药品涂层。邻苯二甲酸酯在环境中无处不在，几乎所有人体内都含有相当剂量的邻苯二甲酸酯。接触邻苯二甲酸酯与各种发育异常有关，特别是对于胎儿和儿童（Mankidy et al., 2013）。例如，接触邻苯二甲酸酯似乎会增加过敏、哮喘，青春期男孩乳房发育异常和女孩青春期提前的风险。儿童体内有邻苯二甲酸酯，会对其大脑和性发育产生不良影响。邻苯二甲酸酯会降低精子质量、降低生殖激素水平、影响甲状腺功能，以及改变男孩的生殖器官发育。

双酚 A（bisphenol-A, BPA）是一种用于制造聚碳酸酯塑料的化学物质。这种塑料透明、坚硬，可以通过印在产品某个地方的数字 7 来辨识。双酚 A 也存在于环氧树脂中。环氧树脂被用作油漆，涂在食品罐、瓶盖和供水管道等金属产品上。双酚 A 与流产、出生缺陷和胎儿大脑发育异常有关。

双酚 A 在 20 世纪 30 年代首次被合成，其目的是开发一种合成雌激素，但后来被弃用，取而代之的是己烯雌酚，后者被证明是一种更有效的雌激素。后来，化学家们发现双酚 A 可以用来制造聚碳酸酯塑料。今天，聚碳酸酯塑料被用于罐头、水瓶、婴儿奶瓶、微波炉炊具和许多其他食品相关产品中。当聚碳酸酯塑料老化，被加热或暴露在强效洗涤剂中时，双酚 A 就会渗出。研究表明，92% 的美国人体内含有大量的双酚 A。双酚 A 也会从用来包覆食品罐头的树脂涂层中渗出。一项研究表明，连续 5 天每天食用一份罐头汤，会使体内的双酚 A 含量达到极高的水平（Carwile et al., 2011）。双酚 A 含量在短期内如此提高对健康有何影响，目前尚不明确。

孕妇和哺乳期女性应尽量避免使用聚碳酸酯塑料制品。不要使用聚碳酸酯塑料水瓶，实在要用的话，不要在热水中用洗涤剂清洗。不要使用由聚碳酸酯塑料制成的奶瓶或婴儿用品。不要在聚碳酸酯塑料容器内加热食物。一般来说，尽量避免任何用聚碳酸酯塑料包装的食物或饮料。

许多研究表明，双酚 A 会危害健康（Konieczna et al., 2015）。2012 年，美国食品药品监督管理局禁止销售由双酚 A 制作的婴儿奶瓶和儿童水杯。欧盟和加拿大也禁止了在婴儿奶瓶中使用双酚 A。然而，

塑料微粒和微纤维污染了海洋

石油、化学品、化肥、钓鱼线和垃圾造成的海洋污染越来越严重。但其中最危险的污染物是数以百万吨计的各种废弃塑料物品分解形成的微粒和微纤维。这些微粒会被海洋生物和鸟类误认作食物并摄入。很不幸的是，成年鸟类会衔起这些塑料，喂食给幼鸟。这些幼鸟随后会因缺乏营养而死亡。这些微小的塑料微粒永远不会完全降解。

被丢弃的羊毛夹克、运动服、瑜伽裤和其他服装中，用于增加柔软度和吸汗能力的塑料微纤维也对海洋生物构成了威胁。每次洗衣服时，微纤维都会从布料上脱落下来，进入下水道，最终进入河流或海洋。鱼类和其他海洋生物会在进食时摄入微纤维。对五大湖和纽约港的水进行检测，显示其中的塑料含量很高。对牡蛎生长水域的检测表明，牡蛎也会摄入微纤维。解决塑料微纤维问题的一个可能方案是，要求所有洗衣机都安装过滤器，以便在微纤维被释放到环境中之前将其收集在滤网上。

美国食品药品监督管理局一直不愿意禁止在食品和饮料容器中使用聚碳酸酯塑料，并且声称研究并未表明，在各种包装中和几乎所有人体内都发现的双酚A含量是有害的。

监测环境化学物质

为了监测可能有害的环境化学污染对人类健康的影响，美国疾病控制与预防中心自20世纪90年代末以来，每两年会选取一个美国人的代表性样本，测量其化学负荷。在其更新的第4份关于人类接触环境化学物质的国家报告中，美国疾病控制与预防中心测量了来自各个年龄段人群的血液和尿液样本中的148种化学物质含量（Centers for Disease Control and Prevention, 2017）。

测量体内可检测到的环境化学物质称为**生物监测**（biomonitoring）。化学物质会通过空气、水、食物、灰尘、土壤或消费品进入人体。虽然近年来化学测试的敏感性有所提高，但在人体中累积的许多环境化学物质对健康的影响仍不明确，必须进行更多的研究。近年的报告显示，美国人体内铅和可替宁（一种测量二手烟暴露程度的化学物质）的含量显著下降，尤其是在儿童中。然而，有机磷农药、邻苯二甲酸酯和其他已知会导致健康问题的化合物的含量则在增加。

电磁和微波辐射

输电线、电器、电动机、电视机、微波炉和电动工具都会发出非常低频的**电磁场**（electromagnetic fields, EMFs）。除了地球自身的电磁场外，所有的电磁场均来自各种电气设备产生的电（**表24.7**）。直到最近几代人，人们才开始暴露于这些电磁场。而且，人们还认为这些电磁场太过微弱，不足以影响生物体，因此忽视了它们对健康的影响。

一些流行病学研究发现，儿童白血病和脑瘤的发病率与电磁场暴露有关。住在高压电线或配电箱附近的家庭，往往会罹患更多的疾病和癌症。然而，一项研究仔细考察了电磁场暴露与儿童白血病风险的关系，发现儿童患癌症的风险并未增加。另一方面，也有研究表明，成年铁路工人电磁场暴露与患白血病风险增加相关。

表 24.7　家庭来源的电磁场强度

许多电器，特别是带有电机的电器，会产生很强的电磁场，但电磁场强度会随着与电器距离的增加而迅速下降。

来　源	不同距离下的磁感应强度（毫高斯）	
	4厘米处	20厘米处
100瓦灯泡	2.5	—
冰箱（背部）	11	5
200瓦音响	27	5
80瓦日光灯	34	18
咖啡机	90	7
电钻	600	6
电吹风机	1 000	0.1

我们每天都会接触到电磁场。电动剃须刀或电吹风机会产生强大的电磁场，尽管使用者每天的暴露时间可能只有几分钟（**图24.4**）。如果一个人住在高压输电线附近，那么他的电磁场暴露量可能是相当大的——取决于房子与电线的距离——并且这种暴露不分昼夜持续存在。计算电磁场暴露量，最多只能得到粗略的近似值，这是关于电磁场及其健康危害的证据相互矛盾的原因之一。

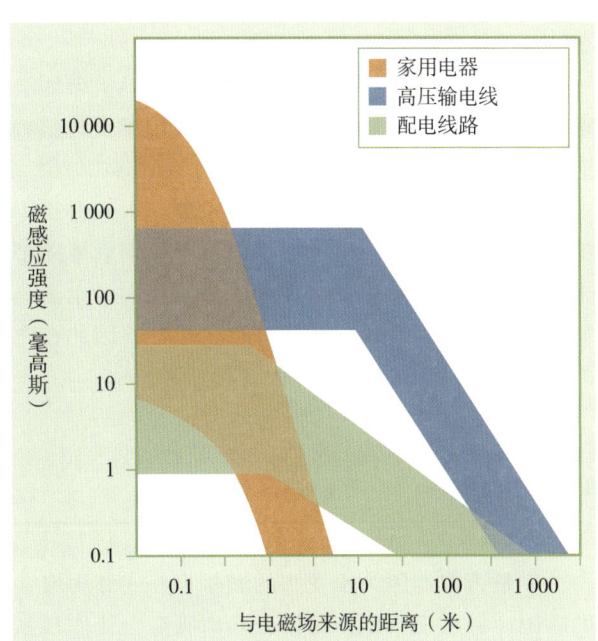

图 24.4　各种电磁场来源的电磁场强度

小型电器会产生强大的电磁场，但是其强度会在1米范围内就消失。高压线路产生的电磁场强度较小，但覆盖面积较大。

资料来源：Florig, H. K. (2001). Alternative goals and policy mechanisms for radiation protection. *Health Physics, 80*, 397–400.

减少电磁场暴露的方法

- 建议不使用电热毯或水床加热器，除非它是减少了电磁场强度的新产品。
- 使用由电池供电的剃须刀和吹风机。使用电池的电器和玩具不会产生电磁场。
- 不要坐得离电脑、电视、风扇或灯具太近。
- 如果你的工作需要长时间暴露于电磁场，那就寻找减少它的方法。不要长时间坐在离电脑屏幕太近的地方。
- 如果你需要租房或买房，请选择一个不靠近高压线路或配电变压器的地方。

移动电话

数字移动电话会发射微波辐射脉冲。数亿美国人在使用手机，并且通常每天会使用数小时。全球数十亿人长期使用手机，可能带来的任何健康后果目前仍不明确。现代办公室里充斥着各种电子设备产生的微波辐射，在这种环境中工作对健康的影响也尚未明确。经常使用手机的人应当使用耳机类设备，让手机远离头部。

一些癌症研究人员认为，长期使用手机可能会增加患脑肿瘤的风险。有证据表明使用手机与脑肿瘤有关联，但尚未确定（Davis et al., 2013）。

根据目前的研究，与空气、土壤、水和食物中的化学污染物相比，电磁场暴露和手机辐射暴露带来的健康风险是很小的。此外，由于我们的生活是如此地依赖电力和使生活更舒适的电器，因此在电力使用方面预计不会发生重大变化。

噪声污染

你是否曾经因为水龙头的滴水声，或邻居聚会的吵闹声而彻夜难眠？警报声和喇叭声会让你紧张不安吗？你是否曾想过，"如果那噪声还不停止，我就要尖叫了"？每个人都对噪声很敏感，过多的噪声会令人产生压力，导致健康问题。噪声会干扰睡眠，久而久之会导致疲劳、易怒、紧张和焦虑。

声音会激活神经系统，从而影响内分泌、心血管和生殖系统的功能。噪声是一种"压力源"，会升高血压、改变激素水平、收缩血管，高水平噪声会引起强烈的疼痛。

声级以**分贝**（decibel, dB）为单位进行测量。听力损失的危险区开始于 85 分贝左右，这一水平的声级出现在挤满孩子的校车，或开着车窗行驶在高速公路上的车辆中（表 24.8）。有许多日常活动会让我们接触到可能永久损害听力的声级。在美国，每天有数以百万计的人暴露在可能导致听力损失的危险声级下。

摇滚乐手和听大音量摇滚乐的人，听力损失的风险尤其高。许多著名摇滚乐队的成员患有**耳鸣**（tinnitus）——一种持续的耳部鸣响，或是听力严重受损。儿童特别喜欢把音量调大，并用耳机在危险的高音量下听音乐。一项针对美国儿童和青少年听力损失的全美研究发现，其中近 15% 的人在听觉频率的高低两端都有一定程度的听力损失（Su & Chan, 2017）。有些人只有一只耳朵听力受损，另一些人则双耳都受到损伤。

> 我们遇到了敌人，那就是我们自己。
> ——沃尔特·凯利《波戈》

表 24.8　日常生活中的噪声

超过 85 分贝的噪声会损害听力，随着时间推移会导致听力损失。

噪声源	声级（分贝）
枪械	140~170
喷气式飞机引擎	140
摇滚音乐会	90~130
做过增强的车载音响	140（最大音量）
便携音响（如 iPods）	115（最大音量）
动力割草机	105
手提钻	100
地铁列车	100
电子游戏厅	100
在高速公路上驾驶敞篷车	95
电锯	95
电动剃须刀	85
拥挤的校园巴士	85
学校课间或集会	85
电吹风机	60~90
正常交谈	40
静音室	10

噪声污染：对儿童有害

大多数人都有过在嘈杂的餐厅、酒吧或聚会中交谈困难的经历。如果很难听到对方所说的内容，更方便的应对方式通常是点头或是直接选择放弃。令人分心和干扰性的背景噪声，会使人无法理解他人所说的话，成年人可能会因此变得恼火。同样的经历对年幼儿童的危害则要大得多。研究证实，当噪声与有意义的谈话"同场竞技"时，儿童的句子识别能力会变得越来越差，因为他们需要花费更多的脑力来正确识别有意义的刺激（Lewis et al., 2016）。来自音乐、电视、互动玩具、电脑或他人（成人或儿童）叫喊的背景噪声，会对儿童正常的语言发展和理解造成永久性的损害。对于单耳或双耳听力轻度或严重受损的儿童尤其如此。

以下是一些帮助儿童学习和理解言语的技巧：

- 千万不要让孩子使用耳机。耳机不仅可能因意外的高音量损害听力，还可能影响语言发育。
- 对孩子说话要缓慢而清晰。不要使用"儿语"，说话时看着孩子，并且不要隔着房间向对面喊叫。
- 多次重复你试图传达的内容，并通过动作强化该信息。例如，说"来穿上你的衣服"时，应当同时给孩子穿上衣服。
- 除了在危险时刻，或是为了警告需要大声说话外，对一个听不懂的孩子大喊大叫，只会适得其反。
- 从孩子们很小的时候，大人就要开始给他们读书听。

调低音量来避免听力损失。

即使只是短暂地暴露在持续的噪声中，也会损害内耳的敏感结构。听力损失不仅会由听吵闹的音乐引起，还会由城市环境中的噪声引起。体育赛事、集会和其他人群大量聚集的场所的噪声，也会导致听力损失。听力损失是老年人面临的一个主要问题。趁年轻时保护好你的听力，把音量调低点吧。

许多人在城市的喧嚣中生活和工作，忘记了寂静带来的舒适与平静。如果你有幸在偏远的森林或山区里待一段时间，你就会意识到寂静的益处了。1854年，西雅图酋长——华盛顿州这座现代都市西雅图，就是以他的名字命名的——雄辩地表达了人类对安静的需要：

白人的城市里没有安静的地方，没有地方可以听到春天树叶舒展的声音，或是昆虫振翅的沙沙声。但这也许是因为我是个野蛮人才不明白。城市的嘈杂声似乎只会损害耳朵。如果一个人在夜晚听不见夜鹰凄厉的啼叫，听不见池塘边的蛙鸣，那他的生命还有什么意义呢？

人口增长对人类的影响

1960年，世界人口约为30亿。到2013年，世界人口翻了一倍多，达到了72亿。到2050年，世界人口预计将达到96亿；到2100年，预计将达到113亿（**图 24.5**）。如今，人口增长最快的地方是非洲，预计到2050年非洲将有60亿人口，占世界总人口的一半以上。

10~19岁的年轻人，是目前世界上人数最多的年龄组，约占总人口的20%。未来40年里，几乎所有的人口增长都将发生在欠发达国家，特别是那些最贫穷的国家（**表 24.9**）。相比之下，除美国之外，发达的工业化国家人口增长率预计将趋近于零。

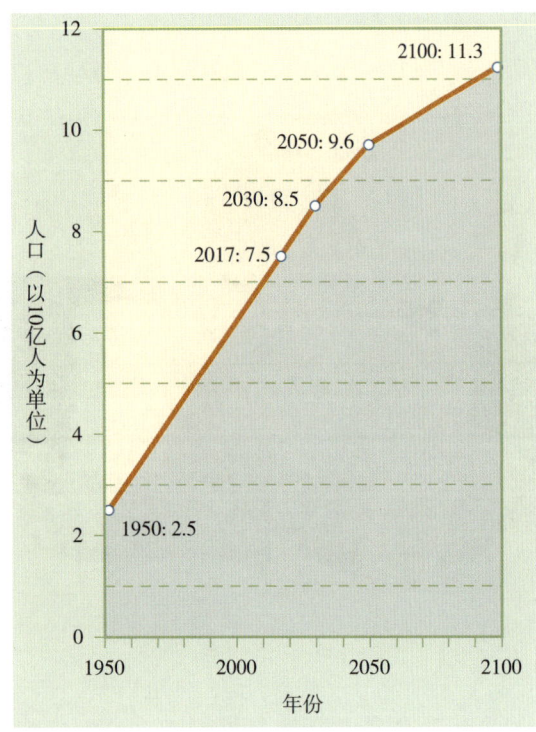

图 24.5　1950~2050 年的全球人口（估计值）
资料来源：U.S. Census Bureau. (2011). World population 1950–2050.

> **表 24.9　预计到 2050 年世界上人口最多的国家**
>
> 到 2050 年，世界总人口预计将增加到 90 亿~100 亿。大多数人口增长将来自非洲和东南亚那些最贫穷、最不发达的国家。美国人口预计将会增长，而大多数欧洲国家的人口将会下降。对 2050 年人口的估计，没有考虑粮食短缺、极端天气，以及气候变化引起的社会动荡和战争等因素。
>
> | 国家 | 人口 2017 | 人口 2050 |
> |---|---|---|
> | 印度 | 13 亿 | 16 亿 |
> | 中国 | 13.90 亿 | 13 亿 |
> | 美国 | 3.24 亿 | 3.89 亿 |
> | 尼日利亚 | 1.9 亿 | 4.1 亿 |
> | 印度尼西亚 | 2.64 亿 | 3.21 亿 |
> | 巴基斯坦 | 1.97 亿 | 3.6 亿 |
> | 孟加拉国 | 1.64 亿 | 2.01 亿 |
> | 巴西 | 2.09 亿 | 2.32 亿 |
> | 埃塞俄比亚 | 1.04 亿 | 1.9 亿 |
> | 菲律宾 | 1.05 亿 | 1.51 亿 |
>
> 资料来源：U.S. Census Bureau.(2014). International data base country rankings.

在今天活着的约 80 亿人中，估计有 10 亿人无法获得干净的水，20 亿人卫生条件不佳，15 亿人呼吸着被污染的不健康空气。人类活动每年导致近 1 万种动植物物种灭绝。就在几百年前，物种灭绝的速度每年只有约 10 种。

森林砍伐、本地动植物物种消失、自然资源耗竭，以及空气、水和土地污染，都与太多的人需要太多的稀缺资源有关。人们对现代生活方式和产品的需求，加剧了环境的破坏和污染。

人类的行动、需求和目标，是所有环境问题和自然不断被破坏的根源。随着各国经济日益增强，全球人民的需求不断增加，环境破坏的速度也越来越快。人们公认，人口问题有着政治和经济上的解决办法，但许多国家无法或不愿意采取能够抑制人口增长的措施。一些国家有计划生育项目，但这些项目的成功有赖于教育民众并提高他们的生活水平，使他们明白，大家庭不符合他们的最佳利益。世界上大多数人反对任何形式的生育控制，因此，至少在未来 50 年内，世界人口预计将继续增长。

美国在减缓环境破坏方面取得了一些进展。由于立法、环境诉讼和技术进步，美国的空气质量得到了一定改善，许多水道比 20 年前更加干净，向环境排放有害废物的情况也大大减少。

虽然所有这些都是好消息，但人们在解决环境和人口问题方面，还有很长的路要走。大多数研究人口动态的学者认为，110 亿的人口必将超出地球的承载能力，可能造成饥荒、大规模流行病、战争、灾害性气候变化，以及人类社会崩溃等后果。

恐龙生存了大约 1.65 亿年，并在大约 6 500 万年前灭绝。究其原因，可能是地球被一颗巨大的流星撞击，气候发生了极大改变。根据人类学家的说法，现代人类仅存在了大约 350 万年。以我们当前破坏栖息地、消耗地球资源和污染环境的速度来看，我们可能正在加快自我灭绝的速度。

> 世界存于荒野。
> ——亨利·大卫·梭罗

> 我们称之为开始的，通常是结束。
> 我们迎来的结束，通常是开始。
> 终点，就是我们的起点。
> ——T. S. 艾略特《四个四重奏》

对健康的批判性思考

1. 检查你的住宅，找出存放在任何地方的所有杀虫剂或除草剂。然后，决定哪些是你真正需要保留的，哪些是可以丢弃的（请向当地废物管理部门查询如何妥善弃置杀虫剂和除草剂）。列出你使用农药的方式和时间，以及使用时采取的预防措施。之后，写一份关于如何减少使用和接触杀虫剂和除草剂的报告。

2. 如果你致力于通过减少自己排放到大气中的二氧化碳来阻止全球变暖，请考虑如下建议：

   a. 减少30%的用电量。哪些电器耗电最多？你可以做出哪些改变来减少使用它们？

   b. 减少30%或更多的机动车使用量。你能在生活方式上做出哪些改变，以减少对汽车的依赖？

   c. 找出在制造过程中排放二氧化碳最多的产品。这些产品是你生活中必不可少的吗？还是说没有它们你也能生活？

3. 对全球环境的主要威胁是：（a）核战争、化学战和生物战；（b）污染；（c）全球变暖；（d）土地和海洋退化；（e）动植物物种灭绝。请指出，在这些全球环境问题中，你个人最关心哪个？你个人能做些什么来解决这个问题？你认为政府应该怎么处理这个问题？讨论这个问题对你现在和将来的生活会有什么影响？

4. 如果你可以选择住在世界上任何一个地方，你会选择住在哪里？你的选择在很大程度上是由工作机会、环境方面的考量、参与最喜欢的运动（如冲浪）的机会，还是其他一些变量决定的？详细讨论你的选择，并解释对你做出这一选择最重要的事情。你认为，10年后你的选择还会一样吗？为什么你的选择可能发生变化？

本章小结与重点

本章小结

我们的星球是在大约50亿年前和太阳系的其他星球一起形成的。地球上生命的最初迹象大约在30亿~40亿年前出现。随着时间的推移，随着地球环境的改变，各种物种相继出现和灭绝。就在距今几百万年前，第一个类人物种出现了。现在地球上有大约80亿人。为了保持良好的健康，个体需要未受污染的空气、水和食物，还需要适宜的住所和营养充足的饮食。不幸的是，只有少数人能够生活在这样的条件下。世界上许多人生活在赤贫之中，承受着许多疾病，并会过早死亡。尽管存在疾病、饥饿、战争和种族灭绝等问题，但预计到2050年，人类总人口仍将达到96亿。现在的人类占据着地球上的每一个生态位，并产生了如此多的环境污染物，以至于改变了地球的气候，给我们未来的生存带来无法预测的后果。不管你喜不喜欢，气候都会变得越来越热。未受污染的空气、水和食物将变得稀缺。到2050年，地球人口将比现在增加近20亿，那时生活将会变成什么样子？

你可能能够活到那时，并得到这个问题的答案。因此，帮助地球幸存，并尽可能从持续的污染和气温上升中恢复，对你来说是至关重要的。当你大学毕业的时候，多想想去哪里生活，而不是去哪里工作。那里的空气是否在大多数时间里相对未受污染？你计划居住地的水源是什么样的？附近有没有农贸市场，或其他新鲜水果和蔬菜的来源？前几代人可能会认为，这些问题是十分愚蠢的。但是，地球是在发展的。恐龙在地球上生存了大约1.65亿年，然后在几个世纪内就灭绝了。我们人类存在的时间只有350万年——甚至更短。灭绝也可能很快就发生在我们身上。

重 点

- 为了保持身体健康，人们需要充足且未受污染的空气、水、食物和住所。
- 我们呼吸的空气经常会受到臭氧、一氧化碳、烃类、氮氧化物和硫氧化物、铅、香烟烟雾和其他污染物的污染。
- 全球变暖预计会在21世纪造成严重的环境破坏。
- 温室效应和臭氧层空洞是人类活动造成全球环境问题的例子。
- 铅等重金属对空气、土地和水的污染，对人类健康尤其有害。即使体内只含有少量的铅或汞，儿童也可能出现学习障碍和生长迟缓。
- 饮用水可能被致病的化学物质或微生物污染。
- 有些农药是内分泌干扰物，会危害人体健康，尤其是人们的生殖健康。
- 噪声污染会导致各种健康问题，包括压力、耳鸣和听力损失。
- 未来50年，世界人口预计将增加30亿，这将给本已资源枯竭的环境造成沉重负担，产生更多的健康和环境问题。

参考文献

American Lung Association. (2017). *State of the Air 2017.*

Appell, D. (2007, October). Toxic bulbs. *Scientific American,* 30–31.

Carwile, J. L., et al. (2011). Canned soup consumption and urinary bisphenol A. *Journal of the American Medical Association, 306,* 2218–2219.

Centers for Disease Control and Prevention. (2017). *National report on human exposure to environmental chemicals.*

Chen, I. (2013, September). Lead's buried legacy. *Scientific American,* 28–29.

Davis, D. L., et al. (2013). Swedish review strengthens grounds for concluding that radiation from cellular and cordless phones is a probable human carcinogen. *Pathophysiology, 20,* 123–129.

Florig, H. K. (2001). Alternative goals and policy mechanisms for radiation protection. *Health Physics, 80,* 397–400.

Intergovernmental Panel on Climate Change. (2017). 46th *Annual report.*

Jurewicz, J., & Hanke, W. (2011). Exposure to phthalates: Reproductive outcome and children's health. A review of epidemiological studies. *International Journal of Occupational Medicine and Environmental Health, 24,* 115–141.

Konieczna, A., et al. (2015). Health risk of exposure to bisphenol A (BPA). *Roczniki Panstwowego Zakladu Higieny, 66,* 5–11.

Landrigan, P. J., et al. (2017). The Lancet Commission on pollution and health. *The Lancet. 391,* 462–512.

Lanphear, B. P., et al. (2005). Low-level environmental lead exposure and children's intellectual function: An international pooled analysis. *Environmental Health Perspectives, 113,* 894–899.

Lewis, D., et al. (2016). Effects of noise on speech recognition and listening effort in children with normal hearing and children with mild bilateral or unilateral hearing loss. *Journal of Speech, Language, and Hearing Research, 59,* 1218–1232.

Lovelock, J. E. (1979). *Gaia: A new look at life on Earth.* New York: Oxford University Press.

Mankidy, R., et al. (2013). Biological impact of phthalates. *Toxicology Letters, 217,* 50–58l.

National Oceanic and Atmospheric Administration. (2014). *Climate at a glance.*

Raloff, J. (2010, February 27). Weed killer in the cross hairs. *Science News,* 18–20.

Su, B. M., & Chan, D. K. (2017). Prevalence of hearing loss in U.S. children and adolescents: Findings from NHANES 1988–2010. *JAMA Otolaryngology Head & Neck Surgery, 143,* 920–927.

U.S. Census Bureau. (2011). *World population 1950–2050.*

U.S. Census Bureau. (2014). *International database country rankings.*

U.S. Energy Information Administration. (n.d.). *International energy statistics.*

Wright, J. P., et al. (2008). Association of prenatal and childhood blood lead concentrations with criminal arrests in early adulthood. *PLoS Medicine, 5,* e101.

推荐阅读

Hoernschemeyer, D. L. (2014). *Healthy living in a contaminated world: How to prevent toxic chemicals from undermining your health.* North Charleston, SC: CreateSpace. Describes the health damages caused by specific chemicals and recommends actions that people can take to avoid exposure to them.

Holland, A. (2016, June). Preventing tomorrow's climate wars. *Scientific American,* 61–65. Future climate changes may increase international conflicts as countries face shortages of water and food, increased pollution, and encroachment of coastal lands by rising sea levels.

Kolbert, E. (2013). *The sixth extinction: An unnatural history.* New York: Henry Holt and Company. An award-winning science journalist examines the idea that we currently are involved in a human-produced mass extinction.

Lerner, S. (2012). *Sacrifice zones: The front lines of toxic chemical exposure in the United States.* Cambridge, MA: MIT Press. Case studies of 12 communities that confronted industrial and military pollution of their habitat.

Liberman, M. C. (2015, August). Hidden hearing loss. *Scientific American,* 49–53. Explains how excessively loud noise at sporting events, large concerts, restaurants, bars, and parties can gradually damage hearing in people of all ages.

Michael, A. J. (2017). *Climate change and the health of nations: Famine, fevers, and the fate of populations.* London: Oxford University Press. Nature does not care what people think. More than 99.9% of all species that have ever lived on Earth have become extinct. Humans are hastening our own demise. This book documents the bleak future due to climate change and its consequences to the planet.

Pearce, F. (2006). *When the rivers run dry: Water—the defining crisis of the twenty-first century.* Boston: Beacon Press. The author believes the battle for water in the coming years will cause conflicts and create a global crisis.

专业术语表

A

事故
accident: sequence of events that produces unintended injury, death, or property damage; refers to the event, not the result of the event

事故缓解
accident mitigation: methods to reduce damage caused by unplanned events

事故预防
accident prevention: ways to eliminate the occurrence of unintended injuries

乙醛
acetaldehyde: a toxic substance produced when the liver breaks down alcohol

熟人强奸
acquaintance rape: (also known as "date rape") sexual assault occurring when the victim and the rapist are known to each other and may have previously interacted in some socially appropriate manner

获得性免疫缺陷综合征，简称艾滋病
acquired immune deficiency syndrome (AIDS): a syndrome of more than two dozen diseases caused by HIV

针灸
acupuncture: an ancient Chinese alternative medicine that uses thin needles inserted into specific points on the body to produce healing energy

成瘾
addiction: physical and psychological dependence on a drug, substance, or behavior

成人注意缺陷多动障碍
adult attention deficit hyperactivity disorder (ADHD): difficulty focusing on activities, organizing and finishing tasks, managing one's time, following instructions, and/or being overly restless, "on the go," and perceived as not thinking before acting or speaking

预嘱
advance directive: legal documents that express your desires regarding treatments should you be unable to communicate. A living will and a healthcare power of attorney constitute an advance directive

药物不良反应
adverse drug reactions (ADRs): unintended, unpleasant, and/or harmful reactions to a medicinal product

有氧的
aerobic: biological energy production using oxygen

有氧训练
aerobic training: exercise that increases the body's capacity to use oxygen

胞衣
afterbirth: placenta and fetal membranes

老年性耳聋
age-related hearing loss: loss of hearing with advancing age; some loss of hearing may be caused by exposure to loud noise earlier in life

年龄相关性黄斑变性
age-related macular degeneration (AMD): loss of vision as a result of death of cells in a region of the eye called the macula; loss of vision progresses slowly over several years

能动性
agency: the belief that one can influence the nature and quality of one's life, rather than believing that one's fate is determined by reacting to circumstances not in one's control

老化
aging: normal changes in body functions that begin after sexual maturity and continue until death

酗酒或酒精中毒
alcoholism: loss of control over drinking alcohol

酒精使用障碍
alcohol use disorder: alcohol consumption that causes distress or harm; also known as alcoholism or alcohol abuse

变应原，俗称过敏原
allergens: foreign substances that trigger an allergic response by the immune system

替代疗法
alternative medicine: a therapy or healing procedure that is used instead of Western, scientific medical treatments

肺泡
alveoli: tiny air sacs in the lungs that exchange oxygen and carbon dioxide

阿尔茨海默病
Alzheimer's disease (AD): a common cause of senile dementia and other symptoms, eventually leading to death

闭经
amenorrhea: cessation of menstruation in a woman of reproductive age

氨基酸
amino acids: compounds containing nitrogen that are the building blocks of proteins and some neurotransmitters

羊膜腔穿刺术
amniocentesis: a procedure that involves aspiration of amniotic fluid from the uterus to detect certain abnormalities in the fetus

羊膜
amnion: the inner membrane that forms a fluid-filled sac surrounding and protecting the embryo and fetus

羊水
amniotic fluid: fluid in the amniotic sac

安非他明
amphetamines: synthetic drugs that stimulate the central nervous system and sometimes produce hallucinogenic states

淀粉样蛋白
amyloid protein: an abnormal protein in the brain of patients with Alzheimer's disease

无氧的
anaerobic: biological energy production without using oxygen

过敏性休克
anaphylactic shock: a severe allergic reaction involving the whole body that can cause death

雄激素合成代谢类固醇
androgenic anabolic steroids: synthetic male hormones used to increase muscle size and strength

动脉瘤
aneurysm: a ballooning out of a vein or artery

心绞痛
angina pectoris: medical term for chest pain caused by coronary heart disease; a condition in which the heart muscle doesn't receive enough blood, resulting in chest pain

肛门生殖器疣
anogenital warts: hard growths caused by an infection with human papillomavirus (HPV) that appear on the skin of the genitals or anus

神经性厌食症
anorexia nervosa: disorder occurring most commonly in adolescent females, characterized by abnormal body image, fear of obesity, and prolonged refusal to eat, sometimes resulting in death

抗体
antibodies: proteins that recognize and inactivate viruses, bacteria, and other organisms and toxic substances that enter the body

抗原
antigens: foreign proteins on infectious organisms that stimulate an antibody response

抗氧化剂
antioxidants: substances that in small amounts inhibit the oxidation of other compounds

焦虑
anxiety: the fear of an imaginary threat

主动脉
aorta: the large artery that transports blood from the heart to the body

芳香疗法
aromatherapy: use of fragrant extracts of plants to promote healing

动脉
arteries: any of a series of blood vessels that carry blood from the heart to all parts of the body

动脉硬化
arteriosclerosis: hardening of the arteries

关节炎
arthritis: a variety of chronic diseases involving inflammation, stiffness, and pain in joints of the body

人工授精
artificial insemination: introduction of semen into the uterus or oviduct by other than natural means

哮喘
asthma: a chronic disease involving inflammation and narrowing of the airways that makes it difficult to breathe

动脉粥样硬化
atherosclerosis: a disease process in which fatty deposits (plaques) build up in the arteries and block the flow of blood

心房颤动，简称房颤
atrial fibrillation ("a-fib"): rapid, erratic contraction of the upper chambers of the heart

自闭症谱系障碍，也译作孤独症谱系障碍
autism spectrum disorder (ASD): a group of conditions characterized by degrees of impairment in interpersonal interaction

自生训练
autogenic training: the use of autosuggestion to establish a balance between the mind and body through changes in the autonomic nervous system

自身免疫病
autoimmune diseases: mistakes in the functioning of the immune system that cause it to attack tissues in the body

自主神经系统
autonomic nervous system: the special group of nerves that control some of the body's organs and their functions

阿育吠陀医学
Ayurvedic medicine: a traditional form of preventive medicine

and healing involving mind, body, and spirit, practiced in India for thousands of years. Ayurveda is spreading to Western countries

B

B 细胞
B cells: cells of the immune system that produce antibodies

细菌性阴道病
bacterial vaginosis (BV): infection of the vagina

减重术
bariatric surgery: weight loss surgery

基础体温
basal body temperature (BBT): the lowest temperature in a healthy person during waking hours

基底细胞癌
basal cell carcinoma: a form of skin cancer that usually can be removed surgically

基础代谢率
basal metabolic rate (BMR): the amount of energy needed per day to keep the body functioning while at rest

基础代谢
basal metabolism: the minimum amount of energy needed to keep the body alive

良性肿瘤
benign tumor: a tumor whose cells do not spread to other parts of the body

比迪烟
bidis: small, thin, hand-rolled cigarettes

暴食障碍
binge eating disorder: an uncontrolled consumption of large quantities of food in a short period of time, even if the person does not feel hungry

生物反馈
biofeedback: using an electronic device to "feed back" information about the body to alter a particular physiological function

生物磁疗
biomagnetic therapy: use of magnetic fields to treat pain, ailments, and diseases

生物监测
biomonitoring: measurement of environmental chemicals present in the body that may harm health

活体组织检查
biopsy: removal of cells from a tumor for examination under a microscope

双相障碍
bipolar disorder: episodes of depression followed by episodes of mania

出生缺陷
birth defect: an anatomical or functional abnormality present at birth that is inherited or caused by the effects of a chemical, such as alcohol

双酚 A
bisphenol-A (BPA): chemical used to manufacture polycarbonate plastics; may cause abnormal brain development in fetuses and birth defects

断片
blackout: failure to recall normal or abnormal behavior or events that occurred while drinking

血液酒精浓度
blood alcohol content (BAC): the amount of alcohol in the blood

血压
blood pressure: measurement of the force with which the heart pushes blood through the circulatory system

身体成分
body composition: the relative amounts of the body's major components

躯体变形障碍
body dysmorphic disorder: a preoccupation with an imagined defect in one or more of one's body parts

身体意象
body image: a person's mental image of his or her body

体重指数
body mass index (BMI): a measure of body fatness, calculated by dividing body weight (in kilograms) by the square of height (in meters)

布雷希氏宫缩
Braxton-Hicks contractions: normal uterine contractions that occur periodically throughout pregnancy

乳房
breasts: a network of milk glands and ducts in fatty tissue

支气管炎
bronchitis: inflammation of the bronchi of the lungs as a result of irritation; often accompanied by a chronic cough

神经性贪食症
bulimia nervosa: serious disorder, especially common in adolescents and young women, marked by excessive eating, often followed by self-induced vomiting, purging, or fasting

霸凌
bullying: unwanted, aggressive behavior among schoolaged children that involves a real or perceived power imbalance

疾病负担
burden of disease: the gap between the ideal of living to old age in good health and the current situation in which life is shortened by illness

C

C 反应蛋白
C-reactive protein (CRP): a protein in blood that is a measure of chronic inflammation and risk of a heart attack

咖啡因
caffeine: a natural stimulant found in a variety of plants; commonly found in tea, coffee, chocolate, and soft drinks

日历节律法
calendar rhythm: estimation of fertile, or unsafe, days to have intercourse

卡路里
calorie: the amount of energy required to raise 1 g of water from 14.5°C to 15.5°C

高热量密度
calorie dense: food items that contain considerable calories but are of little nutritional value

癌症
cancer: unregulated multiplication of cells in the body

癌症易感基因
cancer susceptibility gene: gene responsible for familial breast cancer and genes that cause susceptibility to colorectal cancer; increases the risk of a person developing cancer in his or her lifetime

毛细血管
capillaries: extremely small blood vessels that carry oxygenated blood to tissues

碳水化合物
carbohydrates: the main source of biological energy; biological molecules consisting of one or more sugar molecules

致癌物
carcinogens: substances that can cause cancer in people and other animals

心导管检查
cardiac catheterization: visualization of blocked coronary arteries by using a catheter and monitoring blood flow in coronary arteries; a dye is injected through the catheter

心脏病科医师
cardiologist: a physician who specializes in diseases of the heart

心肺复苏
cardiopulmonary resuscitation (CPR): an emergency lifesaving procedure used to revive someone who has stopped breathing or suffered cardiac arrest

心肺适能
cardiorespiratory fitness: the degree to which the body can supply sufficient fuel and oxygen to produce sustained, effortful physical activity

心血管疾病
cardiovascular disease (CVD): any disease that causes damage to the heart or the body's blood vessels

颈动脉内膜切除术
carotid endarterectomy: removal of fatty deposits in arteries in the neck to prevent a stroke

细胞免疫
cell-mediated immunity: the response of T cells to infections

纤维素
cellulose: a carbohydrate forming the skeleton of most plant structures and plant cells; the most abundant polysaccharide in nature and the source of dietary fiber

宫颈帽
cervical cap: small latex cap that covers the cervix, used with spermicidal jelly or cream inside the cap

子宫颈
cervix: the lower, narrow end of the uterus

剖宫产，俗称剖腹产
cesarean section (C-section): delivery of the fetus through a surgical opening in the abdomen and uterus

挑战性情境
challenge situations: positive events that may involve major life transitions and may cause stress

硬下疳
chancre: the primary lesion of syphilis, which appears as a hard, painless sore or ulcer, often on the penis or vaginal tissue

化学致癌物
chemical carcinogen: a chemical that damages cells and causes cancer

化疗
chemotherapy: use of toxic chemicals to kill cancer cells and treat some forms of cancer

嚼烟
chewing tobacco: a form of shredded smokeless tobacco; chewed or placed in the mouth between the lower lip and gum

气
chi: a Chinese term referring to the balance of energy in the body

虐待儿童
child abuse: physical or mental injury, sexual abuse or exploitation, maltreatment, or neglect of a child by a person who is responsible for the child's welfare

美式整脊
chiropractic: an alternative medicine that uses manipulation of the spine and joints for healing

衣原体感染
chlamydia infection: a sexually transmitted disease caused by the bacterium *Chlamydia trachomatis*

氯氟烃
chlorofluorocarbons (CFCs): chemicals formerly used as coolants that are released into the atmosphere and that are responsible for destroying stratospheric ozone

胆固醇
cholesterol: a fatlike compound occurring in bile, blood, brain, nerve tissue, liver, and other parts of the body

绒毛膜绒毛吸取术
chorionic villus sampling (CVS): a method to detect biochemical disorders and chromosomal abnormalities in the fetus

染色体
chromosomes: threadlike structures in the nuclei of cells that carry an individual's genetic information

慢性病
chronic disease: a disease that persists for years or even a lifetime

慢性阻塞性肺疾病
chronic obstructive pulmonary diseases (COPD): diseases that restrict the ability of the body to obtain oxygen through the respiratory structures (bronchi and lungs); includes asthma, bronchitis, and emphysema

慢性创伤性脑病
chronic traumatic encephalopathy: destruction of nerve cells in the brain from repeated brain injury due to collisions and falls

纤毛
cilia: microscopic hairs in the lining of the bronchial tubes

包皮环切术
circumcision: a surgical procedure to remove the foreskin from the penis

阴蒂
clitoris: erotically sensitive organ located above the vaginal opening

俱乐部毒品
club drugs: psychoactive chemicals used at parties, dances, festivals, and raves to enhance social experiences and increase sensory stimulation

可卡因
cocaine: a stimulant drug, obtained from the leaves of the coca shrub, that causes feelings of exhilaration, euphoria, and physical vigor

依赖共生关系，也译作拖累症
codependency: a relationship pattern in which the nonaddicted family members identify with the alcoholic

认知
cognition: the act or process of knowing

认知行为疗法
cognitive behavioral therapy (CBT): treatment of psychological distress by examining and changing thoughts that underlie it

认知重建
cognitive reframing: choosing to see a situation from a different point of view

初乳
colostrum: yellowish liquid secreted from the breasts; contains antibodies and protein

复方激素避孕药具
combined hormonal contraceptives: pills, a skin patch, a vaginal insert, and injections that contain two kinds of synthetic hormones that are chemically similar to a woman's natural ovarian hormones, estrogen and progesterone

传染病
communicable disease: an infectious disease that is usually transmitted from person to person

补充疗法
complementary medicine: an alternative therapy that is used *along with* conventional medicine. Usually there is some scientific evidence for the effectiveness and safety of the complementary medicine

复合碳水化合物
complex carbohydrates: a class of carbohydrates called polysaccharides; foods composed of starch and cellulose

脑震荡
concussion: a blow to the head that causes injury, temporary loss of consciousness, and possibly a period of amnesia upon awakening

避孕套
condom: a latex or polyurethane sheath worn over the penis (male condom) or inside the vagina (female condom); can be both a barrier method of contraception and can act as a prophylactic against sexually transmitted diseases

酒类芳香物
congeners: flavorings, colorings, and other chemicals present in alcoholic beverages

先天（出生）缺陷
congenital (birth) defect: any abnormality observed in a newborn that occurred during development

接触性皮炎
contact dermatitis: an allergic reaction of the skin to something that is touched

避孕海绵
contraceptive sponge: a dome-shaped device coated with spermicide

禁忌症
contraindication: any medical reason for not taking a particular drug

应对
coping: efforts to manage a stressful situation regardless of whether those efforts are successful

应对策略
coping strategies: ways people devise to prevent, avoid, or control the emotional distress of unfulfilled needs

冠状动脉
coronary arteries: two arteries arising from the aorta that supply blood to the heart muscle

冠状动脉搭桥术
coronary artery bypass graft (CABG): surgery to improve blood supply to the heart muscle by replacing the damaged portion of the artery with a graft

冠心病
coronary heart disease (CHD): disease caused by fatty deposits in the heart's coronary arteries that impede or completely block the transport of oxygen and nutrients to the heart muscle cells

美容手术
cosmetic surgery: surgery performed not for any medical condition but solely to enhance appearance or correct visible effects of aging

尿道球腺
Cowper's glands: small glands secreting drops of alkalinizing fluid into the urethra

肌酸
creatine: a natural substance in skeletal muscle tissue required for muscle contraction; which can also be purchased as a dietary supplement

交叉训练
cross-training: incorporating more than one activity into a regular activity plan

膀胱炎
cystitis: inflammation of the bladder

细胞因子
cytokines: small molecules that coordinate the activities of B cells and T cells

D

日期标签
date label: a manufacturer's or a store's assessment of when a food product is at peak quality; not related to when the product poses a potential health risk

分贝
decibel: a measure of noise level

防御机制
defense mechanisms: mental strategies for avoiding unpleasant thoughts and emotions

除颤器
defibrillator: an electrical device that can restart a heart that has stopped beating by delivering electrical shocks to it

震颤性谵妄
delirium tremens (DTs): hallucinations and uncontrollable shaking caused by withdrawal of alcohol in alcoholdependent individuals

否认
denial: refusal to admit you (or someone else) have a drinking problem

脱氧核糖核酸
deoxyribonucleic acid (DNA): a chemical substance that carries genetic information in all cells of all organisms

诊断
diagnosis: the cause of a disease or illness as determined by a physician

避孕膜
diaphragm: a soft, rubber, dome-shaped contraceptive device worn over the cervix and used with spermicidal jelly or cream

舒张压
diastole: the pressure in the arteries when the heart relaxes (the lower number)

膳食营养素参考摄入量
Dietary Reference Intakes (DRIs): recommended nutrient intakes intended to prevent chronic disease

膳食补充剂
dietary supplements: products that provide one or more of the 40 essential nutrients or nonessential vitamins, minerals, enzymes, amino acids, herbs, hormones, and nucleic acids

直面消费者广告
direct-to-consumer advertising (DTCA): the marketing of prescription drugs to consumers to stimulate demand for a drug

消极压力
distress: stress resulting from unpleasant stressors

双盲安慰剂对照试验
double-blind-placebo controlled trail: when neither the person receiving the drug nor the person administering the drug knows whether patients receive a placebo or the drug

冲洗
douching: rinsing the vaginal canal with a liquid; not an effective means of birth control or STD prevention

药物
drug: a single chemical substance in a medicine that alters one or more of the body's biological functions

药物滥用
drug abuse: persistent or excessive use of a drug without medical or health reasons

药物过敏
drug hypersensitivity: an allergic reaction to a drug

痛经
dysmenorrhea: abdominal pain during menstruation ("menstrual cramps")

恶劣心境
dysthymia: a long-lasting, mild form of depression

E

电子烟
e-cigarettes: electronic devices that deliver via inhaled vapor nicotine, flavorings, and other chemicals; called "vaping"

摇头丸
Ecstasy (MDMA): a club drug with both stimulant and pleasurable effects

异位妊娠
ectopic pregnancy: a pregnancy occurring outside the uterus, usually in a fallopian tube

虐待老人
elder abuse: physical, sexual, or emotional maltreatment or financial exploitation of an adult aged 60 or older

心电图
electrocardiogram (EKG): a test that shows the rate and rhythm of the heartbeat

电磁场
electromagnetic fields (EMFs): a form of radiation produced by electrical power lines and appliances that may increase the risk of cancers

胚胎
embryo: the developing infant during the first two months of conception

胚胎干细胞
embryonic stem cells: cells derived from human fertilized eggs and grown in laboratory dishes; stem cells have the capacity to differentiate into many different tissues and organs

新发感染病
emerging infectious diseases: infections that newly appear, or re-emerge, within a vulnerable population of people or known infections that are suddenly spreading rapidly

排放量
emission: amount of substance that is released into the atmosphere

情绪聚焦的应对
emotion-focused coping: appraising and accepting a stressful situation as not immediately changeable and adopting an attitude that lessens anxiety and brings comfort

情绪健康
emotional wellness: understanding emotions and knowing how to cope with problems that arise in everyday life and how to manage stress

情绪
emotions: patterns of brain activity that can arise spontaneously or in response to what is experienced, has been experienced, or believed to be experienced

肺气肿
emphysema: a progressive degeneration of the lung alveoli, causing breathing and oxygen assimilation to become more and more difficult

内分泌干扰物
endocrine disruptors: chemical substances in the environment that interfere with the actions of one or more of the body's hormones

子宫内膜
endometrium: the inner lining of the uterus

耐力
endurance: the ability to move an object without becoming quickly fatigued

能量平衡
energy balance: when energy consumed as food equals the energy expended in living

环境
environment: all external physical factors that affect us

流行病学
epidemiology: a branch of science that studies the causes and frequencies of diseases in human populations

会阴切开术
episiotomy: an incision in the perineum to facilitate passage of the baby's head during childbirth while minimizing injury to the woman

强化剂
ergogenic aids: substances used to increase strength and endurance

红细胞生成素
erythropoietin: a hormone that increases the number of red blood cells, thus increasing the body's ability to carry oxygen to tissues

必需氨基酸
essential amino acids: amino acids that cannot be synthesized by the body and must be provided by food

必需脂肪
essential fat: necessary body fat required for normal physiological functioning

原发性高血压
essential (primary) hypertension: high blood pressure that is not caused by any observable disease

基本营养素
essential nutrients: chemical substances obtained from food and needed by the body for growth, maintenance, or repair of tissues; not made by the body; must be obtained from food

乙醇
ethyl alcohol (ethanol): the consumable type of alcohol that is the psychoactive ingredient in alcoholic beverages; often called grain alcohol

病因
etiology: specific cause of disease

积极压力
eustress: stress resulting from pleasant stressors

暴露量
exposure: actual amount of the substance people are exposed to

F

失败率
failure rate: likelihood of becoming pregnant if using a birth control method for 1 year

输卵管
fallopian tubes: the usual site of fertilization; a pair of tubelike structures that transport ova from the ovaries to the uterus

家族性高脂血症
familial hyperlipidemia (FH): an inherited disease causing extremely high levels of cholesterol in the blood

脂溶性维生素
fat-soluble vitamins: soluble in fat; there are four fatsoluble vitamins

脂肪替代品
fat substitutes: chemicals added to packaged foods to provide the taste and texture of fat but few or no calories

脂肪酸
fatty acids: naturally occurring in fats, either saturated or unsaturated (monounsaturated or polyunsaturated)

粪菌移植
fecal microbiota transplantation (FMT): transplanting fecal material from a healthy donor to the colon of an unwell person to create a healthful change in the patient's intestinal micrombiome

反馈
feedback: response of the receiver of a message to let the sender know the message was received

女运动员三联征
female athlete triad: combination of disordered eating, cessation of menstruation (amenorrhea), and weakened bones (osteoporosis)

安全期避孕法，也译作生育意识法
fertility awareness methods: methods of birth control in which a couple charts the cyclic signs of the woman's fertility and ovulation, and/or uses basal body temperature, mucus changes, and other signs to determine fertile periods

生育周期
fertility cycle: the near-monthly production of fertilizable eggs

受精
fertilization: the fusion of a sperm cell and an ovum

胎儿酒精综合征
fetal alcohol syndrome (FAS): birth defects and mental disabilities caused by ingestion of alcohol by the mother during pregnancy

纤维
fiber: a group of compounds that make up the framework of plants; fiber cannot be digested

枪支暴力
firearm violence: nonmilitary violence committed with the use of a gun with or without criminal intent

柔韧性
flexibility: the degree to which one can rotate, bend, and twist a part of the body

逃跑—战斗—僵住反应
flight-fight–freeze response: a defensive reaction that prepares the organism for conflict or escape by triggering hormonal, cardiovascular, metabolic, and other changes

第一产程
first-stage labor: the beginning of labor during which there are regular contractions of the uterus

促卵泡激素
follicle-stimulating hormone: stimulates ovaries to develop mature follicles (with eggs); the follicle produces estrogen

食物过敏
food allergies: allergic responses to something that has been eaten

包皮
foreskin: a fold of skin over the end of the penis

基本健康状况
Foundation Health Status: seven categories of health goals that represent the major public health concerns in the United States

果糖
fructose: a simple sugar found in fruits and honey

功能性食品
functional food: a food to which additional vitamins, minerals, herbs, or other substances are added to allow the manufacturer to make health claims

杀菌剂
fungicide: a chemical that kills fungi and molds

G

γ–羟基丁酸盐
gamma-hydroxybutyrate (GHB): a dangerous club drug with unpleasant side effects

伽马辐照
gamma irradiation: nonchemical method of food preservation

胃溃疡
gastric ulcers: open sores in the stomach from infection by the bacterium *H. pylori*

性别
gender: social classification based on biological sex

基因疗法
gene therapy: a technique for replacing defective genes with normal ones in certain tissues of a person affected with a hereditary disease

一般适应综合征
general adaptation syndrome (GAS): a three-phase biological response to stress

广泛性焦虑障碍
generalized anxiety disorder: persistent and often nonspecific worry and anxiety

遗传咨询
genetic counseling: information to help prospective parents evaluate the risks of having or delivering a child with a genetic abnormality

基因检测
genetic testing: medically supervised procedures that identify changes in chromosomes, genes, or proteins to confirm or rule out a suspected genetic condition or help determine a person's chance of developing or passing on to children a genetic disorder

转基因食品
genetically modified foods: agricultural plants and animals in which one or more genes from different organisms have been inserted also called *genetically modified organisms,* or *GMOs*

基因组编辑
genome editing: a method to precisely add, change, or remove segments of DNA

老年学
gerontology: science that studies the causes and mechanisms of aging

葡萄糖
glucose: the principal source of energy in all cells; also called *dextrose*

麸质
gluten: a mixture of proteins that occur naturally in wheat, rye, barley, and crossbreeds of these grains, which can damage the small intestine

糖原
glycogen: the form in which carbohydrate is stored in humans and animals

淋病
gonorrhea: sexually transmitted disease caused by gonococcal bacteria (*Neisseria gonorrhoeae*)

温室效应
greenhouse effect: the ability of atmospheric carbon dioxide to reflect heat radiated from Earth back to Earth and to thereby raise Earth's temperature globally

引导式意象
guided imagery: using verbal suggestions to create one's own mental images that produce relaxation and feelings of harmony, and reduce stress

H

习惯化
habituation: psychological dependence arising from repeated use of a drug

致幻剂
hallucinogens: psychoactive substances that alter sensory processing in the brain, producing visual or auditory sensations that are not real (i.e., that are hallucinatory)

宿醉
hangover: unpleasant physical sensations resulting from excessive alcohol consumption

伤害—丧失情境
harm-and-loss situations: stressful events that include death, loss of property, injury, and illness

哈希
hashish: the sticky resin of the *Cannabis* plant

仇恨犯罪
hate crime: an unlawful act committed against a person, group, or place that is motivated by hate or bias

健康
health: state of sound physical, mental, and social well-being

医疗授权委托书
healthcare power of attorney: designates someone to make healthcare decisions for you if you are unable to communicate

健康相关生活质量
Health-related quality of life (HRQoL): a measure of health that includes non-medical factors

心肌梗死，也译作心脏病发作
heart attack: death of, or damage to, part of the heart muscle caused by an insufficient blood supply

心力衰竭
heart failure: when the heart is weakened to the degree it cannot pump blood throughout the body

享乐进食系统
hedonic eating system: motivation to eat by the psychological desire to experience a psychological reward, or pleasure from consuming food

半纤维素
hemicellulose: substances found in plant cell walls that are composed of various sugars chemically linked together

血友病
hemophilia: a hereditary disease (primarily in men) caused by lack of an essential blood clotting factor; results in excessive bleeding in response to any scratch or injury

肝炎
hepatitis: serious disease of the liver caused by hepatitis virus A, B, C, or D; also caused by chemicals and alcohol

草药
herbal medicines: materials derived from plants and other organisms that are made into teas, powders, and salves to treat diseases and injuries

除草剂
herbicide: a chemical that kills weeds

遗传性疾病
hereditary (genetic) disease: any disease resulting from the inheritance of defective genes or chromosomes from one or both parents

疱疹
herpes: a sexually transmitted disease caused by herpes simplex virus, HSV

高密度脂蛋白
high-density lipoprotein (HDL): the carrier of cholesterol from tissues to the liver for removal from the circulation; carrier of "good" cholesterol

组胺
histamine: a chemical released by cells in an allergic response; causes inflammation

组织相容性
histocompatibility: the degree to which the antigens on cells of different persons are similar

HIV 抗体检测
HIV antibody test: detects antibodies in blood that are produced in response to infection by HIV

顺势疗法
homeopathy: an alternative medicine that administers very dilute solutions of substances that mimic the patient's symptoms

稳态进食系统
homeostatic eating system: integrated neurological and hormonal control of eating behavior based on the body's need for energy (calories)

水烟袋
hookahs: water pipes used to smoke flavored tobacco

激素替代疗法
hormone replacement therapy (HRT): administration of estrogen to menopausal and postmenopausal women to help prevent symptoms of menopause, osteoporosis, and heart disease

激素
hormones: chemicals produced in the body that regulate body functions

临终关怀医院
hospice: a place for terminally ill patients to spend the time

before death in an environment that attends to their physical, emotional, and spiritual needs but does not administer any further treatments; care also can be given in a patient's home

敌意
hostility: a personal trait characterized by an ongoing mistrust of others, cynicism, a personal emotional style of anger mixed with disgust and contempt, and a tendency to act out those feelings with overt aggression, snide comments, or criticism

人绒毛膜促性腺激素
human chorionic gonadotropin (HCG): a hormone produced during the first stages of pregnancy; it is used as a basis for pregnancy tests

人生长激素
human growth hormone: a naturally occurring pituitary hormone

人类免疫缺陷病毒，或称艾滋病病毒
human immunodeficiency virus (HIV): the virus that causes AIDS; it causes a defect in the body's immune system by invading and then multiplying within certain white blood cells

人类白细胞抗原
human leukocyte antigens (HLAs): antigens that are measured to determine the suitability of an organ for transplantation from donor to recipient

人体微生物群
human microbiome: the total composition of bacteria, fungi, viruses, and other microorganisms that inhabit a human body

人乳头瘤病毒
human papillomavirus (HPV): a genus of viruses including those causing papillomas (small nipplelike protrusions of the skin or mucous membrane) and warts

体液免疫
humoral immunity: the response of B cells to infections

高血压
hypertension: high blood pressure

催眠
hypnosis: a state of concentration and focused attention

催眠疗法
hypnotherapy: the use of hypnosis to treat sickness

安眠药
hypnotics: central nervous system depressants used to induce drowsiness and encourage sleep

下丘脑—垂体—肾上腺轴
hypothalamo-pituitary-adrenal (HPA) axis: a coordinated physiological response to stress involving the hypothalamus of the brain and the pituitary and adrenal glands

子宫切除术
hysterectomy: surgical removal of the uterus

I

第一人称陈述
I-statements: statements beginning with "I"; positive communication skill

意象视觉化
image visualization: use of mental images to promote healing and change behaviors

免疫系统
immune system: an interacting system of organs and cells that protect the body from infectious organisms and harmful substances

免疫接种
immunizations: vaccinations to prevent a variety of serious diseases caused by both bacteria and viruses

免疫抑制剂
immunosuppressive drugs: drugs to suppress the functions of the immune system (e.g., after organ transplants)

免疫疗法
immunotherapy: medically enhancing the body's immune system to fight cancer

发病率
incidence: the number of new cases of a particular disease

人工流产，俗称堕胎
induced abortion: the intentional, premature termination of pregnancy

不孕不育
infertile: unable to become pregnant or to impregnate

配料标签
ingredients label: label on a manufactured food that lists the ingredients in descending order by weight

吸入剂
inhalants: vaporous substances that, when inhaled, produce alcohol-like intoxication

伤害流行病学
injury epidemiology: the study of the occurrence, causes, and prevention of injury

杀虫剂
insecticide: a chemical that kills insects

不溶性纤维
insoluble fiber: cannot be dissolved in water

失眠
insomnia: prolonged inability to obtain adequate sleep

整合疗法
integrative medicine: combination of the practice of scientific, Western medicine with alternative medicines that are safe and effective for patients

智识健康
intellectual wellness: having a mind open to new ideas and concepts

亲密伴侣暴力
intimate partner violence (IPV): physical, sexual, or psychological harm by a current or former intimate partner or spouse

宫内节育器
intrauterine device (IUD): a flexible, usually plastic, device inserted into the uterus to prevent pregnancy

体外受精胚胎移植术，俗称试管婴儿
in vitro fertilization and embryo transfer (IVF-ET): a procedure in which an egg is removed from a ripe follicle and fertilized by a sperm cell outside the human body; the fertilized egg is allowed to divide in a protected environment for about 2 days and then is inserted into the uterus

电离辐射
ionizing radiation: radiation, such as x-rays, that can damage cells and cause cancer; also used to treat cancer

等长训练
isometric training: a type of strength training

K

核型
karyotype: visual display of all of a person's chromosomes that can detect chromosomal abnormalities characteristic of inherited diseases

K 粉 / 氯胺酮
ketamine: an anesthetic used as a club drug

千卡
kilocalorie: unit of energy; the amount of heat needed to raise 1 kilogram of water 1°C, equivalent to 1,000 calories

丁香烟
kreteks (clove cigarettes): cigarettes with cloves and other additives

L

大阴唇
labia majora: a pair of fleshy folds that cover the labia minora

小阴唇
labia minora: a pair of fleshy folds that cover the vagina

分娩
labor: the process of childbirth

乳糖酶
lactase: enzyme secreted by glands in the small intestine that converts lactose (milk sugar) into simple sugars

奶蛋素食者
lacto-ovo-vegetarian: one who excludes meat, poultry, and fish, but includes eggs and dairy products from diet

奶素食者
lacto-vegetarian: one who excludes meat, poultry, fish, and eggs, but includes dairy products from diet

乳糖
lactose: a sugar formed by glucose and galactose chemically bonded together; found primarily in milk

喉痉挛
laryngospasm: spasm of the larynx caused by inhaling water

主要健康指标
Leading Health Indicators (LHIs): a set of high-priority Healthy People 2020 objectives and ways to achieve them

卵磷脂
lecithin: an essential component of cell membranes

白细胞
leukocytes: white blood cells that fight infections

预期寿命
life expectancy: average number of years a person can expect to live

胎儿下降感
lightening: the positioning of the fetus for birth by descent in the uterus

亚油酸
linoleic acid: an essential fat that must be obtained from food

脂类
lipids: fats such as cholesterol and triglycerides

脂蛋白
lipoproteins: spherical particles that transport cholesterol and fat (TG) in the blood

脂肪抽吸术
liposuction: surgery used to remove fat under the skin to reshape parts of the body

字面讯息
literal message: a message that is conveyed by symbols

生前预嘱
living will: a legal document that expresses your wishes regarding treatment if you become unable to make your own medical decisions

低密度脂蛋白
low-density lipoprotein (LDL): the carrier of "bad" cholesterol in blood

最低观察失败率
lowest observed failure rate: likelihood of becoming pregnant if using a birth control method consistently and as intended

LSD: a powerful hallucinogenic chemical; ingestion alters brain chemistry and produces a variety of hallucinogenic and behavioral effects

红斑狼疮
lupus erythematosus: an autoimmune disease that mostly affects women

黄体生成素
luteinizing hormone: stimulates the release of the ovum (egg) by the follicle; the follicle produces progesterone

莱姆病
Lyme disease: a serious, difficult-to-diagnose infectious disease caused by bacteria deposited by ticks when they bite

淋巴结
lymph nodes: nodules spaced along the lymphatic vessels that trap infectious organisms or foreign particles

淋巴系统
lymphatic system: a system of vessels in the body that trap foreign organisms and particles; the lymphatic system is part of the immune system

M

巨噬细胞
macrophages: specialized cells that destroy and eliminate foreign particles and microorganisms from the body

磁共振成像
magnetic resonance imaging (MRI): use of a strong magnetic field to produce images of internal parts of the body; especially useful for soft tissues

重性抑郁
major depression: a mental state characterized by feelings of hopelessness, helplessness, and self-recrimination

疟疾
malaria: a disease of red blood cells that produces fever, anemia, and death

恶性肿瘤
malignant tumor: a tumor whose cells spread throughout the body

乳房X光检查
mammogram: x-ray picture used to detect tumors in the breast

曼荼罗
mandala: an artistic, religious design used as an object of meditation

祷语或真言
mantra: a sound or phrase that is repeated in the mind to help produce a meditative state

大麻
marijuana: a psychoactive substance present in the dried leaves, stems, flowers, and seeds of plants of the genus *Cannabis*

手淫
masturbation: self-induced sexual stimulation

最大寿命
maximum life span: the theoretical maximum number of years that individuals of a species can live

中位死亡年龄
median age at death: the age at which half the members of a population have died

医疗辅助死亡
medical aid in dying: a physician assistance to help a patient who no longer desires to live because of pain or an incurable illness to die

医学模型
medical model: interprets health in terms of the absence of disease and disability

药物流产
medication abortion: nonsurgical abortion using specific medications to stop pregnancy

医疗化
medicalization: medical treatment of conditions, behaviors, or traits that generally were not regarded as illnesses or medical problems

药品
medicine: drugs used to prevent, treat, or cure illness; aid healing; or suppress symptoms

冥想
meditation: focusing awareness on a self-produced inner sound ("mantra") or an external sound, or image, or one's breathing to lessen attentiveness to external stimuli

黑色素瘤
melanoma: a particularly dangerous form of skin cancer

初潮
menarche: the beginning of menstruation

绝经
menopause: the cessation of menstruation in midlife

月经周期
menstrual cycle: the period of time from one menstruation to another

月经
menstruation: the regular sloughing of the uterine lining via the vagina

心理健康，也译作精神健康
mental health: a sense of optimism, vitality, and wellbeing, and intentional behaviors that lead to productive activities, fulfilling relationships with others, and the ability to adapt to change and cope with adversity

心理疾病，也译作精神疾病
mental illness: alterations in thinking, emotions, and/or intentional behaviors that produce psychological distress and/or impaired functioning

经络
meridians: the channels along the body where energy flows and where acupuncture points are located

间皮瘤
mesothelioma: a form of lung cancer caused by asbestos

代谢当量
metabolic equivalents (METs): per-minute multiples of the amount of energy used while lying still

代谢综合征
metabolic syndrome: a model embracing five risk factors that puts people who have at least three risk factors at risk for cardiovascular disease, diabetes, and premature death

新陈代谢
metabolism: the process of obtaining energy and matter from the chemical breakdown of molecules obtained from food or from the body

元讯息
metamessage: how the message is interpreted between sender and receiver

转移
metastasis: the process by which cancer cells spread throughout the body

矿物质
minerals: inorganic elements found in the body both in combination with organic compounds and alone

迷你避孕药
mini-pill: a progestin-only contraceptive pill

湿鼻烟
moist snuff: a form of snuff made from air- and fire-cured tobacco leaves; most hazardous form of smokeless tobacco

单核细胞增多症
mononucleosis: an infectious disease caused by the Epstein-Barr virus, common among college-age adults

单不饱和脂肪酸
monounsaturated fatty acid: carries one less than all the hydrogen atoms it possibly could

病患人数
morbidity: the number of persons in a population who are ill

死亡率
mortality: death rate; number of deaths per unit of population (e.g., per 100, 10,000, or 1,000,000) in a specific region, age range, or other group

多发性硬化
multiple sclerosis (MS): an autoimmune disease that affects the central nervous system

突变
mutations: permanent changes in the genetic information in a cell; only mutations in sperm and eggs are inherited

髓鞘
myelin: a substance that sheaths and insulates nerve fibers in the brain and spinal cord

心肌
myocardium: muscular wall of the heart that contracts and relaxes

肌强直
myotonia: muscle tension

我的餐盘
MyPlate: a graphic to remind people of the composition of a healthy diet

N

发作性睡病
narcolepsy: extreme tendency to fall asleep during the day

自然疗法
naturopathy: an alternative medicine that uses nutrition, herbs, massage, and other techniques to promote healing

尼古丁
nicotine: an addicting chemical in tobacco that produces rapid pulse, increased alertness, and a variety of other physiological effects

尼古丁替代疗法
nicotine replacement therapy: using nicotine-containing gum, skin patches, nasal sprays, or inhalers to temper the symptoms of nicotine withdrawal when quitting smoking

反安慰剂效应
nocebo effect: the opposite of the placebo effect; a harmless substance has harmful, undesirable, and adverse effects on health

非必需氨基酸
nonessential amino acids: eleven amino acids required for protein synthesis that are synthesized by humans and are not specifically required in the diet

保健食品
nutraceutical: a dietary supplement intended to prevent or treat an illness or disease

营养成分标签
Nutrition Facts label: label on a manufactured food that lists the quantity of certain nutrients in the food and the percent daily value for those nutrients

营养卡路里
nutritional calorie: unit of energy; often used interchangeably with the term *kilocalorie*

高营养密度
nutrient dense: food items that are high in nutrition in proportion to their calorie content

O

肥胖
obesity: storage fat exceeding 30% of body weight

强迫症
obsessive-compulsive disorder (OCD): persistent, unwelcome thoughts or images and the urgent need to engage in certain rituals

职业健康
occupational wellness: enjoyment of what you are doing to earn a living and contribute to society

心脏开胸手术
open-heart surgery: surgery performed on the opened heart while the blood supply is diverted through a heart-lung machine

阿片类物质
opiates: central nervous system depressants derived from the opium poppy

机会性感染
opportunistic infection: any infectious disease in a patient with a weakened immune system; often occurs in AIDS patients

乐观主义
optimism: the thought process of imagining a high probability of attaining a goal

性高潮
orgasm: the climax of sexual responses and the release of physiological and sexual tensions

整骨疗法
osteopathy: an alternative medicine that uses manipulation and medicines for healing; osteopaths receive training comparable to that of physicians and can prescribe drugs

骨质疏松症
osteoporosis: a condition in older people, particularly women, in which bones lose density and become porous and brittle

卵细胞
ova: female eggs (singular, *ovum*)

卵巢
ovaries: a pair of almond-shaped organs in the female abdomen that produce egg cells (ova) and female sex hormones

超负荷
overload: the feeling that there are too many demands on one's time and energy from being confronted with too many challenges

非处方药
over-the-counter (OTC) drugs: drugs that do not require a prescription

过劳损伤
overuse injuries: injuries to muscles, tendons, ligaments, and joints resulting from too much exercise

蛋素食者
ovo-vegetarian: one who excludes meats, poultry, fish, and dairy but eats eggs

排卵
ovulation: release of an egg (ovum) from the ovary

氧化
oxidation: the chemical term for the process of oxygenpresent energy production

臭氧空洞
ozone hole: an ozone-deficient portion of the atmosphere above Antarctica that has been steadily growing since the problem was first reported in 1985

臭氧层
ozone layer: a layer of ozone molecules located in the stratosphere in a diffuse band extending from 10 to 30 miles above Earth's surface

P

起搏器
pacemaker: an electrical device implanted in the chest to control irregular heartbeats

美味食物
palatable foods: those which create the sensations of salty, fatty, and sweet

惊恐障碍
panic disorder: severe anxiety accompanied by physical symptoms

睡眠异态
parasomnias: activities that interrupt restful sleep

帕金森病
Parkinson's disease (PD): a neurodegenerative disease in which brain functions that control movements of the body are gradually lost

病原体
pathogen: a disease-causing organism

病理学家
pathologist: a physician who specializes in the causes of diseases

计步器
pedometer: a step counter

青霉素
penicillin: an antibiotic produced by mold and capable of curing many bacterial infections

阴茎
penis: the male's organ of copulation and urination

感知到社会支持
perceived social support: believing that support from one's social network is available if needed

每日推荐摄入量百分比
percent daily value (PDV): percentage of the recommended daily amount of a particular nutrient found in a food

经皮腔内冠状动脉成形术
percutaneous transluminal coronary angioplasty (PTCA): a procedure to open blocked arteries

悲观主义
pessimism: the thought process of imagining a low probability of attaining a goal

农药
pesticide: a chemical that kills unwanted plants and animals

药物遗传学
pharmacogenetics: tailoring drugs to a particular individual to match his or her biology

苯环己哌啶
phencyclidine (PCP): drug that, depending on the route of administration and dose, can be a stimulant, depressant, or hallucinogen; originally developed as an animal anesthetic

恐怖症
phobia: a powerful and irrational fear of something

光化学烟雾
photochemical smog: air pollution from the action of sunlight on emissions from motor vehicles and industrial sources

邻苯二甲酸酯
phthalates: chemicals used in the manufacture of various plastics; may cause abnormal genital development in males and premature breast development in girls

身体活动水平
physical activity level (PAL): a measure of the amount of energy expended per day over and above that used for basal metabolism

生理依赖
physical dependence: a physiological state that depends on the continuous presence of a drug; absence of the drug may cause discomfort, nervousness, headaches, and sweating (withdrawal symptoms) and sometimes death

身体健康
physical wellness: maintaining a healthy body by eating right, exercising regularly, avoiding harmful habits, and making informed, responsible decisions about your health

植物化学物质
phytochemicals: chemicals produced by plants

普拉提
Pilates: a system of stretching and strengthening exercises

安慰剂效应
placebo effect: healing that results from a person's belief in a treatment that has no medicinal value

胎盘
placenta: the flat, circular vascular structure within the pregnant uterus that provides nourishment to and eliminates wastes from the developing embryo and fetus and is passed as afterbirth after the baby is born

斑块
plaque: deposit of fatty substances in the inner lining of arteries

铅中毒
plumbism: disease caused by lead poisoning

毒物
poison: any chemical substance that causes illness, injury, or death

多不饱和脂肪酸
polyunsaturated fatty acid: carries at least two fewer hydrogen atoms than it would if saturated

创伤后应激障碍
posttraumatic stress disorder (PTSD): physical and mental illnesses resulting from severe trauma

两轮动力车
powered two-wheelers (PTWs): a diverse group of vehicles, including powered scooters and mopeds

精准医疗
precision medicine: tailoring treatments to the genetic makeup of individual patients

优选医疗机构
preferred provider organization (PPO): physicians who belong to the organization provide medical care at reduced costs that are negotiated by the organization

经前焦虑症
premenstrual dysphoric disorder (PMDD): premenstrual symptoms severe enough to impair personal functioning

患病率
prevalence: the proportion of individuals in a population who have a specific disease or condition at a given point in time or over a specified period

问题聚焦的应对
problem-focused coping: appraising a stressful situation as changeable and making and attempting a plan for changing something to improve things

加工食品
processed foods: industrial products derived from natural foods to which salt, sugar, oils and fats, and other chemicals are added to modify taste and consistency

单纯孕激素避孕药具
progestin-only contraceptives: work by inhibiting ovulation and thickening of the cervical mucus; completely reversible

单纯孕激素皮下埋植法
progestin-only implantation methods: inserting a 1.5-inch hormone-containing plastic rod under the skin, where it remains for 3 years

单纯孕激素注射法
progestin-only injectable methods: injection of a 12-week supply of hormone, which is released at a steady rate

催乳素
prolactin: a hormone produced by the anterior lobe of the pituitary gland that stimulates milk secretion

度
proof: a number assigned to an alcoholic product that is twice the percentage of alcohol in that product

前列腺
prostate gland: gland at the base of the bladder providing seminal fluid

前列腺特异性抗原检测
prostate-specific antigen (PSA) test: a blood test that detects a protein associated with abnormal growth of the prostate gland

蛋白质
protein: the foundation of every body cell; biological molecules composed of chains of amino acids

蛋白质互补
protein complementarity: combining sources of protein such that amino acid deficiencies in one are counterbalanced by abundances in another

精神活性药物
psychoactive: any substance that primarily alters mood, perception, and other brain functions

心理依赖
psychological dependence: dependence that results because a drug produces pleasant mental effects

心身疾病
psychosomatic illnesses: physical illnesses brought on by negative mental states such as stress or emotional upset

阴虱
pubic lice: small insects that live primarily in hair in the genital and rectal regions

产褥期
puerperium: the 6 weeks after childbirth, also called postpartum period

Q

江湖医术
quackery: promotion and sale of unapproved and worthless products, especially for medical problems and health enhancement

戒烟日期
quit date: the day a smoker designates as the one on which she or he will stop smoking completely

R

放疗
radiation therapy: use of high-energy radiation, such as x-rays, to kill cancer cells and treat some forms of cancer

氡
radon: a radioactive gas found in some homes that can increase the risk of cancer

活动范围
range of motion: the amount of rotating, bending, or twisting allowed by the anatomy of a joint

强奸
rape: nonconsensual sexual behavior, generally penile penetration of a bodily orifice

强奸创伤综合征
rape trauma syndrome: immediate and long-term psychological difficulties, including PTSD, from having been raped

快速眼动睡眠
rapid eye movement (REM) sleep: stage of sleep in which dreams occur

反应性低血糖
reactive hypoglycemia: occurring after the ingestion of carbohydrates, with consequent release of insulin

反弹效应
rebound effect: the reemergence of symptoms for which a drug is administered after the drug is suddenly stopped or the dose lessened

受体
receptor: protein on the surface or inside of a cell to which a drug or natural substance can bind and thereby affect cell function

相对主观用力程度
relative perceived exertion: awareness of one's relative response to exercise

放松反应
relaxation response: the physiological changes in the body that result from mental relaxation techniques

重复运动障碍
repetitive motion disorders: disorders caused by repeated stress to a body part; carpal tunnel syndrome is a repetitive motion disorder

风湿性心脏病
rheumatic heart disease: damage to the heart valves from bacterial infection

大米原则
RICE: an acronym for rest, ice, compression, elevation; the first aid measures for sports injuries

灭鼠剂
rodenticide: a chemical that kills mice and rats

罗眠乐
Rohypnol: a powerful tranquilizer used as a club drug

S

安全
safety: an ever-changing condition in which one attempts to minimize the risk of injury, illness, or property damage from the hazards to which one may be exposed

饱和脂肪酸
saturated fatty acid: carries all the hydrogen atoms it possibly could

疥疮
scabies: infestation of the skin by microscopic mites (insects)

阴囊
scrotum: the sac of skin that contains the testes

季节性情感障碍
seasonal affective disorder (SAD): depressive symptoms that appear in autumn or winter and remit spontaneously in spring

第二产程
second-stage labor: the stage during which the baby moves out through the vagina and is delivered

继发性高血压
secondary hypertension: high blood pressure caused by a recognizable disease

第二性征
secondary sex characteristics: anatomical features appearing at puberty that distinguish males from females

二手暴饮效应
secondhand binge effects: negative experiences caused by another's binge drinking

镇静剂
sedatives: central nervous system depressants used to relieve anxiety, fear, and apprehension

久坐行为
sedentary behavior: a pattern of living that lacks sufficient physical activity for good health

自我表露
self-disclosure: sharing personal experiences and feelings with someone

自我效能感
self-efficacy: the belief that one can carry out the actions required to accomplish a goal

自尊
self-esteem: the judgment one places on one's self-worth

精液
semen: a whitish, creamy fluid containing sperm

精囊
seminal vesicles: glands that secrete a fluid that is a component of semen

生精小管，也译作曲细精管
seminiferous tubules: convoluted tubules in the testicles that produce sperm

老年期痴呆
senile dementia: loss of cognitive functions in elderly people

性侵犯
sexual assault: the combination of nonconsensual sexual penetration (rape) and nonsexual violence, such as battery, the threat of harm, or homicide

性取向
sexual orientation: the propensity to be sexually and romantically attracted to a particular sex

性反应周期
sexual response cycle: the four-phase physiological response to sexual arousal in both men and women

性暴力
sexual violence: violent actions that include rape, incest, attempted rape, and unwanted sexual touching

性传播疾病
sexually transmitted diseases (STDs): infections passed from person to person by sexual contact

摇晃婴儿综合征
shaken-baby syndrome (SBS): a form of child abuse in which an infant is violently shaken by an adult

病态建筑综合征
sick building syndrome: collection of symptoms reported by workers in some modern buildings

副作用
side effects: unintended and often harmful actions of a drug

简单糖
simple sugars: a class of carbohydrates called monosaccharides; all carbohydrates must be reduced to simple sugars to be digested

窦房结
sinoatrial node: the region of the heart that produces an electrical signal that causes the heart to contract

包皮垢
smegma: a white, cheesy substance that accumulates under the foreskin of the penis

烟雾
smog: air polluted by chemicals, smoke, particles, and dust

鼻烟
snuff: a form of smokeless tobacco; made from powdered or finely cut leaves

社交焦虑障碍
social anxiety disorder: fear of being observed and evaluated by others in social situations

社会支持
social support: resources that one receives from others, particularly people in one's immediate social network with whom one has emotional bonds and/or social ties

社会适应健康
social wellness: ability to perform social roles effectively, comfortably, and without harming others

社会化
socialization: the process by which social groups confer attitudes and expectations upon individuals

可溶性纤维
soluble fiber: nondigestible plant material that can dissolve in water

躯体症状障碍
somatic symptom disorder: occurrence of physical symptoms without any bodily disease or injury being present

特定代谢率
specific metabolic rate: the amount of energy per gram of body weight consumed per day

旁观
spectatoring: observing one's own sexual experience rather than fully taking part in it

杀精剂
spermicide: a chemical that kills sperm; particularly foams, creams, gels, and suppositories used for contraception

精神健康
spiritual wellness: state of balance and harmony with yourself and others

鳞状细胞癌
squamous cell carcinoma: cancer of the top layer of skin; most are curable if removed early

跟踪
stalking: behavior that causes victims to feel a high level of fear of physical or sexual violence

淀粉
starch: complex chain of glucose molecules

他汀类药物
statins: a class of drugs that block synthesis of cholesterol in the liver and reduce the amount of cholesterol in the blood

绝育
sterility: the state of permanent infertility

兴奋剂
stimulants: substances that increase the activity of the central nervous system

储存脂肪
storage fat: also called depot fat; energy stored as fat in various parts of the body

力量训练
strength training: the use of resistance to increase one's ability to exert or resist force for the purpose of improving performance

压力，也译作应激
stress: the sum of physical and emotional reactions to any stimulus that disturbs the harmony of body and mind

压力源
stressor: any physical or psychological situation that produces stress

中风（脑卒中）
stroke (brain attack): death of brain cells due to an insufficient

supply of blood to the brain, resulting in loss of muscle function, loss of speech, or other symptoms

半脱位
subluxation: misalignment of a vertebra from its correct position

蔗糖
sucrose: common refined table sugar; a molecule of glucose and a molecule of fructose chemically bonded together

亚硫酸盐
sulfites: used as preservatives for salad, fresh fruits and vegetables, wine, beer, and dried fruit; in susceptible individuals, especially those with asthma, they can cause a severe reaction

手术流产
surgical abortion: the most common abortion method, in which the uterus is emptied with the gentle suction of a manual syringe

症状—体温法
sympto-thermal method: using both the basal body temperature and the mucus methods at the same time

梅毒
syphilis: a sexually transmitted disease caused by spirochete bacteria (*Treponema pallidum*)

收缩压
systole: the pressure in the arteries when the heart contracts (the higher number)

T

T 细胞
T cells: cells of the immune system that attack foreign organisms that infect the body

太极拳
taijiquan: a Chinese martial arts system of movements that enhances freedom of movement and focus of mind

焦油
tar: the yellowish brown residue of tobacco smoke

目标心率
target heart rate: the heart rate during strenuous exercise associated with inducing the training effect

tau 蛋白缠结
tau tangles: aggregates of a brain protein called tau; a diagnostic indicator for Alzheimer's disease

端粒
telomeres: DNA at the ends of chromosomes that protect the integrity of genetic information during cellular replication

致畸物
teratogen: any environmental agent that causes abnormal development of a fetus

睾丸
testes: a pair of male reproductive organs that produce sperm cells and male sex hormones

保健按摩
therapeutic massage: promotes relaxation and healing by massage of the skin and muscles

第三产程
third-stage labor: the stage during which the afterbirth is expelled

威胁性情境
threat situations: events that cause stress because of a perception that harm or loss may occur

耳鸣
tinnitus: persistent ringing in the ears, often caused by repeated or sudden exposure to loud noises

耐药性或耐受性
tolerance: biological adaptation to alcohol use such that increasing amounts of alcohol are needed to produce the expected, desired effects

训练效果
training effect: beneficial physiological changes as a result of exercise

镇定剂
tranquilizers: central nervous system depressants that relax the body and calm anxiety

反式脂肪酸
trans fatty acid: also trans fat, an artificial fat manufactured by chemically modifying monounsaturated and polyunsaturated fatty acids

创伤性脑损伤
traumatic brain injury (TBI): injury caused by a bump, blow, or jolt to the head that results in impaired thinking or memory, altered movement or sensation, personality changes, or emotional problems such as depression

甘油三酯
triglyceride: dietary fat composed of fatty acids

输卵管结扎术
tubal ligation: a surgical procedure in women in which the fallopian tubes are cut, tied, or cauterized to prevent pregnancy; a form of sterilization

肿瘤
tumor: a mass of abnormal cells

肿瘤病毒
tumor viruses: viruses that infect cells, change their growth properties, and cause cancer

典型使用失败率
typical use failure rate: likelihood of becoming pregnant considering all the potential problems associated with a birth control method

U

超声波扫描
ultrasound scanning: use of sound waves to visualize the fetus in the womb

意外伤害
unintentional injury: preferred term for accidental injury; result of an accident

万能供血者
universal donors: people whose blood is accepted by everyone during transfusion

万能受血者
universal recipients: people whose blood type is compatible with anyone else's blood

尿道
urethra: a tube that carries urine from the bladder to the outside

尿道炎
urethritis: an irritation or infection of the urethra caused by bacteria

尿路感染
urinary tract infection (UTI): inflammation and/or infection of the urethra and/or bladder, usually by bacteria

子宫
uterus: the female organ in which a fetus develops

V

疫苗
vaccines: inactivated bacteria or viruses that are injected or taken orally; the body responds by producing antibodies and cells that provide lasting immunity

阴道
vagina: a woman's organ of copulation and the exit pathway for the fetus at birth

静脉曲张
varicose veins: swelling of veins (usually in the legs) resulting from defective valves

输精管结扎术
vasectomy: a surgical procedure in men in which segments of the vasa deferentia are removed and the ends tied to prevent the passage of sperm

血管充血
vasocongestion: the engorgement of blood in particular body regions in response to sexual arousal

病媒生物
vector: the carrier of infectious organisms from animals to people or from person to person

纯素食者
vegan: one who excludes all animal products from the diet, including milk, cheese, eggs, and other dairy products

素食者
vegetarian: one who consumes no meat, poultry, or fish

静脉
veins: blood vessels that return blood from tissues to the heart

心室颤动，简称室颤
ventricular fibrillation: a type of cardiac arrhythmia in which the ventricles (the lower chambers of the heart) quiver very rapidly and irregularly instead of contracting forcefully, resulting in the heart pumping little or no blood to the body

暴力
violence: a physical or verbal behavior, in which the intent is to harm, injure, or destroy someone or something

虚拟现实疗法
virtual reality therapy (VRT): use of computer programs to create virtual worlds that engage the mind in order to overcome pain and fear and to treat symptoms of posttraumatic stress disorder

生命统计数据
vital statistics: numerical data relating to birth, death, disease, marriage, and health

维生素
vitamins: essential organic substances needed daily in small amounts to perform specific functions in the body

外阴
vulva: the female external genital structures

外阴阴道炎
vulvovaginitis: inflammation of the vaginal region

W

水溶性维生素
water-soluble vitamins: soluble in water; there are nine water-soluble vitamins

断奶
wean: to discontinue breastfeeding, using other means to provide nutrients

幸福感
well-being: qualities of life that include positive emotions (e.g.; happiness, contentment) and life satisfaction

整体模型
wellness model: encompasses the physiological, mental, emotional, social, spiritual, and environmental aspects of health

蛋白质印迹法
Western blot: a test that measures the level of specific HIV proteins in blood

戒断或戒断反应
withdrawal: unpleasant physiological and psychological symptoms in alcohol-dependent individuals when refraining from drinking

体外射精法
withdrawal method: removing the penis from the vagina just prior to ejaculation; also called *coitus interruptus* or pulling out

戒断症状
withdrawal symptoms: uncomfortable and sometimes dangerous reactions that occur after a person stops taking a physically addicting drug

X

外源性雌激素
xenoestrogens: environmental chemicals that mimic the effects of natural estrogen; may cause cancer

Y

瑜伽
yoga: a system of exercises formulated in India thousands of years ago to unite one's mind and body

第二人称陈述
you-statements: statements beginning with "you"; negative communication skill

Z

受精卵
zygote: the first cell of a new person, formed at fertilization

图书在版编目（CIP）数据

健康由我：第13版/（美）戈登·埃德林，（美）埃里克·戈兰蒂著；徐守森，胡景超，闵瑞芳译.--北京：商务印书馆，2025.--ISBN 978-7-100-25224-9

Ⅰ.G444

中国国家版本馆CIP数据核字第202579449H号

权利保留，侵权必究。

健康由我（第13版）

〔美〕戈登·埃德林　埃里克·戈兰蒂　著
徐守森　胡景超　闵瑞芳　译

商 务 印 书 馆 出 版
（北京王府井大街36号　邮政编码100710）
商 务 印 书 馆 发 行
山东临沂新华印刷物流集团
有 限 责 任 公 司 印刷
ISBN 978-7-100-25224-9

2025年8月第1版	开本 889×1194　1/16
2025年8月第1次印刷	印张 36¼

定价：258.00元